西安鱼化寨

（贰）

西安市文物保护考古研究院　编著

科学出版社

北京

内 容 简 介

本书系西安鱼化寨遗址田野考古发掘报告。鱼化寨遗址位于西安西郊皂河西岸的二级台地上，发现于1937年，是关中地区发现较早的史前遗址之一。2002年10月至2005年5月，西安市文物保护考古研究院对鱼化寨遗址进行了全面勘探和重点发掘，总发掘面积2861平方米，共发现各类遗迹531处，其中房址107座、灰坑255座、灶址29座、窑址1座、壕沟2条、土坑墓14座、瓮棺墓123座，文化内涵十分丰富，时间跨度较大，是一处大型史前环壕聚落遗址。本书全面系统地公布了此次考古发掘的遗迹与遗物，为研究关中地区老官台文化、仰韶文化和龙山文化提供了重要的实物资料。

本书适合于新石器时代考古、先秦史的研究人员以及大专院校相关专业师生参考、阅读。

图书在版编目（CIP）数据

西安鱼化寨/西安市文物保护考古研究院编著.—北京：科学出版社，2017.2
ISBN 978-7-03-044319-9

Ⅰ.①西… Ⅱ.①西… Ⅲ.①史前文化–文化遗址–发掘报告–西安市 Ⅳ.①K878.05

中国版本图书馆CIP数据核字（2015）第103290号

责任编辑：张亚娜 / 责任校对：邹慧卿 钟 洋 彭 涛
责任印制：肖 兴 / 封面设计：美光制版

科学出版社 出版
北京东黄城根北街16号
邮政编码：100717
http://www.sciencep.com

北京新华印刷有限公司 印刷
科学出版社发行 各地新华书店经销

*

2017年2月第 一 版　　开本：889×1194　1/16
2017年2月第一次印刷　　印张：97　插页：144
字数：3 290 000

定价：**1800.00元**（全四册）
（如有印装质量问题，我社负责调换）

第四节 土 坑 墓

土坑墓共发现12座，编号为M2、M3、M4、M5、M7、M8、M9、M10、M11、M12、M13、M14。墓坑均为长方形竖穴，规模较小，长不超过1.4、宽不超过0.68米。方向绝大部分偏西，仅1座南向。葬式均为单人仰身直肢葬，未发现葬具。葬者均为未成年人。所有墓葬均有随葬品，种类有尖底瓶、罐、钵、壶、盂、石球、石锛、骨珠等，组合有瓶罐钵、罐壶、瓶盂、罐钵、罐钵盂、罐钵壶、盂等，以瓶罐钵、罐钵壶（盂）的组合为主。

1. M2

M2位于Ⅲ区T0913南部，开口于⑤层下。墓坑为长方形竖穴，长1.16、宽0.46、深0.3米，方向280°。葬式为单人仰身直肢葬，骨架保存完整，头向西，面向南（图四六四；图版五，1）。随葬品置于下肢两侧，共4件。全部为陶器。器类有瓶、罐、钵（彩版五，2；图版九一，1）。

瓶　1件。标本M2：1，完整。细泥质橘红陶。直杯口，微敛，圆唇，鼓肩，鼓腹，小平底，腹中部有一对竖向圆柱桥形耳，最大腹径位于中腹部。肩部与腹部均饰右上至左下斜向绳纹。口

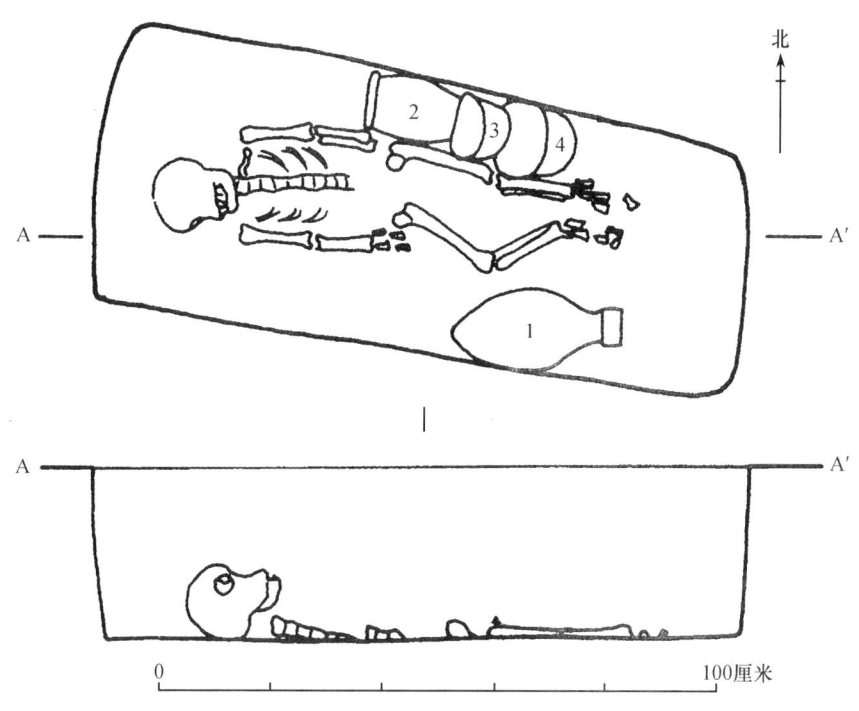

图四六四 M2平、剖面图
1.尖底瓶 2.陶罐 3、4.陶钵

下可见轮修痕迹。口径6、腹径16、底径2.4、通高28.4厘米（图四六五，4；彩版一〇，6；图版九一，2；图版一九一，3）。

罐　1件。标本M2∶2，完整。粗夹砂红褐陶。器体较矮，侈口，卷沿，圆唇，斜直腹，平底。素面。器表可见烟熏痕迹。口径12.6、腹径12.3、底径6.6、通高15.6厘米（图四六五，1；图版九一，3）。

钵　2件。均完整。形制相同，均细泥质橘红陶，直口，圆唇，深弧腹，圜底，器表磨光。标本M2∶3，圜底近平。底部饰席纹。口下可见轮修痕迹。口径13.2、通高6厘米（图四六五，3；彩版二〇，3；图版九一，4；图版一九九，1）。标本M2∶4，底部有一周凸棱，凸棱内区域较为粗糙。口下可见深红色叠烧痕迹。口径15.6、通高7.8厘米（图四六五，2；图版九一，5、6）。

2. M3

M3位于Ⅲ区T0913西北部与T0813东北部，开口于⑤层下。墓坑为长方形竖穴，长1.3、宽0.46、深0.5米，方向280°。葬式为单人仰身直肢葬，骨架保存完整，头向西，面向南（图四六六；图版五，2）。随葬品置于下肢北侧，共4件。全部为陶器。器类有瓶、罐、钵（彩版六，1；图版九二，1）。

瓶　1件。标本M3∶4，可复原。细泥质橘红陶。直杯口，微敞，较为短矮，圆唇，鼓肩，鼓腹，小平底，腹中部有一对竖向圆柱桥形耳，最大腹径位于中腹部。肩部与腹部均饰右上至左下斜向绳纹。口部可见轮修痕迹。口径4.8、腹径16、底径2、通高30.8厘米（图四六七，1；彩版一一，1；图版九二，2；图版一九一，4）。

罐　1件。标本M3∶3，完整。粗夹砂红褐陶。侈口，卷沿，圆唇，中腹微鼓，下腹斜收，平底，最大腹径位于中腹部。素面。沿面可见轮修痕迹，器表可见烟熏痕迹，近底处可见刮抹痕迹。口径11.4、腹径11.7、底径5.4、通高13.2厘米（图四六七，4；彩版一四，5；图版九二，3）。

钵　2件。均完整。形制相同，均细泥质橘红陶，直口，圆唇，深弧腹，圜底，器表磨光。标本M3∶1，底部有一周凸棱，底面光整。素面。口下可见轮修痕迹。口径12.8、通高5.4厘米（图四六七，2；图版九二，4）。标本M3∶2，圜底近平。底部饰席纹。口下可见浅褐色叠烧痕迹与轮修痕迹。口径9.8、通高4.4厘米（图四六七，3；图版九二，5；图版一九九，2）。

3. M4

M4位于Ⅲ区T0713南部，开口于④层下。墓坑为长方形竖穴，长1、宽0.5、深1米，方向290°。葬式为单人仰身直肢葬，骨架保存完整，头向西，面向南（图四六八；图版五，3）。随葬品置于左臂北侧，出土陶壶1件。

壶　1件。标本M4∶1，完整。细泥质橘红陶。直口，方唇，短颈，腹部有一道折棱，最大腹径位于中腹部，平底，底微凹。器表磨光。素面。器表可见烟熏痕迹。口径3.2、腹径8.8、底径5.3、通高9厘米（图四六九；彩版二五，2；图版九二，6）。

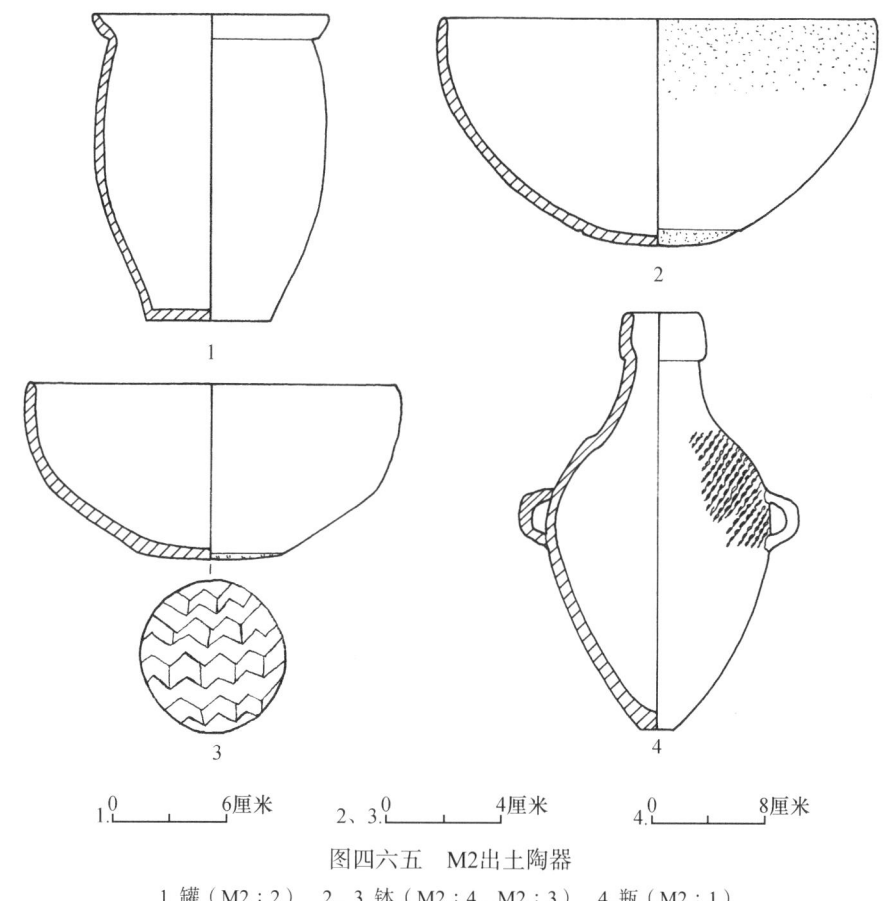

图四六五　M2出土陶器
1. 罐（M2∶2）　2、3. 钵（M2∶4、M2∶3）　4. 瓶（M2∶1）

4. M5

M5位于Ⅲ区T0713中部，开口于④层下。墓坑为长方形竖穴，长1.13、宽0.5、深0.86米，方向280°。葬式为单人仰身直肢葬，骨架保存较为完整，头向西，面向北（图四七〇；图版五，4）。随葬品置于身体南侧，共3件。全部为陶器。器类有瓶、罐、钵（图版九三，1）。

瓶　1件。标本M5∶1，口部残缺。细夹砂红褐陶。束颈，溜肩，鼓腹，尖底，腹中部偏下有一对竖向圆柱桥形耳，最大腹径位于中腹部。口部残断处十分规整。肩部与腹部饰右上至左下斜向绳纹，绳纹近平。腹径23.6、残高34厘米（图四七一，3；彩版一一，2；图版九三，2；图版一九一，5）。

罐　1件。标本M5∶3，可复原。粗夹砂红褐陶。侈口，折沿，沿面内曲，方唇，中腹微鼓，下腹斜收，平底，最大腹径位于上中腹部。腹部饰右上至左下斜向绳纹。器表可见烟熏痕迹。口径14.7、腹径17.1、底径8.4、通高17.7厘米（图四七一，1；图版九三，4）。

钵　1件。标本M5∶2，完整。细泥质橘红陶。直口，圆唇，深弧腹，圜底，底部有一周凸棱。器表磨光。底部饰布纹。口下可见轮修痕迹。口径19.2、通高10.2厘米（图四七一，2；彩版二〇，4；图版九三，3）。

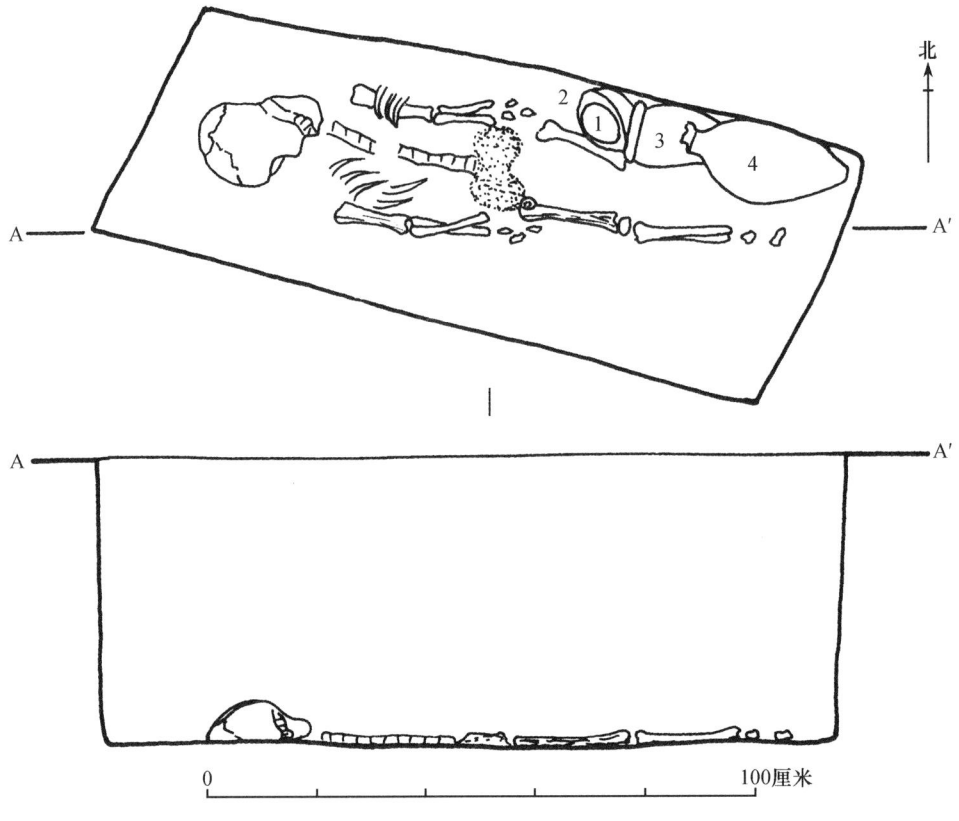

图四六六 M3平、剖面图
1、2.陶钵 3.陶罐 4.陶瓶

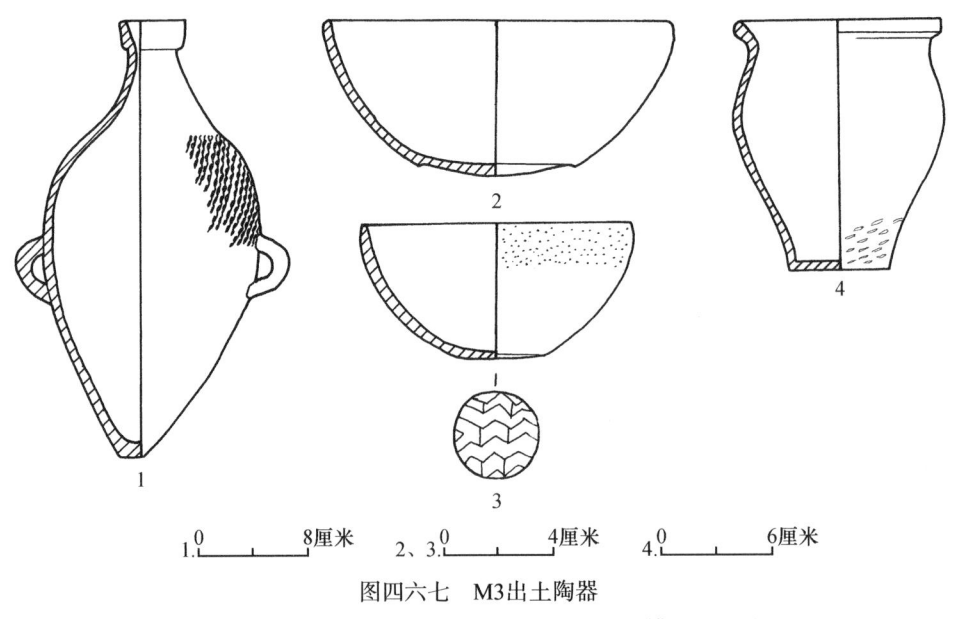

图四六七 M3出土陶器
1.瓶（M3:4） 2、3.钵（M3:1、M3:2） 4.罐（M3:3）

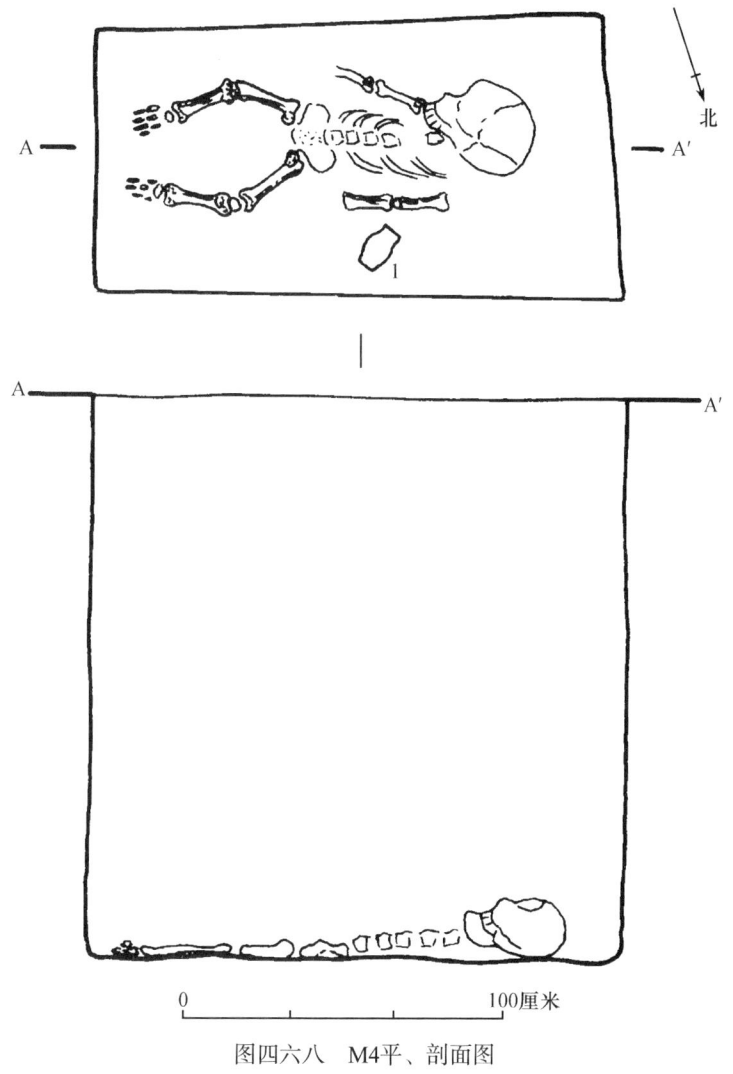

图四六八 M4平、剖面图
1.陶壶

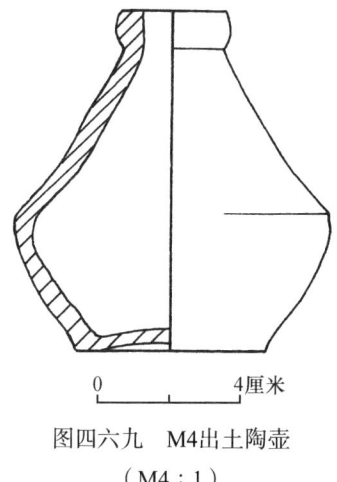

图四六九 M4出土陶壶
（M4∶1）

图四七〇　M5平、剖面图
1.尖底瓶　2.陶钵　3.陶罐

5. M7

M7位于T0612西北部，开口于④层下，东南部被W51打破。墓坑为圆角长方形竖穴，长1.1、宽0.68、深0.13米，方向290°。葬式为单人仰身直肢葬，骨架保存较为完整，头向西，面向上（图四七二；图版五，5、6）。出土器物共5件，其中骨珠2件，位于头两侧，可能是作为耳环之用，脚部3件为随葬品。

（1）陶器

2件。器类有瓶、盂（图版九三，5）。

瓶　1件。标本M7∶2，口部残缺。粗泥质橘红陶。束颈，鼓肩，中腹圆鼓，小平底，腹中部有一对竖向圆柱桥形耳，最大腹径位于中腹部。口部残断处较为规整。肩部与腹部均饰

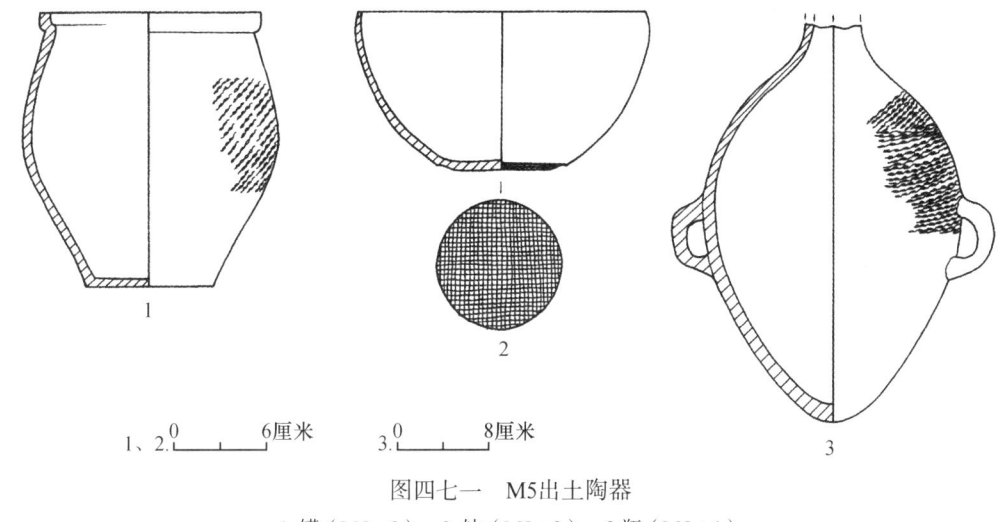

图四七一 M5出土陶器
1. 罐（M5∶3） 2. 钵（M5∶2） 3. 瓶（M5∶1）

右上至左下斜向绳纹。腹径14.4、底径1.2、残高25.2厘米（图四七三，1；图版九三，6；图版一九一，6）。

盂 1件。标本M7∶1，完整。细泥质橘红陶。直口，圆唇，腹壁略呈反弧状，下腹部有一道折棱，大平底，底心微凹，底面粗糙。器表磨光。素面。口部可见轮修痕迹。口径8.4、腹径13.8、底径9.9、高9厘米（图四七三，2；彩版二五，6；图版九四，1、2）。

（2）石器

1件。球。标本M7∶4，完整。石英岩。圆球状。通体磨光。直径1.6厘米（图四七三，3；图版九四，4）。

（3）骨器

2件。均为珠。均完整。形制、大小均相同。圆形，中间有圆形穿孔。标本M7∶3-1，内径0.15、外径0.7厘米（图四七三，4；彩版四四，1；图版九四，3）。

6. M8

M8位于Ⅲ区T0612东部与T0712西部，开口于⑤层下。墓坑为长方形竖穴，长1.4、宽0.7、深0.21米，方向290°。葬式为单人仰身直肢葬，骨架保存完整，头向西，面向上（图四七四；图版六，1、2）。随葬品置于头部与下肢南侧，头部放置石锛、骨珠，下肢南侧放置罐、钵、石球，共31件。以骨器为主，陶器次之，石器再次。

（1）陶器

4件。器类有罐、钵（彩版六，2；图版九四，5）。

罐 2件。均完整。形制相同，均粗夹砂红褐陶。侈口，折沿，沿面内曲，方唇，中腹微鼓，下腹斜收，平底，最大腹径位于中腹部，器表可见烟熏痕迹。标本M8∶4，上腹部饰多道弦

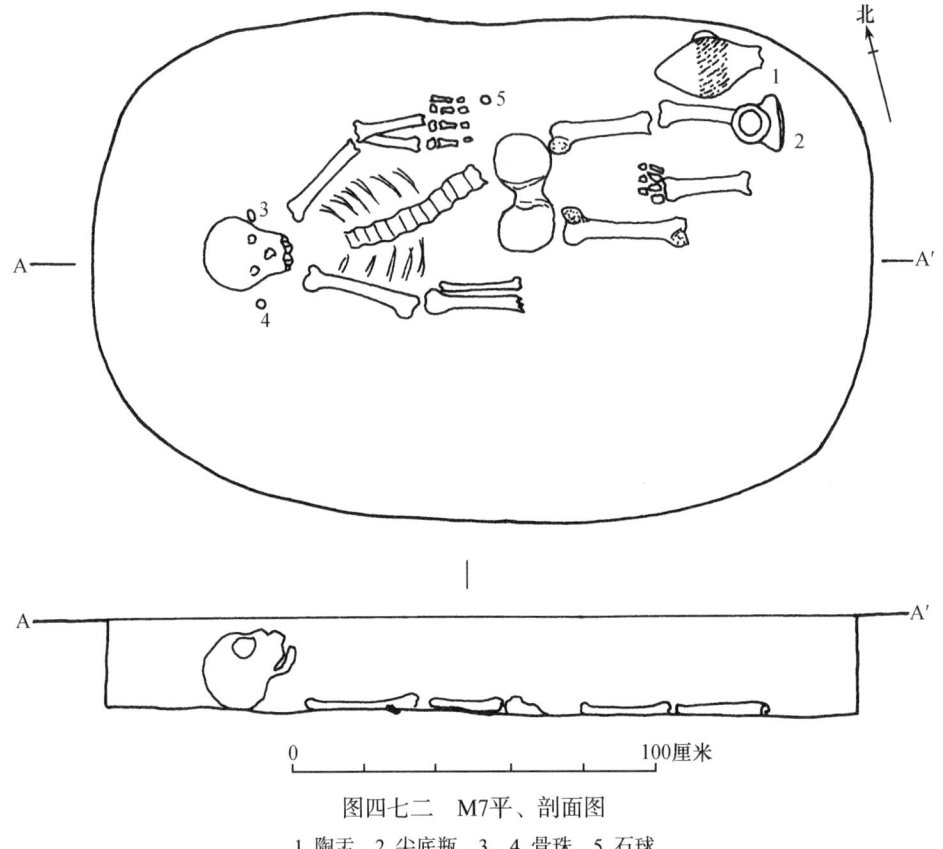

图四七二　M7平、剖面图
1. 陶盂　2. 尖底瓶　3、4. 骨珠　5. 石球

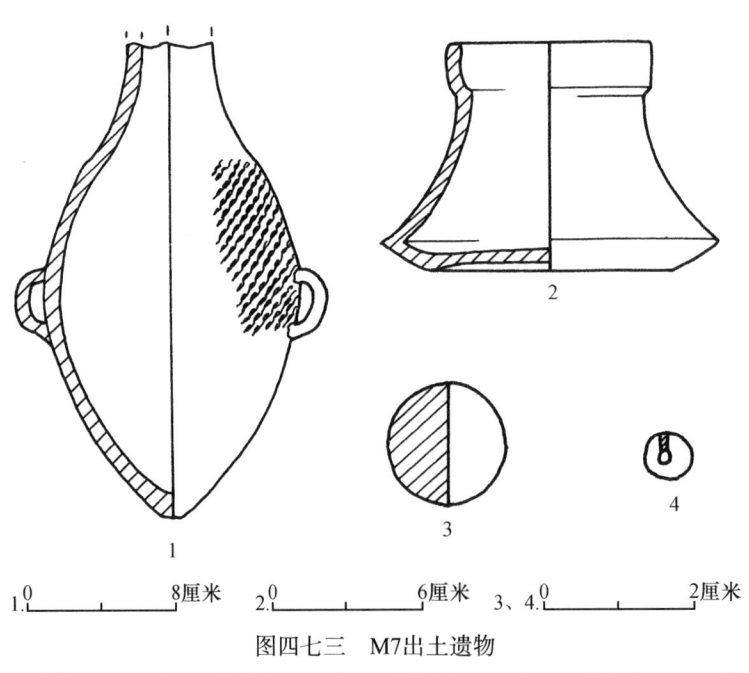

图四七三　M7出土遗物
1. 陶瓶（M7∶2）　2. 陶盂（M7∶1）　3. 石球（M7∶4）　4. 骨珠（M7∶3-1）

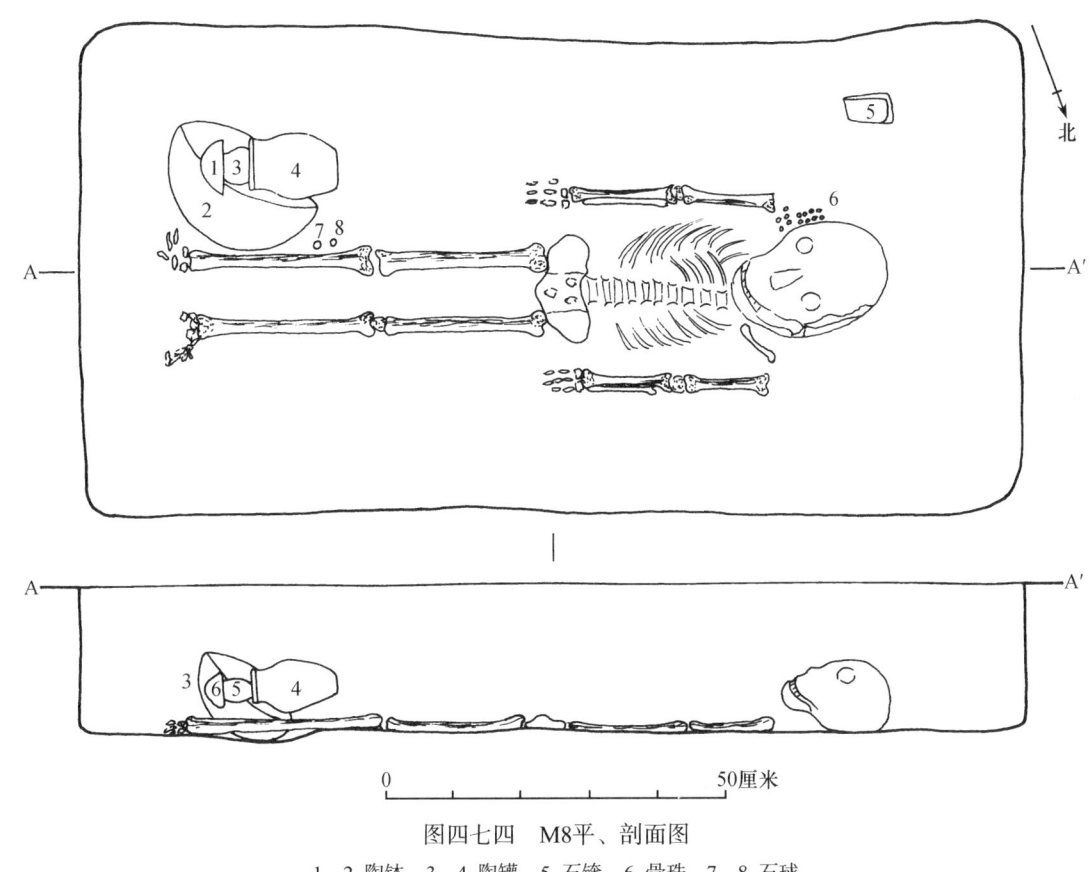

图四七四　M8平、剖面图
1、2.陶钵　3、4.陶罐　5.石锛　6.骨珠　7、8.石球

纹。沿面可见轮修痕迹。口径12.9、腹径15、底径7.2、通高17.1厘米（图四七五，6；图版九五，1）。标本M8：3，素面。近底处可见刮抹痕迹。口径11.7、腹径12.9、底径6.3、通高11.7厘米（图四七五，7；彩版一五，1；图版九四，6）。

钵　2件。均完整。形制相同，均细泥质橘红陶，直口，圆唇，深弧腹，器表磨光，素面，口下可见轮修痕迹。标本M8：2，平底，底心内凹。口径25.2、底径10.2、通高11.7厘米（图四七五，5；图版九五，3）。标本M8：1，圜底，底部有一周凸棱。器表可见烟熏痕迹。口径15.9、通高8.1厘米（图四七五，1；图版九五，2）。

（2）石器

3件。器类有锛、球。

锛　1件。标本M8：5，完整。石英岩。平面呈梯形，上端略弧，单面宽刃，较为锋利。通体磨光。长5、刃宽3.6、厚0.85厘米（图四七五，8；彩版三〇，6；图版九五，6）。

球　2件。均完整。形制相同，均圆球状，通体磨光。标本M8：7-1，石英岩。直径1.8厘米（图四七五，2；图版九五，4）。标本M8：7-2，石灰岩。直径1.6厘米（图四七五，3；图版九五，5）。

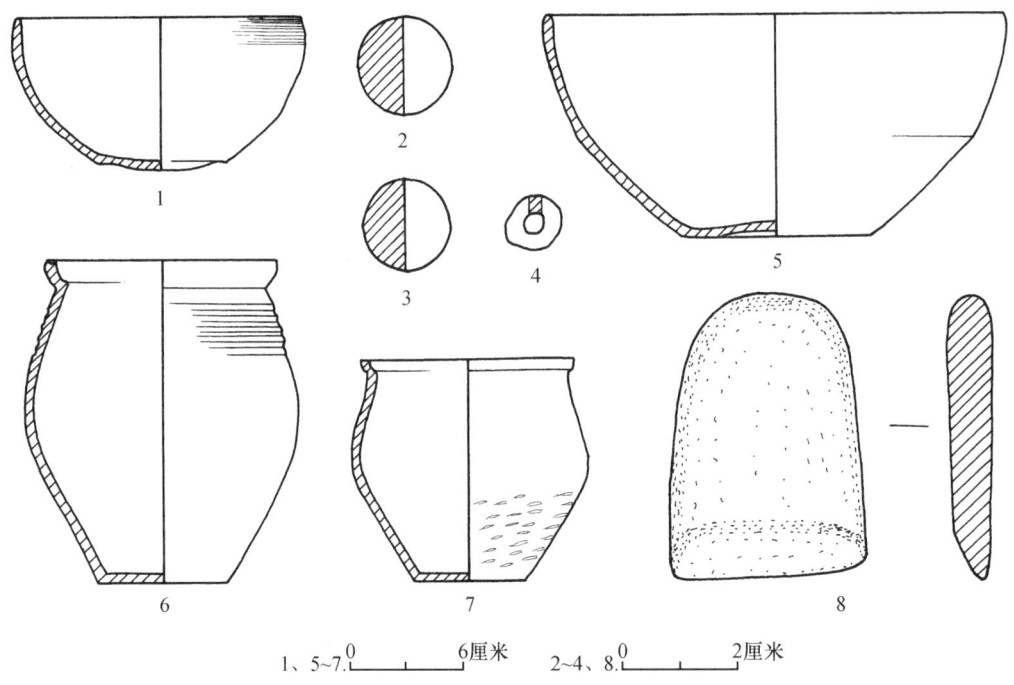

图四七五　M8出土遗物

1、5.陶钵（M8：1、M8：2）　2、3.石球（M8：7-1、M8：7-2）　4.骨珠（M8：6-1）　6、7.陶罐（M8：4、M8：3）
8.石锛（M8：5）

（3）骨器

24件。均为珠。均完整，形制相同，大小相近，均圆形，中间有圆形穿孔。标本M8：6-1，内径0.4、外径1厘米（图四七五，4；彩版四四，2；图版九六，1）。

7. M9

M9位于Ⅲ区T0610东北部与T0611东南部，开口于④层下。墓坑为长方形竖穴，长0.95、宽0.4、深0.38米，方向260°。葬式为单人仰身直肢葬，骨架保存完整，头向西，面向南（图四七六；图版六，3）。随葬品置于下肢北侧，共3件。全部为陶器。器类有罐、钵、盂（图版九六，2）。

罐　1件。标本M9：3，可复原。粗夹砂红褐陶。器身较为瘦长，侈口，卷沿，圆唇，斜直腹，平底微凹。素面。器表可见烟熏痕迹。口径12.6、腹径11.7、底径6.6、通高18.9厘米（图四七七，1；彩版一四，2；图版九六，4）。

钵　1件。标本M9：1，可复原。细泥质橘红陶。直口，圆唇，深弧腹，圜底，底部有一周浅细凹槽。器表磨光。素面。口径14.4、通高6.6厘米（图四七七，2；彩版二〇，6；图版九六，3）。

盂　1件。标本M9：2，完整。细泥质橘红陶。敛口，圆唇，腹部呈扁鼓状，最大腹径位于中腹部，底微凹。器表磨光。素面。口径9.6、腹径16.2、底径7.2、通高7.5厘米（图四七七，3；彩版二六，1；图版九六，5）。

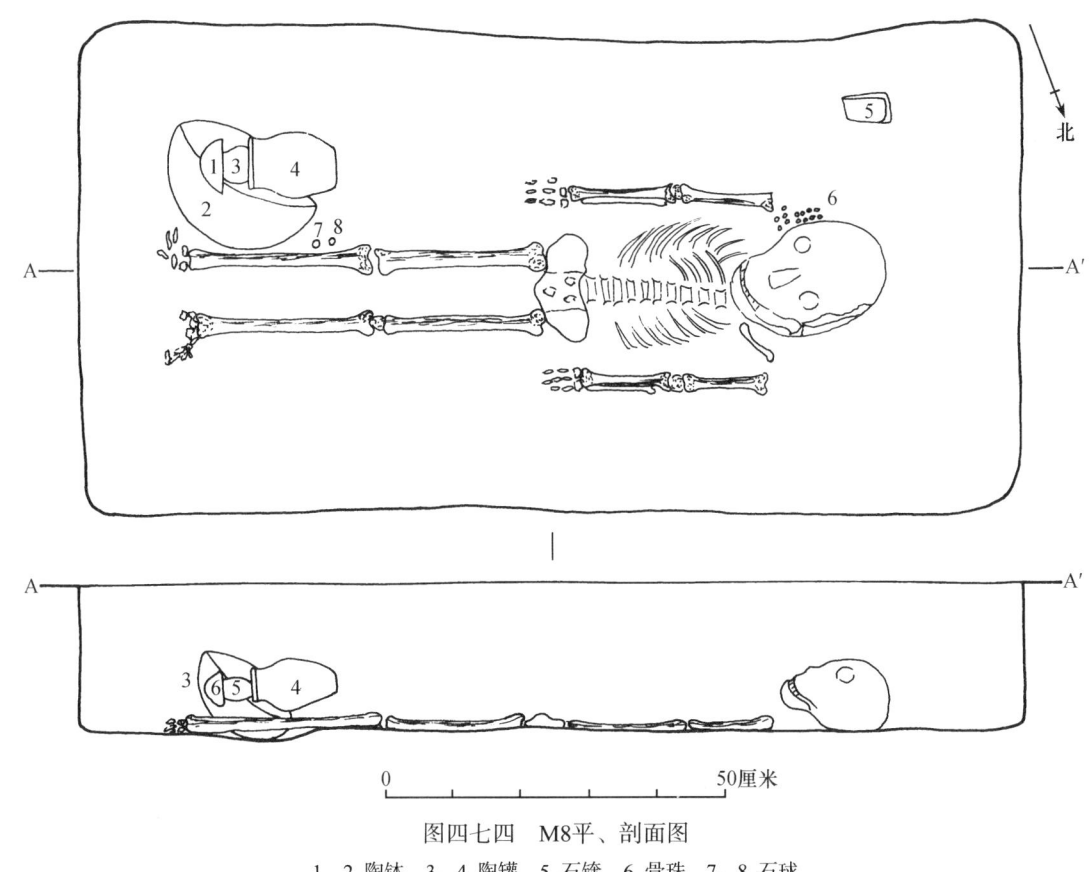

图四七四　M8平、剖面图
1、2.陶钵　3、4.陶罐　5.石锛　6.骨珠　7、8.石球

纹。沿面可见轮修痕迹。口径12.9、腹径15、底径7.2、通高17.1厘米（图四七五，6；图版九五，1）。标本M8：3，素面。近底处可见刮抹痕迹。口径11.7、腹径12.9、底径6.3、通高11.7厘米（图四七五，7；彩版一五，1；图版九四，6）。

钵　2件。均完整。形制相同，均细泥质橘红陶，直口，圆唇，深弧腹，器表磨光，素面，口下可见轮修痕迹。标本M8：2，平底，底心内凹。口径25.2、底径10.2、通高11.7厘米（图四七五，5；图版九五，3）。标本M8：1，圜底，底部有一周凸棱。器表可见烟熏痕迹。口径15.9、通高8.1厘米（图四七五，1；图版九五，2）。

（2）石器

3件。器类有锛、球。

锛　1件。标本M8：5，完整。石英岩。平面呈梯形，上端略弧，单面宽刃，较为锋利。通体磨光。长5、刃宽3.6、厚0.85厘米（图四七五，8；彩版三〇，6；图版九五，6）。

球　2件。均完整。形制相同，均圆球状，通体磨光。标本M8：7-1，石英岩。直径1.8厘米（图四七五，2；图版九五，4）。标本M8：7-2，石灰岩。直径1.6厘米（图四七五，3；图版九五，5）。

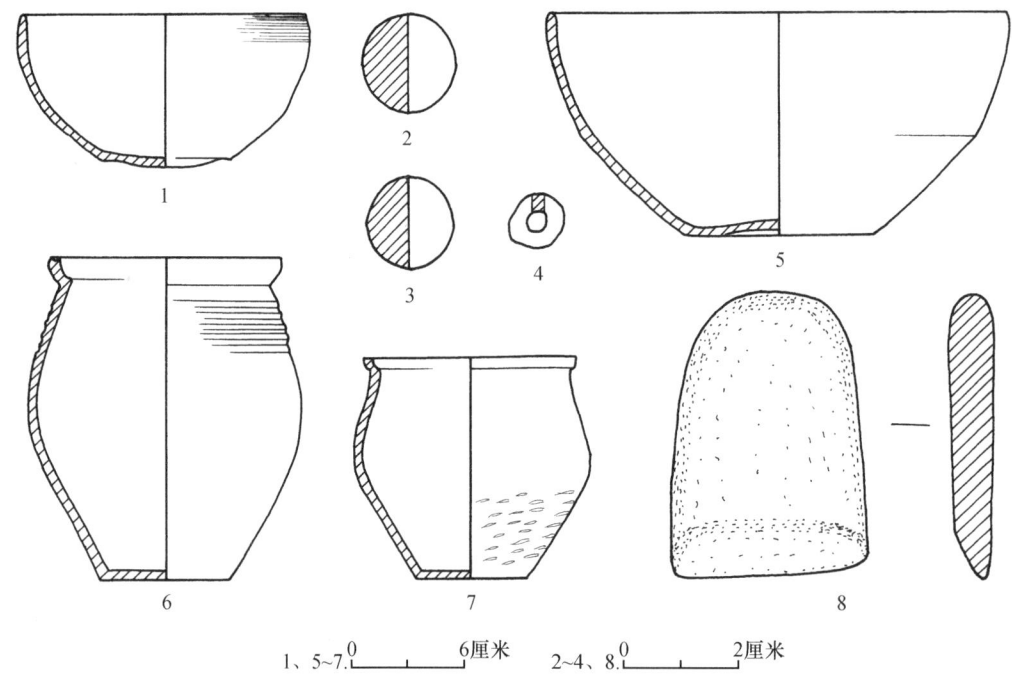

图四七五　M8出土遗物

1、5. 陶钵（M8∶1、M8∶2）　2、3. 石球（M8∶7-1、M8∶7-2）　4. 骨珠（M8∶6-1）　6、7. 陶罐（M8∶4、M8∶3）
8. 石锛（M8∶5）

（3）骨器

24件。均为珠。均完整，形制相同，大小相近，均圆形，中间有圆形穿孔。标本M8∶6-1，内径0.4、外径1厘米（图四七五，4；彩版四四，2；图版九六，1）。

7. M9

M9位于Ⅲ区T0610东北部与T0611东南部，开口于④层下。墓坑为长方形竖穴，长0.95、宽0.4、深0.38米，方向260°。葬式为单人仰身直肢葬，骨架保存完整，头向西，面向南（图四七六；图版六，3）。随葬品置于下肢北侧，共3件。全部为陶器。器类有罐、钵、盂（图版九六，2）。

罐　1件。标本M9∶3，可复原。粗夹砂红褐陶。器身较为瘦长，侈口，卷沿，圆唇，斜直腹，平底微凹。素面。器表可见烟熏痕迹。口径12.6、腹径11.7、底径6.6、通高18.9厘米（图四七七，1；彩版一四，2；图版九六，4）。

钵　1件。标本M9∶1，可复原。细泥质橘红陶。直口，圆唇，深弧腹，圜底，底部有一周浅细凹槽。器表磨光。素面。口径14.4、通高6.6厘米（图四七七，2；彩版二○，6；图版九六，3）。

盂　1件。标本M9∶2，完整。细泥质橘红陶。敛口，圆唇，腹部呈扁鼓状，最大腹径位于中腹部，底微凹。器表磨光。素面。口径9.6、腹径16.2、底径7.2、通高7.5厘米（图四七七，3；彩版二六，1；图版九六，5）。

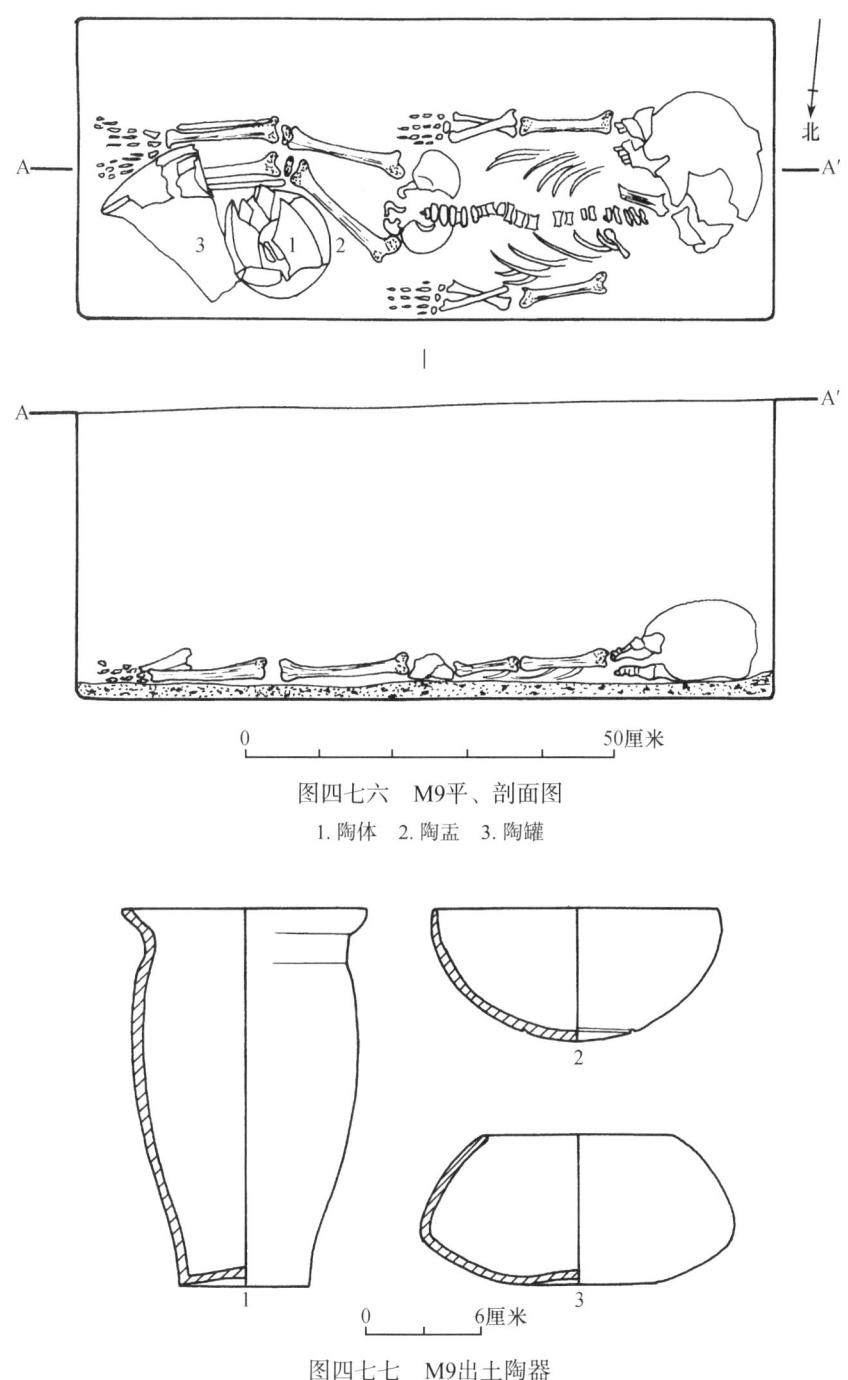

图四七六 M9平、剖面图
1. 陶钵 2. 陶盂 3. 陶罐

图四七七 M9出土陶器
1. 罐（M9:3） 2. 钵（M9:1） 3. 盂（M9:2）

8. M10

M10位于Ⅲ区T0414西北部，开口于⑧层下。墓坑为长方形竖穴，长1.14、宽0.44、深0.4米，北侧有一长方形二层台，长0.84、宽0.3、高0.12米，方向275°。葬式为单人仰身直肢葬，骨架保存较为完整，头向西，面向上（图四七八；图版六，4）。随葬品置于二层台上与身体北侧，共9件。以陶器为主（彩版七，1；图版九六，6），石器次之。

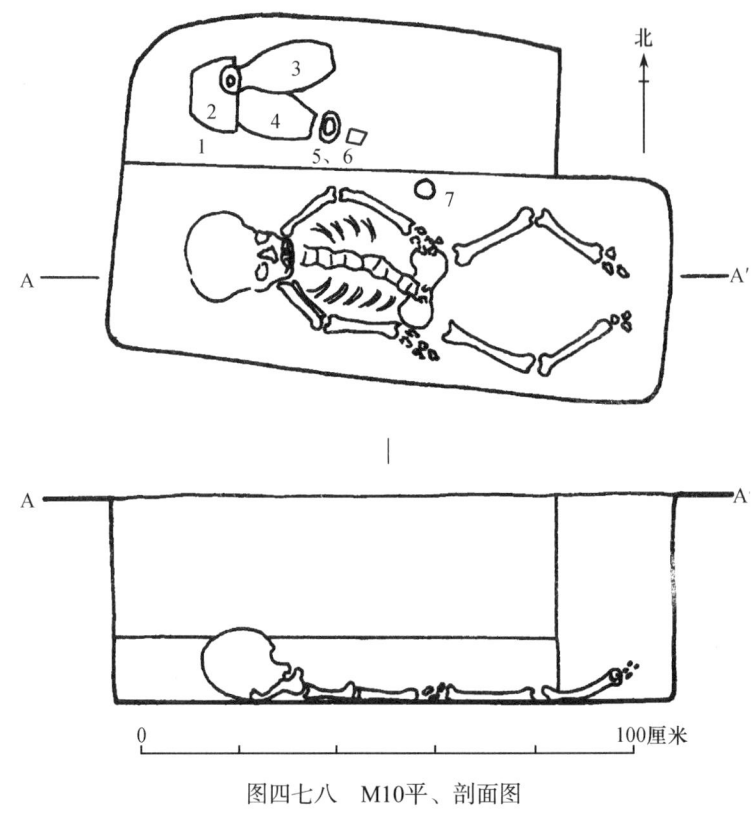

图四七八　M10平、剖面图
1、2.陶钵　3.陶壶　4.陶罐　5.圆陶片　6.石块　7.陶球

（1）陶器

8件。器类有罐、钵、壶、圆陶片、球。

罐　1件。标本M10：4，可复原。粗夹砂红褐陶。器体较为瘦长，侈口，卷沿，圆唇，唇部有一道浅细凹槽，斜直腹，平底。腹部饰右上至左下斜向绳纹，器表可见烟熏痕迹，近底部可见刮抹痕迹。口径11.7、腹径11.7、底径6.9、通高22.8厘米（图四七九，1；彩版一四，1；图版九七，1；图版一九二，1）。

钵　2件。形制相同，均细泥质橘红陶，敞口，圆唇，斜直腹，圜底近平，底部饰席纹。标本M10：2，可复原。口径12.3、通高6.6厘米（图四七九，4；图版九七，2）。标本M10：1，完整。器表可见烟熏痕迹。口径17.1、底径6、通高7.5厘米（图四七九，3；彩版二一，1；图版九七，3）。

壶　1件。标本M10：3，完整。细泥质橘红陶。敛口，平折沿，圆唇，短颈，鼓腹，平底，最大腹径位于下腹部。器表磨光。素面。口径6、腹径10.8、底径4.8、通高17.7厘米（图四七九，2；彩版二四，6；图版九七，4）。

圆陶片　3件。均完整。形制相同，均细泥质橘红陶，圆形，边缘较为锋利。标本M10：5-1，系利用陶钵的口沿残片打制而成，保留少量沿面。器表可见深红色叠烧痕迹。直径8、厚0.5厘米（图四七九，6；图版九七，5）。标本M10：5-2，系利用陶钵的口沿残片打制而成，保留少量沿面。器表可见深红色叠烧痕迹。直径7、厚0.5厘米（图四七九，9；图版九七，6）。标本

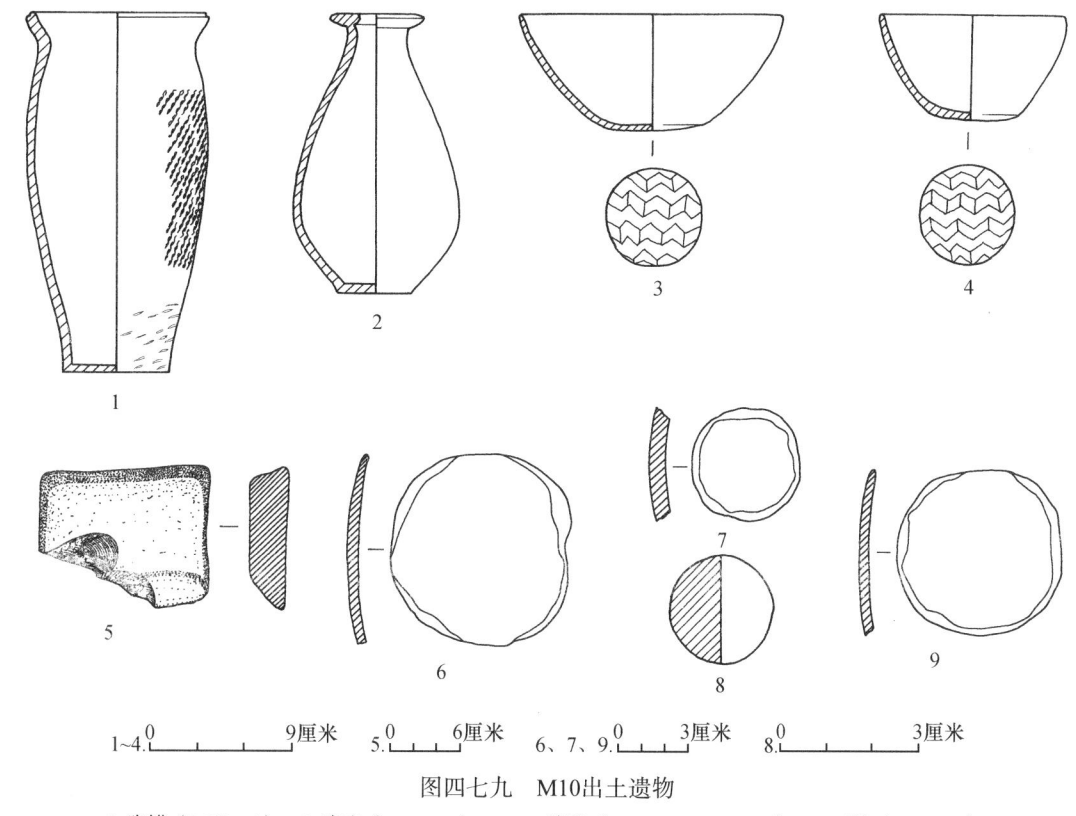

图四七九 M10出土遗物
1. 陶罐（M10：4） 2. 陶壶（M10：3） 3、4. 陶钵（M10：1、M10：2） 5. 石块（M10：6）
6、7、9. 圆陶片（M10：5-1、M10：5-3、M10：5-2） 8. 陶球（M10：7）

M10：5-3，系利用陶钵的口部残片打制而成。器表可见浅褐色叠烧痕迹。直径4.8、厚0.7厘米（图四七九，7；图版九八，1）。

球 1件。标本M10：7，完整。系利用红色陶泥捏制而成。圆球状。器表抹光。直径2.3厘米（图四七九，8；图版九八，2）。

（2）石器

1件。石块。标本M10：6，一角残损。角岩。残存部分平面呈梯形。表面涂有朱红色颜料。长14.6、宽6.4～12、厚3.4厘米（图四七九，5；图版九八，3）。

9. M11

M11位于Ⅲ区T0713北部与T0714南部，开口于⑥层下。墓坑为长方形竖穴，长1.2、宽0.5、深0.5米，方向276°。葬式为单人仰身直肢葬，骨架保存完整，头向西，面向上（图四八○；图版六，5）。随葬品为陶盂1件，位于下肢南侧、墓底东南角。

盂 1件。标本M11：1，完整。细泥质橘红陶。敛口，圆唇，腹部呈扁鼓状，下腹部有一周棱脊，平底微凹，最大腹径位于中腹部。器表磨光。素面。口径8.7、腹径15.3、底径5.4、通高6.9厘米（图四八一；彩版二六，2；图版九八，4）。

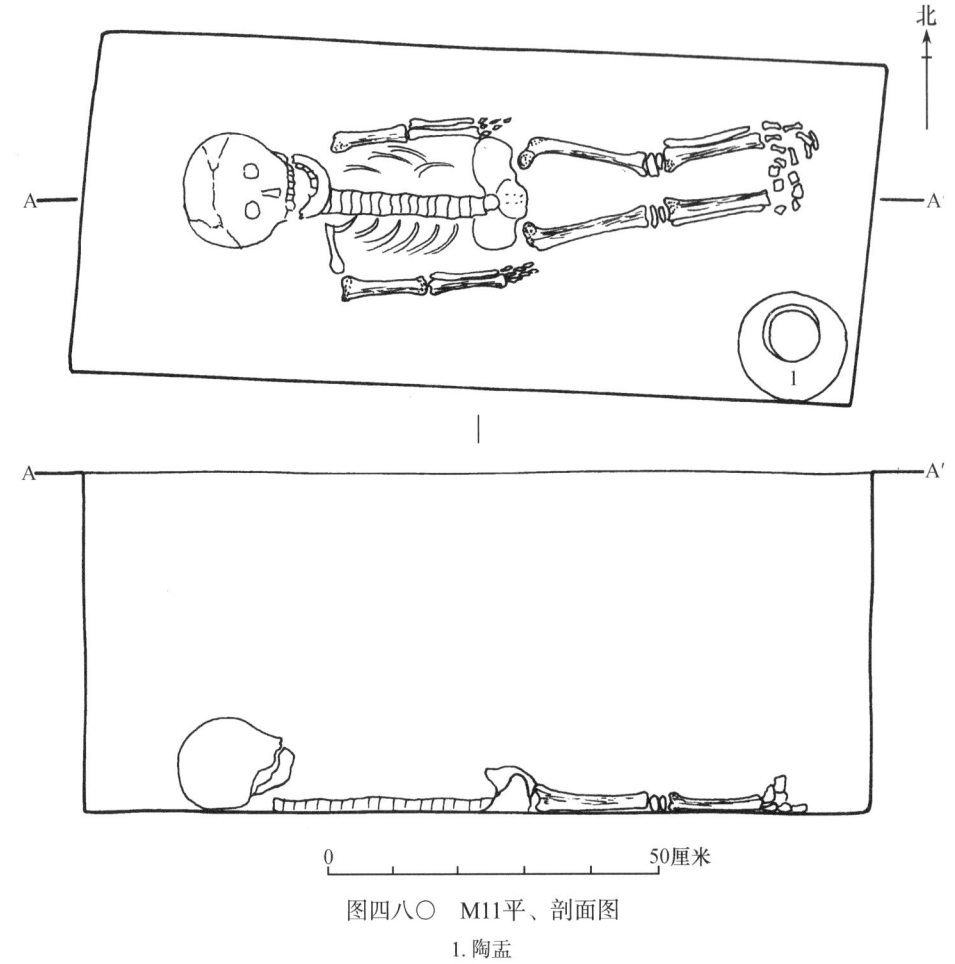

图四八〇　M11平、剖面图
1. 陶盂

10. M12

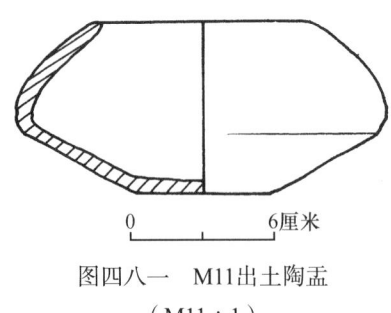

图四八一　M11出土陶盂
（M11∶1）

M12位于Ⅲ区T1014北部，开口于⑧层下。墓坑为长方形竖穴，长1.22、宽0.58、深0.52米，方向246°。人骨保存状况较差，仅存头骨、下肢骨及少量肋骨、椎骨。依残存人骨可知葬式为单人仰身直肢葬，头向西，面向上（图四八二；图版六，6）。随葬品置于头部及躯干两侧，共4件。全部为陶器。器类有罐、钵、壶（彩版七，2；图版九八，5）。

罐　1件。标本M12∶4，完整。粗夹砂红褐陶。侈口，卷沿，圆唇，中腹微鼓，下腹斜收，平底，最大腹径位于中腹部。唇面饰一周划纹，腹部饰右上至左下斜向绳纹。器表可见烟熏痕迹。口径11.1、腹径10.8、底径6.5、通高15.9厘米（图四八三，3；彩版一四，3；图版九八，6；图版一九二，2）。

钵　2件。均可复原。形制相同，均细泥质橘红陶，直口，圆唇，弧腹，圜底，器表磨光，素面。标本M12∶2，深弧腹，底部有一周凸棱。口下可见深红色叠烧痕迹与轮修痕迹。口径17.1、通高7.65厘米（图四八三，1；彩版二〇，5；图版九九，1）。标本M12∶3，弧腹较浅，底部有一周浅细凹槽，凹槽内区域较为粗糙。口径20.7、通高8.4厘米（图四八三，2；图版九九，2、3）。

511

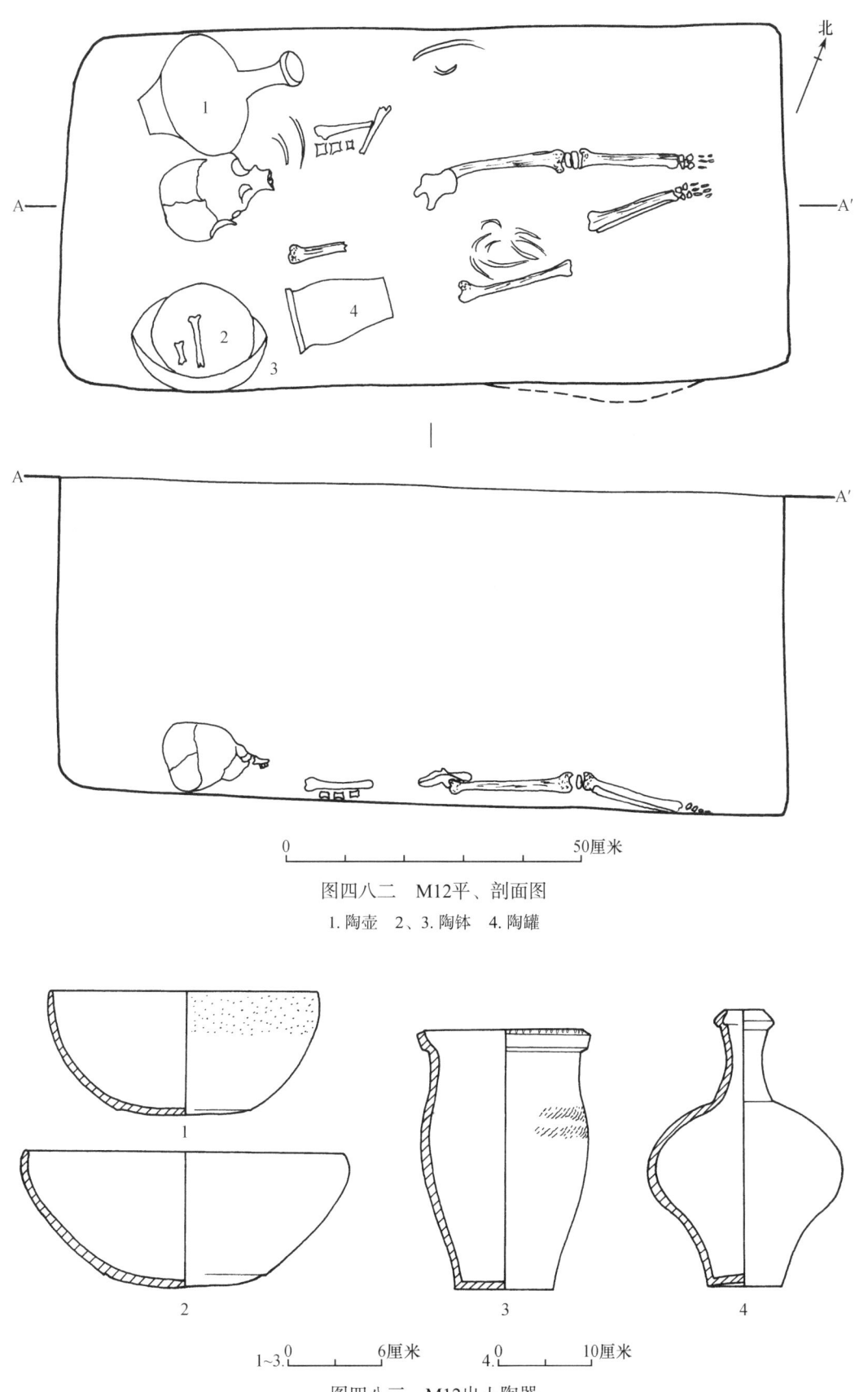

图四八二 M12平、剖面图
1. 陶壶 2、3. 陶钵 4. 陶罐

图四八三 M12出土陶器
1、2. 钵（M12：2、M12：3） 3. 罐（M12：4） 4. 壶（M12：1）

壶　1件。标本M12：1，可复原。细泥质橘红陶。敛口，口部略呈花苞状，颈部细长，圆球腹，小平底微内凹，最大腹径位于中腹部。器表磨光。素面。口径6.5、腹径21、底径8、通高28.5厘米（图四八三，4；彩版二四，5；图版九九，4）。

11. M13

M13位于Ⅲ区T0415北部，开口于⑤层下。墓坑为长方形竖穴，西边外弧，长1.1、宽0.4、深0.14米，方向290°。葬式为单人仰身直肢葬，骨架保存完整，头向西，面向南（图四八四）。随葬品置于躯干北侧，共2件。全部为陶器。器类有罐、钵（图版九九，5）。

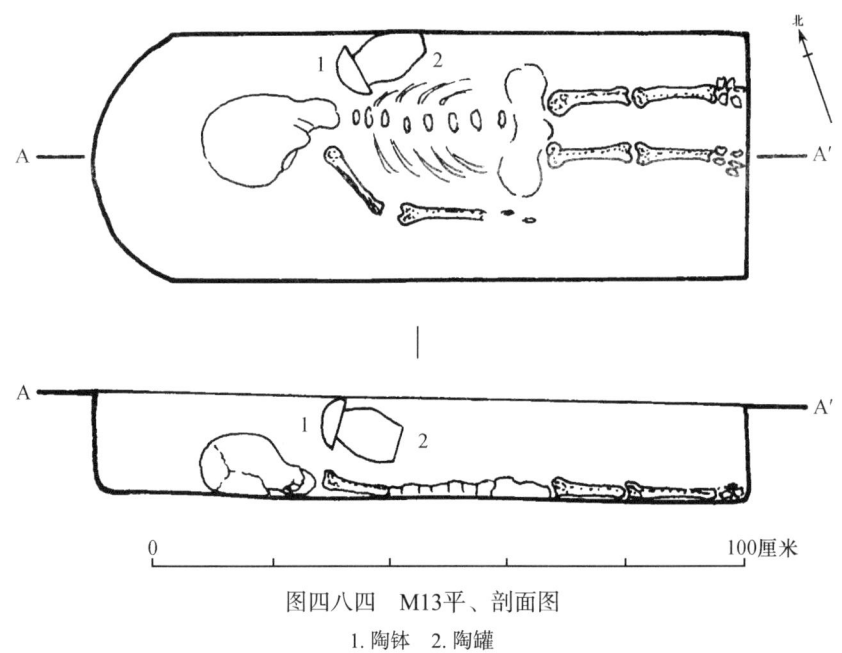

图四八四　M13平、剖面图
1. 陶钵　2. 陶罐

罐　1件。标本M13：2，完整。粗夹砂红褐陶。侈口，卷沿，圆唇，中腹微鼓，下腹斜收，平底，最大腹径位于中腹部。腹部饰竖向绳纹。器表可见烟熏痕迹。口径12、腹径10.8、底径6.6、通高12.9厘米（图四八五，1；彩版一四，6；图版九九，6；图版一九二，3）。

钵　1件。标本M13：1，可复原。细泥质橘红陶。直口，圆唇，深弧腹，圜底近平。器表磨光。底部饰席纹。口径13.8、高6厘米（图四八五，2；图版一〇〇，1；图版一九九，3）。

12. M14

M14位于Ⅲ区T0619东部，开口于⑤层下。墓坑大体为长方形竖穴，长1.1、宽0.35~0.5、深0.15米，方向180°。葬式为单人仰身直肢葬，骨架保存较为完整，头向南，面向西（图四八六）。随葬品置于下肢之上，共4件。全部为陶器。器类有罐、钵、壶（彩版八，1；图版一〇〇，2）。

罐　1件。标本M14：2，可复原。粗夹砂红褐陶。侈口，折沿，方唇，上腹微鼓，下腹斜直，平底，最大腹径位于上腹部。腹部饰右上至左下斜向绳纹。器表可见烟熏痕迹。口径12.6、腹径14.1、底径7.2、通高13.8厘米（图四八七，3；彩版一五，2；图版一〇〇，3；图版一九二，4）。

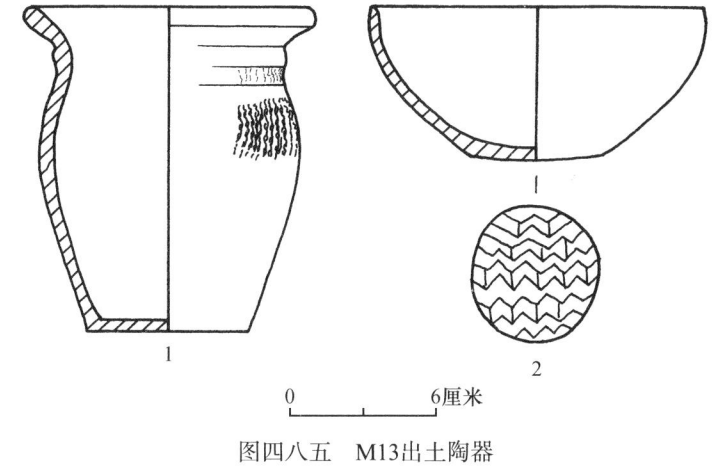

图四八五 M13出土陶器
1. 罐（M13∶2） 2. 钵（M13∶1）

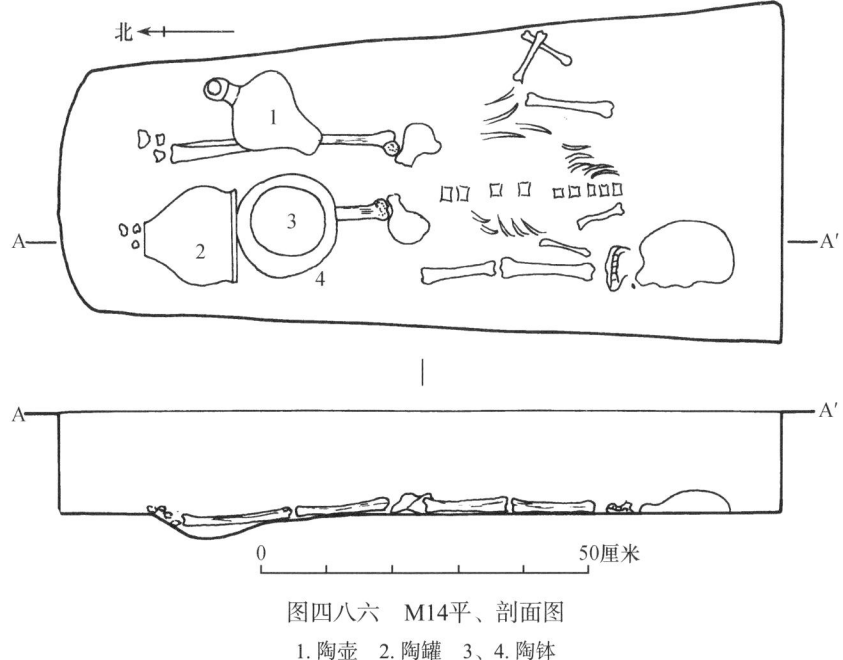

图四八六 M14平、剖面图
1. 陶壶 2. 陶罐 3、4. 陶钵

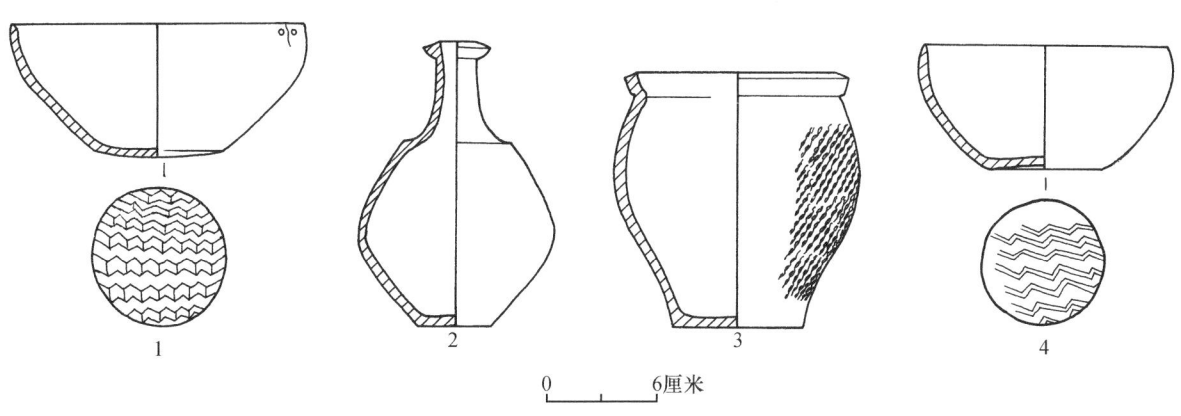

图四八七 M14出土陶器
1、4. 钵（M14∶4、M14∶3） 2. 壶（M14∶1） 3. 罐（M14∶2）

钵　2件。标本M14：3，完整。粗泥质橘红陶。直口，圆唇，深弧腹，平底，底心内凹。器表磨光。底部饰席纹。口径13.8、底径6.3、通高6.6厘米（图四八七，4；图版一〇〇，4；图版一九九，4）。

标本M14：4，可复原。细泥质橘红陶。敞口，圆唇，斜直腹，圜底近平，口沿下侧有一对由内向外单面钻成的圆孔，可能作为修补之用。底部饰席纹。器表可见烟熏痕迹。口径16.5、通高7.2厘米（图四八七，1；彩版二一，2；图版一〇〇，5；图版一九九，5）。

壶　1件。标本M14：1，可复原。敞口，折沿，沿面下斜，尖圆唇，细长颈，颈腹相接处有一周较明显的棱脊，鼓腹，小平底，最大腹径位于下腹部。器表磨光。素面。口径3.9、腹径11.1、底径4.2、通高15.3厘米（图四八七，2；彩版二五，1；图版一〇〇，6）。

第五节　瓮棺墓

瓮棺葬墓共发现96座，编号为W1、W4、W6、W7、W8、W9、W10、W11、W12、W13、W14、W15、W16、W17、W18、W19、W21、W22、W23、W24、W25、W28、W32、W33、W34、W35、W36、W37、W38、W39、W40、W41、W42、W43、W44、W45、W46、W47、W48、W49、W50、W51、W52、W53、W54、W55、W56、W57、W58、W59、W60、W61、W62、W63、W64、W65、W66、W67、W70、W71、W72、W73、W74、W75、W78、W79、W80、W81、W82、W83、W84、W85、W86、W87、W88、W89、W90、W91、W92、W93、W94、W95、W96、W97、W98、W99、W112、W115、W116、W117、W118、W119、W120、W121、W122、W123。平面形状有圆形、椭圆形、方形、不规则形四种，其中圆形69座，椭圆形17座，方形3座，不规则形7座。结构有锅底状与筒状两种，其中锅底状76座，筒状20座。葬具的数量有1件、2件、多件之分，其中1件葬具者5座，其葬具为单瓮，瓮口无盖；2件葬具者90座；多件葬具者1座，为W44，三重棺结构。2件葬具者棺全部为瓮，盖则有钵、盆、瓶、瓮底四种，其中以钵为盖者78座，以盆为盖者10座，以瓶、瓮底为盖者各1座。葬具放置的方式有竖置、横置、倒置、不详四种，其中竖置93座，横置、倒置、不详各1座。根据有无随葬品可分为两种，有随葬品者9座，无随葬品者87座（图版七，2；图版八，1）。

1. W1

W1位于Ⅱ区T0102北部与T0103南部，开口于④层下。墓坑平面呈圆形，筒状，坑壁竖直，平底。坑口径0.66、底径0.58、深1米。葬具为1件陶瓮与1件陶盆，陶瓮口朝上竖置于坑底，陶盆倒扣于陶瓮上。瓮内存少量人骨（图四八八）。

W1共出土器物2件。全部为陶器。器类有瓮、盆。

瓮　1件。标本W1：1，可复原。粗夹砂红褐陶。侈口，折沿，沿面内曲，方唇，唇部有二道浅细凹槽，肩略鼓，并起一道不显著棱脊，上腹圆鼓，下腹呈反弧状斜收，平底，最大腹径位于中上腹部。棱脊以下饰右上至左下斜向绳纹，绳纹斜度较小。口部可见轮修痕迹，内壁可见泥条盘筑痕迹，器表可见烟熏痕迹。口径30.6、腹径37.2、底径13.8、通高46.8厘米（图四八九，2；图版一〇一，1；图版一九二，5）。

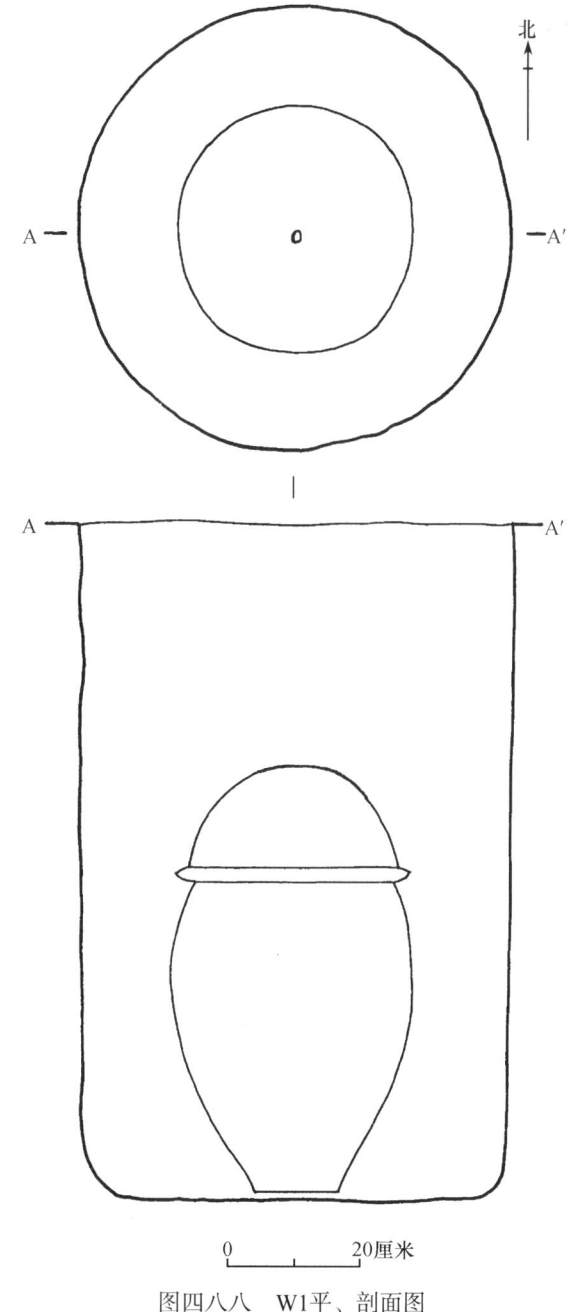

图四八八 W1平、剖面图

盆 1件。标本W1:2,可复原。细泥质橘红陶。直口微敞,折沿,沿面略向外侧下斜,圆唇,深弧腹,圜底近平,底部有一周凸棱,底心有一由外向内打制而成的不规则形穿孔。器表磨光。沿面上饰有黑色短线与弧边三角形相间的彩绘图案。口径35、通高14.5、孔长径1.5、短径0.7厘米(图四八九,1;彩版一二,5;彩版四六,1;图版一〇一,2;图版二〇三,1)。

2. W4

W4位于Ⅲ区T0516东北部,开口于F7居住面之下。墓坑平面呈圆形,筒状,坑壁竖直,平底。坑口径0.3、深0.5米。葬具为1件陶瓮与1件陶钵,陶瓮口朝上竖置于坑底,陶钵倒扣于陶瓮上。瓮

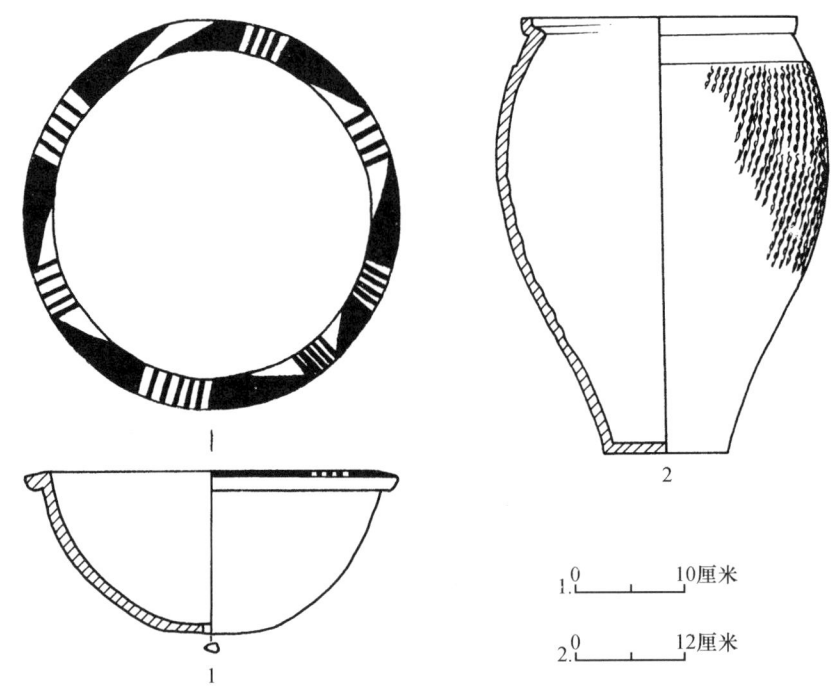

图四八九　W1出土陶器
1.盆（W1：2）　2.瓮（W1：1）

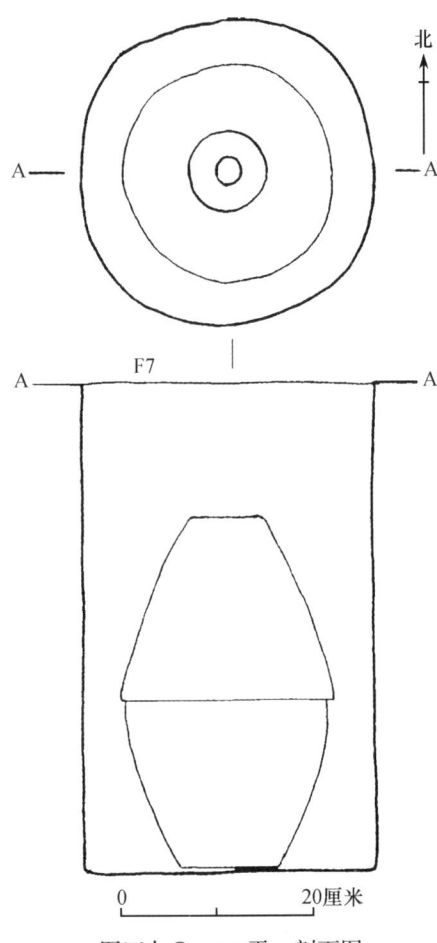

图四九○　W4平、剖面图

内存少量人骨（图四九○）。

W4共出土器物2件。全部为陶器。器类有瓮、钵。

瓮　1件。标本W4：1，可复原。粗夹砂红褐陶。侈口，折沿，沿面内曲，圆唇，中腹微鼓，下腹斜收，平底，最大腹径位于中腹部。腹部饰右上至左下斜向绳纹。器表可见烟熏痕迹。口径18.8、腹径22、底径12.4、通高25.6厘米（图四九一，1；图版一○一，3）。

钵　1件。标本W4：2，可复原。细泥质橘红陶。直口，方唇，深弧腹，平底，底心内凹，底心有一个由内向外打制而成的不规则形穿孔。器表磨光。素面。口下可见深红色叠烧痕迹。口径22、底径8.7、通高17.9、孔径1.5厘米（图四九一，2；图版一○一，4）。

3. W6

W6位于Ⅲ区T0713东部，开口于④层下。墓坑平面呈圆形，锅底状，弧壁，圜底。坑口径0.42、深0.6米。葬具为1件陶瓮与1件陶钵，陶瓮口朝上竖置于坑底，陶钵倒扣于陶瓮上。瓮内仅存少量碎骨（图四九二）。

W6共出土器物2件。全部为陶器。器类有瓮、钵。

瓮　1件。标本W6：1，可复原。粗夹砂红褐陶。侈口，

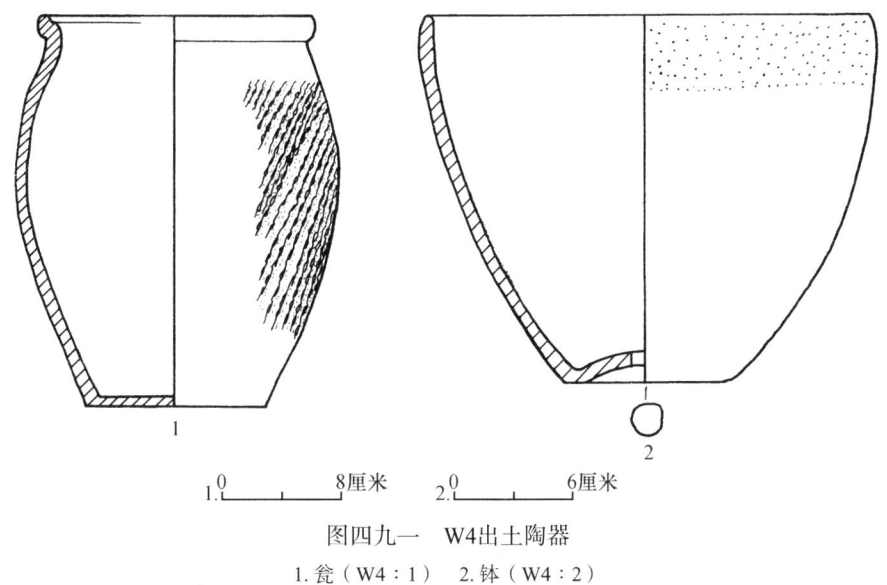

图四九一　W4出土陶器
1.瓮（W4∶1）　2.钵（W4∶2）

折沿，沿面微曲，方唇，上腹圆鼓，下腹略呈反弧状斜收，平底，最大腹径位于上腹部。腹部饰右上至左下斜向绳纹。内壁可见泥条盘筑痕迹，器表可见烟熏痕迹。口径30、腹径34.8、底径10.8、通高40.8厘米（图四九三，1；图版一〇一，5；图版一九二，6）。

钵　1件。标本W6∶2，可复原。细泥质橘红陶。直口微敛，圆唇，深弧腹，圜底，底部有一周浅细凹槽，凹槽内区域较为粗糙。器表磨光。素面。口下可见深红色叠烧痕迹与轮修痕迹。口径30、通高15.2厘米（图四九三，2；图版一〇一，6）。

4. W7

W7位于Ⅲ区T0913西南部，开口于④层下，西南部被H56打破。墓坑平面呈圆形，锅底状，坑壁斜直，平底。坑口径0.48、底径0.32、深0.58米。葬具为1件陶瓮与1件陶钵，陶瓮口朝上竖置于坑底，陶钵倒扣于陶瓮上。瓮内仅存少量人骨，并发现圆陶片2件（图四九四）。

W7共出土器物4件。全部为陶器。器类有瓮、钵、圆陶片。

瓮　1件。标本W7∶1，可复原。粗夹砂红褐陶。侈口，折沿，沿面微曲，圆唇，上腹圆鼓，

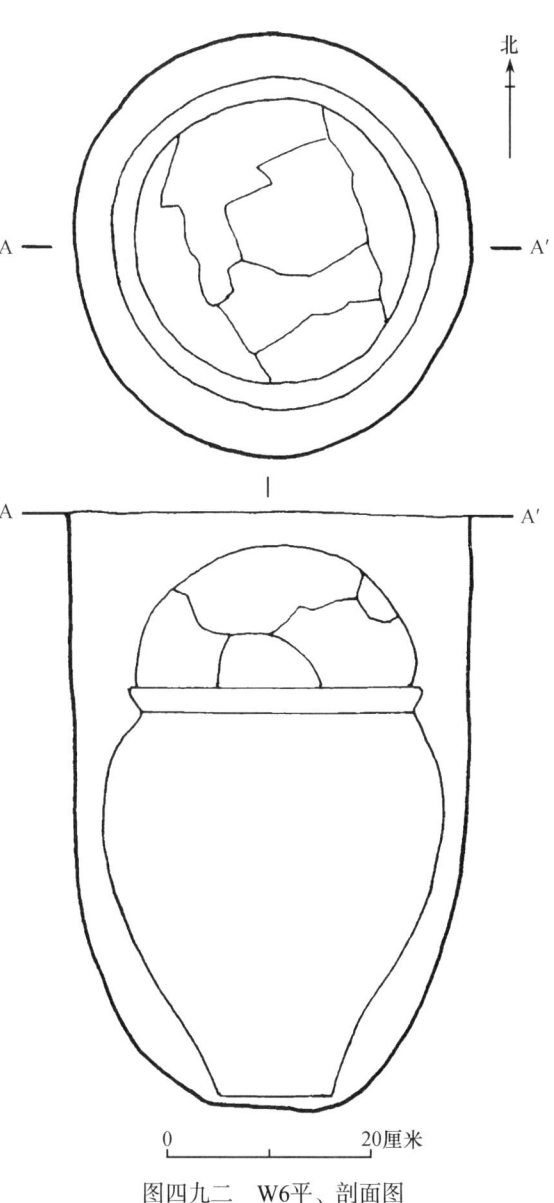

图四九二　W6平、剖面图

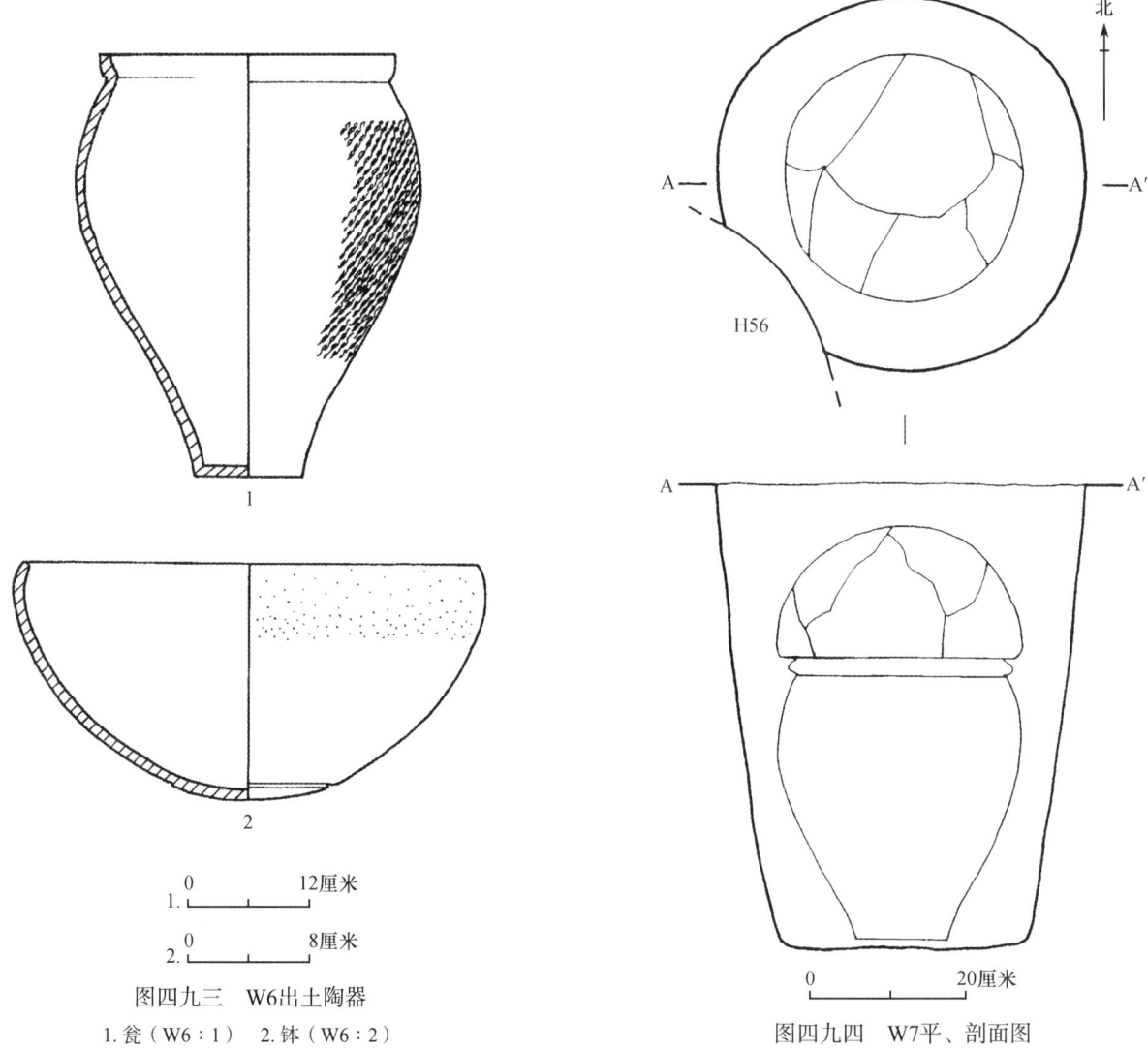

图四九三　W6出土陶器
1. 瓮（W6∶1）　2. 钵（W6∶2）

图四九四　W7平、剖面图

下腹斜收，平底，最大腹径位于上腹部。腹部饰右上至左下斜向绳纹，绳纹斜度较小。器表可见烟熏痕迹。口径26.4、腹径30、底径12、通高36厘米（图四九五，2；图版一〇二，1）。

钵　1件。标本W7∶2，可复原。细泥质橘红陶。直口微敛，圆唇，深弧腹，圜底，底部有一周浅细凹槽，凹槽内有一个由外向内打制而成的不规则形穿孔。器表磨光。素面。口下可见浅褐色叠烧痕迹。口径30.5、通高16.5、孔长径1.5、短径0.7厘米（图四九五，1；图版一〇二，2）。

圆陶片　2件。形制相同，均细泥质橘红陶，圆形，刃部较为锋利。标本W7∶3-2，完整。系利用钵的口部残片打制而成。器表可见深红色叠烧痕迹。直径3.1、厚0.9厘米（图四九五，3；图版一〇二，3）。标本W7∶3-1，残。系利用钵的残片打制而成。残存部分呈半圆形。直径4.1、厚0.8厘米（图四九五，4）。

5. W8

W8位于Ⅲ区T0913西南部，开口于④层下，西北部被W9打破，东南部被H56打破。墓坑平面呈圆形，锅底状，坑壁斜直，平底。坑口径0.6、底径0.46、深0.61米。葬具为1件陶瓮与1件陶钵，

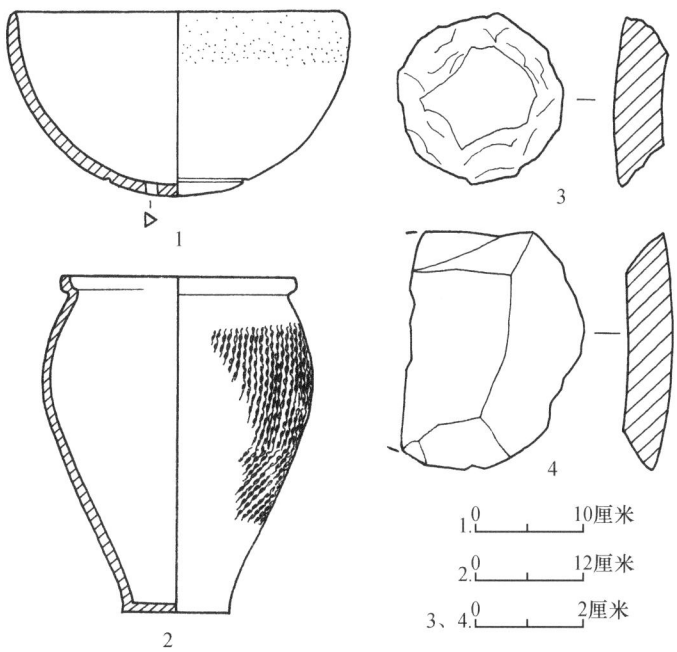

图四九五　W7出土陶器
1.钵（W7∶2）　2.瓮（W7∶1）　3、4.圆陶片（W7∶3-2、W7∶3-1）

陶瓮口朝上竖置于坑底，陶钵倒扣于陶瓮上。瓮内仅存少量人骨（图四九六；图版八，3）。

W8共出土器物2件。全部为陶器。器类有瓮、钵。

瓮　1件。标本W8∶1，可复原。粗夹砂红褐陶。侈口，折沿，沿面微曲，方唇，上腹圆鼓，下腹略呈反弧状急收，平底，最大腹径位于上腹部。口沿以下饰右上至左下斜向绳纹。器表可见烟熏痕迹。口径32.6、腹径38、底径13、通高44厘米（图四九七，2；图版一〇二，4）。

钵　1件。标本W8∶2，可复原。细泥质橘红陶。直口微敛，圆唇，深弧腹，圜底，底部有一周浅细凹槽，凹槽内区域较为粗糙，底心有一个打制而成的三角形穿孔。器表磨光。素面。口下可见浅褐色叠烧痕迹。口径32、通高17、孔长3.1、宽2.4厘米（图四九七，1；图版一〇二，5）。

6. W9

W9位于Ⅲ区T0913西南部，开口于④层下。墓坑平面呈圆形，锅底状，坑壁斜直，平底。坑口径0.45、底径0.30、深0.60米。葬具为1件陶瓮与1件陶钵，陶瓮口朝上竖置于坑底，陶钵倒扣于陶瓮上。瓮内存少量人骨（图四九八；图版八，3、4）。

W9共出土器物2件。全部为陶器。器类有瓮、钵。

瓮　1件。标本W9∶1，可复原。粗夹砂红褐陶。侈口，折沿，沿面微曲，圆唇，上腹圆鼓，下腹斜收，平底，最大腹径位于中上腹部。腹部饰右上至左下斜向绳纹。内壁可见泥条盘筑痕迹，器表可见烟熏痕迹。口径24、腹径31.2、底径13.2、通高33厘米（图四九九，1；图版一〇二，6）。

钵　1件。标本W9∶2，可复原。细泥质橘红陶。直口，圆唇，深弧腹，圜底近平。器表磨光。素面。口下可见浅褐色叠烧痕迹与轮修痕迹。口径27.8、通高14.4厘米（图四九九，2；图版一〇三，1）。

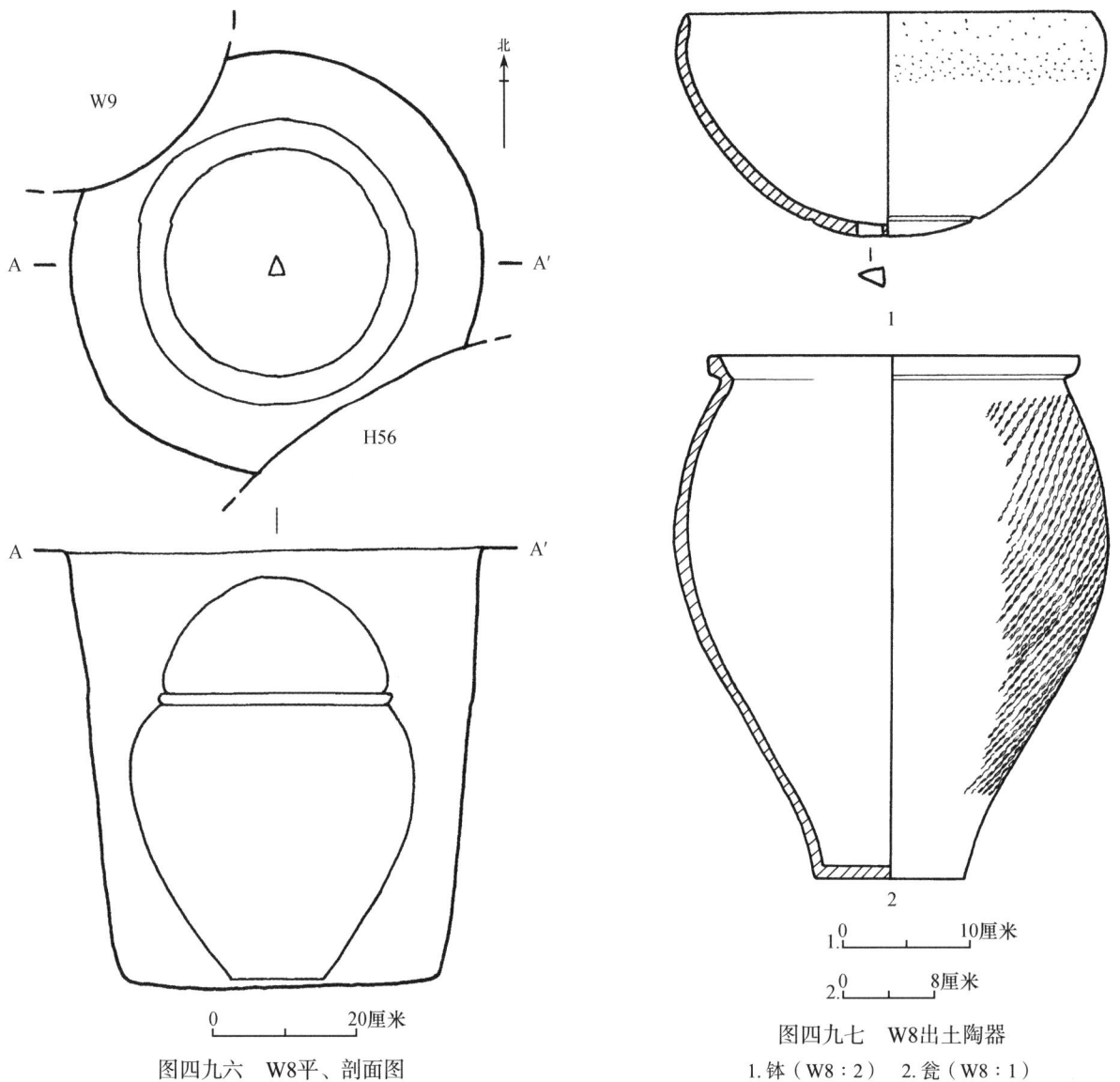

图四九六　W8平、剖面图

图四九七　W8出土陶器
1. 钵（W8：2）　2. 瓮（W8：1）

7. W10

W10位于Ⅲ区T0913西部，开口于⑤层下，西部被W9打破，西南部被W8打破。墓坑平面呈圆形，筒状，坑壁竖直，平底。坑口径0.48、底径0.43、深0.56米。葬具为1件陶瓮与1件陶瓮底，陶瓮口朝上竖置于坑底，其上倒扣瓮底。瓮内仅存少量人骨（图五〇〇；图版八，3）。

W10共出土器物2件。均为陶瓮。

标本W10：1，下腹部稍残。粗夹砂红褐陶。侈口，卷沿，方唇，肩略鼓，并起一道不显著棱脊，中腹圆鼓，下腹斜收，平底，最大腹径位于中腹部。棱脊以下饰右上至左下斜向绳纹。器表可见烟熏痕迹。口径23.2、腹径27、底径11.2、复原高度27厘米（图五〇一，1）。

标本W10：2，下腹、底部残片，腹部残断处较为规整，应经过二次加工。粗夹砂红褐陶。下腹斜收，平底，底部有一由外向内打制而成的不规则形穿孔。腹部饰右上至左下斜向绳纹。底径13、残高19.5、孔长径4、短径2.7厘米（图五〇一，2；图版一〇三，2）。

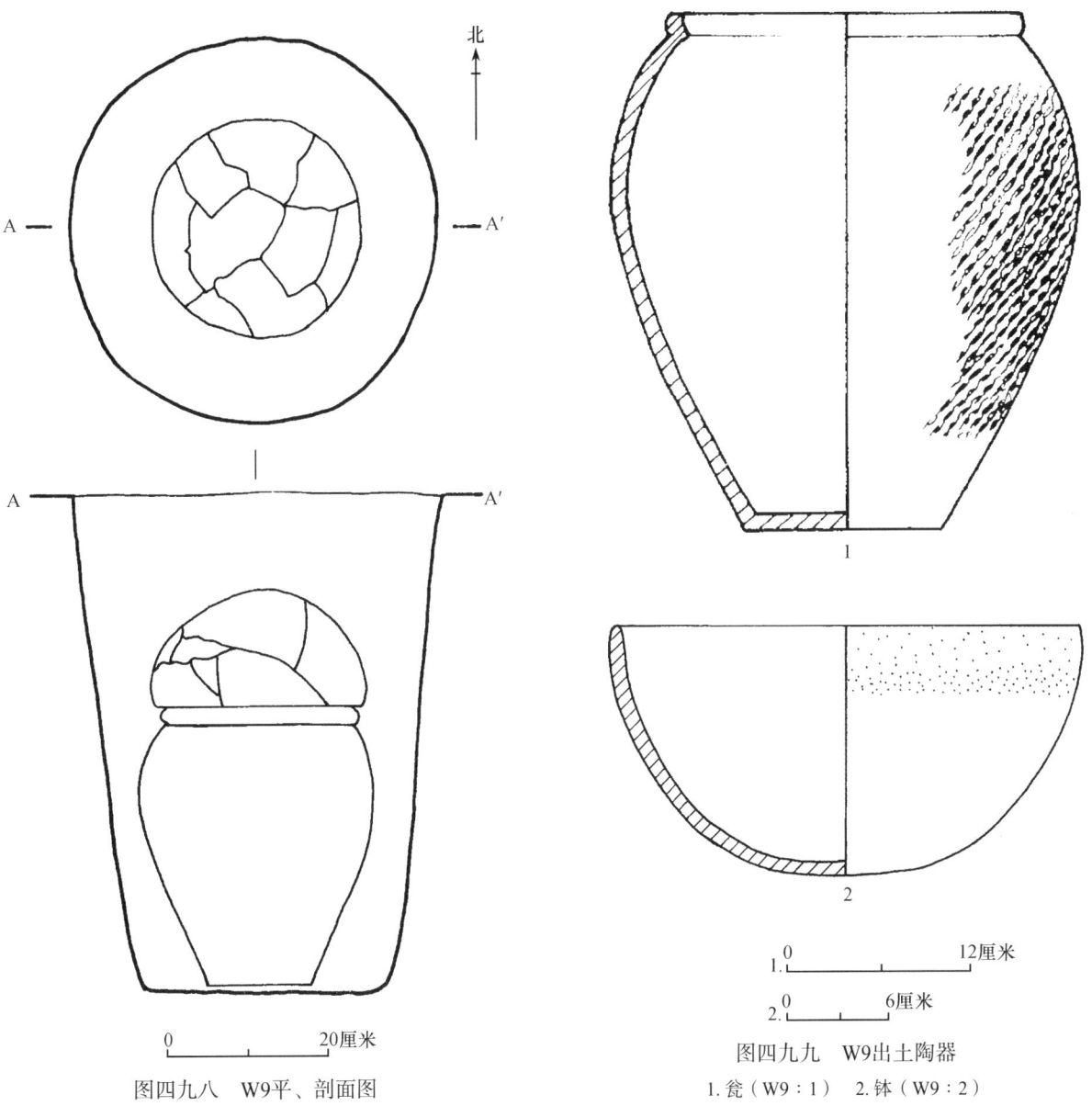

图四九八　W9平、剖面图

图四九九　W9出土陶器
1.瓮（W9∶1）　2.钵（W9∶2）

8. W11

W11位于Ⅲ区T0712西部，开口于④层下。墓坑平面呈圆形，锅底状，弧壁，圜底。坑口径0.42、深0.58米。葬具为1件陶瓮与1件陶钵，陶瓮口朝上竖置于坑底，陶钵倒扣于陶瓮上。瓮内仅存少量人骨（图五〇二）。

W11共出土器物2件。全部为陶器。器类有瓮、钵。

瓮　1件。标本W11∶1，可复原。粗夹砂红褐陶。侈口，折沿，沿面内曲，方唇，中腹微鼓，下腹斜收，平底，最大腹径位于中腹部。口沿下侧饰多周弦纹，腹部饰右上至左下斜向绳纹。内壁可见泥条盘筑痕迹，器表可见烟熏痕迹。口径27.5、腹径33.5、底径14.5、通高40.5厘米（图五〇三，2；图版一〇三，3）。

钵　1件。标本W11∶2，可复原。细泥质橘红陶。直口微敛，圆唇，深弧腹，圜底，底部有

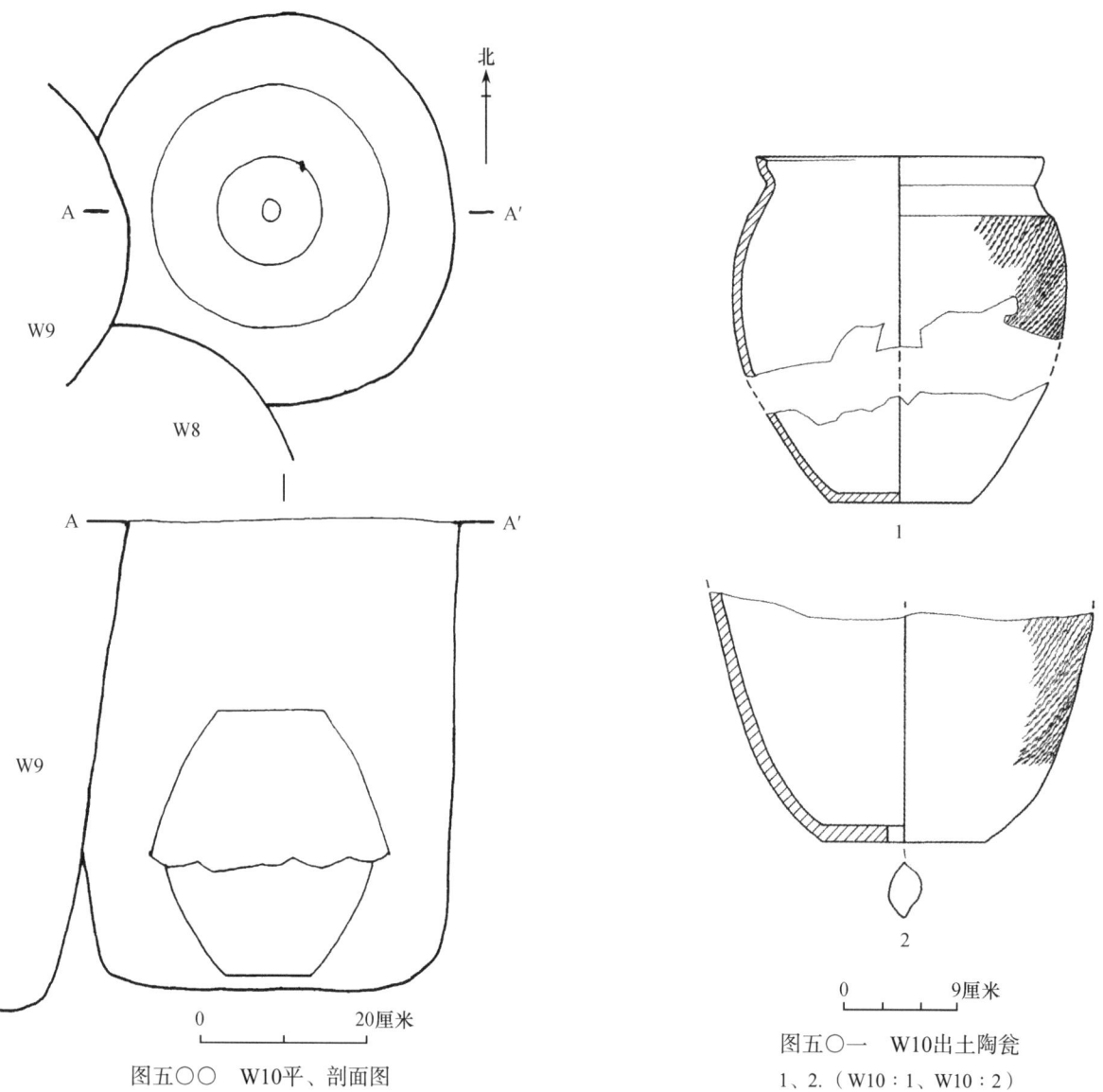

图五〇〇　W10平、剖面图

图五〇一　W10出土陶瓮
1、2.（W10∶1、W10∶2）

一周浅细凹槽，凹槽内有一管钻而成的圆孔。器表磨光。素面。口下可见浅褐色叠烧痕迹。口径30.5、通高16、孔径1厘米（图五〇三，1；图版一〇三，4）。

9. W12

W12位于Ⅲ区T0612东北部，开口于④层下，西部被W55打破。墓坑平面呈椭圆形，锅底状，弧壁，平底。坑口长径0.59，残短径0.47，底长径0.37、短径0.26、深0.72米。葬具为1件陶瓮与1件陶钵，陶瓮口朝上竖置于坑底，陶钵倒扣于陶瓮上。瓮内存有少量人骨（图五〇四；图版八，2；图版二〇九，3；彩版五〇，1）。

W12共出土器物2件。全部为陶器。器类有瓮、钵。

瓮　1件。标本W12∶1，口沿与下腹部残缺。粗夹砂红褐陶。侈口，上腹圆鼓，下腹斜收，平底，最大腹径位于上腹部。腹部饰右上至左下斜向绳纹。内壁可见轮修痕迹，器表可见烟熏痕

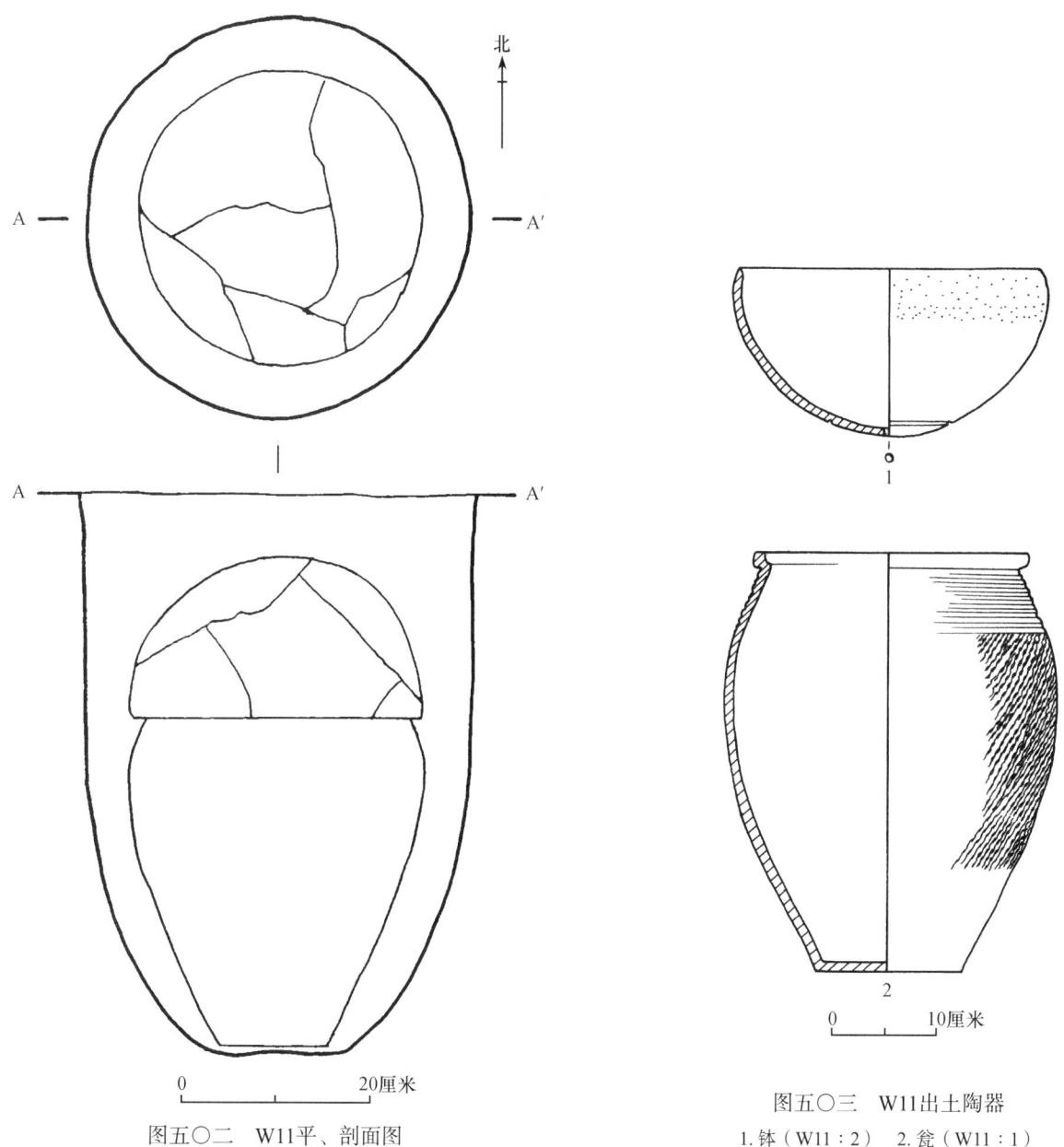

图五〇二　W11平、剖面图

图五〇三　W11出土陶器
1.钵（W11：2）　2.瓮（W11：1）

迹。残存口径28、腹径36、底径13、残高37.6厘米（图五〇五，2）。

钵　1件。标本W12：2，可复原。细泥质橘红陶。直口微敛，圆唇，深弧腹，圜底，底部有一周浅细凹槽，凹槽内区域较为粗糙。器表磨光。素面。口下可见浅褐色叠烧痕迹。口径32、通高17.5厘米（图五〇五，1；图版一〇三，5）。

10. W13

W13位于Ⅲ区T0711北部，开口于④层下。墓坑平面呈不规则形，锅底状，弧壁，平底。坑口长径0.6、短径0.48、底长径0.46、短径0.33、深0.6米。葬具为1件陶瓮与1件陶钵，陶瓮口朝上竖置于坑底，陶钵倒扣于陶瓮上。瓮内人骨保存较为完整（图五〇六）。

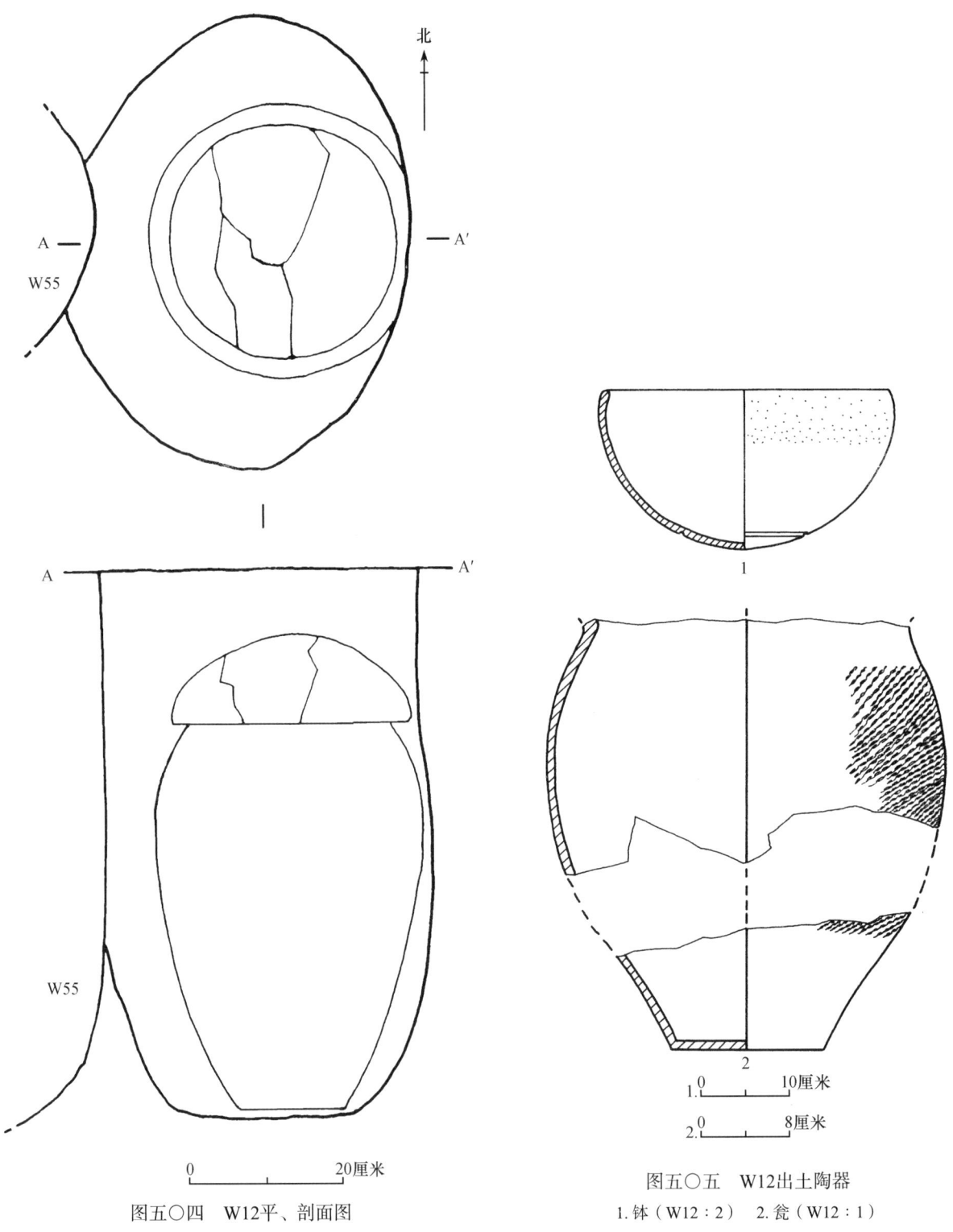

图五〇四　W12平、剖面图

图五〇五　W12出土陶器
1. 钵（W12∶2）　2. 瓮（W12∶1）

W13共出土器物2件。均为陶器。器类有瓮、钵。

瓮　1件。标本W13∶1，口沿残缺。粗夹砂红褐陶。上腹微鼓，下腹略呈反弧状急收，平底，最大腹径位于上腹部。口沿下侧饰多周弦纹，腹部饰右上至左下斜向绳纹。内壁可见泥条盘筑痕迹，器表可见烟熏痕迹。残存口径30、腹径32.8、底径12、残高44.8厘米（图

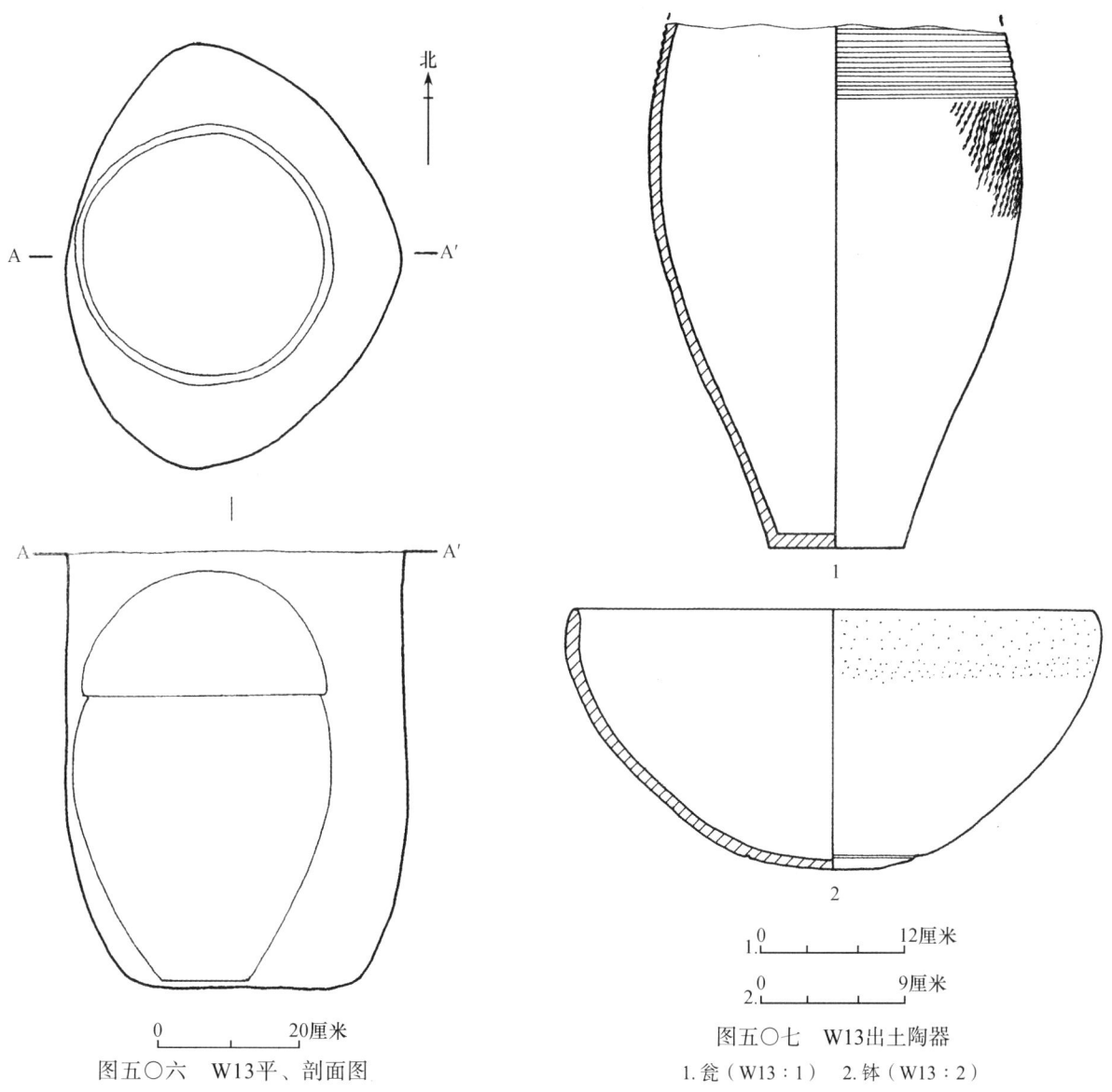

图五〇六　W13平、剖面图

图五〇七　W13出土陶器
1.瓮（W13∶1）　2.钵（W13∶2）

五〇七，1；图版一〇三，6）。

钵　1件。标本W13∶2，可复原。细泥质橘红陶。直口微敛，圆唇，深弧腹，圜底，底部有一周浅细凹槽，凹槽内区域较为粗糙。器表磨光。素面。口下可见浅褐色叠烧痕迹。口径34.5、通高16.8厘米（图五〇七，2；图版一〇四，1）。

11. W14

W14位于Ⅲ区T0713东南部，开口于④层下，北部被H70打破。墓坑平面呈圆形，锅底状，坑壁斜直，圜底近平。坑口径0.51、底径0.2、深0.49米。葬具为1件陶瓮与1件陶钵，陶瓮口朝上竖置于坑底，陶钵倒扣于陶瓮上。瓮内存有少量人骨（图五〇八）。

W14共出土器物2件。全部为陶器。器类有瓮、钵。

瓮　1件。标本W14∶1，腹部残。粗夹砂红褐陶。侈口，折沿，沿面微曲，方唇，鼓腹，平底。口沿下侧饰二周弦纹，腹部饰竖向绳纹，弦纹与绳纹略有交错。口部可见轮修痕迹。口径29.2、复原腹径32.4、底径13.5、复原高度28.5厘米（图五〇九，2）。

钵　1件。标本W14：2，可复原。细泥质橘红陶。直口微敛，圆唇，深弧腹，圜底，口下有一对由内向外单面钻成的圆孔，可能作为修补之用，底部有一周浅细凹槽，凹槽内区域较为粗糙。器表磨光。素面。口下可见浅褐色叠烧痕迹。口径30.5、通高15厘米（图五〇九，1；图版一〇四，2）。

12. W15

W15位于Ⅲ区T0713西南部，开口于④层下。墓坑平面呈圆形，锅底状，弧壁，圜底。坑口径0.59、深0.69米。葬具为1件陶瓮与1件陶钵，陶瓮口朝上竖置于坑底，陶钵倒扣于陶瓮上。瓮内存有少量人骨（图五一〇；图版八，5）。

W15共出土器物2件。全部为陶器。器类有瓮、钵。

瓮　1件。标本W15：1，可复原。粗夹砂红褐陶。侈口，折沿，沿面内曲，方唇，中腹圆鼓，下腹斜收，平底，最大腹径位于中腹部。上腹部饰多周弦纹，腹部饰右上至左下斜向绳纹，绳纹斜度较小。内壁可见泥条盘筑痕迹，器表可见烟熏痕迹。口径29.4、腹径33、底

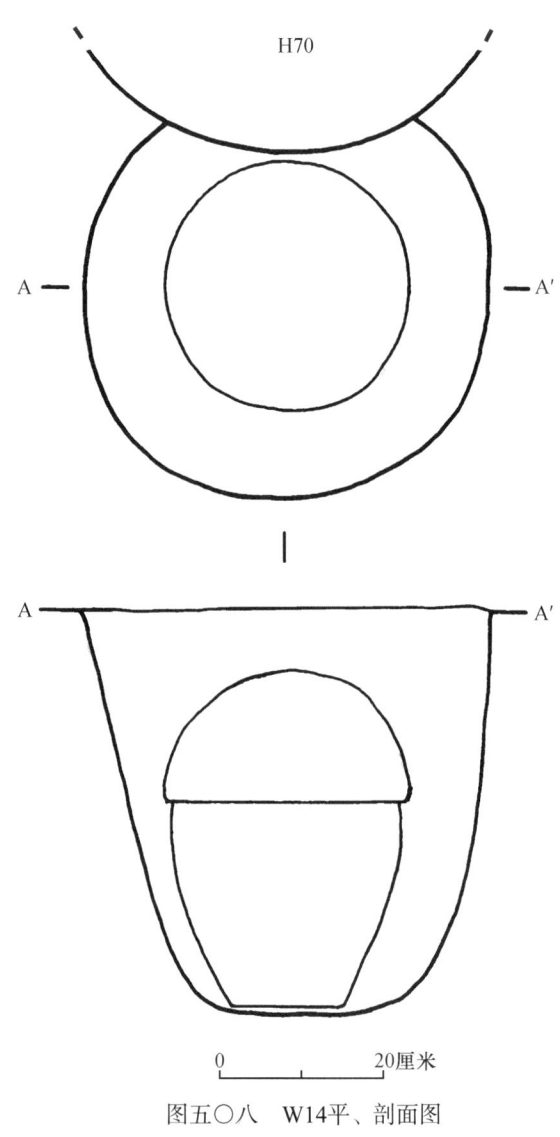

图五〇八　W14平、剖面图

径12.6、通高40.8厘米（图五一一，2；图版一〇四，3）。

钵　1件。标本W15：2，可复原。细泥质橘红陶。直口微敛，圆唇，深弧腹，圜底，底部有一个由外向内打制而成的不规则形穿孔。器表磨光。素面。口下可见深红色叠烧痕迹与轮修痕迹。口径29、通高14.5、孔长径3、短径1.8厘米（图五一一，1；图版一〇四，4）。

13. W16

W16位于Ⅲ区T0713西南部，开口于④层下。墓坑平面呈圆形，锅底状，弧壁，圜底。坑口径0.42、深0.68米。葬具为1件陶瓮与1件陶钵，陶瓮口朝上竖置于坑底，陶钵倒扣于陶瓮上。瓮内存有少量人骨（图五一二）。

W16共出土器物2件。全部为陶器。器类有瓮、钵。

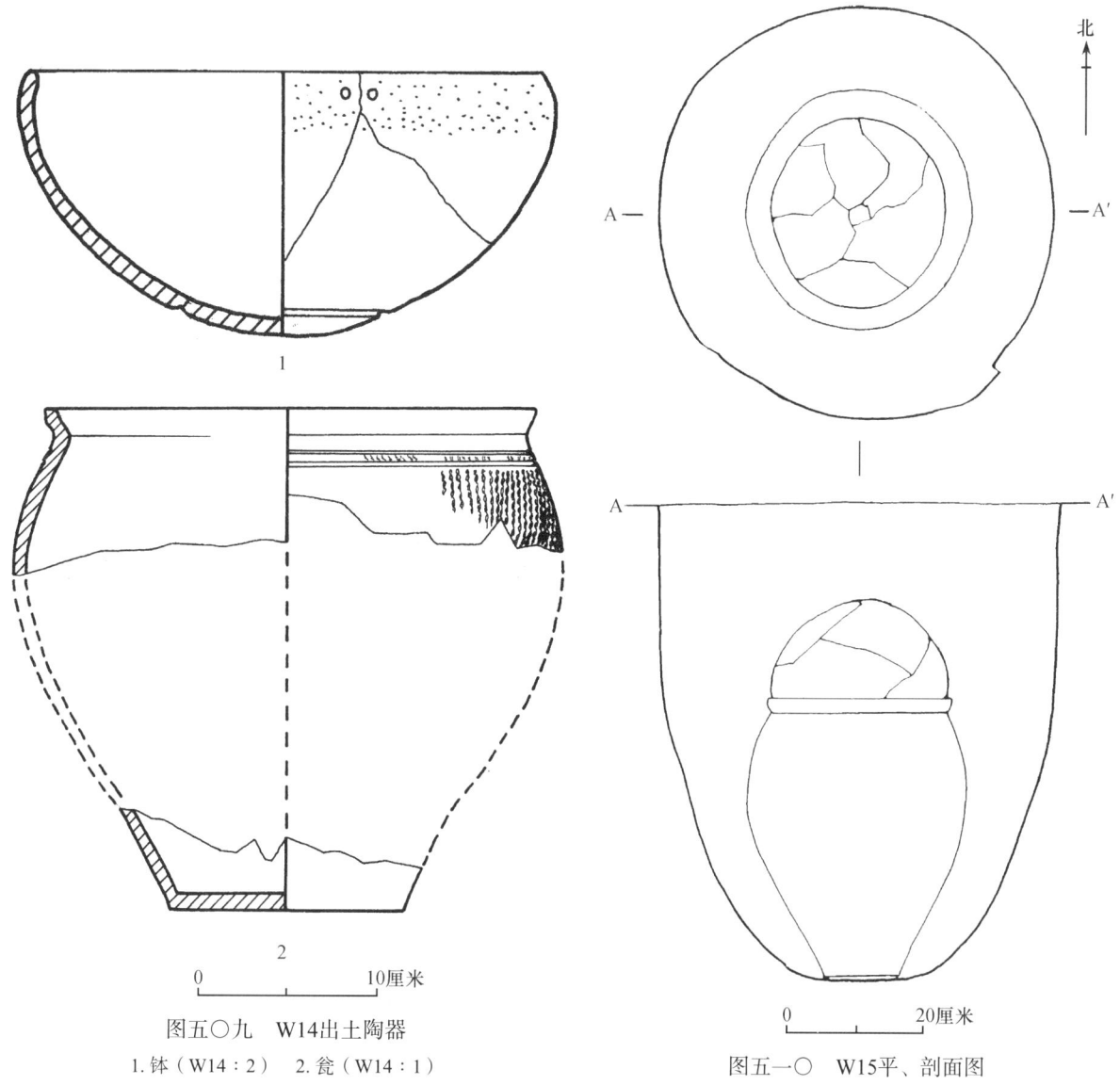

图五〇九 W14出土陶器
1. 钵（W14：2） 2. 瓮（W14：1）

图五一〇 W15平、剖面图

瓮 1件。标本W16：1，可复原。粗夹砂红褐陶。侈口，折沿，沿面微曲，方唇，上腹圆鼓，下腹斜收，平底，最大腹径位于上腹部。腹部饰右上至左下斜向绳纹。器表可见烟熏痕迹。口径26.4、腹径33.6、底径11.4、通高35.4厘米（图五一三，1；图版一〇四，5）。

钵 1件。标本W16：2，可复原。细泥质橘红陶。直口微敛，圆唇，深弧腹，圜底，口下有二对圆形穿孔，均系两面对钻而成，可能作为修补之用，底部有一周浅细凹槽，凹槽内区域较为粗糙。器表磨光。素面。口下可见浅褐色叠烧痕迹。口径31、通高16厘米（图五一三，2；图版一〇四，6）。

14. W17

W17位于Ⅲ区T0913西部，开口于⑤层下。墓坑平面呈圆形，锅底状，坑壁斜直，平底。坑口径0.4、底径0.3、深0.5米。葬具为1件陶瓮与1件陶钵，陶瓮口朝上竖置于坑底，陶钵倒扣

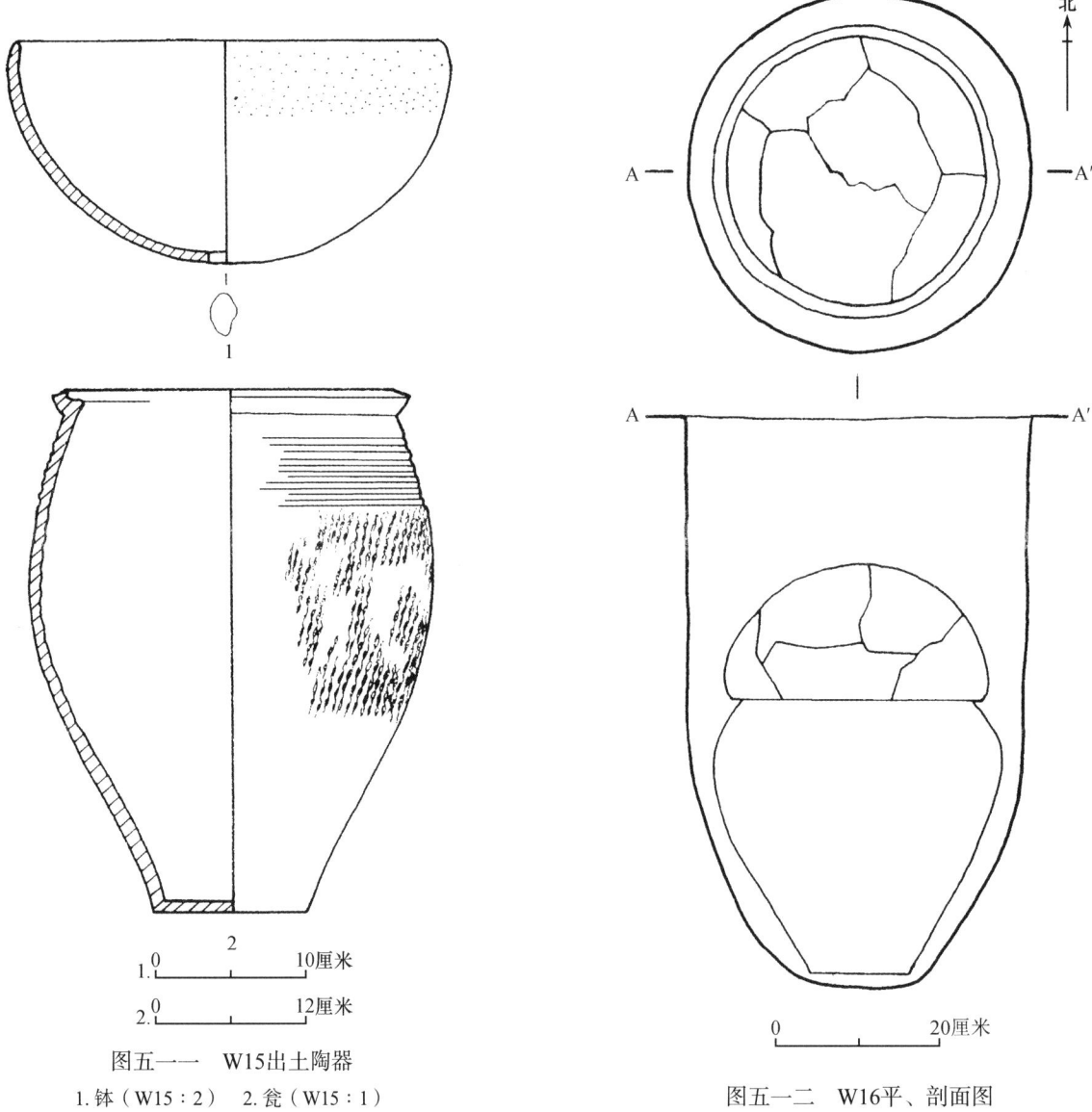

图五一一 W15出土陶器
1. 钵（W15：2） 2. 瓮（W15：1）

图五一二 W16平、剖面图

于陶瓮上。瓮内存有少量人骨，并发现1件圆陶片（图五一四）。

W17共出土器物3件。全部为陶器。器类有瓮、钵、圆陶片。

瓮 1件。标本W17：1，口沿与下腹部残片。粗夹砂红褐陶。侈口，折沿，沿面内曲，方唇，鼓腹，下腹斜直，平底。腹部饰右上至左下斜向绳纹。器表可见烟熏痕迹。口径30、底径10、复原高度38厘米（图五一五，1）。

钵 1件。标本W17：2，可复原。细泥质橘红陶。直口微敛，圆唇，深弧腹，圜底，底部有一周浅细凹槽，底心有一由外向内打制而成的圆孔。器表磨光。素面。口下可见浅褐色叠烧痕迹。口径30、通高16.8、孔径0.8厘米（图五一五，2；图版一〇五，1）。

圆陶片 1件。标本W17：3，完整。细泥质橘红陶。系利用钵的口部残片打制而成。圆形，边缘较为锋利。器表可见深红色叠烧痕迹。直径2.9、厚0.7厘米（图五一五，3；图版一〇五，2）。

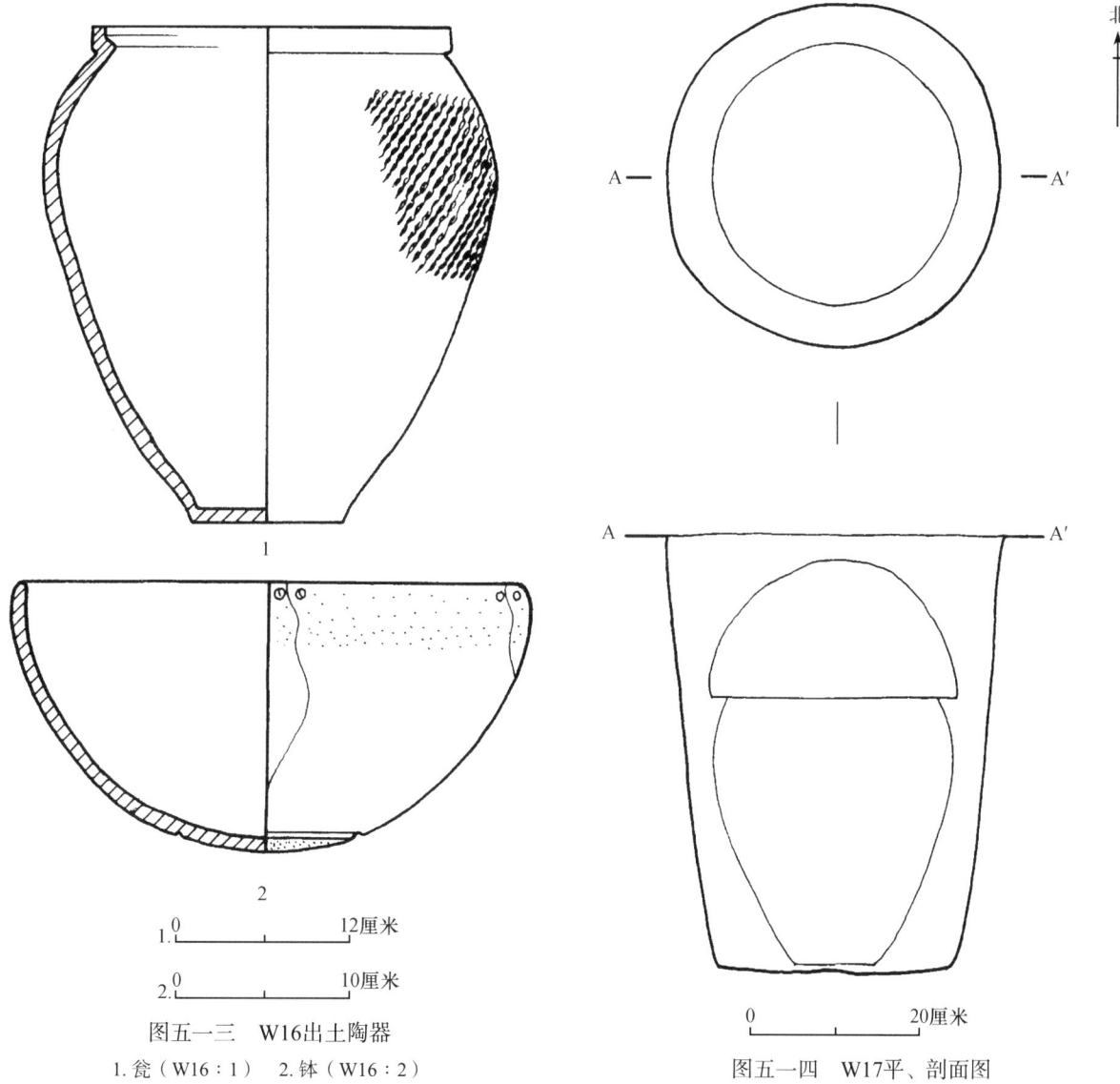

图五一三 W16出土陶器
1. 瓮（W16∶1） 2. 钵（W16∶2）

图五一四 W17平、剖面图

15. W18

W18位于Ⅲ区T0913西部，开口于⑤层下。墓坑平面呈圆形，锅底状，坑壁斜直，平底。坑口径0.5、底径0.32、深0.56米。葬具为1件陶瓮与1件陶钵，陶瓮口朝上竖置于坑底，陶钵倒扣于陶瓮上。瓮内存有少量人骨。随葬石坠饰1件，置于陶钵底上（图五一六）。

W18共出土器物3件。以陶器为主，石器次之。

（1）陶器

2件。器类有瓮、钵。

瓮　1件。标本W18∶1，可复原。粗夹砂红褐陶。侈口，折沿，沿面微曲，方唇，中腹微鼓，下腹斜收，平底，最大腹径位于中腹部。腹部饰右上至左下斜向绳纹。器表可见烟熏痕迹。口径24.2、腹径28、底径11.5、通高33.6厘米（图五一七，1；图版一〇五，3）。

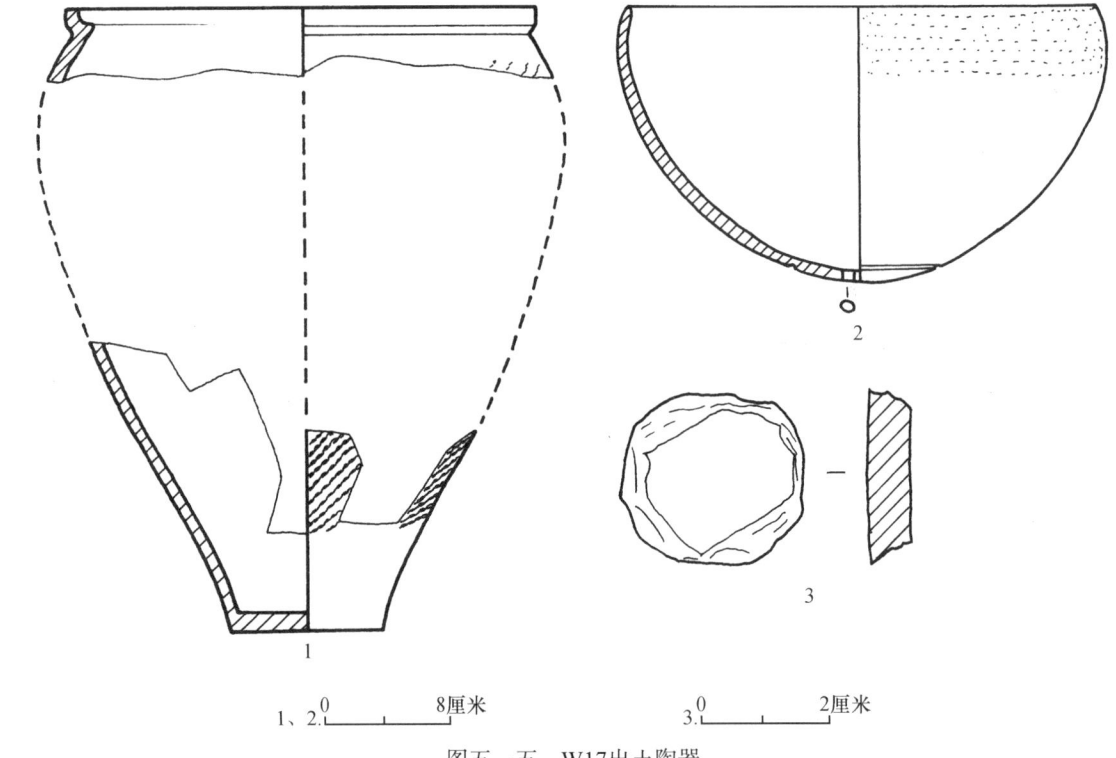

图五一五　W17出土陶器
1.瓮（W17∶1）　2.钵（W17∶2）　3.圆陶片（W17∶3）

钵　1件。标本W18∶2，可复原。细泥质橘红陶。直口微敛，圆唇，深弧腹，平底，底心有一由外向内打制而成的不规则形穿孔。器表粗糙。底部饰席纹。口下可见浅褐色叠烧痕迹，器表可见轮修痕迹。口径27、底径11.5、通高14.5厘米（图五一七，2；图版一〇五，4）。

（2）石器

1件。坠饰。标本W18∶3，完整。乳石英。平面呈长条形，一端留有系绳的凹槽。通体磨光。长2.5、宽1.1、厚0.5厘米（图五一七，3；彩版三二，6；图版一〇五，5）。

16. W19

W19位于Ⅲ区T0913中部，开口于⑤层下。墓坑平面呈椭圆形，锅底状，坑壁斜直，平底。坑口长径0.36、短径0.3、底长径0.28、短径0.16、深0.4米。葬具为1件陶瓮与1件陶钵，陶瓮口朝上竖置于坑底，陶钵倒扣于陶瓮上。瓮内存有少量人骨（图五一八）。

W19共出土器物2件。全部为陶器。器类有瓮、钵。

瓮　1件。标本W19∶1，可复原。粗夹砂红褐陶。侈口，折沿，方唇，中腹圆鼓，下腹斜收，平底，最大腹径

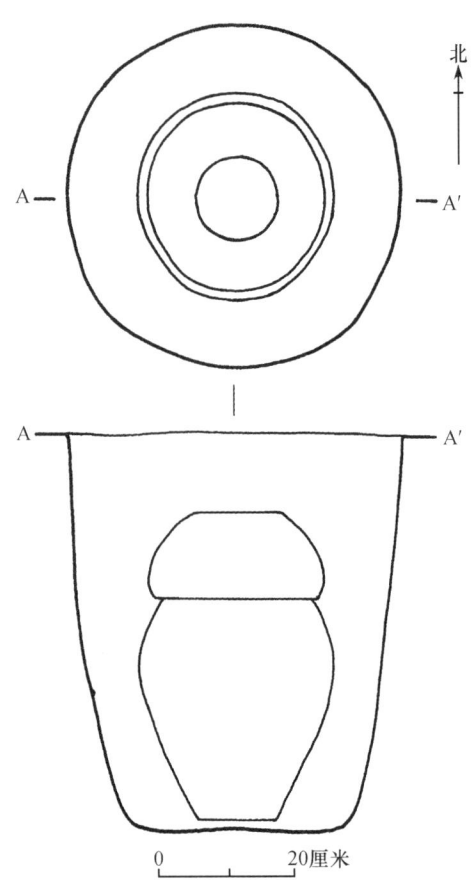

图五一六　W18平、剖面图

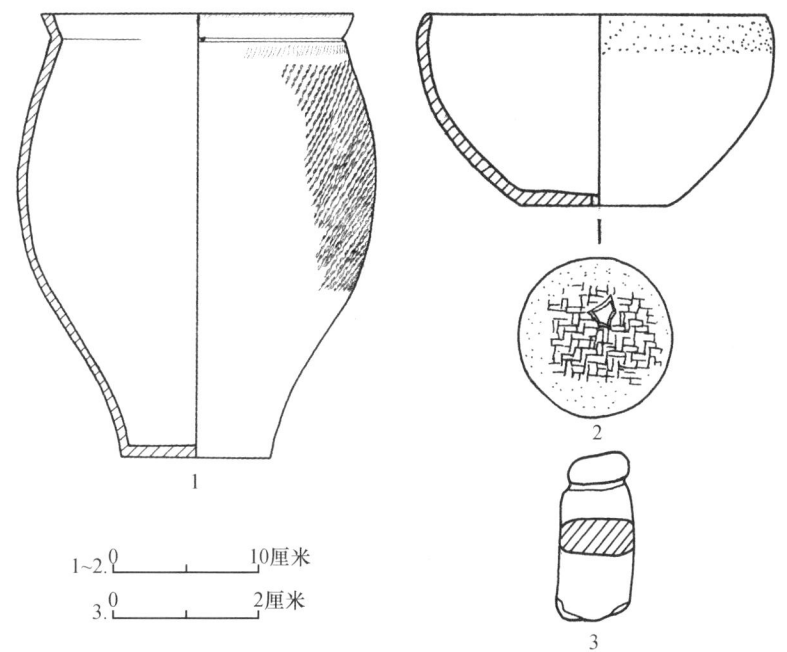

图五一七　W18出土遗物

1. 陶瓮（W18∶1）　2. 陶钵（W18∶2）　3. 石坠饰（W18∶3）

位于中腹部。腹部饰右上至左下斜向绳纹。器表可见烟熏痕迹。口径19.2、腹径24、底径9.6、通高27.6厘米（图五一九，1；图版一〇五，6；图版一九三，1）。

钵　1件。标本W19∶2，可复原。细泥质橘红陶。直口微敛，圆唇，深弧腹，平底，底部较为粗糙，有一个由外向内打制而成的不规则形穿孔。器表磨光。素面。口下可见浅褐色叠烧痕迹，器表可见烟熏痕迹。口径25.6、通高12.6、孔长径2.6、短径1.6厘米（图五一九，2；图版一〇六，1）。

17. W21

W21位于Ⅲ区T0712西部，开口于④层下。墓坑平面呈圆形，锅底状，弧壁，底部不甚平整。坑口径0.4、底径0.31、深0.17米。葬具为1件陶瓮（残），放置方式不详。瓮内人骨不存（图五二〇）。

W21仅出土陶瓮1件。标本W21∶1，口、腹部残片。粗夹砂红褐陶。侈口，折沿，沿面内曲，方唇，鼓腹。口沿下侧饰多周弦纹。复原口径33.8、残高6.6厘米（图五二一）。

18. W22

W22位于Ⅲ区T0712西南部，开口于⑤层下。墓坑平面呈圆形，锅底状，弧壁，圜底。坑口径0.4、深0.41米。葬具为1件陶瓮与1件陶钵，陶瓮口朝上竖置于坑底，陶钵倒扣于陶瓮上。瓮内人骨不存（图五二二）。

W22共出土器物2件。全部为陶器。器类有瓮、钵。

瓮　1件。标本W22∶1，可复原。粗夹砂红褐陶。侈口，折沿，沿面微曲，圆唇，中腹圆鼓，

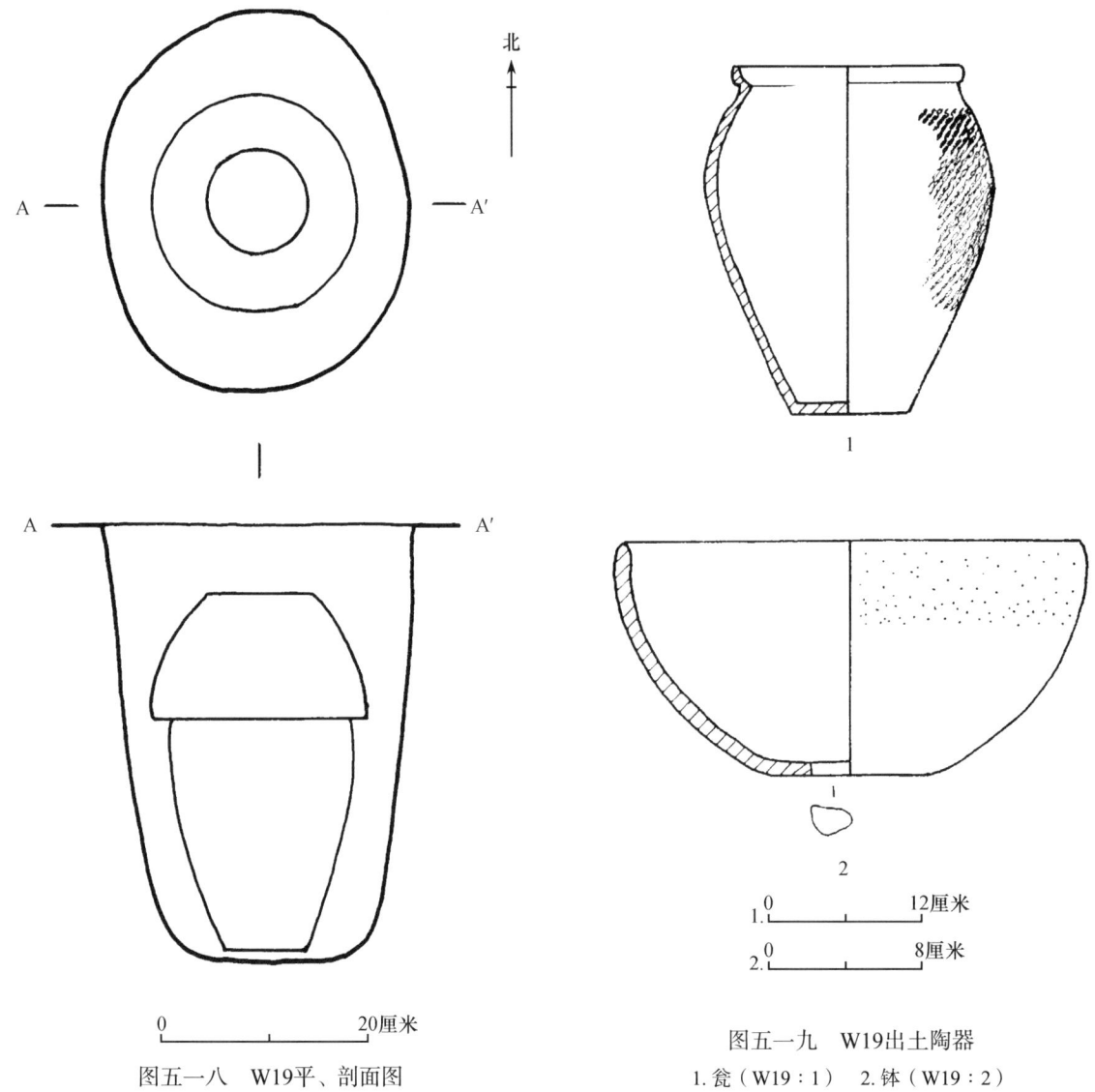

图五一八 W19平、剖面图

图五一九 W19出土陶器
1. 瓮（W19：1） 2. 钵（W19：2）

下腹斜收，平底，最大腹径位于中腹部。腹部饰右上至左下的斜向绳纹。器表可见烟熏痕迹。口径22.8、腹径27.6、底径11.4、通高27.8厘米（图五二三，2；图版一〇六，2）。

钵 1件。标本W22：2，可复原。细泥质橘红陶。直口微敛，圆唇，深弧腹，圜底，底部有一周浅细凹槽，凹槽内区域较为粗糙，底心有一个由外向内打制而成的三角形穿孔。器表磨光。素面。口下可见浅褐色叠烧痕迹。口径30.5、通高16、孔长2、宽1.5厘米（图五二三，1；图版一〇六，3）。

19. W23

W23位于Ⅲ区T0713东北部，开口于④层下。墓坑平面呈圆形，锅底状，坑壁斜直，平底。坑口径0.63、底径0.35、深0.72米。葬具为1件陶瓮与1件陶钵，陶瓮口朝上竖置于坑底，陶钵倒扣于陶瓮上。瓮内人骨不存（图五二四；图版八，6）。

第二编 发掘资料

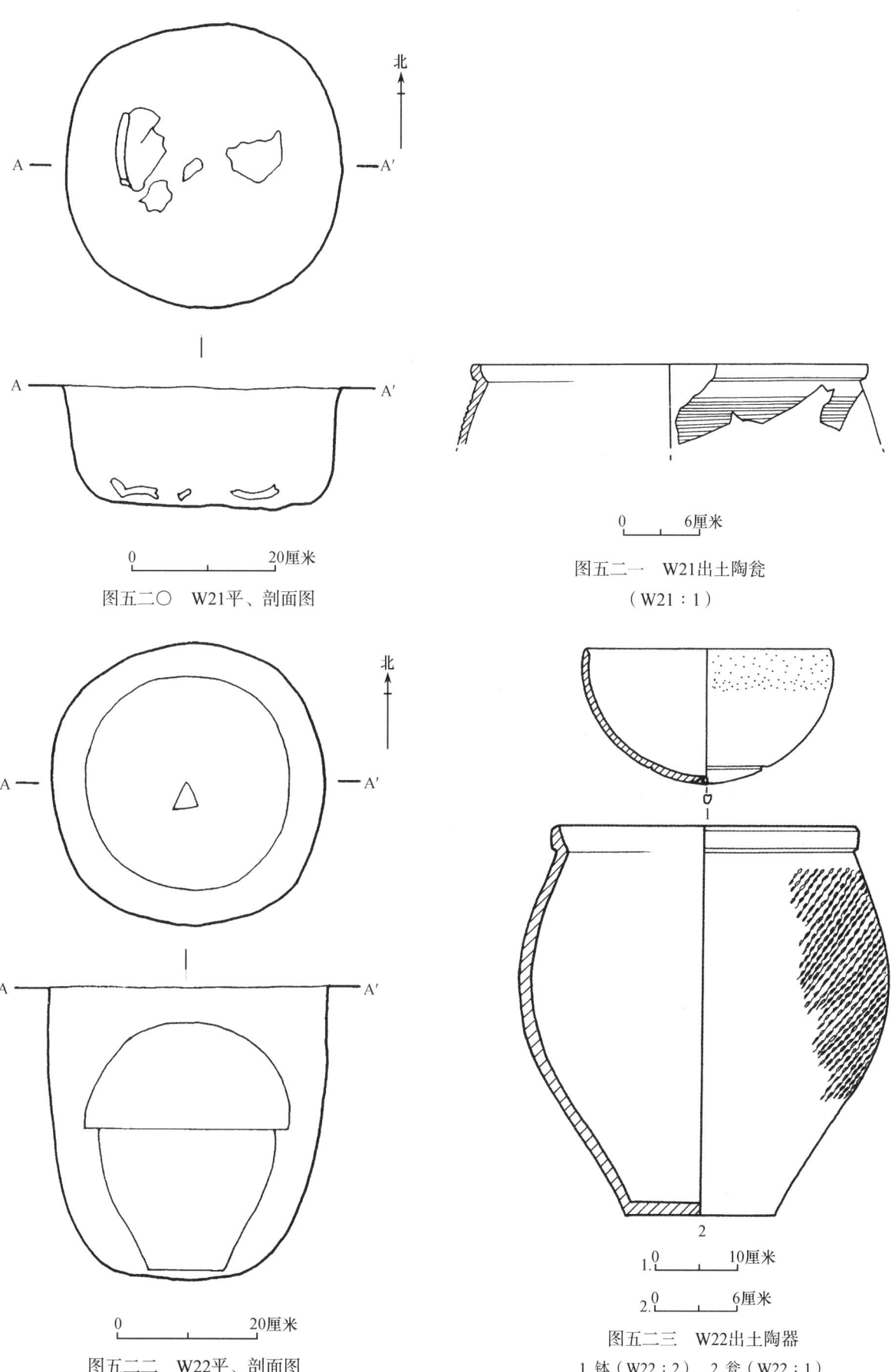

图五二〇 W21平、剖面图

图五二一 W21出土陶瓮（W21∶1）

图五二二 W22平、剖面图

图五二三 W22出土陶器
1.钵（W22∶2） 2.瓮（W22∶1）

W23共出土器物2件。全部为陶器。器类有瓮、钵。

瓮　1件。标本W23∶1，可复原。粗夹砂红褐陶。侈口，折沿，沿面内曲，方唇，上腹圆鼓，下腹略呈反弧状急收，平底，最大腹径位于上腹部。腹部饰右上至左下斜向绳纹，绳纹斜度较小。内壁可见泥条盘筑痕迹，器表可见烟熏痕迹。口径29、腹径37、底径13.2、通高46厘米（图五二五，2；图版一〇六，4）。

钵　1件。标本W23∶2，可复原。细泥质橘红陶。直口微敛，圆唇，深弧腹，圜底，底部有一周浅细凹槽，凹槽内区域较为粗糙，有一个由外向内打制而成的三角形穿孔。器表磨光。素面。口下可见浅褐色叠烧痕迹。口径31、通高16.2、孔长2、宽1厘米（图五二五，1；图版一〇六，5）。

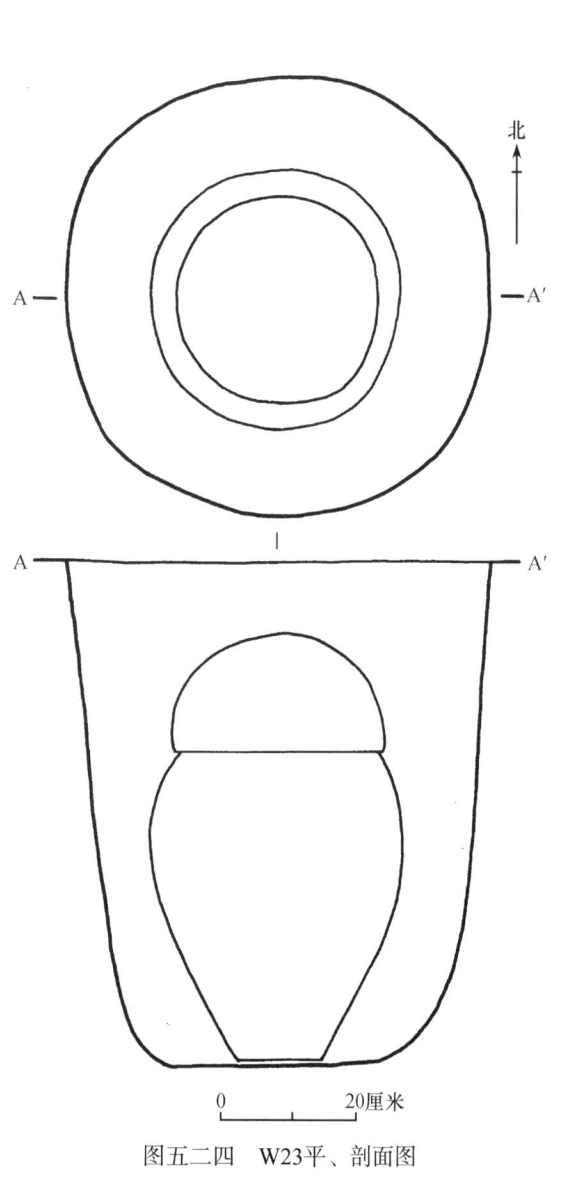

图五二四　W23平、剖面图

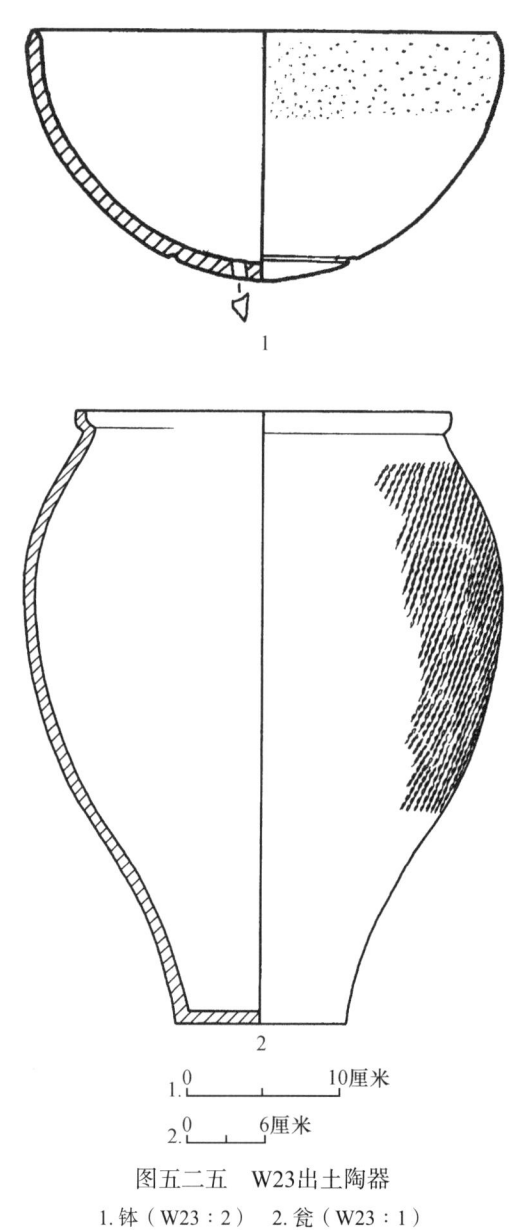

图五二五　W23出土陶器
1.钵（W23∶2）　2.瓮（W23∶1）

20. W24

W24位于Ⅲ区T0712西南部，开口于④层下。墓坑平面呈椭圆形，锅底状，坑壁斜直，平底。坑口长径0.68、短径0.6、底长径0.46、短径0.38、深0.78米。葬具为1件陶瓮与1件陶盆，陶瓮口朝上竖置于坑底，陶盆倒扣于陶瓮上。瓮内存有少量人骨（图五二六；图版九，1）。

W24共出土器物2件。全部为陶器。器类有瓮、盆。

瓮 1件。标本W24∶1，可复原。粗夹砂红褐陶。侈口，折沿，沿面微曲，方唇，上腹圆鼓，下腹略呈反弧状急收，平底，最大腹径位于上腹部。口沿下侧饰多周弦纹，腹部饰右上至左下斜向绳纹。内壁可见泥条盘筑痕迹，器表可见烟熏痕迹。口径35.1、腹径44.4、底径14.5、通高52厘米（图五二七，1；图版一〇六，6）。

盆 1件。标本W24∶2，可复原。细泥质橘红陶。直口微敞，折沿，沿面略向外侧下斜，尖圆唇，深弧腹，圜底近平，底心内凹。口下有一对由外向内单面钻成的圆孔，可能作为修补之用。器表磨光。沿面饰有黑色短线与弧边三角形相间的彩绘图案。口径36、通高16厘米（图五二七，2；彩版四六，2；图版一〇七，1；图版二〇三，2）。

21. W25

W25位于Ⅲ区T1312西部，开口于④层下。墓坑平面呈椭圆形，锅底状，斜直壁，平底。坑口长径0.7、短径0.67、底长径0.5、短径0.45、深0.75米。葬具为1件陶瓮与1件陶钵，陶瓮口朝上竖置于坑底，陶钵倒扣于陶瓮上。瓮内存有少量人骨（图五二八；图版九，2）。

W25共出土器物2件。全部为陶器。器类有瓮、钵。

瓮 1件。标本W25∶1，可复原。粗夹砂红褐陶。侈口，折沿，沿面内曲，方唇，口沿下侧有一道凸棱，上腹圆鼓，下腹略呈反弧状急收，平底，最大腹径位于上腹部。腹部饰右上至左下斜向绳纹，绳纹斜度较小。器表可见烟熏痕迹。口径33、腹径42.6、底径15、通高47.4厘米（图五二九，2；图版一〇七，2；图版一九三，2）。

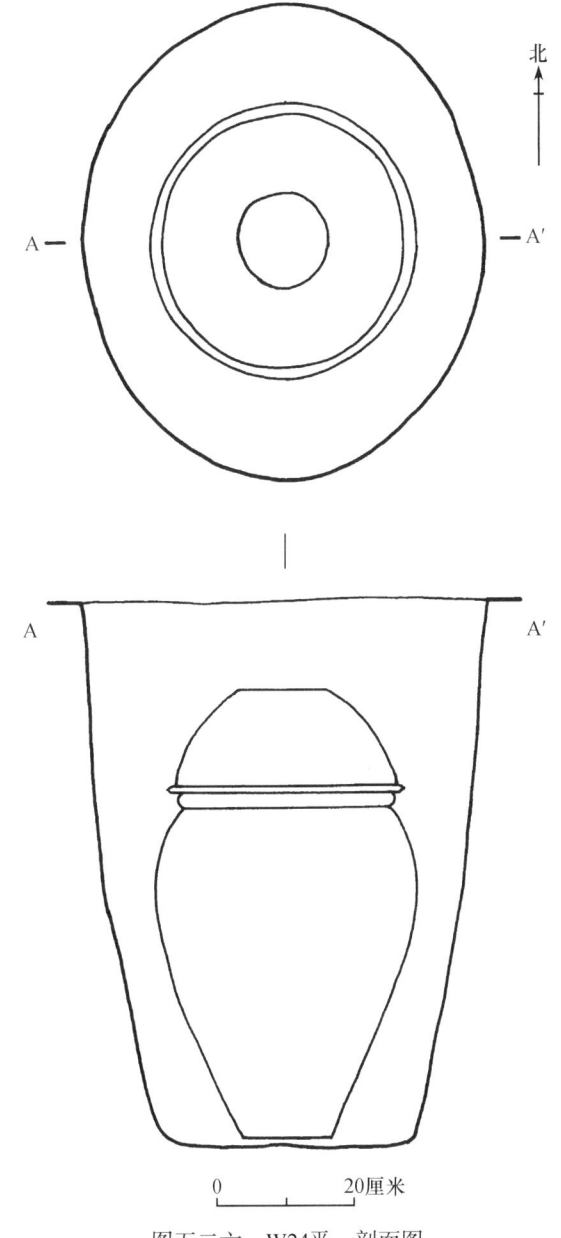

图五二六 W24平、剖面图

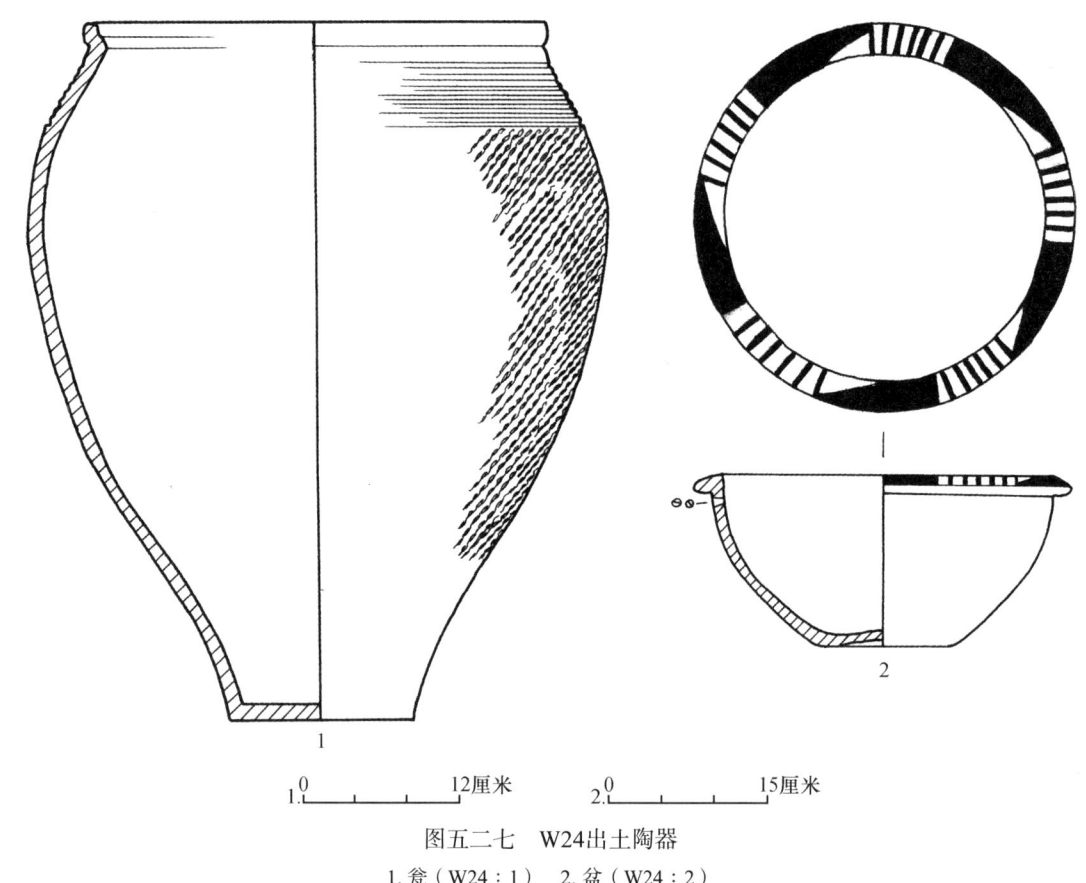

图五二七　W24出土陶器
1. 瓮（W24∶1）　2. 盆（W24∶2）

钵　1件。标本W25∶2，可复原。细泥质橘红陶。直口微敛，圆唇，深弧腹，圜底，底部较为粗糙。器表磨光。素面。口下可见浅褐色叠烧痕迹与轮修痕迹。口径32.5、通高15.5厘米（图五二九，1；图版一○七，3）。

22. W28

W28位于Ⅲ区T1112东北部与T1212西北部，开口于④层下。墓坑平面呈圆形，锅底状，斜直壁，平底。坑口径0.7、底径0.33、深0.8米。葬具为1件陶瓮与1件陶钵，陶瓮口朝上竖置于坑底，陶钵残碎，当倒扣于陶瓮上。瓮内人骨不存（图五三○）。

W28共出土器物2件。全部为陶器。器类有瓮、钵。

瓮　1件。标本W28∶1，口部残缺。粗夹砂红褐陶。上腹圆鼓，下腹略呈反弧状急收，平底，最大腹径位于上腹部，腹中部残存一竖向圆柱桥形耳。腹部饰右上至左下斜向绳纹。器表可见烟熏痕迹。复原腹径52.2、底径17.2、残高69.2厘米（图五三一，1）。

钵　1件。标本W28∶2，可复原。细泥质橘红陶。直口微敛，圆唇，深弧腹，圜底，底部有一周浅细凹槽，凹槽内区域较为粗糙。器表磨光。素面。口下可见浅褐色叠烧痕迹。口径36.6、通高18.2厘米（图五三一，2）。

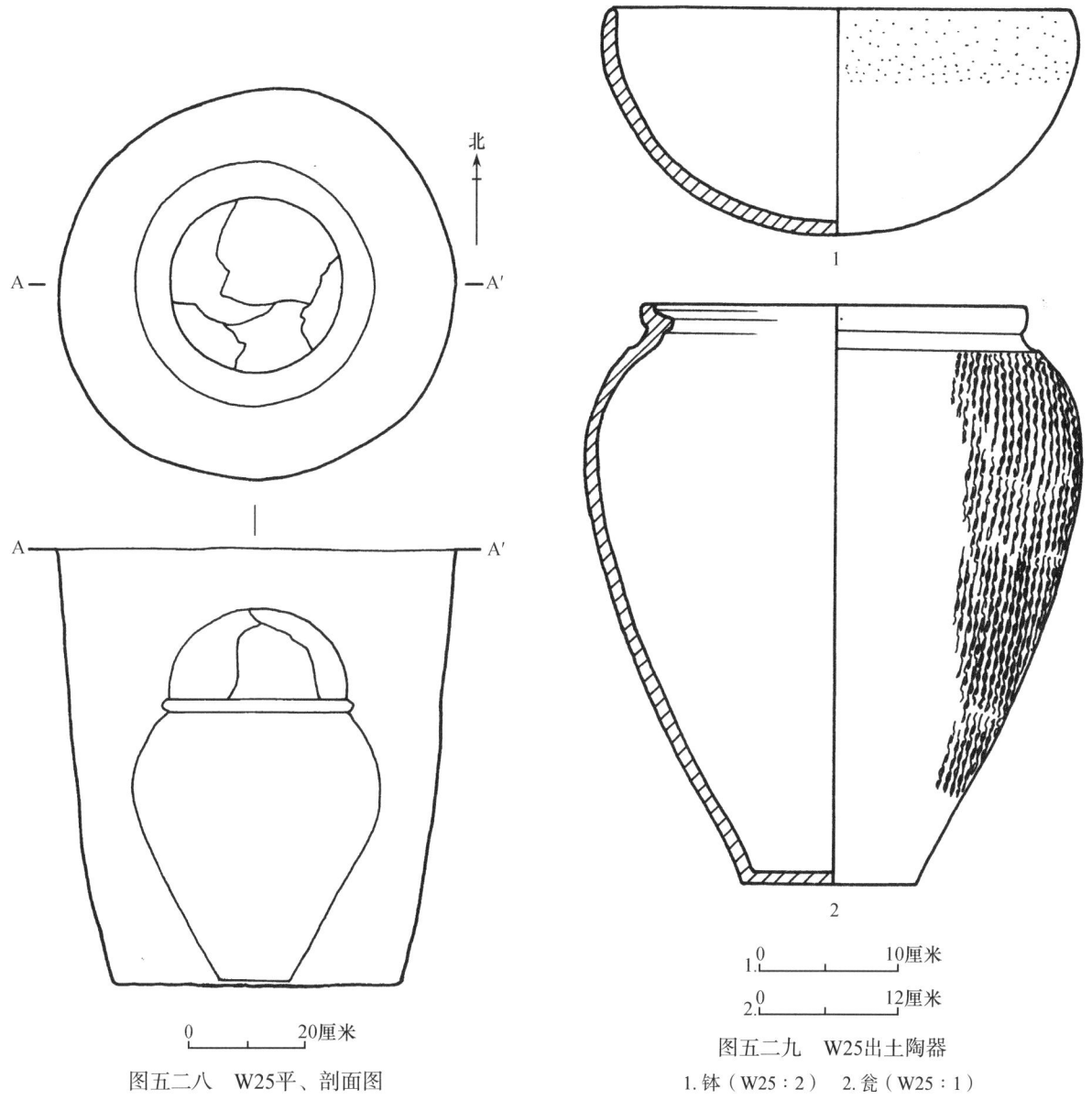

图五二八 W25平、剖面图

图五二九 W25出土陶器
1.钵（W25：2） 2.瓮（W25：1）

23. W32

W32位于Ⅲ区T0911中部，开口于④层下。墓坑平面呈椭圆形，锅底状，弧壁，圜底。坑口长径0.53、短径0.48、深0.65米。葬具为1件陶瓮与1件陶钵，陶瓮口朝上竖置于坑底，陶钵倒扣于陶瓮上。瓮内人骨不存（图五三二）。

W32共出土器物2件。全部为陶器。器类有瓮、钵。

瓮 1件。标本W32：1，唇部残。粗夹砂红褐陶。侈口，折沿，沿面微曲，鼓肩，并起一道不显著棱脊，上腹微鼓，下腹斜收，平底，最大腹径位于上腹部。腹部饰右上至左下斜向绳纹。器表可见烟熏痕迹。复原口径28.2、腹径33.6、底径14.4、残高39.6厘米（图五三三，1）。

钵 1件。标本W32：2，可复原。细泥质橘红陶。直口微敛，圆唇，深弧腹，圜底。器表磨光。素面。口径31.4、通高15.9厘米（图五三三，2；图版一〇七，4）。

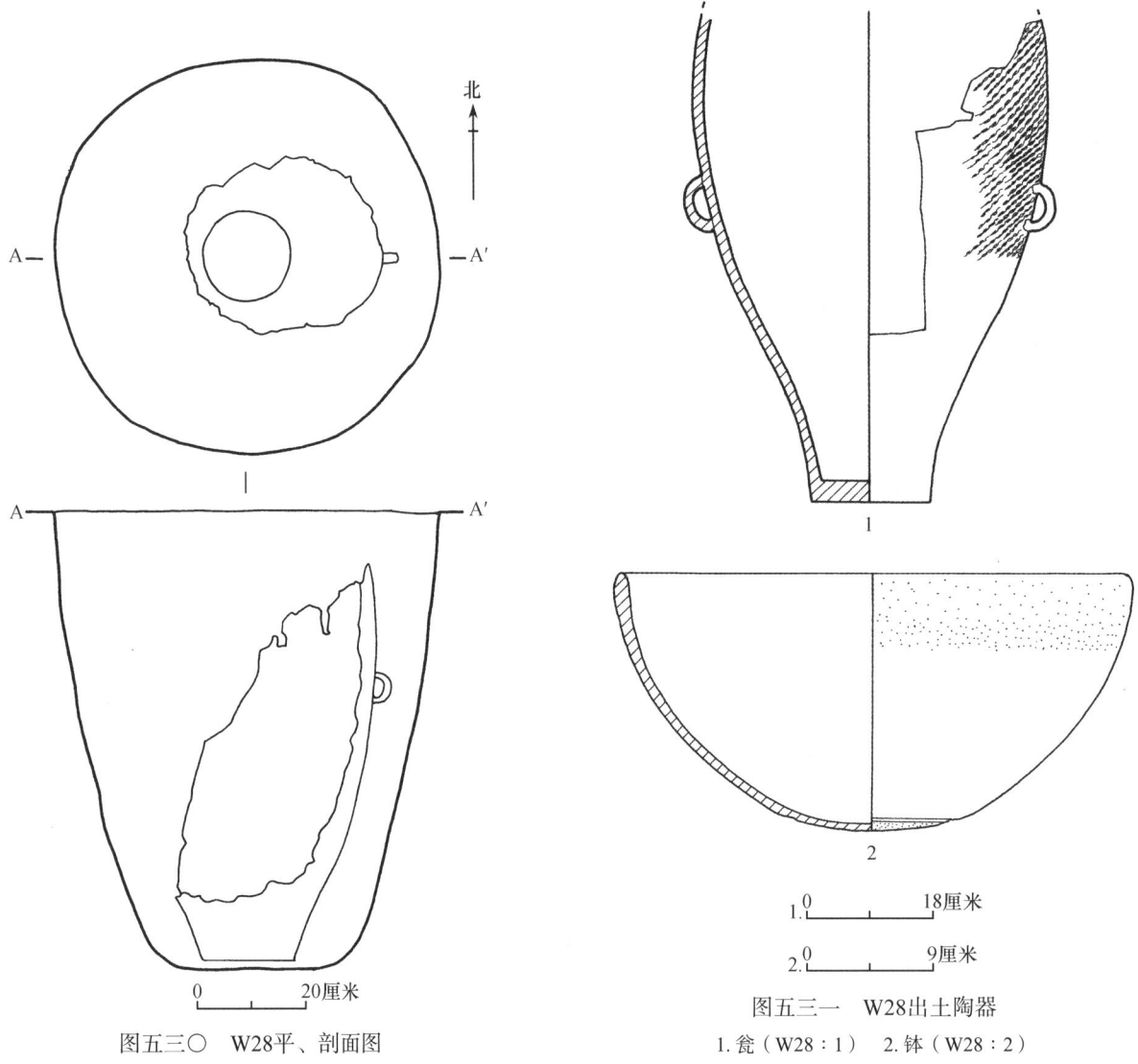

图五三〇 W28平、剖面图

图五三一 W28出土陶器
1. 瓮（W28∶1） 2. 钵（W28∶2）

24. W33

W33位于Ⅲ区T0911南部，开口于④层下。墓坑平面呈圆形，锅底状，坑壁斜直，底部不甚平整。坑口径0.4、底径0.31、深0.44米。葬具为1件陶瓮与1件陶钵，陶瓮口朝上竖置于坑底，陶钵倒扣于陶瓮上。瓮内人骨不存（图五三四）。

W33共出土器物2件。全部为陶器。器类有瓮、钵。

瓮 1件。标本W33∶1，可复原。粗夹砂红褐陶。侈口，折沿，沿面微曲，圆唇，上腹圆鼓，下腹斜收，平底，最大腹径位于中上腹部。口沿下侧饰多周弦纹，腹部饰右上至左下斜向绳纹。器表可见烟熏痕迹。口径22.8、腹径28.8、底径13.2、通高32.4厘米（图五三五，1；图版一〇七，5）。

钵 1件。标本W33∶2，可复原。细泥质橘红陶。直口微敛，圆唇，深弧腹，圜底，底部有一周凸棱，底心有一个打制而成的不规则形穿孔。器表磨光。素面。口下可见轮修痕迹。口径27、通高13.2、孔长径1.8、短径1.2厘米（图五三五，2；图版一〇七，6）。

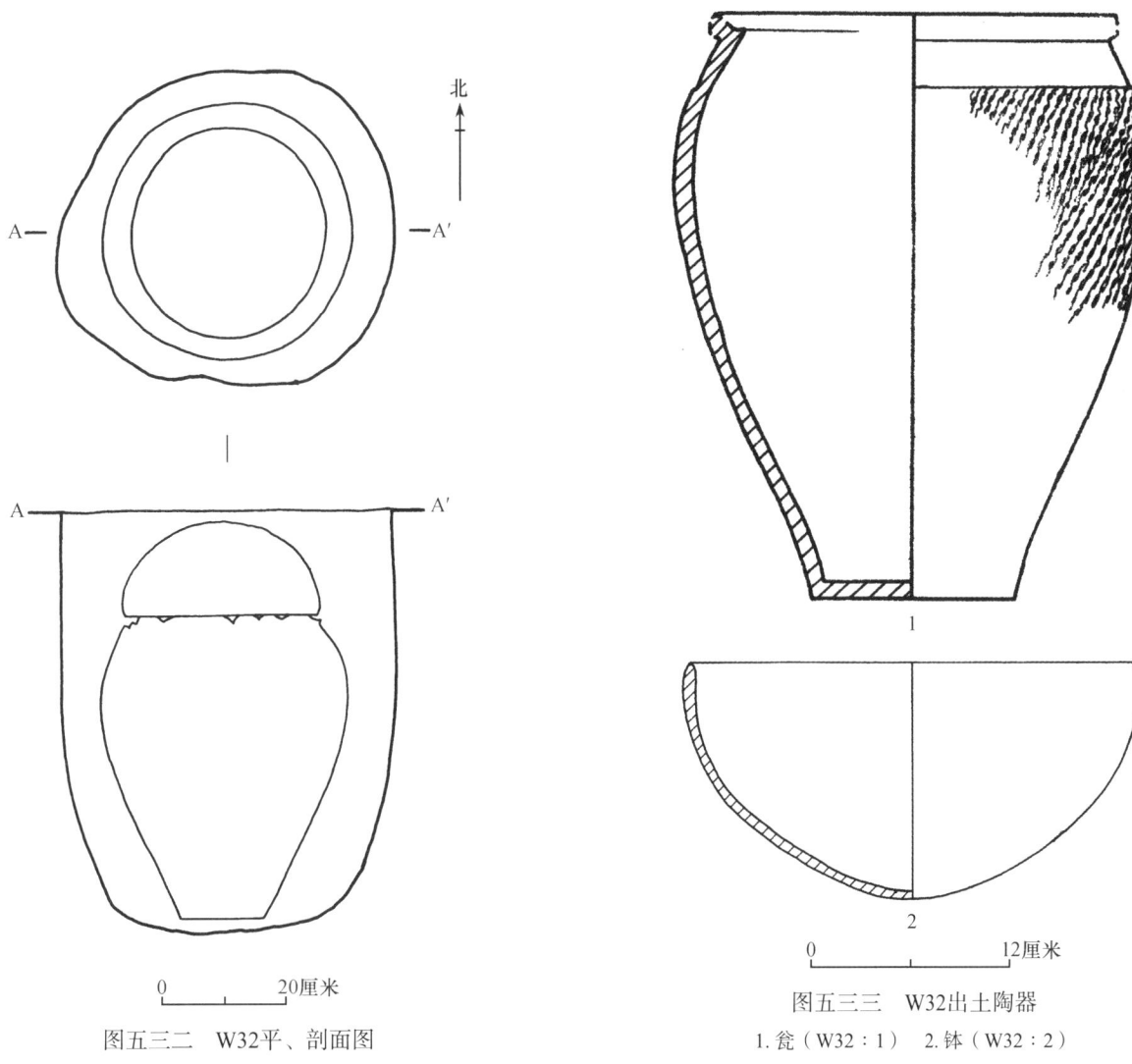

图五三二　W32平、剖面图

图五三三　W32出土陶器
1. 瓮（W32∶1）　2. 钵（W32∶2）

25. W34

W34位于Ⅲ区T0612西南部，开口于④层下，东南部被H48打破。墓坑平面呈圆形，锅底状，坑壁斜直，平底。坑口径0.52，底径0.37，深0.58米。葬具为1件陶瓮与1件陶钵，陶瓮口朝上竖置于坑底，陶钵倒扣于陶瓮上。瓮内存有少量人骨（图五三六）。

W34共出土器物2件。全部为陶器。器类有瓮、钵。

瓮　1件。标本W34∶1，可复原。粗夹砂红褐陶。侈口，折沿，沿面微曲，圆唇，上腹圆鼓，下腹斜收，平底，最大腹径位于上腹部。腹部饰右上至左下斜向绳纹。器表可见烟熏痕迹。口径28.2、腹径34.8、底径12、通高34.8厘米（图五三七，1；图版一〇八，1）。

钵　1件。标本W34∶2，可复原。细泥质橘红陶。直口微敛，圆唇，深弧腹，圜底，底部有一周凸棱。素面。器表可见刮抹痕迹，口下可见浅褐色叠烧痕迹，腹部可见轮修痕迹。口径28.4、通高14.8厘米（图五三七，2；图版一〇八，2）。

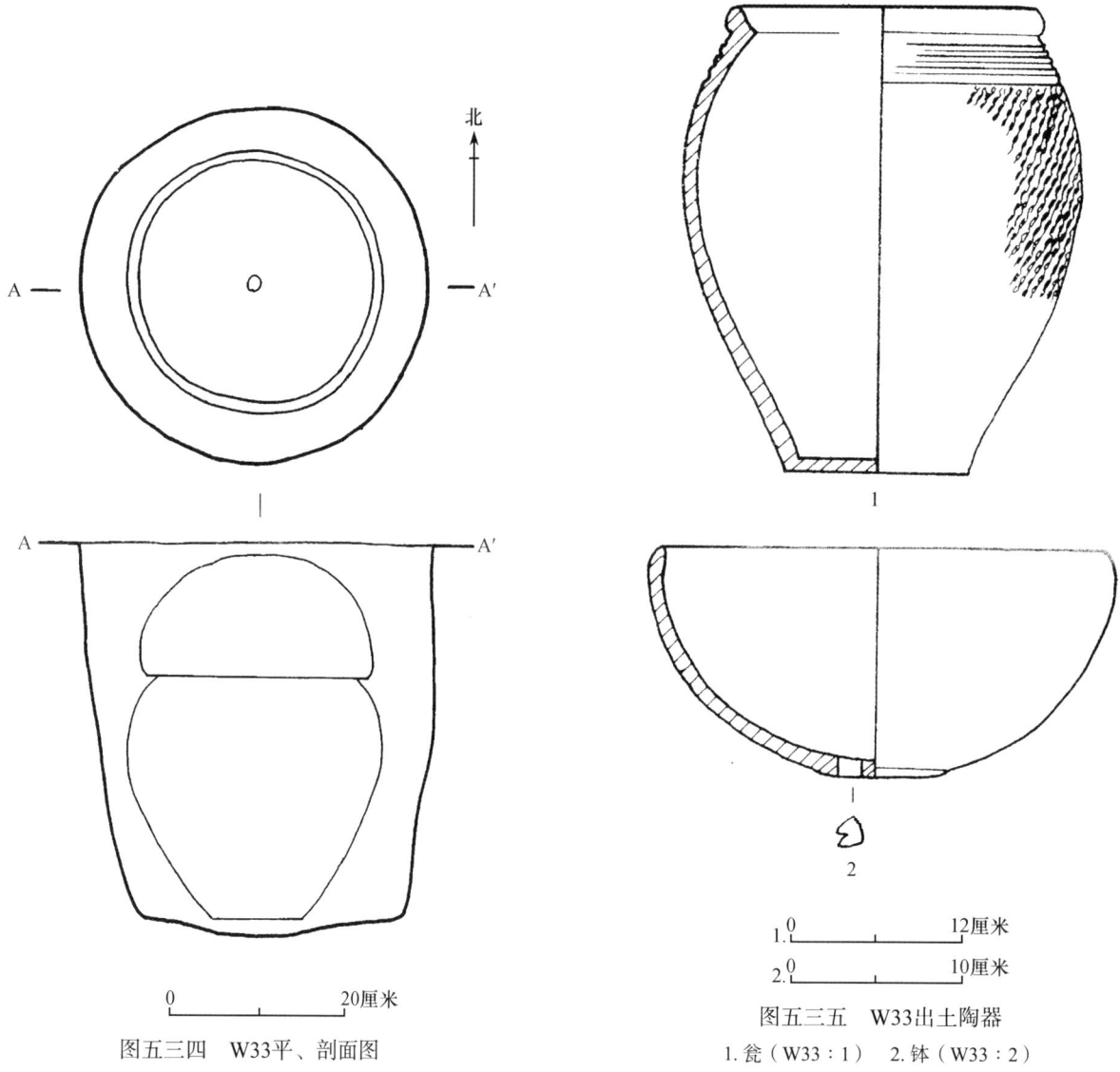

图五三四　W33平、剖面图

图五三五　W33出土陶器
1. 瓮（W33∶1）　2. 钵（W33∶2）

26. W35

W35位于Ⅲ区T0611西北部与T0612西南部，开口于④层下。墓坑平面呈圆角方形，筒状，坑壁竖直，平底。边长0.58、深0.62米。葬具为1件陶瓮，口朝上竖置于坑底。瓮内存有少量人骨（图五三八）。

W35仅出土陶瓮1件。标本W35∶1，可复原。粗夹砂红褐陶。侈口，折沿，沿面内曲，方唇，唇下有一道浅细凹槽，上腹圆鼓，下腹略呈反弧状急收，平底，最大腹径位于上腹部。腹部饰右上至左下斜向绳纹。器表可见烟熏痕迹。口径30、腹径37.2、底径12.2、通高39.8厘米（图五三九；图版一〇八，3）。

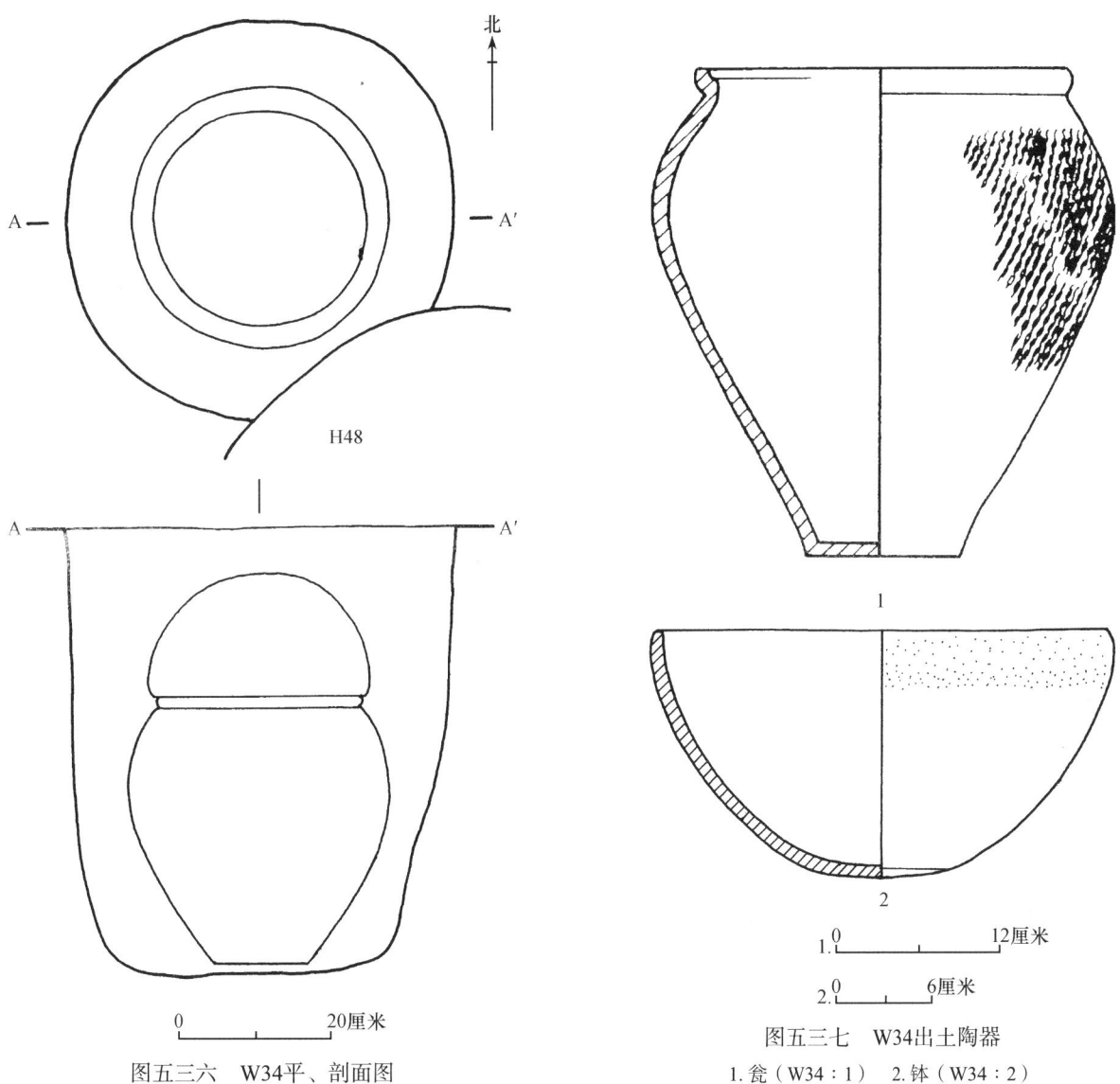

图五三六 W34平、剖面图

图五三七 W34出土陶器
1. 瓮（W34：1） 2. 钵（W34：2）

27. W36

W36位于Ⅲ区T0612南部，开口于④层下，东部被W37打破。墓坑平面呈不规则形，筒状，坑壁竖直，底部不甚平整。坑口长径0.78、短径0.5、深0.66米。葬具为1件陶瓮与1件陶钵，陶瓮口朝上竖置于坑底，陶钵倒扣于陶瓮上。瓮内存有少量人骨（图五四〇）。

W36共出土器物2件。全部为陶器。器类有瓮、钵。

瓮 1件。标本W36：1，可复原。粗夹砂红褐陶。侈口，折沿，沿面微曲，方唇，鼓肩，并起一道较矮棱脊，上腹圆鼓，下腹略呈反弧状急收，平底，最大腹径位于上腹部。腹部饰右上至左下斜向绳纹。器表可见烟熏痕迹。口径27、腹径31、底径9.5、通高30.5厘米（图五四一，1；图版一〇八，4）。

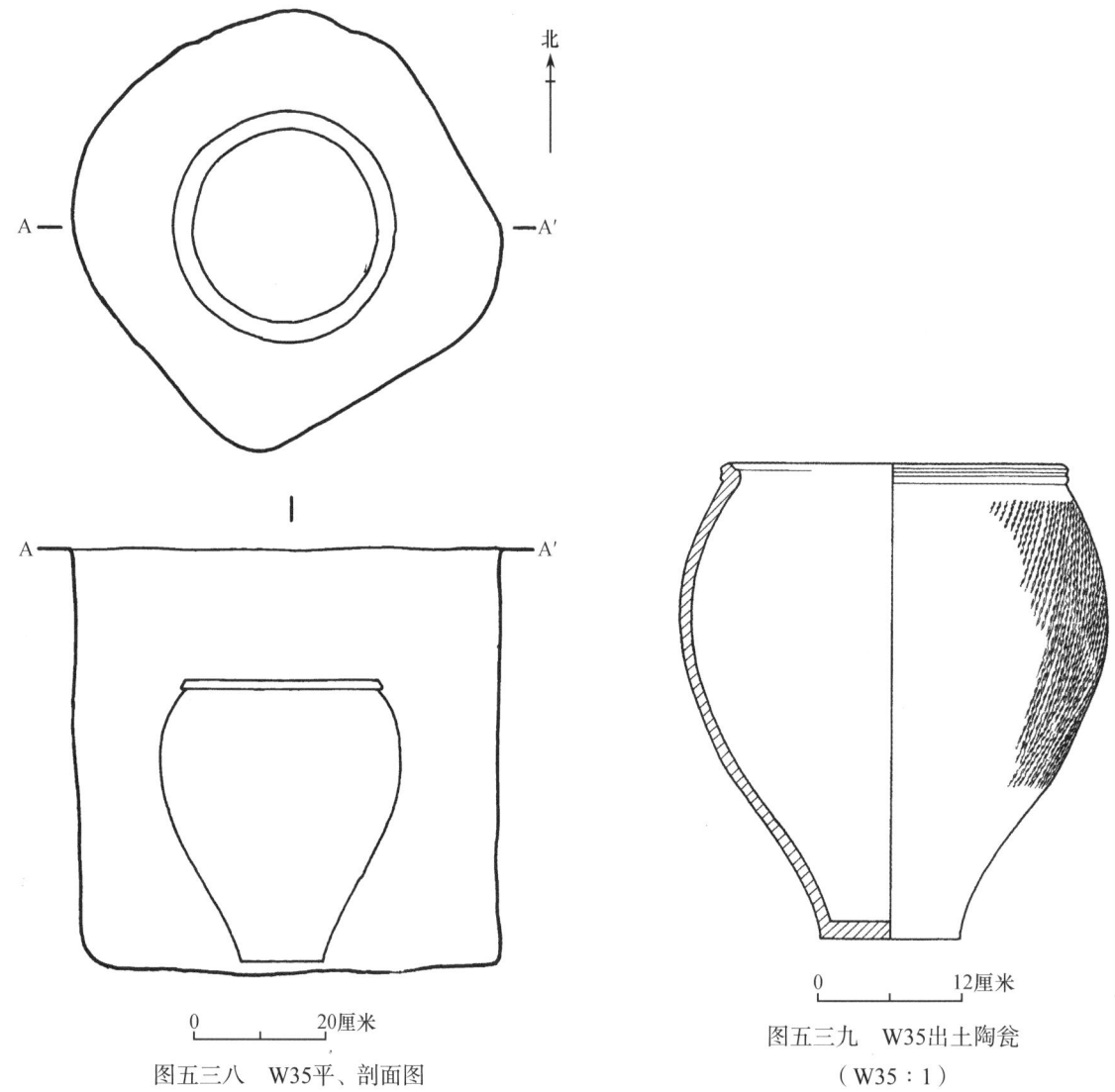

图五三八　W35平、剖面图

图五三九　W35出土陶瓮（W35∶1）

钵　1件。标本W36∶2，可复原。细泥质橘红陶。直口微敛，圆唇，深弧腹，圜底近平，底部有一周凸棱，底面粗糙。器表经刮抹较为光滑。素面。口下可见深红色叠烧痕迹。口径27.6、通高14厘米（图五四一，2；图版一〇八，5）。

28. W37

W37位于Ⅲ区T0612东南部，开口于④层下。墓坑平面呈不规则形，筒状，坑壁竖直，底部不甚平整。坑口长径0.37、短径0.35、深0.67米。葬具为1件陶瓮与1件陶钵，陶瓮口朝上竖置于坑底，陶钵倒扣于陶瓮上。瓮内存有少量人骨（图五四二）。

W37共出土器物2件。全部为陶器。器类有瓮、钵。

瓮　1件。标本W37∶1，可复原。粗夹砂红褐陶。侈口，折沿，沿面微曲，圆唇，中腹圆鼓，下腹斜收，平底，最大腹径位于中腹部。腹部饰右上至左下斜向绳纹。器表可见烟熏痕迹。口径20.8、腹径24.8、底径10.4、通高26厘米（图五四三，1；图版一〇八，6）。

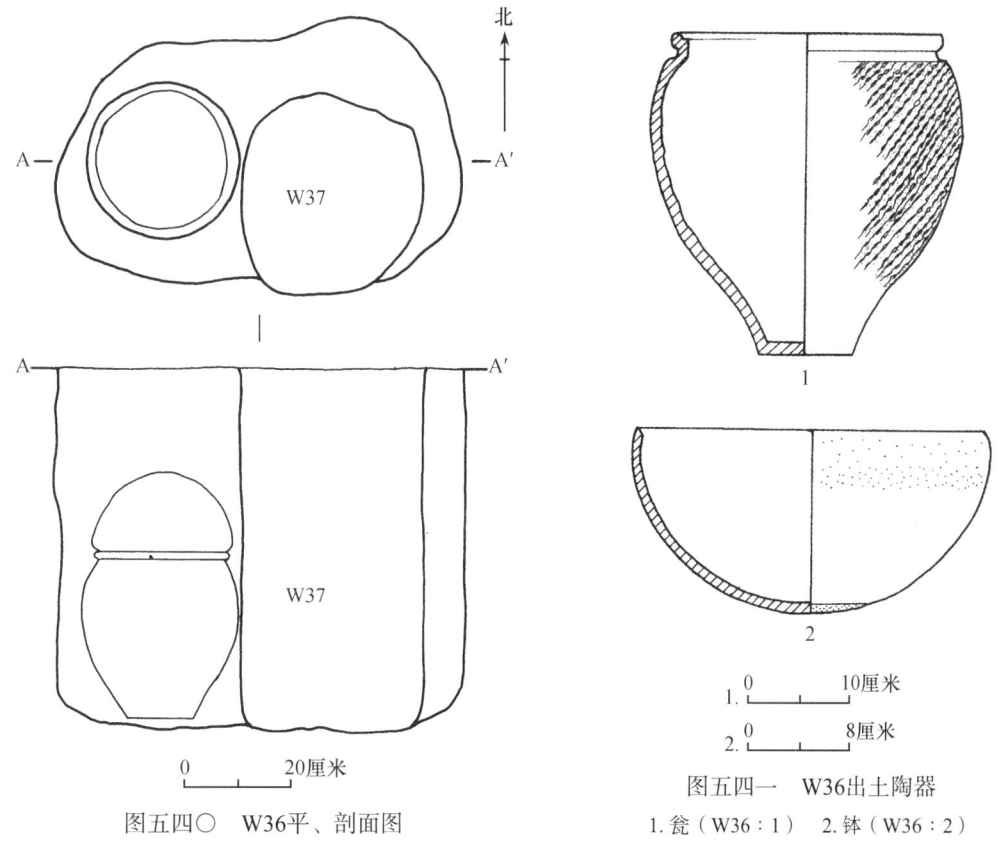

图五四〇　W36平、剖面图

图五四一　W36出土陶器
1.瓮（W36：1）　2.钵（W36：2）

钵　1件。标本W37：2，可复原。细泥质橘红陶。直口微敛，圆唇，深弧腹，圜底，底部有一周凸棱及一个由外向内打制而成的不规则形穿孔，口下有一对两面对钻而成的圆孔，可能作为修补之用。器表经刮抹较为光滑。素面。口下可见浅褐色叠烧痕迹。口径24.4、通高12.3、孔长径5.9、短径2.2厘米（图五四三，2；图版一〇九，1）。

29. W38

W38位于Ⅲ区T0612南部，开口于④层下。墓坑平面呈圆形，锅底状，坑壁斜直，底部不甚平整。坑口径0.44、底径0.25、深0.67米。葬具为1件陶瓮与1件陶钵，陶瓮口朝上竖置于坑底，陶钵倒扣于陶瓮上。瓮内保存少量人骨（图五四四）。

W38共出土器物2件。全部为陶器。器类有瓮、钵。

瓮　1件。标本W38：1，可复原。粗夹砂红褐陶。侈口，卷沿，圆唇，鼓肩，并起一道不显著棱脊，上腹圆鼓，下腹斜收，平底，最大腹径位于上腹部。腹部饰右上至左下斜向绳纹。内壁可见泥条盘筑痕迹，器表可见烟熏痕迹。口径27.6、腹径33、底径13.2、通高35.4厘米（图五四五，1；图版一〇九，2）。

钵　1件。标本W38：2，可复原。细泥质橘红陶。直口微敛，方唇，深弧腹，圜底近平，底部有一周凸棱。器表磨光。素面。口下可见浅褐色叠烧痕迹与轮修痕迹。口径29.6、通高15.6厘米（图五四五，2；图版一〇九，3）。

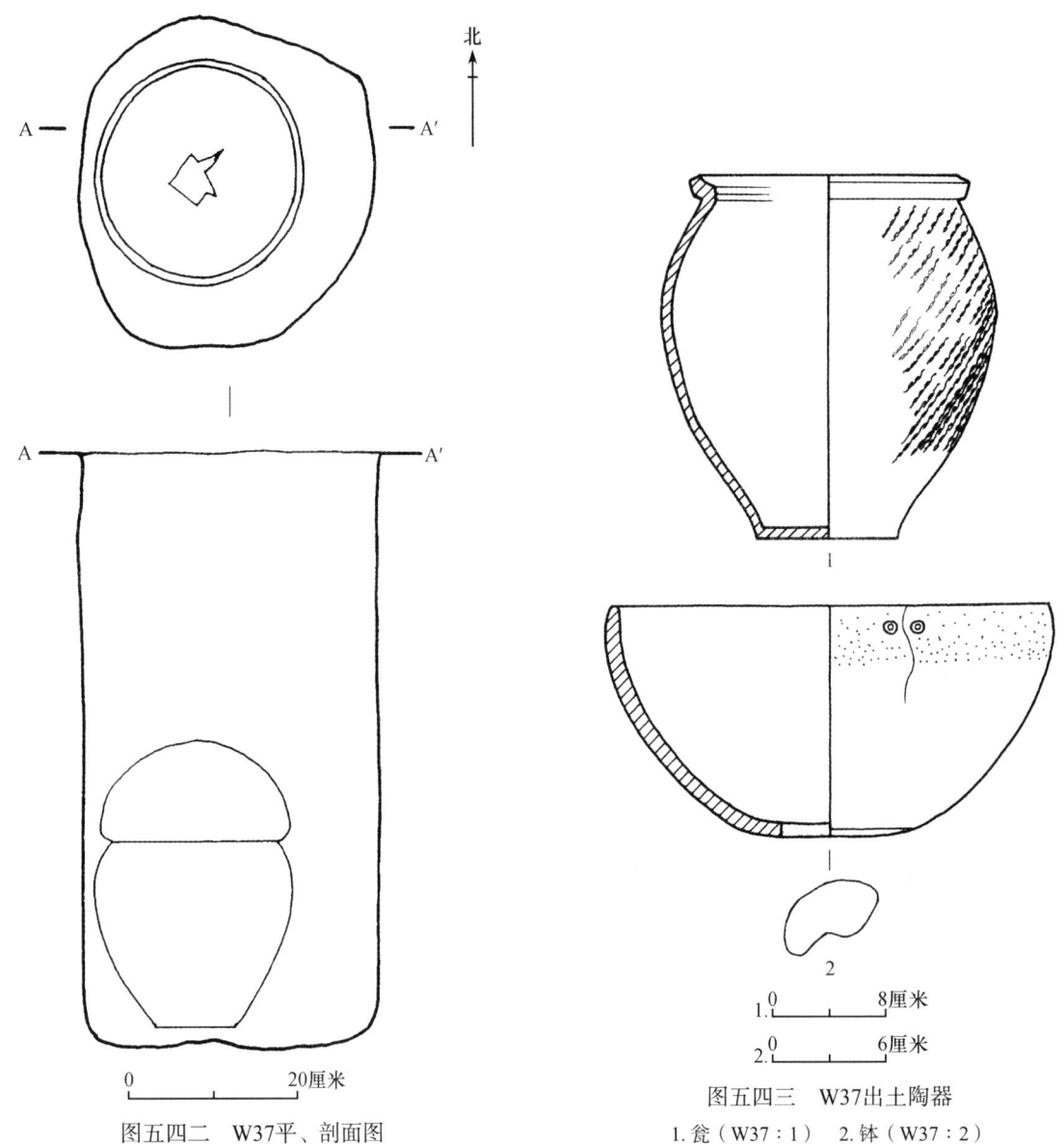

图五四二　W37平、剖面图

图五四三　W37出土陶器
1. 瓮（W37:1）　2. 钵（W37:2）

30. W39

W39位于Ⅲ区T0612南部，开口于④层下，北部被W38打破。墓坑平面呈不规则形，锅底状，弧壁，平底。坑口长径0.6、短径0.53、底长径0.37、短径0.3、深0.61米。葬具为1件陶瓮与1件陶钵，陶瓮口朝上竖置于坑底，陶钵残碎，掉入瓮内。瓮内存有少量人骨（图五四六）。

W39共出土器物2件。全部为陶器。器类有瓮、钵。

瓮　1件。标本W39:1，下腹、底部残片。粗夹砂红褐陶。下腹斜直，平底。下腹部饰右上至左下斜向绳纹。底径11.2、残高16厘米（图五四七，1）。

钵　1件。标本W39:2，口、腹部残片。细泥质橘红陶。直口，方唇，深弧腹。器表磨光。素面。口下可见浅褐色叠烧痕迹。口径36.2、残高16.2厘米（图五四七，2）。

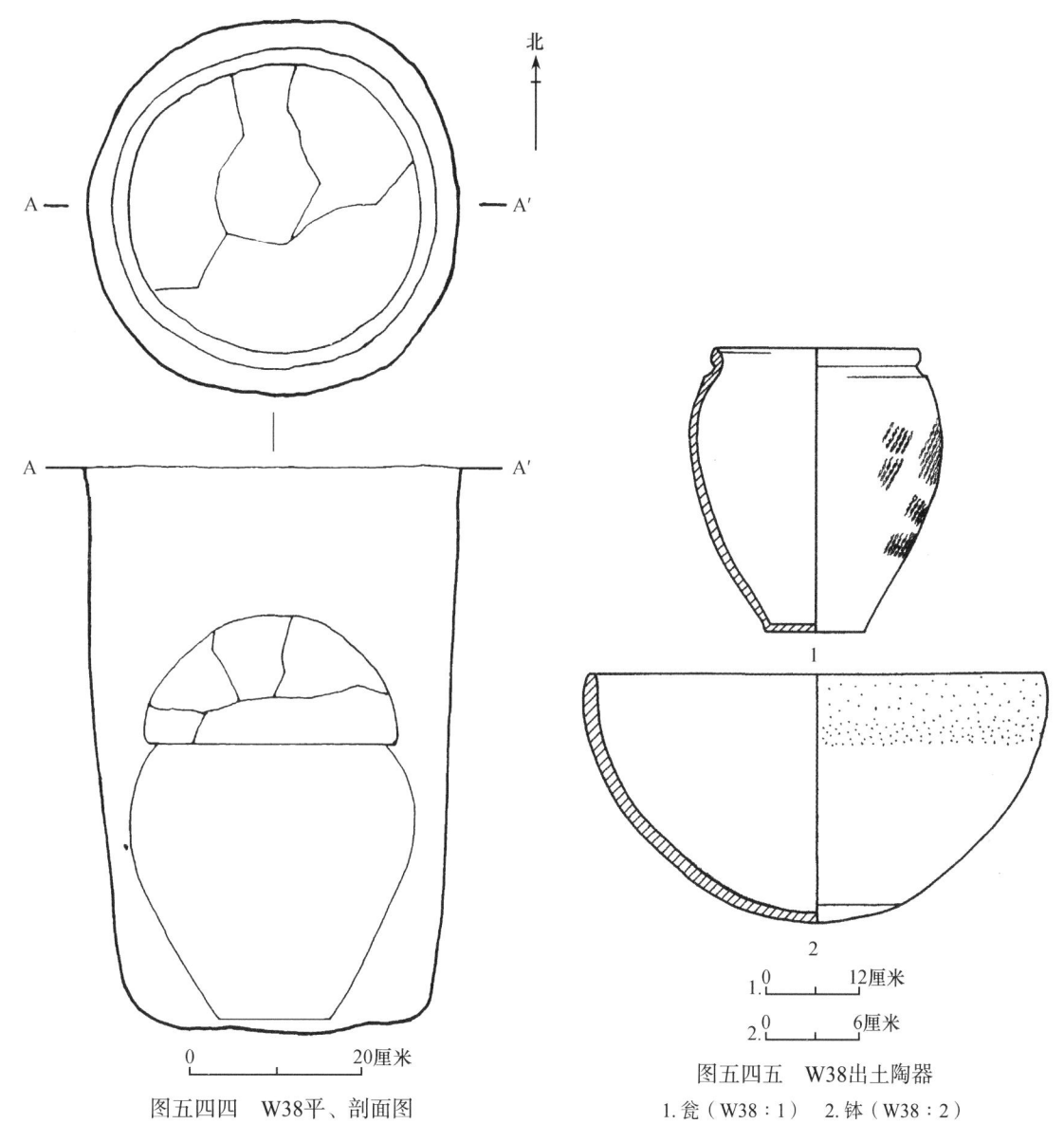

图五四四　W38平、剖面图

图五四五　W38出土陶器
1. 瓮（W38∶1）　2. 钵（W38∶2）

31. W40

W40位于Ⅲ区T0612中部，开口于④层下。墓坑平面呈圆形，筒状，坑壁竖直，圜底。坑口径0.57、深0.7米。葬具为1件陶瓮与1件陶钵，陶瓮口朝上竖置于坑底，陶钵倒扣于陶瓮上。瓮内存有少量人骨（图五四八；图版九，3）。瓮内发现1件陶瓶、1件陶钵及1件陶罐，共3件随葬品（彩版八，2；图版一〇九，5），陶瓮内残存少量人骨。

W40共出土器物5件。全部为陶器。器类有瓮、钵、瓶、罐。

瓮　1件。标本W40∶1，腹部略残。粗夹砂红褐陶。侈口，折沿，方唇，唇下有一道浅细凹槽，上腹圆鼓，下腹略呈反弧状急收，平底，最大腹径位于上腹部。腹部饰右上至左下斜向绳纹。器表可见烟熏痕迹。口径38.8、腹径46.4、底径14.7、复原高度48厘米（图五四九，1）。

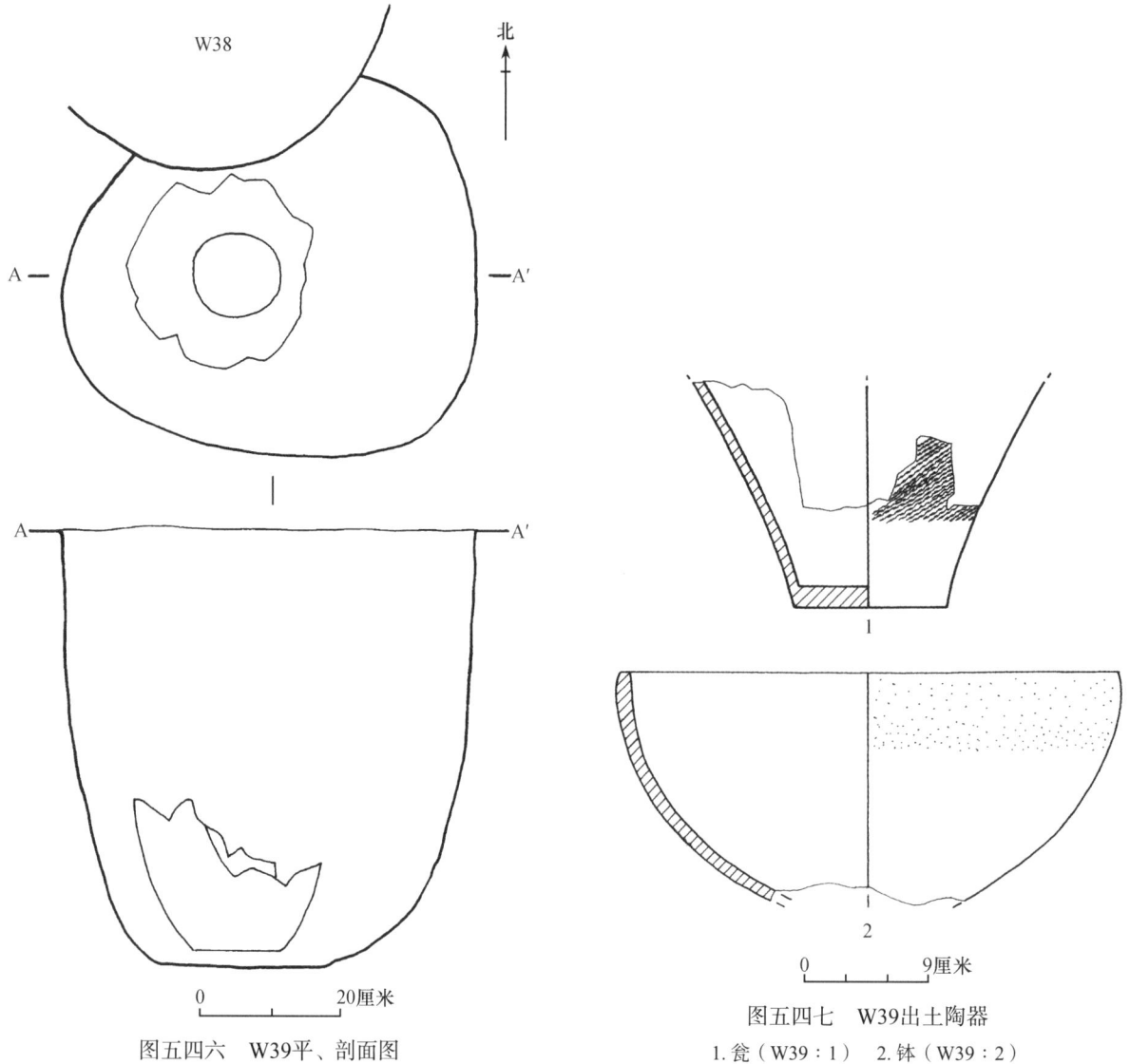

图五四六 W39平、剖面图

图五四七 W39出土陶器
1. 瓮（W39：1） 2. 钵（W39：2）

钵 2件。均完整。形制相同，均细泥质橘红陶，直口微敛，圆唇，深弧腹，器表磨光，素面，口下可见浅褐色叠烧痕迹。标本W40：2，圜底，底部有一周浅细凹槽，凹槽内区域较为粗糙，有一个打制而成的圆形穿孔。口径30、通高14.5、孔径2.5厘米（图五四九，2；图版一〇九，4；图版一一〇，4）。标本W40：3，圜底近平，底部有一周凸棱，凸棱内区域较为粗糙。口径15.6、底径7.5、通高7.8厘米（图五四九，4；彩版二〇，1；图版一一〇，1）。

瓶 1件。标本W40：4，口部残缺，残断处较为规整。粗夹砂红褐陶。溜肩，鼓腹，小平底，腹中部偏下有一对竖向圆柱桥形耳，最大腹径位于中腹部。肩部与腹部饰左上至右下斜向绳纹。腹径14.8、底径2、残高24厘米（图五四九，3；图版一一〇，2）。

罐 1件。标本W40：5，完整。粗夹砂红褐陶。侈口，折沿，沿面微曲，圆唇，中腹圆鼓，下腹急收，平底，最大腹径位于中腹部。素面。上腹部可见轮修痕迹，下腹部可见刮抹痕迹，器表可见烟熏痕迹。口径12.9、腹径14.4、底径6、通高12.5厘米（图五四九，5；彩版一五，3；图版一一〇，3）。

32. W41

W41位于Ⅲ区T0612东南部，开口于④层下。墓坑平面呈圆形，锅底状，坑壁竖直，平底。坑口径0.48、底径0.4、深0.59米。葬具为1件陶瓮与1件陶钵，陶瓮口朝上竖置于坑底，陶钵倒扣于陶瓮上。瓮内存有少量人骨（图五五〇）。

W41共出土器物2件。全部为陶器。器类有瓮、钵。

瓮　1件。标本W41：1，腹部略残。粗夹砂红褐陶。侈口，折沿，沿面微曲，方唇，中腹圆鼓，下腹斜收，平底，最大腹径位于中腹部。腹部饰左上至右下斜向绳纹。口部可见轮修痕迹，器表可见烟熏痕迹。口径24.5、腹径30、底径12.4、复原高度31.2厘米（图五五一，2）。

钵　1件。标本W41：2，完整。细泥质橘红陶。直口微敛，圆唇，深弧腹，圜底，底部有一周浅细凹槽。器表磨光。素面。口下可见浅褐色叠烧痕迹。口径31、通高16厘米（图五五一，1；图版一一〇，5、6）。

33. W42

W42位于Ⅲ区T0612中部，开口于④层下。墓坑平面呈不规则形，锅底状，弧壁，圜底。坑口长径0.47、短径0.45、深0.67米。葬具为1件陶瓮与1件陶盆，陶瓮口朝上竖置于坑底，陶盆倒扣于陶瓮上。瓮内存有少量人骨（图五五二）。

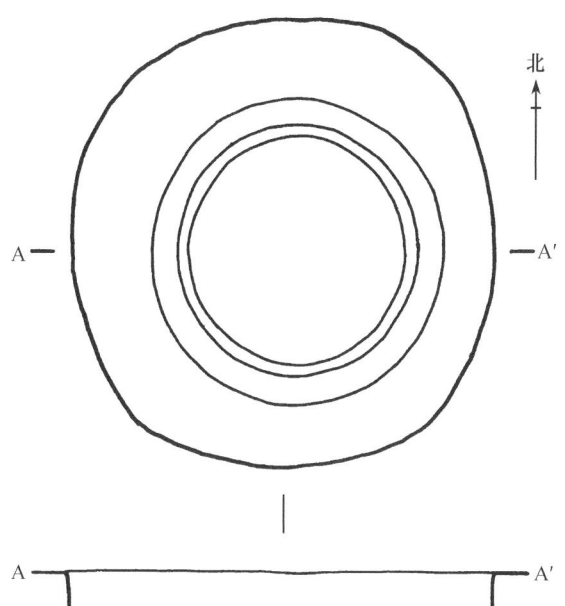
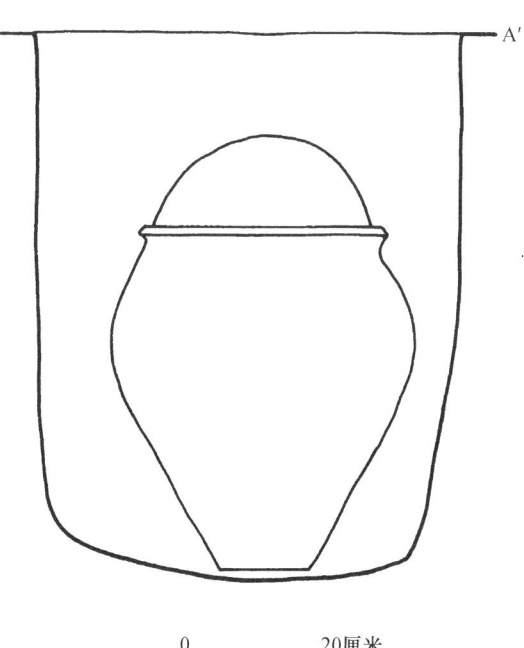

图五四八　W40平、剖面图

W42共出土器物2件。全部为陶器。器类有瓮、盆。

瓮　1件。标本W42：1，完整。粗夹砂红褐陶。侈口，折沿，方唇，鼓肩，并起一道显著棱脊，上腹圆鼓，下腹斜收，平底，最大腹径位于上腹部。腹部饰右上至左下斜向绳纹。内壁可见泥条盘筑痕迹，器表可见烟熏痕迹。口径30、腹径37.2、底径13.2、通高39厘米（图五五三，2；图版一一一，1；图版一九三，3）。

盆　1件。标本W42：2，可复原。细泥质橘红陶。直口，平折沿，圆唇，深弧腹，圜底近平，底部有一周凸棱，底心有一由外向内打制而成的圆形穿孔。器表经刮抹较为光滑。沿面饰黄褐色短线与弧边三角形相间的彩绘图案。口径36、通高16.5、孔径2厘米（图五五三，1；彩版一二，4；彩版四六，3；图版一一一，2；图版二〇三，3）。

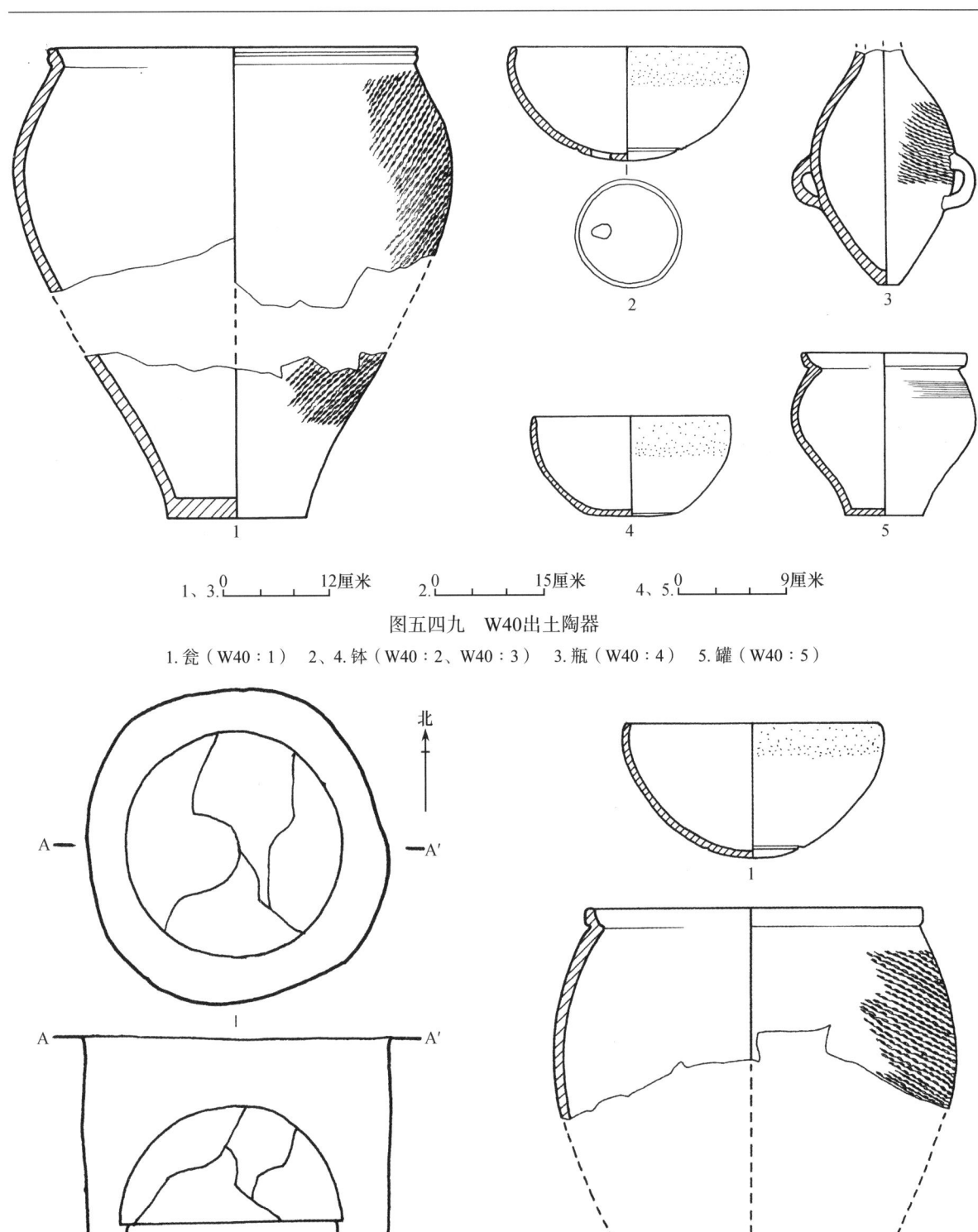

图五四九　W40出土陶器
1.瓮（W40：1）　2、4.钵（W40：2、W40：3）　3.瓶（W40：4）　5.罐（W40：5）

图五五〇　W41平、剖面图

图五五一　W41出土陶器
1.钵（W41：2）　2.瓮（W41：1）

34. W43

W43位于Ⅲ区T0612中部，开口于④层下。墓坑平面呈圆形，锅底状，弧壁，圜底。坑口径0.6、深0.8米。葬具为1件陶瓮与1件陶盆，陶瓮口朝上竖置于坑底，陶盆倒扣于陶瓮上。瓮内存有少量人骨（图五五四）。

W43共出土器物2件。全部为陶器。器类有瓮、盆。

瓮 1件。标本W43：1，可复原。粗夹砂红褐陶。侈口，折沿，方唇，上腹圆鼓，下腹略呈反弧状斜收，平底，最大腹径位于上腹部。口沿下侧饰多周弦纹，腹部饰右上至左下斜向绳纹，绳纹斜度从上向下逐渐加大。内壁可见泥条盘筑痕迹，器表可见烟熏痕迹。口径37.8、腹径44.4、底径12.6、通高49.2厘米（图五五五，1；图版一一一，3；图版一九三，4）。

盆 1件。标本W43：2，可复原。细泥质橙黄陶。直口，折沿，沿面略向外侧下斜，圆唇，深弧腹，平底，底心有一由内向外打制而成的圆孔。器表经刮抹较为光滑。上腹部饰多周弦纹，底部饰席纹。口径35、底径12、通高16、孔径3厘米（图五五五，2；彩版一二，6；图版一一一，4、5；图版二〇〇，5）。

35. W44

W44位于Ⅲ区T0612东北部，开口于④层下。墓坑平面大体呈圆形，筒状，坑壁竖直，底部不甚平整。坑口径0.55、深0.78米。葬具为1件陶瓮，口朝上竖置于坑底，瓮内放置2件陶罐与2件陶钵，较小陶罐放置于较大陶罐内，人骨保存较为完整，置于较小陶罐口上，人骨之上覆盖1件较小陶钵，之上再覆盖1件较大陶钵（图五五六）。

W44共出土器物5件。全部为陶器。器类有瓮、钵、罐。

瓮 1件。标本W44：1，可复原。粗夹砂红褐陶。侈口，折沿，沿面微曲，方唇，鼓肩，并起一道较矮棱脊，上腹圆鼓，下腹略呈反弧状急收，平底，最大腹径位于上腹部。腹部饰右上至左下斜向绳纹。内壁可见泥条盘筑痕迹，器表可见烟熏痕迹。口径35.6、腹径42.8、底径14.2、通高49.4厘米（图五五七，1）。

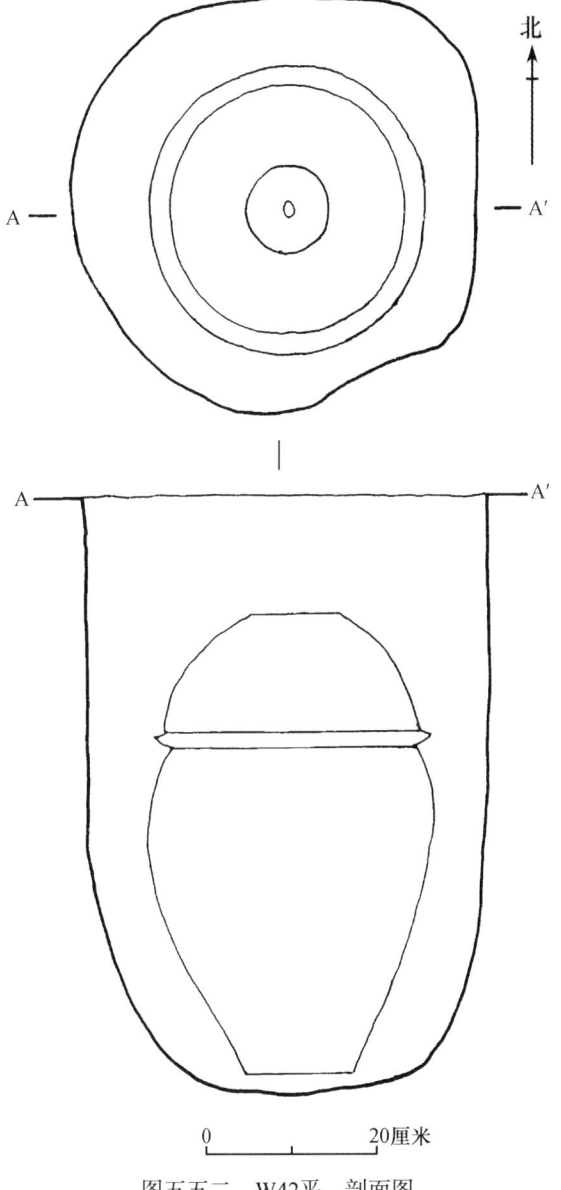

图五五二　W42平、剖面图

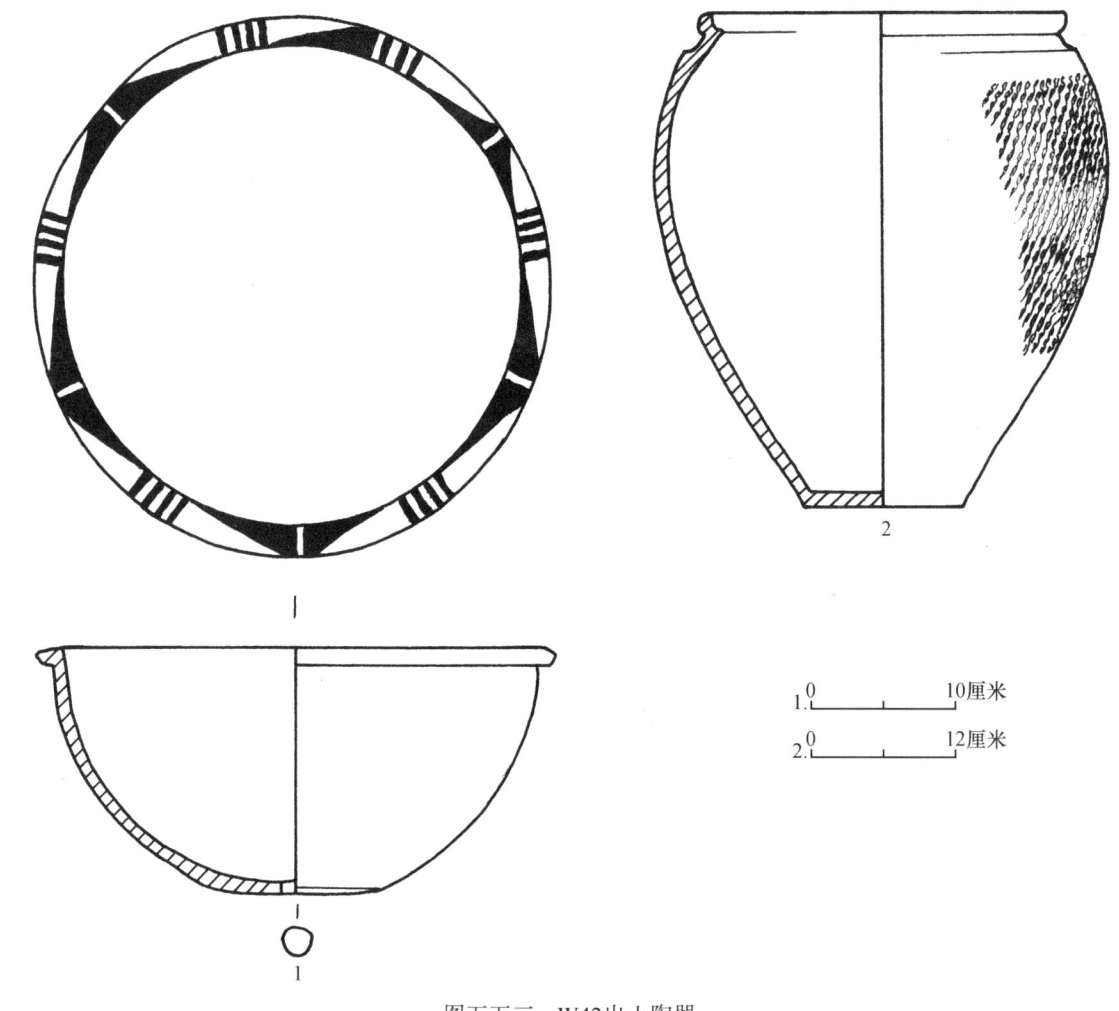

图五五三 W42出土陶器
1. 盆（W42∶2） 2. 瓮（W42∶1）

钵 2件。均细泥质橘红陶。形制相同，直口微敛，圆唇，深弧腹，圜底，底部有一周凸棱，凸棱内区域较为粗糙，素面，口下可见浅褐色叠烧痕迹与轮修痕迹。标本W44∶2，完整。底心微凹。器表经刮抹较为光滑。口径22.2、通高11.7厘米（图五五七，5；图版一一一，6）。标本W44∶3，可复原。口下有一对两面对钻而成的圆孔，可能作为修补之用。器表磨光。口径24、通高12.8厘米（图五五七，3；图版一一二，1）。

罐 2件。标本W44∶4，完整。粗夹砂红褐陶。侈口，折沿，圆唇，中腹圆鼓，下腹急收，平底，最大腹径位于中腹部。腹部饰横向绳纹。器表可见烟熏痕迹。口径12.9、腹径14.4、底径6.3、通高10.5厘米（图五五七，4；彩版一五，4；图版一一二，2）。

标本W44∶5，完整。细泥质橙黄陶。敛口，尖唇，中腹圆鼓，中、下腹相接处有一道不显著折棱，平底，最大腹径位于中腹部。底部有一周凸棱，十分粗糙，内饰席纹，中、上腹部饰剔刺纹。口径16.5、腹径21.6、底径9.3、通高12厘米（图五五七，2；彩版一六，6；图版一一二，3；图版二〇二，2）。

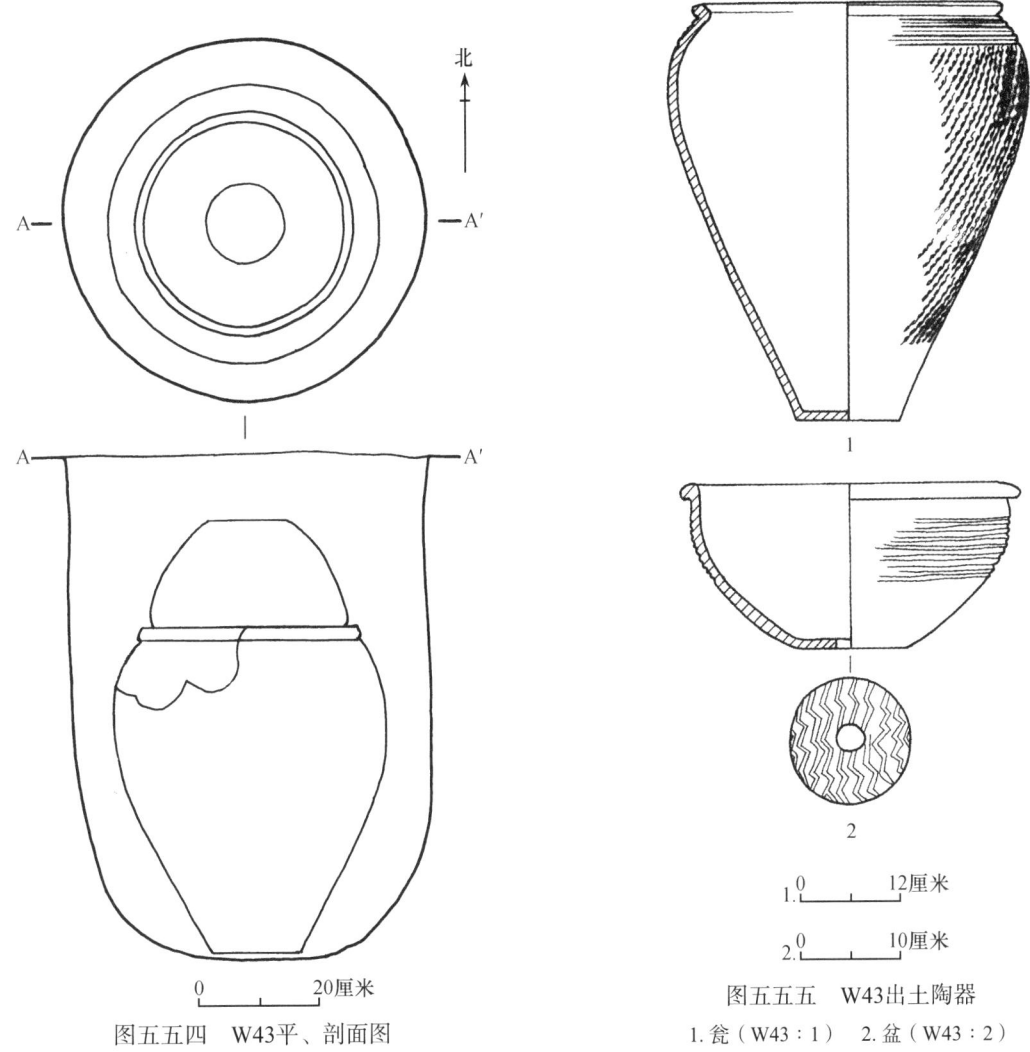

图五五四 W43平、剖面图

图五五五 W43出土陶器
1. 瓮（W43∶1） 2. 盆（W43∶2）

36. W45

W45位于Ⅲ区T0612北部，开口于④层下。墓坑平面呈圆形，锅底状，坑壁竖直，平底。坑口径0.5、底径0.43、深0.69米。葬具为1件陶瓮与1件陶钵，陶瓮口朝上竖置于坑底，陶钵倒扣于陶瓮上。瓮内存有少量人骨（图五五八；图版九，4）。

W45共出土器物2件。全部为陶器。器类有瓮、钵。

瓮　1件。标本W45∶1，可复原。粗夹砂红褐陶。侈口，折沿，沿面微曲，方唇，上腹圆鼓，下腹斜收，平底，最大腹径位于上中腹部。腹部饰右上至左下斜向绳纹。内壁可见泥条盘筑痕迹，器表可见烟熏痕迹。口径27.6、腹径35.4、底径13.2、通高40.8厘米（图五五九，1；图版一一二，4；图版一九三，5）。

钵　1件。标本W45∶2，可复原。细泥质橘红陶。直口微敛，圆唇，深弧腹，圜底，底部有一周凸棱，凸棱内区域较为粗糙，底心有一个由外向内打制而成的椭圆形穿孔。器表磨光。素面。口下可见浅褐色叠烧痕迹。口径31、通高17.5、孔径1厘米（图五五九，2；图版一一二，5）。

552　　西安鱼化寨

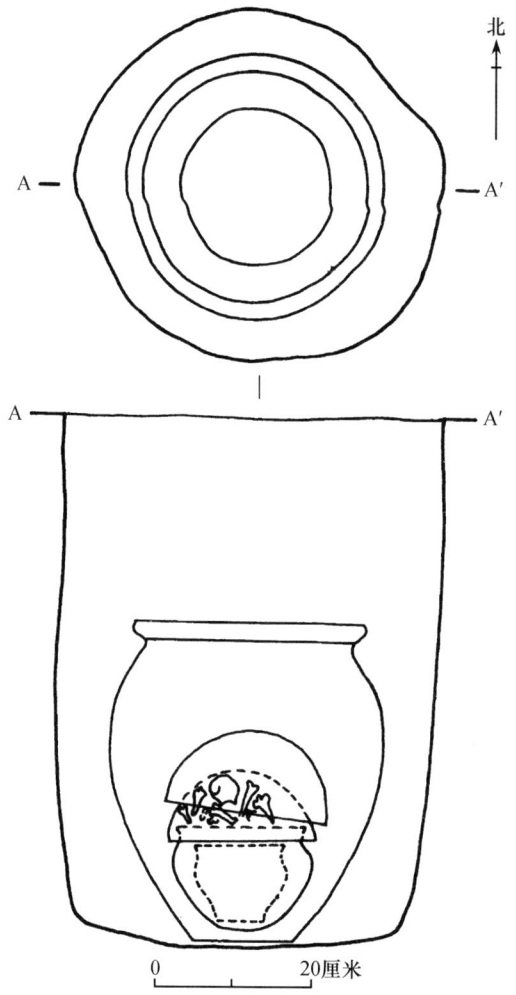

图五五六　W44平、剖面图

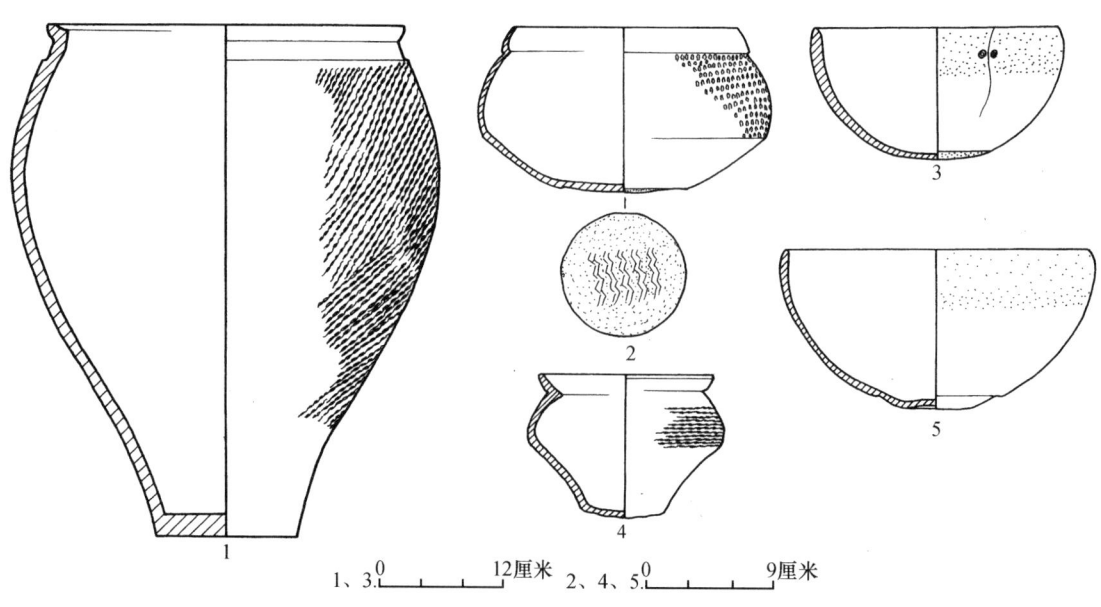

图五五七　W44出土陶器
1. 瓮（W44∶1）　2、4. 罐（W44∶5、W44∶4）　3、5. 钵（W44∶3、W44∶2）

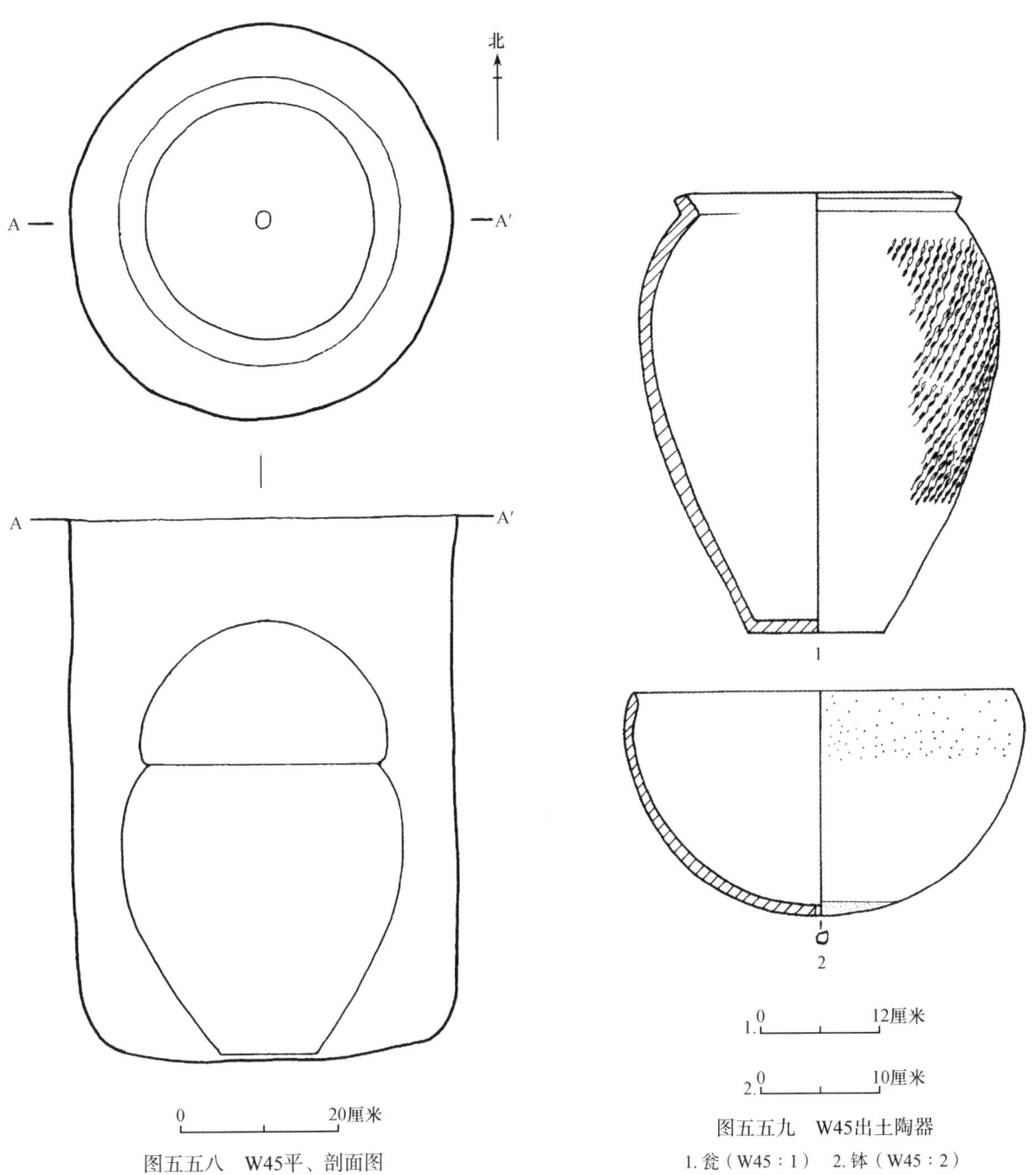

图五五八　W45平、剖面图

图五五九　W45出土陶器
1. 瓮（W45：1）　2. 钵（W45：2）

37. W46

W46位于Ⅲ区T0612西北部，开口于④层下。墓坑平面呈圆形，筒状，坑壁竖直，平底。坑口径0.3、深0.52米。葬具为1件陶瓮与1件陶钵，陶瓮口朝上竖置于坑底，陶钵倒扣于陶瓮上。瓮内存有少量人骨（图五六〇）。

W46共出土器物2件。全部为陶器。器类有瓮、钵。

瓮　1件。标本W46：1，完整。粗夹砂红褐陶。侈口，折沿，沿面微曲，方唇，上腹圆鼓，下腹斜收，平底，最大腹径位于中上腹部。腹部饰右上至左下斜向绳纹。内壁可见泥条盘筑痕迹，器表可见烟熏痕迹。口径22、腹径24.8、底径12、通高26厘米（图五六一，1；图版一一二，6；图版一九三，6）。

钵　1件。标本W46：2，可复原。细泥质橘红陶。直口微敛，圆唇，深弧腹，圜底，底部有一周凸棱，凸棱内区域十分粗糙，有一个由内向外打制而成的圆孔。器表磨光。素面。口下可见浅褐色叠烧痕迹。口径29.8、通高15、孔径1.6厘米（图五六一，2；图版一一三，1）。

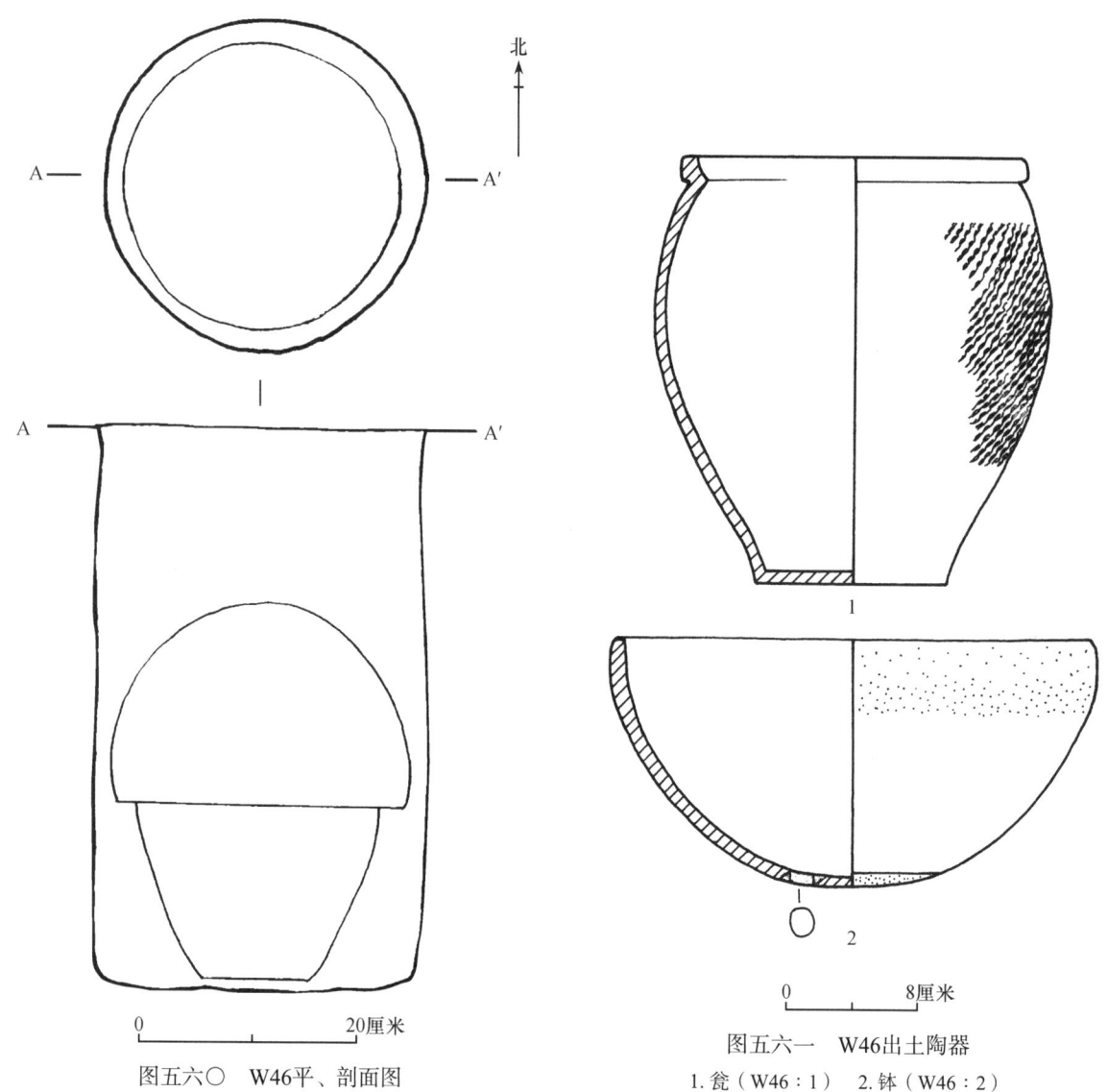

图五六○　W46平、剖面图

图五六一　W46出土陶器
1. 瓮（W46：1）　2. 钵（W46：2）

38. W47

W47位于Ⅲ区T0612西北部，开口于④层下。墓坑平面呈圆形，锅底状，弧壁，平底。坑口径0.6、底径0.45、深0.65米。葬具为1件陶瓮与1件陶钵，陶瓮口朝上竖置于坑底，陶钵掉入陶瓮内。瓮内存有少量人骨（图五六二；图版九，5）。

W47共出土器物2件。全部为陶器。器类有瓮、钵。

瓮　1件。标本W47：1，可复原。粗夹砂红褐陶。侈口，折沿，圆唇，上腹圆鼓，下腹略呈反弧状急收，平底，最大腹径位于上腹部。口沿以下饰右上至左下斜向绳纹。器表可见烟熏痕迹。口径33.7、腹径42.8、底径10、通高46.7厘米（图五六三，2；图版一一三，2）。

钵 1件。标本W47：2，完整。细泥质橘红陶。直口微敛，圆唇，深弧腹，圜底，底部有一周浅细凹槽，凹槽内区域较为粗糙，底心有一个由外向内打制而成的不规则形穿孔。器表磨光。素面。口下可见浅褐色叠烧痕迹。口径31、通高16、孔长径2、短径1厘米（图五六三，1；彩版一九，4；图版一一三，3）。

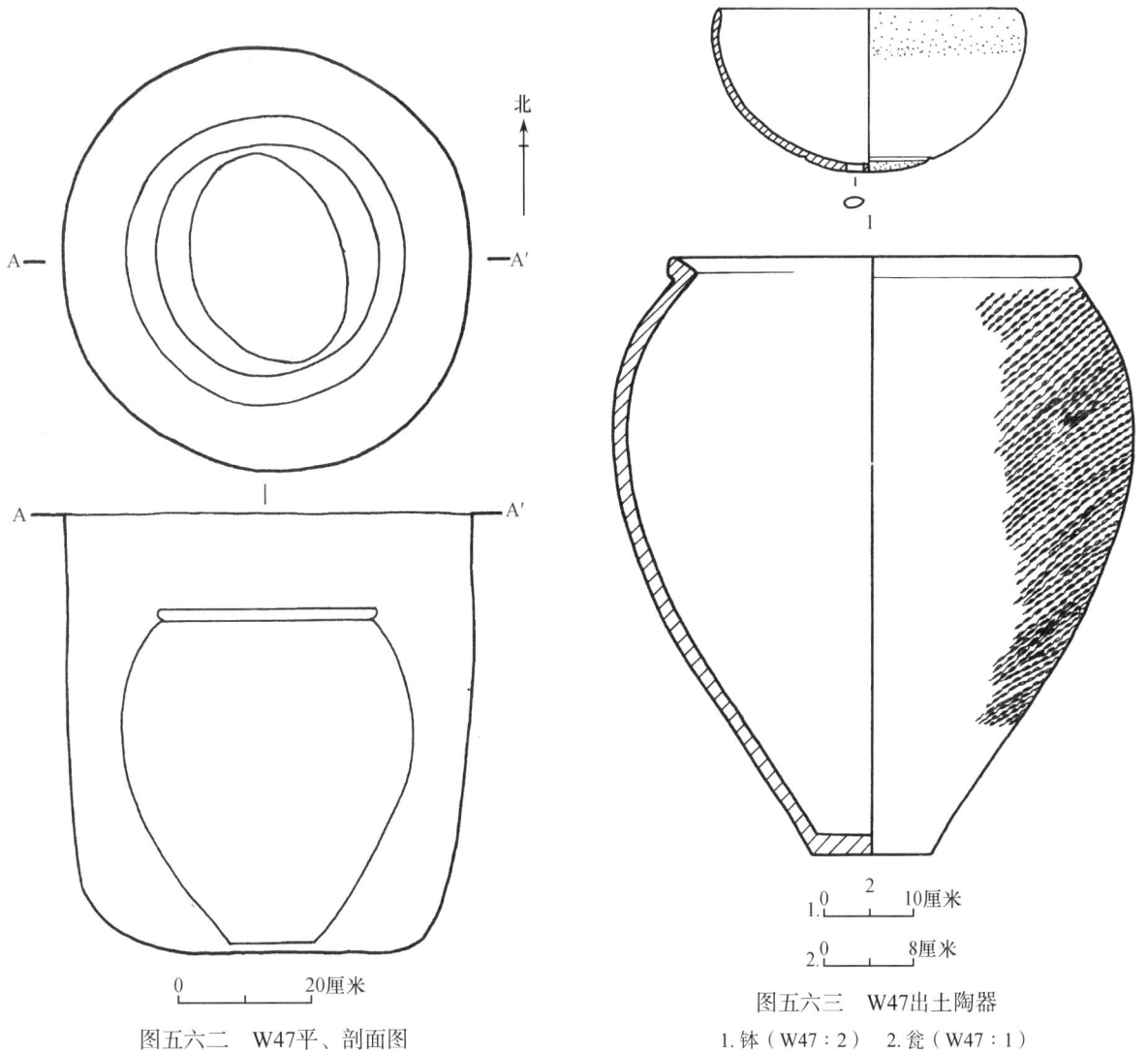

图五六二 W47平、剖面图

图五六三 W47出土陶器
1.钵（W47：2） 2.瓮（W47：1）

39. W48

W48位于Ⅲ区T0612西北部，开口于④层下。墓坑平面呈圆形，锅底状，弧壁，平底。坑口径0.5、底径0.28、深0.81米。葬具为1件陶瓮与1件陶钵，陶瓮口朝上竖置于坑底，陶钵倒扣于陶瓮上。瓮内人骨不存（图五六四）。

W48共出土器物2件。全部为陶器。器类有瓮、钵。

瓮 1件。标本W48：1，下腹略残。粗夹砂红褐陶。侈口，折沿，方唇，上腹圆鼓，下腹斜收，平底，最大腹径位于上腹部。腹部饰右上至左下斜向绳纹。器表可见烟熏痕迹。口径34、腹径40、底径13.5、通高44厘米（图五六五，2）。

钵　1件。标本W48：2，可复原。细泥质橘红陶。直口微敛，圆唇，深弧腹，圜底，底部有一周浅细凹槽，凹槽内区域较为粗糙，底心有一个由外向内打制而成的不规则形穿孔。器表磨光。素面。口下可见浅褐色叠烧痕迹。口径31.5、通高16.7、孔径1.5厘米（图五六五，1；图版一一三，4、5）。

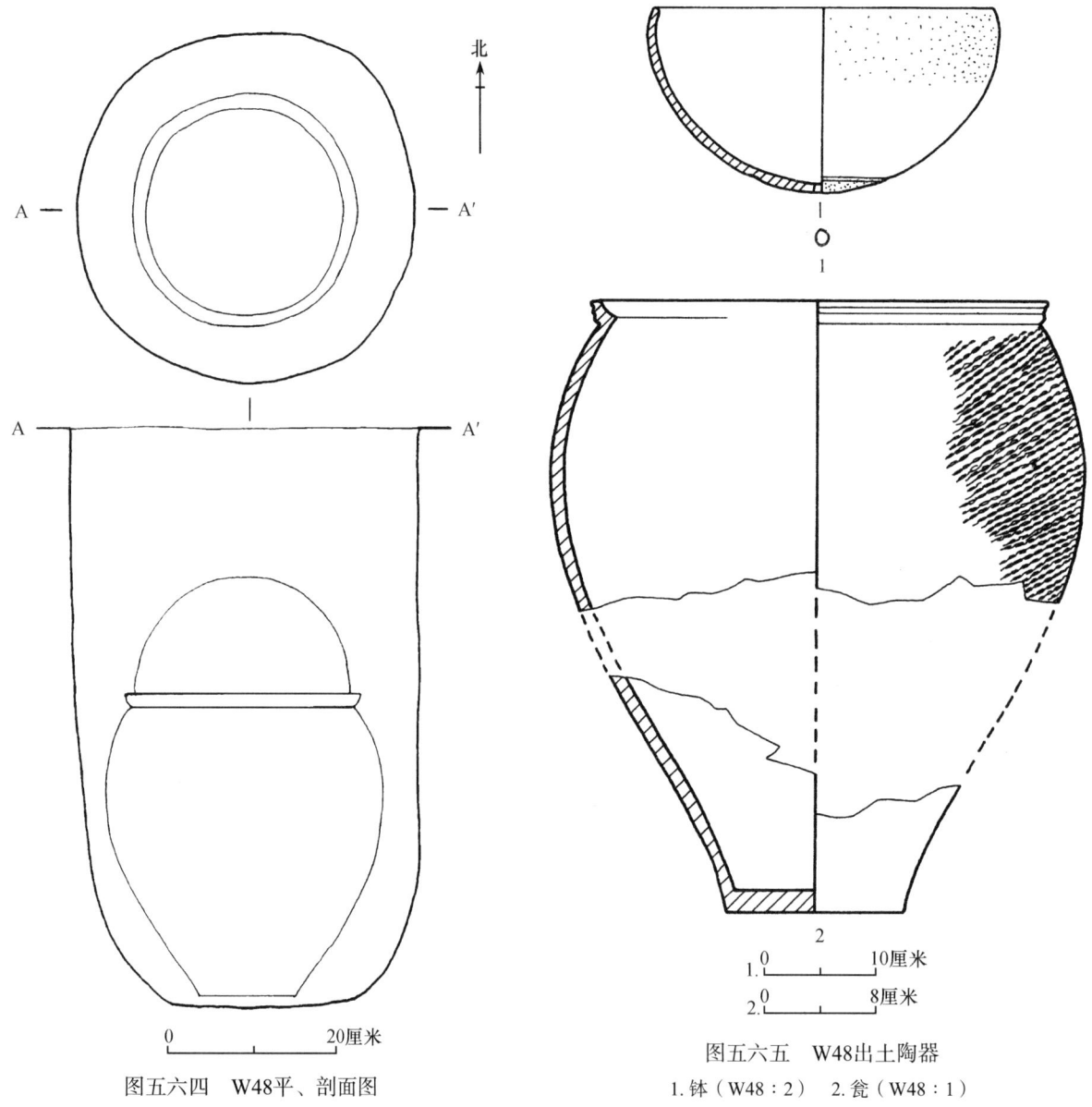

图五六四　W48平、剖面图

图五六五　W48出土陶器
1. 钵（W48：2）　2. 瓮（W48：1）

40. W49

W49位于Ⅲ区T0612东部，开口于④层下。墓坑平面呈圆形，锅底状，弧壁，圜底。坑口径0.4、深0.57米。葬具为1件陶瓮与1件陶钵，陶瓮口朝上竖置于坑底，陶钵倒扣于陶瓮上。瓮内存有少量人骨（图五六六）。

W49共出土器物2件。全部为陶器。器类有瓮、钵。

瓮 1件。标本W49：1，完整。粗夹砂红褐陶。侈口，折沿，沿面微曲，方唇，上腹圆鼓，下腹斜收，平底，最大腹径位于中腹部。腹部饰右上至左下斜向绳纹，绳纹斜度较小。沿面可见轮修痕迹，内壁可见泥条盘筑痕迹，器表可见烟熏痕迹。口径25、腹径32、底径11、通高36.5厘米（图五六七，1；彩版二三，4；图版一一三，6；图版一九四，1）。

钵 1件。标本W49：2，可复原。细泥质橘红陶。直口微敛，圆唇，深弧腹，圜底近平，底部有一周凸棱，凸棱内区域较为粗糙，底心有一由外向内打制而成的三角形穿孔。器表经刮抹较为光滑。素面。口下可见轮修痕迹，腹部可见刮抹痕迹。口径29.6、通高14.4、孔长4.8、宽3.6厘米（图五六七，2；图版一一四，1）。

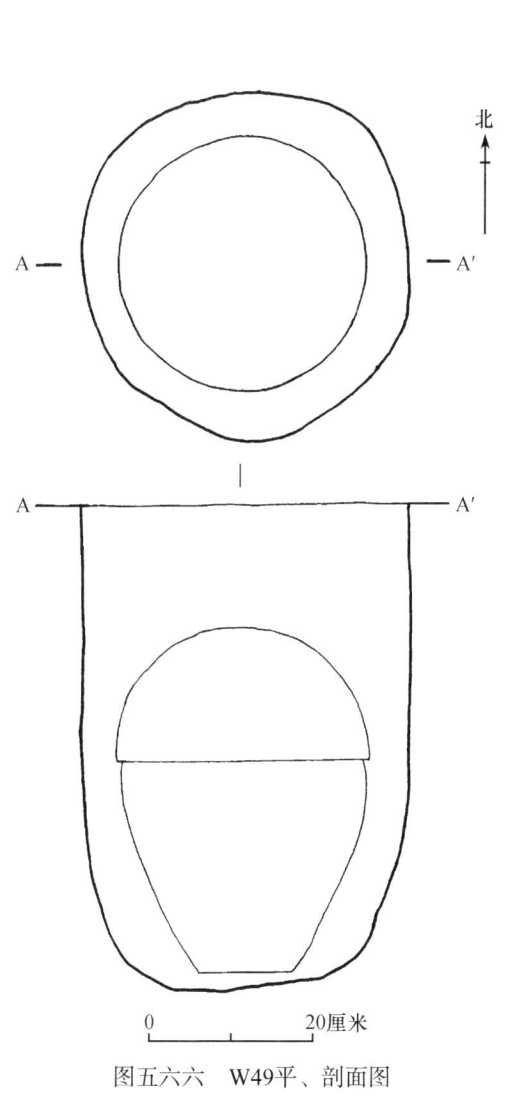

图五六六 W49平、剖面图

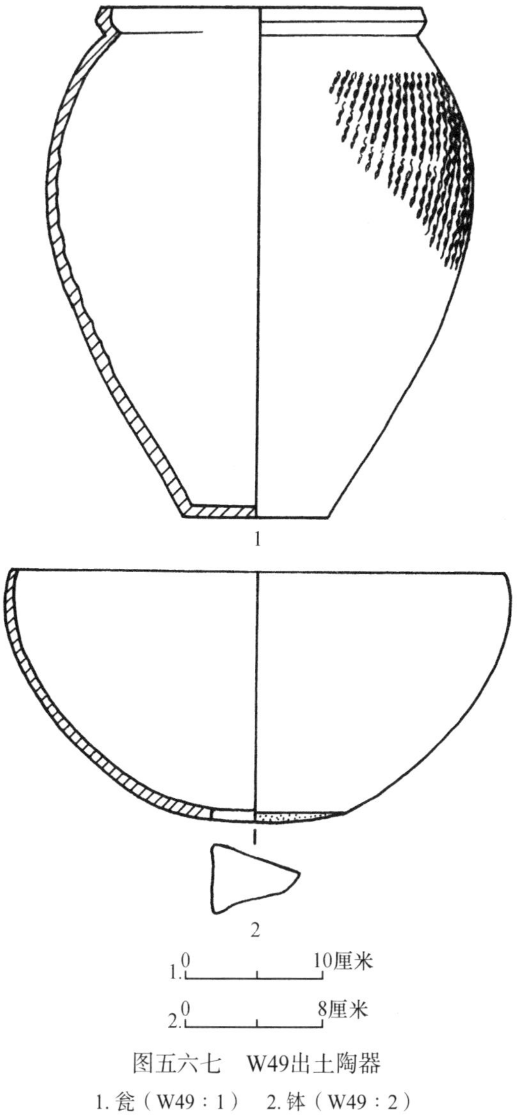

图五六七 W49出土陶器
1.瓮（W49：1） 2.钵（W49：2）

41. W50

W50位于Ⅲ区T0612北部，开口于④层下。墓坑平面呈不规则形，锅底状，弧壁，圜底。坑口长径0.55、短径0.48、深0.78米。葬具为1件陶瓮与1件陶钵，陶瓮口朝上竖置于坑底，陶钵倒扣于陶瓮上。瓮内存有少量人骨（图五六八）。

W50共出土器物2件。全部为陶器。器类有瓮、钵。

瓮　1件。标本W50：1，可复原。粗夹砂红褐陶。侈口，折沿，沿面微曲，方唇，鼓肩，并起一道不显著棱脊，上腹圆鼓，下腹略呈反弧状急收，平底，最大腹径位于上腹部。腹部饰竖向绳纹。器表可见烟熏痕迹，口部可见轮修痕迹，内壁可见泥条盘筑痕迹。口径30.6、腹径37.2、底径13.2、通高42.6厘米（图五六九，2；彩版二三，5；图版一一四，2；图版一九四，2）。

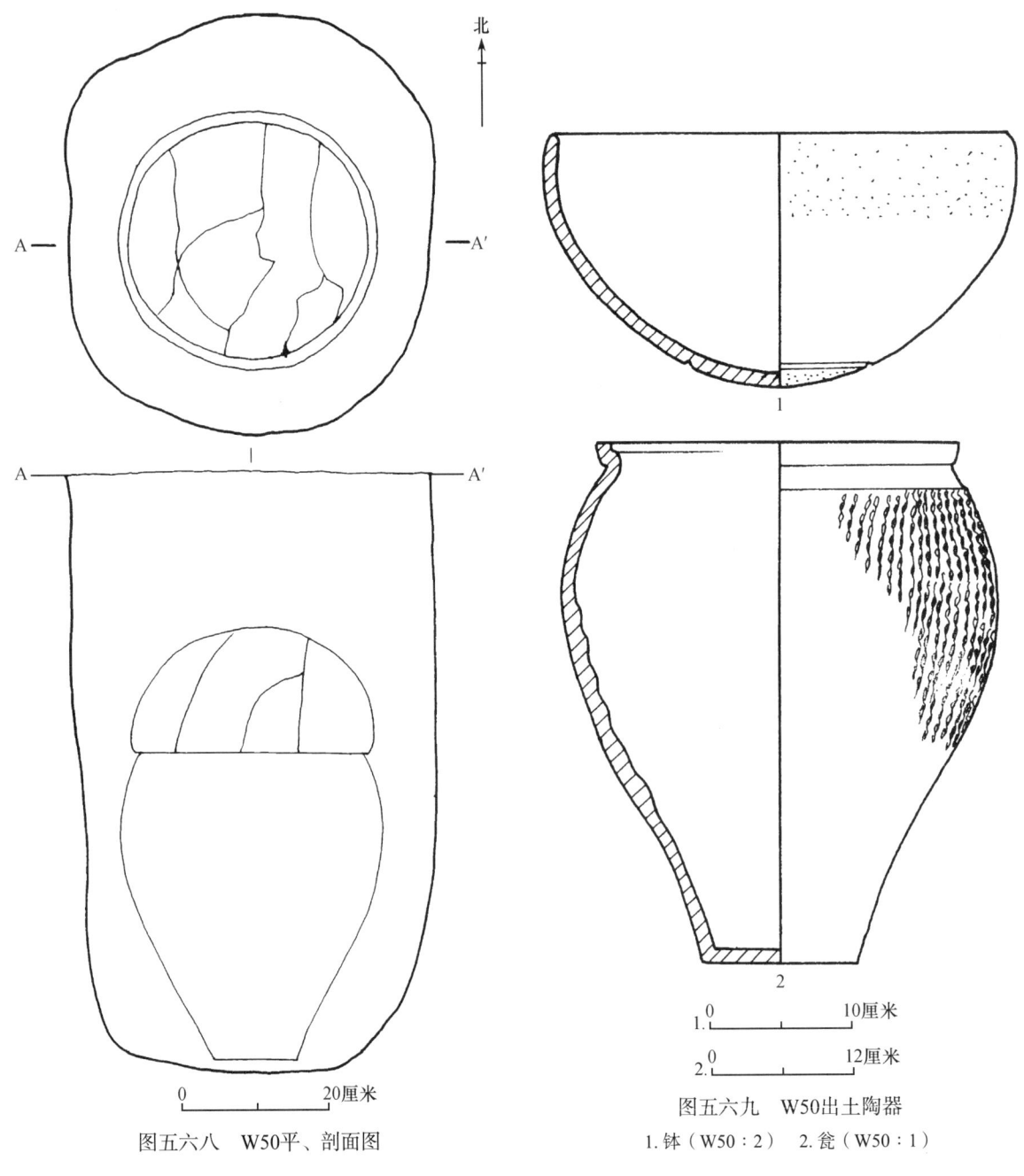

图五六八　W50平、剖面图

图五六九　W50出土陶器
1. 钵（W50：2）　2. 瓮（W50：1）

钵　1件。标本W50：2，可复原。细泥质橘红陶。直口微敛，圆唇，深弧腹，圜底，底部有一周浅细凹槽，凹槽内区域较为粗糙。器表磨光。素面。口下可见浅褐色叠烧痕迹。口径32、通高17.5厘米（图五六九，1；图版——四，3）。

42. W51

W51位于Ⅲ区T0612西北部，开口于④层下。墓坑平面呈圆形，锅底状，坑壁斜直，平底。坑口径0.54、底径0.44、深0.64米。葬具为1件陶瓮与1件陶钵，陶瓮口朝上竖置于坑底，陶钵倒扣于陶瓮上。瓮内存有少量人骨（图五七〇）。

W51共出土器物2件。全部为陶器。器类有瓮、钵。

瓮　1件。标本W51：1，可复原。粗夹砂红褐陶。侈口，折沿，方唇，中腹圆鼓，下腹斜收，平底，最大腹径位于上中腹部。腹部饰右上至左下斜向绳纹，绳纹斜度较小。内壁可见泥条盘筑痕迹，器表可见烟熏痕迹。口径27、腹径35.6、底径13、通高37.2厘米（图五七一，2；图版——四，4）。

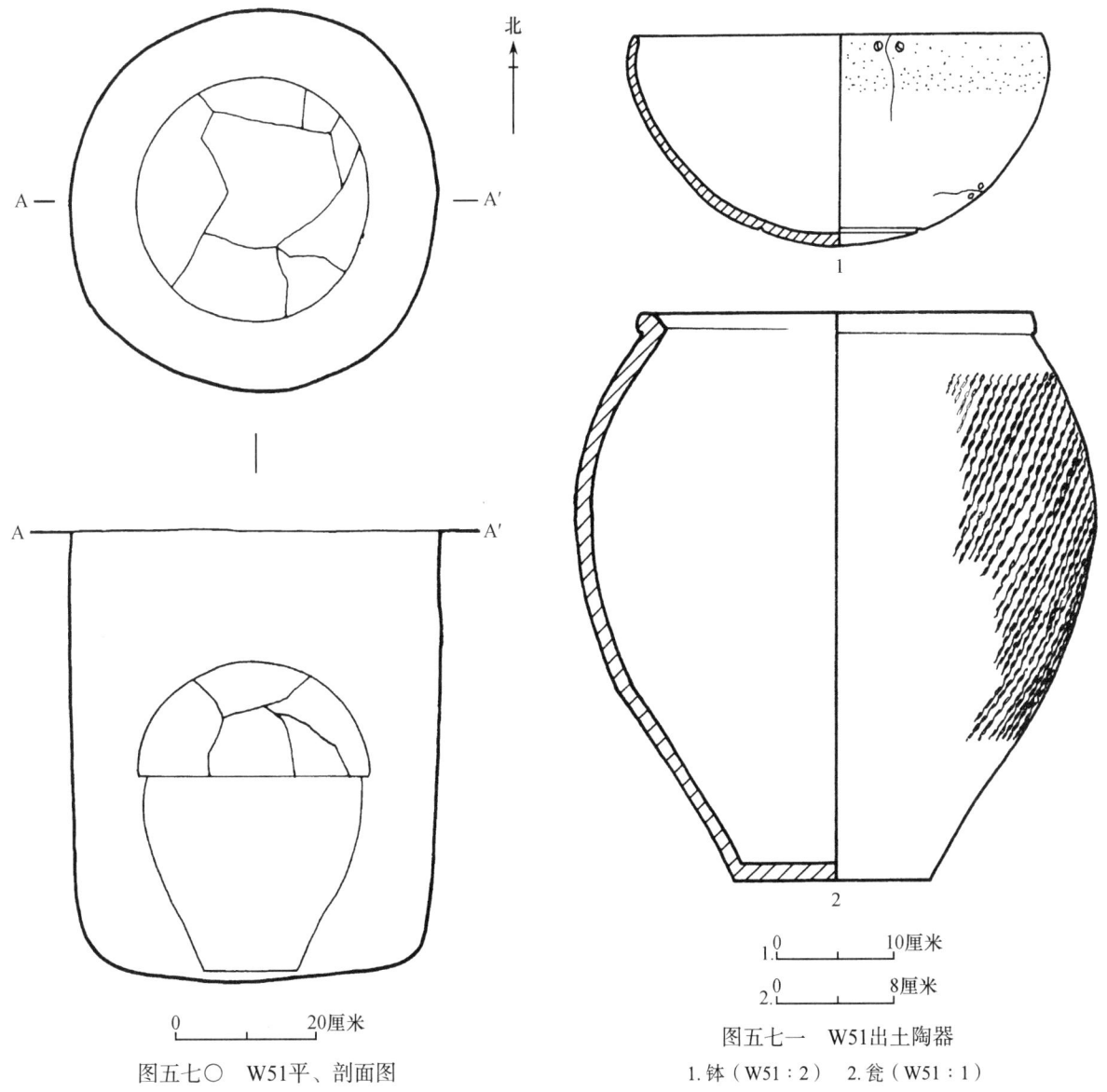

图五七〇　W51平、剖面图

图五七一　W51出土陶器
1. 钵（W51：2）　2. 瓮（W51：1）

钵 1件。标本W51：2，可复原。细泥质橘红陶。直口微敛，圆唇，深弧腹，圜底，底部有一周浅细凹槽，器身共有三对圆孔，可能作为修补之用：口下一对，为由内向外单面钻成；腹部二对，一对为由外向内单面钻成，另一对为两面对钻而成。器表磨光。素面。口下可见浅褐色叠烧痕迹。口径35、通高17.3厘米（图五七一，1；图版一一四，5）。

43. W52

W52位于Ⅲ区T0612东南部，开口于④层下。墓坑平面呈椭圆形，锅底状，坑壁斜直，平底。坑口长径0.48、短径0.45、底长径0.3、短径0.28、深0.52米。葬具为1件陶瓮与1件陶钵，陶瓮口朝上竖置于坑底，陶钵倒扣于陶瓮上。瓮内存有少量人骨（图五七二）。

W52共出土器物2件。全部为陶器。器类有瓮、钵。

瓮 1件。标本W52：1，完整。粗夹砂红褐陶。侈口，折沿，沿面微曲，方唇，唇部有一道浅细凹槽，上腹圆鼓，下腹斜收，平底，最大腹径位于上中腹部。腹部饰右上至左下斜向绳纹。器表可见烟熏痕迹。口径25、腹径32、底径11、通高34.5厘米（图五七三，2；彩版二三，6；图版

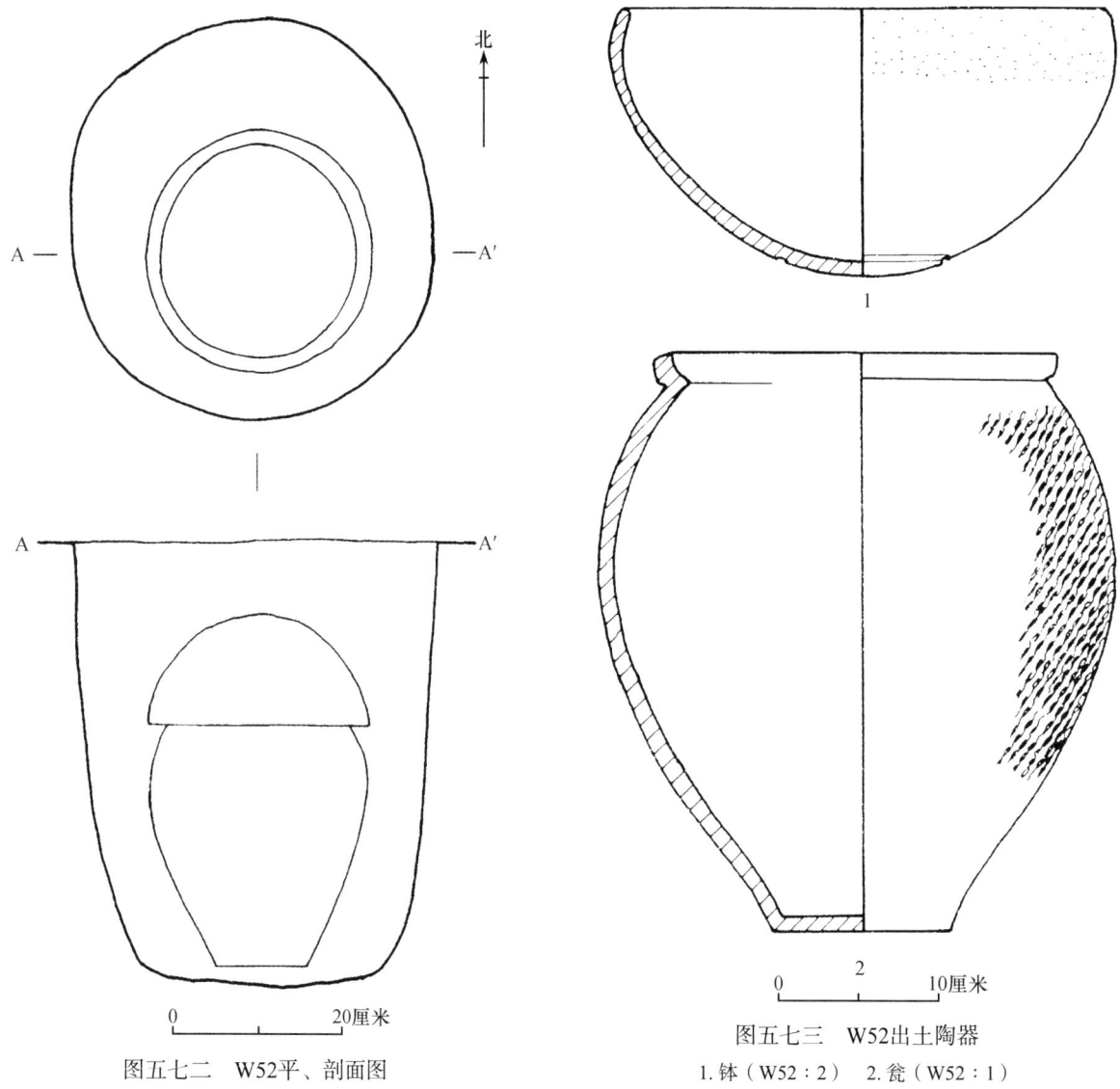

图五七二 W52平、剖面图

图五七三 W52出土陶器
1.钵（W52：2） 2.瓮（W52：1）

一一四，6；图版一九四，3）。

钵 1件。标本W52：2，可复原。细泥质橘红陶。直口微敛，圆唇，深弧腹，圜底，底部有一周浅细凹槽。器表磨光。素面。口下可见浅褐色叠烧痕迹。口径30、通高16厘米（图五七三，1；图版一一五，1）。

44. W53

W53位于Ⅲ区T0611北部，开口于④层下，西部被F12的灶坑打破。墓坑平面呈圆形，锅底状，弧壁，圜底。坑口径0.51、深0.63米。葬具为1件陶瓮，口朝上竖置于坑底。瓮内存有零星碎骨（图五七四）。

W53仅出土陶瓮1件。标本W53：1，上腹略残。粗夹砂红褐陶。侈口，折沿，沿面微曲，圆唇，上腹圆鼓，下腹斜收，平底。口沿以下饰右上至左下斜向绳纹。沿面可见轮修痕迹，内壁可见泥条盘筑痕迹，器表可见烟熏痕迹。口径29.2、底径13.4、复原高度44厘米（图五七五）。

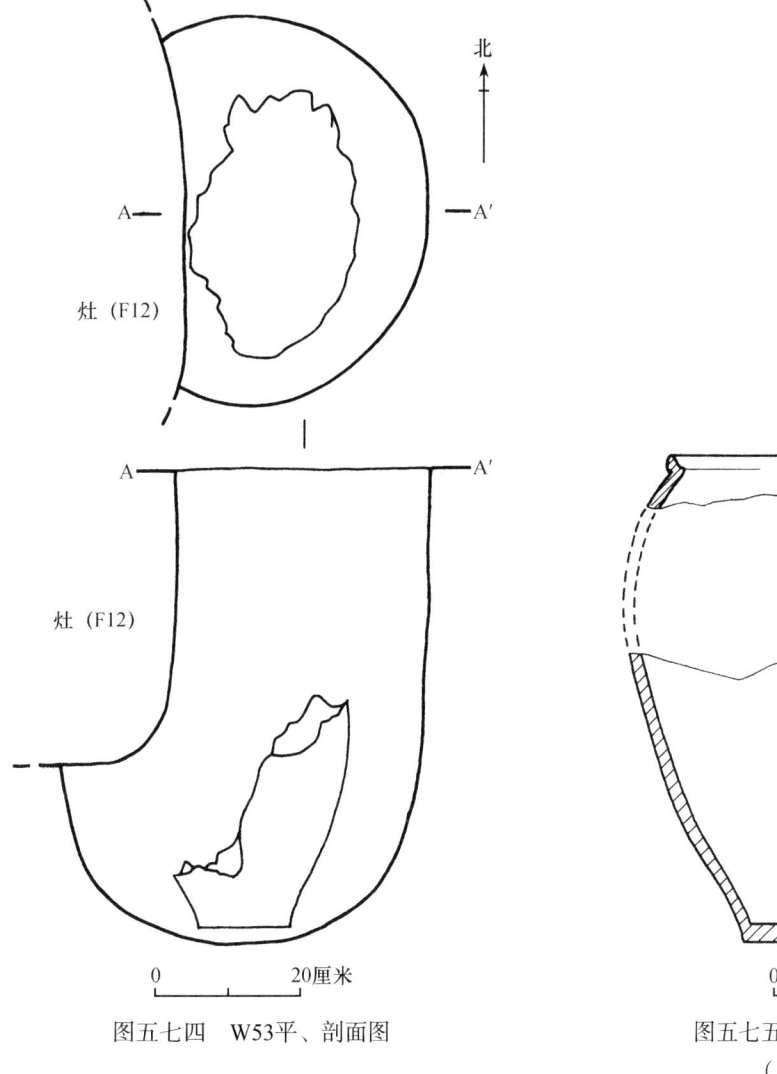

图五七四　W53平、剖面图

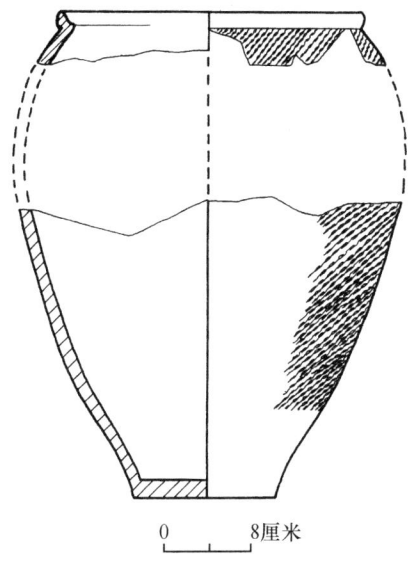

图五七五　W53出土陶瓮（W53：1）

45. W54

W54位于Ⅲ区T1312中部，开口于⑦层下。墓坑平面呈圆形，锅底状，坑壁斜直，平底。坑口径0.44、底径0.35、深0.47米。葬具为1件陶瓮与1件陶盆，陶瓮口朝上竖置于坑底，陶盆倒扣于陶瓮上。瓮内存有少量人骨（图五七六）。

W54共出土器物2件。全部为陶器。器类有瓮、盆。

瓮　1件。标本W54：1，可复原。粗夹砂红褐陶。侈口，卷沿，方唇，外沿面有一道浅细凹槽，中腹微鼓，下腹斜收，平底，最大腹径位于中腹部。腹部饰右上至左下斜向绳纹。沿面可见轮修痕迹，内壁可见泥条盘筑痕迹，器表可见烟熏痕迹。口径28.4、腹径32、底径12.4、通高35.4厘米（图五七七，1；图版一一五，2）。

盆　1件。标本W54：2，可复原。细泥质橘红陶。敛口，平折沿，圆唇，深弧腹，圜底近平，底部有一周凸棱，凸棱内区域较为粗糙。器表磨光。素面。口径41、通高16.6厘米（图五七七，2；图版一一五，3）。

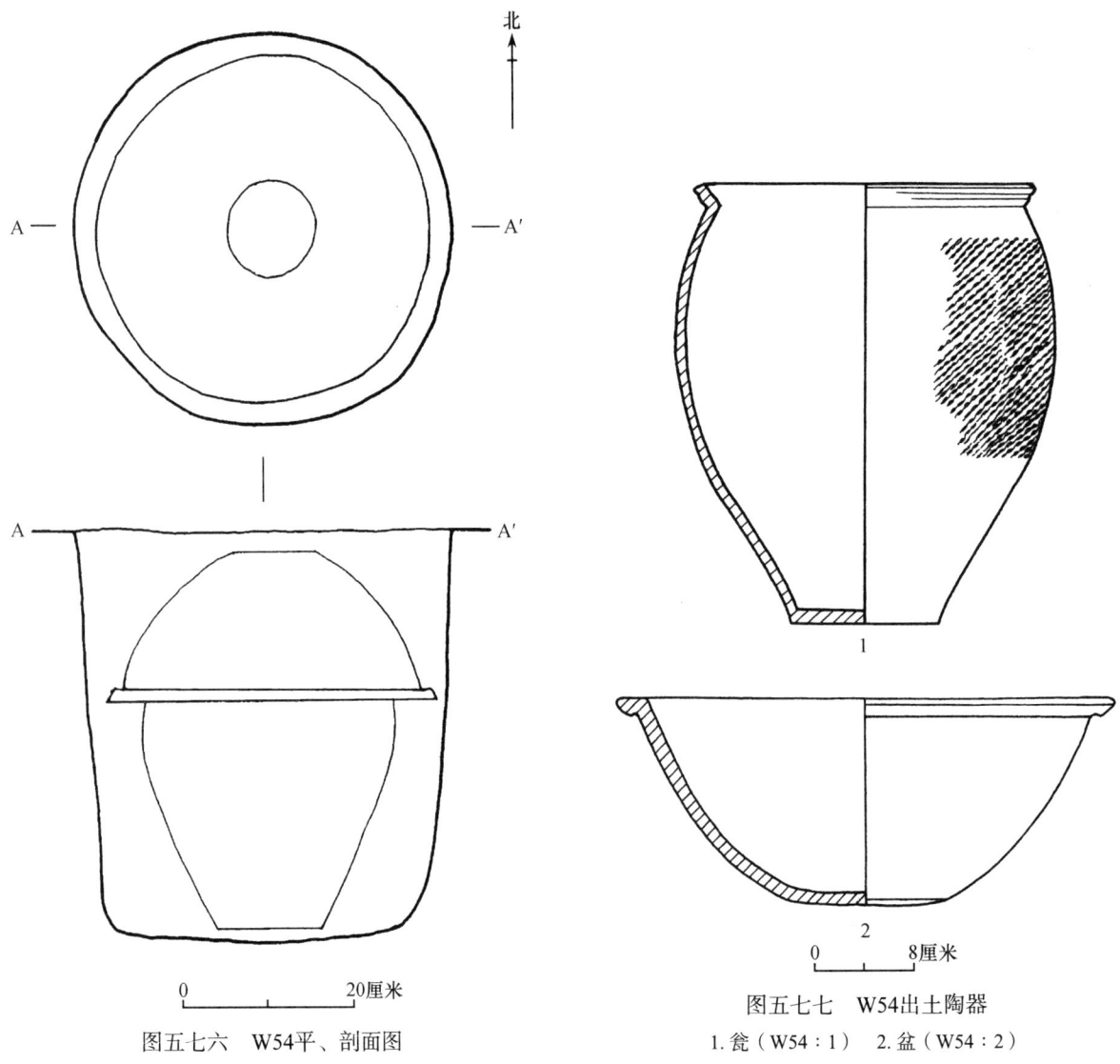

图五七六　W54平、剖面图

图五七七　W54出土陶器
1. 瓮（W54：1）　2. 盆（W54：2）

46. W55

W55位于Ⅲ区T0612东北部，开口于④层下。墓坑平面大体呈椭圆形，锅底状，弧壁，圜底。坑口长径0.61、短径0.55、深0.72米。葬具为1件陶瓮与1件陶钵，陶瓮口朝上竖置于坑底，陶钵呈倒扣状掉入陶瓮内。瓮内人骨不存（图五七八）。

W55共出土器物2件。全部为陶器。器类有瓮、钵。

瓮　1件。标本W55∶1，下腹部略残。粗夹砂红褐陶。侈口，折沿，方唇，上腹圆鼓，下腹斜收，平底，最大腹径位于上腹部。口沿下侧饰六周弦纹，腹部饰右上至左下斜向绳纹。内壁可见泥条盘筑痕迹，器表可见烟熏痕迹。口径32.8、复原腹径39.4、底径13、复原高度44厘米（图五七九，2）。

钵　1件。标本W55∶2，完整。细泥质橘红陶。直口微敛，圆唇，深弧腹，圜底，底部有一周

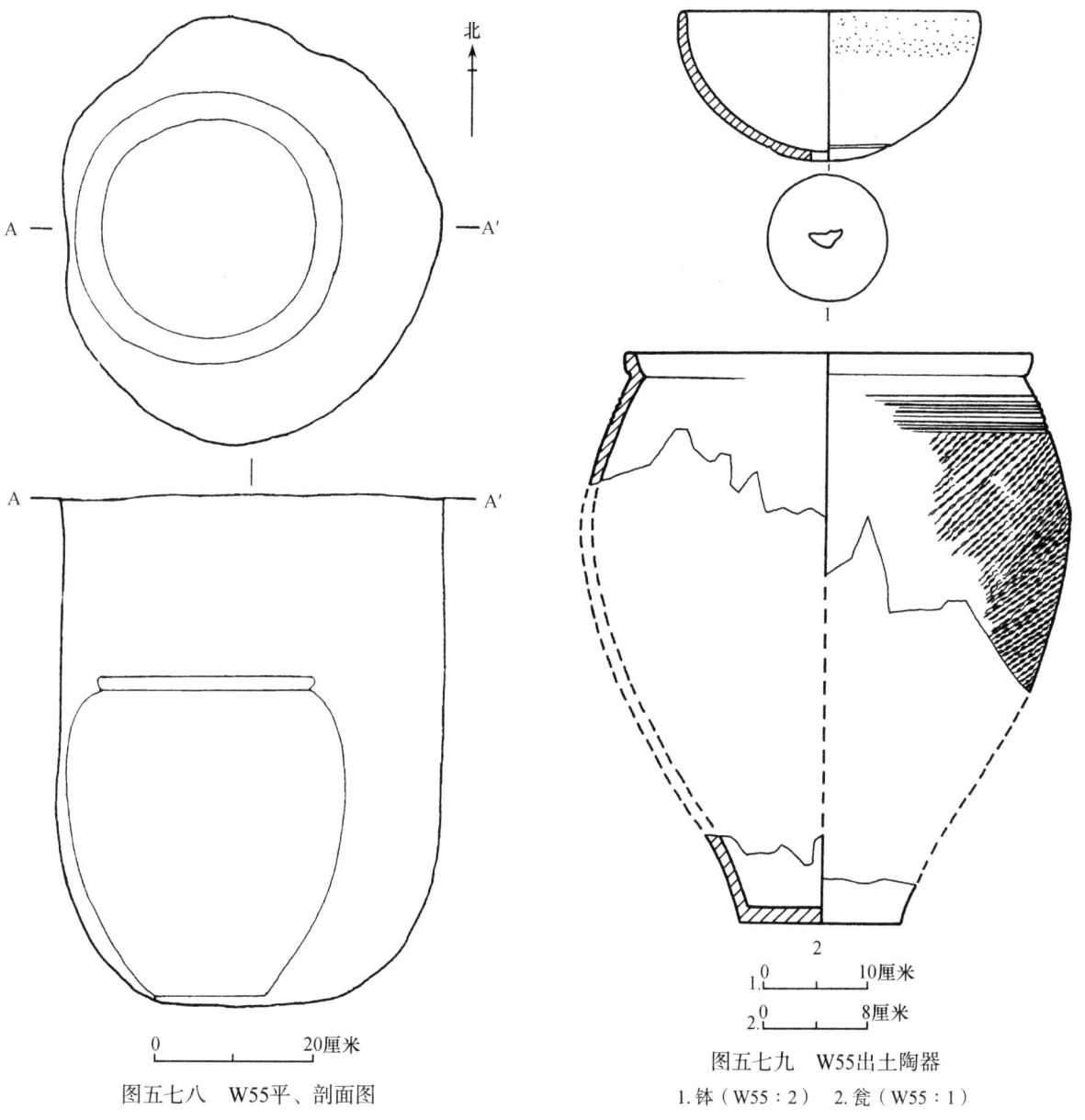

图五七八　W55平、剖面图

图五七九　W55出土陶器
1.钵（W55∶2）　2.瓮（W55∶1）

浅细凹槽，凹槽内区域较为粗糙，底心有一个由内向外打制而成的三角形穿孔。器表磨光。素面。口下可见浅褐色叠烧痕迹。口径30.5、通高14.5、孔长径3.2、短径2.1厘米（图五七九，2；图版一一五，4）。

47. W56

W56位于Ⅲ区T0612东南部，开口于④层下。墓坑平面呈圆形，锅底状，弧壁，圜底。坑口径0.61、深0.7米。葬具为1件陶瓮与1件陶盆，陶瓮口朝上竖置于坑底，陶盆倒扣于陶瓮上。瓮内存有少量人骨，并随葬有1件石球（图五八〇）。

W56共出土器物3件。以陶器为主，石器次之。

（1）陶器

2件。器类有瓮、盆。

瓮　1件。标本W56∶1，可复原。粗夹砂红褐陶。侈口，折沿，沿面微曲，方唇，上腹圆鼓，下腹略呈反弧状急收，平底，最大腹径位于上中腹部。腹部饰右上至左下斜向绳纹。内壁可见泥条盘筑痕迹，器表可见烟熏痕迹。口径33、腹径38.4、底径15.6、通高46.8厘米（图五八一，1；图版一一五，5）。

盆　1件。标本W56∶2，可复原。细泥质橘红陶。直口微敞，折沿，沿面略向外侧下斜，圆唇，深弧腹，圜底近平，底部有一周凸棱。器表经刮抹较为光滑。素面。口径41、通高18.5厘米（图五八一，2；图版一一五，6）。

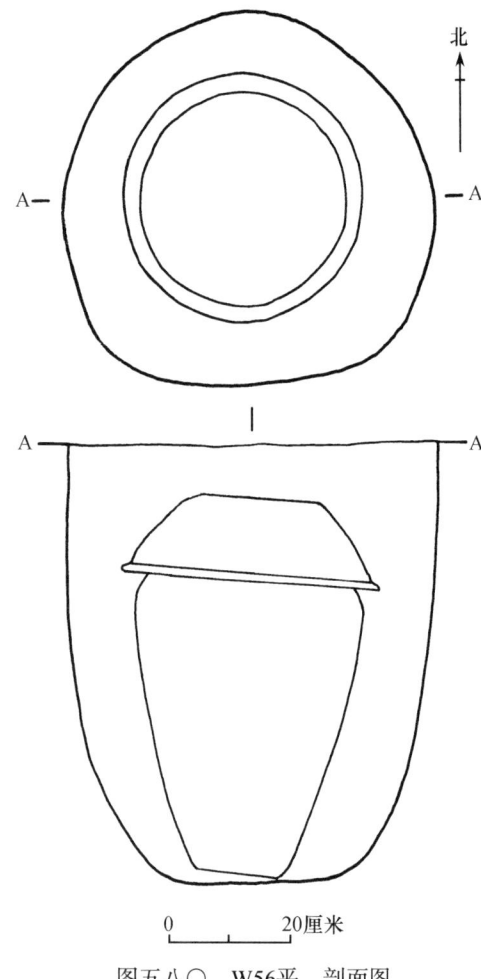

图五八〇　W56平、剖面图

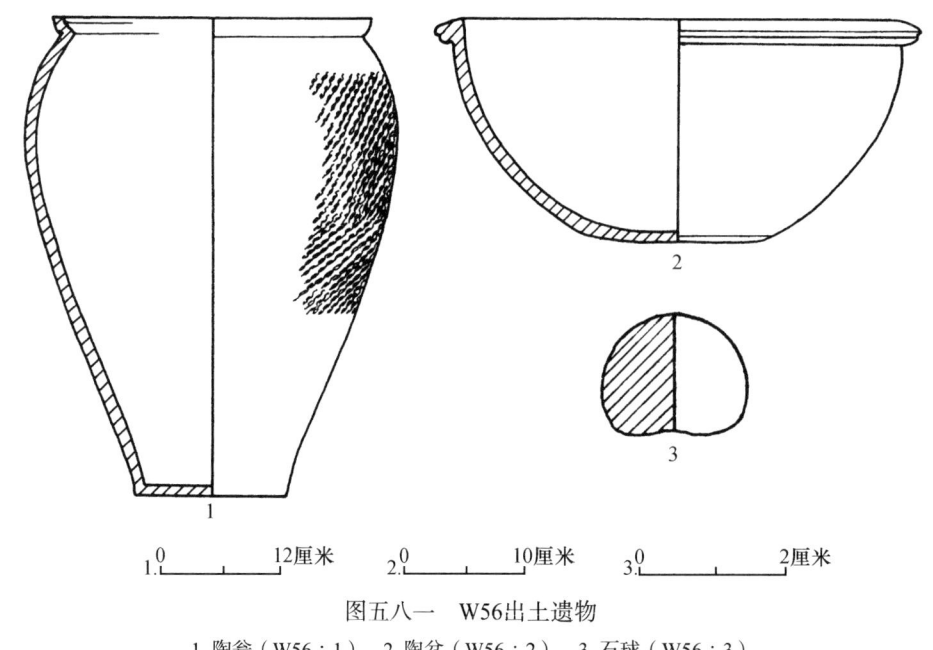

图五八一　W56出土遗物

1. 陶瓮（W56∶1）　2. 陶盆（W56∶2）　3. 石球（W56∶3）

（2）石器

1件。球。标本W56：3，完整。石英岩。扁圆球状。通体磨光。直径2厘米（图五八一，3；图版一一六，1）。

48. W57

W57位于Ⅲ区T0611东北部，开口于⑤层下。墓坑平面呈圆形，锅底状，弧壁，平底。坑口径0.5、底径0.35、深0.67米。葬具为1件陶瓮与1件陶钵，陶瓮口朝上竖置于坑底，陶钵倒扣于陶瓮上。瓮内存有少量人骨（图五八二；图版九，6）。

W57共出土器物2件。全部为陶器。器类有瓮、钵。

瓮　1件。标本W57：1，腹部残。粗夹砂红褐陶。侈口，折沿，方唇，上腹圆鼓，下腹斜收，平底。口沿以下饰右上至左下斜向绳纹。沿面可见轮修痕迹，内壁可见泥条盘筑痕迹，器表可见烟熏痕迹。口径28、底径11.6、复原高度44厘米（图五八三，2）。

钵　1件。标本W57：2，完整。细泥质橘红陶。直口微敛，圆唇，深弧腹，圜底，底部有一周

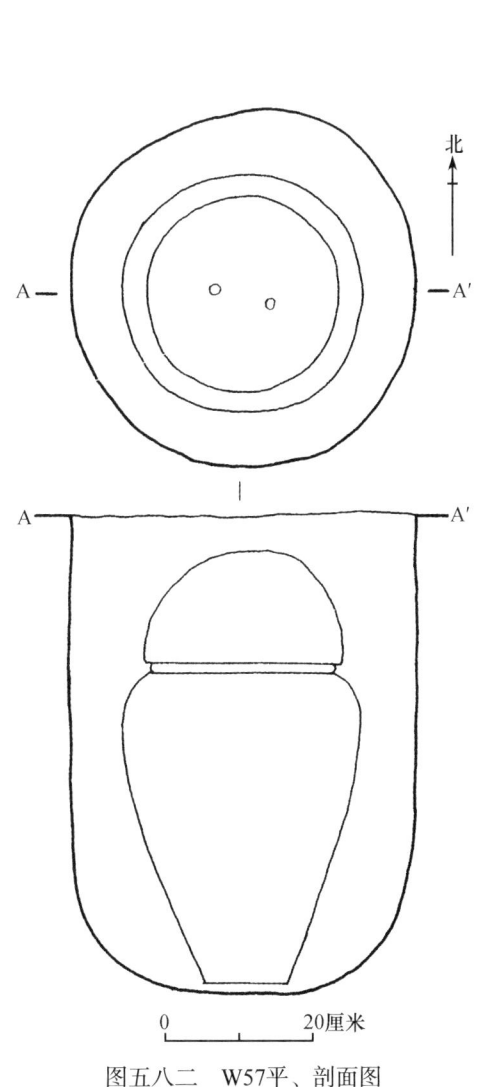

图五八二　W57平、剖面图

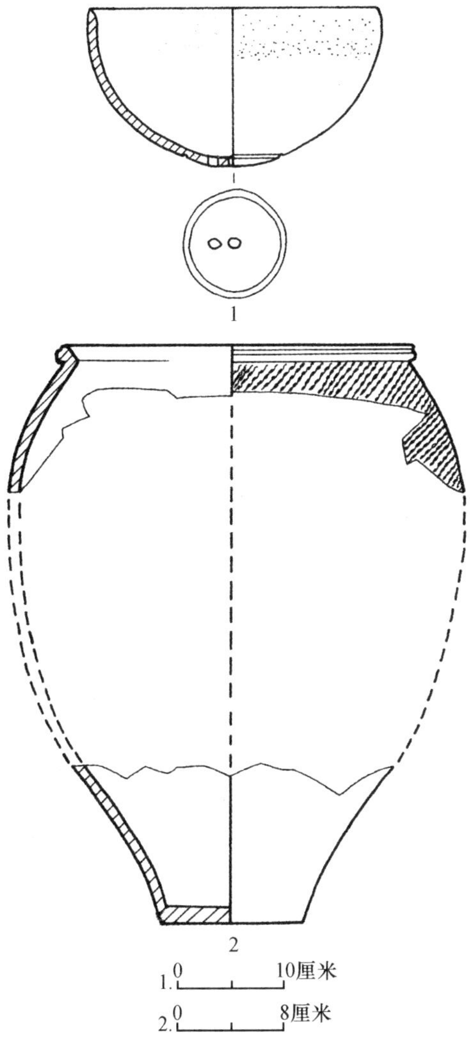

图五八三　W57出土陶器
1. 钵（W57：2）　2. 瓮（W57：1）

浅细凹槽，底心有二个由内向外打制而成的圆孔。器表磨光。素面。口下可见浅褐色叠烧痕迹。口径29、通高15、孔径均为1厘米（图五八三，1；图版一一六，2、3）。

49. W58

W58位于Ⅲ区T0611东北部，开口于⑤层下，西部被W57打破。墓坑平面呈圆形，锅底状，坑壁竖直，圜底。坑口径0.48、深0.73米。葬具为1件陶瓮与1件陶钵，陶瓮口朝上竖置于坑底，陶钵倒扣于陶瓮上。瓮内存有少量人骨（图五八四；图版一〇，1）。

W58共出土器物2件。全部为陶器。器类有瓮、钵。

瓮　1件。标本W58：1，可复原。粗夹砂红褐陶。侈口，折沿，沿面微曲，方唇，上腹圆鼓，下腹斜收，平底，最大腹径位于上腹部。腹部饰右上至左下斜向绳纹，绳纹斜度较小。内壁可见泥条盘筑痕迹，器表可见烟熏痕迹。口径28.8、腹径34.8、底径13.2、通高42.6厘米（图五八五，1；

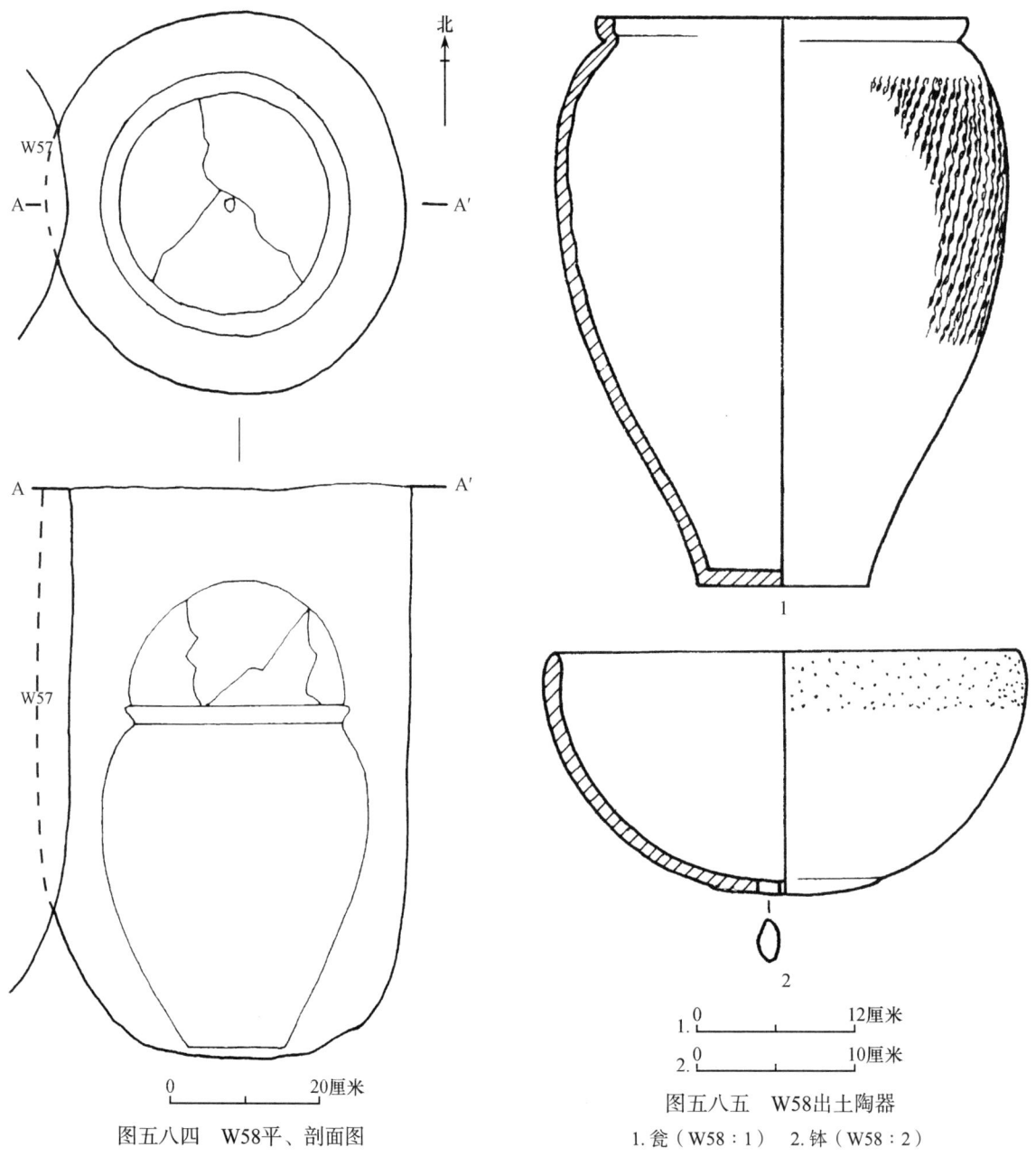

图五八四　W58平、剖面图

图五八五　W58出土陶器
1. 瓮（W58：1）　2. 钵（W58：2）

图版一一六，4）。

钵 1件。标本W58：2，可复原。细泥质橘红陶。直口微敛，圆唇，深弧腹，圜底，底部有一周凸棱，底心有一由内向外打制而成的不规则形穿孔。器表经刮抹较为光滑。素面。口下可见浅褐色叠烧痕迹。口径30、通高15.2、孔长径2.5、短径1.5厘米（图五八五，2；图版一一六，5）。

50. W59

W59位于Ⅲ区T0611东北部，开口于⑤层下。墓坑平面呈椭圆形，锅底状，弧壁，圜底。坑口长径0.53、短径0.44、深0.63米。葬具为1件陶瓮与1件陶钵，陶瓮口朝上竖置于坑底，陶钵倒扣于陶瓮上。瓮内存有少量人骨（图五八六）。

W59共出土器物2件。全部为陶器。器类有瓮、钵。

瓮 1件。标本W59：1，可复原。粗夹砂红褐陶。侈口，折沿，圆唇，上腹圆鼓，下腹斜收，平底，最大腹径位于上腹部。口沿下侧饰一周弦纹，腹部饰右上至左下斜向绳纹。沿面可见轮修痕迹，内壁可见泥条盘筑痕迹，器表可见烟熏痕迹。口径31.8、腹径37.8、底径13.2、通高45.6厘米（图五八七，1；图版一一六，6；图版一九四，4）。

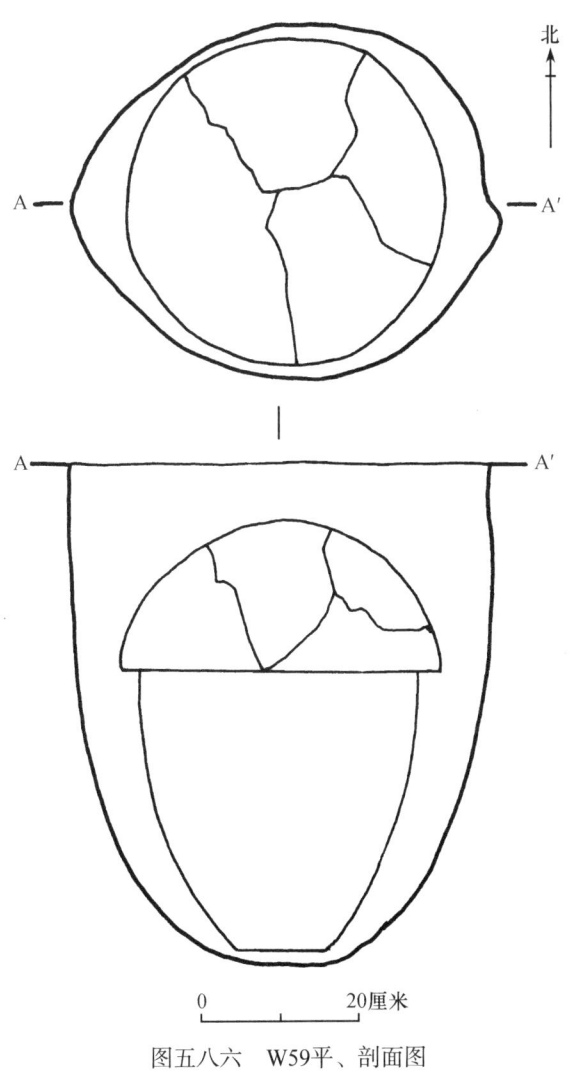

图五八六 W59平、剖面图

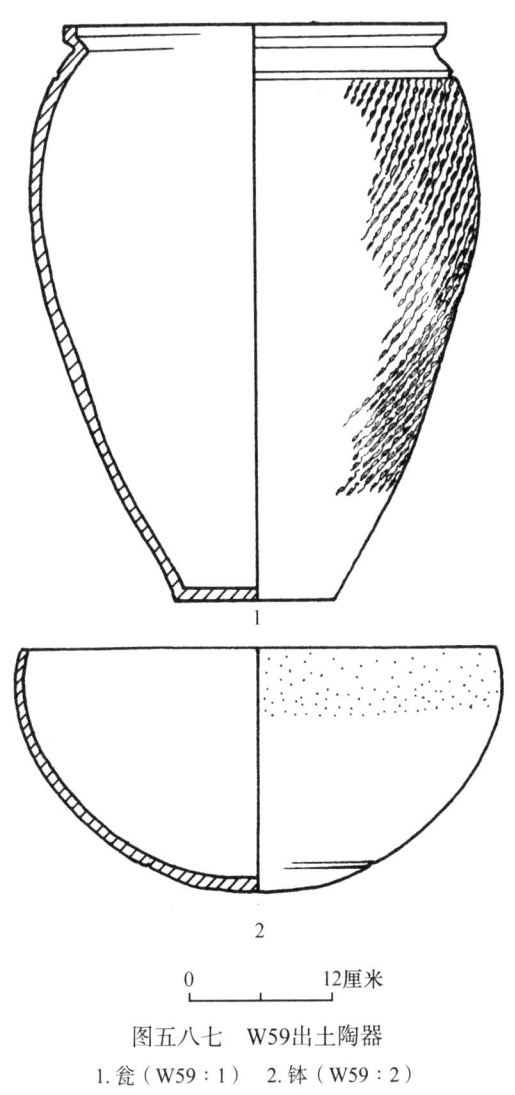

图五八七 W59出土陶器
1. 瓮（W59：1） 2. 钵（W59：2）

钵 1件。标本W59∶2，可复原。细泥质橘红陶。直口微敛，方唇，深弧腹，圜底，底部有一周浅细凹槽。器表磨光。素面。口下可见深红色叠烧痕迹与轮修痕迹。口径39、通高19.5厘米（图五八七，2；图版一一七，1）。

51. W60

W60位于Ⅲ区T0611东北部，开口于④层下。墓坑平面呈圆形，锅底状，弧壁，圜底。坑口径0.5、深0.66米。葬具为1件陶瓮与1件陶钵，陶瓮口朝上竖置于坑底，陶钵倒扣于陶瓮上。瓮内存有少量人骨（图五八八）。

W60共出土器物2件。全部为陶器。器类有瓮、钵。

瓮 1件。标本W60∶1，可复原。粗夹砂红褐陶。侈口，折沿，沿面微曲，方唇，上腹微鼓，下腹斜收，平底，最大腹径位于中上腹部。腹部饰竖向绳纹。沿面可见轮修痕迹，内壁可见泥条盘筑痕迹，器表可见烟熏痕迹。口径29.4、腹径35.4、底径13.8、通高42.6厘米（图五八九，1；图版

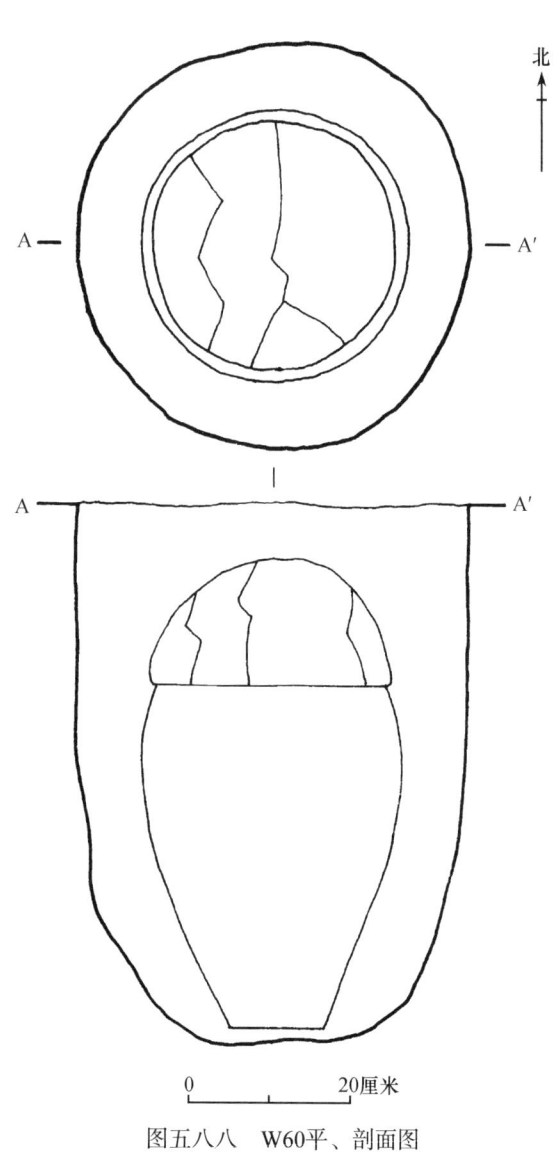

图五八八　W60平、剖面图

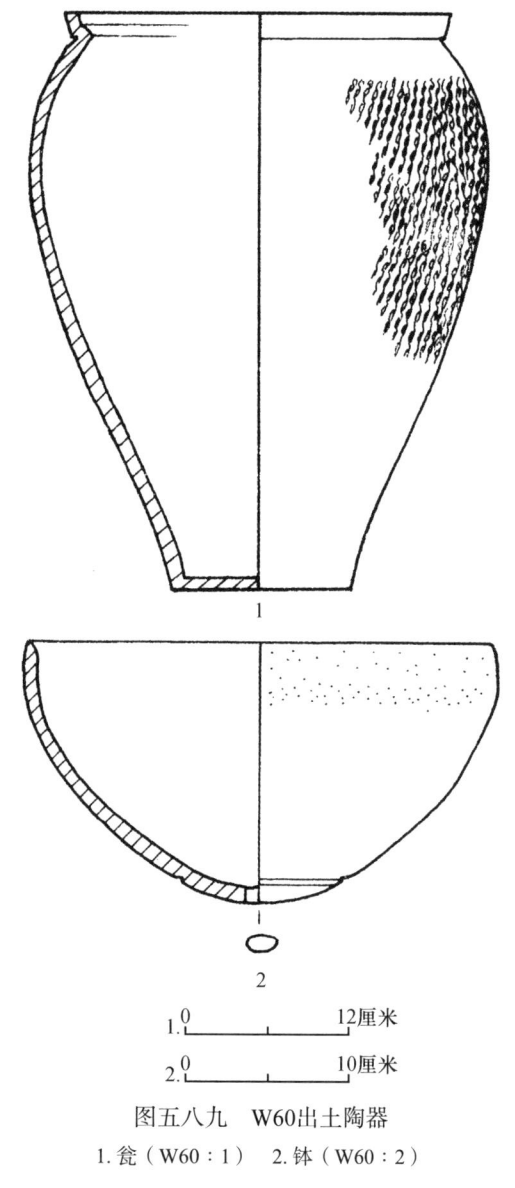

图五八九　W60出土陶器
1. 瓮（W60∶1）　2. 钵（W60∶2）

一一七，2）。

钵 1件。标本W60：2，完整。细泥质橘红陶。直口微敛，圆唇，深弧腹，圜底，底部有一周凸棱，凸棱内区域较为粗糙，底心有一由外向内打制而成的椭圆形穿孔。器表磨光。素面。口下可见浅褐色叠烧痕迹与轮修痕迹。口径29.5、通高16、孔长径2、短径1厘米（图五八九，2；图版一一七，3、4；图版二〇四，4）。

52. W61

W61位于Ⅲ区T0813西北部，开口于⑥层下。墓坑平面呈圆形，锅底状，弧壁，圜底。坑口径0.5、深0.47米。葬具为1件陶瓮与1件陶钵，陶瓮口朝上竖置于坑底，陶钵倒扣于陶瓮上。瓮内存有少量人骨（图五九〇）。

W61共出土器物2件。全部为陶器。器类有瓮、钵。

瓮 1件。标本W61：1，可复原。粗夹砂红褐陶。侈口，卷沿，方唇，中腹微鼓，下腹斜收，平底，最大腹径位于中腹部。腹部饰右上至左下斜向绳纹。器表可见烟熏痕迹。口径25.4、腹径28.5、底径10.8、通高31.4厘米（图五九一，2；图版一一七，5）。

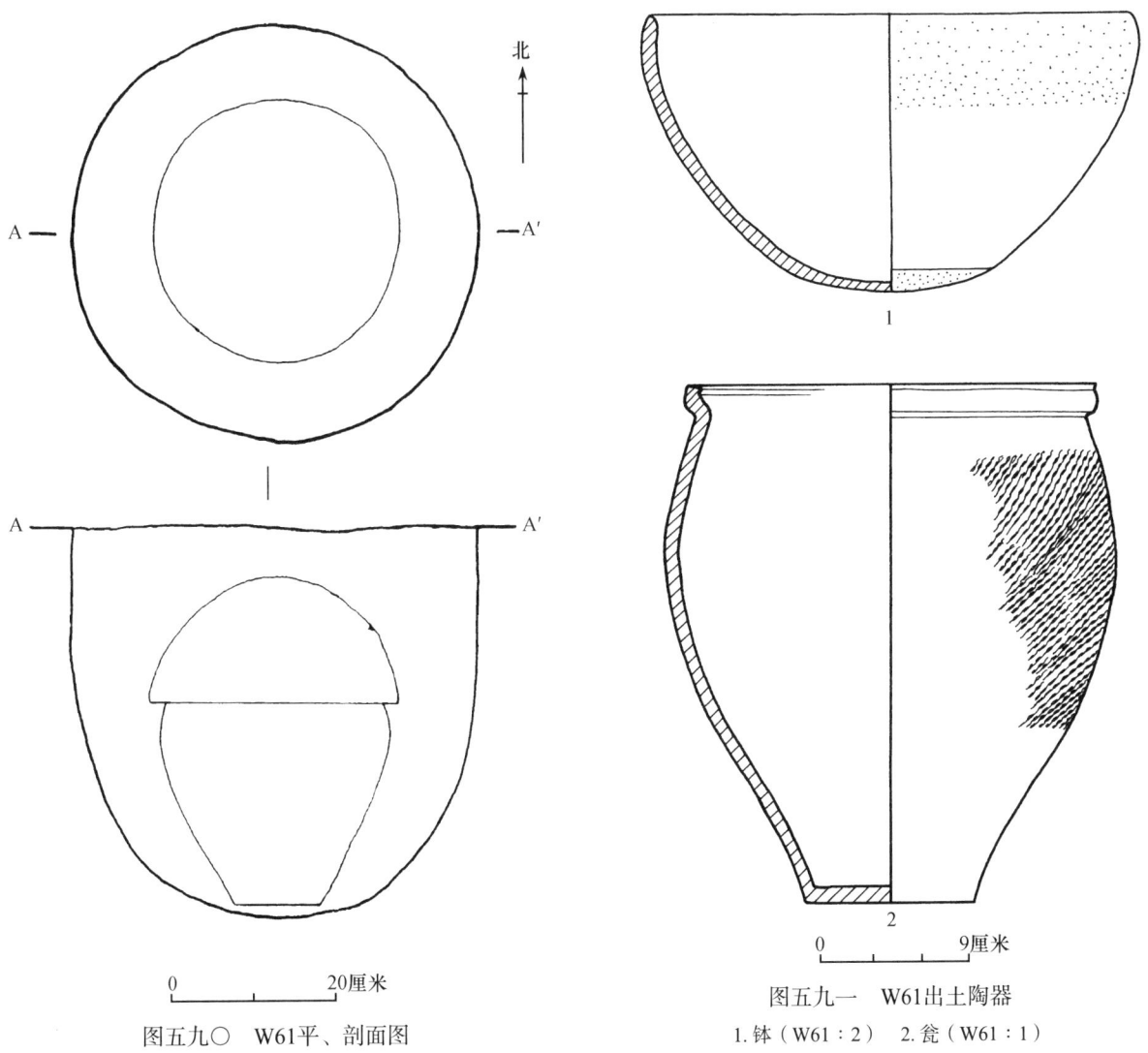

图五九〇 W61平、剖面图

图五九一 W61出土陶器

1.钵（W61：2） 2.瓮（W61：1）

钵　1件。标本W61：1，可复原。细泥质橘红陶。直口微敛，圆唇，深弧腹，圜底，底部有一周凸棱，凸棱内区域较为粗糙。器表磨光。素面。口下可见深红色叠烧痕迹与轮修痕迹。口径30.4、通高16.9厘米（图五九一，2；图版一一七，6）。

53. W62

W62位于Ⅲ区T0714西南部，开口于⑤层下。墓坑平面呈不规则形，锅底状，坑壁斜直，平底。坑口长径0.72、短径0.53、底长径0.52、短径0.32、深0.6米。葬具为1件陶瓮与1件陶钵，陶瓮口朝上竖置于坑底，陶钵倒扣于陶瓮上。瓮内存有少量人骨（图五九二；图版一〇，2）。

W62共出土器物2件。全部为陶器。器类有瓮、钵。

瓮　1件。标本W62：1，腹部残。粗夹砂红褐陶。侈口，折沿，沿面微曲，方唇，腹微鼓，下腹斜收，平底。腹部饰右上至左下斜向绳纹。沿面可见轮修痕迹，器表可见烟熏痕迹。口径31.6、底径12.4、复原高度42.8厘米（图五九三，2）。

钵　1件。标本W62：2，完整。粗泥质橘红陶。直口微敛，圆唇，深弧腹，平底，底心有一由内向外打制而成的椭圆形孔。器表粗糙。素面。口下可见轮修痕迹，下腹部可见刮抹痕迹。口径32、底径12、通高17、孔长径2.5、短径2厘米（图五九三，1；彩版二一，5；图版一一八，1）。

54. W63

W63位于Ⅲ区T0714西南部，开口于⑤层下。墓坑平面大体呈椭圆形，锅底状，坑壁斜直，平底。坑口长径0.65、短径0.55、底长径0.53、短径0.42、深0.61米。葬具为1件陶瓮与1件陶盆，陶瓮口朝上竖置于坑底，陶盆倒扣于陶瓮上。瓮内存有少量人骨（图五九四；图版一〇，3）。

W63共出土器物2件。全部为陶器。器类有瓮、盆。

瓮　1件。标本W63：1，可复原。粗夹砂红褐陶。侈口，折沿，沿面微曲，方唇，上腹圆鼓，下腹斜收，平底，最大腹径位于中上腹部。腹部饰右上至左下斜向绳纹。沿面可见轮修痕迹，内壁可见泥条盘筑痕迹，器表可见烟熏痕迹。口径33.6、腹径37.8、底径12、通高37.2厘米（图五九五，1；图版一一八，2；图版一九四，5）。

盆　1件。标本W63：2，可复原。细泥质橘红陶。直口，平折沿，沿面略向外侧下斜，圆唇，深弧腹，圜底近平，底部有一周凸棱，底心有一个管钻而成的圆孔。器表磨光。素面。沿面与上腹部均可见轮修痕迹。口径39.5、通高16、孔径1厘米（图五九五，2；图版一一八，3、4）。

55. W64

W64位于Ⅲ区T0614西部，开口于⑥层下，东部被H119打破。墓坑平面呈圆形，锅底状，坑壁斜直，平底。坑口径0.42、底径0.23、深0.5米。葬具为1件陶瓮与1件陶钵，陶瓮口朝上竖置于坑底，陶钵倒扣于陶瓮上。瓮内存有少量人骨（图五九六；图版一〇，4）。

W64共出土器物2件。全部为陶器。器类有瓮、钵。

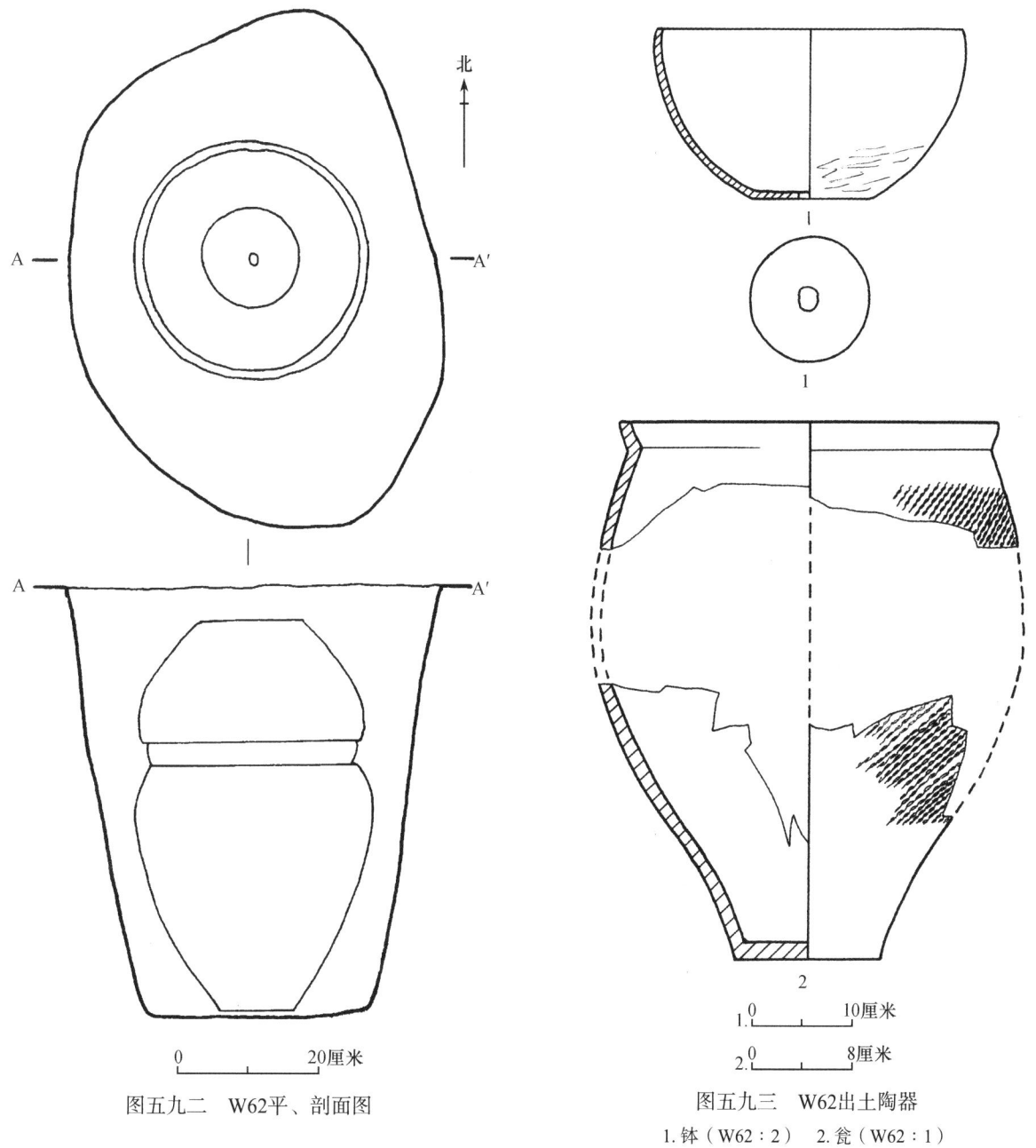

图五九二　W62平、剖面图

图五九三　W62出土陶器
1. 钵（W62：2）　2. 瓮（W62：1）

瓮　1件。标本W64：1，可复原。粗夹砂红褐陶。侈口，折沿，沿面微曲，圆唇，上腹圆鼓，下腹斜收，平底，最大腹径位于中上腹部。腹部饰右上至左下斜向绳纹。沿面可见轮修痕迹，内壁可见泥条盘筑痕迹，器表可见烟熏痕迹。口径25、腹径31、底径12、通高33.5厘米（图五九七，1；图版一一八，5；图版一九四，6）。

钵　1件。标本W64：2，可复原。细泥质橘红陶。直口微敛，圆唇，深弧腹，圜底，底部十分粗糙，有一个两面打制而成的圆孔。器表磨光。素面。口下可见浅褐色叠烧痕迹与轮修痕迹。口径27.8、通高13.6、孔径1.2厘米（图五九七，2；图版一一八，6）。

572　西安鱼化寨

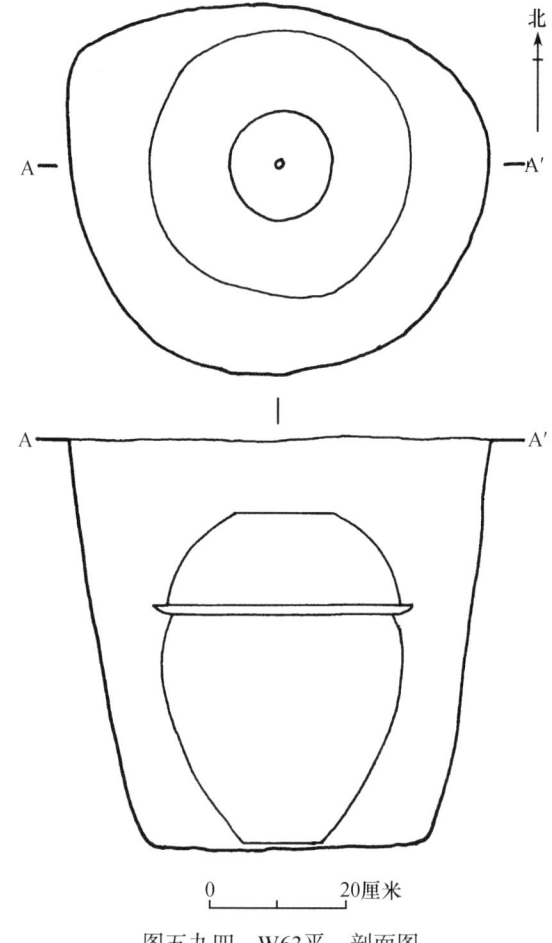

图五九四　W63平、剖面图

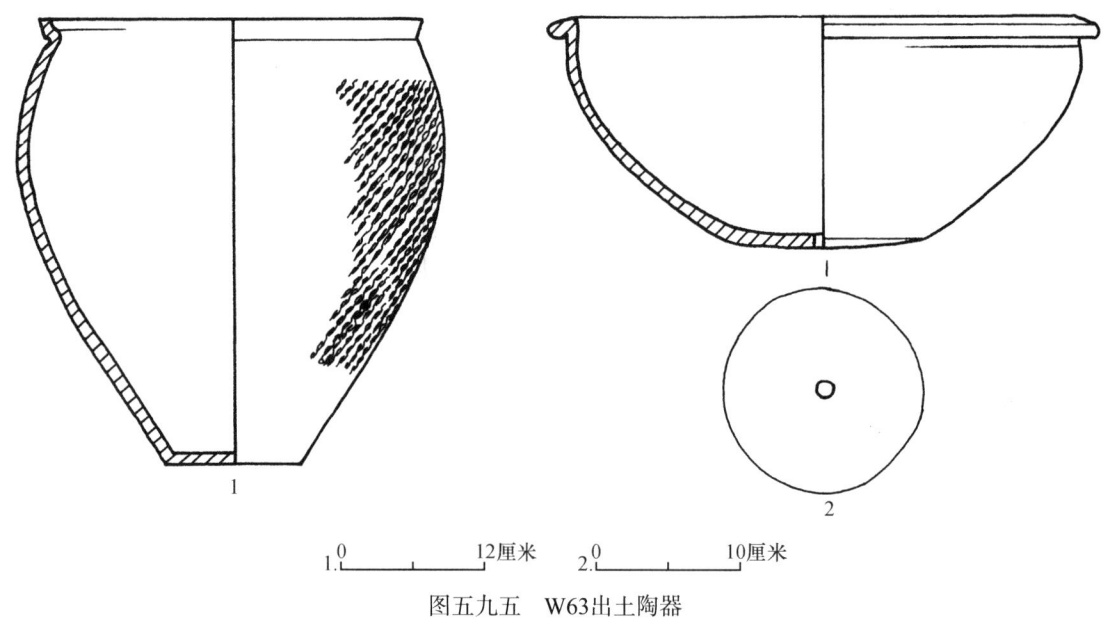

图五九五　W63出土陶器
1. 瓮（W63∶1）　2. 盆（W63∶2）

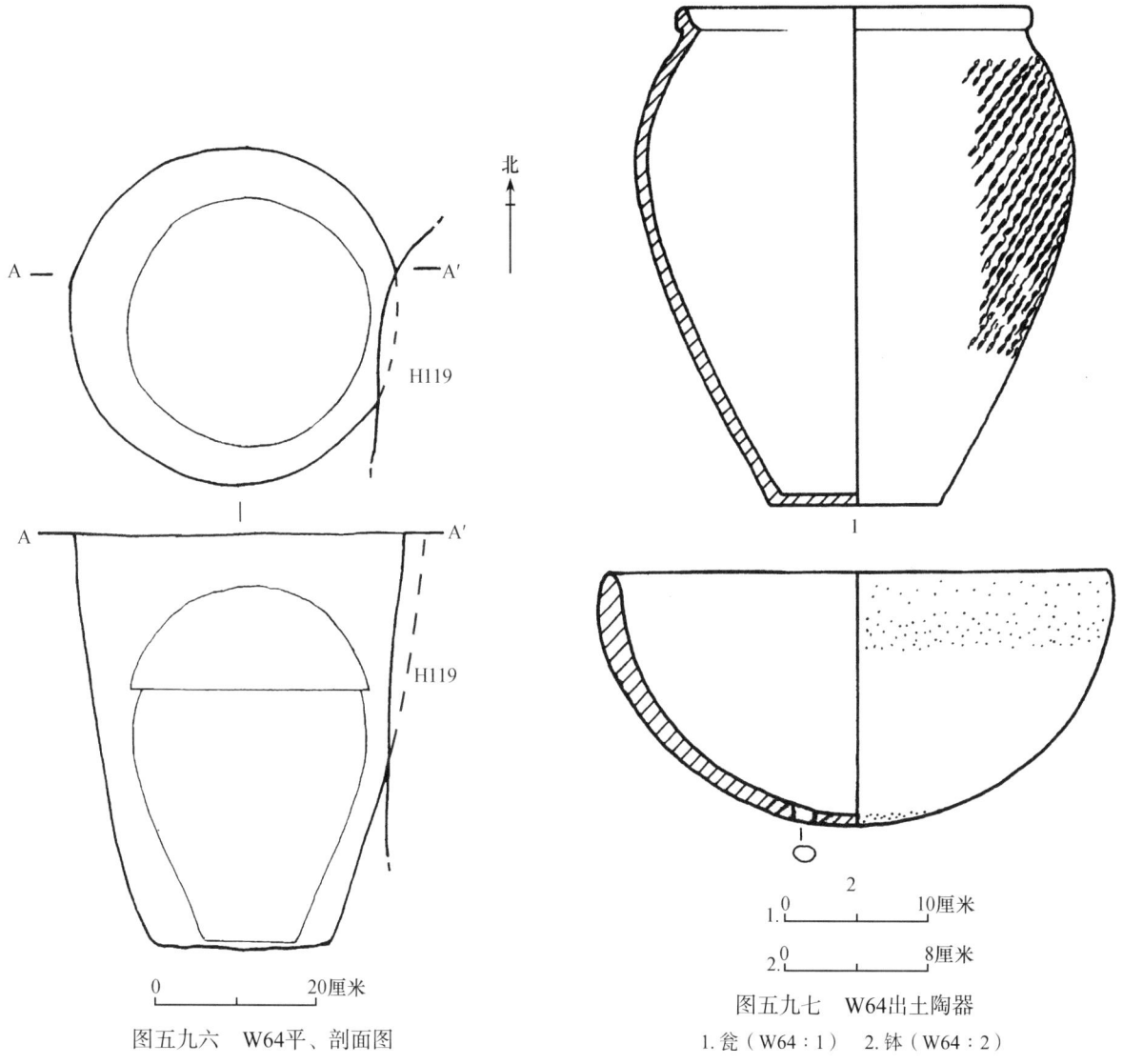

图五九六　W64平、剖面图

图五九七　W64出土陶器
1. 瓮（W64∶1）　2. 钵（W64∶2）

56. W65

W65位于Ⅲ区T0714西南部，开口于⑥层下。墓坑平面呈圆形，锅底状，坑壁斜直，平底。坑口径0.42、底径0.32、深0.39米。葬具为1件陶瓮与1件陶钵，陶瓮口朝上竖置于坑底，陶钵倒扣于陶瓮上。瓮内存有少量人骨（图五九八；图版一〇，5）。

W65共出土器物2件。全部为陶器。器类有瓮、钵。

瓮　1件。标本W65∶1，可复原。粗夹砂红褐陶。侈口，折沿，圆唇，中腹微鼓，下腹斜收，平底，最大腹径位于中腹部。上腹部饰多周弦纹，下部弦纹上饰短划纹，中下腹部饰右上至左下斜向绳纹。沿面可见轮修痕迹，器表可见烟熏痕迹。口径22、腹径22.8、底径9.6、通高24.9厘米（图五九九，1；图版一一九，1；图版二〇〇，6）。

钵　1件。标本W65∶2，可复原。细泥质橘红陶。直口微敛，圆唇，深弧腹，圜底近平。器表磨光。素面。口下可见浅褐色叠烧痕迹与轮修痕迹。口径25、通高11.6厘米（图五九九，2；图版一一九，2）。

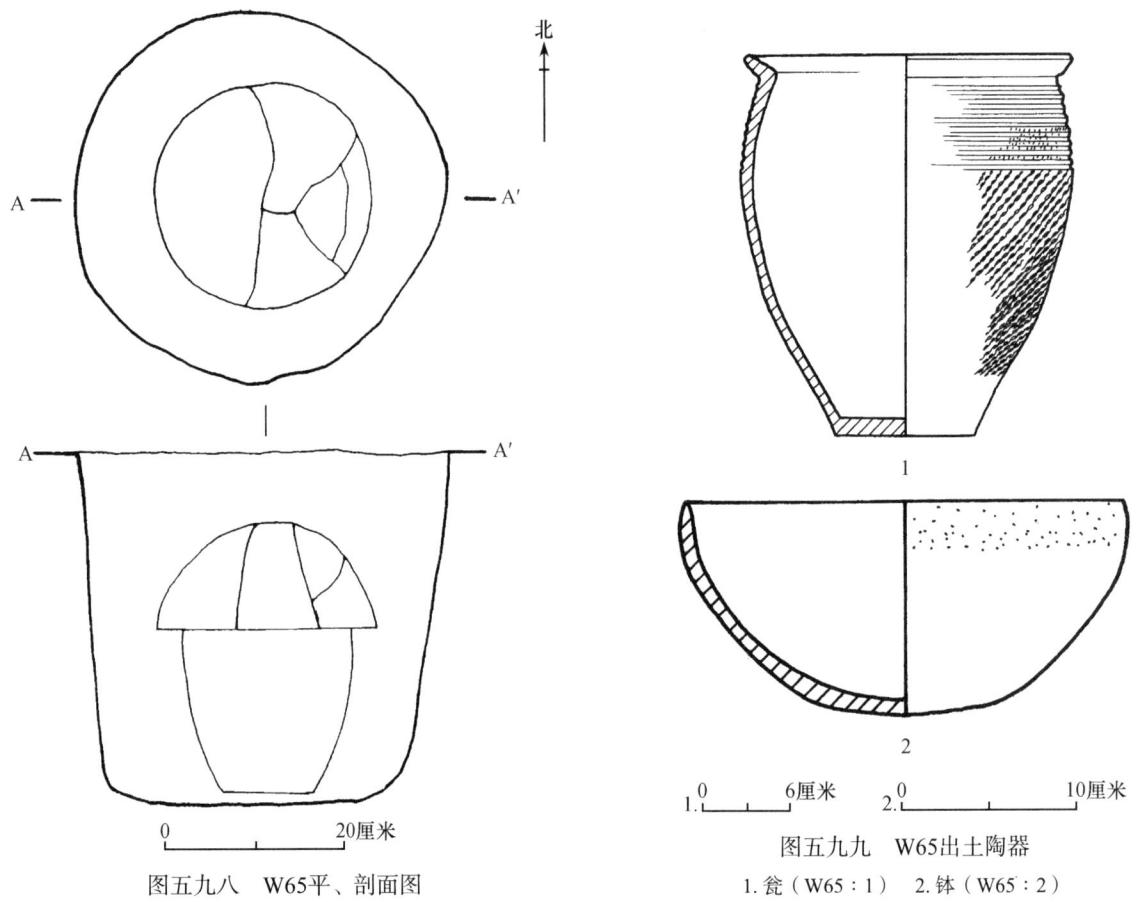

图五九八　W65平、剖面图

图五九九　W65出土陶器
1. 瓮（W65：1）　2. 钵（W65：2）

57. W66

W66位于Ⅲ区T0714西南部，开口于⑥层下。墓坑平面呈不规则形，锅底状，坑壁斜直，平底。坑口径0.55、底径0.41、深0.55米。葬具为1件陶瓮与1件陶钵，陶瓮口朝上竖置于坑底，陶钵倒扣于陶瓮上。瓮内存有少量人骨（图六〇〇；图版一〇，5）。

W66共出土器物2件。全部为陶器。器类有瓮、钵。

瓮　1件。标本W66：1，可复原。粗夹砂红褐陶。侈口，卷沿，沿面微曲，方唇，上腹微鼓，下腹斜收，平底，最大腹径位于上中腹部。上腹部饰多周弦纹，中、下腹部饰右上至左下斜向绳纹，绳纹与弦纹略有交错。沿面可见轮修痕迹，内壁可见泥条盘筑痕迹，器表可见烟熏痕迹。口径27.6、腹径29.4、底径11.4、通高37.2厘米（图六〇一，1；图版一一九，3；图版一九五，1）。

钵　1件。标本W66：2，可复原。细泥质橘红陶。直口微敛，方唇，深弧腹，圜底，底部有一周浅细凹槽，凹槽内区域较为粗糙，底心有一个由内向外打制而成的圆孔。器表磨光。素面。口下可见浅褐色叠烧痕迹。口径35.4、通高16.8、孔径2.7厘米（图六〇一，2；图版一一九，4）。

58. W67

W67位于Ⅲ区T0514西北部，开口于⑧层下。墓坑平面呈圆形，锅底状，弧壁，圜底。坑口径0.5、深0.47米。葬具为1件陶瓮与1件陶钵，陶瓮口朝上竖置于坑底，陶钵呈倒扣状掉入瓮内。瓮内

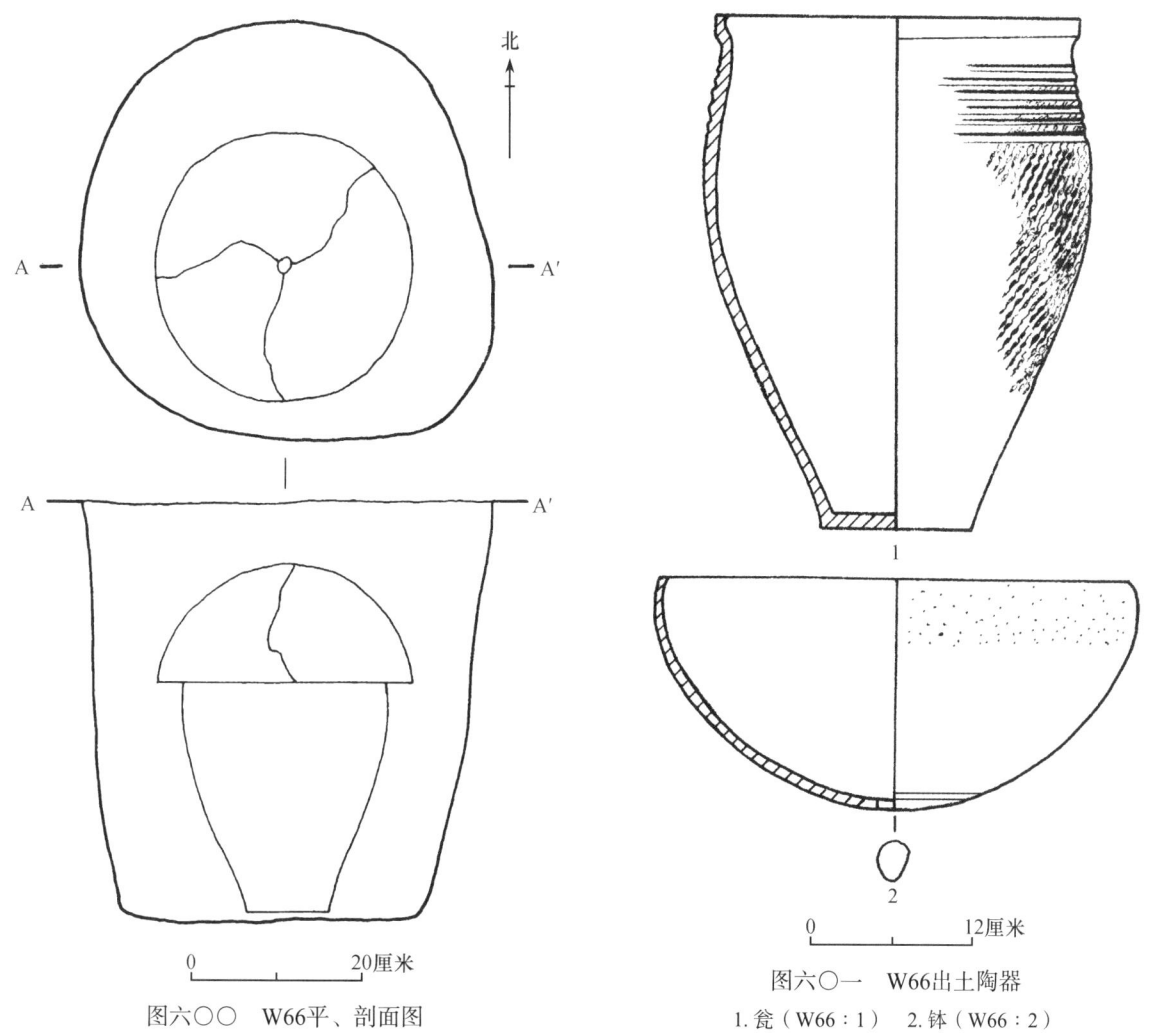

图六〇〇　W66平、剖面图

图六〇一　W66出土陶器
1.瓮（W66∶1）　2.钵（W66∶2）

人骨不存（图六〇二）。

W67共出土器物2件。全部为陶器。器类有瓮、钵。

瓮　1件。标本W67∶1，可复原。粗夹砂红褐陶。侈口，折沿，沿面微曲，圆唇，中腹圆鼓，下腹略呈反弧状急收，平底，最大腹径位于中腹部。腹部饰右上至左下斜向绳纹。内壁可见泥条盘筑痕迹，器表可见烟熏痕迹。口径31.2、腹径37.2、底径13.2、通高38.4厘米（图六〇三，1；图版一一九，5）。

钵　1件。标本W67∶2，可复原。粗夹砂橘红陶。敞口，方唇，斜直腹，平底。器表粗糙。腹部饰稀疏指甲纹。口下可见轮修痕迹。口径25.2、底径14.8、通高16厘米（图六〇三，2；彩版二一，6；图版一一九，6）。

59. W70

W70位于Ⅲ区T0512东北部与T0612西北部，开口于④层下。墓坑平面呈圆形，锅底状，平底。坑口径0.7、底径0.3、深0.8米。葬具为1件陶瓮与1件陶盆，陶瓮口朝上竖置于坑底，陶盆呈倒扣

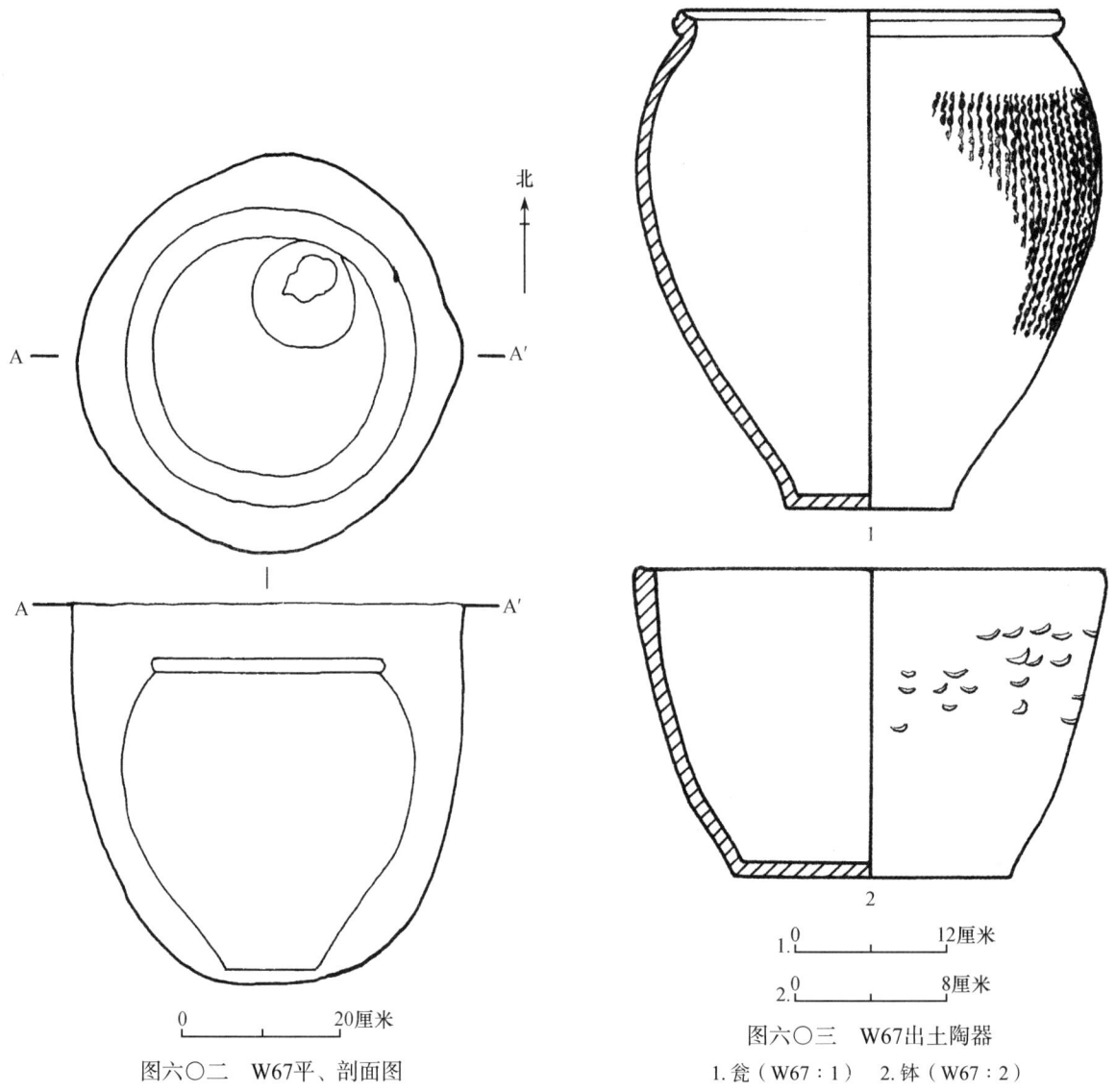

图六〇二　W67平、剖面图

图六〇三　W67出土陶器
1.瓮（W67∶1）　2.钵（W67∶2）

状落于陶瓮内。瓮内存有少量人骨（图六〇四；图版一〇，6）。发现随葬品3件，均为陶器，为1钵、1罐、1瓶（彩版九，1；图版一二〇，3），其中罐与钵发现于陶瓮内，瓶发现于瓮外侧紧贴东壁处。

W70共出土器物5件。全部为陶器。器类有瓮、盆、钵、瓶、罐。

瓮　1件。标本W70∶1，可复原。粗夹砂红褐陶。侈口，折沿，沿面微曲，方唇，上腹圆鼓，下腹略呈反弧状急收，平底，最大腹径位于上腹部。口沿下侧饰二周弦纹，腹部饰右上至左下斜向绳纹。沿面可见轮修痕迹，器表可见烟熏痕迹。口径35.8、腹径45、底径14.2、通高53.5厘米（图六〇五，5；彩版二四，1；图版一二〇，1）。

盆　1件。标本W70∶2，完整。细泥质橘红陶。敞口，折沿，沿面略向外侧下斜，圆唇，深弧腹，平底。器表经刮抹较为光滑。沿面饰黑色短线与几何纹彩绘图案，底部饰席纹。口径36.5、底径11.5、通高15厘米（图六〇五，3；彩版四六，4；图版一二〇，2；图版二〇三，4）。

钵　1件。标本W70∶3，完整。细泥质橘红陶。直口微敛，圆唇，深弧腹，圜底，底部有一周凸棱。器表经刮抹较为光滑。底部饰席纹。口下可见浅褐色叠烧痕迹，器表可见刮抹痕迹。口径19.5、通高9.6厘米（图六〇五，2；图版一二〇，4）。

罐　1件。标本W70：4，可复原。粗夹砂红褐陶。侈口，折沿，沿面微曲，圆唇，中腹圆鼓，下腹急收，平底，最大腹径位于中腹部。素面。器表可见烟熏痕迹，近底部可见刮抹痕迹。口径12、腹径12.6、底径4.8、通高10厘米（图六〇五，1；图版一二〇，5）。

瓶　1件。标本W70：5，可复原。细泥质橘红陶。直杯口，圆唇，束颈，溜肩，鼓腹，小平底，腹中部偏下有一对竖向圆柱桥形耳，最大腹径位于中腹部。腹部饰右上至左下斜向绳纹。口径6.4、腹径18.4、底径2.4、通高37厘米（图六〇五，4；彩版一一，3；图版一二〇，6；图版一九五，2）。

60. W71

W71位于Ⅲ区T0712北部，开口于⑤层下。墓坑平面呈圆形，锅底状，坑壁斜直，平底。坑口径0.55、底径0.25、深0.61米。葬具为1件陶瓮与1件陶钵，陶瓮口朝上竖置于坑底，陶钵倒扣于陶瓮上。瓮内存有少量人骨（图六〇六；图版一一，1）。

W71共出土器物2件。全部为陶器。器类有瓮、钵。

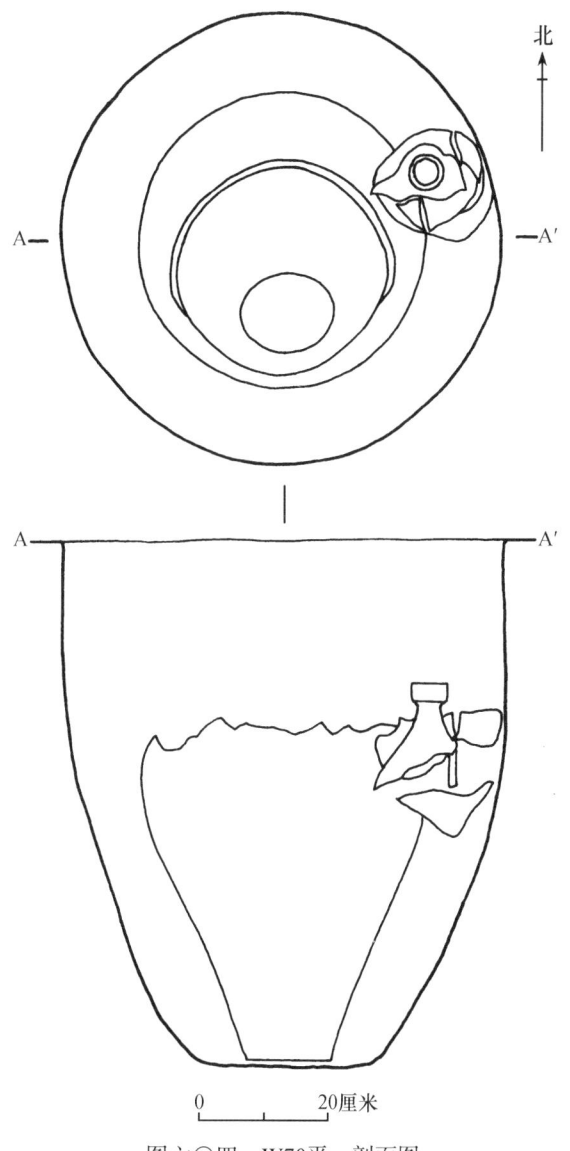

瓮　1件。标本W71：1，完整。粗夹砂红褐陶。侈口，卷沿，沿面微曲，方唇，上腹圆鼓，下腹斜收，平底，最大腹径位于上中腹部。腹部饰右上至左下斜向绳纹。沿面可见轮修痕迹，器表可见烟熏痕迹。口径29.4、腹径36.6、底径13.8、通高41.4厘米（图六〇七，1；彩版二三，2；图版一二一，1；图版一九五，3）。

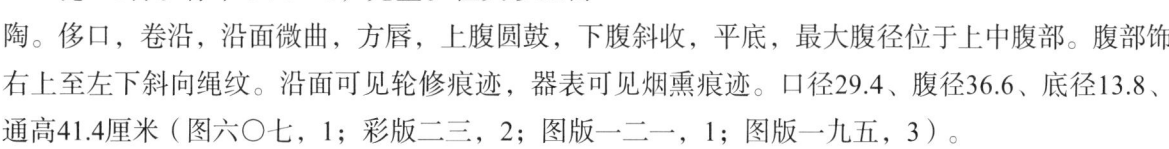

图六〇四　W70平、剖面图

钵　1件。标本W71：2，可复原。细泥质橘红陶。直口微敛，方唇，深弧腹，圜底，底部有一周凸棱，口下有一对两面对钻而成的圆孔，可能作为修补之用。器表磨光。素面。口下可见浅褐色叠烧痕迹与轮修痕迹。口径31.5、通高17厘米（图六〇七，2；图版一二一，2）。

61. W72

W72位于Ⅲ区T0712北部，开口于⑤层下。墓坑平面呈圆形，锅底状，坑壁斜直，平底。坑口径0.34、底径0.22、深0.43米。葬具为1件陶瓮与1件陶钵，陶瓮口朝上竖置于坑底，陶钵倒扣于陶瓮上。瓮内存有少量人骨（图六〇八）。

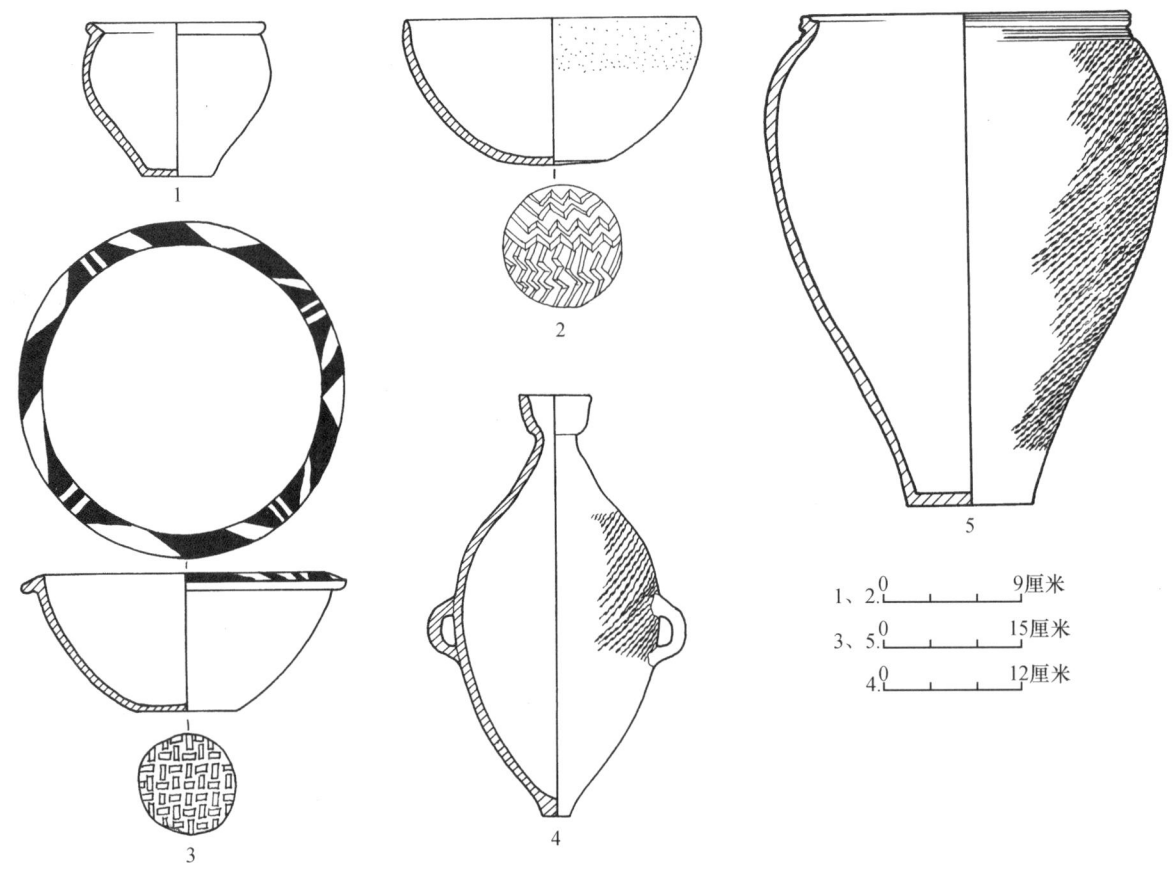

图六○五　W70出土陶器
1.罐（W70：4）　2.钵（W70：3）　3.盆（W70：2）　4.瓶（W70：5）　5.瓮（W70：1）

W72共出土器物2件。全部为陶器。器类有瓮、钵。

瓮　1件。标本W72：1，可复原。粗夹砂红褐陶。侈口，折沿，方唇，腹微鼓，下腹斜收，平底，最大腹径位于中腹部。口沿外饰一周划纹，口沿下侧饰一周弦纹，腹部饰右上至左下斜向绳纹。口径23.4、腹径27、底径11、通高28.9厘米（图六○九，1；图版一二一，3）。

钵　1件。标本W72：2，可复原。细泥质橘红陶。直口微敛，圆唇，深弧腹，圜底，底部有一周浅细凹槽。器表磨光。素面。口下可见浅褐色叠烧痕迹。口径28.4、通高14.6厘米（图六○九，2；图版一二一，4）。

62. W73

W73位于Ⅲ区T0713北部，开口于④层下。墓坑平面呈圆形，锅底状，西壁斜直，东壁略呈弧形，平底。坑口径0.8、底径0.45、深0.91米。葬具为1件陶瓮与1件陶钵，陶瓮口朝上竖置于坑底，陶钵倒扣于陶瓮上。瓮内人骨保存较为完整（图六一○；图版一一，2）。随葬品位于瓮外侧，紧贴东壁，共4件，均为陶器，计钵2、瓶1、罐1（彩版九，2；图版一二二，1）。

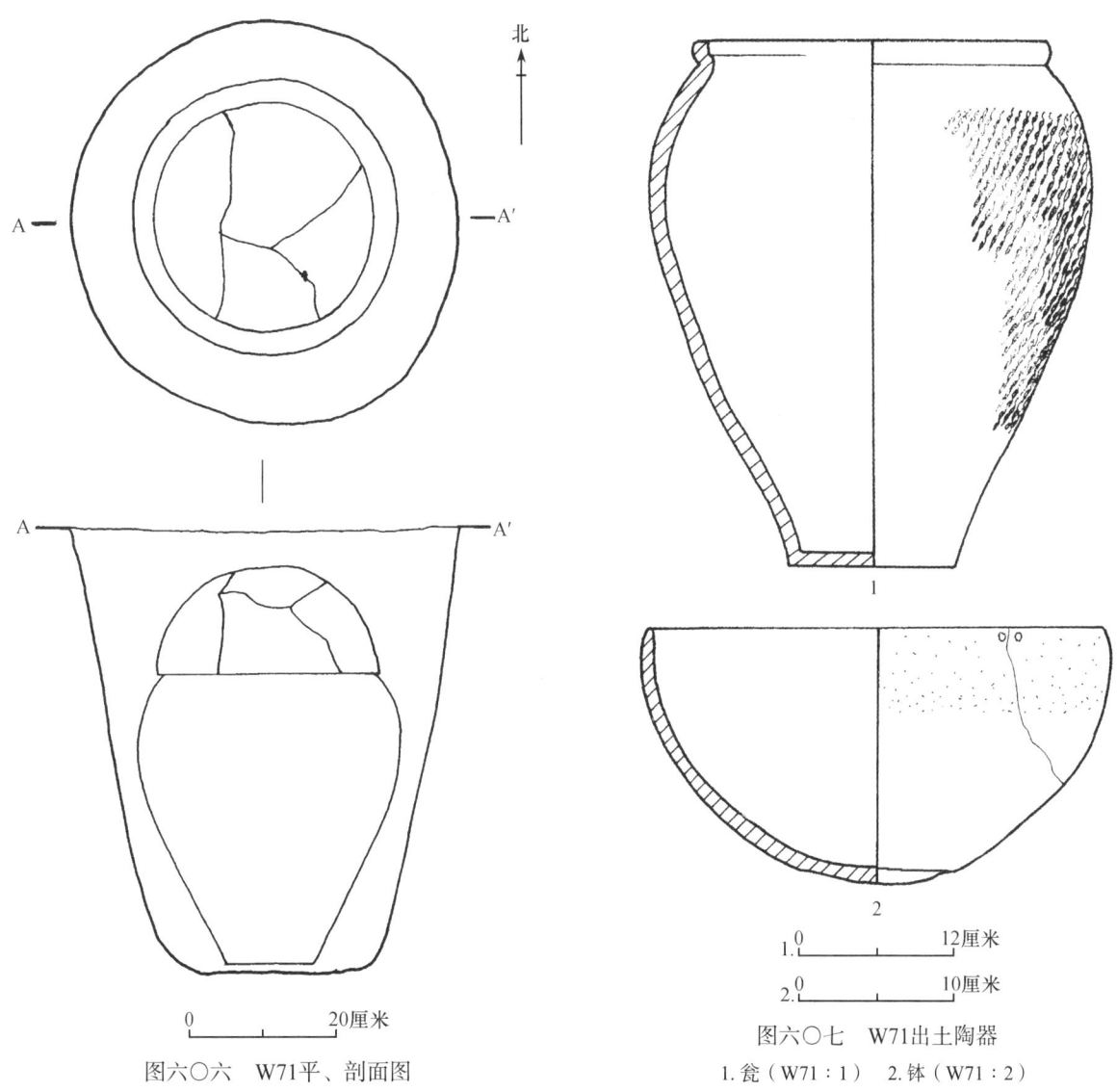

图六〇六 W71 平、剖面图

图六〇七 W71 出土陶器
1. 瓮（W71:1） 2. 钵（W71:2）

W73 共出土器物 6 件。全部为陶器。器类有瓮、钵、瓶、罐。

瓮 1 件。标本 W73:1，完整。粗夹砂红褐陶。侈口，折沿，沿面微曲，圆唇，上腹圆鼓，下腹略呈反弧状急收，平底，最大腹径位于上腹部。腹部饰右上至左下斜向绳纹。沿面可见轮修痕迹，内壁可见泥条盘筑痕迹，器表可见烟熏痕迹。口径 31.8、腹径 39、底径 17.4、通高 43.2 厘米（图六一一，2；图版一二一，5；图版一九五，4）。

钵 3 件。形制相同，均细泥质橘红陶，直口微敛，圆唇，深弧腹，圜底，口下可见浅褐色叠烧痕迹与轮修痕迹。标本 W73:2，可复原。底部有一周浅细凹槽，底心有一由外向内打制而成的三角形穿孔。器表磨光。素面。口径 31.2、通高 15.6、孔长 3、短 1.8 厘米（图六一一，4；图版一二一，6）。标本 W73:3，可复原。底部有一周凸棱，凸棱内区域较为粗糙。器表经刮抹较为光滑。素面。口径 26.8、通高 13.5 厘米（图六一一，5；彩版一九，5；图版一二二，2）。标本 W73:4，完整。底心微凹，底部粗糙。器表磨光。素面。口径 20.4、通高 10.2 厘米（图六一一，6；彩版一九，6；图版一二二，3）。

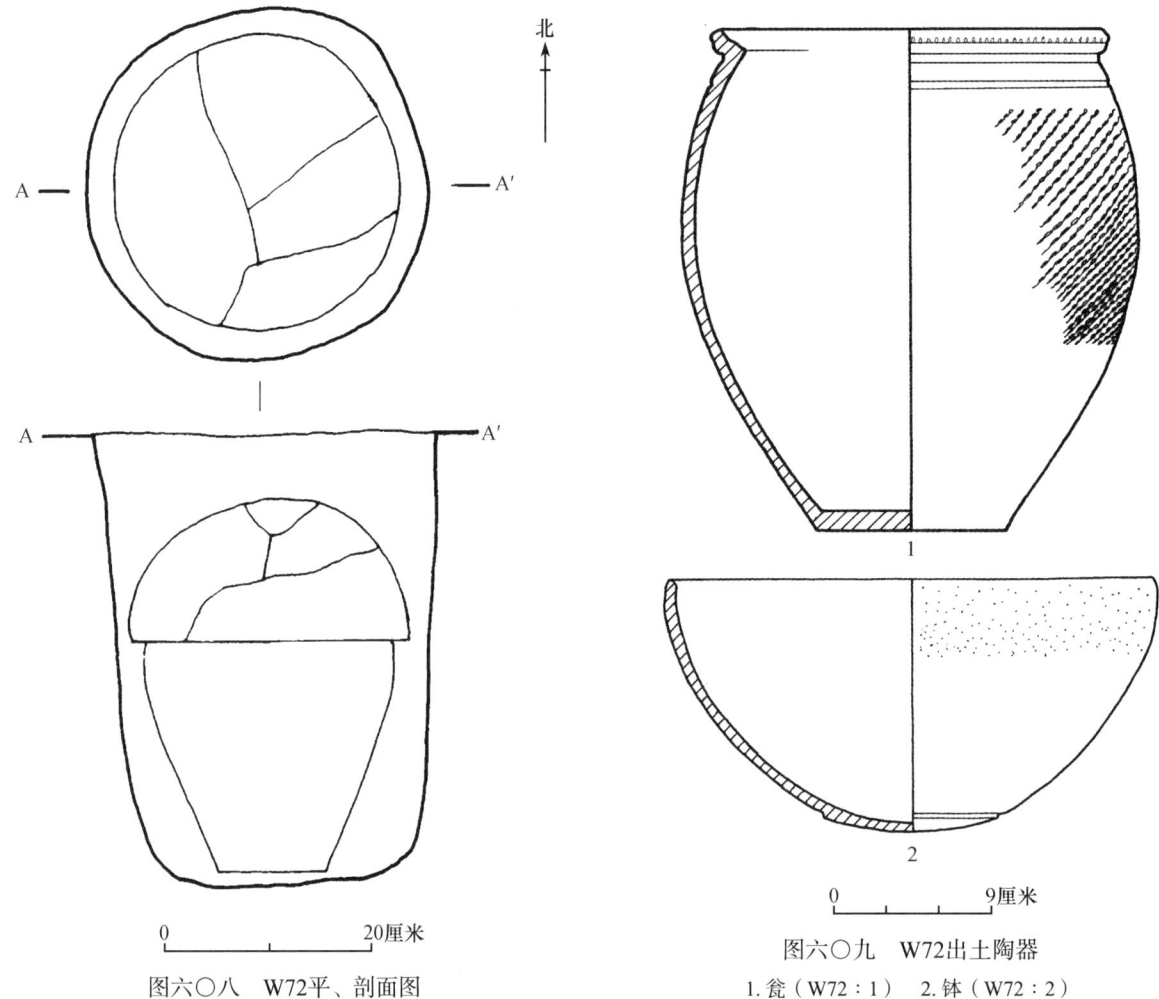

图六〇八　W72平、剖面图

图六〇九　W72出土陶器
1. 瓮（W72∶1）　2. 钵（W72∶2）

瓶　1件。标本W73∶6，完整。粗夹砂橘红陶。直杯口，圆唇，短颈，溜肩，鼓腹，小平底，腹中部有一对竖向圆柱桥形耳，最大腹径位于中腹部。腹部饰左上至右下斜向绳纹。口径5.2、腹径13.6、底径2.4、通高27厘米（图六一一，3；彩版一一，4；图版一二二，4；图版一九五，5）。

罐　1件。标本W73∶5，口沿部残损。粗夹砂红褐陶。侈口，折沿，中腹微鼓，下腹斜收，平底，最大腹径位于中腹部。上、中腹部饰多周弦纹。器表可见烟熏痕迹。复原口径9.6、腹径12.8、底径6.4、残高17.2厘米（图六一一，1；图版一二二，5）。

63. W74

W74位于Ⅲ区T0713北部与T0714南部，开口于④层下。墓坑平面呈圆形，锅底状，坑壁斜直，平底。坑口径0.8、底径0.6、深0.85米。葬具为1件陶瓮与1件陶钵，陶瓮口朝上竖置于坑底，陶钵倒扣于陶瓮上，钵底穿孔上盖有1件圆陶片。瓮内存有少量人骨（图六一二）。

W74共出土器物3件。全部为陶器。器类有瓮、钵、圆陶片。

瓮　1件。标本W74∶1，完整。粗夹砂红褐陶。侈口，折沿，沿面微曲，方唇，上腹微鼓，下腹略呈反弧状急收，平底，最大腹径位于中上腹部。腹部饰右上至左下斜向绳纹，绳纹斜度较小。内壁可见泥条盘筑痕迹，器表可见烟熏痕迹。口径29.4、腹径34.8、底径13.8、通高40.2厘米（图六一三，3；图版一二三，1；图版一九五，6）。

钵 1件。标本W74：2，可复原。细泥质橘红陶。直口微敛，方唇，深弧腹，圜底，底部有一周浅细凹槽，凹槽内区域较为粗糙，底心有一由外向内打制而成的不规则形穿孔。器表磨光。素面。口下可见深红色叠烧痕迹。口径30.5、通高17、孔长径2.5、短径2厘米（图六一三，1；图版一二三，2）。

圆陶片 1件。标本W74：3，完整。细泥质橘红陶。系利用陶钵残片打制而成。椭圆形，边缘较锋利。长径5.7、短径4.8、厚0.7厘米（图六一三，2；图版一二三，3）。

64. W75

W75位于Ⅲ区T0713西北部，开口于⑤层下，西部被H89打破。墓坑平面呈圆形，锅底状，坑壁斜直，平底。坑口径0.46，底径0.27，深0.62米。葬具为1件陶瓮与1件陶钵，陶瓮口朝上竖置于坑底，陶钵倒扣于陶瓮上。瓮内存有少量人骨（图六一四）。

W75共出土器物2件。全部为陶器。器类有瓮、钵。

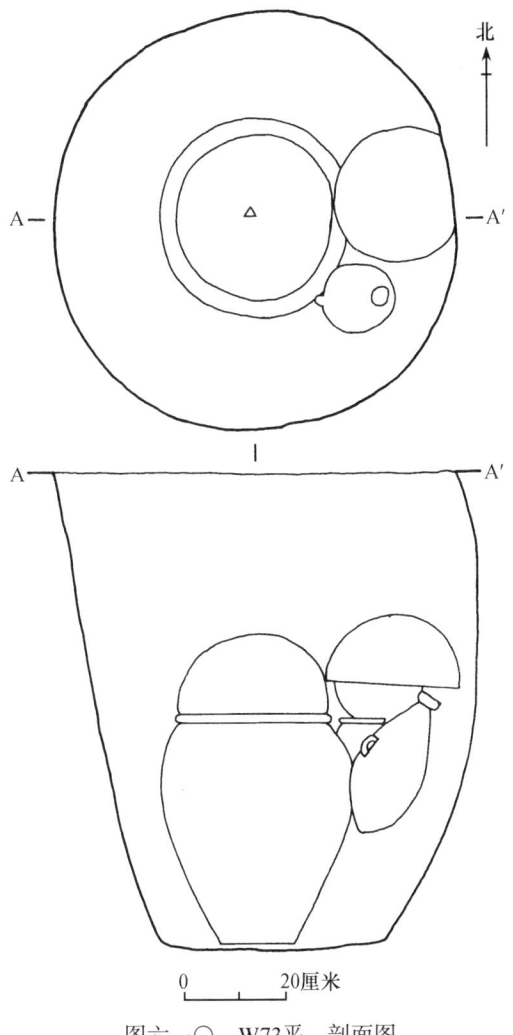

图六一〇 W73平、剖面图

瓮 1件。标本W75：1，中腹部残。粗夹砂红褐陶。侈口，折沿，方唇，上腹微鼓，下腹斜收，平底。腹部饰右上至左下斜向绳纹。沿面可见轮修痕迹，器表可见烟熏痕迹。口径26.6、底径11.2、复原高度39厘米（图六一五，1）。

钵 1件。标本W75：2，可复原。细泥质橘红陶。直口微敛，圆唇，深弧腹，圜底，底部有一周浅细凹槽，底心有一由外向内打制而成的圆孔，口下有一对管钻而成的圆孔，可能作为修补之用。器表磨光。素面。口下可见浅褐色叠烧痕迹。口径33.4、通高17.6、孔径0.6厘米（图六一五，2；图版一二三，4）。

65. W78

W78位于Ⅲ区T0913西南部，开口于⑥层下。墓坑平面呈圆形，锅底状，弧壁，平底。坑口径0.5、底径0.4、深0.19米。葬具为1件陶瓮与1件陶钵，陶瓮口朝上竖置于坑底，陶钵残碎，掉入瓮内。瓮内人骨不存（图六一六）。

W78共出土器物2件。全部为陶器。器类有瓮、钵。

瓮 1件。标本W78：1，下腹、底部残片。粗夹砂红褐陶。下腹斜直，平底。素面。近底部可

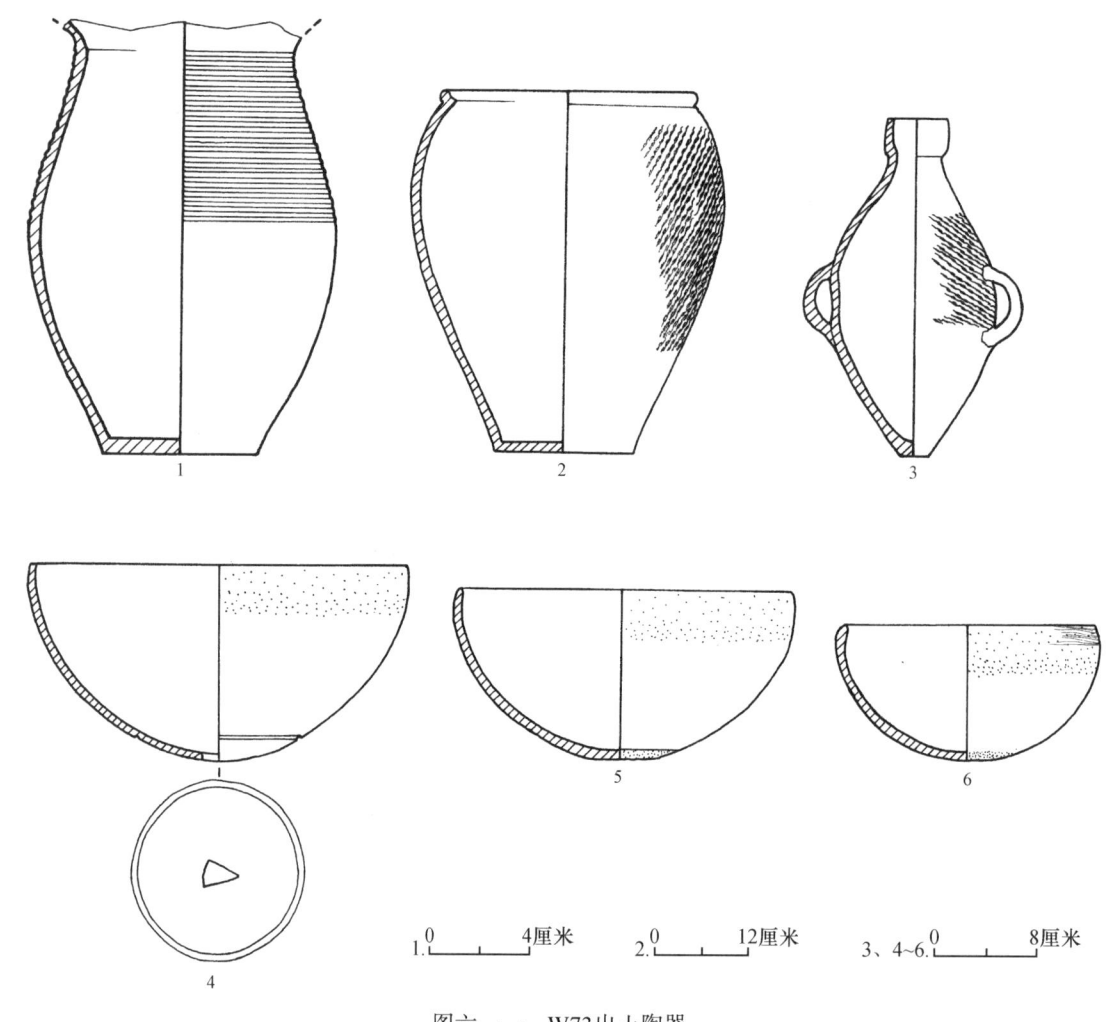

图六一一　W73出土陶器
1. 罐（W73:5）　2. 瓮（W73:1）　3. 瓶（W73:6）　4、5、6. 钵（W73:2、W73:3、W73:4）

见刮抹痕迹。底径12、残高10.1厘米（图六一七,2）。

钵　1件。标本W78:2，口、腹部残片。细泥质橘红陶。直口微敛，方唇，深弧腹。器表磨光。素面。口下可见浅褐色叠烧痕迹。口径30、残高15厘米（图六一七,1）。

66. W79

W79位于Ⅲ区T0815西北部，开口于⑦层下。墓坑平面呈椭圆形，锅底状，坑壁斜直，平底。坑口长径0.55、短径0.4、底长径0.44、短径0.32、深0.57米。葬具为1件陶瓮与1件陶钵，陶瓮口朝上竖置于坑底，陶钵倒扣于陶瓮上。瓮内人骨不存（图六一八；图版一一,3）。

W79共出土器物2件。全部为陶器。器类有瓮、钵。

瓮　1件。标本W79:1，可复原。粗夹砂红褐陶。侈口，折沿，沿面微曲，方唇，上腹圆鼓，下腹斜收，平底，最大腹径位于上中腹部。腹部饰右上至左下斜向绳纹。内壁可见泥条盘筑痕迹，器表可见烟熏痕迹。口径23、腹径26.4、底径9.6、通高29.8厘米（图六一九,2；图版一二三,5）。

钵　1件。标本W79:2，可复原。细泥质橘红陶。直口，方唇，深弧腹，圜底，底部有一周

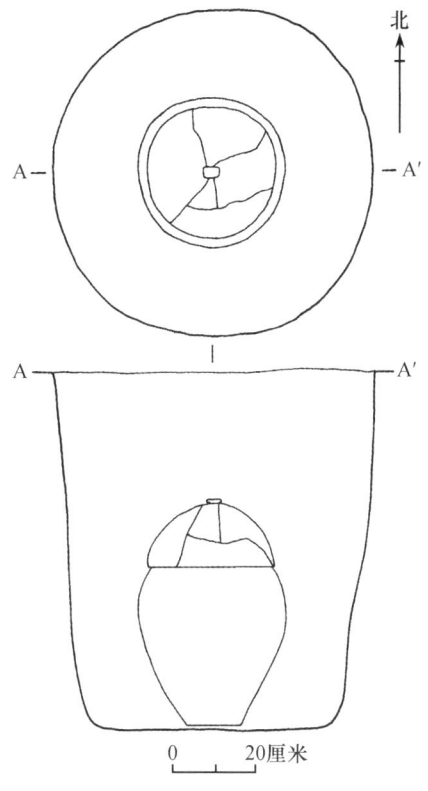

图六一二 W74平、剖面图

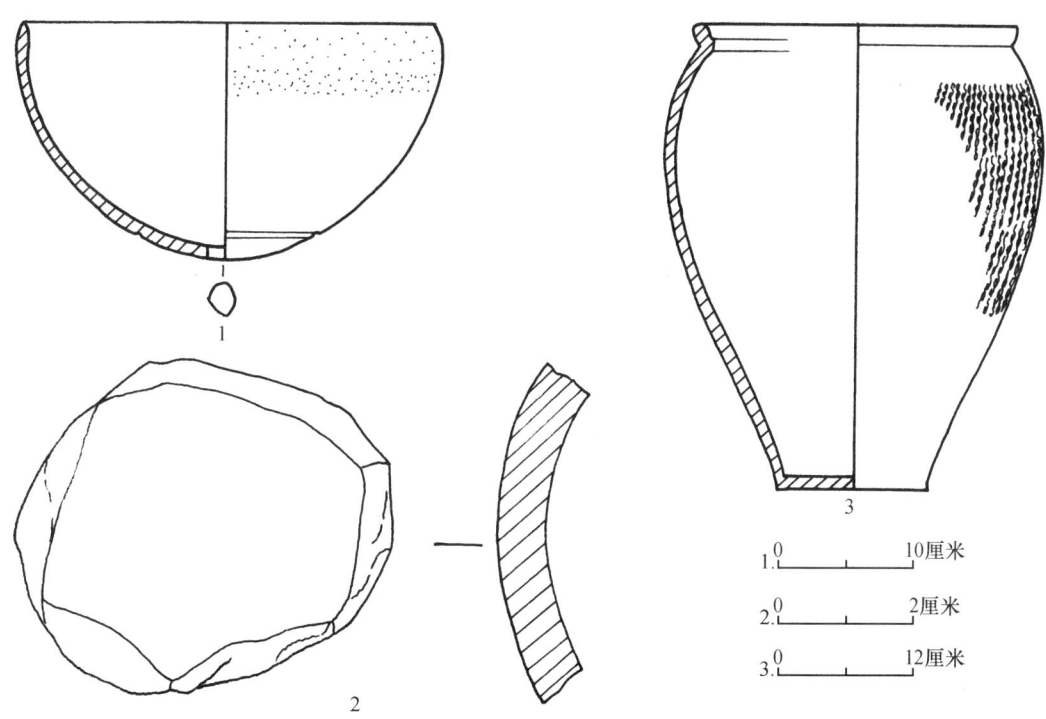

图六一三 W74出土陶器
1. 钵（W74:2） 2. 圆陶片（W74:3） 3. 瓮（W74:1）

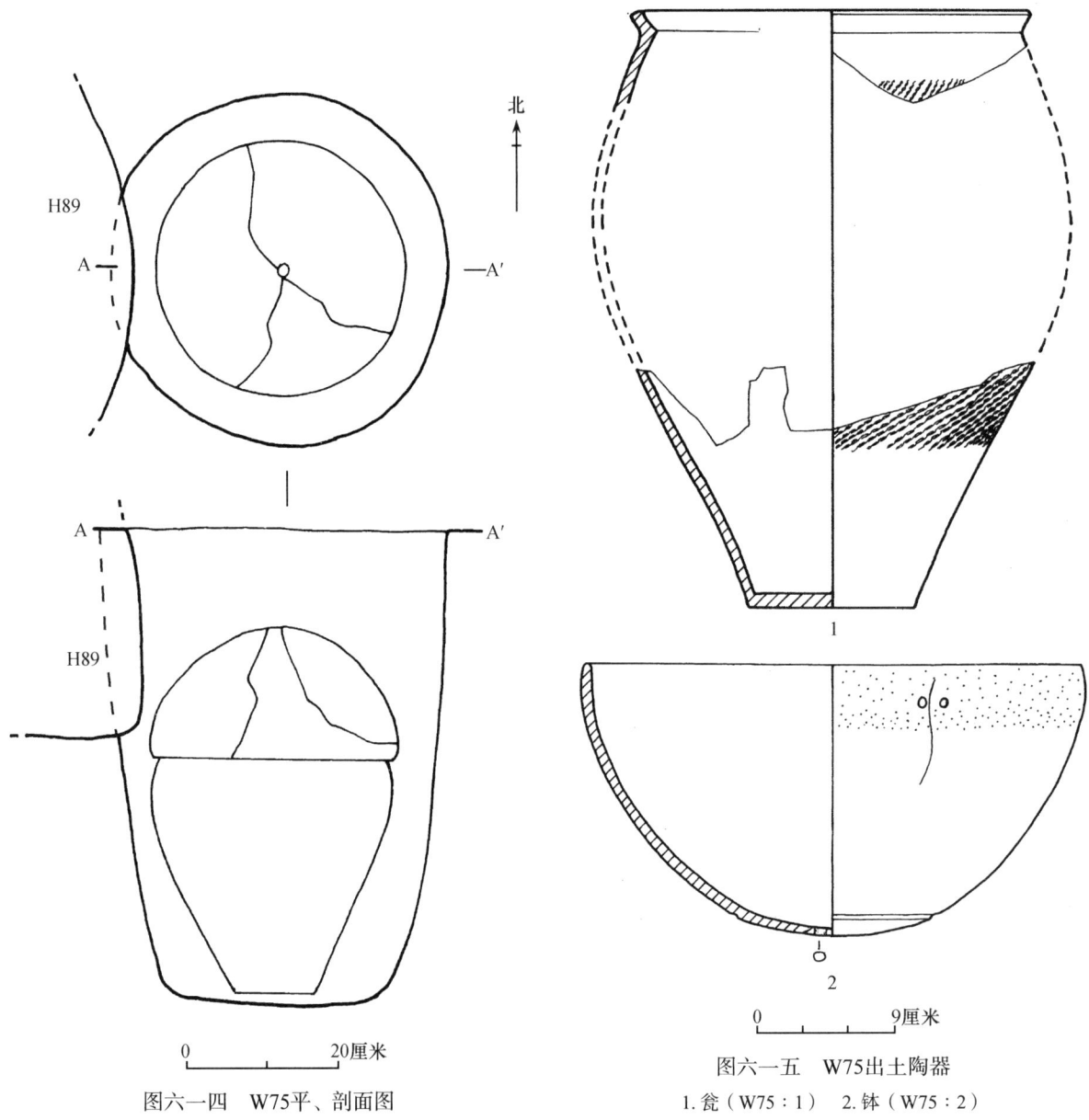

图六一四　W75平、剖面图

图六一五　W75出土陶器
1.瓮（W75∶1）　2.钵（W75∶2）

浅细凹槽，底心有一由外向内打制而成的三角形穿孔，口下有一对由外向内单面钻成的圆孔，可能作为修补之用。器表磨光。素面。口下可见深红色叠烧痕迹。口径30、通高14.6、孔长1、宽0.6厘米（图六一九，1；图版一二三，6）。

67. W80

W80位于Ⅲ区T0715西南部，开口于⑦层下。墓坑平面大体呈圆形，锅底状，坑壁斜直，平底。口径0.5、底径0.38、深0.62米。葬具为1件陶瓮与1件陶钵，陶瓮口朝上竖置于坑底，陶钵倒扣于陶瓮上。瓮内人骨不存（图六二〇）。

W80共出土器物2件。全部为陶器。器类有瓮、钵。

第二编　发 掘 资 料

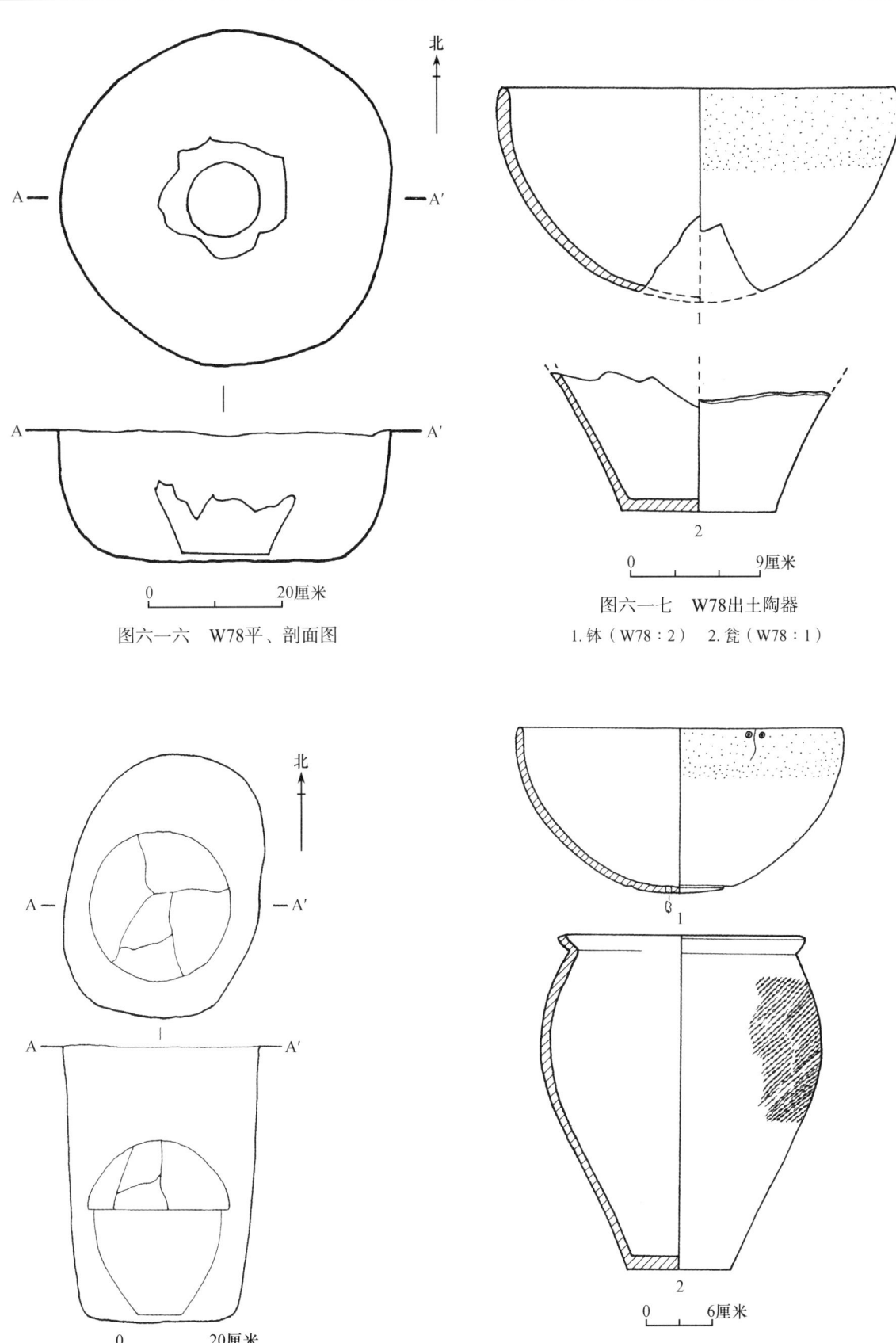

图六一六　W78平、剖面图

图六一七　W78出土陶器
1. 钵（W78:2）　2. 瓮（W78:1）

图六一八　W79平、剖面图

图六一九　W79出土陶器
1. 钵（W79:2）　2. 瓮（W79:1）

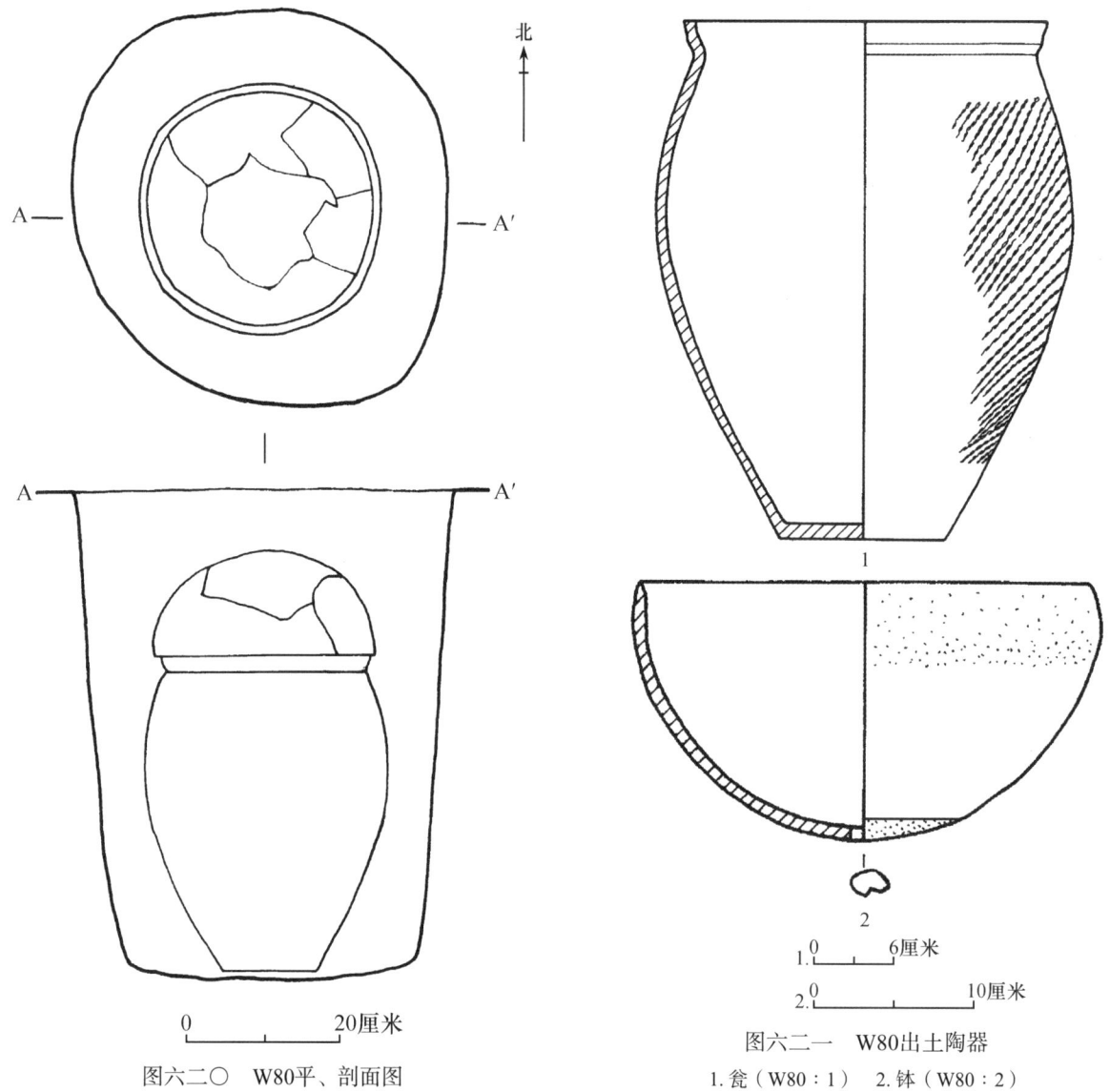

图六二〇 W80平、剖面图

图六二一 W80出土陶器
1.瓮（W80：1） 2.钵（W80：2）

瓮 1件。标本W80：1，可复原。粗夹砂红褐陶。侈口，卷沿，方唇，中腹圆鼓，下腹斜收，平底，最大腹径位于中腹部。腹部饰右上至左下斜向绳纹。器表可见烟熏痕迹。口径28、腹径32.4、底径12.5、通高38.8厘米（图六二一，1；图版一二四，1）。

钵 1件。标本W80：2，可复原。细泥质橘红陶。直口微敛，圆唇，深弧腹，圜底，底部有一周凸棱，凸棱内区域较为粗糙，底心有一由外向内打制而成的不规则形穿孔。器表磨光。素面。口下可见浅褐色叠烧痕迹。口径29、通高16.3、孔长径2.8、短径1.8厘米（图六二一，2；图版一二四，2）。

68. W81

W81位于Ⅲ区T0815中部，开口于⑦层下。墓坑平面呈圆形，筒状，坑壁竖直，平底。坑口径0.5、底径0.43、深0.66米。葬具为1件陶瓮与1件陶钵，陶瓮口朝上竖置于坑底，陶钵倒扣于陶瓮上。瓮内人骨不存（图六二二）。

W81共出土器物2件。全部为陶器。器类有瓮、钵。

瓮　1件。标本W81：1，口、腹部残片。粗夹砂红褐陶。侈口，折沿，鼓腹。口沿下侧饰七周弦纹。器表可见烟熏痕迹。腹径34.5、残高27厘米（图六二三，1）。

钵　1件。标本W81：2，可复原。粗泥质橘红陶。直口微敛，圆唇，斜直腹，平底，底心有一由外向内打制而成的圆形穿孔。腹部饰二周弦纹。口下可见轮修痕迹，下腹部可见刮抹痕迹。口径37.8、底径15、通高20.7、孔径0.6厘米（图六二三，2；图版一二四，3）。

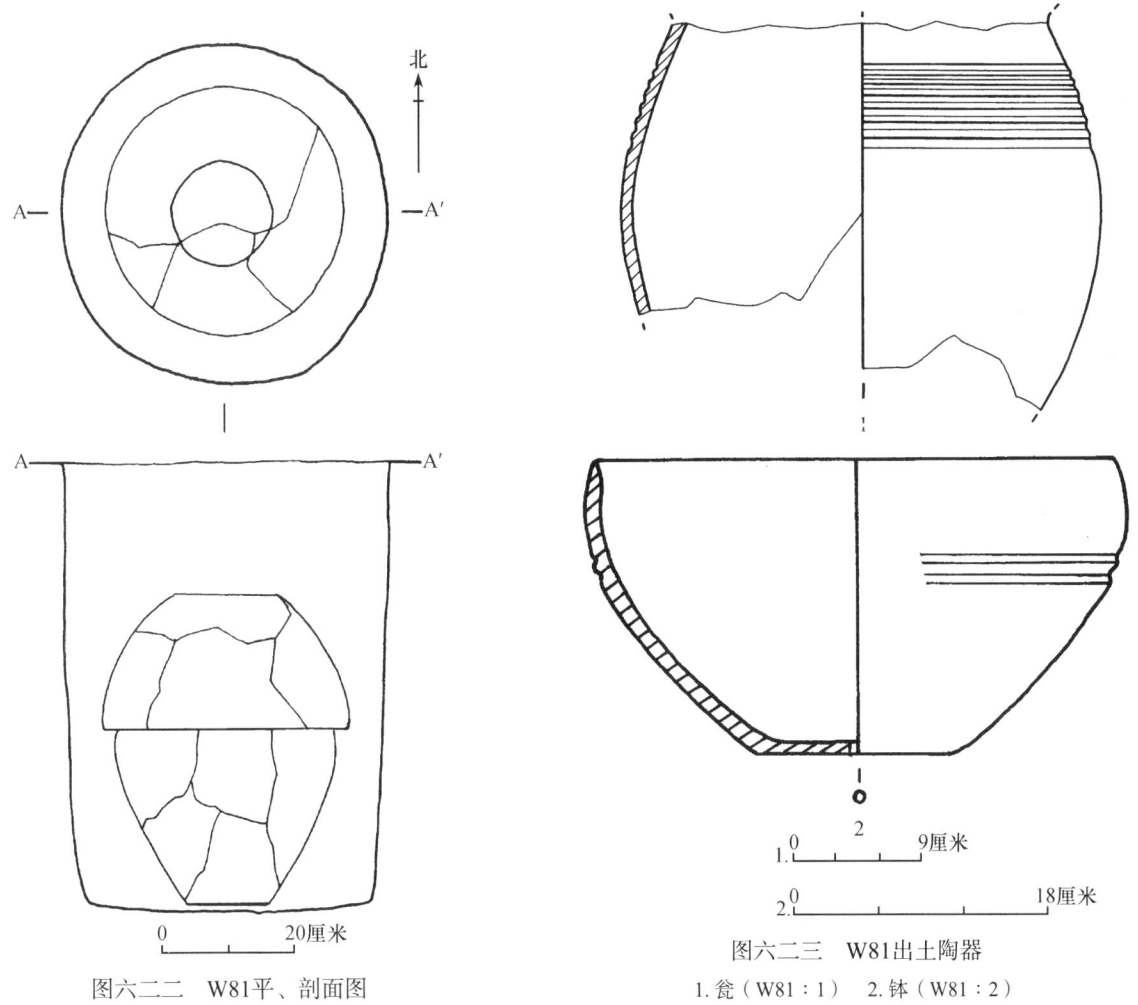

图六二二　W81平、剖面图

图六二三　W81出土陶器
1.瓮（W81：1）　2.钵（W81：2）

69. W82

W82位于Ⅲ区T0315西南部，开口于⑦层下。墓坑平面呈椭圆形，锅底状，弧壁，圜底。坑口长径0.56、短径0.5、深0.58米。葬具为1件陶瓮与1件陶钵，陶瓮口朝上竖置于坑底，陶钵倒扣于陶瓮上。瓮内人骨不存（图六二四）。

W82共出土器物2件。全部为陶器。器类有瓮、钵。

瓮　1件。标本W82：1，腹部残。粗夹砂红褐陶。侈口，卷沿，方唇，上腹圆鼓，下腹斜收，平底，最大腹径位于上腹部。腹部饰右上至左下斜向绳纹。器表可见烟熏痕迹。口径30.6、腹径39.6、底径11.4、复原高度48厘米（图六二五，2）。

钵　1件。标本W82：2，可复原。细泥质橘红陶。直口微敛，圆唇，斜直腹，平底。腹部饰一周宽浅弦纹。上腹磨光，可见轮修痕迹，下腹可见刮抹痕迹。口径36.3、底径7.5、通高17.2厘米（图六二五，1；图版一二四，4）。

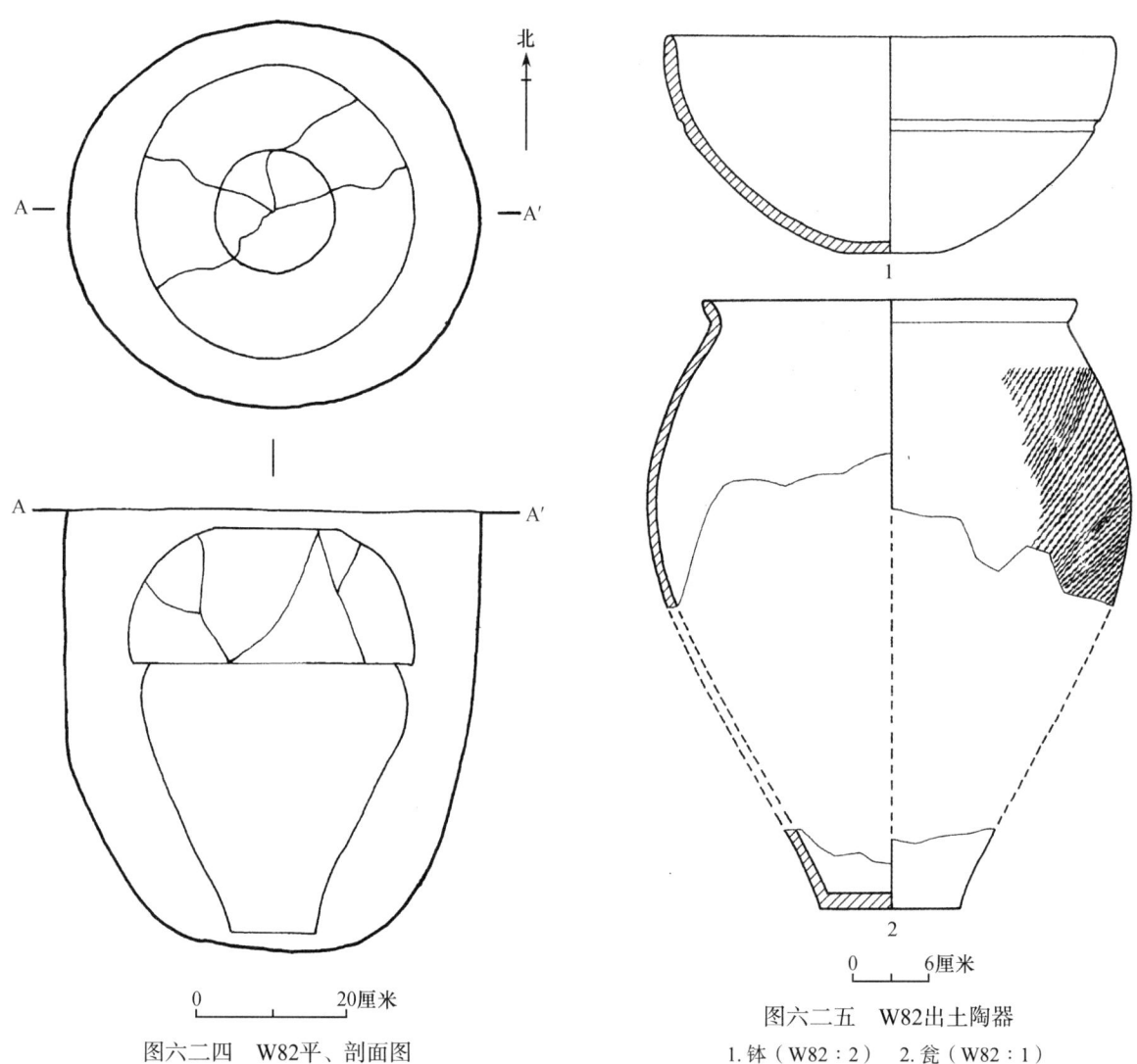

图六二四　W82平、剖面图

图六二五　W82出土陶器
1.钵（W82：2）　2.瓮（W82：1）

70. W83

W83位于Ⅲ区T0415中部，开口于④层下。墓坑平面呈圆形，锅底状，弧壁，圜底。坑口径0.5、深0.62米。葬具为1件陶瓮与1件陶钵，陶瓮口朝上竖置于坑底，陶钵倒扣于陶瓮上。瓮内人骨不存（图六二六）。

W83共出土器物2件。全部为陶器。器类有瓮、钵。

瓮　1件。标本W83：1，可复原。粗夹砂红褐陶。侈口，卷沿，方唇，上腹圆鼓，下腹斜收，平底，最大腹径位于中腹部。腹部饰右上至左下斜向绳纹。口径25.6、腹径28.8、底径11、通高32.7厘米（图六二七，1；图版一二四，5）。

钵 1件。标本W83：2，可复原。粗泥质橘红陶。直口微敛，圆唇，斜直腹，平底。素面。口下可见轮修痕迹，下腹部可见刮抹痕迹。口径31.2、底径12、通高16.5厘米（图六二七，2；图版一二四，6）。

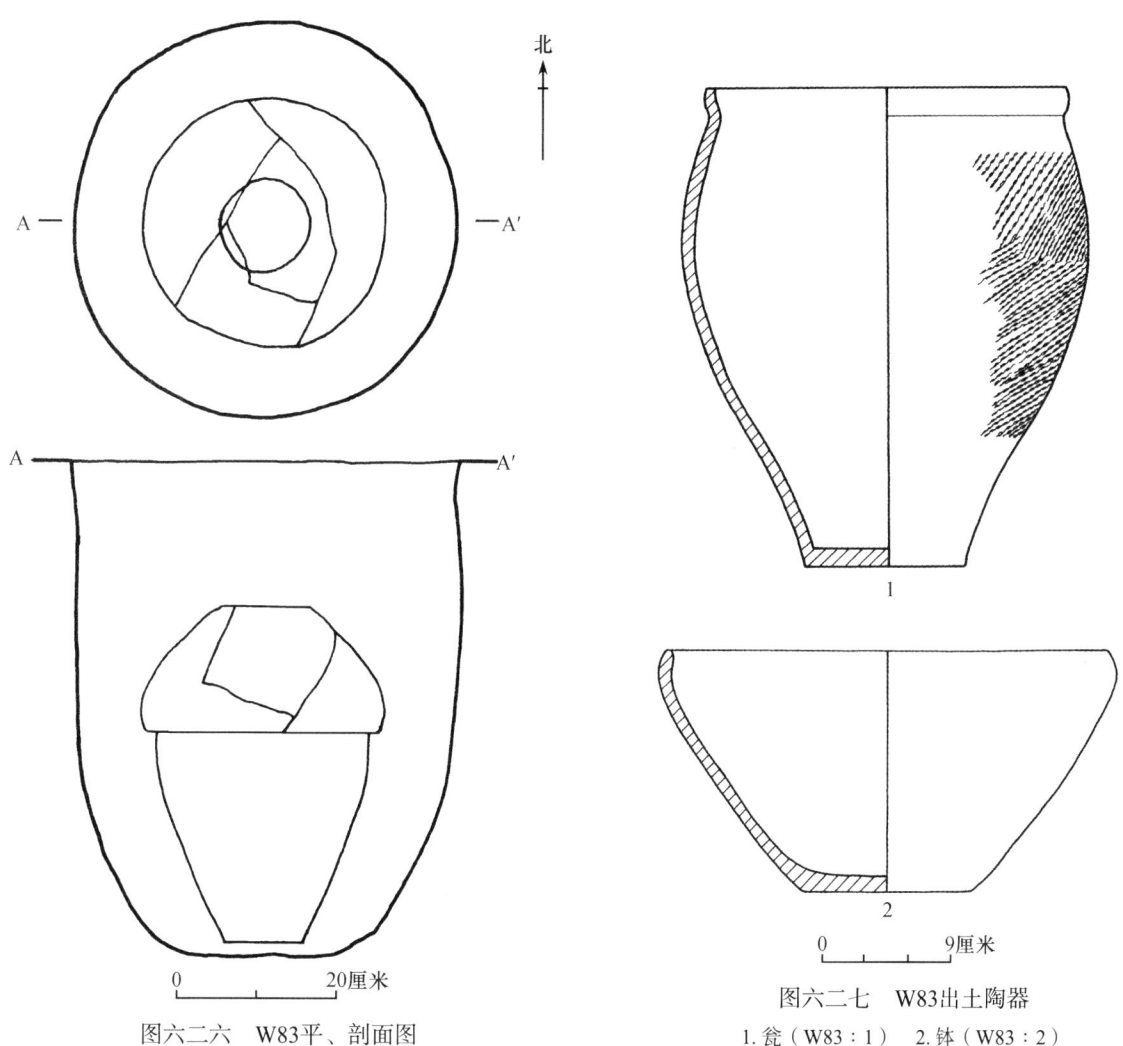

图六二六 W83平、剖面图

图六二七 W83出土陶器
1. 瓮（W83：1） 2. 钵（W83：2）

71. W84

W84位于Ⅲ区T0415东南部，开口于④层下。墓坑平面呈椭圆形，锅底状，斜直壁，平底。坑口长径0.49、短径0.44、底长径0.35、短径0.3、深0.52米。葬具为1件陶瓮与1件陶盆，陶瓮口朝上竖置于坑底，陶盆倒扣于陶瓮上。瓮内存有少量人骨（图六二八）。

W84共出土器物2件。全部为陶器。器类有瓮、盆。

瓮 1件。标本W84：1，可复原。粗夹砂红褐陶。侈口，折沿，沿面内曲，方唇，唇部有二道浅细凹槽，肩略鼓，并起一道较矮棱脊，上腹圆鼓，下腹斜收，平底，最大腹径位于上腹部。腹部饰右上至左下斜向绳纹。沿面可见轮修痕迹，内壁可见泥条盘筑痕迹。口径28.8、腹径34.2、底径12.6、通高37厘米（图六二九，1；图版一二五，1；图版一九六，1）。

盆　1件。标本W84：2，可复原。细泥质橘红陶。敞口，折沿，沿面略向外侧下斜，深弧腹，圜底近平，底部有一周凸棱。器表磨光。素面。口径38、通高16.2厘米（图六二九，2；图版一二五，2）。

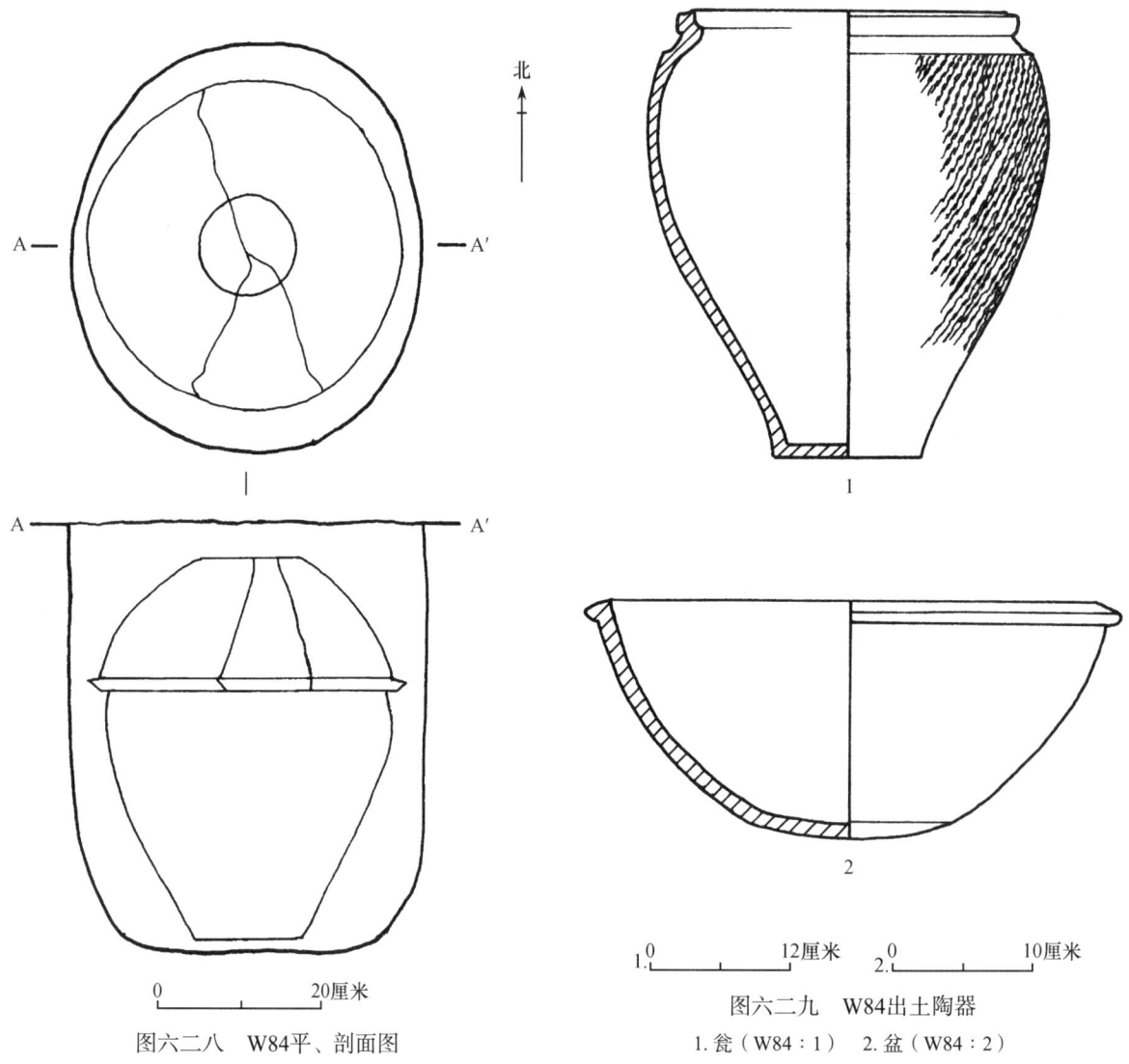

图六二八　W84平、剖面图

图六二九　W84出土陶器
1. 瓮（W84：1）　2. 盆（W84：2）

72. W85

W85位于Ⅲ区T0415东南部，开口于⑤层下。墓坑平面呈椭圆形，锅底状，斜直壁，平底。坑口径0.45、底径0.31、深0.51米。葬具为1件陶瓮与1件陶钵，陶瓮口朝上竖置于坑底，陶钵倒扣于陶瓮上。瓮内人骨不存（图六三〇）。

W85共出土器物2件。全部为陶器。器类有瓮、钵。

瓮　1件。标本W85：1，可复原。粗夹砂红褐陶。侈口，折沿，沿面内曲，方唇，肩略鼓，上腹圆鼓，下腹斜收，平底，最大腹径位于中上腹部。腹部饰右上至左下斜向绳纹。口径28.8、腹径33.6、底径12、通高37.8厘米（图六三一，1；图版一二五，3；图版一九六，2）。

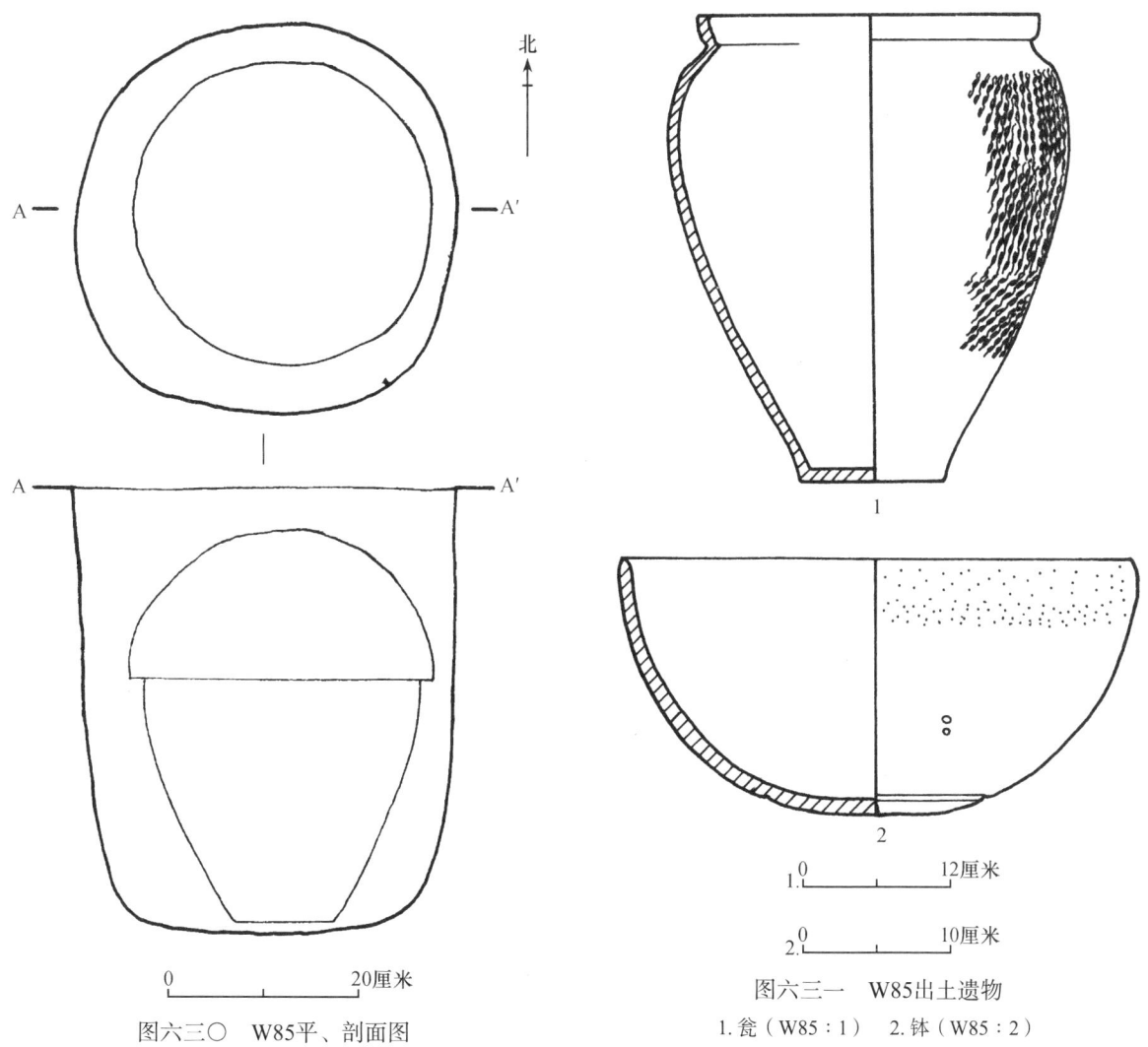

图六三〇　W85平、剖面图

图六三一　W85出土遗物
1. 瓮（W85∶1）　2. 钵（W85∶2）

钵　1件。标本W85∶2，可复原。细泥质橘红陶。直口，圆唇，深弧腹，圜底，底部有一周浅细凹槽，腹部有一对由内向外单面钻成的圆孔，可能作为修补之用。器表磨光。素面。口下可见浅褐色叠烧痕迹。口径35.5、通高17.2厘米（图六三一，2；图版一二五，4）。

73. W86

W86位于Ⅲ区T0415东南部，开口于⑥层下。墓坑平面呈圆形，锅底状，弧壁，圜底。坑口径0.42、深0.5米。葬具为1件陶瓮与1件陶盆，陶瓮口朝上竖置于坑底，陶盆倒扣于陶瓮上。瓮内仅存零星碎骨（图六三二）。

W86共出土器物2件。全部为陶器。器类有瓮、盆。

瓮　1件。标本W86∶1，可复原。粗夹砂红褐陶。侈口，折沿，沿面有一道凸棱，圆唇，上腹圆鼓，下腹斜收，平底，最大腹径位于中上腹部。腹部饰右上至左下斜向绳纹。口径27.5、腹径32.5、底径11.5、通高32厘米（图六三三，1；图版一二五，5）。

盆　1件。标本W86∶2，可复原。细泥质橘红陶。直口，平折沿，圆唇，深弧腹，平底。器表

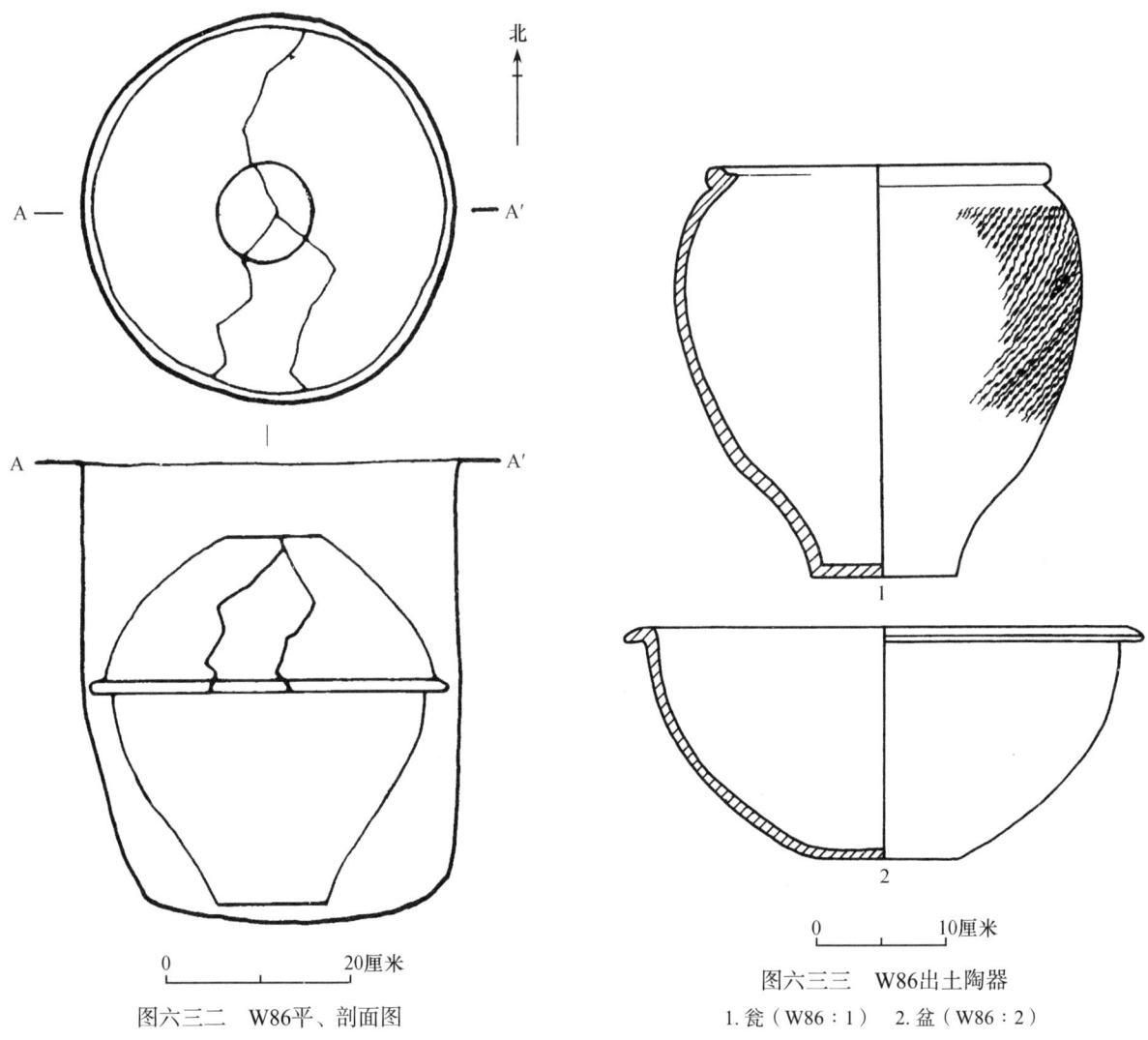

图六三二　W86平、剖面图

图六三三　W86出土陶器
1. 瓮（W86∶1）　2. 盆（W86∶2）

磨光。素面。口径41.5、底径11、通高18厘米（图六三三，2；彩版一二，3；图版一二五，6）。

74. W87

W87位于Ⅲ区T0615南部，开口于⑤层下。墓坑平面呈圆形，锅底状，弧壁，平底。坑口径0.45、底径0.18、深0.48米。葬具为1件陶瓮与1件陶钵，陶瓮口朝上竖置于坑底，陶钵倒扣于陶瓮上。瓮内存有少量人骨（图六三四）。

W87共出土器物2件。全部为陶器。器类有瓮、钵。

瓮　1件。标本W87∶1，完整。粗夹砂红褐陶。侈口，卷沿，方唇，外沿面有一周较矮凸棱，上腹微鼓，下腹斜收，平底，最大腹径位于上腹部。腹部饰右上至左下斜向绳纹。内壁可见泥条盘筑痕迹，器表可见烟熏痕迹。口径25、腹径27、底径13、通高35.5厘米（图六三五，1；彩版二三，1；图版一二六，1；图版一九六，3）。

钵　1件。标本W87∶2，可复原。细泥质橘红陶。直口微敛，圆唇，深弧腹，圜底，底部有一

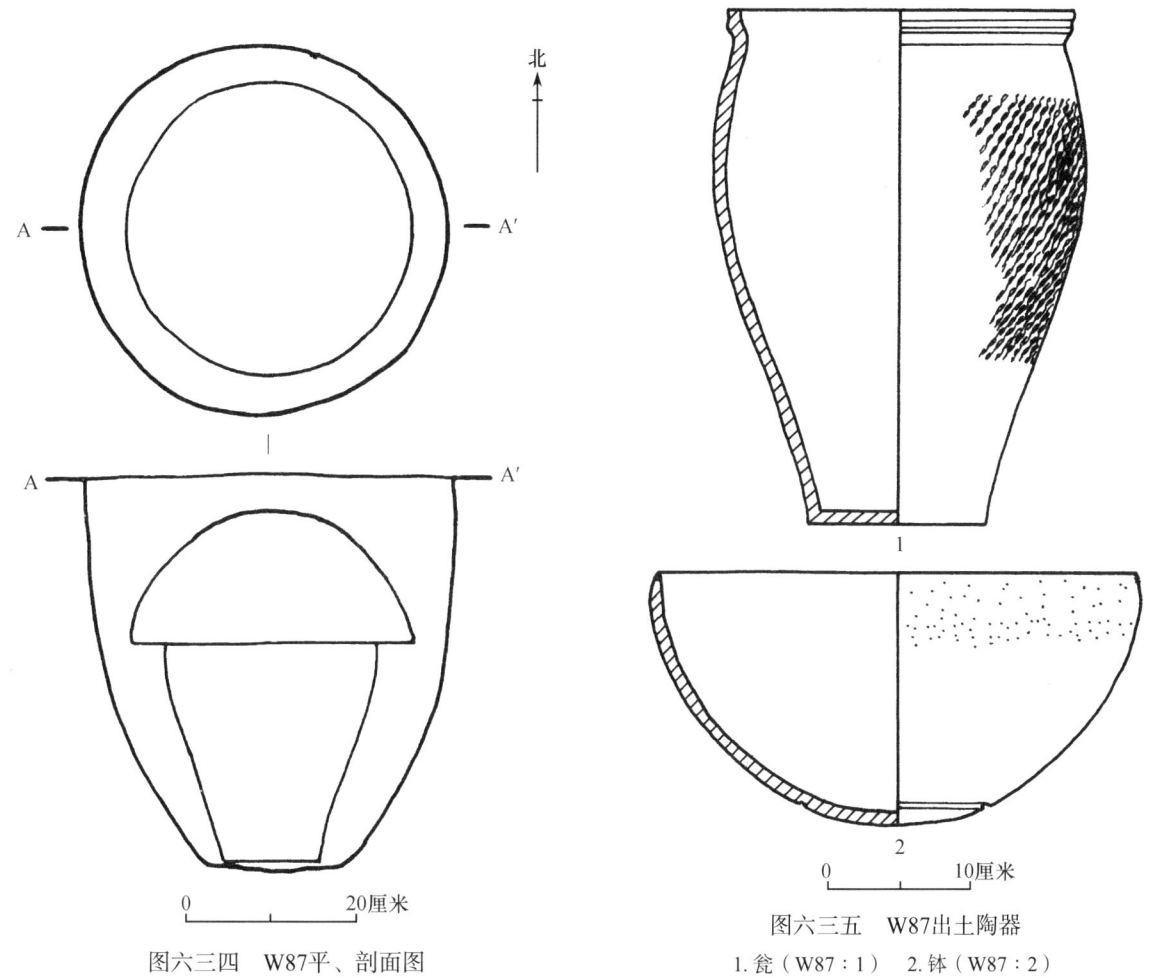

图六三四　W87平、剖面图

图六三五　W87出土陶器
1. 瓮（W87∶1）　2. 钵（W87∶2）

周浅细凹槽。器表磨光。素面。口下可见浅褐色叠烧痕迹。口径34.5、通高17.5厘米（图六三五，2；图版一二六，2）。

75. W88

W88位于Ⅲ区T0415东南部，开口于⑥层下。墓坑平面呈圆形，锅底状，弧壁，平底。坑口径0.4、底径0.25、深0.57米。葬具为1件陶瓮与1件陶钵，陶瓮口朝上竖置于坑底，陶钵倒扣于陶瓮上。瓮内存有少量人骨（图六三六）。

W88共出土器物2件。全部为陶器。器类有瓮、钵。

瓮　1件。标本W88∶1，口沿部残。粗夹砂红褐陶。上腹圆鼓，下腹略呈反弧状急收，平底，最大腹径位于上腹部。腹部饰右上至左下斜向绳纹。内壁可见泥条盘筑痕迹，器表可见烟熏痕迹。腹径37.2、底径14.4、残高37.2厘米（图六三七，1；图版一二六，3）。

钵　1件。标本W88∶2，可复原。细泥质橘红陶。直口微敛，圆唇，深弧腹，圜底，底部有一周凸棱，凸棱内区域较为粗糙，口下有一对两面对钻而成的圆孔，可能作为修补之用。器表磨光。腹部饰三周弦纹。口下可见深红色叠烧痕迹。口径36.8、通高19.8厘米（图六三七，2；图版一二六，4）。

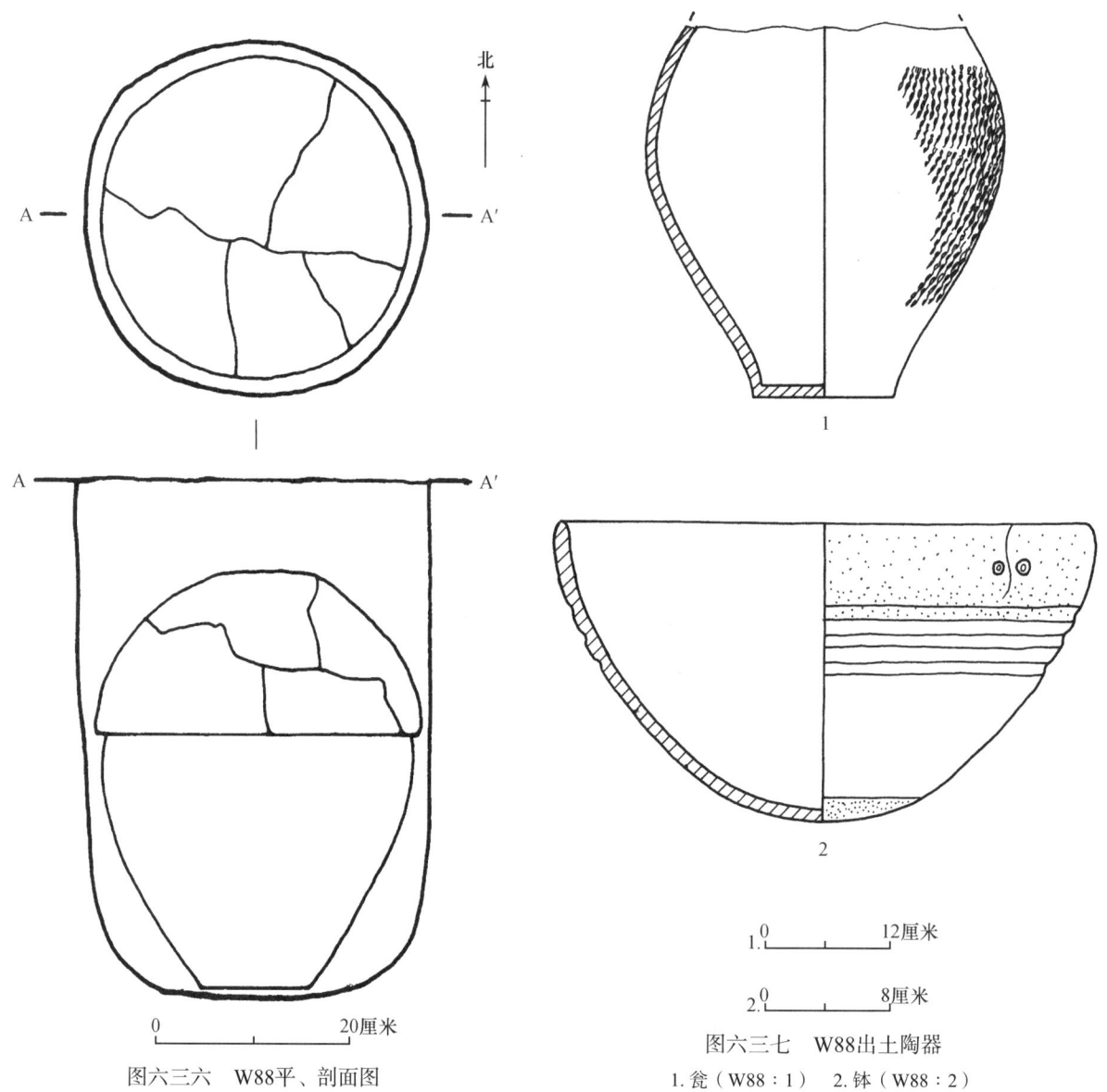

图六三六　W88平、剖面图

图六三七　W88出土陶器
1. 瓮（W88：1）　2. 钵（W88：2）

76. W89

W89位于Ⅲ区T0415南部，开口于⑥层下。墓坑平面呈圆形，锅底状，斜直壁，平底。坑口径0.6、底径0.45、深0.71米。葬具为1件陶瓮与1件陶盆，陶瓮口朝上竖置于坑底，陶盆倒扣于陶瓮上。瓮内存有少量人骨（图六三八）。

W89共出土器物2件。全部为陶器。器类有瓮、盆。

瓮　1件。标本W89：1，口沿部残。粗夹砂红褐陶。上腹圆鼓，下腹略呈反弧状急收，平底，最大腹径位于上腹部。口下饰多周弦纹，腹部饰右上至左下斜向绳纹，绳纹与弦纹略有交错。器表可见烟熏痕迹。腹径35.4、底径13.8、残高42厘米（图六三九，1；图版一二六，5）。

盆　1件。标本W89：2，可复原。细泥质橘红陶。敞口，折沿，沿面略向外侧下斜，圆唇，深弧腹，平底。器表磨光。素面。口径43.2、底径13.2、通高18.6厘米（图六三九，2；彩版一二，2；图版一二六，6）。

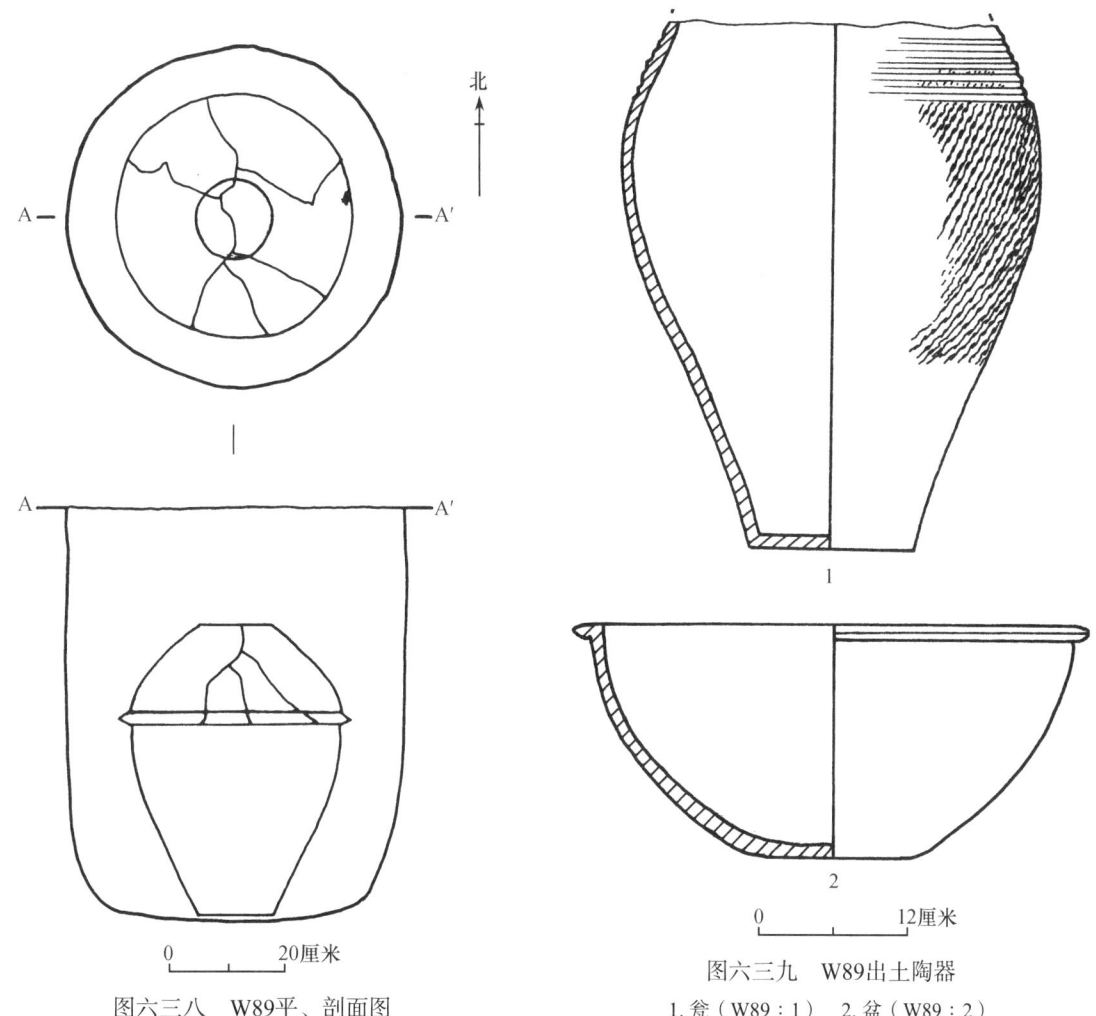

图六三八　W89平、剖面图

图六三九　W89出土陶器
1. 瓮（W89∶1）　2. 盆（W89∶2）

77. W90

W90位于Ⅲ区T0415中部，开口于⑥层下。墓坑平面呈圆形，锅底状，弧壁，平底。坑口径0.52、底径0.33、深0.71米。葬具为1件陶瓮与1件陶钵，陶瓮口朝上竖置于坑底，陶钵倒扣于陶瓮上。瓮内存有少量人骨（图六四〇）。

W90共出土器物2件。全部为陶器。器类有瓮、钵。

瓮　1件。标本W90∶1，完整。粗夹砂红褐陶，烧制变形。侈口，卷沿，方唇，唇部有一道浅细凹槽，上腹圆鼓，下腹斜收，平底，最大腹径位于上腹部。上腹部饰右上至左下斜向绳纹，绳纹斜度较小。内壁可见泥条盘筑痕迹，器表可见烟熏痕迹。口径30.6、腹径37.8、底径15、通高43.2厘米（图六四一，1；彩版二三，3；图版一二七，1）。

钵　1件。标本W90∶2，可复原。细泥质橘红陶。直口微敛，圆唇，深弧腹，圜底，底部有一周凸棱，凸棱内区域较为粗糙。器表磨光。腹部饰二周弦纹。口下可见深红色叠烧痕迹。口径37、通高18.2厘米（图六四一，2；图版一二七，2）。

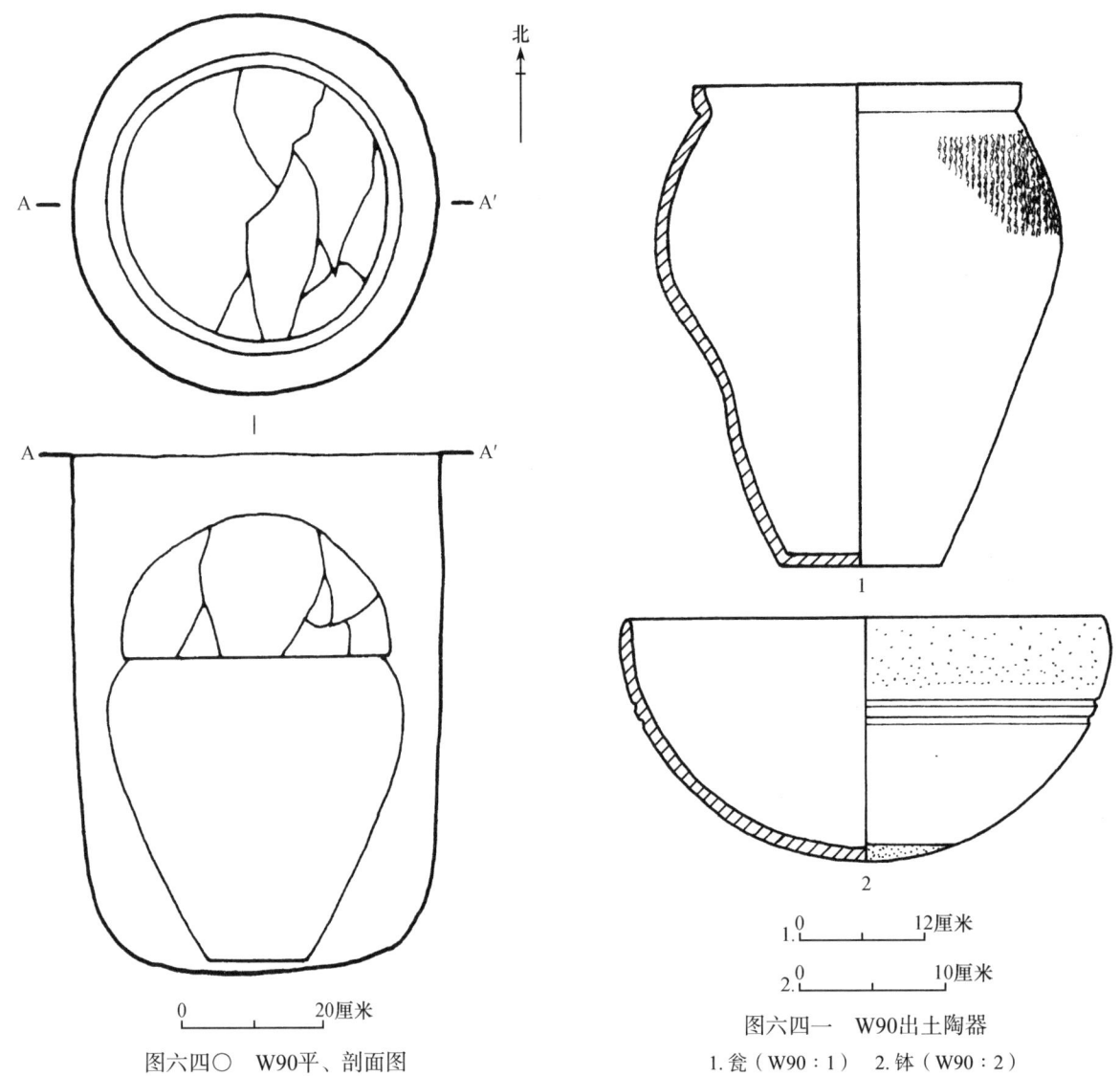

图六四〇 W90平、剖面图

图六四一 W90出土陶器
1. 瓮（W90：1） 2. 钵（W90：2）

78. W91

W91位于Ⅲ区T0415南部，开口于⑥层下。墓坑平面呈圆形，锅底状，弧壁，平底。坑口径0.3、底径0.15、深0.31米。葬具为1件陶瓮，口朝上竖置于坑底。瓮内存有少量人骨（图六四二）。

W91共出土器物2件。有陶器与石器两种。

（1）陶器

1件。瓮。标本W91：1，沿部残。粗夹砂红褐陶。侈口，卷沿，中腹微鼓，下腹斜收，平底，最大腹径位于中腹部。腹部饰右上至左下斜向绳纹。器表可见烟熏痕迹。腹径17.8、底径8.8、残高23.6厘米（图六四三，1；图版一二七，3）。

（2）石器

1件。残石器。标本W91：2，残。角岩。残存部分平面呈不规则形，一端有刃，较为尖锐。两面磨光。残长7.2、残宽5.6、厚1.9厘米（图六四三，2；图版一二七，4）。

79. W92

W92位于Ⅲ区T0415东南部,开口于⑥层下。墓坑平面呈圆形,锅底状,坑壁斜直,平底。坑口径0.6、底径0.47、深0.64米。葬具为1件陶瓮与1件陶钵,陶瓮口朝上竖置于坑底,陶钵倒扣于陶瓮上。瓮内存有少量人骨(图六四四)。

W92共出土器物2件。全部为陶器。器类有瓮、钵。

瓮 1件。标本W92:1,下腹部略残。粗夹砂红褐陶。侈口,卷沿,方唇,上腹圆鼓,下腹斜收,平底,最大腹径位于上腹部。腹部饰右上至左下斜向绳纹。沿面可见轮修痕迹,器表可见烟熏痕迹。口径25.6、底径12.7、复原高度42.3厘米(图六四五,1)。

钵 1件。标本W92:2,可复原。细泥质橘红陶。直口微敛,圆唇,深弧腹,圜底,底部有一周浅细凹槽。器表磨光。素面。口下可见深红色叠烧痕迹。口径37.5、通高19厘米(图六四五,2;图版一二七,5)。

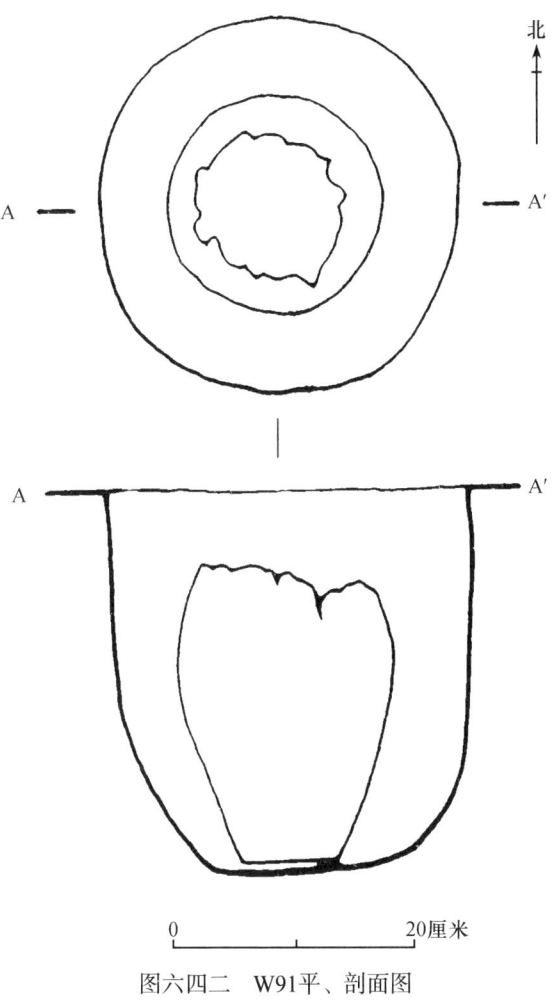

图六四二 W91平、剖面图

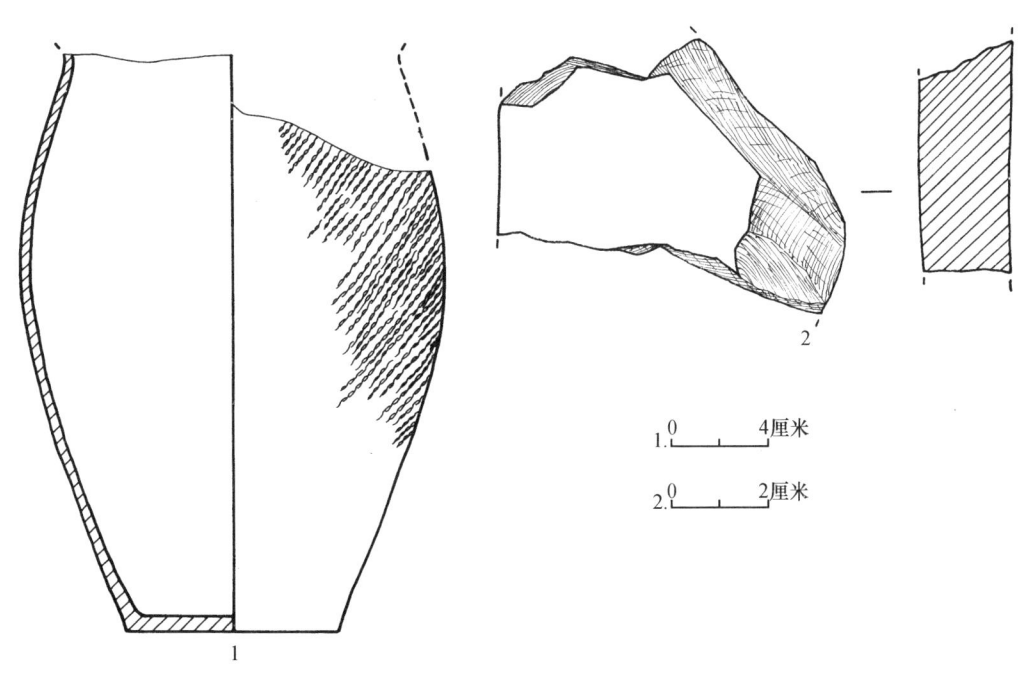

图六四三 W91出土遗物
1.陶瓮(W91:1) 2.残石器(W91:2)

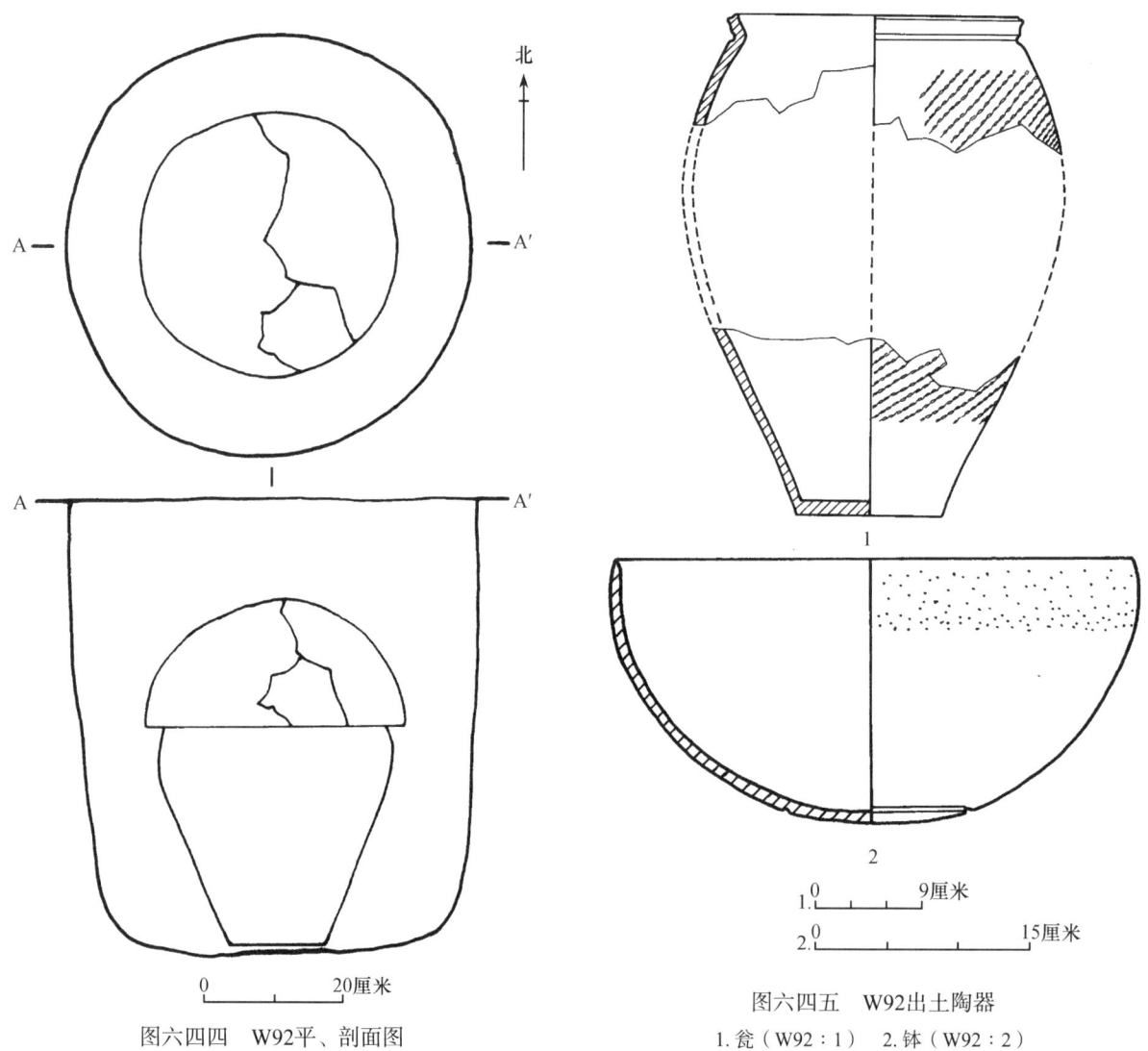

图六四四　W92平、剖面图

图六四五　W92出土陶器
1. 瓮（W92∶1）　2. 钵（W92∶2）

80. W93

W93位于Ⅲ区T0315西北部，开口于⑦层下。墓坑平面呈椭圆形，锅底状，弧壁。坑口长径0.6、短径0.5、深0.52米。葬具为1件陶瓮与1件残陶瓶下半部，陶瓮口朝上竖置于坑底，陶瓶倒扣于陶瓮上。瓮内存有少量人骨（图六四六；图版一一，4）。

W93共出土器物2件。全部为陶器。器类有瓮、瓶。

瓮　1件。标本W93∶1，可复原。粗夹砂红褐陶。侈口，折沿，沿面微曲，方唇，中腹圆鼓，下腹急收，平底，最大腹径位于中腹部。腹部饰右上至左下斜向绳纹。器表可见烟熏痕迹。口径21.5、腹径22.5、底径10.4、通高28.1厘米（图六四七，2；图版一二七，6）。

瓶　1件。标本W93∶2，腹部残片。细夹砂红褐陶。中腹圆鼓，下腹斜直，有一竖向扁圆桥形耳。腹部饰交错绳纹。残高38.1厘米（图六四七，1；图版一二八，1）。

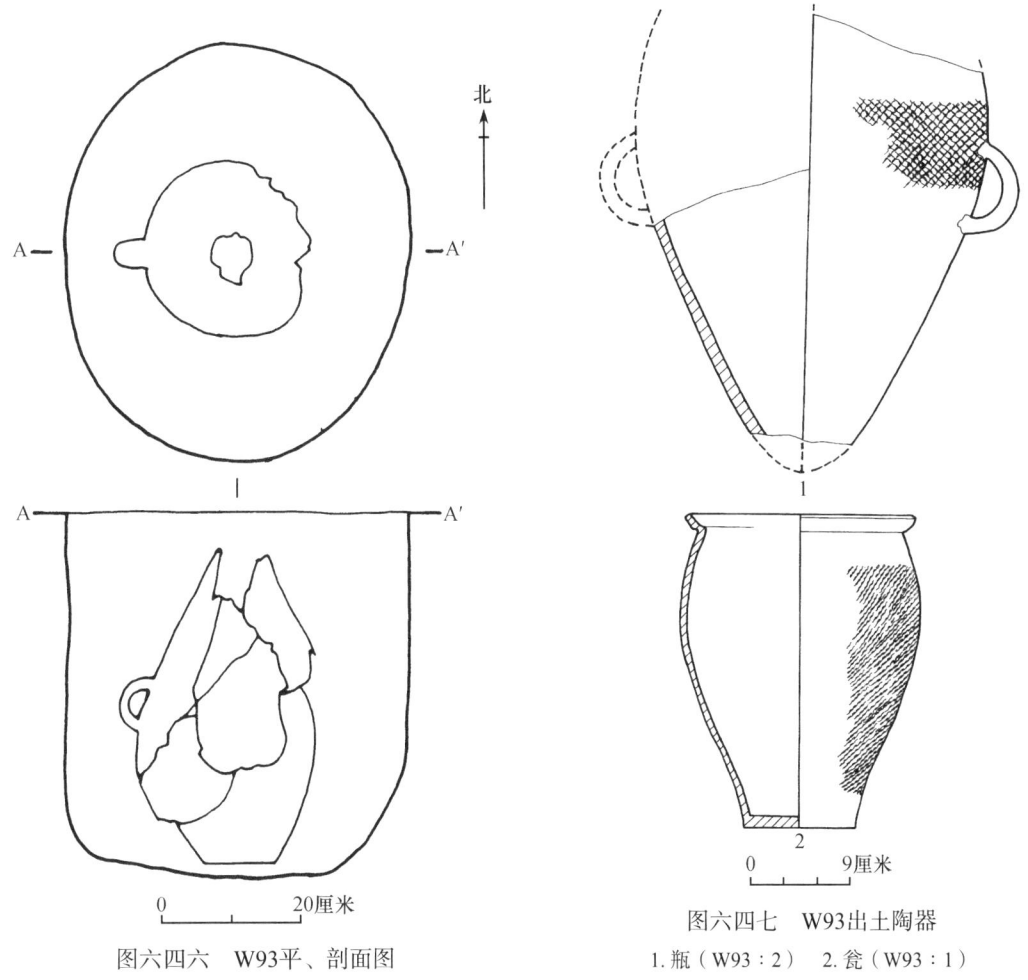

图六四六 W93平、剖面图

图六四七 W93出土陶器
1. 瓶（W93∶2） 2. 瓮（W93∶1）

81. W94

W94位于Ⅲ区T0315西北部，开口于⑦层下。墓坑平面呈圆形，锅底状，弧壁，平底。坑口径0.34、底径0.21、深0.49米。葬具为1件陶瓮与1件陶钵，陶瓮口朝上竖置于坑底，陶钵倒扣于陶瓮上。瓮内存有少量人骨（图六四八）。

W94共出土器物2件。全部为陶器。器类有瓮、钵。

瓮　1件。标本W94∶1，可复原。粗夹砂红褐陶。侈口，卷沿，方唇，中腹微鼓，下腹斜收，平底，最大腹径位于中腹部。腹部饰右上至左下斜向绳纹。器表可见烟熏痕迹。口径23、腹径26.1、底径11.8、通高31.8厘米（图六四九，1；图版一二八，2）。

钵　1件。标本W94∶2，可复原。细泥质橘红陶。直口微敛，方唇，深弧腹，圜底，底心有一个由外向内打制而成的方形穿孔。器表磨光。素面。口下可见浅褐色叠烧痕迹，器表可见烟熏痕迹。口径27.8、通高14.6、孔边长1.5厘米（图六四九，2；图版一二八，3）。

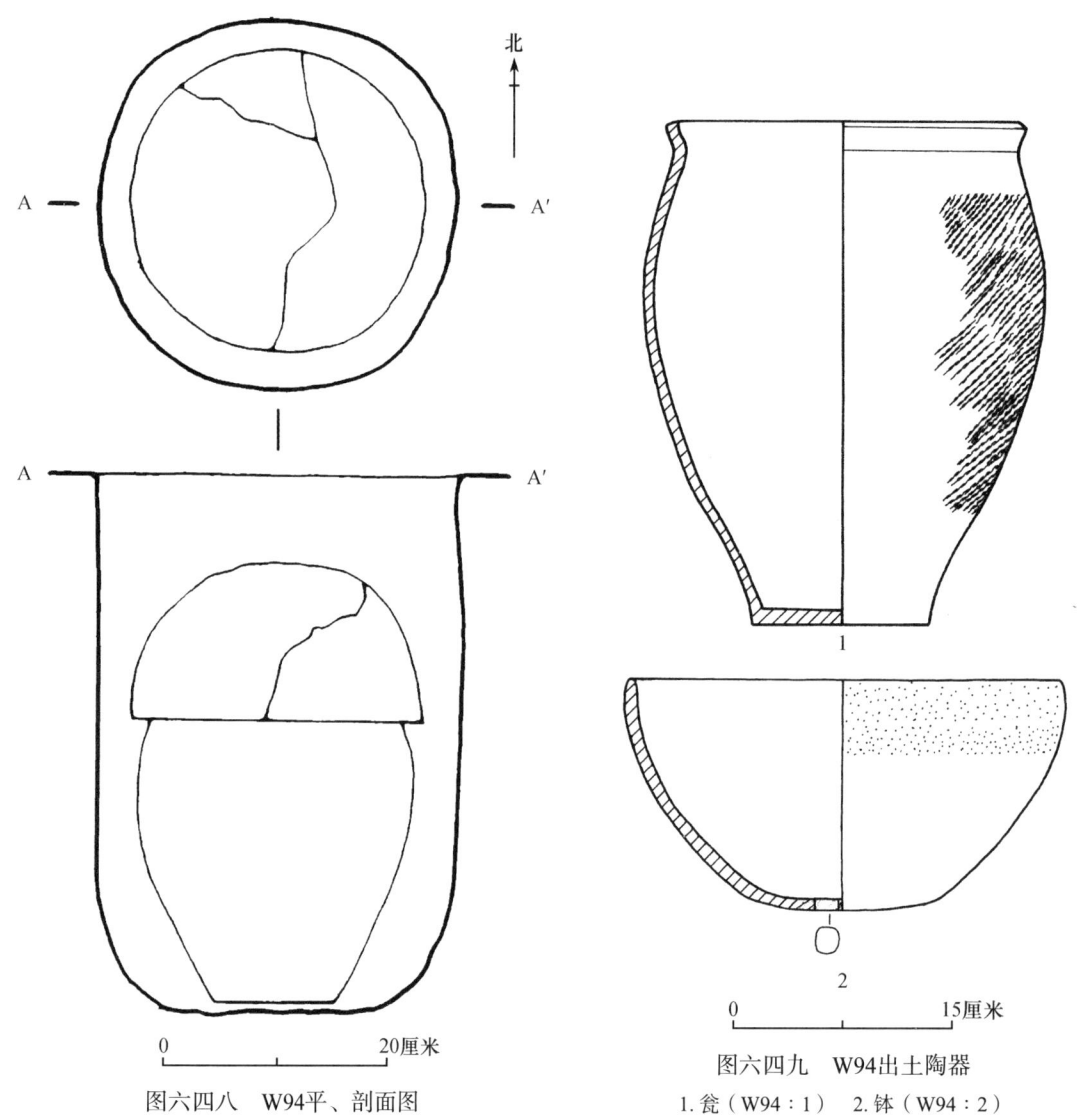

图六四八　W94平、剖面图

图六四九　W94出土陶器
1. 瓮（W94∶1）　2. 钵（W94∶2）

82. W95

W95位于Ⅲ区T0914东北部，开口于⑧层下。墓坑平面呈圆形，锅底状，弧壁，平底。坑口径0.5、底径0.3、深0.52米。葬具为1件陶瓮与1件陶钵，陶瓮口朝上竖置于坑底，陶钵倒扣于陶瓮上。瓮内人骨不存（图六五〇）。

W95共出土器物2件。全部为陶器。器类有瓮、钵。

瓮　1件。标本W95∶1，可复原。粗夹砂红褐陶。侈口，卷沿，方唇，上腹圆鼓，下腹急收，平底，最大腹径位于上腹部。腹部饰右上至左下斜向绳纹。沿面可见轮修痕迹，器表可见烟熏痕迹。口径28.8、腹径31.8、底径11.5、通高36.2厘米（图六五一，1；图版一二八，4）。

钵　1件。标本W95∶2，可复原。粗泥质橘红陶。直口微敛，圆唇，斜直腹，平底。器表粗糙。素面。口径35、底径15、通高16.1厘米（图六五一，2；图版一二八，5）。

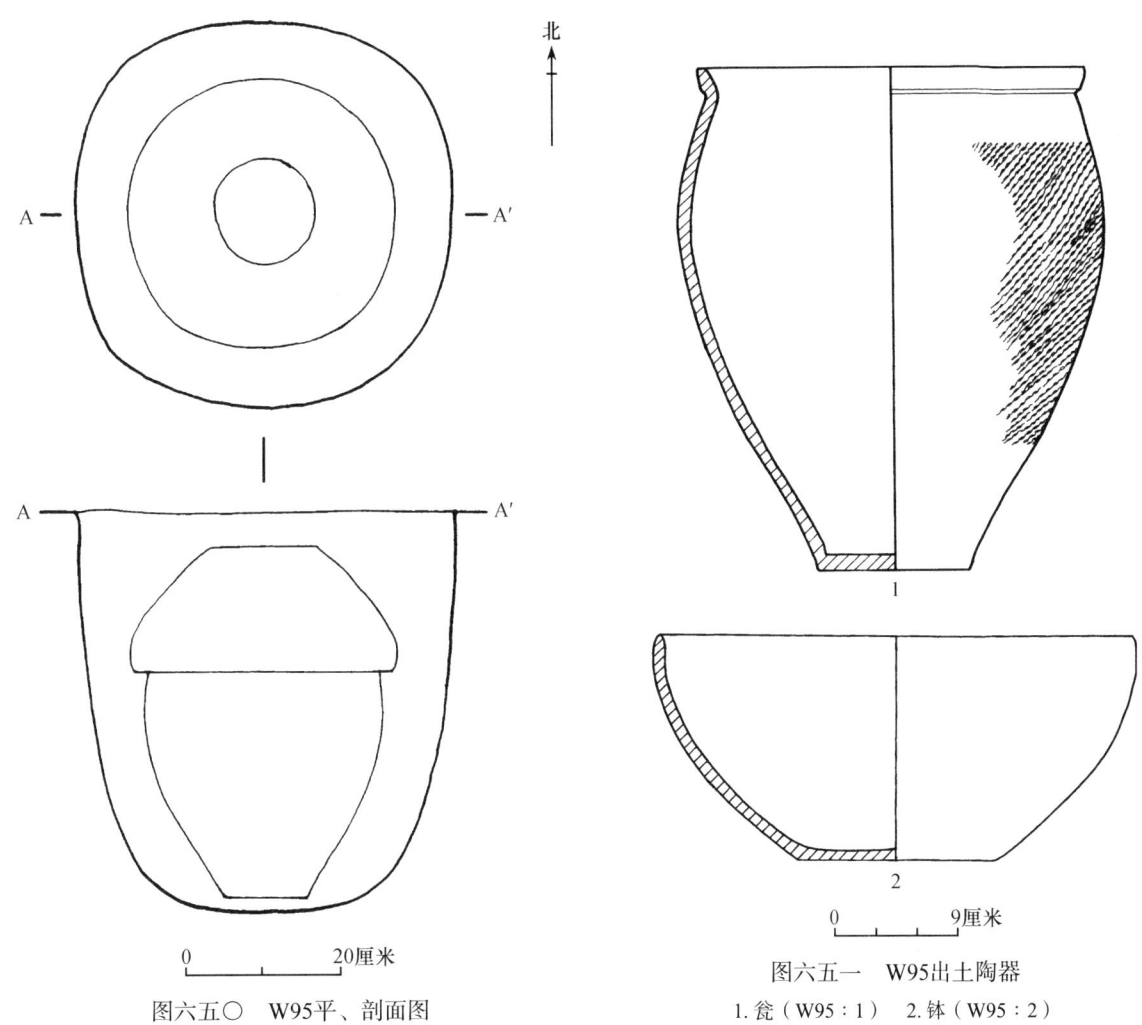

图六五〇 W95平、剖面图

图六五一 W95出土陶器
1.瓮（W95：1） 2.钵（W95：2）

83. W96

W96位于Ⅲ区T0415东南部与T0414东北部，开口于⑥层下。墓坑平面呈圆形，锅底状，斜直壁，平底。坑口径0.4、底径0.32、深0.61米。葬具为1件陶瓮与1件陶钵，陶瓮口朝上竖置于坑底，陶钵倒扣于陶瓮上。瓮内存有少量人骨（图六五二；图版一一，5）。

W96共出土器物2件。全部为陶器。器类有瓮、钵。

瓮 1件。标本W96：1，可复原。粗夹砂红褐陶。侈口，卷沿，方唇，外沿面有一周较矮凸棱，上腹圆鼓，下腹略呈反弧状急收，平底，最大腹径位于上中腹部。腹部饰右上至左下斜向绳纹。沿面可见轮修痕迹，器表可见烟熏痕迹。口径29.4、腹径36、底径13.2、通高42.6厘米（图六五三，1；图版一二八，6）。

钵 1件。标本W96：2，可复原。细泥质橘红陶。直口微敛，方唇，深弧腹，圜底，底部有一周浅细凹槽，凹槽内区域较为粗糙，口下有一对两面对钻而成的圆孔，可能作为修补之用。器表磨光。素面。口下可见浅褐色叠烧痕迹。口径32、通高16.5厘米（图六五三，2；图版一二九，1）。

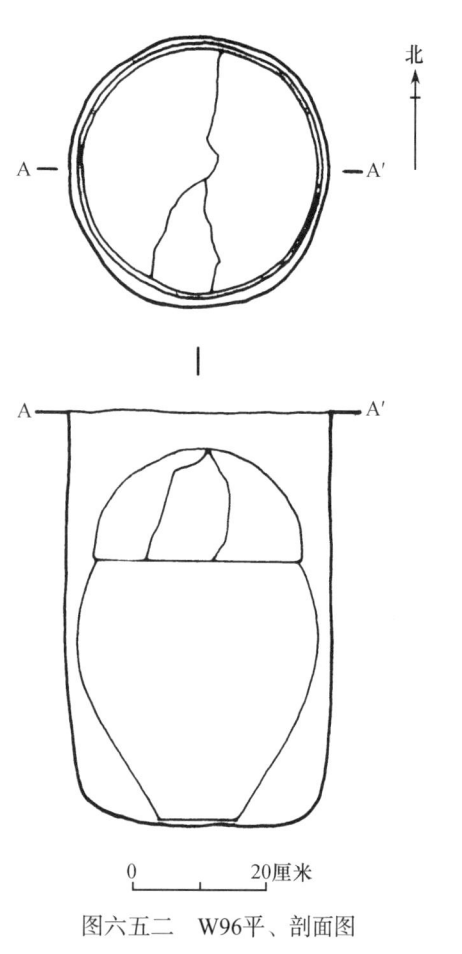

图六五二　W96平、剖面图

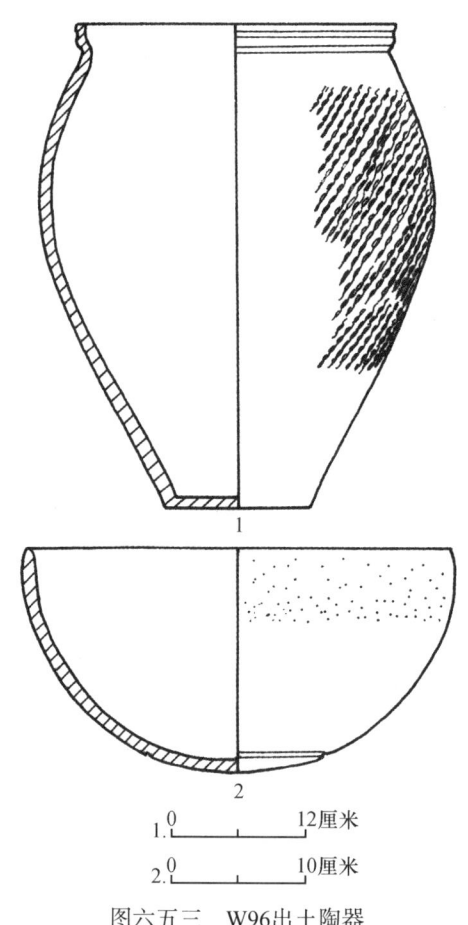

图六五三　W96出土陶器
1. 瓮（W96∶1）　2. 钵（W96∶2）

84. W97

W97位于Ⅲ区T0914东部与T1014西部，开口于⑤层下。墓坑平面呈圆形，锅底状，弧壁，平底。坑口径0.4、底径0.25、深0.51米。葬具为1件陶瓮与1件陶钵，陶瓮口朝上竖置于坑底，陶钵倒扣于陶瓮上。瓮内人骨不存（图六五四）。

W97共出土器物2件。全部为陶器。器类有瓮、钵。

瓮　1件。标本W97∶1，可复原。粗夹砂红褐陶。侈口，折沿，沿面微曲，方唇，上腹圆鼓，下腹略呈反弧状急收，平底，最大腹径位于上中腹部。腹部饰右上至左下斜向绳纹。沿面可见轮修痕迹，器表可见烟熏痕迹。口径25.8、腹径29.4、底径10.8、通高34.8厘米（图六五五，1；图版一二九，2）。

钵　1件。标本W97∶2，可复原。细泥质橘红陶。直口微敛，方唇，深弧腹，圜底，底部有一周浅细凹槽。器表磨光。素面。口下可见浅褐色叠烧痕迹。口径29.6、通高15.4厘米（图六五五，2；图版一二九，3）。

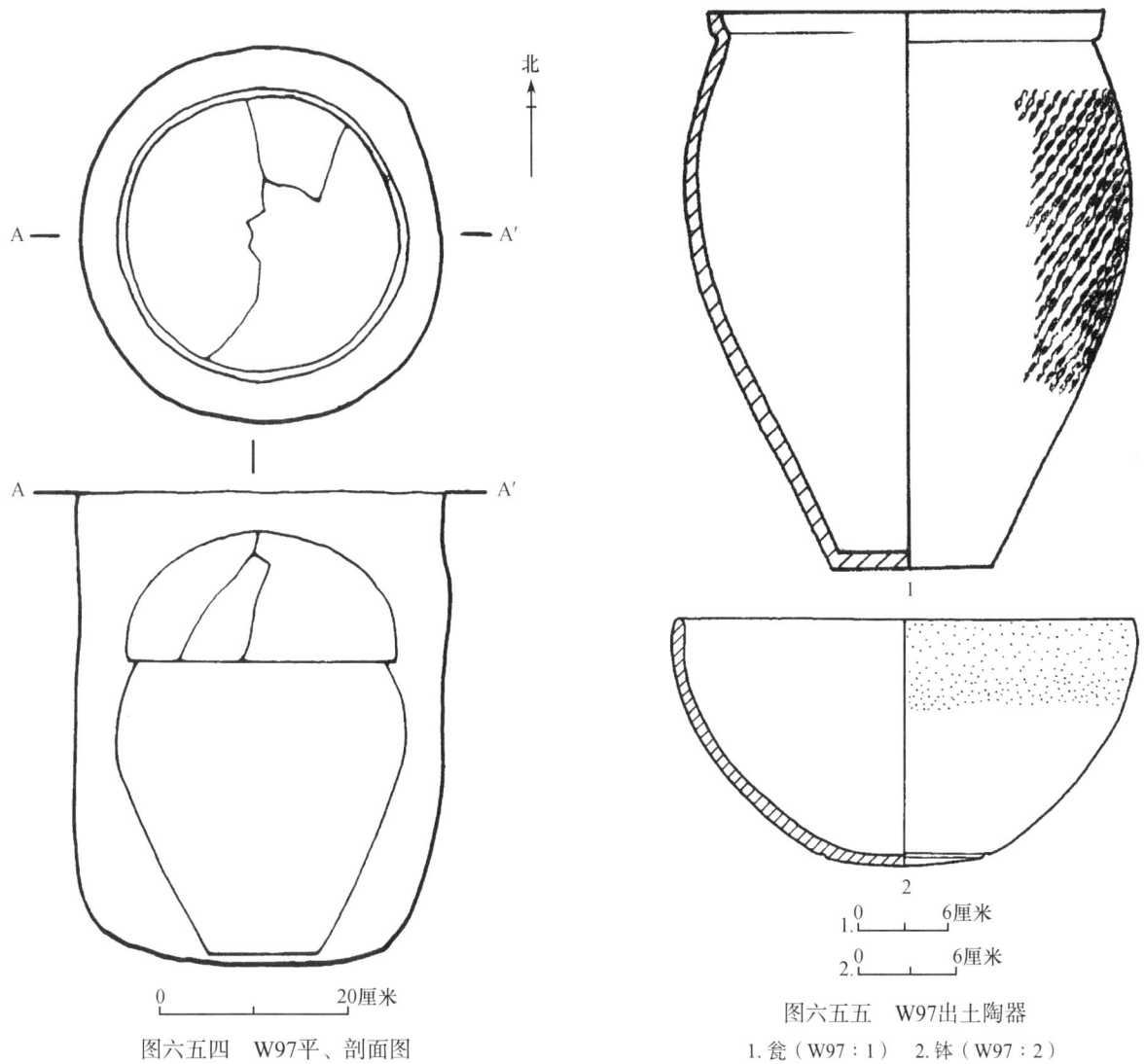

图六五四 W97平、剖面图

图六五五 W97出土陶器
1.瓮（W97:1） 2.钵（W97:2）

85. W98

W98位于Ⅲ区T1213中部，开口于⑧层下。墓坑平面呈圆形，锅底状，弧壁，平底。坑口径0.36、底径0.25、深0.64米。葬具为1件陶瓮与1件陶盆，陶瓮口朝上竖置于坑底，陶盆倒扣于陶瓮上。瓮内存有少量人骨（图六五六）。

W98共出土器物2件。全部为陶器。器类有瓮、盆。

瓮 1件。标本W98:1，下腹部残。粗夹砂红褐陶。侈口，折沿，方唇，中腹微鼓，下腹斜收，平底，最大腹径位于上中腹部。腹部饰右上至左下斜向绳纹。口径22.5、复原腹径24.9、底径9.5、复原高度33.5厘米（图六五七，1）。

盆 1件。标本W98:2，可复原。细泥质橘红陶。侈口，折沿，圆唇，深腹，上腹圆鼓，下腹斜直，平底，底部有一由内向外打制而成的不规则形穿孔。器表磨光。上腹部饰多周弦纹。口径21.6、腹径28.5、底径9.6、通高20.4、孔长径0.8、短径0.4厘米（图六五七，2；图版一二九，4）。

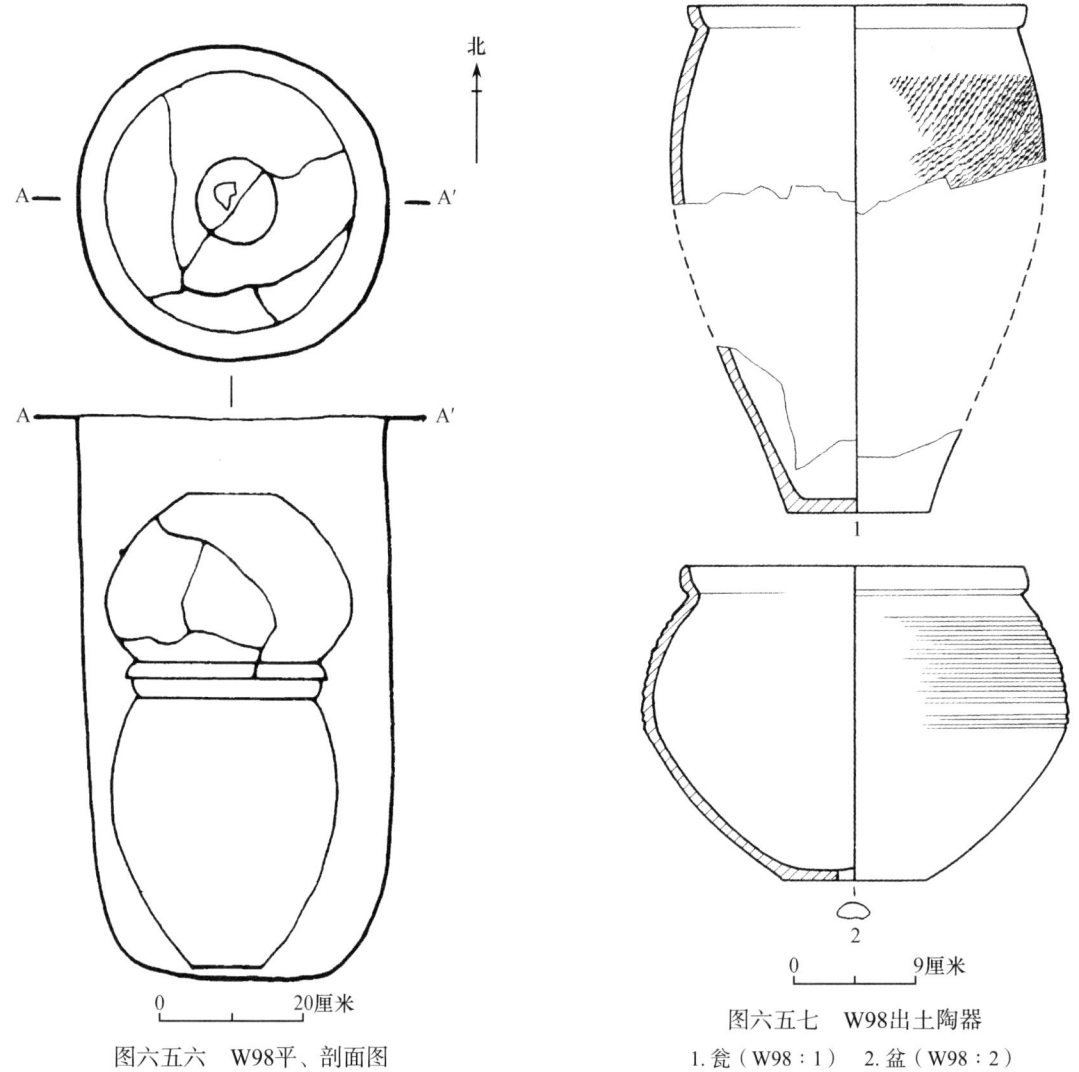

图六五六 W98平、剖面图

图六五七 W98出土陶器
1.瓮（W98∶1） 2.盆（W98∶2）

86. W99

W99位于Ⅲ区T0516东部，开口于⑧层下。墓坑平面呈圆形，锅底状，弧壁，圜底。坑口径0.36、深0.5米。葬具为1件陶瓮与1件陶钵，陶瓮口朝上竖置于坑底，陶钵倒扣于陶瓮上。瓮内人骨不存（图六五八）。

W99共出土器物2件。全部为陶器。器类有瓮、钵。

瓮　1件。标本W99∶1，可复原。粗夹砂红褐陶。侈口，卷沿，沿面微曲，圆唇，上腹微鼓，下腹急收，平底，最大腹径位于上腹部。腹部饰右上至左下斜向绳纹。沿面可见轮修痕迹，器表可见烟熏痕迹，近底部可见刮抹痕迹。口径24、腹径26.5、底径9.5、通高35厘米（图六五九，1；图版一二九，5；图版一九六，4）。

钵　1件。标本W99∶2，可复原。细泥质橘红陶。直口微敛，方唇，深弧腹，圜底，底部有一周凸棱。器表磨光。素面。口下可见深红色叠烧痕迹。口径31、通高16.3厘米（图六五九，2；图版一二九，6）。

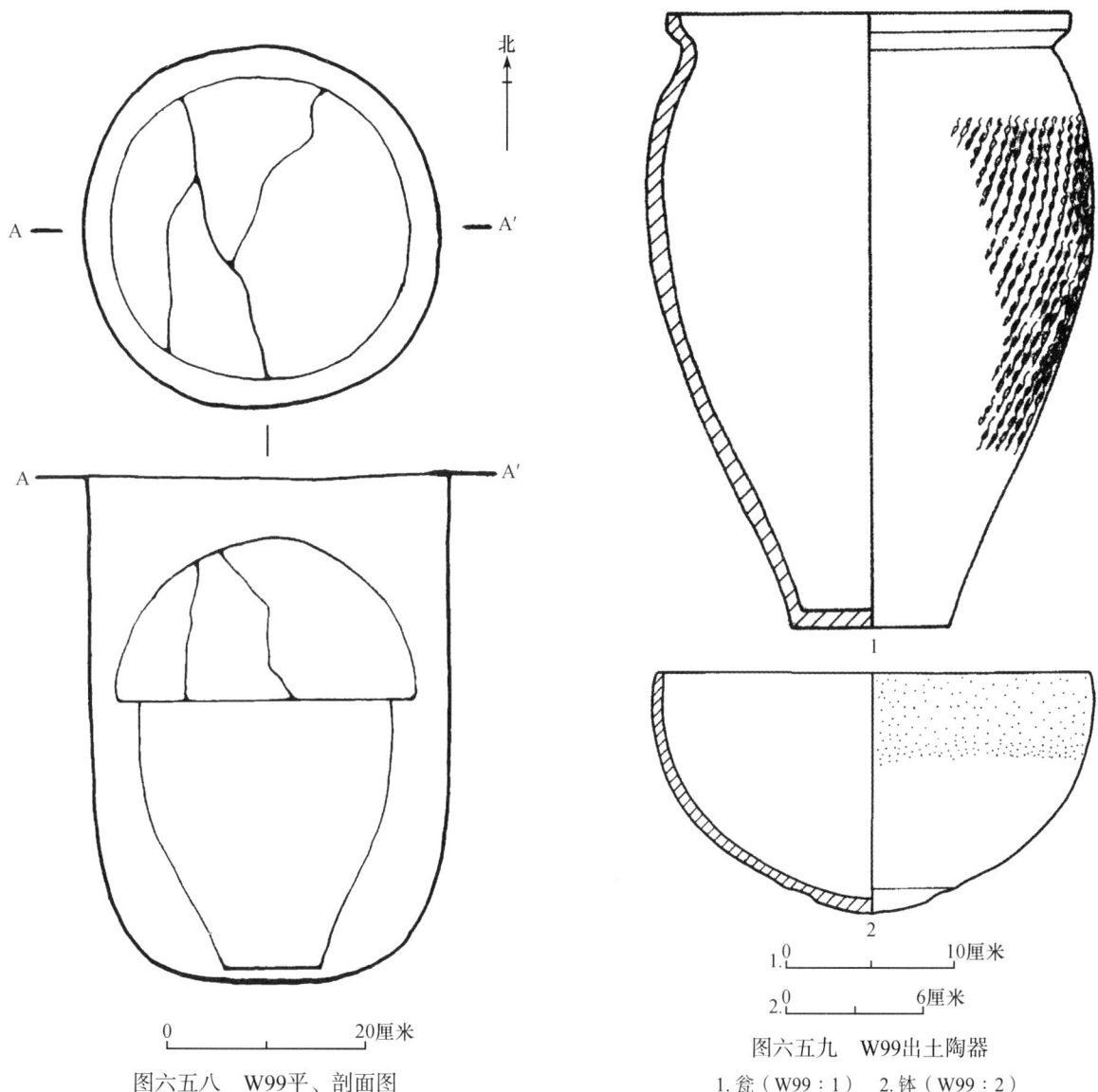

图六五八 W99平、剖面图

图六五九 W99出土陶器
1. 瓮（W99:1） 2. 钵（W99:2）

87. W112

W112位于Ⅲ区T0620东南部，开口于④层下。墓坑平面呈椭圆形，锅底状，坑壁斜直，平底。坑口长径0.81、短径0.72、底长径0.7、短径0.61、深0.58米。葬具为1件陶瓮，瓮口朝西横置于坑底。瓮内人骨不存（图六六〇）。

W112仅出土陶瓮1件。标本W112:1，可复原。粗夹砂红褐陶。敛口，圆唇，折肩，斜直腹，平底，体态较为瘦长。腹部饰右上至左下斜向绳纹，绳纹斜度较小。器表可见烟熏痕迹。口径50、腹径54.5、底径18、通高58.8厘米（图六六一；图版一三〇，1）。

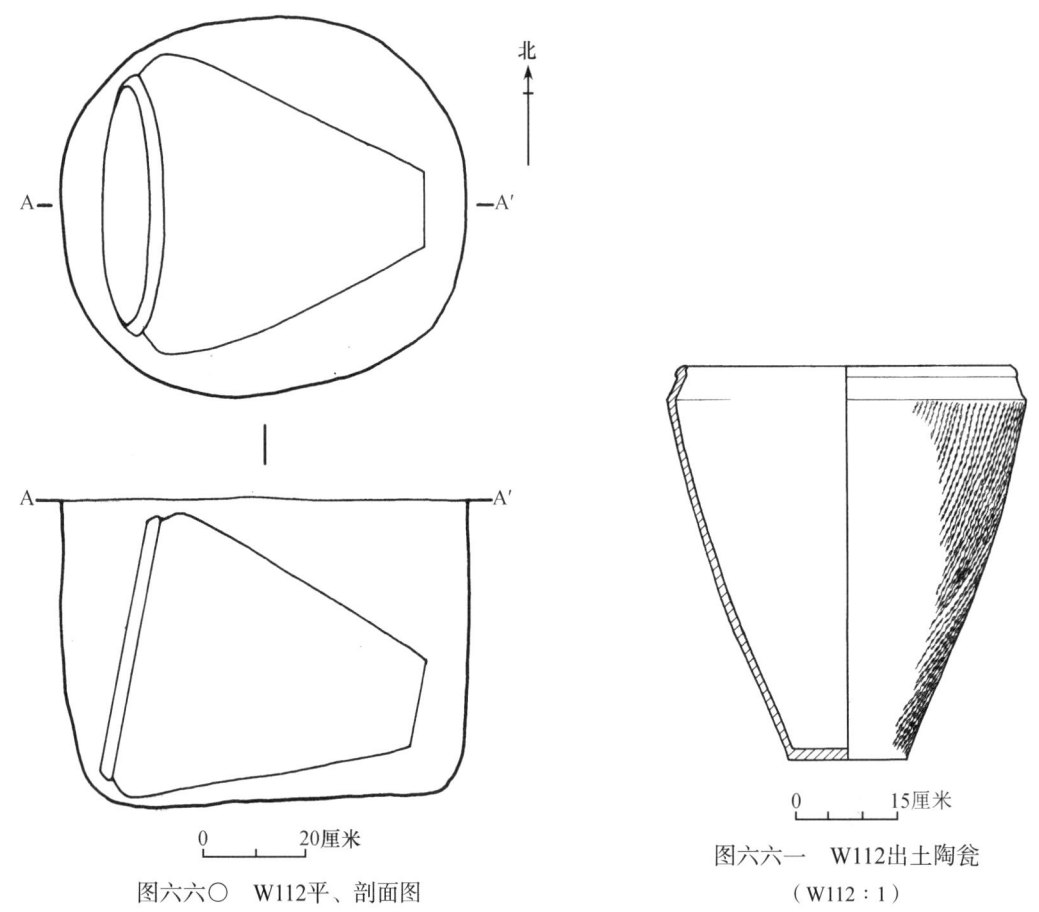

图六六〇 W112平、剖面图

图六六一 W112出土陶瓮（W112∶1）

88. W115

W115位于Ⅲ区T0620西南部，开口于④层下。墓坑平面呈圆形，锅底状，弧壁，圜底。坑口径0.44、深0.83米。葬具为1件陶瓮与1件陶钵，陶瓮口朝上竖置于坑底，略有倾斜，陶钵倒扣于陶瓮上。瓮内存有少量人骨（图六六二）。

W115共出土器物2件。全部为陶器。器类有瓮、钵。

瓮　1件。标本W115∶1，可复原。粗夹砂红褐陶。敛口，圆唇，鼓肩，并起一道较矮棱脊，上腹圆鼓，下腹斜收，平底，最大腹径位于上腹部，体态瘦长。通体饰右上至左下斜向绳纹，中、下腹部饰少量交错绳纹。内壁可见泥条盘筑痕迹，器表可见烟熏痕迹。口径38.4、腹径43.2、底径13.2、通高57厘米（图六六三，1；图版一三〇，2；图版一九六，5）。

钵　1件。标本W115∶2，可复原。细泥质橘红陶。直口微敛，圆唇，弧腹略浅，圜底，底部有一由外向内打制而成的不规则形穿孔。器表磨光。素面。口下可见浅红色叠烧痕迹，器表可见烟熏痕迹。口径35.5、通高14.5、孔径1厘米（图六六三，2；图版一三〇，3）。

89. W116

W116位于Ⅲ区T0619东南部，开口于④层下。墓坑平面呈圆形，锅底状，斜直壁，平底。坑口径0.25、底径0.2、深0.32米。葬具为1件陶瓮与1件陶钵，陶瓮口朝上竖置于坑底，陶钵倒扣于陶瓮

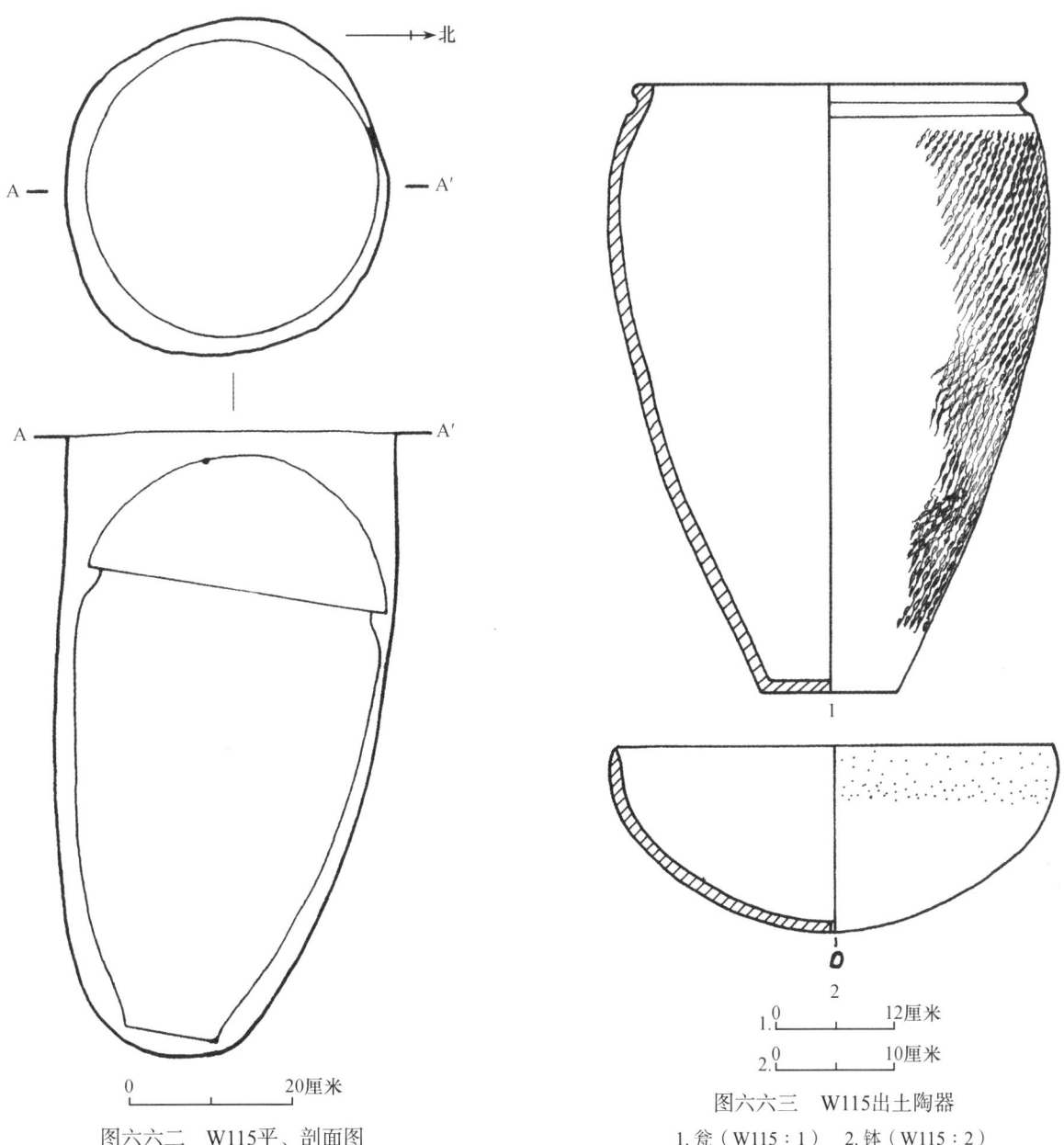

图六六二 W115平、剖面图

图六六三 W115出土陶器
1. 瓮（W115∶1） 2. 钵（W115∶2）

上。瓮内人骨不存（图六六四）。

W116共出土器物2件。全部为陶器。器类有瓮、钵。

瓮 1件。标本W116∶1，下腹部残。粗夹砂红褐陶。侈口，折沿，方唇，上腹圆鼓，下腹斜收，平底，最大腹径位于上腹部。腹部饰右上至左下斜向绳纹。器表可见烟熏痕迹。口径19、复原腹径19.8、底径7、复原高度21厘米（图六六五，1）。

钵 1件。标本W116∶2，可复原。细泥质橘红陶。直口微敛，圆唇，深弧腹，平底，底心内凹，并有一由外向内打制而成的椭圆形穿孔。器表磨光。素面。口下可见浅褐色叠烧痕迹。口径22、底径9、通高14.5、孔长径1.2、短径0.9厘米（图六六五，2；彩版一九，3；图版一三〇，4、5）。

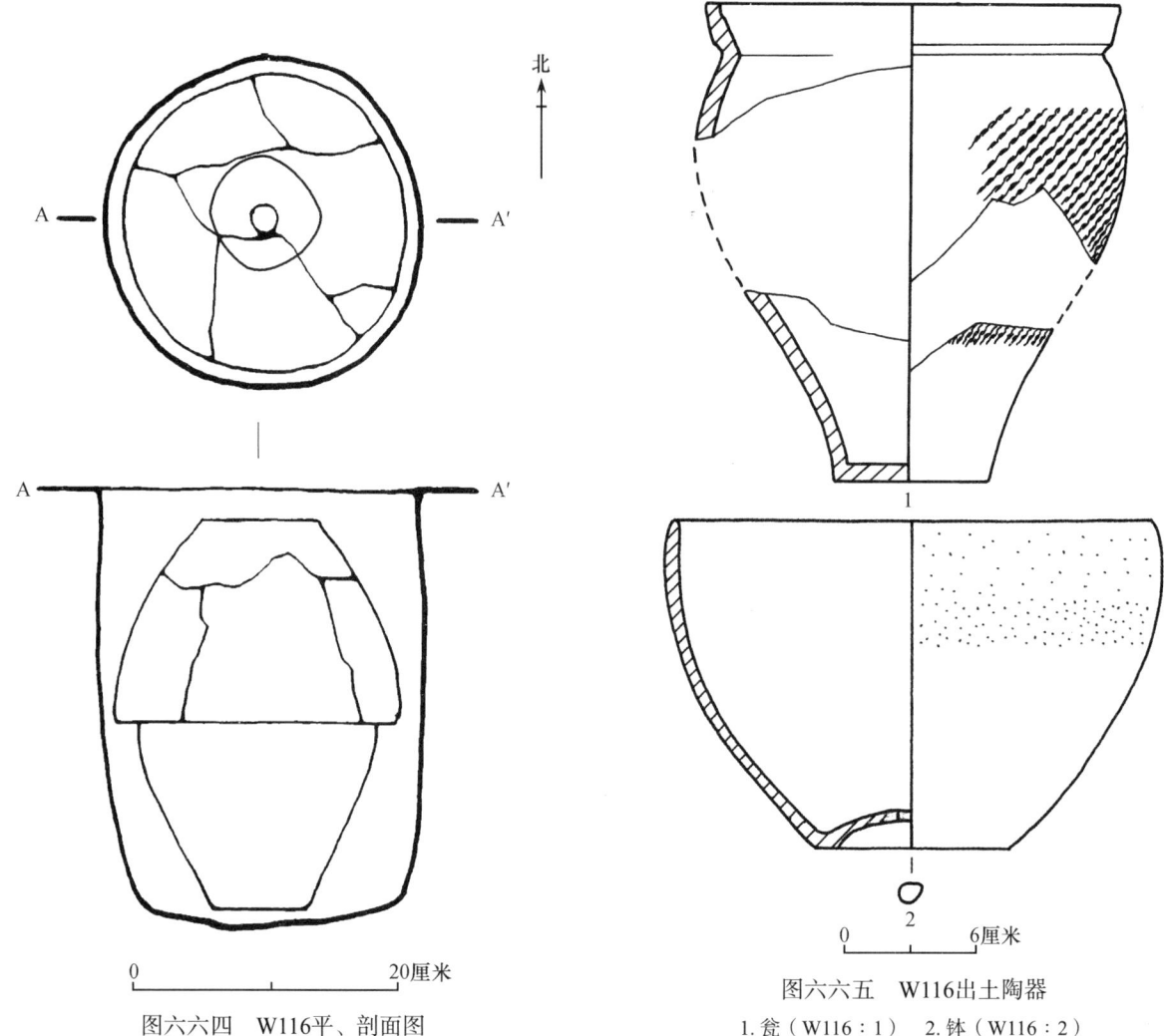

图六六四　W116平、剖面图

图六六五　W116出土陶器
1. 瓮（W116∶1）　2. 钵（W116∶2）

90. W117

W117位于Ⅲ区T0719东南部，开口于⑤层下。墓坑平面呈圆形，锅底状，弧壁，圜底。坑口径0.6、深0.62米。葬具为1件陶瓮与1件陶钵，陶瓮口朝上竖置于坑底，陶钵倒扣于陶瓮上。瓮内仅存零星碎骨（图六六六）。

W117共出土器物2件。全部为陶器。器类有瓮、钵。

瓮　1件。标本W117∶1，可复原。粗夹砂红褐陶。侈口，折沿，沿面微曲，方唇，鼓肩，并起一道显著棱脊，上腹圆鼓，下腹呈反弧状急收，平底，最大腹径位于上腹部。棱脊以下饰右上至左下斜向绳纹。器表可见烟熏痕迹。口径31.8、腹径35.4、底径12.6、通高42厘米（图六六七，1；图版一三〇，6）。

钵　1件。标本W117∶2，可复原。细泥质橘红陶。直口微敛，方唇，深弧腹，圜底，底部有一周浅细凹槽，凹槽内区域较为粗糙。器表磨光。素面。口下可见浅褐色叠烧痕迹。口径34.5、通高17.5厘米（图六六七，2；图版一三一，1）。

91. W118

W118位于Ⅲ区T0618东部，开口于④层下。墓坑平面大体呈圆形，锅底状，坑壁斜直，平底。坑口径0.38、底径0.29、深0.62米。葬具为1件陶瓮与1件陶钵，陶瓮口朝上竖置于坑底，陶钵倒扣于陶瓮上。瓮内人骨不存（图六六八）。

W118共出土器物2件。全部为陶器。器类有瓮、钵。

瓮　1件。标本W118：1，可复原。粗夹砂红褐陶。侈口，折沿，沿面微曲，方唇，上腹圆鼓，下腹斜收，平底，最大腹径位于上腹部。腹部饰右上至左下斜向绳纹。内壁可见泥条盘筑痕迹，器表可见烟熏痕迹。口径28.2、腹径35.4、底径16.2、通高43.8厘米（图六六九，1；图版一三一，2；图版一九六，6）。

钵　1件。标本W118：2，可复原。细泥质橘红陶。直口微敛，圆唇，深弧腹，圜底，底心有一由外向内打制而成的三角形穿孔，口下有一对两面对钻而成的圆孔，可能作为修补之用。器表磨光。底部饰席纹。口下可见深红色叠烧痕迹。口径31、通高17.5、孔长2.5、宽2厘米（图六六九，2；图版一三一，3；图版一九九，6）。

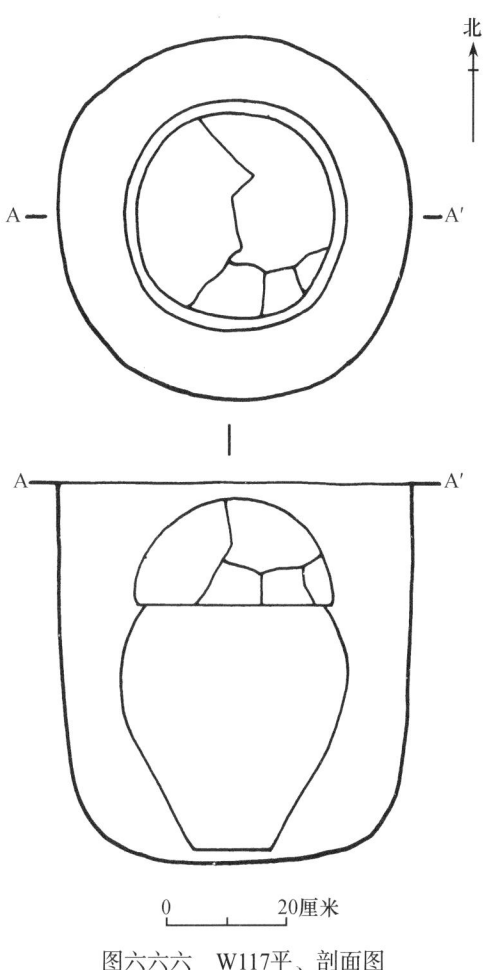

图六六六　W117平、剖面图

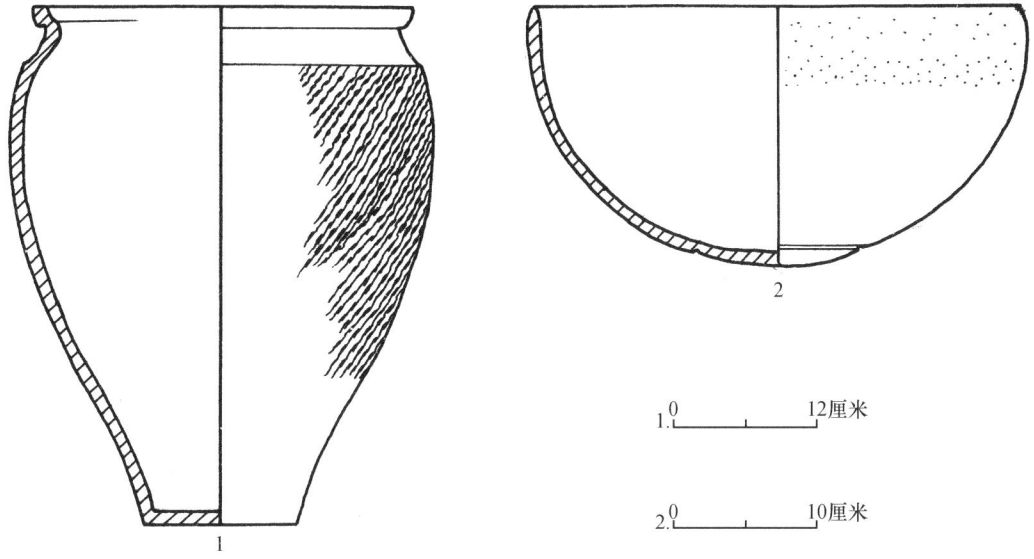

图六六七　W117出土陶器
1.瓮（W117：1）　2.钵（W117：2）

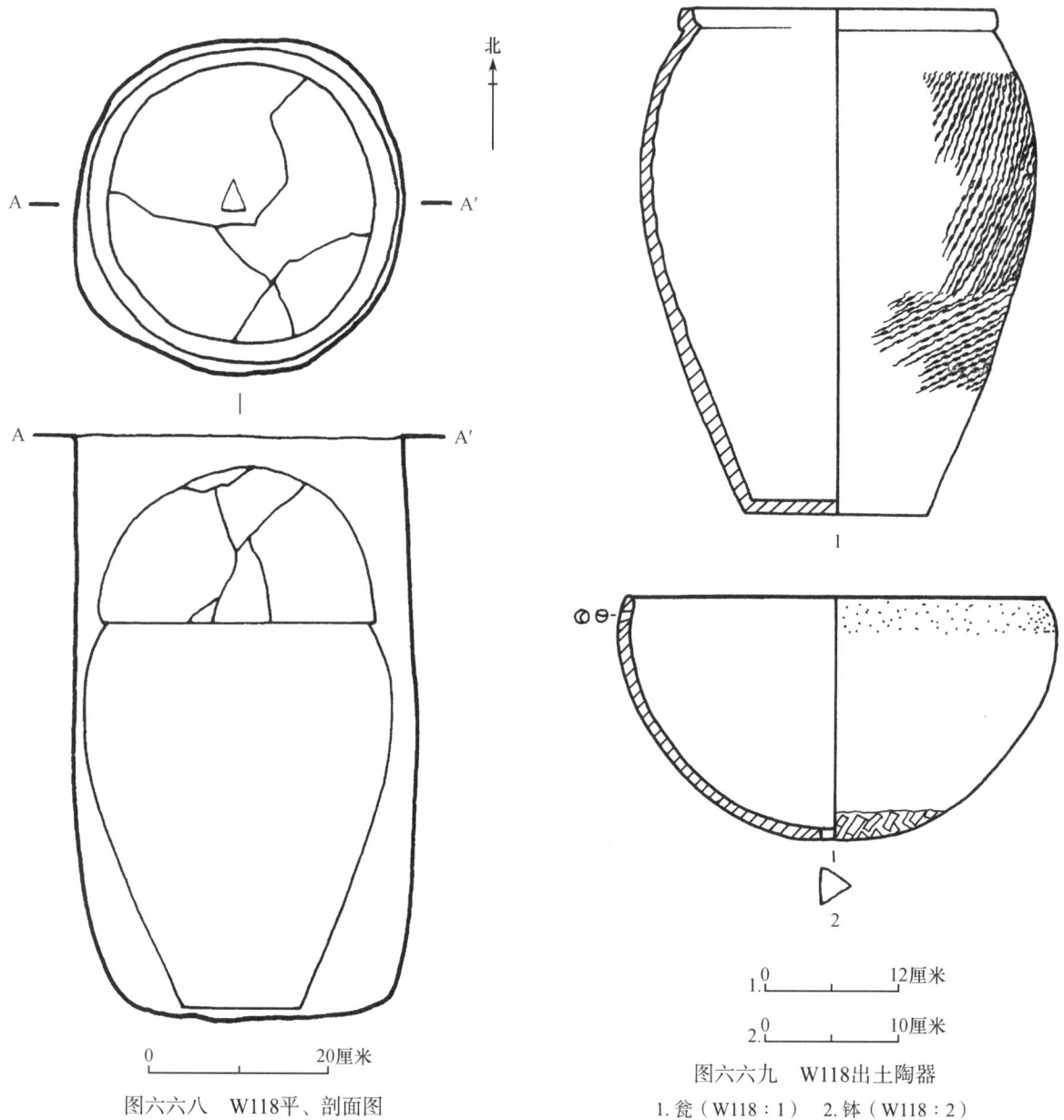

图六六八 W118平、剖面图

图六六九 W118出土陶器
1.瓮（W118：1） 2.钵（W118：2）

92. W119

W119位于Ⅲ区T0618东北部，开口于④层下。墓坑平面呈圆角方形，下部呈圆形，锅底状，坑壁斜直，中部内收，平底。坑口边长0.7、底径0.38、深0.72米。葬具为1件陶瓮与1件陶钵，陶瓮口朝上竖置于坑底，陶钵倒扣于陶瓮上。瓮内人骨不存（图六七〇）。

W119共出土器物2件。全部为陶器。器类有瓮、钵。

瓮 1件。标本W119：1，可复原。粗夹砂红褐陶。侈口，折沿，沿面微曲，方唇，上腹圆鼓，下腹斜收，平底，最大腹径位于上腹部。腹部饰右上至左下斜向绳纹。沿面可见轮修痕迹，内壁可见泥条盘筑痕迹，器表可见烟熏痕迹。口径24、腹径28.8、底径12、通高36.6厘米（图六七一，1；图版一三一，4）。

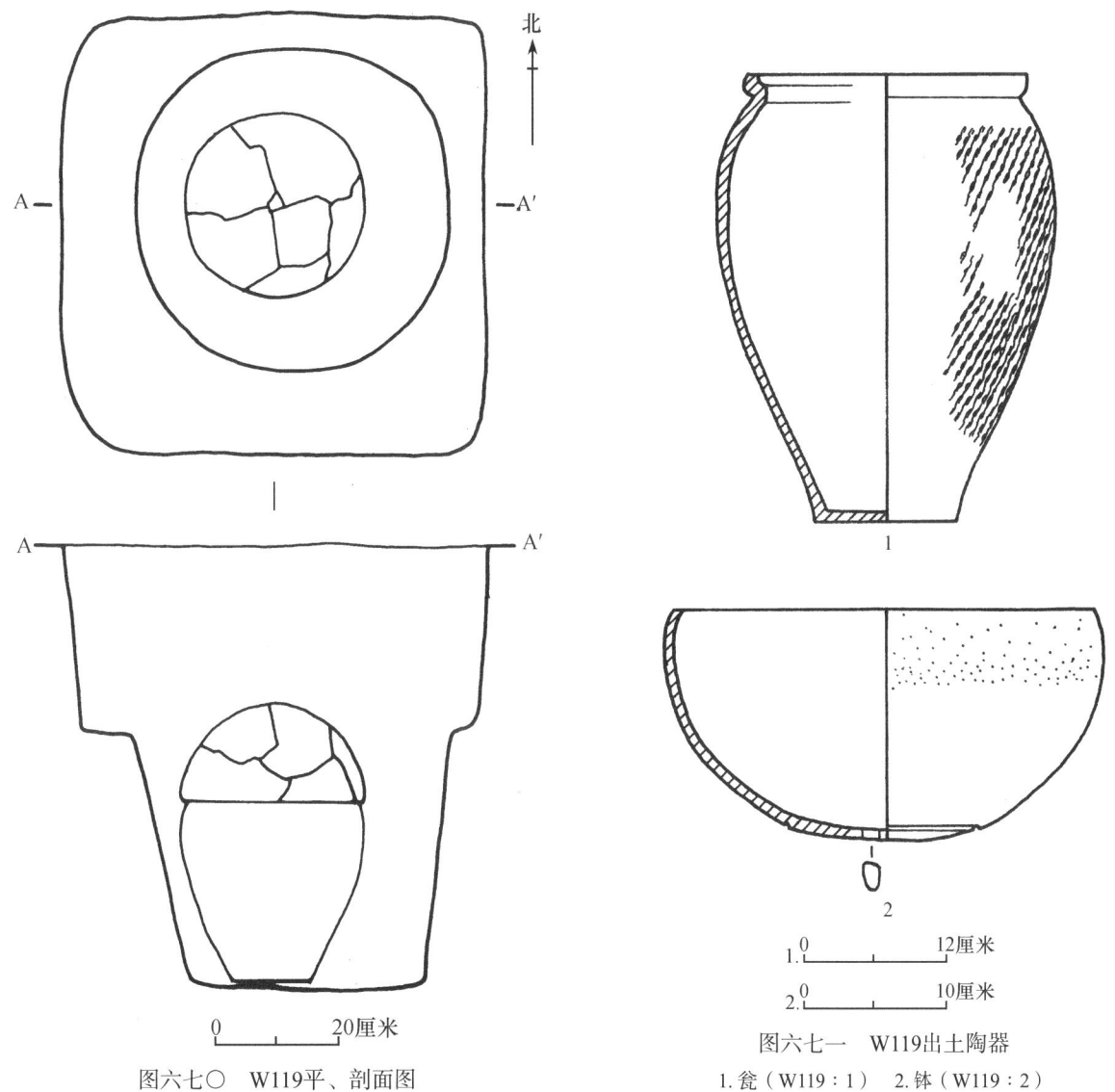

图六七〇　W119平、剖面图

图六七一　W119出土陶器
1. 瓮（W119∶1）　2. 钵（W119∶2）

钵　1件。标本W119∶2，可复原。细泥质橘红陶。直口微敛，圆唇，深弧腹，圜底，底部有一周浅细凹槽，凹槽内区域较为粗糙，底心有一由外向内打制而成的不规则形穿孔。器表磨光。素面。口下可见浅褐色叠烧痕迹。口径30、通高15.5、孔长径2、短径1厘米（图六七一，2；图版一三一，5）。

93. W120

W120位于Ⅲ区T0618东南部，开口于④层下。墓坑平面呈圆角方形，筒状，坑壁竖直，平底。坑口径0.4、底径0.38、深0.61米。葬具为1件陶瓮与1件陶钵，陶瓮口朝上竖置于坑底，陶钵倒扣于陶瓮上。瓮内人骨不存（图六七二）。

W120共出土器物2件。全部为陶器。器类有瓮、钵。

瓮　1件。标本W120∶1，中腹部残。粗夹砂红褐陶。侈口，折沿，沿面微曲，方唇，上腹圆鼓，下腹斜收，平底，最大腹径位于上腹部。腹部饰右上至左下斜向绳纹。器表可见烟熏痕迹。口径24、腹径28.8、底径12.2、复原高度31.5厘米（图六七三，1）。

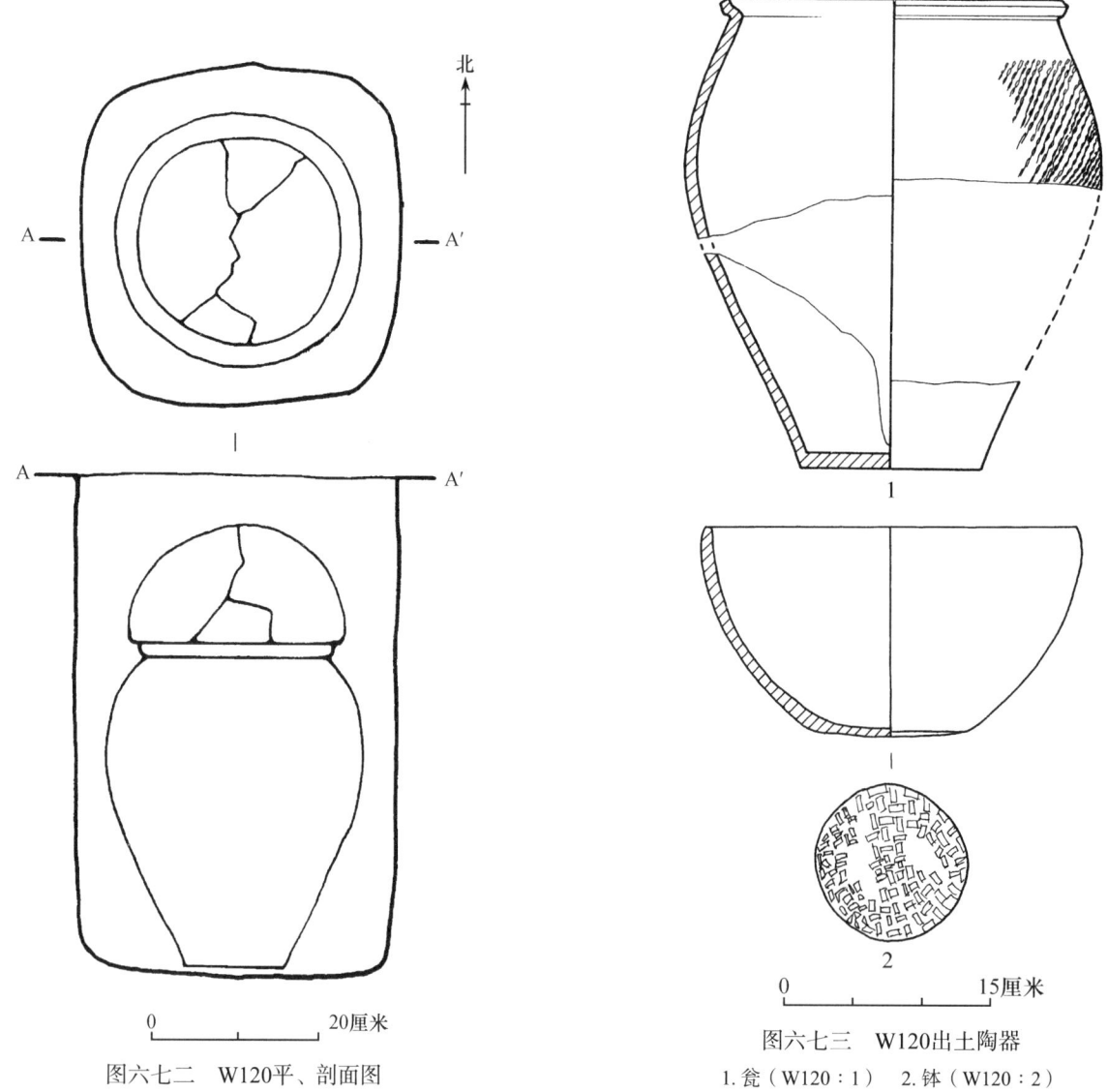

图六七二 W120平、剖面图

图六七三 W120出土陶器
1.瓮（W120:1） 2.钵（W120:2）

钵 1件。标本W120:2，可复原。细泥质橘红陶。直口微敛，圆唇，深弧腹，圜底近平，底部有一周凸棱。器表磨光。底部饰席纹。腹部可见轮修痕迹。口径25.6、通高14.2厘米（图六七三，2；图版一三一，6）。

94. W121

W121位于Ⅲ区T0618中部，开口于④层下。墓坑平面呈椭圆形，锅底状，坑壁斜直，平底。坑口长径0.4、短径0.35、底长径0.31、短径0.26、深0.41米。葬具为1件陶瓮与1件陶钵，陶瓮口朝上竖置于坑底，略有倾斜，陶钵倒扣于陶瓮上。瓮内人骨不存（图六七四）。

W121共出土器物2件。全部为陶器。器类有瓮、钵。

瓮　1件。标本W121：1，可复原。粗夹砂红褐陶。侈口，折沿，沿面微曲，方唇，上腹圆鼓，下腹急收，平底，最大腹径位于上腹部。腹部饰右上至左下斜向绳纹。沿面可见轮修痕迹，内壁可见泥条盘筑痕迹，器表可见烟熏痕迹。口径17.2、腹径21.2、底径10、通高23.2厘米（图六七五，1；图版一三二，1）。

钵　1件。标本W121：2，可复原。细泥质橘红陶。直口微敛，圆唇，弧腹较浅，圜底近平，底心微凹。器表经刮抹较为光滑。素面。口径19.5、通高8.3厘米（图六七五，2；图版一三二，2）。

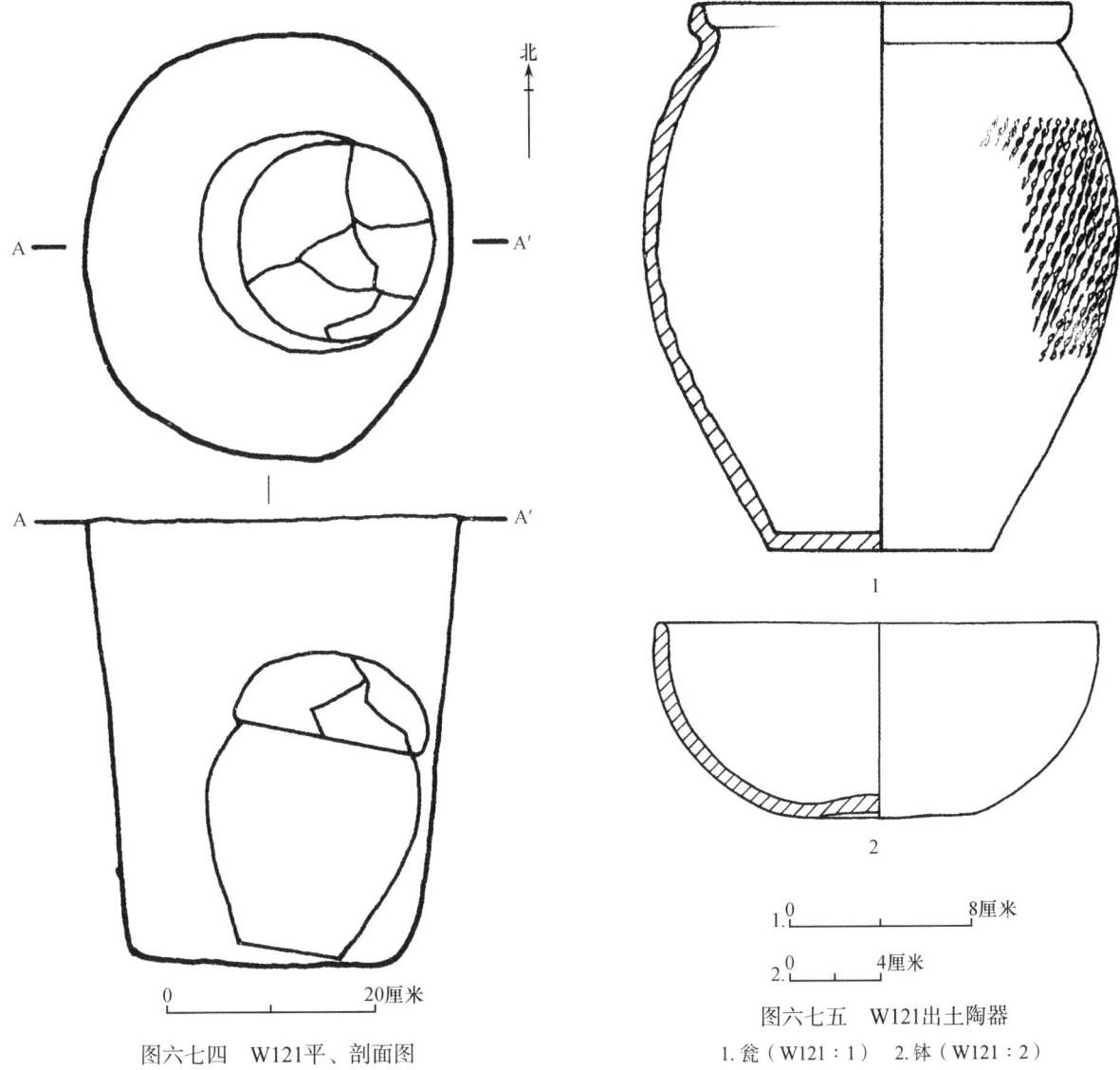

图六七四　W121平、剖面图

图六七五　W121出土陶器
1. 瓮（W121：1）　2. 钵（W121：2）

95. W122

W122位于Ⅲ区T0618东北部，开口于④层下。墓坑平面呈圆形，锅底状，坑壁斜直，平底。坑口径0.4、底径0.33、深0.5米。葬具为1件陶瓮与1件陶钵，陶瓮口朝上竖置于坑底，陶钵倒扣于陶瓮上。瓮内存有少量人骨（图六七六）。

W122共出土器物2件。全部为陶器。器类有瓮、钵。

瓮　1件。标本W122：1，可复原。粗夹砂红褐陶。侈口，折沿，沿面微曲，方唇，上腹圆鼓，下腹急收，平底，最大腹径位于上腹部。腹部饰右上至左下斜向绳纹，绳纹斜度较小。沿面可见轮修痕迹，器表可见烟熏痕迹。口径23.5、腹径30、底径12.5、通高35.5厘米（图六七七，1；图版一三二，3）。

钵　1件。标本W122：2，可复原。细泥质橘红陶。直口微敛，圆唇，弧腹，圜底近平，底部有一周凸棱，口下有一对由外向内单面钻成的圆孔，可能作为修补之用。器表磨光。素面。口下可见浅褐色叠烧痕迹与轮修痕迹。口径28.5、通高13.7厘米（图六七七，2；图版一三二，4）。

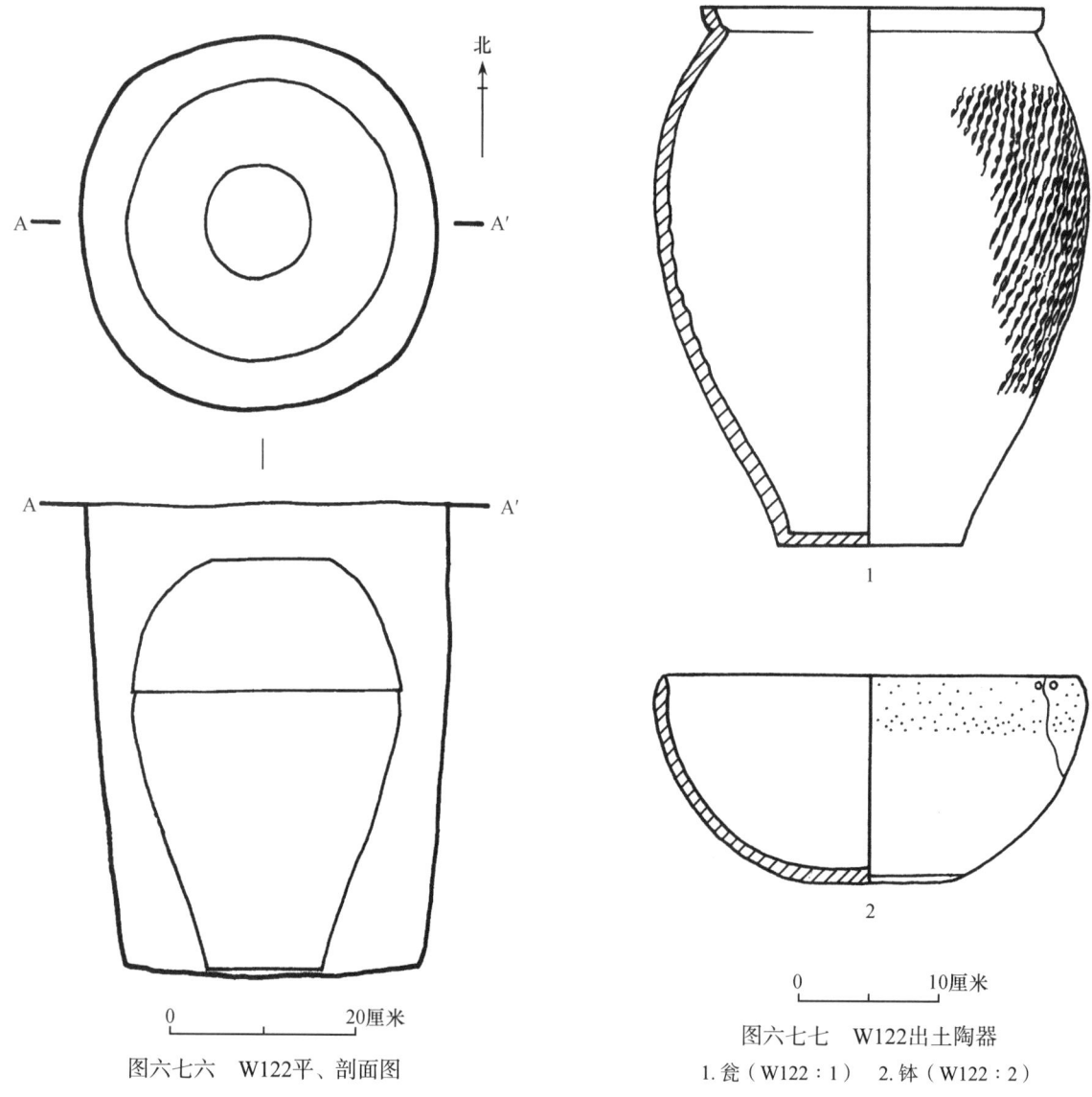

图六七六　W122平、剖面图

图六七七　W122出土陶器
1. 瓮（W122：1）　2. 钵（W122：2）

96. W123

W123位于Ⅲ区T0612东北部，开口于④层下，西部被W44打破。墓坑平面呈圆形，锅底状，坑壁竖直，底凹凸不平。坑口径0.25、底径0.21、深0.49米。葬具为1件陶瓮与1件陶钵，钵口朝上置于坑底，瓮倒扣于钵上。瓮内人骨不存（图六七八）。

W123共出土器物2件。全部为陶器。器类有瓮、钵。

瓮　1件。标本W123:1，完整。粗夹砂红褐陶。侈口，卷沿，圆唇，中腹微鼓，下腹斜收，

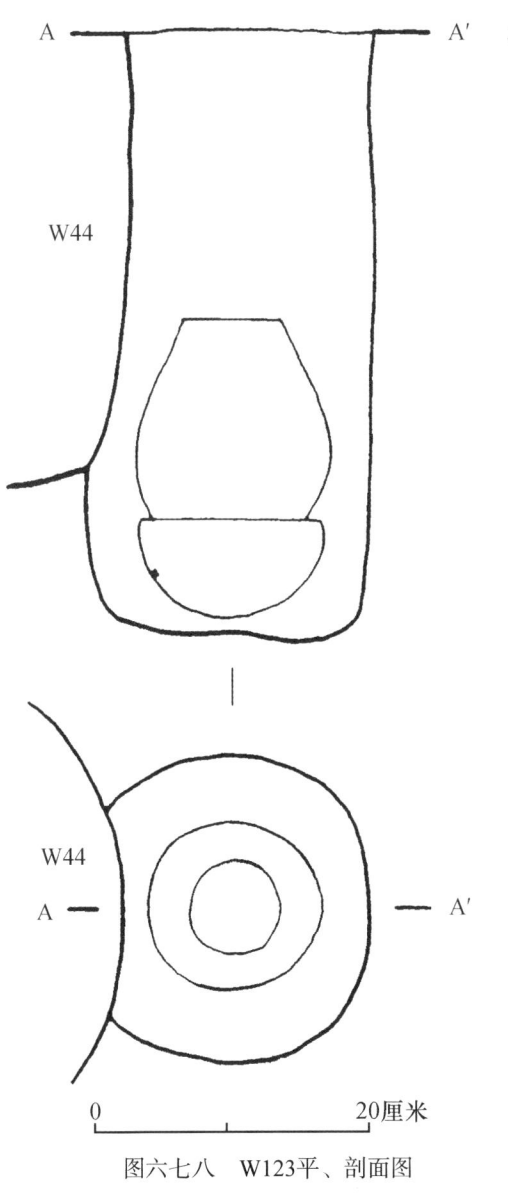

图六七八　W123平、剖面图

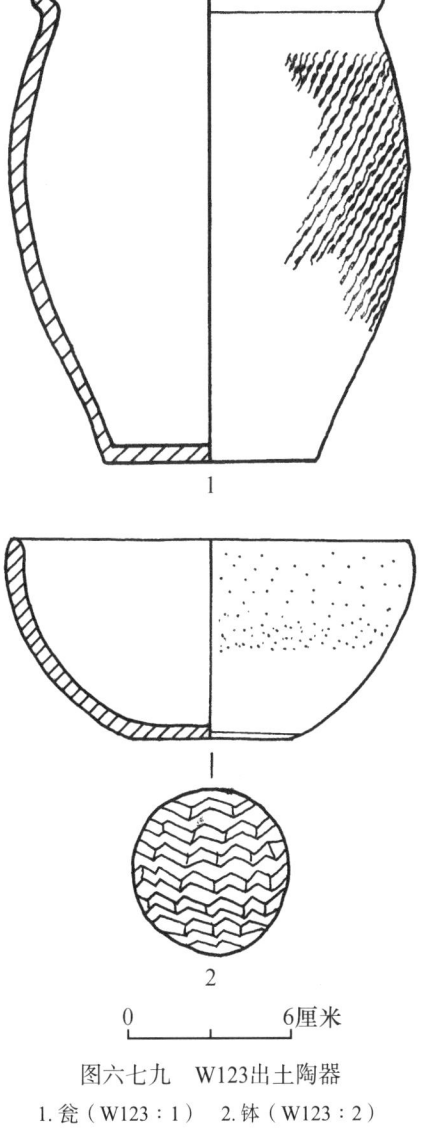

图六七九　W123出土陶器
1.瓮（W123:1）　2.钵（W123:2）

平底，最大腹径位于上中腹部。腹部饰右上至左下斜向绳纹。器表可见烟熏痕迹。口径13.2、腹径15、底径8、通高17.5厘米（图六七九，1；图版一三二，5）。

钵　1件。标本W123∶2，可复原。细泥质橘红陶。直口微敛，方唇，深弧腹，圜底近平，底部有一周凸棱。器表磨光。底部饰席纹。口下可见深红色叠烧痕迹。口径14.9、通高7.2厘米（图六七九，2；彩版二〇，2；图版一三二，6）。

第四章　仰韶文化第③层遗存

鱼化寨遗址第③层遗存较为丰富，遗迹几乎遍布所有发掘区。遗存分布的范围与第④～⑧层遗存基本一致。这一时期共发现遗迹166处，遗迹种类有房址、灶址、窑址、灰坑、瓮棺墓、壕沟，其中房址26座，灶址22座，窑址1座，灰坑89座，瓮棺墓26座，壕沟2条（图六〇、六八一、六八二、六八三、六八四）。

第一节　房　　址

房址共发现26座，编号为F1、F3、F4、F7、F9、F10、F11、F12、F13、F16、F18、F19、F50、F77、F91、F92、F93、F94、F95、F96、F97、F98、F99、F104、F105、F106。房址的建筑方式有半地穴式与地面式，其中半地穴式16座，地面式10座。平面形状有长方形、方形、椭圆形、圆形，其中长方形15座，方形5座，椭圆形与圆形均有3座。结构全部为单间式，未发现有套间的房址。按规模大小分为30平方米以下的小型房址与30平方米以上的中型房址两类，未发现60平方米以上的大型房址，其中小型房址23座，中型房址3座。居住面有未特殊加工面、黄（灰、褐）色土硬面、料姜石末硬面、草拌泥硬面、火烤硬面、二层以上处理层等，其中黄（灰、褐）色土硬面14座，料姜石末硬面1座，草拌泥硬面5座，火烤硬面2座，二层以上处理层1座，未特殊加工面3座。门向有东、南、北、东南、东北、不详，不见西、西南、西北朝向，其中南向12座，东、北向均为4座，东北向2座，东南向2座，不详者2座。门道以长方形为主，少量为梯形，个别房址的门道有门槛，半地穴式房址的门道绝大部分为斜坡状，仅1座为台阶状。有灶的房址共18座，每座房址有1座灶址，灶的总数也是18座。灶的平面形状有椭圆形、圆形、桃形，其中椭圆形11座，圆形6座，桃形1座；结构有灶台、灶面、灶坑，其中灶坑14座，灶台与灶面均2座。有3座灶坑内有火种罐（洞）等保存火种的设施。有7座房址内发现有土床，个别房址的外侧有一周硬面。

下面依据房址的编号次序详细描述。

1. F1

F1位于Ⅱ区T0205北部与T0206南部，开口于③层下。半地穴式，平面呈方形，边长2.94米，残深0.2米。在东、南、西壁内侧共发现贴壁柱洞5个（D1～D5），直径0.08~0.1米、深0.12～0.26。

在房内北部有一灶坑，圆形，筒状，壁、底经长期使用被烧成青色烧结硬面。直径0.6、深0.34

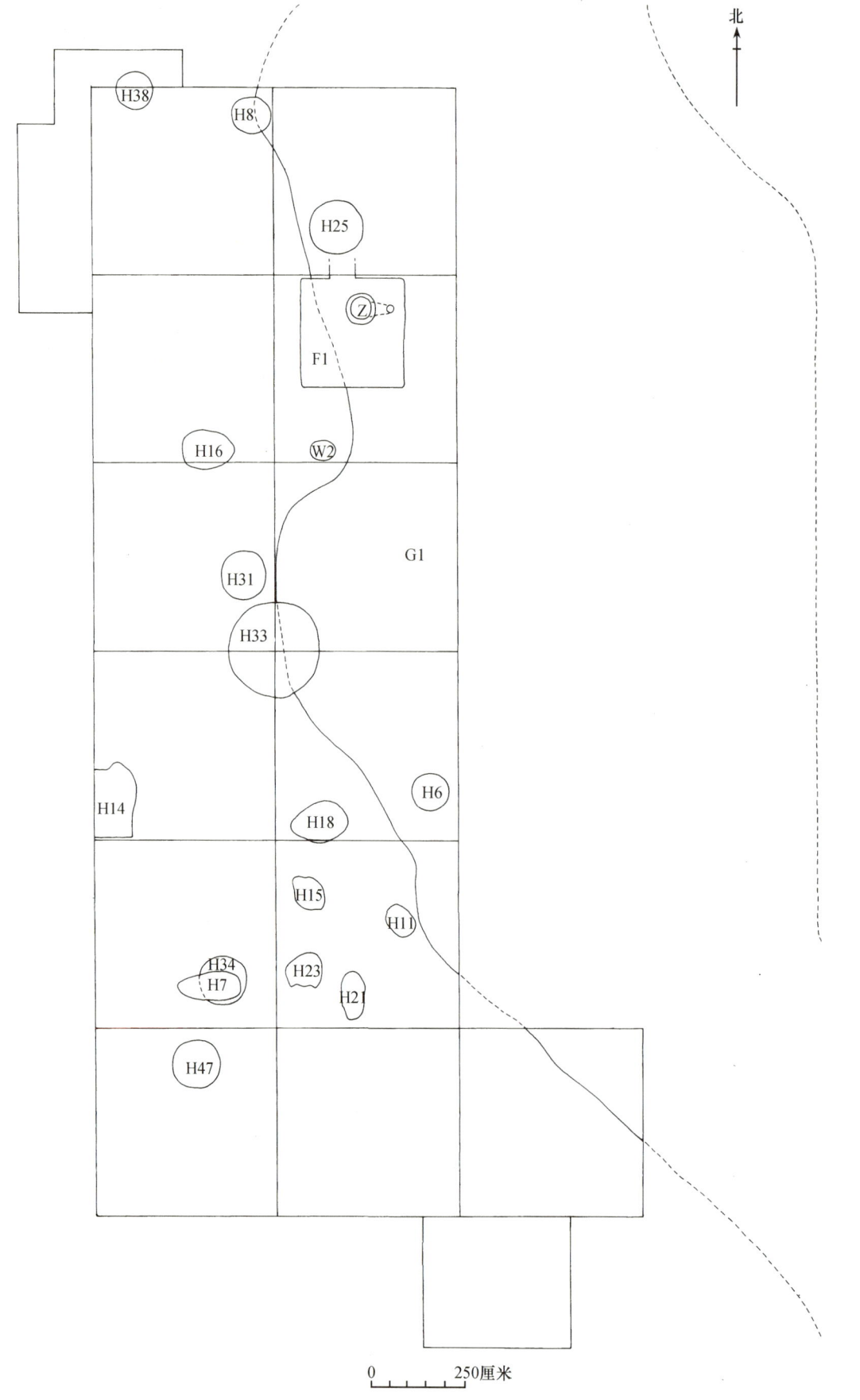

图六八〇　Ⅱ区③层下遗迹分布图

第四章 仰韶文化第③层遗存

鱼化寨遗址第③层遗存较为丰富，遗迹几乎遍布所有发掘区。遗存分布的范围与第④~⑧层遗存基本一致。这一时期共发现遗迹166处，遗迹种类有房址、灶址、窑址、灰坑、瓮棺墓、壕沟，其中房址26座，灶址22座，窑址1座，灰坑89座，瓮棺墓26座，壕沟2条（图六八〇、六八一、六八二、六八三、六八四）。

第一节 房　　址

房址共发现26座，编号为F1、F3、F4、F7、F9、F10、F11、F12、F13、F16、F18、F19、F50、F77、F91、F92、F93、F94、F95、F96、F97、F98、F99、F104、F105、F106。房址的建筑方式有半地穴式与地面式，其中半地穴式16座，地面式10座。平面形状有长方形、方形、椭圆形、圆形，其中长方形15座，方形5座，椭圆形与圆形均有3座。结构全部为单间式，未发现有套间的房址。按规模大小分为30平方米以下的小型房址与30平方米以上的中型房址两类，未发现60平方米以上的大型房址，其中小型房址23座，中型房址3座。居住面有未特殊加工面、黄（灰、褐）色土硬面、料姜石末硬面、草拌泥硬面、火烤硬面、二层以上处理层等，其中黄（灰、褐）色土硬面14座，料姜石末硬面1座，草拌泥硬面5座，火烤硬面2座，二层以上处理层1座，未特殊加工面3座。门向有东、南、北、东南、东北、不详，不见西、西南、西北朝向，其中南向12座，东、北向均为4座，东北向2座，东南向2座，不详者2座。门道以长方形为主，少量为梯形，个别房址的门道有门槛，半地穴式房址的门道绝大部分为斜坡状，仅1座为台阶状。有灶的房址共18座，每座房址有1座灶址，灶的总数也是18座。灶的平面形状有椭圆形、圆形、桃形，其中椭圆形11座，圆形6座，桃形1座；结构有灶台、灶面、灶坑，其中灶坑14座，灶台与灶面均2座。有3座灶坑内有火种罐（洞）等保存火种的设施。有7座房址内发现有土床，个别房址的外侧有一周硬面。

下面依据房址的编号次序详细描述。

1. F1

F1位于Ⅱ区T0205北部与T0206南部，开口于③层下。半地穴式，平面呈方形，边长2.94米，残深0.2米。在东、南、西壁内侧共发现贴壁柱洞5个（D1~D5），直径0.08~0.1米、深0.12~0.26。

在房内北部有一灶坑，圆形，筒状，壁、底经长期使用被烧成青色烧结硬面。直径0.6、深0.34

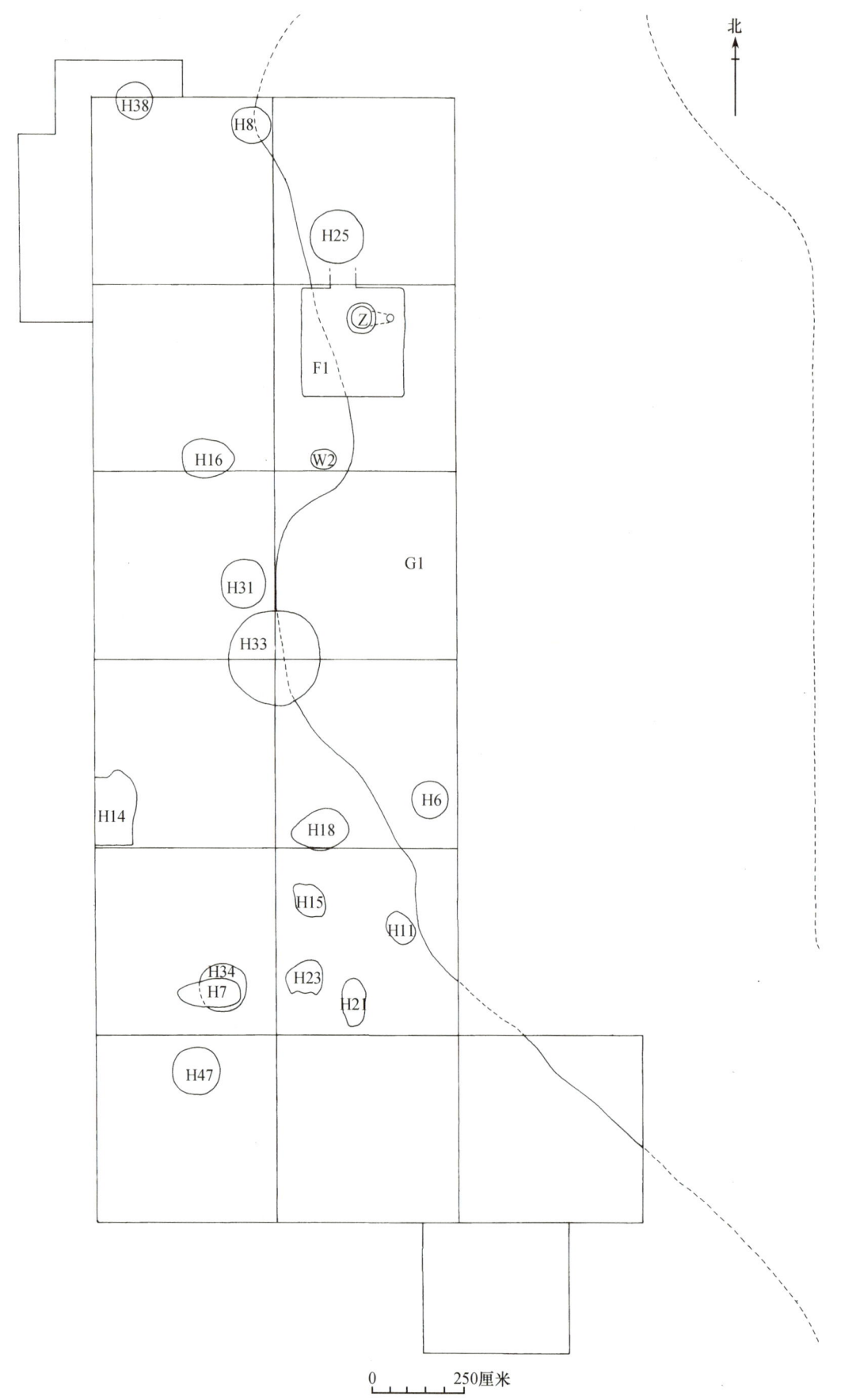

图六八〇　Ⅱ区③层下遗迹分布图

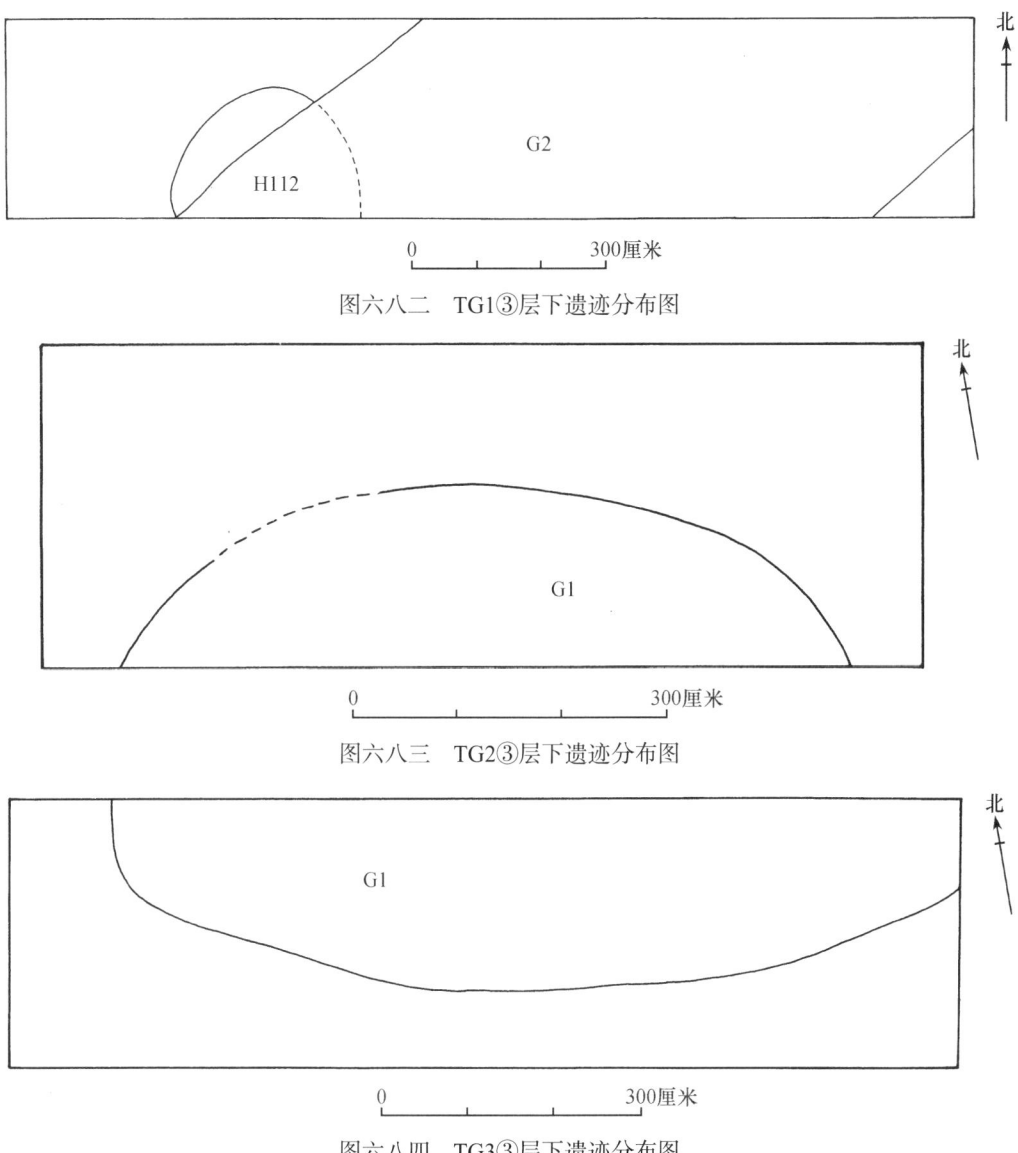

图六八二　TG1③层下遗迹分布图

图六八三　TG2③层下遗迹分布图

图六八四　TG3③层下遗迹分布图

米，烧结面厚0.1米。底部东侧有一火种洞，上部与地面相连。

居住面为黄土加工而成的硬面，较为平整。

门向北，位于北墙中部偏西。门道为长方形，底呈北高南低的斜坡状，残长0.46、宽0.7米（图六八五）。

房内堆积为浅灰色土，土质疏松，包含有大量火烧土块及炭屑，出土大量陶片。

陶片为主要的出土物，以粗夹砂红褐陶为主，粗泥质红褐陶次之，还有少量细泥质橘红陶及细泥质红褐陶；纹饰以素面居多，绳纹次之，弦纹再次，还有少量彩陶（表一二四）。

F1共出土遗物14件。全部为陶器。器类有盆、罐、钵、瓮（表一二五）。

盆　2件。均口、腹部残片。形制相同，均细泥质橘红陶，侈口，卷沿，圆唇，弧腹。唇部与外沿面饰黑色彩绘。标本F1∶2，上腹较直。器表磨光。口部可见轮修痕迹（图六八六，5）。

罐　7件。标本F1∶5，口、腹部残片。粗夹砂红褐陶。侈口，卷沿，方唇，唇面上有一道凸棱，直腹。上腹部饰多周弦纹（图六八六，4）。

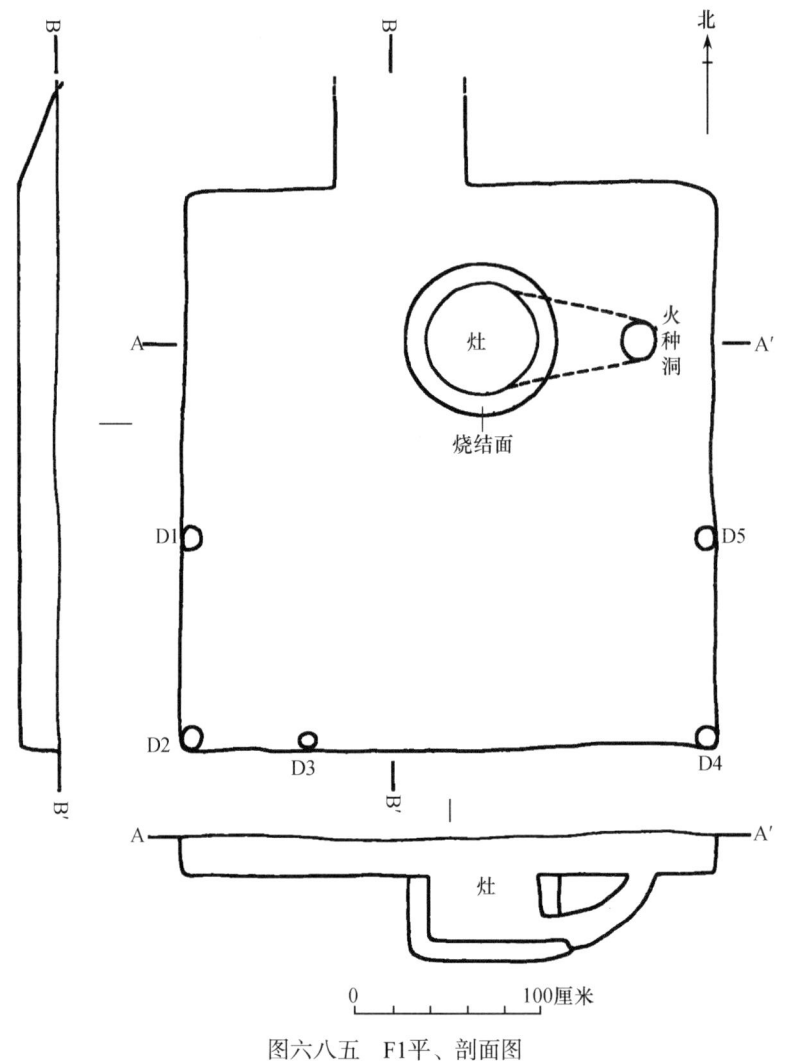

图六八五　F1平、剖面图

表一二四　F1陶系统计表　　　　　　　　　　（单位：kg）

陶质	细泥质		粗泥质	粗夹砂	合计		百分比（%）	
陶色	橘红	红褐	红褐	红褐				
纹饰								
素面		0.08	1.12	1.70	2.90		60.80	
素面+磨光	0.04				0.04		0.84	
绳纹				1.14	1.14	4.77	23.90	100
弦纹				0.57	0.57		11.95	
彩陶	0.12				0.12		2.51	
合计	0.16	0.08	1.12	3.41	4.77			
	4.77							
百分比（%）	3.35	1.68	23.48	71.49				
	100							

表一二五　F1器形统计表　　　　　　　　　　　　　　　　　　（单位：件）

陶质		细泥质		粗夹砂			粗泥质	合计		百分比（％）	
陶色		橘红		红褐			红褐				
纹饰 器形		彩陶	素面	素面	绳纹	弦纹	素面				
盆	口	2						2		14.29	
	底										
罐	口			2	1	1	1	7	14	50.00	100
	底		1	1							
钵		4						4		28.57	
瓮					1			1		7.14	
合计		6	1	3	2	1	1	14			
		14									
百分比（％）		42.86	7.14	21.43	14.29	7.14	7.14				
		100									

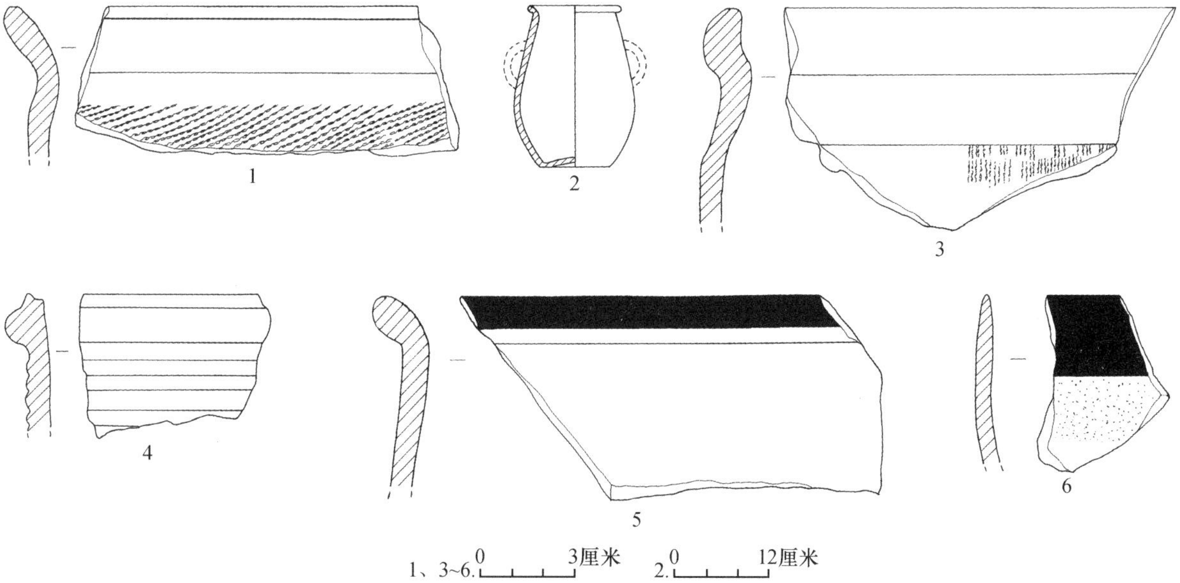

图六八六　F1出土陶器
1、2、4. 罐（F1∶4、F1∶6、F1∶5）　3. 瓮（F1∶3）　5. 盆（F1∶2）　6. 钵（F1∶1）

标本F1∶4，口、腹部残片。粗夹砂红褐陶。侈口，卷沿，圆唇，鼓腹。腹部饰右上至左下斜向绳纹。口部有轮修痕迹及烟熏痕迹（图六八六，1）。

标本F1∶6，可复原。细泥质橘红陶。侈口，卷沿，尖圆唇，鼓腹，凹底，中腹部有一对竖向圆柱桥形耳，最大腹径位于下腹部。器表磨光。素面。口径12、腹径15.6、底径8.8、通高20.4厘米（图六八六，2；彩版一七，4；图版一三三，1）。

钵　4件。均口、腹部残片。形制相同，均细泥质橘红陶，直口微敛，圆唇，浅弧腹。器表磨光。口下饰黑色宽带纹彩绘。标本F1∶1，黑色彩绘之下可见灰褐色叠烧痕迹，并可见轮修痕迹（图六八六，6）。

瓮　1件。标本F1：3，口、腹部残片。粗夹砂红褐陶。敛口，圆唇，口沿内侧有一道宽浅凹槽，鼓肩，并起一道显著棱脊，鼓腹。棱脊以下饰竖向绳纹（图六八六，3）。

2. F3

F3位于Ⅲ区T0816、T0817、T0916内，开口于③层下，北部被H40打破。半地穴式，平面呈椭圆形，长径5、短径4米，残深0.46米。房外南侧发现3个柱洞（D1~D3），D1直径0.08、深0.14米，D2直径0.2、深0.26米，D3为泥圈柱洞，外径0.18、内径0.1、深0.24米。

在房内南部有一灶台，椭圆形，表面经火烧烤形成红褐色硬面。长径0.66、短径0.5、高0.3米。灶的东、西两侧各发现有一石块。

居住面为黄土加工而成的硬面，表面平整。居住面的南部发现1个柱洞（D4），直径0.22、深0.15米。

门向东南。门道呈长方形，底部呈东南高西北低的斜坡状，残长0.6米、宽0.9米（图六八七）。

房内堆积可分为4层：第①层为浅灰色土，土质疏松，厚0.13米；第②层为黄褐色土，土质疏松，厚0.09米；第③层为深灰色土，土质疏松，厚0.11米，出土少量陶片；第④层为浅黄色土，土质疏松，厚0.12米，出土大量陶片，另有骨头。

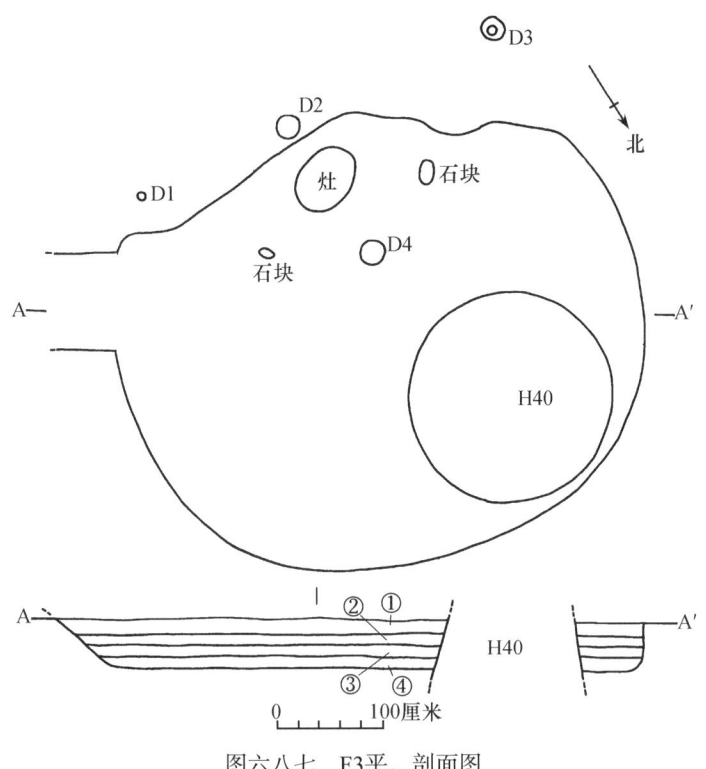

图六八七　F3平、剖面图

陶片为主要的出土物，以粗夹砂红褐陶为主，细泥质橘红陶与细泥质灰陶次之，细泥质黑陶、粗泥质橘红陶再次；纹饰以素面和绳纹居多，弦纹次之，还有少量彩陶（表一二六）。

F3共出土遗物25件。以陶器为主，石器次之，骨器再次。

表一二六 F3陶系统计表　　　　　　　　　　　　　　　　　　　　（单位：kg）

陶质	细泥质			粗泥质	粗夹砂	合计	百分比（%）	
陶色 纹饰	橘红	灰	黑	橘红	红褐			
素面				0.226	0.126	0.352	7.04	
素面+磨光	0.48	0.536	0.41	0.114		1.54	30.80	
绳纹					1.73	1.73	34.60	100
弦纹					1.004	1.004	20.08	
彩陶	0.26			0.114		0.374	7.48	
合计	0.74	0.536	0.41	0.454	2.86	5.00		
	5.00							
百分比（%）	14.80	10.72	8.20	9.08	57.20			
	100							

（1）陶器

22件。器类有盆、钵、瓮、甑、圆陶片、锉、球，另有器底、指甲纹陶片（表一二七）。

表一二七 F3器形统计表　　　　　　　　　　　　　　　　　　　　（单位：件）

陶质	细泥质			粗泥质		粗夹砂			合计	百分比（%）	
陶色	橘红	灰	黑	橘红		红褐					
纹饰 器形	素面+磨光	彩陶	素面+磨光	素面+磨光	素面	彩陶	绳纹	素面	弦纹			
盆		2		1		1				4	22.22	
钵	3		3	1	1	1				9	50.00	100
瓮							3		1	4	22.22	
甑								1		1	5.56	
合计	3	2	3	2	1	2	3	1	1	18		
	18											
百分比（%）	16.67	11.11	16.67	11.11	5.56	11.11	16.67	5.56	5.56			
	100											

盆　4件。均口、腹部残片。标本F3∶7，细泥质橘红陶。直口微敛，平折沿，沿面微鼓，圆唇，深弧腹。器表磨光。沿面与唇部饰黑色彩绘。唇部可见轮修痕迹。复原口径35.5、残高6.5厘米（图六八八，2）。

标本F3∶6、F3∶8、F3∶9形制相同，均侈口，卷沿，弧腹，器表磨光。标本F3∶6，细泥质橘红陶。方唇。唇部与外沿面饰黑色彩绘，腹部饰黑色窄带纹彩绘（图六八八，1）。标本F3∶8，细泥质黑陶。圆唇。素面。唇部可见轮修痕迹（图六八八，3）。标本F3∶9，粗泥质橘红陶。圆唇。素面。器表可见轮修痕迹（图六八八，5）。

钵　9件。均口、腹部残片。标本F3:3,细泥质橘红陶。直口微敛,圆唇,深弧腹。器表磨光。素面。口下可见浅褐色叠烧痕迹(图六八八,4)。

标本F3:1、F3:2、F3:4、F3:5形制相同,均直口微敛,浅弧腹,器表磨光。标本F3:1,细泥质橘红陶。圆唇。素面。口下可见浅红色叠烧痕迹。腹部可见刮抹痕迹,内壁可见轮修痕迹,复原口径45、残高8.5厘米(图六八八,12)。标本F3:2,粗泥质橘红陶。方唇。口下饰黑色宽带纹彩绘(图六八八,7)。标本F3:4,细泥质橘红陶。圆唇。素面。口下可见深褐色叠烧痕迹(图六八八,11)。标本F3:5,细泥质黑陶。圆唇。素面。口下可见轮修痕迹。复原口径44、残高12.5厘米(图六八八,13)。

瓮　4件。均口、腹部残片。标本F3:12,粗夹砂红褐陶。敛口,平折沿,沿面微曲,方唇,鼓腹。口沿以下饰多周弦纹。沿面可见轮修痕迹(图六八八,9)。

标本F3:10、F3:11形制相同,均粗夹砂红褐陶,侈口,折沿,内沿面与腹部相接处有一道凸棱,鼓腹。标本F3:10,圆唇。腹部饰右上至左下斜向细绳纹,绳纹近平(图六八八,8)。标本

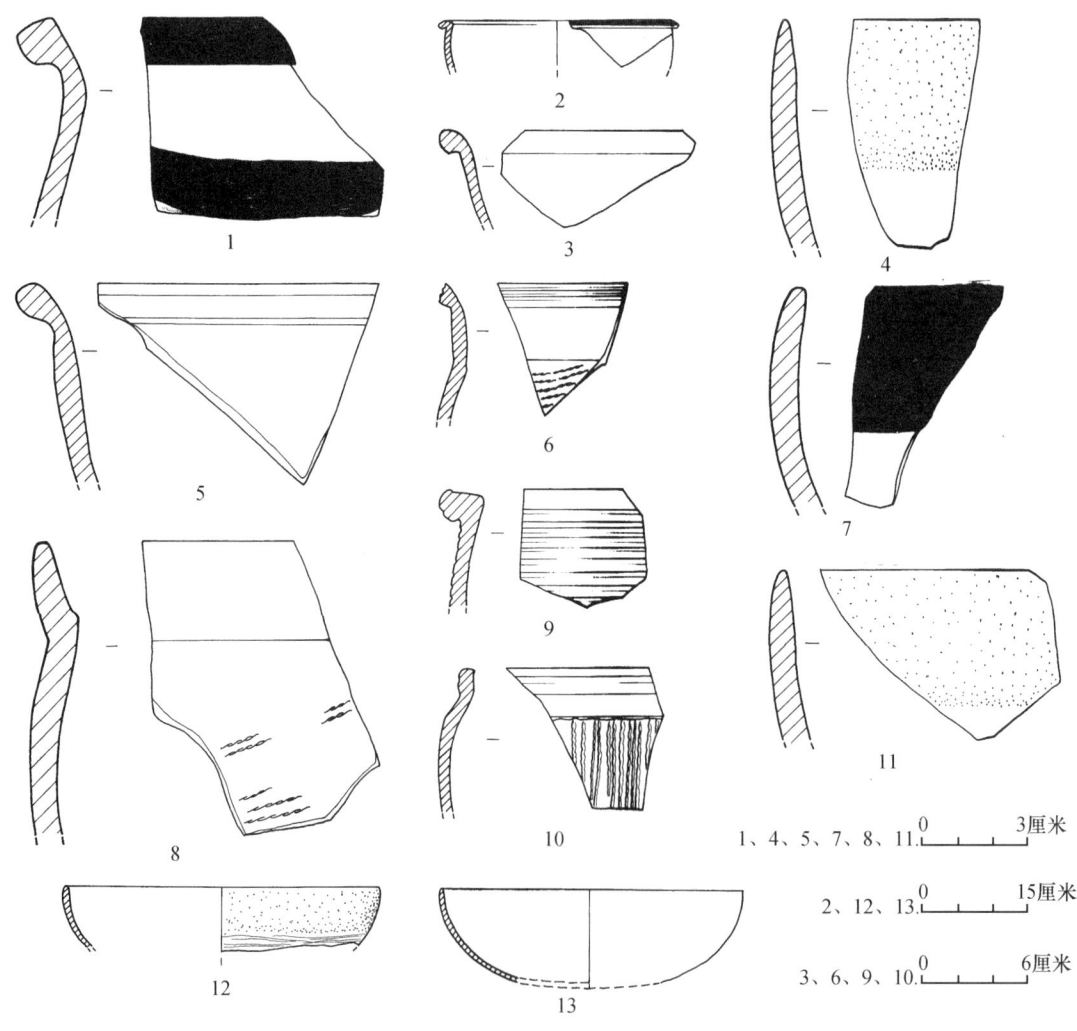

图六八八　F3出土陶器

1~3、5.盆(F3:6、F3:7、F3:8、F3:9)　4、7、11~13.钵(F3:3、F3:2、F3:4、F3:1、F3:5)
6、8~10.瓮(F3:11、F3:10、F3:12、F3:25)

F3:11，方唇。唇部有三道浅细凹槽。腹部饰右上至左下斜向绳纹，绳纹近平。沿面可见轮修痕迹（图六八八，6）。

标本F3:25，粗夹砂红褐陶。敛口，圆唇，口沿内侧有一道浅细凹槽，鼓肩，并起一道显著棱脊，鼓腹。棱脊以下饰竖向绳纹（图六八八，10）。

甑 1件。标本F3:13，下腹、底部残片。粗夹砂红褐陶。下腹斜直，平底，底心有一管钻而成的圆孔。素面。底径10、孔径0.6、残高3.4厘米（图六八九，1）。

器底 标本F3:14，底部残片。粗泥质橘红陶。尖底，较为圆钝。素面。可能为瓶底。残高4.7厘米（图六八九，2）。

指甲纹陶片 标本F3:15，腹部残片。粗夹砂红褐陶。弧腹。器表饰多周整齐的指甲纹。内壁可见轮修痕迹（图六八九，8）。

圆陶片 1件。标本F3:16，完整。细泥质橘红陶。系利用钵的口部残片打制而成。椭圆形。边缘较锋利。器表可见浅褐色叠烧痕迹。长径4.8、短径4.2、厚0.5厘米（图六八九，6）。

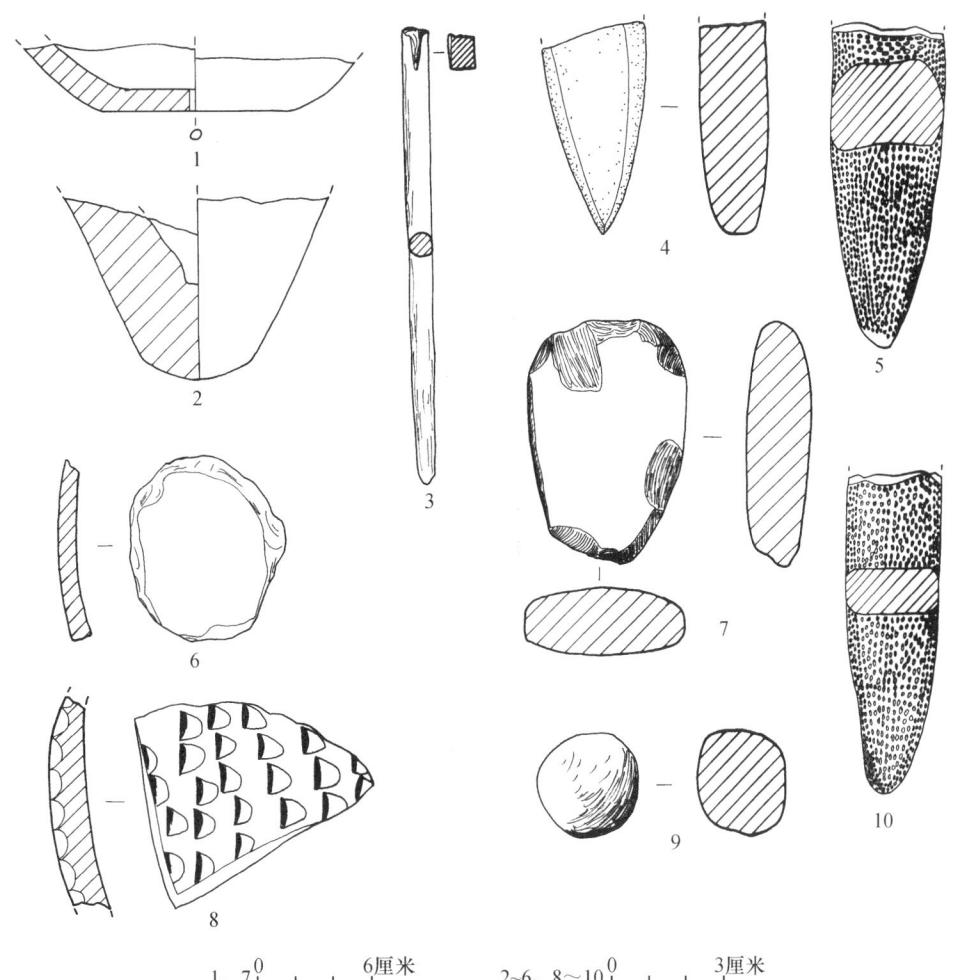

图六八九 F3出土遗物

1. 陶甑（F3:13） 2. 器底（F3:14） 3. 骨锥（F3:24） 4. 石凿（F3:21） 5、10. 陶锉（F3:18、F13:17）
6. 圆陶片（F3:16） 7. 石斧（F3:20） 8. 陶片（F3:15） 9. 陶球（F3:19）

锉　2件。均一端残。标本F3∶17，粗泥质橘红陶。残存部分平面呈三角形，两侧边稍弧，横断面呈圆角长方形。器表麻点清晰，密度较大。残长8.3、厚1.3厘米（图六八九，10）。

标本F3∶18，粗泥质橘红陶。残存部分呈方锥状，横断面呈近方形。器表麻点清晰，密度较大。残长8.4、厚2.1厘米（图六八九，5）。

球　1件。标本F3∶19，完整。细泥质橘红陶。器身呈扁球体。直径2.6厘米（图六八九，9）。

（2）石器

2件。器类有斧、凿。

斧　1件。标本F3∶20，完整。石英岩。平面呈梯形，略带亚腰。弧刃，较为锋利。通体磨光。器表可见较大的打制疤痕，两侧可见琢制痕迹。长12.8、宽6~8.4、厚3.4厘米（图六八九，7；图版一三三，2）。

凿　1件。标本F3∶21，上部残。石英岩。残存部分平面呈三角形，器身扁平，横断面呈圆角长方形，横刃，较为锋利。通体磨光。器表可见细小的使用痕迹。残长5.5、厚1.9厘米（图六八九，4；图版一三三，3）。

（3）骨器

1件。锥。标本F3∶24，尾端稍残。系利用动物长骨磨制而成。器身呈圆柱状，横断面呈圆形，尖部扁平，一面有劈裂痕迹，较为锐利。通体磨光。残长11.9厘米（图六八九，3）。

3. F4

F4位于Ⅲ区T0916东北部，开口于③层下。半地穴式，平面呈椭圆形，长径3.22、短径2.7、残深0.8米，穴壁呈斜坡状。

房内东南部有一灶面，椭圆形，表面经长期烧烤，形成光滑平整的红色烧结面，南高北低。长径1.08、短径0.72米。周缘有灶圈，宽0.08、高0.04米，因烧烤而呈红色。

居住面厚0.24米，共经过三层处理，每层厚0.08~0.12米，表层为黄色硬面。房内中部与西南部共发现3个柱洞（D1~D3），大小相同，直径0.16、深0.32米。

门向东北。门道呈长方形，底部呈东北高西南低的斜坡状，残长0.44、宽0.76米（图六九〇）。

房内堆积为黄褐色土，土质疏松，厚0.8米，较为纯净。

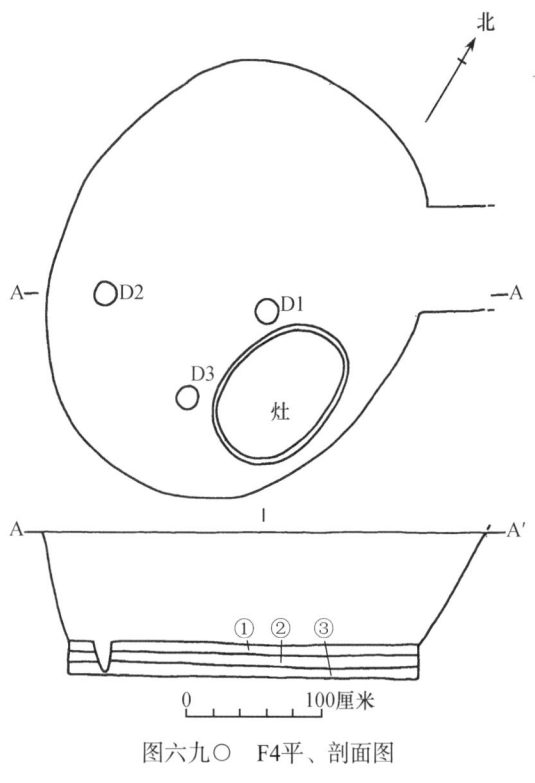

图六九〇　F4平、剖面图

4. F7

F7位于Ⅲ区T0516东北部，开口于③层下。半地穴式，平面大体呈圆形，袋状，口径2.6、底径2.74、深1米。半地穴外围发现有3个柱洞（D1~D3），大小相同，直径0.2、深0.12米。

居住面为黄土加工而成的硬面，不甚平整，厚0.05米。

门向北。门道长方形，底部为台阶状，长0.8、宽0.9米（图六九一）。

房内堆积可分为2层：第①层为较疏松的深灰色粉砂土，厚0.95米，出土少量陶片；第②层为疏松的白色草木灰，厚0.05米，出土陶片、田螺壳等。

陶片为主要的出土物，以粗夹砂红褐陶为主，细泥质橘红陶次之，还有少量细泥质黑陶、粗泥质橘红陶、细夹砂红褐陶；纹饰以素面为主，绳纹次之，彩陶再次，还有少量弦纹与指甲纹。

F7共出土遗物23件。全部为陶器。器类有盆、罐、钵、瓮，另有器底。

盆 6件。均口、腹部残片。标本F7:9，细泥质橘红陶。侈口，卷沿，方唇，折腹。器表磨光。唇部饰黑色彩绘（图六九二，2）。

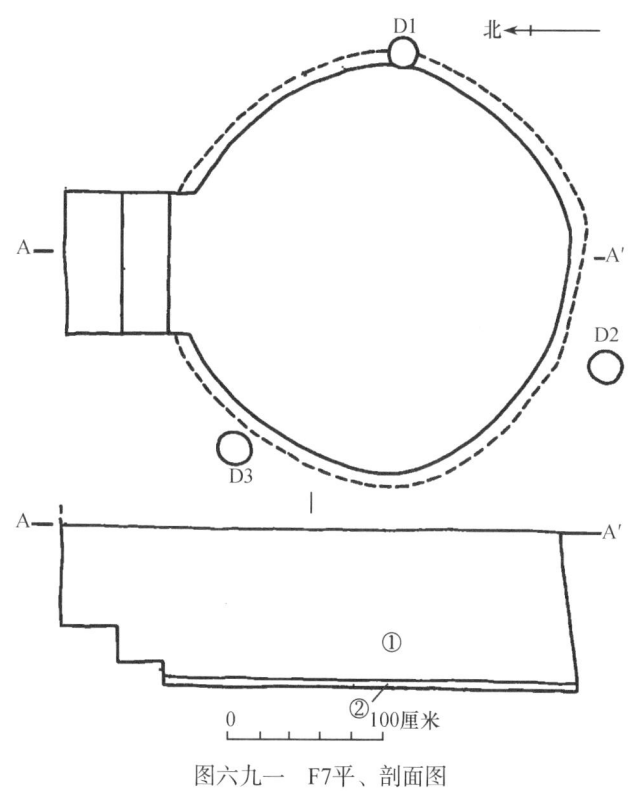

图六九一 F7平、剖面图

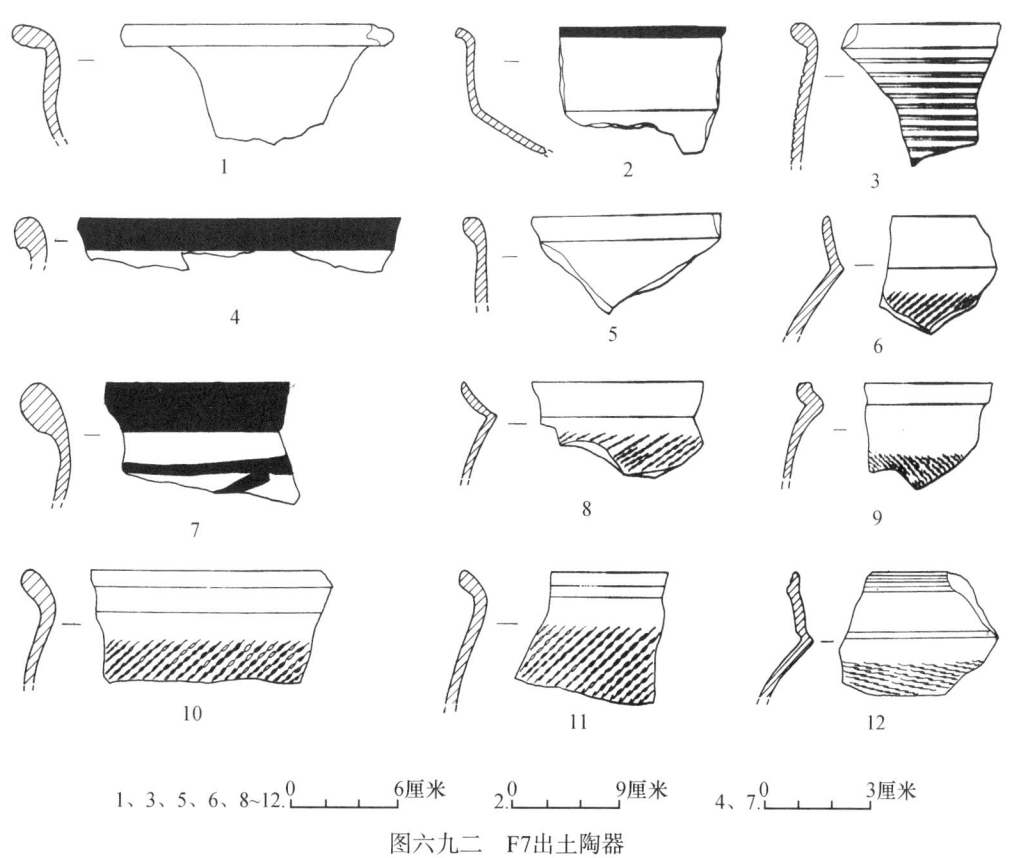

图六九二 F7出土陶器

1~5、7.盆（F7:10、F7:9、F7:14、F7:13、F7:11、F7:12）
6、8~12.罐（F7:20、F7:19、F7:21、F7:16、F7:17、F7:18）

标本F7∶14，细泥质橘红陶。侈口，卷沿，圆唇，弧腹。口沿以下饰多周弦纹。唇部可见轮修痕迹（图六九二，3）。

标本F7∶10、F7∶11、F7∶12、F7∶13形制相同，均侈口，卷沿，浅弧腹，器表磨光。标本F7∶10，细泥质黑陶。圆唇。素面。唇部可见轮修痕迹（图六九二，1）。标本F7∶11，细泥质橘红陶。方唇。素面。唇部可见轮修痕迹，器表可见烟熏痕迹（图六九二，5）。标本F7∶12，细泥质橘红陶。圆唇。唇部与外沿面饰黑色彩绘，腹部饰黑色窄带纹彩绘。唇部可见轮修痕迹（图六九二，7）。标本F7∶13，细泥质橘红陶。圆唇。唇部与外沿面饰紫红色彩绘（图六九二，4）。

罐　6件。均口、腹部残片。标本F7∶21，粗夹砂红褐陶。侈口，折沿，沿面微曲，并有一道矮棱，方唇，鼓腹。腹部饰左上至右下斜向绳纹。沿面可见轮修痕迹（图六九二，9）。

标本F7∶16、F7∶17形制相同，均粗夹砂红褐陶，侈口，卷沿，鼓腹。标本F7∶16，圆唇。腹部饰右上至左下斜向绳纹。唇部可见轮修痕迹（图六九二，10）。标本F7∶17，方唇。口沿以下饰右上至左下斜向绳纹。外沿面可见轮修痕迹（图六九二，11）。

标本F7∶18、F7∶19、F7∶20形制相同，均粗夹砂红褐陶，侈口，折沿，鼓腹。标本F7∶18，方唇，唇部有两道浅细凹槽，口沿内侧与腹部相接处有一道凸棱。腹部饰左上至右下斜向绳纹，绳纹近平。外沿面可见轮修痕迹（图六九二，12）。标本F7∶19，圆唇。口沿以下饰右上至左下斜向绳纹。沿面可见轮修痕迹。器表可见烟熏痕迹（图六九二，8）。标本F7∶20，圆唇，口沿内侧与腹部相接处有一道凸棱。腹部饰右上至左下斜向绳纹（图六九二，6）。

钵　10件。标本F7∶2、F7∶3、F7∶6、F7∶23形制相同，均直口微敛，深弧腹，素面。标本F7∶2，口、腹部残片。细泥质橘红陶。圆唇。器表磨光。口下可见灰白色叠烧痕迹。内壁可见轮修痕迹（图六九三，5）。标本F7∶3，口、腹部残片。细泥质橘红陶。方唇。器表磨光。口下可见浅褐色叠烧痕迹（图六九三，3）。标本F7∶6，口、腹部残片。粗泥质橘红陶。圆唇。内、外壁均可见轮修痕迹（图六九三，2）。标本F7∶23，可复原。细泥质橘红陶。圜底近平。器表可见轮修痕迹。口径11.2、通高5厘米（图六九三，6；图版一三三，4）。

标本F7∶22，可复原。细泥质橘红陶。敞口，尖圆唇，斜直腹，圜底，底部有一周凸棱。素面。器表磨光。口下可见轮修痕迹。口径12.2、通高6.2厘米（图六九三，11；图版一三三，5）。

标本F7∶1、F7∶4、F7∶5、F7∶7均口、腹部残片。形制相同，均直口微敛，圆唇，浅弧腹，器表磨光。标本F7∶1，细泥质橘红陶。素面。内壁可见轮修与烟熏痕迹。复原口径38.4、残高8.4厘米（图六九三，1）。标本F7∶4，细泥质黑陶。素面。器表可见刮抹痕迹（图六九三，8）。标本F7∶5，细泥质橘红陶。口下及唇部饰黑色宽带纹彩绘。彩绘下侧可见浅红色叠烧痕迹。内壁可见轮修痕迹（图六九三，9）。标本F7∶7，细泥质橘红陶。口下及唇部饰黑色宽带纹彩绘。器表可见轮修痕迹（图六九三，4）。

标本F7∶8，口、腹部残片。细泥质橘红陶。敛口，尖唇，斜腹。素面。口下可见轮修痕迹（图六九三，7）。

瓮　1件。标本F7∶15，粗夹砂红褐陶。直口，圆唇，鼓肩，并起一道显著棱脊，鼓腹。肩部以下饰右上至左下斜向绳纹。内壁可见轮修痕迹（图六九三，12）。

器底　标本F7∶25，下腹、底部残片。细泥质橘红陶。下腹斜直，平底，底心内凹。器表磨光。素面。可能为钵底。底径5.4、残高3.4厘米（图六九三，10）。

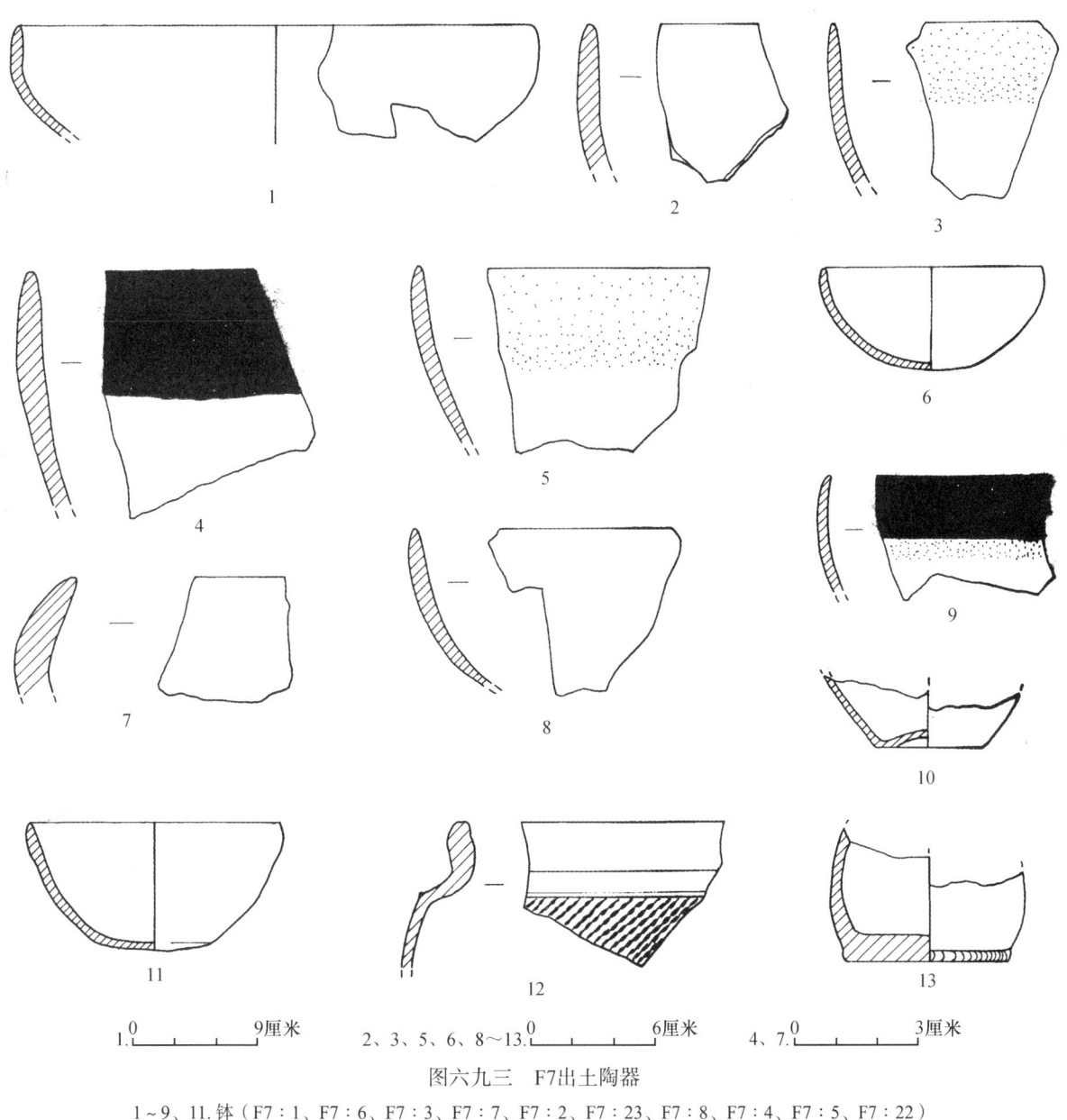

图六九三　F7出土陶器
1~9、11.钵（F7:1、F7:6、F7:3、F7:7、F7:2、F7:23、F7:8、F7:4、F7:5、F7:22）
10、13.器底（F7:25、F7:24、）　12.瓮（F7:15）

标本F7:24，下腹、底部残片。细夹砂红褐陶。弧腹，平底。底部周缘饰指甲纹。可能为杯底。底径8.2、残高6.4厘米（图六九三，13）。

5. F9

F9位于Ⅲ区T0912、T0913、T1012、T1013、T1113内，开口于③层下，东南部、西南部分别被H69、H67打破。地面式，平面呈长方形，东西长5.5、南北宽5.2米。房周围墙体已毁，仅存基槽，宽0.35~0.4、深0.35米。

房内西南部有一灶台，椭圆形，长径0.88、短径0.6、高0.1米。因经长期使用，表面被烧成红色硬面，厚0.05米。

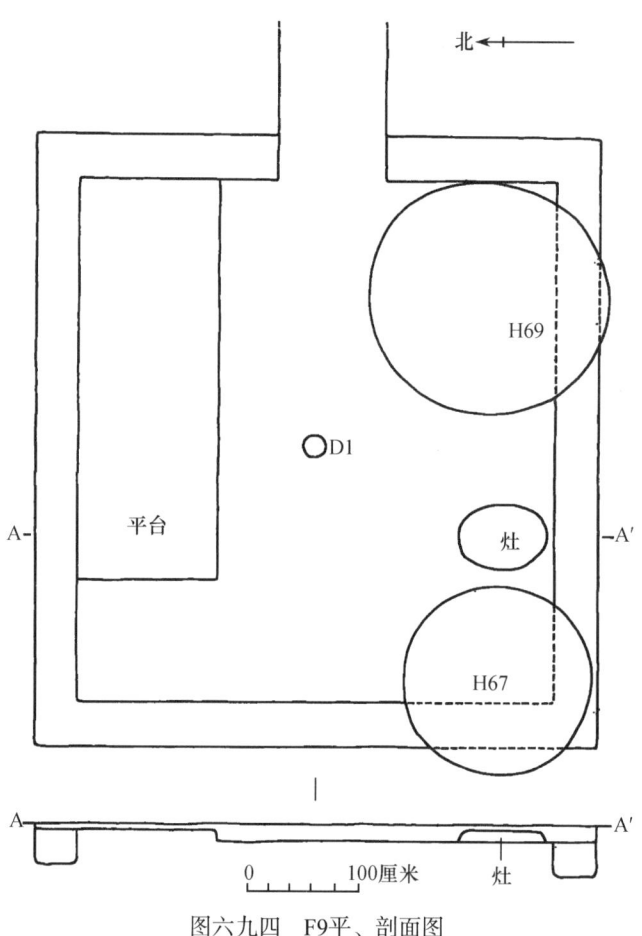

图六九四 F9平、剖面图

居住面涂抹有一层草拌泥,较为平整。灶附近的地面经火烤而十分坚硬。东北部有一平台,表面涂抹一层草拌泥,经火烧烤,十分平整坚硬,长3.8米、宽1.33、高0.13米。平台南侧有1个柱洞(D1),直径0.2米。

门向东,位于东墙中部。门道长方形,残长0.96、宽1米(图六九四)。

房内堆积为黄褐色土,土质致密,厚0.15米,出土少量陶片。

陶片为主要的出土物,粗夹砂红褐陶占绝大多数,并有一定比例的细泥质橘红陶和少量细泥质橙黄陶、细泥质灰陶、细夹砂红褐陶;纹饰以绳纹为主,素面次之,并有少量剔刺纹和彩陶(表一二八)。

F9共出土遗物15件。全部为陶器。器类有罐、钵、瓮、圆陶片,另有器耳、器底(表一二九)。

罐 8件。均口、腹部残片。标本F9:11,粗夹砂红褐陶。侈口,折沿,沿面微曲,方唇,鼓腹。口沿以下饰右上至左下斜向绳纹。沿面可见轮修痕迹(图六九五,7)。

标本F9:6、F9:8、F9:12形制相同,均粗夹砂红褐陶,侈口,卷沿,鼓腹。标本F9:6,圆唇。口沿以下饰右上至左下斜向绳纹。复原口径35、残高9厘米(图六九五,8)。标本F9:8,方唇,唇部有两道浅细凹槽,口沿下侧有一道凸棱。凸棱以下饰右上至左下斜向绳纹,绳纹近平。内壁可见泥条盘筑痕迹(图六九五,1)。标本F9:12,圆唇。口沿以下饰左上至右下斜向绳纹。外沿面可见轮修痕迹,内壁可见刮抹痕迹(图六九五,6)。

表一二八 F9陶系统计表 （单位：kg）

陶质	细泥质			细夹砂	粗夹砂	合计		百分比（%）	
陶色 纹饰	橘红	橙黄	灰	红褐	红褐				
素面		0.11	0.11	0.126	3.17	3.516		27.97	
素面+磨光	0.26					0.26		2.07	
绳纹	0.19				7.47	7.66		60.94	
弦纹	0.09					0.09	12.57	0.72	100
交错绳纹					0.22	0.22		1.75	
弦纹+绳纹					0.252	0.252		2.00	
锥刺纹+绳纹					0.37	0.37		2.94	
彩陶	0.08			0.126		0.206		1.64	
合计	0.62	0.11	0.11	0.252	11.48	12.57			
	12.57								
百分比（%）	4.93	0.88	0.88	2.00	91.33				
	100								

表一二九 F9器形统计表 （单位：件）

陶质	细泥质	细夹砂		粗夹砂		合计		百分比（%）	
陶色	橘红	红褐		红褐					
纹饰 器形	素面 + 磨光	素面	彩陶	绳纹	绳纹 + 弦纹				
罐				7	1	8		57.14	
瓮				2	1	3	14	21.43	100
钵	1	1	1			3		21.43	
合计	1	1	1	9	2	14			
	14								
百分比（%）	7.14	7.14	7.14	64.29	14.29				
	100								

标本F9∶5、F9∶7、F9∶9形制相同，均粗夹砂红褐陶，侈口，折沿，鼓腹。标本F9∶5，沿面有一道矮棱，方唇，唇部有一道浅细凹槽，内沿面与腹部相接处有一道凸棱。口沿外侧与腹部相接处饰一道弦纹，弦纹下侧饰右上至左下斜向绳纹（图六九五，4）。标本F9∶7，圆唇。口沿以下饰右上至左下斜向绳纹，绳纹近平。沿面可见轮修痕迹（图六九五，3）。标本F9∶9，圆唇，沿面有二道浅细凹槽，内沿面与腹部相接处有一道凸棱，口沿下侧有一道凸棱，腹部饰横向绳纹。外沿面可见轮修痕迹（图六九五，2）。

标本F9∶13，粗夹砂红褐陶。直口，方唇，直腹。腹部饰右上至左下斜向绳纹，绳纹近平（图六九五，5）。

钵 3件。均口、腹部残片。形制相同，均直口微敛，浅弧腹，圆唇。标本F9∶1，细泥质橘

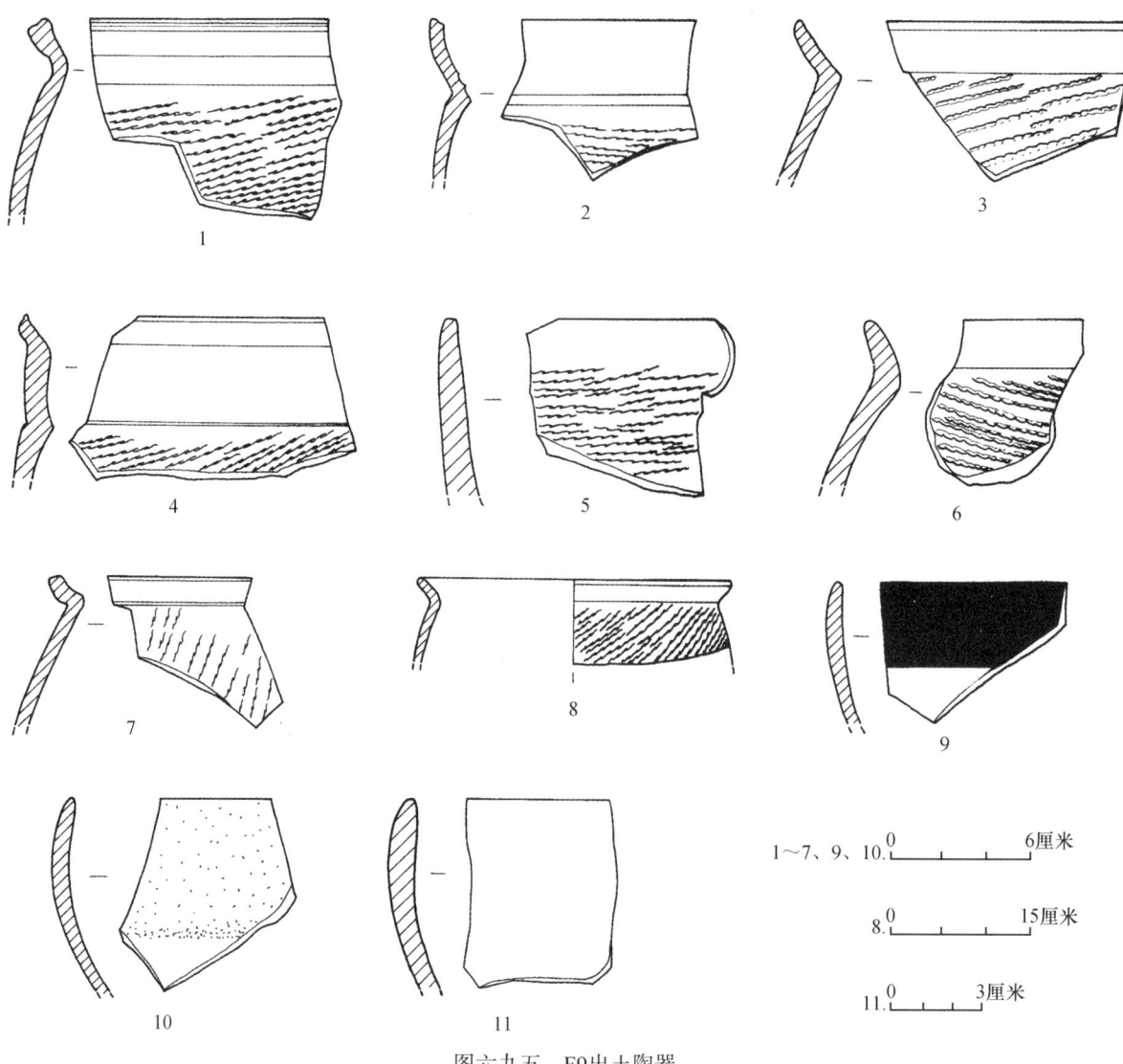

图六九五 F9出土陶器

1~8.罐（F9：8、F9：9、F9：7、F9：5、F9：13、F9：12、F9：11、F9：6） 9~11.钵（F9：3、F9：1、F9：2）

红陶。器表磨光。素面。口下可见浅褐色叠烧痕迹（图六九五，10）。标本F9：2，细夹砂红褐陶。素面（图六九五，11）。标本F9：3，细夹砂红褐陶。器表磨光。口下饰黑色宽带纹彩绘（图六九五，9）。

瓮 3件。标本F9：10，口、腹部残片。粗夹砂红褐陶，敛口，方唇，圆鼓腹。口沿下侧饰稀疏的右上至左下斜向绳纹，其下侧饰二道弦纹，弦纹下侧饰较密的右上至左下斜向绳纹（图六九六，6）。

标本F9：14、F9：15形制相同，均粗夹砂红褐陶，敛口，鼓肩，斜直腹。标本F9：14，可复原。方唇，肩部起一道不显著棱脊，平底。腹部饰右上至左下斜向绳纹，中腹部饰一道横向绳纹。口径39、腹径41、底径13.5、通高29.5厘米（图六九六，1）。标本F9：15，口、腹部残片。圆唇，口沿下侧有一道较深凹槽，肩部有一周圆形凹坑。腹部饰右上至左下斜向绳纹。内壁可见轮修痕迹。口径52、腹径55.5、残高8.5厘米（图六九六，5）。

器耳 标本F9：16，腹部残片。细泥质橘红陶。腹部较直，有一竖向扁圆桥形耳。腹部饰右上

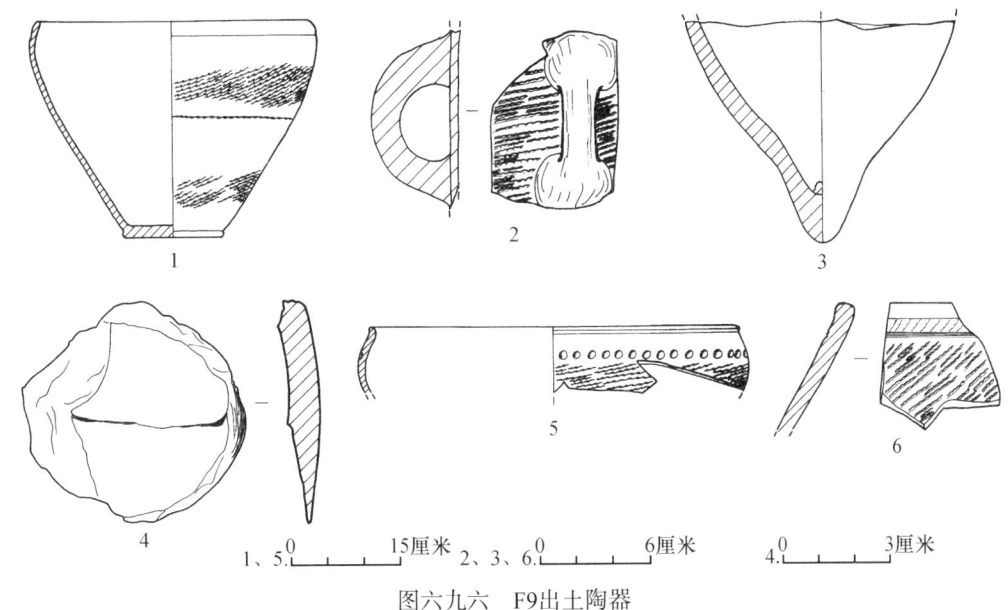

图六九六　F9出土陶器

1、5、6. 瓮（F9:14、F9:15、F9:10）　2. 器耳（F9:16）　3. 器底（F9:4）　4. 圆陶片（F9:17）

至左下斜向绳纹。可能为瓶耳（图六九六，2）。

器底　标本F9:4，底部残片。粗夹砂红褐陶。尖底。素面。器表可见烟熏痕迹。内壁可见泥条盘筑痕迹。可能为瓶底。残高12.2厘米（图六九六，3）。

圆陶片　1件。标本F9:17。完整。细泥质橘红陶。系利用钵的残片打制而成。圆形，边缘较为锋利。直径6、厚0.9厘米（图六九六，4）。

6. F10

F10位于Ⅲ区T0313、T0412与T0413内，开口于③层下。地面式，平面呈圆形，直径4.5米。房周围墙体已损，仅存基槽，宽0.28~0.34、深0.12米；底部发现一圈柱洞，共36个（D1~D36），直径0.08~0.16、深0.12~0.44、柱间距0.06~0.32米。

房内南部有一灶坑，圆形，锅底状，弧壁，圜底，壁、底经长期烧烤形成青灰色烧结面。直径0.86、深0.28米。周围有灶圈，高0.06、宽0.04米。

居住面为灰褐色土加工而成的硬面，厚0.05米。室内中部有2个柱洞（D37、D38），大小相同，直径0.08、深0.2米。

门向南，正对房内灶。门道梯形，南北残长0.2、北端宽0.8、南端宽0.9米（图六九七）。

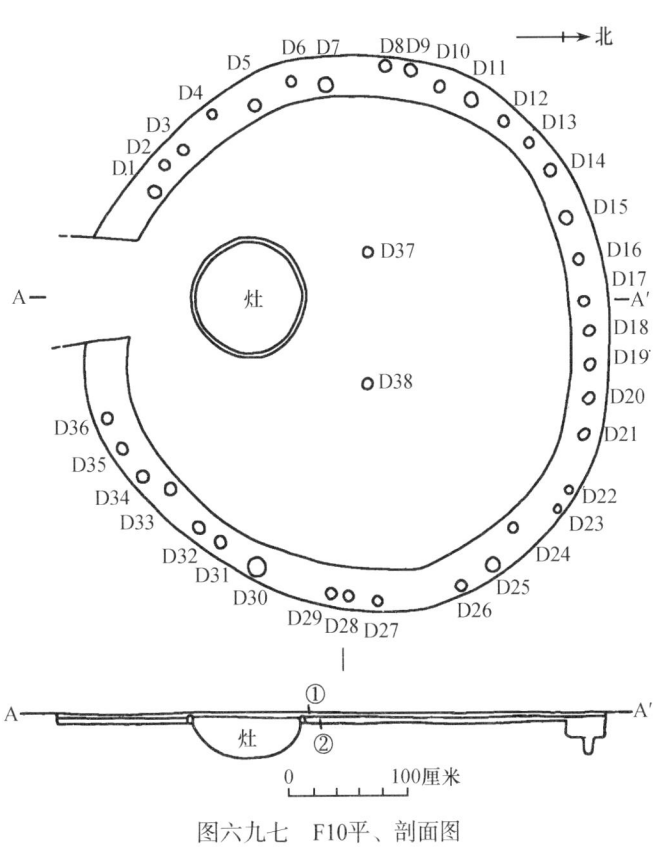

图六九七　F10平、剖面图

房内堆积可分为2层：第①层为浅灰色土，土质疏松，包含有红烧土及草拌泥残块，厚0.04米，无出土物；第②层为长期活动形成的踩踏面，十分致密，厚0.04米，无出土物。

7. F11

F11位于Ⅲ区T0412与T0413内，开口于③层下，南部被H68打破，北部被F10打破。半地穴式，平面呈圆角长方形，东西长4.7、南北宽4.1、深0.32米。以穴壁为墙，墙面涂抹一层草拌泥，北部墙面存留有火烤痕迹。北墙与西墙外侧发现柱洞11个（D1~D11），南墙西段发现贴壁柱洞1个（D12），直径0.1~0.14、深0.18~0.26、柱间距0.35~0.6米。

房内中部有一灶坑，椭圆形，仅存北半部，平底，内壁光滑，因长期火烤，形成一层黄褐色硬面。存留部分长径1.1、短径0.8、深0.4米。北沿处有一陶罐，内有灰烬，应为保存火种之用。灶内填灰褐色土，土质疏松，包含有炭屑。灶周缘有灶圈，宽0.12~0.16、高0.06米，灶北侧、东侧各有2个柱洞（D13、D14及D15、D16），东南侧有1个柱洞（D17），直径0.06~0.12米，深0.12米。

居住面为黄土铺就，经火烧烤，平整坚硬。西部有一平台，台面平整，长3.7、宽1.56、高0.07米。平台南部有1个柱洞（D18），直径0.08米、深0.12米。

门向南，位于南墙中部，正对房内灶。门道梯形，呈南高北低的斜坡状，长1、南端宽1.3、北端宽1米。门道东南部与西南侧各有1个圆形柱洞（D19、D20），大小相同，直径0.14、深0.12米（图六九八）。

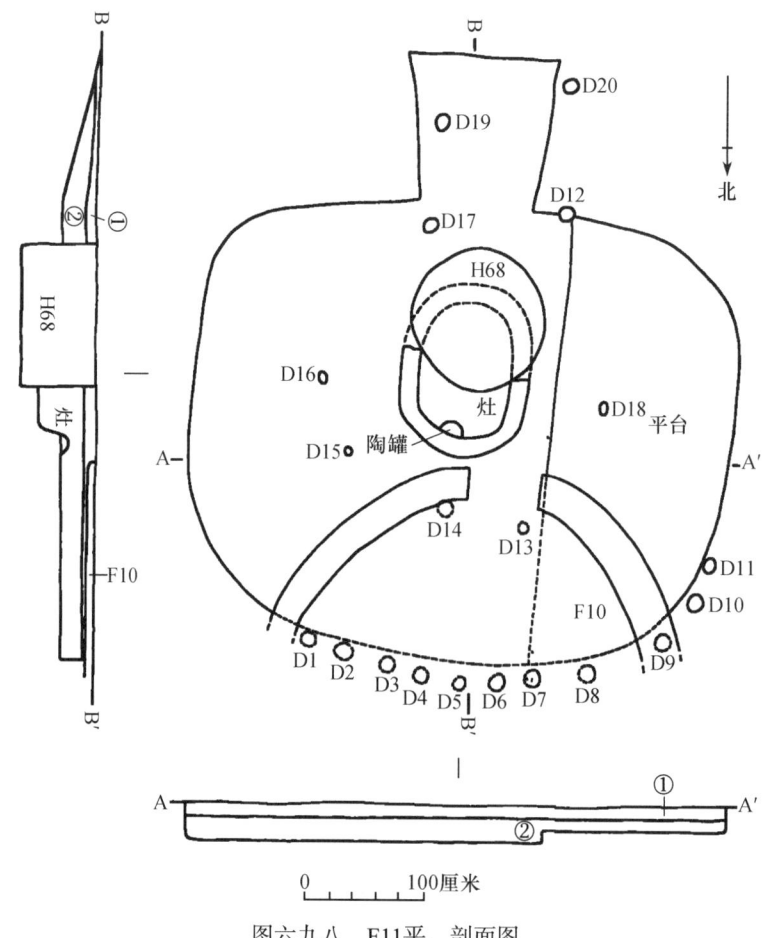

图六九八 F11平、剖面图

房内堆积可分为2层：第①层为黄褐色粉砂土，土质疏松，包含有草木灰及火烧土颗粒，厚0.2米；第②层为浅灰色土，土质疏松，厚0.12米，出土有少量陶片。

陶片为主要的出土物，粗夹砂红褐陶占绝大多数，还有少量细泥质橘红陶、粗泥质橘红陶和细夹砂红褐陶；纹饰以绳纹和弦纹为主，素面次之，还有少量指甲纹（表一三〇）。

表一三〇　F11陶系统计表　　　　　　　　　　（单位：kg）

陶质	细泥质	粗泥质	细夹砂	粗夹砂	合计		百分比（%）	
陶色 纹饰	橘红	橘红	红褐	红褐				
素面	0.35	0.06	0.126	0.126	0.662	5.90	11.22	100
素面+磨光	0.114				0.114		1.93	
绳纹				2.57	2.57		43.56	
弦纹				2.44	2.44		41.36	
指甲纹		0.114			0.114		1.93	
合计	0.464	0.174	0.126	5.136	5.90			
	5.90							
百分比（%）	7.86	2.95	2.14	87.05				
	100							

F11共出土遗物21件。以陶器为主，石器次之。

（1）陶器

20件。器类有瓶、盆、罐、钵、瓮、圆陶片，另有器耳（表一三一）。

表一三一　F11器形统计表　　　　　　　　　　（单位：件）

陶质	细泥质		粗泥质		粗夹砂			合计		百分比（%）	
陶色	橘红		橘红		红褐						
纹饰 器形	素面	素面+磨光	素面	指甲纹	素面	绳纹	弦纹				
罐			1	1	4	1		7	17	41.18	100
瓮						4		4		23.53	
钵	2	1						3		17.65	
瓶	1		1					2		11.76	
盆	1							1		5.88	
合计	4	1	1	1	1	8	1	17			
	17										
百分比（%）	23.53	5.88	5.88	5.88	5.88	47.07	5.88				
	100										

瓶　2件。均口沿残片。形制相同。标本F11∶5，细泥质橘红陶。直杯口，微敛，较高，方唇。素面。内、外壁均可见轮修痕迹。口径8、残高5.6厘米（图六九九，1）。

盆　1件。标本F11∶4，口沿残片。细泥质橘红陶。直口微敞，平折沿，尖圆唇。素面。唇部可见轮修痕迹（图六九九，4）。

罐　7件。标本F11∶6，口、腹部残片。粗夹砂红褐陶。侈口，卷沿，沿面微曲，方唇，唇部有一道浅细凹槽，鼓腹。口沿以下饰多周弦纹。器表可见烟熏痕迹。口径15.9、腹径18.3、残高6.6厘米（图六九九，9）。

标本F11∶10、F11∶12、F11∶13、F11∶15形制相同，均粗夹砂红褐陶，侈口，折沿，鼓腹。标本F11∶10，可复原。圆唇，中腹圆鼓，下腹斜收，平底，最大腹径位于中下腹部。通体饰右上至左下斜向绳纹，绳纹近平。口径19.5、腹径21.9、底径10.2、通高22.8厘米（图六九九，8；图版一三四，1）。标本F11∶12，口、腹部残片。方唇。口沿下侧饰左上至右下斜向绳纹，腹部饰右上至左下斜向绳纹。器表可见烟熏痕迹。复原口径24、复原腹径27、残高16.5厘米（图六九九，2）。标本

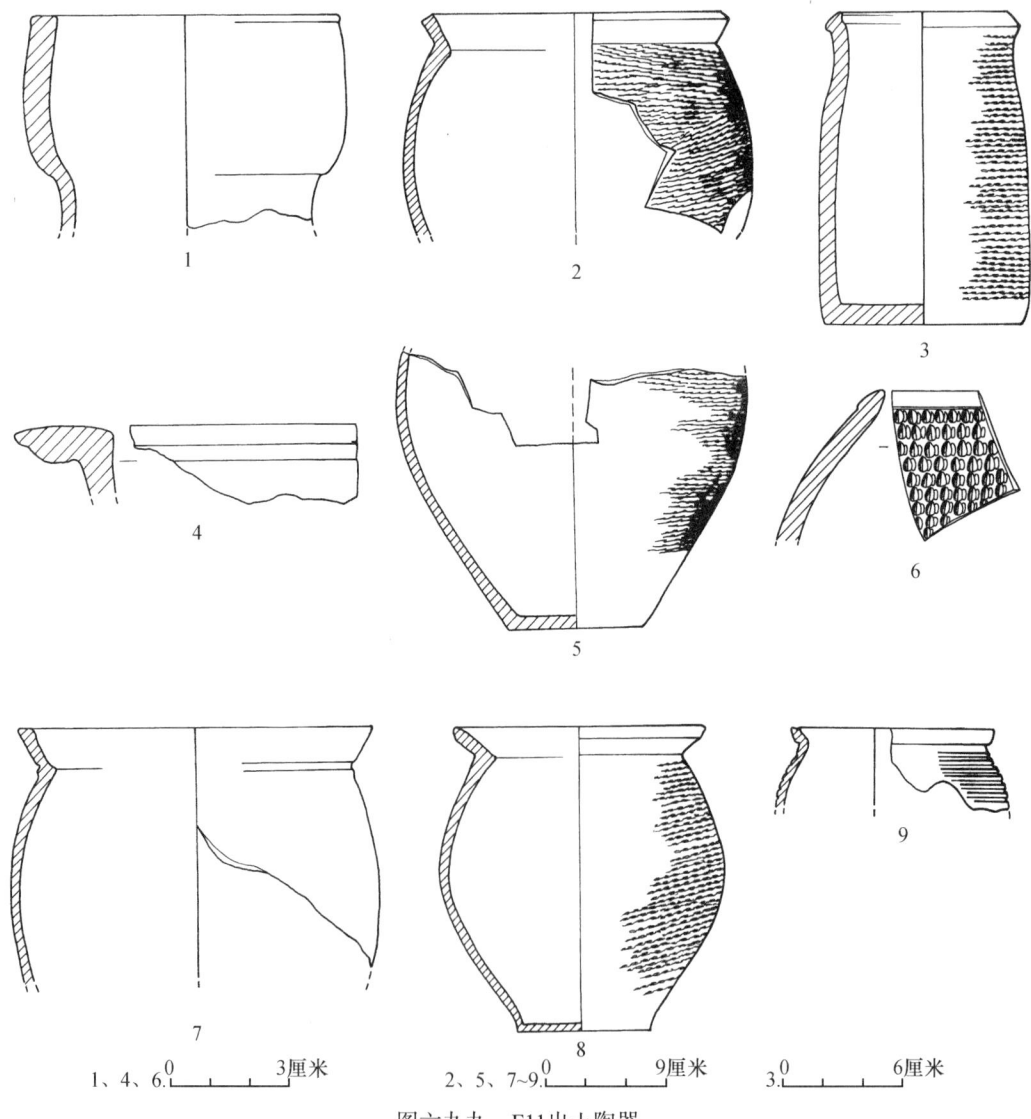

图六九九　F11出土陶器

1.瓶（F11∶5）　2、3、5～9.罐（F11∶12、F11∶9、F11∶15、F11∶16、F11∶13、F11∶10、F11∶6）　4.盆（F11∶4）

F11:13，口、腹部残片。方唇。口沿下侧有一道凸棱。素面。沿面可见轮修痕迹，器表可见刮抹痕迹。复原口径27.9、腹径28.8、残高19.8厘米（图六九九，7）。标本F11:15，腹、底部残片。中腹圆鼓，下腹斜收，平底。腹部饰左上至右下斜向绳纹，绳纹近平。复原腹径27.3、底径10.9、残高21厘米（图六九九，5）。

标本F11:9，可复原。粗夹砂红褐陶。侈口，卷沿，圆唇，斜直腹，平底。通体饰横向绳纹。口径8.6、底径10、通高15.4厘米（图六九九，3；彩版一八，2；图版一三三，6）。

标本F11:16，口、腹部残片。粗泥质橘红陶。敛口，尖圆唇，鼓腹。口沿以下饰多周整齐的指甲纹。口沿内侧可见轮修痕迹（图六九九，6）。

钵 3件。均口、腹部残片。形制相同，均细泥质橘红陶，直口微敛，深弧腹，素面。标本F11:1，圆唇。口下可见浅褐色叠烧痕迹与轮修痕迹（图七〇〇，1）。标本F11:2，方唇。口下可见轮修痕迹（图七〇〇，4）。标本F11:3，圆唇。器表磨光（图七〇〇，10）。

瓮 4件。均口、腹部残片。标本F11:7、F11:8、F11:14形制相同，均粗夹砂红褐陶，侈口，卷沿，沿面微曲，鼓腹。标本F11:7，方唇。腹部饰左上至右下斜向绳纹。沿面可见轮修痕迹（图七〇〇，3）。标本F11:8，方唇，鼓肩，并起一道显著棱脊。棱脊以下饰右上至左下斜向绳纹。外沿面可见轮修痕迹。复原口径36.9、残高6厘米（图七〇〇，5）。标本F11:14，圆唇。腹部饰右上至左下斜向绳纹。器表可见烟熏痕迹（图七〇〇，2）。

标本F11:11，粗夹砂红褐陶。敛口，方唇，鼓肩，并起一道显著棱脊，鼓腹。棱脊以下饰右

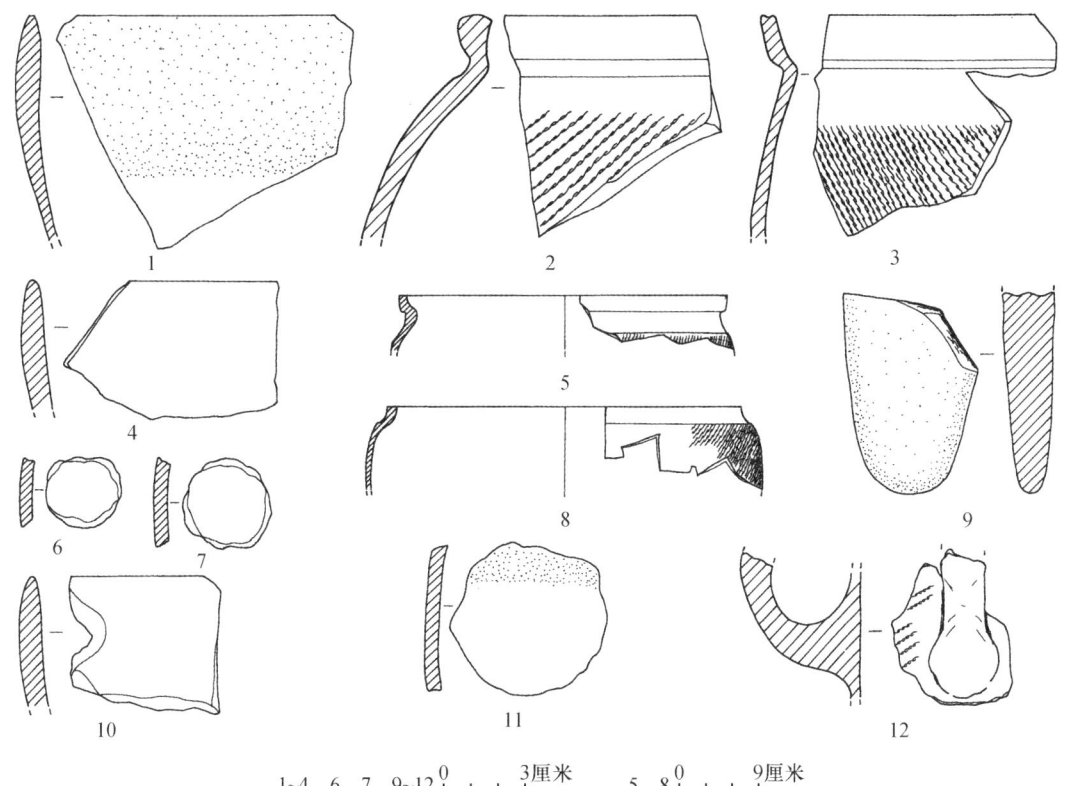

图七〇〇 F11出土遗物

1、4、10.陶钵（F11:1、F11:2、F11:3） 2、3、5、8.陶瓮（F11:14、F11:7、F11:8、F11:11）
6、7、11.圆陶片（F11:18-2、F11:18-3、F11:18-1） 9.残石器（F11:19） 12.器耳（F11:17）

上至左下斜向绳纹。唇部可见轮修痕迹。复原口径39.9、残高9厘米（图七〇〇，8）。

器耳 标本F11：17，残。细夹砂红褐陶。竖向圆柱桥形耳。器表饰右上至左下斜向绳纹（图七〇〇，12）。

圆陶片 3件。均完整。形制相同，均细泥质橘红陶，圆形。标本F11：18-1，系利用钵的口沿残片打制而成。边缘较钝。器表可见浅褐色叠烧痕迹。直径5.8、厚0.5厘米（图七〇〇，11）。标本F11：18-2，系利用钵的残片打制而成。边缘较锋利。直径2.8、厚0.4厘米（图七〇〇，6）。标本F11：18-3，系利用钵的残片打制而成。边缘较锋利。直径3.3、厚0.5厘米（图七〇〇，7）。

（2）石器

1件。残石器。标本F11：19，石英岩。一面磨光，其余部位均可见琢制痕迹。残长7.2、厚1~2厘米（图七〇〇，9）。

8. F12

F12位于Ⅲ区T0611与T0612内，开口于③层下，北部被H48打破。半地穴式，平面呈长方形，南北长5.12、东西宽4、深0.4米。墙面涂抹一层厚0.02米的草拌泥。

房内南部有一灶坑，椭圆形，锅底状。长径1.5、短径1.1、深0.4米。壁、底均因长期火烤而烧结成红色硬面。周缘有灶圈，宽0.16、高0.06米。灶西北、东北两侧各有1个柱洞（D1、D2），直径0.2~0.3、深0.3~0.36米。

居住面较为平整，表面涂抹一层厚0.02米的草拌泥。西南角有一梯形平台，长2.1、宽1~1.2、高0.05米，台面平整，亦抹有一层厚0.02米的草拌泥。

门向南，位于南墙中部偏西，正对房内灶。门道梯形，长1.36、北端宽1.05米，南端宽0.9米，底呈南高北低的斜坡状。门道南端有一道门槛，宽0.08、高0.08米（图七〇一）。

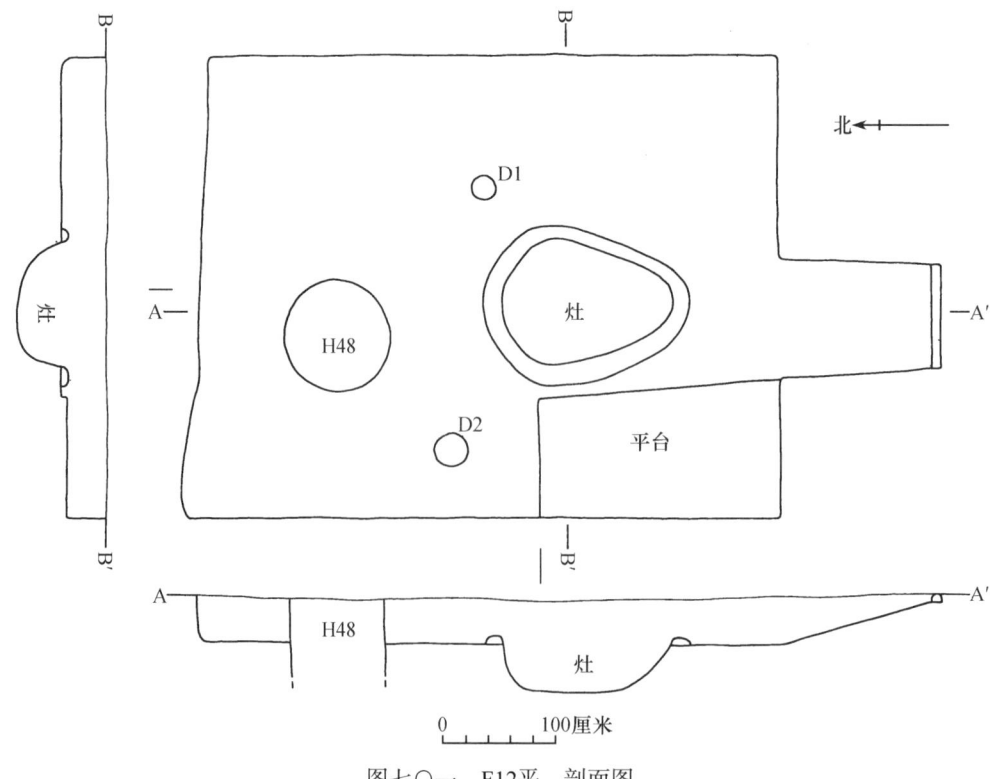

图七〇一 F12平、剖面图

房内堆积为疏松的灰色粉砂土，包含有火烧土颗粒，出土陶片较多，另有石块、骨头。

陶片为主要的出土物，以粗夹砂红褐陶为主，细泥质橘红陶和细夹砂橘红陶次之，还有少量细泥质黑陶、细泥质灰陶和粗泥质橘红陶；纹饰以绳纹最多，素面次之，还有少量彩陶、交错绳纹、弦纹（表一三二）。

F12共出土遗物27件。全部为陶器。器类有瓶、盆、罐、钵、瓮、圆陶片、锉，另有器底、器耳（表一三三）。

表一三二　F12陶系统计表　（单位：kg）

陶质\陶色\纹饰	细泥质			粗泥质	细夹砂	粗夹砂	合计	百分比（%）
	橘红	黑	灰	橘红	橘红	红褐		
素面				0.126	0.126	0.10	0.352	7.46
素面+磨光	0.16	0.35	0.22				0.73	15.47
绳纹	0.114				0.63	2.28	3.024	64.07
弦纹						0.05	0.05	1.06
交错绳纹						0.23	0.23	4.87
彩陶	0.33						0.33	6.99
合计	0.604	0.35	0.22	0.126	0.756	2.66	4.72	100
百分比（%）	12.08	7.42	4.66	2.67	16.02	56.36	100	

表一三三　F12器形统计表　（单位：件）

陶质\陶色\纹饰\器形	细泥质				细夹砂	粗夹砂				合计	百分比（%）
	橘红		灰	黑	橘红	红褐					
	素面+磨光	彩陶	素面+磨光	素面+磨光	绳纹	素面	绳纹	弦纹	交错绳纹		
罐						2	5	1	1	9	39.13
瓮							1			1	4.35
钵	2	5	1							8	34.78
瓶					1					1	4.35
盆		2	1	1						4	17.39
合计	2	7	2	1	1	2	6	1	1	23	100
百分比（%）	8.70	30.43	8.70	4.35	4.35	8.70	26.09	4.35	4.35	100	

瓶 1件。标本F12：8，腹部残片。细夹砂橘红陶。鼓腹。腹部饰右上至左下斜向绳纹。腹径20、残高21.5厘米（图七〇二，8）。

盆 4件。均口、腹部残片。形制相同，均侈口，卷沿，圆唇，弧腹。标本F12：7，细泥质灰陶。器表磨光。素面。上腹部可见轮修痕迹（图七〇二，1）。标本F12：12，细泥质橘红陶。器表磨光。唇部与外沿面饰黑色彩绘。唇部可见轮修痕迹（图七〇二，7）。

罐 9件。均口、腹部残片。标本F12：14，粗夹砂红褐陶。侈口，卷沿，沿面内曲，方唇，鼓腹。素面。口沿下侧可见轮修痕迹（图七〇二，2）。

标本F12：11、F12：13、F12：15形制相同，均粗夹砂红褐陶，侈口，卷沿，鼓腹。标本F12：11，圆唇。口沿以下饰横向绳纹。外沿面可见轮修痕迹（图七〇二，6）。标本F12：13，方唇。素面。沿面可见轮修痕迹（图七〇二，3）。标本F12：15，口沿内侧有一道宽浅凹槽，方唇，唇部有三道浅细凹槽。腹部饰右上至左下斜向绳纹。内壁可见轮修痕迹（图七〇二，4）。

标本F12：16，粗夹砂红褐陶。侈口，折沿，圆唇，鼓腹。口沿以下饰横向绳纹。外沿面可见轮修痕迹（图七〇二，5）。

钵 8件。均口、腹部残片。标本F12：1、F12：2、F12：6形制相同，均直口微敛，圆唇，浅弧腹。标本F12：1，细泥质橘红陶。器表磨光。唇部与口下饰黑色宽带纹彩绘（图七〇三，1）。标本F12：2，细泥质橘红陶。器表磨光。口下饰黑色宽带纹彩绘。彩绘下侧可见浅褐色叠烧痕迹（图七〇三，3）。标本F12：6，细泥质灰陶。素面。器表磨光。口下可见轮修痕迹。复原口径35.7、残高11.4厘米（图七〇三，5）。

标本F12：3、F12：4形制相同，均细泥质橘红陶，敛口，弧腹，器表磨光。标本F12：3，圆

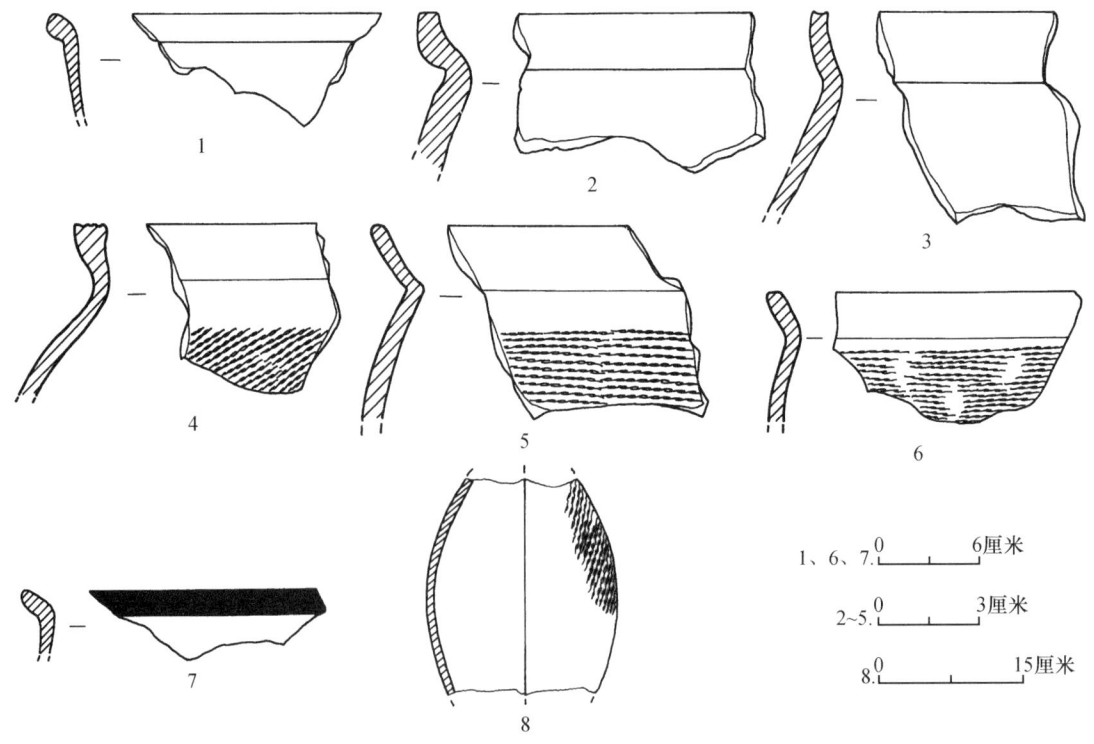

图七〇二　F12出土陶器

1、7.盆（F12：7、F12：12）　2～6.罐（F12：14、F12：13、F12：15、F12：16、F12：11）　8.瓶（F12：8）

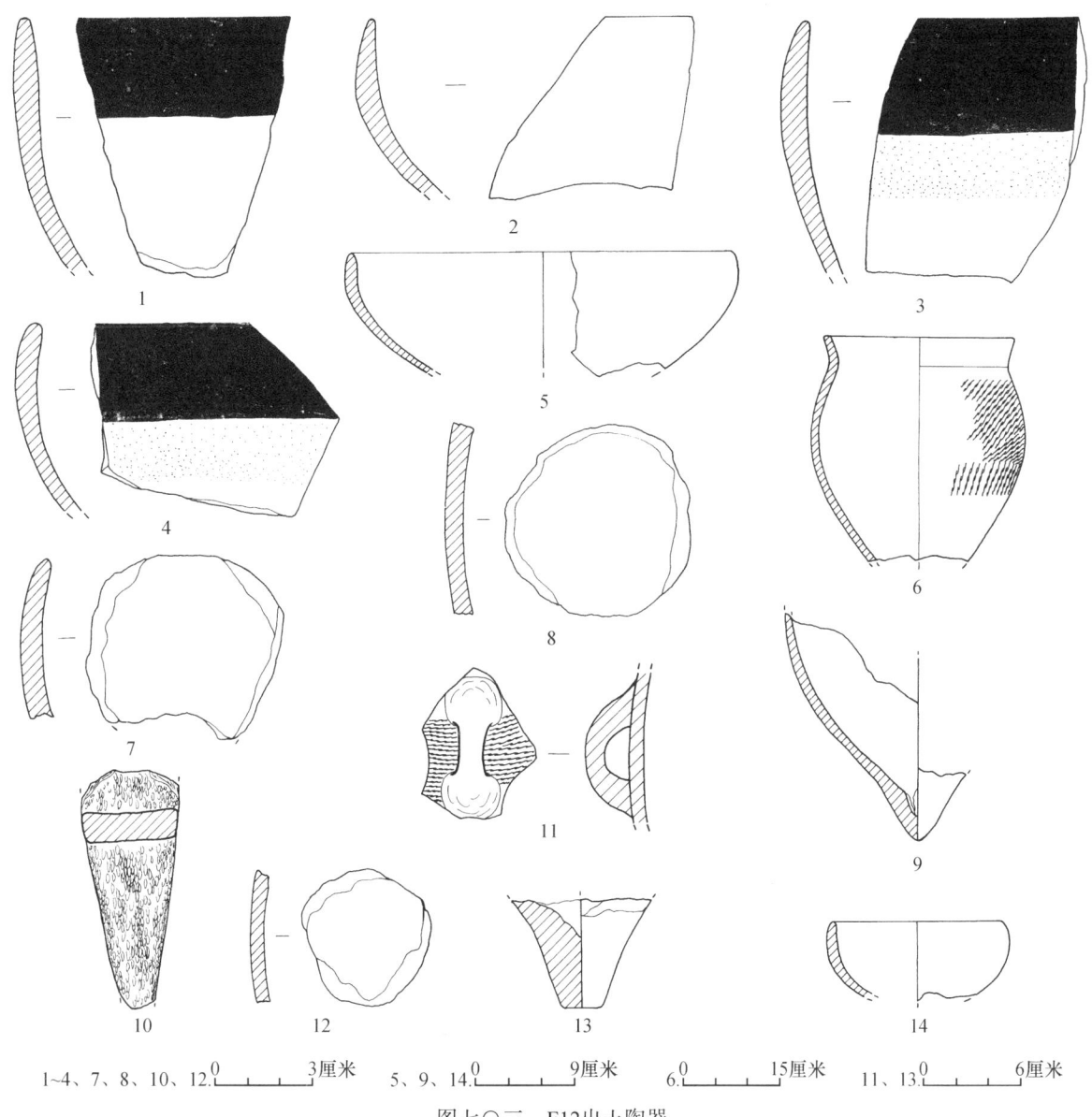

图七〇三　F12出土陶器

1~5、14. 钵（F12：1、F12：4、F12：2、F12：3、F12：6、F12：5）　6. 瓮（F12：17）
7、8、12. 圆陶片（F12：19-2、F12：19-1、F12：19-3）　9、13. 器底（F12：10、F12：9）　10. 锉（F12：20）
11. 器耳（F12：18）

唇。口下饰黑色宽带纹彩绘。彩绘下侧可见浅红色叠烧痕迹（图七〇三，4）。标本F12：4，方唇。素面（图七〇三，2）。

标本F12：5，细泥质橘红陶。敛口，圆唇，深弧腹。器表磨光。素面。最大腹径位于中下腹部。复原口径16.2、残高7.2厘米（图七〇三，14）。

瓮　1件。标本F12：17，口、腹部残片。粗夹砂红褐陶。侈口，卷沿，圆唇，鼓腹，最大腹径位于中腹部。腹部饰右上至左下斜向绳纹。器表可见烟熏痕迹。沿面可见轮修痕迹。复原口径30、腹径33.5、残高34厘米（图七〇三，6）。

器底　标本F12：9，下腹、底部残片。粗泥质橘红陶。下腹部呈反弧状内收，小平底。器表刮抹光滑。可能为瓶底。底径2.4、残高6.6厘米（图七〇三，13）。

标本F12：10，下腹、底部残片。细夹砂橘红陶。下腹斜收，尖底，较为圆钝。素面。内壁可见泥条盘筑痕迹。可能为瓶底。残高20.7厘米（图七〇三，9）。

器耳　标本F12：18，腹部残片。细泥质橘红陶。腹部较直，有一竖向圆柱桥形耳。腹部饰横向绳纹（图七〇三，11）。

圆陶片　3件。形制相同，均细泥质橘红陶，圆形。标本F12：19-1，完整。系利用钵的口部残片打制而成。边缘较钝。器表可见浅褐色叠烧痕迹。直径5.7、厚0.6厘米（图七〇三，8）。标本F12：19-2，稍残。系利用钵的口沿残片打制而成，保留少量沿面。边缘较钝。器表可见黑色宽带纹彩绘。直径6、厚0.7厘米（图七〇三，7）。标本F12：19-3，完整。系利用钵的残片打制而成。边缘较锋利。直径4、厚0.4厘米（图七〇三，12）。

锉　1件。标本F12：20，一端残。细泥质橘红陶。残存部分平面呈三角形，横断面呈圆角长方形。器表麻点清晰，密度较大。残长7.2、厚0.9厘米（图七〇三，10）。

9. F13

F13位于Ⅲ区T0412、T0413、T0512、T0513内，开口于③层下，北部被H64、H159、Z12打破，西部、西南部被F10、F11打破。地面式，平面呈椭圆形，长径6.6、短径6米。房周围墙体已毁，仅存基槽，宽0.3、深0.3米；在东北部的底部发现柱洞3个（D1~D3），直径0.12~0.15、深0.22~0.28米。

房内中部有一灶坑，椭圆形，长径1.05、短径0.85、深0.2米。壁、底均因长期火烤而形成一层红色硬面。

居住面为草拌泥铺就，表面坚硬平整。

门向南。门道长方形，底部平坦。残长1.1、宽0.8米（图七〇四）。

房内堆积为较疏松的灰色粉砂土，夹杂有草拌泥块、火烧土颗粒，厚0.15米，出土少量陶片。陶片以粗夹砂红褐陶为主，细泥质橘红陶次之；纹饰以素面为主，绳纹次之，还有少量彩陶。

F13共出土遗物9件。以陶器为主，石、角器次之。

（1）陶器

7件。器类有盆、罐、钵、圆陶片。

盆　1件。标本F13：2，口、腹部残片。细泥质橘红陶。侈口，卷沿，圆唇，弧腹。器表磨光。唇部与外沿面饰黑色彩绘。口下可见轮修痕迹（图七〇五，1）。

罐　4件。均口、腹部残片。标本F13：4、F13：6形制相同，均粗夹砂红褐陶，侈口，卷沿，方唇，鼓腹。标本F13：4，腹部饰右上至左下斜向绳纹。内壁可见轮修痕迹（图七〇五，4）。标本F13：6，素面。外沿面可见轮修痕迹。复原口径21.9、残高3.6厘米（图七〇五，2）。

标本F13：3，粗夹砂红褐陶。侈口，折沿，沿面微曲，方唇，鼓腹。腹部饰右上至左下斜向绳纹。外沿面可见轮修痕迹。器表可见烟熏痕迹。复原口径14.1、腹径15.9、残高6厘米（图七〇五，3）。

标本F13：5，粗夹砂红褐陶。侈口，折沿，尖圆唇，鼓腹。口沿以下饰多周弦纹。沿面可见轮修痕迹。器表可见烟熏痕迹。复原口径20.1、腹径20.1、残高4.2厘米（图七〇五，5）。

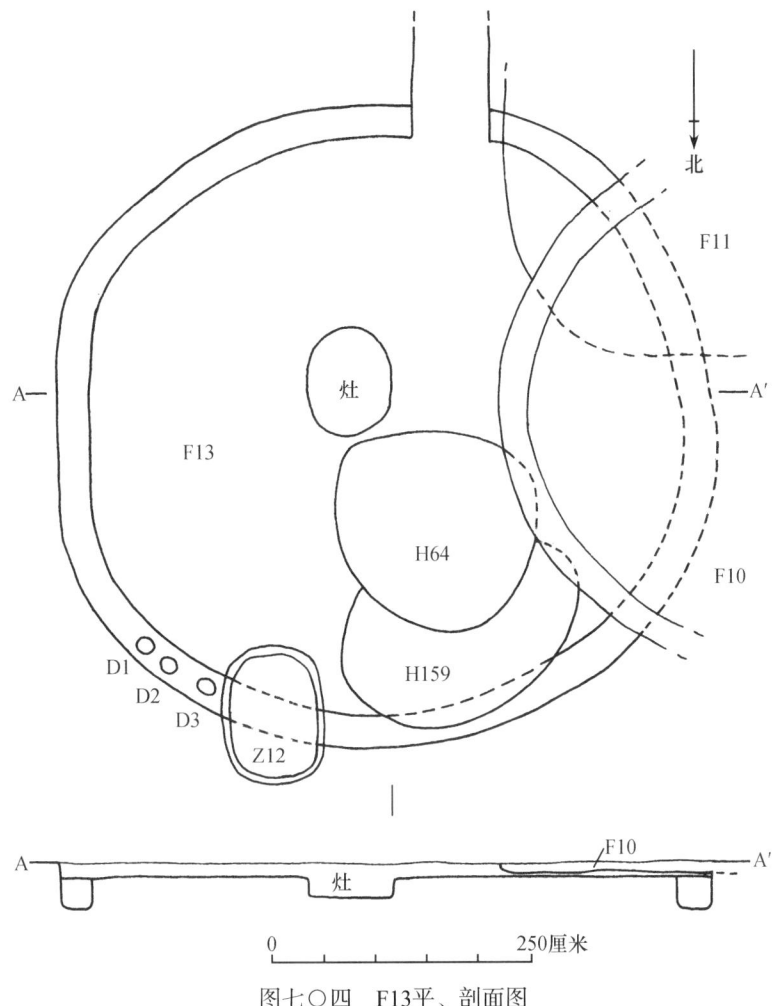

图七〇四　F13平、剖面图

钵　1件。标本F13∶1，口、腹部残片。细泥质橘红陶。直口微敛，圆唇，深弧腹。器表磨光。素面。口下可见浅褐色叠烧痕迹（图七〇五，6）。

圆陶片　1件。标本F13∶7，完整。细泥质橘红陶。系利用钵的残片打制而成。圆形。边缘较钝。器表可见零星疤痕。直径3.5、厚0.4厘米（图七〇五，8）。

（2）石器

1件。锛。标本F13∶8，稍残。石英岩。平面呈梯形，刃部较锋利。通体磨光。刃部可见使用形成的不连续坑疤。长7.7、宽3.5~6.3、厚1.6厘米（图七〇五，7；图版一三四，2）。

（3）角器

1件。锥。标本F13∶9，一端残。系利用梅花鹿角的角尖磨制而成。器身弯曲，横断面呈椭圆形，尖部较钝。残长12厘米（图七〇五，9；图版一三四，3）。

10. F16

F16位于Ⅲ区T1112、T1113、T1212、T1213内，开口于③层下，东南部被H90和H98打破。地面式，平面大体呈圆角方形，边长4.55米。房周围墙体已毁，仅存基槽，宽0.25~0.3、深0.25米；在

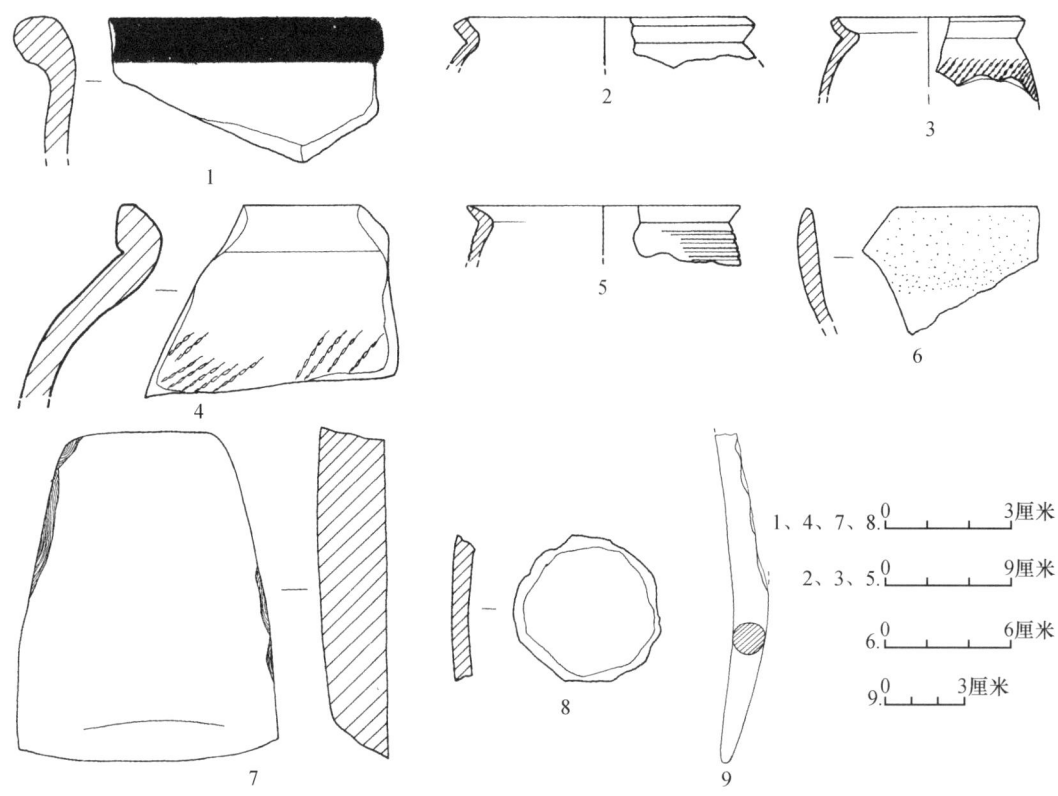

图七〇五　F13出土遗物

1. 陶盆（F13:2）　2~5. 陶罐（F13:6、F13:3、F13:4、F13:5）　6. 陶钵（F13:1）　7. 石锛（F13:8）
8. 圆陶片（F13:7）　9. 角锥（F13:9）

底部发现一圈柱洞，共21个（D1~D21），其中东墙3个（D1~D3），南墙6个（D4~D9），西墙4个（D10~D13），北墙8个（D14~D21），直径0.08~0.12、深0.18~0.26米。

房内西南部有一灶面，圆形，表面经长期烧烤形成红褐色烧结面。直径1米，烧结面厚度0.02~0.04米。

居住面北高南低，略经加工，较为平整。在居住面的东北部、中部、西南部共发现3个柱洞（D22~D24），D22直径0.1、深0.16米，D24直径0.25、深0.38米，D23为泥圈柱洞，外径0.35、内径0.2、深0.36米。

门向北，位于北墙中部。门道长方形，底部平坦，长0.6、宽1米。两侧各有一段南北向基槽，宽0.15、深0.1米，内各有一排柱洞，共11个（D25~D35），其中东侧5个（D25~D29），西侧6个（D30~D35），直径0.05~0.08、深0.14~0.18米。依此推测，门外原先可能有门蓬一类的建筑（图七〇六）。

房内堆积为浅灰色土，土质疏松，厚0.12米。出土少量陶片，另有骨头、石块。

陶片为主要的出土物，以细泥质橘红陶为主，粗夹砂红褐陶次之；纹饰以素面为主，绳纹次之，彩陶再次，另有少量划纹、弦纹、指甲纹。

F16共出土遗物23件。以陶器为主，骨器次之，石器再次。

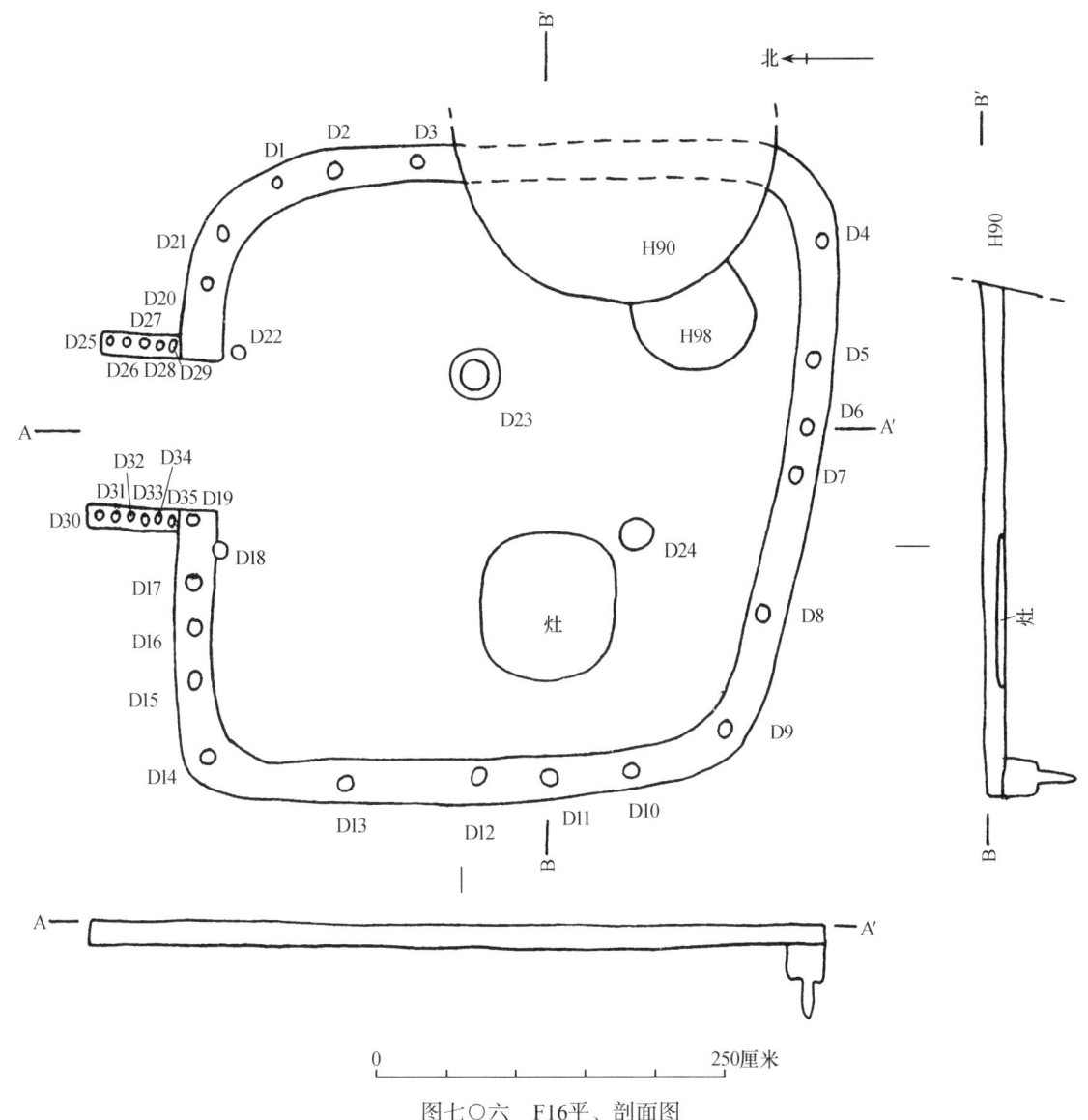

图七〇六 F16平、剖面图

（1）陶器

18件。器类有盆、罐、钵、圆陶片、锉，另有器耳。

盆 3件。均口、腹部残片。标本F16：8、F16：9形制相同，均细泥质橘红陶，直口，平折沿，弧腹，器表磨光。标本F16：8，沿面略向外侧下斜，圆唇。沿面饰黑色几何纹彩绘。唇部与口沿下侧可见轮修痕迹（图七〇七，2）。标本F16：9，尖唇。沿面饰黑色几何纹彩绘。外沿面可见轮修痕迹（图七〇七，1）。

标本F16：7，细泥质橘红陶。侈口，卷沿，圆唇，弧腹。器表磨光。唇部、外沿面、腹部均饰黑色彩绘。外沿面可见轮修痕迹（图七〇七，3）。

罐 6件。均口、腹部残片。标本F16：12、F16：13形制相同，均粗夹砂红褐陶，侈口，折沿，沿面内曲，方唇，鼓腹。标本F16：12，唇缘饰一周左上至右下斜向划纹，腹部饰多周弦纹。外沿面可见轮修痕迹（图七〇七，4）。标本F16：13，腹部饰右上至左下斜向绳纹。口沿下侧可见

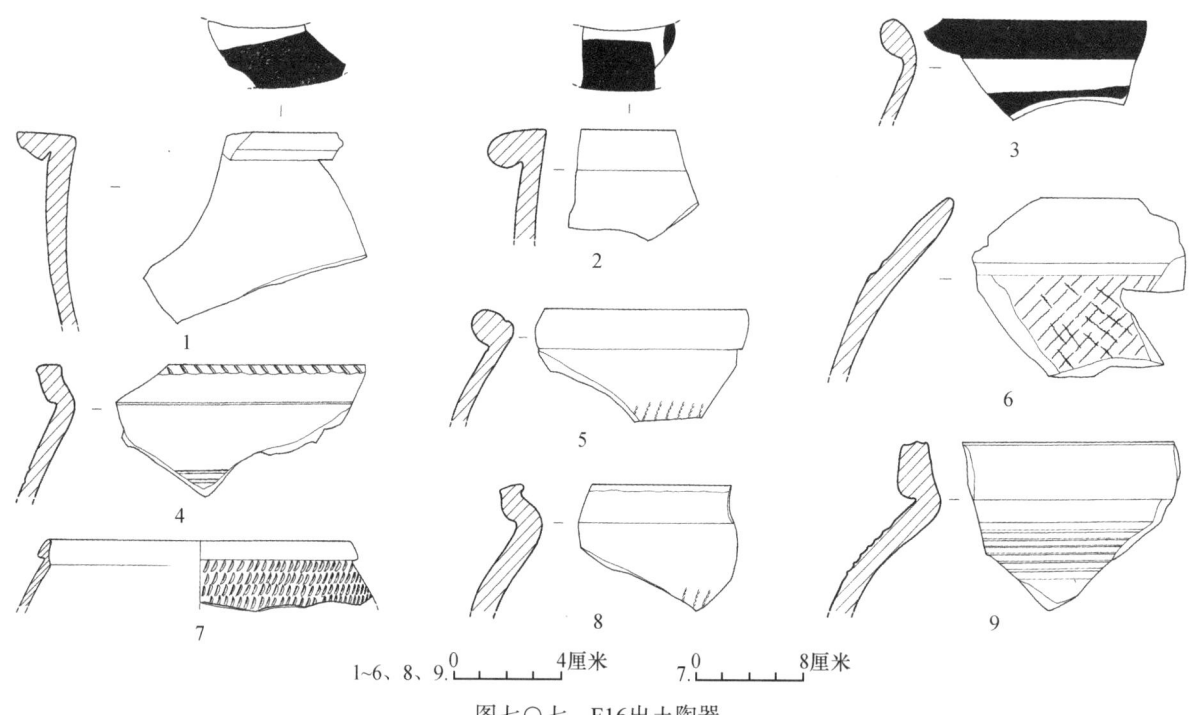

图七〇七　F16出土陶器

1~3.盆（F16：9、F16：8、F16：7）　4~9.罐（F16：12、F16：14、F16：16、F16：17、F16：13、F16：15）

轮修痕迹（图七〇七，8）。

标本F16：14、F16：15形制相同，均粗夹砂红褐陶，侈口，折沿，鼓腹。标本F16：14，沿面有一道浅细凹槽，圆唇。腹部饰右上至左下斜向绳纹。唇部可见轮修痕迹（图七〇七，5）。标本F16：15，方唇，唇部有二道浅细凹槽。腹部饰多周弦纹（图七〇七，9）。

标本F16：16，粗夹砂红褐陶。敛口，圆唇，鼓肩，并起一道显著棱脊，圆鼓腹。腹部饰交错绳纹。口沿下侧可见轮修痕迹（图七〇七，6）。

标本F16：17，细泥质橘红陶。敛口，折沿，圆唇，鼓腹，口沿内侧有一道宽浅凹槽。口沿以下饰多周整齐的指甲纹。内壁可见刮抹痕迹。复原口径23、残高5.2厘米（图七〇七，7）。

钵　6件。均口、腹部残片。标本F16：1、F16：2、F16：3、F16：5形制相同，均细泥质橘红陶，直口微敛，深弧腹，器表磨光，素面。标本F16：1，圆唇。口下可见浅褐色叠烧痕迹（图七〇八，6）。标本F16：2，方唇。口下可见浅褐色叠烧痕迹，器表可见刮抹痕迹。复原口径27.2、残高9.2厘米（图七〇八，2）。标本F16：3，圆唇。口下可见深褐色叠烧痕迹，内壁可见刮抹痕迹。复原口径34.4、残高6.8厘米（图七〇八，3）。标本F16：5，方唇。口下可见浅红色叠烧痕迹。复原口径14、残高6厘米（图七〇八，5）。

标本F16：4、F16：6形制相同，均细泥质橘红陶，直口微敛，浅弧腹，器表磨光。标本F16：4，圆唇。素面。口下可见轮修痕迹，腹部可见刮抹痕迹。复原口径28、残高7.2厘米（图七〇八，4）。标本F16：6，方唇。口下及唇部饰黑色宽带纹彩绘（图七〇八，1）。

器耳　标本F16：18，腹部残片。细泥质橘红陶。腹部较直，有一竖向扁圆桥形耳。器表饰左上至右下斜向绳纹，绳纹近平（图七〇八，9）。

圆陶片　2件。均完整。形制相同，均系利用钵的残片打制而成，细泥质橘红陶，圆形。标本

F16：19-1，边缘较锋利。直径5.1、厚0.8厘米（图七〇八，7）。标本F16：19-2，边缘较钝。直径3.5、厚0.5厘米（图七〇八，10）。

锉　1件。标本F16：20，两端均残。细泥质橘红陶。残存部分平面呈长方形，横断面呈圆角长方形。器表麻点清晰，密度较大。残长5、宽3.2、厚0.9厘米（图七〇八，8）。

（2）石器

2件。均为球。完整。标本F16：21，石灰岩。呈略扁的圆球状。器表磨光。直径2.6厘米（图七〇八，11）。标本F16：22，石英细砂岩。呈近半球体状。器表可见较为集中的坑疤。直径7.1厘米（图七〇八，15）。

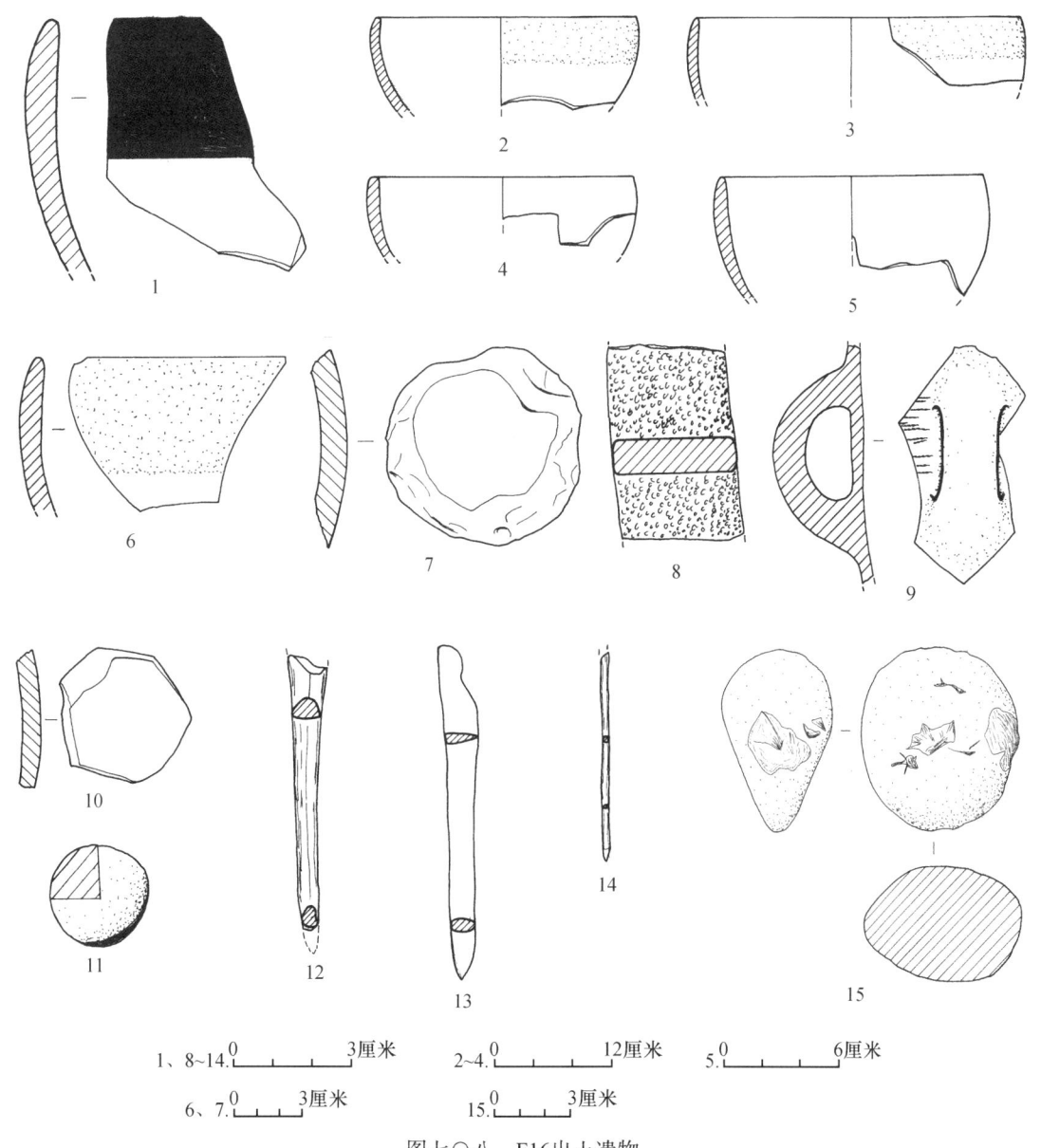

图七〇八　F16出土遗物

1~6.陶钵（F16：6、F16：2、F16：3、F16：4、F16：5、F16：1）　7、10.圆陶片（F16：19-1、F16：19-2）　8.陶锉（F16：20）　9.器耳（F16：18）　11、15.石球（F16：21、F16：22）　12.骨锥（F16：23）　13.骨笄（F16：24）　14.骨针（F16：25）

（3）骨器

3件。器类有锥、笄、针。

锥　1件。标本F16:23，两端均残。系利用动物长骨磨制而成。器身呈扁圆柱状，横断面呈近圆形。通体磨光。残长7厘米（图七〇八，12）。

笄　1件。标本F16:24，中部折断。系利用动物长骨磨制而成。器身扁平，尖部锐利。长8.5厘米（图七〇八，13）。

针　1件。标本F16:25，中部折断，尾端残。器身细长，尖部锐利。通体磨光。残长5.3厘米（图七〇八，14）。

11. F18

F18位于Ⅲ区T0314与T0414内，开口于③层下。地面式，平面呈长方形，南北长3.98、东西宽2.44米。房周围墙体已毁，仅存基槽，宽0.2、深0.16米；在底部发现柱洞9个（D1~D9），其中东墙5个（D1~D5），南墙2个（D6、D7），西墙2个（D8、D9），房内紧贴墙基槽发现柱洞8个（D10~D17），分布无规律，直径0.06~0.12、深0.14~0.26米。

房内北部有一灶坑，椭圆形，锅底状，弧壁，圜底，壁、底经烧烤变成青灰色硬面。长径0.54、短径0.42、深0.22米。内填草木灰。

居住面略经加工，较为平整。南部较低凹，北部有一平台，东西长2、南北宽1.7米，高于南部0.3米。在平台上发现2个柱洞（D18、D19），大小相同，直径0.12、深0.26米。

门向东，位于东墙南部，宽0.84米（图七〇九）。

房内南部低凹处堆积可分为2层：第①层为浅灰色土，土质疏松，包含有零星火烧土块，厚0.16米，出土大量陶片，另有石块、骨头；第②层为黄褐色土，土质疏松，厚0.14米，较为纯净。

陶片为主要的出土物，以细泥质橘红陶为主，粗夹砂红褐陶次之；纹饰以素面为主，绳纹次之，还有少量彩陶与弦纹。

F18共出土遗物8件。全部为陶器。器类有盆、罐、钵。

盆　2件。均口、腹部残片。标本F18:5，细泥质橘红陶。敛口，折沿，沿面向外侧下斜，圆唇，弧腹。口沿以下饰多周弦纹。唇部可见轮修痕迹（图七一〇，4）。

标本F18:6，细泥质橘红陶。侈口，卷沿，方唇，弧腹。器表磨光。素面。口沿下侧可见轮修痕迹。复原口径27.9、残高6厘米（图七一〇，8）。

罐　2件。均口、腹部残片。标本F18:7，粗夹砂红褐陶，侈口，折沿，方唇，唇部有一道浅细凹槽，肩略鼓，并起一道不显著棱脊，鼓腹。棱脊以下饰右上至左下斜向绳纹。外沿面可见轮修痕迹（图七一〇，2）。

标本F18:8，粗夹砂红褐陶，侈口，卷沿，方唇，鼓腹。口沿以下饰右上至左下斜向绳纹（图七一〇，7）。

钵　4件。均口、腹部残片。标本F18:2，细泥质橘红陶。直口微敛，圆唇，深弧腹。器表磨光。素面。口下可见浅褐色叠烧痕迹（图七一〇，5）。

标本F18:1、F18:3、F18:4形制相同，均细泥质橘红陶，直口微敛，浅弧腹。标本F18:1，

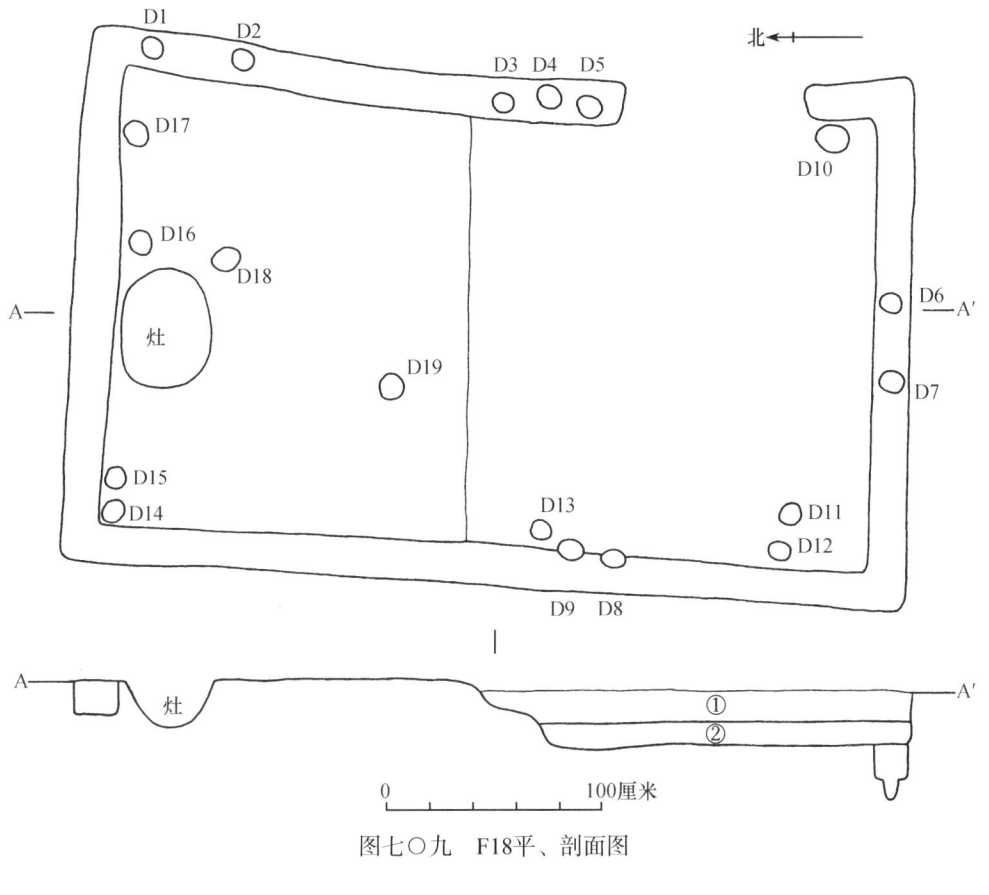

图七〇九　F18平、剖面图

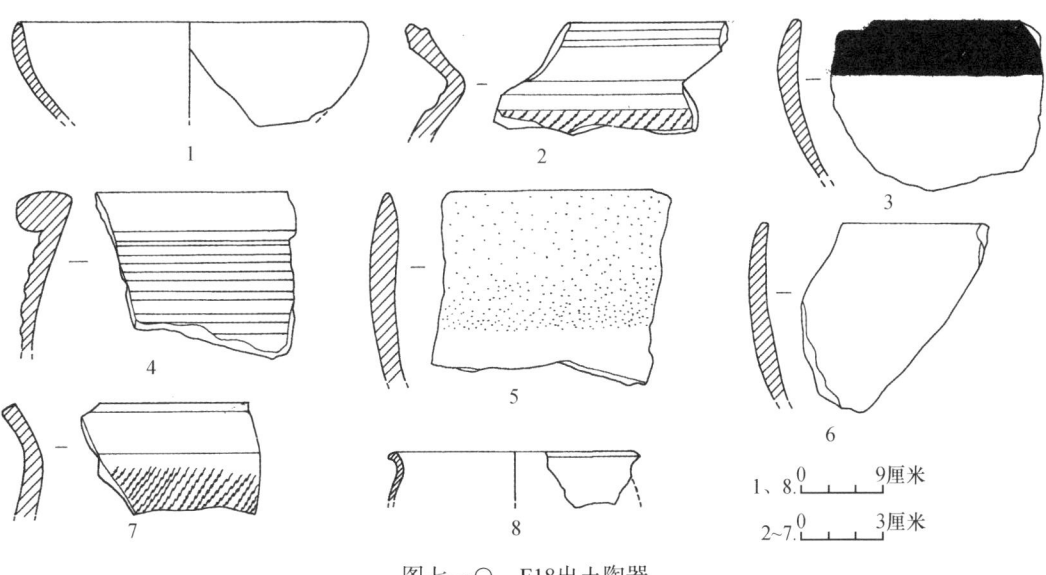

图七一〇　F18出土陶器

1、3、5、6.钵（F18∶1、F18∶3、F18∶2、F18∶4）　2、7.罐（F18∶7、F18∶8）　4、8.盆（F18∶5、F18∶6）

圆唇。器表磨光。素面。器表可见轮修痕迹。复原口径38.4、残高11.1厘米（图七一〇，1）。标本F18：3，方唇。器表磨光。口下饰黑色宽带纹彩绘（图七一〇，3）。标本F18：4，圆唇。素面。器表可见轮修痕迹与烟熏痕迹（图七一〇，6）。

12. F19

F19位于Ⅲ区T0410、T0411、T0510、T0511内，开口于③层下，北部被H63打破，中部被H125打破。半地穴式，平面呈圆角方形，口大底小，口部边长5.7、底部边长5.2、深0.3米。

房内东部有一灶坑，仅存东部，圆形，口略大于底，平底。残存部分口长径0.9、短径0.2、底长径0.86、短径0.16、深0.3米。灶坑西北侧有3个柱洞（D1~D3），直径0.14~0.26、深0.18~0.2米。

居住面为黄褐色土加工而成的硬面，十分平整，厚0.1米。

门向东，位于东墙中部，正对房内灶。门道长方形，底部呈东高西低的斜坡状，长1.5、宽0.8米（图七一一）。

房内堆积为灰褐色土，土质较致密，厚0.3米，出土少量陶片。

陶片以粗夹砂红褐陶为主，粗泥质橘红陶次之，细泥质橘红陶再次；纹饰以绳纹为主，素面次之。

F19共出土遗物7件。全部为陶器。器类有罐、钵。

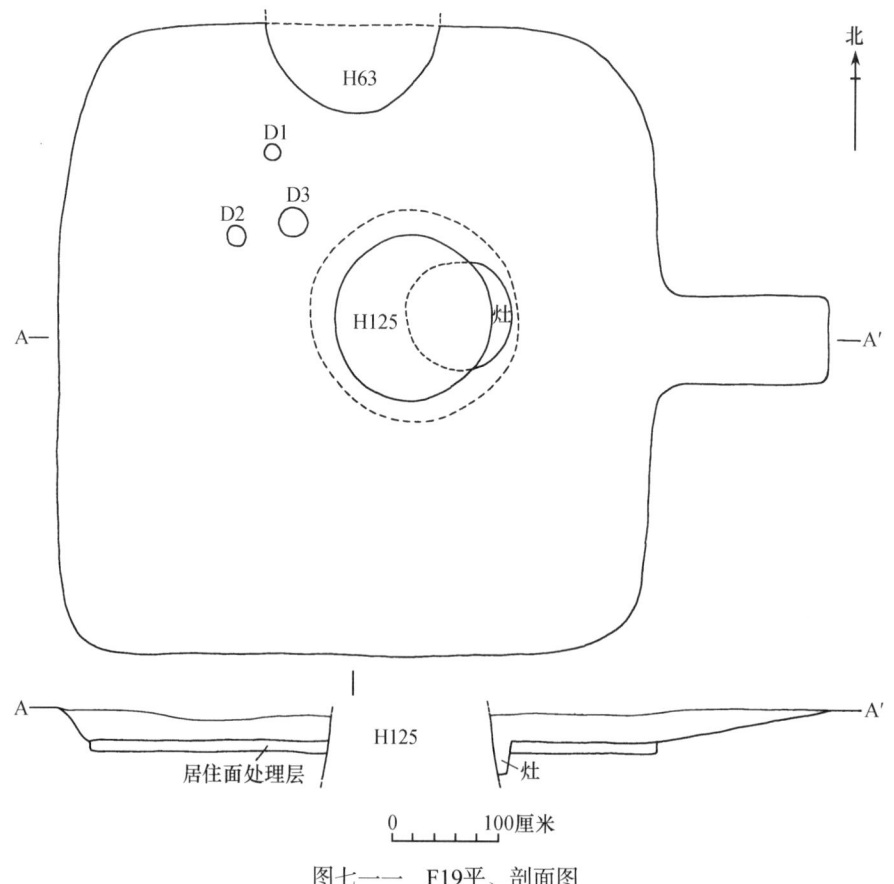

图七一一　F19平、剖面图

罐　5件。均口、腹部残片。标本F19：4、F19：5、F19：6形制相同，均粗夹砂红褐陶，侈口，卷沿，鼓腹。标本F19：4，圆唇，唇部有一道凸棱。口沿以下饰交错细绳纹。沿面可见轮修痕迹（图七一二，6）。标本F19：5，方唇，肩略鼓。腹部饰右上至左下斜向绳纹。口沿下侧可见轮修痕迹（图七一二，3）。标本F19：6，方唇，外沿面有一道矮棱。口沿以下饰右上至左下斜向绳纹。内壁可见轮修痕迹（图七一二，1）。

标本F19：3，粗夹砂红褐陶。侈口，折沿，圆唇，腹微鼓。口沿以下饰横向绳纹。器表可见烟熏痕迹（图七一二，5）。

标本F19：7，粗泥质橘红陶。敛口，方唇，鼓腹。腹部饰右上至左下斜向绳纹。内壁可见轮修痕迹（图七一二，2）。

钵　2件。均口、腹部残片。标本F19：1，细泥质橘红陶。直口，方唇，深弧腹。器表磨光。素面（图七一二，4）。

标本F19：2，粗泥质橘红陶。直口微敛，圆唇，深弧腹。素面。表层有部分剥落。内壁可见轮修痕迹（图七一二，7）。

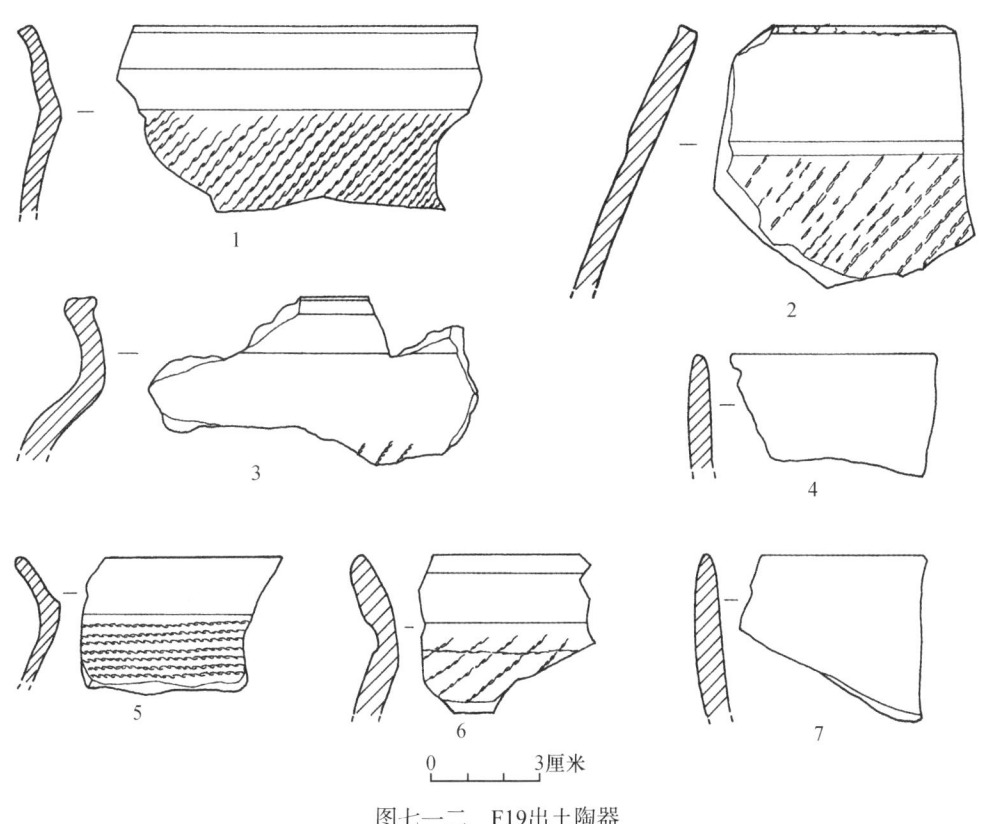

图七一二　F19出土陶器
1~3、5、6.罐（F19：6、F19：7、F19：5、F19：3、F19：4）　4、7.钵（F19：1、F19：2）

13. F50

F50位于Ⅲ区T0514内，开口于③层下。地面式，平面呈长方形，南北长2.3、东西宽2.1米。房周围墙体大部分已毁，仅西部有少量残存，残高0.1~0.2米。墙底部挖有基槽，宽0.15~0.2、深

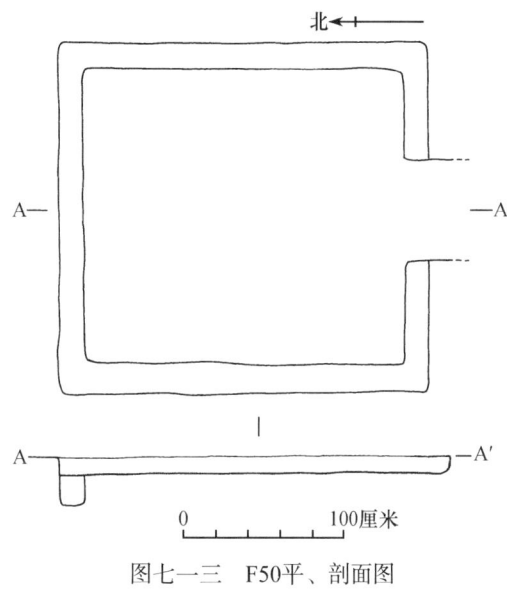

图七一三 F50平、剖面图

0.15~0.2米。

居住面为黄土加工而成的硬面，平整坚硬。

门向南，位于南墙中部。门道长方形，底部平坦，残长0.14、宽0.6米（图七一三）。

房内堆积为浅黄色土，土质较疏松，厚0.1米，较为纯净。

14. F77

F77位于Ⅲ区T0614、T0615、T0715内，开口于③层下，北部被H188打破。半地穴式，平面呈圆角方形，边长4.7、残深0.35米。墙壁表面涂抹一层草拌泥，经火烧烤呈砖红色。墙壁内侧贴近墙壁有一圈柱洞，共29个（D1~D29），其中东墙10个（D1~D10），南墙6个（D11~D16），西墙6个（D17~D22），北墙7个（D23~D29），直径0.1~0.25米，以0.1米居多，深0.12、柱间距0.2~0.25米。房外西南角、西侧、北侧共有7个柱洞（D30~D36），直径0.1~0.2、深0.1~0.13、柱间距0.6~0.85米。

房内南部有一灶坑，椭圆形，底呈南高北低的斜坡状，内壁经长期火烤而呈红褐色，十分坚硬。长径1.45、短径0.9米，北端最深处深0.35米，烧结面厚0.03~0.05米。底部共有二层硬面，相距0.1米，可能为使用过程中二次修整所致。周缘有一周灶圈，宽0.15、高0.05~0.1米。

居住面中部略低于四周，黄土铺就，表面经火烤而形成厚0.03~0.05米的硬面，十分平整。中部有4个柱洞（D37~D40），对称分布，呈方形排列，直径0.2~0.25、深0.3~0.35米。

门向南，位于南墙中部，正对房内灶坑。门道长方形，略有损毁，底呈南高北低的斜坡状。残长0.75、宽1.7米。门道两侧各有1个柱洞（D41、D42），大小相同，直径0.2、深0.3米（图七一四）。

房内堆积为黄褐色土，土质较致密，出土大量陶片，另有石块、兽骨。

陶片为主要的出土物，以粗夹砂红褐陶和细泥质橘红陶为主，粗夹砂灰陶次之，还有少量细泥质灰陶；纹饰以绳纹为主，素面、弦纹、彩陶次之（表一三四）。

F77共出土遗物27件。以陶器为主，石器次之。

（1）陶器

26件。器类有盆、罐、钵、瓮、甗（表一三五）。

盆　2件。均口、腹部残片。形制相同，均细泥质橘红陶，侈口，卷沿，弧腹，器表磨光。标本F77：4，圆唇。素面。唇部可见轮修痕迹。器表可见烟熏痕迹（图七一五，1）。标本F77：5，方唇。唇部饰黑色彩绘。口沿下侧可见轮修痕迹。复原口径30.9、残高10.5厘米（图七一五，7）。

罐　11件。均口、腹部残片。标本F77：6、F77：7形制相同，均粗夹砂红褐陶，侈口，卷沿，鼓腹。标本F77：6，方唇，唇部有一道浅细凹槽，最大腹径位于中上腹部。腹部饰右上至左下斜向绳纹。外沿面可见刮抹痕迹。口部可见烟熏痕迹。复原口径27.9、腹径30.9、残高20.1厘米（图七一五，10）。标本F77：7，圆唇。口沿以下饰右上至左下斜向绳纹。外沿面可见轮修痕迹（图七一五，8）。

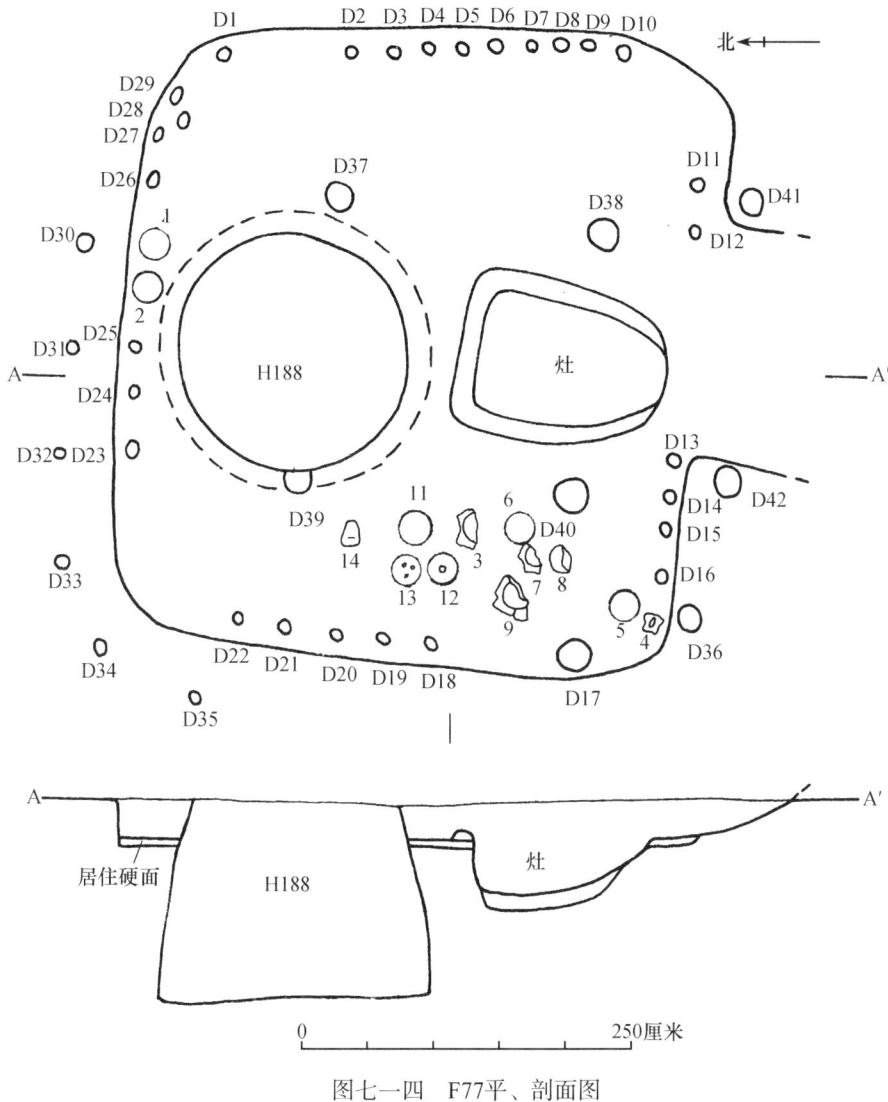

图七一四 F77平、剖面图

1~3、11.陶钵 4、5.陶盆 6~8.陶罐 9.陶瓮 12、13.陶甑 14.石锛

表一三四 F77陶系统计表 (单位：kg)

陶质	细泥质		粗夹砂		合计		百分比（%）	
陶色纹饰	橘红	灰	红褐	灰				
素面				0.48	0.48		4.35	
素面+磨光	2.44	0.04			2.48		22.46	
绳纹	0.02		2.34	0.70	3.06	11.04	27.72	100
绳纹+弦纹			2.65		2.65		24.00	
彩陶	2.37				2.37		21.47	
合计	4.83	0.04	4.99	1.18	11.04			
	11.04							
百分比（%）	43.75	0.36	45.20	10.69				
	100							

表一三五　F77器形统计表　　　　　　　　　　　　　　　　　　　（单位：件）

陶质\器形	细泥质	细泥质	粗夹砂	粗夹砂	粗夹砂	合计	百分比（%）	
陶色	橘红	橘红	红褐	红褐	灰			
纹饰	素面+磨光	彩陶	素面	绳纹	绳纹+弦纹			
罐			2	8	1	11	42.30	
瓮				7		7	26.92	
钵	1	3				4	15.38	100
盆	1	1				2	7.69	
甑	1			1		2	7.69	
合计	3	4	2	16	1	26		
百分比（%）	11.54	15.38	7.69	61.54	3.85	100		

标本F77：8，粗夹砂红褐陶。侈口，折沿，沿面上有一道矮棱，内沿面与腹部相接处有一道凸棱，方唇，唇部有二道浅细凹槽，鼓腹。口沿以下饰右上至左下斜向绳纹（图七一五，9）。

钵　4件。标本F77：1，可复原。细泥质橘红陶。敛口，圆唇，深弧腹，圜底，最大腹径位于中下腹部。器表磨光。素面。口下可见烟熏痕迹与轮修痕迹。口径21、通高11.4厘米（图七一五，3；图版一三四，4）。

标本F77：2、F77：3均口、腹部残片。形制相同，均细泥质橘红陶，直口微敛，浅弧腹，器表磨光，口下饰黑色宽带纹彩绘，彩绘下侧可见浅红色叠烧痕迹。标本F77：2，圆唇。内壁可见轮修痕迹（图七一五，5）。标本F77：3，尖圆唇。口下可见轮修痕迹（图七一五，4）。

标本F77：11，完整。细泥质橘红陶。直口，圆唇，浅弧腹，圈足。器表磨光。口下与唇部饰黑色宽带纹彩绘。口径22、底径7.5、通高13.5厘米（图七一五，2；彩版二二，3；图版一三四，5）。

瓮　7件。均口、腹部残片。形制相同。标本F77：9，烧制变形。粗夹砂红褐陶。敛口，圆唇，鼓腹。腹部饰右上至左下斜向绳纹。唇部可见轮修痕迹（图七一五，12）。

甑　2件。形制相同。整体形制与钵相似，均深弧腹，圜底。标本F77：12，口沿残。细泥质橘红陶。底心有一圆孔，系烧制之前在陶胚上钻成。器表磨光。素面。口下可见轮修痕迹。孔径2.5、残高13.5厘米（图七一五，13）。标本F77：13，可复原。粗夹砂红褐陶。直口微敛，方唇，唇部有一道浅细凹槽，圜底近平，底部共有7个圆孔，均系烧制之前在陶胚上钻成，其中1个位于底心，较大，另外6个位于底部周缘。腹部饰交错绳纹。口下可见轮修痕迹，下腹部可见刮抹痕迹。器表可见烟熏痕迹。口径29.5、孔径2、通高15厘米（图七一五，6；图版一三四，6；图版一三五，1；图版一九七，1）。

（2）石器

1件。锛。标本F77：14，完整。石英岩。平面略呈梯形，弧刃，较锋利。通体磨光。器表可见使用形成的较小疤痕。长5.4、宽3.2～4、厚0.6厘米（图七一五，11；彩版三〇，3；图版一三五，2；图版二〇五，5）。

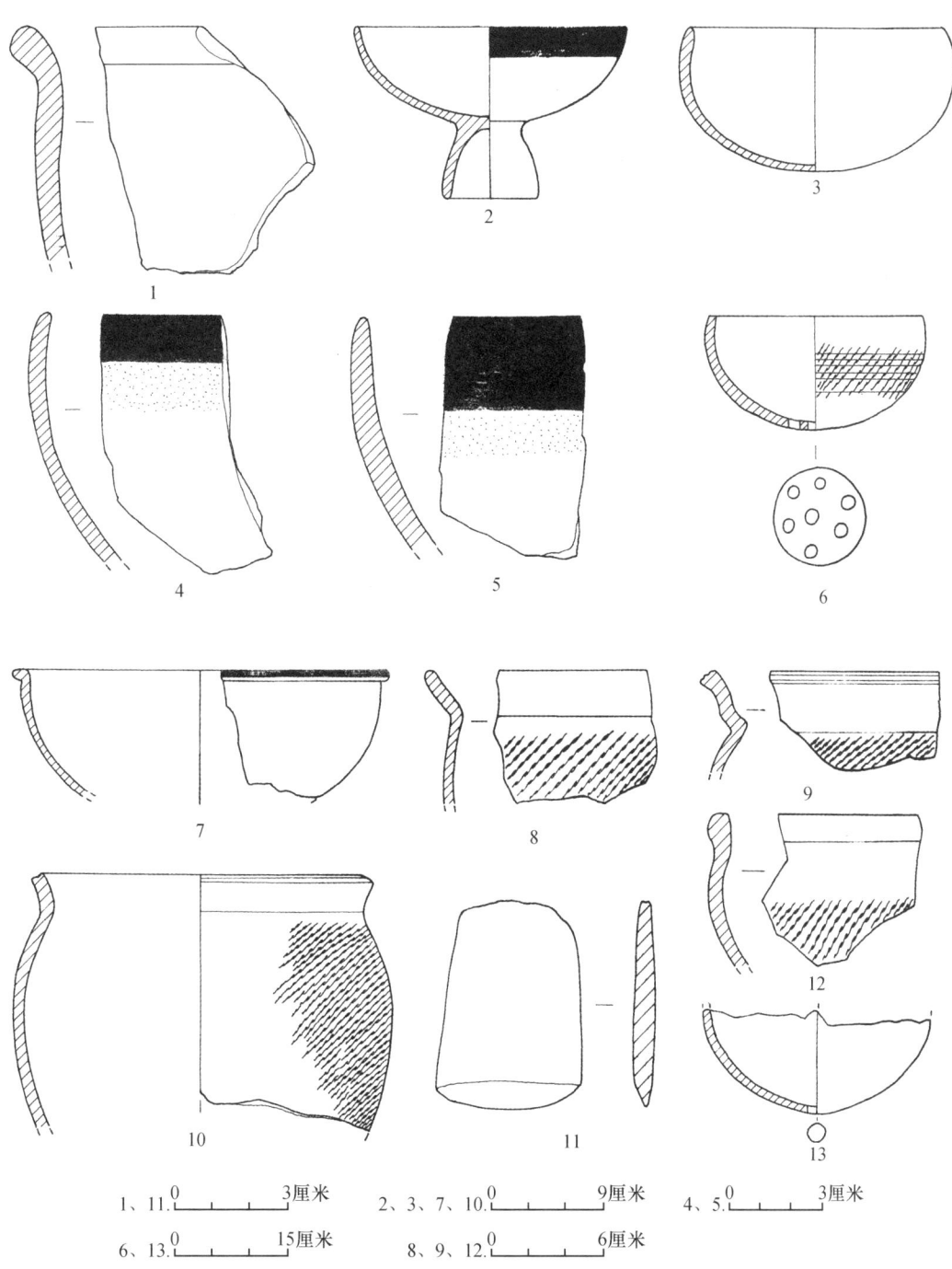

图七一五 F77出土遗物

1、7. 陶盆（F77：4、F77：5） 2～5. 陶钵（F77：11、F77：1、F77：3、F77：2） 6、13. 陶甑（F77：13、F77：12）
8～10. 陶罐（F77：7、F77：8、F77：6） 11. 石锛（F77：14） 12. 陶瓮（F77：9）

15. F91

F91位于Ⅲ区T0419、T0420、T0519、T0520内,开口于③层下,东部被H212打破,西部被W107、W108打破。半地穴式,平面呈圆角方形,边长5.5米,残深0.2米。

房内北部有一灶坑,椭圆形,锅底状。长径0.8、短径0.72、深0.2米。周缘有灶圈,宽0.1、高0.1米。

居住面为黄土铺就,厚0.15~0.3米,表面平整坚硬。房内共发现柱洞7个(D1~D7),直径0.16~0.3、深0.35~0.4米,内填疏松的浅灰色土。

门向北,位于北墙中部,正对房内灶。门道长方形,呈北高南低的斜坡状,残长0.2、宽0.8米(图七一六)。

房内堆积为灰褐色土,土质疏松,厚0.15~0.3米,出土有少量陶片。

陶片为主要的出土物,以粗夹砂红褐陶为主,细泥质橘红陶、细夹砂红褐陶及粗泥质橘红陶次之,还有少量细泥质灰陶和细泥质黑陶;纹饰以绳纹居多,素面次之,还有少量彩陶及弦纹(表一三六)。

F91共出土遗物42件。以陶器为主,石器次之。

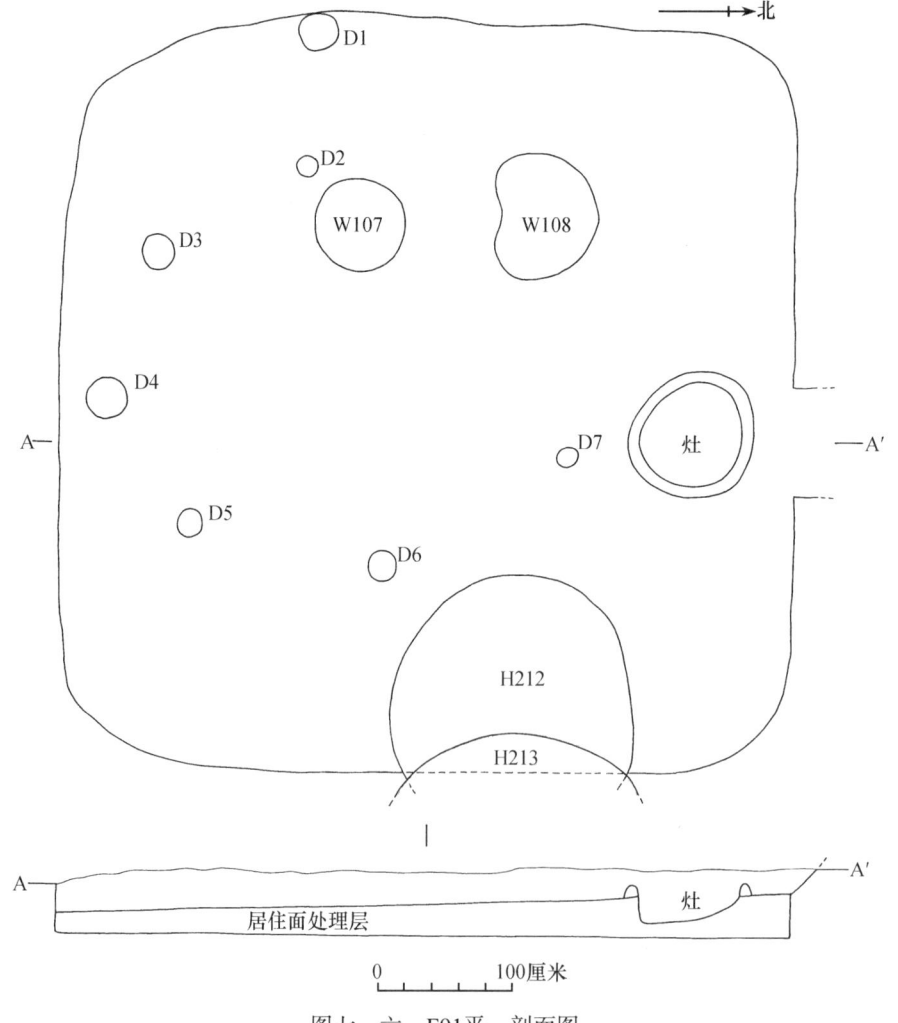

图七一六 F91平、剖面图

（1）陶器

41件。器类有瓶、盆、罐、钵、瓮，另有器耳（表一三七）。

表一三六　F91陶系统计表　　　　　　　　　　　　　　　　（单位：kg）

陶质	细泥质			粗泥质	细夹砂	粗夹砂	合计	百分比（%）	
陶色 纹饰	橘红	灰	黑	橘红	红褐	红褐			
素面	0.114	0.28	0.06		0.14	0.84	1.43	26.83	100
素面+磨光	0.66			0.19		0.85		15.95	
绳纹				0.36	0.49	1.86	2.71	50.84	
弦纹						0.04	0.04	0.75	
彩陶	0.30						0.30	5.63	
合计	1.07	0.28	0.06	0.55	0.63	2.74	5.33		
	5.33								
百分比（%）	20.08	5.25	1.13	10.32	11.82	51.41			
	100								

表一三七　F91器形统计表　　　　　　　　　　　　　　　　（单位：件）

陶质	细泥质			细夹砂		粗夹砂			合计	百分比（%）	
陶色	橘红			红褐		红褐					
纹饰 器形	素面+磨光	素面	彩陶	素面	绳纹	素面	绳纹	弦纹			
瓶				3	1				4	9.76	100
盆	1	1	1						3	7.32	
罐 口				2	6			1	14	34.15	
罐 底				3	2						
钵	9	3	5	1					18	43.90	
瓮					1		1		2	4.88	
合计	10	4	6	4	2	5	9	1	41		
	41										
百分比（%）	24.39	9.76	14.63	9.76	4.88	12.20	21.95	2.44			
	100										

瓶　4件。均口沿残片。形制相同。标本F91：10，细夹砂红褐陶。直杯口，较高，圆唇。素面。器表可见轮修痕迹。复原口径7、残高5.2厘米（图七一七，1）。

盆　3件。均口、腹部残片。标本F91：8，细泥质橘红陶。侈口，折沿，圆唇，弧腹。器表磨光。沿面饰黑色彩绘，部分脱落，图案不清。外沿面可见轮修痕迹（图七一七，5）。

标本F91：9，细泥质橘红陶。侈口，卷沿，方唇。素面。外沿面可见轮修痕迹（图七一七，4）。

罐 14件。均口、腹部残片。标本F91∶17，粗夹砂红褐陶。侈口，折沿，沿面内曲，方唇，鼓腹。口沿以下饰多周弦纹。外沿面可见轮修痕迹（图七一七，10）。

标本F91∶15，粗夹砂红褐陶。侈口，折沿，圆唇，鼓腹。口沿以下饰右上至左下斜向绳纹（图七一七，6）。

标本F91∶13、F91∶18、F91∶19形制相同，均粗夹砂红褐陶，侈口，折沿，鼓腹。标本F91∶13，方唇。腹部饰右上至左下斜向绳纹（图七一七，2）。标本F91∶18，圆唇。素面。器表可见轮修痕迹（图七一七，9）。标本F91∶19，方唇，唇部有二道浅细凹槽。素面（图七一七，3）。

标本F91∶12、F91∶14形制相同，均粗夹砂红褐陶，侈口，卷沿，方唇，鼓腹。标本F91∶12，口沿以下饰右上至左下斜向绳纹。外沿面可见轮修痕迹（图七一七，7）。标本F91∶14，唇部有二道浅细凹槽。口沿以下饰右上至左下斜向绳纹。外沿面可见轮修痕迹（图七一七，8）。

钵 18件。均口、腹部残片。形制相同，均细泥质橘红陶，直口微敛，浅弧腹，器表磨光。标本F91∶1，尖圆唇。口下饰黑色宽带纹彩绘。彩绘下侧可见深红色叠烧痕迹，内壁可见刮抹痕迹（图七一八，3）。标本F91∶2，圆唇。口下饰黑色宽带纹彩绘。器表可见轮修痕迹（图七一八，7）。标本F91∶3，尖圆唇。素面。内壁可见轮修痕迹（图七一八，9）。标本F91∶4，圆唇，口下有一个两面对钻而成的圆孔。口下饰黑色宽带纹彩绘（图七一八，1）。标本F91∶5，圆唇。素面。口下可见浅褐色叠烧痕迹（图七一八，4）。标本F91∶6，圆唇。素面。器表可见烟熏痕迹（图七一八，2）。

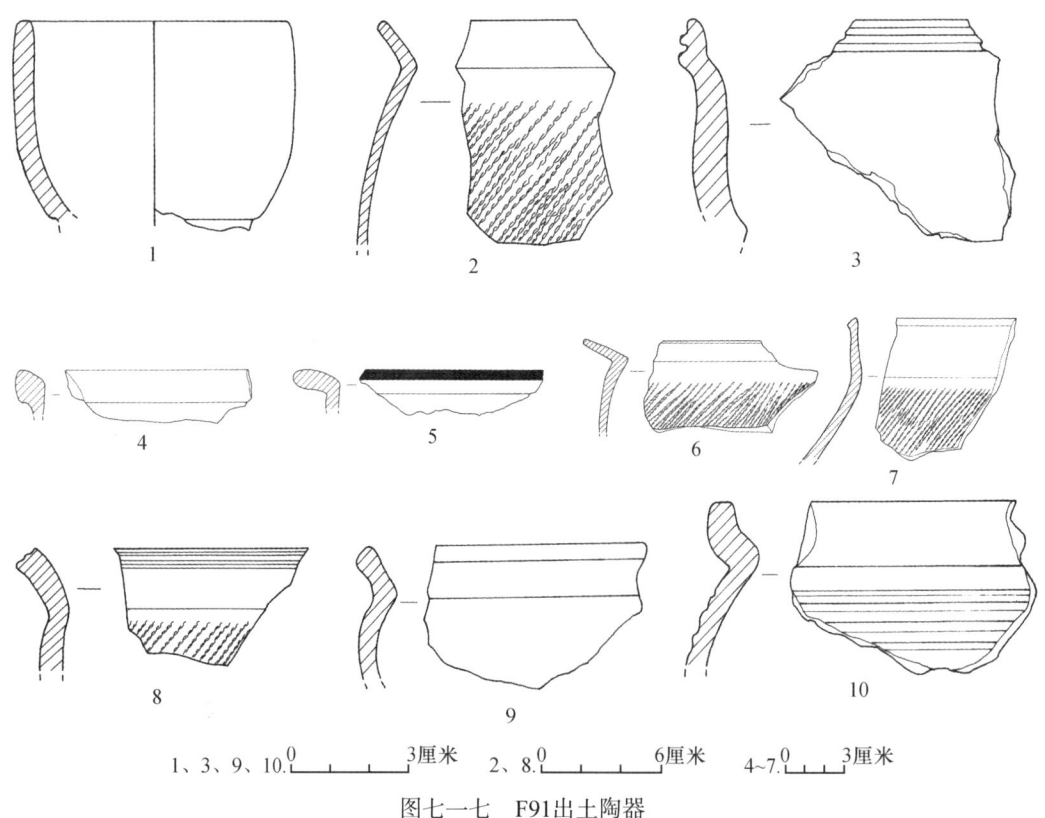

图七一七 F91出土陶器

1.瓶（F91∶10） 2、3、6~10.罐（F91∶13、F91∶19、F91∶15、F91∶12、F91∶14、F91∶18、F91∶17）
4、5.盆（F91∶9、F91∶8）

瓮　2件。均口、腹部残片。形制相同，均敛口，鼓肩，斜直腹。标本F91∶11，细夹砂红褐陶。方唇，肩部起一道显著棱脊。口沿下侧与棱脊以下均饰竖向绳纹。内、外壁均可见轮修痕迹（图七一八，5）。标本F91∶16，粗夹砂红褐陶。圆唇，肩部起一道不显著棱脊。棱脊以下饰竖向绳纹。口沿下侧可见轮修痕迹（图七一八，10）。

器耳　标本F91∶21，腹部残片。细泥质橘红陶。腹壁较直，有一竖向圆柱桥形耳。器表饰右上至左下斜向绳纹（图七一八，8）。

（2）石器

1件。锤。标本F91∶22，完整。石英细砂岩。整体呈三角锥状，顶端处可见较为集中的坑疤。长11.6厘米（图七一八，6）。

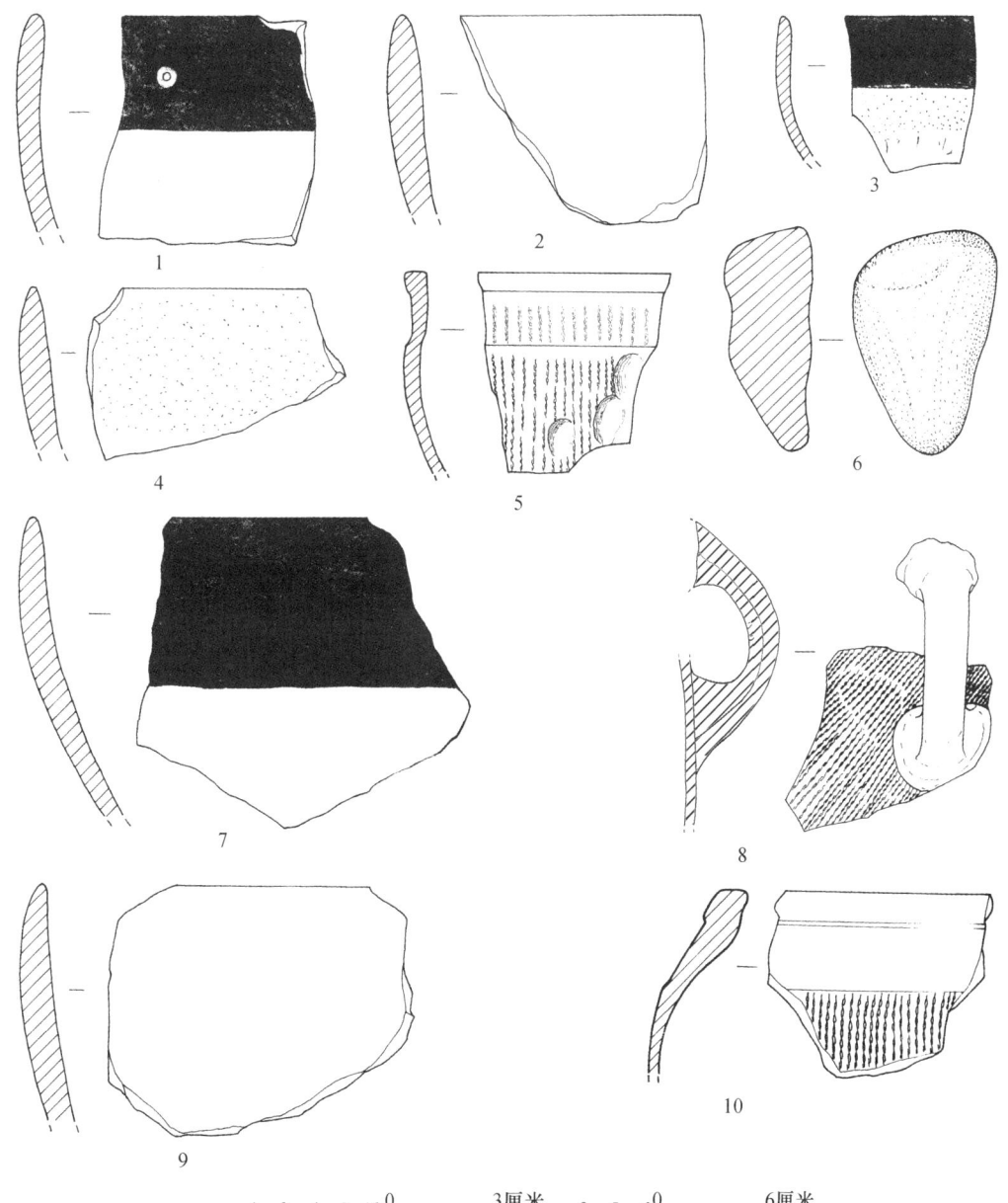

1、2、4、7~10　0———3厘米　　3、5、6　0———6厘米

图七一八　F91出土遗物

1~4、7、9.陶钵（F91∶4、F91∶6、F91∶1、F91∶5、F91∶2、F91∶3）　5、10.陶瓮（F91∶11、F91∶16）
6.石锤（F91∶22）　8.器耳（F91∶21）

16. F92

F92位于Ⅲ区T0618、T0619、T0718、T0719、T0818、T0819内，开口于③层下，东北部被H215及近代沟打破，南部被H208、H209打破，西部被W100、W103、W104、W106打破。半地穴式，平面呈长方形，南北长7.8、东西宽7.2、深0.4米。墙面涂抹一层草拌泥，光滑平整。半地穴外侧有一周宽0.55~1.1米的踩踏面，十分坚硬；在踩踏面范围内发现一圈柱洞，共37个（D1~D37），其中东侧9个（D1~D9），南侧9个（D10~D18），西侧14个（D19~D32），北侧5个（D33~D37），直径0.08~0.15、深0.1~0.18米，柱间距0.1~1.1米，多在0.25米左右。

在房内南部有一灶坑，圆形，竖井式，口大底小，平底，壁、底经长期烧烤而形成红色烧结面，口径1.5、底径0.75、深1.25米。口部周缘有灶圈，宽0.2、高0.05~0.1米。灶内填土可分为2层：第①层为灰褐色土，土质疏松，厚1米；第②层为草木灰，十分疏松，厚0.2米。在灶坑底部南壁有烟道，宽0.35、高0.7米，向南伸至地面。在东西两壁上各有1个横向深0.08~0.1、直径0.08~0.1米的椭圆形小洞。烟道伸至地面的出口呈三角形，东西0.3、南北0.35米，周缘也有泥圈，宽0.1、高0.1米。灶坑与烟道之间有一长方形灶台，四周由高0.05~0.07、宽0.06~0.09米的泥圈形成台面，东西长0.53、南北宽0.45米，高出地面0.1米，底部为平整坚硬的黑褐色烧结面。

居住面为黄褐土加工而成的硬面，十分平整。在东南角有一长方形平台，台面经过加工，平整坚硬，长2.5、宽1.80、高0.1~0.13米。室内共发现3个泥圈柱洞（D38~D40），分别靠近东南、西北、西南角，泥圈不甚规则，外圈长径0.6~0.75、短径0.4~0.6、内径0.25~0.3、深0.38~0.55米。根据对称可知，靠近东北角被H215打破处应还有1个柱洞，与其他3个柱洞呈长方形排列。

门向南，位于南墙中部，残宽1.60米（图七一九）。

房内的堆积为黄褐色土，土质致密，厚0.2~0.35米，包含有较多的火烧土颗粒，出土少量陶片，另有石块、骨头。

陶片为主要的出土物，以细泥质橘红陶为主，粗夹砂橘红陶次之，还有少量粗泥质橘红陶与细夹砂红褐陶；纹饰以素面为主，彩陶次之，绳纹再次。

F92共出土遗物25件。以陶器为主，石、骨器次之。

（1）陶器

19件。器类有盆、罐、钵、瓮、器盖、圆陶片、锉。

盆　2件。均口、腹部残片。形制相同，均侈口，卷沿，圆唇，弧腹。标本F92∶8，细泥质橘红陶。口下有一个由外向内单面钻成的圆孔。唇部饰黑色彩绘，器表饰黑色窄带纹彩绘。唇部可见轮修痕迹（图七二〇，1）。标本F92∶11，粗泥质橘红陶。素面。口下可见轮修痕迹（图七二〇，6）。

罐　3件。均口、腹部残片。形制相同，均粗夹砂橘红陶，侈口，卷沿，方唇，鼓腹。标本F92∶10，口沿下侧有一道棱脊。棱脊以下饰右上至左下斜向绳纹。外沿面可见轮修痕迹（图七二〇，11）。标本F92∶12，腹部饰右上至左下斜向绳纹。沿面可见轮修痕迹（图七二〇，9）。标本F92∶13，唇部有一道浅细凹槽。外沿面与口部以下均饰右上至左下斜向绳纹（图七二〇，3）。

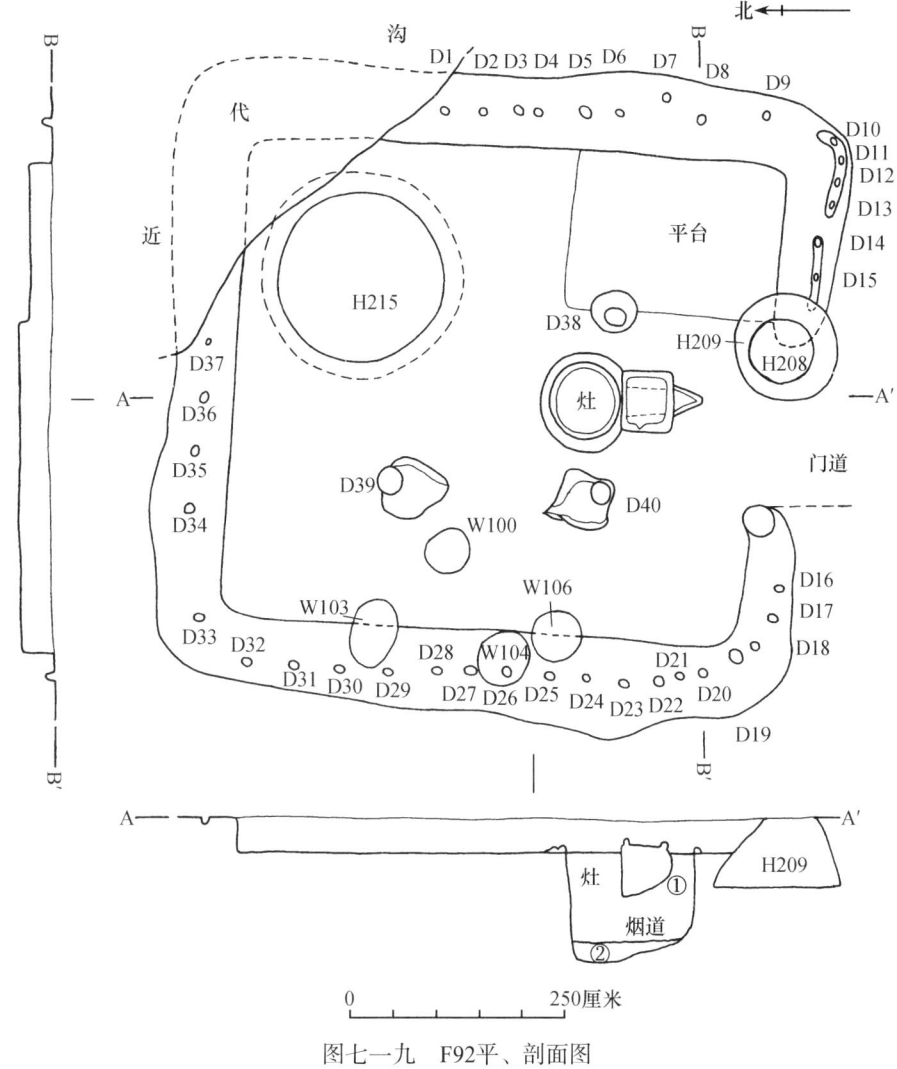

图七一九 F92平、剖面图

钵 7件。均口、腹部残片。标本F92：5，细泥质橘红陶。直口，圆唇，深弧腹。器表磨光。素面。口下可见轮修痕迹（图七二〇，12）。

标本F92：6，细泥质橘红陶。直口微敛，圆唇，深弧腹。器表磨光。素面。口下可见浅褐色叠烧痕迹。口下可见轮修痕迹，内壁可见刮抹痕迹（图七二〇，7）。

标本F92：2、F92：3、F92：7形制相同，均细泥质橘红陶，直口微敛，浅弧腹，器表磨光。标本F92：2，方唇。口下及唇部饰黑色宽带纹彩绘（图七二〇，4）。标本F92：3，圆唇。口下可见浅褐色叠烧痕迹（图七二〇，5）。标本F92：7，圆唇。素面。器表可见轮修痕迹（图七二〇，2）。

标本F92：1、F92：4形制相同，均细泥质橘红陶，敛口，圆唇，浅弧腹，器表磨光。标本F92：1，口下饰黑色宽带纹彩绘。内壁可见轮修痕迹（图七二〇，10）。标本F92：4，素面。口下可见灰白色叠烧痕迹（图七二〇，8）。

瓮 1件。口、腹部残片。标本F92：9，粗夹砂橘红陶。敛口，窄平折沿，圆唇，口沿下侧有一道凸棱，鼓肩，并起一道显著棱脊，鼓腹。棱脊以下饰右上至左下斜向绳纹。内壁可见泥条盘筑与轮修痕迹（图七二〇，13）。

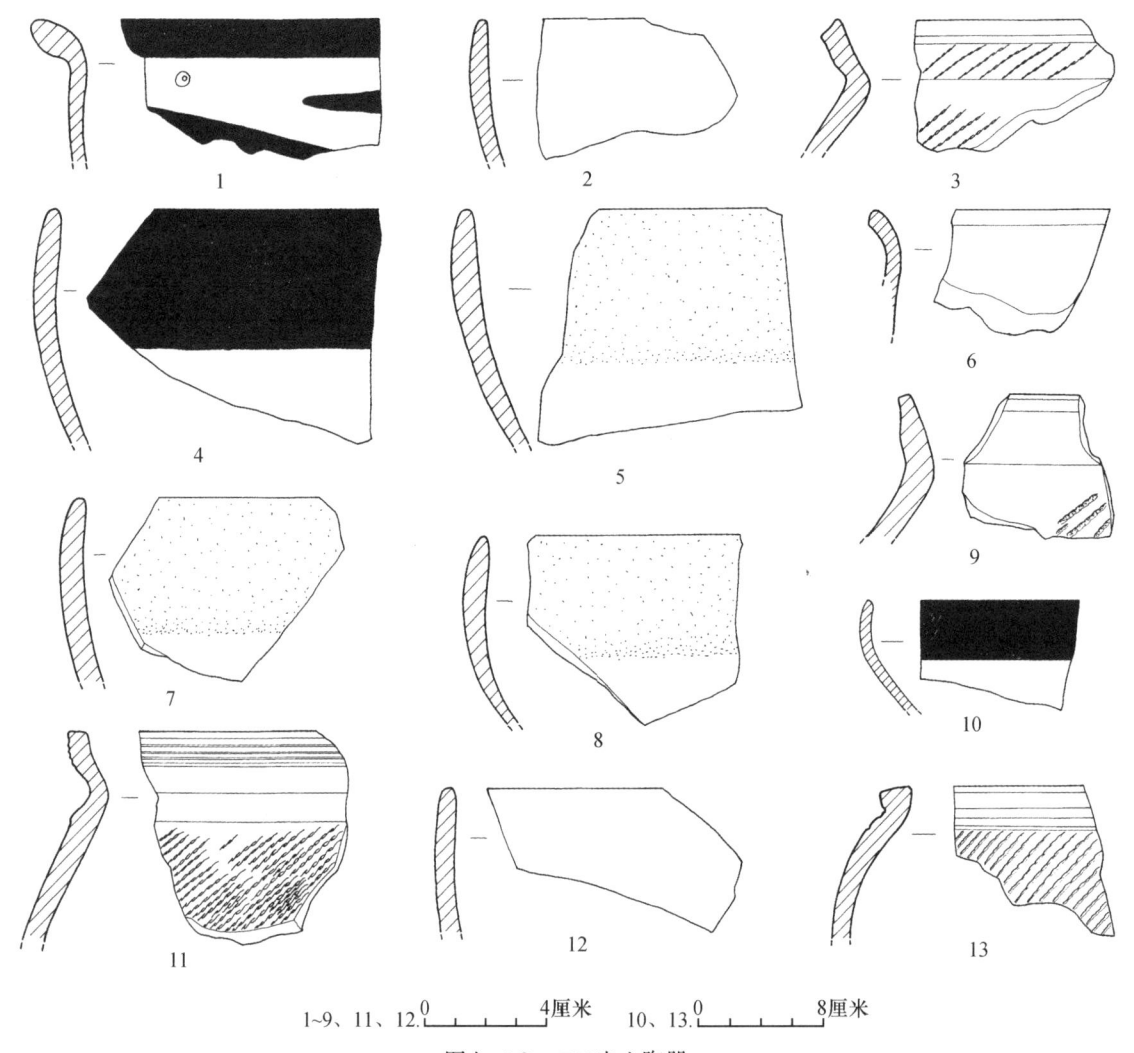

图七二〇 F92出土陶器

1、6.盆（F92:8、F92:11） 2、4、5、7、8、10、12.钵（F92:7、F92:2、F92:3、F92:6、F92:4、F92:1、F92:5）
3、9、11.罐（F92:13、F92:12、F92:10） 13.瓮（F92:9）

器盖 1件。标本F92:14，口、壁残片。细夹砂红褐陶。敞口，圆唇，斜直壁。素面。内、外壁均可见轮修痕迹（图七二一，3）。

圆陶片 1件。标本F92:15，完整。细泥质橘红陶。系利用钵的口沿残片打制而成，保留少量沿面。圆形，刃部稍钝。器表可见浅褐色叠烧痕迹。直径4.1、厚0.3厘米（图七二一，1）。

锉 4件。标本F92:16，一端稍残。粗泥质橘红陶。平面呈菱形，横断面呈圆角长方形，锐尖。器表麻点清晰，密度较小。残长20.2、中部宽4.4、厚1厘米（图七二一，4；图版一三五，3）。

标本F92:23，一端残。细泥质橘红陶。平面呈梭形，横断面呈圆角长方形。器身麻点清晰，密度较大。残长18.2、宽4、厚1厘米（图七二一，5；图版一三五，4）。

（2）石器

3件。器类有球、锛。

球 2件。均完整。标本F92:17，石灰岩。圆球状。器表可见较密的坑疤。直径5厘米（图七二一，2；图版一三五，5）。标本F92：21，石英岩。圆球状。通体磨光。直径1.8厘米（图七二一，9；图版一三五，6）。

锛　1件。标本F92：22，稍残。石英细砂岩。平面略呈椭圆形，弧刃，刃部较钝。通体磨光。长7.9、宽6.1、厚0.6厘米（图七二一，6；图版一三六，1）。

（3）骨器

3件。器类有笄、镞。

笄　2件。均一端残。形制相同。均系利用动物长骨磨制而成，器身呈扁圆柱状，横断面呈椭圆形，尖部锐利，通体磨光。标本F92：18，残长10.9厘米（图七二一，7）。标本F92：20，尾端与尖部较扁平。残长12厘米（图七二一，8；图版一三六，2）。

镞　1件。标本F92：19，锋部稍残。体部与铤部分界不明显，体部呈扁圆柱状，铤部扁平而薄。通体磨光。残长6.7厘米（图七二一，10；图版一三六，3）。

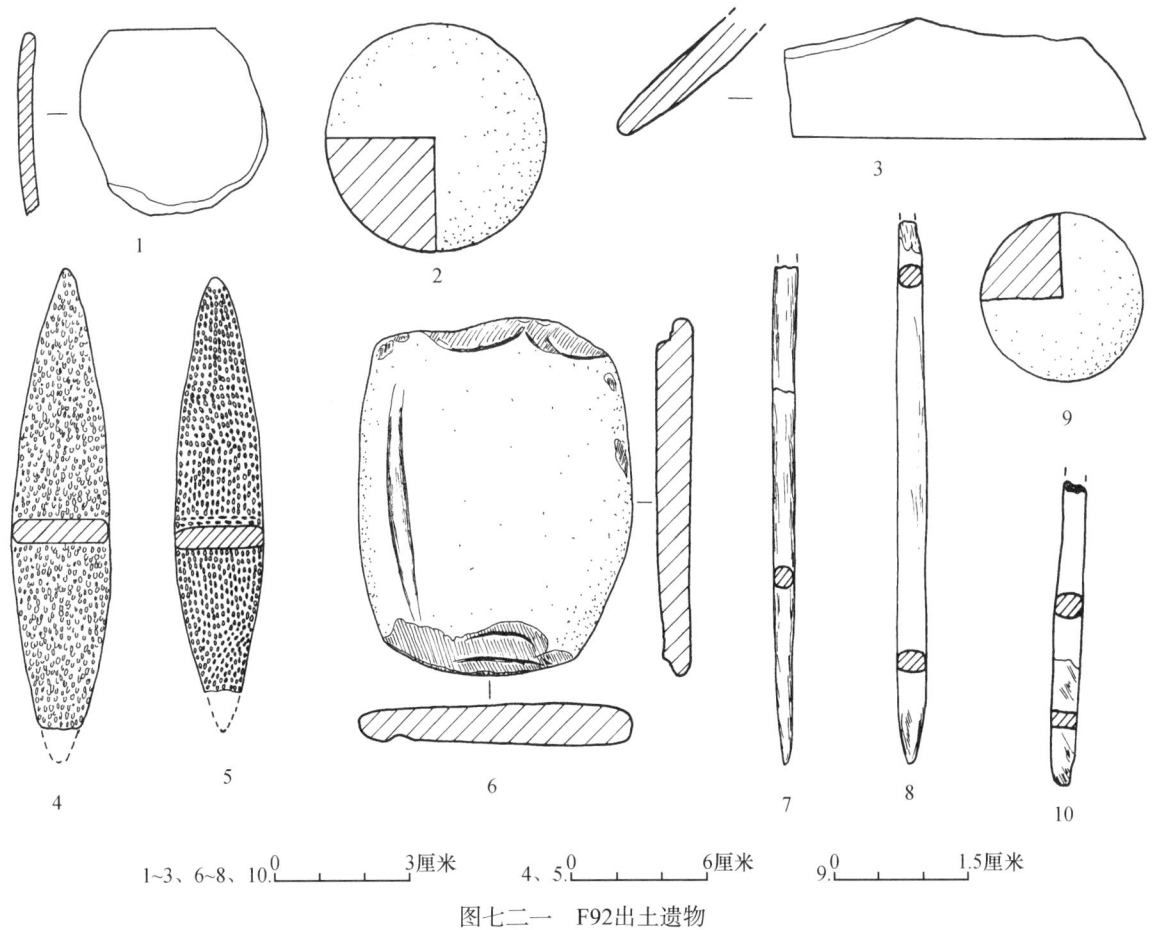

图七二一　F92出土遗物

1. 圆陶片（F92：15）　2、9. 石球（F92：17、F92：21）　3. 器盖（F92：14）　4、5. 陶锉（F92：16、F92：23）　6. 石锛（F92：22）　7、8. 骨笄（F92：18、F92：20）　10. 骨镞（F92：19）

17. F93

F93位于Ⅲ区T0620与T0621内，开口于③层下，东部延伸至探方之外，未发掘，西南部被Z21打破。半地穴式，平面呈圆角长方形，发掘部分南北长4.6、东西宽2.95米，残深0.44米，墙面涂抹

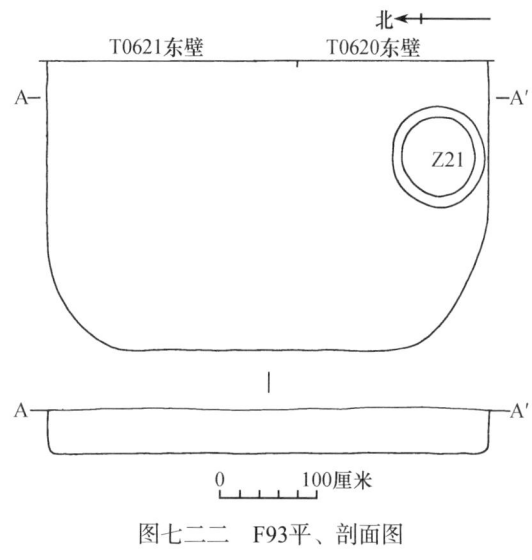

图七二二 F93平、剖面图

有一层草拌泥与料姜石末的羼和料，经过火烤形成厚0.01~0.02米厚的硬面，较为光滑。

居住面涂抹有一层草拌泥与料姜石末的羼和料，经火烤变得十分坚硬，较为平整。

门不详（图七二二）。

房内堆积为浅灰色土，土质较为致密，包含有较多的火烧土块，出土大量陶片，另有石块。

陶片为主要的出土物，以粗夹砂红褐陶为主，细泥质橘红陶次之，细泥质黑陶及细夹砂橘红陶再次，还有少量细泥质灰陶、细夹砂橙黄陶及粗泥质橘红陶；纹饰以绳纹居多，素面次之，彩陶再次，还有少量弦纹（表一三八）。

表一三八　F93陶系统计表　　　　　　　　　　　　　　（单位：kg）

陶质	细泥质			粗泥质	细夹砂		粗夹砂	合计		百分比（%）
陶色纹饰	橘红	灰	黑	橘红	橘红	橙黄	红褐			
素面	0.114	0.06			0.14			0.314		12.76
素面+磨光	0.36		0.29					0.65		26.42
绳纹				0.02	0.14	0.04	0.88	1.08	2.46	43.90	100
绳纹+弦纹							0.11	0.11		4.47
彩陶	0.31							0.31		12.60
合计	0.78	0.06	0.29	0.02	0.28	0.04	0.99	2.46		
	2.46									
百分比（%）	31.71	2.44	11.79	0.81	11.38	1.63	40.24			
	100									

F93共出土遗物30件。以陶器为主，石器次之。

（1）陶器

28件。器类有盆、罐、钵、瓮、锉，另有器耳（表一三九）。

盆　3件。均口、腹部残片。形制相同，均细泥质橘红陶。侈口，卷沿，圆唇，弧腹，器表磨光。标本F93：7，唇部饰黑色彩绘，上腹部饰黑色变体鱼纹彩绘（图七二三，1）。标本F93：8，素面。内壁可见轮修痕迹（图七二三，3）。

罐　10件。均口、腹部残片。标本F93：9、F93：11、F93：14、F93：15形制相同，均粗夹砂红褐陶，侈口，卷沿，鼓腹。标本F93：9，圆唇，口沿下侧有一道较矮棱脊。棱脊以下饰右上至左下斜向绳纹。外沿面可见轮修痕迹，内壁可见泥条盘筑痕迹。复原口径22.5、残高10.8厘米（图七二三，4）。标本F93：11，圆唇，唇部有一道浅细凹槽。口沿以下饰右上至左下斜向绳纹（图七二三，5）。标本F93：14，方唇，口沿下侧有一道凸棱。腹部饰右上至左下斜向绳纹。沿面可见

表一三九　F93器形统计表　　　　　　　　　　　　　　　　　　　　　（单位：件）

陶质	细泥质			粗夹砂		合计		百分比（%）
陶色	橘红			黑	红褐			
纹饰 \ 器形	素面+磨光	素面	彩陶	素面+磨光	绳纹	绳纹+弦纹		
盆	1	1	1				3	11.11
罐　口					8	1	10	37.04
底					1			
钵	3		8	2			13	48.15
瓮					1		1	3.70
合计	4	1	9	2	10	1	27	
	27							
百分比（%）	14.81	3.70	33.33	7.41	37.04	3.7		100
	100							

合计栏合并：27；百分比：100

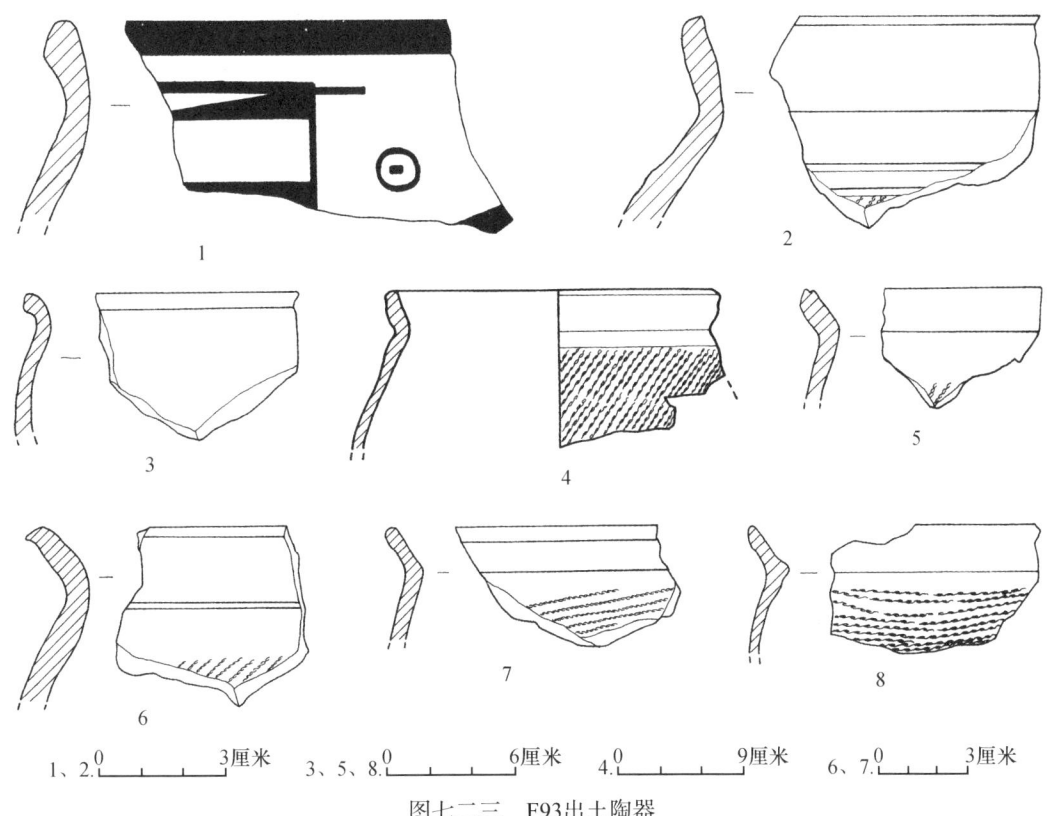

1、2. ⊢——⊣ 3厘米　3、5、8. ⊢——⊣ 6厘米　4. ⊢——⊣ 9厘米　6、7. ⊢——⊣ 3厘米

图七二三　F93出土陶器

1、3. 盆（F93：7、F93：8）　2、4~8. 罐（F93：15、F93：9、F93：11、F93：14、F93：12、F93：10）

轮修痕迹。器表可见烟熏痕迹（图七二三，6）。标本F93：15，方唇。上腹部饰二道弦纹，弦纹以下饰右上至左下斜向绳纹（图七二三，2）。

标本F93：10、F93：12形制相同，均粗夹砂红褐陶，侈口，折沿，圆唇，鼓腹。标本F93：10，内沿面与腹部相接处有一道凸棱。口沿以下饰横向绳纹（图七二三，8）。标本F93：12，口沿以下饰右上至左下斜向绳纹，绳纹近平。沿面可见轮修痕迹（图七二三，7）。

钵　13件。均口、腹部残片。标本F93：1、F93：2、F93：3、F93：4、F93：5形制相同，均细泥质橘红陶，直口微敛，浅弧腹，器表磨光。标本F93：1，圆唇。口下及唇部饰黑色宽带纹彩绘（图七二四，1）。标本F93：2，方唇。素面。器表可见刮抹痕迹（图七二四，5）。标本F93：3，方唇。素面。口下可见浅红色叠烧痕迹（图七二四，8）。标本F93：4，圆唇。素面。表层有少部分剥落。内壁可见烟熏痕迹（图七二四，6）。标本F93：5，方唇。口下饰黑色宽带纹彩绘。器表可见烟熏痕迹（图七二四，4）。

标本F93：6，细泥质橘红陶。敛口，方唇，斜直腹。素面。内、外壁均可见轮修痕迹（图七二四，2）。

标本F93：16，细泥质橘红陶。敛口，圆唇，弧腹，最大腹径位于中下腹部。器表磨光。素面（图七二四，3）。

瓮　1件。标本F93：13，口、腹部残片。粗夹砂红褐陶。敛口，圆唇，肩微鼓，并起一道不显著棱脊，鼓腹。口沿以下饰右上至左下斜向绳纹。唇部可见轮修痕迹（图七二四，7）。

器耳　标本F93：17，耳部残片。细夹砂红褐陶。圆柱桥形耳。素面（图七二四，9）。

锉　1件。标本F93：18，两端均残。细夹砂红褐陶。残存部分平面呈长条形，横断面呈圆角长方形。器表麻点清晰，密度较小。残长8.6、宽3.2、厚1.3厘米（图七二四，12）。

（2）石器

2件。均为球。均完整。形制相同，圆球状。通体磨光。标本F93：19，石英细砂岩。直径2.6厘米（图七二四，10）。标本F93：20，石英岩。直径2.1厘米（图七二四，11）。

18. F94

F94位于Ⅲ区T0618与T0619内，开口于③层下，东部被F92打破。地面式，平面呈圆角长方形，东西残长2.6、南北宽3米。房周围墙体已毁，仅存基槽，宽0.2、深0.06米，内填较疏松的浅灰色土；在底部发现一圈柱洞，共26个（D1~D26），其中西墙11个（D1~D11），北墙8个（D12~D19），南墙7个（D20~D26），直径0.06~0.1、深0.1~0.13，柱间距多在0.2米左右。柱洞内填疏松的浅灰色土，个别柱洞内保留有朽木痕迹。

居住面略经加工，较为平整。

门向南，宽0.7米（图七二五）。

房内堆积可分为2层：第①层为浅灰色土，土质致密，夹杂有较多的火烧土块，厚0.16米，出土少量陶片，另有石块、骨头；第②层为黄褐色土，土质致密，厚0.02~0.04米，为长期踩踏形成。

陶片为主要的出土物，以细泥质橘红陶为主，粗夹砂红褐陶次之；纹饰以素面为主，彩陶次之，绳纹再次。

F94共出土遗物16件。以陶器为主，石、骨器次之。

（1）陶器

12件。器类有盆、罐、钵、器盖、圆陶片。

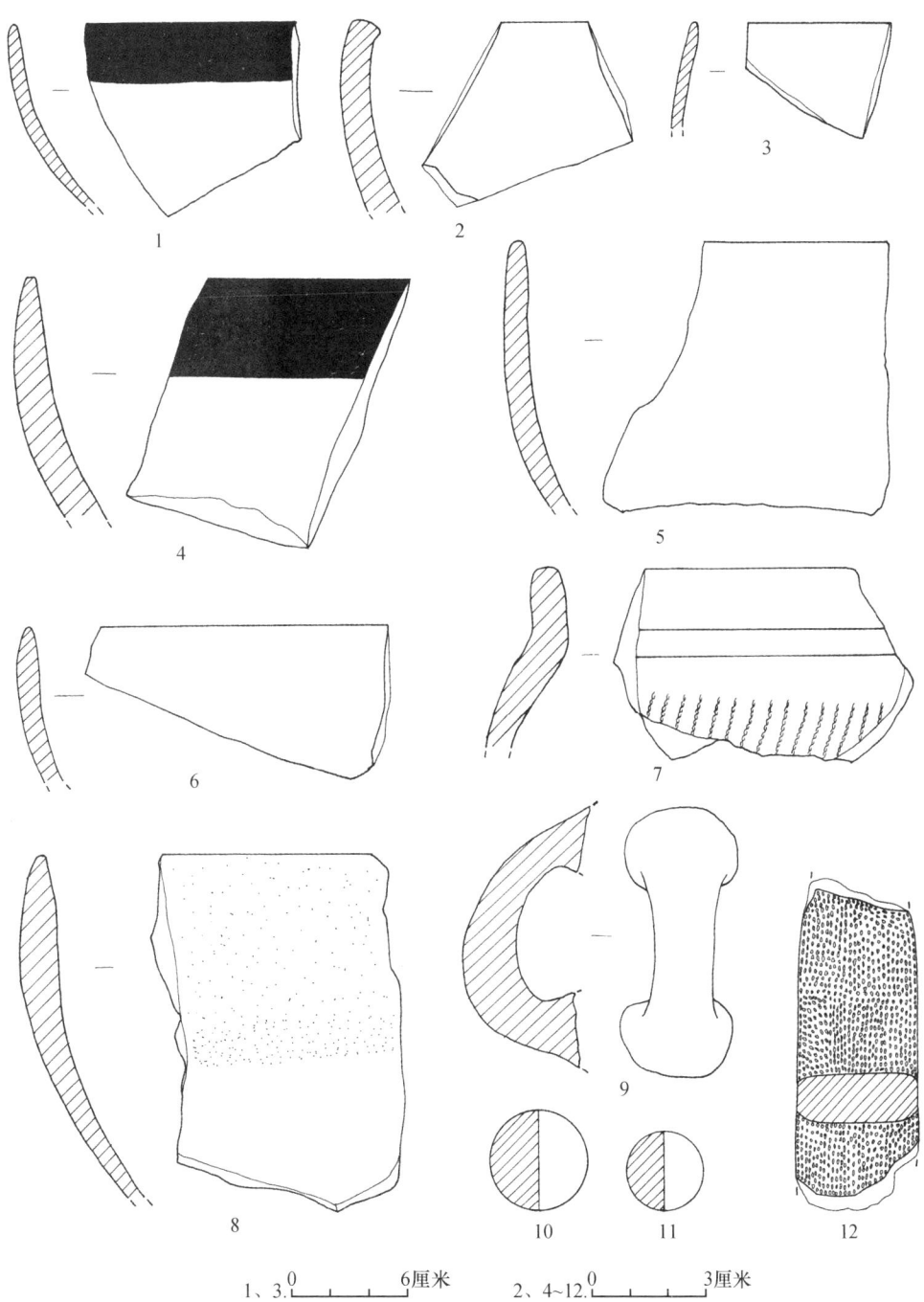

图七二四　F93出土遗物

1~6、8.陶钵（F93：1、F93：6、F93：16、F93：5、F93：2、F93：4、F93：3）　7.陶瓮（F93：13）　9.器耳（F93：17）
10、11.石球（F93：19、F93：20）　12.陶锉（F93：18）

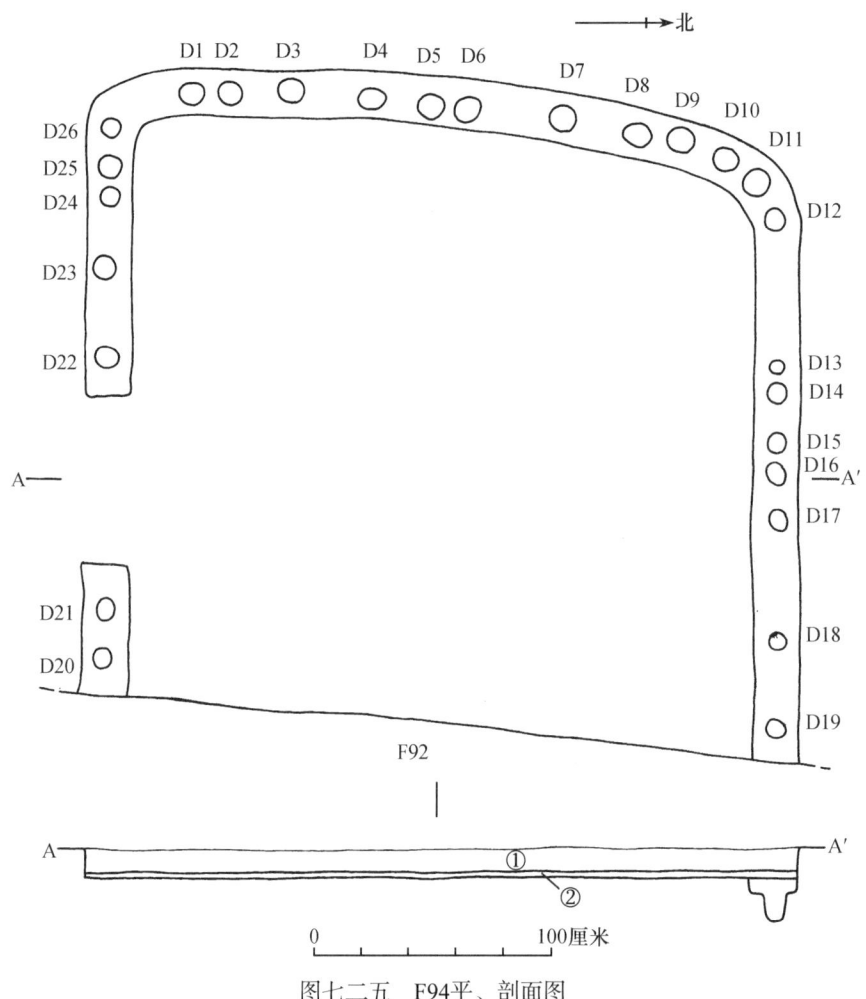

图七二五 F94平、剖面图

盆 2件。均口、腹部残片。形制相同，均细泥质橘红陶，侈口，卷沿，圆唇，弧腹，器表磨光。标本F94：6，唇部与腹部均饰黑色彩绘（图七二六，1）。标本F94：7，外沿面饰黑色彩绘，上腹部饰黑色窄带纹彩绘。外沿面可见轮修痕迹（图七二六，3）。

罐 3件。均口、腹部残片。标本F94：10，粗夹砂红褐陶。侈口，折沿，沿面内曲，方唇，鼓腹。素面。外沿面可见轮修痕迹（图七二六，5）。

标本F94：11，粗夹砂红褐陶。侈口，卷沿，圆唇，鼓腹。口沿以下饰右上至左下斜向绳纹，绳纹近平。沿面可见轮修痕迹。器表可见烟熏痕迹（图七二六，4）。

标本F94：9，粗夹砂红褐陶。侈口，折沿，方唇，唇部有一道浅细凹槽，口沿下侧有一道矮棱，鼓腹。矮棱以下饰右上至左下斜向绳纹。沿面可见轮修痕迹（图七二六，10）。

钵 5件。均口、腹部残片。标本F94：4，细泥质橘红陶。直口微敛，圆唇，深弧腹。器表磨光。素面。口下可见浅褐色叠烧痕迹。内壁可见轮修痕迹（图七二六，8）。

标本F94：1、F94：2、F94：3、F94：5形制相同，均细泥质橘红陶，直口微敛，圆唇，浅弧腹，器表磨光。标本F94：1，唇部与口下饰黑色宽带纹彩绘。口下可见轮修痕迹（图七二六，6）。标本F94：2，口下饰黑色宽带纹彩绘（图七二六，2）。标本F94：3，素面。口下可见轮修痕

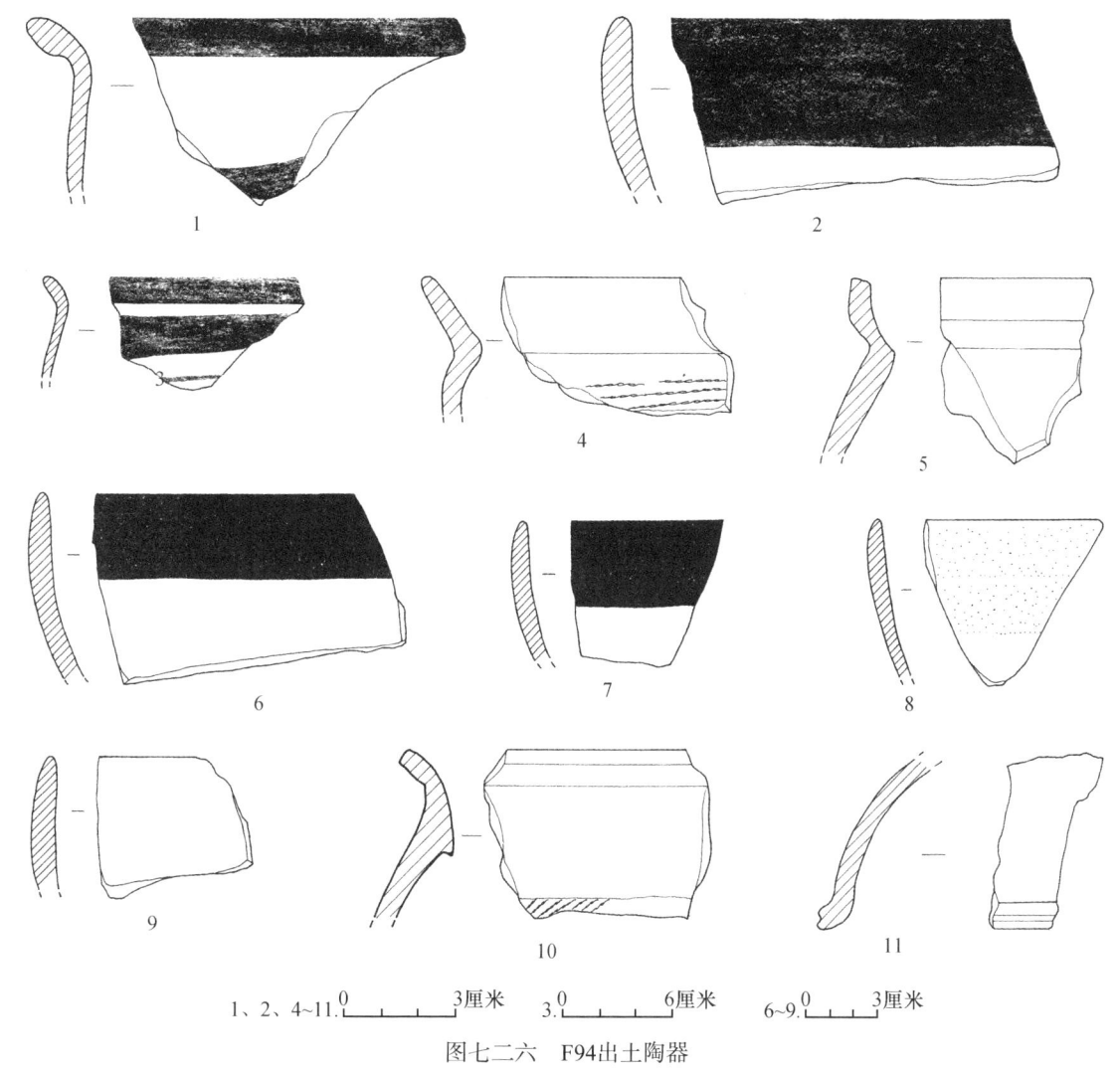

图七二六　F94出土陶器
1、3.盆（F94:6、F94:7）　2、6~9.钵（F94:2、F94:1、F94:5、F94:4、F94:3）
4、5、10.罐（F94:11、F94:10、F94:9）　11.器盖（F94:8）

迹（图七二六,9）。标本F94:5,口下饰黑色宽带纹彩绘。器表可见烟熏痕迹（图七二六,7）。

器盖　1件。标本F94:8,口、壁残片。粗夹砂红褐陶。敞口,窄平折沿,方唇,唇部有一道浅细凹槽,弧壁。素面。器表可见刮抹痕迹,内壁可见轮修痕迹（图七二六,11）。

圆陶片　1件。标本F94:12,残。细泥质橘红陶。系利用钵的口部残片打制而成。残存部分呈半圆形,边缘较钝。器表可见黑色彩绘及深红色叠烧痕迹。直径6、厚0.65厘米（图七二七,1）。

（2）石器

2件。器类有斧、研磨器。

斧　1件。标本F94:13,残。石英岩。残存部分平面呈长条形,弧刃,较为锋利。通体磨光。器表可见使用形成的较小疤痕。残长8.7、残宽3.4、厚2.6厘米（图七二七,5;图版一三六,4）。

研磨器　1件。标本F94:14,残。石英粗砂岩,石质粗糙。残存部分平面呈长条形,横断面呈近椭圆形。两侧各有一道自然形成的凹槽,底部一面平坦,有磨光痕迹。残长14、宽5厘米（图

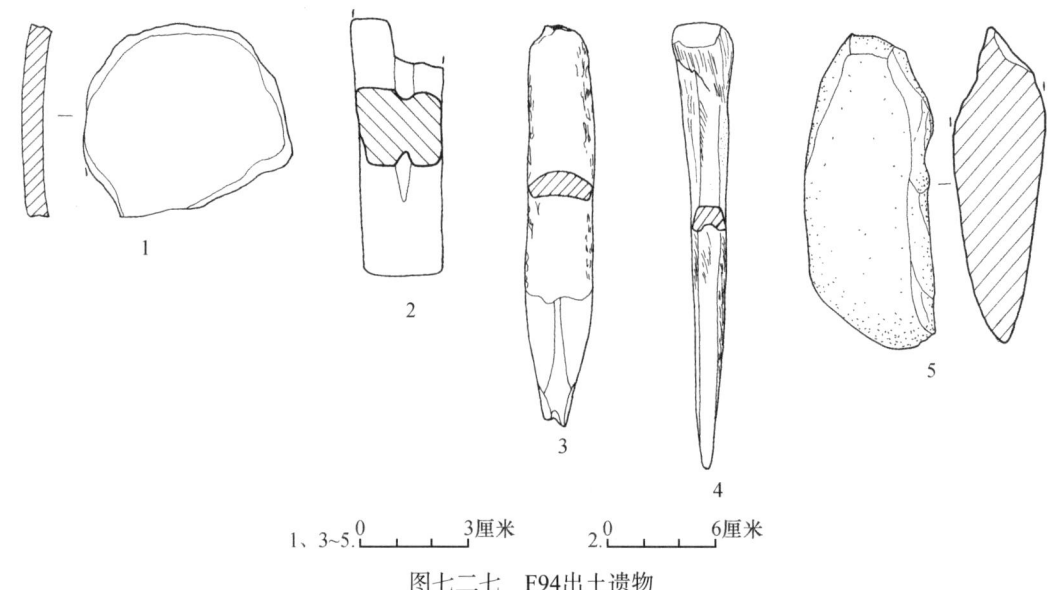

图七二七　F94出土遗物

1. 圆陶片（F94：12）　2. 研磨器（F94：14）　3. 骨坯料（F94：17）　4. 骨锥（F94：16）　5. 石斧（F94：13）

七二七，2；图版一三六，5）。

（3）骨器

2件。器类有锥、坯料。

锥　1件。标本F94：16，完整。系利用梅花鹿跖骨近段磨制而成，尾端保留少量关节面。尖部横断面呈圆形。尾端以下磨光。长12.3厘米（图七二七，4；彩版三六，4；图版一三六，6；图版二〇六，2）。

坯料　1件。标本F94：17，系利用梅花鹿角的角段劈裂而成。平面呈长条形，器身较扁平，一端呈近三角形。器表可见砍削痕迹。长11.1厘米（图七二七，3；图版一三七，1）。

19. F95

F95位于Ⅲ区T0419与T0519内，开口于③层下，西部被H216打破。地面式，平面呈长方形，南北长3、东西宽2.6米。房周围墙体已毁，仅存基槽，宽0.2~0.28、深0.2米；在底部发现7个柱洞（D1~D7），其中北墙3个（D1~D3），东墙2个（D4、D5），南墙1个（D6），西墙1个（D7），直径0.15~0.25、深0.2~0.36米。

房内中部有一灶坑，圆形，锅底状，壁、底因长期烧烤而变成青色烧结硬面，直径0.6、深0.1米，烧结面厚0.05米。

居住面北高南低，高差0.1米，为黄土加工而成的硬面，较为平整。房内东北部有一平台，长1.52、宽0.86、高0.1米，十分平整。

门向南，位于南墙中部，正对房内灶。门道长方形，底部平坦，残长0.1、宽0.7米（图七二八）。

房内堆积可分为2层：第①层为浅黄色土，土质疏松，厚0.44米，出土有少量陶片，另有石块、骨头；第②层为黄褐色土，土质致密，夹杂有零星火烧土块，厚0.05米。

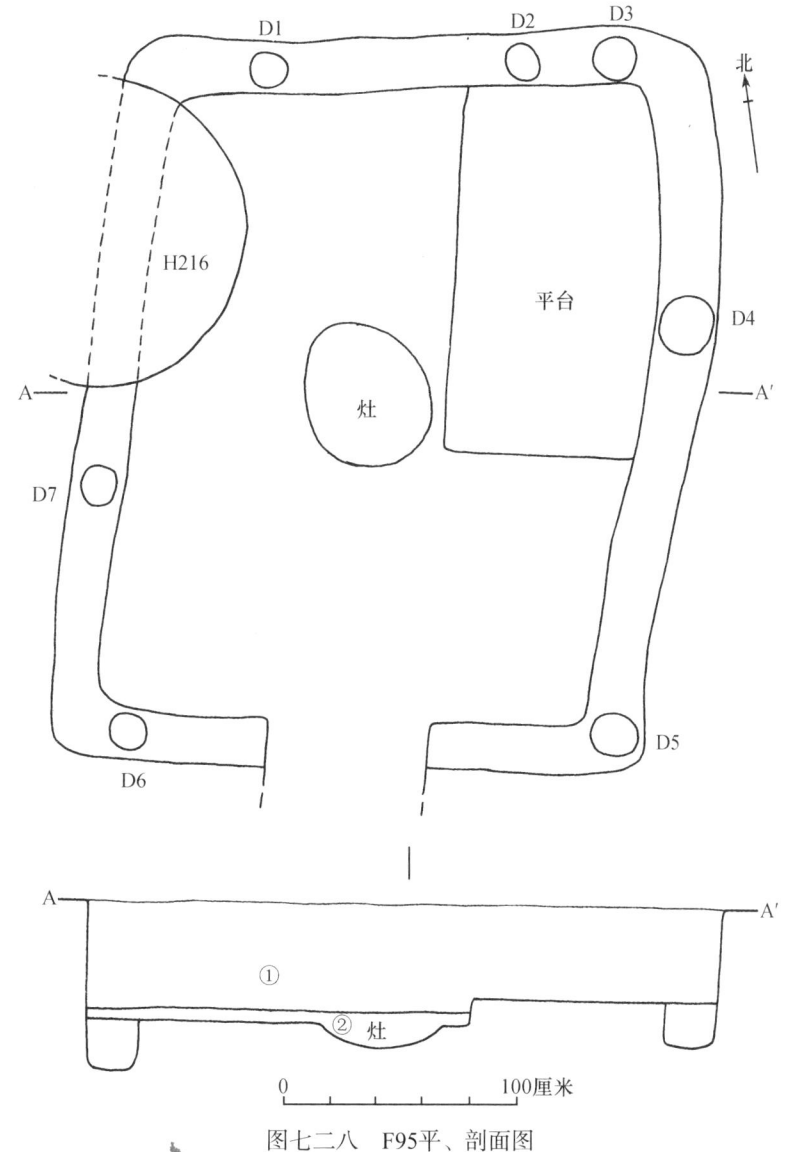

图七二八　F95平、剖面图

陶片为主要的出土物，以细泥质橘红陶为主，粗夹砂红褐陶次之；纹饰以绳纹为主，彩陶次之，素面再次。

F95共出土遗物22件。以陶器为主，石、骨器次之。

（1）陶器

20件。器类有盆、罐、钵、瓮、锉、球，另有彩陶片。

盆　1件。标本F95：7，口、腹部残片。细泥质橘红陶。侈口，卷沿，圆唇，弧腹。器表磨光。唇部与外沿面饰黑色彩绘。唇部可见轮修痕迹（图七二九，1）。

罐　10件。均口、腹部残片。标本F95：10、F95：14、F95：16形制相同，均粗夹砂红褐陶，侈口，折沿，鼓腹。标本F95：10，沿面上有一道矮棱，圆唇，外沿面有一道宽浅凹槽。素面。内、外沿面均可见轮修痕迹（图七二九，3）。标本F95：14，圆唇。外沿面可见轮修痕迹（图七二九，7）。标本F95：16，方唇。口沿以下饰横向绳纹。外沿面可见轮修痕迹。器表可见烟熏痕迹（图七二九，6）。

标本F95：8、F95：9、F95：12、F95：13、F95：15、F95：17、F95：19形制相同，均粗夹砂红褐陶，侈口，卷沿，鼓腹。标本F95：8，圆唇。外沿面与器表饰右上至左下斜向绳纹。沿面可见轮修痕迹（图七二九，8）。标本F95：9，方唇。口沿以下饰左上至右下斜向绳纹。沿面可见轮修痕迹（图七二九，10）。标本F95：12，圆唇。口沿下侧有一道较矮棱脊。棱脊以下饰右上至左下斜向绳纹。外沿面可见轮修痕迹（图七二九，11）。标本F95：13，方唇。腹部饰右上至左下斜向绳纹，绳纹近平（图七二九，4）。标本F95：15，方唇，唇部有二道浅细凹槽。腹部饰右上至左下斜向绳纹（图七二九，5）。标本F95：17，方唇。口沿以下饰右上至左下斜向绳纹。外沿面可见轮修痕迹（图七二九，9）。标本F95：19，方唇，唇面内凹。腹部饰右上至左下斜向绳纹，绳纹近平（图七二九，2）。

钵 6件。均口、腹部残片。形制相同，均细泥质橘红陶，直口微敛，浅弧腹，器表磨光。标本F95：1，圆唇。素面。口下可见轮修痕迹（图七三〇，1）。标本F95：2，圆唇。口下饰黑色宽

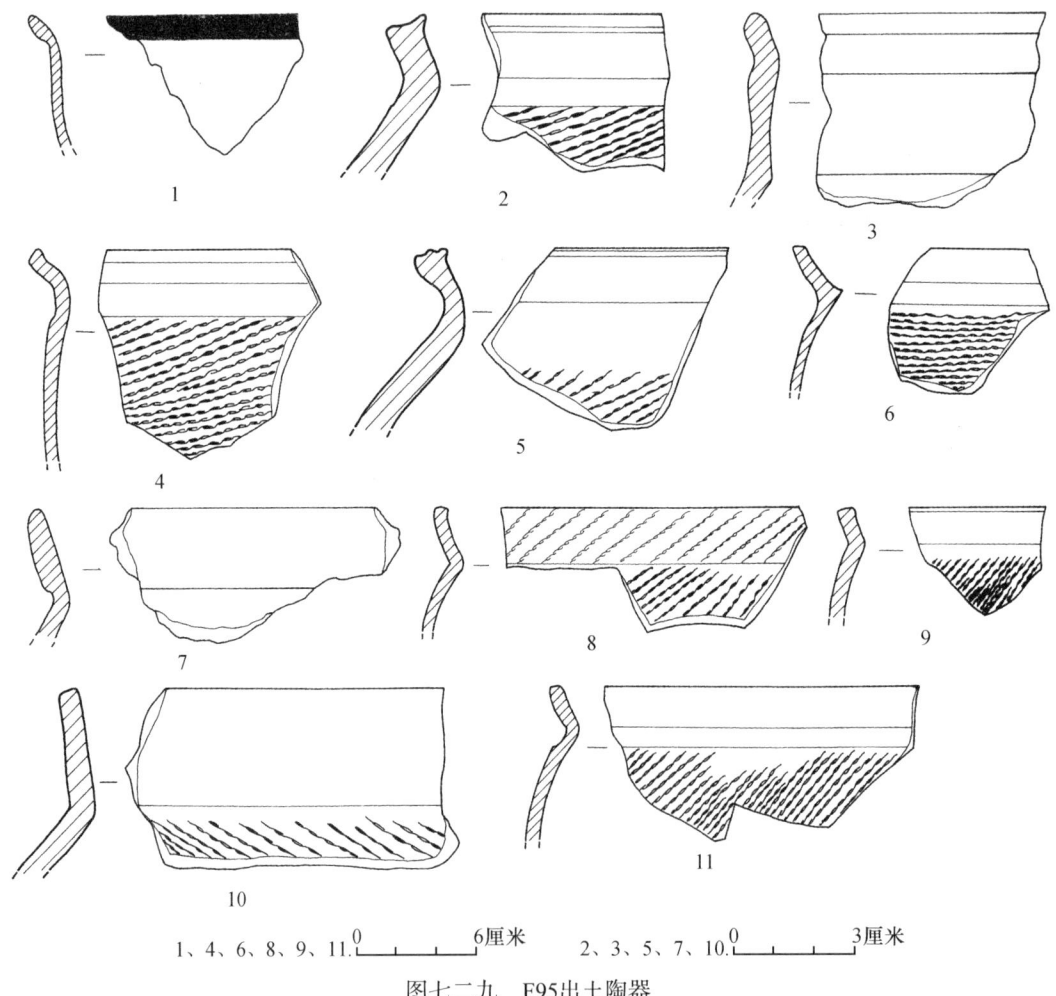

图七二九 F95出土陶器

1.盆（F95：7） 2~11.罐（F95：19、F95：10、F95：13、F95：15、F95：16、F95：14、F95：8、F95：17、F95：9、F95：12）

带纹彩绘。彩绘下侧可见浅褐色叠烧痕迹（图七三〇，5）。标本F95：3，尖圆唇。唇部与口下饰黑色宽带纹彩绘（图七三〇，3）。标本F95：4，圆唇。口下饰黑色宽带纹彩绘。内壁可见轮修痕迹（图七三〇，6）。标本F95：5，方唇。素面（图七三〇，2）。标本F95：6，尖圆唇。唇部与口下饰黑色宽带纹彩绘。器表可见轮修痕迹（图七三〇，4）。

瓮　1件。标本F95：18，口、腹部残片。粗夹砂红褐陶。侈口，卷沿，方唇，唇部有一道浅细凹槽，鼓腹。腹部饰右上至左下斜向绳纹。内壁可见轮修痕迹（图七三〇，8）。

彩陶片　均为腹部残片。标本F95：20，细泥质橘红陶。折腹。器表磨光。上腹部饰黑色窄

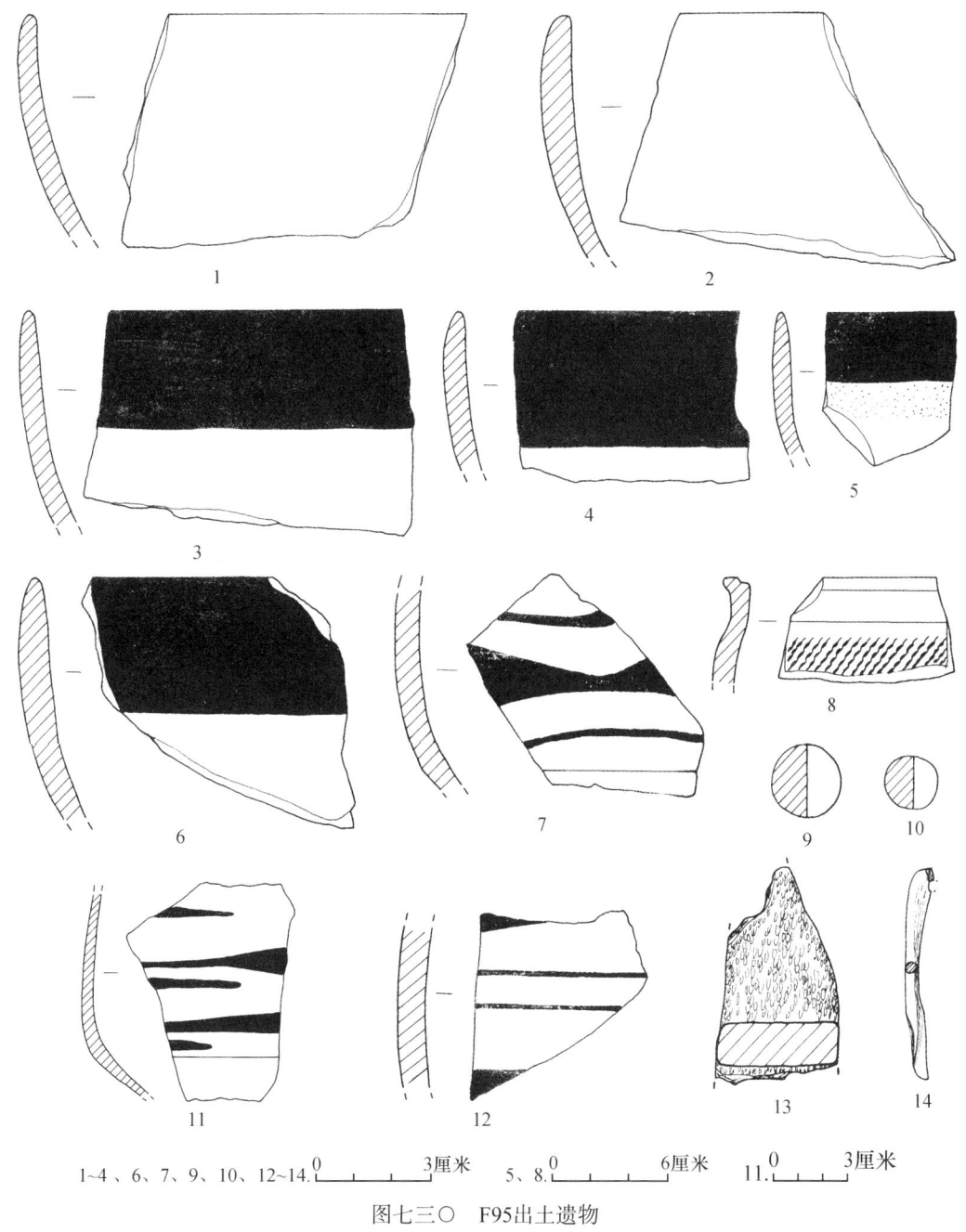

图七三〇　F95出土遗物

1~6.陶钵（F95：1、F95：5、F95：3、F95：6、F95：2、F95：4）　7、11、12.彩陶片（F95：21、F95：20、F95：22）
8.陶瓮（F95：18）　9.陶球（F95：27）　10.石球（F95：28）　13.陶锉（F95：23）　14.骨饰（F95：26）

带纹彩绘。可能为盆的残片（图七三〇，11）。标本 F95：21，细泥质橘红陶。折腹。器表磨光。上腹部饰黑色几何纹彩绘。可能为盆的残片（图七三〇，7）。标本 F95：22，细泥质橘红陶。弧腹。器表磨光。器表饰黑色窄带纹彩绘。可能为盆的残片（图七三〇，12）。

锉　1件。标本 F95：23，两端均残。细泥质橘红陶。残存部分平面大体呈三角形，两侧边稍弧，横断面呈长方形。器表麻点清晰，密度较大。残长5.6、最宽处3.3、厚1.1厘米（图七三〇，13）。

球　1件。标本 F95：27，完整。细泥质灰陶。圆球状。器表可见小坑疤。直径1.9厘米（图七三〇，9）。

（2）石器

1件。球。标本 F95：28，完整。石英细砂岩。圆球状，不甚规则。通体磨光。直径1.4厘米（图七三〇，10）。

（3）骨器

1件。饰件。标本F95：26，一侧稍残。器身细长，尾端有一残的钻孔。通体磨光。长5.4厘米（图七三〇，14；图版一三七，2）。

20. F96

F96位于Ⅲ区T0619与T0620内，开口于③层下，东部被H214、H217打破。半地穴式，平面呈圆角长方形，南北长4.2、东西宽3.92、残深0.2米。房周围墙体贴壁而建，仅下部有少量保存，宽0.2、残高0.08~0.12米，内侧墙面涂抹一层草拌泥，经火烤而十分坚硬。

在房内南部有一灶坑，椭圆形，锅底状，周壁光滑。长径1.4、短径1.16、深0.25米。灶内填土可分为2层：第①层为疏松的浅灰色土，厚0.1米；第②层为浅灰色草木灰，十分疏松，厚0.15米。周缘有灶圈，宽0.12、高0.04米。

居住面为黄土加工而成的硬面，平整坚硬。在北部有2个柱洞（D1、D2），直径0.14、深0.2米。

门向南，位于南墙中部，正对房内灶。门道长方形，略有损毁，底部呈南高北低的斜坡，残长0.4、宽0.7米。两侧各有1个柱洞，直径0.12、深0.2~0.25米，内填疏松的浅灰色土（图七三一）。

房内堆积可分为2层：第①层为黄褐色土，土质致密，夹杂有较多的火烧土块，厚0.2米，出土少量陶片，另有石块；第②层为浅灰色土，土质疏松，厚0.02~0.03米，出土零星陶片。

陶片为主要的出土物，以细泥质橘红陶为主，粗夹砂红褐陶次之，还有少量细夹砂橘红陶；纹饰以彩陶为主，素面与绳纹次之。

F96共出土遗物17件。以陶器为主，石器次之，骨器再次。

（1）陶器

14件。器类有瓶、盆、罐、钵、瓮、器盖、圆陶片、球、锉，另有彩陶片。

瓶　1件。标本F96：6，口沿残片。细夹砂橘红陶。葫芦形口，圆唇。素面。内、外壁均可见轮修痕迹。口径6.2、残高8.4厘米（图七三二，1）。

盆　2件。均口、腹部残片。标本F96：4，细泥质橘红陶。直口，平折沿，尖圆唇，弧腹。器

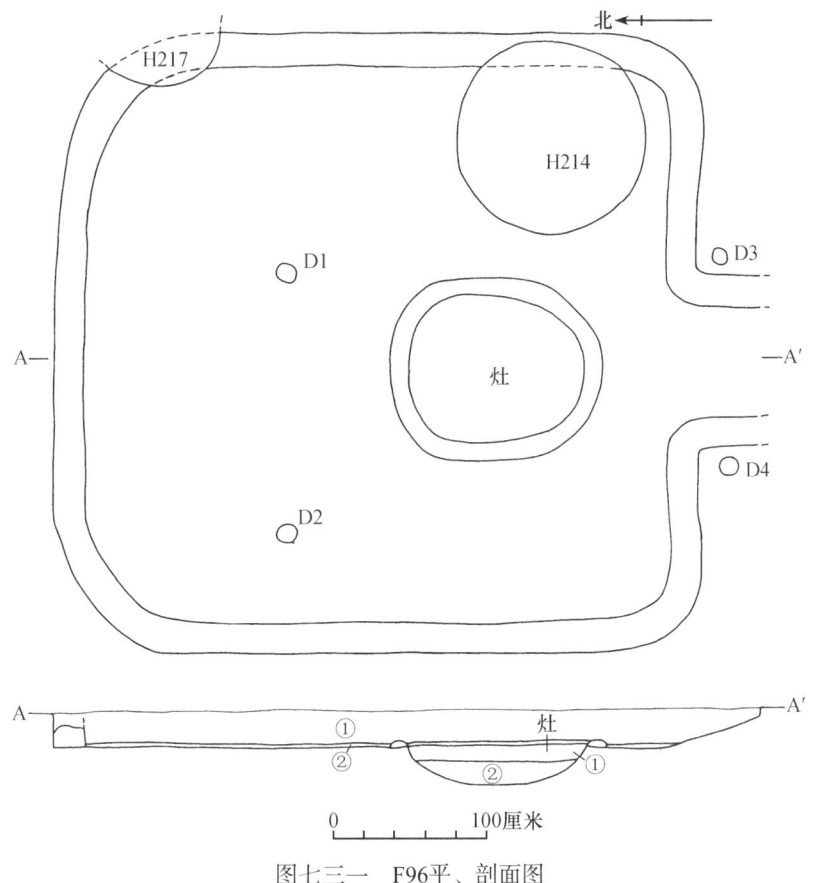

图七三一 F96平、剖面图

表磨光。沿面饰黑色三角形彩绘。唇部可见轮修痕迹（图七三二，2）。

标本F96：5，细泥质橘红陶。侈口，卷沿，圆唇，折腹。器表磨光。唇部饰黑色彩绘。复原口径14、残高8.4厘米（图七三二，3）。

罐 3件。均口、腹部残片。形制相同，均粗夹砂红褐陶，侈口，卷沿，鼓腹。标本F96：7，圆唇。腹部饰横向绳纹。口沿以下可见轮修痕迹（图七三二，9）。标本F96：9，方唇。腹部饰右上至左下斜向绳纹。口部可见烟熏痕迹。复原口径10、残高4.4厘米（图七三二，4）。标本F96：10，方唇。腹部饰右上至左下斜向绳纹。器表可见烟熏痕迹。内壁可见泥条盘筑痕迹（图七三二，6）。

钵 3件。均口、腹部残片。形制相同，均细泥质橘红陶，直口微敛，圆唇，浅弧腹。标本F96：1，素面。器表可见轮修痕迹（图七三二，7）。标本F96：2，素面。器表磨光。内壁可见轮修痕迹（图七三二，8）。标本F96：3，器表磨光。口下饰黑色宽带纹彩绘（图七三二，5）。

瓮 1件。标本F96：8，口、腹部残片。粗夹砂红褐陶。敛口，方唇，唇部有一道浅细凹槽，鼓肩，并起一道显著棱脊，鼓腹。棱脊以下饰右上至左下斜向绳纹（图七三二，12）。

器盖 1件。标本F96：12，纽部残片。粗夹砂红褐陶。圈足状纽。纽径6.2、残高4厘米（图七三二，10）。

彩陶片 标本F96：11，腹部残片。细泥质橘红陶。器表磨光。器表饰黑色三角纹、窄带纹彩绘。可能为钵、盆类器残片（图七三二，11）。

图七三二　F96出土遗物

1. 陶瓶（F96：6）　2、3. 陶盆（F96：4、F96：5）　4、6、9. 陶罐（F96：9、F96：10、F96：7）
5、7、8. 陶钵（F96：3、F96：1、F96：2）　10. 器盖（F96：12）　11. 彩陶片（F96：11）　12. 陶瓮（F96：8）
13. 陶锉（F96：15）　14. 石球（F96：17）　15. 圆陶片（F96：14）　16. 骨针（F96：18）　17. 陶球（F96：13）
18. 残石器（F96：16）

圆陶片　1件。标本F96：14，稍残。细泥质橘红陶。系利用钵的残片打制而成。圆形，边缘较钝。直径2.7、厚0.5厘米（图七三二，15）。

球　1件。标本F96：13，完整。细泥质橘红陶。圆球状，不甚规整。表面有因使用而形成的小坑。直径2.7厘米（图七三二，17）。

锉　1件。标本F96：15，一端残。粗泥质橘红陶。残存部分平面呈三角形，横断面呈梯形，锐尖。器表麻点清晰，密度较大。残长8.6、最宽处2.4、厚1厘米（图七三二，13）。

（2）石器

2件。器类有球、残石器。

球　1件。标本F96：17，完整。石英细砂岩。圆球状。器表密布坑疤。直径1.9厘米（图七三二，14）。

残石器　1件。标本F96：16，石英岩。器身扁平，边缘较薄，向内侧渐厚。通体磨光。残长6.3、厚1.7厘米（图七三二，18；图版一三七，3）。

（3）骨器

1件。针。标本F96：18，尾端残。器身细长，尖部锐利。通体磨光。残长4.1厘米（图七三二，16）。

21. F97

F97位于Ⅲ区T0419、T0420、T0519、T0520内，开口于③层下，北部被W107打破，东北部、南部被F91、F95打破，西南角被H211、H216打破。半地穴式，平面大体呈圆角长方形，东西长4.9米，南北宽4.13、深0.2米。墙面涂有一层草拌泥，厚0.01米，经火烧烤，坚硬光滑。

在房内南部有一灶坑，椭圆形，筒状，平底，长径1.5、短径1.26、深0.31米，壁、底均涂抹草拌泥，光滑坚硬。东、西、北三面有灶圈，宽0.2~0.3、高0.06~0.09米。灶内填土可分为2层：第①层为红色火烧土，土质疏松，厚0.1米；第②层为浅灰土，土质疏松，厚0.21米，出土钵、罐等陶器。

居住面涂抹有一层草拌泥，厚0.01米，经火烤而十分坚硬平整。在东北角发现大量已被压碎的陶器。房内西部有一长方形平台，表面亦涂抹一层草拌泥，经火烧烤，平整坚硬，长3.88、宽1.6、高0.06米。室内共发现柱洞4个（D1~D4），其中D1位于平台东部，D2位于平台边缘，D3、D4位于灶东侧，直径均为0.2、深0.3米。

门向南，位于南墙中部略偏西处，正对房内灶。门道长方形，底呈南高北低的斜坡状，长1.2、宽0.9米。门道南端有一门槛，宽0.2、高0.1米，内有3个柱洞（D5~D7），直径0.06~0.08米（图七三三）。

房内堆积可分为2层：第①层为红色火烧土，土质疏松，夹杂有大量草拌泥残块，厚0.1米，出土大量陶片，另有石块；第②层为深灰色土，土质疏松，厚0.1米。依据堆积情况可推测，房屋的毁弃与火有关。

陶片为主要的出土物，粗夹砂红褐陶占绝大多数，细泥质橘红陶次之，还有少量粗夹砂橙黄陶、粗夹砂灰陶、粗泥质灰陶、粗泥质橘红陶、粗夹砂橘红陶、细夹砂橘红陶、细泥质红褐陶及细

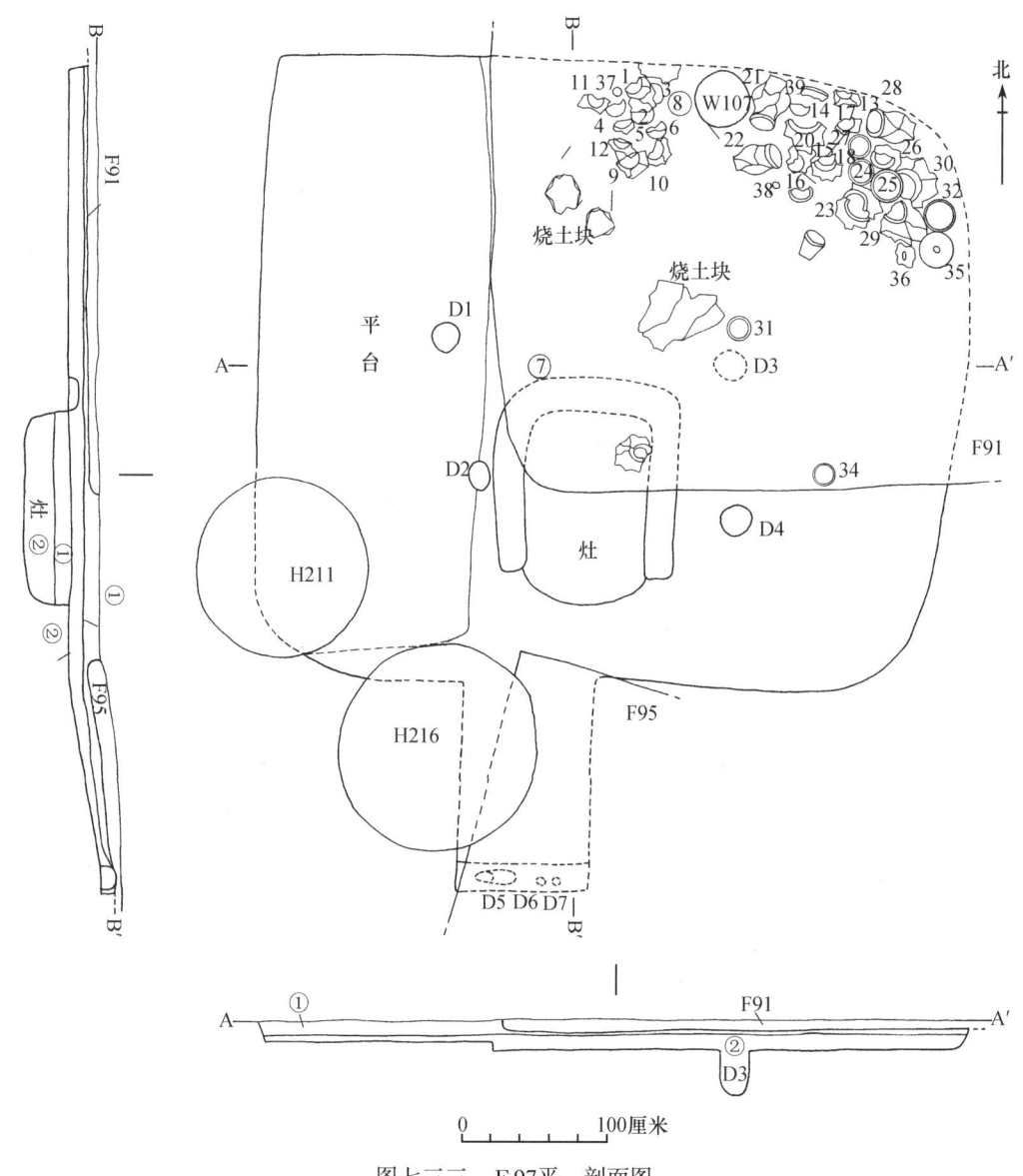

图七三三　F97平、剖面图

1~8、33.陶钵　9~12.陶盆　13~32、34.陶缸　35.陶甑　36.陶器盖　37、38.陶球

夹砂红褐陶；纹饰以绳纹居多，素面次之，还有少量附加堆纹及彩陶（表一四〇）。

F97共出土遗物52件。以陶器为主，石器次之。

（1）陶器

50件。器类有盆、罐、钵、瓮、釜、甑、器盖、球（彩版五，1；图版一三七，5；表一四一）。

盆　5件。标本F97：9，口、腹部残片。细泥质橘红陶。侈口，卷沿，圆唇，折腹。器表磨光。素面。外沿面可见轮修痕迹。器表可见烟熏痕迹（图七三四，3）。

表一四〇 F97陶系统计表 （单位：kg）

陶质	细泥质		粗泥质		细夹砂		粗夹砂				合计		百分比（%）
陶色 纹饰	橘红	红褐	橘红	灰	橘红	红褐	橘红	橙黄	红褐	灰			
素面	0.228		0.06		0.62	0.126			2.25		3.284		6.22
素面+磨光	3.87	0.26									4.13		7.83
绳纹				0.79		0.08	0.126	2.314	34.35	2.35	40.01	52.76	75.83	100
绳纹+附加堆纹									3.53		3.53		6.69
彩陶	1.81										1.81		3.43
合计	5.908	0.26	0.06	0.79	0.62	0.206	0.126	2.314	40.13	2.35	52.76		
	52.76												
百分比（%）	11.20	0.49	0.11	1.50	1.18	0.39	0.24	4.39	76.06	4.45			
	100												

表一四一 F97器形统计表 （单位：件）

陶质	细泥质				粗泥质		细夹砂		粗夹砂			合计	百分比（%）
陶色	橘红			红褐	橘红	灰	红褐	橘红	红褐				
纹饰 器形	素面+磨光	素面	彩陶	素面+磨光	素面	绳纹	素面	绳纹	素面	绳纹	绳纹+附加堆纹		
盆	1	2	1					1				5	10.20
罐 口					1	1	1		4	16	1	25	51.02
罐 底										1			
钵 口	7								1	1		13	26.53
钵 底	1		1	2										49	100
瓮										3		3	6.12
甑										1		1	2.04
釜										1		1	2.04
器盖						1						1	2.04
合计	9	2	2	2	1	1	2	1	5	23	1	49	
	49												
百分比（%）	18.37	4.08	4.08	4.08	2.04	2.04	4.08	2.04	10.20	46.94	2.04		
	100												

标本F97∶10、F97∶11、F97∶12均口、腹部残片。形制相同，细泥质橘红陶，侈口，卷沿，弧腹。标本F97∶10，方唇。素面。唇部可见轮修痕迹（图七三四，2）。标本F97∶11，圆唇。素面。口沿下侧可见轮修痕迹。内壁可见烟熏痕迹（图七三四，1）。标本F97∶12，方唇。唇部与外沿面均饰黑色彩绘（图七三四，6）。

标本F97：33，可复原。粗夹砂橘红陶。系利用罐的下腹部二次加工而成，口部十分规整。敞口，方唇，斜直腹，平底。器表饰右上至左下斜向绳纹。内壁可见泥条盘筑痕迹，口部可见打击修整痕迹。口径24.5、底径11.5、通高14.5厘米（图七三四，10；图版一三七，4）。

罐 25件。标本F97：15、F97：16、F97：18、F97：22、F97：23、F97：29、F97：30、F97：32形制相同，均粗夹砂红褐陶，侈口，折沿，鼓腹。标本F97：22，可复原。方唇，唇部有二道浅细凹槽，口沿下侧有一道凸棱，中腹圆鼓，下腹急收，平底，最大腹径位于中腹部。通体饰右上至左下斜向绳纹。器表可见烟熏痕迹。口径26、腹径33、底径13.8、通高33厘米（图七三四，11；图版一三八，1；图版一九七，2）。标本F97：23，可复原。圆唇，唇部有三道浅细凹槽，中腹圆鼓，下腹急收，平底，最大腹径位于中腹部。上、中腹部饰右上至左下斜向绳纹。沿面可见轮修痕迹，下腹部可见刮抹痕迹。口径17.2、腹径18.8、底径7.5、通高17.6厘米（图七三四，8；图版一三八，2；图

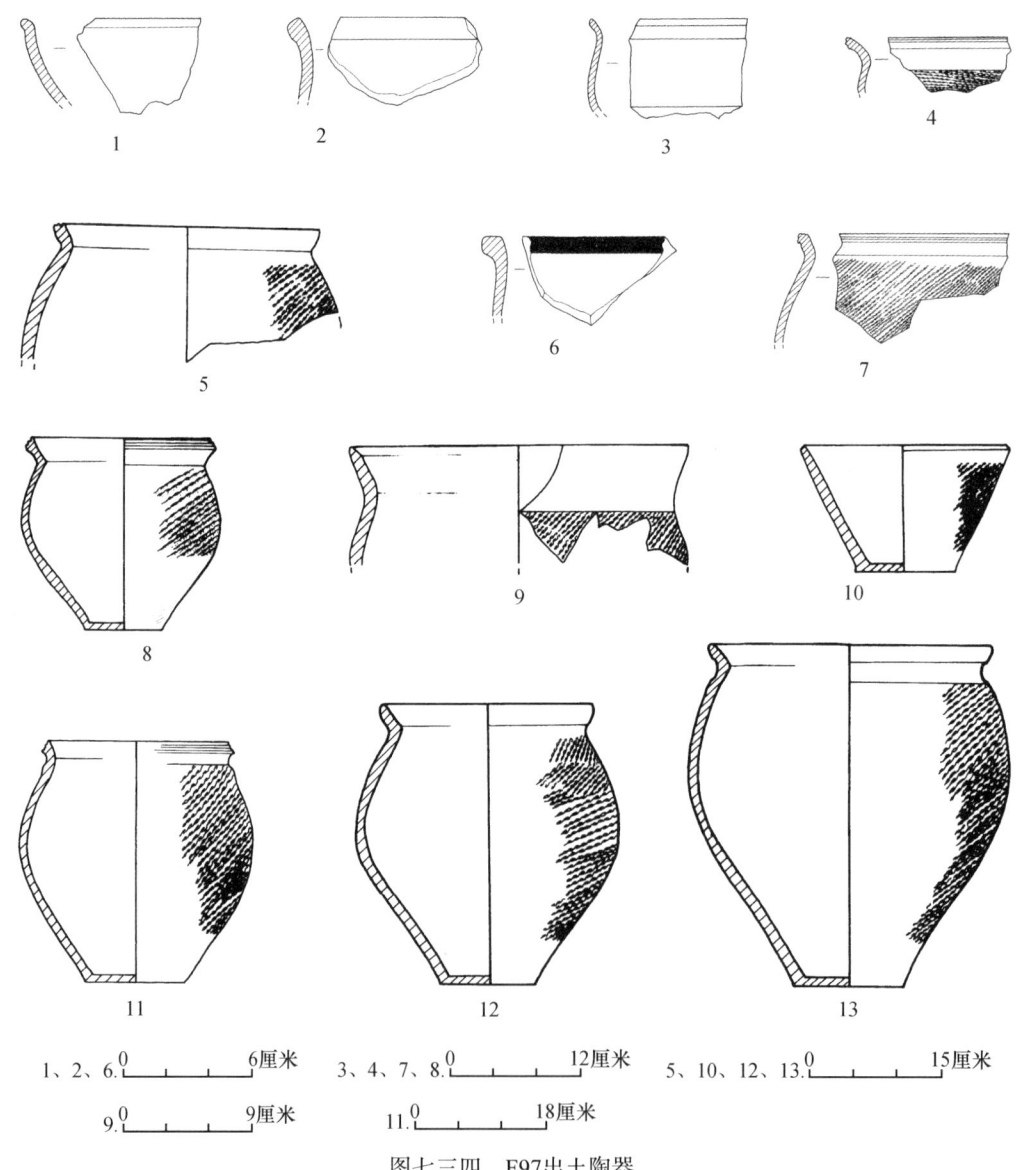

图七三四 F97出土陶器

1～3、6、10. 盆（F97：11、F97：10、F97：9、F97：12、F97：33） 4、5、7～9、11～13. 罐（F97：18、F97：15、F97：30、F97：23、F97：16、F97：22、F97：29、F97：32）

版一九七，3）。标本F97：29，可复原。圆唇，中腹圆鼓，下腹斜收，平底，最大腹径位于中腹部。通体饰右上至左下斜向绳纹，上腹部绳纹斜度较大，中、下腹部绳纹近平，上、中腹部略有交错。口径24.5、腹径31、底径11、通高32厘米（图七三四，12；图版一三八，3；图版一九七，6）。标本F97：32，可复原。圆唇，肩略鼓，并起一道较矮棱脊，中腹圆鼓，下腹略呈反弧状斜收，平底。最大腹径位于中腹部。棱脊以下饰右上至左下斜向绳纹。器表可见烟熏痕迹。沿面可见轮修痕迹。口径33.5、腹径37.5、底径12.5、通高39厘米（图七三四，13；图版一三八，4）。标本F97：15，口、腹部残片。圆唇，唇部有四道浅细凹槽。腹部饰右上至左下斜向绳纹。沿面可见轮修痕迹。复原口径31.5、残高15.5厘米（图七三四，5）。标本F97：16，口、腹部残片。沿面有二道矮棱。口沿以下饰右上至左下斜向绳纹。外沿面可见轮修痕迹。复原口径24、残高8.1厘米（图七三四，9）。标本F97：18，口、腹部残片。圆唇，唇部有一道浅细凹槽。口沿以下饰左上至右下斜向绳纹，绳纹近平。内、外沿面均可见轮修痕迹（图七三四，4）。标本F97：30，口、腹部残片。圆唇。唇部有四道浅细凹槽。口沿以下饰右上至左下斜向绳纹。外沿面可见轮修痕迹（图七三四，7）。

标本F97：13、F97：17、F97：21、F97：24、F97：25、F97：28、F97：31形制相同，均粗夹砂红褐陶，侈口，卷沿，鼓腹。标本F97：21，可复原。方唇，唇部有一道浅细凹槽，中腹圆鼓，下腹急收，平底，最大腹径位于中腹部。通体饰左上至右下斜向绳纹，绳纹近平。沿面可见轮修痕迹。口径24.5、腹径27.5、底径12.5、通高29.5厘米（图七三五，4；图版一三八，5）。标本F97：24，可复原。方唇，中腹圆鼓，下腹急收，平底，最大腹径位于中腹部。通体饰右上至左下斜向绳纹。口径25、腹径28、底径11、通高30.5厘米（图七三五，9；图版一三八，6）。标本F97：25，完整。方唇，中腹圆鼓，下腹略呈反弧状急收，平底，最大腹径位于中腹部。腹部饰右上至左下斜向绳纹。口径8.4、腹径10.2、底径6、通高11厘米（图七三五，6；彩版一七，6；图版一三九，1；图版一九七，4）。标本F97：28，可复原。方唇，中腹圆鼓，下腹急收，平底，最大腹径位于中上腹部。通体饰右上至左下斜向绳纹，绳纹近平，近底部饰竖向绳纹，斜向绳纹与竖向绳纹略有交错。器表可见烟熏痕迹。口径24.8、腹径30.4、底径12.4、通高29.6厘米（图七三五，8；图版一三九，2）。标本F97：31，可复原。方唇，唇部有一道浅细凹槽，中腹圆鼓，下腹急收，平底，最大腹径位于中腹部。腹部饰右上至左下斜向绳纹，上腹部饰四个对称分布的竖向鸡冠状附加堆纹。器表可见烟熏痕迹。口径28、腹径30.5、底径13、通高35厘米（图七三五，7；图版一三九，3）。标本F97：13，口、腹部残片。方唇，唇部有一道浅细凹槽。腹部饰右上至左下斜向绳纹（图七三五，3）。标本F97：17，口、腹部残片。圆唇，唇部有二道浅细凹槽。口沿以下饰右上至左下斜向绳纹。唇部可见轮修痕迹（图七三五，1）。

标本F97：20，口、腹部残片。粗夹砂红褐陶。直口微敛，圆唇，唇部有一道浅细凹槽，鼓肩，并起一道显著棱脊，斜直腹。棱脊以下饰右上至左下斜向绳纹。内壁可见泥条盘筑与轮修痕迹（图七三五，2）。

标本F97：34，完整。粗夹砂红褐陶。敛口，圆唇，斜直腹，大平底微内凹。通体饰右上至左下斜向绳纹。口下可见轮修痕迹，内壁可见泥条盘筑痕迹。口径7.2、底径12.3、通高13.8厘米（图七三五，5；彩版一八，1；图版一三九，4）。

钵 13件。标本F97：3，口、腹部残片。细泥质橘红陶。直口，圆唇，深弧腹。口下有一个两面对钻而成的圆孔。器表磨光。素面。口下可见深红色叠烧痕迹（图七三六，3）。

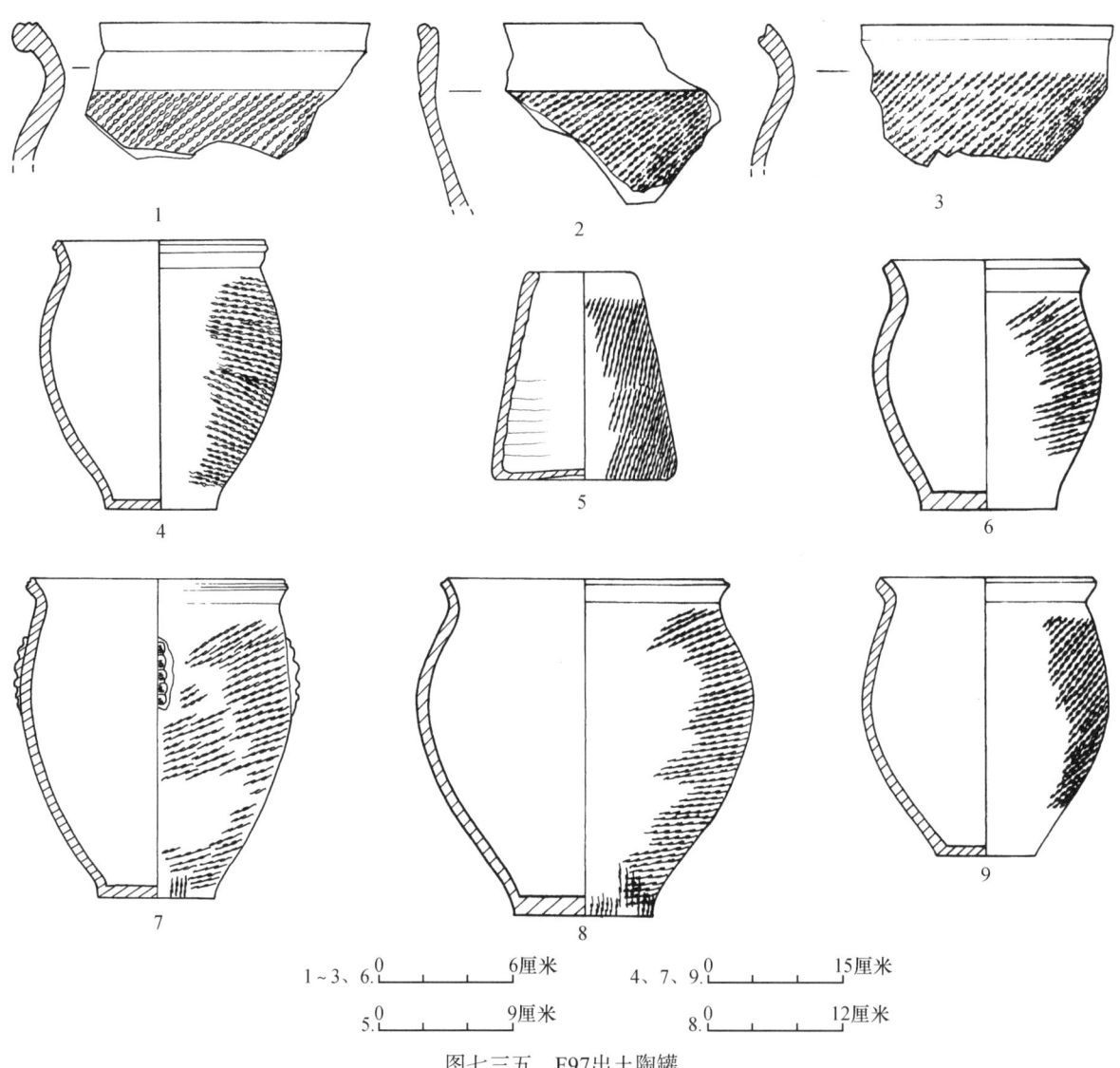

图七三五　F97出土陶罐

1~9.（F97：17、F97：20、F97：13、F97：21、F97：34、F97：25、F97：31、F97：28、F97：24）

标本F97：1、F97：5均口、腹部残片。形制相同，均细泥质橘红陶，敛口，深弧腹，最大腹径位于中下腹部，器表磨光，素面。标本F97：1，圆唇。内壁可见烟熏痕迹（图七三六，1）。标本F97：5，尖圆唇。内壁可见轮修痕迹（图七三六，2）。

标本F97：2、F97：4、F97：6、F97：7、F97：8形制相同，均细泥质橘红陶，直口微敛，圆唇，浅弧腹，器表磨光。标本F97：7，可复原。圜底，底心有一圆形凹坑。唇部与口下饰黑色宽带纹彩绘。彩绘下侧可见浅红色叠烧痕迹。腹部可见烟熏痕迹。口径40、通高15.5厘米（图七三六，6；图版一三九，5）。标本F97：8，可复原。圜底，底心有一圆形凹坑。素面。口下可见深褐色叠烧痕迹与轮修痕迹。口径33.5、高15.5厘米（图七三六，8；图版一三九，6）。标本F97：2，口、腹部残片。素面。口下可见轮修痕迹（图七三六，5）。标本F97：4，口、腹部残片。素面。口下可见深红色叠烧痕迹。内壁可见烟熏痕迹（图七三六，4）。标本F97：6，口、腹部残片。素面。口下可见轮修痕迹。内、外壁均可见烟熏痕迹（图七三六，7）。

瓮　3件。均口、腹部残片。标本F97：19，粗夹砂红褐陶。敛口，圆唇，口下有一道线细凹槽，

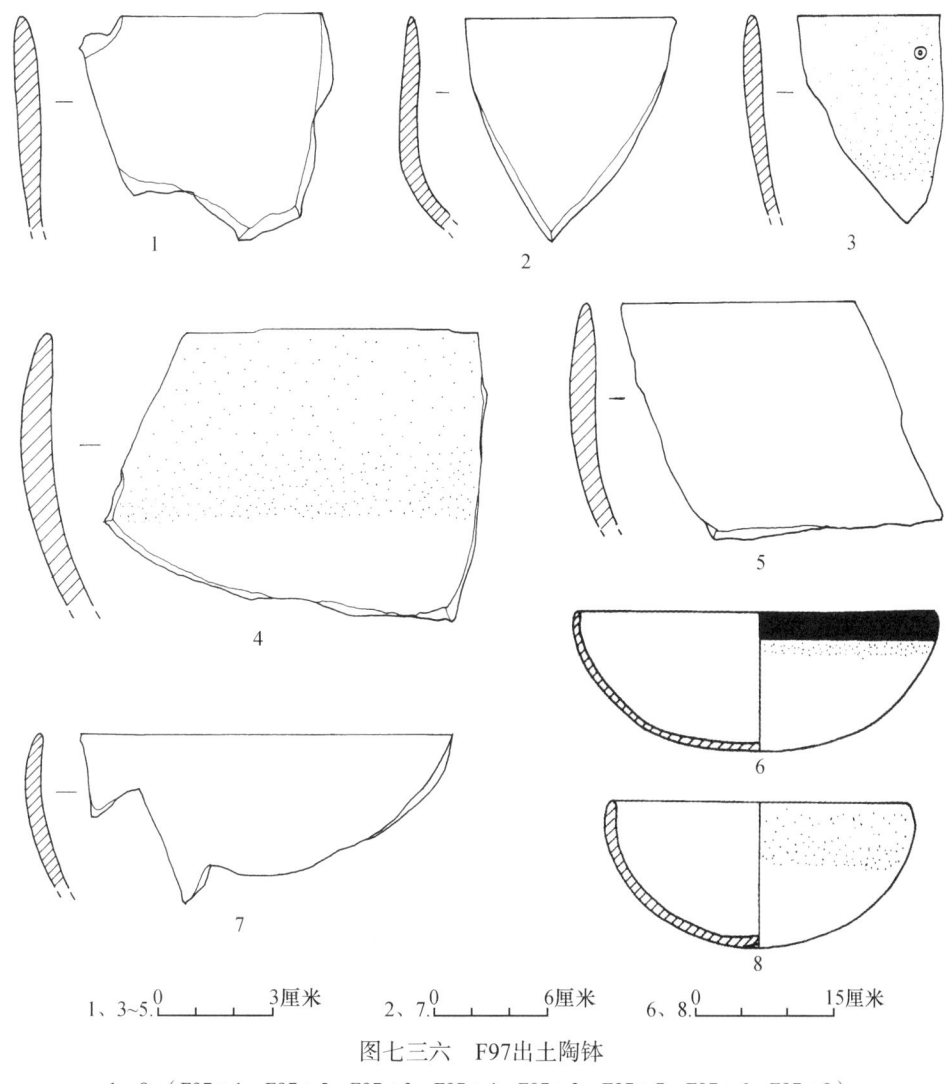

图七三六 F97出土陶钵
1~8.（F97∶1、F97∶5、F97∶3、F97∶4、F97∶2、F97∶7、F97∶6、F97∶8）

鼓肩，并起一道不显著棱脊，鼓腹。棱脊以下饰右上至左下斜向绳纹。口沿下侧、内壁均可见轮修痕迹（图七三七，8）。

标本F97∶26，粗夹砂红褐陶。侈口，折沿，方唇，唇部有二道浅细凹槽，鼓腹，最大腹径位于中腹部。口沿以下饰右上至左下斜向绳纹。器表可见烟熏痕迹。复原口径29、腹径35、残高28厘米（图七三七，1）。

标本F97∶14，粗夹砂红褐陶。侈口，卷沿，圆唇，鼓腹。口沿以下饰右上至左下斜向绳纹。器表可见烟熏痕迹。复原口径33、腹径36、残高22厘米（图七三七，3）。

釜 1件。标本F97∶27，可复原。粗夹砂红褐陶。侈口，卷沿，圆唇，唇部有一道浅细凹槽，下腹圆鼓，圜底，最大腹径位于下腹部。通体饰右上至左下斜向绳纹。口径12.6、腹径15、通高10.8厘米（图七三七，5；彩版二六，3；图版一四〇，1；图版一九七，5）。

甑 1件。标本F97∶35，可复原。粗夹砂红褐陶。整体形制与钵相同。直口微敛，方唇，浅弧腹，圜底，底部有一周凸棱，底心有一圆孔。上腹部饰右上至左下斜向绳纹。口径17.1、孔径2、通高8.1厘米（图七三七，2；图版一四〇，2、3）。

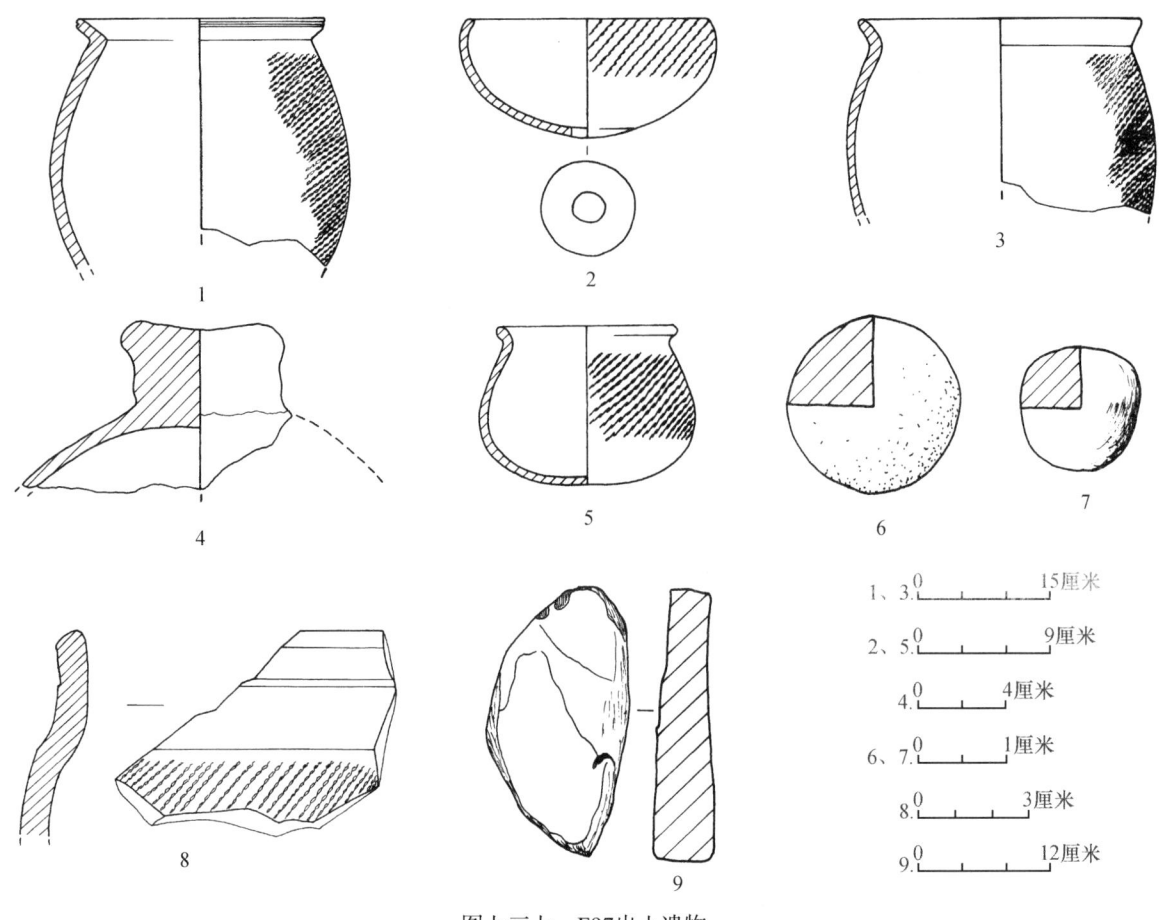

图七三七 F97出土遗物

1、3、8.陶瓮（F97：26、F97：14、F97：19） 2.陶甑（F97：35） 4.器盖（F97：36） 5.陶釜（F97：27）
6.陶球（F97：37） 7.石球（F97：38） 9.石核（F97：39）

器盖 1件。标本F97：36，纽、壁残片。细夹砂红褐陶。弧壁，马鞍状纽。器表经刮抹较为光滑。内壁可见烟熏痕迹（图七三七，4）。

球 1件。标本F97：37，完整。细泥质灰陶。圆球状。器表可见小坑疤。直径1.9厘米（图七三七，6；图版一四〇，4）。

（2）石器

2件。器类有球、石核。

球 1件。标本F97：38，完整。石英细砂岩。圆球状，不甚规则。通体磨光。直径1.4厘米（图七三七，7；图版一四〇，5）。

石核 1件。标本F97：39，石英细砂岩。平面呈半圆形，器身扁平。上下两面为较为平坦的台面。可见几处剥落石片的痕迹。表面可见烟熏痕迹。长24、宽12.8、厚5.6厘米（图七三七，9；图版一四〇，6）。

22. F98

F98位于Ⅲ区T0618、T0619、T0718、T0719内，开口于③层下，被F92、F94、F96叠压，西北角被H214打破，东北部被H220打破。半地穴式，平面呈圆角长方形，东西长4.35、南北宽3.5、残深0.48米，墙面涂抹一层草拌泥，经火烧烤而呈红色，十分坚硬光滑。

房内南部有一灶坑，桃形，底部南高北低，长径1.38、短径1.24、深0.32米。灶内填疏松的浅灰色草木灰。底部靠北壁有一火种罐，口部向上。周缘有灶圈，宽0.2~0.25、高0.04米。

室内共有2个柱洞（D1、D2），D1直径0.1、深0.3米；D2为泥圈柱洞，外径0.22、内径0.16、深0.2米。

居住面西部略高，表面涂抹一层草拌泥，经火烧烤，十分坚硬平整。

门向南，位于南墙中部，正对房内灶。门道长方形，略有损毁，底呈南高北低的斜坡状，残长0.5、宽0.7米（图七三八）。

房内堆积为浅黄色土，土质较致密，包含有较多火烧土块，厚0.28~0.48米，出土大量陶片。

陶片为主要的出土物，以细泥质橘红陶为主，粗夹砂红褐陶次之，粗泥质橘红陶再次，还

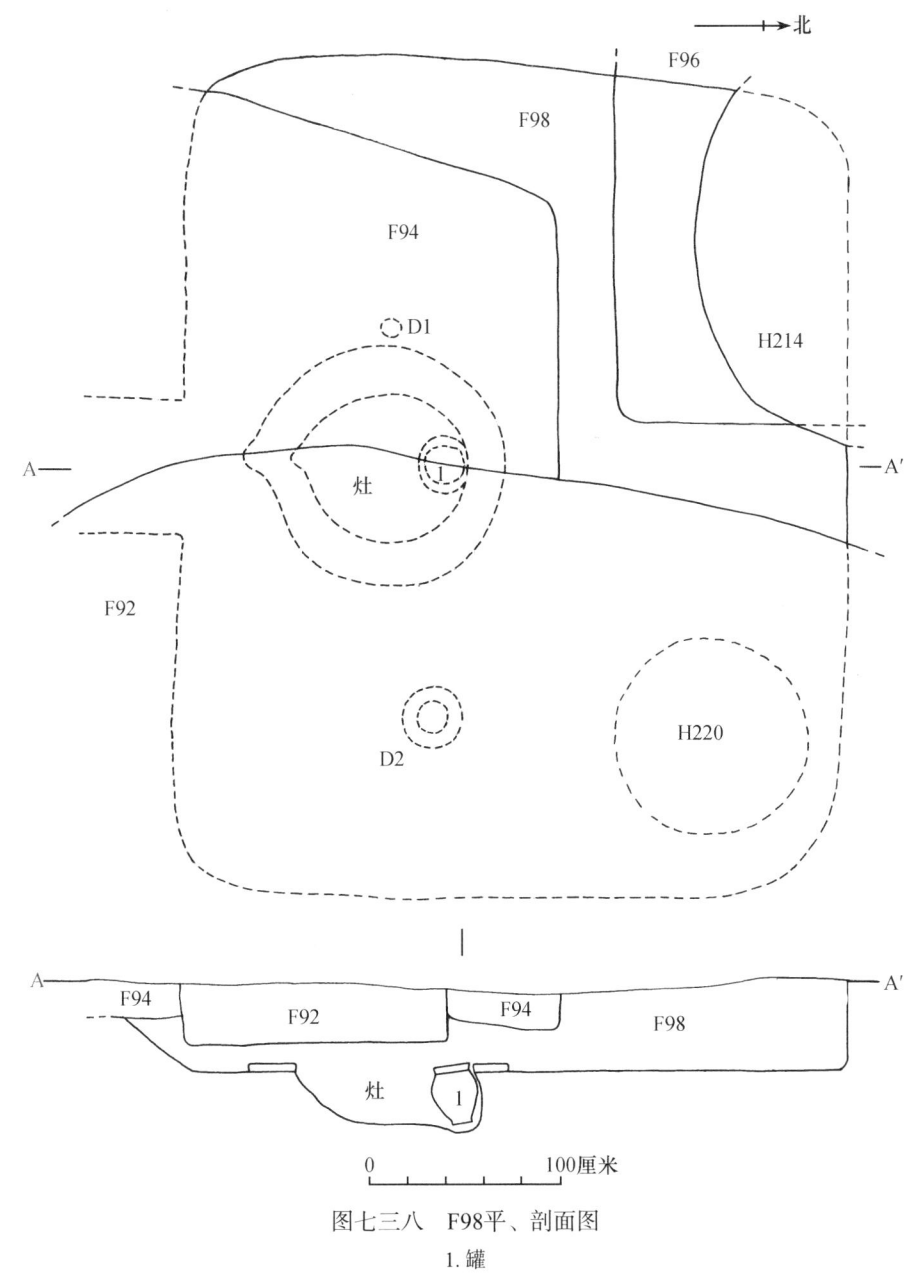

图七三八　F98平、剖面图
1.罐

有少量细夹砂红褐陶；纹饰以素面居多，绳纹次之，弦纹再次，还有少量交错绳纹、彩陶（表一四二）。

F98共出土遗物37件。全部为陶器。器类有盆、罐、钵、瓮、器盖、锉（表一四三）。

表一四二　F98陶系统计表　　　　　　　　　　　　　　　　　（单位：kg）

陶质＼陶色＼纹饰	细泥质 橘红	粗泥质 橘红	细夹砂 红褐	粗夹砂 红褐	合计	百分比（%）	
素面	0.10	0.24		0.12	0.46	14.56	
素面+磨光	0.73	0.25			0.98	31.01	
绳纹	0.28			0.69	0.97	30.70	
弦纹	0.07			0.12	0.19	6.01	100
交错绳纹		0.06			0.06	1.90	
绳纹+弦纹			0.21	0.11	0.32	10.44	
彩陶	0.18				0.18	5.70	
合计	1.36	0.55	0.21	1.04	3.16		
	3.16						
百分比（%）	43.04	17.41	6.65	32.91			
	100						

表一四三　F98器形统计表　　　　　　　　　　　　　　　　　（单位：件）

陶质	细泥质				粗泥质	细夹砂		粗夹砂		合计	百分比（%）	
陶色	橘红				橘红	红褐		红褐				
纹饰＼器形	素面+磨光	素面	弦纹	彩陶	素面	绳纹	绳纹+弦纹	绳纹	弦纹			
盆	2		2							4	11.11	
罐						13	1	1		15	41.67	
钵	8			3	2					13	36.11	100
瓮						1	2			3	8.33	
器盖		1								1	2.78	
合计	10	1	2	3	2	14	3	1		36		
	36											
百分比（%）	27.78	2.78	5.56	8.33	5.56	2.78	41.67	2.78	2.78			
	100											

　　盆　4件。均口、腹部残片。标本F98：14、F98：15、F98：16形制相同，均细泥质橘红陶，直口，平折沿，弧腹。标本F98：14，尖唇。口沿以下饰多周弦纹。唇部可见轮修痕迹（图七三九，7）。标本F98：15，尖圆唇。器表磨光。素面。口沿下侧可见轮修痕迹（图七三九，2）。标本

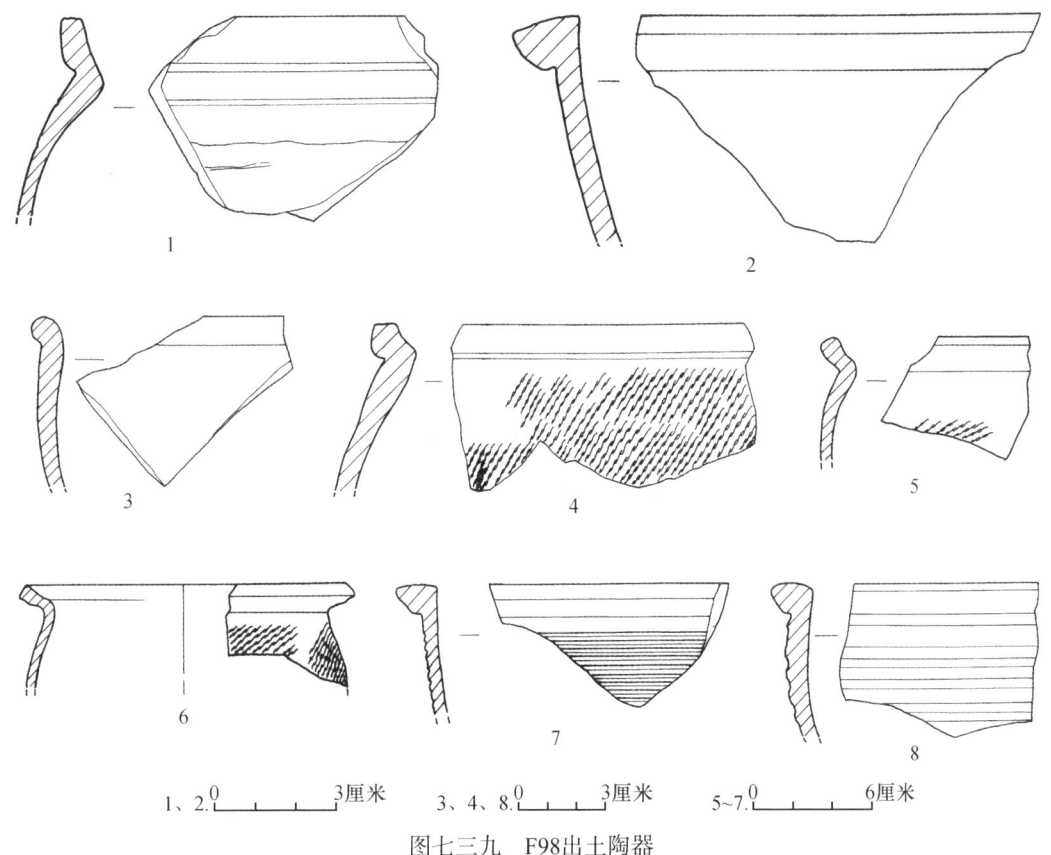

图七三九　F98出土陶器
1、4~6.罐（F98∶24、F98∶22、F98∶25、F98∶26）　2、3、7、8.盆（F98∶15、F98∶17、F98∶14、F98∶16）

F98∶16，圆唇。口沿以下饰多周弦纹。唇部可见轮修痕迹（图七三九，8）。

标本F98∶17，细泥质橘红陶。侈口，卷沿，圆唇，弧腹。器表磨光。素面（图七三九，3）。

罐　15件。标本F98∶22、F98∶24、F98∶25、F98∶26均口、腹部残片。形制相同，均粗夹砂红褐陶，侈口，折沿，沿面微曲，鼓腹。标本F98∶22，沿面内曲，方唇。口沿以下饰右上至左下斜向绳纹。外沿面可见轮修痕迹（图七三九，4）。标本F98∶24，方唇。口沿以下饰一周弦纹。器表可见刮抹痕迹与烟熏痕迹（图七三九，1）。标本F98∶25，圆唇。腹部饰右上至左下斜向绳纹。沿面可见轮修痕迹（图七三九，5）。标本F98∶26，方唇。外沿面与口沿以下饰右上至左下斜向绳纹。沿面可见轮修痕迹。复原口径16.8、残高5厘米（图七三九，6）。

标本F98∶18、F98∶31、F98∶32、F98∶33形制相同，均粗夹砂红褐陶，侈口，折沿，鼓腹。标本F98∶18，可复原。圆唇，最大腹径位于中腹部，平底。上腹部饰左上至右下斜向绳纹，中腹部饰横向绳纹。外沿面可见轮修痕迹，下腹部可见刮抹痕迹。口径17.4、腹径20.4、底径9.6、通高18.9厘米（图七四○，2；图版一四一，2）。标本F98∶31，口、腹部残片。圆唇。腹部饰右上至左下斜向绳纹。口沿下侧可见轮修痕迹（图七四○，10）。标本F98∶32，口、腹部残片。沿面上有一道凸棱，圆唇。腹部饰左上至右下斜向绳纹。外沿面可见轮修痕迹（图七四○，3）。标本F98∶33，口、腹部残片。方唇。口沿以下饰左上至右下斜向绳纹。内壁可见轮修痕迹（图七四○，8）。

标本F98∶19、F98∶21、F98∶23、F98∶28、F98∶30、F98∶36形制相同，均粗夹砂红褐

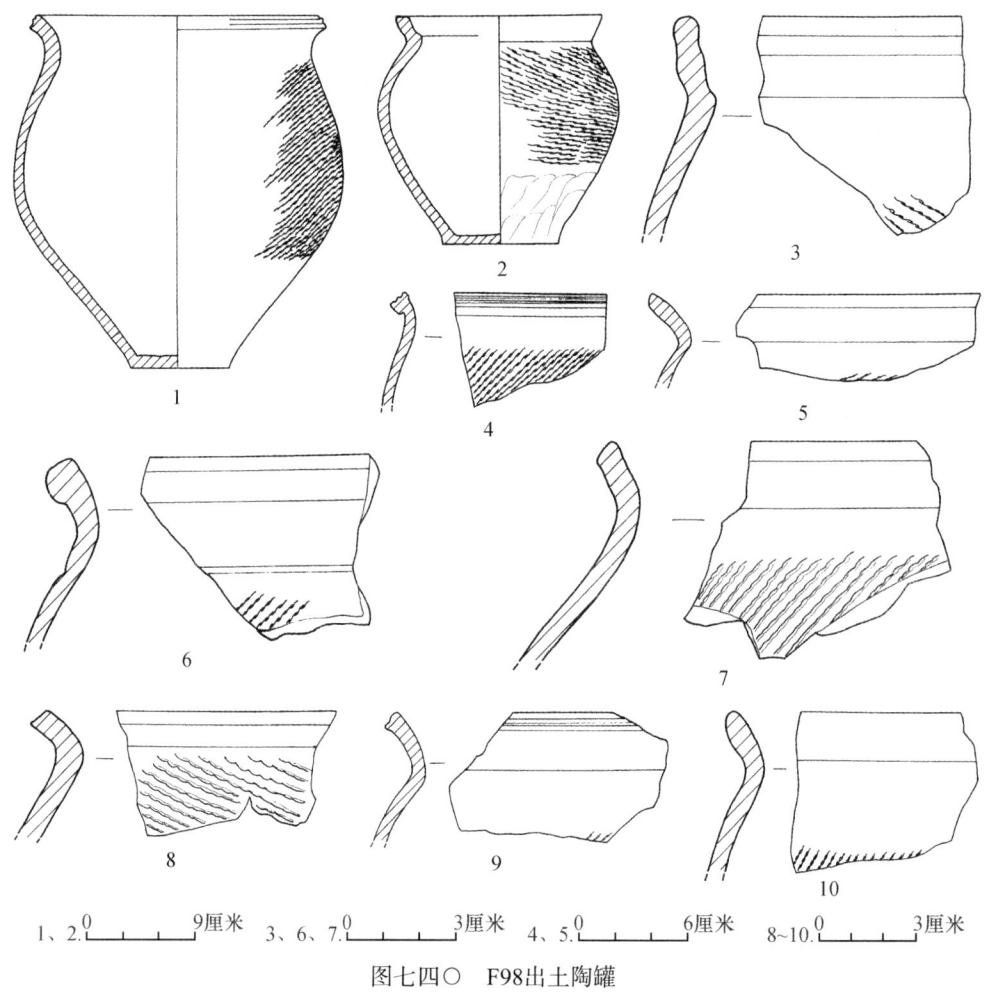

图七四〇　F98出土陶罐

1~10.（F98:36、F98:18、F98:32、F98:23、F98:19、F98:28、F98:21、F98:33、F98:30、F98:31）

陶，侈口，卷沿，鼓腹。标本F98:36，可复原。方唇，唇部有一道凸棱，最大腹径位于中下腹部，平底。腹部饰右上至左下斜向绳纹。口径25.2、腹径28.2、底径8.4、通高29.1厘米（图七四〇，1；图版一四一，1；图版一九八，1）。标本F98:19，口、腹部残片。圆唇。腹部饰右上至左下斜向绳纹。外沿面可见轮修痕迹（图七四〇，5）。标本F98:21，口、腹部残片。圆唇。腹部饰右上至左下斜向绳纹。外沿面可见轮修痕迹（图七四〇，7）。标本F98:23，口、腹部残片。方唇，唇部有二道浅细凹槽。腹部饰右上至左下斜向绳纹（图七四〇，4）。标本F98:28，口、腹部残片。圆唇，鼓肩，并起一道不显著棱脊。肩部饰一周弦纹，棱脊以下饰右上至左下斜向绳纹。唇部可见轮修痕迹（图七四〇，6）。标本F98:30，口、腹部残片。方唇，唇部有一道浅细凹槽。腹部饰右上至左下斜向绳纹。口沿下侧可见轮修痕迹（图七四〇，9）。

钵　13件。均口、腹部残片。标本F98:12，细泥质橘红陶。直口，方唇，深弧腹。器表磨光。素面。口下可见轮修痕迹及烟熏痕迹（图七四一，9）。

标本F98:4、F98:5、F98:6、F98:7、F98:8、F98:9、F98:10形制相同，均直口微敛，

深弧腹，素面。标本F98：4，细泥质橘红陶。圆唇。器表磨光。内壁可见轮修痕迹（图七四一，6）。标本F98：5，细泥质橘红陶。方唇。器表磨光。口下可见浅褐色叠烧痕迹（图七四一，3）。标本F98：6，细泥质橘红陶。圆唇。器表磨光。口下可见轮修痕迹（图七四一，8）。标本F98：7，细泥质橘红陶。尖圆唇。器表磨光（图七四一，7）。标本F98：8，粗泥质橘红陶。圆唇。口下可见轮修痕迹，器表可见烟熏痕迹（图七四一，5）。标本F98：9，细泥质橘红陶。方唇。器表磨光。口下可见浅褐色叠烧痕迹（图七四一，11）。标本F98：10，粗泥质橘红陶。圆唇。口下可见轮修痕迹（图七四一，13）。

标本F98：1、F98：2、F98：3、F98：11、F98：13形制相同，均细泥质橘红陶，直口微敛，圆唇，浅弧腹。标本F98：1，器表磨光。口下饰黑色宽带纹彩绘（图七四一，1）。标本F98：2，内壁有部分剥落。唇部与口下饰黑色宽带纹彩绘（图七四一，2）。标本F98：3，器表磨光。唇部

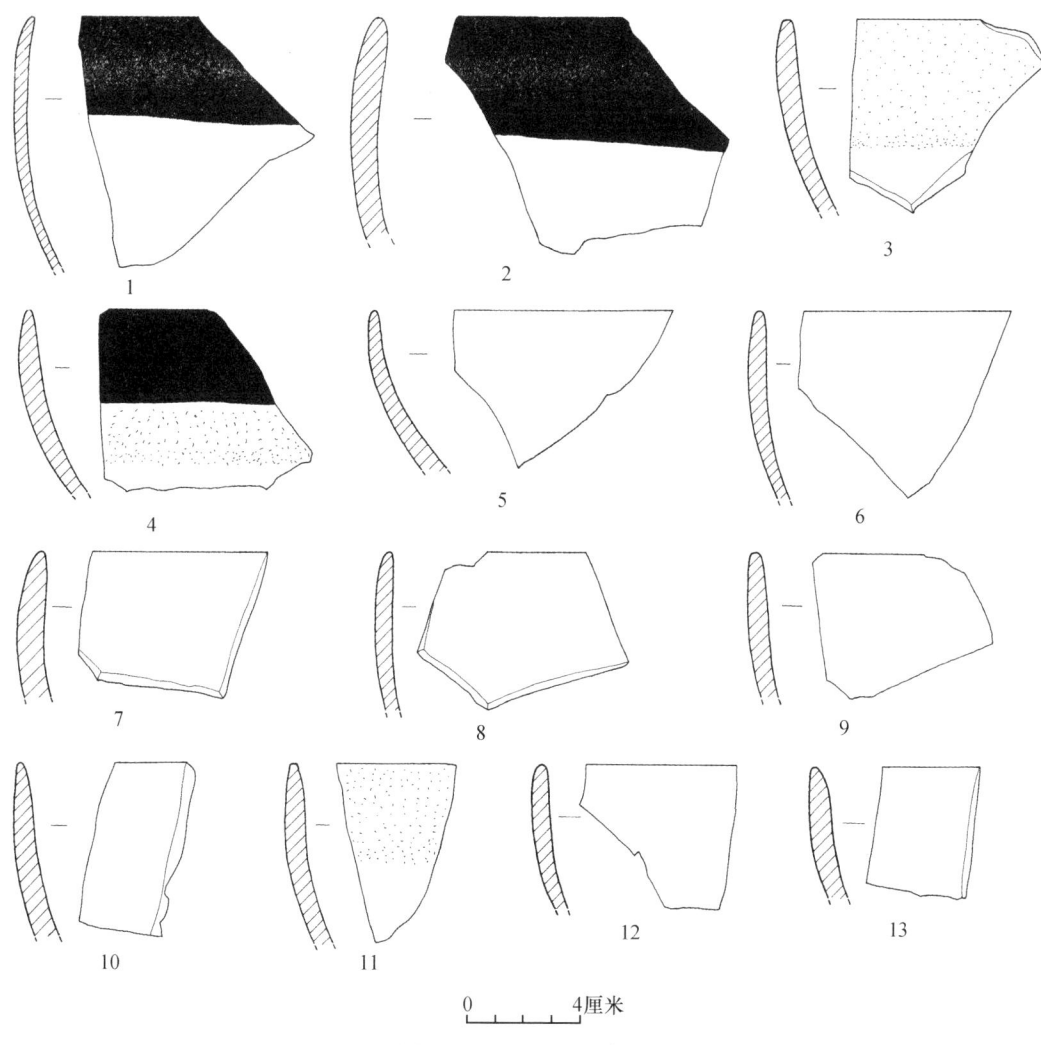

图七四一　F98出土陶钵

1~13.（F98：1、F98：2、F98：5、F98：3、F98：8、F98：4、F98：7、F98：6、F98：12、F98：11、F98：9、F98：13、F98：10）

与口下饰黑色宽带纹彩绘。彩绘下侧可见浅红色叠烧痕迹（图七四一，4）。标本F98∶11，尖圆唇。器表磨光。素面（图七四一，10）。标本F98∶13，器表磨光。素面。内壁可见轮修痕迹（图七四一，12）。

瓮 3件。均口、腹部残片。标本F98∶20，粗夹砂红褐陶。侈口，折沿，沿面内曲，方唇，鼓腹。腹部饰右上至左下斜向绳纹。外沿面可见轮修痕迹（图七四二，1）。

标本F98∶27，细夹砂红褐陶。敛口，平折沿，口沿内侧有一道宽浅凹槽，沿面有六道浅细凹槽，尖唇，鼓腹。上腹部饰一道弦纹，弦纹以下饰右上至左下斜向绳纹。内壁可见轮修痕迹（图七四二，2）。

标本F98∶29，粗夹砂红褐陶。敛口，圆唇，唇部有一道浅细凹槽，鼓肩，并起一道不显著棱脊，鼓腹。棱脊以下饰右上至左下斜向绳纹（图七四二，3）。

器盖 1件。标本F98∶34，口、壁残片。细泥质橘红陶。敞口，圆唇，弧壁，近纽部有二道宽浅凹槽。素面。内、外壁均可见轮修痕迹（图七四二，5）。

锉 1件。标本F98∶35，两端稍残。粗泥质橘红陶。残存部分平面大体呈菱形，横断面呈圆角长方形。器表麻点清晰，密度较小。残长12.1、中部宽4.3、厚1.4厘米（图七四二，4）。

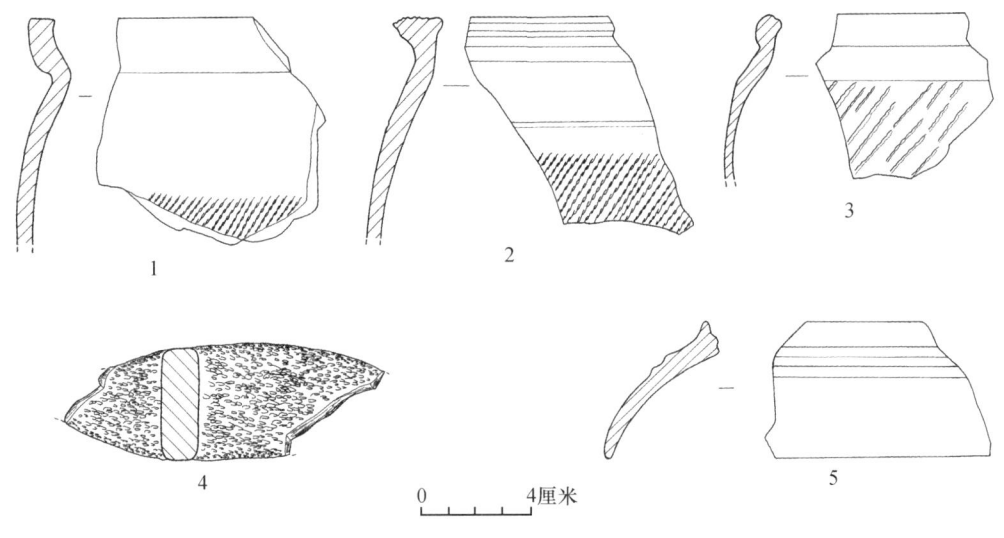

图七四二　F98出土陶器
1~3.瓮（F98∶20、F98∶27、F98∶29）　4.锉（F98∶35）　5.器盖（F98∶34）

23. F99

F99位于Ⅲ区T0618与T0718内，开口于③层下，西部被H223打破，北部被F92、F94打破。地面式，平面呈圆形，直径4米。房周围保存有少量墙体，平地起建，为黄土砌筑，墙壁表面平整光滑，残高0.24、宽0.08米。

居住面西南高，东北低，为黄土加工而成的硬面，厚0.06~0.08米，光滑平整。门不详（图七四三）。

房内堆积可分为2层：第①层为灰褐色土，土质疏松，包含有零星火烧土块，厚0.06~0.1米，出土大量陶片，另有石块；第②层为黄褐色土，土质较为致密，厚0.08米，较为纯净。

陶片为主要的出土物，以粗夹砂红褐陶为主，细泥质橘红陶和粗泥质橘红陶次之；纹饰以绳纹居多，素面次之。

F99共出土遗物5件。以陶器为主，石器次之。

（1）陶器

3件。器类有罐、钵，另有器耳。

罐　1件。口、腹部残片。标本F99：3，粗夹砂红褐陶。侈口，卷沿，方唇，鼓腹。口沿以下饰右上至左下斜向绳纹。外沿面可见轮修痕迹（图七四四，5）。

钵　2件。均口、腹部残片。标本F99：1，细泥质橘红陶。直口，尖圆唇，深弧腹。器表磨光。素面。内壁可见轮修痕迹（图七四四，3）。标本F99：2，细泥质橘红陶。直口微敛，圆唇，浅弧腹。器表磨光。素面（图七四四，1）。

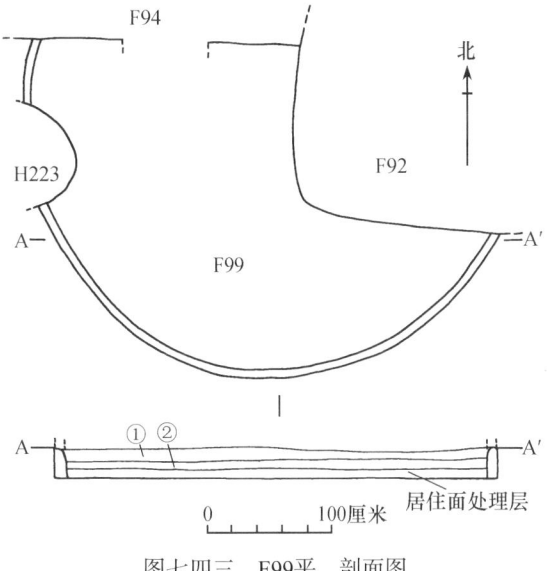

图七四三　F99平、剖面图

器耳　标本F99：4，细泥质橘红陶。圆柱桥形耳。素面（图七四四，4）。

（2）石器

2件。器类有研磨器、石料。

研磨器　1件。标本F99：6，石英岩。半圆饼状，器身扁平。两面均经磨光。周缘有打制修理形成的较大疤痕。器表可见红色颜料痕迹。长径12.4、短径8.6、厚3厘米（图七四四，2；图版一四一，3）。

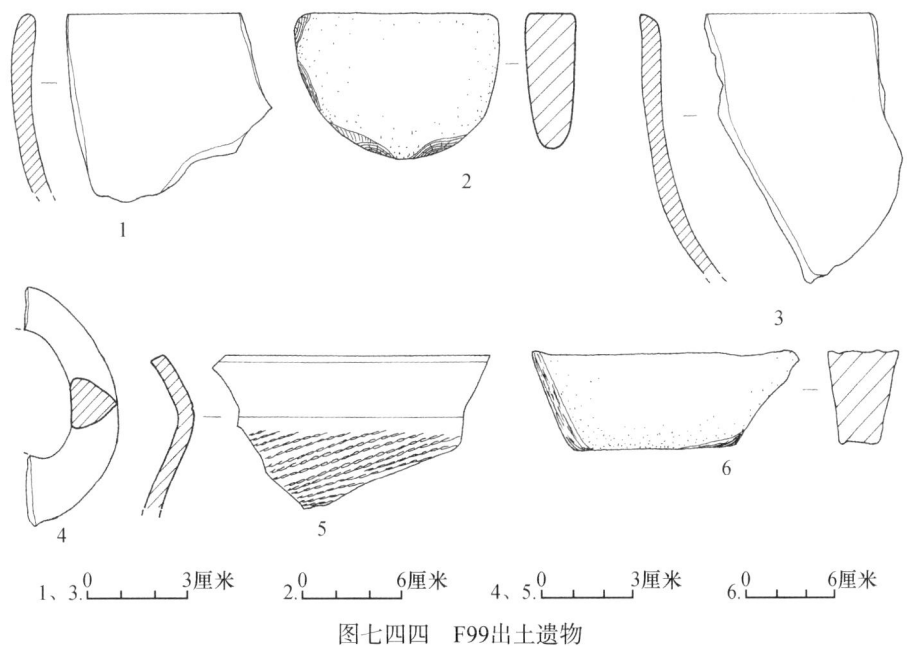

图七四四　F99出土遗物

1、3.陶钵（F99：2、F99：1）　2.研磨器（F99：6）　4.器耳（F99：4）　5.陶罐（F99：3）　6.石料（F99：5）

石料 1件。标本F99：5，石英岩。横断面呈近长方形。一侧稍厚。两面均较平坦。长18、宽6、最厚处4.8厘米（图七四四，6；图版一四一，4）。

24. F104

F104位于Ⅲ区T0314与T0414内，开口于③层下，中部与东南部分别被H132、H133打破。西南角压于探方壁下，未发掘。地面式，平面呈长方形，为西北—东南向，长4.8、宽3.75米。房周围墙体大部分已毁，仅在东北部有少量残存，残高0.1、宽0.35米，内墙面有火烧痕迹。墙下挖有基槽，宽0.2~0.25、深0.3米。

居住面为黄土铺就，较为坚硬，表面平整。东南部有2个柱洞（D1、D2），大小相同，口径0.2、深0.3米，内填疏松的灰土。

门向东南，位于东墙中部。门道长方形，底部平坦，残长0.4、宽2米（图七四五）。

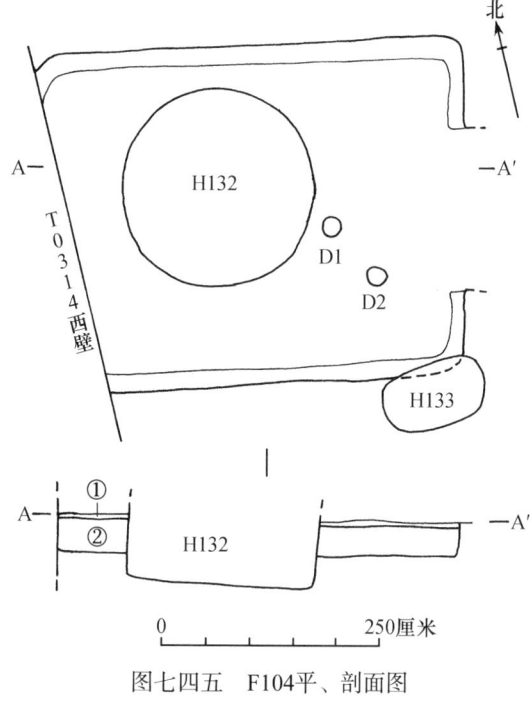

图七四五　F104平、剖面图

房内堆积可分为2层：第①层为黄褐色土，较为疏松，厚0.05米；第②层为灰褐色土，较为疏松，包含红烧土颗粒较多，厚0.4米，出土少量陶片。

陶片全部为细泥质橘红陶；纹饰有素面与彩陶。

F104共出土遗物4件。全部为陶器。器类有盆、钵。

盆 1件。标本F104：4，口、腹部残片。细泥质橘红陶。侈口，卷沿，圆唇，折腹。器表磨光。唇部饰黑色窄带纹彩绘，上腹部饰黑色变体鱼纹彩绘。下腹部可见烟熏痕迹。复原口径30、残高10.8厘米（图七四六，2）。

钵 3件。均口、腹部残片。标本F104：2，细泥质橘红陶。直口微敛，圆唇，深弧腹。器表磨光，表层有部分剥落。素面。复原口径20、残高7.2厘米（图七四六，4）。

标本F104：3，细泥质橘红陶。直口微敛，圆唇，浅弧腹。器表磨光。口下饰黑色宽带纹彩绘（图七四六，3）。

标本F104：1，细泥质橘红陶。敞口，圆唇。素面。口下可见轮修痕迹（图七四六，1）。

25. F105

F105位于Ⅲ区T0414、T0415、T0514、T0515内，开口于③层下，西南部被F18打破，东南部被H116打破。半地穴式，平面呈圆角长方形，东西长4.5、南北宽3.6、残深0.2米。在房外南侧有柱洞10个（D2~D11），口径0.06~0.1、深0.08、柱间距0.36~0.52米。

居住面为黄土铺就，不甚平整，东西两端较高，中间低。西部有1个柱洞（D1），直径0.15、深0.1米。

门向东，位于东墙中部。门道长方形，底部呈东高西底的斜坡状，残长0.4、宽0.8米（图七四七）。

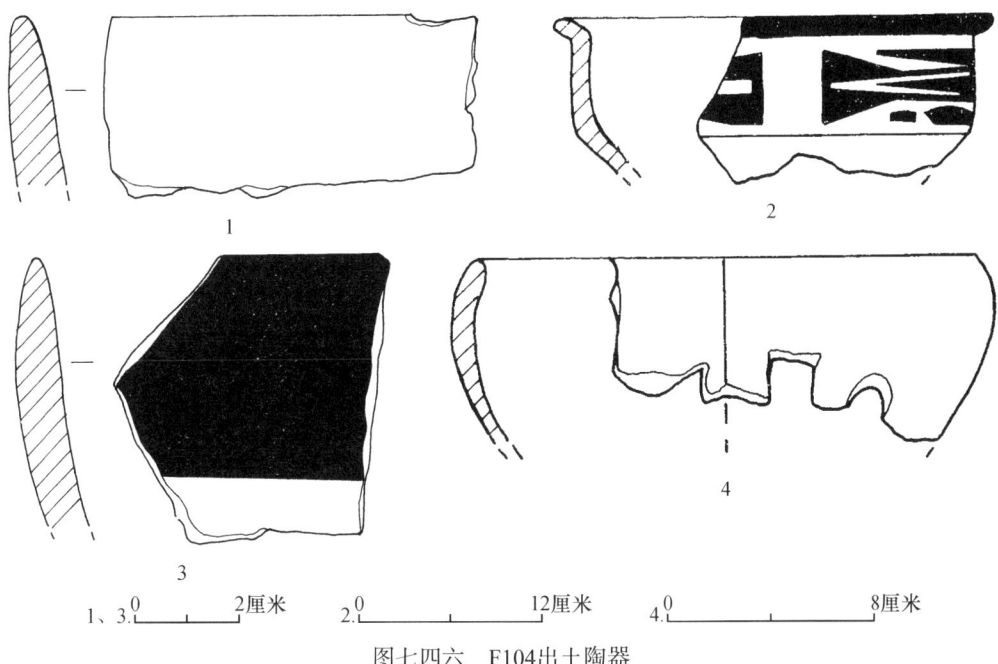

图七四六　F104出土陶器

1、3、4.钵（F104∶1、F104∶3、F104∶2）　2.盆（F104∶4）

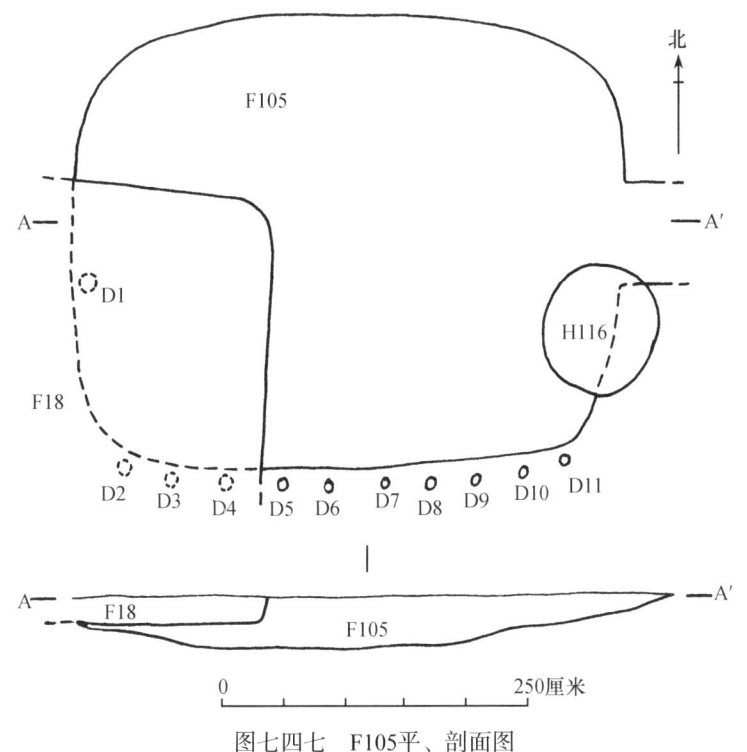

图七四七　F105平、剖面图

房内堆积为浅黄色土，土质较疏松，厚0.4米，出土大量陶片。

陶片以粗夹砂红褐陶为主，细泥质橘红陶次之，还有少量细泥质黑陶、细泥质灰陶、粗夹砂橘红陶；纹饰以素面为主，绳纹次之，彩陶再次。

F105共出土遗物18件。以陶器为主，角器次之。

（1）陶器

17件。器类有盆、罐、钵、瓮、锉。

盆 1件。标本F105：8，口、腹部残片。细泥质黑陶。侈口，卷沿，圆唇，弧腹。器表磨光。素面。唇部可见轮修痕迹（图七四八，15）。

罐 6件。均口、腹部残片。标本F105：10、F105：12、F105：15形制相同，均粗夹砂红褐陶，侈口，卷沿，方唇，鼓腹。标本F105：10，唇部有一道浅细凹槽。口沿以下饰右上至左下斜向绳纹。外沿面可见轮修痕迹（图七四八，2）。标本F105：12，唇部有两道浅细凹槽。腹部饰右上至左下斜向绳纹。外沿面可见轮修痕迹（图七四八，5）。标本F105：15，唇部有一道浅细凹槽。口沿以下饰右上至左下斜向绳纹。沿面可见轮修痕迹（图七四八，3）。

标本F105：9、F105：13、F105：14形制相同，均粗夹砂红褐陶，侈口，折沿，鼓腹。标本F105：9，方唇，口沿下侧有一道较矮棱脊。棱脊以下饰右上至左下斜向绳纹。外沿面可见轮修痕迹（图七四八，7）。标本F105：13，内沿面与腹部相接处有一道凸棱，圆唇。素面。内、外壁均可见轮修痕迹（图七四八，8）。标本F105：14，圆唇。素面。器表可见轮修痕迹（图七四八，6）。

钵 7件。均口、腹部残片。标本F105：5、F105：6形制相同，均细泥质橘红陶，直口，深弧腹，器表磨光，素面。标本F105：5，圆唇（图七四八，9）。标本F105：6，方唇。口下有一道浅凹槽。器表可见轮修痕迹（图七四八，4）。

标本F105：1、F105：2、F105：3、F105：4、F105：7形制相同，均直口微敛，浅弧腹，圆唇。标本F105：1，细泥质橘红陶。器表磨光。口下及唇部饰黑色宽带纹彩绘。复原口径39.9、残高7.5厘米（图七四八，14）。标本F105：2，细泥质橘红陶。器表磨光。素面。器表可见轮修痕迹（图七四八，11）。标本F105：3，细泥质橘红陶。器表磨光。口下饰黑色宽带纹彩绘。器表可见轮修痕迹（图七四八，13）。标本F105：4，细泥质橘红陶。器表磨光。素面。内壁可见烟熏痕迹（图七四八，10）。标本F105：7，细泥质灰陶。器表磨光。素面。口沿内侧可见轮修痕迹（图七四八，12）。

瓮 1件。标本F105：11，口、腹部残片。粗夹砂橘红陶。敛口，圆唇，鼓肩，并起一道显著棱脊，鼓腹。棱脊以下饰右上至左下斜向绳纹。唇部可见轮修痕迹，内壁可见泥条盘筑痕迹（图七四八，1）。

锉 2件。形制相同。标本F105：16，一端残。细泥质橘红陶。残存部分平面呈三角形，横断面呈圆角长方形，两边较直，锐尖。器表麻点清晰，密度较大。残长10.5、最宽处4、厚1厘米（图七四八，16）。

（2）角器

1件。锥。标本F105：17，一端残。系利用梅花鹿角的角尖磨制而成。横断面呈圆形，尖部较钝。通体磨光。残长5.1厘米（图七四八，17）。

26. F106

F106位于Ⅲ区T0717、T0718、T0817与T0818内，开口于③层下，西部被H204打破。半地穴式，平面呈圆角长方形，长3.75、宽3.1、残深0.4米。房外东南角有2个泥圈柱洞（D2、D3），外径

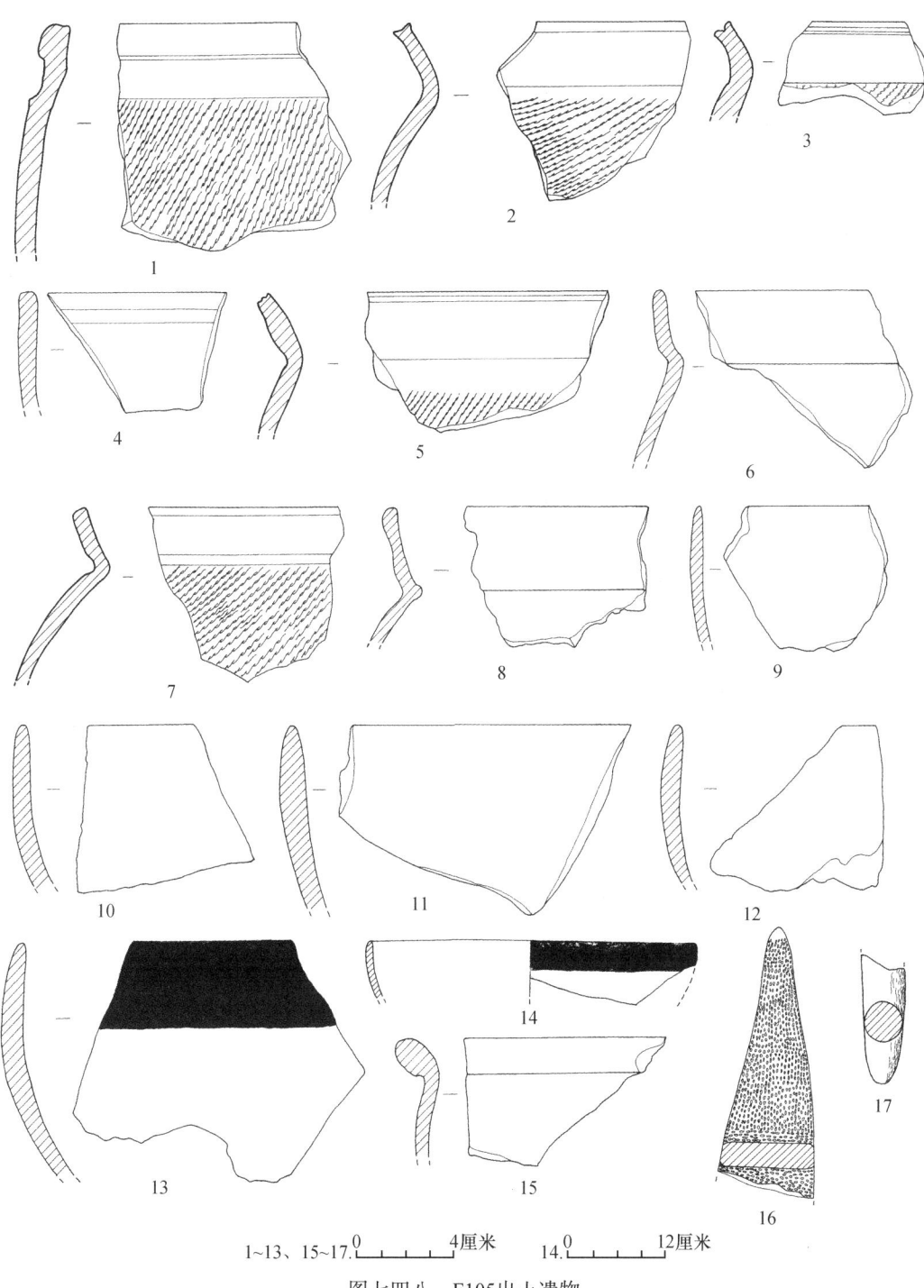

图七四八　F105出土遗物

1. 陶瓮（F105：11）　2、3、5～8. 陶罐（F105：10、F105：15、F105：12、F105：14、F105：9、F105：13）
4、9～14. 陶钵（F105：6、F105：5、F105：4、F105：2、F105：7、F105：3、F105：1）　15. 陶盆（F105：8）
16. 陶锉（F105：16）　17. 角锥（F105：17）

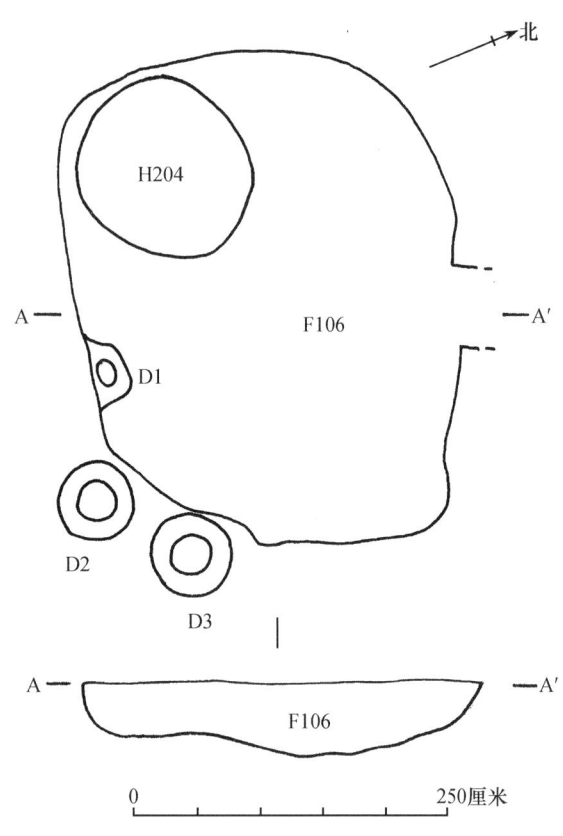

图七四九　F106平、剖面图

0.6~0.65、内径0.3、深0.6米，内填深褐色土，土质疏松。

居住面为黄土加工而成的硬面，十分坚硬，不甚平整，周围高，中间低。面南部有1个贴壁泥圈柱洞（D1），外径0.55、内径0.3、深0.52米，内填深褐色土，土质疏松。

门向东北。门道长方形，底部呈北高南低的斜坡状，残长0.25、宽0.6米（图七四九）。

房内堆积为浅灰色土，土质疏松，厚0.6米，出土大量陶片，另有骨头。

陶片以粗泥质红褐陶为主，细泥质橘红陶次之，还有少量细夹砂红褐陶与粗夹砂红褐陶；纹饰以绳纹为主，素面次之，彩陶再次。

F106共出土遗物21件。以陶器为主，骨器次之。

（1）陶器

20件。器类有瓶、盆、罐、钵、瓮、盂、器盖、圆陶片，另有器耳。

瓶　1件。标本F106：9，口沿残片。细夹砂红褐陶。葫芦形口，方唇。素面。口沿外侧与内壁均可见轮修痕迹。复原口径6.4、残高4.6厘米（图七五〇，1）。

盆　1件。标本F106：8，口、腹部残片。粗泥质红褐陶。侈口，卷沿，尖唇，弧腹。器表磨光。素面。唇部可见轮修痕迹（图七五〇，4）。

罐　6件。均口、腹部残片。标本F106：16，粗夹砂红褐陶。侈口，折沿，沿面内曲，方唇，外沿面有一道浅细凹槽，鼓腹。素面（图七五〇，7）。

标本F106：17，粗夹砂红褐陶。侈口，折沿，圆唇，鼓腹。腹部饰右上至左下斜向绳纹（图七五〇，5）。

标本F106：11、F106：12、F106：13、F106：14、F106：15形制相同，均粗夹砂红褐陶，侈口，卷沿，鼓腹。标本F106：11，沿面上有多道浅细凹槽，方唇，唇部有二道浅细凹槽。口沿以下饰右上至左下斜向绳纹。复原口径27.9、残高6.3厘米（图七五〇，14）。标本F106：12，方唇。口沿以下饰右上至左下斜向绳纹。内壁可见轮修痕迹（图七五〇，3）。标本F106：13，圆唇。腹部饰右上至左下斜向绳纹。外沿面可见轮修痕迹。器表可见烟熏痕迹（图七五〇，2）。标本F106：14，圆唇，唇部有一道浅细凹槽。口沿以下饰右上至左下斜向绳纹（图七五〇，6）。标本F106：15，方唇，唇部有二道浅细凹槽。口沿以下饰右上至左下斜向绳纹，绳纹近平（图七五〇，9）。

钵　6件。均口、腹部残片。标本F106：1、F106：2、F106：3、F106：4形制相同，均细泥质橘红陶，直口微敛，浅弧腹，器表磨光。标本F106：1，圆唇。唇部与口下均饰黑色宽带纹彩绘（图七五〇，13）。标本F106：2，方唇。素面。内壁可见轮修痕迹（图七五〇，12）。标本

F106：3，圆唇。唇部与口下均饰黑色宽带纹彩绘。彩绘下侧可见灰白色叠烧痕迹（图七五〇，11）。标本F106：4，圆唇。口下饰黑色宽带纹彩绘。内壁可见轮修痕迹（图七五〇，10）。

标本F106：6，细泥质橘红陶。敛口，圆唇，弧腹。器表磨光。素面。内壁可见轮修痕迹（图七五〇，8）。

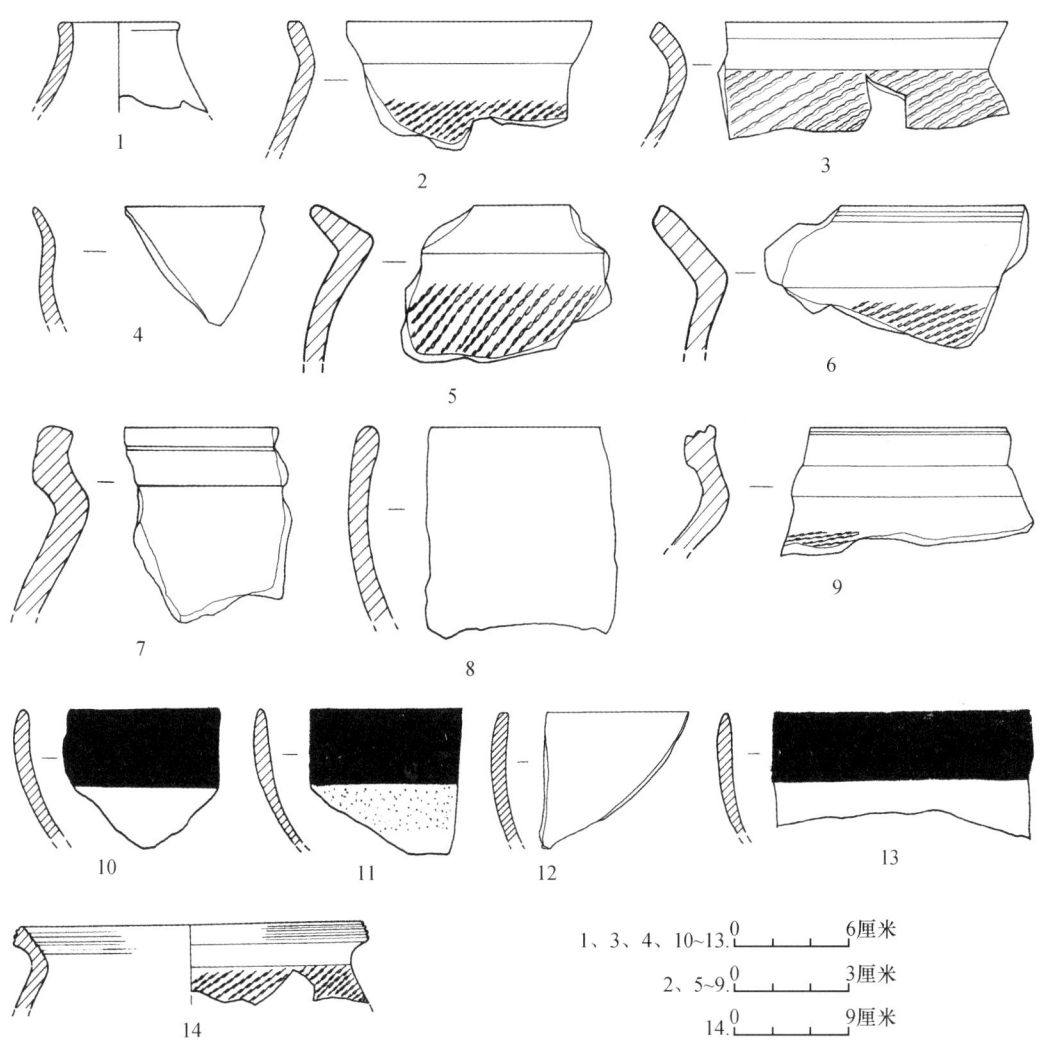

图七五〇　F106出土陶器
1.瓶（F106：9）　2、3、5~7、9、14.罐（F106：13、F106：12、F106：17、F106：14、F106：16、F106：15、F106：11）
4.盆（F106：8）　8、10~13.钵（F106：6、F106：4、F106：3、F106：2、F106：1）

瓮　2件。均口、腹部残片。标本F106：10，粗夹砂红褐陶。侈口，折沿，圆唇，圆鼓腹。口沿以下饰右上至左下斜向绳纹（图七五一，4）。

标本F106：18，粗夹砂红褐陶。敛口，圆唇，鼓肩，并起一道显著棱脊。棱脊以下饰竖向绳纹。唇部可见轮修痕迹（图七五一，1）。

盂 1件。标本F106：19，完整。细泥质橘红陶。扁鼓状，敛口，方唇，折腹，平底。器表磨光。素面。口径9、腹径14.2、底径6.8、通高7.2厘米（图七五一，2；图版一四一，5）。

器盖 2件。均口、壁残片。标本F106：5，粗夹砂红褐陶。敞口，圆唇，斜直壁。素面（图七五一，8）。

标本F106：7，细夹砂红褐陶。侈口，卷沿，方唇，斜直壁。素面。内壁可见轮修痕迹。口部可见烟熏痕迹（图七五一，7）。

器耳 标本F106：20，腹部残片。细夹砂红褐陶。腹部较直，有一竖向圆柱桥形耳。器表饰竖向绳纹与右上至左下斜向绳纹（图七五一，5）。

圆陶片 1件。标本F106：21，完整。细泥质橘红陶。系利用钵的口部残片打制而成。圆形，边缘较钝。器表可见深褐色叠烧痕迹。直径4.3、厚0.5厘米（图七五一，3）。

（2）骨器

1件。锥。标本F106：22，完整。系利用动物长骨磨制而成。横断面呈圆形，尖部锐利。通体磨光。尾端有向两侧劈裂的痕迹。长8厘米（图七五一，6；图版一四一，6）。

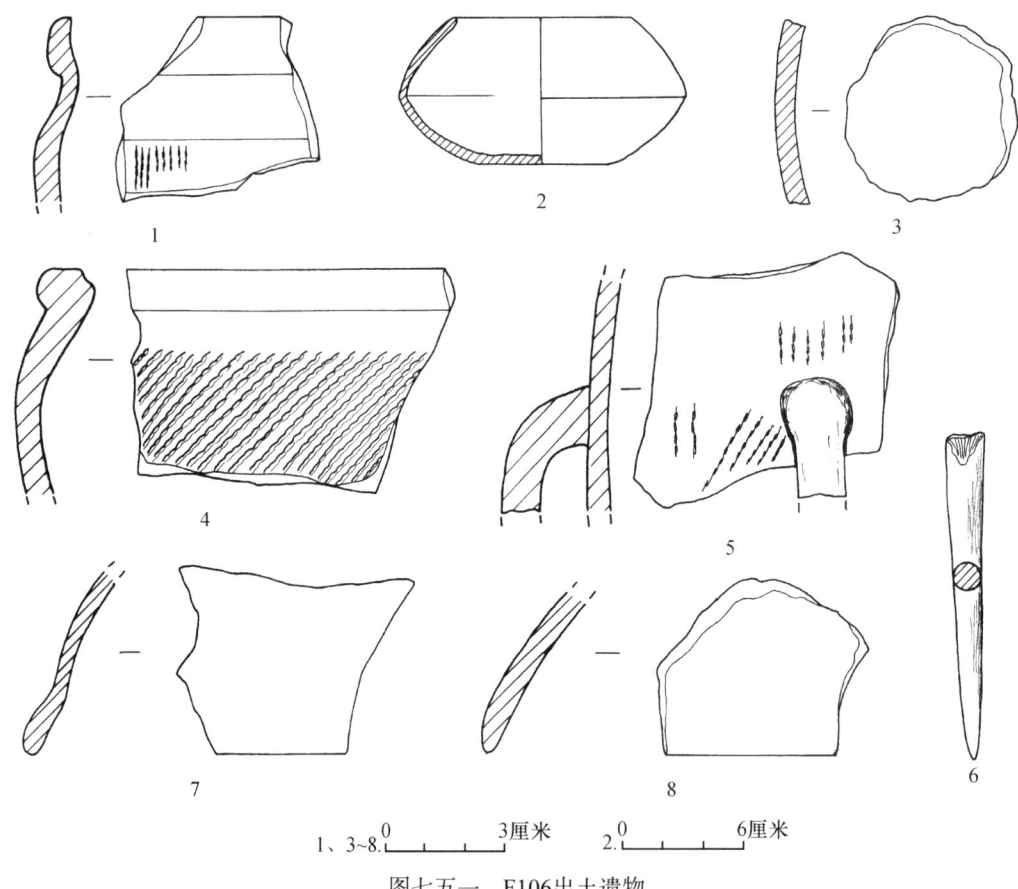

图七五一 F106出土遗物
1、4.陶瓮（F106：18、F106：10） 2.陶盂（F106：19） 3.圆陶片（F106：21） 5.器耳（F106：20） 6.骨锥（F106：22）
7、8.器盖（F106：7、F106：5）

第二节 灶 址

除了房址内的灶址，该期还发现有22座零星分布的单独灶址，编号为Z1、Z2、Z3、Z4、Z8、Z9、Z10、Z11、Z12、Z13、Z16、Z17、Z18、Z19、Z20、Z21、Z22、Z23、Z24、Z26、Z28、Z29。结构全部为灶坑，未发现其他形制。灶址的平面形状有（长）方形、三角形、圆形、椭圆形、不规则形，其中（长）方形5座，三角形1座，圆形10座，椭圆形4座，不规则形2座。

下面依据灶址的编号次序详细描述。

1. Z1

Z1位于Ⅲ区T0619西北部，开口于F96居住面之下。平面呈圆角长方形，筒状，平底，壁、底经均烧烤成红色烧结面，平整坚硬。南北长1、东西宽0.8、深0.27米。周缘有灶圈，宽0.1、高0.06米（图七五二）。

灶内堆积为浅灰色土，较为疏松，夹杂有少量火烧土块。

2. Z2

Z2位于Ⅲ区T1012西北部，开口于③层下。平面近似三角形，筒状，平底。口部长径1.5、短径0.88、深0.6米（图七五三）。

灶内堆积为浅灰色土，土质较硬，夹杂有大量火烧土块，出土少量陶片。

Z2共出土遗物3件。全部为陶器。器类有罐、瓮。

罐 1件。标本Z2∶2，口、腹部残片。粗夹砂灰褐陶。侈口，卷沿，沿面有一道浅细凹槽，方

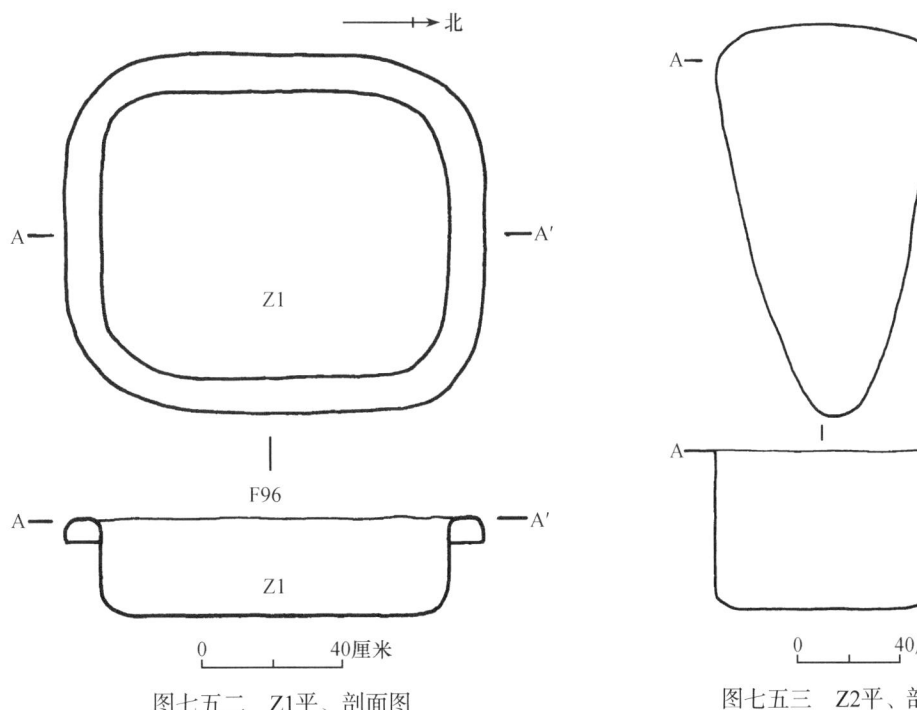

图七五二 Z1平、剖面图　　　图七五三 Z2平、剖面图

唇，唇部有二道浅细凹槽，鼓腹。口沿以下饰右上至左下斜向绳纹（图七五四，1）。

瓮　2件。均口、腹部残片。形制相同，均敛口，鼓腹。标本Z2：1，粗夹砂灰褐陶。方唇，鼓肩，并起一道显著棱脊。棱脊以下饰竖向绳纹。复原口径44.4、残高9厘米（图七五四，3）。标本Z2：3，粗夹砂红褐陶。圆唇，唇部有二道浅细凹槽。腹部饰竖向绳纹（图七五四，2）。

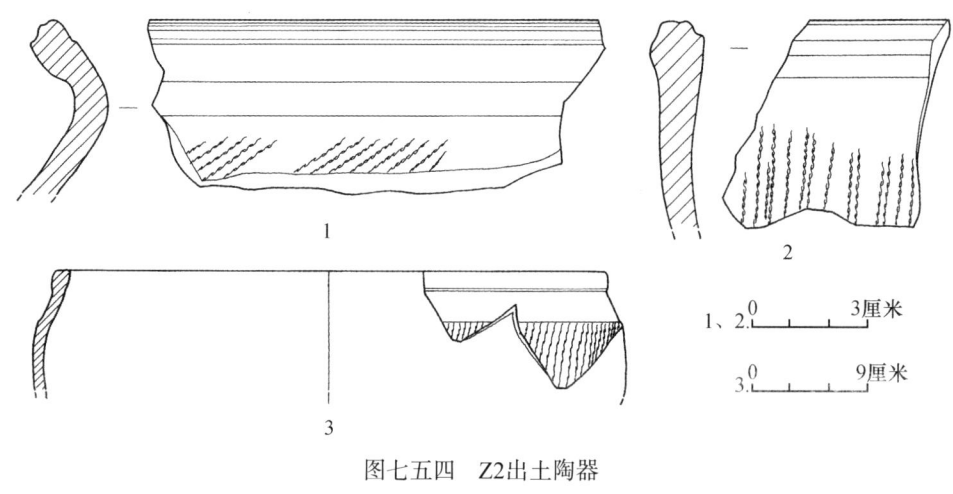

图七五四　Z2出土陶器
1. 罐（Z2：2）　2、3. 瓮（Z2：3、Z2：1）

3. Z3

Z3位于Ⅲ区T1213西部，开口于③层下。平面呈不规则形，锅底状，底部有一层硬面，厚度0.02~0.03米。长径0.98、短径0.86、深0.26米（图七五五；图版一二，1）。

灶内堆积为黄褐色土，土质疏松，夹杂有少量火烧土块。

4. Z4

Z4位于Ⅲ区T1213西部，开口于③层下。平面大体呈圆形，锅底状，底部呈东高西低的斜坡，壁、底经长期烧烤结成硬面，平整光滑。口径0.9、深0.24米（图七五六；图版一二，2）。

灶内堆积为黄褐色土，土质疏松，包含有少量火烧土块，出土少量陶片。

陶片为主要的出土物，粗夹砂红褐陶占绝大多数，并有一定比例细泥质橘红陶；纹饰以素面为主，绳纹次之，并有少量的弦纹和席纹（表一四四）。

Z4共出土遗物5件。全部为陶器。器类有罐、钵、瓮，另有器底。

罐　2件。均口、腹部残片。标本Z4：5，粗夹砂红褐陶。侈口，卷沿，方唇，鼓腹。口沿以下饰右上至左下斜向绳纹（图七五七，5）。

标本Z4：4，粗夹砂红褐陶。侈口，折沿，沿面内曲，方唇，鼓腹。口沿以下饰多周弦纹（图七五七，1）。

钵　1件。标本Z4：1，口、腹部残片。细泥质橘红陶。直口微敛，方唇，深弧腹。器表刮抹光滑。素面。腹部可见刮抹痕迹（图七五七，4）。

瓮　1件。标本Z4：3，口、腹部残片。粗夹砂红褐陶。侈口，折沿，尖圆唇，唇部有一道浅细凹槽，鼓腹。腹部饰右上至左下斜向绳纹（图七五七，2）。

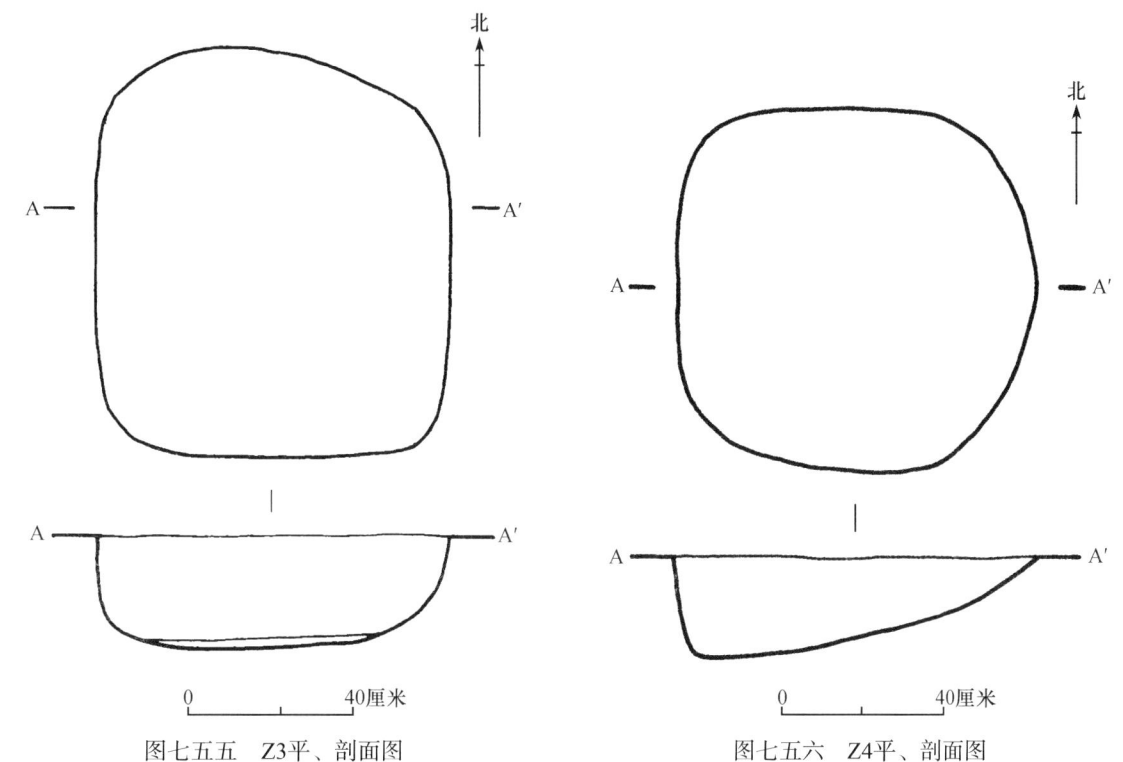

图七五五　Z3平、剖面图　　　　　　　　图七五六　Z4平、剖面图

表一四四　Z4陶系统计表　　　　　　　　　　　　　　　　（单位：kg）

陶质	细泥质	粗夹砂	合计		百分比（%）	
陶色纹饰	橘红	红褐				
素面	0.114	1.11	1.224		52.53	
素面+磨光	0.14		0.14		6.01	
绳纹	0.03	0.82	0.85	2.33	36.48	100
弦纹	0.02	0.07	0.09		3.86	
席纹	0.03		0.03		1.29	
合计	0.334	2.00	2.33			
	2.33					
百分比（%）	14.33	85.84				
	100					

器底　标本Z4∶2，底部残片。细泥质橘红陶。圜底，底部有一周凸棱。底部饰席纹。可能为钵底（图七五七，3）。

5. Z8

Z8位于Ⅲ区T1213西部，开口于③层下，被Z3打破。平面呈圆角长方形，筒状，平底。底部有一层硬面，厚0.1米。南北长1.3、东西宽0.96、深0.64米（图七五八）。

灶内堆积为深灰色土，土质疏松，夹杂有大量火烧土块，出土少量陶片。

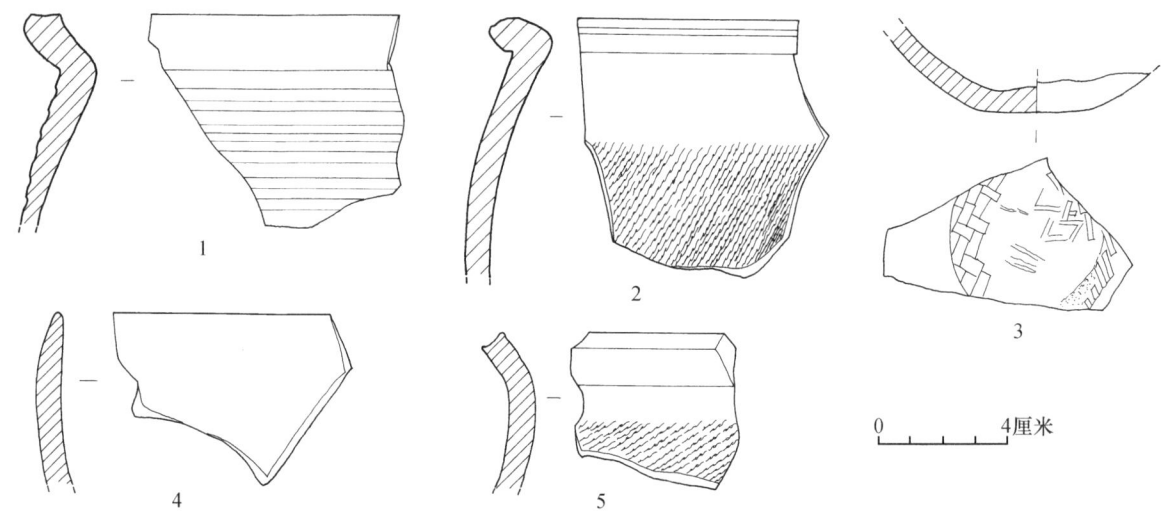

图七五七　Z4出土陶器
1、5.罐（Z4：4、Z4：5）　2.瓮（Z4：3）　3.器底（Z4：2）　4.钵（Z4：1）

陶片为主要的出土物，粗夹砂红褐陶占绝大多数，细泥质橘红陶次之，粗泥质橘红陶再次；纹饰以素面居多，绳纹次之（表一四五）。

Z8共出土陶罐2件。均口、腹部残片。标本Z8：2，粗夹砂红褐陶。侈口，折沿，沿面内曲，方唇，唇部有一道浅细凹槽，鼓腹。口沿以下饰右上至左下斜向绳纹，绳纹斜度较小（图七五九，2）。

标本Z8：1，粗夹砂红褐陶。侈口，折沿，圆唇，鼓腹。素面。沿面可见轮修痕迹（图七五九，1）。

6. Z9

Z9位于Ⅲ区T1312西部，开口于③层下。平面呈椭圆形，筒状，平底，壁、底均涂抹一层厚0.03米的草拌泥，经火烤形成青灰色烧结面。口长径0.9、短径0.72、深0.66米。周缘有黄土灶圈，宽0.15~0.2、高0.1米，经火烧烤而成呈砖红色。东侧有烧火道与灶相接，平面呈梯形，筒状，底呈东高西低的斜坡状。长0.9、东宽0.4、西宽0.6、东端深0.4、西端深0.62米（图七六〇；图版一二，3）。

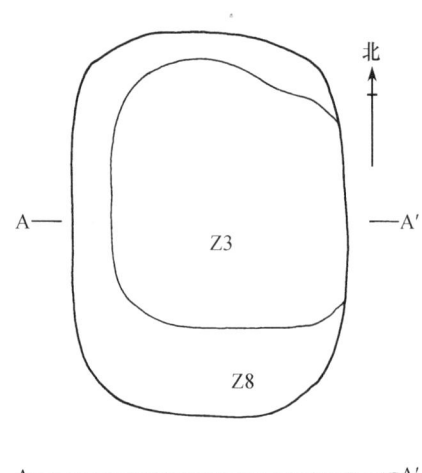
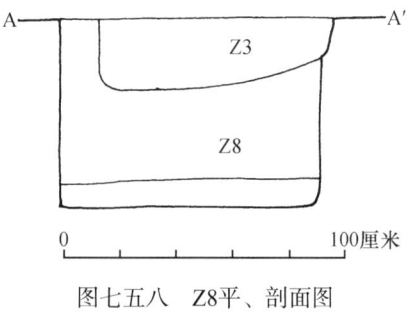

图七五八　Z8平、剖面图

灶内堆积为灰褐色土，土质较为疏松，夹杂少量火烧土块，出土大量陶片，另有骨头。

陶片为主要的出土物。以细泥质橘红陶为主，粗夹砂红褐陶次之，还有少量细夹砂红褐陶；纹饰以素面为主，绳纹次之，彩陶再次。

Z9共出土遗物8件。以陶器为主，石器次之。

（1）陶器

7件。器类有钵、瓮、器盖、球，另有器底。

表一四五　Z8陶系统计表　　　　　　　　　　　　　　　　　　　　（单位：kg）

陶质\陶色\纹饰	细泥质 橘红	粗泥质 橘红	粗夹砂 红褐	合计		百分比（%）	
素面			0.08	0.08		30.77	
素面+磨光	0.07			0.07	0.26	26.92	100
绳纹		0.04	0.07	0.11		42.31	
合计	0.07	0.04	0.15	0.26			
	0.26						
百分比（%）	26.92	15.38	57.69				
	100						

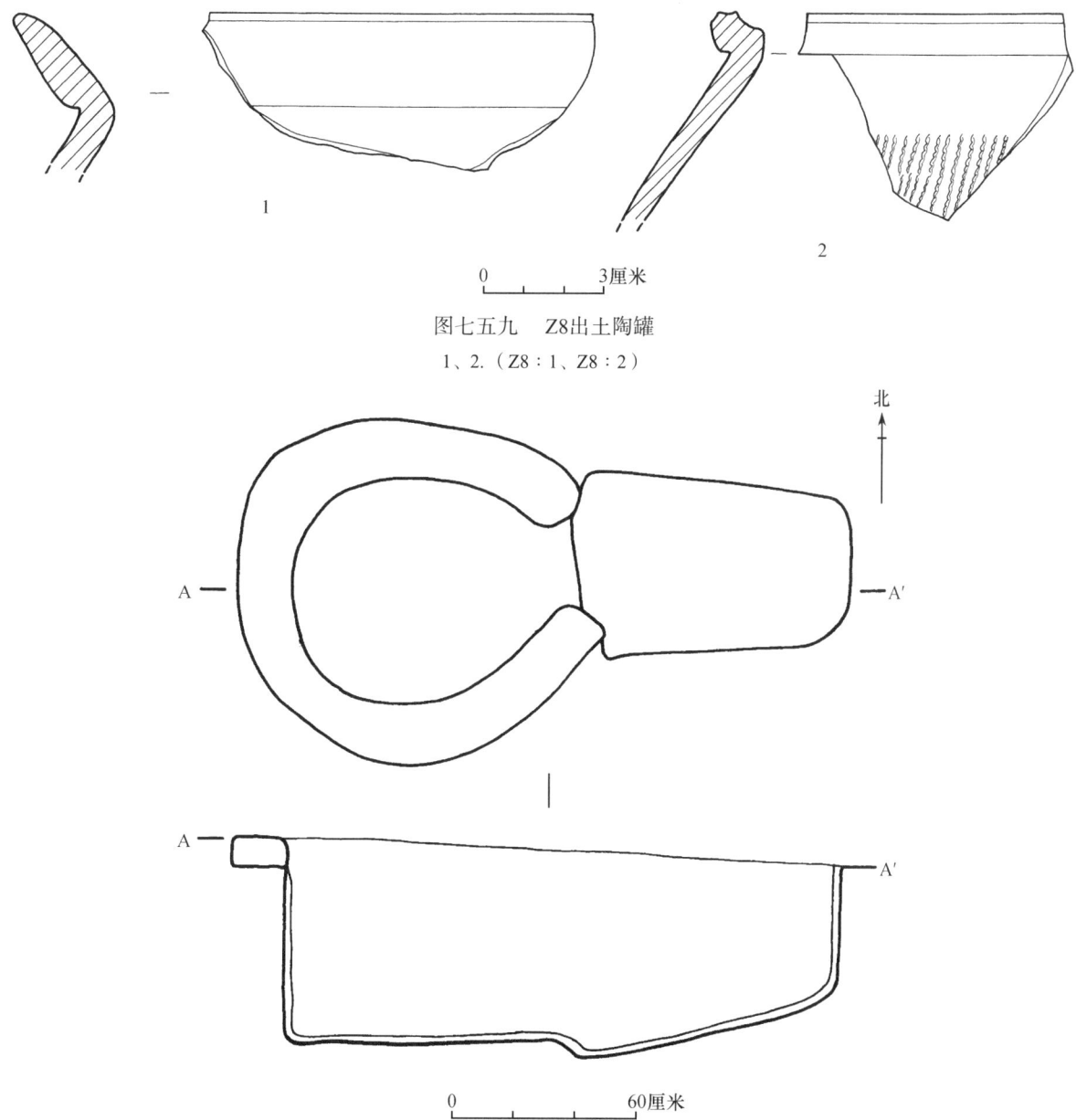

图七五九　Z8出土陶罐
1、2.（Z8∶1、Z8∶2）

图七六〇　Z9平、剖面图

钵　4件。均口、腹部残片。标本Z9：1、Z9：4形制相同，均细泥质橘红陶，直口微敛，深弧腹，器表磨光，素面。标本Z9：1，方唇。口下可见浅褐色叠烧痕迹（图七六一，1）。标本Z9：4，圆唇。口下可见深褐色叠烧痕迹。器表可见烟熏痕迹（图七六一，4）。

标本Z9：2、Z9：3形制相同，均细泥质橘红陶，直口微敛，浅弧腹，器表磨光。标本Z9：2，圆唇。口下饰黑色宽带纹彩绘（图七六一，2）。标本Z9：3，尖圆唇。素面（图七六一，5）。

瓮　1件。标本Z9：5，口、腹部残片。粗夹砂红褐陶。侈口，折沿，内沿面与腹部相接处有一道凸棱，方唇，口沿下侧有一道凸棱，鼓腹。腹部饰右上至左下斜向绳纹。沿面可见轮修痕迹（图七六一，3）。

器盖　1件。标本Z9：6，口、壁残片。细夹砂红褐陶。敞口，圆唇，弧壁。素面。器表可见轮修痕迹（图七六一，8）。

器底　标本Z9：7，底部残片。粗夹砂红褐陶。尖底，较为圆钝。素面。内壁可见轮修痕迹。可能为瓶底。残高3.1厘米（图七六一，6）。

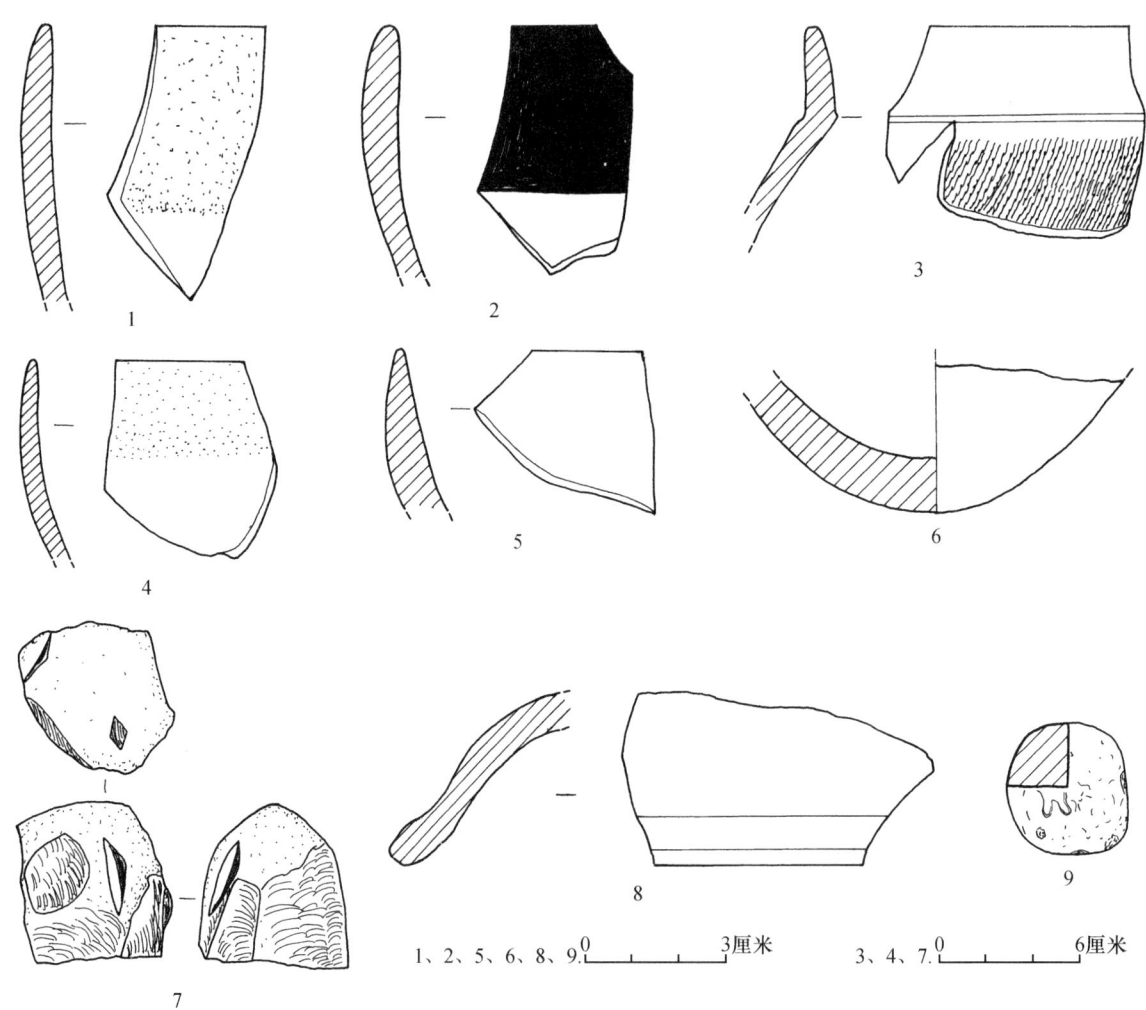

图七六一　Z9出土遗物
1、2、4、5.陶钵（Z9：1、Z9：2、Z9：4、Z9：3）　3.陶瓮（Z9：5）　6.器底（Z9：7）　7.研磨器（Z9：8）
8.器盖（Z9：6）　9.陶球（Z9：9）

球　1件。标本Z9：9，完整。细泥质橘红陶。圆球状。器表可见使用形成的较小坑疤。直径2.8厘米（图七六一，9；图版一四二，1）。

（2）石器

1件。研磨器。标本Z9：8，完整。石英岩。断面呈半圆形，底部为一平坦的劈裂面。器身经琢制后磨光。器身可见打制修整痕迹。底部可见研磨使用痕迹，并可见红色颜料痕迹。长7、宽6.6厘米（图七六一，7；图版一四二，2）。

7. Z10

Z10位于Ⅲ区T1213西部，开口于③层下，被Z3、Z4、Z8打破。平面呈椭圆形，筒状，平底。底部靠近东部有一台阶。口部东西残长1.36、南北宽1.12、底部东西长0.9、南北宽0.9、深0.75米，台阶宽0.42、高0.25米（图七六二；图版一二，4）。

灶内堆积可分为2层：第①层为黄褐色土，土质较硬，夹杂大量火烧土块，厚0.6米，出土少量陶片及残骨；第②层为草木灰，厚0.15米。

陶片为主要的出土物，粗夹砂红褐陶占绝大多数，并有一定比例的细泥质橘红陶；纹饰以绳纹为主，素面次之（表一四六）。

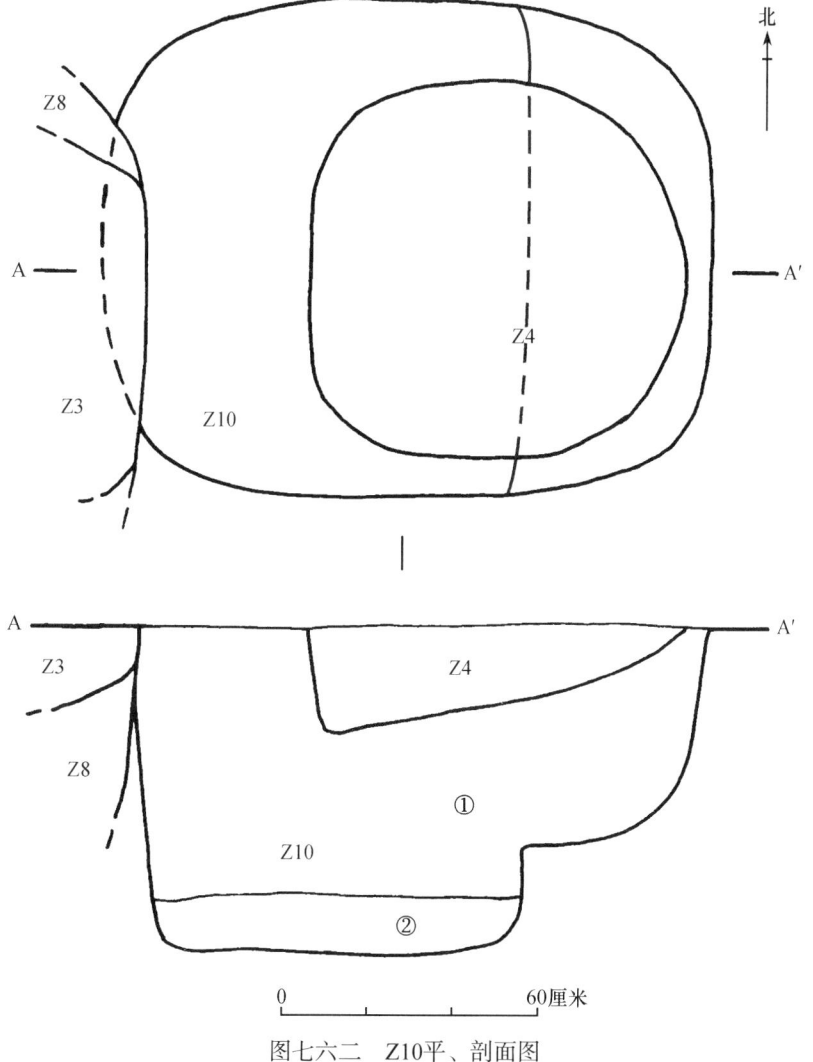

图七六二　Z10平、剖面图

表一四六　Z10陶系统计表　　　　　　　　　　　　　　　　　　　（单位：kg）

陶质	细泥质	粗夹砂	合计		百分比（%）	
陶色 纹饰	橘红	红褐				
素面		0.13	0.13	1.46	8.90	100
素面+磨光	0.16		0.16		10.96	
绳纹		1.17	1.17		80.14	
合计	0.16	1.30	1.46			
	1.46					
百分比（%）	10.96	89.04				
	100					

Z10共出土遗物2件。种类有陶器、骨器。

（1）陶器

1件。罐，另有器底。

罐　1件。标本Z10：1，口、腹部残片。粗夹砂红褐陶。侈口，折沿，方唇，唇部有一道浅细凹槽，鼓腹。腹部口沿以下饰横向绳纹。沿面可见轮修痕迹。复原口径25.6、残高5.6厘米（图七六三，2）。

器底　标本Z10：2，下腹与底部残片。细泥质橘红陶。下腹斜直，平底。器表磨光。素面。可能为钵底。残高3.8厘米（图七六三，1）。

（2）骨器

1件。匕。标本Z10：3，一端残。系利用动物长骨磨制而成。平面呈长条形，器身扁平，尖部锋利，有一打制而成的缺口。通体磨光。长8.2、宽2.6、厚0.3厘米（图七六三，3；图版一四二，3）。

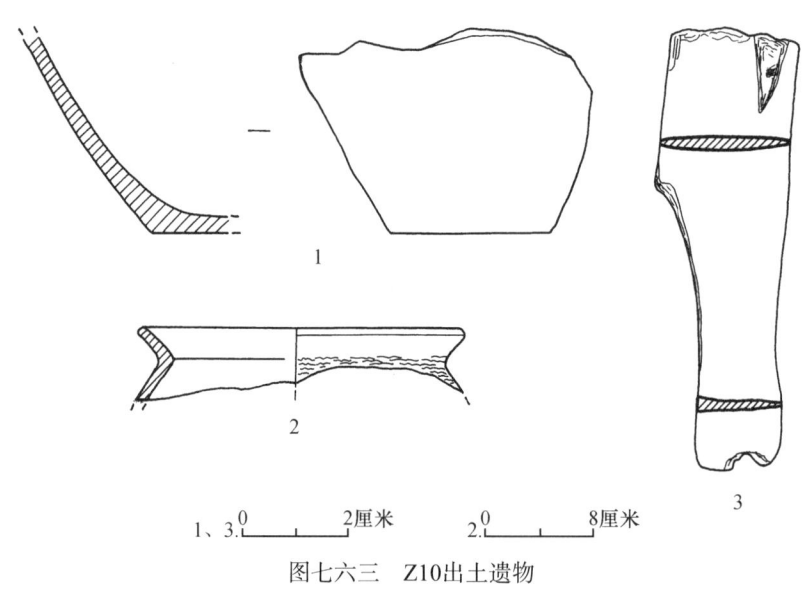

图七六三　Z10出土遗物

1. 器底（Z10：2）　2. 陶罐（Z10：1）　3. 骨匕（Z10：3）

8. Z11

Z11位于Ⅲ区T0914西部，开口于③层下。平面呈圆形，筒状，平底。壁、底均经长期火烤，较为坚硬。口径0.8、深0.08米（图七六四）。

灶内堆积为浅灰色土，土质疏松，夹杂有少量红烧土块，出土有少量陶片。

陶片以粗夹砂红褐陶为主，细泥质橘红陶次之；纹饰以素面为主，还有少量绳纹与彩陶。

Z11共出土遗物5件。全部为陶器。器类有罐、钵、瓮、器盖。

罐　1件。标本Z11:4，口沿残片。粗夹砂红褐陶。侈口，卷沿，圆唇。素面。外沿面可见轮修痕迹（图七六五，5）。

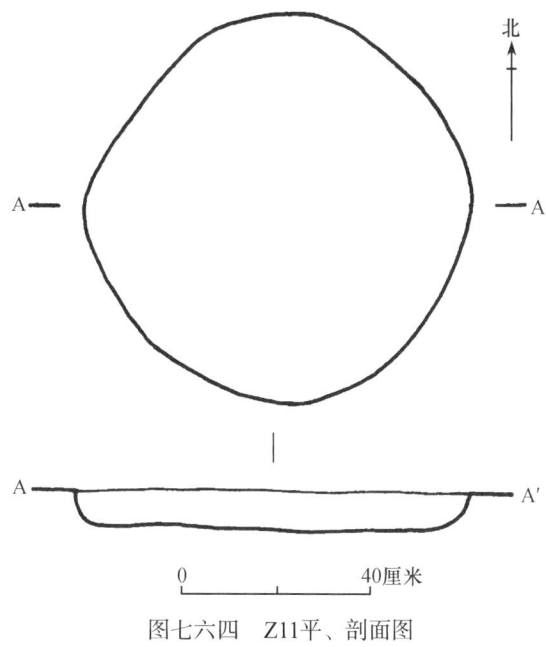

图七六四　Z11平、剖面图

钵　2件。均口、腹部残片。形制相同，均细泥质橘红陶，直口微敛，浅弧腹。标本Z11:1，尖圆唇。素面。口下可见轮修痕迹。复原口径14.8、残高7厘米（图七六五，2）。标本Z11:2，圆唇。器表磨光。口下饰黑色宽带纹彩绘（图七六五，3）。

瓮　1件。标本Z11:5，口、腹部残片。粗夹砂红褐陶。敛口，圆唇，鼓腹。腹部饰右上至左下斜向绳纹。内壁可见轮修痕迹（图七六五，1）。

器盖　1件。标本Z11:3，纽部残片。粗夹砂红褐陶。圈足状纽。素面。复原纽径10、残高2.3厘米（图七六五，4）。

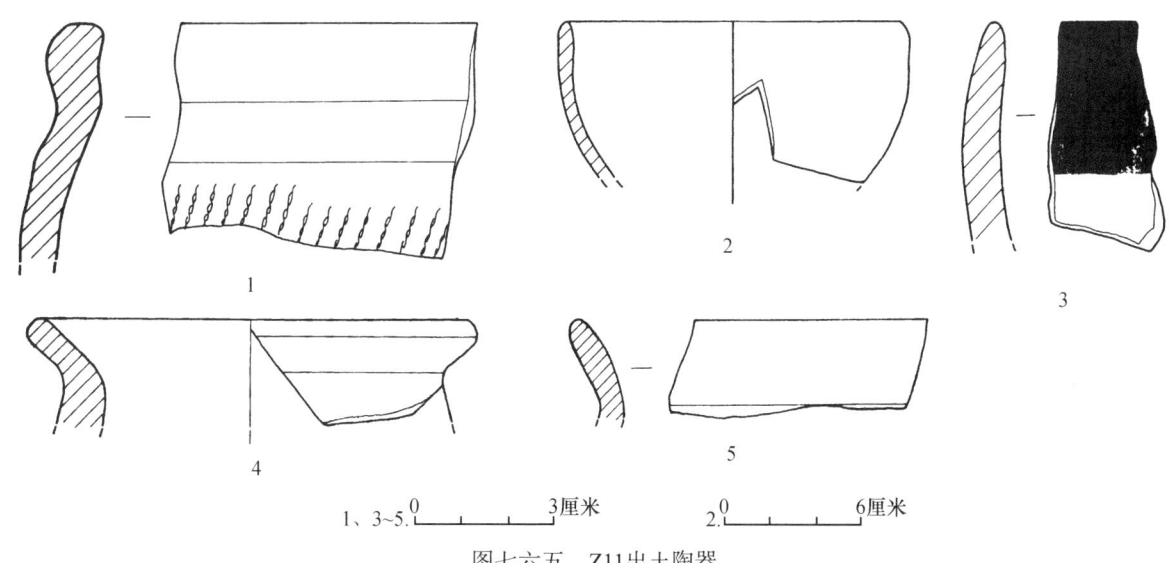

图七六五　Z11出土陶器
1.瓮（Z11:5）　2、3.钵（Z11:1、Z11:2）　4.器盖（Z11:3）　5.罐（Z11:4）

9. Z12

Z12位于Ⅲ区T0513北部与T0514南部，开口于③层下。平面呈圆角长方形，锅底状，平底，壁、底经火烧烤呈灰色硬面。口部南北长1.15、东西宽1.04、底部南北长0.56、东西宽0.32、深0.32米。周缘有灶圈，宽0.1、高0.07米（图七六六）。

灶内堆积为浅灰色土，土质疏松，夹杂有大量火烧土块，出土有零星陶片。

10. Z13

Z13位于Ⅲ区T0312南部，开口于③层下。平面呈不规则形，锅底状，平底，壁、底均经烧烤呈砖红色。口长径1.06、短径0.88、底长径0.9、短径0.8、深0.45米（图七六七）。

灶内堆积为灰褐色土，土质较为疏松，包含有少量火烧土颗粒。

11. Z16

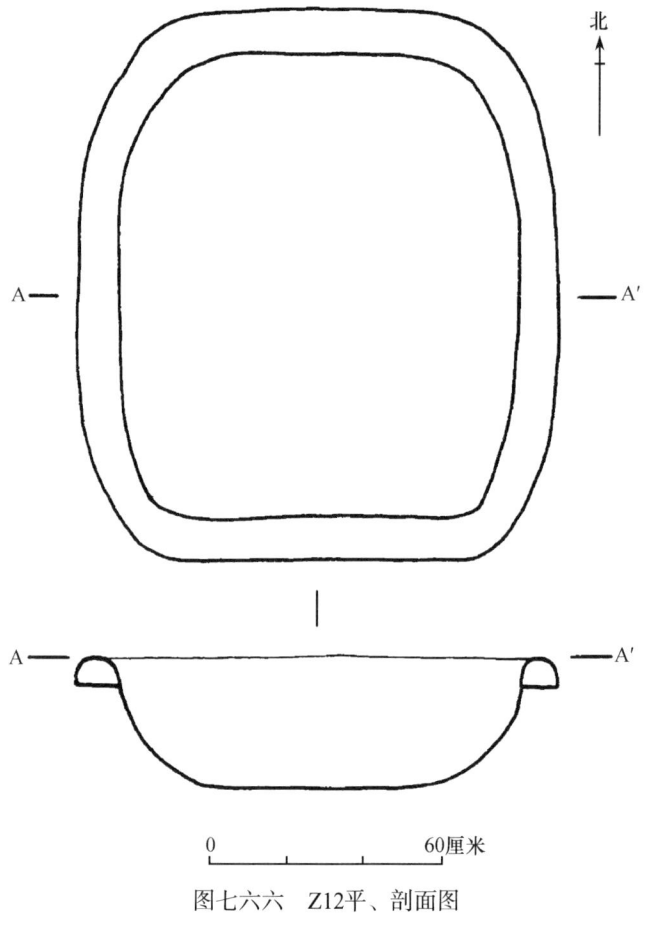

图七六六　Z12平、剖面图

Z16位于Ⅲ区T0415西北部，开口于③层下。平面呈圆形，锅底状，壁、底涂抹一层厚0.05米的草拌泥，经火烧烤变成砖红色硬面。口径0.84、深0.38米（图七六八）。

灶内堆积为灰褐色土，土质疏松，夹杂有少量火烧土块。

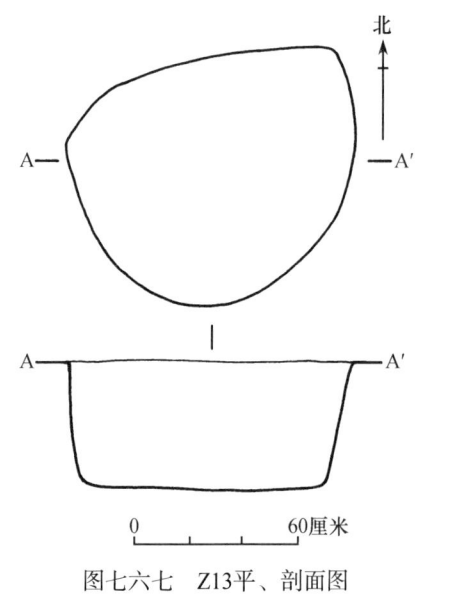

图七六七　Z13平、剖面图

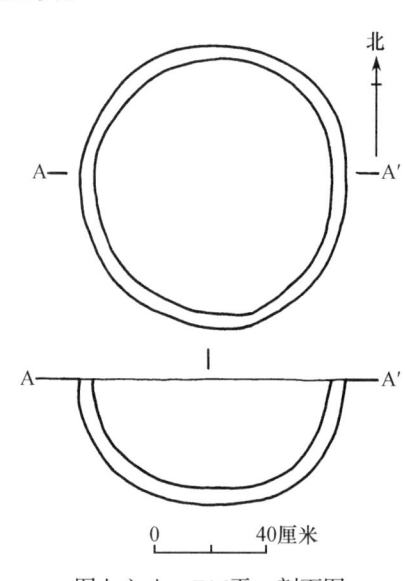

图七六八　Z16平、剖面图

12. Z17

Z17位于Ⅲ区T0517东南部，开口于③层下，西南部损毁。平面呈长方形，底部呈南高北低的斜坡状。南北残长0.5、东西宽0.85、深0.1米（图七六九）。

灶内堆积为火烧土残块，较为疏松，出土有零星陶片，另有兽牙。

13. Z18

Z18位于Ⅲ区T0619西部，开口于F96居住面之下。平面呈圆角长方形，锅底状，壁、底经火烧烤呈红色硬面。南北长1.2、东西宽1.08、深0.15米（图七七〇）。

灶内堆积为浅灰色土，土质较为疏松，包含有少量火烧土块，另有石块。

14. Z19

Z19位于Ⅲ区T0618西部，开口于③层下。平面呈圆形，筒状，平底。口径0.7、深0.75米。周缘有灶圈，宽0.12、高0.06米（图七七一）。

灶内堆积为浅灰色土，土质疏松，出土少量陶片。

陶片以粗夹砂红褐陶为主，细泥质橘红陶次之；纹饰以绳纹为主，彩陶次之。

Z19共出土遗物6件。全部为陶器。器类有罐、钵、圆陶片。

罐　3件。均口、腹部残片。标本Z19：4，粗夹砂红褐陶。侈口，卷沿，圆唇，鼓腹。腹部饰右上至左下斜向绳纹。口沿下侧可见轮修痕迹（图七七二，6）。

标本Z19：3、Z19：5形制相同，均粗夹砂红褐陶，侈口，折沿，鼓腹。标本Z19：3，方唇，唇部有二道浅细凹槽。腹部饰右上至左下斜向绳纹（图七七二，5）。标本Z19：5，沿面有一道浅细凹

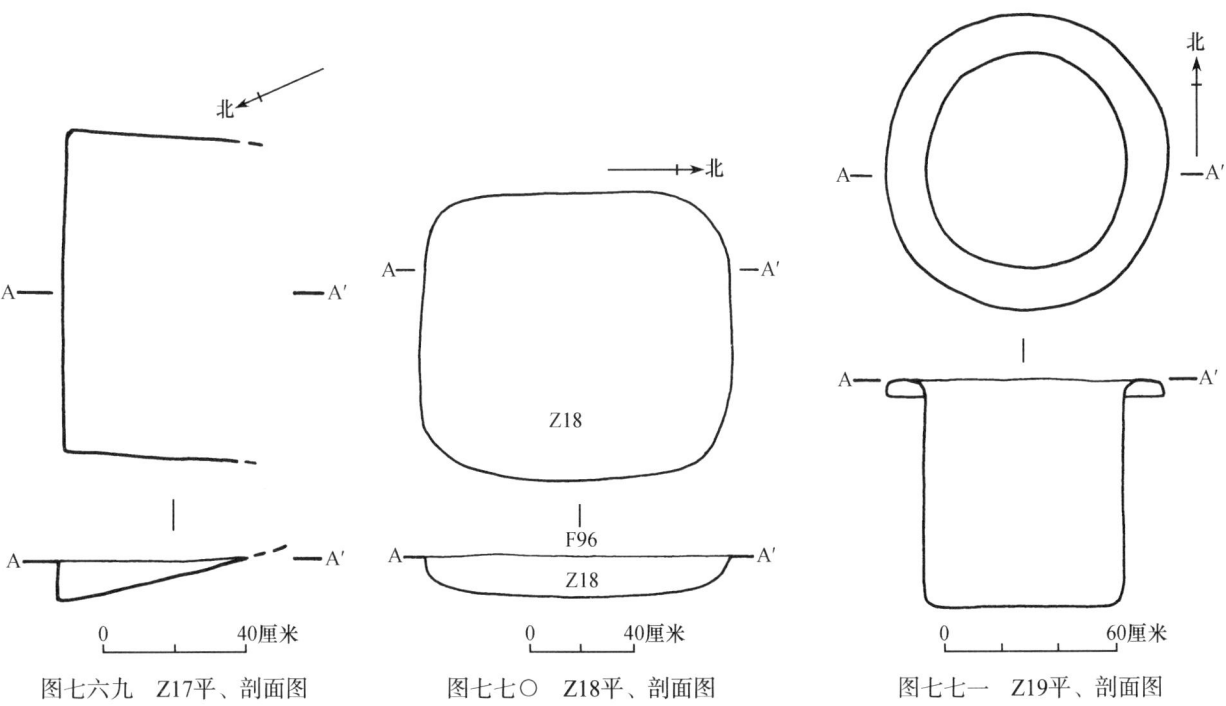

图七六九　Z17平、剖面图　　图七七〇　Z18平、剖面图　　图七七一　Z19平、剖面图

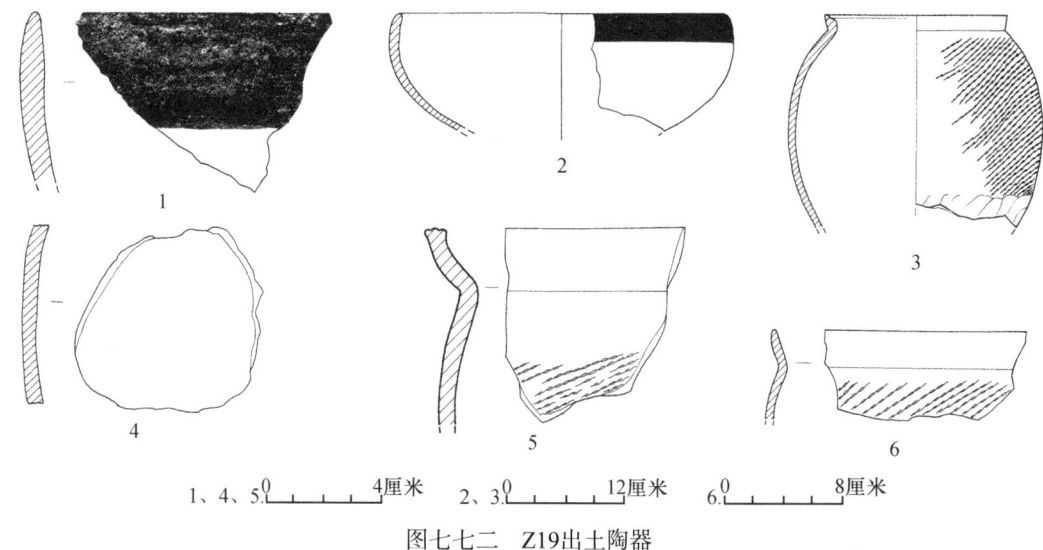

图七七二 Z19出土陶器
1、2. 钵（Z19：2、Z19：1） 3、5、6. 罐（Z19：5、Z19：3、Z19：4） 4. 圆陶片（Z19：6）

槽，尖圆唇，中腹圆鼓，下腹斜收，最大腹径位于中腹部。上、中腹部饰右上至左下斜向绳纹。外沿面可见轮修痕迹。器表可见烟熏痕迹。口径18.9、腹径26.1、残高21厘米（图七七二，3）。

钵　2件。均口、腹部残片。形制相同，均细泥质橘红陶，直口微敛，圆唇，浅弧腹，器表磨光。标本Z19：1，口下饰黑色宽带纹彩绘。复原口径34.2、残高12厘米（图七七二，2）。标本Z19：2，口下与唇部均饰黑色宽带纹彩绘。口下可见轮修痕迹（图七七二，1）。

圆陶片　1件。标本Z19：6，完整。细泥质橘红陶。系利用钵的残片打制而成。圆形，边缘较钝。直径6.5、厚0.5厘米（图七七二，4）。

15. Z20

Z20位于Ⅲ区T0619中部，开口于F96居住面之下。平面呈椭圆形，筒状，平底。长径1、短径0.84、深0.28米。周缘有灶圈，宽0.2、高0.12米（图七七三）。

灶内堆积为浅灰色土，土质较为疏松，包含有少量火烧土颗粒。

16. Z21

Z21位于Ⅲ区T0620东北部，开口于③层下。平面呈圆形，锅底状，壁、底因长期烧烤形成红色烧结面，平整光滑。口径0.9、深0.32米。周缘有灶圈，宽0.1、高0.06米（图七七四）。

灶内堆积为浅灰色土，土质较为疏松，出土零星陶片。

17. Z22

Z22位于Ⅲ区T0812西南部，开口于③层下。平面呈圆形，筒状，平底，壁、底均因长期烧烤形成红色烧结面，较为坚硬。口径1、深0.22~0.25米（图七七五）。

灶内堆积为浅灰色土，土质疏松，夹杂有少量火烧土颗粒。

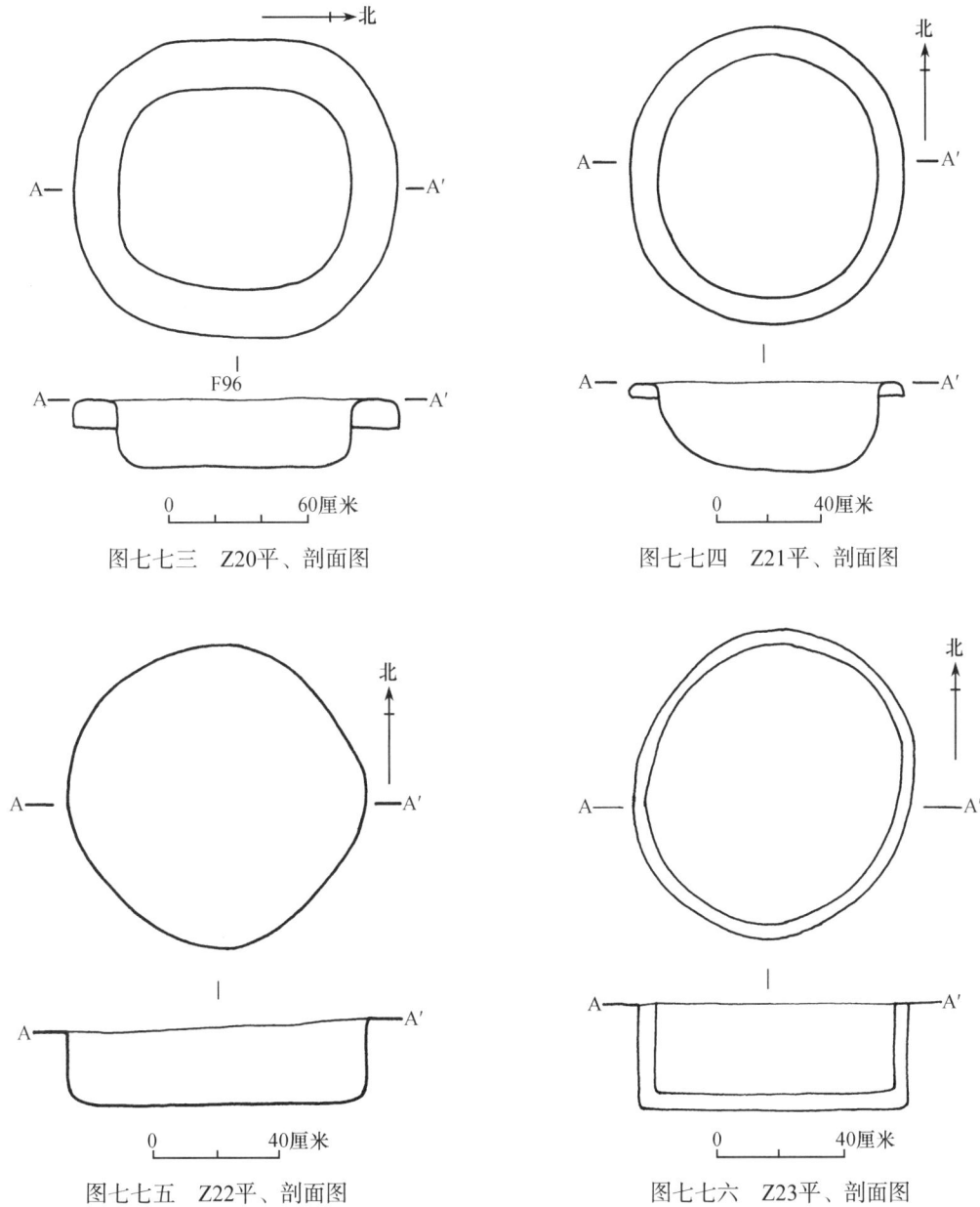

图七七三 Z20平、剖面图

图七七四 Z21平、剖面图

图七七五 Z22平、剖面图

图七七六 Z23平、剖面图

18. Z23

Z23位于Ⅲ区T0813西北部，开口于③层下。平面呈圆形，筒状，平底，壁、底均涂抹一层厚0.05米的草拌泥，经火烧烤变成青灰色硬面。口径0.84、深0.28米（图七七六）。

灶内堆积为深灰色土，较为疏松，包含有少量火烧土块。

19. Z24

Z24位于Ⅲ区T1011北部，开口于③层下。平面呈圆形，锅底状，壁、底因长期烧烤变成青灰色烧结面，十分坚硬。直径0.3、深0.13米。周缘有灶圈，宽0.12~0.24、高0.05米（图七七七）。

灶内堆积为浅灰色土，土质疏松，包含有少量火烧土块。

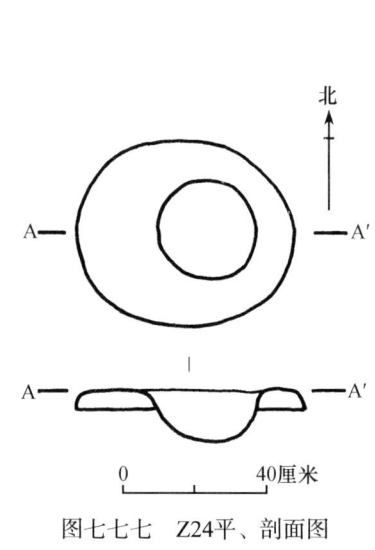

图七七七　Z24平、剖面图

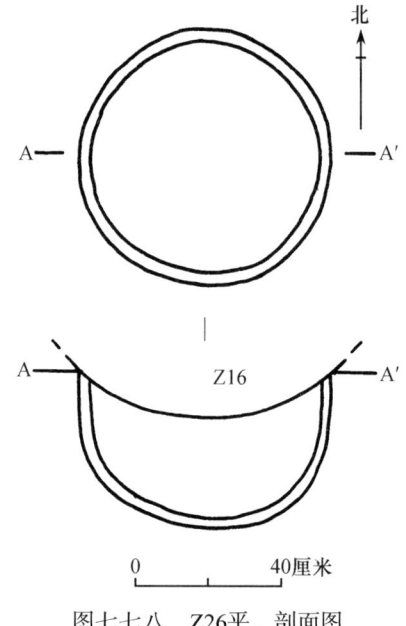

图七七八　Z26平、剖面图

20. Z26

Z26位于Ⅲ区T0415西北部，开口于Z16之下。平面呈圆形，锅底状，壁、底涂抹一层厚0.02米的草拌泥，经火烧烤变成砖红色硬面。口径0.64、残深0.27米（图七七八）。

灶内堆积为灰色草木灰，较为疏松，十分纯净。

21. Z28

Z28位于Ⅲ区T0313西南部，开口于③层下。平面呈椭圆形，筒状。壁、底经火烧烤变成砖红色硬面。长径1.02、短径0.8、深0.1米。周缘有灶圈，亦被烧成砖红色，宽0.04、高0.04米（图七七九）。

灶内堆积为浅灰色土，土质较为疏松，出土少量陶片。

Z28共出土遗物3件。以陶器为主，石器次之。

（1）陶器

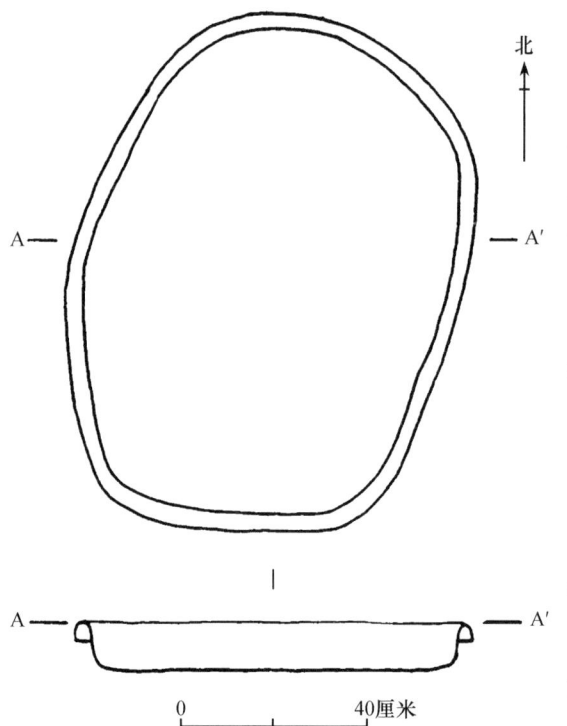

图七七九　Z28平、剖面图

2件。器类有罐、圆陶片。

罐　1件。标本Z28：1，口、腹部残片。粗夹砂红褐陶。侈口，卷沿，方唇，唇部有一道浅细凹槽，鼓腹。腹部饰右上至左下斜向绳纹（图七八〇，1）。

圆陶片　1件。标本Z28：2，完整。细泥质橘红陶。系利用钵的口部残片打制而成。圆形，边缘较钝。器表饰黑色宽带纹彩绘。直径4.8、厚0.7厘米（图七八〇，2）。

（2）石器

1件。石核。标本Z28：3，石英。可见多次剥片痕迹，保留大量砾石面。长6、宽4.4、厚2.4厘米（图七八〇，3）。

22. Z29

Z29位于Ⅲ区T1212西南部，开口于③层下。平面呈圆形，筒状，平底，壁、底经火烧烤变成砖红色烧结面。口径1.46、深0.1米（图七八一）。

灶内堆积为灰褐色土，土质较为疏松，出土少量陶片。

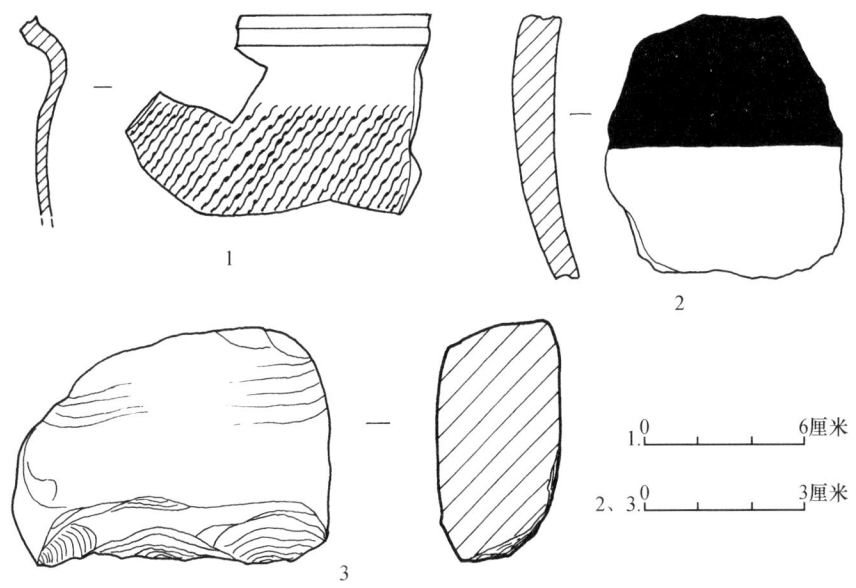

图七八〇　Z28出土遗物
1.罐（Z28：1）　2.圆陶片（Z28：2）　3.石核（Z28：3）

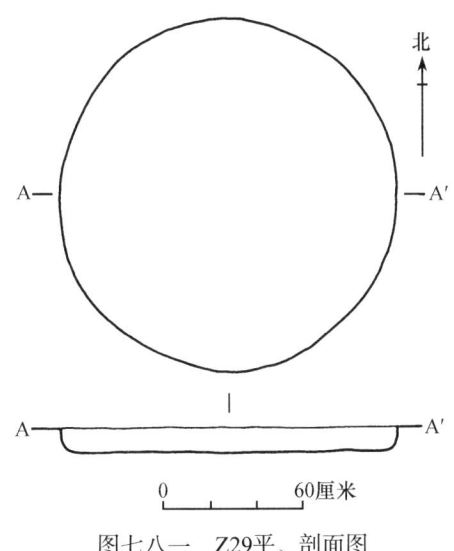

图七八一　Z29平、剖面图

第三节 灰　　坑

灰坑89座，编号为H6、H7、H8、H11、H14、H15、H16、H18、H21、H23、H25、H31、H33、H34、H38、H42、H43、H47、H48、H50、H51、H52、H53、H54、H55、H56、H57、H58、H60、H61、H62、H65、H66、H68、H70、H71、H73、H74、H77、H78、H79、H82、H85、H92、H93、H94、H95、H96、H98、H101、H102、H103、H105、H112、H114、H115、H116、H117、H121、H122、H127、H128、H133、H134、H135、H138、H141、H159、H188、H192、H206、H208、H209、H216、H217、H218、H219、H220、H223、H226、H227、H238、H239、H242、H245、H247、H250、H251、H255。灰坑的平面形状有圆形、椭圆形、方形、梯形、不规则形，其中圆形42座，椭圆形29座，方形4座，梯形2座，不规则形12座。结构有袋状、筒状、锅底状，其中袋状49座，筒状27座，锅底状13座。灰坑中保留有加工痕迹的一共有8座，其中底部经火烤的3座，底部为硬面的5座。底部有台阶的灰坑2座，其中有一级台阶的1座，有二级台阶的1座。

下面依据灰坑的编号次序详细描述。

1. H6

H6位于Ⅱ区T0203东南部，开口于③层下。平面呈圆形，筒状，直壁，平底。坑口径1、深0.5米（图七八二）。

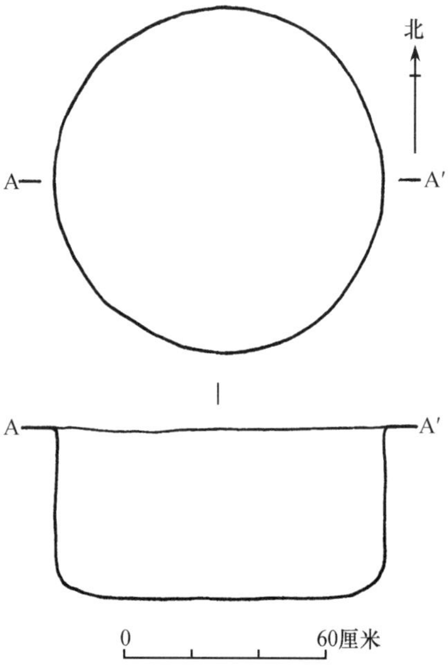

坑内堆积为黄褐色土，土质较为致密，包含有少量火烧土块、料姜石块，出土有少量陶片，另有石块。

陶片以细泥质橘红陶为主，细泥质灰陶次之，还有少量粗夹砂红褐陶；纹饰以素面为主，另有少量绳纹。

H6共出土遗物5件。全部为陶器。器类有盆、罐、钵。

盆　1件。标本H6:4，口沿残片。细泥质灰陶。侈口，卷沿，圆唇。器表磨光。素面。唇部可见轮修痕迹（图七八三，5）。

罐　1件。标本H6:5，口、腹部残片。粗夹砂红褐陶。侈口，折沿，方唇，唇部有一道浅细凹槽，外沿面有一道较矮棱脊，鼓腹。腹部饰左上至右下斜向绳纹，绳纹近平。沿面可见轮修痕迹（图七八三，2）。

钵　3件。均口、腹部残片。标本H6:1、H6:2形制相同，均细泥质橘红陶，直口微敛，圆唇，浅弧腹，器表磨光，素面。标本H6:1，唇部可见轮修痕迹。器表可见烟熏痕迹

图七八二　H6平、剖面图

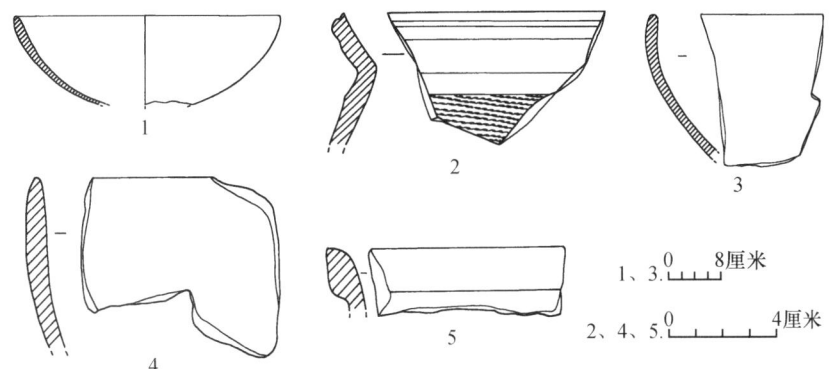

图七八三　H6出土陶器
1、3、4.钵（H6∶3、H6∶1、H6∶2）　2.罐（H6∶5）　5.盆（H6∶4）

（图七八三，3）。标本H6∶2，唇部可见轮修痕迹（图七八三，4）。

标本H6∶3，细泥质灰陶。敞口，圆唇，浅弧腹。器表磨光。素面。复原口径40、通高13厘米（图七八三，1）。

2. H7

H7位于Ⅱ区T0102东南部，开口于③层下。平面呈椭圆形，锅底状，弧壁，底部西高东低，凹凸不平。坑口长径1.74、短径0.76、深0.92~1.12米（图七八四）。

坑内堆积为深灰色土，土质疏松，出土大量陶片，另有石块、骨头。

陶片为主要的出土物，以粗夹砂红褐陶为主，细泥质橘红陶和粗泥质橘红陶次之，还有少量细夹砂红褐陶、粗夹砂黑陶；纹饰以素面为主，绳纹次之，还有少量弦纹及彩陶（表一四七）。

H7共出土遗物32件。以陶器为主，石、蚌器次之。

（1）陶器

30件。器类有罐、钵、器盖、圆陶片（表一四八）。

罐　12件。均口、腹部残片。标本H7∶7、H7∶10形制相同，均粗夹砂红褐陶，侈口，卷沿，鼓腹，腹部饰右上至左下斜向绳纹，唇部可见轮修痕迹。标本H7∶10，方唇（图七八五，7）。标本H7∶7，圆唇，外沿面有二道浅细凹槽。唇部可见轮修痕迹。复原口径33、残高6.9厘米（图七八五，9）。

标本H7∶8，粗夹砂红褐陶。侈口，折沿，圆唇，鼓腹。腹部饰横向细绳纹。口下可见轮修痕迹（图七八五，3）。

钵　13件。均口、腹部残片。标本H7∶1、H7∶5形制相同，均细泥质橘红陶，直口微敛，圆唇，深弧腹，器表磨光。标本H7∶1，唇部与口下饰黑色宽带纹彩绘。彩绘下侧可见浅红色叠烧痕迹（图七八五，5）。标本H7∶5，素面（图七八五，1）。

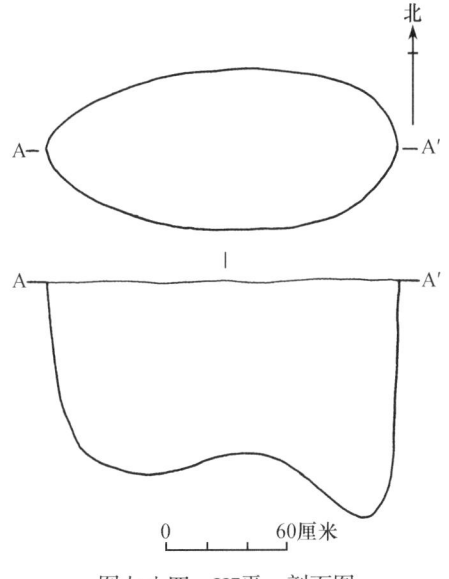

图七八四　H7平、剖面图

表一四七　H7陶系统计表　　　　　　　　　　　　　　　　　　　　　（单位：kg）

陶质\陶色\纹饰	细泥质	粗泥质	细夹砂	粗夹砂		合计		百分比（%）	
	橘红	橘红	红褐	黑	红褐				
素面		1.09	0.02	0.10	1.46	2.67		46.03	
素面+磨光	1.08					1.08		18.62	
绳纹		0.09	0.06		1.65	1.80	5.80	31.03	100
弦纹					0.13	0.13		2.24	
彩陶	0.12					0.12		2.07	
合计	1.20	1.18	0.08	0.10	3.24	5.80			
			5.80						
百分比（%）	20.69	20.34	1.38	1.72	55.86				
			100						

表一四八　H7器形统计表　　　　　　　　　　　　　　　　　　　　　（单位：件）

陶质		细泥质		粗夹砂			合计	百分比（%）	
陶色		橘红		红褐					
器形\纹饰		素面+磨光	彩陶	素面	绳纹	弦纹			
罐	口			3	3	1	12	46.15	
	底			5					
钵	口	8	3	1			13	50.00	100
	底	1							
器盖				1			1	3.85	
合计		9	3	10	3	1	26		
				26					
百分比（%）		34.61	11.54	38.46	11.54	3.85			
				100					

标本H7：2，细泥质橘红陶。直口微敛，尖圆唇，浅弧腹。口下饰黑色宽带纹彩绘。彩绘下侧可见浅红色叠烧痕迹（图七八五，6）。

标本H7：3，细泥质橘红陶。敛口，圆唇，深弧腹，最大腹径位于中下腹部。器表磨光。素面。口下可见浅红色叠烧痕迹及轮修痕迹（图七八五，4）。

器盖　1件。标本H7：11，口、壁残片。粗夹砂红褐陶。敞口，圆唇，斜直壁。素面。口部可见轮修痕迹（图七八五，2）。

圆陶片　4件。均完整。形制相同，均细泥质橘红陶，圆形。标本H7：12-1，系利用钵的口部残片打制而成。边缘较锋利。器表可见深红色叠烧痕迹。直径4.6、厚0.4厘米（图七八五，10）。标本H7：12-2，系利用钵的残片打制而成。边缘较钝。直径4.1、厚0.7厘米（图七八五，12）。标本H7：12-3，系利用钵的残片打制而成。边缘较锋利。直径4.5、厚0.5厘米（图七八五，11）。标本H7：12-4，系利用钵的残片打制而成。器身较薄，边缘较钝。磨蚀较重。直径2.5、厚0.2厘米（图七八五，13）。

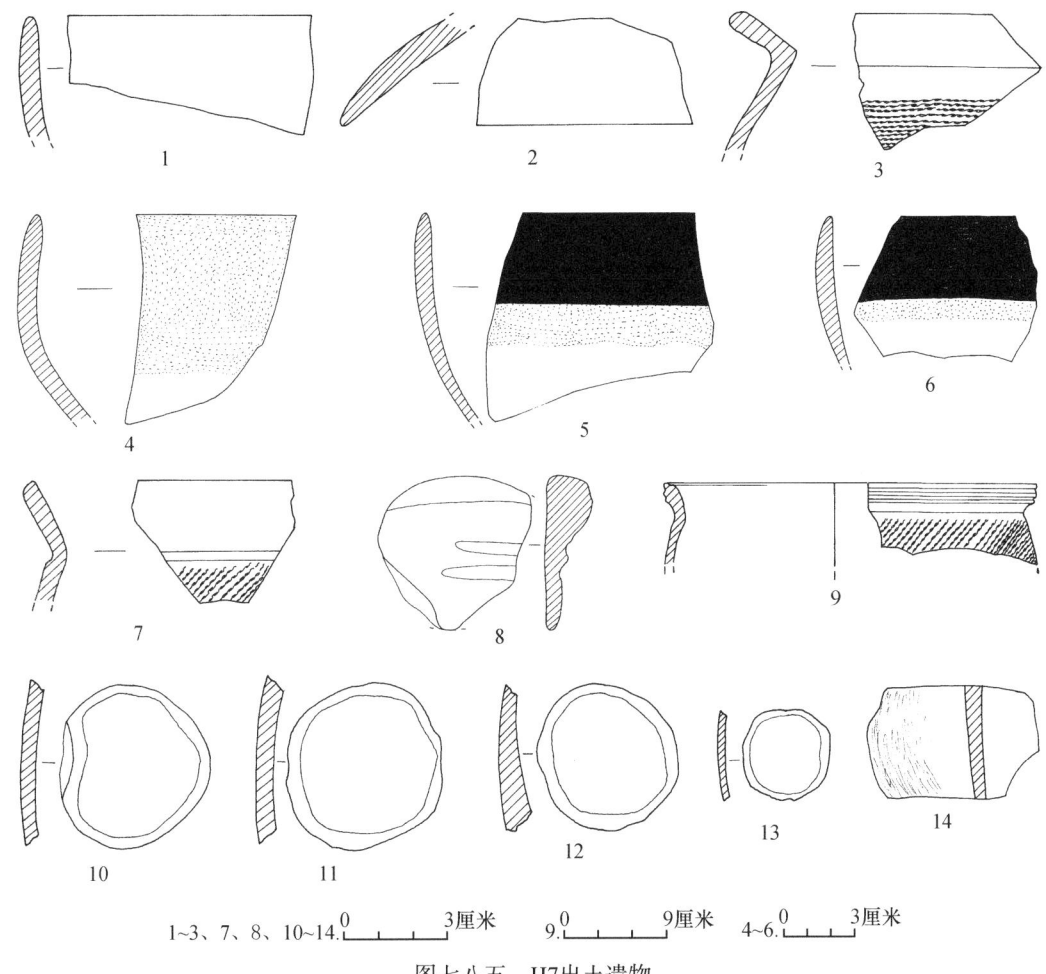

图七八五　H7出土遗物

1、4~6. 陶钵（H7:5、H7:3、H7:1、H7:2）　2. 器盖（H7:11）　3、7、9. 陶罐（H7:8、H7:10、H7:7）
8. 磨石（H7:13）　10~13. 圆陶片（H7:12-1、H7:12-3、H7:12-2、H7:12-4）　14. 蚌刀（H7:14）

（2）石器

1件。磨石。标本H7:13，残。石英粗砂岩。平面呈不规则形，一面较平坦，稍向内凹，为使用形成；另一面也有两道使用形成的较小凹槽。残长6.4、宽6.3厘米（图七八五，8）。

（3）蚌器

1件。刀。标本H7:14，稍残。平面呈长条形，两侧边平行，弧刃，较为锋利。长5.1、宽3.2、厚0.4厘米（图七八五，14）。

3. H8

H8位于Ⅱ区T0106东北部，开口于③层下。平面呈椭圆形，锅底状，弧壁，平底。坑口长径1.1、短径1、底长径0.6、短径0.5、深0.5米（图七八六）。

坑内堆积为浅褐色土，土质较为疏松，包含有少量料姜石块，出土少量陶片。

H8仅出土陶罐1件。标本H8：1，口、腹部残片。粗夹砂红褐陶。侈口，折沿，圆唇，鼓腹。上腹部饰右上至左下斜向绳纹（图七八七）。

4. H11

H11位于Ⅱ区T0202东部，开口于③层下。平面呈椭圆形，袋状，斜直壁，平底，底部有一椭圆形小坑。坑口长径0.76、短径0.6、底长径1.3、短径0.8~1.12、深1.2米。小坑长径0.68、短径0.2~0.44、比坑底深0.15米（图七八八）。

坑内堆积可分为2层：第①层为浅灰色土，土质疏松，厚1米，包含少量火烧土颗粒；第②层为黄褐色土，土质疏松，厚0.2米，出土大量陶片，另有骨头。

陶片为主要的出土物，以细泥质橘红陶及粗夹砂红褐陶居多，粗泥质橘红陶次之，还有少量细夹砂橘红陶、粗夹砂橘红陶及细泥质灰陶；纹饰以素面居多，绳纹次之，彩陶再次，还有少量弦纹及附加堆纹（表一四九）。

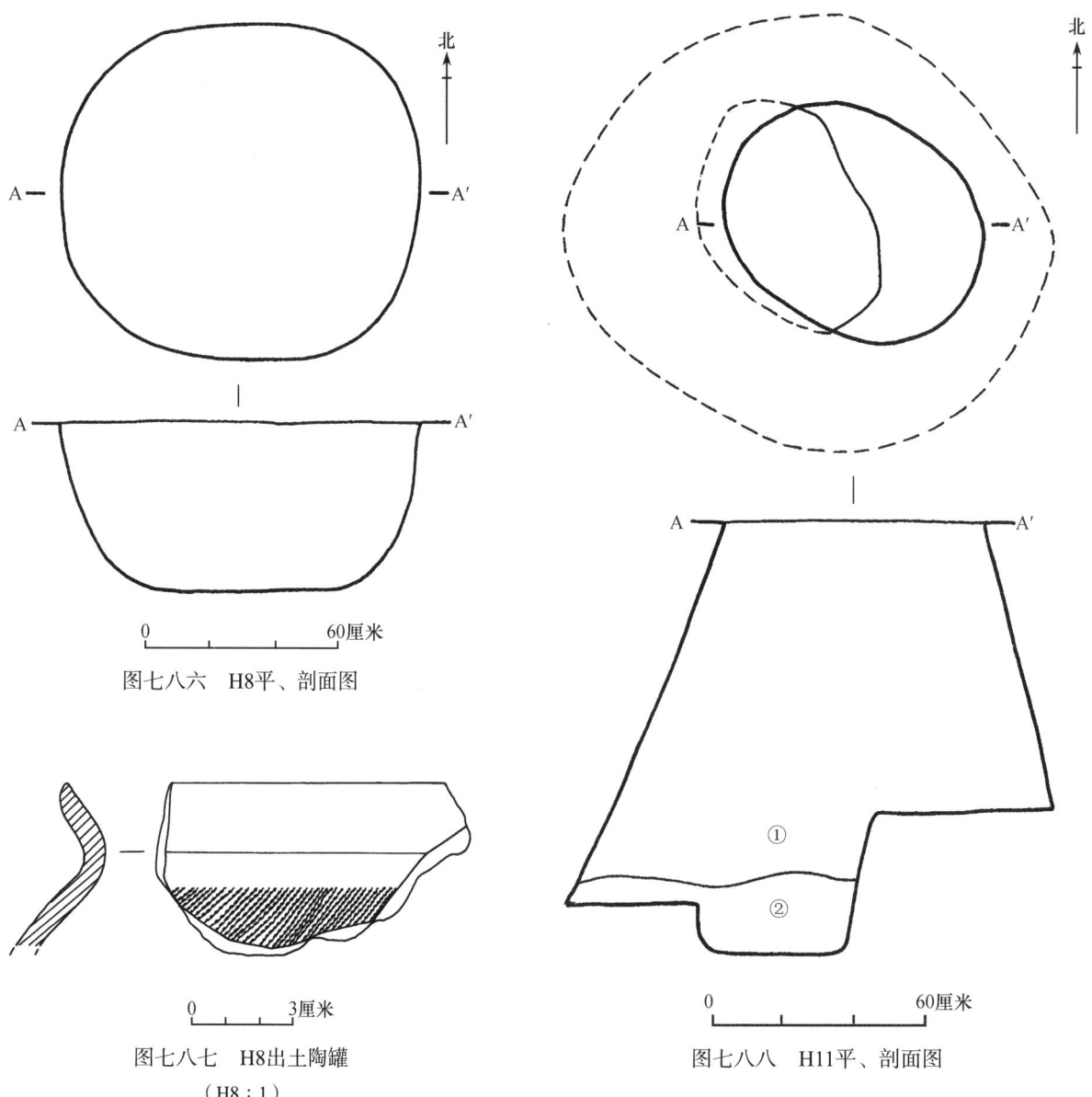

图七八六　H8平、剖面图

图七八七　H8出土陶罐（H8：1）

图七八八　H11平、剖面图

H11共出土遗物37件。全部为陶器。器类有瓶、盆、罐、钵、瓮、器盖，另有彩陶片（表一五〇）。

表一四九　H11陶系统计表　　　　　　　　　　　　　　　　　（单位：kg）

陶质	细泥质		粗泥质	细夹砂	粗夹砂		合计		百分比（%）	
陶色 纹饰	橘红	灰	橘红	橘红	橘红	红褐				
素面	0.06		0.34	0.09	0.126	0.47	1.086		25.98	
素面+磨光	0.57	0.04	0.228				0.838		20.05	
绳纹			0.34			0.85	1.19	4.18	28.47	100
弦纹						0.02	0.02		0.48	
附加堆纹			0.06				0.06		1.44	
彩陶	0.99						0.99		23.68	
合计	1.62	0.04	0.968	0.09	0.126	1.34	4.18			
				4.18						
百分比（%）	38.76	0.96	23.16	2.15	3.01	32.06	100			

表一五〇　H11器形统计表　　　　　　　　　　　　　　　　　（单位：件）

陶质	细泥质		粗泥质		细夹砂		粗夹砂			合计		百分比（%）
陶色	橘红	灰	橘红		橘红	橘红	红褐					
纹饰 器形	素面+磨光	彩陶	素面+磨光	素面	素面	素面	素面	绳纹	弦纹			
瓶	1			1						2		2.70
盆 口		2	1	2						6		18.92
盆 底		1										
罐						1	2	2		5	37	13.51	100
钵 口	11	2	1		1	1		1		18		48.65
钵 底	1											
瓮								2	3	5		13.51
器盖							1			1		2.70
合计	13	5	2	2	2	1	1	4	5	2	37	
					37							
百分比（%）	35.14	13.51	5.41	5.41	5.41	2.70	2.70	10.81	13.51	5.41		
					100							

瓶　1件。标本H11：15，口沿残片。粗泥质橘红陶。直杯口，微敛，较高，方唇。素面。器表可见轮修痕迹。口径4.8、残高3.5厘米（图七八九，1）。

盆 7件。均口、腹部残片。标本H11:10、H11:12、H11:13形制相同，均平折沿，弧腹，器表磨光，素面。标本H11:10，粗泥质橘红陶。敞口，沿面微鼓，圆唇。沿面与上腹部均可见轮修痕迹，下腹部可见刮抹痕迹。复原口径28、残高8.8厘米（图七八九，6）。标本H11:12，粗泥质橘红陶。直口微敛，沿面微鼓，圆唇。唇面可见轮修痕迹（图七八九，8）。标本H11:13，细泥质灰陶。敞口，沿面稍向内倾斜，尖圆唇。器表可见轮修痕迹（图七八九，3）。

标本H11:7、H11:8、H11:9、H11:11形制相同，均细泥质橘红陶，侈口，卷沿，圆唇，浅弧腹，器表磨光。标本H11:7，唇部与外沿面均饰黑色窄带纹彩绘。口沿内侧可见浅红色叠烧痕迹。唇部可见轮修痕迹（图七八九，5）。标本H11:8，唇部与上腹部均饰黑色窄带纹彩绘。内壁可见轮修痕迹（图七八九，4）。标本H11:9，唇部与外沿面均饰黑色窄带纹彩绘，腹部饰黑色变体鱼纹彩绘（图七八九，11）。标本H11:11，唇部有一道浅细凹槽。素面。沿面可见轮修痕迹（图七八九，9）。

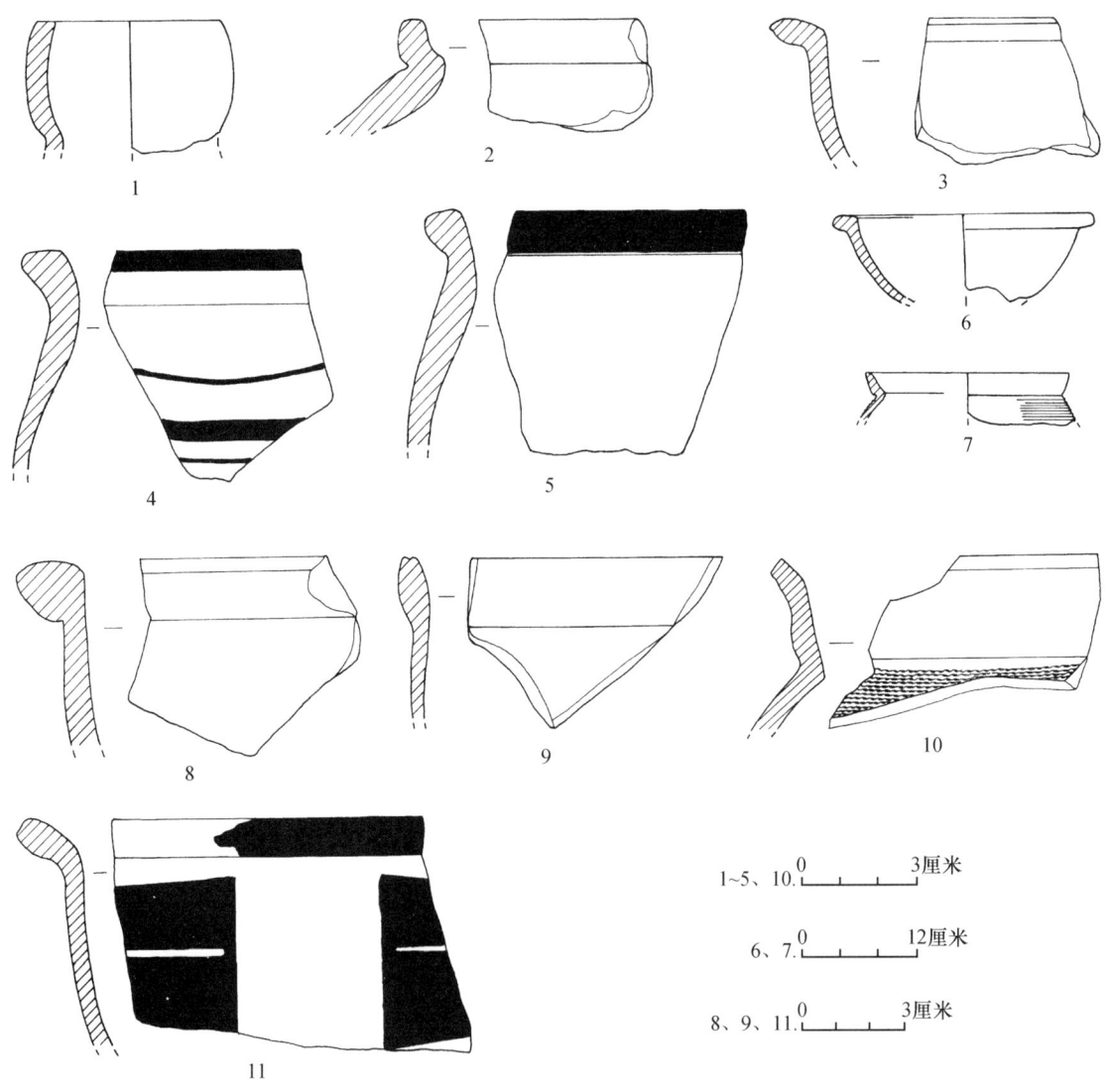

图七八九 H11出土陶器
1.瓶（H11:15） 2、7、10.罐（H11:24、H11:18、H11:21）
3~6、8、9、11.盆（H11:13、H11:8、H11:7、H11:10、H11:12、H11:11、H11:9）

罐 5件。均口、腹部残片。标本H11:24，粗夹砂红褐陶。侈口，折沿，沿面内曲，圆唇，鼓腹。素面（图七八九，2）。

标本H11:18，粗夹砂红褐陶。侈口，折沿，圆唇，鼓腹。口沿以下饰多周弦纹。沿面可见轮修痕迹。口部可见烟熏痕迹。复原口径22、残高5.6厘米（图七八九，7）。

标本H11:21，粗夹砂红褐陶。侈口，折沿，沿面有一道矮棱，方唇，鼓腹。口沿以下饰横向绳纹。外沿面可见轮修痕迹（图七八九，10）。

钵 18件。均口、腹部残片。标本H11:5，细泥质橘红陶。直口微敛，圆唇，深弧腹。器表磨光。素面。口部可见轮修痕迹（图七九〇，7）。

标本H11:3，细泥质橘红陶。敛口，圆唇，深弧腹，最大腹径位于中下腹部。器表磨光。素面。内壁可见轮修痕迹。复原口径21.6、残高5.2厘米（图七九〇，2）。

标本H11:1、H11:2、H11:4形制相同，均细泥质橘红陶，直口微敛，圆唇，浅弧腹，器表磨光。标本H11:1，口下饰黑色宽带纹彩绘。复原口径26、残高8厘米（图七九〇，1）。标本H11:2，口下饰黑色宽带纹彩绘。彩绘下侧可见浅褐色叠烧痕迹（图七九〇，10）。标本H11:4，素面。器表可见刮抹与轮修痕迹（图七九〇，4）。

瓮 5件。均口、腹部残片。标本H11:19、H11:22形制相同，均粗夹砂红褐陶，敛口，鼓腹。标本H11:19，方唇，肩略鼓。腹部饰竖向绳纹。唇部可见轮修痕迹（图七九〇，11）。标本H11:22，圆唇。口沿以下饰左上至右下斜向绳纹（图七九〇，6）。

标本H11:16、H11:17形制相同，均粗夹砂红褐陶，侈口，卷沿，方唇，鼓腹，腹部饰右上至左下斜向绳纹。标本H11:16，唇部与内壁均可见轮修痕迹。复原口径32、残高9.6厘米（图七九〇，3）。标本H11:17，唇部有一道浅细凹槽。沿面可见轮修痕迹。复原口径26、残高6厘米（图七九〇，9）。

标本H11:20，粗夹砂红褐陶。侈口，折沿，圆唇，口沿下侧有一道凸棱，鼓腹。腹部饰右上至左下斜向绳纹。沿面可见轮修痕迹（图七九〇，12）。

器盖 1件。标本H11:25，口、壁残片。粗夹砂橘红陶。敞口，圆唇，斜直壁。素面。口部可见轮修痕迹（图七九〇，8）。

彩陶片 标本H11:26，腹部残片。细泥质橘红陶。折腹。器表磨光。上腹部饰多条黑色窄带纹彩绘。可能为盆的残片（图七九〇，5）。

5. H14

H14位于Ⅱ区T0103西南部，部分延伸至探方外，未发掘，开口于③层下。发掘部分平面呈不规则形，锅底状，弧壁，圜底。发掘部分坑口长径2、短径1.2、深0.26米（图七九一）。

坑内堆积为浅灰色土，土质疏松，包含少量火烧土颗粒，出土有陶片、石块。

陶片为主要的出土物，以粗夹砂红褐陶为主，细泥质橘红陶与细夹砂橘红陶次之；纹饰以素面居多，彩陶及绳纹次之。

H14共出土遗物5件。全部为陶器。器类有罐、钵、器盖。

罐 2件。均口、腹部残片。标本H14:3，粗夹砂红褐陶。侈口，折沿，圆唇，鼓腹。腹部饰

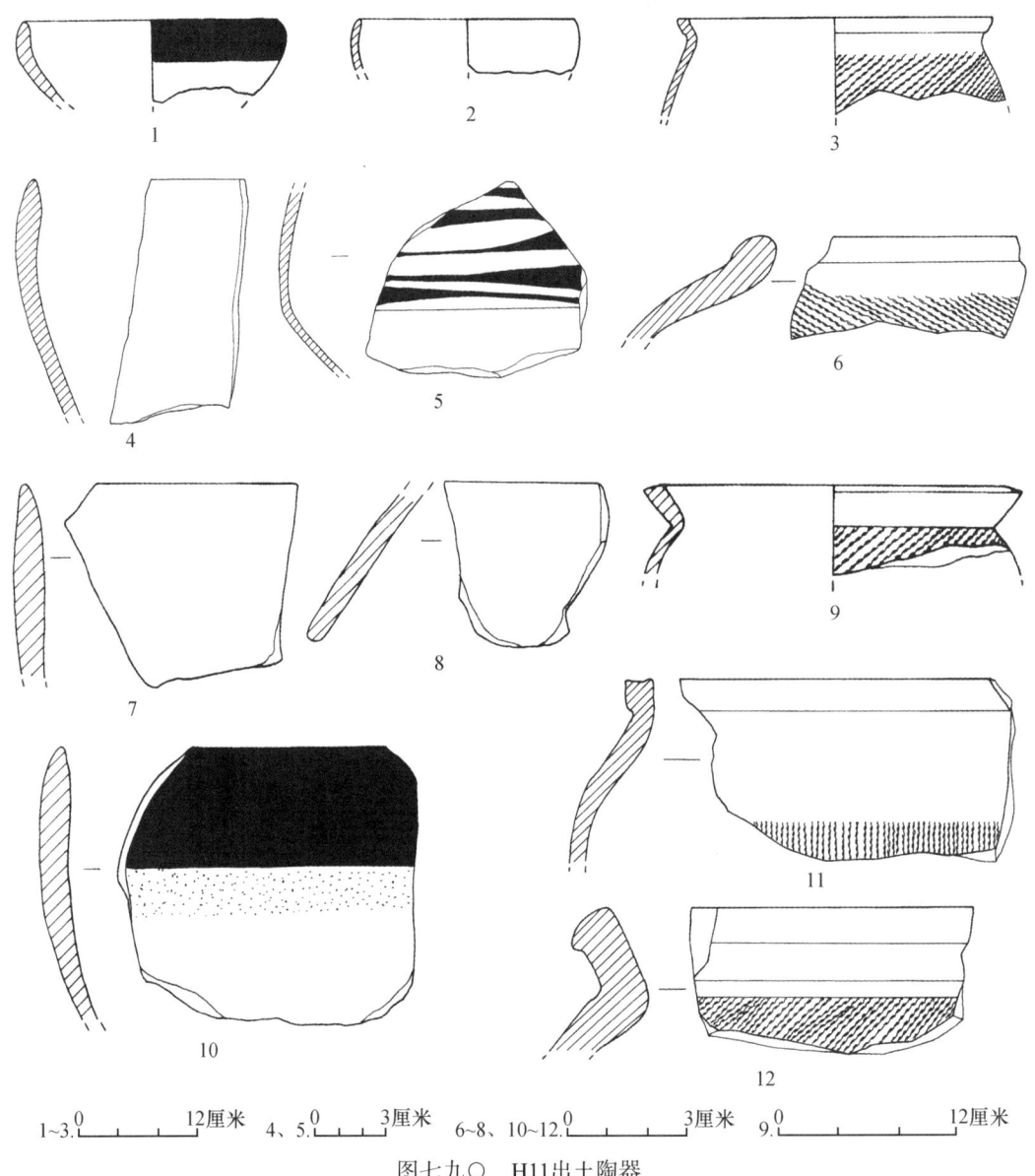

图七九〇　H11出土陶器

1、2、4、7、10. 钵（H11：1、H11：3、H11：4、H11：5、H11：2）　3、6、9、11、12. 瓮（H11：16、H11：22、H11：17、H11：19、H11：20）　5. 彩陶片（H11：26）　8. 器盖（H11：25）

横向绳纹。外沿面可见轮修痕迹（图七九二，1）。

标本H14：5，粗夹砂红褐陶。侈口，卷沿，方唇，唇部有二道浅细凹槽，鼓腹。腹部饰右上至左下斜向绳纹（图七九二，2）。

钵　2件。均口、腹部残片。形制相同，均直口微敛，圆唇，浅弧腹，素面。标本H14：1，细泥质橘红陶。器表磨光。口下可见轮修痕迹（图七九二，5）。标本H14：2，细夹砂橘红陶。口、腹部均可见烟熏痕迹（图七九二，4）。

器盖　1件。标本H14：4，口、壁残片。粗夹砂红褐陶。覆盆状，圆唇，弧壁。器表饰横向绳纹（图七九二，3）。

6. H15

H15位于Ⅱ区T0202的西北部,开口于③层下。平面呈不规则形,筒状,直壁,平底。坑口长径1.2、短径0.8、深0.28米。坑底东北部有一台阶,不规则形,长径0.8、短径0.14、高0.1米(图七九三)。

坑内堆积可分为2层:第①层为浅灰土,土质疏松,厚0.1米,出土少量陶片;第②层为黄褐色土,土质致密,厚0.18米,出土少量骨头。

陶片为主要的出土物,以细夹砂橘红陶为主,粗夹砂红褐陶与细泥质橘红陶次之,细夹砂灰陶最少;纹饰以素面为主,绳纹次之,还有少量彩陶(表一五一)。

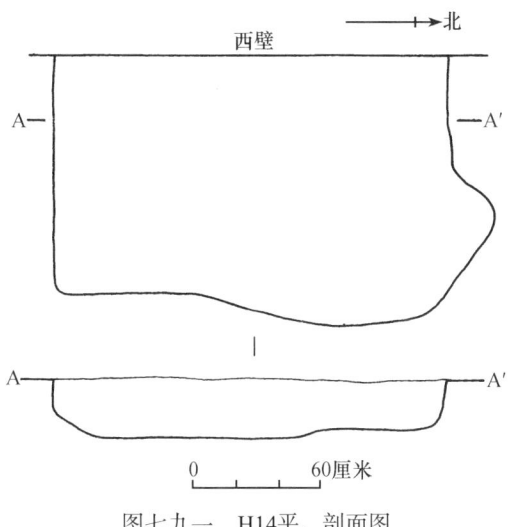

图七九一　H14平、剖面图

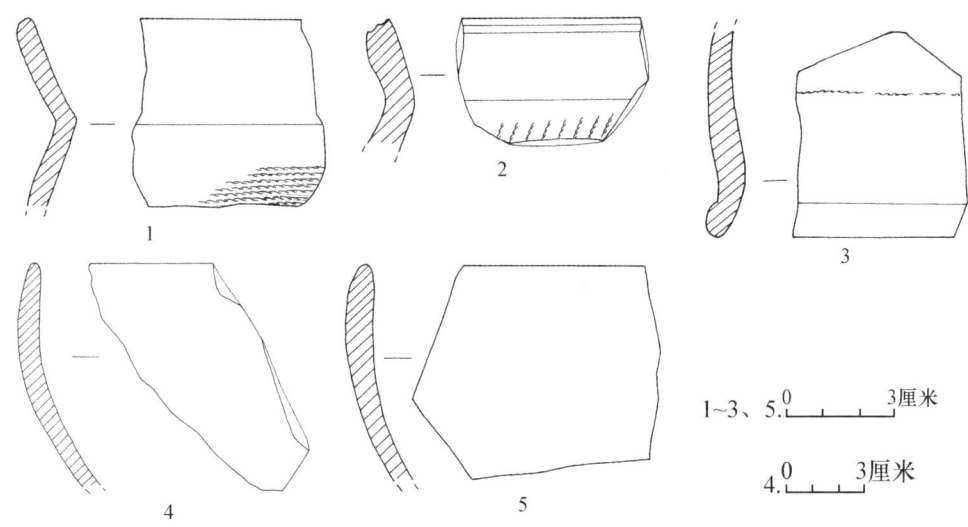

图七九二　H14出土陶器
1、2.罐(H14:3、H14:5)　3.器盖(H14:4)　4、5.钵(H14:2、H14:1)

表一五一　H15陶系统计表　　　　　　　　　　(单位:kg)

陶质	细泥质	细夹砂		粗夹砂	合计		百分比(%)
陶色 纹饰	橘红	橘红	灰	红褐			
素面	0.114	0.58	0.17	0.26	1.12		62.22
素面+磨光	0.03				0.03	1.80	1.67	100
绳纹		0.126		0.25	0.38		21.11
彩陶	0.27				0.27		15.00
合计	0.41	0.71	0.17	0.51	1.80		
	1.80						
百分比(%)	22.78	39.44	9.44	28.33			
	100						

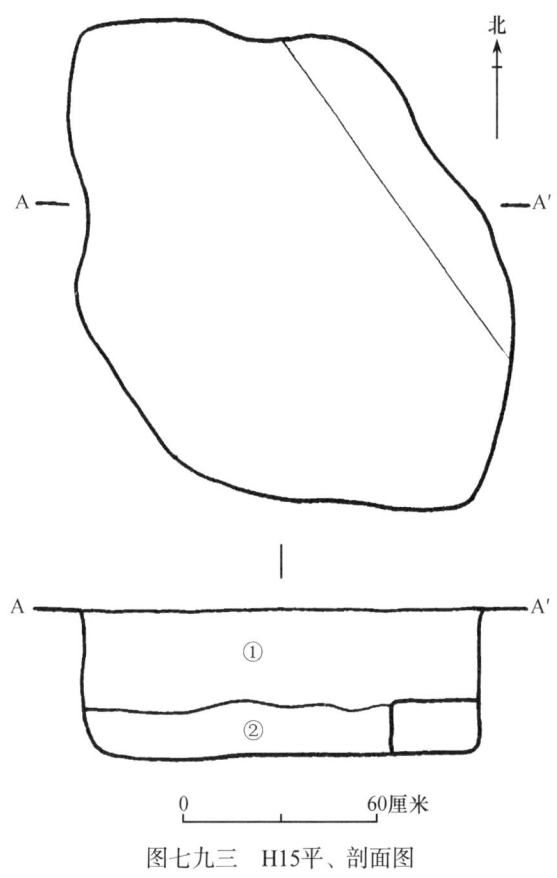

图七九三 H15平、剖面图

H15共出土遗物9件。以陶器为主，石、骨器次之。

（1）陶器

7件。器类有盆、罐、钵、瓮、圆陶片、纺轮，另有器底。

盆 1件。标本H15：4，口、腹部残片。细夹砂橘红陶。侈口，卷沿，圆唇，弧腹。上腹部饰一道右上至左下斜向绳纹。外沿面可见轮修痕迹（图七九四，1）。

罐 1件。标本H15：5，口、腹部残片。粗夹砂红褐陶。侈口，卷沿，沿面内曲，方唇，鼓腹。外沿面可见轮修痕迹（图七九四，3）。

钵 2件。均口、腹部残片。标本H15：2，细泥质橘红陶。直口微敛，圆唇，深弧腹。器表磨光。素面（图七九四，2）。

标本H15：1，细泥质橘红陶。直口微敛，圆唇，浅弧腹。器表磨光。口下饰黑色宽带纹彩绘。彩绘下侧可见浅红色叠烧痕迹。复原口径39.9、残高10.2厘米（图七九四，4）。

瓮 1件。标本H15：6，口、腹部残片。粗夹砂红褐陶。直口微敛，窄平折沿，方唇，直腹。素面（图七九四，5）。

器底 标本H15：3，底部残片。细泥质橘红陶。尖底。器表刮抹光滑。素面。内壁可见泥条盘筑痕迹。可能为瓶底。残高10厘米（图七九四，6；图版一四二，4）。

圆陶片 1件。标本H15：8，完整。细泥质橘红陶。系利用陶钵或盆的残片打制而成。圆形，边缘较钝。直径4.5、厚0.7厘米（图七九四，8）。

纺轮 1件。标本H15：7，完整。细泥质橘红陶。系利用钵的口沿残片打制而成，保留少量口沿。圆形，中间有一两面对钻而成的圆孔。器表可见灰白色叠烧痕迹。直径5.3、孔径1.4、厚0.6厘米（图七九四，7；图版一四二，5）。

（2）石器

1件。斧。标本H15：10，残。石英细砂岩。残存部分平面呈不规则形，刃部锋利。通体磨光。残长7、残宽5、厚2.7厘米（图七九四，10）。

（3）骨器

1件。铲。标本H15：9，刃部稍残。系利用梅花鹿右桡骨远段后面一段磨制而成，尾端保留关节。半管状，刃部扁平，较锋利。通体磨光。残长10.8厘米（图七九四，9；图版一四二，6）。

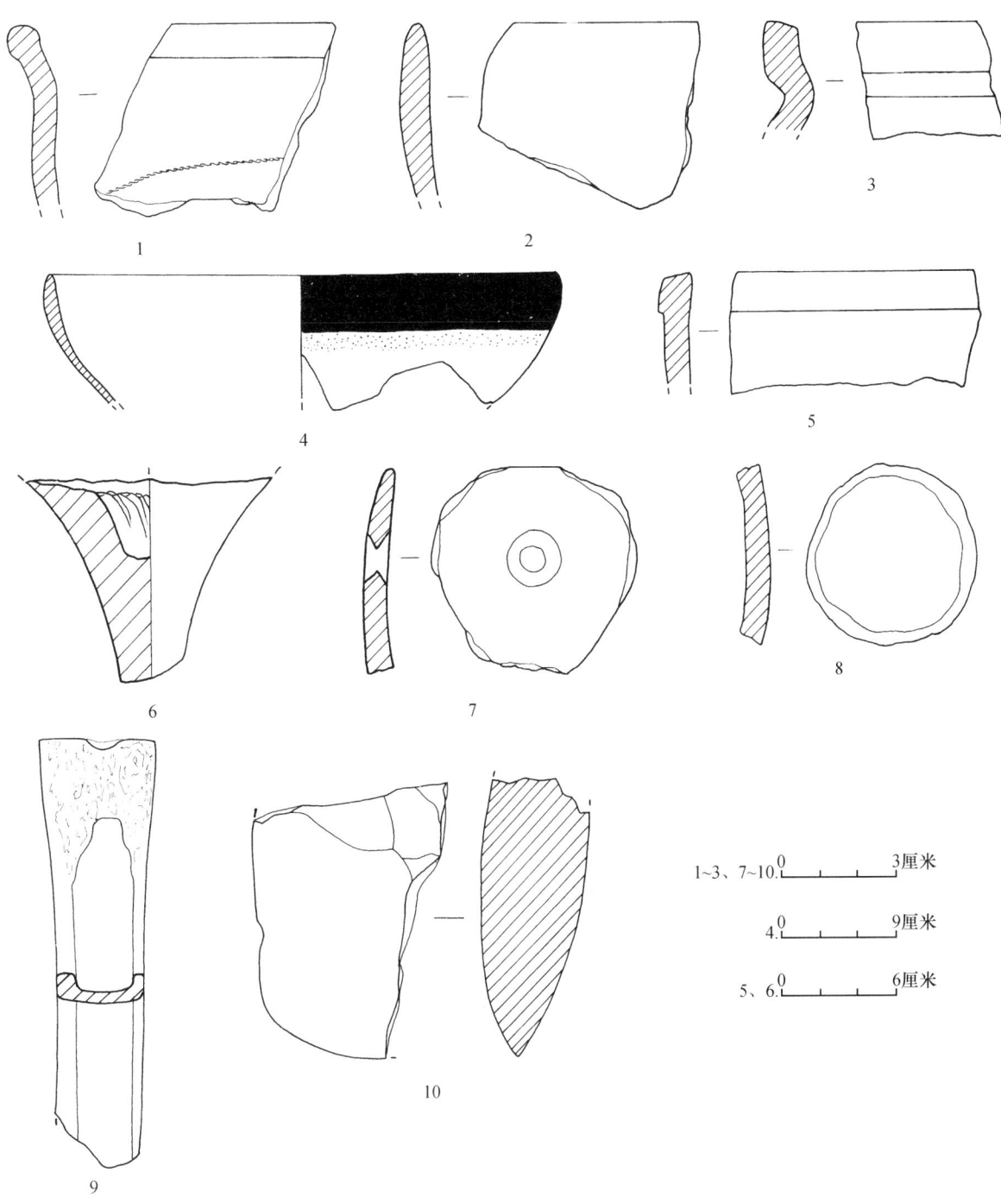

图七九四　H15出土遗物

1. 陶盆（H15：4）　2、4. 陶钵（H15：2、H15：1）　3. 陶罐（H15：5）　5. 陶瓮（H15：6）　6. 器底（H15：3）
7. 陶纺轮（H15：7）　8. 圆陶片（H15：8）　9. 骨铲（H15：9）　10. 石斧（H15：10）

7. H16

H16位于Ⅱ区T0104北部与T0105南部，开口于③层下。平面呈椭圆形，袋状，斜直壁，平底。坑口长径1.46、短径1.1、底长径1.66、短径1.28、深0.6米。底部有二层台阶：第一层台阶呈半圆

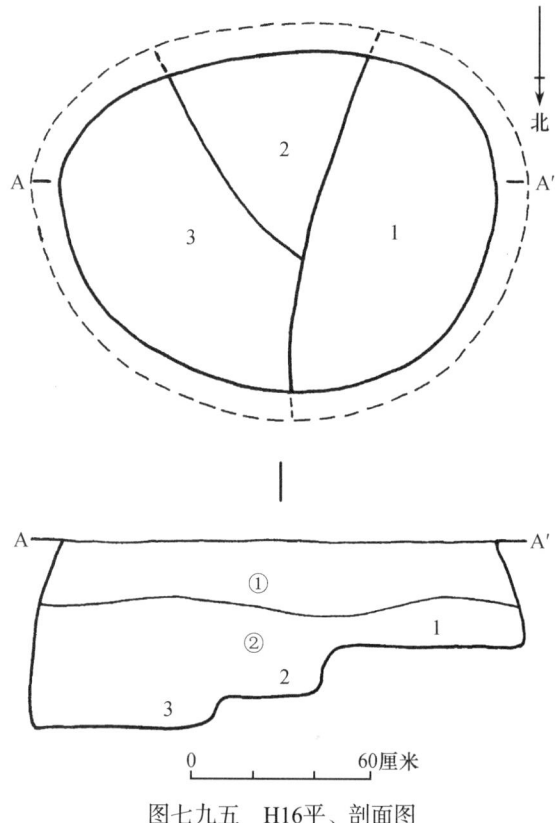

图七九五 H16平、剖面图

形，长径1.3、短径0.7、高0.16米；第二层台阶呈三角形，长0.8、宽0.7、高0.1米（图七九五）。

坑内堆积可分为2层：第①层为浅灰色土，土质疏松，厚0.2米；第②层为深灰色土，土质疏松，包含火烧土颗粒，厚0.4米，出土大量陶片，另有石块、骨头。

陶片以细泥质橘红陶为主，还有少量粗泥质橘红陶与粗夹砂红褐陶；纹饰以素面为主，弦纹次之，还有少量彩陶。

H16共出土遗物6件。全部为陶器。器类有盆、罐、钵、圆陶片。

盆 2件。均口、腹部残片。标本H16：3，粗泥质橘红陶。直口微敛，平折沿，沿面略向外侧下斜，方唇，弧腹。口沿以下饰多周弦纹（图七九六，1）。

标本H16：4，细泥质橘红陶。侈口，卷沿，圆唇，弧腹。唇部饰黑色彩绘。器表磨光。唇下可见轮修痕迹（图七九六，3）。

罐 1件。标本H16：5，口、腹部残片。粗夹砂红褐陶。侈口，折沿，圆唇，鼓腹。素面。沿面可见轮修痕迹（图七九六，5）。

钵 2件。均口、腹部残片。标本H16：1，细泥质橘红陶。直口，方唇，深弧腹。口沿以下饰多周弦纹。器表可见轮修痕迹（图七九六，4）。

标本H16：2，细泥质橘红陶。直口微敛，方唇，深弧腹。器表磨光。素面。口部可见轮修痕迹（图七九六，2）。

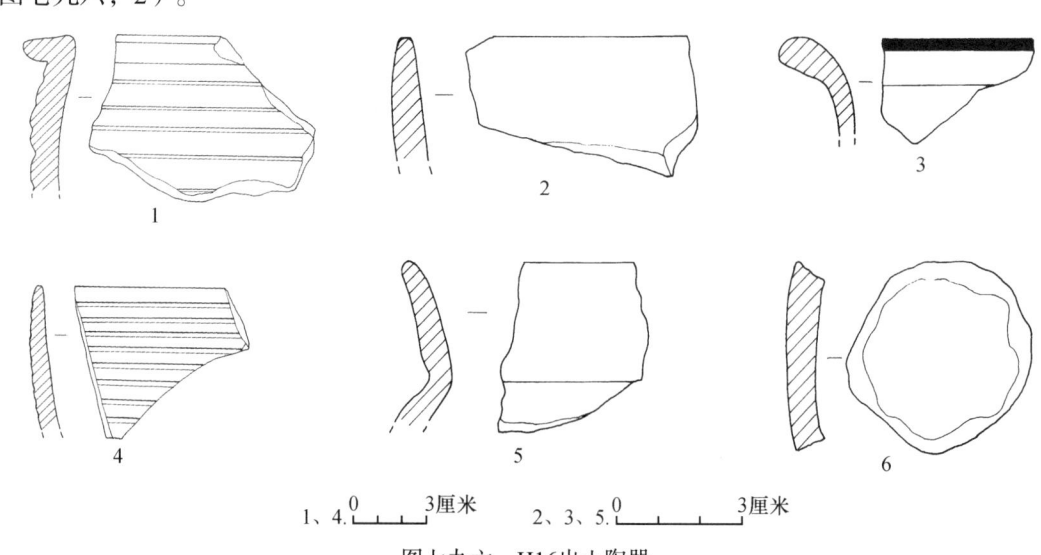

图七九六 H16出土陶器

1、3.盆（H16：3、H16：4） 2、4.钵（H16：2、H16：1） 5.罐（H16：5） 6.圆陶片（H16：6）

圆陶片　1件。标本H16:6，完整。细泥质橘红陶。系利用钵的残片打制而成。圆形，边缘较锋利。直径4.5、厚0.8厘米（图七九六，6）。

8. H18

H18位于Ⅱ区T0202西北部与T0203西南部，开口于③层下，西北部被H27打破。平面呈椭圆形，筒状，直壁，平底。坑口长径1.5、短径1.08、深0.3米（图七九七）。

坑内堆积为浅灰色土，土质疏松，出土大量陶片。

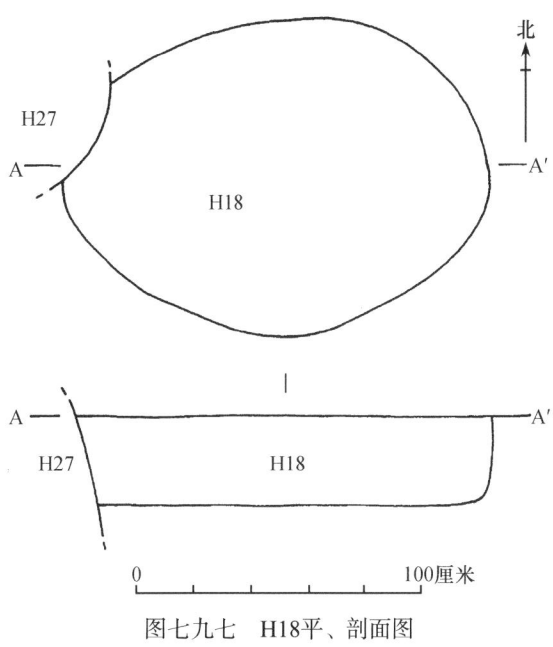

图七九七　H18平、剖面图

陶片为主要的出土物，以粗夹砂红褐陶为主，细泥质橘红陶次之，粗夹砂灰陶、粗泥质橘红陶、细夹砂橘红陶、粗泥质红褐陶再次，还有少量细泥质灰陶、粗泥质灰陶、细夹砂红褐陶；纹饰以绳纹及素面居多，附加堆纹及彩陶次之，还有少量线纹（表一五二）。

H18共出土遗物26件。以陶器为主，石器次之。

（1）陶器

24件。器类有瓶、盆、罐、钵、瓮、圆陶片（表一五三）。

表一五二　H18陶系统计表　　　　　　　　　　　　（单位：kg）

陶质	细泥质		粗泥质			粗夹砂		细夹砂		合计	百分比(%)
陶色 纹饰	橘红	灰	橘红	红褐	灰	红褐	灰	橘红	红褐		
素面	0.62		0.20	0.06		0.58	0.25			1.71	35.77
素面+磨光	0.114	0.06								0.17	3.56
绳纹			0.12	0.08		1.34	0.09	0.30	0.126	2.06	43.10
交错绳纹+ 附加堆纹						0.47		0.47		4.78	9.83
线纹				0.04	0.04					0.08	1.67
彩陶	0.29									0.29	6.07
合计	1.02	0.06	0.32	0.18	0.04	2.39	0.34	0.30	0.126	4.78	100
	4.78										
百分比 (%)	21.34	1.26	6.69	3.77	0.84	50.00	7.11	6.28	2.64		
	100										

表一五三　H18器形统计表　　　　　　　　　　　　　　　　（单位：件）

陶质	细泥质			粗夹砂		粗泥质		细夹砂	合计		百分比（%）	
陶色	橘红		灰	红褐		橘红		红褐				
器形＼纹饰	素面+磨光	彩陶	素面+磨光	素面	绳纹	素面	绳纹	绳纹				
瓶					1				1	23	4.35	100
盆	2	1							3		13.04	
罐　口				5	4	1		2	13		56.52	
底				1								
钵	1	2							3		13.04	
瓮					2		1		3		13.04	
合计	1	4	1	6	6	1	1	3	23			
					23							
百分比（%）	4.35	17.39	4.35	26.09	26.09	4.35	4.35	13.04				
					100							

瓶　1件。标本H18：7，口沿残片。粗泥质橘红陶。直杯口，微敛，较矮，方唇。口沿内侧可见轮修痕迹。器表可见烟熏痕迹（图七九八，2）。

盆　3件。均口、腹部残片。标本H18：4，细泥质橘红陶。侈口，折沿，圆唇，折腹。器表磨光。唇部与外沿面饰黑色窄带纹彩绘，上腹部饰鱼纹。复原口径40、残高14厘米（图七九八，3；彩版四七，2）。

标本H18：5、H18：6形制相同，均侈口，卷沿，圆唇，弧腹，器表磨光。标本H18：5，细泥质橘红陶。唇部与外沿面饰黑色窄带纹彩绘。唇部可见轮修痕迹（图七九八，5）。标本H18：6，细泥质灰陶。素面。唇部可见轮修痕迹（图七九八，4）。

罐　13件。标本H18：11，口、腹部残片。粗夹砂红褐陶。侈口，折沿，沿面微曲，方唇，唇部有二道浅细凹槽，鼓腹。腹部饰右上至左下斜向绳纹。外沿面可见轮修痕迹（图七九八，7）。

标本H18：8、H18：14、H18：15形制相同，均粗夹砂红褐陶，侈口，折沿，鼓腹。标本H18：8，口、腹部残片。方唇，唇部有一道浅细凹槽。腹部饰右上至左下斜向绳纹。沿面可见轮修痕迹（图七九八，6）。标本H18：14，口、腹部残片。圆唇。唇部可见轮修痕迹。器表可见烟熏痕迹（图七九八，8）。标本H18：15，腹部稍残。圆唇，唇外侧有一周凸棱，中腹圆鼓，下腹斜直，平底，最大腹径位于中下腹部。腹部饰横向绳纹。器表可见烟熏痕迹。口径18.3、复原腹径22.5、底径9、复原高度23.7厘米（图七九八，1）。

标本H18：13，口、腹部残片。粗夹砂红褐陶。侈口，卷沿，方唇，唇部有二道浅细凹槽，鼓腹。腹部饰横向绳纹。外沿面可见轮修痕迹（图七九八，9）。

钵　3件。均口、腹部残片。形制相同，均细泥质橘红陶，直口微敛，圆唇，浅弧腹，器表磨光。标本H18：1，口下饰黑色宽带纹彩绘。彩绘下侧可见浅红色叠烧痕迹（图七九九，1）。标本H18：2，唇部与口下饰黑色宽带纹彩绘。彩绘下侧可见浅褐色叠烧痕迹，口下可见轮修痕迹。器表与内壁可见烟熏痕迹（图七九九，2）。标本H18：3，尖圆唇。素面（图七九九，6）。

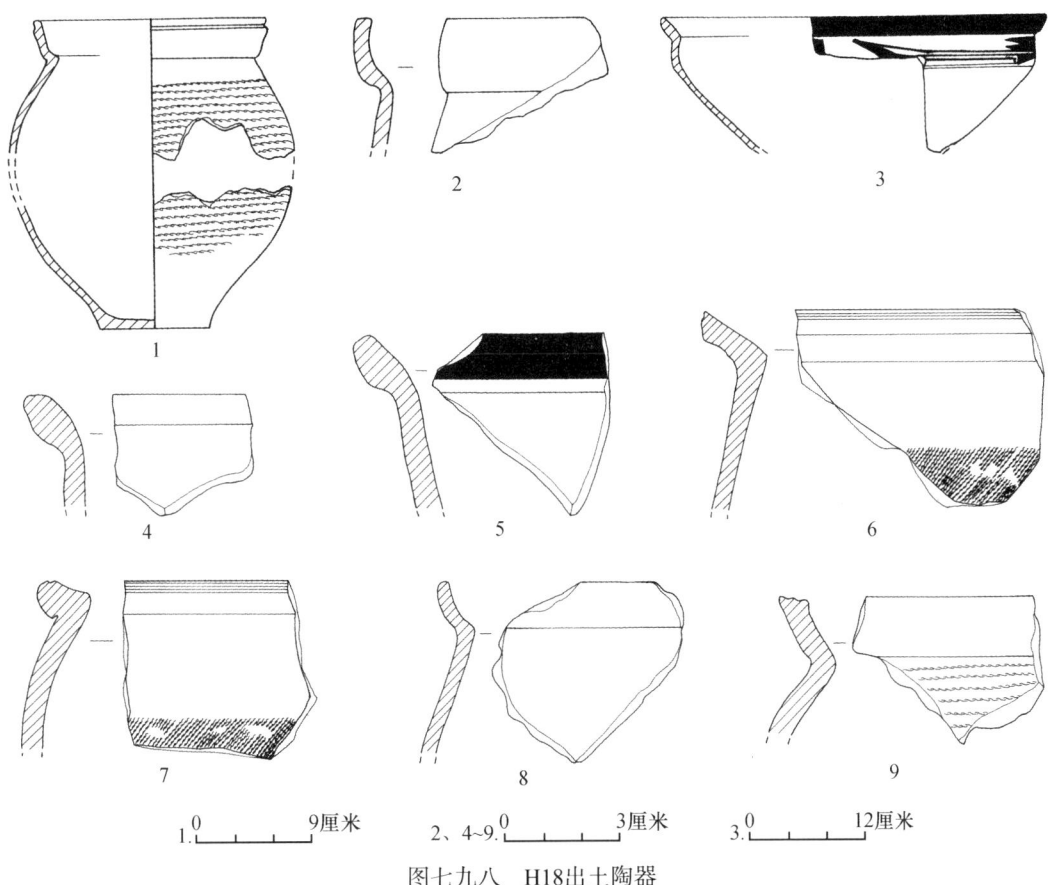

图七九八　H18出土陶器

1、6~9.罐（H18：15、H18：8、H18：11、H18：14、H18：13）　2.瓶（H18：7）　3~5.盆（H18：4、H18：6、H18：5）

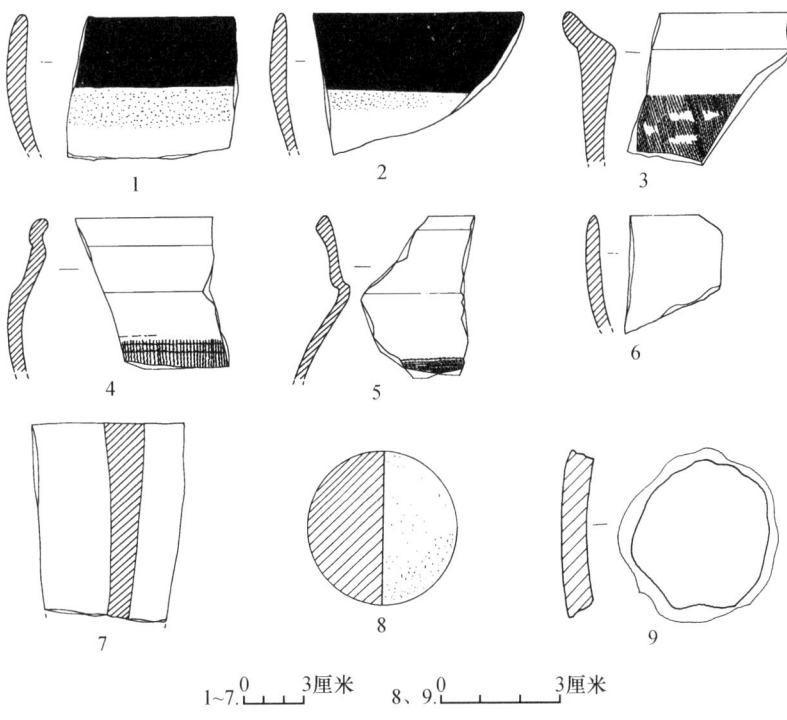

图七九九　H18出土遗物

1、2、6.陶钵（H18：1、H18：2、H18：3）　3~5.陶瓮（H18：9、H18：10、H18：12）　7.磨石（H18：18）
8.石球（H18：17）　9.圆陶片（H18：16）

瓮 3件。均口、腹部残片。标本H18∶10，细夹砂红褐陶。敛口，圆唇，口沿内侧有一道宽浅凹槽，鼓肩，并起一周较矮棱脊，鼓腹。棱脊以下饰竖向绳纹，并饰数道横向绳纹。唇部与内壁均可见轮修痕迹（图七九九，4）。

标本H18∶9、H18∶12形制相同，均粗夹砂红褐陶，侈口，折沿。标本H18∶9，尖圆唇，直腹。腹部饰左上至右下斜向绳纹。唇部可见轮修痕迹（图七九九，3）。标本H18∶12，内沿面与腹部相接处有一道凸棱，圆唇，鼓腹。腹部饰横向绳纹。沿面可见轮修痕迹（图七九九，5）。

圆陶片 1件。标本H18∶16，细泥质橘红陶。系利用钵的残片打制而成。圆形，边缘较钝。直径4.4、厚0.6厘米（图七九九，9）。

（2）石器

2件。器类有球、磨石。

球 1件。标本H18∶17，完整。石灰岩。圆球状。器表磨光，可见少量坑疤。直径3.8厘米（图七九九，8；图版一四三，1）。

磨石 1件。标本H18∶18，残。闪长岩。残存部分平面呈长方形，两面均较平坦，一面稍内凹。内凹一面可见磨制使用痕迹。残长9.6、宽6.2~7.8、厚1.1~2厘米（图七九九，7；图版一四三，2）。

9. H21

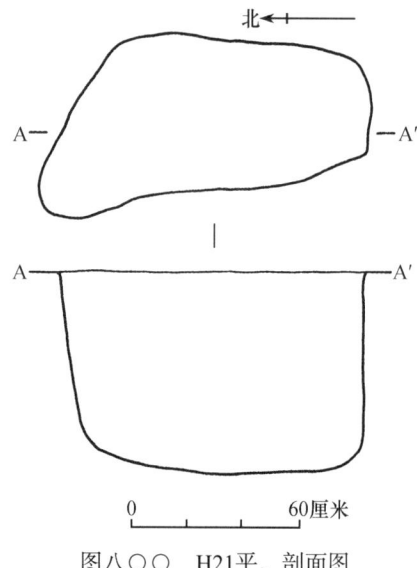

图八〇〇 H21平、剖面图

H21位于Ⅱ区T0202南部，开口于③层下。平面呈不规则形，锅底状，弧壁，圜底。坑口长径1.1、短径0.28~0.56米、深0.6~0.7米（图八〇〇）。

坑内堆积为黄褐色土，土质疏松，出土大量陶片，另有石块、兽牙。

陶片为主要的出土物，以细泥质橘红陶为主，粗夹砂红褐陶次之，并有少量粗泥质橘红陶、细泥质黑陶、粗泥质灰陶、细夹砂橘红陶和粗夹砂橘红陶；纹饰以素面居多，绳纹次之，并有少量交错绳纹和彩陶（表一五四）。

H21共出土遗物35件。以陶器为主，骨、牙器次之。

（1）陶器

33件。器类有盆、罐、钵、圆陶片、锉（表一五五）。

盆 5件。均口、腹部残片。形制相同。标本H21∶5，细泥质橘红陶。侈口，卷沿，方唇，弧腹。器表磨光。唇部与外沿面饰黑色窄带纹彩绘，器表饰黑色折线纹彩绘（图八〇一，12；彩版四七，3）。

罐 9件。均口、腹部残片。标本H21∶10，粗夹砂红褐陶。侈口，折沿，圆唇，腹微鼓。素面。唇部与口沿下侧可见轮修痕迹（图八〇一，10）。

标本H21∶6、H21∶7、H21∶8、H21∶9形制相同，均粗夹砂红褐陶，侈口，卷沿，鼓腹。标本H21∶6，圆唇，肩略鼓。素面。口沿与内壁均可见轮修痕迹（图八〇一，6）。标本H21∶7，圆唇。腹部饰横向绳纹。内壁可见泥条盘筑与刮抹痕迹。唇部可见烟熏痕迹（图八〇一，5）。标本H21∶8，方唇。腹部饰右上至左下斜向绳纹（图八〇一，2）。标本H21∶9，方唇。腹部饰横向绳

表一五四　H21陶系统计表　　　　　　　　　　（单位：kg）

陶质	细泥质		粗泥质		细夹砂	粗夹砂		合计		百分比（%）	
陶色 纹饰	橘红	黑	橘红	灰	橘红	橘红	红褐				
素面	0.08				0.15	0.08	0.28	0.59		16.30	
素面+磨光	1.33	0.06						1.39		38.40	
绳纹			0.20	0.04			1.09	1.33	3.62	36.74	100
交错绳纹							0.03	0.03		0.83	
彩陶	0.28							0.28		7.73	
合计	1.69	0.06	0.20	0.04	0.15	0.08	1.40	3.62			
	3.62										
百分比（%）	46.69	1.66	5.52	1.10	4.14	2.21	38.67				
	100										

表一五五　H21器形统计表　　　　　　　　　　（单位：件）

陶质	细泥质			粗夹砂			合计		百分比（%）	
陶色	橘红			橘红	红褐					
纹饰 器形	素面	素面+磨光	彩陶	素面	素面	绳纹				
盆	1	3	1				5		16.13	
罐	2		3		1	3	9	31	29.03	100
钵	12	1	4				17		54.84	
合计	14	2	10	1	1	3	31			
	31									
百分比（%）	45.16	6.45	32.26	3.23	3.23	9.68				
	100									

纹（图八〇一，11）。

钵　17件。均口、腹部残片。形制相同，均细泥质橘红陶，直口微敛，浅弧腹，器表磨光。标本H21：1，方唇。素面。口下可见浅褐色叠烧痕迹，唇部可见轮修痕迹。复原口径28、残高8厘米（图八〇一，1）。标本H21：2，圆唇。口下与唇部饰黑色宽带纹彩绘（图八〇一，3）。标本H21：3，圆唇。素面。器表与内壁均可见轮修痕迹（图八〇一，4）。标本H21：4，尖圆唇。口下饰黑色宽带纹彩绘。器表可见烟熏痕迹（图八〇一，7）。

圆陶片　1件。标本H21：11，细泥质橘红陶。系利用钵的口部残片打制而成。椭圆形，边缘稍钝。器表磨蚀较重，可见深红色叠烧痕迹。长径6、短径5.4、厚0.8厘米（图八〇一，14）。

锉　1件。标本H21：12，残。粗泥质橘红陶。残存部分平面呈三角形，横断面呈长方形，两侧边稍弧。器表麻点清晰，密度较大。残长9、残宽4、厚1厘米（图八〇一，13）。

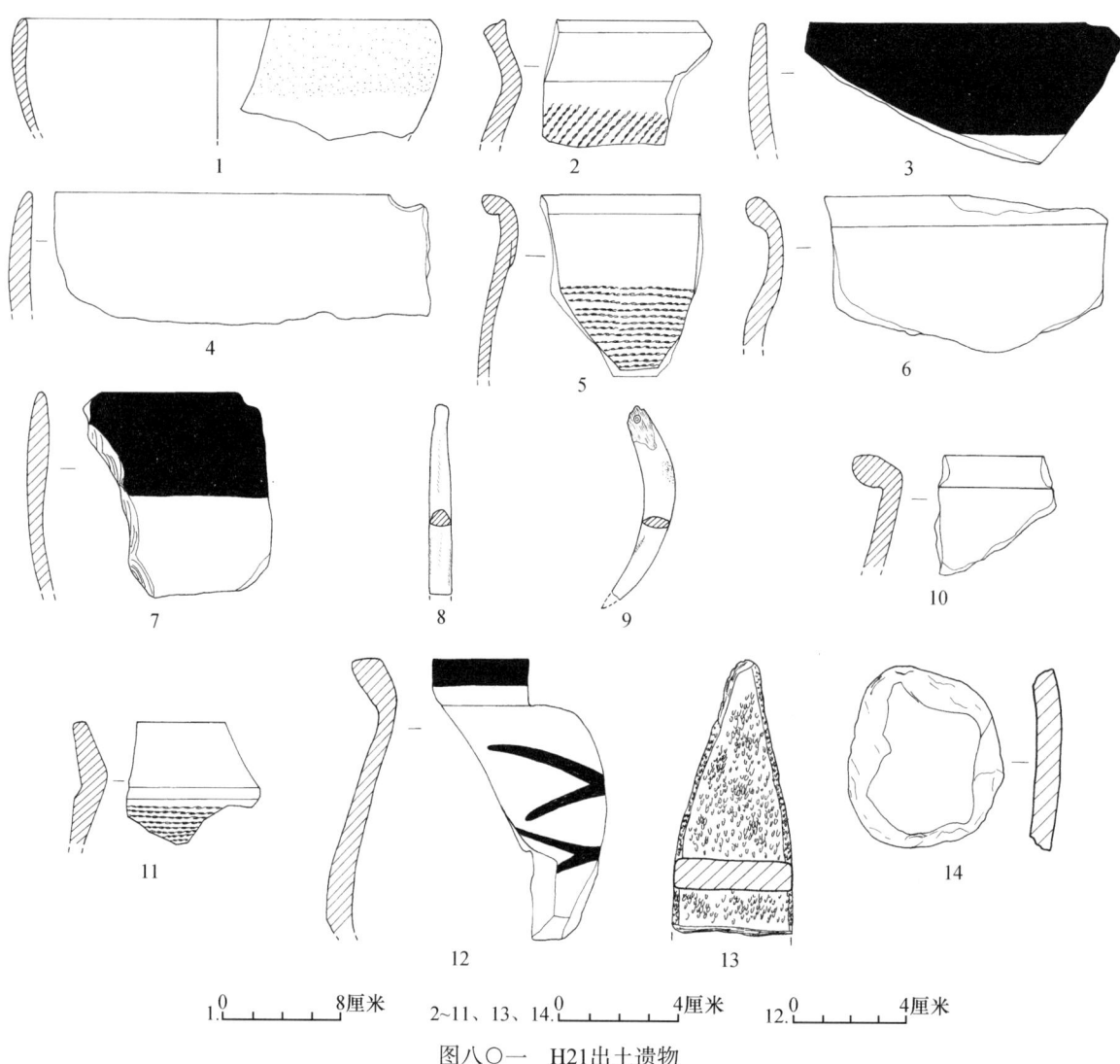

图八〇一 H21出土遗物

1、3、4、7.陶钵（H21：1、H21：2、H21：3、H21：4） 2、5、6、10、11.陶罐（H21：8、H21：7、H21：6、H21：10、H21：9） 8.骨笄（H21：15） 9.牙饰（H21：13） 12.陶盆（H21：5） 13.陶锉（H21：12）
14.圆陶片（H21：11）

（2）骨器

1件。笄。标本H21：15，尖部残。系利用动物长骨磨制而成。器身呈扁圆柱状，横断面呈三角形。通体磨光。残长6.3厘米（图八〇一，8）。

（3）牙器

1件。饰件。标本H21：13，尖部残。系利用獐的左上犬齿磨制而成。器身扁平而弯曲，尾端有一两面对钻而成的圆孔。通体磨光。残长6.2厘米（图八〇一，9；彩版四四，5；图版一四三，3）。

10. H23

H23位于Ⅱ区T0202西南部，开口于③层下。平面呈不规则形，锅底状，斜直壁，平底，底部边缘有火烤痕迹。坑口长径0.9、短径0.86、底长径0.7、短径0.6、深0.5米（图八〇二）。

坑内堆积可分为2层：第①层为深灰色土，土质疏松，厚0.2米，出土零星陶片；第②层为黄褐色土，土质致密，厚0.3米，包含少量火烧土块。

H23仅出土圆陶片1件。标本H23：1，完整。细泥质橘红陶。系利用陶钵或盆的残片打制而成。圆形，边缘较钝。直径5、厚0.9厘米（图八〇三）。

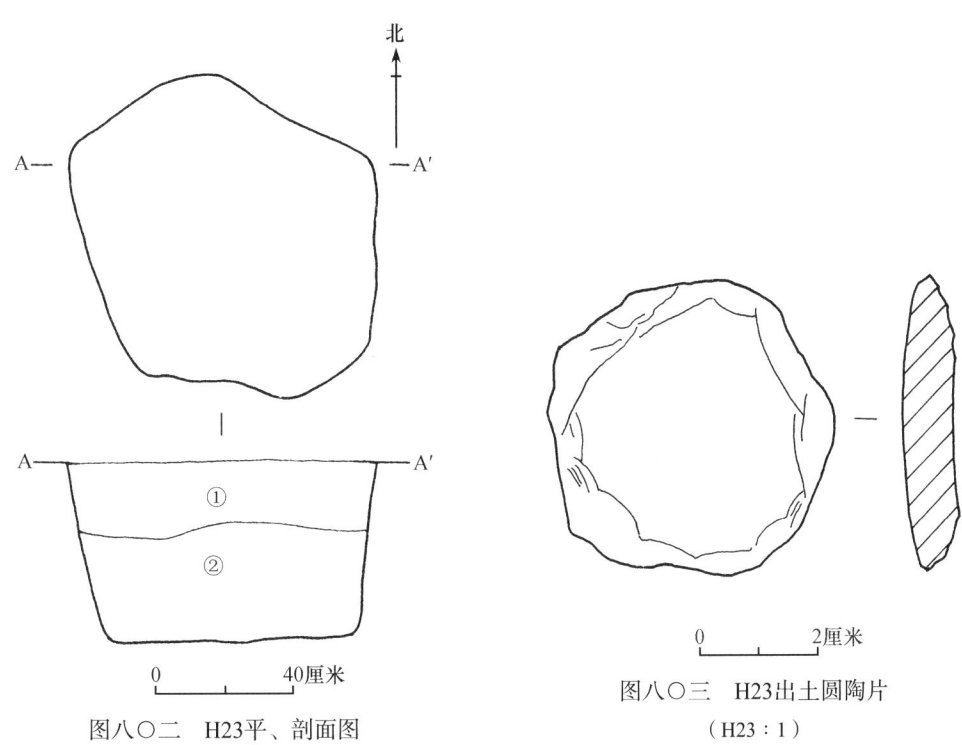

图八〇二　H23平、剖面图

图八〇三　H23出土圆陶片（H23：1）

11. H25

H25位于Ⅱ区T0206南部，开口于③层下。平面呈圆形，锅底状，弧壁，平底。坑口径1.43、底径1.3、深0.44米（图八〇四）。

坑内堆积为浅灰色土，土质疏松，包含有火烧土颗粒，出土有少量陶片，另有骨头。

陶片以细泥质橘红陶为主，粗夹砂红褐陶次之；纹饰以彩陶为主，绳纹次之。

H25共出土遗物6件。以陶器为主，骨器次之。

（1）陶器

共5件。器类有盆、罐、钵、圆陶片，另有彩陶片。

盆　2件。均口沿残片。形制相同，均细泥质橘红陶，侈口，卷沿，方唇，器表磨光。标本H25：2，唇部与外沿面均饰黑色窄带纹彩绘（图八〇五，1）。标本H25：3，素面。唇部可见轮修痕迹（图八〇五，3）。

罐　1件。标本H25：4，口、腹部残片。粗夹砂红褐陶。

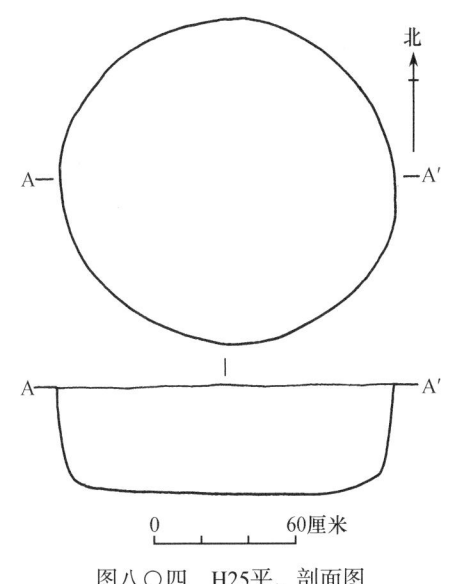

图八〇四　H25平、剖面图

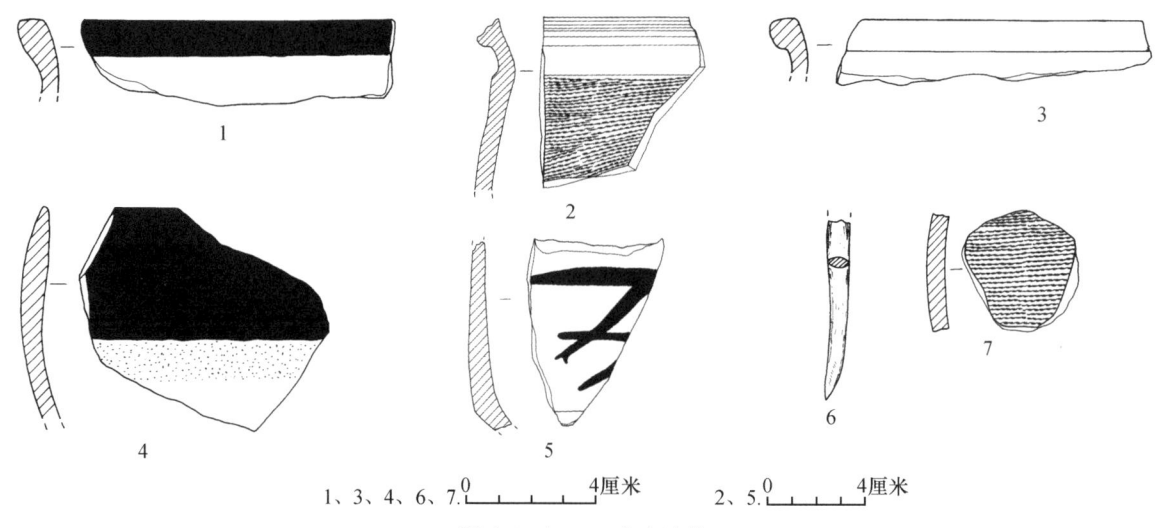

图八〇五　H25出土遗物
1、3.陶盆（H25∶2、H25∶3）　2.陶罐（H25∶4）　4.陶钵（H25∶1）　5.彩陶片（H25∶5）　6.骨锥（H25∶7）
7.圆陶片（H25∶6）

侈口，卷沿，方唇，唇面有二道浅细凹槽，肩略鼓，并起一道显著棱脊，鼓腹。棱脊以下饰右上至左下斜向绳纹，绳纹近平（图八〇五，2）。

钵　1件。标本H25∶1，口、腹部残片。细泥质橘红陶。直口微敛，圆唇，浅弧腹。器表磨光。口下饰黑色宽带纹彩绘。彩绘下侧可见浅红色叠烧痕迹（图八〇五，4）。

彩陶片　标本H25∶5，腹部残片。细泥质橘红陶。折腹。上腹部饰黑色折线纹彩绘。可能为盆的残片（图八〇五，5；彩版四七，4）。

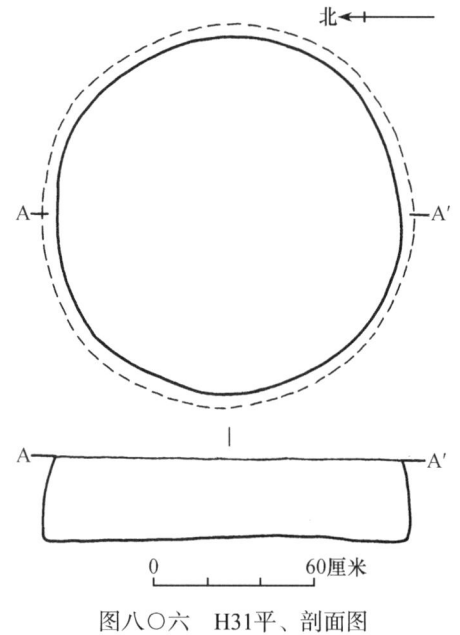

图八〇六　H31平、剖面图

圆陶片　1件。标本H25∶6，完整。粗夹砂灰褐陶。系利用罐的残片打制而成。圆形，边缘较钝。器表饰绳纹。直径3.6、厚0.6厘米（图八〇五，7；图版一四三，4）。

（2）骨器

1件。锥。标本H25∶7，一端残。器身稍弯，横断面呈椭圆形，尖部较锋利，尾端较扁平，可见向一侧劈裂痕迹。通体磨光。残长5.4厘米（图八〇五，6）。

12. H31

H31位于Ⅱ区T0104东部，开口于③层下。平面呈圆形，袋状，斜直壁，平底。坑口径1.3、底径1.4、深0.3米（图八〇六）。

坑内堆积为浅灰色土，土质疏松，包含有火烧土颗粒，出土有少量陶片、石块。

陶片有细泥质橘红陶、粗夹砂红褐陶、粗泥质橘红陶；纹饰以绳纹为主，彩陶次之。

H31共出土遗物2件。全部为陶器。器类有罐、钵，另有器耳。

罐　1件。标本H31：2，口、腹部残片。粗夹砂红褐陶。侈口，折沿，圆唇，鼓腹。腹部饰右上至左下斜向绳纹。口沿下侧可见轮修痕迹（图八〇七，1）。

钵　1件。标本H31：1，口、腹部残片。细泥质橘红陶。直口微敛，圆唇，浅弧腹。器表磨光。口下饰黑色宽带纹彩绘（图八〇七，2）。

器耳　标本H31：3，腹部残片。粗泥质橘红陶。腹部较直，有一竖向扁圆桥形耳。器表饰横向绳纹。可能为瓶耳（图八〇七，3）。

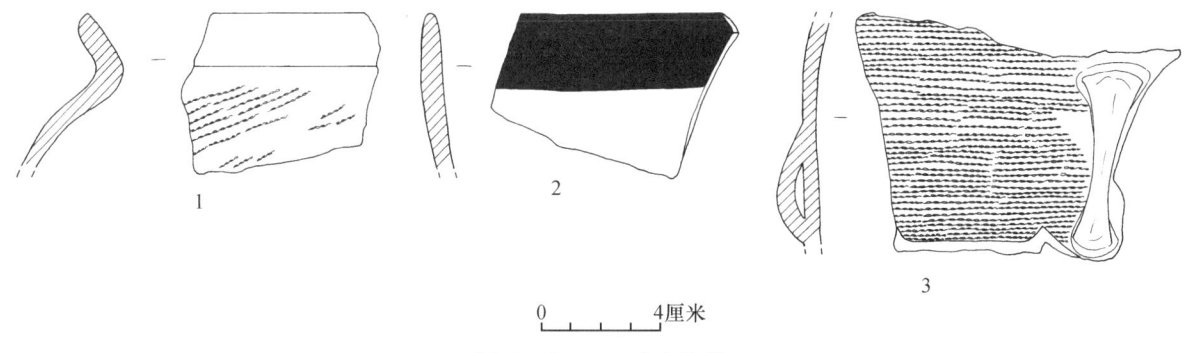

图八〇七　H31出土陶器
1. 罐（H31：2）　2. 钵（H31：1）　3. 器耳（H31：3）

13. H33

H33位于Ⅱ区T0103东北角、T0104东南角、T0203西北角、T0204西南角，开口于③层下。平面呈圆形，袋状，斜直壁，平底。坑口径2.6、底径3.2、深1.5米（图八〇八）。

坑内堆积为浅灰色土，土质疏松，包含有火烧土颗粒，出土大量陶片、骨头，另有石块。

陶片为主要的出土物，以细泥质橘红陶和粗夹砂红褐陶为主，细夹砂红褐陶、粗泥质橘红陶及细泥质灰陶次之，还有一定比例的细泥质黑陶；纹饰以素面居多，绳纹次之，还有少量弦纹、交错绳纹、附加堆纹、线纹、彩陶（表一五六）。

H33共出土遗物38件。全部为陶器。器类有盆、罐、钵、瓮、圆陶片、环，另有残陶片（表一五七）。

盆　1件。标本H33：8，口、腹部残片。粗泥质橘红陶。直口微敛，卷沿，沿面微鼓，方唇，弧腹。腹部饰多周弦纹（图八〇九，11）。

罐　15件。均口、腹部残片。标本H33：12，粗夹砂红褐陶。侈口，卷沿，沿面内曲，方唇，鼓腹。素面。沿面外侧可见轮修痕迹（图八〇九，5）。

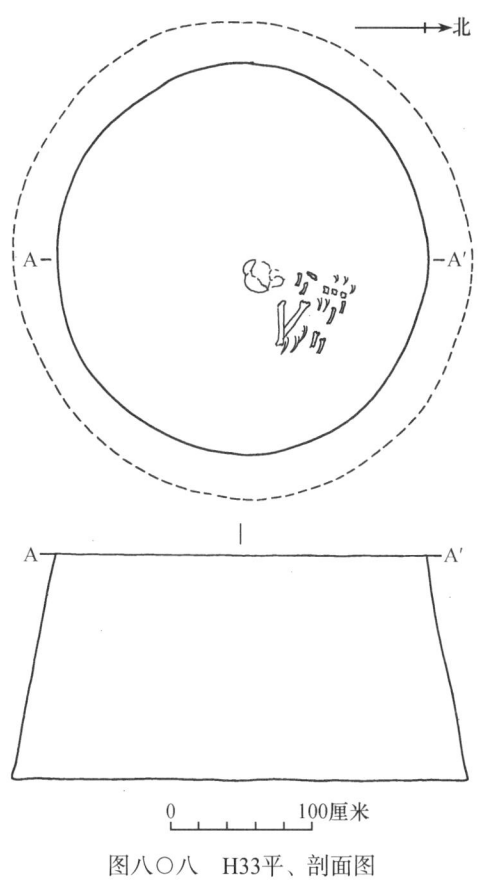

图八〇八　H33平、剖面图

表一五六 H33陶系统计表 （单位：kg）

陶质	细泥质			粗泥质	细夹砂	粗夹砂	合计	百分比（%）	
陶色纹饰	橘红	黑	灰	橘红	红褐	红褐			
素面	0.114	0.36		0.37	0.86	0.256	1.96	39.68	
素面+磨光	0.866		0.52				1.386	28.06	
绳纹						0.56	0.56	11.34	
弦纹		0.01		0.29			0.30	6.07	
交错绳纹	0.06				0.24		0.30	6.07	100
附加堆纹				0.08		0.10	0.18	3.64	
线纹	0.12						0.12	2.43	
彩陶	0.13						0.13	2.63	
合计	1.29	0.37	0.52	0.74	0.86	1.156	4.94		
	4.94								
百分比（%）	26.11	7.49	10.53	14.98	17.41	23.40			
	100								

表一五七 H33器形统计表 （单位：件）

陶质	细泥质		粗泥质	细夹砂	粗夹砂				合计	百分比（%）	
陶色	橘红	灰	橘红	红褐	红褐						
器形\纹饰	素面+磨光	彩陶	素面+磨光	弦纹	素面	素面	绳纹	交错绳纹	附加堆纹			
盆					1					1	2.78	
罐 口				1		9	2	1		15	41.67	
罐 底						2						36	100
钵	12	2	3							17	47.22	
瓮						2		1		3	8.33	
合计	12	2	3	1	1	13	2	1	1			
	36											
百分比（%）	33.33	5.56	8.33	2.78	2.78	36.11	5.56	2.78	2.78			
	100											

标本H33：10，粗夹砂红褐陶。侈口，卷沿，圆唇，鼓腹。腹部饰右上至左下斜向绳纹。器表可见烟熏痕迹（图八〇九，4）。

标本H33：13，细夹砂红褐陶。侈口，折沿，尖圆唇，沿下有一周凸棱，腹壁较直。素面。沿面可见轮修痕迹。复原口径9、残高5.7厘米（图八〇九，1）。

钵 17件。均口、腹部残片。标本H33：7，细泥质灰陶。敞口，圆唇，弧腹。器表磨光。素面（图八〇九，10）。

737

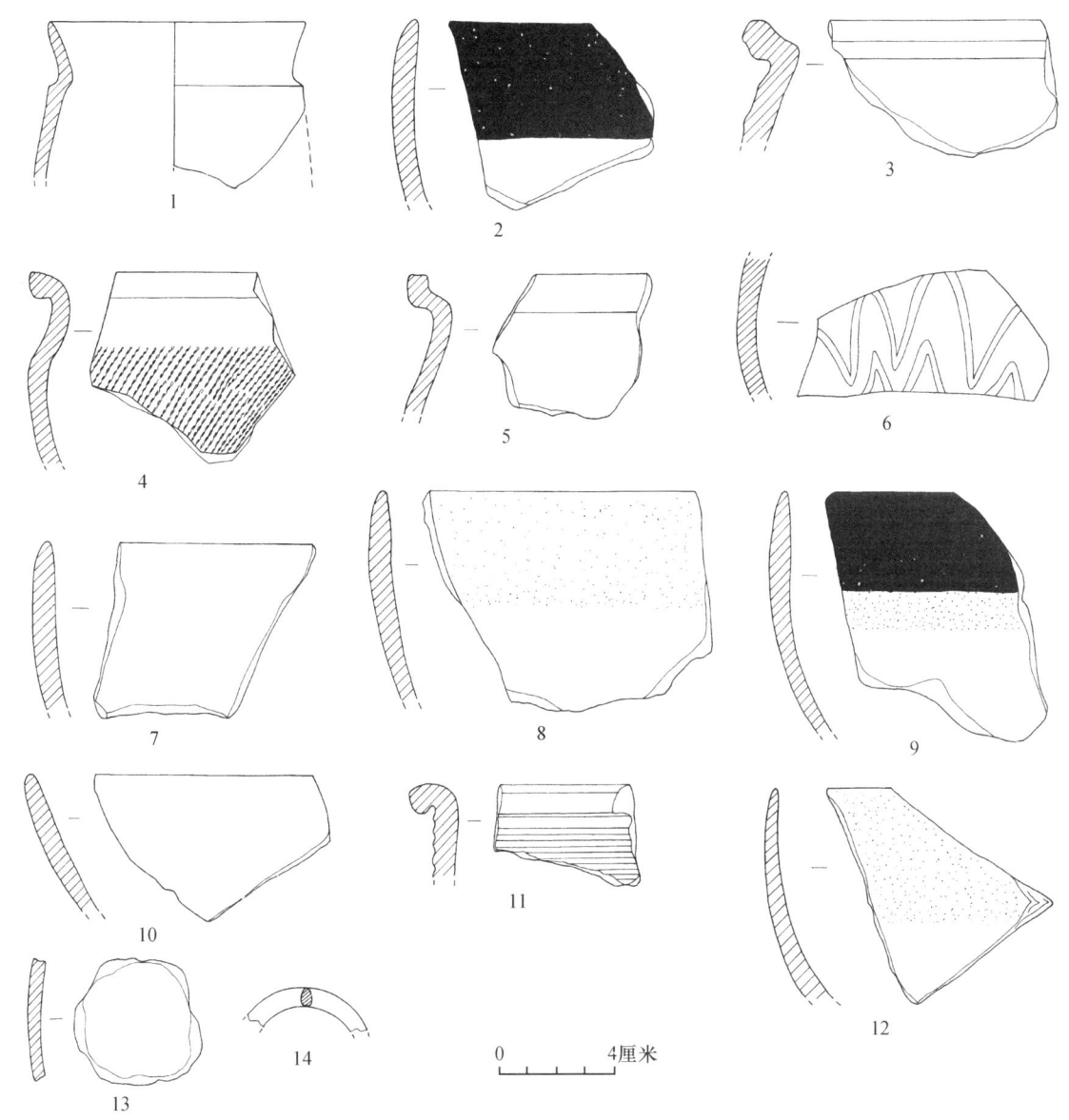

图八〇九　H33出土陶器
1、4、5.罐（H33：13、H33：10、H33：12）　2、7~10、12.钵（H33：6、H33：1、H33：2、H33：5、H33：7、H33：4）
3.瓮（H33：11）　6.陶片（H33：16）　11.盆（H33：8）　13.圆陶片（H33：17）　14.环（H33：18）

标本H33：1、H33：2、H33：4形制相同，均细泥质橘红陶，直口微敛，深弧腹，器表磨光，素面。标本H33：1，圆唇。内外壁均可见刮抹痕迹，唇部可见轮修痕迹（图八〇九，7）。标本H33：2，方唇。口下可见深红色叠烧痕迹（图八〇九，8）。标本H33：4，圆唇。口下可见深红色叠烧痕迹（图八〇九，12）。

标本H33：5、H33：6形制相同，均细泥质橘红陶，直口微敛，浅弧腹，器表磨光，唇部与口下饰黑色宽带纹彩绘。标本H33：5，彩绘下侧可见浅褐色叠烧痕迹。器表可见烟熏痕迹（图八〇九，9）。标本H33：6，口沿内侧可见轮修痕迹（图八〇九，2）。

瓮　3件。标本H33：11，口、腹部残片。粗夹砂红褐陶。侈口，折沿，沿面内曲，方唇，鼓腹。素面（图八〇九，3）。

残陶片 标本H33：16，腹部残片。细泥质橘红陶。弧腹。器表可见折线形刮抹痕迹，内壁可见泥条盘筑痕迹（图八〇九，6）。

圆陶片 1件。标本H33：17，完整。细泥质橘红陶。系利用钵的口部残片打制而成。圆形，边缘稍钝。器表可见深红色叠烧痕迹。直径4.5、厚0.5厘米（图八〇九，13）。

环 1件。标本H33：18，残。细泥质灰陶。圆环状，横断面呈椭圆形，内圈稍厚。通体磨光。厚0.6厘米（图八〇九，14）。

14. H34

H34位于Ⅱ区T0102东南部，开口于③层下，西部被H7打破。平面呈圆形，袋状，斜直壁，底部南高北低。坑口径1.3、底径1.6、深0.34~0.4米（图八一〇）。

坑内堆积为浅灰色土，土质疏松，出土有少量陶片、石块、兽骨。

陶片以细泥质橘红陶为主，细夹砂橘红陶次之；纹饰以素面为主，彩陶次之，还有少量弦纹、附加堆纹。

H34共出土遗物5件。全部为陶器。器类有盆、钵，另有附加堆纹陶片。

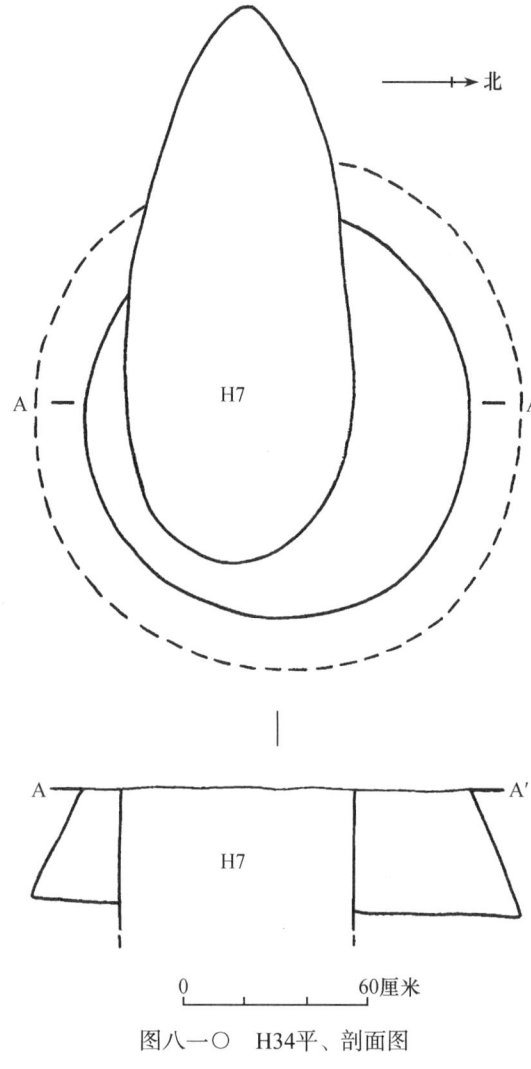

图八一〇 H34平、剖面图

盆 1件。标本H34：6，口沿残片。细泥质橘红陶。敞口，平折沿，厚圆唇，贴于沿下。沿面上饰黑色短线与三角纹彩绘。口沿外侧可见轮修痕迹。复原口径33.6、残高4厘米（图八一一，3）。

钵 4件。均口、腹部残片。形制相同，均细泥质橘红陶，直口微敛，浅弧腹。标本H34：2，圆唇。器表经刮抹较为光滑。素面（图八一一，4）。标本H34：3，尖圆唇。器表磨光。素面。口部可见轮修痕迹（图八一一，6）。标本H34：5，圆唇。器表磨光。口下饰黑色宽带纹彩绘（图八一一，5）。标本H34：1，圆唇。器表经刮抹较为光滑。素面。口下可见灰白色叠烧痕迹。口部可见轮修痕迹（图八一一，1）。

附加堆纹陶片 标本H34：7，腹部残片。细夹砂橘红陶。器表饰多周弦纹，弦纹之下饰一周鼓钉状附加堆纹。可能为尖底罐残片（图八一一，2）。

15. H38

H38位于Ⅱ区T0106西北部与北扩方内，开口于③层下。平面呈圆形，袋状，斜直壁，平底。坑口径1、底径1.06、深0.3米（图八一二）。

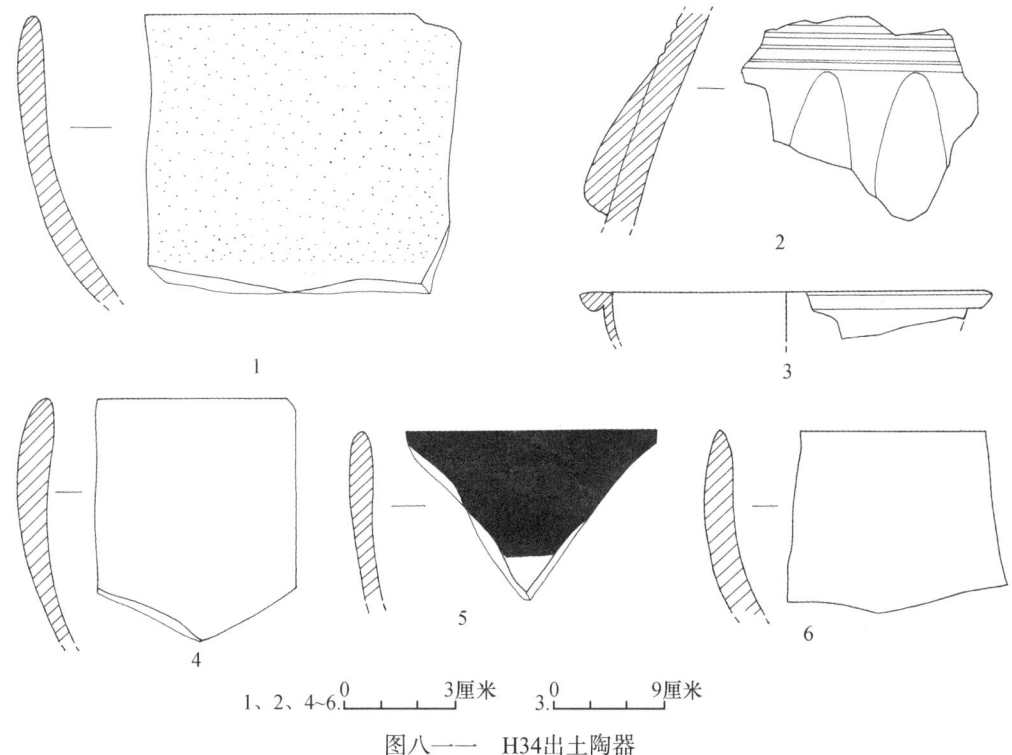

图八——　H34出土陶器

1、4~6.钵（H34：1、H34：2、H34：5、H34：3）　2.陶片（H34：7）　3.盆（H34：6）

坑内堆积可分为2层：第①层为浅灰色土，土质疏松，厚0.1米；第②层为黄褐色土，土质疏松，包含有火烧土颗粒与炭屑，厚0.2米，出土有零星陶片。

16. H42

H42位于Ⅲ区T0616东南部，开口于③层下。平面呈不规则形，锅底状，弧壁，平底。坑口长径1.38、短径1.02、底长径0.7、短径0.3、深1米（图八—三）。

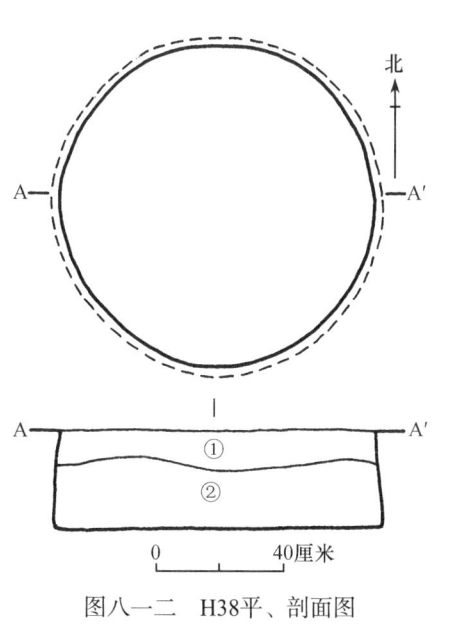

图八—二　H38平、剖面图

图八—三　H42平、剖面图

坑内堆积为灰褐色土，土质较为致密，出土大量陶片。

陶片为主要的出土物，以粗夹砂红褐陶为主，细泥质橘红陶次之，并有一定比例的细夹砂橘红陶、细夹砂红褐陶、粗泥质橘红陶、粗泥质红褐陶和细泥质黑陶，还有少量细泥质红褐陶、粗夹砂橘红陶、粗夹砂灰褐陶、细泥质灰陶；纹饰以素面居多，绳纹次之，还有少量弦纹、交错绳纹、附加堆纹、线纹、彩陶（表一五八）。

表一五八　H42陶系统计表　　　　　　　　　　（单位：kg）

陶质 陶色 纹饰	细泥质				粗泥质		细夹砂		粗夹砂			合计	百分比（%）
	橘红	红褐	灰	黑	橘红	红褐	橘红	红褐	橘红	红褐	灰褐		
素面		0.114			0.19	0.14	0.07	0.17		0.95		1.634	26.61
素面+磨光	1.35	0.03	0.09	0.20	0.02							1.69	27.52
绳纹					0.05		0.32	0.126	0.126	1.15	0.126	1.898	30.91
弦纹					0.08					0.04		0.12	1.95
附加堆纹										0.13		0.13	2.12
交错绳纹										0.15		0.15	2.44
绳纹+划纹										0.06		0.06	0.98
划纹										0.02		0.02	0.33
线纹							0.08	0.10				0.18	2.93
彩陶	0.26											0.26	4.23
合计	1.61	0.144	0.09	0.20	0.34	0.22	0.49	0.296	0.126	2.50	0.126	6.14	100
	6.14												
百分比（%）	26.22	2.35	1.47	3.26	5.54	3.58	7.98	4.82	2.05	40.72	2.05		
	100												

H42共出土遗物55件。全部为陶器。器类有盆、罐、钵、瓮、器盖，另有器耳（表一五九）。

盆　6件。均口、腹部残片。标本H42：9，细泥质黑陶。侈口，卷沿，圆唇，弧腹。器表磨光。素面。唇部可见轮修痕迹（图八一四，4）。

标本H42：26，细泥质橘红陶。侈口，折沿，圆唇，弧腹。器表磨光。素面（图八一四，1）。

罐　21件。均口、腹部残片。标本H42：20、H42：25形制相同，均粗泥质橘红陶，侈口，折沿，沿面微曲，方唇，鼓腹。标本H42：20，外沿面有一道宽浅凹槽。口沿以下饰多周弦纹。沿面可见轮修痕迹（图八一四，6）。标本H42：25，腹部饰右上至左下斜向绳纹（图八一四，2）。

标本H42：18，细夹砂红褐陶。直口，圆唇，直腹，腹部有一由外向内戳成的圆孔。腹部饰横向绳纹。内壁可见泥条盘筑痕迹。复原口径7、残高7.8厘米（图八一四，3）。

标本H42：19，粗夹砂橘红陶。侈口，卷沿，圆唇，唇部有一道浅细凹槽，鼓腹。外沿面与口沿以下均饰右上至左下斜向绳纹。沿面可见轮修痕迹（图八一四，8）。

标本H42：13、H42：17形制相同，均粗夹砂红褐陶，侈口，折沿，鼓腹。标本H42：13，方唇。口沿以下饰右上至左下斜向绳纹。内、外沿面均可见轮修痕迹（图八一四，7）。标本H42：17，圆唇。腹部饰横向绳纹。内壁可见轮修痕迹（图八一四，9）。

表一五九　H42器形统计表

(单位：件)

陶质	细泥质					粗泥质		细夹砂	粗夹砂							合计	百分比(%)
陶色	橘红	橘红	红褐	红褐	黑	橘红	橘红	红褐	橘红	灰褐	红褐	红褐	红褐	红褐	红褐		
纹饰	素面+磨光	彩陶	素面+磨光	素面	素面+磨光	绳纹	弦纹	绳纹	绳纹	绳纹	素面	绳纹	弦纹	划纹	绳纹+划纹		
盆	3				2	1										6	10.90
罐 口		7				1	1	1	1	1	1	5	1	1		21	38.20
罐 底												1					
钵	14										7	2				23	41.80
瓮			1	1							1					3	5.45
器盖															2	2	3.63
合计	17	7	1	1	2	2	1	1	1	1	9	8	1	1	2	55	100
百分比(%)	30.91	12.73	1.82	1.82	3.64	3.64	1.82	1.82	1.82	1.82	16.36	14.54	1.82	1.82	3.64	100	

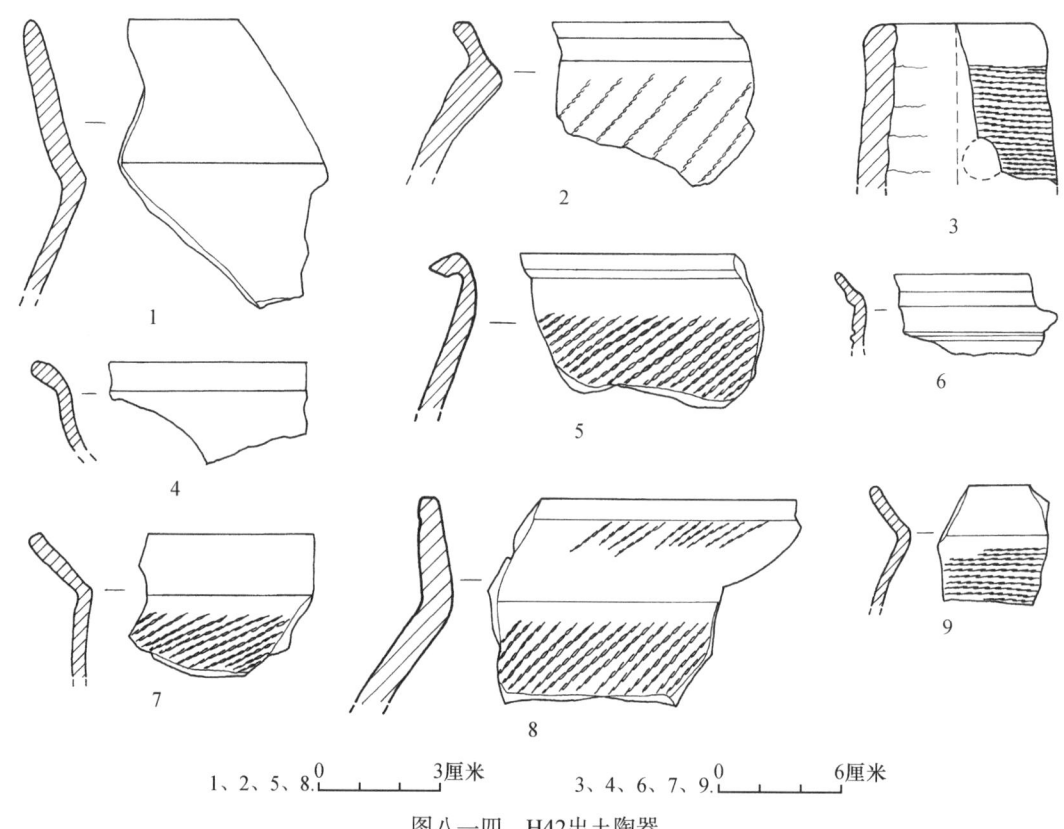

图八一四　H42出土陶器

1、4. 盆（H42：26、H42：9）　2、3、5~9. 罐（H42：25、H42：18、H42：24、H42：20、H42：13、H42：19、H42：17）

标本H42：24，粗夹砂红褐陶。敛口，窄平折沿，沿面有一道浅细凹槽，尖圆唇，鼓腹。口沿以下饰右上至左下斜向绳纹（图八一四，5）。

钵　23件。均口、腹部残片。标本H42：2、H42：5、H42：6形制相同，均细泥质橘红陶，直口微敛，深弧腹，器表磨光。标本H42：2，方唇。素面。口下可见深红色叠烧痕迹（图八一五，4）。标本H42：5，方唇。口下饰黑色宽带纹彩绘（图八一五，2）。标本H42：6，圆唇。素面（图八一五，1）。

标本H42：1、H42：3、H42：4形制相同，均细泥质橘红陶，直口微敛，浅弧腹，圆唇，器表磨光。标本H42：1，口下饰黑色宽带纹彩绘。彩绘下侧可见浅红色叠烧痕迹（图八一五，3）。标本H42：3，圆唇。素面。口下可见轮修痕迹（图八一五，5）。标本H42：4，圆唇。素面（图八一五，8）。

瓮　3件。均口、腹部残片。标本H42：23，粗夹砂红褐陶。侈口，折沿，沿面内曲，方唇，鼓腹。腹部饰右上至左下斜向绳纹（图八一五，11）。

标本H42：14、H42：21形制相同，均敛口，鼓腹。标本H42：14，粗夹砂红褐陶。方唇，唇部有一道浅细凹槽。腹部饰右上至左下斜向绳纹（图八一五，6）。标本H42：21，粗夹砂灰褐陶。圆唇。腹部饰右上至左下斜向绳纹（图八一五，7）。

器盖　2件。均口、壁残片。标本H42：7，粗夹砂红褐陶。敞口，方唇，唇部有一道浅细凹槽，弧壁。素面。内壁可见轮修痕迹（图八一五，9）。

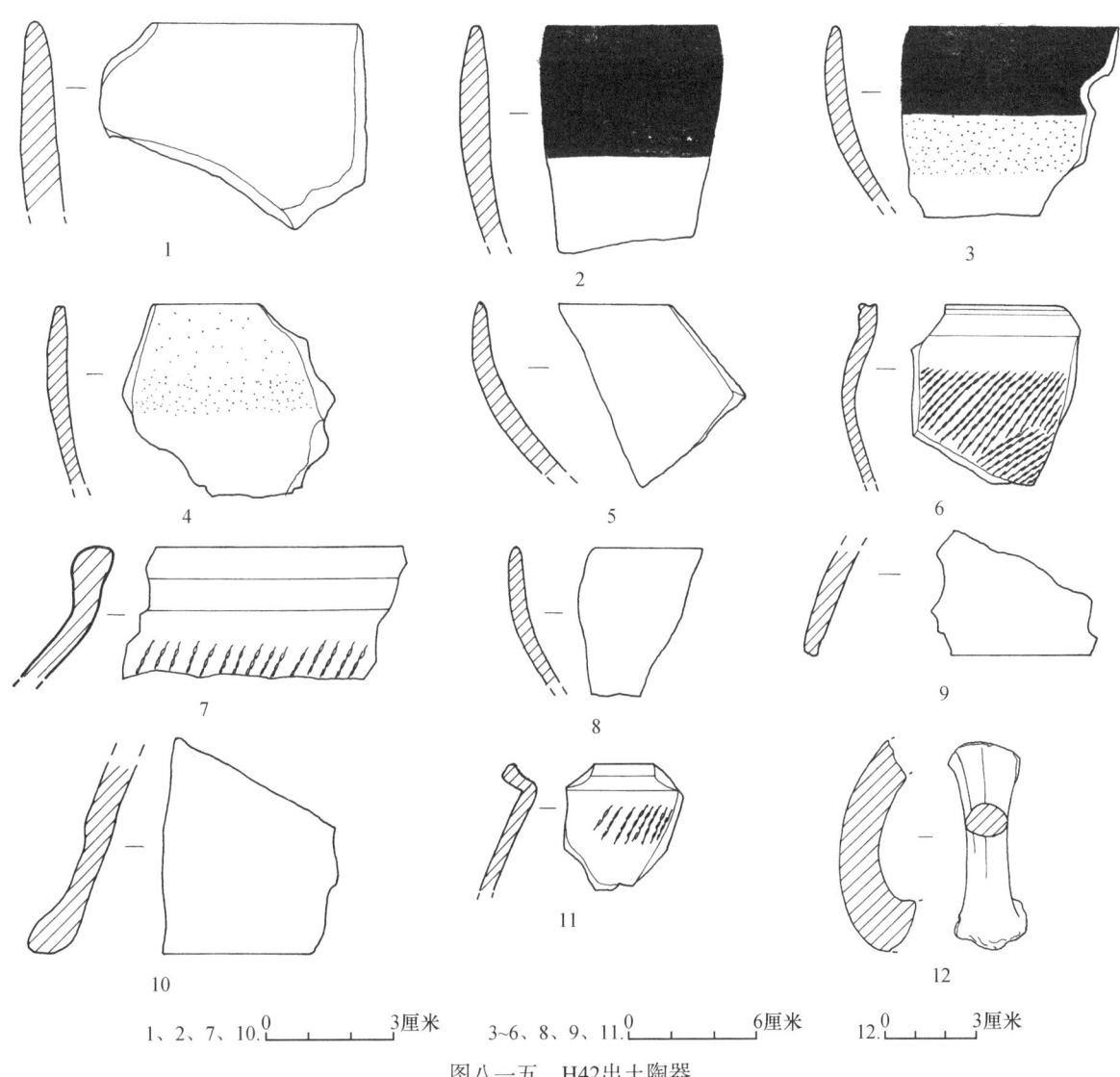

图八一五　H42出土陶器

1～5、8.钵（H42：6、H42：5、H42：1、H42：2、H42：3、H42：4）　6、7、11.瓮（H42：14、H42：21、H42：23）
9、10.器盖（H42：7、H42：10）　12.器耳（H42：27）

标本H42：10，细泥质红褐陶。烧制变形。敞口，窄折沿，圆唇，斜直壁。器表刮抹光滑。素面（图八一五，10）。

器耳　标本H42：27，稍残。粗泥质橘红陶。圆柱桥形耳。素面（图八一五，12）。

17. H43

H43位于Ⅲ区T0515东北部和T0516东南部，开口于③层下。平面呈椭圆形，袋状，斜直壁，平底。坑口长径0.8、短径0.48、底长径1、短径0.72、深0.5米（图八一六）。

坑内堆积为浅灰色土，土质较疏松，包含有少量火烧土颗粒，出土少量陶片。

陶片以粗夹砂红褐陶为主，细泥质橘红陶次之，还有少量细夹砂红褐陶、粗泥质橘红陶、细泥质黑陶、粗泥质红褐陶；纹饰以绳纹为主，彩陶与素面次之，弦纹最少。

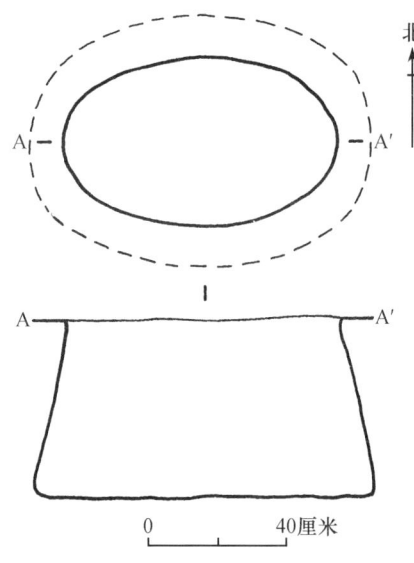

图八一六　H43平、剖面图

H43共出土遗物31件。以陶器为主，骨器次之。

（1）陶器

30件。器类有瓶、盆、罐、钵、瓮、壶、器盖、锉、环（表一六〇）。

瓶　1件。标本H43：18，腹部残片。细泥质橘红陶。鼓腹，上腹部有一竖向圆柱桥形耳。腹部饰右上至左下斜向绳纹（图八一七，5）。

盆　6件。均口、腹部残片。标本H43：15、H43：32形制相同，均敛口，折沿，沿面向外侧下斜，弧腹。标本H43：15，细夹砂红褐陶。圆唇。上腹部饰多周弦纹。沿面可见轮修痕迹（图八一七，7）。标本H43：32，细泥质橘红陶。圆唇。器表磨光。素面（图八一七，1）。

标本H43：14，细泥质橘红陶。直口微敛，平折沿，圆唇，弧腹。器表磨光。沿面饰黑色弧边三角纹彩绘。唇部可见轮修痕迹（图八一七，6）。

标本H43：13、H43：16、H43：17形制相同，均侈口，卷沿，弧腹，器表磨光。标本H43：13，细泥质橘红陶。圆唇。唇部与外沿面均饰黑色彩绘，上腹部饰黑色窄带纹彩绘。唇部可见轮修痕迹（图八一七，3）。标本H43：16，细泥质橘红陶。方唇。唇部饰黑色彩绘（图八一七，2）。标本H43：17，细泥质黑陶。圆唇。素面。唇部可见轮修痕迹（图八一七，4）。

罐　10件。均口、腹部残片。标本H43：20、H43：22、H43：25、H43：26、H43：27、

表一六〇　H43器形统计表　（单位：件）

陶质	细泥质					粗泥质		细夹砂	粗夹砂		合计	百分比（%）
陶色	橘红				黑	橘红	红褐	红褐	红褐			
纹饰＼器形	素面＋磨光	素面	绳纹	彩陶	素面＋磨光	绳纹	素面	弦纹	素面	绳纹		
瓶			1								1	3.57
盆	1			3	1			1			6	21.43
罐						1				9	10	35.71
钵	1	1		1							3	10.71
壶							1				1	3.57
瓮						1			1	1	3	10.71
器盖						1			3		4	14.29
合计	2	1	1	4	1	3	1	1	4	10	28	100
	28											
百分比（%）	7.14	3.57	3.57	14.29	3.57	10.71	3.57	3.57	14.29	35.71		
	100											

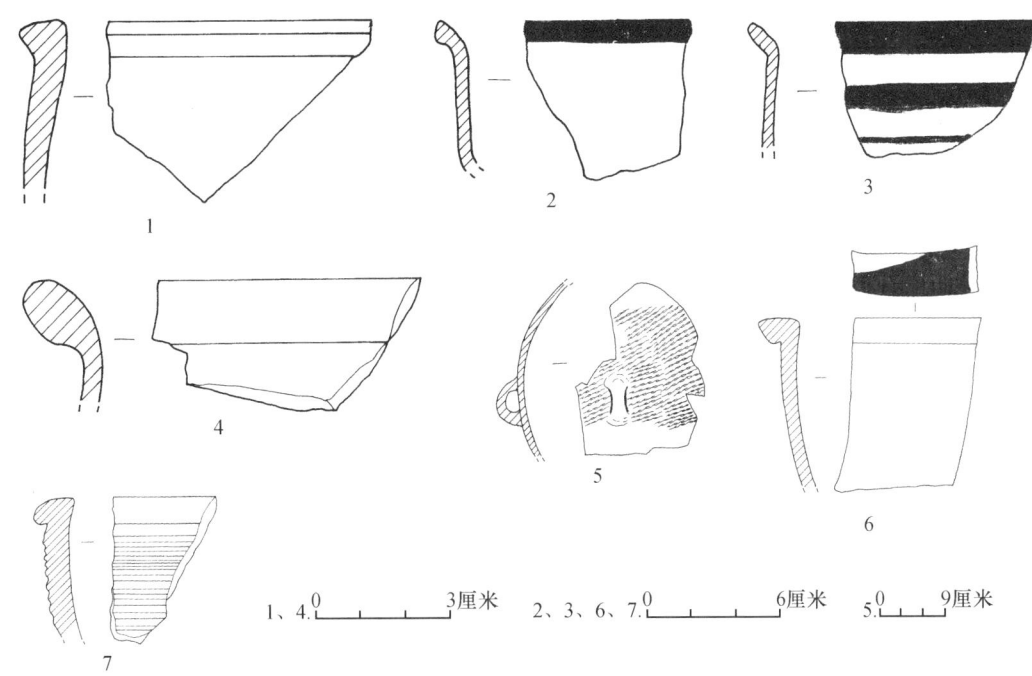

图八一七　H43出土陶器
1~4、6、7. 盆（H43:32、H43:16、H43:13、H43:17、H43:14、H43:15）　5. 瓶（H43:18）

H43:30形制相同，均粗夹砂红褐陶，侈口，折沿，沿面内曲，鼓腹。标本H43:20，圆唇。腹部饰右上至左下斜向绳纹。内壁可见轮修痕迹。复原口径27.9、残高7.5厘米（图八一八，8）。标本H43:22，方唇。腹部饰右上至左下斜向绳纹。外沿面可见轮修痕迹（图八一八，1）。标本H43:25，圆唇。腹部饰竖向绳纹。外沿面可见轮修痕迹（图八一八，4）。标本H43:26，方唇。口沿以下饰左上至右下斜向绳纹（图八一八，9）。标本H43:27，方唇，唇部有一道浅细凹槽。口沿以下饰左上至右下斜向绳纹（图八一八，7）。标本H43:30，圆唇，鼓肩，并起一道显著棱脊。棱脊以下饰右上至左下斜向绳纹（图八一八，3）。

标本H43:21、H43:23、H43:24形制相同，均粗夹砂红褐陶，侈口，折沿，圆唇，鼓腹。标本H43:21，腹部饰右上至左下斜向绳纹。外沿面可见轮修痕迹（图八一八，6）。标本H43:23，腹部饰右上至左下斜向绳纹（图八一八，2）。标本H43:24，腹部饰右上至左下斜向绳纹，绳纹近平（图八一八，5）。

标本H43:28，粗泥质橘红陶。直口，尖圆唇，直腹。腹部饰右上至左下斜向绳纹（图八一八，10）。

钵　3件。均口、腹部残片。标本H43:1，细泥质橘红陶。直口微敛，圆唇，深弧腹。器表刮抹光滑。素面。口下可见轮修痕迹，腹部可见刮抹痕迹。复原口径26.1、残高9.3厘米（图八一九，1）。

标本H43:3、H43:4形制相同，均细泥质橘红陶，直口微敛，圆唇，浅弧腹，器表磨光。标本H43:3，素面。器表可见轮修痕迹（图八一九，2）。标本H43:4，口下饰黑色宽带纹彩绘。彩绘下侧可见浅红色叠烧痕迹（图八一九，13）。

瓮　3件。标本H43:19、H43:31形制相同，均直口，高领。标本H43:19，腹部稍残。粗泥

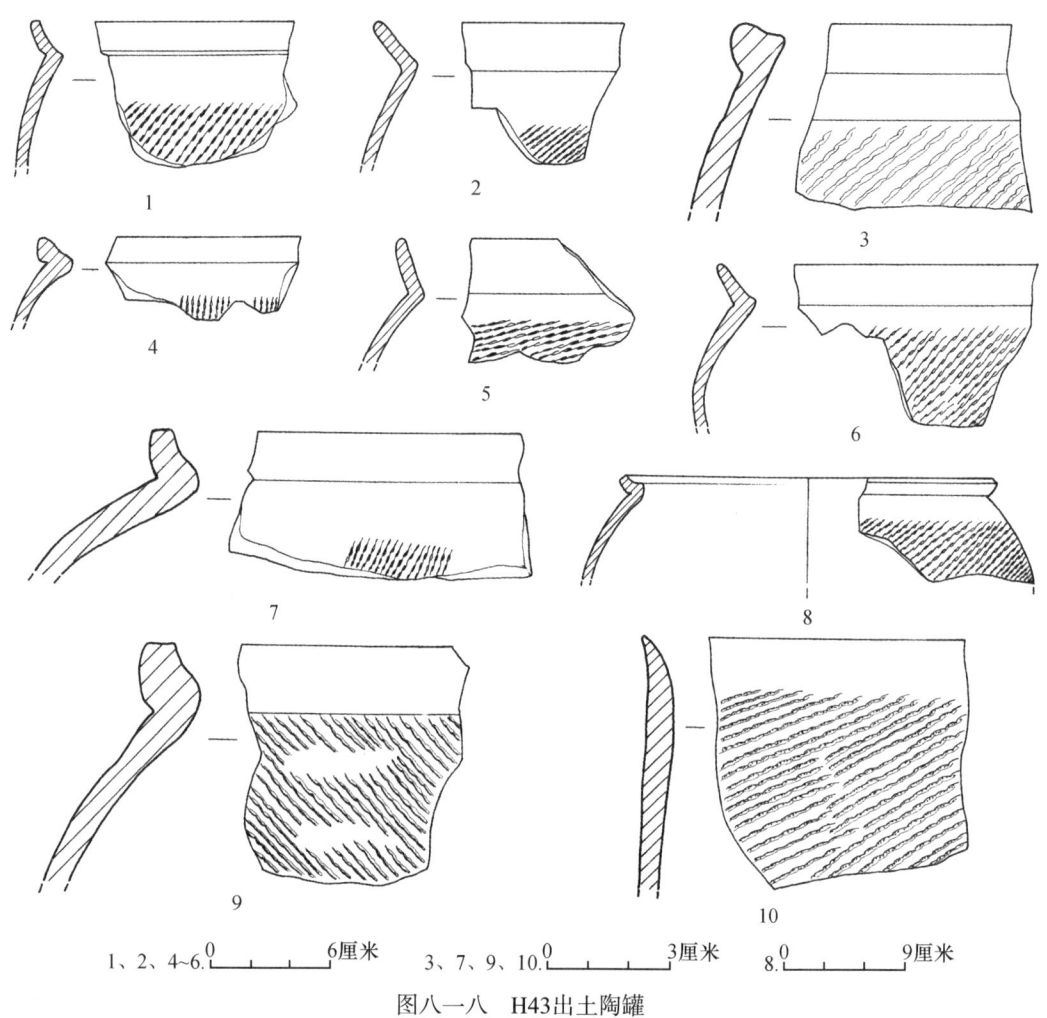

图八一八 H43出土陶罐
1~10.（H43：22、H43：23、H43：30、H43：25、H43：24、H43：21、H43：27、H43：20、H43：26、H43：28）

质橘红陶。敞口，圆唇，高领，鼓肩，并起一道显著棱脊，上腹圆鼓，下腹斜收，平底，最大腹径位于上腹部。上腹部有横向扁圆桥形耳。腹部饰右上至左下斜向绳纹。领部可见轮修痕迹。复原口径17.7、腹径24.9、底径9.3、复原高度27.4厘米（图八一九，7）。标本H43：31，口沿残片。粗夹砂红褐陶。方唇，唇部有一道浅细凹槽。素面。领部可见轮修痕迹（图八一九，4）。

标本H43：29，口、腹部残片。粗夹砂红褐陶。敛口，圆唇，折肩，斜直腹。肩部以下饰竖向绳纹（图八一九，14）。

壶 1件。标本H43：33，口、颈部残片。粗泥质红褐陶。花苞状口，圆唇，细长颈。素面。内壁可见泥条盘筑痕迹。复原口径4、残高6厘米（图八一九，9）。

器盖 4件。标本H43：12、H43：34、H43：36形制相同，均敞口，斜直壁。标本H43：34，纽部残。粗泥质橘红陶。方唇，桥形纽。器表饰右上至左下斜向绳纹。口径21.6、残高10.2厘米（图八一九，5；彩版二七，2；图版一四三，5）。标本H43：12，口、壁残片。粗夹砂红褐陶。

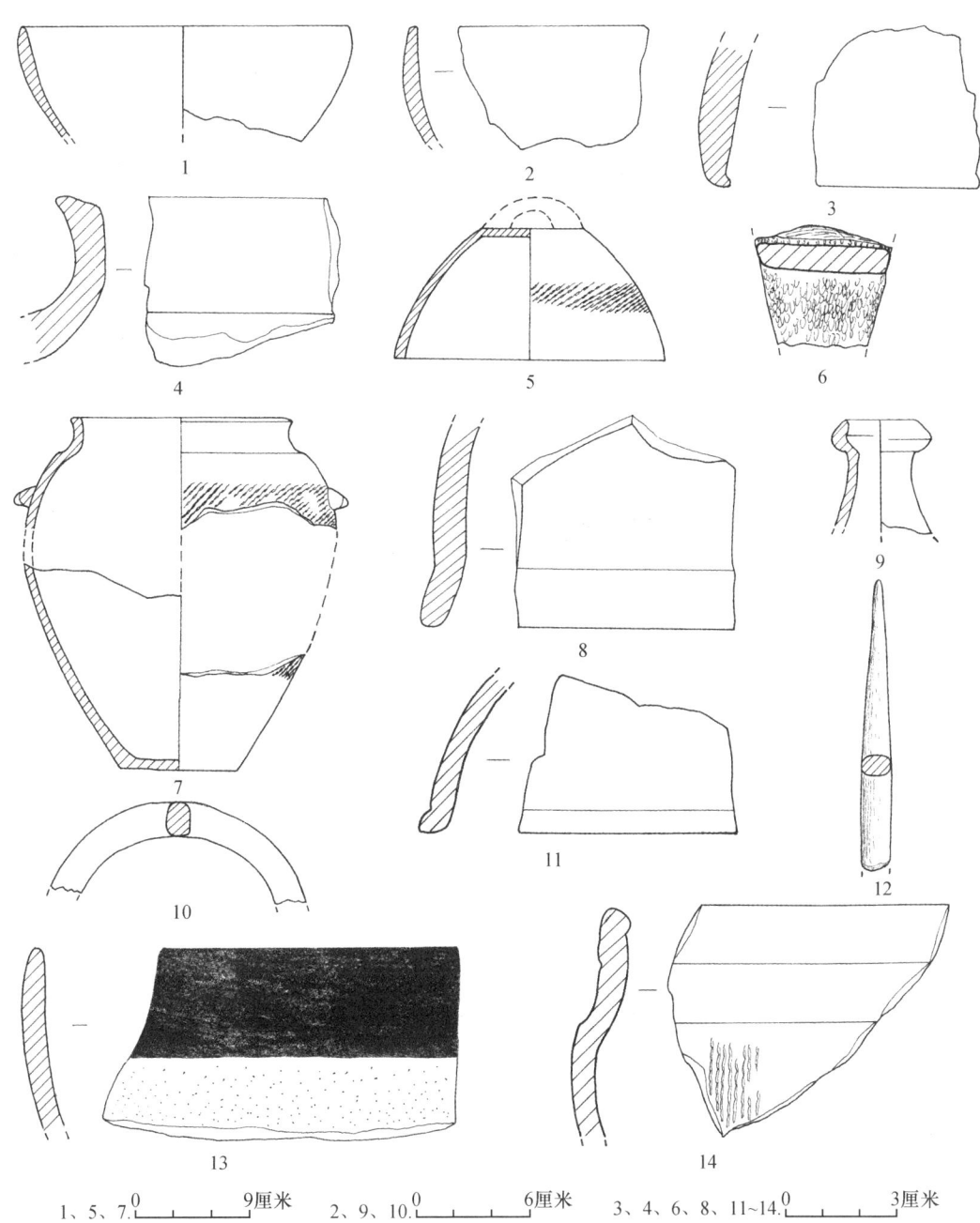

图八一九 H43出土遗物

1、2、13.陶钵（H43∶1、H43∶3、H43∶4） 3、5、8、11.器盖（H43∶12、H43∶34、H43∶35、H43∶36） 4、7、14.陶瓮（H43∶31、H43∶19、H43∶29） 6.陶锉（H43∶41） 9.陶壶（H43∶33） 10.陶环（H43∶42） 12.骨镞（H43∶43）

圆唇。素面（图八一九，3）。标本H43：36，口、壁残片。粗夹砂红褐陶。方唇。素面。器表可见轮修痕迹（图八一九，11）。

标本H43：35，口、壁残片。粗夹砂红褐陶。敞口，方唇，弧壁。素面。内壁可见轮修痕迹（图八一九，8）。

锉　1件。标本H43：41，两端均残。细泥质橘红陶。残存部分平面呈梯形，横断面呈圆角长方形。器表麻点清晰，密度较小。残长3.1、宽2.5~3.7、厚0.7厘米（图八一九，6）。

环　1件。标本H43：42，残。细泥质灰陶。圆环状，横断面呈近方形。通体磨光。厚0.9厘米（图八一九，10）。

（2）骨器

1件。镞。标本H43：43，铤部残。体部与铤部分界不明显，锋部圆尖，铤部稍扁平。通体磨光。残长7.5厘米（图八一九，12）。

18. H47

H47位于Ⅱ区T0101北部，开口于③层下。平面呈圆形，袋状不明显，直壁，底部有一层硬面，不甚平整。坑口径1.3、底径1.38、深1米（图八二〇）。

坑内堆积为浅灰色土，土质疏松，出土有少量陶片。

H47共出土遗物2件。全部为陶瓮。均口、腹部残片。标本H47：1，粗夹砂红褐陶。侈口，卷沿，圆唇，鼓腹。口下有一周棱脊，棱脊以下饰右上至左下斜向绳纹。口部有轮修及烟熏痕迹。复原口径31.8、残高10.2厘米（图八二一，1）。

标本H47：2，粗夹砂红褐陶。侈口，折沿，方唇，唇面上有二周浅细凹槽，鼓腹。素面。口部可见轮修痕迹（图八二一，2）。

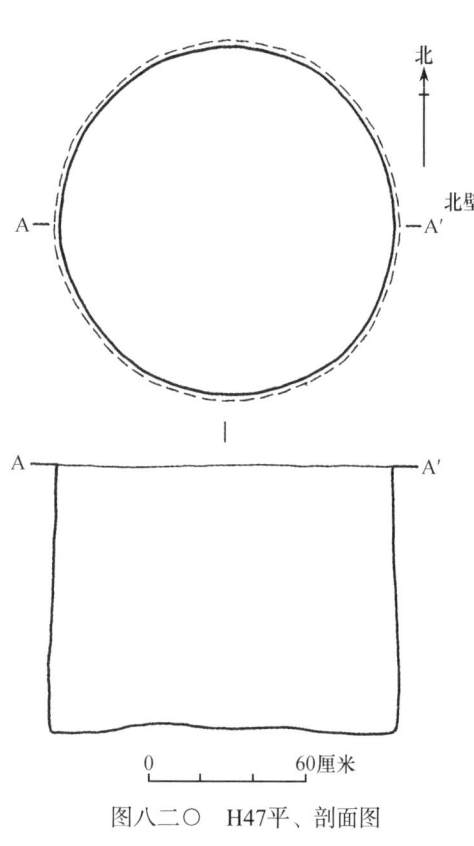

图八二〇　H47平、剖面图

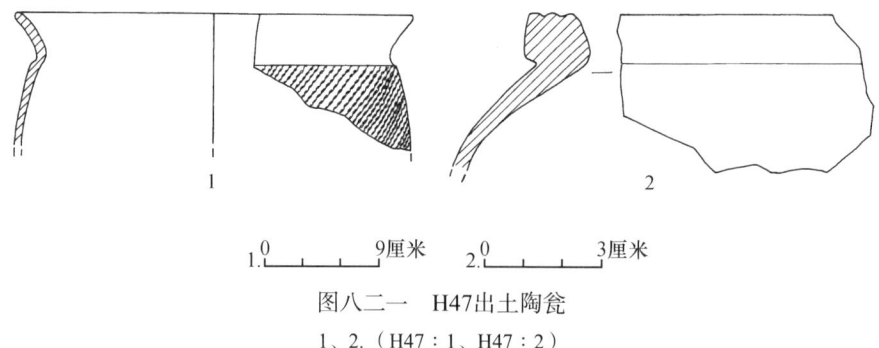

图八二一　H47出土陶瓮
1、2.（H47：1、H47：2）

19. H48

H48位于Ⅲ区T0612西南部，开口于③层下。平面呈圆形，筒状，直壁，平底。坑口径0.96、深1.6米（图八二二）。

坑内堆积为浅褐色土，土质较为致密，包含有少量火烧土颗粒，出土少量陶片，另有骨头。

陶片为主要的出土物，以细泥质橘红陶为主，粗夹砂红褐陶次之，并有一定比例的细夹砂橘红陶、粗泥质橘红陶和少量细泥质黑陶；纹饰以素面居多，彩陶、绳纹及弦纹次之，还有少量交错绳纹（表一六一）。

H48共出土遗物10件。以陶器为主，石器次之。

（1）陶器

8件。器类有罐、钵、器盖，另有器耳。

罐 1件。标本H48：7，口、腹部残片。粗夹砂红褐陶。侈口，折沿，内沿面与腹部相接处有一道凸棱，圆唇，鼓腹。腹部饰右上至左下斜向绳纹。沿面外侧可见轮修痕迹（图八二三，9）。

钵 6件。均口、腹部残片。形制相同，均细泥质橘红陶，直口微敛，浅弧腹，器表磨光。标本H48：1，圆唇。口下饰黑色宽带纹彩绘。彩绘下侧可见浅褐色叠烧痕迹。内壁可见轮修痕迹（图八二三，4）。标本H48：2，方唇。素面。器表可见轮修痕迹（图八二三，7）。标本H48：3，圆唇，素面。内壁可见刮抹痕迹（图八二三，2）。标本H48：4，

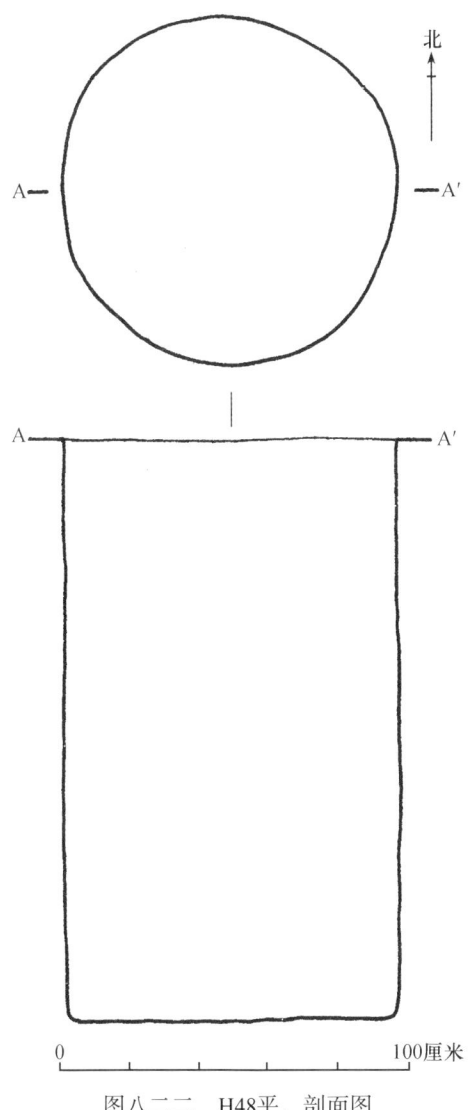

图八二二 H48平、剖面图

表一六一 H48陶系统计表　　　　　　　　　　（单位：kg）

陶质	细泥质		粗泥质	细夹砂	粗夹砂	合计		百分比（%）	
陶色 纹饰	橘红	黑	橘红	橘红	红褐				
素面	0.53		0.17	0.33	0.76	1.79		44.31	
素面+磨光	0.342	0.04				0.382		9.46	
绳纹			0.12	0.02	0.54	0.68	4.04	16.83	100
弦纹	0.50		0.01			0.51		12.62	
交错绳纹					0.03	0.03		0.74	
彩陶	0.65					0.65		16.09	
合计	2.022	0.04	0.30	0.35	1.33	4.04			
	4.04								
百分比（%）	50.05	0.99	7.43	8.66	32.92				
	100								

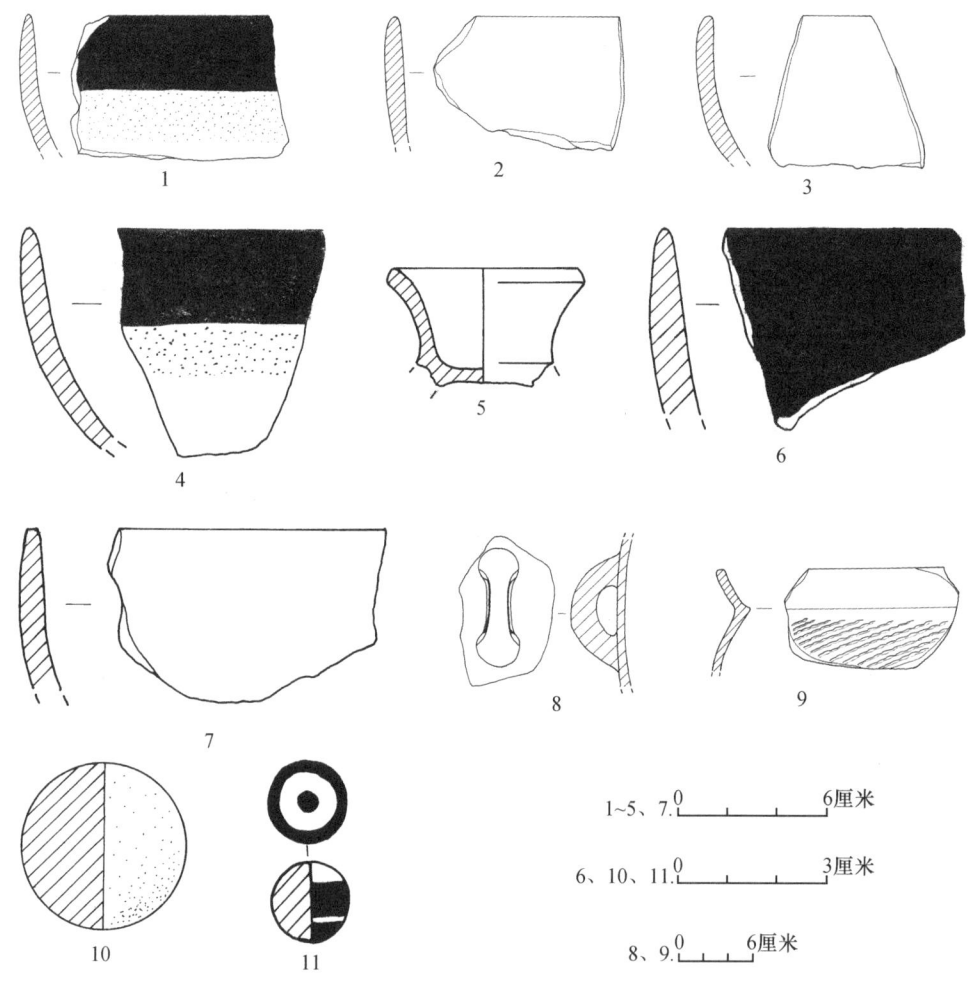

图八二三　H48出土遗物

1~4、6、7.陶钵（H48：4、H48：3、H48：5、H48：1、H48：6、H48：2）　5.器盖（H48：8）　8.器耳（H48：9）
9.陶罐（H48：7）　10、11.石球（H48：10、H48：11）

圆唇。唇部与口下饰黑色宽带纹彩绘。彩绘下侧可见浅褐色叠烧痕迹。内壁可见刮抹痕迹（图八二三，1）。标本H48：5，圆唇。素面。内壁可见烟熏痕迹（图八二三，3）。标本H48：6，圆唇。口下饰黑色宽带纹彩绘（图八二三，6）。

器盖　1件。标本H48：8，纽部残片。粗夹砂红褐陶。圈足状纽。素面。内壁可见轮修痕迹。纽径8、残高4.6厘米（图八二三，5）。

器耳　1件。标本H48：9，腹部残片。粗夹砂红褐陶。腹壁较直，有一竖向圆柱桥形耳。素面。器表经刮抹较为光滑（图八二三，8）。

（2）石器

2件。均为球。完整，形制相同。石英岩，圆球状。标本H48：10，两端稍扁。器表磨光，可见少量坑疤。直径3.3厘米（图八二三，10）。标本H48：11，磨制精细。系利用石料本身的黑白色特征，磨制出酷似眼珠的形态。直径1.6厘米（图八二三，11）。

20. H50

H50位于Ⅲ区T0917东北部，开口于③层下。平面呈椭圆形，袋状，斜直壁，底部西高东低。坑口长径2.7、短径1.8、底长径2.9、短径2、深0.94~1米（图八二四）。

坑内堆积为黄褐色土，土质疏松，包含火烧土颗粒，出土少量陶片。

陶片为主要的出土物，以粗夹砂红褐陶为主，细泥质橘红陶次之，并有一定比例的细夹砂红褐陶和少量细泥质黑陶；纹饰以素面居多，绳纹次之，并有少量弦纹及彩陶（表一六二）。

H50共出土遗物31件。全部为陶器。器类有盆、罐、

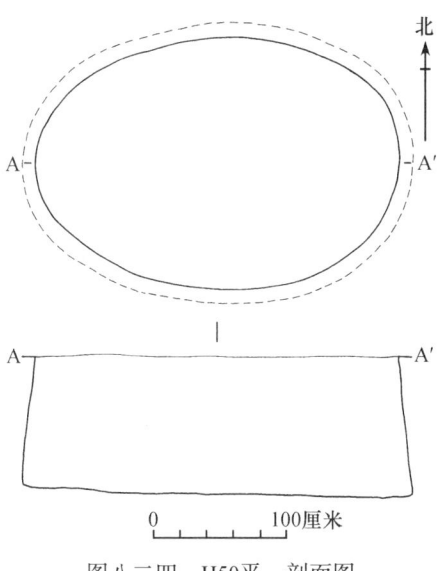

图八二四　H50平、剖面图

表一六二　H50陶系统计表　　（单位：kg）

陶质	细泥质		细夹砂	粗夹砂	合计	百分比（%）	
陶色 纹饰	橘红	黑	红褐	红褐			
素面	0.30		0.126	0.474	0.90	2.62	34.35	100
素面+磨光	0.22	0.04			0.26		9.92	
绳纹			0.126	0.84	0.966		36.87	
弦纹				0.06	0.06		2.29	
彩陶	0.18				0.18		6.87	
绳纹+弦纹				0.252	0.252		9.62	
合计	0.70	0.04	0.252	1.626	2.62			
				2.62				
百分比（%）	26.72	1.53	9.62	62.06				
				100				

表一六三　H50器形统计表　　（单位：件）

陶质	细泥质			细夹砂		粗夹砂				合计	百分比（%）	
陶色	橘红		黑	红褐		红褐						
纹饰 器形	素面+磨光	素面	彩陶	素面+磨光	素面	绳纹	素面	绳纹	弦纹	绳纹+弦纹			
盆			2		1						3	9.68	100
罐						1		6	1		8	25.81	
钵	4	6	3	1			1				15	48.39	
瓮							1	1		2	4	12.90	
器盖	1										1	3.23	
合计	5	6	5	1	1	1	2	7	1	2	31		
						31							
百分比（%）	16.13	19.35	16.13	3.22	3.22	3.22	6.45	22.58	3.33	6.45			
						100							

钵、瓮、器盖（表一六三）。

盆 3件。均口、腹部残片。标本H50：13、H50：14形制相同，均细泥质橘红陶，侈口，卷沿，圆唇，弧腹，器表磨光，唇部与外沿面均饰黑色彩绘。标本H50：13，器表可见烟熏痕迹（图八二五，2）。标本H50：14，唇部可见轮修痕迹（图八二五，10）。

标本H50：16，细夹砂红褐陶。敞口，窄平折沿，方唇，浅弧腹。素面。内、外壁均可见轮修痕迹（图八二五，1）。

罐 8件。均口、腹部残片。标本H50：18、H50：21形制相同，均粗夹砂红褐陶，侈口，卷沿，沿面内曲，方唇，鼓腹。标本H50：18，口沿以下饰多周弦纹。外沿面可见轮修痕迹（图八二五，4）。标本H50：21，肩略鼓，并起一道不显著棱脊。棱脊以下饰竖向绳纹。外沿面可见轮修痕迹。器表可见烟熏痕迹（图八二五，3）。

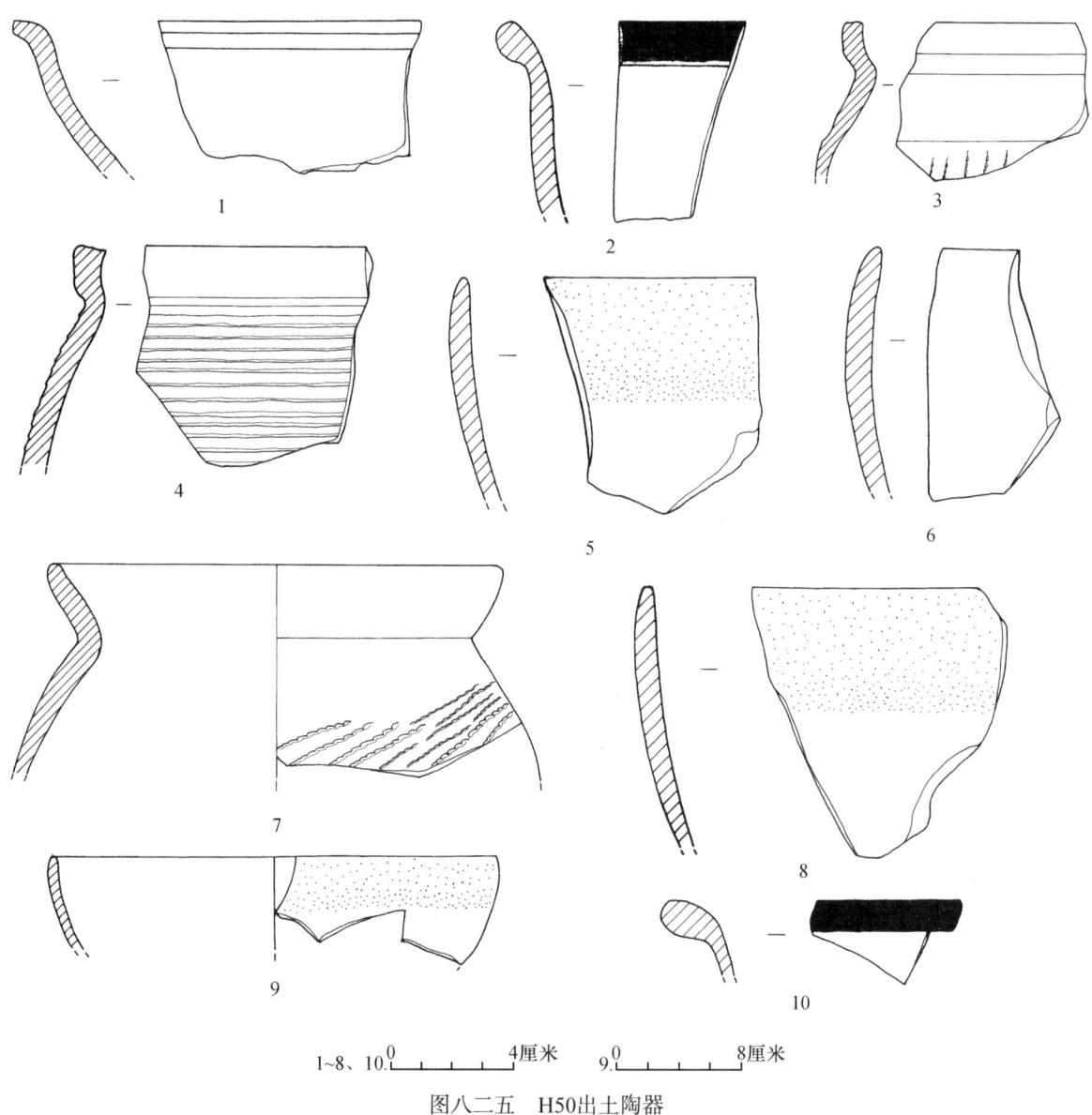

图八二五　H50出土陶器

1、2、10. 盆（H50：16、H50：13、H50：14）　3、4、7. 罐（H50：21、H50：18、H50：17）
5、6、8、9. 钵（H50：3、H50：6、H50：1、H50：4）

标本H50：17，细夹砂红褐陶。侈口，卷沿，圆唇，鼓腹。腹部饰右上至左下斜向绳纹。外沿面可见轮修痕迹。复原口径15、残高6.8厘米（图八二五，7）。

钵　15件。均口、腹部残片。标本H50：1、H50：3、H50：4、H50：6形制相同，均细泥质橘红陶，直口微敛，深弧腹，素面。标本H50：1，方唇。口下可见深褐色叠烧痕迹与轮修痕迹，下腹部可见刮抹痕迹（图八二五，8）。标本H50：3，圆唇。口下可见深红色叠烧痕迹与轮修痕迹，下腹部可见刮抹痕迹（图八二五，5）。标本H50：4，方唇。口下可见轮修痕迹，腹部可见刮抹痕迹。器表可见烟熏痕迹。复原口径29.6、残高7厘米（图八二五，9）。标本H50：6，圆唇。器表磨光（图八二五，6）。

标本H50：2、H50：5、H50：7、H50：8、H50：11、H50：12形制相同，均细泥质橘红陶，直口微敛，浅弧腹，器表磨光。标本H50：2，方唇。素面（图八二六，2）。标本H50：5，圆唇。口下饰黑色宽带纹彩绘。内壁可见轮修痕迹（图八二六，1）。标本H50：7，圆唇。唇部与口下均饰黑色宽带纹彩绘（图八二六，3）。标本H50：8，圆唇。素面。口下可见深褐色叠烧痕迹。内、外壁均可见烟熏痕迹（图八二六，5）。标本H50：11，圆唇。素面。口下可见深褐色叠烧痕迹（图八二六，6）。标本H50：12，圆唇。素面。器表可见烟熏痕迹（图八二六，4）。

瓮　4件。均口、腹部残片。标本H50：20、H50：22、H50：23形制相同，均粗夹砂红褐陶，

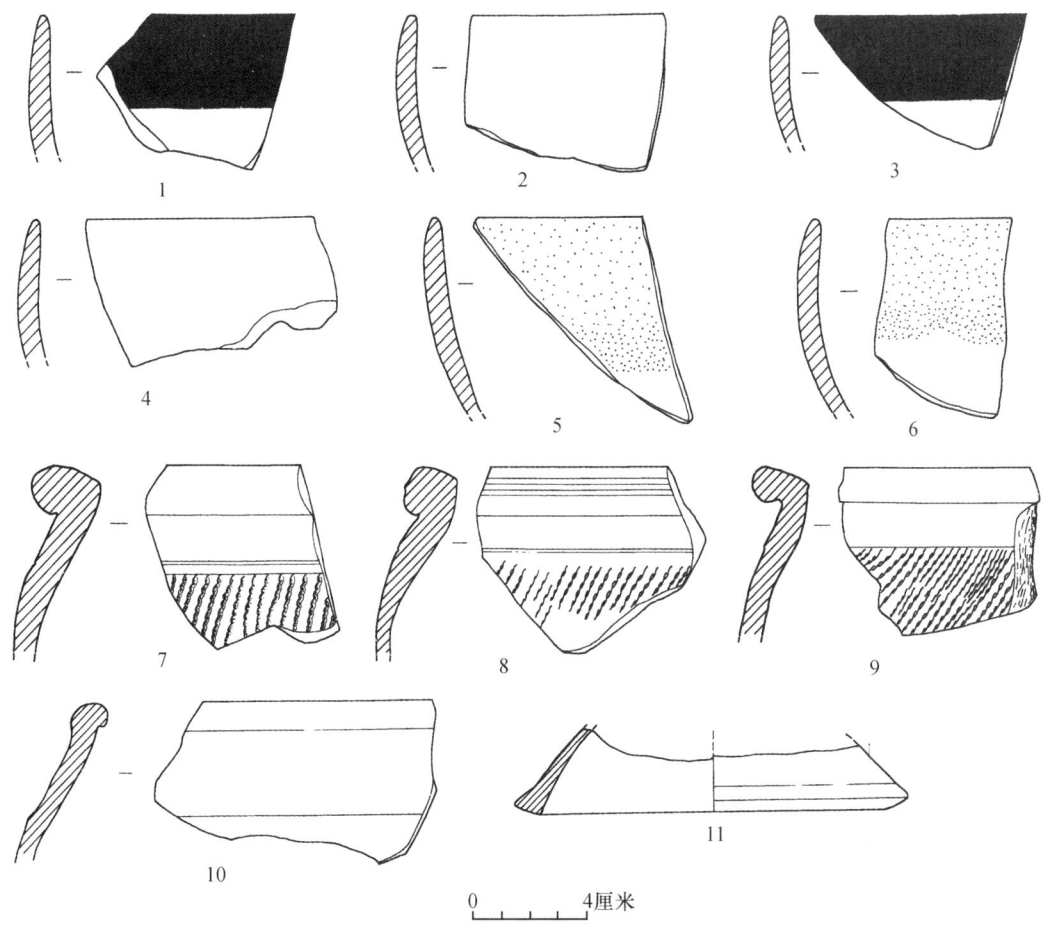

图八二六　H50出土陶器

1~6.钵（H50：5、H50：2、H50：7、H50：12、H50：8、H50：11）　7~10.瓮（H50：23、H50：20、H50：22、H50：19）
11.器盖（H50：15）

侈口，折沿，鼓腹。标本H50：20，圆唇，唇部有二道浅细凹槽。上腹部饰一周弦纹，弦纹以下饰右上至左下斜向绳纹。内壁可见轮修痕迹（图八二六，8）。标本H50：22，方唇，口沿下侧有一道棱脊。棱脊以下饰右上至左下斜向绳纹（图八二六，9）。标本H50：23，圆唇。肩微鼓，并起一道不显著棱脊。口沿下侧饰一周弦纹，棱脊以下饰右上至左下斜向绳纹（图八二六，7）。

标本H50：19，粗夹砂红褐陶。敛口，圆唇，口沿内侧有一道宽浅凹槽，鼓肩，并起一道不显著棱脊。素面。器表可见烟熏痕迹（图八二六，10）。

器盖　1件。标本H50：15，口、壁残片。细泥质橘红陶。敞口，方唇，斜直壁。器表磨光。素面。口部可见轮修痕迹。内壁可见烟熏痕迹。复原口径14.3、残高3厘米（图八二六，11）。

21. H51

H51位于Ⅲ区T0912西北部，开口于③层下。平面呈椭圆形，袋状，斜直壁，平底。坑口长径1.36、短径1.2、底长径1.56、短径1.3、深0.4米（图八二七）。

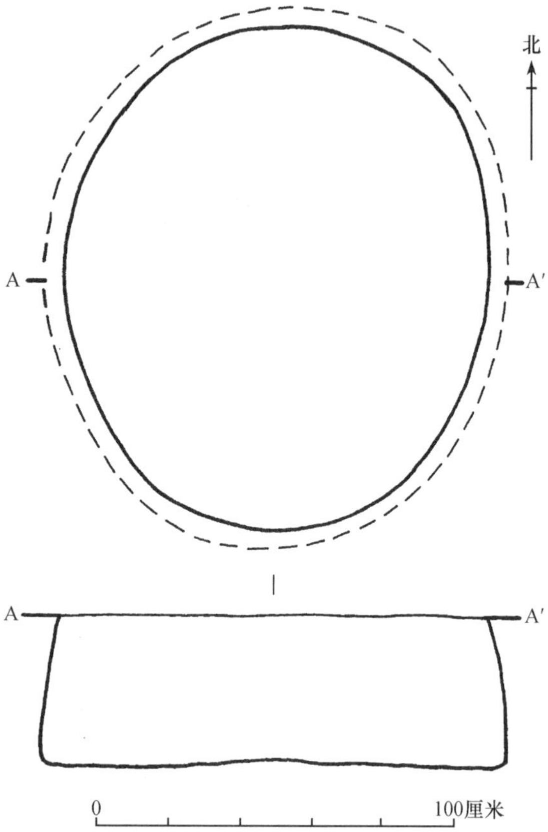

坑内堆积为深灰色土，土质疏松，出土少量陶片，另有石块、兽骨。

陶片为主要出土物，以细泥质橘红陶为主，粗夹砂红褐陶次之，并有少量细夹砂橘红陶；纹饰以素面和绳纹居多，并有一定比例的交错绳纹和少量席纹、彩陶（表一六四）。

H51共出土遗物4件。全部为陶钵。均口、腹部残片。形制相同，均细泥质橘红陶，直口微敛，圆唇，浅弧腹，素面。标本H51：1，器表经刮抹较为光滑（图八二八，1）。标本H51：2，口下有一个两面对钻而成的圆孔。器表磨光。口部可见烟熏痕迹（图八二八，2）。

图八二七　H51平、剖面图

22. H52

H52位于Ⅲ区T0812东南部和T0912西南部，开口于③层下。平面呈椭圆形，斜直壁，袋状，平底。坑口长径1.02米、短径0.8、底长径1.12、短径0.88、深0.2米（图八二九）。

坑内堆积为深灰色土，土质疏松，出土少量陶片、骨头。

陶片为主要的出土物，以粗夹砂红褐陶为主，细泥质橘红陶次之，并有少量粗泥质橘红陶；纹饰以绳纹居多，素面次之，并有一定比例的交错绳纹和少量弦纹（表一六五）。

H52共出土遗物3件。全部为陶罐。均口、腹部残片。形制相同。标本H52：1，粗夹砂红褐陶。侈口，折沿，圆唇，鼓腹。腹部饰交错绳纹。沿面可见轮修痕迹。口径15.9、残高10.5厘米（图八三〇）。

表一六四 H51陶系统计表 （单位：kg）

陶质 陶色 纹饰	细泥质 橘红	粗夹砂 红褐	细夹砂 橘红	合计		百分比（%）	
素面+磨光	0.16			0.16		25.81	
素面	0.114			0.114		18.39	
绳纹	0.10	0.14	0.03	0.27	0.624	43.55	100
交错绳纹	0.02	0.02		0.04		6.45	
席纹	0.03			0.03		4.84	
彩陶	0.01			0.01		1.61	
合计	0.434	0.16	0.03				
	0.624						
百分比（%）	70.00	25.81	4.84				
	100						

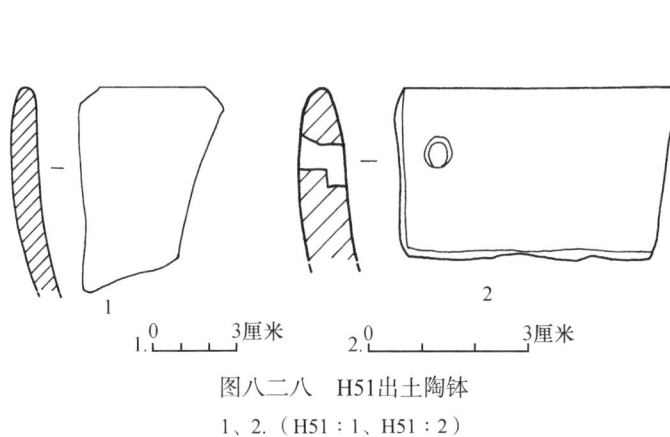

图八二八　H51出土陶钵
1、2.（H51∶1、H51∶2）

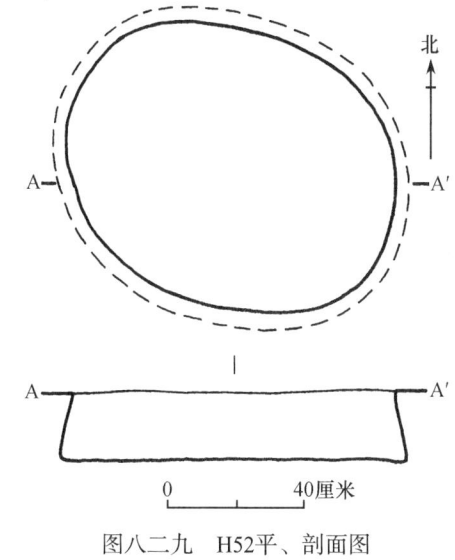

图八二九　H52平、剖面图

表一六五 H52陶系统计表 （单位：kg）

陶质 陶色 纹饰	细泥质 橘红	粗泥质 橘红	粗夹砂 红褐	合计		百分比（%）	
素面			0.09	0.09		12.16	
素面+磨光	0.13	0.01		0.14		18.92	
绳纹		0.01	0.36	0.37	0.736	50.00	100
绳纹+弦纹			0.01	0.01		1.35	
交错绳纹			0.126	0.126		17.03	
合计	0.13	0.02	0.586	0.74			
	0.736						
百分比（%）	17.66	2.72	79.62				
	100						

23. H53

H53位于Ⅲ区T0912中部，开口于③层下。平面呈不规则形，锅底状，弧壁，底部西高东低。坑口长径1.24、短径0.6、底长径1.14、短径0.5、深0.3～0.34米（图八三一）。

坑内堆积为浅灰色土，土质疏松，出土少量陶片。

陶片为主要的出土物，以细泥质橘红陶为主，粗泥质橘红陶次之，并有少量细夹砂红褐陶及粗夹砂红褐陶；纹饰以素面占绝大多数，还有一定比例的绳纹（表一六六）。

H53共出土遗物4件。全部为陶钵。均口、腹部残片。形制相同，均细泥质橘红陶，直口微敛，圆唇，浅弧腹，素面。标本H53：1，器表磨光（图八三二，1）。标本H53：2，器表磨光。内壁可见烟熏痕迹（图八三二，2）。

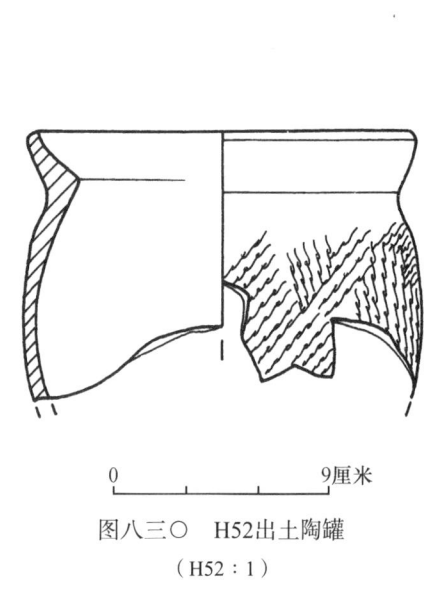

图八三〇　H52出土陶罐
（H52：1）

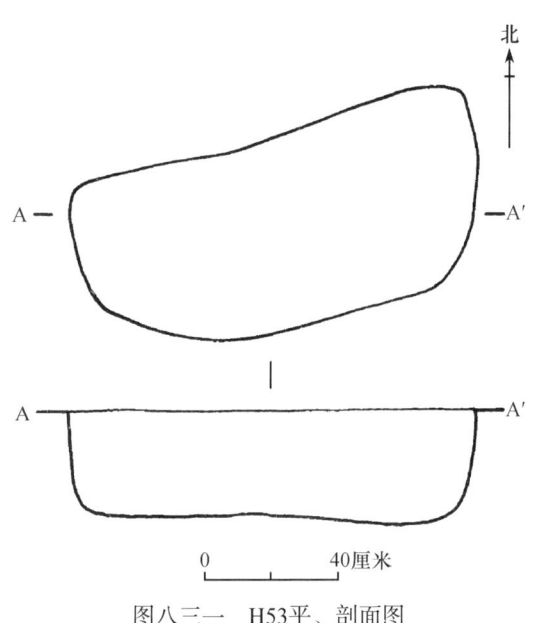

图八三一　H53平、剖面图

表一六六　H53陶系统计表　　　　　　　　　　（单位：kg）

陶质\陶色\纹饰	细泥质 橘红	粗泥质 橘红	细夹砂 红褐	粗夹砂 红褐	合计		百分比（%）	
素面		0.05		0.01	0.06		9.84	
素面+磨光	0.45				0.45	0.61	73.77	100
绳纹		0.08	0.02		0.10		16.39	
合计	0.45	0.13	0.02	0.01	0.61			
	0.61							
百分比（%）	73.77	21.31	3.28	1.64				
	100							

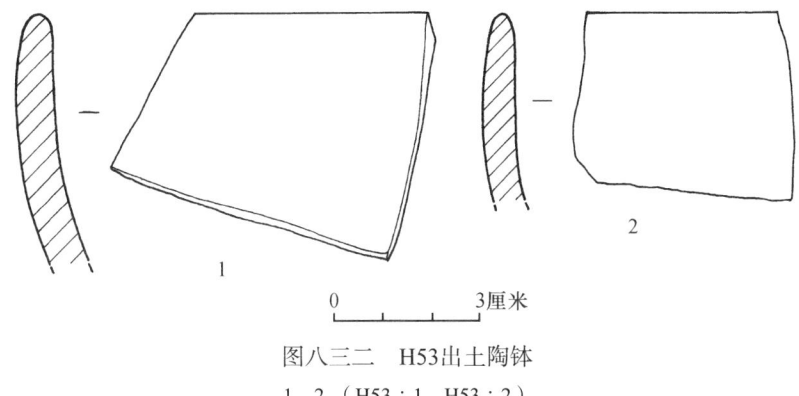

图八三二　H53出土陶钵
1、2.（H53∶1、H53∶2）

24. H54

H54位于Ⅲ区T0912东部，开口于③层下。平面呈近梯形，筒状，直壁，平底。坑口东西长0.9~1.16、南北宽0.6~0.76、深0.32米（图八三三）。

坑内堆积为深灰色土，土质疏松，出土零星陶片。

陶片为主要的出土物，以细夹砂橘红陶为主，细泥质橘红陶次之，粗夹砂红褐陶再次；纹饰以素面占绝大多数，并有一定比例的绳纹。

25. H55

H55位于Ⅲ区T0712西北部，开口于③层下。平面呈圆形，袋状，斜直壁，平底。坑口径1.3、底径2.2、深1.3米（图八三四）。

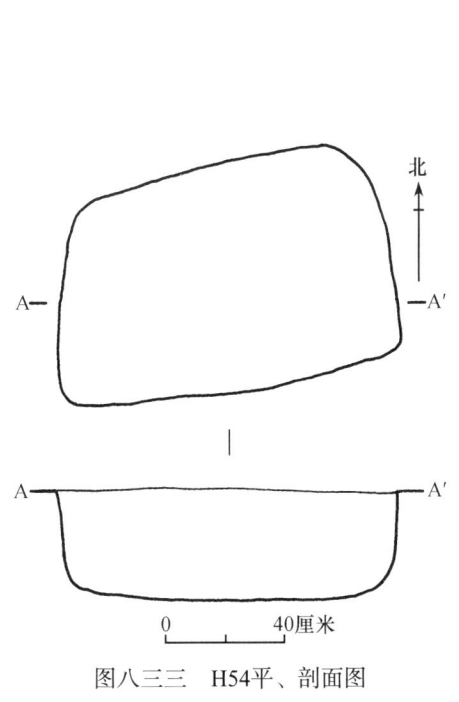

图八三三　H54平、剖面图

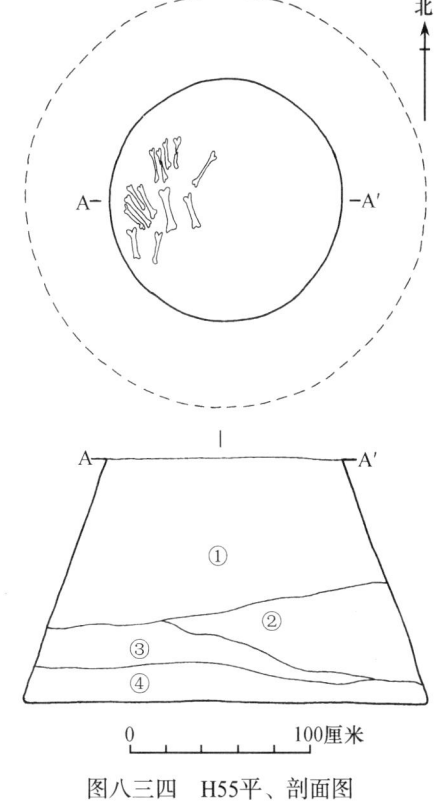

图八三四　H55平、剖面图

坑内堆积可分为4层：第①层为浅灰色土，土质较为疏松，厚0.7~0.9米，出土少量陶片，另有大量蚌壳、田螺壳、鹿角、兽骨等；第②层为灰褐色土，土质较致密，最厚处0.5米，出土少量陶片，另有兽骨；第③层为深灰色土，土质疏松，最厚处0.2米，出土大量兽骨，在西北部较集中；第④层为黄褐色土，土质致密，厚0.1~0.2米，出土少量陶片、兽骨。

陶片以细泥质橘红陶为主，粗夹砂红褐陶次之，还有少量细夹砂红褐陶与粗泥质橘红陶；纹饰以素面为主，绳纹次之，还有少量弦纹与彩陶。

H55共出土遗物13件。以陶器为主，骨器次之。

（1）陶器

12件。器类有盆、罐、钵、瓮、圆陶片。

盆　1件。标本H55:6，口、腹部残片。细泥质橘红陶。敞口，平折沿，圆唇，浅弧腹。器表磨光。素面。唇部可见轮修痕迹（图八三五，10）。

罐　4件。均口、腹部残片。标本H55:10，细夹砂红褐陶。侈口，折沿，尖圆唇，鼓腹。口沿以下饰多周弦纹。外沿面可见轮修痕迹。器表可见烟熏痕迹（图八三五，3）。

标本H55:7，粗夹砂红褐陶。侈口，卷沿，方唇，唇部有二道浅细凹槽，鼓腹。口沿以下饰右上至左下斜向绳纹（图八三五，1）。

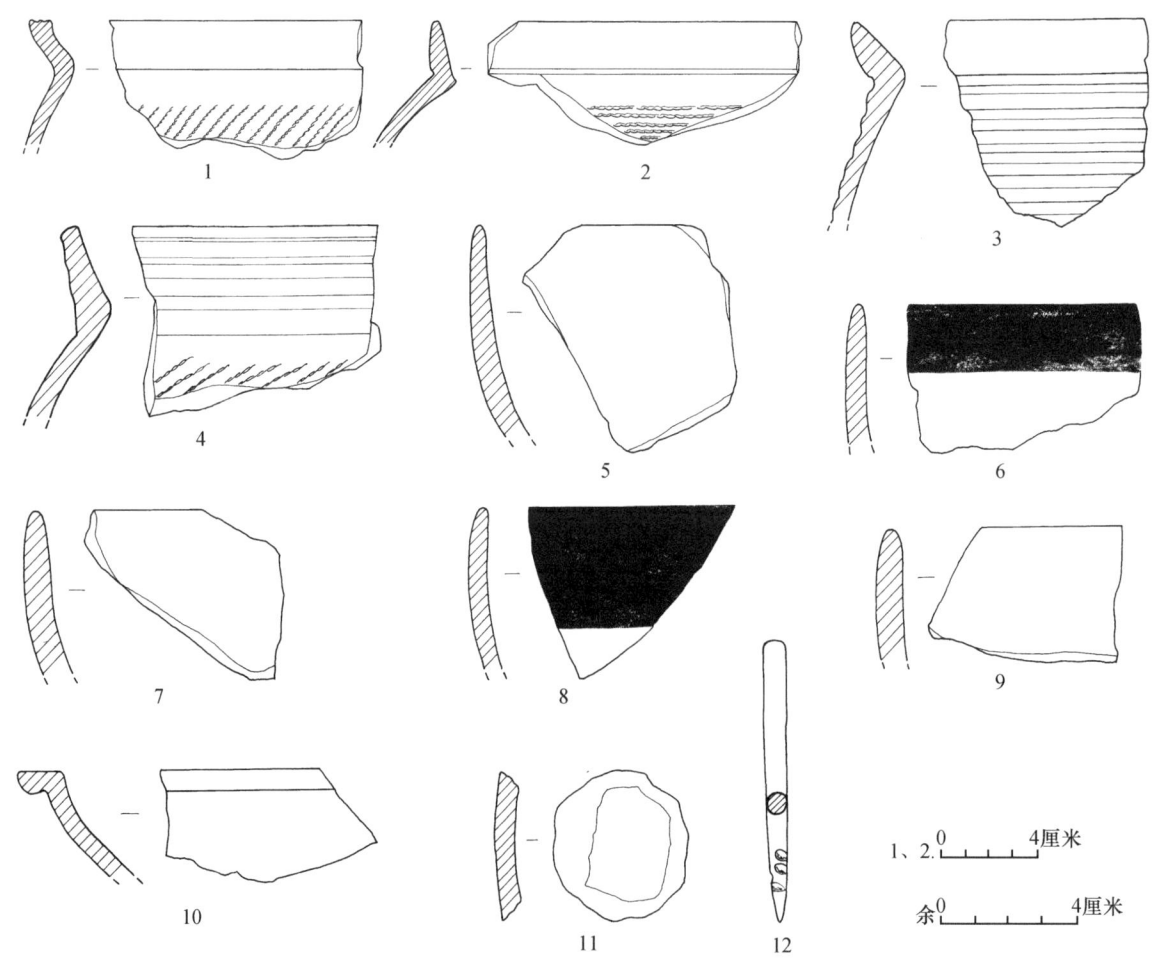

图八三五　H55出土遗物

1、3、4.陶罐（H55:7、H55:10、H55:8）　2.陶瓮（H55:9）　5~9.陶钵（H55:5、H55:2、H55:4、H55:1、H55:3）　10.陶盆（H55:6）　11.圆陶片（H55:11）　12.骨笄（H55:12）

标本H55∶8，粗夹砂红褐陶。侈口，折沿，圆唇，外沿面有二道浅细凹槽，鼓腹。口沿以下饰右上至左下斜向绳纹（图八三五，4）。

钵 5件。均口、腹部残片。形制相同，均直口微敛，浅弧腹，器表磨光。标本H55∶1，细泥质橘红陶。圆唇。唇部与口下均饰黑色宽带纹彩绘（图八三五，8）。标本H55∶2，细泥质橘红陶。圆唇。口下饰黑色宽带纹彩绘。内壁可见轮修痕迹（图八三五，6）。标本H55∶3，细泥质橘红陶。方唇。素面。口下可见轮修痕迹（图八三五，9）。标本H55∶4，细泥质橘红陶。圆唇。素面（图八三五，7）。标本H55∶5，粗泥质橘红陶。圆唇。素面（图八三五，5）。

瓮 1件。标本H55∶9，口、腹部残片。粗夹砂红褐陶。侈口，折沿，圆唇，内沿面与腹部相接处有一道凸棱，鼓腹。腹部饰横向绳纹。外沿面可见轮修痕迹（图八三五，2）。

圆陶片 1件。标本H55∶11，完整。细泥质橘红陶。系利用钵的残片打制而成。圆形，边缘较锋利。直径4、厚0.6厘米（图八三五，11）。

（2）骨器

1件。笄。标本H55∶12，尾端稍残。系利用动物长骨磨制而成，可见劈裂面。横断面呈圆形，尖部较为锐利。近尖处刻有螺旋形纹饰。通体磨光。长8.2厘米（图八三五，12）。

26. H56

H56位于Ⅲ区T0913西南部，开口于③层下。平面呈椭圆形，袋状，斜直壁，平底，坑壁经火烧烤，较为规整，底部有一层硬面。坑口长径1.2、短径1、底长径1.4、短径1.2、深0.6米（图八三六）。

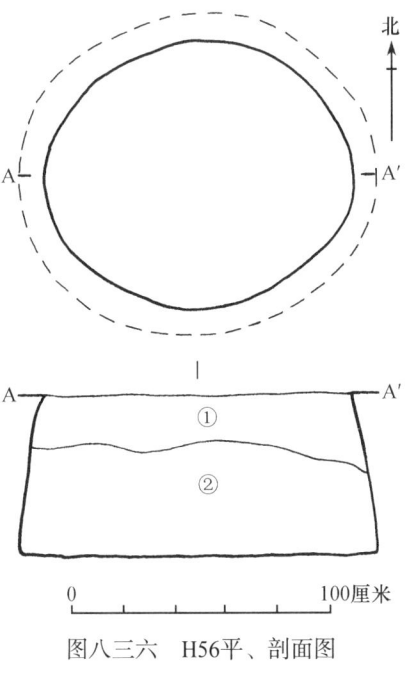

图八三六 H56平、剖面图

坑内堆积可分为2层：第①层为深灰色土，土质较为疏松，包含少量火烧土块，厚0.2~0.3米；第②层为浅褐色土，土质致密，包含有少量火烧土块，厚0.2~0.3米，出土少量陶片、兽骨。

陶片为主要的出土物，以粗夹砂红褐陶为主，细泥质橘红陶次之，并有少量细夹砂红褐陶、细泥质红褐陶、粗夹砂橘红陶和少量细泥质黑陶；纹饰以素面居多，绳纹次之，彩陶再次，还有少量弦纹（表一六七）。

H56共出土遗物32件。全部为陶器。器类有盆、罐、钵、器盖（表一六八）。

盆 6件。均口、腹部残片。标本H56∶8、H56∶11形制相同，均侈口，卷沿，圆唇，浅弧腹。标本H56∶8，细泥质橘红陶。器表磨光。唇部饰黑色彩绘（图八三七，3）。标本H56∶11，细泥质黑陶。素面。器表磨光。口下可见灰白色叠烧痕迹（图八三七，11）。

标本H56∶9，细泥质黑陶。敛口，圆唇，弧腹。器表磨光。素面（图八三七，1）。

罐 10件。均口、腹部残片。标本H56∶12、H56∶13、H56∶15形制相同，均粗夹砂红褐陶，侈口，卷沿，鼓腹。标本H56∶12，方唇，唇部有一道浅细凹槽。素面。外沿面可见轮修痕迹（图八三七，5）。标本H56∶13，方唇。外沿面饰右上至左下斜向绳纹。沿面可见轮修痕迹（图八三七，10）。标本H56：15，圆唇。外沿面与口沿以下饰右上至左下斜向绳纹。沿面可见轮修痕迹（图八三七，6）。

表一六七　H56陶系统计表　　　　　　　　　　　　　　　（单位：kg）

陶质	细泥质			细夹砂	粗夹砂		合计	百分比（%）	
陶色纹饰	橘红	红褐	黑	红褐	橘红	红褐			
素面				0.126	0.03	0.37	0.526	24.47	
素面+磨光	0.52	0.10	0.07				0.69	32.09	
绳纹					0.07	0.54	0.61	28.37	100
弦纹						0.04	0.04	1.86	
彩陶	0.27	0.01					0.28	13.02	
合计	0.79	0.11	0.07	0.126	0.10	0.95	2.15		
	2.15								
百分比（%）	36.74	5.12	3.26	5.86	4.65	44.19			
	100								

表一六八　H56器形统计表　　　　　　　　　　　　　　　（单位：件）

陶质	细泥质					细夹砂	粗夹砂				合计	百分比（%）	
陶色	橘红		红褐		黑	红褐	红褐		橘红				
纹饰\器形	素面+磨光	彩陶	素面+磨光	彩陶	素面+磨光	素面	素面	绳纹	素面	绳纹			
盆		1	2	1	2						6	18.75	
罐　口							3	4		1	10	31.25	100
底							2						
钵	6	1	6			1			1		15	46.88	
器盖										1	1	3.13	
合计	6	1	7	2	1	2	1	5	4	2	1	32	
	32												
百分比（%）	18.75	3.13	21.88	6.25	3.13	6.25	3.13	15.63	12.50	6.25	3.13			
	100												

标本H56：14，粗夹砂红褐陶。侈口，折沿，圆唇，鼓腹。腹部饰右上至左下斜向绳纹。沿面可见轮修痕迹。复原口径19.8、残高6.9厘米（图八三七，9）。

钵　15件。均口、腹部残片。标本H56：3，细夹砂红褐陶。敛口，圆唇，斜直腹。素面。内、外壁均可见轮修痕迹（图八三七，12）。

标本H56：4、H56：5、H56：6、H56：7形制相同，均细泥质橘红陶，直口微敛，圆唇，浅弧腹。标本H56：4，器表磨光。口下饰黑色宽带纹彩绘。口下可见轮修痕迹（图八三七，4）。标本H56：5，器表磨光。素面（图八三七，2）。标本H56：6，器表磨光。口下饰黑色宽带纹彩

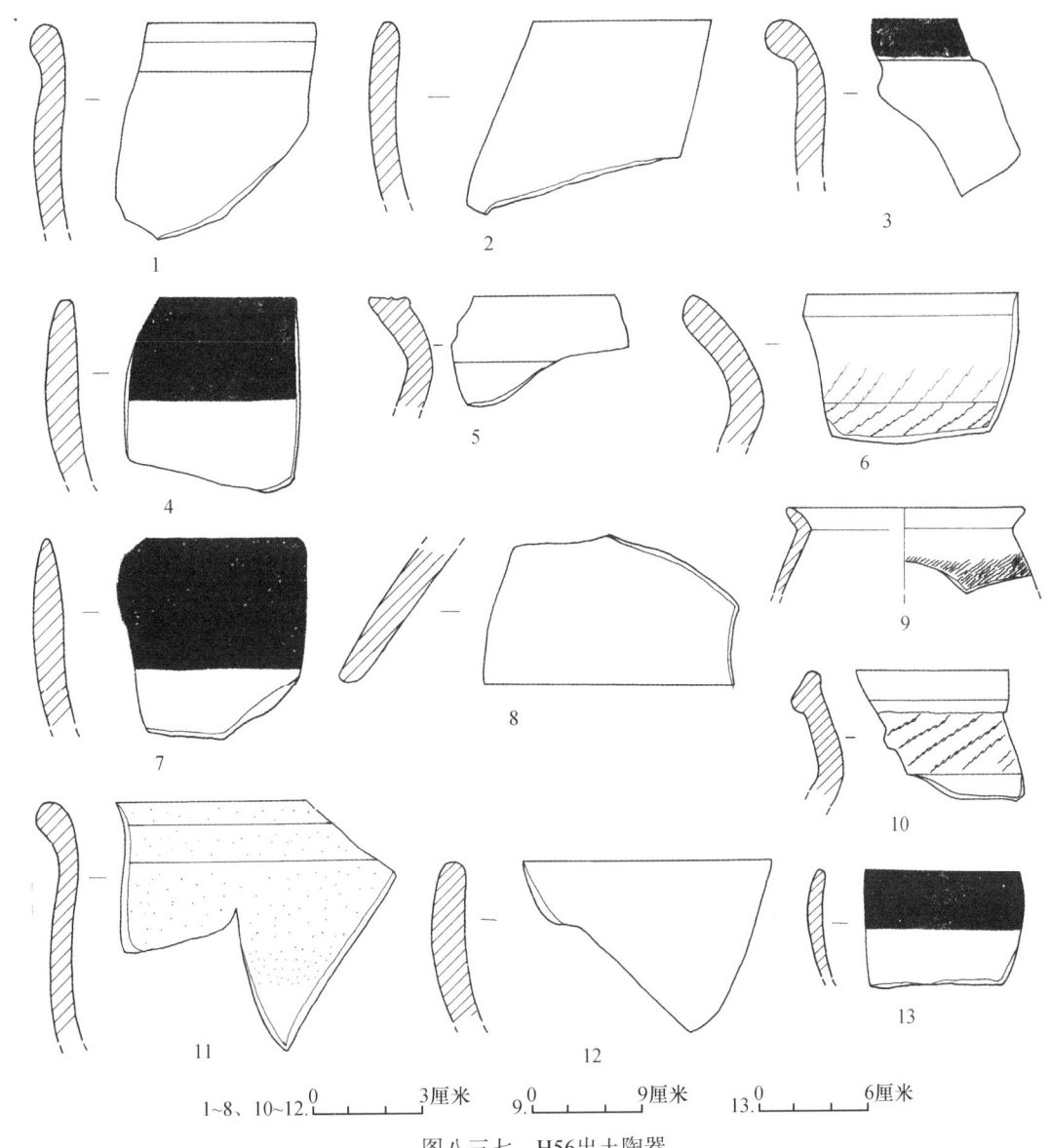

图八三七　H56出土陶器

1、3、11. 盆（H56：9、H56：8、H56：11）　2、4、7、12、13. 钵（H56：5、H56：4、H56：6、H56：3、H56：7）
5、6、9、10. 罐（H56：12、H56：15、H56：14、H56：13）　8. 器盖（H56：1）

绘（图八三七，7）。标本H56：7，器表磨光。口下饰黑色宽带纹彩绘。口下可见轮修痕迹（图八三七，13）。

器盖　1件。标本H56：1，口、壁残片。粗夹砂橘红陶。敞口，圆唇，斜直壁。素面（图八三七，8）。

27. H57

H57位于Ⅲ区T0712南部，开口于③层下。平面大体呈椭圆形，袋状，弧壁，底部不甚平整。坑口长径1.06、短径0.72、底长径1.12、短径0.83、深0.49米（图八三八）。

坑内堆积为深灰色土，土质疏松，出土少量陶片。

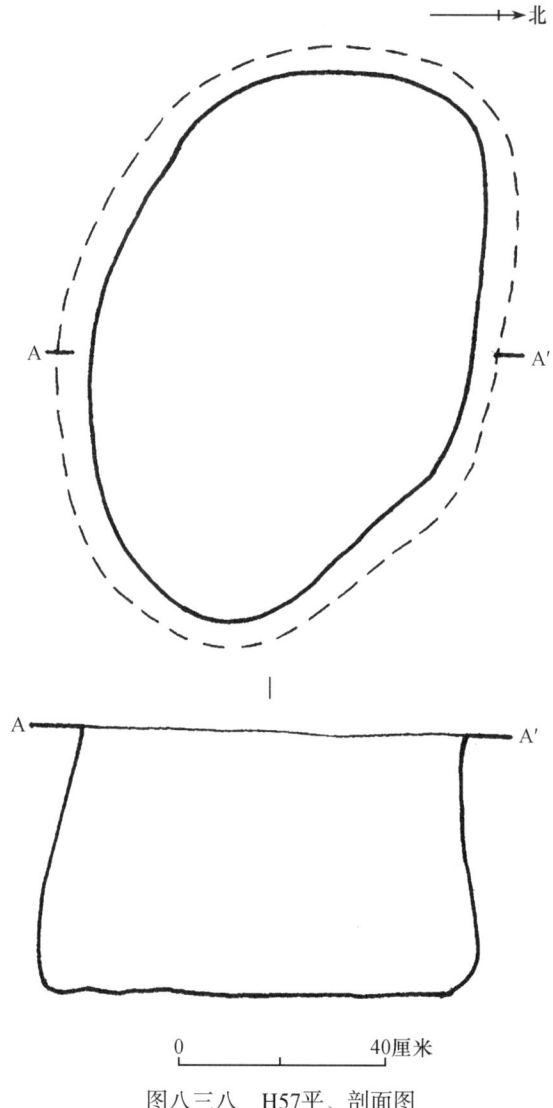

图八三八 H57平、剖面图

陶片以细泥质橘红陶为主，还有少量细泥质黑陶与粗夹砂红褐陶；纹饰以素面为主，另有少量彩陶、弦纹、绳纹。

H57共出土遗物7件。全部为陶器。器类有钵、罐。

钵　5件。均口、腹部残片。标本H57:1，细泥质橘红陶。直口微敛，尖圆唇，深弧腹。器表磨光。素面。口下可见浅褐色叠烧痕迹（图八三九，3）。

标本H57:2、H57:3、H57:4形制相同，均细泥质橘红陶，直口微敛，圆唇，浅弧腹。标本H57:2，器表磨光。素面。口下可见轮修痕迹（图八三九，2）。标本H57:3，圆唇。素面。口下可见灰白色叠烧痕迹与轮修痕迹（图八三九，5）。标本H57:4，圆唇。口下饰黑色宽带纹彩绘（图八三九，6）。

标本H57:5，细泥质黑陶。敛口，圆唇，浅弧腹。素面。口下可见深褐色叠烧痕迹（图八三九，7）。

罐　2件。均口、腹部残片。标本H57:6，细泥质橘红陶。侈口，折沿，沿面内曲，方唇，鼓腹。口沿以下饰多周弦纹。沿面可见轮修痕迹（图八三九，1）。

标本H57:7，粗夹砂红褐陶。侈口，卷沿，沿面有一道宽浅凹槽，圆唇，外沿面有一道浅细凹槽，鼓腹。口沿以下饰右上至左下斜向绳纹。外沿面可见轮修痕迹（图八三九，4）。

28. H58

H58位于Ⅲ区T0913西北部，开口于③层下。平面呈椭圆形，袋状，斜直壁，平底。坑口长径0.88、短径0.75、底长径1.22、短径1.2、深0.96米（图八四〇）。

坑内堆积为灰褐色土，土质疏松，包含零星火烧土块，出土大量陶片，另有蚌壳、兽骨。

陶片为主要的出土物，以粗夹砂红褐陶为主，细泥质橘红陶次之，并有一定比例粗泥质橘红陶和细夹砂橘红陶，还有少量细泥质黑陶及细泥质灰陶；纹饰以绳纹和素面居多，还有少量弦纹、交错绳纹和彩陶（表一六九）。

H58共出土遗物34件。全部为陶器。器类有盆、罐、钵、瓮、圆陶片、锉（表一七〇）。

盆　1件。标本H58:9，口、腹部残片。粗泥质橘红陶。敞口，平折沿，圆唇，弧腹。器表磨光。素面。唇部可见轮修痕迹（图八四一，1）。

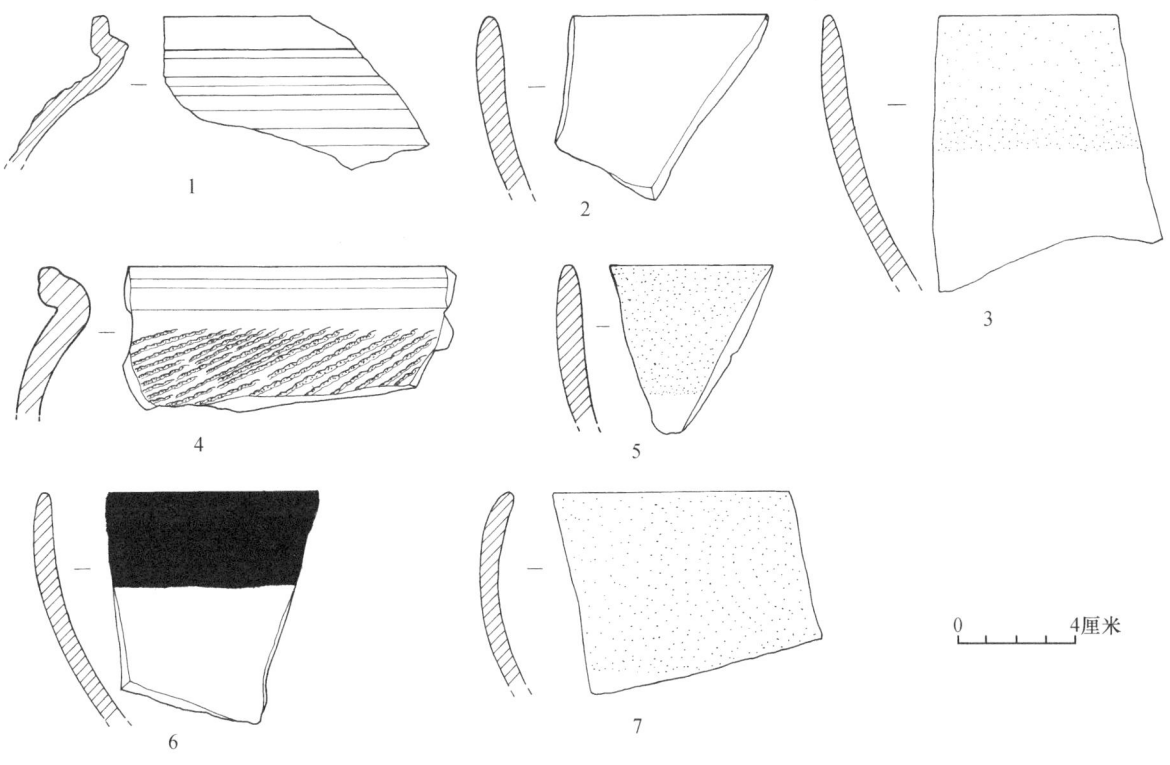

图八三九　H57出土陶器
1、4. 罐（H57：6、H57：7）　2、3、5~7. 钵（H57：2、H57：1、H57：3、H57：4、H57：5）

罐　16件。均口、腹部残片。标本H58：12、H58：13形制相同，均粗夹砂红褐陶，侈口，折沿，尖圆唇，鼓腹。标本H58：12，素面。外沿面可见轮修痕迹（图八四一，2）。标本H58：13，口沿以下饰多周弦纹（图八四一，3）。

标本H58：11、H58：16、H58：18形制相同，均侈口，卷沿，圆唇，鼓腹。标本H58：11，粗夹砂红褐陶。腹部饰右上至左下斜向绳纹。外沿面可见轮修痕迹（图八四一，6）。标本H58：16，粗夹砂红褐陶。唇部有二道浅细凹槽。口沿以下饰右上至左下斜向绳纹。外沿面可见轮修痕迹。器表可见烟熏痕迹。复原口径21.2、残高10厘米（图八四一，5）。标本H58：18，粗泥质橘红陶。方唇，唇部有一道浅细凹槽。腹部饰右上至左下斜向绳纹。复原口径20、残高7厘米（图八四一，4）。

标本H58：10、H58：14形制相同，均粗夹砂红褐陶，侈口，折沿，方唇，唇部有二道浅细凹槽，鼓腹，口沿以下饰右上至左下斜向绳纹。标本H58：10，外沿面可见轮修痕迹。口部可见烟熏痕迹（图八四一，7）。标本H58：14，口沿下侧可见轮修痕迹。复原口径26.8、残高4.8厘米（图八四一，8）。

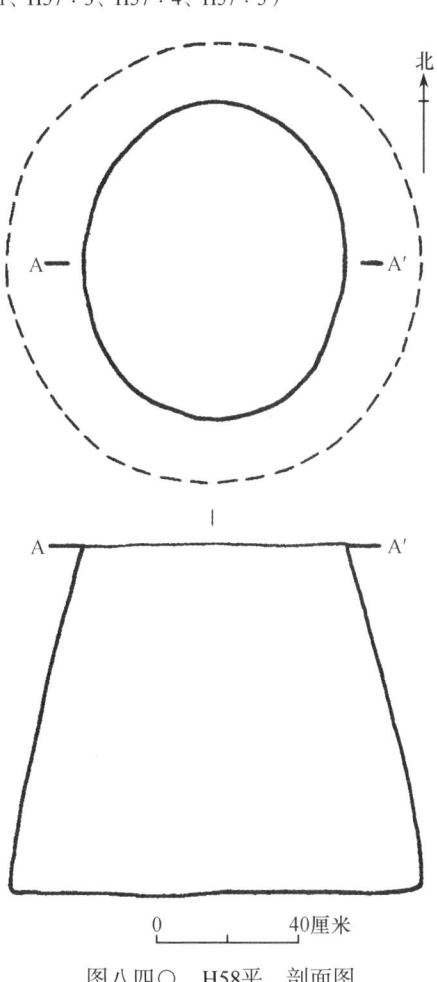

图八四〇　H58平、剖面图

表一六九　H58陶系统计表　　　　　　　　　　　　　　　　　　　　　　（单位：kg）

陶质	细泥质			粗泥质	细夹砂	粗夹砂	合计	百分比（%）	
陶色 纹饰	橘红	灰	黑	橘红	橘红	红褐			
素面				0.11	0.08	0.58	0.77	23.40	
素面+磨光	0.336	0.07	0.09	0.114			0.724	22.01	
绳纹				0.09	0.19	1.38	1.66	50.46	
弦纹						0.05	0.05	1.52	3.29
交错绳纹						0.02	0.02	0.61	
彩陶	0.184						0.07	2.13	
合计	0.52	0.07	0.09	0.314	0.27	2.03	3.29		100
	3.29								
百分比（%）	15.81	2.13	2.74	9.54	8.21	61.70			
	100								

表一七〇　H58器形统计表　　　　　　　　　　　　　　　　　　　　　　（单位：件）

陶质	细泥质		粗泥质			粗夹砂			合计	百分比（%）	
陶色	橘红	黑	橘红			红褐					
纹饰 器形	素面+磨光	彩陶	素面+磨光	素面+磨光	素面	绳纹	素面	绳纹	弦纹			
盆				1						1	3.33	
罐　口					1		9	1	1	16	53.33	
底							2	2				
钵	5	4	1		2					12	40.00	100
瓮								1		1	3.33	
合计	5	4	1	1	2	1	11	4	1	30		
	30											
百分比（%）	16.67	13.33	3.33	3.33	6.67	3.33	36.67	13.33	3.33			
	100											

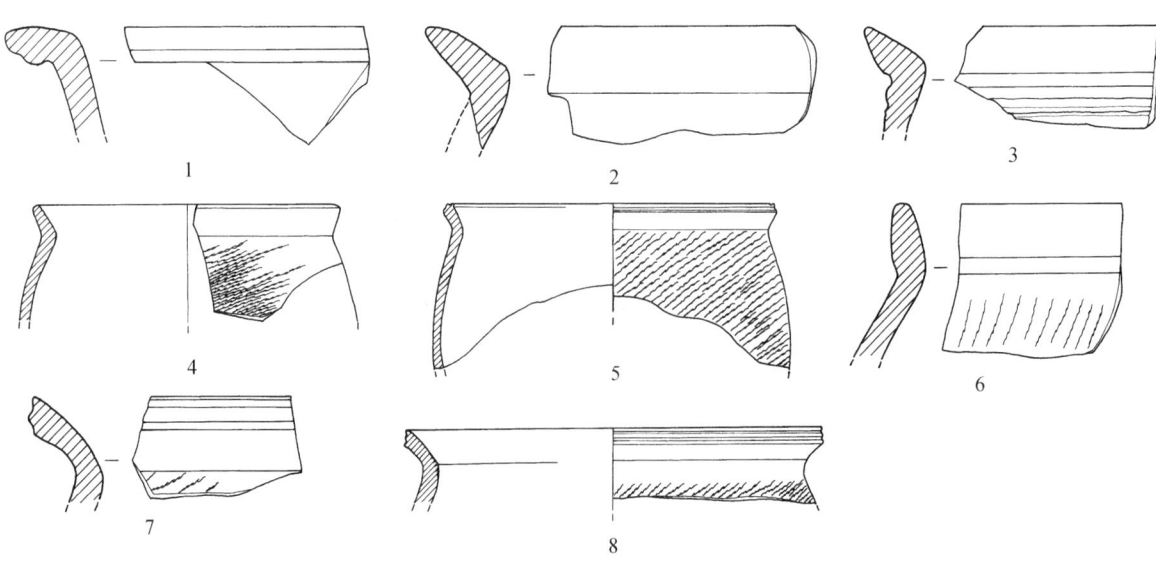

图八四一　H58出土陶器

1. 盆（H58：9）　2~8. 罐（H58：12、H58：13、H58：18、H58：16、H58：11、H58：10、H58：14）

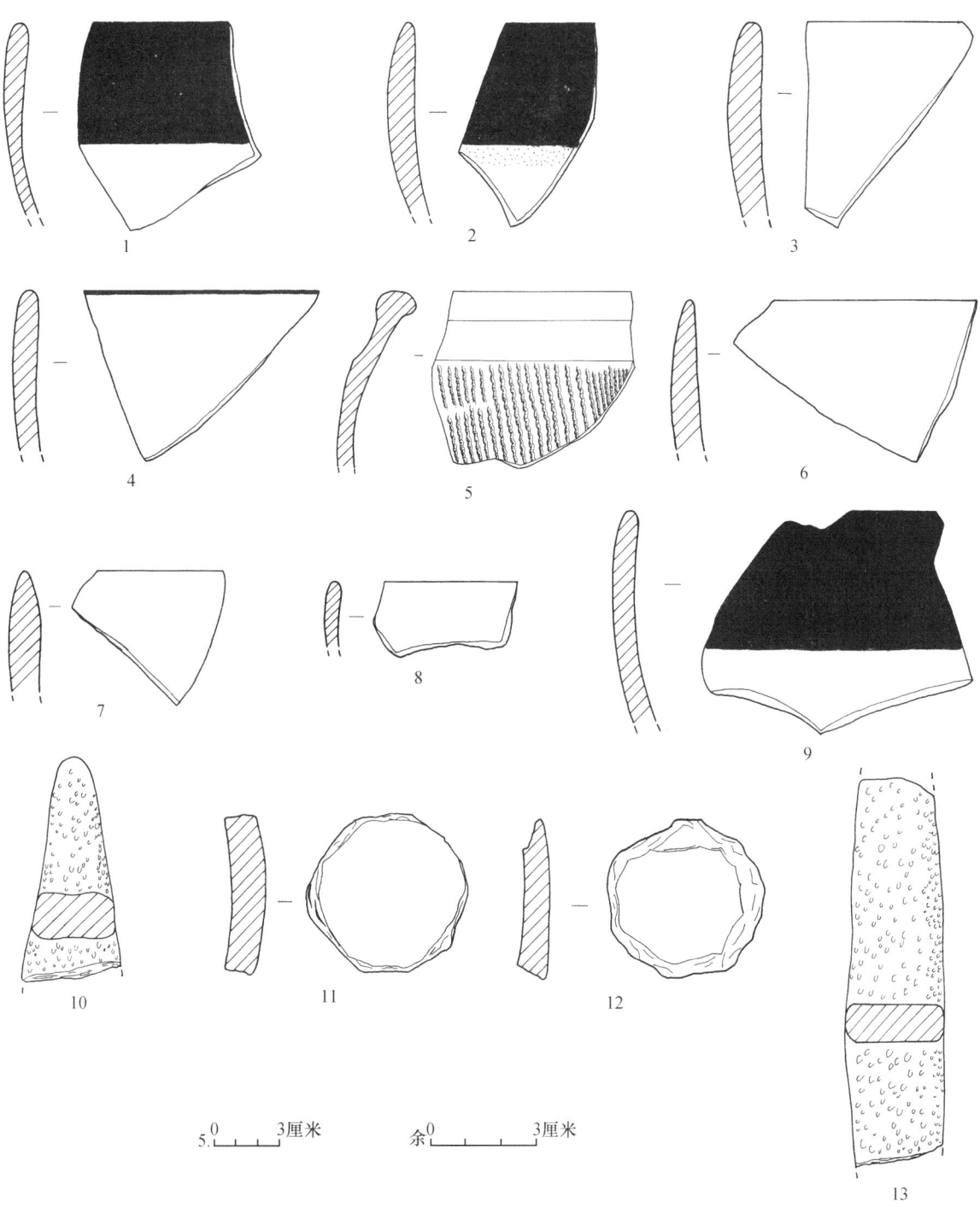

图八四二 H58出土陶器

1~4、6~9.钵（H58：1、H58：4、H58：5、H58：2、H58：3、H58：7、H58：8、H58：6） 5.瓮（H58：15） 10、13.锉（H58：21、H58：22） 11、12.圆陶片（H58：20-2、H58：20-1）

钵　12件。均口、腹部残片。标本H58∶1、H58∶2、H58∶4、H58∶5、H58∶6、H58∶7、H58∶8形制相同，均直口微敛，圆唇，浅弧腹。标本H58∶1，细泥质橘红陶。器表磨光。口下饰黑色宽带纹彩绘（图八四二，1）。标本H58∶2，细泥质橘红陶。器表磨光。唇部饰黑色彩绘（图八四二，4）。标本H58∶4，细泥质橘红陶。口下饰黑色宽带纹彩绘。彩绘下侧可见浅红色叠烧痕迹（图八四二，2）。标本H58∶5，粗泥质橘红陶。素面。口下可见轮修痕迹（图八四二，3）。标本H58∶6，细泥质橘红陶。器表磨光。口下饰黑色宽带纹彩绘（图八四二，9）。标本H58∶7，细泥质橘红陶。尖圆唇。器表磨光。素面。（图八四二，7）。标本H58∶8，细泥质黑陶。圆唇。器表磨光。素面（图八四二，8）。

标本H58∶3，细泥质橘红陶。敛口，圆唇，深弧腹，最大腹径位于中下腹部。器表磨光。素面。唇部可见轮修痕迹（图八四二，6）。

瓮　1件。标本H58∶15，口、腹部残片。粗夹砂红褐陶。敛口，圆唇，鼓肩，并起一道显著棱脊，鼓腹。棱脊以下饰左上至右下斜向绳纹。唇部可见轮修痕迹，内壁可见泥条盘筑痕迹（图八四二，5）。

圆陶片　2件。均完整。形制相同，均细泥质橘红陶，系利用钵的口部残片打制而成，圆形，器表可见浅褐色叠烧痕迹。标本H58∶20-1，边缘较锋利。直径4.4、厚0.7厘米（图八四二，12）。标本H58∶20-2，边缘较钝。直径4.4、厚0.9厘米（图八四二，11）。

锉　2件。标本H58∶21，一端残。粗泥质橘红陶。残存部分平面呈三角形，横断面呈圆角长方形，两侧边较直。器表麻点清晰，密度较大。残长6.4、厚1.2、最宽处2.9厘米（图八四二，10）。

标本H58∶22，两端均残。粗泥质橘红陶。残存部分平面呈长条形，横断面呈圆角长方形，两侧边较直。器表麻点清晰，密度较大。残长10.8、宽2.8、厚1.1厘米（图八四二，13）。

29. H60

H60位于Ⅲ区T0813东北部和T0913西北部，开口于③层下。平面呈椭圆形，袋状，斜直壁，平底。坑口长径1.16、短径0.96、底长径1.48、短径1.25、深0.5米（图八四三）。

坑内堆积为黄褐色土，土质较致密，包含零星火烧土颗粒，出土少量陶片，另有蚌壳、兽骨。

陶片为主要的出土物，以粗泥质红褐陶为主，粗夹砂红褐陶次之，细泥质橘红陶再次，并有少量细夹砂红褐陶；纹饰以素面居多，绳纹次之，并有少量交错绳纹及彩陶（表一七一）。

H60共出土遗物6件。全部为陶器。器类有盆、罐、钵，另有器耳。

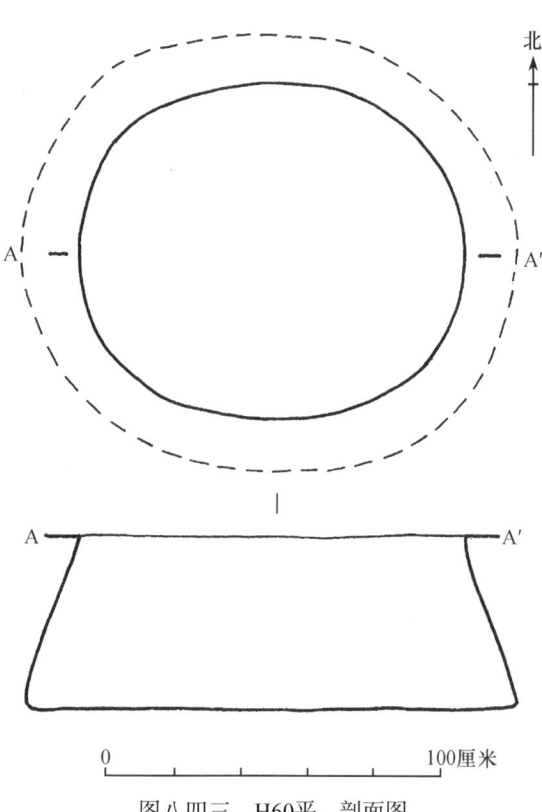

图八四三　H60平、剖面图

表一七一 H60陶系统计表　　　　　　　　　　（单位：kg）

陶质\陶色\纹饰	细泥质 橘红	粗泥质 橘红	细夹砂 红褐	粗夹砂 红褐	合计		百分比（%）	
素面		0.03	0.06	0.34	0.43		22.75	
素面+磨光	0.22	0.48			0.70		37.04	
绳纹	0.114	0.236		0.20	0.55	1.89	29.10	100
交错绳纹				0.04	0.04		2.12	
彩陶	0.06	0.114			0.174		9.21	
合计	0.394	0.86	0.06	0.58	1.89			
	1.89							
百分比（%）	20.85	45.50	3.17	30.69				
	100							

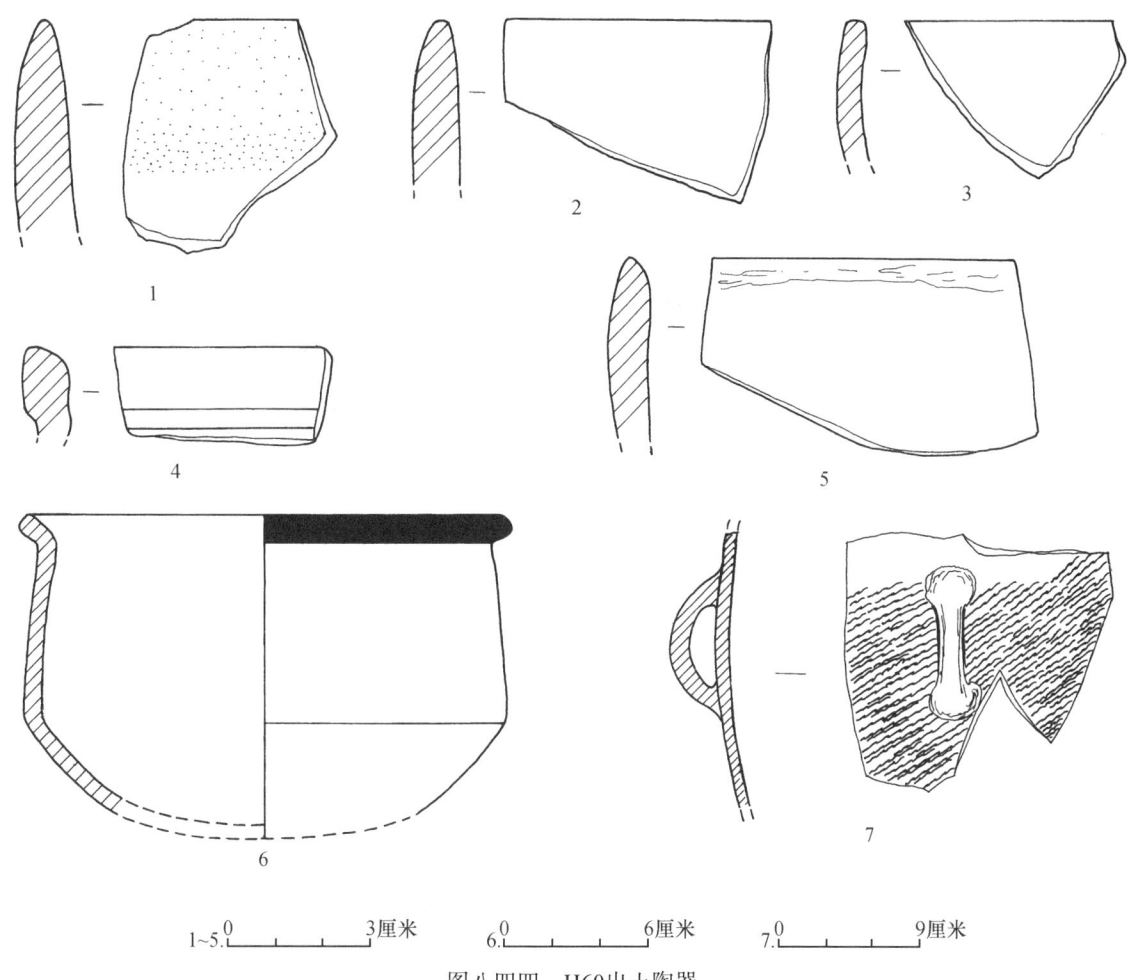

图八四四　H60出土陶器

1～3、5.钵（H60∶2、H60∶3、H60∶1、H60∶4）　4.罐（H60∶6）　6.盆（H60∶5）　7.器耳（H60∶7）

盆　1件。标本H60∶5，口、腹部残片。粗泥质橘红陶。侈口，卷沿，方唇，折腹。表层有部分剥落。唇部饰黑色彩绘。复原口径20.8、残高12厘米（图八四四，6）。

罐　1件。标本H60∶6，口沿残片。粗夹砂红褐陶。侈口，卷沿，沿面微曲，方唇。外沿面可见轮修痕迹（图八四四，4）。

钵　4件。均口沿残片。标本H60∶1，细夹砂红褐陶。敛口，方唇。素面。器表可见轮修痕迹（图八四四，3）。

标本H60∶2、H60∶3、H60∶4形制相同，均细泥质橘红陶，直口微敛，器表磨光，素面。标本H60∶2，圆唇。口下可见灰白色叠烧痕迹，器表可见轮修痕迹（图八四四，1）。标本H60∶3，圆唇。器表可见轮修痕迹（图八四四，2）。标本H60∶4，尖圆唇。口下可见轮修痕迹（图八四四，5）。

器耳　标本H60∶7，腹部残片。细泥质橘红陶。弧腹，腹部有一竖向圆柱桥形耳。腹部饰右上至左下斜向绳纹。内壁可见刮抹痕迹。可能为瓶耳（图八四四，7）。

30. H61

H61位于Ⅲ区T0913西南部，开口于③层下。平面呈椭圆形，袋状，斜直壁，平底，底部不甚平整。坑口长径0.68、短径0.6、底长径0.8、短径0.74、深0.44米（图八四五）。

坑内堆积为浅灰色土，土质疏松，出土零星陶片。

H61仅出土陶钵1件。标本H61∶1，口、腹部残片。细泥质橘红陶。直口微敛，圆唇，浅弧腹。器表磨光。口下饰黑色宽带纹与窄带纹彩绘（图八四六）。

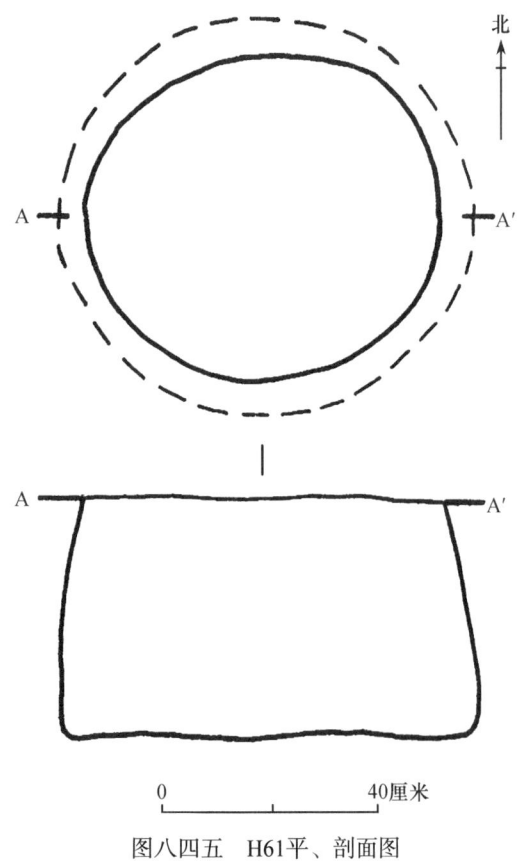

图八四五　H61平、剖面图

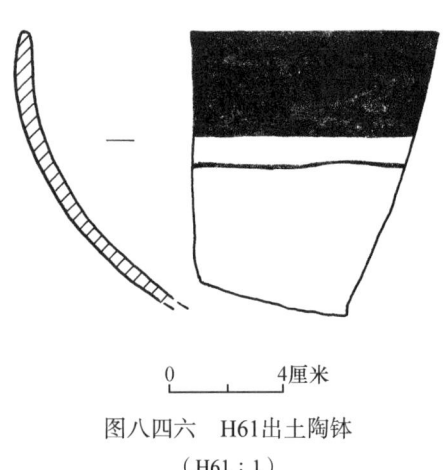

图八四六　H61出土陶钵（H61∶1）

31. H62

H62位于Ⅲ区T0913南部，西部被H61打破，开口于③层下。平面呈长方形，筒状，直壁，底部东高西低。坑口长1.45、宽0.9米，深0.36~0.4米（图八四七）。

坑内堆积为灰褐色土，土质较疏松，出土少量陶片。

陶片以细泥质橘红陶为主，还有少量粗夹砂红褐陶；纹饰以素面为主，另有少量绳纹。

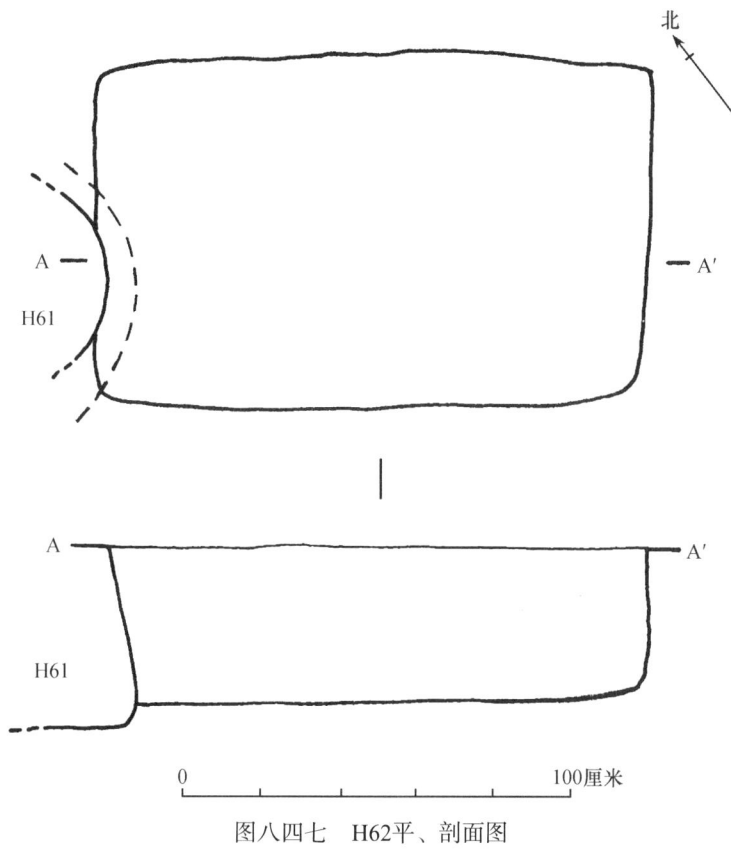

图八四七　H62平、剖面图

H62共出土遗物4件。全部为陶器。器类有钵、瓮。

钵　3件。均口、腹部残片。标本H62∶3，细泥质橘红陶。直口，尖圆唇，深弧腹。器表磨光，表层有部分剥落。素面（图八四八，3）。

标本H62∶2，细泥质橘红陶。直口微敛，圆唇，深弧腹。素面。器表可见轮修痕迹（图八四八，2）。

标本H62∶1，细泥质橘红陶。直口微敛，圆唇，浅弧腹。器表磨光。素面（图八四八，1）。

瓮　1件。标本H62∶4，口、腹部残片。粗夹砂红褐陶。侈口，方唇，肩略鼓，并起一道不显著棱脊，鼓腹。棱脊以下饰右上至左下斜向绳纹。口沿下侧、内壁均可见轮修痕迹（图八四八，4）。

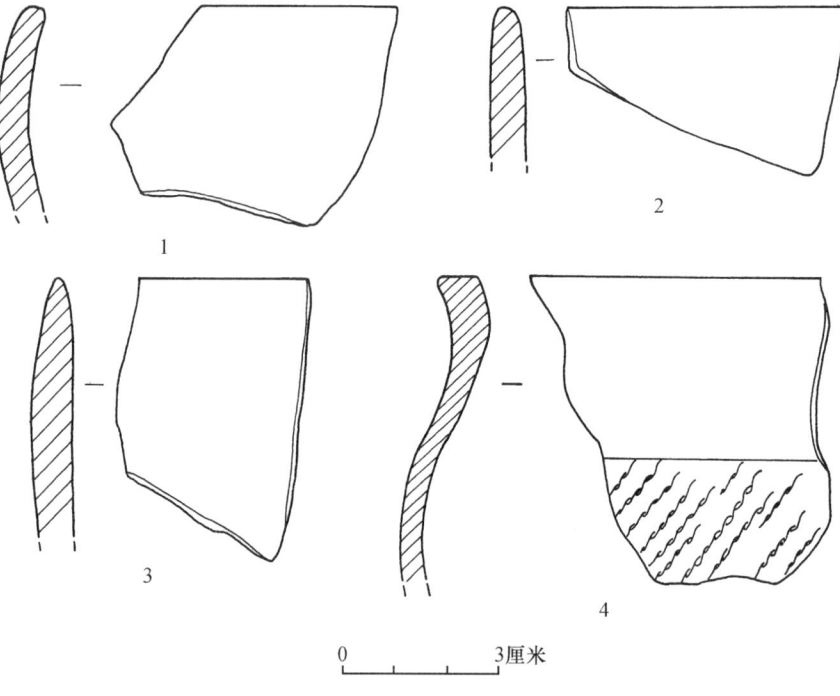

图八四八　H62出土陶器

1~3.钵（H62:1、H62:2、H62:3）　4.瓮（H62:4）

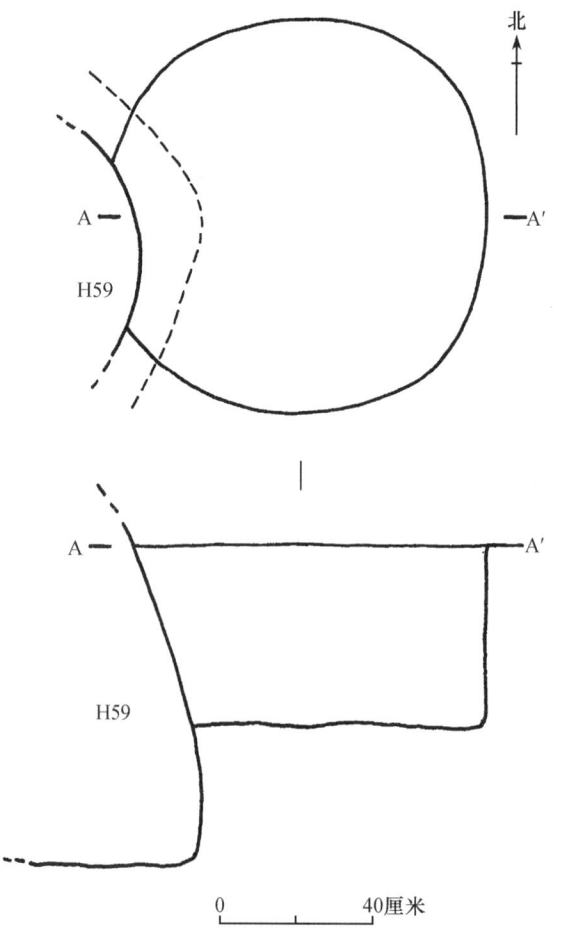

图八四九　H65平、剖面图

32. H65

H65位于Ⅲ区T0613西南部，开口于③层下，西部被H59打破。平面呈圆形，筒状，直壁，底部北高南低。坑口径1、深0.28~0.45米（图八四九）。

坑内堆积为深灰色土，包含有少量火烧土颗粒、炭屑，出土大量陶片，另有蚌壳、骨头。

陶片以粗夹砂红褐陶为主，细泥质橘红陶次之；纹饰以绳纹为主，还有少量素面与彩陶。

H65共出土遗物5件，全部为陶器。器类有罐、钵、瓮。

罐　2件。均口、腹部残片。标本H65∶3，粗夹砂红褐陶。侈口，折沿，沿面微曲，圆唇，鼓腹。外沿面饰右上至左下斜向划纹，口沿以下饰右上至左下斜向绳纹。沿面可见烟熏痕迹（图八五〇，4）。

标本H65∶4，粗夹砂红褐陶。侈口，卷沿，方唇，鼓腹。腹部饰右上至左下斜向绳纹。口下可见轮修痕迹。复原口径10、残高4.4厘米（图八五〇，5）。

钵　2件。均口、腹部残片。标本H65∶1，细泥质橘红陶。直口微敛，圆唇，浅弧腹。器表磨光。口下饰黑色宽带纹彩绘。内壁可见刮抹痕迹（图八五〇，1）。

标本H65∶2，细泥质橘红陶。敛口，圆唇，深弧腹，最大腹径位于中下腹部。器表磨光。素面。口下可见深褐色叠烧痕迹。近底部可见烟熏痕迹。复原口径16.8、残高9.6厘米（图八五〇，3）。

瓮　1件。标本H65∶5，口、腹部残片。粗夹砂红褐陶。侈口，折沿，方唇，口下有一道棱脊，鼓腹。素面。器表可见刮抹与烟熏痕迹，沿面可见轮修痕迹。复原口径30、残高22厘米（图八五〇，2）。

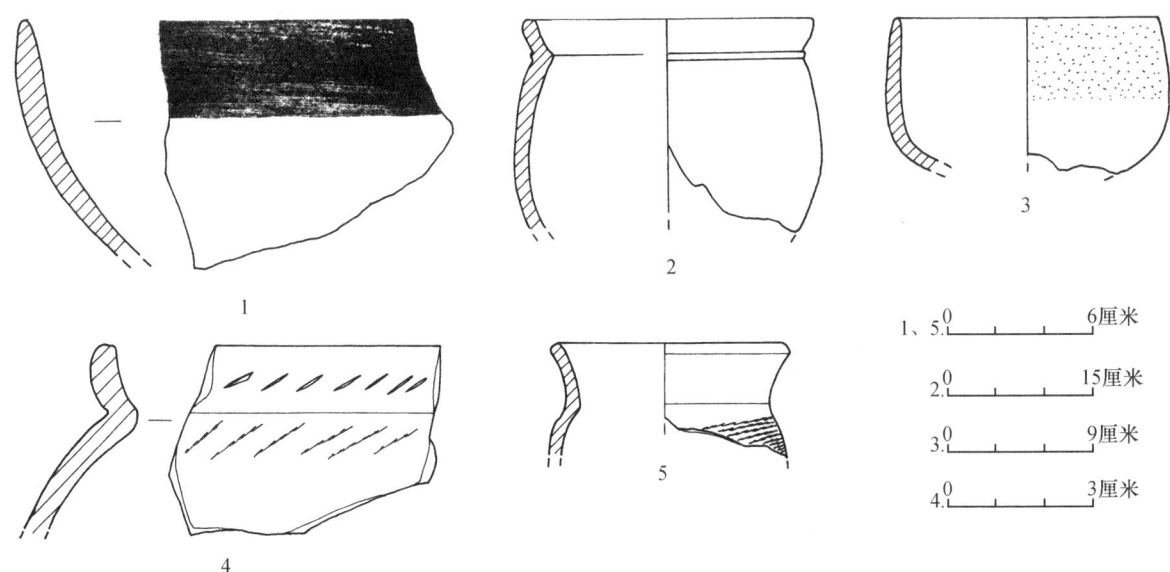

图八五〇　H65出土陶器
1、3. 钵（H65∶1、H65∶2）　2. 瓮（H65∶5）　4、5. 罐（H65∶3、H65∶4）

33. H66

H66位于Ⅲ区T0712东南部，开口于③层下。平面呈椭圆形，袋状，斜直壁，平底。坑口长径0.66、短径0.56、底长径0.84、短径0.92、深0.7米（图八五一）。

坑内堆积为深灰色土，土质较为致密，夹杂少量黄土块，出土少量陶片，另有兽骨。

H66共出土遗物2件。全部为陶瓮。口、腹部残片。形制相同，均粗夹砂红褐陶，侈口，折沿，内沿面与腹部相接处有一道凸棱，鼓腹，腹部饰横向绳纹。标本H66:1，方唇。内壁可见烟熏痕迹（图八五二，2）。标本H66:2，圆唇。口部可见烟熏痕迹（图八五二，1）。

34. H68

H68位于Ⅲ区T0412北部，开口于③层下。平面呈不规则形，筒状，直壁，平底。坑口长径1.58、短径1.26、深0.3米（图八五三）。

坑内堆积为浅灰色土，土质较为疏松，包含有少量火烧土块，出土少量陶片。

陶片以细泥质橘红陶为主，粗夹砂红褐陶次之，还有少量粗泥质橘红陶、细夹砂橘红陶、细泥质红褐陶；纹饰以素面为主，绳纹次之，还有少量弦纹与彩陶。

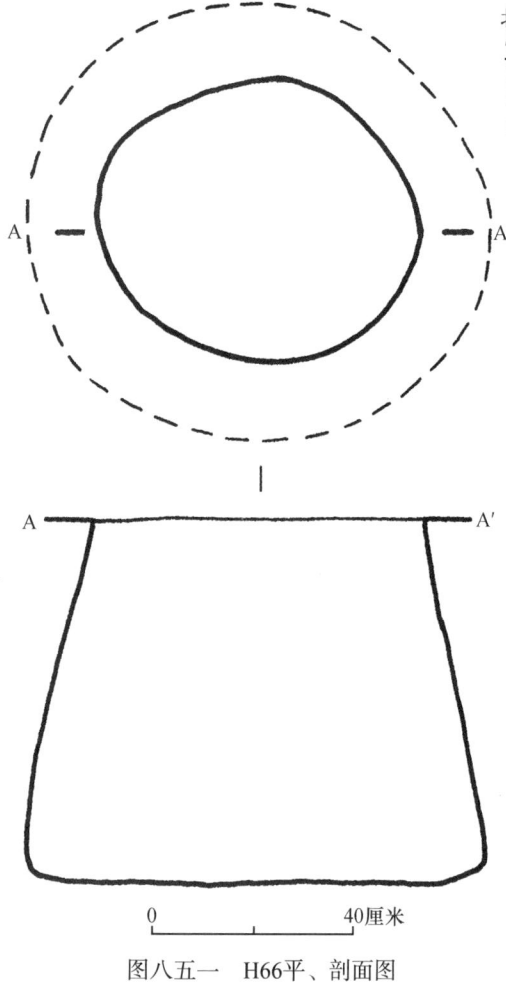

图八五一　H66平、剖面图

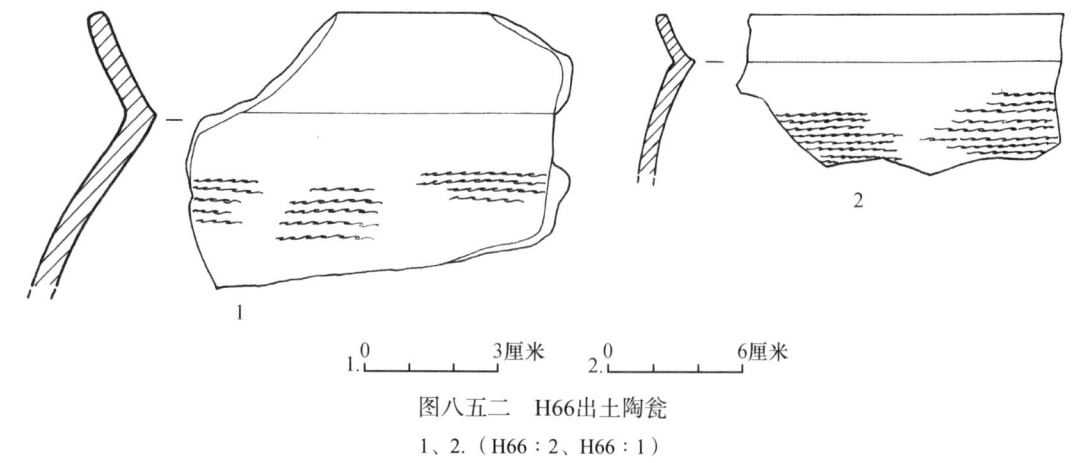

图八五二　H66出土陶瓮
1、2.（H66:2、H66:1）

H68共出土遗物32件。以陶器为主，石器次之。

（1）陶器

31件。器类有瓶、盆、罐、钵、瓮、圆陶片、锉，另有器耳（表一七二）。

瓶　2件。均口沿残片。标本H68：15，粗泥质橘红陶。直杯口，微敛，较矮，圆唇。素面。外沿面可见轮修痕迹。复原口径9.9、残高4.5厘米（图八五四，3）。

标本H68：14，细夹砂橘红陶。直杯口，较高，圆唇。外沿面可见轮修痕迹。素面。复原口径5.8、残高3.9厘米（图八五四，1）。

盆　3件。均口、腹部残片。形制相同，均直口，平折沿，圆唇，弧腹。标本H68：11，细泥质红褐陶。口微敛，沿面略向外侧下斜。器表磨光。素面。唇部与器表均可见轮修痕迹（图八五四，7）。标本H68：12，粗泥质橘红陶。口微敞。腹部饰多周弦纹。内壁可见烟熏痕迹（图八五四，10）。标本H68：13，细泥质红褐陶。口微敛，沿面略向外侧下斜。器表磨光。沿面饰黑色短线与三角纹彩绘。口沿下侧可见轮修痕迹（图八五四，9）。

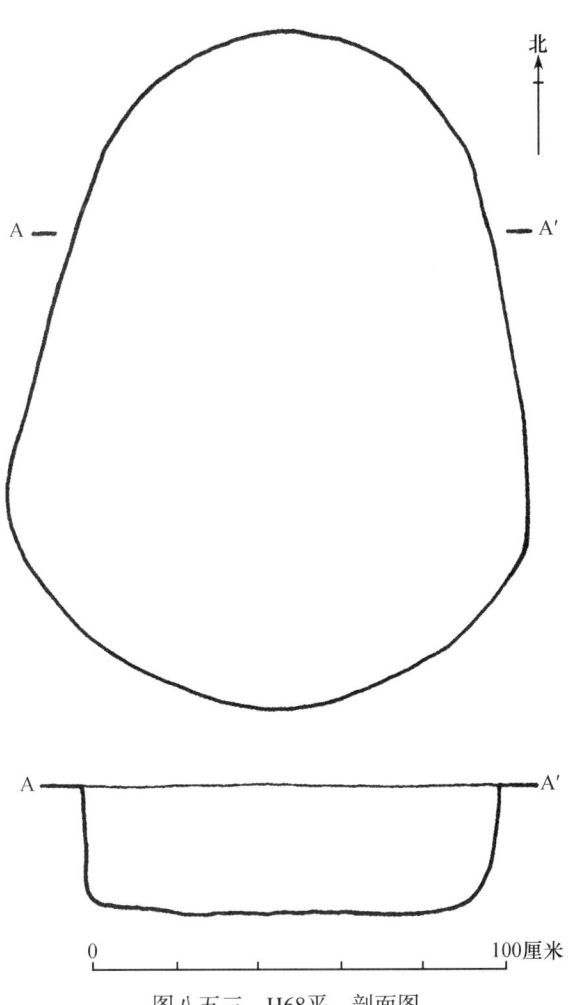

图八五三　H68平、剖面图

表一七二　H68器形统计表　　　　　　　　　　　　　　　　　　（单位：件）

陶质	细泥质		粗泥质			细夹砂	粗夹砂	合计		百分比（%）	
陶色	橘红	红褐	橘红			橘红	红褐				
纹饰＼器形	素面+磨光	素面	素面+磨光	彩陶	素面	弦纹	彩陶	素面	绳纹			
瓶					1			1		2		9.09
盆		1		1	1					3		13.64
罐	1								4	5	22	22.73	100
钵	4	2			3		1			10		45.45
瓮									2	2		9.09
合计	5	2	1	1	4	1	1	1	6	22		
	22											
百分比（%）	22.73	9.09	4.55	4.55	18.18	4.55	4.55	4.55	27.27			
	100											

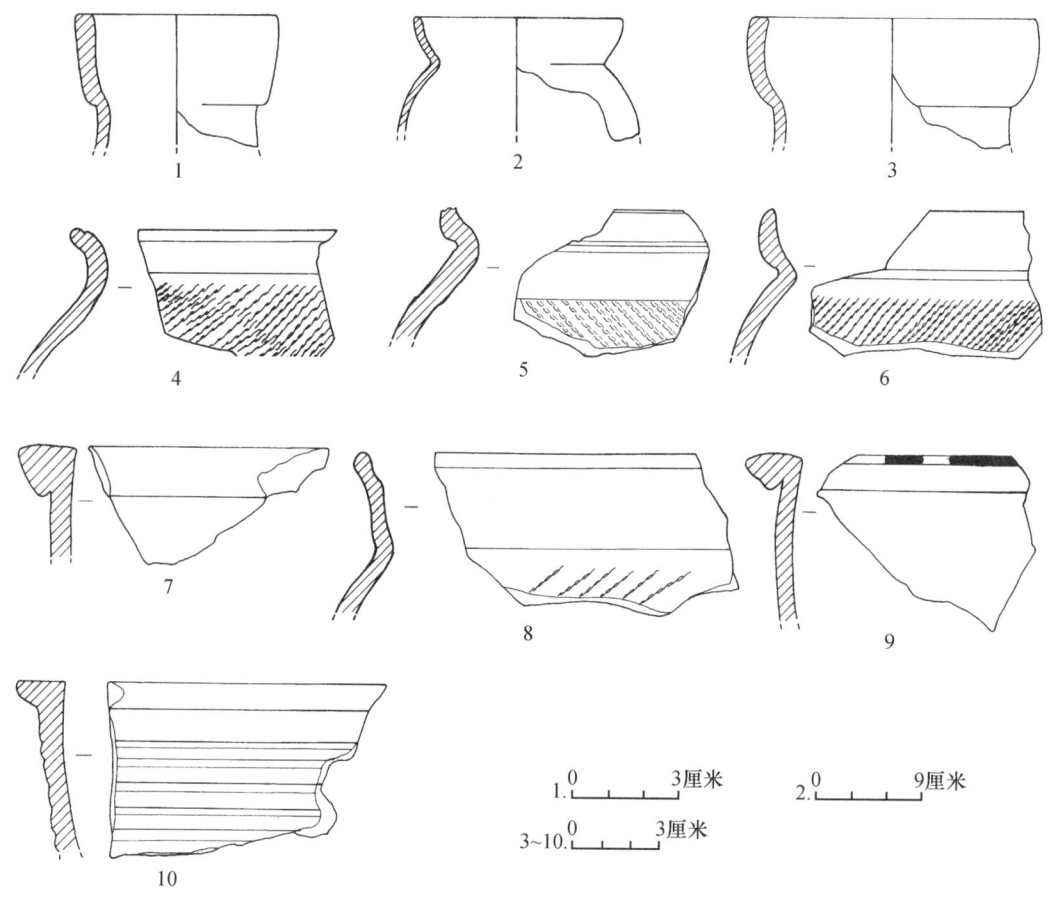

图八五四 H68出土陶器

1、3. 瓶（H68：14、H68：15） 2、4~6、8. 罐（H68：16、H68：22、H68：23、H68：21、H68：20）
7、9、10. 盆（H68：11、H68：13、H68：12）

罐 5件。均口、腹部残片。标本H68：22，粗夹砂红褐陶。侈口，卷沿，圆唇，唇部有一道浅细凹槽，鼓腹。口沿以下饰右上至左下斜向绳纹。外沿面可见轮修痕迹（图八五四，4）。

标本H68：21，粗夹砂红褐陶。侈口，折沿，沿面微曲，圆唇，鼓腹。腹部饰右上至左下斜向绳纹。外沿面与口沿下侧可见轮修痕迹（图八五四，6）。

标本H68：23，粗夹砂红褐陶。侈口，卷沿，圆唇，唇部有二道浅细凹槽，鼓肩，并起一道显著棱脊，鼓腹。棱脊以下饰左上至右下斜向绳纹。口沿下侧可见轮修痕迹（图八五四，5）。

标本H68：16，细泥质橘红陶。侈口，卷沿，方唇，鼓腹。器表磨光。素面。外沿面可见轮修痕迹。复原口径18、残高10.5厘米（图八五四，2）。

标本H68：20，粗夹砂红褐陶。侈口，折沿，沿面有一道凸棱，圆唇，鼓腹。口沿以下饰右上至左下斜向绳纹。外沿面可见轮修痕迹（图八五四，8）。

钵 10件。均口、腹部残片。标本H68：2，粗泥质橘红陶。敛口，厚方唇，斜直腹。素面。内、外壁均可见轮修痕迹。复原口径30.9、残高10.5厘米（图八五五，9）。

标本H68：1、H68：3、H68：4、H68：6、H68：7、H68：8、H68：10形制相同，均直口微敛，深弧腹，素面。标本H68：1，细泥质橘红陶。圆唇，口下有一个两面对钻而成的圆孔。器表磨光。口下可见深红色叠烧痕迹。复原口径20.1、残高7.5厘米（图八五五，3）。标本H68：3，细

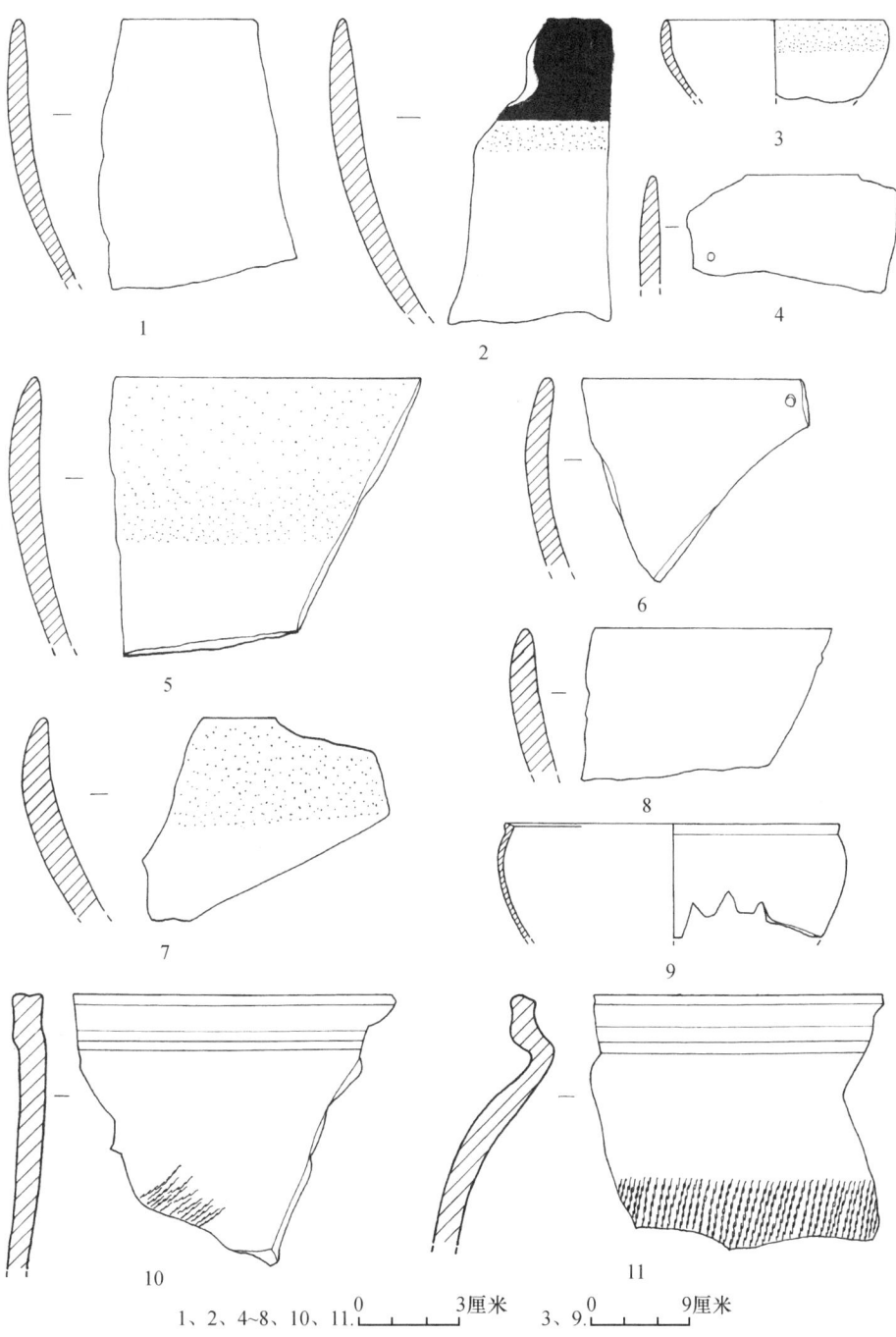

图八五五　H68出土陶器
1~9.钵（H68：6、H68：9、H68：1、H68：10、H68：4、H68：8、H68：3、H68：7、H68：2）
10、11.瓮（H68：17、H68：18）

泥质橘红陶。圆唇。器表磨光。口下可见浅红色叠烧痕迹（图八五五，7）。标本H68：4，细泥质橘红陶。尖圆唇。器表磨光。口下可见深褐色叠烧痕迹（图八五五，5）。标本H68：6，粗泥质红陶。圆唇。器表刮抹光滑（图八五五，1）。标本H68：7，粗泥质橘红陶。圆唇。器表可见轮修痕迹，口部可见烟熏痕迹（图八五五，8）。标本H68：8，细泥质橘红陶。圆唇，口下有一个由外向内单面钻成的圆孔。器表磨光（图八五五，6）。标本H68：10，细泥质橘红陶。方唇，口下有一个由外向内单面钻成的圆孔（图八五五，4）。

标本H68：9，粗泥质橘红陶。直口微敛，圆唇，浅弧腹。器表磨光。口下饰黑色宽带纹彩绘。彩绘下侧可见深红色叠烧痕迹（图八五五，2）。

瓮　2件。均口、腹部残片。标本H68：17，粗夹砂红褐陶。直口，沿面微曲，方唇，唇部有一道浅细凹槽，腹微鼓。腹部饰右上至左下斜向绳纹。外沿面可见轮修痕迹（图八五五，10）。

标本H68：18，粗夹砂红褐陶。侈口，折沿，沿面内曲，圆唇，鼓腹。腹部饰右上至左下斜向绳纹，绳纹斜度较小。外沿面可见轮修痕迹（图八五五，11）。

器耳　标本H68：24，腹部残片。细夹砂橘红陶。腹部较直，有一竖向扁圆桥形耳。器表饰交错绳纹，耳部饰竖向绳纹。可能为瓶耳（图八五六，1）。

圆陶片　8件。均完整。标本H68：25-1、H68：25-3、H68：25-4、H68：25-5、H68：25-6形制相同，均圆形。标本H68：25-1，细泥质橘红陶。系利用盆的残片打制而成。边缘较锋利。器表饰弦纹。直径5.4、厚0.8厘米（图八五六，8）。标本H68：25-3，细夹砂橘红陶。系利用瓶的残片打制而成。边缘较锋利。器表饰绳纹。直径5.6、厚0.7厘米（图八五六，5；图版一四四，1）。标本H68：25-4，细泥质橘红陶。系利用钵的口部残片打制而成。边缘较锋利。器表可见浅褐色叠烧痕迹。直径4.7、厚0.6厘米（图八五六，3）。标本H68：25-5，细夹砂橘红陶。系利用罐的残片打制而成。边缘较钝。直径4、厚0.9厘米（图八五六，6）。标本H68：25-6，细泥质橘红陶。系利用钵的残片打制而成。边缘较锋利。可见轮修痕迹。直径4.4、厚0.6厘米（图八五六，9）。

标本H68：25-2，粗泥质橘红陶。系利用盆的残片打制而成。近长方形，边缘较钝。长5.8、宽4.9、厚0.7厘米（图八五六，7；图版一四三，6）。

锉　1件。标本H68：26，两端均残。细泥质橘红陶。残存部分平面呈梯形，横断面呈圆角长方形。器表麻点清晰，密度较大。残长3.9、宽2.2~4、厚0.8厘米（图八五六，4）。

（2）石器

1件。锛。标本H68：27，器表略有残损。石英岩。平面呈梯形，横断面呈圆角长方形，刃部较锋利。周身琢制，刃部磨光。刃部可见使用留下的连续小疤。长7.3、宽2.8~4.5、厚1.3厘米（图八五六，2；图版一四四，2）。

35. H70

H70位于Ⅲ区T0713东南部，开口于③层下。平面呈圆形，袋状，斜直壁，平底。坑口径1.06、底径1.92、深1.3米（图八五七）。

坑内堆积可分3层：第①层为红褐色土，土质较为疏松，厚0.9米，西南部出土一具较完整的动物骨架；第②层为深灰色土，土质致密，厚0.1米，南半部出土兽骨；第③层为黄褐色土，土质致

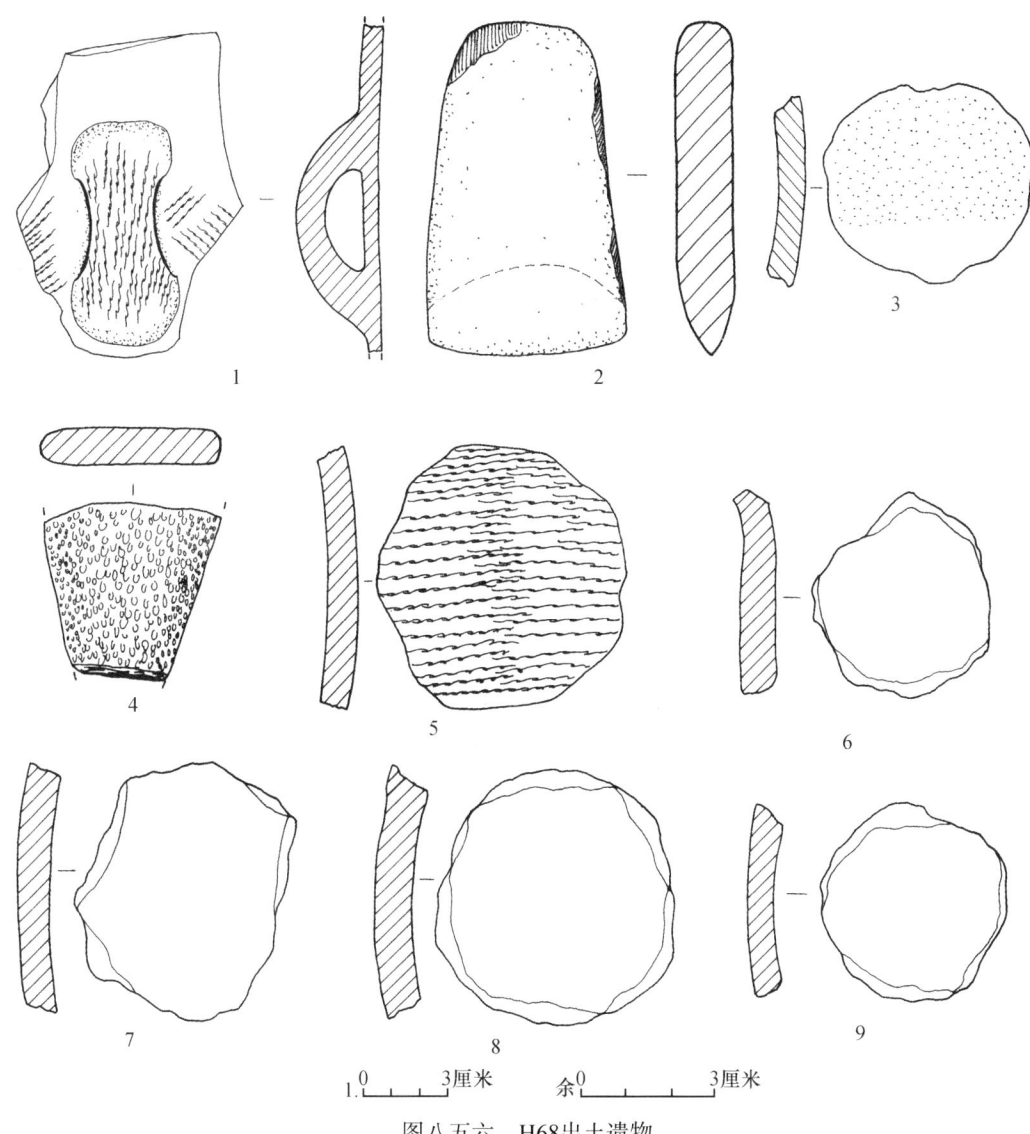

图八五六　H68出土遗物

1. 器耳（H68∶24）　2. 石锛（H68∶27）　3、5～9. 圆陶片（H68∶25-4、H68∶25-3、H68∶25-5、H68∶25-2、H68∶25-1、H68∶25-6）　4. 陶锉（H68∶26）

密，厚0.3米，出土少量陶片。

陶片为主要的出土物，以粗夹砂红褐陶为主，细泥质橘红陶次之，并有少量粗泥质橘红陶、细夹砂橘红陶、细泥质黑陶、细夹砂红褐陶；纹饰以绳纹为主，素面次之，并有少量弦纹、附加堆纹及彩陶（表一七三）。

H70共出土遗物29件。以陶器为主，骨器次之。

（1）陶器

28件。器类有瓶、盆、罐、钵、瓮、圆陶片（表一七四）。

瓶　1件。标本H70∶9，口沿残片。细夹砂橘红陶。直杯口，微敛，方唇。素面。内壁可见轮修痕迹。复原口径10、残高5.4厘米（图八五八，1）。

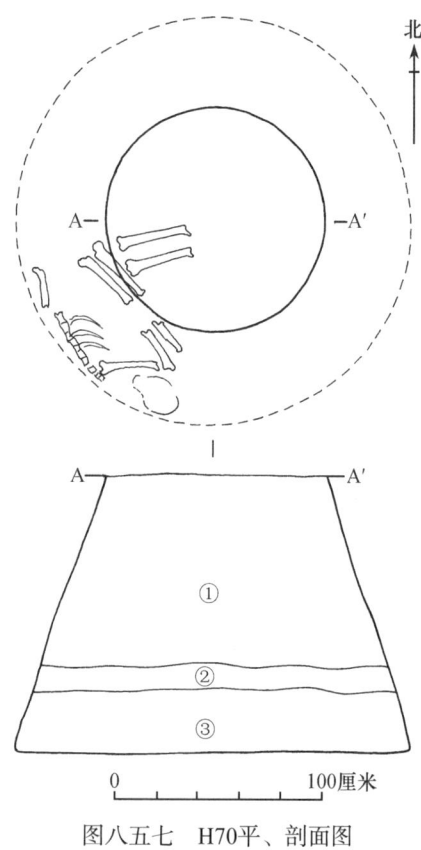

图八五七　H70平、剖面图

盆　4件。均口、腹部残片。标本H70：7，细泥质橘红陶。直口，平折沿，圆唇，弧腹。器表磨光。素面。唇部可见轮修痕迹（图八五八，2）。

标本H70：5、H70：8形制相同，均侈口，卷沿，弧腹，器表磨光，素面。标本H70：5，细泥质橘红陶。方唇。外沿面可见轮修痕迹（图八五八，3）。标本H70：8，细泥质黑陶。圆唇。唇部可见轮修痕迹（图八五八，4）。

标本H70：6，粗泥质橘红陶。敛口，圆唇，唇外叠。器表刮抹光滑。素面。沿面与口沿下侧均可见轮修痕迹（图八五八，11）。

罐　11件。均口、腹部残片。标本H70：12、H70：16、H70：17形制相同，均粗夹砂红褐陶，侈口，折沿，沿面内曲，方唇，鼓腹。标本H70：12，口沿下侧有一道凸棱。素面。口沿下侧可见轮修痕迹（图八五八，7）。标本H70：16，素面。外沿面可见轮修痕迹（图八五八，10）。标本H70：17，腹部饰右上至左下斜向绳纹（图八五八，5）。

标本H70：11、H70：13、H70：14形制相同，均粗夹砂红褐陶，侈口，折沿，鼓腹。标本H70：11，方唇，唇部有一道

表一七三　H70陶系统计表　　　　　　　　　　　　　　　（单位：kg）

陶质	细泥质		粗泥质	细夹砂		粗夹砂	合计	百分比（%）	
陶色纹饰	橘红	黑	橘红	橘红	红褐	红褐			
素面			0.114	0.05	0.09	0.29	0.544	11.06	
素面+磨光	0.69	0.09	0.16				0.94	19.11	
绳纹				0.28		2.89	3.17	64.43	
弦纹			0.05			0.05	4.92	1.02	100
附加堆纹						0.06	0.06	1.22	
彩陶	0.03						0.03	0.61	
绳纹+弦纹						0.126	0.126	2.56	
合计	0.72	0.09	0.324	0.33	0.09	3.366	4.92		
	4.92								
百分比（%）	14.63	1.83	6.59	6.71	1.83	68.41			
	100								

表一七四　H70器形统计表　　　　　　　　　　　　　　　　（单位：件）

陶质	细泥质		粗泥质	细夹砂		粗夹砂			合计		百分比（%）	
陶色	橘红	黑	橘红	橘红		红褐						
纹饰＼器形	素面+磨光	彩陶	素面+磨光	素面	绳纹	素面	绳纹	绳纹+弦纹				
瓶				1					1		3.85	
盆	2		1	1					4		15.38	
罐 口					1	4	5		11	26	42.31	100
罐 底							1					
钵	8	1							9		34.62	
瓮								1	1		3.85	
合计	10	1	1	1	1	1	4	6	1	26		
	26											
百分比（%）	38.46	3.85	3.85	3.85	3.85	3.85	15.38	23.08	3.85			
	100											

浅细凹槽。口沿以下饰右上至左下斜向绳纹（图八五八，8）。标本H70：13，圆唇，唇部有一道浅细凹槽。口沿以下饰右上至左下斜向绳纹。器表可见烟熏痕迹。沿面可见轮修痕迹（图八五八，9）。标本H70：14，圆唇，内沿面与腹部相接处有一道凸棱。口沿以下饰横向绳纹。外沿面可见轮修痕迹（图八五八，6）。

钵　9件。均口、腹部残片。标本H70：2，细泥质橘红陶。直口微敛，窄方唇，深弧腹。器表磨光。素面。口下可见浅褐色叠烧痕迹（图八五九，5）。

标本H70：1、H70：3、H70：4形制相同，均细泥质橘红陶，直口微敛，浅弧腹，器表磨光。标本H70：1，圆唇。口下饰黑色宽带纹彩绘（图八五九，1）。标本H70：3，圆唇，腹部有一由外向内单面钻成的圆孔。素面。器表可见烟熏痕迹（图八五九，2）。标本H70：4，方唇。素面。内壁可见轮修痕迹（图八五九，4）。

瓮　1件。标本H70：15，口、腹部残片。粗夹砂红褐陶。敛口，平折沿，沿面有一道宽浅凹槽，圆唇。口沿下侧饰一周弦纹，腹部饰右上至左下斜向绳纹。内壁可见轮修痕迹（图八五九，3）。

圆陶片　2件。均完整。形制相同，均细夹砂橘红陶，系利用瓶的残片打制而成，椭圆形，边缘较钝，器表饰绳纹。标本H70：18-1，长径5.6、短径4.7、厚0.85厘米（图八五九，7）。标本H70：18-2，长径5.3、短径4.5、厚0.6厘米（图八五九，6）。

图八五八 H70出土陶器
1. 瓶（H70：9） 2~4、11. 盆（H70：7、H70：5、H70：8、H70：6）
5~10. 罐（H70：17、H70：14、H70：12、H70：11、H70：13、H70：16）

（2）骨器

1件。锥。标本H70：19，尾端残。系利用动物长骨骨片磨制而成。器身横断面呈弧形，尖部横断面呈圆形，较锐利。通体磨光。残长8.8厘米（图八五九，8）。

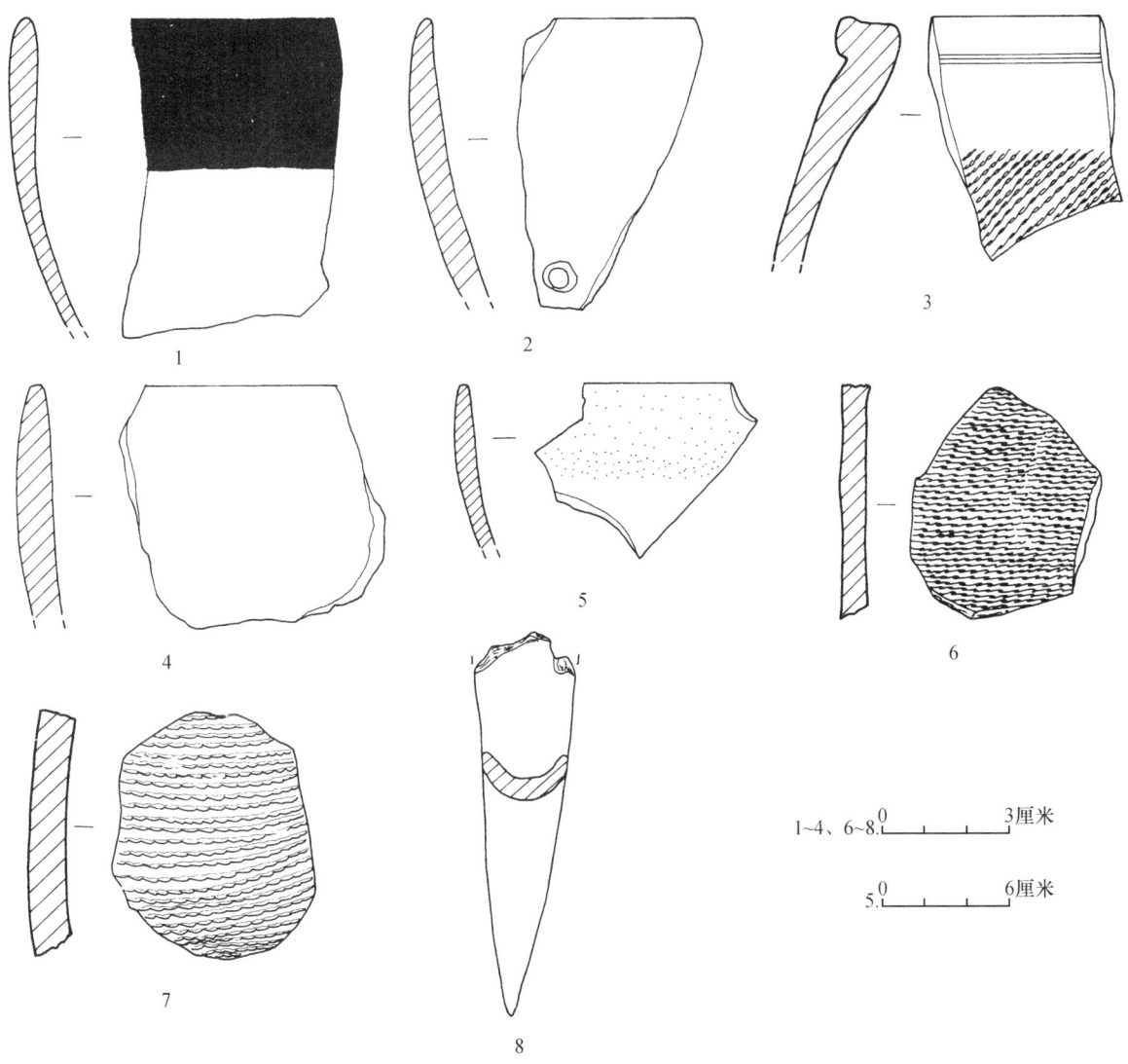

图八五九　H70出土遗物

1、2、4、5.陶钵（H70：1、H70：3、H70：4、H70：2）　3.陶瓮（H70：15）　6、7.圆陶片（H70：18-2、H70：18-1）
8.骨锥（H70：19）

36. H71

H71位于Ⅲ区T0712东南部，开口于③层下，西部被H57打破。平面呈圆形，筒状，直壁，平底。坑口径1.24、深0.5米（图八六〇）。

坑内堆积为深灰色土，土质疏松，出土少量陶片，另有骨头。

H71共出土遗物3件。全部为陶器。器类有罐、钵。

罐　1件。标本H71：3，口、腹部残片。粗夹砂红褐陶。侈口，折沿，沿面微曲，方唇，鼓腹。素面。外沿面可见轮修痕迹（图八六一，3）。

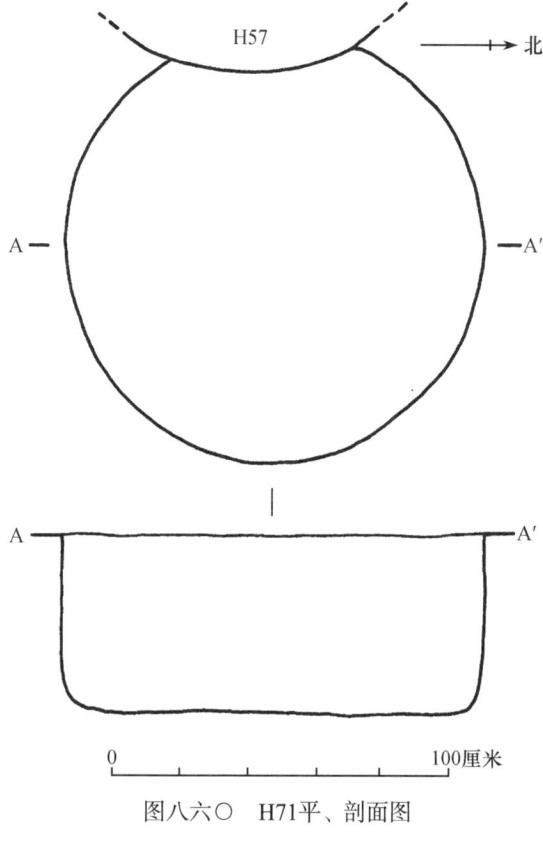

图八六〇　H71平、剖面图

钵　2件。均口、腹部残片。形制相同，均细泥质橘红陶，直口微敛，圆唇，浅弧腹，素面。标本H71：1，口部可见轮修痕迹。器表可见烟熏痕迹（图八六一，1）。标本H71：2，器表磨光。内壁可见轮修痕迹（图八六一，2）。

37. H73

H73位于Ⅲ区T1012东部，开口于③层下。平面呈长方形，筒状，直壁，平底。坑口长1.6、宽0.64、深0.7米（图八六二）。

坑内堆积可分为2层：第①层为深灰色土，土质疏松，厚0.5~0.55米；第②层为黄褐色土，土质较致密，厚0.15~0.2米，出土少量陶片。

陶片为主要的出土物，以细夹砂橘红陶为主，粗夹砂红褐陶次之，粗泥质橘红陶和细泥质橘红陶再次，并有少量细泥质灰陶、细泥质黑陶、细夹砂红褐陶；纹饰以素面占绝大多数，并有一定比例的绳纹和彩陶（表一七五）。

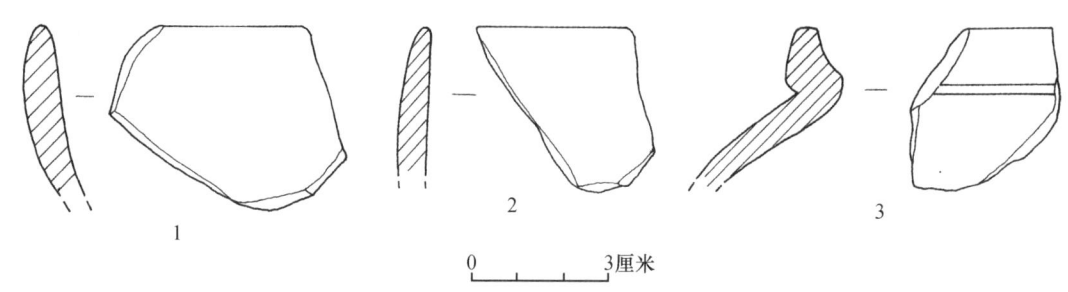

图八六一　H71出土陶器
1、2.钵（H71：1、H71：2）　3.罐（H71：3）

表一七五　H73陶系统计表　　　　　　　　　　　　（单位：kg）

陶质	细泥质			粗泥质	细夹砂		粗夹砂	合计		百分比	
陶色 纹饰	橘红	灰	黑	橘红	橘红	红褐	红褐				
素面				0.28	1.44	0.114	0.83	2.664		72.59	
素面+磨光	0.25	0.06	0.05					0.36	3.67	9.81	100
绳纹				0.19		0.01	0.23	0.43		11.72	
彩陶	0.22							0.22		5.99	
合计	0.47	0.06	0.05	0.47	1.44	0.124	1.06	3.67			
	3.67										
百分比（%）	12.81	1.63	1.36	12.81	39.24	3.28	28.88				
	100										

H73共出土遗物15件。全部为陶器。器类有盆、罐、钵、杯（表一七六）。

盆 3件。标本H73:6，口、腹部残片。细泥质橘红陶。直口，平折沿，沿面微鼓，尖圆唇，弧腹。器表磨光。沿面饰黑色短线与三角纹彩绘。口沿下侧可见轮修痕迹。复原口径30、残高5厘米（图八六三，1）。

标本H73:7，口沿残片。细泥质橘红陶。侈口，卷沿，圆唇。唇部、外沿面均饰黑色彩绘。外沿面可见轮修痕迹。复原口径26.4、残高2厘米（图八六三，2）。

标本H73:5，可复原。细夹砂橘红陶。侈口，卷沿，方唇，浅弧腹，圜底近平。素面。沿面可见轮修痕迹。口径30、通高11.8厘米（图八六三，5；图版一四四，3）。

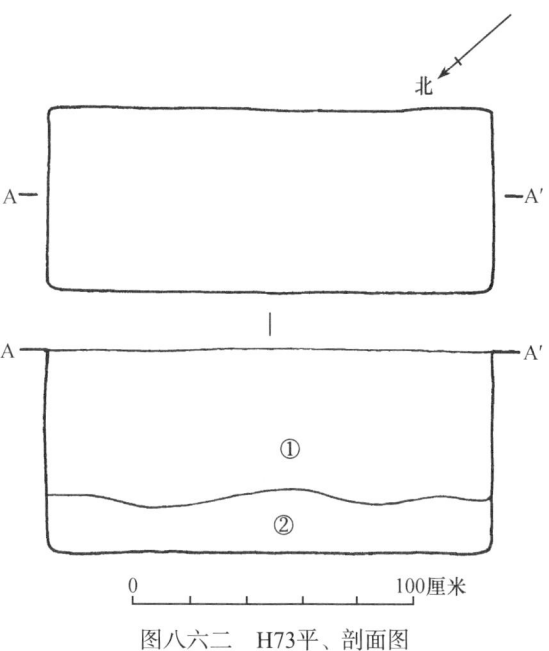

图八六二 H73平、剖面图

表一七六 H73器形统计表 （单位：件）

陶质	细泥质			细夹砂	粗夹砂		合计	百分比（%）	
陶色	橘红		黑	橘红	红褐				
纹饰\器形	素面+磨光	彩陶	素面+磨光	素面	素面	绳纹			
盆		2		1			3	20.00	
罐 口				1	3		6	40.00	100
罐 底				2					
钵	3	1		1			5	33.33	
杯			1				1	6.67	
合计	3	3	1	2	3	3	15		
				15					
百分比（%）	20.00	20.00	6.67	13.33	20.00	20.00			
				100					

罐 6件。均口、腹部残片。标本H73:9，粗夹砂红褐陶。侈口，折沿，沿面内曲，圆唇，鼓肩，并起一道显著棱脊，鼓腹。腹部饰右上至左下斜向绳纹。内壁可见轮修痕迹（图八六三，10）。

标本H73:8，粗夹砂红褐陶。侈口，折沿，方唇，唇部有三道浅细凹槽，鼓腹。口沿以下饰右上至左下斜向绳纹。沿面可见轮修痕迹（图八六三，9）。

钵 5件。均口、腹部残片。标本H73:2、H73:4形制相同，均细泥质橘红陶，直口微敛，浅弧腹，器表磨光。标本H73:2，方唇。口下饰黑色宽带纹彩绘。彩绘下侧可见浅褐色叠烧痕迹（图八六三，4）。标本H73:4，圆唇。素面。内壁可见轮修痕迹（图八六三，3）。

标本H73:1、H73:3形制相同，均敛口，弧腹，素面。标本H73:1，细夹砂红褐陶。圆唇。唇下可见深褐色叠烧痕迹，口沿下侧可见轮修痕迹（图八六三，8）。标本H73:3，细泥质橘红

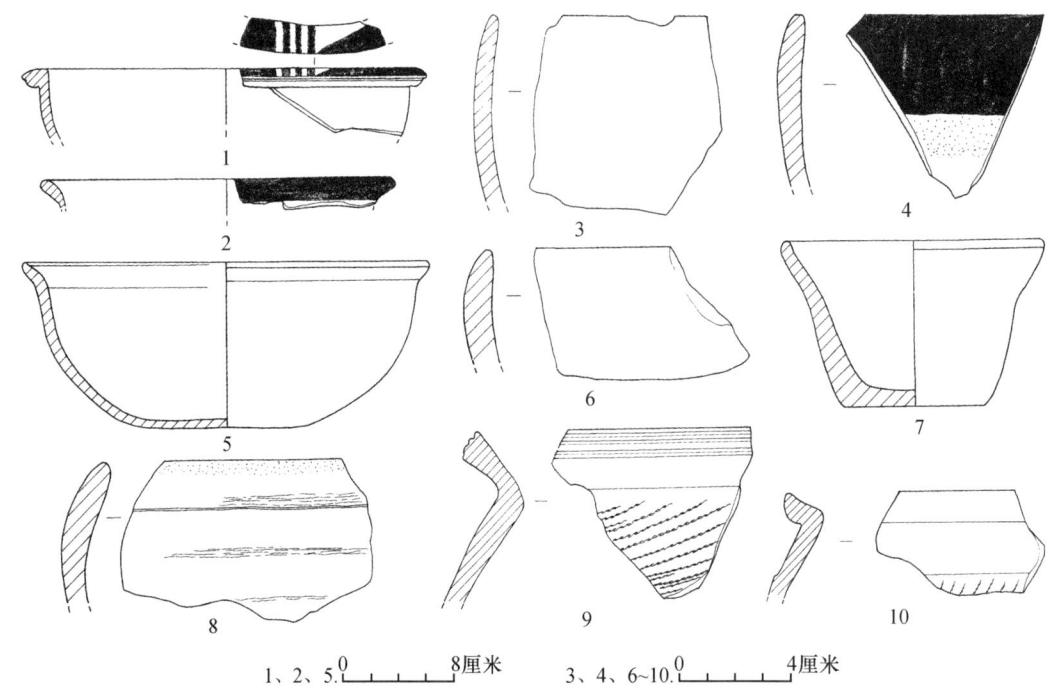

图八六三 H73出土陶器

1、2、5. 盆（H73：6、H73：7、H73：5） 3、4、6、8. 钵（H73：4、H73：2、H73：3、H73：1） 7. 杯（H73：10）
9、10. 罐（H73：8、H73：9）

陶。尖圆唇。器表磨光（图八六三，6）。

杯 1件。标本H73：10，可复原。细泥质黑陶。敞口，圆唇，斜直腹，平底。器表磨光。素面。口沿下侧可见轮修痕迹。口径9.6、底径5、通高5.9厘米（图八六三，7）。

38. H74

H74位于Ⅲ区T0612东南部和T0712西南部，开口于③层下。平面呈椭圆形，筒状，直壁，平底。坑口长径0.66、短径0.6、深0.4米（图八六四）。

坑内堆积为深灰色土，土质疏松，包含有少量料姜石块，出土少量骨头。

H74仅出土器耳1件。标本H74：1，腹部残片。粗泥质橘红陶。腹部较直，有一竖向扁圆桥形耳。素面。可能为瓶耳（图八六五）。

39. H77

H77位于Ⅲ区T0813东南部，开口于③层下。平面呈圆形，袋状，斜直壁，平底。坑口径0.9、底径1.2、深0.6米（图八六六）。

坑内堆积为灰褐色土，土质疏松，包含少量硬土块，出土大量陶片，另有骨头。

陶片以细泥质橘红陶为主，粗夹砂红褐陶次之，还有少量细夹砂红褐陶、细泥质黑陶、粗泥质橘红陶、细夹砂橘红陶；纹饰以素面为主，绳纹次之，还有少量彩陶与交错绳纹。

H77共出土遗物22件。以陶器为主，骨器次之。

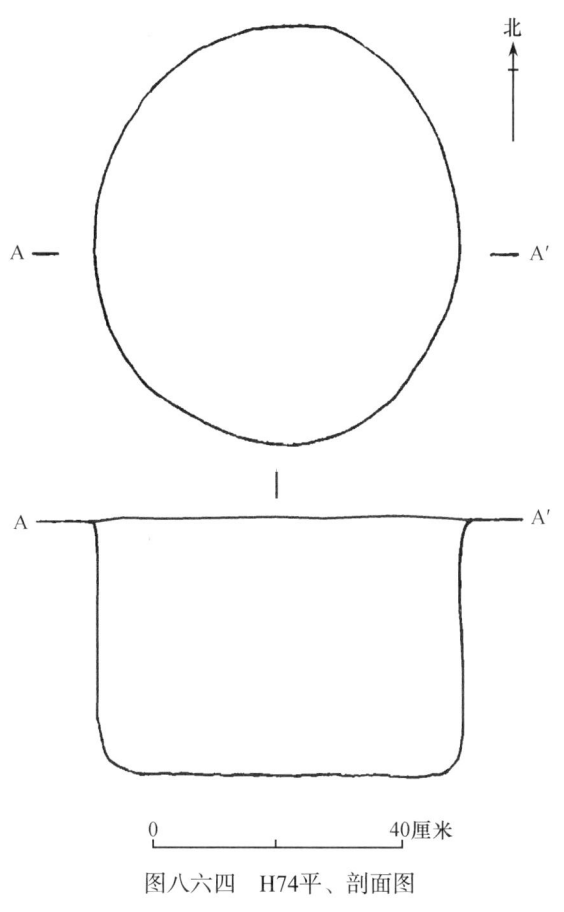

图八六四 H74平、剖面图

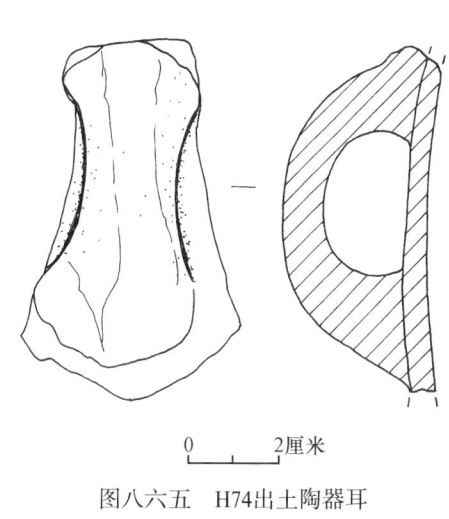

图八六五 H74出土陶器耳
（H74：1）

（1）陶器

21件。器类有盆、罐、钵、瓮、锉，另有器底、器耳（表一七七）。

盆 7件。均口、腹部残片。标本H77：12，细泥质橘红陶。敛口，折沿，沿面向外侧下斜，圆唇，弧腹。器表磨光。素面（图八六七，1）。

标本H77：8、H77：9、H77：10、H77：11、H77：13形制相同，均侈口，卷沿，圆唇，弧腹。标本H77：8，细夹砂红褐陶。腹部饰稀疏的横向绳纹。口沿下侧可见轮修痕迹（图八六七，6）。标本H77：9，粗夹砂红褐陶。腹部饰一道横向绳纹。内壁可见轮修痕迹。口部可见烟熏痕迹（图八六七，7）。标本H77：10，细泥质橘红陶。器表磨光。素面。唇部可见轮修痕迹（图八六七，5）。标本H77：11，细泥质黑陶。器表磨光。素面。唇部可见轮修痕迹（图八六七，4）。标本H77：13，细泥质橘红陶。器表磨光。外沿面饰黑色彩绘（图八六七，8）。

罐 4件。均口、腹部残片。标本H77：15、H77：19形制

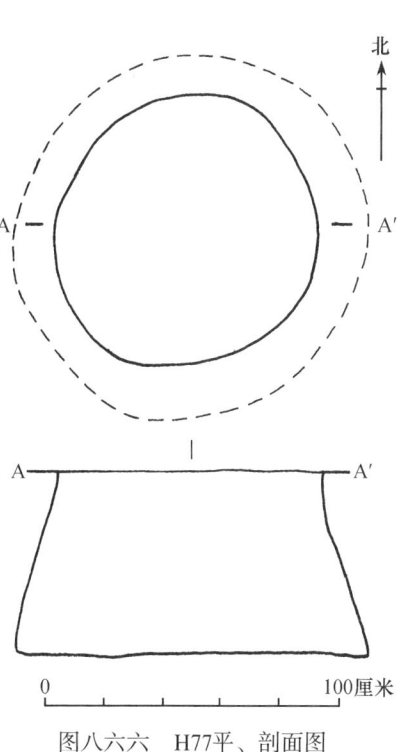

图八六六 H77平、剖面图

表一七七　H77器形统计表　　　　　　　　　　　　　　　　（单位：件）

陶质	细泥质			粗泥质	细夹砂	粗夹砂		合计		百分比（%）	
陶色	橘红		黑	橘红	红褐	红褐					
纹饰＼器形	素面＋磨光	素面	彩陶	素面＋磨光	素面＋磨光	绳纹	绳纹	交错绳纹				
盆	3		1	1		1	1		7	20	35.00	100
罐							4		4		20.00	
钵	4			2	1				7		35.00	
瓮		1						1	2		10.00	
合计	7	1	1	3	1	1	5	1	20			
	20											
百分比（%）	35.00	5.00	5.00	15.00	5.00	5.00	25.00	5.00				
	100											

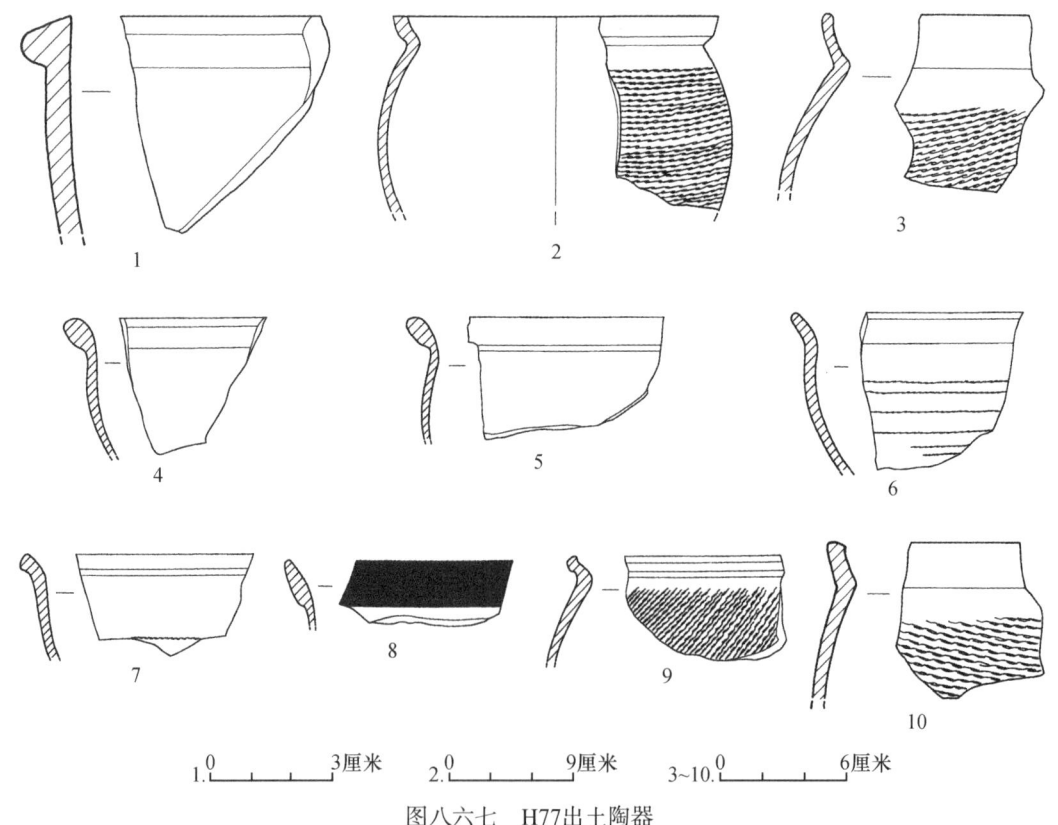

图八六七　H77出土陶器
1、4~8.盆（H77：12、H77：11、H77：10、H77：8、H77：9、H77：13）
2、3、9、10.罐（H77：15、H77：17、H77：19、H77：16）

相同，均粗夹砂红褐陶，侈口，卷沿，方唇，鼓腹。标本H77：15，口沿以下饰横向绳纹。器表可见烟熏痕迹。外沿面可见轮修痕迹。复原口径24、腹径26.4、残高13.8厘米（图八六七，2）。标本H77：19，口沿以下饰右上至左下斜向绳纹（图八六七，9）。

标本H77：16、H77：17形制相同，均粗夹砂红褐陶，侈口，折沿，鼓腹。标本H77：16，方唇。腹部饰左上至右下斜向绳纹（图八六七，10）。标本H77：17，圆唇。腹部饰右上至左下斜向绳纹（图八六七，3）。

钵 7件。均口、腹部残片。标本H77：3、H77：5、H77：6形制相同，均直口微敛，圆唇，浅弧腹，器表磨光，素面。标本H77：3，细泥质橘红陶。内壁可见轮修痕迹（图八六八，4）。标本H77：5，细泥质橘红陶。口下可见浅红色叠烧痕迹（图八六八，3）。标本H77：6，细泥质黑陶。内壁可见轮修痕迹（图八六八，2）。

标本H77：1、H77：2、H77：4形制相同，均敛口，圆唇，浅弧腹，器表磨光，素面。标本H77：1，细泥质黑陶（图八六八，6）。标本H77：2，细泥质橘红陶。口下可见浅红色叠烧痕迹（图八六八，5）。标本H77：4，粗泥质橘红陶。口下可见浅褐色叠烧痕迹（图八六八，1）。

标本H77：7，细泥质橘红陶。敛口，尖圆唇，深弧腹，最大腹径位于中下腹部。器表磨光。素面（图八六八，7）。

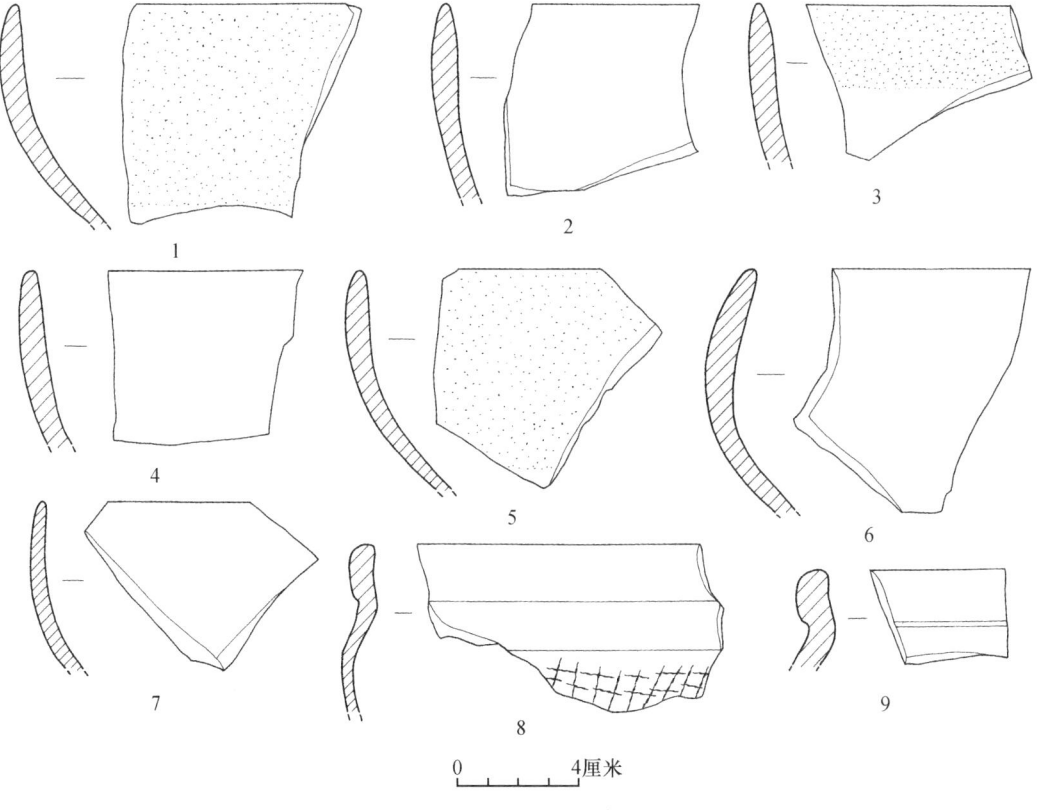

图八六八　H77出土陶器

1~7.钵（H77：4、H77：6、H77：5、H77：3、H77：2、H77：1、H77：7） 8、9.瓮（H77：18、H77：21）

瓮　2件。均口、腹部残片。形制相同，均敛口，圆唇，口沿内侧有一道宽浅凹槽。标本H77：18，粗夹砂红褐陶。鼓肩，并起一道显著棱脊，斜直腹。棱脊以下饰交错绳纹。唇部可见轮修痕迹（图八六八，8）。标本H77：21，细泥质橘红陶。鼓肩。素面。内、外壁均可见轮修痕迹（图八六八，9）。

器底　标本H77：14，底部残片。粗泥质橘红陶。尖底。器表磨光。素面。内壁可见泥条盘筑痕迹。可能为瓶底。残高4.8厘米（图八六九，3）。

器耳　标本H77：22，腹部残片。粗泥质橘红陶。腹部较直，有一竖向圆柱桥形耳。腹部饰右上至左下斜向绳纹。可能为瓶耳（图八六九，2）。标本H77：23，腹部残片。细夹砂橘红陶。腹部较直，有一竖向扁圆桥形耳。腹部饰右上至左下斜向绳纹。可能为瓶耳（图八六九，1）。

锉　1件。标本H77：24，两端均残。粗泥质橘红陶。残存部分平面呈不规则形，横断面呈圆角长方形，两侧边稍弧。器表麻点清晰，密度较大。残长6.5、最宽处3.3、厚0.9厘米（图八六九，4）。

（2）骨器

1件。针。标本H77：25，完整。器身细长，横断面呈圆形，尖部稍扁平，较为锋利，尾端有一圆孔。通体磨光。长4厘米（图八六九，5；图版一四四，4）。

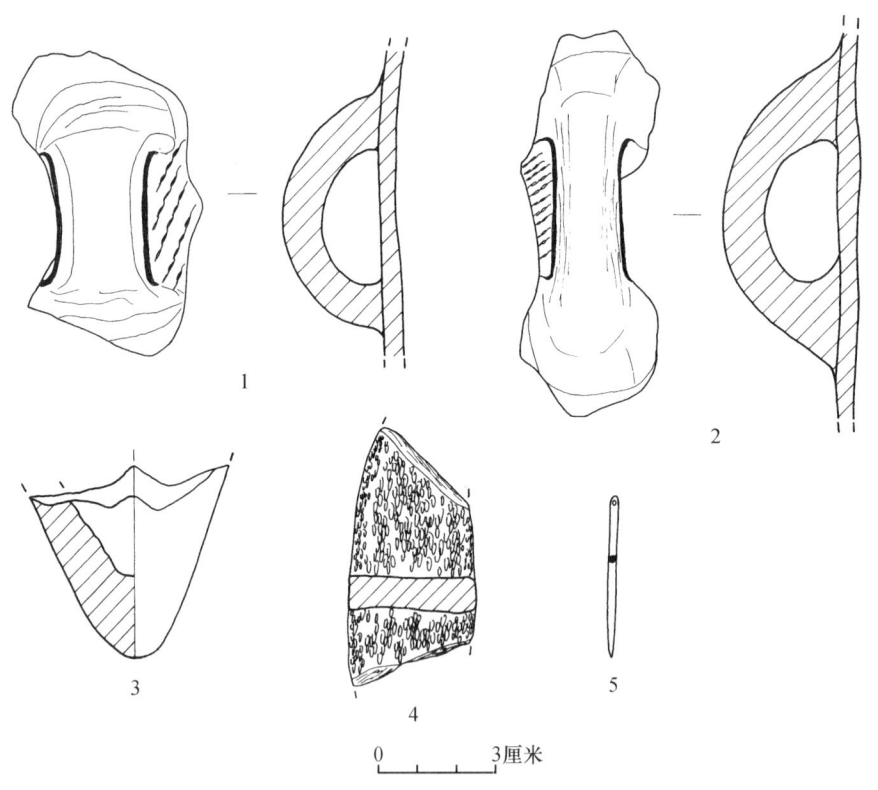

图八六九　H77出土遗物
1、2.器耳（H77：23、H77：22）　3.器底（H77：14）　4.陶锉（H77：24）　5.骨针（H77：25）

40. H78

H78位于Ⅲ区T0813中部，开口于③层下。平面大体呈椭圆形，筒状，直壁，平底，底部有一层硬面。坑口长径1.22、短径0.84、深0.5米（图八七○）。

坑内堆积为黄褐色土，土质疏松，出土少量陶片。

陶片以细泥质橘红陶为主，粗夹砂红褐陶次之；纹饰以素面为主，另有少量绳纹与彩陶。

H78共出土遗物7件。全部为陶器。器类有盆、罐、钵、圆陶片。

盆　1件。标本H78：4，口、腹部残片。细泥质橘红陶。侈口，卷沿，圆唇，弧腹。器表磨光。素面。唇部可见轮修痕迹（图八七一，7）。

罐　2件。均口、腹部残片。形制相同，均粗夹砂红褐陶，侈口，折沿，沿面内曲，方唇，鼓腹。标本H78：5，素面。外沿面可见轮修痕迹（图八七一，6）。标本H78：6，鼓肩，并起一道显著棱脊。棱脊以下饰右上至左下斜向绳纹。外沿面与口沿

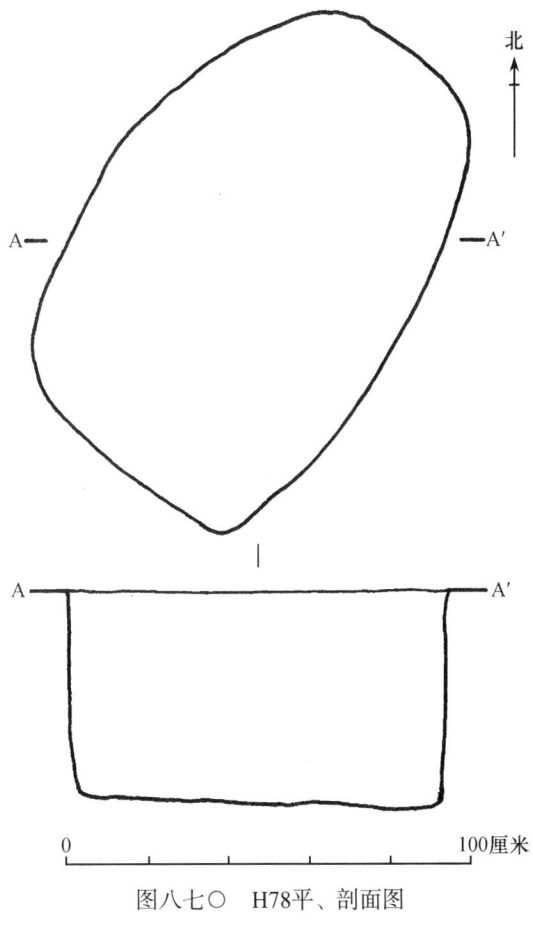

图八七○　H78平、剖面图

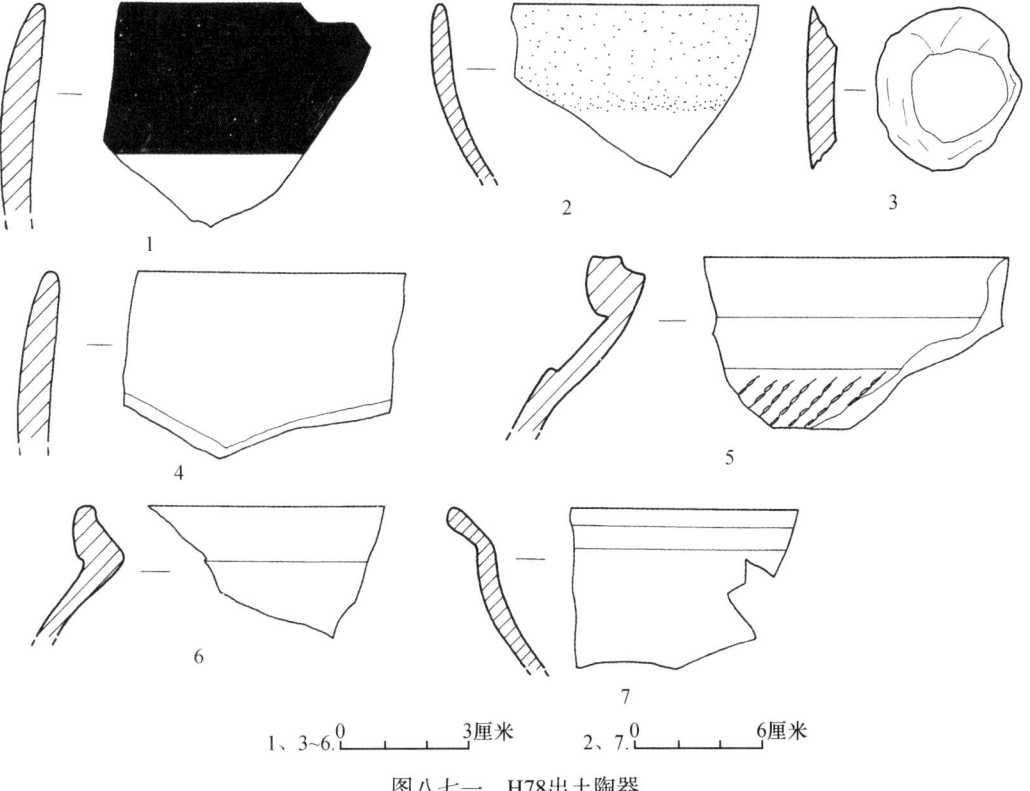

图八七一　H78出土陶器

1、2、4.钵（H78：1、H78：3、H78：2）　3.圆陶片（H78：7）　5、6.罐（H78：6、H78：5）　7.盆（H78：4）

下侧均可见轮修痕迹（图八七一，5）。

钵　3件。均口、腹部残片。标本H78∶3，细泥质橘红陶。直口微敛，圆唇，深弧腹。器表磨光。素面。口下可见灰白色叠烧痕迹（图八七一，2）。

标本H78∶1、H78∶2形制相同，均细泥质橘红陶，直口微敛，圆唇，浅弧腹，器表磨光。标本H78∶1，唇部与口下均饰黑色宽带纹彩绘（图八七一，1）。标本H78∶2，素面。口下可见轮修痕迹（图八七一，4）。

圆陶片　1件。标本H78∶7，完整。细泥质橘红陶。系利用钵的残片先打制，再磨制而成。圆形，边缘较锋利。直径3.5、厚0.7厘米（图八七一，3）。

41. H79

H79位于Ⅲ区T0813东北部，开口于③层下，东部被H60打破。平面呈圆形，筒状，直壁，平底，底部有一层硬面。坑口径1.36、深0.4米（图八七二）。

坑内堆积为深灰色土，土质疏松，出土零星陶片。

H79仅出土骨镞1件。标本H79∶1，铤部稍残。系利用梅花鹿角的残段磨制而成。器身扁平，体部与铤部分界明显，锋部圆尖，铤部扁平。通体磨光。残长8厘米（图八七三；图版一四四，5）。

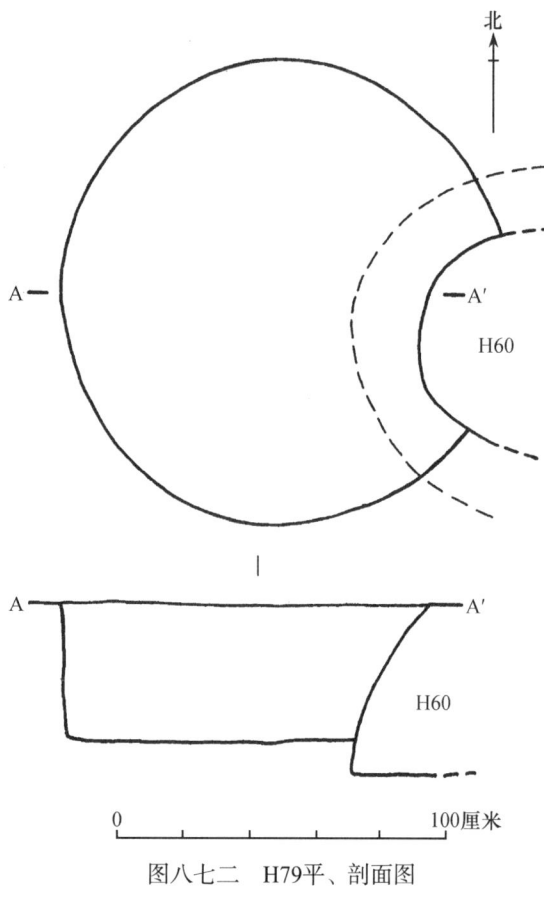

图八七二　H79平、剖面图

42. H82

H82位于Ⅲ区T1013东北部，开口于F9居住面之下。平面呈圆形，筒状，直壁，平底。坑口径1.4、深0.2米（图八七四）。

坑内堆积为深灰色土，土质疏松，包含少量炭屑和火烧土块，出土少量陶片，另有骨头。

陶片以细泥质橘红陶为主，粗夹砂红褐陶次之，还有少量粗泥质橘红陶；纹饰以绳纹为主，另有少量素面、彩陶、弦纹。

H82共出土遗物6件。全部为陶器。器类有瓶、盆、钵、瓮。

瓶　1件。标本H82∶5，口、颈部残片。粗泥质橘红陶。葫芦形口，圆唇，束颈。口部以下饰右上至左下斜向绳纹。内壁可见泥条盘筑痕迹，外沿面可见轮修痕迹。复原口径6.3、残高15厘米（图八七五，4；图版一四四，6）。

盆　2件。形制相同。标本H82∶3，可复原。细泥质橘红陶。侈口，卷沿，圆唇，折腹，圜底。唇部与外沿面饰黑色彩绘，上腹部饰三条黑色鱼纹彩绘。口径37、通高16厘米（图八七五，1；彩版一三，2；图版一四五，1）。

钵　2件。均口、腹部残片。形制相同，均粗夹砂红褐陶，直口，深弧腹，素面。标本

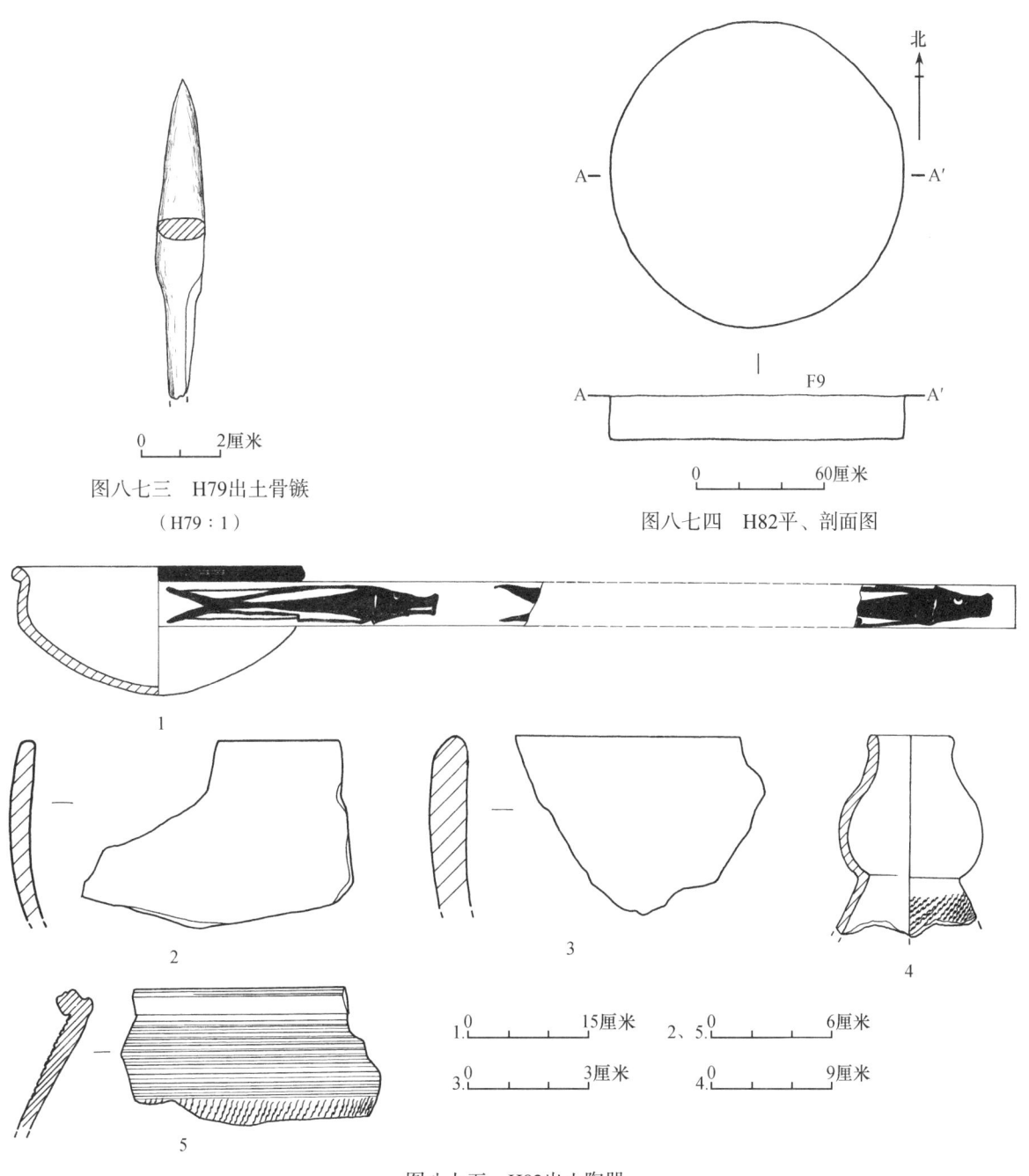

图八七三 H79出土骨镞
（H79:1）

图八七四 H82平、剖面图

图八七五 H82出土陶器
1.盆（H82:3） 2、3.钵（H82:1、H82:2） 4.瓶（H82:5） 5.瓮（H82:6）

H82:1，方唇（图八七五，2）。标本H82:2，圆唇。口下可见轮修痕迹（图八七五，3）。

瓮 1件。标本H82:6，口、腹部残片。粗夹砂红褐陶。侈口，折沿，沿面内曲，方唇，唇部有一道浅细凹槽，鼓腹。口沿以下饰多周弦纹，弦纹下侧饰右上至左下斜向绳纹。内壁可见轮修痕迹（图八七五，5）。

43. H85

H85位于Ⅲ区T0712西南部，开口于③层下。平面呈不规则形，筒状，直壁，底部凹凸不平。

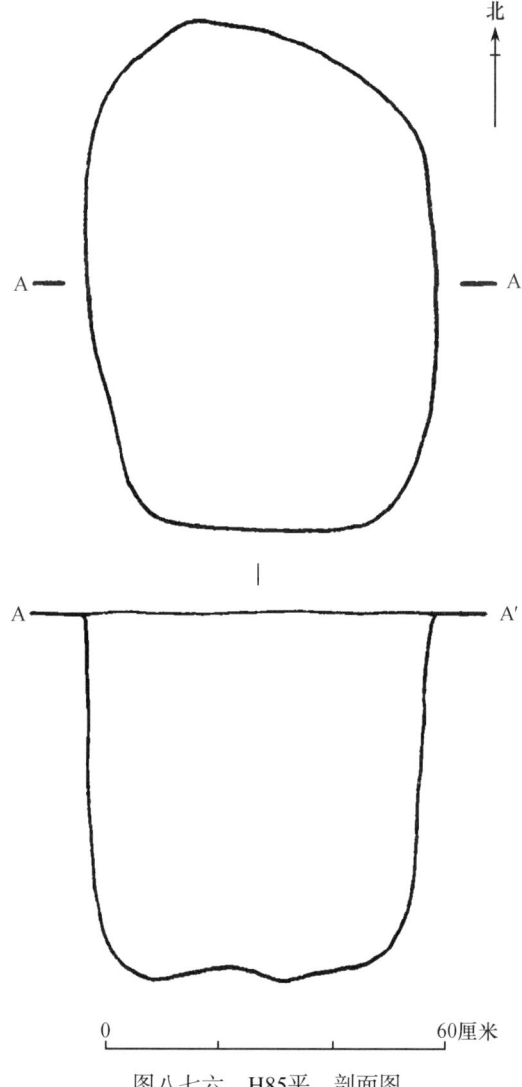

坑口长径0.86、短径0.62、深0.63米（图八七六）。

坑内堆积为深灰色土，土质疏松，出土少量陶片，另有石块。

H85共出土遗物2件。全部为陶器。器类有盆、钵。

盆　1件。标本H85：2，口、腹部残片。细泥质橘红陶。侈口，卷沿，方唇，折腹。器表磨光。唇部饰黑色窄带纹彩绘。外沿面可见轮修痕迹（图八七七，1）。

钵　1件。标本H85：1，口、腹部残片。细泥质橘红陶。直口微敛，方唇，深弧腹。器表磨光。素面（图八七七，2）。

44. H92

H92位于Ⅲ区T1113西南部，开口于③层下，东部被H83打破。平面呈圆形，袋状，斜直壁，平底，底部经火烧烤形成一层硬面。坑口径1、底径1.3、深0.6米（图八七八）。

坑内堆积为浅灰色土，土质较致密，出土零星陶片。

45. H93

H93位于Ⅲ区T1113西南部，开口于③层下。平面呈椭圆形，袋状，斜直壁，平底。坑口长径0.76、短径0.46、底长径0.86、短径0.56、深0.82米（图八七九）。

图八七六　H85平、剖面图

坑内堆积为浅灰色土，土质较致密，出土少量陶片，另有骨头。

陶片为主要的出土物，以细泥质橘红陶为主，粗夹砂红褐陶次之，并有少量粗泥质橘红陶和细泥质黑陶；纹饰以素面居多，绳纹次之，并有少量弦纹、附加堆纹、席纹（表一七八）。

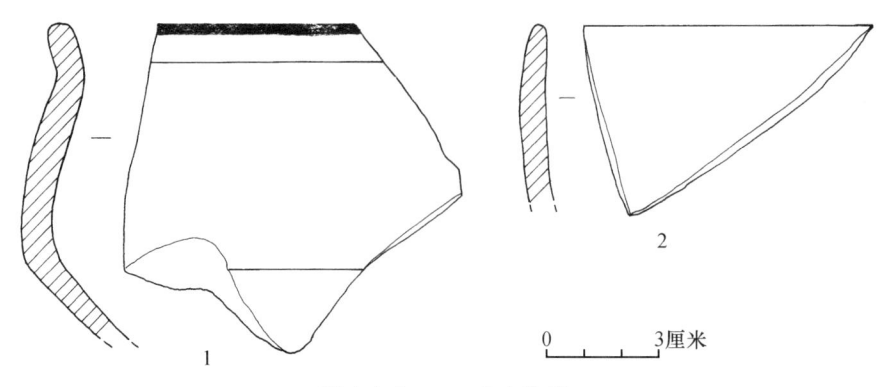

图八七七　H85出土陶器
1.盆（H85：2）　2.钵（H85：1）

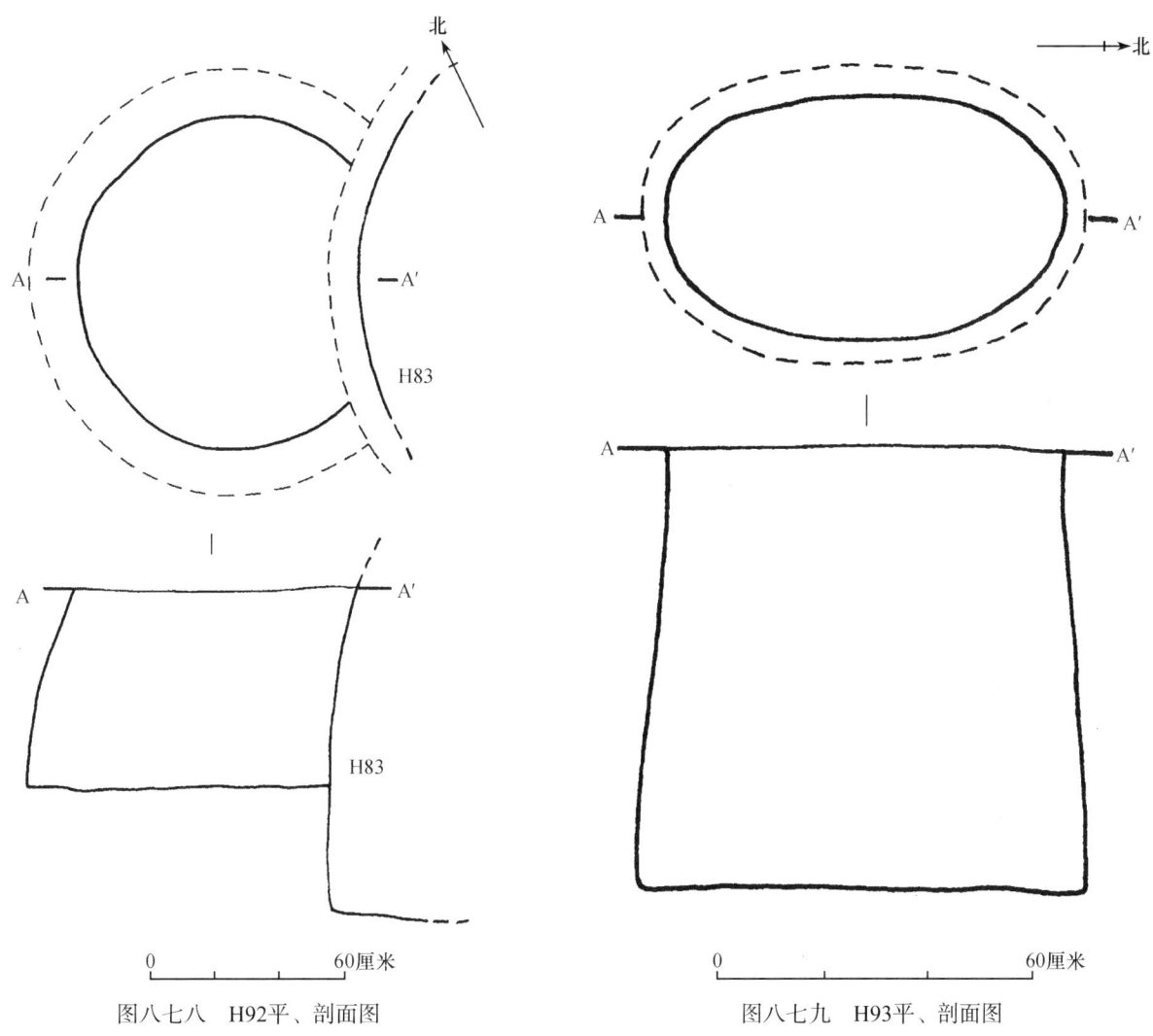

图八七八　H92平、剖面图　　　　　图八七九　H93平、剖面图

表一七八　**H93陶系统计表**　　　　　　　　　　　　　（单位：kg）

陶质	细泥质		粗泥质	粗夹砂	合计		百分比（%）	
陶色纹饰	橘红	黑	橘红	红褐				
素面				0.19	0.19		11.11	
素面+磨光	0.69	0.02			0.71		41.52	
绳纹	0.10			0.43	0.53	1.71	30.99	100
弦纹	0.09				0.09		5.26	
附加堆纹	0.05		0.114		0.164		9.59	
席纹	0.03				0.03		1.75	
合计	0.96	0.02	0.114	0.62	1.71			
	1.71							
百分比（%）	56.14	1.17	6.67	36.26				
	100							

H93共出土遗物16件。全部为陶器。器类有盆、罐、钵、圆陶片，另有附加堆纹陶片（表一七九）。

表一七九　H93器形统计表　　　　　　　　　　（单位：件）

陶质	细泥质			粗夹砂		合计		百分比（%）	
陶色	橘红		黑	红褐					
纹饰\器形	素面+磨光	席纹	素面+磨光	素面	绳纹				
盆			1			1	15	6.67	100
罐　口				2	3	6		40.00	
底				1					
钵	7	1				8		53.33	
合计	7	1	1	3	3	15			
	15								
百分比（%）	46.66	6.67	6.67	20.00	20.00				
	100								

盆　1件。标本H93：4，口、腹部残片。细泥质黑陶。敛口，窄折沿，沿面向外侧下斜，圆唇，弧腹。器表磨光。素面。口沿下侧可见轮修痕迹（图八八〇，3）。

罐　6件。均口、腹部残片。标本H93：7，粗夹砂红褐陶。侈口，卷沿，方唇，鼓腹。腹部饰右上至左下斜向绳纹，绳纹斜度较小。外沿面可见轮修痕迹（图八八〇，2）。

标本H93：5、H93：6形制相同，均粗夹砂红褐陶，侈口，折沿，鼓腹，口沿以下饰右上至左下斜向绳纹。标本H93：5，圆唇（图八八〇，4）。标本H93：6，方唇，唇部有二道浅细凹槽（图八八〇，1）。

钵　8件。均口、腹部残片。形制相同，均细泥质橘红陶，直口微敛，圆唇，浅弧腹，器表磨光，素面。标本H93：1，口下可见浅褐色叠烧痕迹（图八八〇，7）。标本H93：2，口下可见深红色叠烧痕迹。内壁可见轮修痕迹（图八八〇，8）。标本H93：3，口下可见轮修痕迹（图八八〇，9）。

附加堆纹陶片　标本H93：8，腹部残片。粗泥质橘红陶。腹部较直。器表饰一排鼓钉状附加堆纹。内壁可见轮修痕迹。可能为尖底罐残片（图八八〇，5）。

圆陶片　1件。标本H93：9，稍残。细泥质橘红陶。系利用钵的残片打制而成。圆形，边缘较锋利。直径4.2、厚0.9厘米（图八八〇，6）。

46. H94

H94位于Ⅲ区T0812西北部和T0813西南部，开口于③层下。平面呈椭圆形，袋状，斜直壁，平底。坑口长径1.28、短径0.98、底长径1.52、短径1.2、深0.8米（图八八一）。

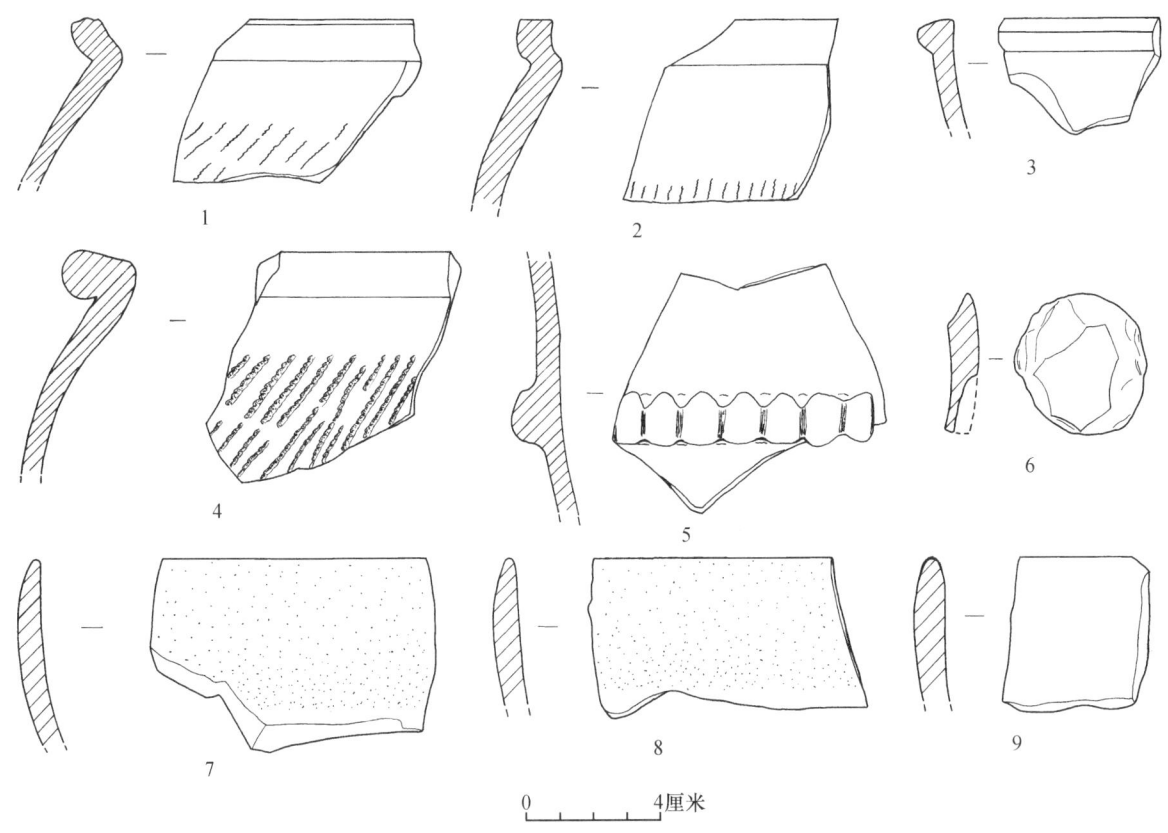

图八八〇　H93出土陶器

1、2、4.罐（H93∶6、H93∶7、H93∶5）　3.盆（H93∶4）　5.陶片（H93∶8）　6.圆陶片（H93∶9）
7~9.钵（H93∶1、H93∶2、H93∶3）

坑内堆积为黄褐色土，土质较致密，包含少量火烧土块，出土少量陶片，另有兽骨。

陶片有细夹砂红褐陶、细泥质黑陶、粗夹砂红褐陶、细泥质橘红陶、粗泥质橘红陶；纹饰以素面为主，还有少量弦纹与彩陶。

H94共出土遗物5件。全部为陶器。器类有盆、罐、钵。

盆　2件。均口、腹部残片。标本H94∶4，细夹砂红褐陶。直口，平折沿，圆唇。弧腹。口沿以下饰多周弦纹。唇部可见轮修痕迹（图八八二，1）。

标本H94∶3，细泥质黑陶。直口微敛，厚圆唇，弧腹。器表磨光。素面（图八八二，2）。

罐　1件。标本H94∶5，口沿残片。粗夹砂红褐陶。侈口，折沿，方唇。素面。外沿面可见轮修痕迹（图八八二，5）。

钵　2件。均口、腹部残片。标本H94∶1，细泥质橘红陶。直口，方唇，深弧腹。器表磨光。素面。口下可见浅褐色叠烧痕迹（图八八二，3）。

标本H94∶2，粗泥质橘红陶。直口微敛，圆唇，浅弧腹。器表磨光。口下饰黑色宽带纹彩绘（图八八二，4）。

47. H95

H95位于Ⅲ区T1012南部，开口于③层下。平面呈圆形，袋状，斜直壁，平底。坑口径1.16、底径1.36、深0.8米（图八八三）。

坑内堆积为黄褐色土，土质较致密，十分纯净。

48. H96

H96位于Ⅲ区T0912东部和T1012西部，开口于③层下。平面呈不规则形，筒状，直壁，底部有一层硬面，凹凸不平。坑口长径1.4、短径1.2、深1.1米（图八八四）。

坑内堆积为黄褐色土，土质较致密，出土零星陶片。

49. H98

H98位于Ⅲ区T1212中部，开口于③层下，东北部被H90打破。平面呈圆形，袋状，弧壁，平底。坑口径0.8、底残径0.5、深0.8米（图八八五）。

坑内堆积可分为2层：第①层为深灰色土，厚0.28~0.4米，包含有大量的火烧土块；第②层为灰褐色土，土质较疏松，厚0.4~0.52米，出土大量陶片，另有骨头。

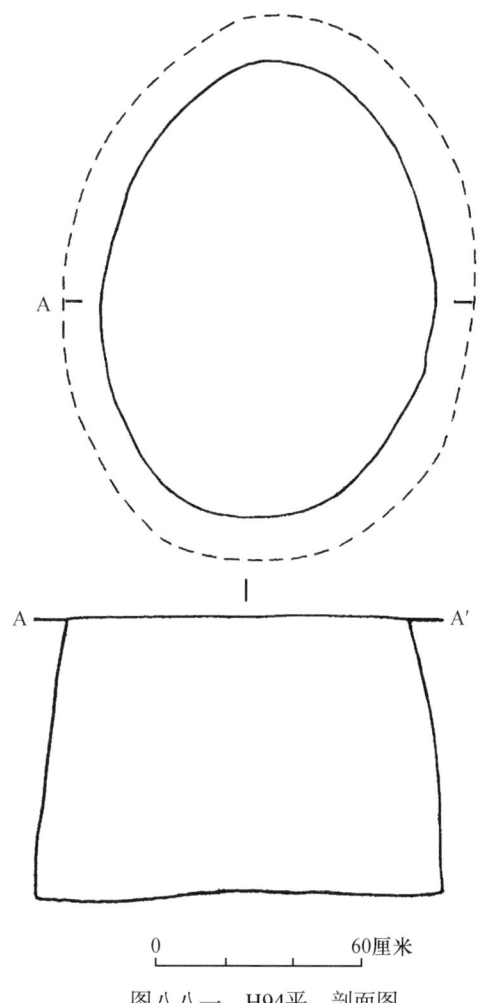

图八八一　H94平、剖面图

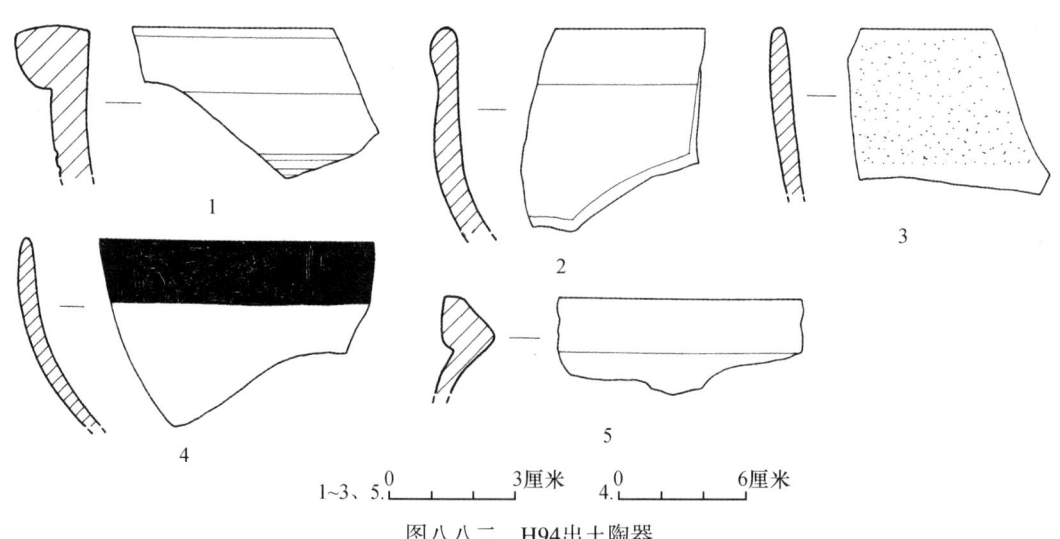

图八八二　H94出土陶器
1、2.盆（H94：4、H94：3）　3、4.钵（H94：1、H94：2）　5.罐（H94：5）

第二编　发掘资料

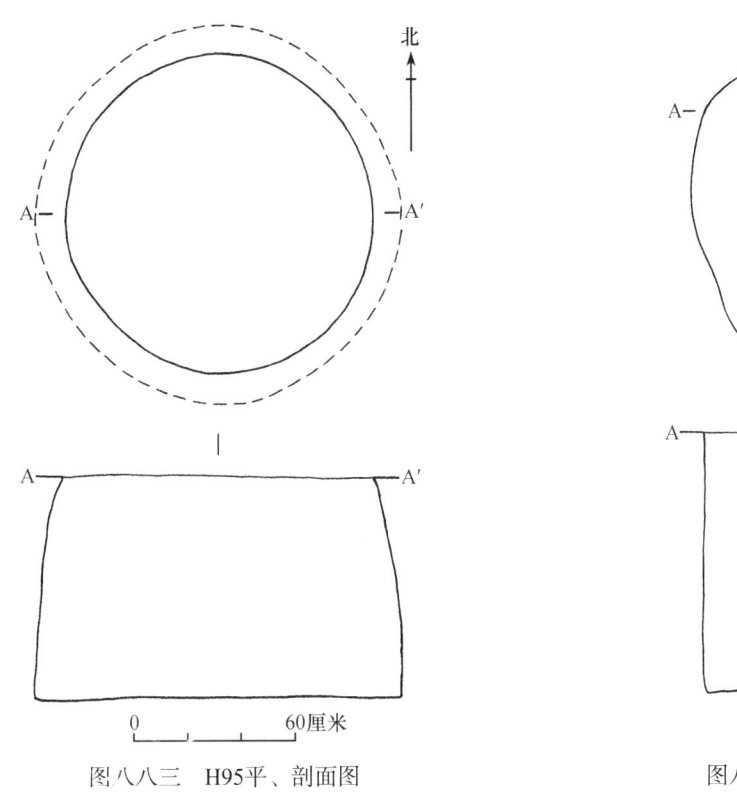
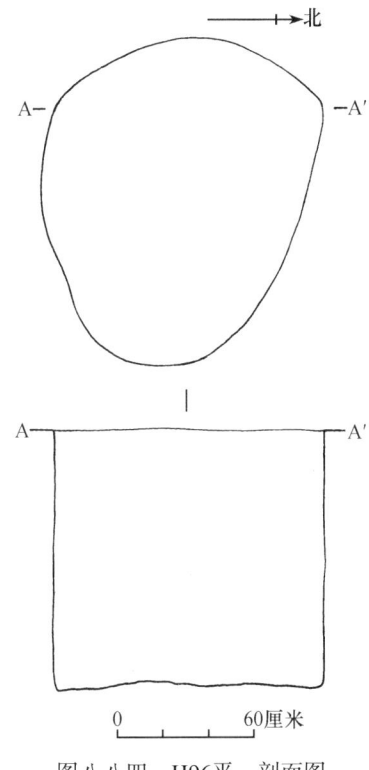

图八八三　H95平、剖面图　　　　　图八八四　H96平、剖面图

陶片为主要的出土物，以粗夹砂红褐陶为主，细泥质橘红陶次之，并有少量细泥质黑陶；纹饰以绳纹为主，素面次之，弦纹和彩陶再次，并有少量线纹（表一八〇）。

H98共出土遗物16件。全部为陶器。器类有瓶、盆、罐、钵、瓮，另有彩陶片（表一八一）。

瓶　1件。标本H98:5，口、颈部残片。粗夹砂红褐陶。葫芦形口，方唇，束颈。颈部饰右上至左下斜向绳纹。唇部与外沿面可见轮修痕迹，内壁可见泥条盘筑痕迹。口径7、残高15厘米（图八八六，1；图版二〇四，2）。

盆　1件。标本H98:4，口沿残片。细泥质橘红陶。敛口，折沿，沿面向外侧下斜，圆唇，弧腹。口沿以下饰多周弦纹。唇部可见轮修痕迹（图八八六，2）。

罐　5件。均口、腹部残片。标本H98:6，粗夹砂红褐陶。侈口，折沿，沿面内曲，方唇，唇部有二道浅细凹槽，鼓腹。腹部饰右上至左下斜向绳纹（图八八六，4）。

标本H98:7，粗夹砂红褐陶。侈口，卷沿，圆唇，鼓腹。素面。沿面可见轮修痕迹。复原口径16、残高3厘米（图八八六，3）。

钵　6件。均口、腹部残片。形制相同，均细泥质橘红陶，直口微敛，圆唇，浅弧腹。标本H98:1，素面。口下可见浅褐色叠烧痕迹（图八八六，7）。标本H98:2，器表经刮抹较为光滑。腹部可见刮抹痕迹（图八八六，5）。标本H98:3，口下饰黑色宽带纹彩绘。口下可见轮修痕迹（图八八六，6）。

瓮　3件。均口、腹部残片。标本H98:8、H98:10形制相同，均粗夹砂红褐陶，侈口，卷沿，鼓腹。标本H98:8，方唇，唇部有一道浅细凹槽，口沿下侧有一道凸棱。外沿面与腹部均饰右上至左下斜向绳纹。沿面可见轮修痕迹（图八八六，12）。标本H98:10，圆唇。外沿面有一道

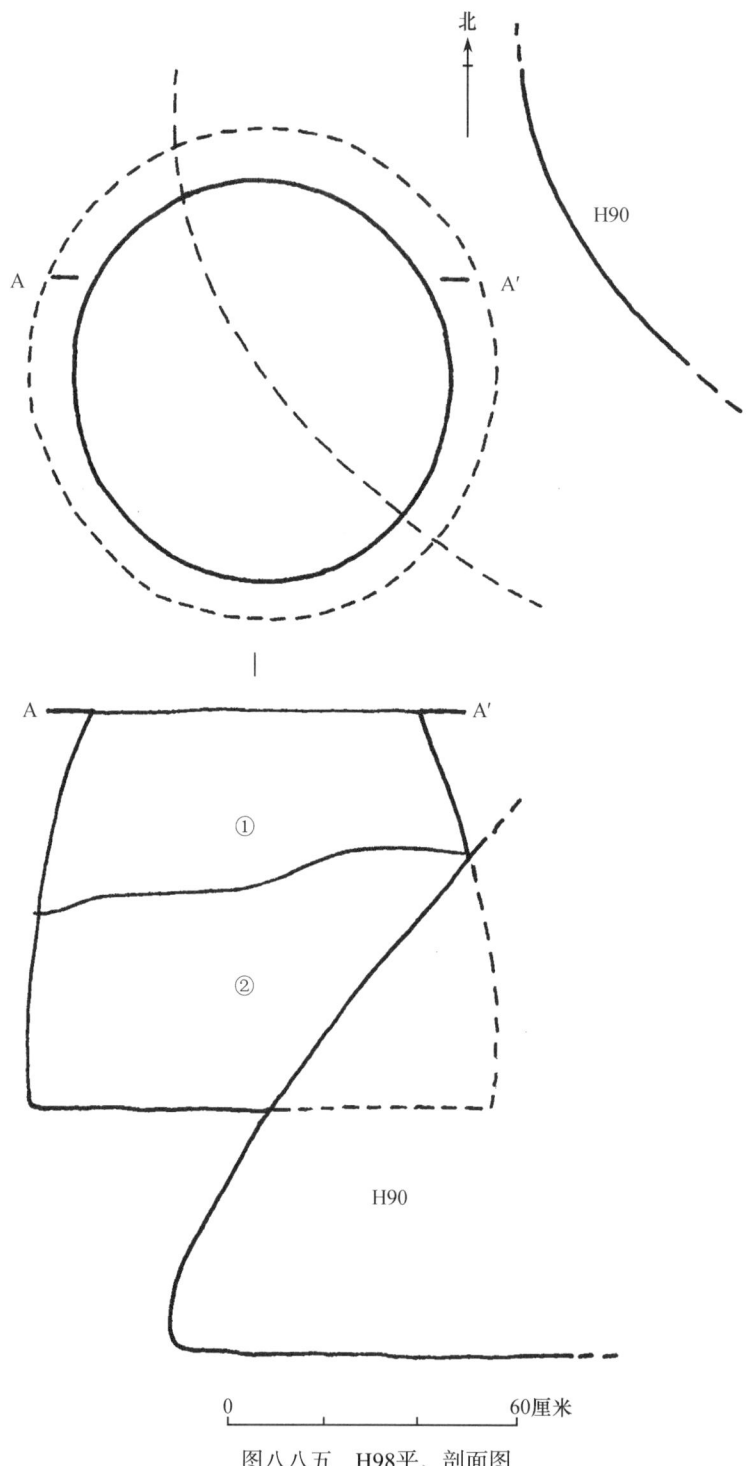

图八八五 H98平、剖面图

凸棱。外沿面饰右上至左下斜向线纹。沿面可见轮修痕迹（图八八六，10）。

标本H98：9，粗夹砂红褐陶。敛口，方唇，鼓肩，并起一道显著棱脊，鼓腹。棱脊以下饰右上至左下斜向绳纹。内壁可见轮修痕迹（图八八六，11）。

彩陶片　标本H98：11，腹部残片。细泥质橘红陶。折腹，器表磨光。上腹部饰黑色火焰纹彩

表一八〇 H98陶系统计表　　　　　　　　　　　　　　（单位：kg）

陶质	细泥质		粗夹砂	合计	百分比（%）	
陶色 纹饰	橘红	黑	红褐			
素面	0.228		0.59	0.818		24.86
素面+磨光	0.34	0.02		0.36		10.94
绳纹	0.10		1.24	1.34	3.29	40.73	100
弦纹	0.31			0.31		9.42
线纹			0.126	0.126		3.83
彩陶	0.34			0.34		10.33
合计	1.318	0.02	1.956	3.29		
	3.29					
百分比（%）	40.06	0.61	59.45			
	100					

表一八一 H98器形统计表　　　　　　　　　　　　　　（单位：件）

陶质	细泥质				粗夹砂			合计	百分比（%）	
陶色	橘红				红褐					
纹饰 器形	素面+磨光	素面	弦纹	彩陶	素面	绳纹	线纹			
瓶						1		1	6.25	
盆			1					1	6.25	
罐					4	1		5	31.25	100
钵	3	2		1				6	37.50	
瓮						2	1	3	18.75	
合计	3	2	1	1	4	4	1	16		
	16									
百分比（%）	18.75	12.50	6.25	6.25	25.00	25.00	6.25			
	100									

绘。可能为盆的残片（图八八六，8；彩版四七，5）。标本H98：12，腹部残片。细泥质橘红陶。折腹，器表磨光。上腹部饰黑色鱼纹彩绘。可能为盆的残片（图八八六，9）。

50. H101

H101位于Ⅲ区T0914的北部，开口于③层下。平面呈圆形，袋状，斜直壁，平底，底部经火烧烤形成一层硬面。坑口径0.8、底径1.4、深0.9米（图八八七）。

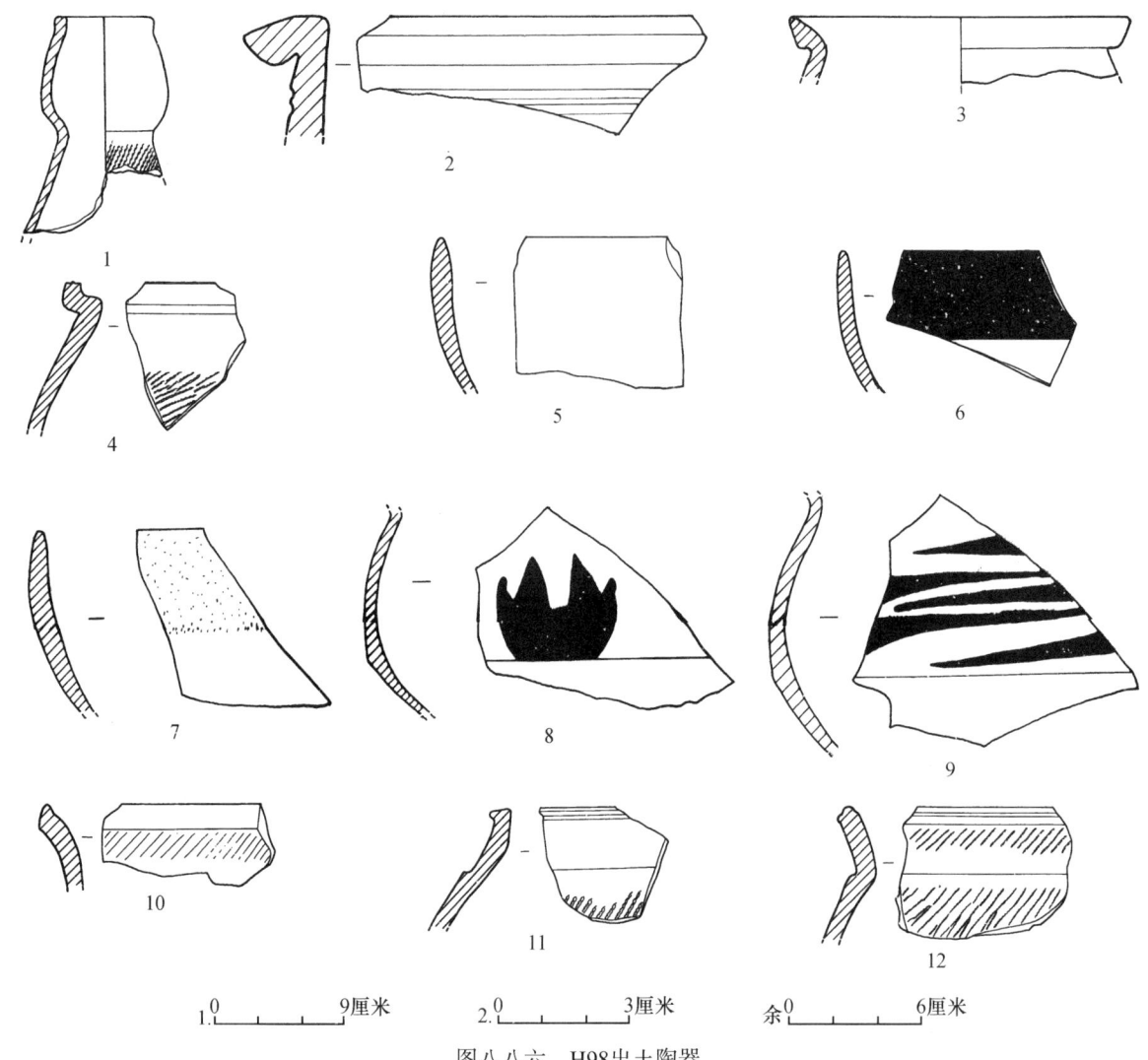

图八八六 H98出土陶器

1.瓶（H98∶5） 2.盆（H98∶4） 3、4.罐（H98∶7、H98∶6） 5~7.钵（H98∶2、H98∶3、H98∶1）
8、9.彩陶片（H98∶11、H98∶12） 10~12.瓮（H98∶10、H98∶9、H98∶8）

坑内堆积为浅灰色土，土质疏松，出土少量陶片。

陶片为主要的出土物，以粗夹砂红褐陶为主，细泥质橘红陶次之，并有少量粗泥质橘红陶；纹饰以素面和绳纹居多，并有少量弦纹、附加堆纹、彩陶（表一八二）。

H101共出土遗物18件。以陶器为主，石器次之，骨器再次。

（1）陶器

15件。器类有罐、钵、圆陶片（表一八三）。

罐 7件。均口、腹部残片。形制相同。标本H101∶8，粗夹砂红褐陶。侈口，折沿，方唇，唇部有三道浅细凹槽，鼓腹。口沿以下饰右上至左下斜向绳纹。沿面可见轮修痕迹（图八八八，1）。

钵 7件。均口、腹部残片。标本H101∶1，细泥质橘红陶。敛口，圆唇，深弧腹，最大径位于中下腹部。器表磨光。素面。口下可见深红色叠烧痕迹（图八八八，7）。

标本H101∶2、H101∶3、H101∶4、H101∶5、H101∶7形制相同，均细泥质橘红陶，直口微

敛，圆唇，浅弧腹。标本H101∶2，口下有一个两面对钻而成的圆孔。器表磨光。素面。口下可见浅红色叠烧痕迹，内壁可见轮修痕迹（图八八八，6）。标本H101∶3，器表磨光。口下及唇部饰黑色宽带纹彩绘。内壁可见轮修痕迹（图八八八，3）。标本H101∶4，器表磨光。素面。内壁可见轮修痕迹（图八八八，5）。标本H101∶5，素面。器表可见轮修痕迹（图八八八，2）。标本H101∶7，器表磨光。口下饰黑色宽带纹彩绘（图八八八，4）。

标本H101∶6，细泥质橘红陶。敞口，圆唇，浅弧腹。器表磨光。素面。口下可见灰白色叠烧痕迹。复原口径45、残高8.4厘米（图八八八，12）。

圆陶片　1件。标本H101∶9，完整。细泥质橘红陶。系利用钵的口部残片打制而成。圆形，边缘稍钝。器表可见深红色叠烧痕迹。直径4、厚0.5厘米（图八八八，9）。

（2）石器

2件。器类有砍砸器、残石器。

砍砸器　1件。标本H101∶10，一端残。石英岩。平面呈长条形。毛坯为砾石，刃部经打击修理，形成一直刃，较为锋利。背面保留砾石面。残长11厘米（图八八八，8）。

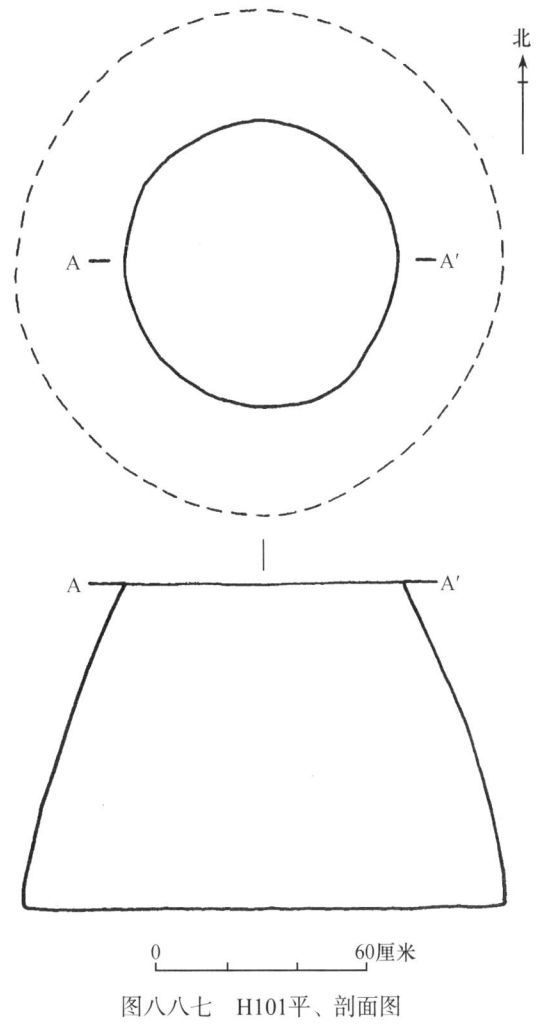

图八八七　H101平、剖面图

表一八二　H101陶系统计表　　　　　　　　　　（单位：kg）

陶质 陶色 纹饰	细泥质	粗泥质	粗夹砂	合计		百分比（%）	
	橘红	橘红	红褐				
素面	0.114	0.03	0.426	0.57		21.27	
素面+磨光	0.526			0.526		19.63	
绳纹		0.02	1.40	1.42	2.68	52.99	100
弦纹		0.02		0.02		0.75	
绳纹+附加堆纹			0.11	0.11		4.10	
彩陶	0.03			0.03		1.12	
合计	0.67	0.07	1.936	2.68			
	2.68						
百分比（%）	25.00	2.61	72.24				
	100						

表一八三 H101器形统计表　　　　　　　　　　　　　　　　（单位：件）

陶质	细泥质			粗夹砂		合计		百分比（%）	
陶色	橘红			红褐					
纹饰＼器形	素面+磨光	素面	彩陶	素面	绳纹				
罐　口				3	1	7	14	50.00	100
底				2	1				
钵	5	1	1			7		50.00	
合计	5	1	1	5	2	14			
	14								
百分比（%）	35.71	7.14	7.14	35.71	14.29				
	100								

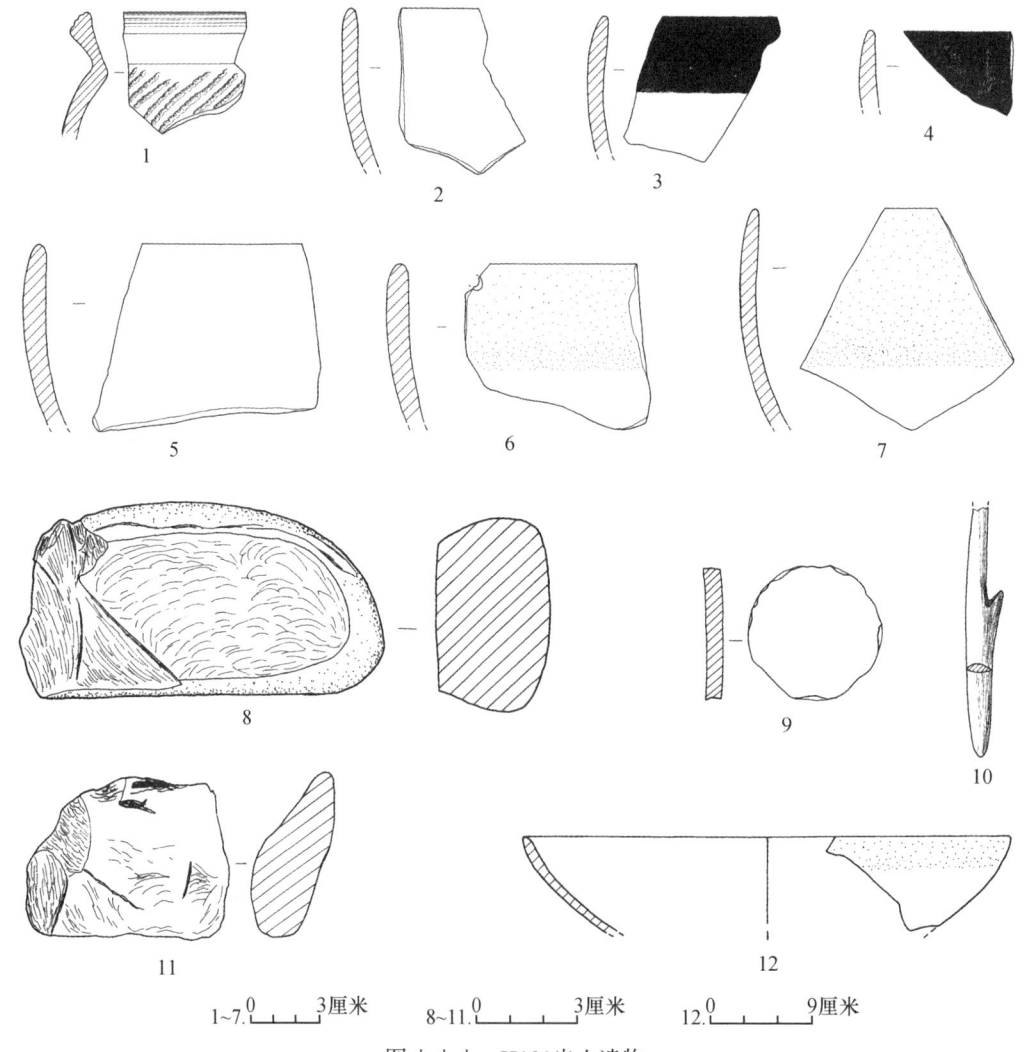

1~7. 0　3厘米　　8~11. 0　3厘米　　12. 0　9厘米

图八八八　H101出土遗物
1. 陶罐（H101：8）　2~7、12. 陶钵（H101：5、H101：3、H101：7、H101：4、H101：2、H101：1、H101：6）
8. 砍砸器（H101：10）　9. 圆陶片（H101：9）　10. 骨鱼叉（H101：12）　11. 残石器（H101：11）

残石器 1件。标本H101：11，闪长岩。平面呈不规则形，边缘经锤击修理。一侧平坦，一侧稍鼓。残长6.2厘米（图八八八，11）。

（3）骨器

1件。鱼叉。标本H101：12，柄部残。系利用梅花鹿角的残段磨制而成。单钩，器身呈扁条状，锋部扁尖，刃部锋利，倒钩位于器身中部一侧，长而锐利，柄部扁平较薄。通体磨光。残长7.3厘米（图八八八，10；图版一四五，3）。

51. H102

H102位于Ⅲ区T0915北部，开口于③层下。平面呈梯形，筒状，直壁，平底。坑口长1.48、宽0.7~0.8、深0.6米（图八八九）。

坑内堆积为深灰色土，土质疏松，包含少量火烧土块、炭屑，出土少量陶片。

陶片为主要的出土物，以粗泥质红褐陶为主，细泥质橘红陶和粗夹砂红褐陶次之，并有少量细泥质灰陶，粗泥质灰陶及细夹砂橘红陶；纹饰以绳纹为主，素面次之，彩陶再次，并有少量划纹（表一八四）。

H102共出土遗物17件。全部为陶器。器类有罐、钵（表一八五）。

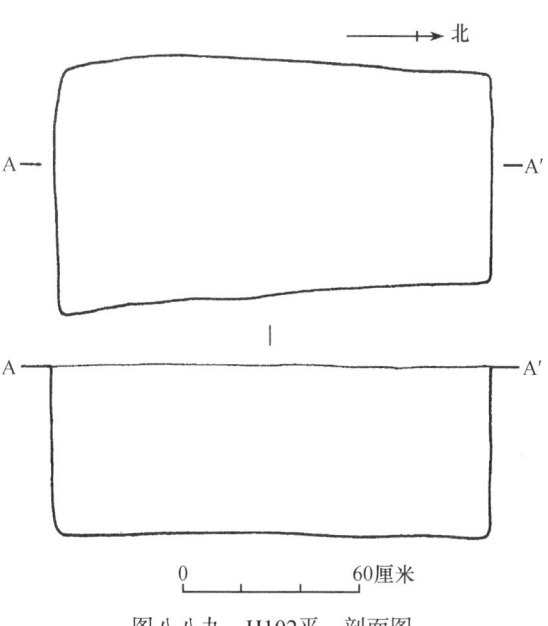

图八八九 H102平、剖面图

罐 9件。均口、腹部残片。标本H102：4、H102：7形制相同，均粗夹砂红褐陶，侈口，卷沿，方唇，鼓腹。标本H102：4，唇部有一道浅细凹槽，口沿下侧有一道棱脊。外沿面与口沿以下均饰右上至左下斜向绳纹。沿面可见轮修痕迹。复原口径20.8、残高6厘米（图八九〇，5）。标本H102：7，唇部有二道浅细凹槽，外沿面有一道浅细凹槽。腹部饰右上至左下斜向绳纹。外沿面可见轮修痕迹（图八九〇，6）。

标本H102：5、H102：6形制相同，均粗夹砂红褐陶，侈口，折沿，圆唇，鼓腹。标本H102：5，鼓肩，并起一道显著棱脊。棱脊以下饰左上至右下斜向绳纹。外沿面可见轮修痕迹。器表可见烟熏痕迹（图八九〇，4）。标本H102：6，口下有一道较矮棱脊。棱脊以下饰右上至左下斜向绳纹，绳纹近平。外沿面、内壁均可见轮修痕迹（图八九〇，1）。

钵 8件。均口、腹部残片。形制相同，均细泥质橘红陶，直口微敛，圆唇，浅弧腹，器表磨光。标本H102：1，口下与唇部饰黑色宽带纹彩绘。彩绘下侧可见浅红色叠烧痕迹。复原口径38.2、残高8.4厘米（图八九〇，2）。标本H102：2，口下饰黑色宽带纹彩绘。彩绘下侧可见浅褐色叠烧痕迹。内壁可见轮修痕迹（图八九〇，7）。标本H102：3，素面。口下可见浅红色叠烧痕迹与轮修痕迹（图八九〇，3）。

表一八四　H102陶系统计表　　　　　　　　　　　　　　　　　　（单位：kg）

陶质	细泥质		粗泥质		细夹砂	粗夹砂	合计	百分比（%）	
陶色 纹饰	橘红	灰	灰	红褐	橘红	红褐			
素面				0.30			0.30	12.82	
素面+磨光	0.27	0.06					0.33	14.10	
绳纹			0.78		0.03	0.504	1.314	56.15	100
划纹			0.10				0.10	4.27	
彩陶	0.30						0.30	12.82	
合计	0.57	0.06	0.10	1.08	0.03	0.504	2.34		
	2.34								
百分比（%）	24.36	2.56	4.27	46.15	1.28	21.54			
	100								

表一八五　H102器形统计表　　　　　　　　　　　　　　　　　　（单位：件）

陶质	细泥质		粗夹砂		合计	百分比（%）	
陶色	橘红		红褐				
纹饰 器形	素面+磨光	彩陶	素面	绳纹			
罐　口			1	4	9	52.94	100
底			2	2			
钵	2	6			8	47.06	
合计	2	6	3	6	17		
	17						
百分比（%）	11.77	35.29	17.65	35.29			
	100						

52. H103

H103位于Ⅲ区T0914南部，开口于③层下。平面呈圆形，袋状，弧壁，平底。坑口径0.8、底径1.6、深1米（图八九一）。

坑内堆积为浅灰色土，土质较致密，包含大量火烧土块，出土少量陶片。

陶片为主要的出土物，以细泥质橘红陶和粗夹砂红褐陶为主，细夹砂红褐陶次之，并有少量细泥质灰陶、粗泥质橘红陶和细夹砂橘红陶；纹饰以素面居多，绳纹次之，并有少量弦纹和彩陶（表一八六）。

H103共出土遗物16件。全部为陶器。器类有盆、罐、钵（表一八七）。

盆　1件。标本H103：7，口、腹部残片。细泥质橘红陶。侈口，卷沿，圆唇，弧腹。器表

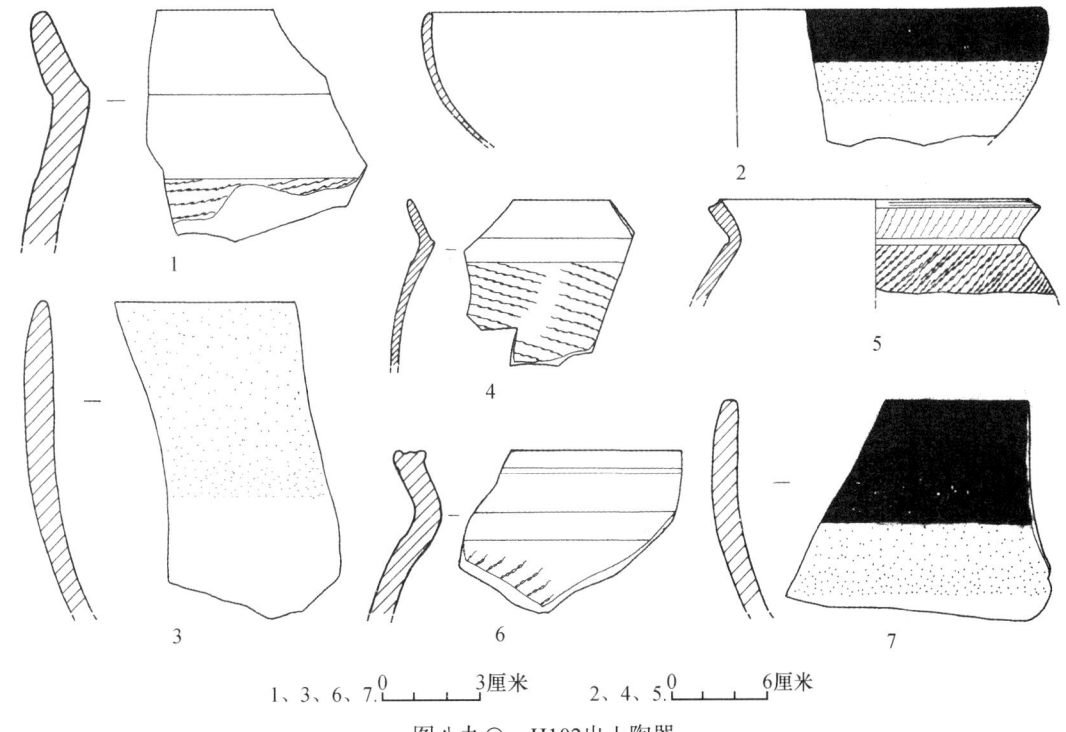

图八九〇 H102出土陶器

1、4~6.罐（H102：6、H102：5、H102：4、H102：7） 2、3、7.钵（H102：1、H102：3、H102：2）

磨光。唇部饰黑色彩绘，腹部饰黑色窄带纹彩绘。复原口径34.8、残高5厘米（图八九二，2）。

罐 7件。均口、腹部残片。标本H103：9，粗夹砂红褐陶。侈口，卷沿，圆唇，口下有一道凸棱，鼓腹。素面。沿面可见轮修痕迹（图八九二，4）。

标本H103：8、H103：10形制相同，均粗夹砂红褐陶，侈口，折沿，圆唇，鼓腹，素面。标本H103：8，沿面有一道较矮棱脊。外沿面可见轮修痕迹（图八九二，3）。标本H103：10，外沿面可见轮修痕迹，内壁可见刮抹痕迹（图八九二，9）。

钵 8件。均口、腹部残片。形制相同，均细泥质橘红陶，直口微敛，圆唇，浅弧腹。标本H103：1，器表磨光。口下饰黑色宽带纹彩绘。彩绘下侧可见浅红色叠烧痕迹。复原口径19.2、残高5.2厘米（图八九二，1）。标本H103：2，器表磨光。素面。内、外壁均可见轮修痕迹（图八九二，10）。标本H103：3，素面。口下可见浅褐色叠烧痕迹，器表可见轮修痕迹（图八九二，7）。标本H103：4，器表磨光。素面。口下可见轮修痕迹（图八九二，6）。标本H103：5，器表磨光。口下与唇部饰黑色宽带纹彩绘（图八九二，8）。标本H103：6，器表磨光。素面（图八九二，5）。

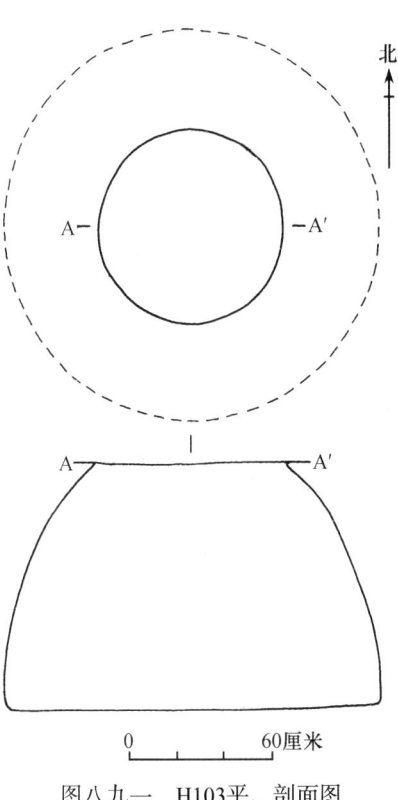

图八九一 H103平、剖面图

表一八六　H103陶系统计表　　　　　　　　　　　　　　　　　　　（单位：kg）

陶质	细泥质		粗泥质	细夹砂		粗夹砂	合计		百分比（%）	
陶色 纹饰	橘红	灰	橘红	橘红	红褐	红褐				
素面	0.114		0.05		0.20	0.22	0.584		35.61	
素面+磨光	0.38	0.07					0.45		27.44	
绳纹				0.11		0.32	0.43	1.64	26.22	100
绳纹+弦纹						0.04	0.04		2.44	
彩陶	0.14						0.14		8.54	
合计	0.634	0.07	0.05	0.11	0.20	0.58	1.64			
百分比（%）	38.66	4.27	3.05	6.71	12.20	35.37	100			

表一八七　H103器形统计表　　　　　　　　　　　　　　　　　　　（单位：件）

陶质	细泥质			粗夹砂		合计		百分比（%）	
陶色	橘红			红褐					
纹饰 器形	素面+磨光	素面	彩陶	素面	绳纹				
盆			1			1		6.25	
罐　口			5			7	16	43.75	100
底			1	1					
钵	5	1	2			8		50.00	
合计	5	1	3	6	1	16			
百分比（%）	31.25	6.25	18.75	37.50	6.25	100			

53. H105

H105位于Ⅲ区T0915东南部，开口于③层下。平面呈圆形，袋状，斜直壁，平底。坑口径0.76、底径0.96、深0.6米（图八九三）。

坑内堆积为深灰色土，土质疏松，包含少量火烧土块，出土少量陶片。

陶片为主要的出土物，以粗夹砂红褐陶为主，细泥质橘红陶次之，粗泥质橘红陶再次，并有少量细泥质黑陶；纹饰以绳纹居多，素面次之，并有一定比例的交错绳纹（表一八八）。

H105共出土遗物6件。全部为陶器。器类有罐、钵。

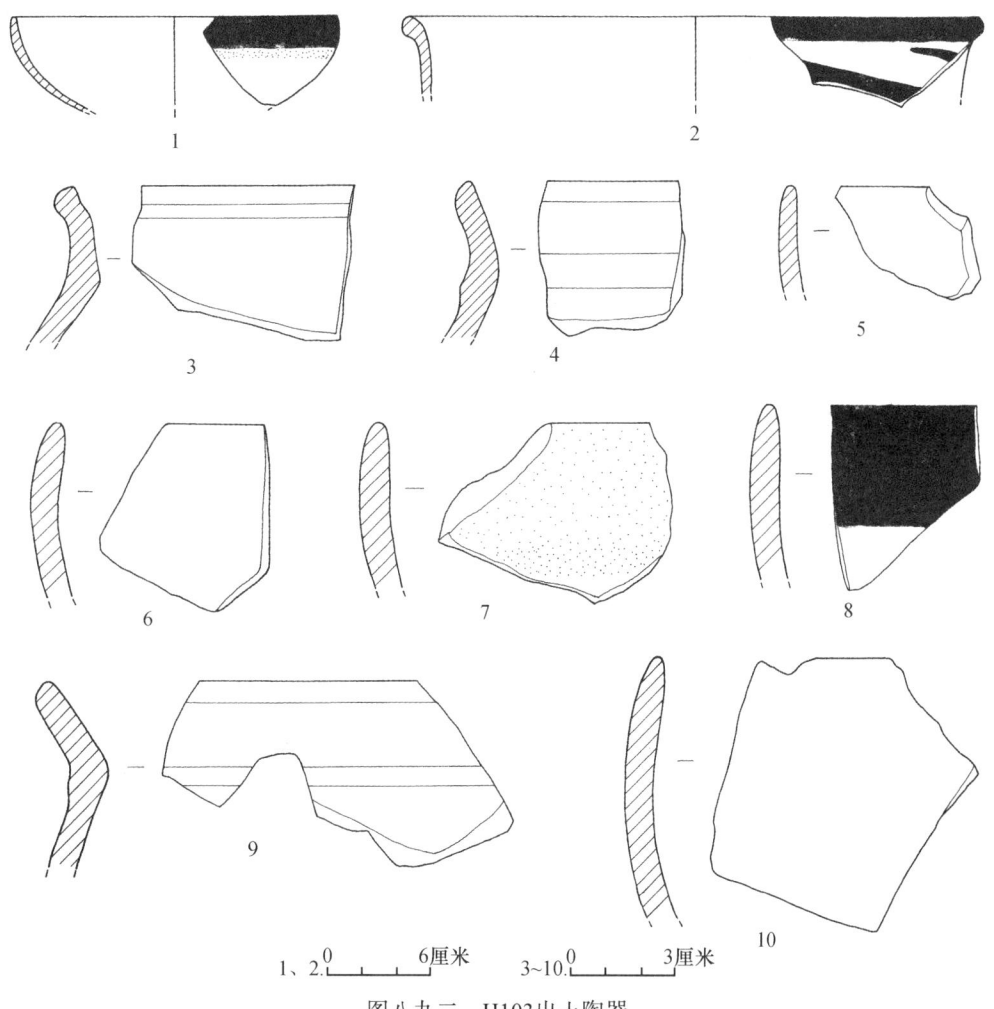

图八九二　H103出土陶器
1、5~8、10.钵（H103：1、H103：6、H103：4、H103：3、H103：5、H103：2）　2.盆（H103：7）
3、4、9.罐（H103：8、H103：9、H103：10）

罐　4件。均口、腹部残片。标本H105：4，粗夹砂红褐陶。侈口，卷沿，圆唇，唇内侧有一道浅细凹槽，鼓腹。素面（图八九四，3）。

标本H105：3，粗夹砂红褐陶。侈口，折沿，沿面上有一道较矮棱脊，方唇，鼓腹。口沿以下饰右上至左下斜向绳纹。沿面可见轮修痕迹（图八九四，1）。

钵　2件。均口、腹部残片。形制相同，均细泥质橘红陶，直口微敛，浅弧腹，素面。标本H105：1，器表经刮抹较为光滑。口下可见浅红色叠烧痕迹与刮抹痕迹（图八九四，2）。标本H105：2，器表磨光。内壁可见轮修痕迹（图八九四，4）。

54. H112

H112位于TG1西南部，开口于③层下，南部被G2打破。平面

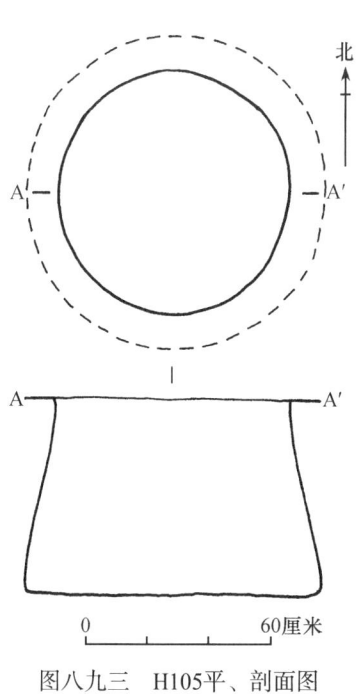

图八九三　H105平、剖面图

表一八八　H105陶系统计表　　　　　　　　　　　（单位：kg）

陶质\陶色\纹饰	细泥质		粗泥质	粗夹砂	合计		百分比（%）	
	橘红	黑	橘红	红褐				
素面	0.114			0.15	0.264	1.35	19.56	100
素面+磨光	0.21	0.02	0.04		0.27		20.00	
绳纹			0.27	0.48	0.75		55.56	
交错绳纹				0.07	0.07		5.19	
合计	0.324	0.02	0.31	0.70	1.35			
百分比（%）	24.00	1.48	22.96	51.85	100			

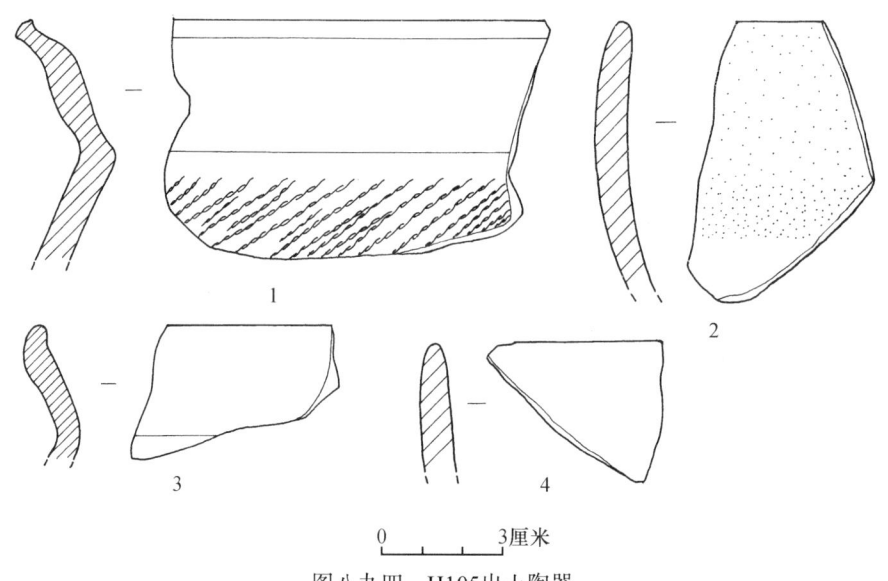

图八九四　H105出土陶器
1、3.罐（H105:3、H105:4）　2、4.钵（H105:1、H105:2）

呈圆形，筒状，直壁，底部呈东高西低的斜坡状。发掘部分坑口长径2.84、短径2.06、深0.66～1.58米（图八九五）。

坑内堆积为浅灰色土，土质疏松，包含有少量火烧土颗粒及田螺壳，出土大量陶片，另有石块、兽骨。

陶片为主要的出土物，以粗夹砂红褐陶为主，细泥质橘红陶次之，并有一定比例的粗泥质橘红陶和少量细泥质黑陶、粗泥质红褐陶、细夹砂红褐陶、细夹砂灰褐陶；纹饰以素面居多，弦纹和绳纹次之，另有少量线纹（表一八九）。

H112共出土遗物77件。以陶器为主，石器次之，骨器再次。

（1）陶器

74件。器类有盆、罐、钵、瓮、器盖、锉，另有器耳（表一九○）。

盆 5件。均口、腹部残片。标本H112：6、H112：7、H112：8、H112：9形制相同，均细泥质橘红陶，直口微敛，平折沿，弧腹，器表磨光，素面。标本H112：6，沿面微鼓，圆唇。口沿下侧可见轮修痕迹（图八九六，8）。标本H112：7，圆唇，口沿下侧有一个两面对钻而成的圆孔。唇部可见轮修痕迹（图八九六，4）。标本H112：8，圆唇。内壁可见烟熏痕迹（图八九六，1）。标本H112：9，沿面微鼓，方唇。外沿面可见轮修痕迹（图八九六，7）。

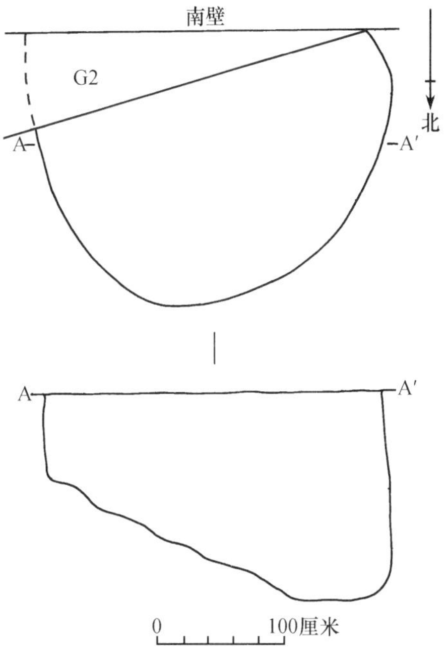

标本H112：10，细泥质橘红陶。侈口，卷沿，圆唇，弧腹。口沿以下饰多周弦纹（图八九六，2）。

罐 22件。均口、腹部残片。形制相同。标本H112：13，粗夹砂红褐陶。侈口，卷沿，方唇，唇部有一道凸棱，鼓腹。口沿下侧饰六周弦纹，腹部饰右上至左下斜向绳纹。外沿面可见轮修痕迹（图八九六，11）。

钵 21件。均口、腹部残片。标本H112：1、H112：2、H112：4形制相同，均直口微敛，圆唇，深弧腹，素面。标本H112：1，细泥质橘红陶。器表磨光。口下可见深红色叠烧痕迹。复原口径27.6、残高7.5厘米（图八九六，9）。标本H112：2，细夹砂红褐陶。上腹部饰多周弦纹。下腹部可见刮抹痕迹，内壁可见轮修痕迹。器表可见烟熏痕迹。复原口径30、残高8.1厘米（图八九六，10）。标本H112：4，细泥质橘红陶。器表磨光。口下可见灰白色叠烧痕迹（图八九六，5）。

图八九五 H112平、剖面图

表一八九 H112陶系统计表 （单位：kg）

陶质	细泥质		粗泥质		细夹砂		粗夹砂	合计	百分比（％）	
陶色纹饰	橘红	黑	橘红	红褐	红褐	灰褐	红褐			
素面	0.21		0.75				2.45	3.41	22.96	100
素面+磨光	2.26	0.29					2.55	17.17		
绳纹	0.114	0.33	0.69		0.06		2.52	3.714	25.01	
弦纹	0.13			0.50	0.86		1.12	2.61	17.58	
线纹						0.126		0.126	0.85	
绳纹+弦纹							2.31	2.31	15.56	
绳纹+线纹					0.126			0.126	0.85	
合计	2.714	0.62	1.44	0.50	1.046	0.126	8.40	14.85		
	14.85									
百分比（％）	18.28	4.18	9.70	3.37	7.04	0.85	56.57			
	100									

表一九〇　H112器形统计表　　（单位：件）

陶质		细泥质				细夹砂			粗夹砂				合计	百分比（%）
陶色		橘红			黑		红褐		灰褐	红褐					
纹饰 器形		素面+磨光	素面	弦纹	素面+磨光	绳纹	绳纹	绳纹+线纹	线纹	素面	绳纹	弦纹	绳纹+弦纹		
盆		4	1											5	6.85
罐						1				11	4	3	3	22	30.14
钵	口	14	2		2									21	28.77
	底	3													
瓮					6	1	1				3	8	5	24	32.88
器盖									1					1	1.37
合计		21	2	1	2	6	2	1	1	11	7	11	8	73	100
百分比（%）		28.77	2.74	1.37	2.74	8.22	2.74	1.37	1.37	15.07	9.59	15.07	10.96	100	

标本H112：3、H112：5形制相同，均直口微敛，浅弧腹，器表磨光，素面。标本H112：3，细泥质橘红陶。方唇。口下可见浅红色叠烧痕迹（图八九六，6）。标本H112：5，细泥质黑陶。圆唇。内壁可见轮修痕迹（图八九六，3）。

瓮　24件。均口、腹部残片。标本H112：15、H112：16、H112：19、H112：20形制相同，均粗夹砂红褐陶，侈口，卷沿，沿面微曲，鼓腹。标本H112：15，方唇，唇部有一道凸棱。上腹部饰三道左上至右下斜向绳纹，其下饰右上至左下斜向绳纹。外沿面可见轮修痕迹（图八九七，4）。标本H112：16，方唇，唇部有一道凸棱。口沿以下饰多周弦纹（图八九七，5）。标本H112：19，方唇，唇部有一道凸棱。口沿下侧饰七周弦纹，其下饰竖向绳纹（图八九七，2）。标本H112：20，圆唇，唇部有一道凸棱。口沿以下饰多周弦纹（图八九七，3）。

标本H112：12，细夹砂红褐陶。敛口，圆唇，口沿内侧有一周宽浅凹槽，折肩，斜直腹。肩部以下饰右上至左下斜向绳纹，并饰数道横向线纹。口沿下侧可见轮修痕迹（图八九七，1）。

器盖　1件。标本H112：21，口、壁残片。细夹砂灰褐陶。敞口，圆唇，斜直壁。器表饰稀疏的右上至左下斜向绳纹。内壁可见轮修痕迹（图八九七，8）。

器耳　标本H112：22，腹部残片。细泥质橘红陶。腹部较直，有一竖向圆柱桥形耳。器表饰右上至左下斜向绳纹，绳纹近平。内壁可见轮修痕迹。可能为瓶耳（图八九七，6）。标本H112：23，腹部残片。粗泥质橘红陶。腹部较直，有一竖向扁圆桥形耳。素面。可能为瓶耳（图八九七，9）。

锉　1件。标本H112：24，顶端稍残。粗泥质橘红陶。平面呈三角形，横断面呈圆角长方形，锐尖。器表麻点清晰，密度较大。长10.9、顶部残宽2、厚1.1厘米（图八九七，11）。

（2）石器

2件。器类有研磨器、残石器。

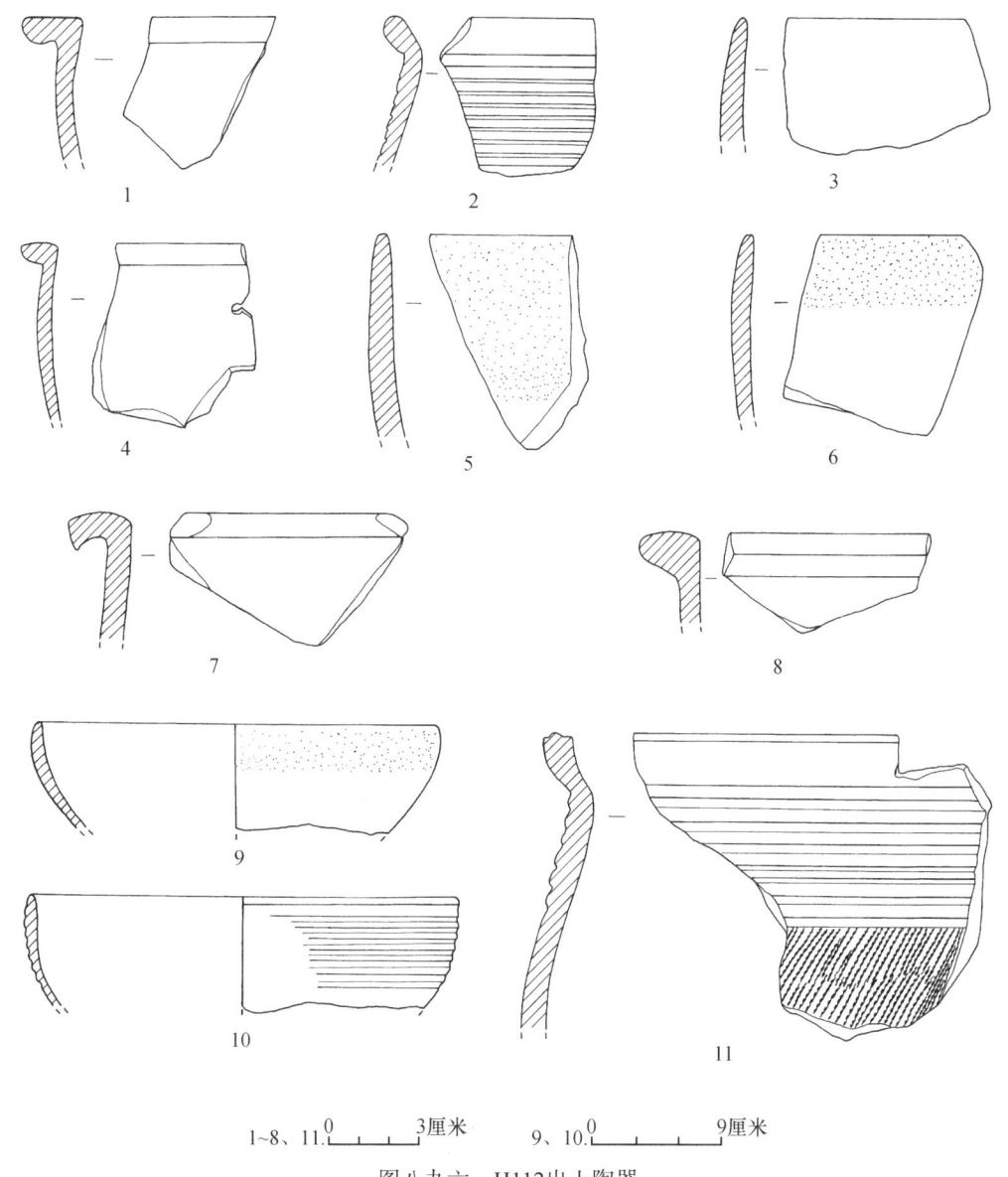

图八九六　H112出土陶器

1、2、4、7、8.盆（H112：8、H112：10、H112：7、H112：9、H112：6）
3、5、6、9、10.钵（H112：5、H112：4、H112：3、H112：1、H112：2）　11.罐（H112：13）

研磨器　1件。标本H112：26，一端稍残。石英岩。平面呈长条形，横断面呈近方形。器表可见红色及黑色颜料痕迹。顶端可见零星坑疤。残长13.3、宽3.8、厚2.6厘米（图八九七，12）。

残石器　1件。标本H112：25，石英岩。平面呈不规则形，两面均较平坦。两面磨光。残长6.5、残宽4.6、厚1.9厘米（图八九七，7）。

（3）骨器

1件。镞。标本H112：27，完整。体部与铤部分界明显，体部较长而铤部较短，器身扁平，锋部扁尖，刃部较钝，铤部呈扁圆柱状。通体磨光。长8.7厘米（图八九七，10；彩版三八，3；图版一四五，4；图版二〇六，3）。

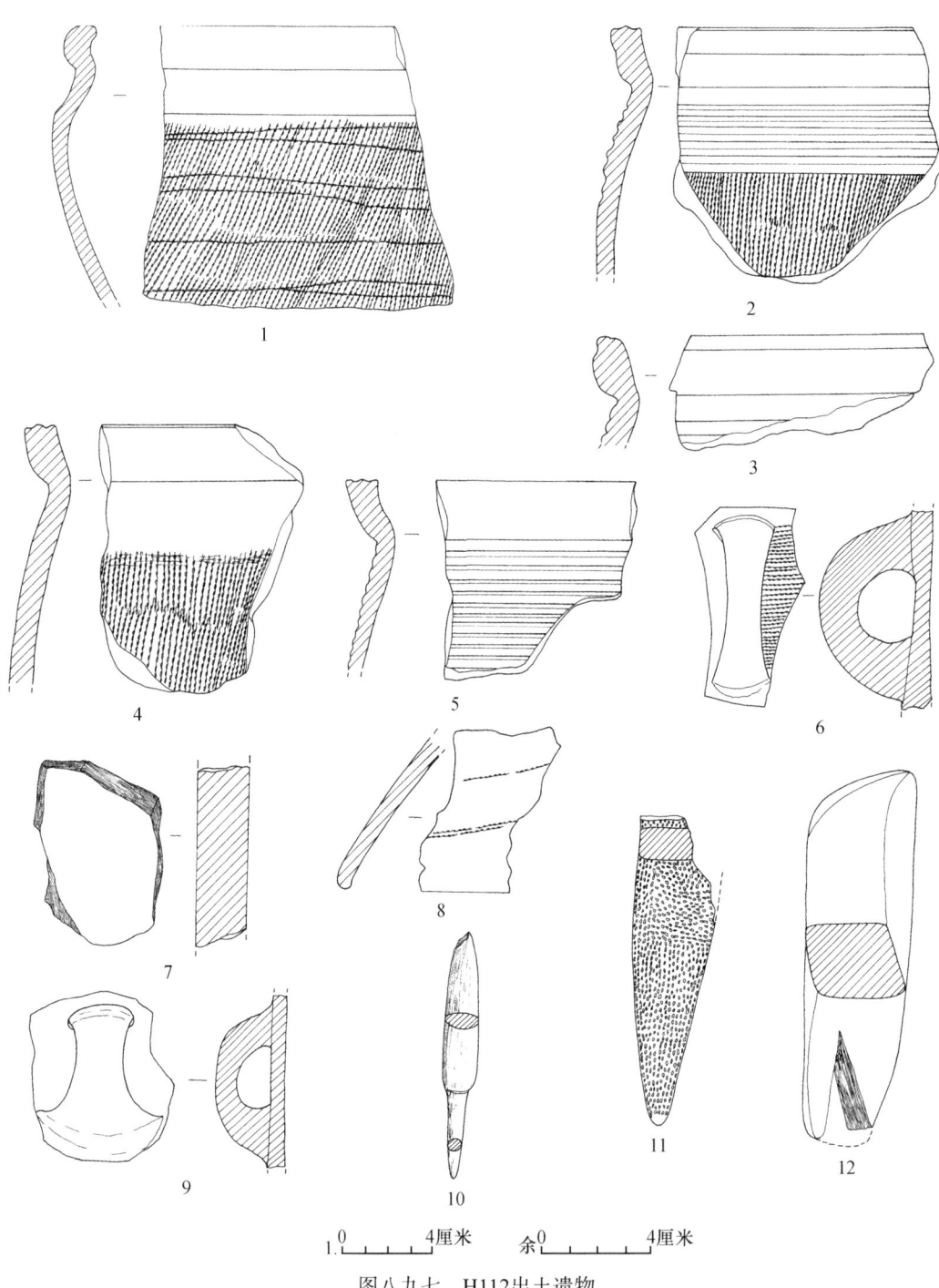

图八九七 H112出土遗物

1~5. 陶瓮（H112：12、H112：19、H112：20、H112：15、H112：16） 6、9. 器耳（H112：22、H112：23）
7. 残石器（H112：25） 8. 器盖（H112：21） 10. 骨镞（H112：27） 11. 陶锉（H112：24） 12. 研磨器（H112：26）

55. H114

H114位于Ⅲ区T0714南部，开口于③层下。平面呈不规则形，锅底状，弧壁，平底。坑口长径2.05、短径1.1、底长径1.76、短径0.86、深0.32米（图八九八）。

坑内堆积为深灰色土，土质疏松，包含少量火烧土块，出土大量陶片。

陶片为主要的出土物，以细夹砂红褐陶为主，细泥质橘红陶、粗夹砂红褐陶次之，并有一定比例的粗泥质橘红陶和少量细泥质灰陶；纹饰以素面占绝大多数，并有一定比例的绳纹和少量弦纹、交错绳纹、彩陶（表一九一）。

H114共出土遗物24件。全部为陶器。器类有瓶、罐、钵（表一九二）。

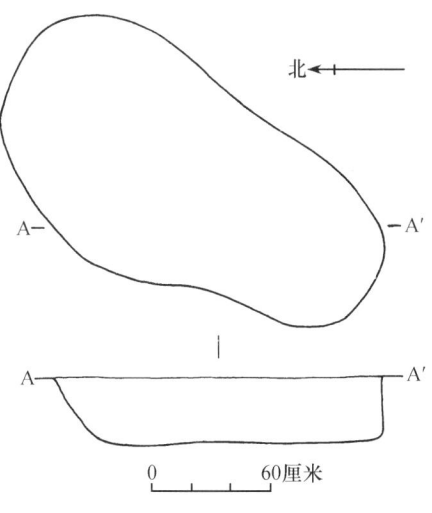

图八九八　H114平、剖面图

瓶　1件。标本H114：5，口沿残片。粗泥质橘红陶。直杯口较高，方唇，素面。内、外壁均可见轮修痕迹。口径10、残高7.6厘米（图八九九，8）。

罐　5件。均口、腹部残片。形制相同，均侈口，卷沿，鼓腹。标本H114：6，细夹砂红褐陶。尖圆唇。素面。沿面及内壁均可见轮修痕迹（图八九九，2）。标本H114：7，粗夹砂红褐陶。方唇，唇部有一道浅细凹槽。腹部饰横向绳纹。外沿面可见轮修痕迹（图八九九，1）。标本H114：8，粗夹砂红褐陶。方唇，唇部有二道浅细凹槽。腹部饰右上至左下斜向绳纹（图八九九，3）。

钵　18件。均口、腹部残片。标本H114：2，细泥质橘红陶。直口微敛，圆唇，深弧腹。器表磨光。素面。口下可见浅褐色叠烧痕迹与轮修痕迹（图八九九，7）。

标本H114：1、H114：3、H114：4形制相同，均细泥质橘红陶，直口微敛，圆唇，浅弧腹，器表磨光。标本H114：1，素面。器表可见烟熏痕迹（图八九九，6）。标本H114：3，唇部及口下饰

表一九一　H114陶系统计表　　　　　　　　　　（单位：kg）

陶质	细泥质		粗泥质	细夹砂	粗夹砂	合计	百分比（%）	
陶色纹饰	橘红	灰	橘红	红褐	红褐			
素面			0.33	1.28	0.41	2.02		57.88
素面+磨光	0.74					0.74		21.20
绳纹			0.02	0.33	0.25	0.60	3.49	17.19	100
交错绳纹			0.05			0.05		1.43
绳纹+弦纹					0.01	0.01		0.29
彩陶	0.02	0.05				0.07		2.01
合计	0.76	0.05	0.40	1.61	0.67	3.49		
百分比（%）	21.78	1.43	11.46	46.13	19.20	100		

表一九二　H114器形统计表　（单位：件）

陶质	细泥质		粗泥质	细夹砂		粗夹砂		合计		百分比（%）	
陶色	橘红	橘红	橘红	红褐	红褐	红褐	红褐				
器形＼纹饰	素面+磨光	彩陶	素面	素面	绳纹	素面	绳纹				
瓶		1						1	24	4.17	100
罐 口				1		2		5		20.83	
罐 底			1			1					
钵	11	2	1	3		1		18		75.00	
合计	11	2	2	4	1	2	2	24			
百分比（%）	45.83	8.33	8.33	16.67	4.17	8.33	8.33	100			

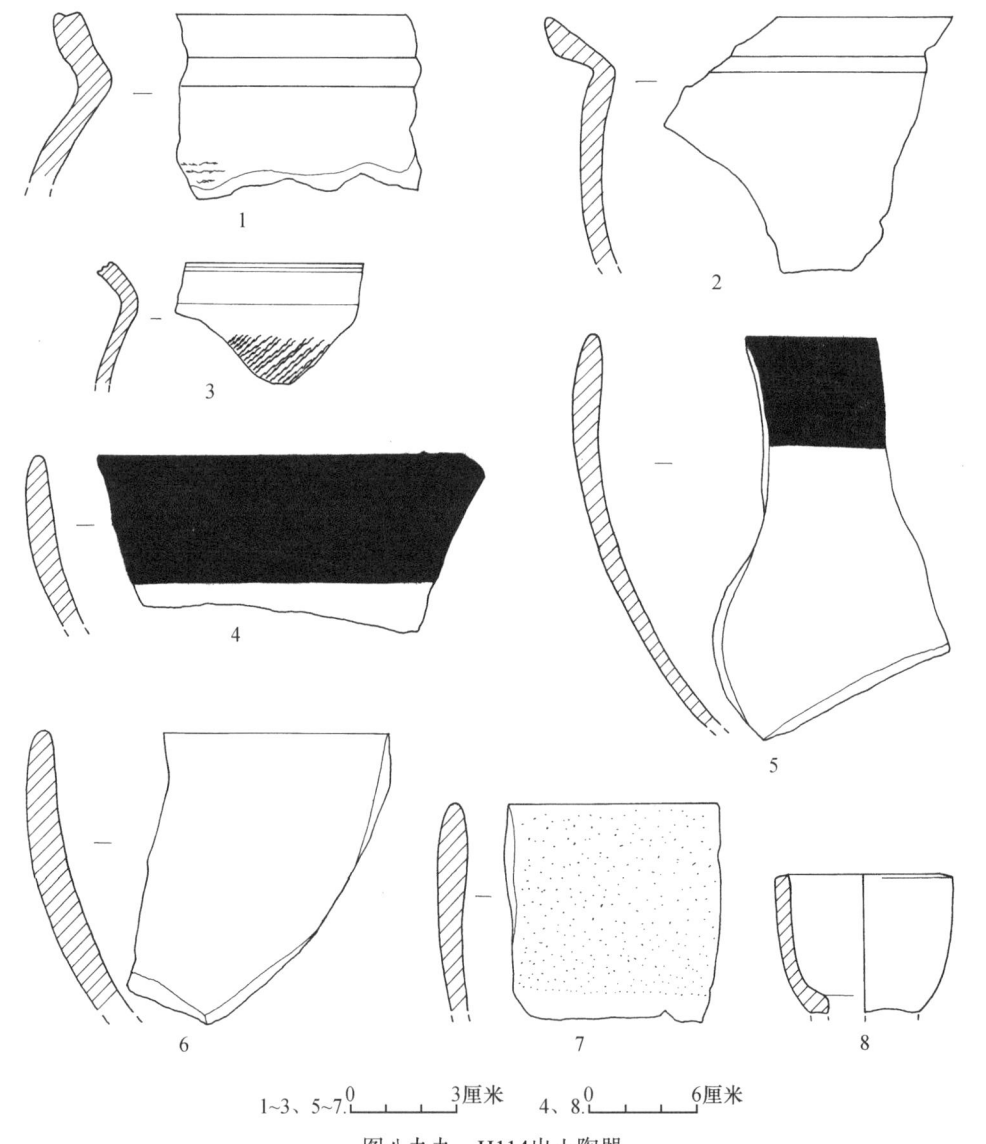

图八九九　H114出土陶器

1~3.罐（H114∶7、H114∶6、H114∶8）　4~7.钵（H114∶4、H114∶3、H114∶1、H114∶2）　8.瓶（H114∶5）

黑色宽带纹彩绘。口下可见轮修痕迹（图八九九，5）。标本H114∶4，唇部及口下饰黑色宽带纹彩绘。器表可见轮修痕迹（图八九九，4）。

56. H115

H115位于Ⅲ区T0613北部和T0614南部，开口于③层下。平面呈圆形，袋状，斜直壁，平底。坑口径1.12、底径1.34、深1米（图九〇〇；图版四，4）。

坑内堆积为浅灰色土，土质疏松，包含少量火烧土块，出土少量陶片。坑底北部出土一具完整动物骨架，头向东，面向南，呈侧卧姿势。

陶片以细泥质橘红陶为主，粗夹砂红褐陶次之，还有少量细夹砂橘红陶、细泥质灰陶、细夹砂红褐陶、粗泥质橘红陶；纹饰以绳纹为主，彩陶次之，素面再次。

H115共出土遗物25件。全部为陶器。器类有瓶、盆、罐、钵、器盖、锉，另有器耳、器底（表一九三）。

瓶　1件。标本H115∶21，口沿残片。细夹砂橘红陶。葫芦形口，方唇。素面。器表可见轮修痕迹，内壁可见泥条盘筑痕迹。复原口径6、残高8厘米（图九〇一，1）。

盆　7件。均口、腹部残片。标本H115∶13、H115∶14、H115∶16、H115∶17、H115∶19形制相同，均细泥质橘红陶，侈口，卷沿，弧腹，器表磨光。标本H115∶13，圆唇。唇部与外沿面均饰黑色窄带纹彩绘，腹部饰黑色变体鱼纹彩绘（图

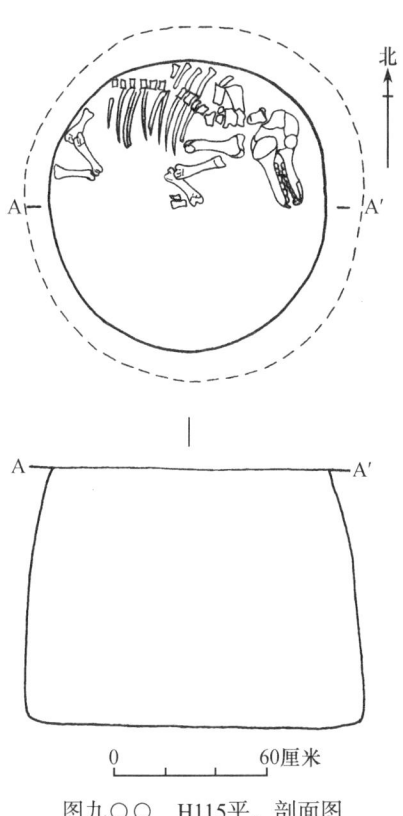

图九〇〇　H115平、剖面图

九〇一，2）。标本H115∶14，圆唇，口下有一个由外向内单面钻却未钻透的圆孔。唇部与外沿面均饰黑色窄带纹彩绘，腹部饰黑色变体鱼纹彩绘（图九〇一，5）。标本H115∶16，方唇。唇部与外沿面均饰黑色窄带纹彩绘（图九〇一，7）。标本H115∶17，方唇。唇部与外沿面均饰黑色彩绘，腹部饰黑色变体鱼纹彩绘（图九〇一，3）。标本H115∶19，圆唇。素面（图九〇一，8）。

标本H115∶15，细泥质橘红陶。直口，宽折沿，弧腹。器表磨光。沿面饰黑色三角纹与窄带纹彩绘。唇部可见轮修痕迹（图九〇一，4）。

标本H115∶18，细泥质橘红陶。敛口，厚圆唇，弧腹。器表磨光。素面（图九〇一，6）。

罐　7件。均口、腹部残片。标本H115∶23、H115∶27形制相同，均粗夹砂红褐陶，侈口，卷沿，圆唇，鼓腹。标本H115∶23，肩略鼓，并起一道不显著棱脊。腹部饰右上至左下斜向绳纹（图九〇二，5）。标本H115∶27，外沿面有二道浅细凹槽。素面。口沿下侧可见轮修痕迹（图九〇二，3）。

标本H115∶28、H115∶29、H115∶31形制相同，均粗夹砂红褐陶，侈口，折沿，鼓腹。标本H115∶28，方唇，唇部有二道浅细凹槽。口沿以下饰右上至左下斜向绳纹（图九〇二，2）。标本H115∶29，圆唇，外沿面有二道凸棱。腹部饰右上至左下斜向绳纹（图九〇二，6）。标本

表一九三　H115器形统计表　　　　　　　　　　　　　　　（单位：件）

陶质	细泥质		细夹砂		粗夹砂		合计		百分比（%）	
陶色	橘红	灰	橘红	红褐	红褐					
纹饰＼器形	素面＋磨光	彩陶	素面	素面	素面	素面	绳纹				
瓶			1					1	24	4.17	100
盆	2	5						7		29.17	
罐				1	1		5	7		29.17	
钵	5	3						8		33.33	
器盖			1					1		4.17	
合计	7	8	1	1	1	1	5	24			
百分比（%）	29.17	33.33	4.17	4.17	4.17	4.17	20.83	100			

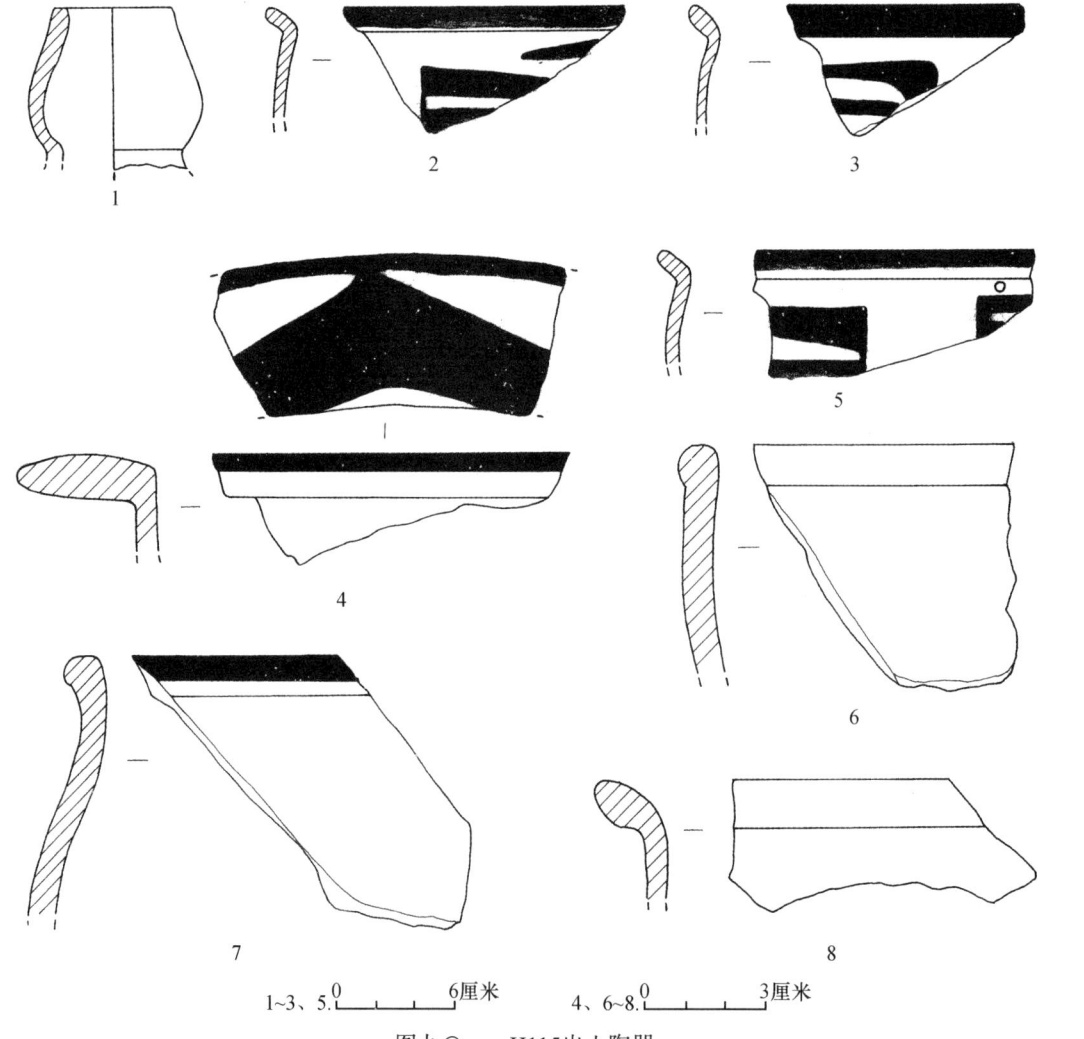

1～3、5. ⊢──┤ 6厘米　　4、6～8. ⊢──┤ 3厘米

图九〇一　H115出土陶器

1. 瓶（H115∶21）　2～8. 盆（H115∶13、H115∶17、H115∶15、H115∶14、H115∶18、H115∶16、H115∶19）

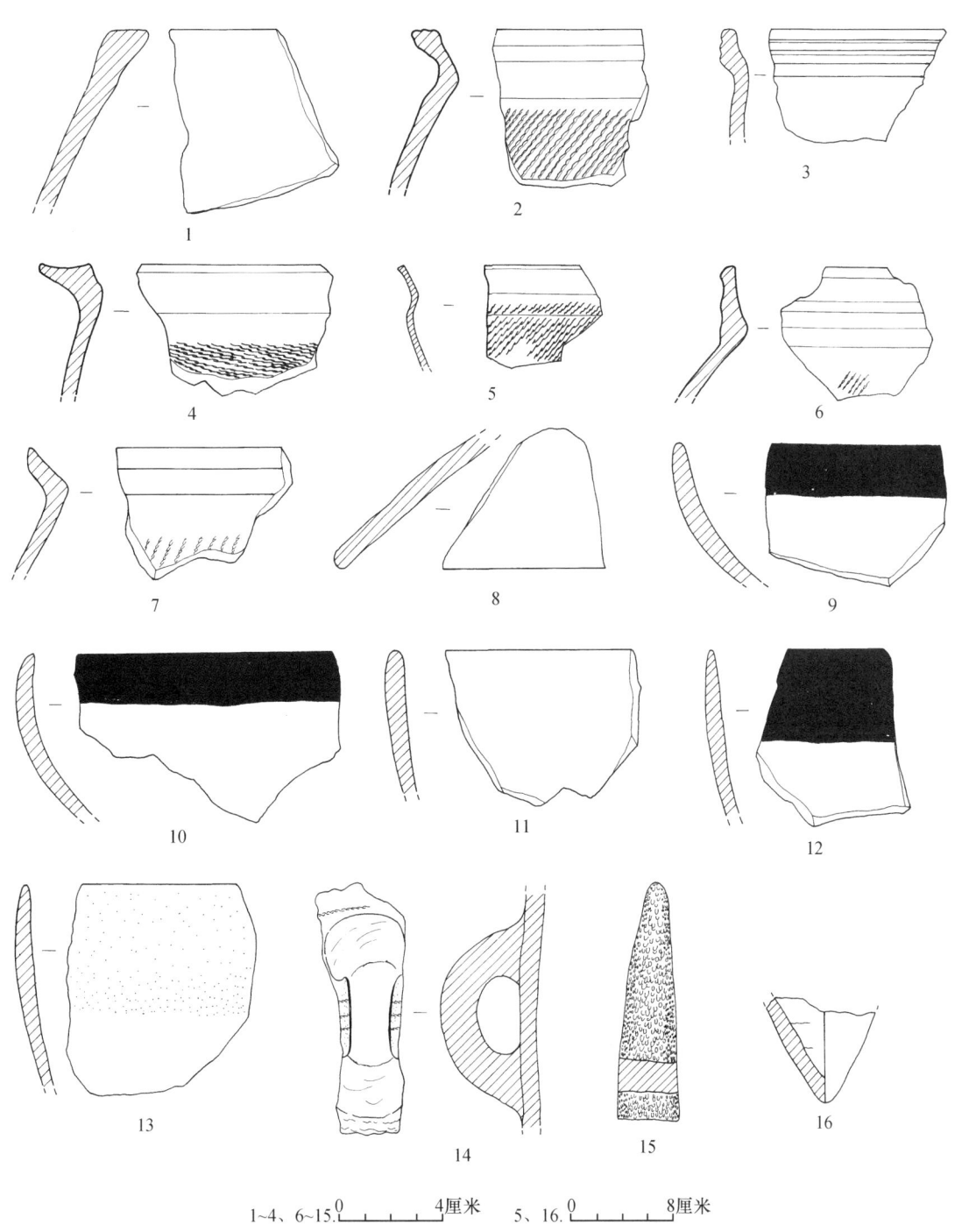

图九〇二　H115出土陶器

1~7.罐（H115：32、H115：28、H115：27、H115：24、H115：23、H115：29、H115：31）　8.器盖（H115：33）
9~13.钵（H115：1、H115：8、H115：9、H115：10、H115：11）　14.器耳（H115：34）　15.锉（H115：35）
16.器底（H115：22）

H115：31，圆唇。口沿以下饰右上至左下斜向绳纹。外沿面可见轮修痕迹（图九〇二，7）。

标本H115：24，粗夹砂红褐陶。侈口，窄平折沿，沿面有一道宽浅凹槽，圆唇，鼓腹。腹部饰左上至右下斜向绳纹，绳纹近平。唇部可见轮修痕迹（图九〇二，4）。

标本H115：32，细夹砂红褐陶。敛口，方唇，斜直腹。素面。内壁可见泥条盘筑痕迹（图九〇二，1）。

钵 8件。均口、腹部残片。形制相同，均细泥质橘红陶，直口微敛，浅弧腹，器表磨光。标本H115：1，圆唇。口下饰黑色宽带纹彩绘。内壁可见轮修痕迹（图九〇二，9）。标本H115：8，尖圆唇。口下饰黑色宽带纹彩绘（图九〇二，10）。标本H115：9，圆唇。素面（图九〇二，11）。标本H115：10，圆唇。口下饰黑色宽带纹彩绘（图九〇二，12）。标本H115：11，圆唇。素面。口下可见灰白色叠烧痕迹（图九〇二，13）。

器盖 1件。标本H115：33，口、壁残片。细泥质灰陶。敞口，圆唇，斜直壁。素面。内壁可见轮修痕迹（图九〇二，8）。

器耳 标本H115：34，腹部残片。细夹砂红褐陶。腹部较直，有一竖向圆柱桥形耳。腹部饰横向绳纹。可能为瓶耳（图九〇二，14）。

器底 标本H115：22，底部残片。粗夹砂红褐陶。尖底。素面。内壁可见泥条盘筑痕迹。可能为瓶底。残高8厘米（图九〇二，16）。

锉 1件。标本H115：35，完整。粗泥质橘红陶。平面呈三角形，横断面呈长方形，两侧边较直。器表麻点清晰，密度较大。长9、顶部宽2.5、厚1.3厘米（图九〇二，15；图版一四五，5）。

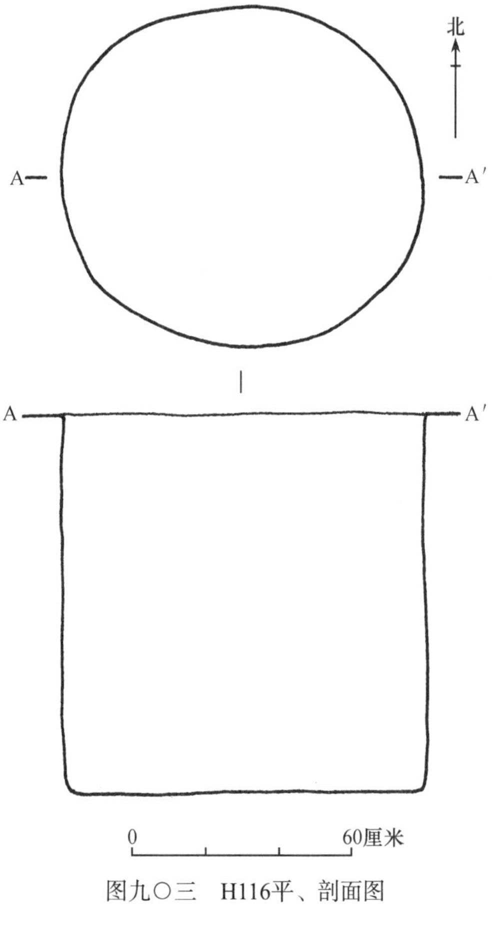

57. H116

H116位于Ⅲ区T0414东部和T0514西部，开口于③层下。平面呈椭圆形，筒状，直壁，平底。坑口长径1、短径0.9、深1米（图九〇三）。

坑内堆积为深灰色土，土质疏松，包含少量火烧土块，出土少量陶片。

陶片以细泥质橘红陶为主，粗夹砂红褐陶次之，还有少量粗泥质橘红陶；纹饰以素面为主，弦纹次之，还有少量彩陶与绳纹。

H116共出土遗物9件。全部为陶器。器类有盆、罐、钵。

盆 4件。均口、腹部残片。标本H116：6，细泥质橘红陶。直口微敞，平折沿，沿面微鼓，圆唇，弧腹。器表磨光。素面。唇部可见轮修痕迹。复原口径38.1、残高7.2厘米（图九〇四，5）。

标本H116：5、H116：9形制相同，均细泥质橘红陶，侈口，卷沿，弧腹。标本H116：5，方唇。器表磨

图九〇三 H116平、剖面图

光。唇部饰黑色窄带纹彩绘。复原口径19.5、残高6厘米（图九〇四，1）。标本H116：9，圆唇。腹部饰多周弦纹。外沿面可见轮修痕迹（图九〇四，9）。

标本H116：7，粗泥质橘红陶。敛口，圆唇，唇外叠，弧腹。素面。内壁可见轮修痕迹（图九〇四，8）。

罐 2件。均口、腹部残片。标本H116：11，粗夹砂红褐陶。侈口，卷沿，沿面微曲，方唇，肩略鼓，并起一道不显著棱脊，鼓腹。腹部饰右上至左下斜向绳纹。口沿下侧可见轮修痕迹。复原口径18、残高6.6厘米（图九〇四，2）。

标本H116：10，粗夹砂红褐陶。侈口，折沿，尖唇，鼓腹。腹部饰多周弦纹。复原口径15.9、残高6厘米（图九〇四，3）。

钵 3件。形制相同，均细泥质橘红陶，直口微敛，深弧腹，圜底，底部有一周浅细凹槽，器表磨光，素面。标本H116：1，可复原。圆唇，底部凹槽内区域较为粗糙。口下可见深红色叠

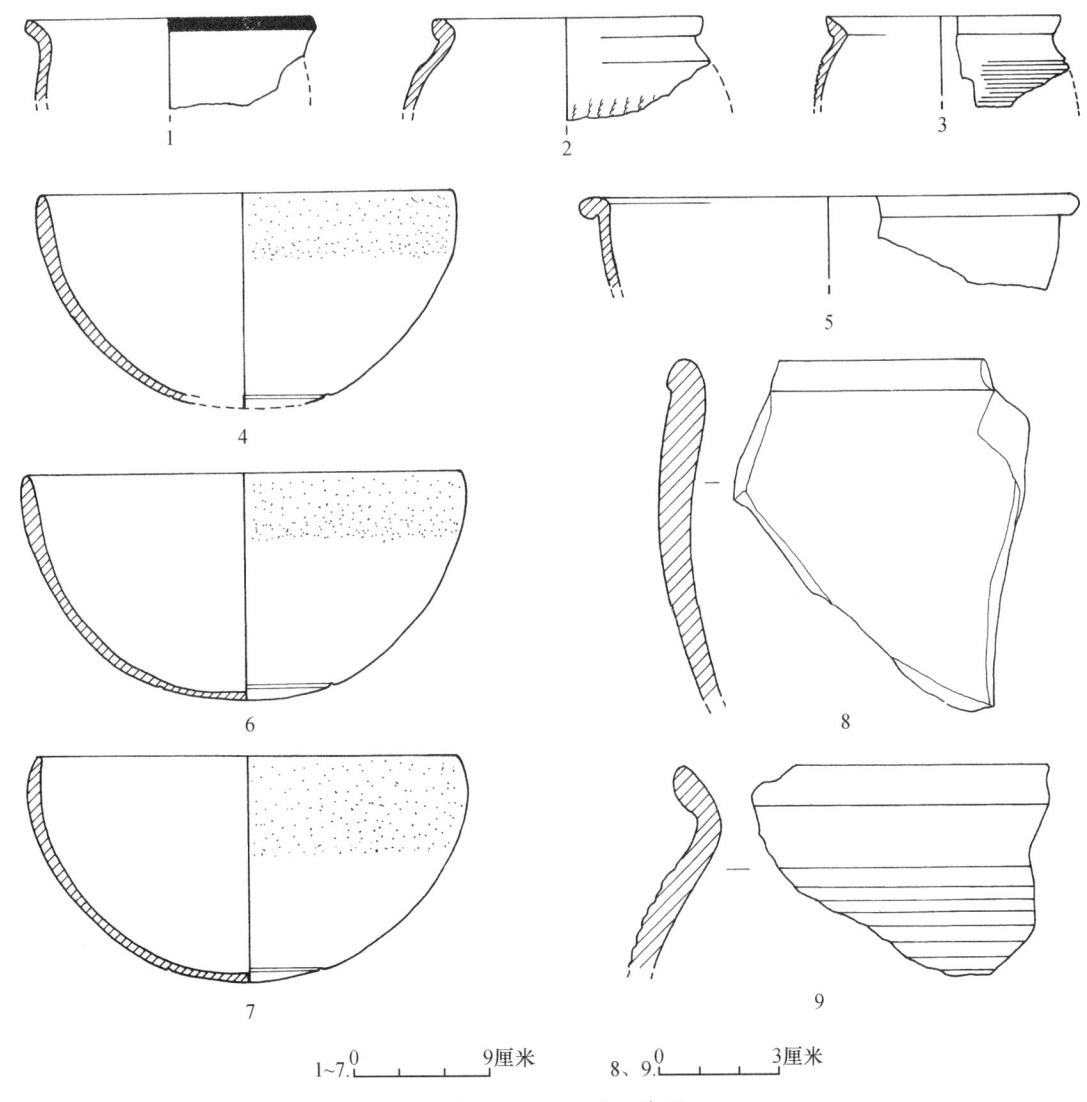

图九〇四 H116出土陶器
1、5、8、9.盆（H116：5、H116：6、H116：7、H116：9） 2、3.罐（H116：11、H116：10）
4、6、7.钵（H116：3、H116：1、H116：2）

烧痕迹。口径30、通高14.7厘米（图九〇四，6；图版一四五，6）。标本H116∶2，可复原。方唇。口下可见深红色叠烧痕迹。口径28.5、通高14.7厘米（图九〇四，7；图版一四六，1）。标本H116∶3，底部残。方唇，底部凹槽内区域较为粗糙。口下可见浅褐色叠烧痕迹。口径27.9、残高13.8厘米（图九〇四，4）。

58. H117

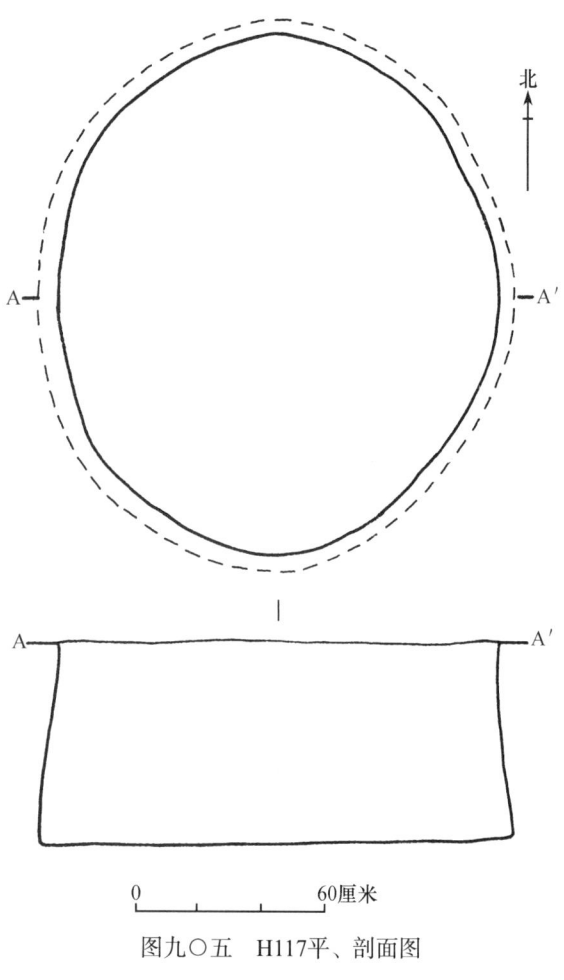

图九〇五　H117平、剖面图

H117位于Ⅲ区T0714北部，开口于③层下。平面呈椭圆形，袋状，斜直壁，平底。坑口长径1.6、短径1.4、底长径1.7、短径1.52、深0.62米（图九〇五）。

坑内堆积为浅灰色土，土质疏松，包含少量火烧土块，出土少量陶片。

陶片以细泥质橘红陶为主，粗夹砂红褐陶次之，还有少量细夹砂橘红陶与细夹砂红褐陶；纹饰以绳纹为主，素面次之，还有少量彩陶与弦纹。

H117共出土遗物13件。全部为陶器。器类有盆、罐、钵、瓮，另有器耳（表一九四）。

盆　1件。标本H117∶7，口、腹部残片。细泥质橘红陶。侈口，卷沿，圆唇，弧腹。器表磨光。唇部与外沿面均饰黑色窄带纹彩绘。唇部可见轮修痕迹（图九〇六，14）。

罐　4件。均口、腹部残片。标本H117∶8、H117∶15形制相同，均粗夹砂红褐陶，侈口，折沿，沿面内曲，方唇，鼓腹。标本H117∶8，口沿下侧饰多周弦纹，腹部饰右上至左下斜向绳纹（图九〇六，13）。标本H117∶15，鼓肩，并起一道显著棱脊。棱脊以下饰右上至左下斜向绳纹。外沿面可见轮修痕迹（图九〇六，12）。

标本H117∶9、H117∶10形制相同，均粗夹砂红褐陶，侈口，卷沿，鼓腹。标本H117∶9，尖圆唇。腹部饰竖向绳纹。口部可见烟熏痕迹（图九〇六，7）。标本H117∶10，方唇，鼓肩，并起一道显著棱脊。棱脊以下饰右上至左下斜向绳纹。外沿面可见轮修痕迹（图九〇六，11）。

钵　5件。均口、腹部残片。标本H117∶1，细泥质橘红陶。直口微敛，尖圆唇，深弧腹。器表磨光。素面。口下可见浅褐色叠烧痕迹（图九〇六，8）。

标本H117∶2、H117∶3、H117∶4、H117∶5形制相同，均细泥质橘红陶，直口微敛，圆唇，浅弧腹，器表磨光。标本H117∶2，素面。口下可见灰白色叠烧痕迹（图九〇六，4）。标本H117∶3，素面。器表可见烟熏痕迹（图九〇六，1）。标本H117∶4，口下饰黑色宽带纹

表一九四　H117器形统计表　　　　　　　　　　　　　　　　（单位：件）

陶质	细泥质		细夹砂		粗夹砂		合计		百分比（%）	
陶色	橘红		橘红	红褐	红褐					
纹饰＼器形	素面＋磨光	彩陶	绳纹	绳纹	绳纹	绳纹＋弦纹				
盆		1					1	13	7.69	100
罐					3	1	4		30.77	
钵	3	2					5		38.46	
瓮			1	1	1		3		23.07	
合计	3	3	1	1	4	1	13			
百分比（%）	23.08	23.08	7.69	7.69	30.77	7.69	100			

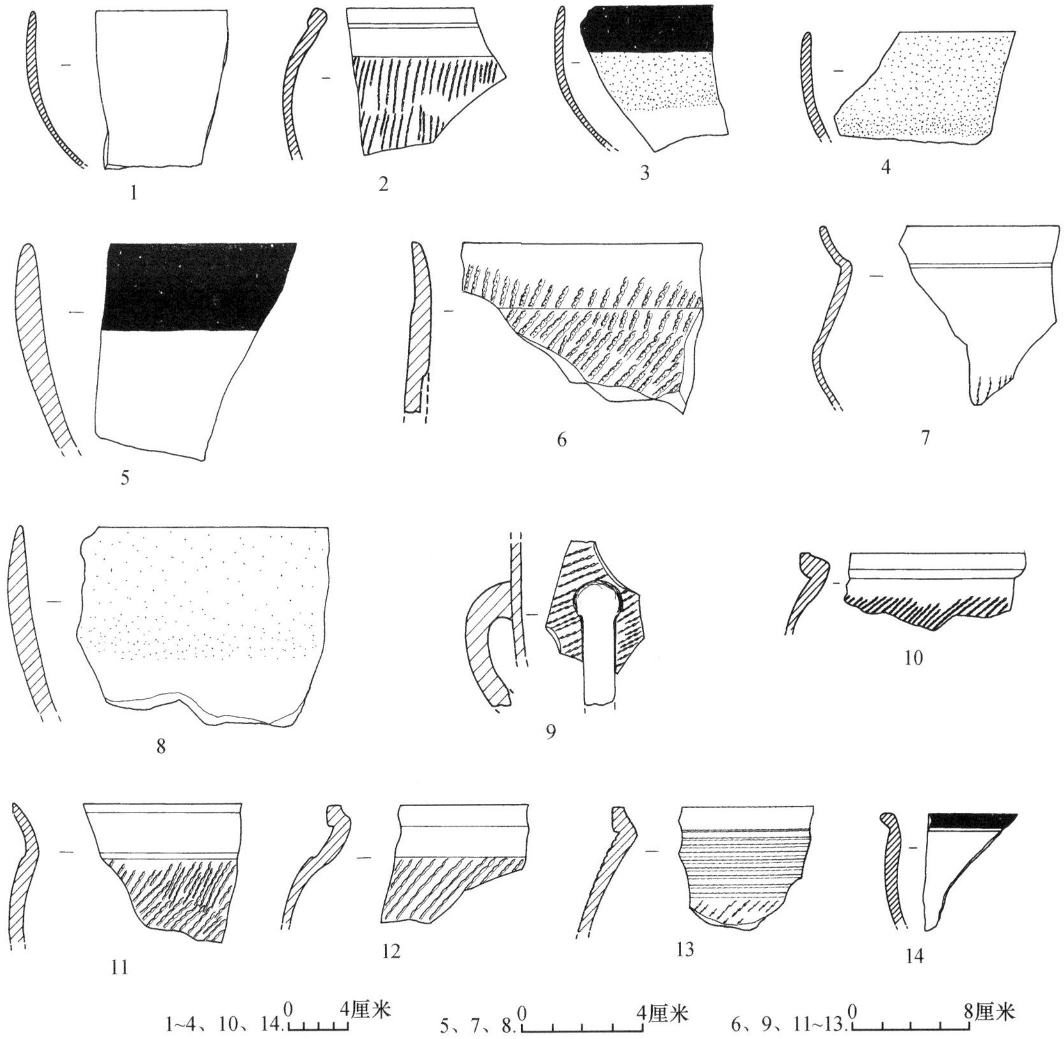

1~4、10、14. ─── 0 4厘米　　5、7、8. ─── 0 4厘米　　6、9、11~13. ─── 0 8厘米

图九〇六　H117出土陶器

1、3~5、8.钵（H117:3、H117:4、H117:2、H117:5、H117:1）　2、6、10.瓮（H117:11、H117:13、H117:14）

7、11~13.罐（H117:9、H117:10、H117:15、H117:8）　9.器耳（H117:17）　14.盆（H117:7）

彩绘。彩绘下侧可见浅褐色叠烧痕迹（图九〇六，3）。标本H117:5，口下饰黑色宽带纹彩绘（图九〇六，5）。

瓮　3件。均口、腹部残片。标本H117:14，粗夹砂红褐陶。侈口，折沿，沿面微曲，方唇，鼓腹。腹部饰右上至左下斜向绳纹。外沿面可见轮修痕迹（图九〇六，10）。

标本H117:11，细夹砂橘红陶。敛口，圆唇，肩略鼓，并起一道不显著棱脊，鼓腹。棱脊以下饰右上至左下斜向绳纹，绳纹斜度较小。唇部与口沿下侧均可见轮修痕迹（图九〇六，2）。

标本H117:13，细夹砂红褐陶，陶土中掺有少量蚌壳碎片。直口，方唇，直腹，上腹部有一道较矮棱脊。口沿以下饰右上至左下斜向绳纹。唇下可见轮修痕迹。内壁可见烟熏痕迹（图九〇六，6）。

器耳　标本H117:17，腹部残片。细泥质橘红陶。腹部较直，有一竖向圆柱桥形耳。腹部饰右上至左下斜向绳纹。可能为瓶耳（图九〇六，9）。

59. H121

H121位于Ⅲ区T0711东部，开口于③层下。平面呈圆形，袋状，斜直壁，平底。坑口径1.14、底径1.56、深0.9米（图九〇七）。

坑内堆积为灰褐色土，土质较致密，出土少量陶片，另有兽骨、田螺壳。

陶片为主要的出土物，以粗夹砂红褐陶为主，细泥质橘红陶次之，还有少量粗泥质橘红陶和细夹砂橘红陶；纹饰以绳纹居多，素面次之，并有少量弦纹、交错绳纹和彩陶（表一九五）。

H121共出土遗物14件。全部为陶器。器类有罐、钵、瓮、圆陶片，另有彩陶片（表一九六）。

罐　9件。标本H121:7，口、腹部残片。粗夹砂红褐陶。直口，方唇，唇部有一道凸棱，腹微鼓。口沿以下饰多周弦纹。唇部可见轮修痕迹（图九〇八，6）。

标本H121:3、H121:4、H121:5、H121:6、H121:9形制相同，均粗夹砂红褐陶，侈口，卷沿，鼓腹。标本H121:3，可复原。圆唇，唇部有一道浅细凹槽，中腹圆鼓，下腹斜收，平底，最大腹径位于中腹部。上腹部饰左上至右下斜向绳纹，中、下腹部饰右上至左下斜向绳纹，下腹部饰交错绳纹。沿面可见轮修痕迹。口径13.3、腹径13、底径7.8、通高11.9厘米（图九〇八，8；

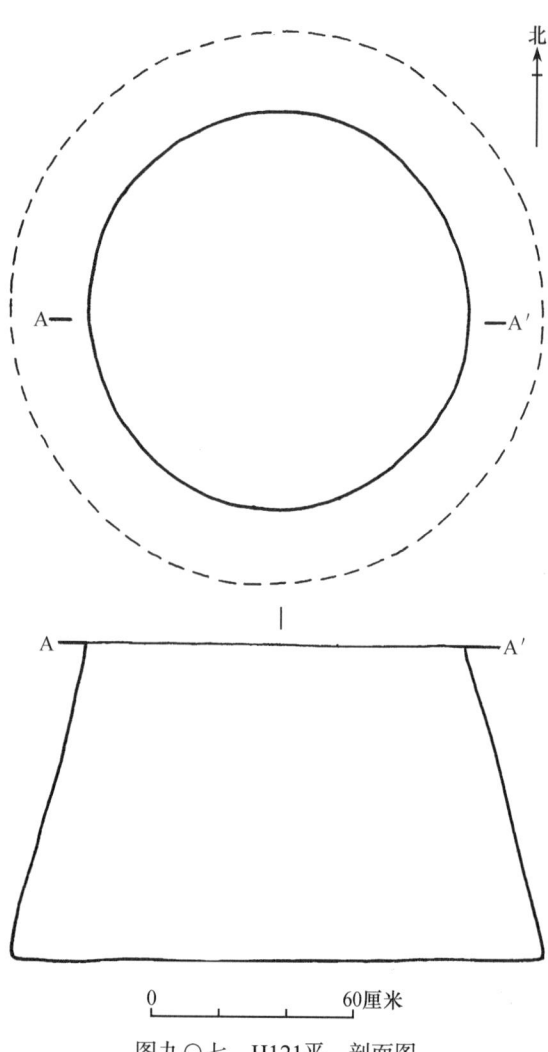

图九〇七　H121平、剖面图

表一九五　H121陶系统计表　　　　　　　　　　　　　　　　　　　（单位：kg）

陶质 纹饰 陶色	细泥质 橘红	粗泥质 橘红	细夹砂 橘红	粗夹砂 红褐	合计	百分比（%）
素面	0.32			0.28	0.60	20.20
素面+磨光	0.25				0.25	8.42
绳纹		0.05		1.69	1.74	58.59
弦纹				0.06	0.06	2.02
交错绳纹	0.02			0.126	0.02	4.92
绳纹+弦纹			0.06		0.146	2.02
彩陶	0.114				0.114	3.84
合计	0.704	0.05	0.06	2.156	2.97	100
百分比（%）	23.70	1.68	2.02	72.59	100	

表一九六　H121器形统计表　　　　　　　　　　　　　　　　　　　（单位：件）

纹饰 器形 陶色 陶质	细泥质 橘红 素面+磨光	粗夹砂 红褐 素面	粗夹砂 红褐 绳纹	粗夹砂 红褐 弦纹	粗夹砂 红褐 交错绳纹	合计	百分比（%）
罐		2	5	1	1	9	75.00
钵	2					2	16.67
瓮			1			1	8.33
合计	2	2	6	1	1	12	100
百分比（%）	16.67	16.67	50.00	8.33	8.33	100	

图版一四六，2）。标本H121∶4，口、腹部残片。方唇。唇部有一道浅细凹槽。口沿以下饰右上至左下斜向绳纹。外沿面可见轮修痕迹（图九〇八，5）。标本H121∶5，口、腹部残片。圆唇。口沿下侧有一道不显著棱脊。棱脊以下饰右上至左下斜向绳纹（图九〇八，3）。标本H121∶9，口、腹部残片。方唇，唇部有二道浅细凹槽。腹部饰右上至左下斜向绳纹。器表可见烟熏痕迹（图九〇八，9）。标本H121∶6，口、腹部残片。圆唇，口下有一道凸棱。素面（图九〇八，11）。

钵　2件。均口、腹部残片。形制相同，均细泥质橘红陶，直口微敛，圆唇，浅弧腹，器表磨光，素面。标本H121∶1，器表可见轮修痕迹（图九〇八，1）。标本H121∶2，内、外壁均可见烟熏痕迹（图九〇八，2）。

瓮　1件。标本H121∶8，口、腹部残片。粗夹砂红褐陶。侈口，折沿，沿面微曲，方唇，鼓

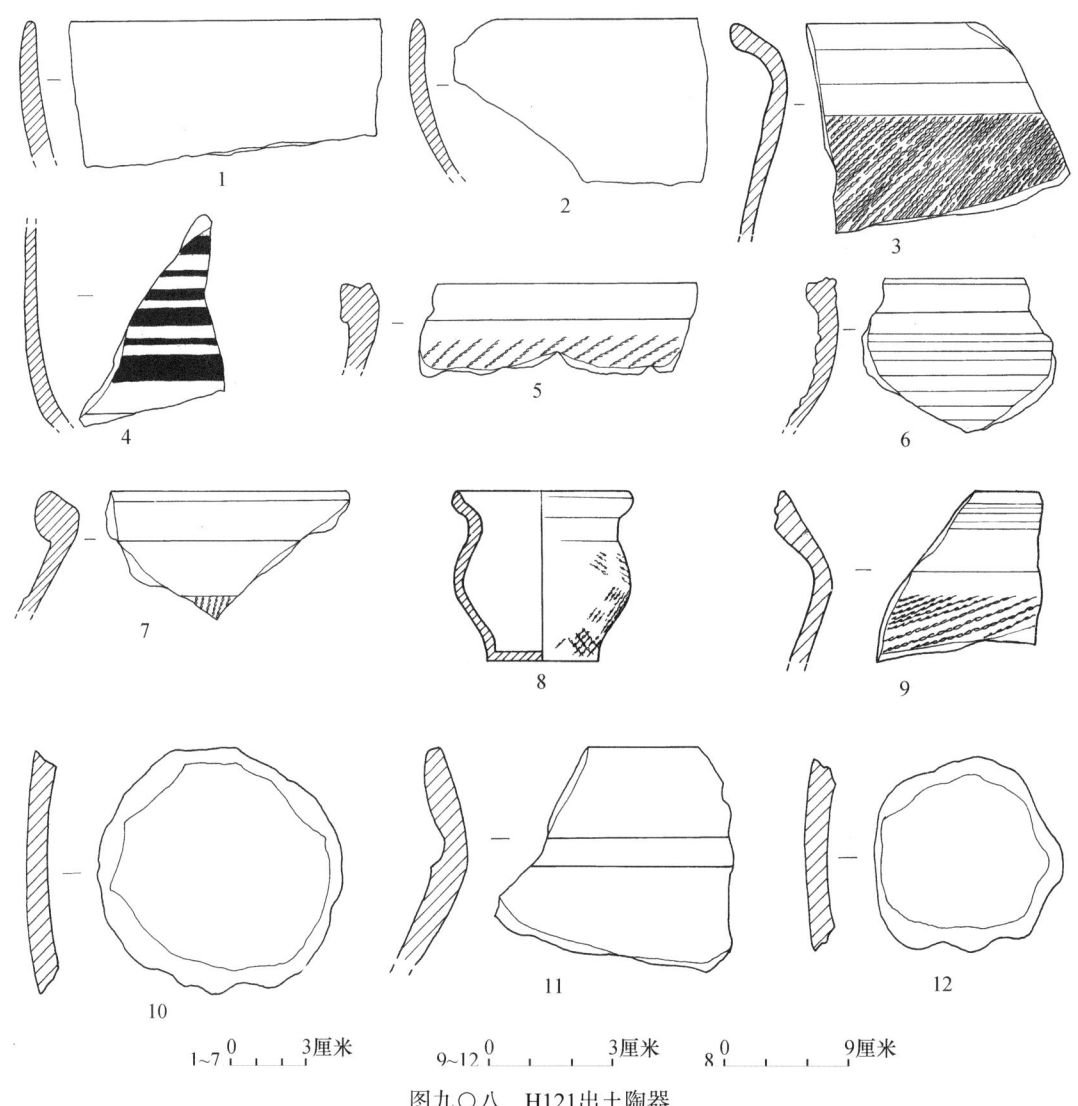

图九〇八　H121出土陶器

1、2. 钵（H121：1、H121：2）　3、5、6、8、9、11. 罐（H121：5、H121：4、H121：7、H121：3、H121：9、H121：6）
4. 彩陶片（H121：10）　7. 瓮（H121：8）　10、12. 圆陶片（H121：11-1、H121：11-2）

肩，并起一道显著棱脊，鼓腹。棱脊以下饰右上至左下斜向绳纹（图九〇八，7）。

彩陶片　标本H121：10，腹部残片。细泥质橘红陶。折腹。器表磨光。腹部饰多条黑色窄带纹彩绘。可能为盆的残片（图九〇八，4）。

圆陶片　2件。均完整。形制相同，均圆形。标本H121：11-1，细泥质橘红陶。系利用钵的口部残片打制而成。边缘较锋利。器表可见浅褐色叠烧痕迹。直径6.1、厚0.5厘米（图九〇八，10）。标本H121：11-2，细夹砂红褐陶。系利用罐的残片打制而成。边缘稍钝。直径4.6、厚0.5厘米（图九〇八，12）。

60. H122

H122位于Ⅲ区T0711南部，开口于③层下。平面呈圆形，锅底状，斜直壁，平底。坑口径1.3、底径1.16、深0.6米（图九〇九）。

坑内堆积为灰褐色土，土质疏松，出土少量陶片。

陶片以细泥质橘红陶为主，粗夹砂红褐陶次之，还有少量粗泥质橘红陶；纹饰以素面为主，绳纹次之。

H122共出土遗物15件。全部为陶器。器类有瓶、盆、罐、钵、圆陶片、锉、饰件。

瓶　2件。均口沿残片。形制相同。标本H122:7，细泥质橘红陶。直杯口，微敛，较矮，方唇。器表磨光。素面。内壁可见轮修痕迹。口径8、残高6厘米（图九一〇，1）。

盆　1件。标本H122:1，口、腹部残片。细泥质橘红陶。敛口，窄沿，厚圆唇，弧腹。器表经刮抹较为光滑。素面。内壁可见轮修痕迹（图九一〇，4）。

罐　3件。均口、腹部残片。标本H122:10，粗夹砂红褐陶。侈口，折沿，沿面内曲，方唇，鼓肩，并起一道显著棱脊，鼓腹。口沿以下饰右上至左下斜向绳纹。内壁可见轮修痕迹，口沿可见烟熏痕迹（图九一〇，3）。

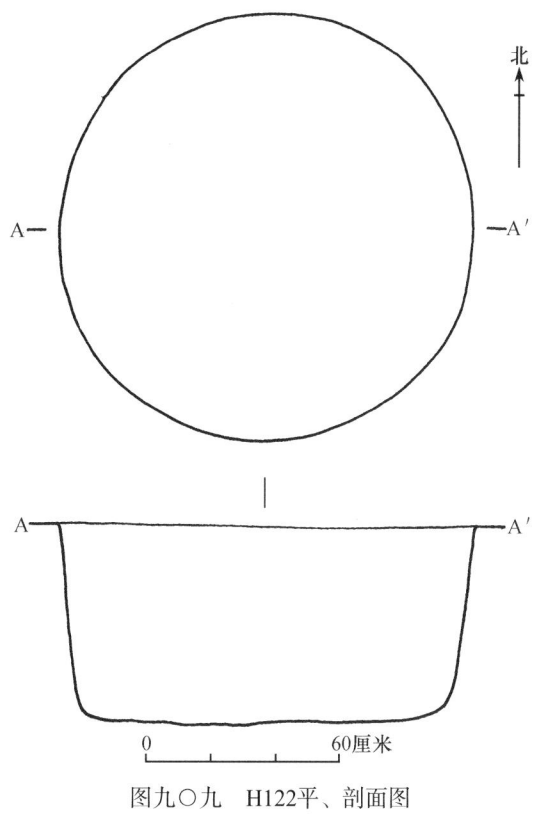

图九〇九　H122平、剖面图

标本H122:9，粗夹砂红褐陶。侈口，卷沿，圆唇，鼓腹。腹部饰右上至左下斜向绳纹。内、外沿面均可见轮修痕迹。器表可见烟熏痕迹（图九一〇，5）。

标本H122:11，粗夹砂红褐陶。敛口，卷平沿，圆唇，鼓腹。素面。沿面可见轮修痕迹（图

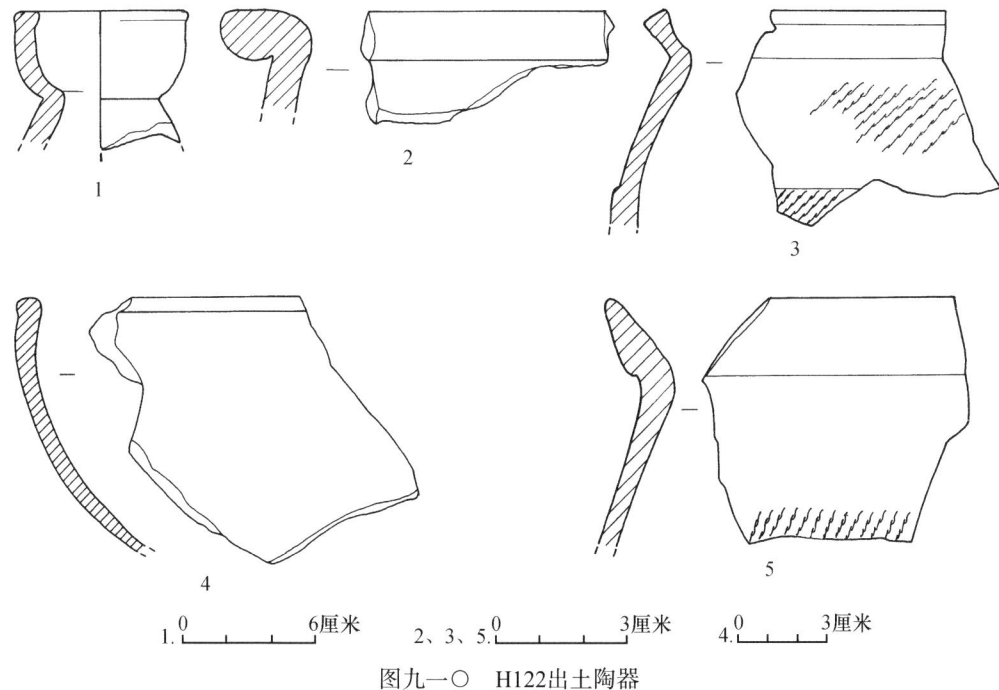

图九一〇　H122出土陶器
1.瓶（H122:7）　2、3、5.罐（H122:11、H122:10、H122:9）　4.盆（H122:1）

九一〇，2）。

钵 5件。均口、腹部残片。标本H122：6，细泥质橘红陶。敛口，方唇，斜腹。器表磨光。素面（图九一一，1）。

标本H122：5，细泥质橘红陶。直口，方唇，深弧腹。器表磨光。素面。口下可见深红色叠烧痕迹（图九一一，2）。

标本H122：2、H122：3、H122：4形制相同，均细泥质橘红陶，直口微敛，深弧腹，器表磨光，素面。标本H122：2，方唇。口下可见浅褐色叠烧痕迹（图九一一，3）。标本H122：3，圆唇。口下可见浅褐色叠烧痕迹（图九一一，4）。标本H122：4，尖圆唇。口下可见深红色叠烧痕迹（图九一一，5）。

圆陶片 2件。均完整。形制相同，均细泥质橘红陶，系利用钵的残片打制而成，圆形。标本H122：12-1，边缘稍钝。器表可见烟熏痕迹。直径4.5、厚0.5厘米（图九一一，8）。标本H122：12-2，边缘较钝。直径4.3、厚0.5厘米（图九一一，9）。

锉 1件。标本H122：14，一端残。粗泥质橘红陶。残存部分平面呈长方形，横断面呈圆角长方形，两侧边较直。器表麻点清晰，密度较大。残长6、宽2.8、厚1厘米（图九一一，6）。

饰件 1件。标本H122：13，一端残。细泥质橘红陶。残存部分平面呈长条亚腰形，器身扁平。通体磨光。残长6.1、厚0.5厘米（图九一一，7）。

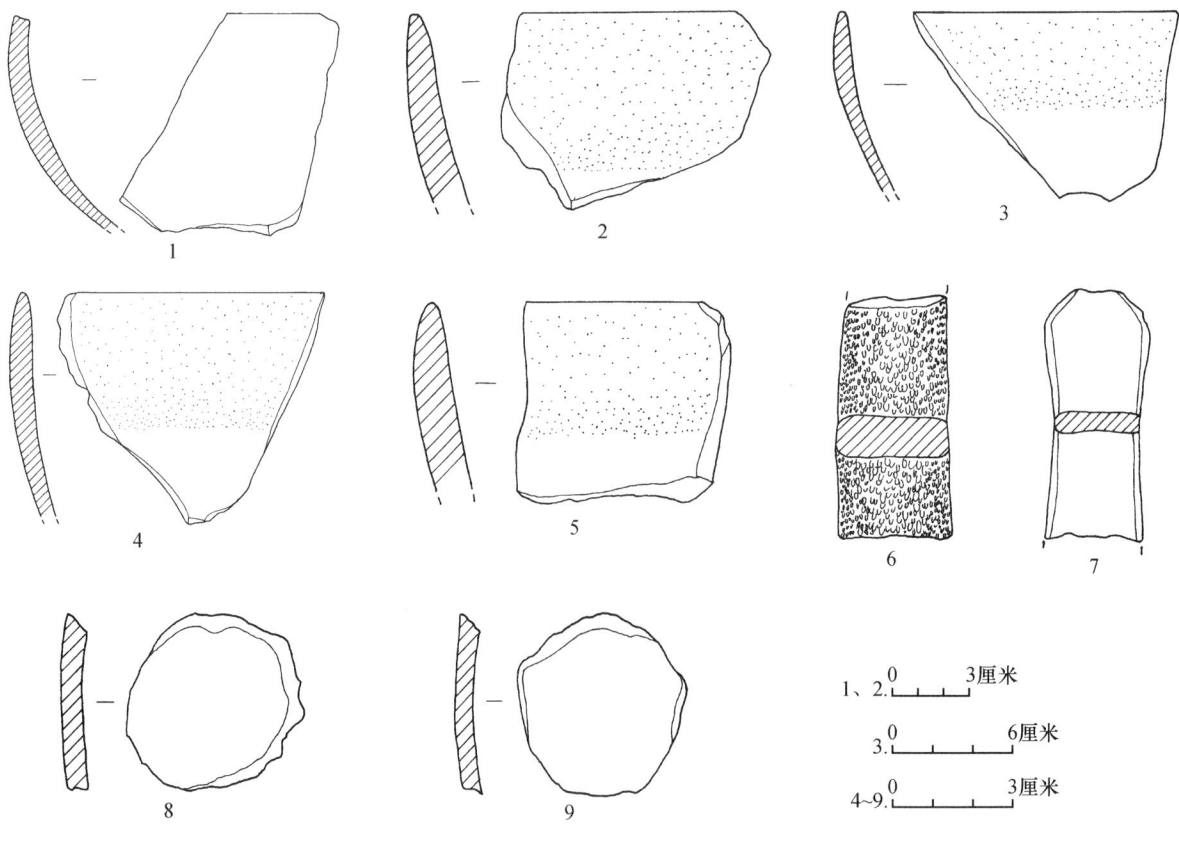

图九一一 H122出土陶器

1~5.钵（H122：6、H122：5、H122：2、H122：3、H122：4） 6.锉（H122：14） 7.饰件（H122：13）
8、9.圆陶片（H122：12-1、H122：12-2）

61. H127

H127位于Ⅲ区T1014东部，开口于③层下。平面呈圆形，袋状，斜直壁，平底。口径1.24、底径1.6、深1.3米（图九一二）。

坑内堆积为浅灰色土，土质较为疏松，出土零星陶片。

62. H128

H128位于Ⅲ区T0911东南部与T1011西南部，开口于③层下，下部被H139打破。平面呈椭圆形，袋状，斜直壁，平底。坑口长径0.92、短径0.76、底长径1.32、短径1.12、深0.96米（图九一三）。

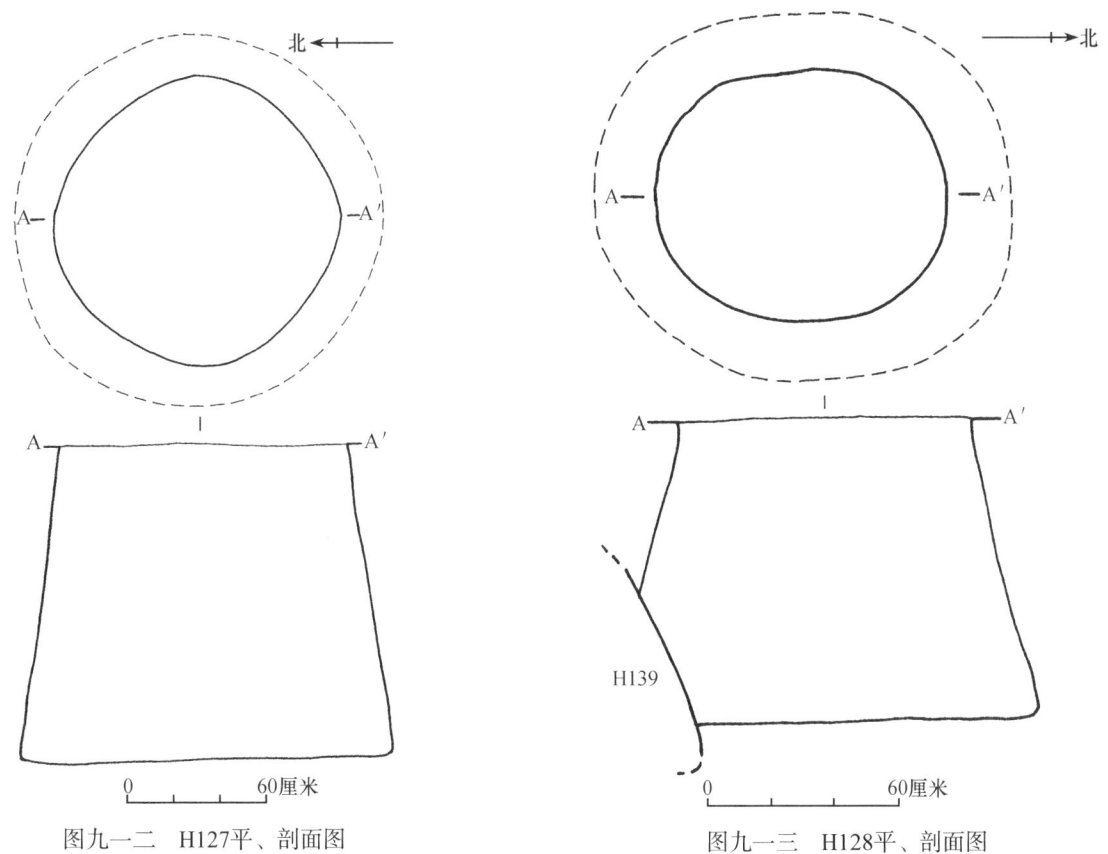

图九一二　H127平、剖面图　　　　图九一三　H128平、剖面图

坑内堆积为灰褐色土，土质较为致密，出土少量陶片，另有兽骨。

陶片为主要的出土物，以粗夹砂红褐陶为主，粗夹砂橘红陶和细泥质橘红陶次之，还有少量细泥质黑陶、粗泥质橘红陶、细夹砂红褐陶和细夹砂橘红陶；纹饰以绳纹居多，素面次之，还有少量弦纹、附加堆纹及彩陶（表一九七）。

H128共出土遗物42件。全部为陶器。器类有瓶、盆、罐、钵、瓮、器盖（表一九八）。

瓶　3件。均口沿残片。标本H128∶7，粗泥质橘红陶。直杯口，微敛，较矮，方唇。素面。内壁可见轮修痕迹。复原口径5.5、残高3.8厘米（图九一四，1）。

表一九七　H128陶系统计表　（单位：kg）

陶质	细泥质		粗泥质	细夹砂		粗夹砂		合计		百分比（%）	
陶色 纹饰	橘红	黑	橘红	橘红	红褐	橘红	红褐				
素面			0.06	0.08	0.126	0.31	2.08	2.656		32.87	
素面+磨光	0.52	0.09						0.61		7.55	
绳纹			0.12	0.08	0.126	0.63	3.23	4.186	8.08	51.81	100
弦纹	0.02							0.02		0.25	
绳纹+附加堆纹							0.37	0.37		4.58	
彩陶	0.24							0.24		2.97	
合计	0.78	0.09	0.18	0.16	0.252	0.94	5.68	8.08			
百分比（%）	9.65	1.11	2.23	1.98	3.12	11.63	70.30	100			

表一九八　H128器形统计表　（单位：件）

陶质	细泥质		粗泥质	细夹砂		粗夹砂					合计		百分比（%）	
陶色	橘红		橘红	橘红	红褐	橘红		红褐						
纹饰 器形	素面+磨光	彩陶	素面	素面	绳纹	素面	绳纹	素面	绳纹	绳纹+附加堆纹				
瓶			1	1	1						3		7.14	
盆		1		1		1					3		7.14	
罐 口						4	5	3	2		17	42	40.48	100
罐 底							3							
钵	5	6			1						12		28.57	
瓮					1		1	3	1		6		14.29	
器座								1			1		2.38	
合计	5	7	1	1	2	1	5	4	7	6	3	42		
百分比（%）	11.90	16.67	2.38	2.38	4.76	2.38	11.90	9.52	16.67	14.29	7.14	100		

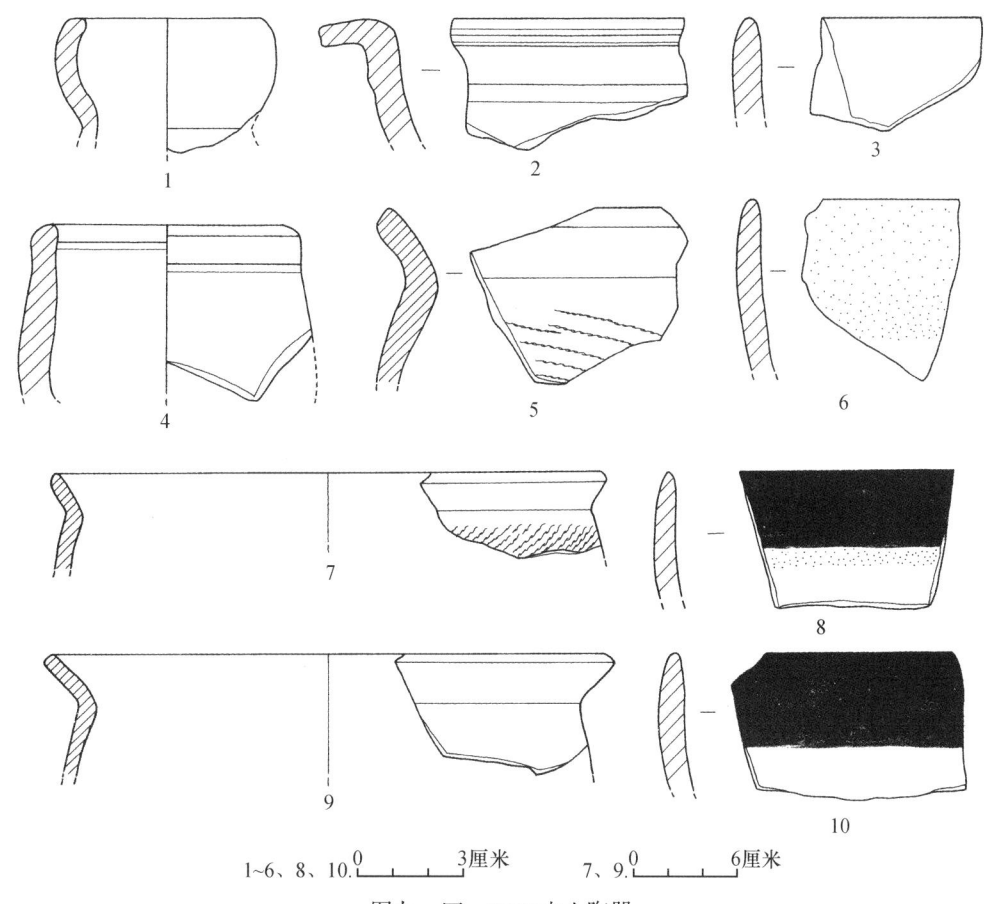

图九一四 H128出土陶器
1、4.瓶（H128：7、H128：8） 2.盆（H128：6） 3、6、8、10.钵（H128：5、H128：4、H128：2、H128：3）
5、7、9.罐（H128：13、H128：10、H128：16）

标本H128：8，细夹砂红褐陶。葫芦形口，圆唇。素面。器表可见轮修痕迹。复原口径7.8、残高5厘米（图九一四，4）。

盆 3件。均口、腹部残片。形制相同。标本H128：6，细夹砂红褐陶。直口微敛，卷平沿，方唇，唇部有一道浅细凹槽，弧腹。素面。内壁可见轮修痕迹（图九一四，2）。

罐 17件。均口、腹部残片。形制相同，均粗夹砂红褐陶，侈口，卷沿，圆唇，鼓腹。标本H128：10，口沿以下饰右上至左下斜向绳纹。外沿面可见轮修痕迹。复原口径32、残高5厘米（图九一四，7）。标本H128：13，口沿以下饰左上至右下斜向绳纹，绳纹近平。外沿面可见轮修痕迹（图九一四，5）。标本H128：16，素面。外沿面可见轮修痕迹。复原口径32.8、残高6.8厘米（图九一四，9）。

钵 12件。均口、腹部残片。标本H128：4，细泥质橘红陶。直口微敛，方唇，深弧腹。器表磨光。素面。口下可见深红色叠烧痕迹（图九一四，6）。

标本H128：2、H128：3、H128：5形制相同，均细泥质橘红陶。直口微敛，圆唇，浅弧腹，器表磨光。标本H128：2，唇部与口下均饰黑色宽带纹彩绘。彩绘下侧可见浅红色叠烧痕迹（图九一四，8）。标本H128：3，唇部与口下均饰黑色宽带纹彩绘。内壁可见轮修痕迹（图九一四，10）。标本H128：5，素面。唇部可见轮修痕迹（图九一四，3）。

瓮　6件。均口、腹部残片。标本H128：9、H128：12、H128：15形制相同，均粗夹砂红褐陶，敛口，圆唇，鼓肩，并起一道显著棱脊，鼓腹。标本H128：9，棱脊以下饰右上至左下斜向绳纹。内壁可见泥条盘筑与轮修痕迹。复原口径44.1、残高15厘米（图九一五，2）。标本H128：12，口沿内侧有一道宽浅凹槽。棱脊以下饰竖向绳纹。唇部与口沿下侧均可见轮修痕迹。复原口径48、残高5厘米（图九一五，6）。标本H128：15，口沿内侧有一道宽浅凹槽。棱脊以下饰竖向绳纹（图九一五，4）。

标本H128：11，细夹砂红褐陶。敛口，平折沿，圆唇，腹部较直。腹部饰右上至左下斜向绳纹。唇部可见轮修痕迹（图九一五，5）。

标本H128：17，粗夹砂红褐陶。敛口，圆唇，圆鼓腹。腹部饰鼓钉状附加堆纹，并饰右上至左下斜向绳纹（图九一五，1）。

标本H128：14，粗夹砂红褐陶。侈口，卷沿，圆唇，鼓腹。素面。器表可见刮抹痕迹（图九一五，3）。

器盖　1件。标本H128：18，纽部残片。粗夹砂红褐陶。扁脊状纽。素面。纽径5.6、残高5.5厘米（图九一五，7）。

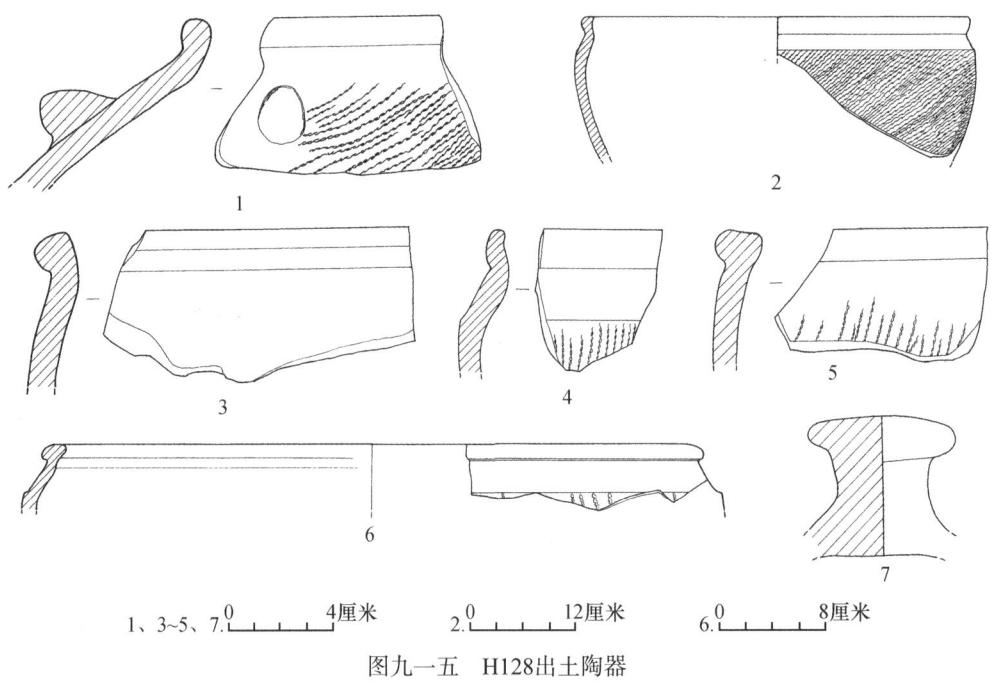

图九一五　H128出土陶器

1～6.瓮（H128：17、H128：9、H128：14、H128：15、H128：11、H128：12）　7.器盖（H128：18）

63. H133

H133位于Ⅲ区T0314东南部，开口于③层下。平面呈椭圆形，筒状，直壁，平底，底部有一层硬面。坑口南高北低，长径1.18、短径0.68、深0.34～0.58米（图九一六）。

坑内堆积为浅灰色土，土质疏松，包含有火烧土颗粒与炭屑，出土零星陶片，另有兽骨。

64. H134

H134位于Ⅲ区T0311东北部与T0411西北部，开口于③层下，东南部被F19打破。平面呈圆形，筒状，直壁，平底。坑口径1.04、深0.4米（图九一七）。

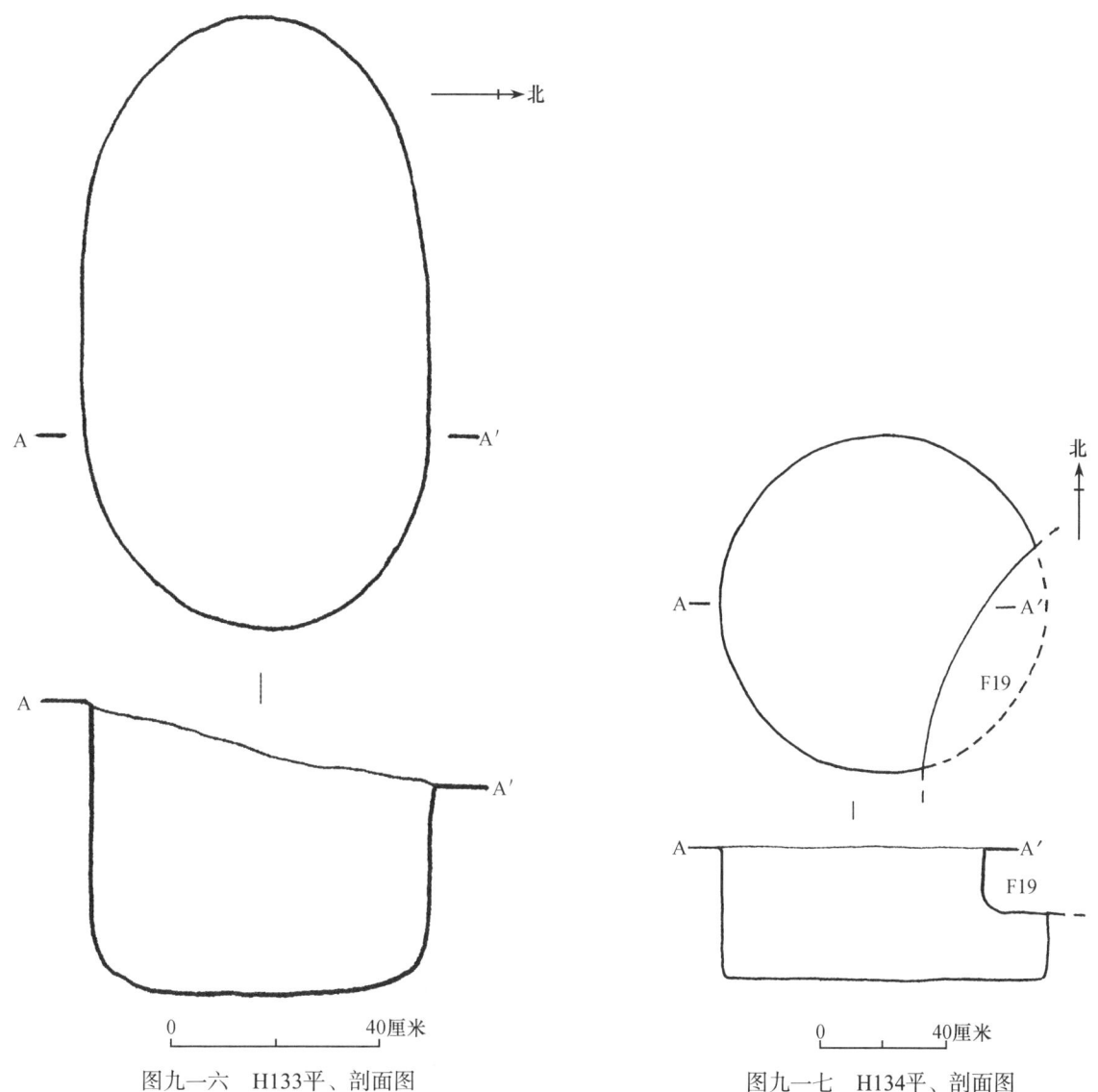

图九一六　H133平、剖面图

图九一七　H134平、剖面图

坑内堆积为浅灰色土，较为疏松，包含有少量料姜石块。

陶片为主要的出土物，以粗夹砂红褐陶为主，细泥质橘红陶次之，并有少量细泥质黑陶和粗泥质橘红陶；纹饰以素面和绳纹居多，还有少量彩陶（表一九九）。

H134共出土遗物24件。全部为陶器。器类有瓶、盆、罐、钵、瓮、器盖，另有器底（表二〇〇）。

瓶　1件。标本H134：8，口部残片。粗泥质橘红陶。直杯口微敛，较高，方唇。素面。内外壁均可见轮修痕迹（图九一八，3）。

表一九九 H134陶系统计表　　　　　　　　　　　　　　　　　（单位：kg）

陶质	细泥质		粗泥质	粗夹砂	合计		百分比（%）	
陶色 纹饰	橘红	黑	橘红	红褐				
素面	0.114		0.15	0.65	0.914	3.52	25.97	100
素面+磨光	0.87	0.12			0.99		28.13	
绳纹			0.11	1.34	1.45		41.19	
彩陶	0.17				0.17		4.83	
合计	1.154	0.12	0.26	1.99	3.52			
百分比（%）	32.78	3.41	7.39	56.53	100			

表二〇〇 H134器形统计表　　　　　　　　　　　　　　　　　（单位：件）

陶质	细泥质			粗泥质	粗夹砂		合计	百分比（%）
陶色	橘红			橘红	红褐			
纹饰 器形	素面+磨光	素面	彩陶	素面	素面	绳纹		
瓶			1				1	4.17
盆		2					2	8.33
罐					4	4	8	33.33
钵	8	1	1				10	41.67
瓮					2		2	8.33
器盖				1			1	4.17
合计	8	1	3	1	5	6	24	100
百分比（%）	33.33	4.17	12.50	4.17	20.83	25.00	100	

盆　2件。均口、腹部残片。形制相同。标本H134:6，细泥质橘红陶。侈口，卷沿，方唇，弧腹。器表磨光。唇部与外沿面均饰黑色窄带纹彩绘。内壁可见轮修与烟熏痕迹（图九一八，8）。

罐　8件。均口、腹部残片。形制相同，均粗夹砂红褐陶，侈口，卷沿，方唇，鼓腹。标本H134:9，唇部有二道浅细凹槽。腹部饰右上至左下斜向绳纹。内壁可见轮修痕迹（图九一八，1）。标本H134:10，唇部有一道浅细凹槽。口沿以下饰右上至左下斜向绳纹（图九一八，4）。

钵　10件。均口、腹部残片。形制相同，均细泥质橘红陶，直口，圆唇，浅弧腹。标本

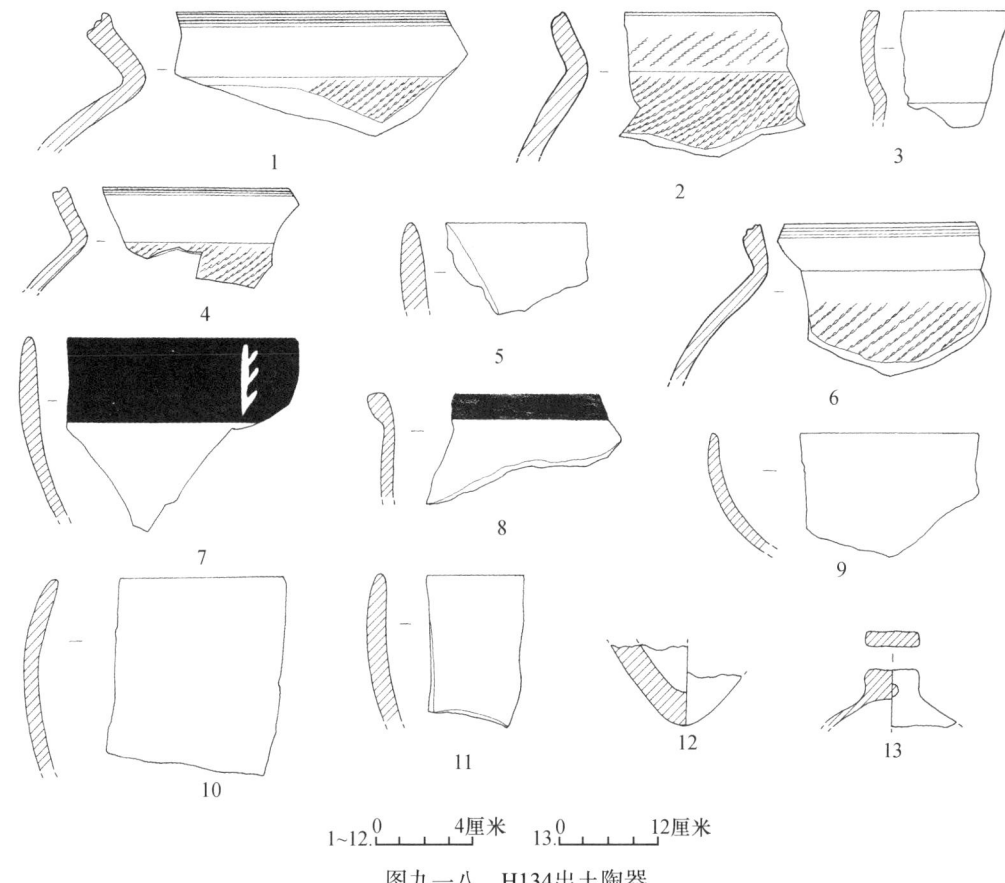

图九一八 H134出土陶器

1、4.罐（H134∶9、H134∶10） 2、6.瓮（H134∶12、H134∶11） 3.瓶（H134∶8） 5、7、9~11.钵（H134∶2、H134∶5、H134∶3、H134∶4、H134∶1） 8.盆（H134∶6） 12.器底（H134∶7） 13.器盖（H134∶13）

H134∶1，口微敛。器表磨光。素面。口部可见刮抹痕迹（图九一八，11）。标本H134∶2，尖圆唇。器表经刮抹较为光滑。素面。口下可见轮修痕迹（图九一八，5）。标本H134∶3，器表磨光。素面。下腹部可见烟熏痕迹（图九一八，9）。标本H134∶4，口微敛。器表磨光。素面（图九一八，10）。标本H134∶5，口微敛。器表磨光。唇部与口下饰黑色宽带纹彩绘，彩绘上刻划有短线符号。器表可见烟熏痕迹（图九一八，7）。

瓮 2件。均口、腹部残片。形制相同，均粗夹砂红褐陶，侈口，卷沿，鼓腹。标本H134∶11，方唇，唇部有二道浅细凹槽。腹部饰右上至左下斜向绳纹。内壁可见轮修痕迹，器表可见烟熏痕迹（图九一八，6）。标本H134∶12，圆唇。外沿面、腹部均饰右上至左下斜向绳纹。内壁可见轮修痕迹（图九一八，2）。

器盖 1件。标本H134∶13，纽、壁残片。粗夹砂红褐陶。马鞍状纽，有一圆形穿孔，弧壁。素面。内壁可见刮抹痕迹。残高7、纽径6.9厘米（图九一八，13）。

器底 标本H134∶7，底部残片。粗泥质橘红陶。尖底，较为圆钝。素面。内壁可见泥条盘筑痕迹。可能为瓶底。残高3.2厘米（图九一八，12）。

65. H135

H135位于Ⅲ区T0411北部，开口于F19居住面下，被F19、H63打破。平面呈椭圆形，筒状，直壁，平底。坑口长径1.26、短径0.68、深0.86米（图九一九）。

坑内堆积为浅灰色土，土质较疏松，包含少量火烧土块及大量炭屑，出土大量陶片，另有兽骨。

陶片以粗夹砂红褐陶为主，细泥质橘红陶次之，还有少量细夹砂橘红陶与粗泥质橘红陶；纹饰以素面为主，还有少量彩陶与绳纹。

H135共出土遗物6件。全部为陶器。器类有瓶、罐、钵、锉，另有器底。

瓶 1件。标本H135：3，口部残片。细夹砂橘红陶。葫芦形口。素面。器表可见轮修痕迹（图九二〇，1）。

罐 2件。均口、腹部残片。标本H135：5，粗夹砂红褐陶。侈口，折沿，圆唇，鼓腹。素面。沿面与唇部可见轮修痕迹。器表可见烟熏痕迹（图九二〇，2）。

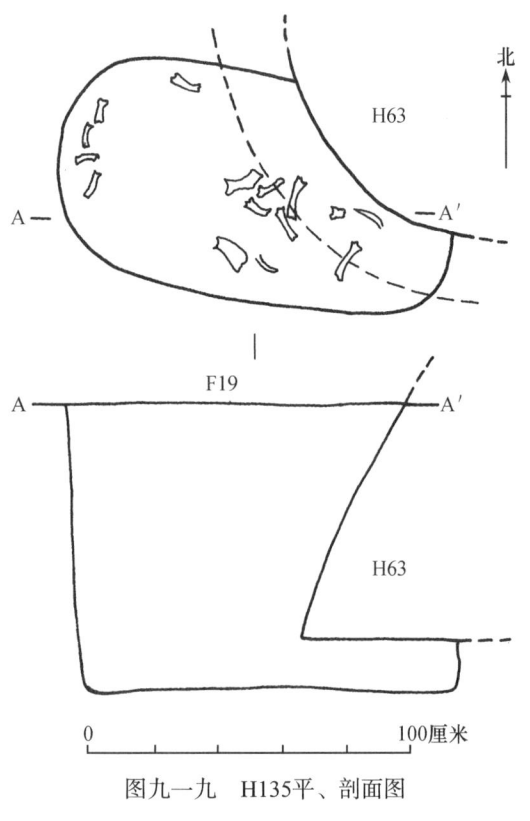

图九一九 H135平、剖面图

标本H135：6，粗夹砂红褐陶。侈口，卷沿，圆唇，唇部有一道浅细凹槽。口沿以下饰右上至左下斜向绳纹。沿面可见轮修痕迹。复原口径18、残高9.9厘米（图九二〇，7）。

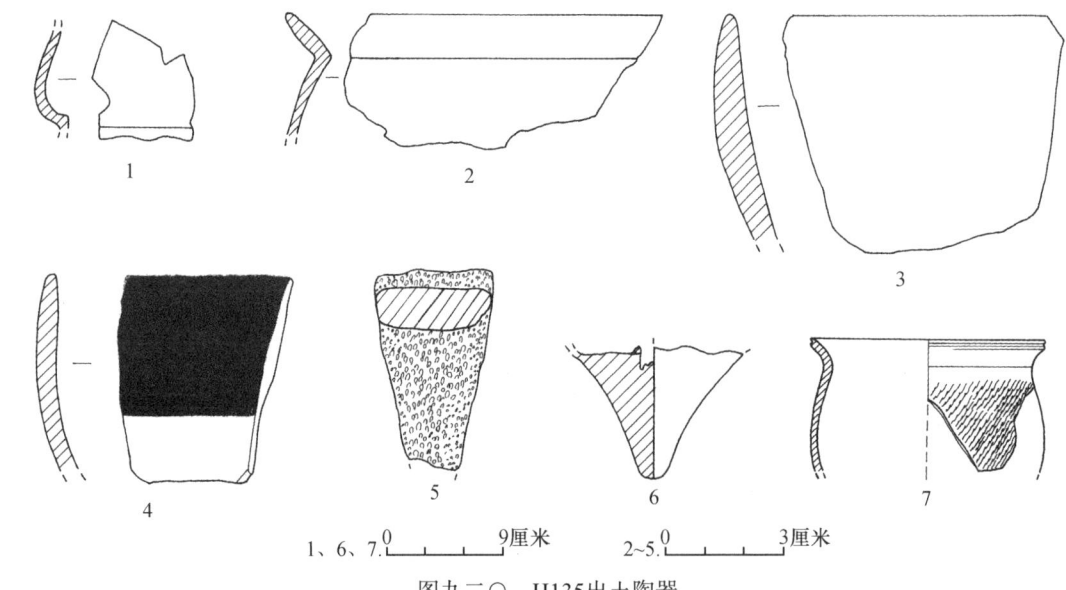

图九二〇 H135出土陶器
1.瓶（H135：3） 2、7.罐（H135：5、H135：6） 3、4.钵（H135：1、H135：2） 5.锉（H135：7） 6.器底（H135：4）

钵 2件。均口、腹部残片。形制相同，均细泥质橘红陶，直口微敛，圆唇，浅弧腹，器表磨光。标本H135：1，素面。唇部可见轮修痕迹（图九二〇，3）。标本H135：2，口下饰黑色宽带纹彩绘（图九二〇，4）。

器底 标本H135：4，底部残片。粗夹砂红褐陶。尖底。素面。器表可见刮抹痕迹，内壁可见泥条盘筑痕迹。可能为瓶底。残高9.6厘米（图九二〇，6；图版一四六，3）。

锉 1件。标本H135：7，一端残。粗泥质橘红陶。平面呈三角形，横断面呈圆角长方形，锐尖。器表麻点清晰，密度较大。残长5.1、顶部宽3.1、厚1厘米（图九二〇，5）。

66. H138

H138位于Ⅲ区T0614北部，开口于③层下，南部被H119打破。平面呈圆形，袋状，斜直壁，平底。坑口径1.04、底径1.66、深0.8米（图九二一）。

坑内堆积可分为3层：第①层为深灰色土，土质疏松，包含大量灰烬及少量火烧土块，厚约0.5米，出土大量陶片；第②层为黄褐色土，土质较致密，厚0.15米；第③层为浅灰色土，土质较疏松，包含较多灰烬及少量火烧土颗粒，厚0.15米，出土少量陶片。

陶片为主要的出土物，以粗夹砂红褐陶为主，细泥质橘红陶次之，细夹砂橘红陶再次，并有少量细泥质橙黄陶、细泥质灰陶、粗泥质橘红陶等；纹饰以素面居多，绳纹次之，弦纹再次，并有少量彩陶（表二〇一）。

H138共出土遗物17件。全部为陶器。器类有瓶、罐、钵、瓮，另有器底（表二〇二）。

瓶 1件。标本H138：4，口、颈部残片。粗泥质橘红陶。葫芦形口，圆唇。素面。内、外壁均可见轮修痕迹（图九二二，8）。

罐 5件。均口、腹部残片。形制相同，均粗夹砂红褐陶，侈口，折沿，方唇，鼓腹。标本H138：6，唇部有二道浅细凹槽。腹部饰右上至左下斜向绳纹。器表可见烟熏痕迹（图九二二，2）。标本H138：7，唇部有一道凸棱。腹部饰横向绳纹（图九二二，1）。标本H138：9，唇部有一道浅细凹槽。外沿面与口部以下均饰右上至左下斜向绳纹（图九二二，4）。

钵 6件。均口、腹部残片。形制相同，均细泥质橘红陶，直口微敛，圆唇，浅弧腹，器表磨光。标本H138：1，唇部及口下饰黑色宽带纹彩绘（图九二二，7）。标本H138：2，素面。内壁可见轮修痕迹（图九二二，6）。标本H138：3，素面。器表可见刮抹痕迹（图九二二，9）。

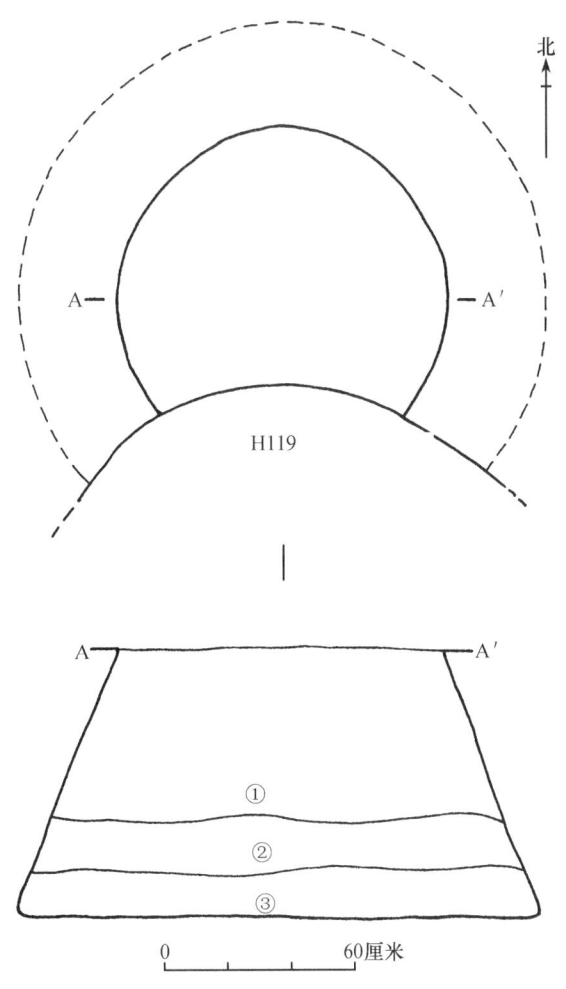

图九二一 H138平、剖面图

表二〇一　H138陶系统计表　　　　　　　　　　　　（单位：kg）

陶质	细泥质			粗泥质	细夹砂	粗夹砂	合计		百分比（%）	
陶色 纹饰	橘红	橙黄	灰	橘红	橘红	红褐				
素面	0.228			0.05	0.23	0.44	0.948		37.47	
素面+磨光	0.42	0.02	0.04				0.48		18.97	
绳纹						0.87	0.87	2.53	34.39	100
绳纹+弦纹						0.21	0.21		8.30	
彩陶	0.02						0.02		0.79	
合计	0.668	0.02	0.04	0.05	0.23	1.52	2.53			
百分比（%）	26.40	0.79	1.58	1.98	9.09	60.08				

表二〇二　H138器形统计表　　　　　　　　　　　　（单位：件）

陶质	细泥质		粗泥质	粗夹砂			合计	百分比（%）	
陶色	橘红		橘红	红褐					
纹饰 器形	素面+磨光	彩陶	素面	素面	绳纹	绳纹+弦纹			
瓶		1					1	5.88	
罐			2	3			5	29.41	17
钵	5	1					6	35.29	100
瓮			2	2	1		5	29.41	
合计	5	1	4	5	1		17		
百分比（%）	29.51	5.88	5.88	23.53	29.41	5.88	100		

瓮　5件。均口、腹部残片。形制相同。标本H138：8，粗夹砂红褐陶。敛口，折沿，沿面贴于外壁，圆唇，鼓肩，并起一道棱脊，鼓腹。棱脊以下饰右上至左下斜向绳纹，口沿内侧饰多周弦纹（图九二二，5）。

器底　标本H138：5，底部残片。细夹砂橘红陶。尖底，较为圆钝。素面。器表经刮抹较为光滑。可能为瓶底。残高7厘米（图九二二，3）。

67. H141

H141位于Ⅲ区T0812东南部与T0912西南部，开口于③层下。平面呈圆形，袋状，斜直壁，平

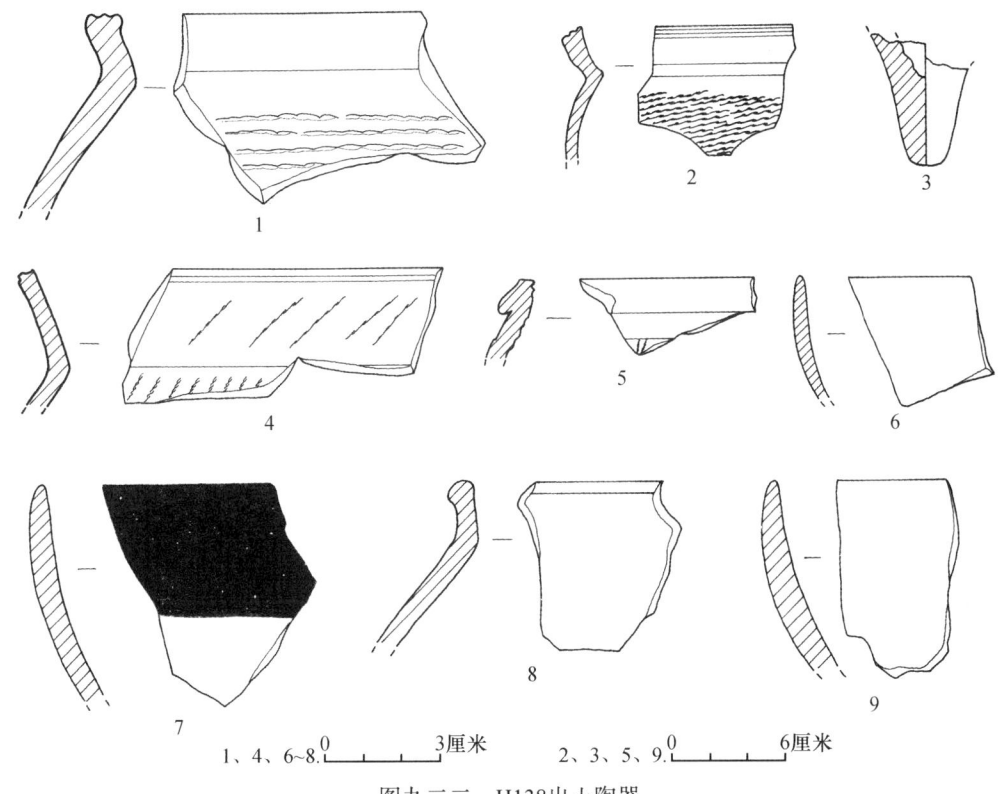

图九二二　H138出土陶器

1、2、4.罐（H138∶7、H138∶6、H138∶9）　3.器底（H138∶5）　5.瓮（H138∶8）
6、7、9.钵（H138∶2、H138∶1、H138∶3）　8.瓶（H138∶4）

底。坑口径0.9、底径1.05、深0.36米（图九二三）。

坑内堆积为深灰色土，土质疏松，包含少量黄土块，出土少量陶片。

H141共出土遗物4件。以陶器为主，石器次之。

（1）陶器

3件。器类有罐、钵。

罐　1件。标本H141∶3，口、腹部残片。粗夹砂红褐陶。侈口，折沿，圆唇，鼓腹。腹部饰右上至左下斜向绳纹。唇部可见轮修痕迹。复原口径16、残高5.6厘米（图九二四，1）。

钵　2件。均口、腹部残片。形制相同。标本H141∶1，细泥质橘红陶。直口微敛，方唇，深弧腹。器表磨光。素面。口下可见浅褐色叠烧痕迹（图九二四，3）。

（2）石器

1件。石片。标本H141∶4，石英。平面呈不规则形，横断面呈三角形。可见打击点，背面保留砾石面。长3、宽2.3厘米（图九二四，2）。

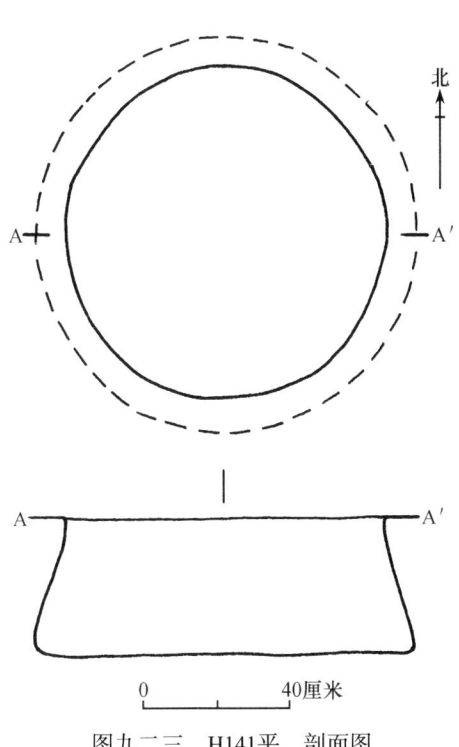

图九二三　H141平、剖面图

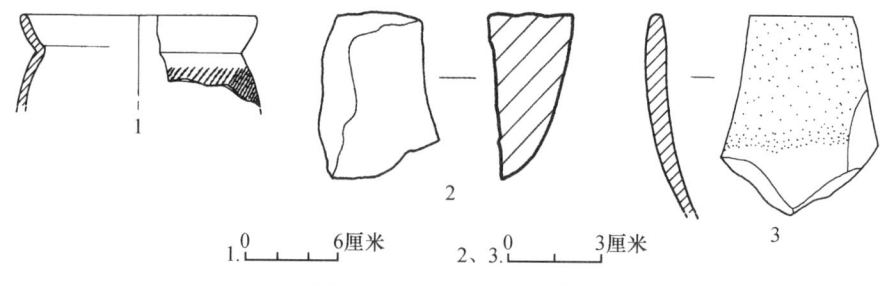

图九二四　H141出土遗物

1. 陶罐（H141：3）　2. 石片（H141：4）　3. 陶钵（H141：1）

68. H159

H159位于Ⅲ区T0413东北部与T0513西北部，开口于③层下，南部被H64打破。平面呈椭圆形，袋状，斜直壁，平底。残存部分坑口长径1.48、短径1.2、底残长径1.74、短径1.6、深1.4米（图九二五）。

坑内堆积为浅褐色土，土质疏松，包含有少量火烧土块，出土零星陶片。

69. H188

H188位于Ⅲ区T0615中部，开口于③层下。平面呈圆形，袋状，斜直壁，平底。坑口径1.7、底径2、深1.4米（图九二六）。

坑内堆积为黄褐色土，土质较致密，包含少量火烧土块、炭屑，出土少量陶片。

陶片为主要的出土物，以粗夹砂红褐陶为主，细泥质橘红陶及细泥质黑陶次之，并有少量粗泥质橘红陶、细夹砂橘红陶、细夹砂红褐陶；纹饰以素面为主，绳纹次之，弦纹再次，并有少量彩陶（表二〇三）。

H188共出土遗物29件。全部为陶器。器类有盆、钵、瓮（表二〇四）。

盆　7件。均口、腹部残片。标本H188：9、H188：10形制相同，均细泥质橘红陶，直口微敛，平折沿，弧腹，器表磨光，素面。标本H188：9，方唇。内壁可见轮修痕迹（图九二七，1）。标本H188：10，圆唇。唇部可见轮修痕迹（图九二七，2）。

标本H188：6、H188：7、H188：8、H188：11形制相同，均侈口，卷沿，弧腹。标本H188：6，细泥质橘红陶。方唇。器表磨光。唇部饰黑色窄带纹彩绘（图九二七，3）。标本H188：7，细泥质橘红陶。圆唇。器表磨光。唇部与外沿面均饰黑色窄带纹彩绘（图九二七，4）。标本H188：8，细泥质橘红陶。圆唇。器表刮抹光滑。素面。内壁可见轮修痕迹（图九二七，5）。标本H188：11，细泥质黑陶。圆唇。器表磨光。素面（图九二七，6）。

钵　17件。标本H188：2、H188：3、H188：4、H188：5均口、腹部残片。形制相同，均细泥质橘红陶，直口微敛，圆唇，浅弧腹，器表磨光。标本H188：2，口下饰黑色宽带纹彩绘（图九二七，11）。标本H188：3，口下饰黑色宽带纹彩绘。口下可见轮修痕迹（图九二七，8）。标本H188：4，口下饰黑色宽带纹彩绘。腹部可见烟熏痕迹。复原口径21.6、残高6.9厘米（图九二七，12）。标本H188：5，素面。口下可见浅红色叠烧痕迹（图九二七，9）。

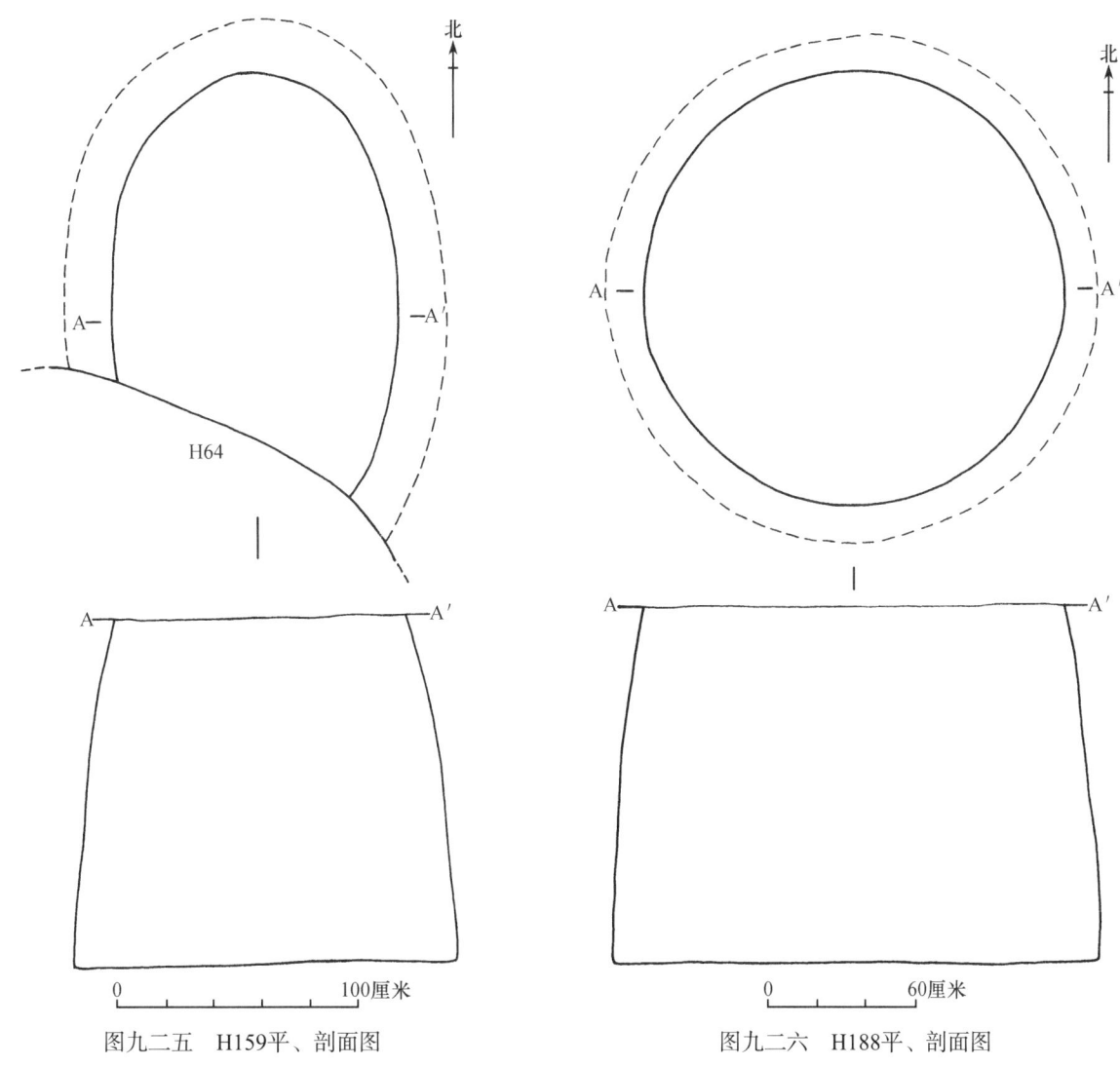

图九二五　H159平、剖面图　　　　　图九二六　H188平、剖面图

表二〇三　H188陶系统计表　　　　　　　　　　　　　　（单位：kg）

陶质	细泥质		粗泥质	细夹砂		粗夹砂	合计		百分比（%）	
陶色纹饰	橘红	黑	橘红	橘红	红褐	红褐				
素面	0.114					0.36	0.474		6.29	
素面+磨光	0.62	1.20			0.04	2.19	4.05		53.78	
绳纹			0.05	0.05	0.126	1.45	1.676	7.53	22.26	100
绳纹+弦纹						1.00	1.00		13.28	
彩陶	0.33						0.33		4.38	
合计	1.064	1.20	0.05	0.05	0.166	5.00				
	7.53									
百分比（%）	14.13	15.94	0.66	0.66	2.20	66.40				
	100									

表二〇四　H188器形统计表　　　　　　　　　　　　　　　　（单位：件）

陶质	细泥质				细夹砂	粗夹砂		合计		百分比（%）	
陶色	橘红			黑	红褐	红褐					
器形＼纹饰	素面+磨光	素面	彩陶	素面+磨光	绳纹	绳纹	素面				
盆	2	1	3	1				7		24.13	
钵　口	7		7	1				17	29	58.62	100
底	2										
瓮					1	1	3	5		17.24	
合计	11	1	10	2	1	1	3	29			
百分比（%）	37.93	3.45	34.48	6.90	3.45	3.45	10.34	100			

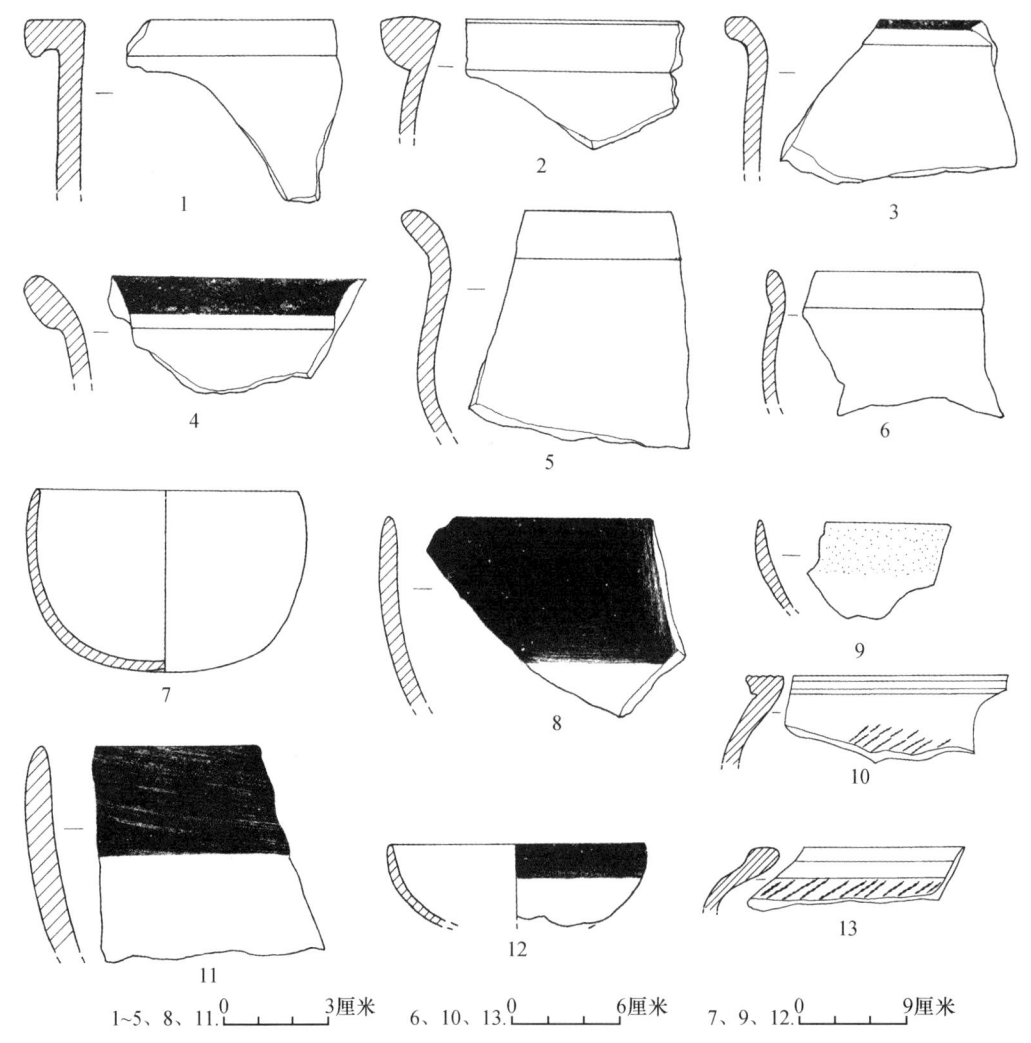

1~5、8、11. 0——3厘米　　6、10、13. 0——6厘米　　7、9、12. 0——9厘米

图九二七　H188出土陶器

1~6. 盆（H188∶9、H188∶10、H188∶6、H188∶7、H188∶8、H188∶11）
7~9、11、12. 钵（H188∶1、H188∶3、H188∶5、H188∶2、H188∶4）　10、13. 瓮（H188∶13、H188∶12）

标本H188∶1，可复原。细泥质橘红陶。敛口，圆唇，深弧腹，圜底，底心有一圆形小凹坑，最大腹径位于中下腹部。器表磨光。素面。口径22.5、通高15厘米（图九二七，7；图版一四六，4）。

瓮 5件。均口、腹部残片。标本H188∶13，细夹砂红褐陶。敛口，平折沿，沿面有四道浅细凹槽，方唇，鼓腹。腹部饰右上至左下斜向绳纹。口沿下侧可见轮修痕迹（图九二七，10）。

标本H188∶12，粗夹砂红褐陶。敛口，圆唇，鼓肩，并起一道显著棱脊，鼓腹。棱脊以下饰右上至左下斜向绳纹。口沿下侧可见轮修痕迹（图九二七，13）。

70. H192

H192位于Ⅲ区T0315东部和T0415西部，开口于③层下。平面呈圆形，袋状，斜直壁，平底。坑口径0.74、底径1.24、深0.8米（图九二八）。

坑内堆积为浅灰色土，土质疏松，包含少量火烧土块，出土大量陶片。

陶片为主要的出土物，以细泥质橘红陶为主，粗夹砂红褐陶次之，细泥质黑陶再次，还有少量粗泥质橘红陶与细夹砂橘红陶；纹饰以素面为主，绳纹次之，彩陶再次。

H192共出土遗物33件。以陶器为主，石器次之。

（1）陶器

30件。器类有瓶、盆、罐、钵、瓮、器盖、锉，另有彩陶片、附加堆纹陶片（表二〇五）。

瓶 1件。标本H192∶19，口沿残片。细泥质橘红陶。直杯口，微敛，方唇。素面。内壁可见轮修痕迹。复原口径8、残高5.8厘米（图九二九，1）。

盆 3件。均口、腹部残片。标本H192∶16、H192∶18形制相同，均侈口，卷沿，弧腹。标本H192∶16，细泥质橘红陶。方唇。器表磨光。唇面上饰有黑色彩绘，腹部饰黑色鱼纹彩绘（图九二九，4）。标

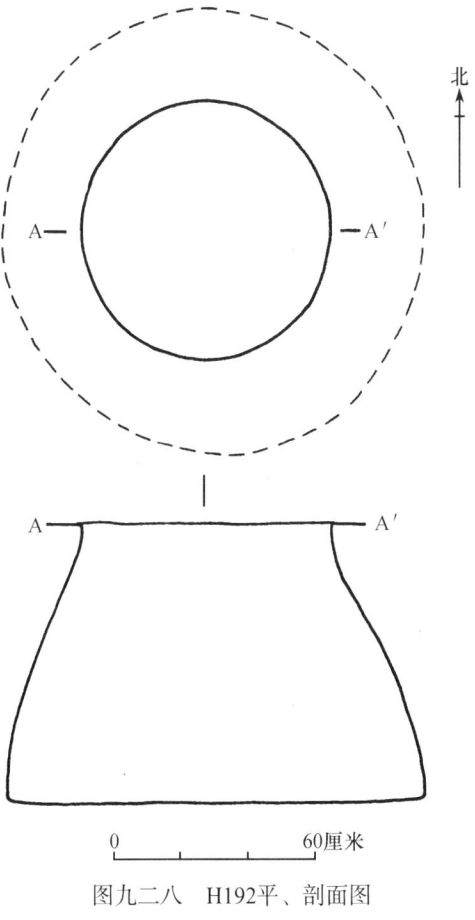

图九二八 H192平、剖面图

本H192∶18，细泥质黑陶。圆唇。器表磨光。素面。唇部可见轮修痕迹。复原口径36、残高6.6厘米（图九二九，6）。

标本H192∶17，细泥质橘红陶。直口，方唇，弧腹。器表磨光。素面（图九二九，5）。

罐 7件。均口、腹部残片。标本H192∶23、H192∶25形制相同，均粗夹砂红褐陶，侈口，卷沿，方唇，鼓腹。标本H192∶23，素面。唇部可见轮修痕迹（图九二九，3）。标本H192∶25，唇部有一道浅细凹槽。外沿面与口沿以下饰右上至左下斜向绳纹（图九二九，8）。

标本H192∶26，粗夹砂红褐陶。敛口，圆唇，口沿内侧有一道深细凹槽，鼓腹。素面。内壁

陶质	细泥质				粗泥质	细夹砂	粗夹砂		合计		百分比（%）	
陶色	橘红			黑	橘红	橘红	红褐					
纹饰＼器形	素面+磨光	素面	彩陶	素面+磨光	素面+磨光	绳纹	素面	绳纹				
瓶	1								1		3.33	
盆		1	1	1					3		10.00	
罐							2	5	7	30	23.33	100
钵	2	4	6	1	1		1		15		50.00	
瓮							1	2	3		10.00	
器盖						1			1		3.33	
合计	3	5	7	2	1	1	4	7	30			
百分比（%）	10.00	16.67	23.33	6.67	3.33	3.33	13.33	23.33	100			

可见轮修痕迹（图九二九，2）。

标本H192∶20、H192∶21、H192∶24、H192∶27形制相同，均粗夹砂红褐陶，侈口，折沿，鼓腹。标本H192∶20，方唇，唇部有一道浅细凹槽。腹部饰左上至右下斜向绳纹，绳纹近平。外沿面可见轮修痕迹（图九二九，10）。标本H192∶27，方唇，唇部有一道浅细凹槽。腹部饰右上至左下斜向绳纹。沿面可见轮修痕迹（图九二九，11）。标本H192∶21，圆唇，沿面有一道矮棱，内沿面与腹部相接处有一道凸棱，口沿下侧有一道不明显棱脊。棱脊以下饰横向绳纹。外沿面可见轮修痕迹。复原口径30、残高9.6厘米（图九二九，7）。标本H192∶24，圆唇，唇部有三道浅细凹槽，内沿面与腹部相接处有一道凸棱，外沿面有一道凸棱。口沿以下饰右上至左下斜向绳纹。沿面可见轮修痕迹（图九二九，9）。

钵　15件。均口、腹部残片。标本H192∶13，粗夹砂红褐陶。敛口，圆唇，斜直腹。表层有部分剥落。素面。内壁可见轮修痕迹（图九三○，2）。

标本H192∶5、H192∶6、H192∶7、H192∶8、H192∶9、H192∶10形制相同，均细泥质橘红陶，直口微敛，深弧腹，素面。标本H192∶5，圆唇。器表磨光。口部可见烟熏痕迹（图九三○，1）。标本H192∶6，方唇。器表磨光。口下可见浅褐色叠烧痕迹（图九三○，5）。标本H192∶7，圆唇。器表经刮抹较为光滑。口下可见轮修痕迹（图九三○，6）。标本H192∶8，圆唇。器表磨光。口下可见灰白色叠烧痕迹，内壁可见轮修痕迹。复原口径25.5、残高7.5厘米（图九三○，7）。标本H192∶9，方唇。器表磨光。口下可见深红色叠烧痕迹（图九三○，8）。标本H192∶10，圆唇。器表刮抹光滑。口下可见轮修痕迹，腹部可见刮抹痕迹。复原口径36、残高13.2厘米（图九三○，12）。

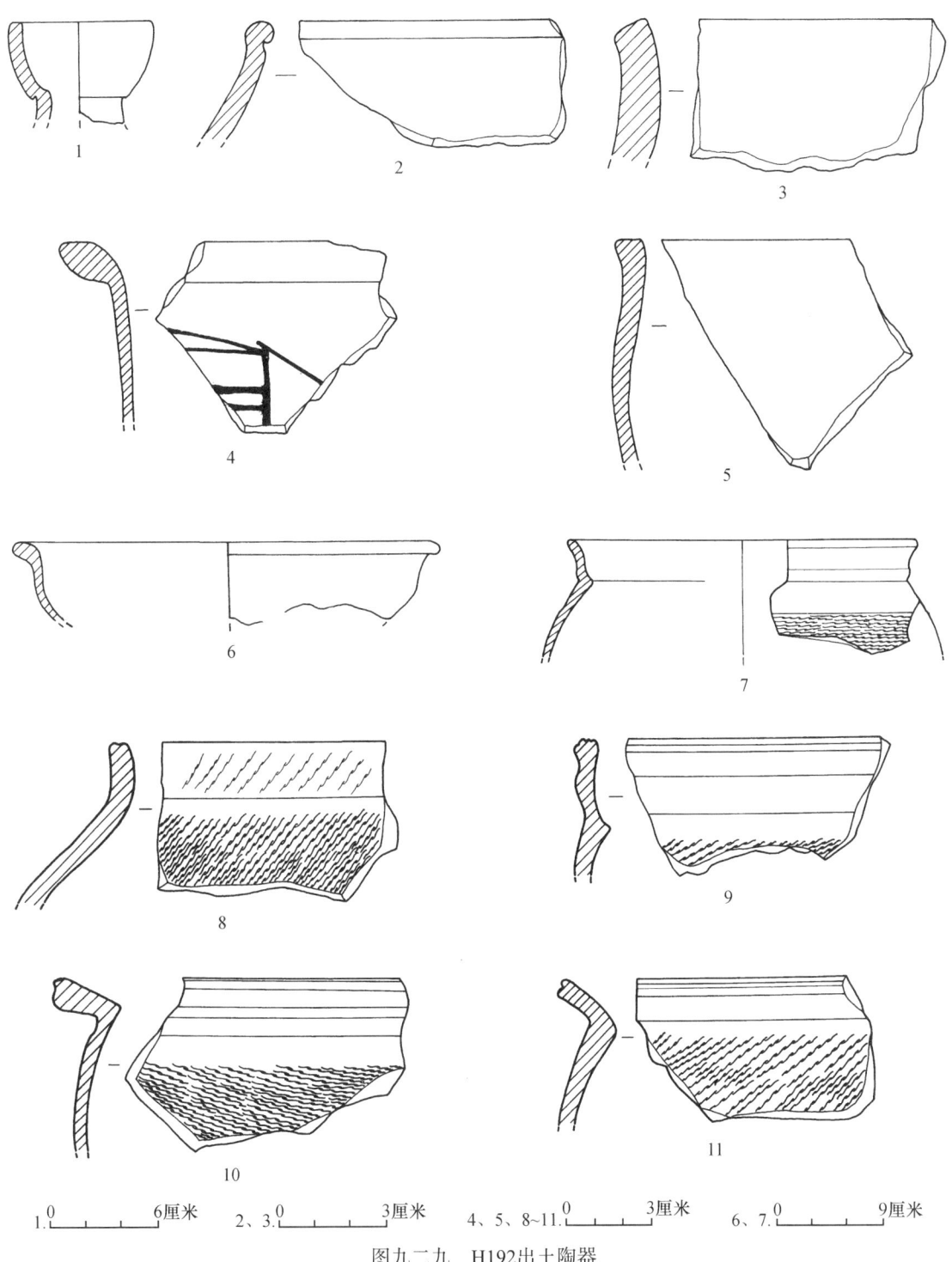

图九二九　H192出土陶器

1.瓶（H192：19）　2、3、7~11.罐（H192：26、H192：23、H192：21、H192：25、H192：24、H192：20、H192：27）
4~6.盆（H192：16、H192：17、H192：18）

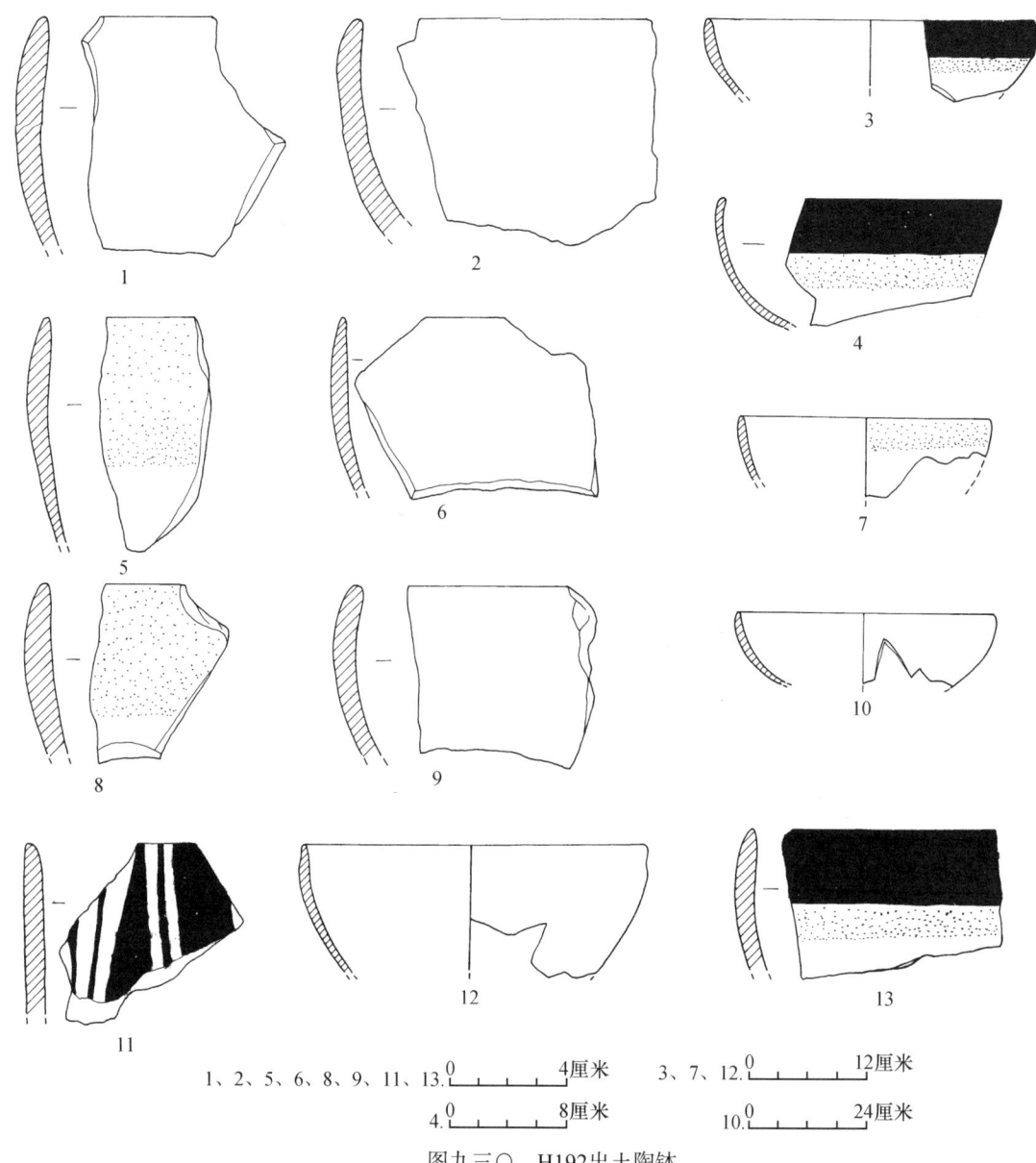

图九三〇　H192出土陶钵

1~13.（H192：5、H192：13、H192：2、H192：4、H192：6、H192：7、H192：8、H192：9、H192：12、H192：15、H192：3、H192：10、H192：1）

标本H192：1、H192：2、H192：4、H192：12、H192：15形制相同，均直口微敛，浅弧腹。标本H192：1，细泥质橘红陶。尖唇。器表磨光。口下饰黑色宽带纹彩绘。彩绘下侧可见深褐色叠烧痕迹（图九三〇，13）。标本H192：2，细泥质橘红陶。圆唇。器表磨光。口下饰黑色宽带纹彩绘。彩绘下侧可见深红色叠烧痕迹。复原口径33.6、残高8.1厘米（图九三〇，3）。标本H192：4，细泥质橘红陶。圆唇。口下饰黑色宽带纹彩绘。彩绘下侧可见浅红色叠烧痕迹。内壁可见轮修痕迹（图九三〇，4）。标本H192：12，粗泥质橘红陶。圆唇。素面。器表磨光（图九三〇，9）。标本H192：15，细泥质黑陶。直口，圆唇。器表磨光。素面。复原口径52.8、残高14.4厘米（图九三〇，10）。

标本H192：3，细泥质橘红陶。敛口，方唇，弧腹，最大腹径位于中下腹部。器表磨光。口沿以下饰黑色竖向窄带纹彩绘（图九三〇，11）。

瓮　3件。均口、腹部残片。标本H192：22，粗夹砂红褐陶。侈口，卷沿，方唇，唇部有二道浅细凹槽。口沿以下饰右上至左下斜向绳纹。沿面可见轮修痕迹（图九三一，1）。

标本H192：28，粗夹砂红褐陶。敛口，窄平折沿，圆唇，鼓腹。沿面有三道浅细凹槽。素面。口沿下侧与内壁均可见轮修痕迹（图九三一，2）。

标本H192：29，粗夹砂红褐陶。敛口，圆唇，折肩，斜直腹。肩部以下饰右上至左下斜向绳纹。口沿下侧可见轮修痕迹（图九三一，3）。

器盖　1件。标本H192：14，口、壁残片。细夹砂橘红陶。敞口，方唇，斜直壁。器表饰横向绳纹。复原口径19.5、残高4.8厘米（图九三一，7）。

彩陶片　标本H192：31，腹部残片。细泥质橘红陶。折腹。器表磨光。腹部饰黑色鱼纹彩绘。可能为盆的残片（图九三一，4）。

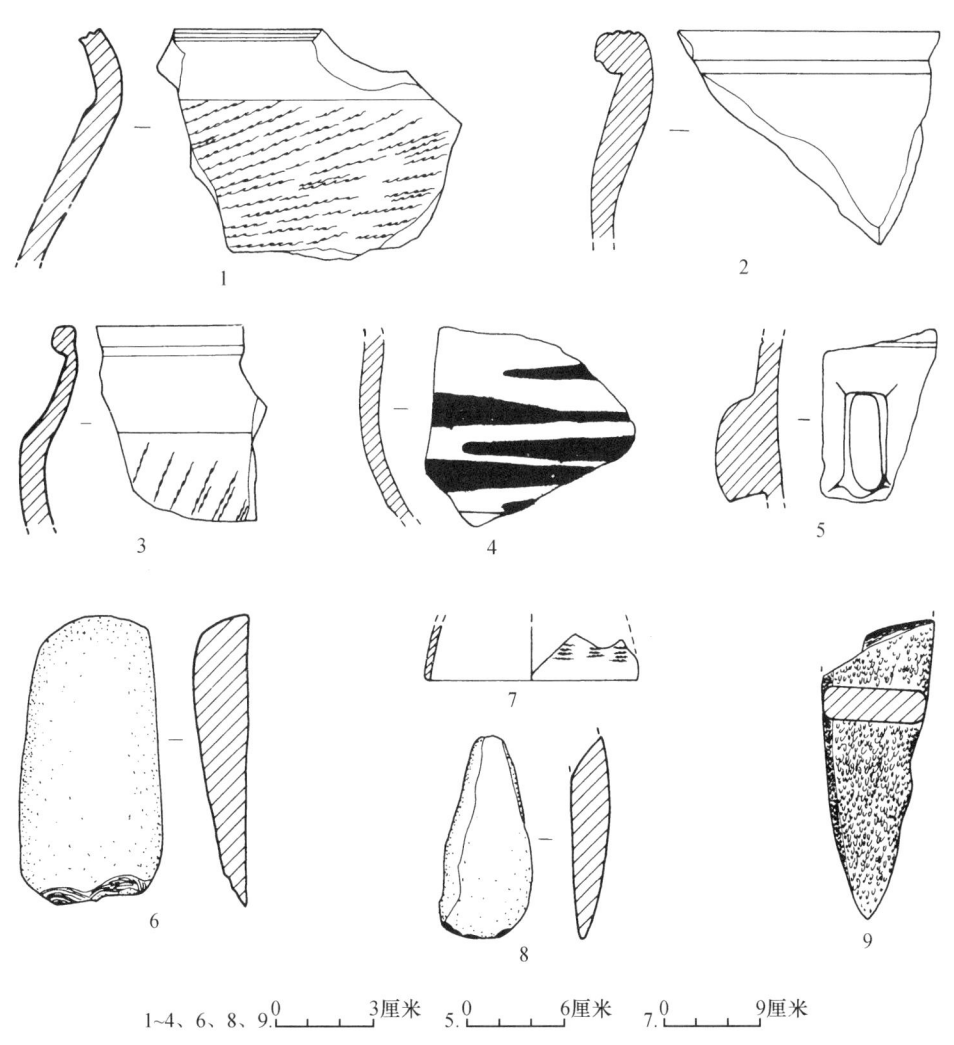

图九三一　H192出土遗物
1~3.陶瓮（H192：22、H192：28、H192：29）　4、5.陶片（H192：31、H192：32）　6.石铲（H192：35）
7.器盖（H192：14）　8.石锛（H192：34）　9.陶锉（H192：33）

附加堆纹陶片　标本H192：32，腹部残片。粗泥质橘红陶。腹部较直。器表饰鼓钉状附加堆纹，附加堆纹上侧饰弦纹。内壁可见轮修痕迹。可能为罐的残片（图九三一，5）。

锉　1件。标本H192：33，一端残。细泥质橘红陶。残存部分平面呈三角形，两侧边稍弧，横断面呈圆角长方形，锐尖。器表麻点清晰，密度较大。残长9.1、宽3.3、厚1厘米（图九三一，9）。

（2）石器

2件。器类有锛、铲。

锛　1件。标本H192：34，残。石英岩。残存部分平面呈梯形，刃部锋利。通体磨光。刃部可见使用形成的坑疤。长6.1、残宽1~2.5、厚1.2厘米（图九三一，8）。

铲　1件。标本H192：35，上部稍残。板岩。平面呈长条形，在劈裂的板岩一端打击修理出一段直刃，刃缘锋利。一面磨光。长8.7、宽3.5~4.2、厚1.7厘米（图九三一，6；图版一四六，5）。

71. H206

H206位于Ⅲ区T0718南部，开口于③层下，东北部被H204打破。平面呈圆形，锅底状，斜直壁，平底。坑口径1.6、底径1.5、深0.8米（图九三二）。

坑内堆积为深褐色土，土质较为致密，包含少量火烧土块与料姜石块，出土零星陶片。

72. H208

H208位于Ⅲ区T0718东部，开口于③层下。平面呈圆形，袋状，斜直壁，平底。坑口径0.7、底径1.7、深1.04米（图九三三）。

坑内堆积为深褐色土，土质较为致密，包含少量火烧土块与炭屑，出土少量陶片。

陶片为主要的出土物，以粗夹砂红褐陶为主，细泥质橘红陶次之，并有一定比例的粗泥质红褐陶、细泥质灰陶；纹饰以素面居多，绳纹次之，还有少量弦纹（表二〇六）。

H208共出土遗物12件。以陶器为主，石器次之。

（1）陶器

11件。器类有瓶、罐、钵、瓮（表二〇七）。

瓶　1件。标本H208：4，口沿残片。细泥质橘红陶。直杯口，微敛，较矮，方唇。素面。内壁可见轮修痕迹（图九三四，1）。

罐　5件。均口、腹部残片。形制相同，均粗夹砂红褐陶，侈口、卷沿，圆唇，鼓腹。标本H208：5，唇部有一道凸棱。腹部饰右上至左下斜向绳纹。外沿面可见轮修痕迹（图九三四，2）。标本H208：7，外沿面与腹部饰右上至左下斜向绳纹。内壁可见轮修痕迹（图九三四，7）。

钵　4件。均口、腹部残片。形制相同，均细泥质橘红陶，直口微敛，浅弧腹，器表磨光，素面。标本H208：1，圆唇。唇部可见轮修痕迹（图九三四，4）。标本H208：2，圆唇。口下可见深褐色叠烧痕迹，内壁可见刮抹痕迹（图九三四，5）。标本H208：3，尖圆唇。内壁可见轮修痕迹（图九三四，8）。

瓮　1件。标本H208：6，口、腹部残片。粗夹砂红褐陶。敛口，折沿，沿面向外侧下斜，圆唇，鼓肩，并起二道棱脊，鼓腹。下侧棱脊以下饰右上至左下斜向绳纹。内壁可见轮修痕迹（图九三四，3）。

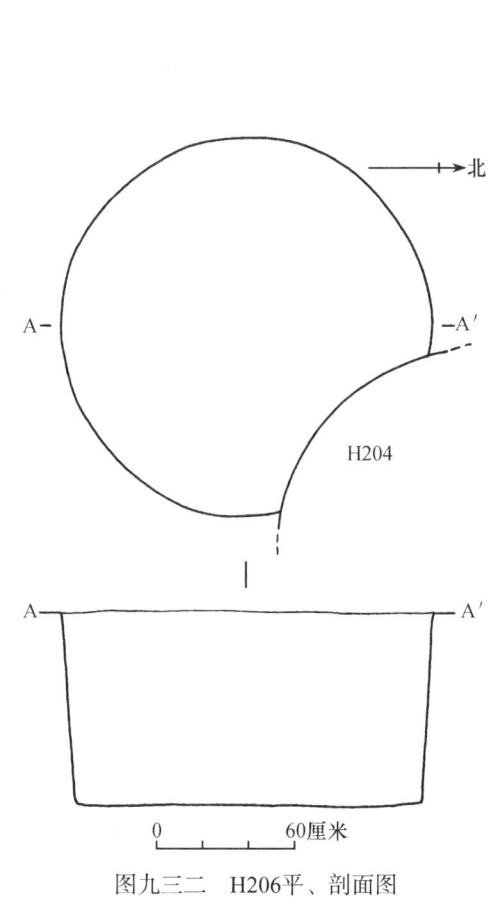

图九三二　H206平、剖面图

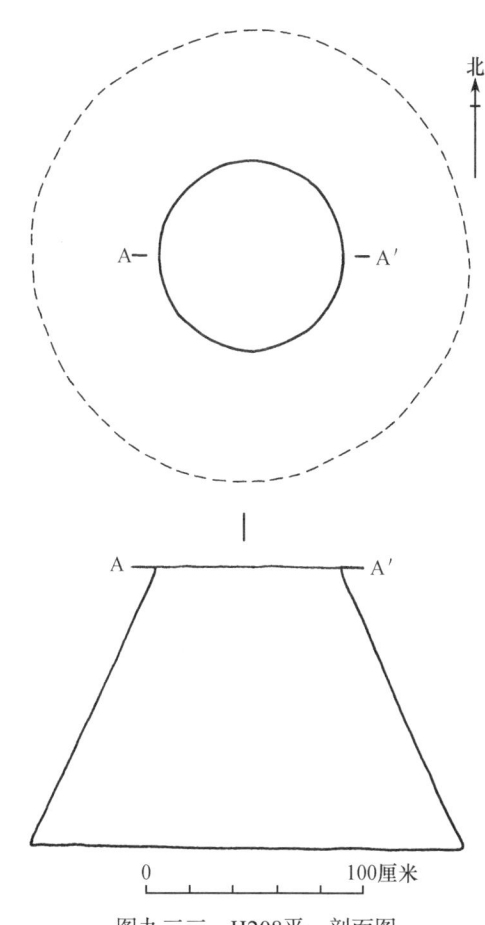

图九三三　H208平、剖面图

表二〇六　H208陶系统计表　　　　　　　　（单位：kg）

陶质	细泥质		粗泥质	粗夹砂	合计		百分比（%）	
陶色 纹饰	橘红	灰	红褐	红褐				
素面	0.114		0.12	0.44	0.674	1.42	47.46	100
素面+磨光	0.19	0.09			0.28		19.72	
绳纹				0.43	0.43		30.28	
弦纹			0.04		0.04		2.82	
合计	0.304	0.09	0.16	0.87				
	1.42							
百分比（%）	21.41	6.34	11.27	61.27				
	100							

表二〇七　H208器形统计表　　（单位：件）

陶质	细泥质		粗夹砂		合计	百分比（%）	
陶色	橘红		红褐				
纹饰\器形	素面+磨光	素面	素面	绳纹			
瓶		1			1	9.09	100
罐			2	3	5	54.55	
钵	3			1	4	36.36	
瓮				1	1	9.09	
合计	3	1	2	5	11		
	11						
百分比（%）	27.27	9.09	18.18	45.46			
	100						

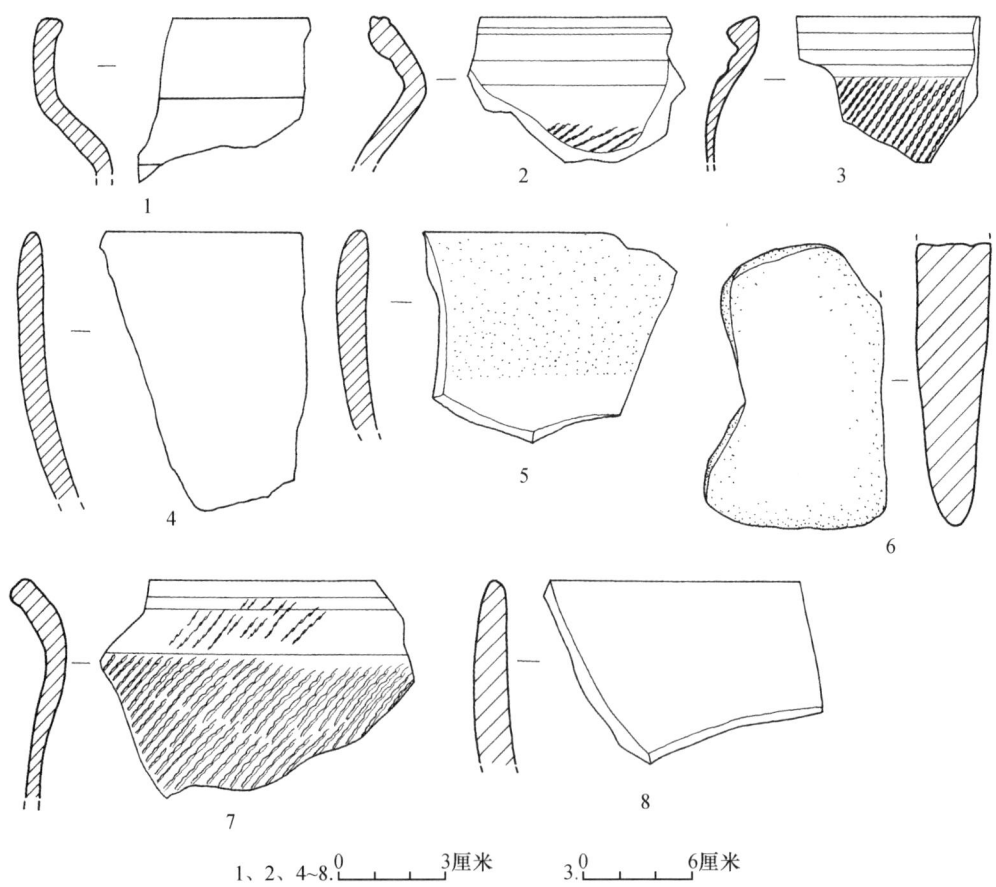

1、2、4~8. 0 ⎯⎯ 3厘米　　3. 0 ⎯⎯ 6厘米

图九三四　H208出土遗物

1.陶瓶（H208：4）　2、7.陶罐（H208：5、H208：7）　3.陶瓮（H208：6）　4、5、8.陶钵（H208：1、H208：2、H208：3）
6.磨石（H208：8）

（2）石器

1件。磨石。标本H208:8，残。石英细砂岩。残存部分平面呈不规则形，横断面呈三角形。两面较平坦，表面因使用稍向内凹。残长7.8厘米（图九三四，6）。

73. H209

H209位于Ⅲ区T0718东部，开口于③层下，被H208打破。平面呈圆形，袋状，斜直壁，平底。坑口径1.2、底径1.5、深0.8米（图九三五）。

坑内堆积为浅灰色土，土质较为致密，包含少量火烧土颗粒，出土少量陶片。

陶片以细泥质橘红陶为主，粗夹砂红褐陶次之，还有少量粗泥质红褐陶；纹饰以素面为主，绳纹与彩陶次之。

H209共出土遗物10件。全部为陶器。器类有盆、罐、钵、瓮、器盖。

盆　1件。标本H209:9，口沿残片。细泥质橘红陶。卷平沿，沿面微鼓，圆唇。沿面磨光。素面。外沿面可见轮修痕迹（图九三六，10）。

罐　1件。标本H209:10，口、腹部残片。粗夹砂红褐陶。侈口，折沿，圆唇，沿面微曲，鼓腹。腹部饰右上至左下斜向绳纹，绳纹近平。外沿面可见轮修痕迹（图九三六，5）。

钵　6件。均口、腹部残片。形制相同，均细泥质橘红陶，直口微敛，圆唇，浅弧腹，器表磨光。标本H209:2，口下有一个由外向内单面钻成的圆孔。口下

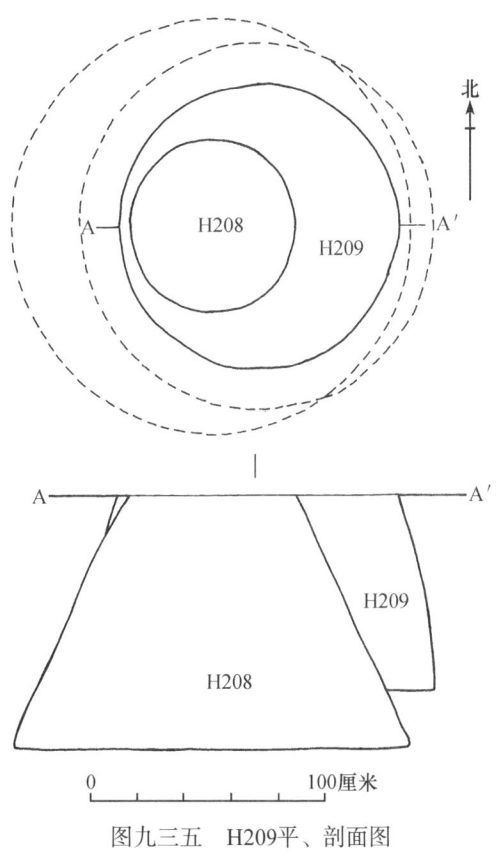

图九三五　H209平、剖面图

饰黑色宽带纹彩绘。彩绘下侧可见深褐色叠烧痕迹，内壁可见轮修痕迹（图九三六，4）。标本H209:3，素面。口下可见轮修痕迹（图九三六，8）。标本H209:4，口下饰黑色宽带纹彩绘。内壁可见烟熏痕迹（图九三六，7）。标本H209:5，素面。口下可见浅褐色叠烧痕迹。器表可见烟熏痕迹（图九三六，3）。标本H209:6，素面。器表可见烟熏痕迹及轮修痕迹（图九三六，1）。标本H209:7，素面。内壁可见轮修痕迹（图九三六，2）。

瓮　1件。标本H209:11，口、腹部残片。粗夹砂红褐陶。直口，圆唇，肩略鼓，并起一道不显著棱脊，鼓腹。棱脊以下饰右上至左下斜向绳纹。内壁可见轮修痕迹（图九三六，6）。

器盖　1件。标本H209:8，口、壁残片。粗泥质红褐陶。敞口，圆唇，斜直壁。表层有部分剥落。素面。内壁可见轮修痕迹（图九三六，9）。

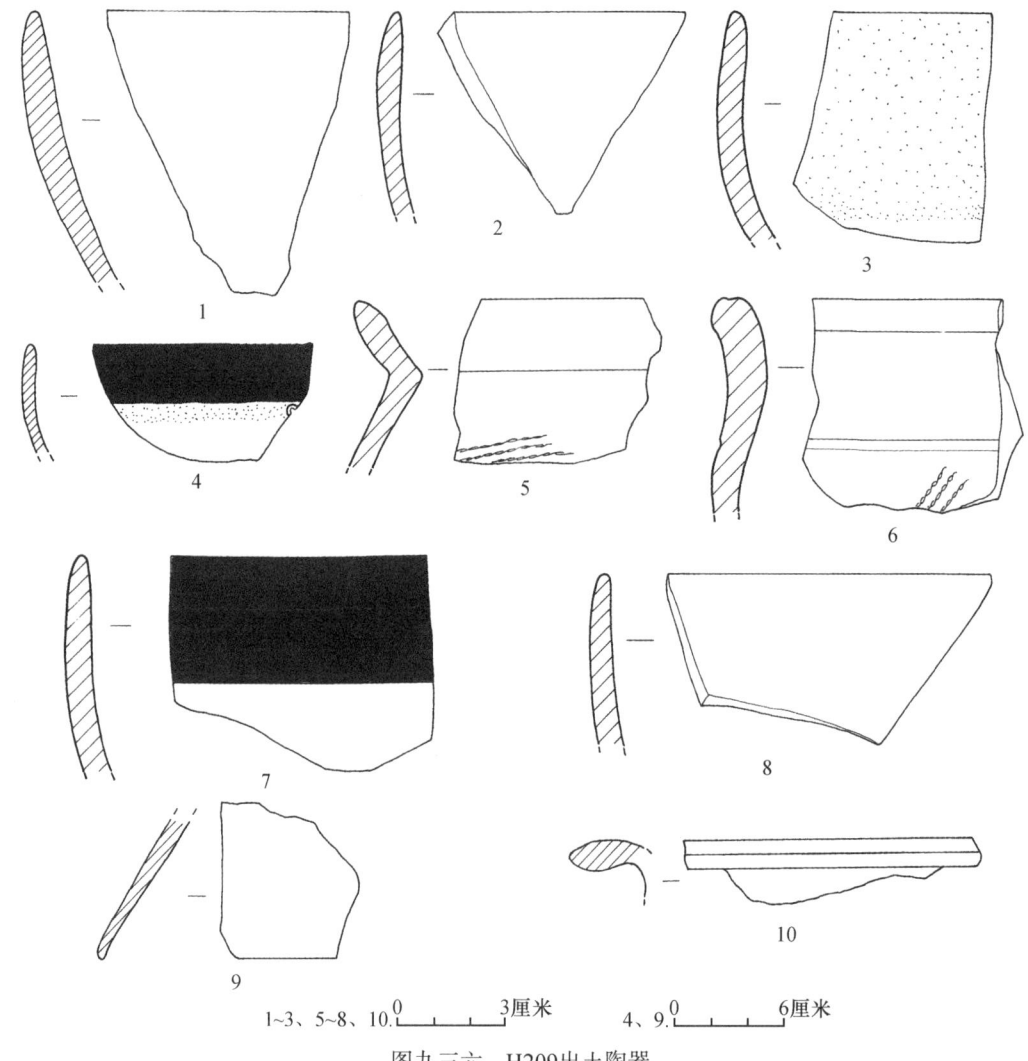

图九三六　H209出土陶器

1~4、7、8.钵（H209：6、H209：7、H209：5、H209：2、H209：4、H209：3）　5.罐（H209：10）　6.瓮（H209：11）
9.器盖（H209：8）　10.盆（H209：9）

74. H216

H216位于Ⅲ区T0419东部，开口于③层下。平面呈圆形，袋状，斜直壁，平底。坑口径1.32、底径1.5、深1米（图九三七）。

坑内堆积为灰褐色土，土质较疏松，出土少量陶片。

陶片为主要的出土物，以细泥质橘红陶为主，粗夹砂红褐陶次之，还有少量粗泥质橘红陶、细泥质黑陶、细夹砂红褐陶；纹饰以绳纹为主，彩陶次之，素面再次，还有少量划纹。

H216共出土遗物26件。以陶器为主，石、骨器次之。

（1）陶器

24件。器类有盆、罐、钵、瓮、器盖、圆陶片（表二〇八）。

盆　2件。均口、腹部残片。标本H216：9，细泥质橘红陶。侈口，卷沿，尖圆唇，弧腹。器表磨光。素面（图九三八，2）。

标本H216：10，细泥质橘红陶。敞口，平折沿，尖圆唇，唇部有一道浅细凹槽，弧腹。器表磨光。沿面饰黑色圆点与三角纹彩绘。外沿面可见轮修痕迹（图九三八，1）。

罐　8件。均口、腹部残片。标本H216：16，粗夹砂红褐陶，侈口，卷沿，沿面微曲，方唇，唇部有二道浅细凹槽，鼓腹。腹部饰右上至左下斜向绳纹。外沿面可见轮修痕迹（图九三八，9）。

标本H216：12、H216：20形制相同，均粗夹砂红褐陶，侈口，卷沿，圆唇，鼓腹。标本H216：12，最大腹径位于上腹部。唇部饰右上至左下斜向划纹，口沿以下饰右上至左下斜向绳纹。口部可见烟熏痕迹。复原口径16.5、腹径18.3、残高15.3厘米（图九三八，7）。标本H216：20，口沿下侧有一道较矮棱脊。棱脊以下饰右上至左下斜向绳纹。口部可见烟熏痕迹。内壁可见轮修痕迹（图九三八，6）。

标本H216：13、H216：14、H216：21形制相同，均粗夹砂红褐陶，侈口，折沿，鼓腹。标本H216：13，方唇，唇部有一道浅细凹槽，外沿面有一周宽浅凹槽。口沿以下饰左上至右下斜向绳纹。器表可见烟熏痕迹。复原口径24、残高7.5厘米（图九三八，5）。标本H216：14，圆唇。腹部饰右上至左下斜向绳纹。内壁可见轮修痕迹（图九三八，3）。标本H216：21，圆唇。外沿面、腹部均饰右上至左下斜向绳纹。口沿下侧、内壁均可见轮修痕迹（图

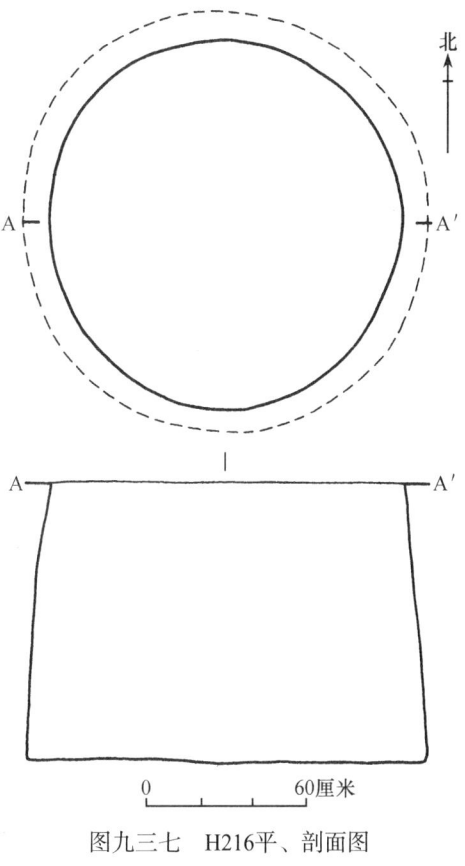

图九三七　H216平、剖面图

表二〇八　H216器形统计表　（单位：件）

陶质	细泥质		粗泥质	细夹砂		粗夹砂		合计	百分比（%）	
陶色	橘红	黑	橘红	红褐		红褐				
纹饰＼器形	素面＋磨光	彩陶	素面＋磨光	绳纹＋彩陶	素面	弦纹	绳纹	绳纹＋划纹			
盆	1	1							2	9.09	
罐				1			6	1	8	36.36	
钵	5	1	1				1	1	8	36.36	100
瓮					1	2			3	13.64	
器盖							1		1	4.55	
合计	6	2	1	1	1	1	9	1			
	22										
百分比（%）	27.27	9.09	4.55	4.55	4.55	4.55	40.91	4.55			
	100										

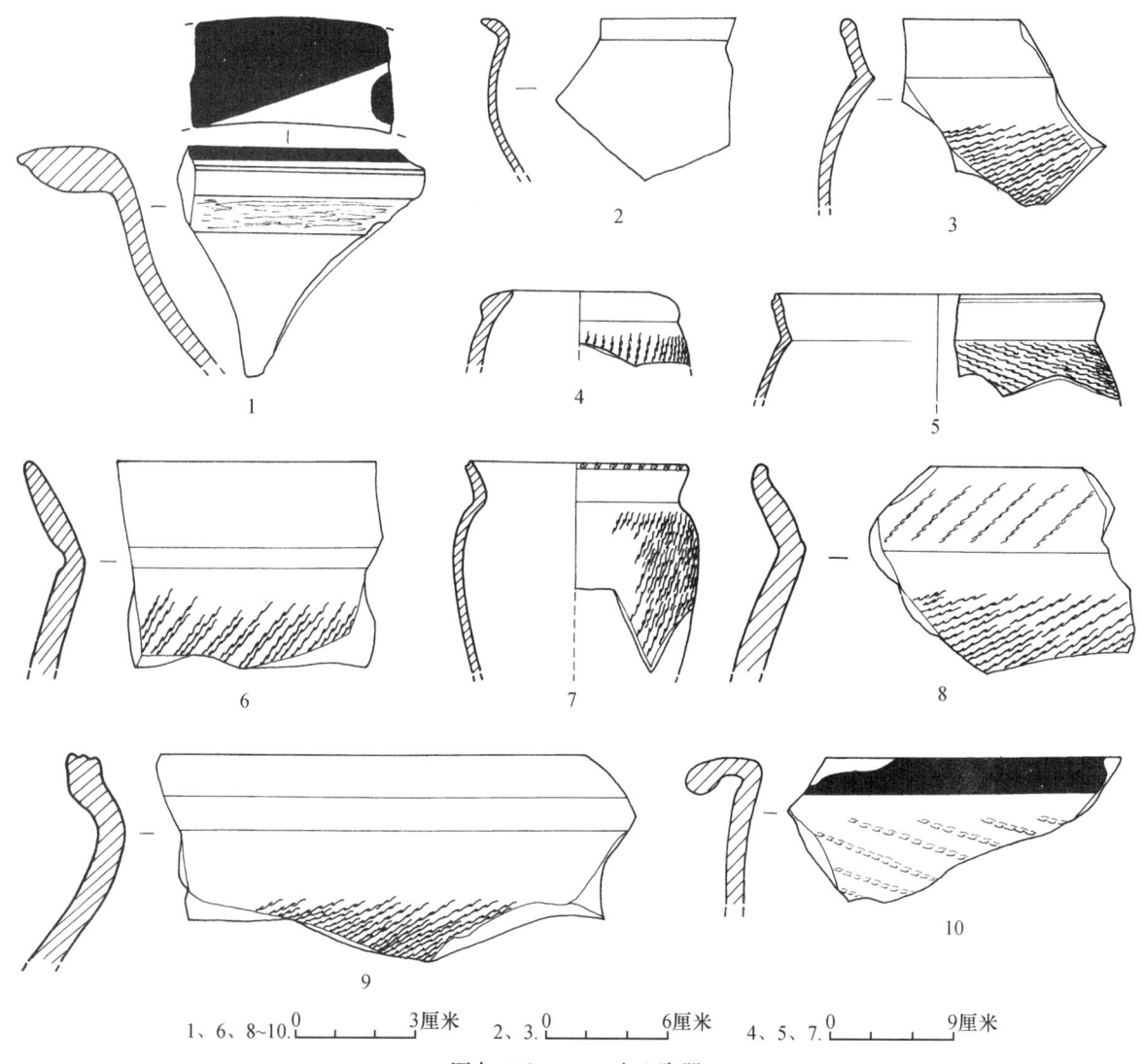

图九三八　H216出土陶器

1、2.盆（H216：10、H216：9）　3~10.罐（H216：14、H216：19、H216：13、H216：20、H216：12、H216：21、H216：16、H216：11）

九三八，8）。

标本H216：11，粗泥质橘红陶。敛口，平折沿，沿面微鼓，圆唇，口沿下侧有一道不显著棱脊，圆鼓腹。沿面与唇部均饰黑色彩绘，腹部饰左上至右下斜向绳纹（图九三八，10）。

标本H216：19，粗夹砂红褐陶。敛口，圆唇，斜直腹。腹部饰竖向绳纹。内壁可见轮修痕迹。复原口径10.2、残高5.4厘米（图九三八，4）。

钵　8件。标本H216：2、H216：4、H216：5均口、腹部残片。形制相同，均细泥质橘红陶，直口微敛，深弧腹，器表磨光，素面。标本H216：2，尖唇（图九三九，1）。标本H216：4，方唇（图九三九，3）。标本H216：5，圆唇。器表可见轮修痕迹（图九三九，2）。

标本H216：1、H216：6、H216：7均口、腹部残片。形制相同，均直口微敛，圆唇，浅弧腹，器表磨光。标本H216：1，细泥质橘红陶。口下饰黑色宽带纹彩绘。彩绘下侧可见灰白色叠烧痕迹（图九三九，8）。标本H216：6，细泥质橘红陶。素面。内壁可见轮修痕迹（图九三九，5）。标

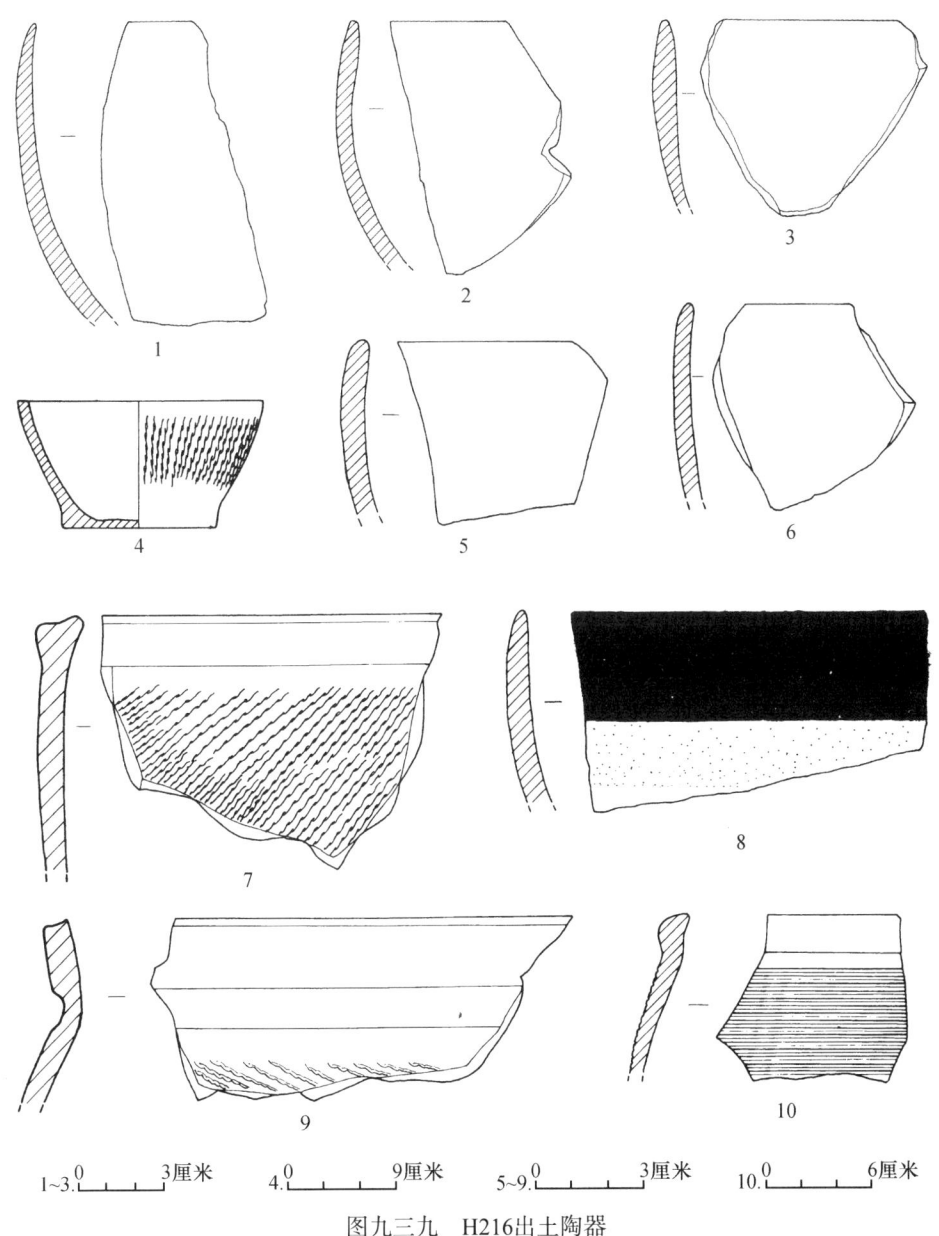

图九三九　H216出土陶器

1~6、8.钵（H216：2、H216：5、H216：4、H216：23、H216：6、H216：7、H216：1）
7、9、10.瓮（H216：18、H216：17、H216：15）

本H216：7，细泥质黑陶。素面。器表可见轮修痕迹（图九三九，6）。

标本H216：23，可复原。粗夹砂红褐陶。敞口，方唇，斜直腹，平底。腹部饰右上至左下斜向绳纹，绳纹斜度较小。口径20.7、底径12.9、通高10.5厘米（图九三九，4）。

瓮　3件。均口、腹部残片。标本H216：17，粗夹砂红褐陶。侈口，卷沿，方唇，唇部有一道浅细凹槽，口沿下侧有一道较矮棱脊，鼓腹。棱脊以下饰左上至右下斜向绳纹。沿面可见轮修痕迹（图九三九，9）。

标本H216：15，细夹砂红褐陶。敛口，圆唇，口沿内侧有一道宽浅凹槽，鼓腹。口沿以下饰多周弦纹。内壁可见轮修痕迹（图九三九，10）。

标本H216:18，粗夹砂红褐陶。敛口，窄平折沿，方唇，沿面有一道宽浅凹槽，直腹。腹部饰右上至左下斜向绳纹（图九三九，7）。

器盖　1件。标本H216:8，口、壁残片。细夹砂红褐陶。敞口，圆唇，唇部有一道浅细凹槽，斜直壁。素面。内壁可见轮修痕迹（图九四〇，4）。

圆陶片　2件。形制相同，均圆形。标本H216:24-2，完整。细泥质橘红陶。系利用钵的口沿残片打制而成，保留少量沿面。边缘较钝。器表饰黑色宽带纹彩绘。直径6、厚0.7厘米（图九四〇，1）。标本H216:24-1，稍残。粗泥质橘红陶。系利用钵的残片打制而成。边缘较为锋利。直径5.7、厚0.6厘米（图九四〇，2）。

（2）石器

1件。球。标本H216:25，完整。石英细砂岩。圆球状。通体磨光。器表可见使用形成的小坑疤。直径2.4厘米（图九四〇，5）。

（3）骨器

1件。针。标本H216:26，尾端稍残。器身细长，横断面呈圆形，尖部锐利。通体磨光。残长7.5厘米（图九四〇，3）。

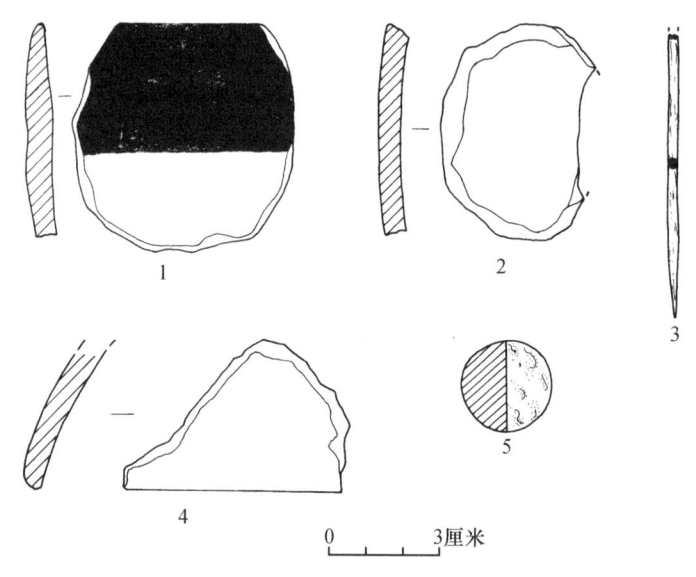

图九四〇　H216出土遗物

1、2.圆陶片（H216:24-2、H216:24-1）　3.骨针（H216:26）　4.器盖（H216:8）　5.石球（H216:25）

75. H217

H217位于Ⅲ区T0620东南部，开口于③层下。平面呈圆形，袋状，弧壁，平底。坑口径0.8、底径2、深1.4米（图九四一）。

坑内堆积可分为2层：第①层为浅灰色土，土质较致密，包含大量火烧土块及少量炭屑，厚0.7~0.83米，出土大量陶片；第②层为深灰色土，土质疏松，厚0.51~0.7米，包含少量火烧土颗粒，出土少量陶片，另有兽骨。

陶片为主要的出土物，以粗夹砂红褐陶为主，细泥质橘红陶次之，并有少量粗泥质橘红陶、细泥质黑陶、细夹砂橘红陶；纹饰以素面居多，绳纹次之，并有少量彩陶（表二〇九）。

H217共出土遗物21件。全部为陶器。器类有罐、钵、瓮，另有彩陶片（表二一〇）。

罐 9件。均口、腹部残片。标本H217：7，粗夹砂红褐陶。侈口，折沿，圆唇，鼓腹。口沿以下饰右上至左下斜向绳纹。沿面可见烟熏痕迹与轮修痕迹（图九四二，10）。

标本H217：6、H217：8、H217：9形制相同，均粗夹砂红褐陶，侈口，卷沿，鼓腹。标本H217：6，沿面有一道不显著棱脊，方唇。素面。外沿面可见轮修痕迹，腹部可见竖向刮抹痕迹，器表可见烟熏痕迹。复原口径20.1，残高9.6厘米（图九四二，8）。标本H217：8，圆唇，唇部有一道浅细凹槽。口沿以下饰右上至左下斜向绳纹。沿面可见轮修痕迹。器表可见烟熏痕迹（图九四二，1）。标本H217：9，圆唇。外沿面有二道浅细凹槽。腹部饰右上至左下斜向绳纹（图九四二，7）。

钵 11件。均口、腹部残片。标本H217：3、H217：4形制相同，均细泥质橘红陶，直口，深弧腹，器表磨光，素面。标本H217：3，尖圆唇。口下可见灰白色叠烧痕迹（图九四二，2）。标本H217：4，圆唇。口下可见深红色叠烧痕迹（图九四二，6）。

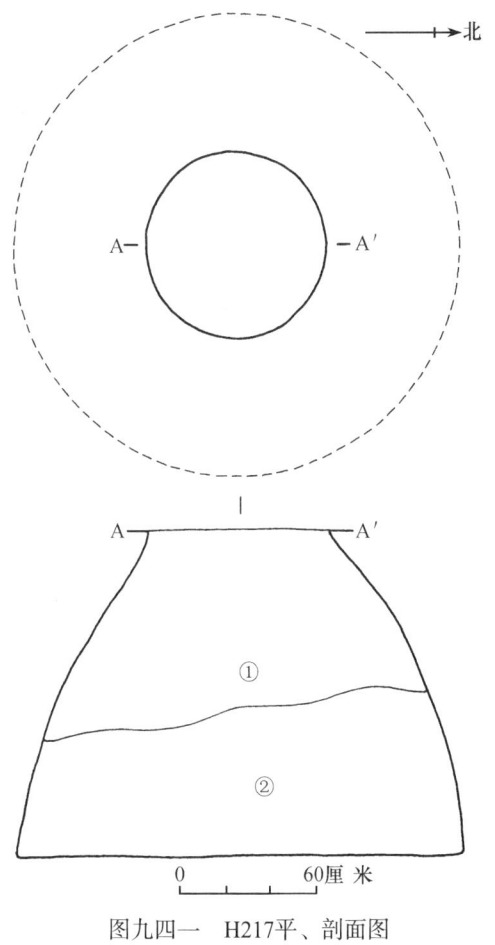

图九四一 H217平、剖面图

标本H217：1、H217：2形制相同，均细泥质橘红陶，直口微敛，圆唇，浅弧腹，器表磨光。标本H217：1，素面。器表可见轮修痕迹（图九四二，5）。标本H217：2，口下饰黑色宽带纹彩绘。彩绘下侧可见浅红色叠烧痕迹（图九四二，9）。

表二〇九 H217陶系统计表　　　　　　　　　　　　　　　　（单位：kg）

陶质 陶色 纹饰	细泥质		粗泥质	细夹砂	粗夹砂	合计		百分比（%）	
	橘红	黑	橘红	橘红	红褐				
素面		0.02	0.14	0.08	0.90	1.14	3.13	36.42	100
素面+磨光	1.03				1.03			32.91	
绳纹			0.02		0.90	0.92		29.39	
彩陶	0.04					0.04		1.28	
合计	1.07	0.02	0.16	0.08	1.80	3.13			
百分比（%）	34.19	0.64	5.11	2.56	57.51	100			

表二一〇 H217器形统计表 （单位：件）

陶质		细泥质			粗夹砂		合计	百分比（%）	
陶色		橘红			红褐				
纹饰\器形		素面+磨光	素面	彩陶	素面	绳纹			
罐	口				1	4	9	42.86	100
	底				3	1			
钵		8	2	1			11	52.38	
瓮						1	1	4.76	
合计		8	2	1	4	6	21		
		21							
百分比（%）		38.1	9.52	4.76	19.05	28.57			
		100							

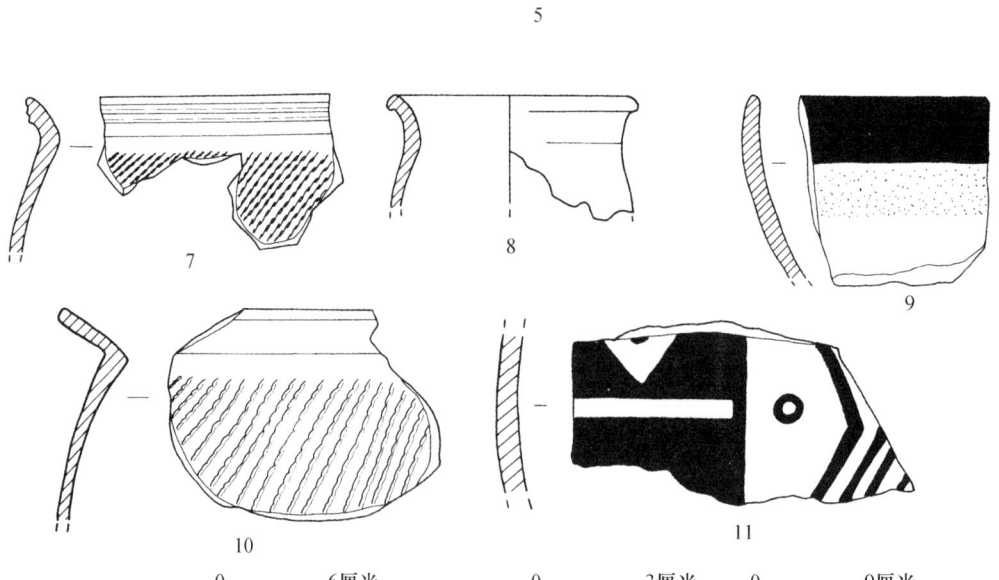

1、3~5、7. 0 ⸺ 6厘米　　2、6、9~11. 0 ⸺ 3厘米　　8. 0 ⸺ 9厘米

图九四二　H217出土陶器

1、7、8、10.罐（H217：8、H217：9、H217：6、H217：7）　2、3、5、6、9.钵（H217：3、H217：5、H217：1、H217：4、H217：2）　4.瓮（H217：10）　11.彩陶片（H217：11）

标本H217：5，细泥质橘红陶。敛口，圆唇，弧腹，最大径位于中下腹部。器表磨光。素面（图九四二，3）。

瓮 1件。标本H217：10，口、腹部残片。粗夹砂红褐陶。侈口，卷沿，方唇，唇部有二道浅细凹槽，鼓腹。腹部饰右上至左下斜向绳纹。外沿面可见轮修痕迹（图九四二，4）。

彩陶片 标本H217：11，腹部残片。细泥质橘红陶。器表磨光。器表饰黑色鱼纹彩绘。可能为盆、钵类器残片（图九四二，11；彩版四七，6）。

76. H218

H218位于Ⅲ区T0620西部，开口于③层下，南部被F96打破。平面呈不规则形，锅底状，斜直壁，平底，壁、底均不甚平整。坑口长2.28、宽1.3~1.8、底长1.7、宽0.6、深0.8米（图九四三）。

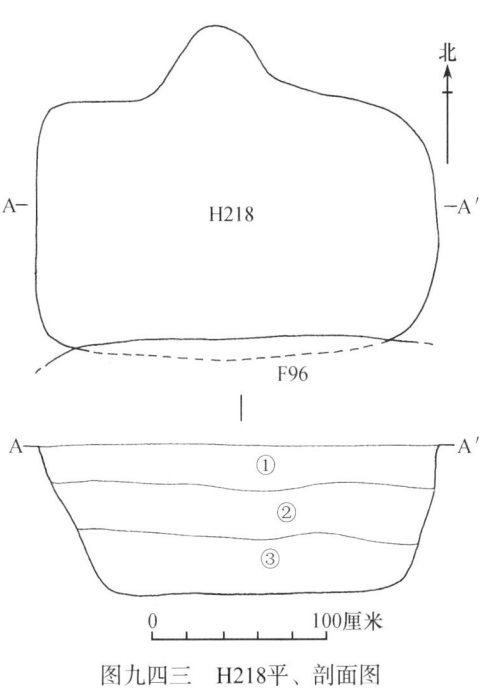

图九四三 H218平、剖面图

坑内堆积可分为3层：第①层为黑灰色土，土质疏松，厚0.2~0.25米；第②层为草木灰土，厚0.25~0.3米；第③层为黑灰及草木灰，包含大量的块状火烧土，草拌泥墙皮及块状的黄泥块，个别兽骨残块，出土较多陶片。

陶片为主要的出土物，以粗夹砂红褐陶为主，细泥质橘红陶次之，粗泥质橘红陶再次，并有少量细泥质红褐陶、细泥质灰陶、细泥质黑陶、细夹砂橘红陶；纹饰以绳纹居多，素面次之，彩陶再次，并有少量弦纹、交错绳纹、附加堆纹和席纹（表二一一）。

表二一一 H218陶系统计表 （单位：kg）

陶质	细泥质				粗泥质	细夹砂	粗夹砂	合计	百分比（%）
陶色 纹饰	橘红	红褐	灰	黑	橘红	橘红	红褐		
素面	0.114				0.04	0.16	1.34	1.654	14.61
素面+磨光	0.49	0.16	0.12	0.03	0.98			1.78	15.72
绳纹					0.08		5.33	5.41	47.79
弦纹	0.114				0.29			0.404	3.57
交错绳纹							0.18	0.18	1.59
弦纹+附加堆纹					0.114			0.114	1.01
彩陶+席纹	0.114							0.114	1.01
彩陶	1.66							1.66	14.66
合计	2.492	0.16	0.12	0.03	1.504	0.16	6.85	11.32	100
	11.32								
百分比（%）	22.01	1.41	1.06	0.27	13.29	1.41	60.51		
	100								

H218共出土遗物44件。全部为陶器。器类有盆、罐、钵、圆陶片，另有附加堆纹陶片（表二一二）。

表二一二　H218器形统计表　　　　　　　　　　（单位：件）

陶质	细泥质				粗泥质				粗夹砂			合计		百分比（%）
陶色	橘红				橘红				红褐					
纹饰\器形	素面+磨光	素面	弦纹	彩陶	席纹+彩陶	素面+磨光	素面	弦纹	素面	绳纹	交错绳纹			
盆	1	1	1									3		7.14
罐　口								1	6	14	1	24	42	57.14
罐　底										2				
钵	4			8	1	1	1					15		35.71
合计	5	1	1	8	1	1	1	1	6	16	1	42		100
百分比（%）	11.90	2.38	2.38	19.05	2.38	2.38	2.38	2.38	14.29	38.10	2.38	100		

盆　3件。均口、腹部残片。标本H218：9、H218：10形制相同，均细泥质橘红陶，直口微敛，平折沿，弧腹。标本H218：9，方唇。素面。唇部可见轮修痕迹，器表可见刮抹痕迹。复原口径39.9、残高8.1厘米（图九四四，1）。标本H218：10，圆唇。口沿以下饰多周弦纹。唇部可见轮修痕迹（图九四四，2）。

标本H218：11，细泥质橘红陶。侈口，卷沿，方唇，弧腹。器表磨光。素面（图九四四，3）。

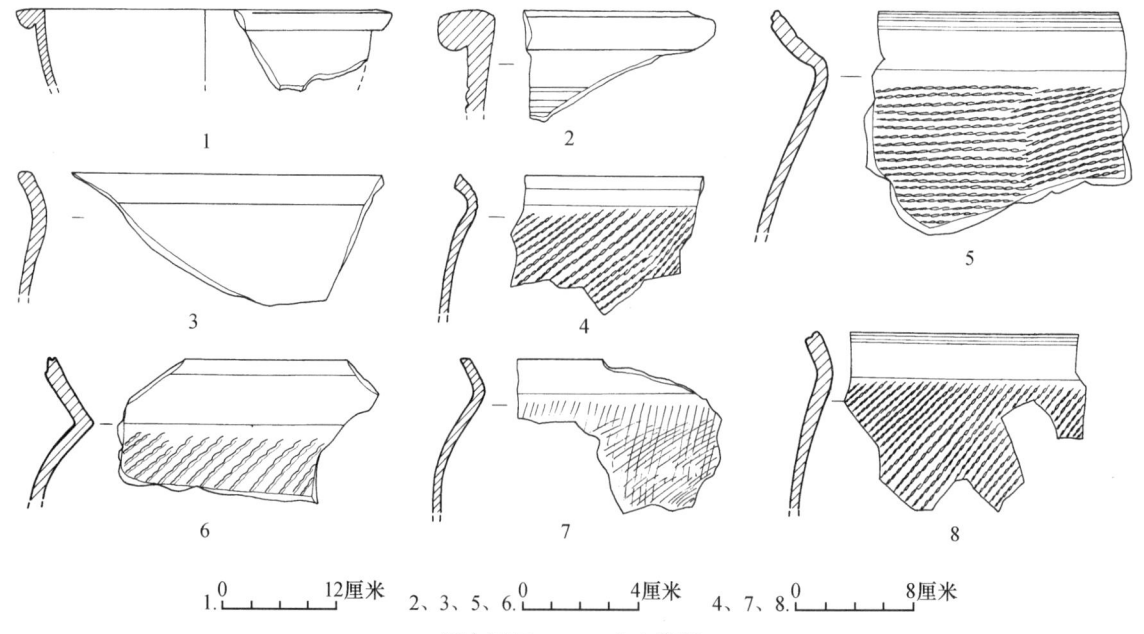

图九四四　H218出土陶器

1~3.盆（H218：9、H218：10、H218：11）　4~8.罐（H218：14、H218：12、H218：13、H218：17、H218：16）

罐　24件。均口、腹部残片。标本H218：14、H218：16、H218：17形制相同，均粗夹砂红褐陶，侈口，卷沿，方唇，鼓腹。标本H218：14，口沿内侧有多周浅细凹槽。口沿以下饰右上至左下斜向绳纹（图九四四，4）。标本H218：16，唇部有一道浅细凹槽。口沿以下饰右上至左下斜向绳纹。外沿面可见轮修痕迹（图九四四，8）。标本H218：17，口沿以下饰交错绳纹。沿面可见轮修痕迹（图九四四，7）。

标本H218：12、H218：13形制相同，均粗夹砂红褐陶，侈口，折沿，圆唇，唇部有二道浅细凹槽，鼓腹。标本H218：12，口沿以下饰右上至左下斜向绳纹，绳纹近平。内壁可见轮修痕迹（图九四四，5）。标本H218：13，口沿以下饰右上至左下斜向绳纹。外沿面可见轮修痕迹（图九四四，6）。

钵　15件。标本H218：7、H218：8均口、腹部残片。形制相同，均细泥质橘红陶，直口微敛，深弧腹，器表磨光，素面。标本H218：7，方唇。口下可见浅红色叠烧痕迹与轮修痕迹（图九四五，4）。标本H218：8，圆唇。口下可见浅红色叠烧痕迹（图九四五，9）。

标本H218：1、H218：2、H218：3、H218：4、H218：5、H218：6形制相同，均细泥质橘红陶，直口微敛，浅弧腹，器表磨光。标本H218：1，可复原。圆唇，圜底，底部有一圆形凹坑。口下饰黑色宽带纹彩绘，有一"S"形刻划符号，底部饰席纹。口径36、通高15厘米（图九四五，1；图版一四六，6；图版一四七，1）。标本H218：2，口、腹部残片。圆唇。素面。口下可见轮修痕迹，腹部可见刮抹痕迹。复原口径36.3、残高10.5厘米（图九四五，7）。标本H218：3，底稍残。圆唇，圜底。口下饰黑色宽带纹彩绘。口径19.5、残高8.7厘米（图九四五，3）。标本H218：4，口、腹部残片。圆唇。素面。复原口径37.5、残高8.1厘米（图九四五，6）。标本H218：5，口、腹部残片。圆唇。口下饰黑色宽带纹彩绘。内壁可见轮修痕迹（图九四五，2）。标本H218：6，口、腹部残片。方唇。口下饰黑色宽带纹彩绘（图九四五，5）。

附加堆纹陶片　标本H218：18，腹部残片。粗泥质橘红陶。弧腹。器表饰多周弦纹，弦纹下侧饰一周鼓钉状附加堆纹。可能为尖底罐残片（图九四五，10）。

圆陶片　2件。均完整。形制相同，均细泥质橘红陶，圆形。标本H218：19-1，系利用钵的口部残片打制而成。边缘较锋利。器表可见深红色叠烧痕迹。直径5.9、厚0.7厘米（图九四五，11）。标本H218：19-2，系利用钵的残片打制而成。边缘较钝。直径7、厚0.5厘米（图九四五，8）。

77. H219

H219位于Ⅲ区T0620西北部，开口于③层下。平面呈圆形，袋状，斜直壁，平底。坑口径0.9、底径1.1、深0.95米（图九四六）。

坑内堆积为灰褐色土，土质较为致密，包含少量火烧土颗粒，出土少量陶片，另有兽骨。

陶片为主要的出土物，以细泥质橘红陶为主，粗夹砂红褐陶次之，还有少量细夹砂红褐陶、粗泥质橘红陶、细夹砂橘红陶；纹饰以素面为主，绳纹次之，弦纹再次，还有少量彩陶。

H219共出土遗物40件。全部为陶器。器类有盆、罐、钵、瓮、盘状器、器盖、锉（表二一三）。

盆　6件。均口、腹部残片。标本H219：14，细泥质橘红陶。直口，平折沿，沿面向外侧下

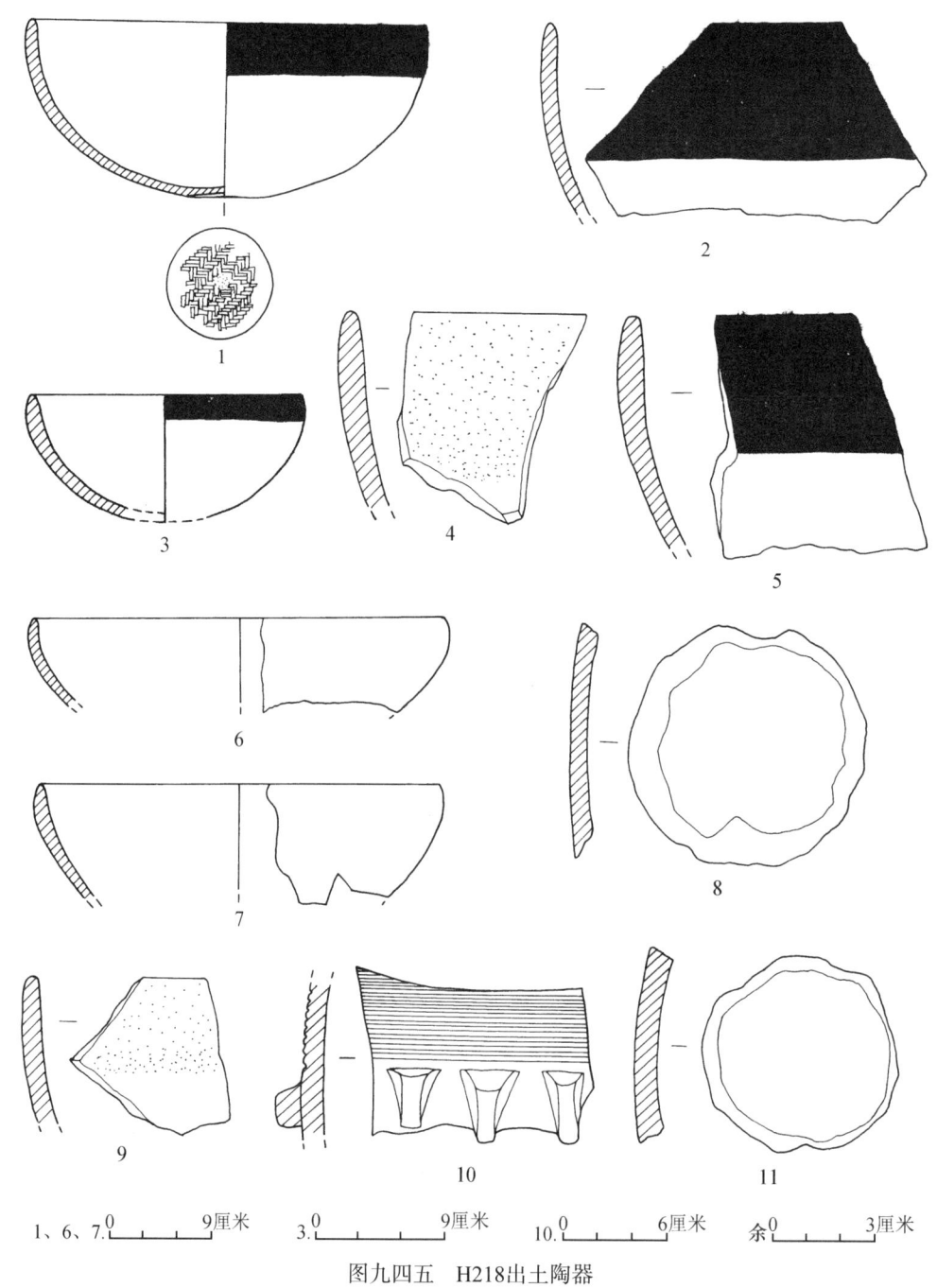

图九四五　H218出土陶器

1～7、9. 钵（H218：1、H218：5、H218：3、H218：7、H218：6、H218：4、H218：2、H218：8）
8、11. 圆陶片（H218：19-2、H218：19-1）　10. 陶片（H218：18）

斜，尖唇，弧腹。沿面饰黑色短线与弧边三角纹彩绘。外沿面可见轮修痕迹（图九四七，3）。

标本H219：15，细泥质橘红陶。直口，平折沿，圆唇，弧腹。腹部饰多周弦纹。沿面可见刮抹痕迹，唇部可见轮修痕迹。复原口径40、残高8.4厘米（图九四七，1）。

标本H219：17、H219：18、H219：19、H219：20形制相同，均细泥质橘红陶，侈口，卷沿，

表一二三　H219器形统计表

（单位：件）

陶质	细泥质				粗泥质		细夹砂		粗夹砂					合计	百分比（%）
陶色	橘红				橘红	红褐	橘红	红褐	红褐						
纹饰 器形	素面+磨光	素面	弦纹	彩陶	绳纹	素面+磨光	素面	绳纹	素面	绳纹	弦纹	交错绳纹	绳纹+弦纹		
盆	2		1	3										6	15.38
罐					1			1	1	11			1	15	38.46
钵	5	2		4		1								12	30.77
瓮										2		1	1	4	10.26
盘状器							1							1	2.56
器盖											1			1	2.56
合计	7	2	1	7	1	1	1	1	1	13	1	1	2	39	100
百分比（%）	17.95	5.13	2.56	17.95	2.56	2.56	2.56	2.56	2.56	33.33	2.56	2.56	5.13	100	

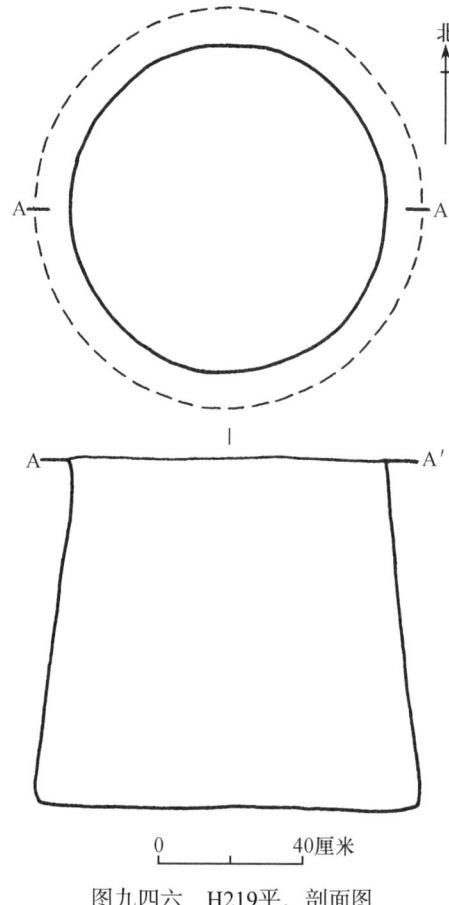

图九四六 H219平、剖面图

弧腹，器表磨光。标本H219：17，圆唇。唇部饰黑色窄带纹彩绘。器表可见烟熏痕迹。唇部可见轮修痕迹。复原口径31.8、残高9.6厘米（图九四七，2）。标本H219：18，圆唇。唇部与外沿面均饰黑色窄带纹彩绘。唇部可见轮修痕迹。复原口径18、残高5.7厘米（图九四七，4）。标本H219：19，圆唇。素面。内、外壁均可见烟熏痕迹（图九四七，5）。标本H219：20，方唇。素面。表层有部分剥落（图九四七，10）。

罐　15件。均口、腹部残片。标本H219：24，粗夹砂红褐陶。侈口，卷沿，方唇，鼓腹。口沿以下饰右上至左下斜向绳纹。外沿面可见轮修痕迹（图九四七，9）。

标本H219：26、H219：28形制相同，均粗夹砂红褐陶，侈口，折沿，沿面内曲，方唇，鼓腹。标本H219：26，口沿下侧饰多周弦纹，弦纹下侧饰竖向绳纹（图九四七，7）。标本H219：28，腹部饰竖向绳纹（图九四七，8）。

标本H219：23，粗夹砂红褐陶。侈口，折沿，圆唇，鼓腹。腹部饰多周弦纹。沿面可见轮修痕迹。复原口径21.6、残高5.4厘米（图九四七，11）。

标本H219：25，细夹砂红褐陶。敛口，方唇，唇部有两道浅细凹槽，圆鼓腹。腹部饰横向绳纹（图九四七，6）。

标本H219：21、H219：22、H219：30、H219：31、H219：32、H219：33、H219：34、H219：35、H219：36、H219：37形制相同，均粗夹砂红褐陶，侈口，卷沿，鼓腹。标本H219：21，方唇。唇部有一道浅细凹槽。口沿以下饰右上至左下斜向绳纹（图九四八，9）。标本H219：22，方唇，唇部有二道浅细凹槽。口沿以下饰右上至左下斜向绳纹。内壁可见轮修痕迹（图九四八，5）。标本H219：30，方唇。口沿以下饰右上至左下斜向绳纹。内壁可见轮修痕迹（图九四八，10）。标本H219：31，方唇。外沿面有一道较矮凸棱。腹部饰右上至左下斜向绳纹。口沿下侧可见轮修痕迹（图九四八，2）。标本H219：32，圆唇。腹部饰左上至右下斜向绳纹。口沿下侧可见轮修痕迹。复原口径26.4、残高7.5厘米（图九四八，3）。标本H219：33，方唇。口沿以下饰右上至左下斜向绳纹。器表可见烟熏痕迹。外沿面可见轮修痕迹。复原口径21、残高7.2厘米（图九四八，6）。标本H219：34，方唇。素面。内、外壁均可见轮修痕迹。复原口径24、残高4.3厘米（图九四八，7）。标本H219：35，圆唇。腹部饰左上至右下斜向绳纹。内壁可见轮修痕迹。口部可见烟熏痕迹（图九四八，8）。标本H219：36，方唇，唇部有一道浅细凹槽。口沿以下饰右上至左下斜向绳纹。器表可见烟熏痕迹（图九四八，4）。标本H219：37，方唇。腹部饰右上至左下斜向绳纹。沿面可见轮修痕迹（图九四八，1）。

钵　12件。均口、腹部残片。标本H219：6、H219：7、H219：11形制相同，均细泥质橘红陶，直口微敛，深弧腹，素面。标本H219：6，方唇。器表磨光。口下可见轮修痕迹（图九四九，

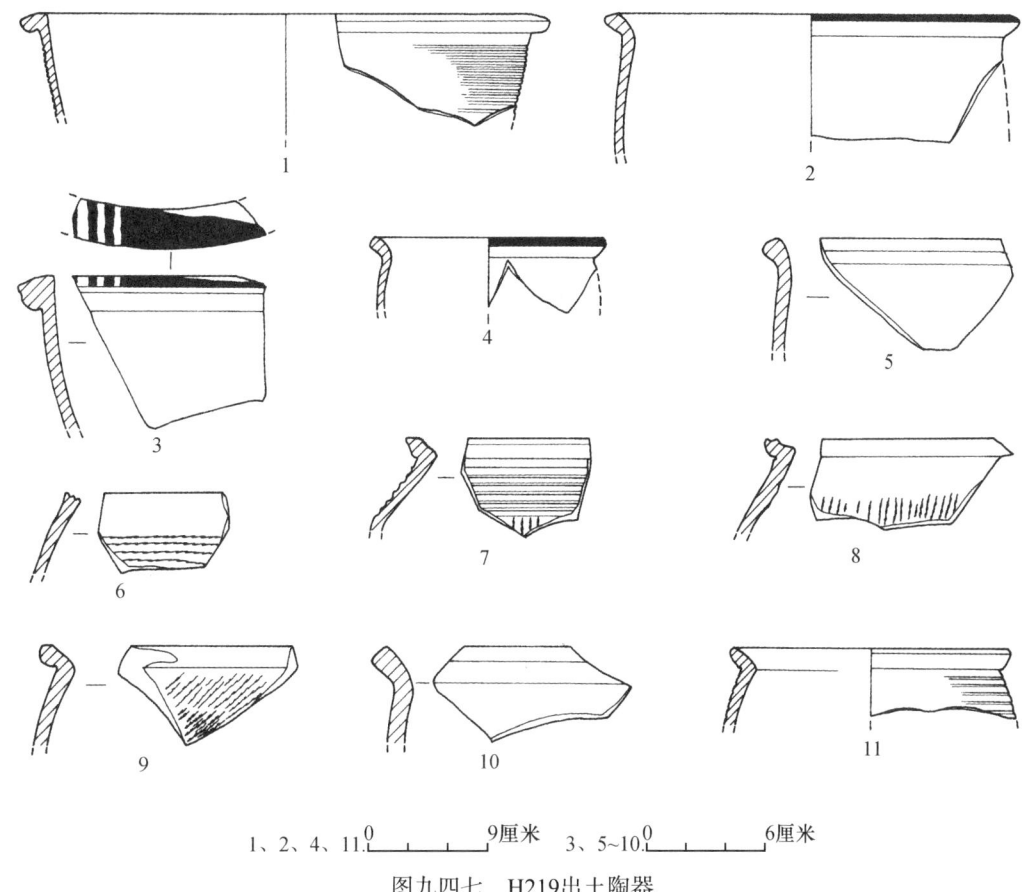

1、2、4、11. 0———9厘米 3、5~10. 0———6厘米

图九四七　H219出土陶器

1~5、10.盆（H219：15、H219：17、H219：14、H219：18、H219：19、H219：20）
6~9、11.罐（H219：25、H219：26、H219：28、H219：24、H219：23）

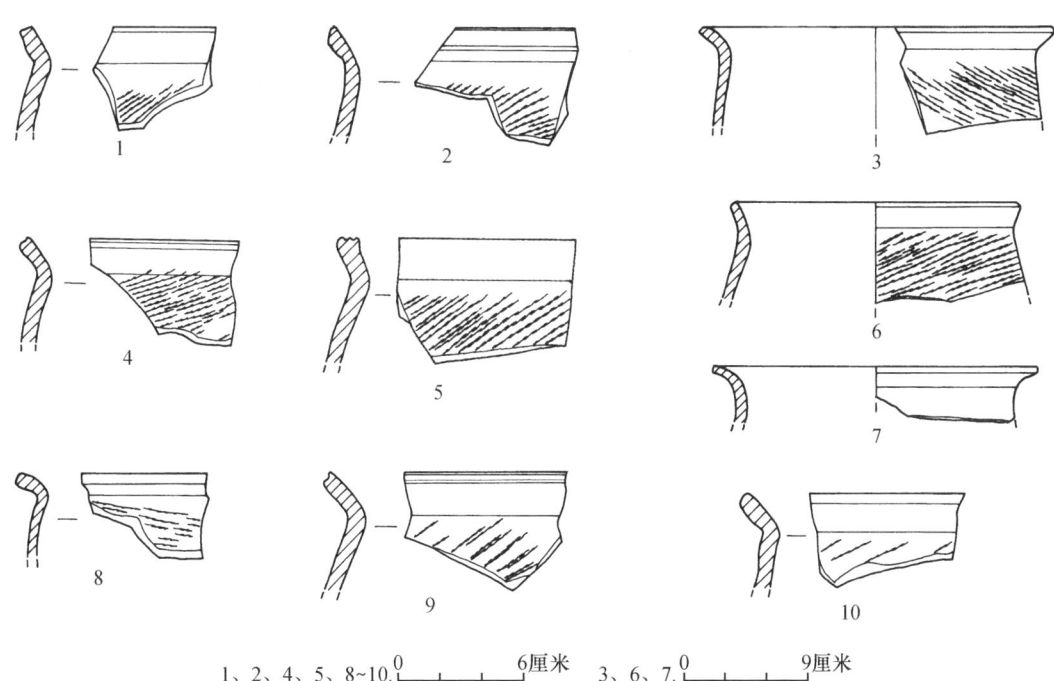

1、2、4、5、8~10. 0———6厘米　3、6、7. 0———9厘米

图九四八　H219出土陶罐

1~10.（H219：37、H219：31、H219：32、H219：36、H219：22、H219：33、H219：34、H219：35、H219：21、H219：30）

1）。标本H219∶7，圆唇。器表刮抹光滑。口下可见轮修痕迹。复原口径30.9、残高7.2厘米（图九四九，10）。标本H219∶11，尖圆唇。口下可见轮修痕迹（图九四九，12）。

标本H219∶1、H219∶3、H219∶8、H219∶9、H219∶10、H219∶12形制相同，均直口微敛，浅弧腹，器表磨光。标本H219∶1，细泥质橘红陶。圆唇。口下饰黑色宽带纹彩绘（图九四九，2）。标本H219∶3，细泥质橘红陶。圆唇。口下饰黑色宽带纹彩绘。彩绘下侧可见浅红色叠烧痕迹（图九四九，5）。标本H219∶8，粗泥质红褐陶。圆唇。表层有部分剥落。素面（图九四九，3）。标本H219∶9，细泥质橘红陶。尖圆唇。素面（图九四九，6）。标本H219∶10，细泥质橘红陶。尖圆唇。素面（图九四九，4）。标本H219∶12，细泥质橘红陶。方唇。口下饰黑色宽带纹彩绘（图九四九，11）。

标本H219∶2、H219∶4、H219∶5形制相同，均细泥质橘红陶，敛口，圆唇，深弧腹，最大腹径位于中下腹部。器表磨光。标本H219∶2，口沿以下饰黑色竖向窄带纹彩绘。内壁可见轮修痕迹

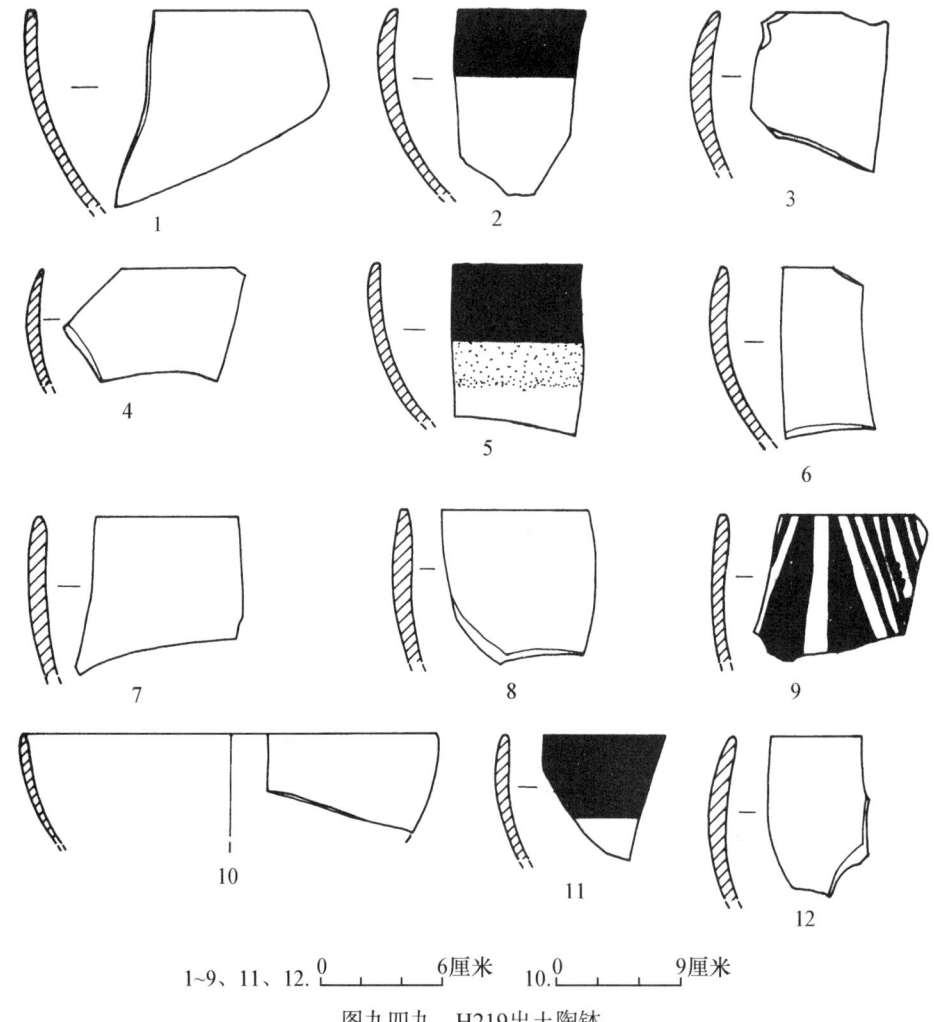

图九四九　H219出土陶钵

1~12.（H219∶6、H219∶1、H219∶8、H219∶10、H219∶3、H219∶9、H219∶5、H219∶4、H219∶2、H219∶7、H219∶12、H219∶11）

（图九四九，9）。标本H219：4，方唇。素面（图九四九，8）。标本H219：5，圆唇。素面。内壁可见刮抹痕迹（图九四九，7）。

瓮 4件。均口、腹部残片。标本H219：27，粗夹砂红褐陶。侈口，折沿，沿面有一道宽浅凹槽，圆唇，鼓肩，并起一道显著棱脊，鼓腹。口沿下侧饰一道弦纹，棱脊以下饰竖向绳纹。口沿下侧可见轮修痕迹（图九五〇，2）。

标本H219：16、H219：38形制相同，均粗夹砂红褐陶，敛口，折沿，圆唇，鼓腹。标本H219：16，沿面有四道浅细凹槽，外沿面有一道浅细凹槽。腹部饰右上至左下斜向绳纹。口沿下侧可见轮修痕迹（图九五〇，3）。标本H219：38，鼓肩，并起一道不显著棱脊。棱脊以下饰交错绳纹。口沿下侧可见轮修痕迹（图九五〇，1）。

标本H219：29，粗夹砂红褐陶。敛口，圆唇，圆鼓腹。腹部饰右上至左下斜向绳纹。口沿下侧可见轮修痕迹（图九五〇，6）。

盘状器 1件。标本H219：39，口、腹、底残片，因残存部分过少而无法复原。粗泥质橘红陶。敛口，圆唇，浅弧腹，平底。器表饰稀疏右上至左下斜向绳纹。器表可见刮抹痕迹，内壁可见轮修痕迹（图九五〇，7）。

器盖 1件。标本H219：13，口、壁残片。细夹砂橘红陶。敞口，圆唇，弧壁。素面。内壁可见轮修痕迹（图九五〇，4）。

锉 1件。标本H219：43，完整。粗泥质橘红陶。平面呈三角形，横断面呈圆角长方形，两侧边稍弧，锐尖。器表麻点清晰，密度较大。器身磨损严重。长9.3、顶部宽3、厚1厘米（图九五〇，5；图版一四七，2）。

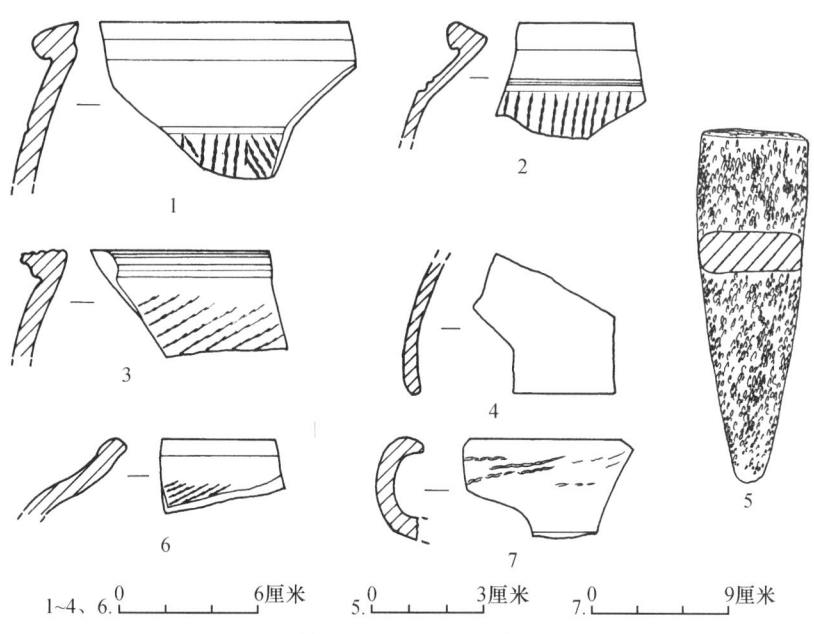

图九五〇 H219出土陶器
1~3、6.瓮（H219：38、H219：27、H219：16、H219：29） 4.器盖（H219：13） 5.锉（H219：43）
7.盘状器（H219：39）

78. H220

H220位于Ⅲ区T0719西部,开口于F92居住面之下。平面呈椭圆形,袋状,斜直壁,平底。坑口长径1.1、短径1、底长径1.52、短径1.4、深0.9米(图九五一)。

坑内堆积为灰褐色土,土质较致密,包含零星炭屑及火烧土颗粒,出土较少陶片。

陶片以细泥质橘红陶为主,粗夹砂红褐陶次之,细夹砂红褐陶再次,还有少量粗泥质橘红陶;纹饰以素面为主,绳纹次之,还有少量彩陶与弦纹。

H220共出土遗物11件。以陶器为主,石器次之。

(1) 陶器

10件。器类有盆、罐、钵、瓮、圆陶片、锉。

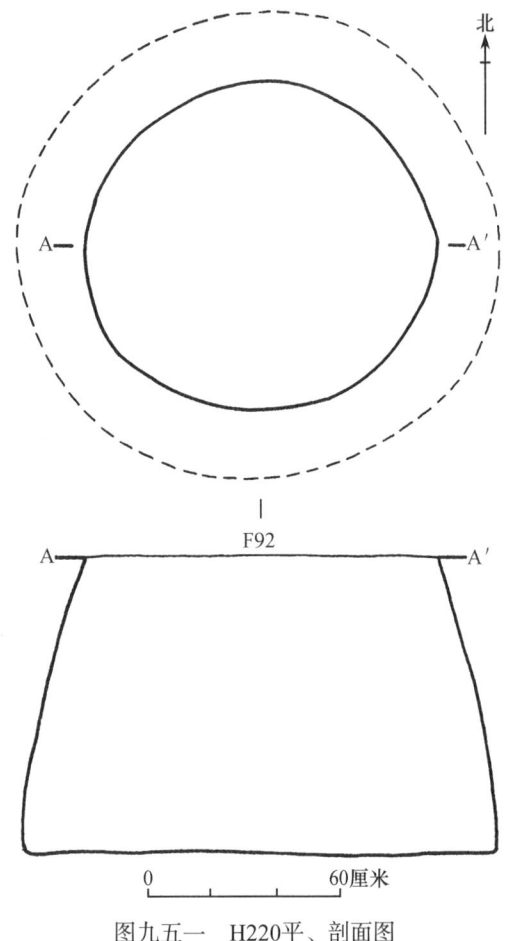

图九五一 H220平、剖面图

盆 1件。标本H220:5,口、腹部残片。细泥质橘红陶。侈口,卷沿,方唇,弧腹。器表磨光。唇部饰黑色窄带纹彩绘,腹部饰黑色鱼纹彩绘。外沿面可见轮修痕迹(图九五二,10;彩版四八,1)。

罐 1件。标本H220:7,口、腹部残片。粗夹砂红褐陶。侈口,卷沿,方唇,唇部有二道浅细凹槽,鼓腹。口沿下饰三道弦纹,弦纹以下饰右上至左下斜向绳纹(图九五二,4)。

钵 4件。均口、腹部残片。标本H220:2,细泥质橘红陶。直口,方唇,深弧腹,口下有一个由内向外单面钻成的圆孔。器表磨光。素面。口下可见浅褐色叠烧痕迹。内壁可见轮修痕迹(图九五二,5)。

标本H220:1、H220:3、H220:4形制相同,均直口微敛,圆唇,浅弧腹,素面。标本H220:1,细泥质橘红陶。器表磨光。口下可见深红色叠烧痕迹与轮修痕迹(图九五二,2)。标本H220:3,细泥质橘红陶。器表磨光。口下可见浅红色叠烧痕迹(图九五二,7)。标本H220:4,细夹砂红褐陶。内、外壁均可见轮修痕迹。器表可见烟熏痕迹(图九五二,6)。

瓮 2件。均口、腹部残片。标本H220:8,粗夹砂红褐陶。敛口,折沿,沿面微曲,方唇,唇部有二道浅细凹槽,鼓肩,并起一道显著棱脊,鼓腹。棱脊以下饰右上至左下斜向绳纹。沿面可见轮修痕迹(图九五二,1)。

标本H220:6,细夹砂红褐陶。敛口,方唇,肩略鼓,并起一道不显著棱脊,鼓腹。外沿面与口沿以下饰右上至左下的斜向绳纹。唇部可见轮修痕迹(图九五二,3)。

圆陶片 1件。标本H220:9,稍残。细泥质橘红陶。系利用钵的口部残片打制而成。圆形,刃部稍钝。器表可见深红色叠烧痕迹。直径4.2、厚0.6厘米(图九五二,8)。

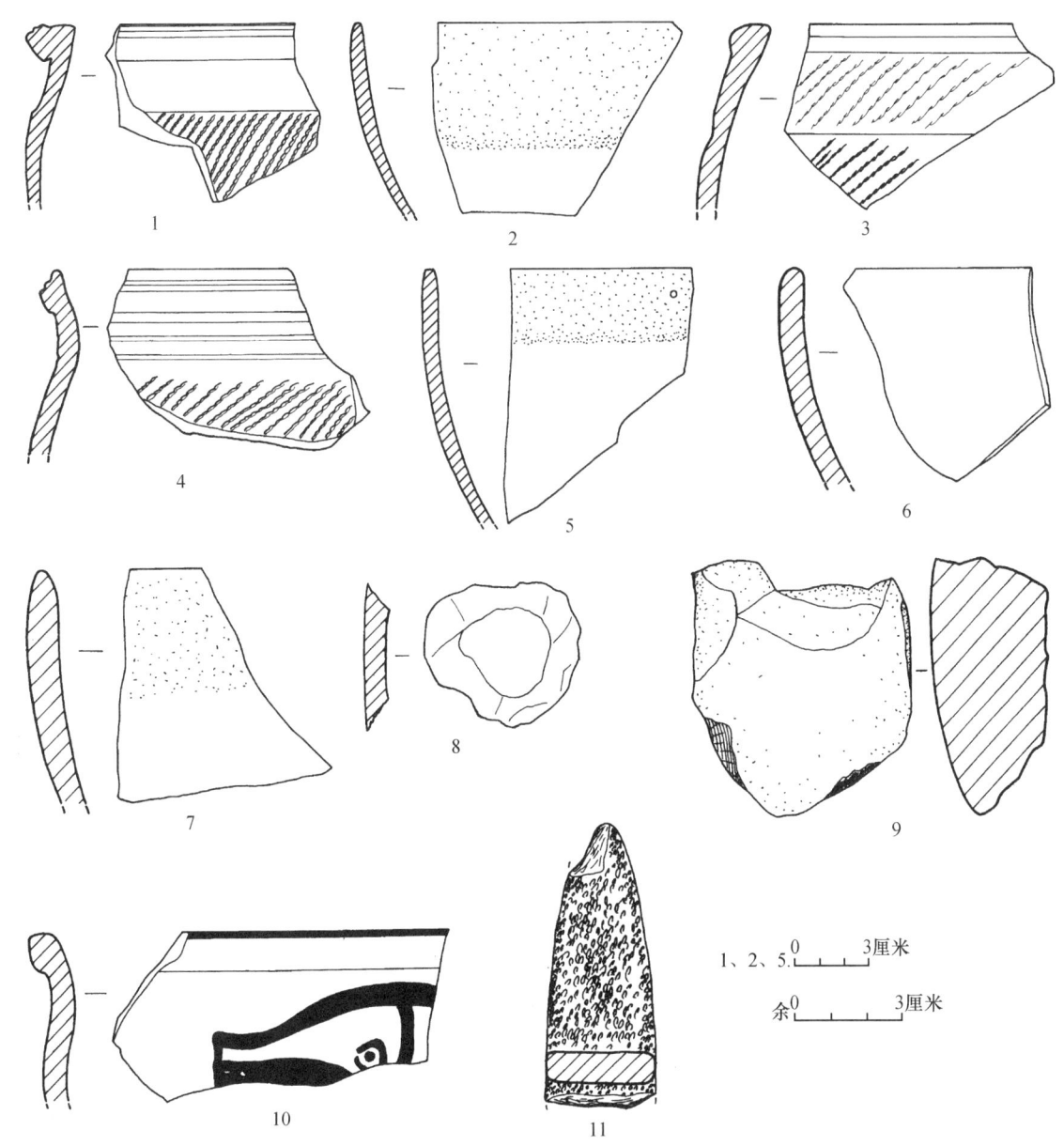

图九五二　H220出土遗物

1、3.陶瓮（H220：8、H220：6）　2、5~7.陶钵（H220：1、H220：2、H220：4、H220：3）　4.陶罐（H220：7）
8.圆陶片（H220：9）　9.研磨器（H220：11）　10.陶盆（H220：5）　11.陶锉（H220：10）

锉　1件。标本H220：10，一端与尖部残。粗泥质橘红陶。残存部分平面呈三角形，横断面呈圆角长方形，两侧边稍弧，锐尖。器表麻点清晰，密度较小。残长7.7、最宽处3、厚0.8厘米（图九五二，11）。

（2）石器

1件。研磨器。标本H220：11，残。石英岩。残存部分呈不规则形，器表略鼓。一面磨光。周缘可见打制修理痕迹。器表可见红色及黄色颜料痕迹。残长6.8、宽6、厚3.2厘米（图九五二，9）。

79. H223

H223位于Ⅲ区T0618北部，开口于③层下。平面呈圆形，袋状，斜直壁，平底。坑口径0.66、底径1.16、深0.78米（图九五三）。

坑内堆积为灰褐色土，土质较致密，包含少量火烧土颗粒，出土少量陶片。

陶片以粗夹砂红褐陶为主，细泥质橘红陶次之，还有少量细泥质红褐陶；纹饰以绳纹为主，彩陶次之，素面再次。

H223共出土遗物16件。全部为陶器。器类有盆、罐、钵、瓮、圆陶片（表二一四）。

盆 1件。标本H223：11，口、腹部残片。细泥质红褐陶。侈口，卷沿，方唇，弧腹。器表磨光。素面。唇部可见轮修痕迹（图九五四，7）。

罐 6件。均口、腹部残片。标本H223：7、H223：10、H223：12形制相同，均粗夹砂红褐陶，侈口，卷沿，鼓腹。标本H223：7，方唇，唇部有二道浅细凹槽。口沿以下饰右上至左下斜向绳纹。外沿面可见轮修痕迹。复原口径27.9、残高8.7厘米（图九五四，13）。标本H223：10，方唇，唇部有二道浅细凹槽。口沿以下饰左上至右下斜向绳纹。器表可见烟熏痕迹（图九五四，12）。标本H223：12，圆唇，唇部有二道浅细凹槽。口沿以下饰横向绳纹。外沿面可见轮修痕迹。口径10、

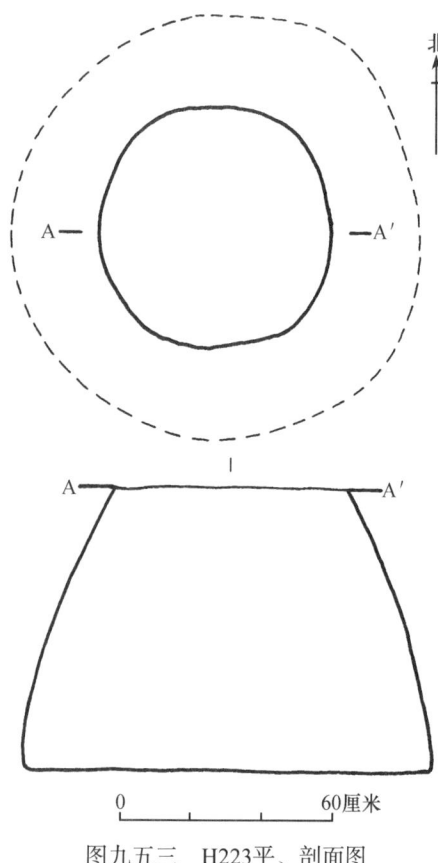

图九五三 H223平、剖面图

表二一四 H223器形统计表 （单位：件）

陶质	细泥质		粗夹砂		合计	百分比（%）	
陶色	橘红	红褐	红褐				
纹饰\器形	素面+磨光	彩陶	素面+磨光	素面	绳纹		
盆		1				1	7.14
罐				1	5	6	42.86
钵	3	3				6	42.86
瓮					1	1	7.14
合计	3	3	1	1	6	14	100
百分比（%）	21.43	21.43	7.14	7.14	42.86	100	

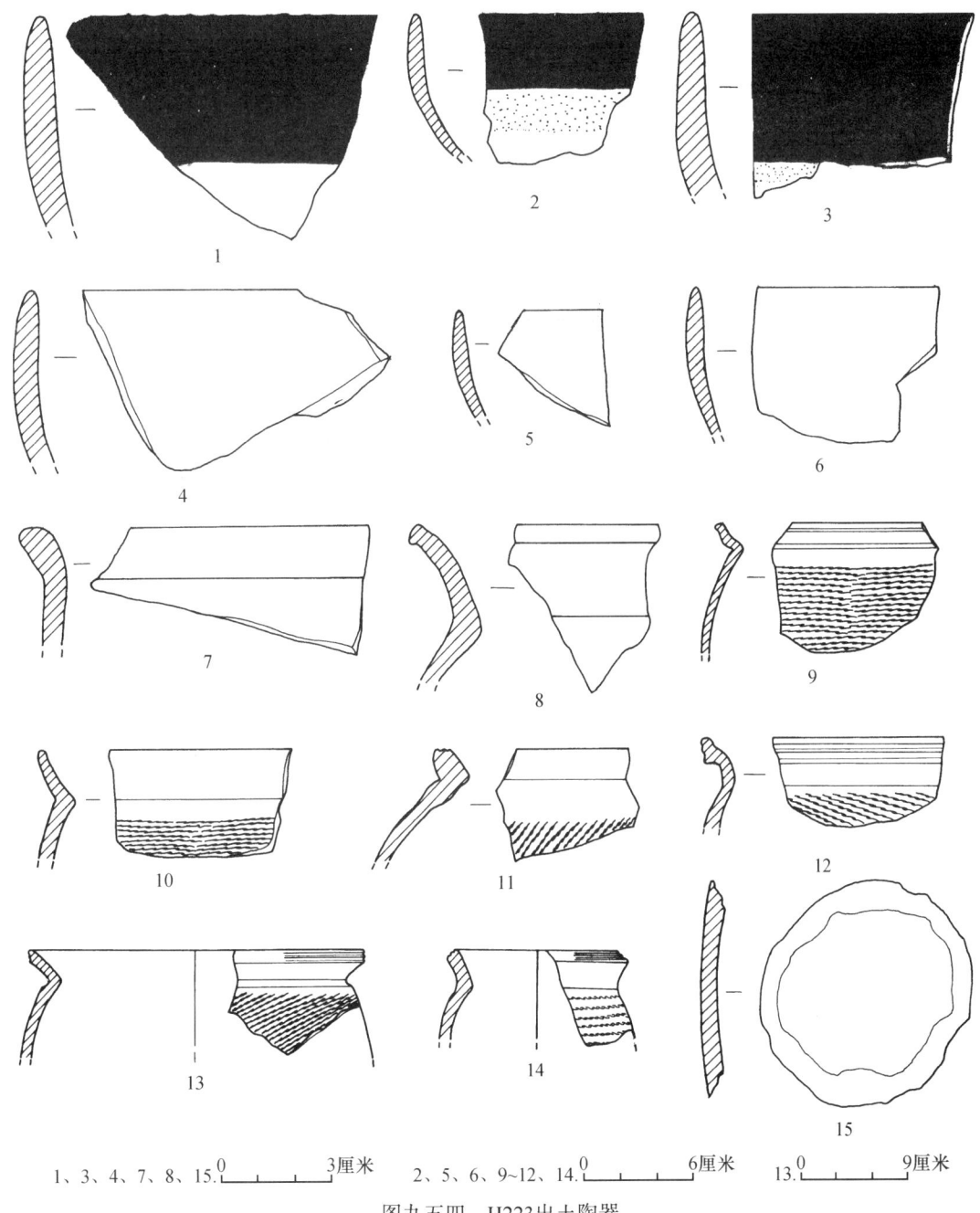

图九五四 H223出土陶器

1~6. 钵（H223：1、H223：3、H223：2、H223：5、H223：4、H223：6） 7. 盆（H223：11） 8~10、12~14. 罐（H223：13、H223：9、H223：8、H223：10、H223：7、H223：12） 11. 瓮（H223：14） 15. 圆陶片（H223：15-1）

残高5厘米（图九五四，14）。

标本H223：8、H223：9、H223：13形制相同，均粗夹砂红褐陶，侈口，折沿，鼓腹。标本H223：8，圆唇。腹部饰横向绳纹（图九五四，10）。标本H223：9，内、外沿面均有一道较矮棱脊，圆唇。口沿以下饰横向绳纹。沿面可见轮修痕迹。器表可见烟熏痕迹（图九五四，9）。标本H223：13，沿面上有一道较矮棱脊，方唇。素面。沿面可见轮修痕迹（图九五四，8）。

钵 6件。均口、腹部残片。形制相同，均细泥质橘红陶，直口微敛，圆唇，浅弧腹，器表磨光。标本H223：1，口下饰黑色宽带纹彩绘（图九五四，1）。标本H223：2，口下饰黑色宽带纹彩绘。彩绘下侧可见灰白色叠烧痕迹（图九五四，3）。标本H223：3，口下饰黑色宽带纹彩绘。彩绘下侧可见浅红色叠烧痕迹，口部可见轮修痕迹（图九五四，2）。标本H223：4，素面。口下可见轮修痕迹（图九五四，5）。标本H223：5，尖圆唇。素面（图九五四，4）。标本H223：6，素面。内壁可见轮修痕迹（图九五四，6）。

瓮　1件。标本H223：14，口、腹部残片。粗夹砂红褐陶。侈口，折沿，方唇，唇部有二道浅细凹槽，鼓腹。腹部饰右上至左下斜向绳纹（图九五四，11）。

圆陶片　2件。均完整。形制相同，均细泥质橘红陶，圆形。标本H223：15-1，系利用钵口部的残片打制而成。边缘较锋利。直径6、厚0.4厘米（图九五四，15）。标本H223：15-2，系利用钵的残片打制而成。边缘较钝。直径4.3、厚0.5厘米。器表可见深褐色叠烧痕迹。

80. H226

H226位于Ⅲ区T0618中部，开口于③层下。平面略呈不规则形，筒状，直壁，平底。坑口长径1.2、短径0.5~0.6、深0.4米（图九五五）。

坑内堆积为浅灰色土，土质疏松，出土少量陶片。

H226仅出土陶盆1件。标本H226：1，口、腹部残片。粗泥质橘红陶。侈口，卷沿，圆唇，浅弧腹。器表经刮抹较为光滑。素面。内、外壁均可见刮抹痕迹，沿面可见轮修痕迹（图九五六）。

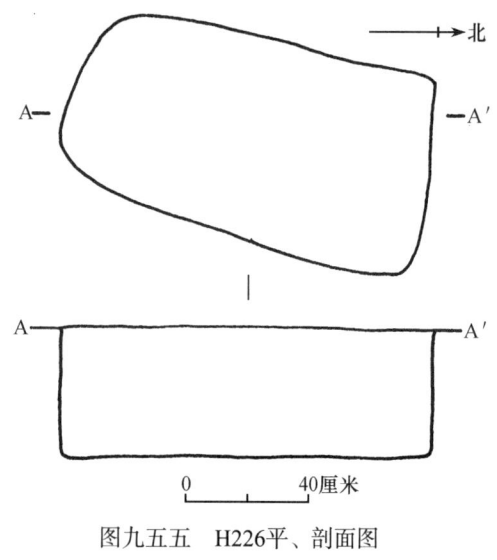

图九五五　H226平、剖面图

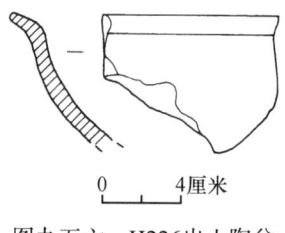

图九五六　H226出土陶盆
（H226：1）

81. H227

H227位于Ⅲ区T0618西北部，开口于③层下。平面呈椭圆形，袋状，斜直壁，平底。坑口长径0.8、短径0.75、底长径1.3、短径1.24、深0.66米（图九五七）。

坑内堆积为灰褐色土，土质较致密，包含少量火烧土颗粒，出土大量陶片。

陶片为主要的出土物，以粗夹砂红褐陶为主，并有一定比例的细泥质橘红陶和少量细泥质灰陶、细夹砂红褐陶；纹饰以绳纹居多，素面次之，并有少量彩陶（表二一五）。

H227共出土遗物12件。全部为陶器。器类有盆、罐、钵、瓮（表二一六）。

盆 1件。标本H227：4，口沿残片。细泥质橘红陶。侈口，卷沿，方唇。器表磨光。唇部与外沿面饰黑色彩绘。唇部可见轮修痕迹（图九五八，1）。

罐 5件。均口、腹部残片。标本H227：5，粗夹砂红褐陶。侈口，折沿，方唇，唇部有一道浅细凹槽，鼓腹。口沿以下饰右上至左下斜向绳纹。沿面可见轮修痕迹，内壁可见泥条盘筑痕迹。器表可见烟熏痕迹。口径21.6、残高13.2厘米（图九五八，5）。

标本H227：7，粗夹砂红褐陶。侈口，卷沿，方唇，直腹。口沿以下饰右上至左下斜向稀疏绳纹。沿面可见轮修痕迹（图九五八，4）。

钵 5件。均口、腹部残片。标本H227：3，细泥质橘红陶。直口，圆唇，深弧腹。器表磨光。素面。内壁可见轮修痕迹（图九五八，6）。

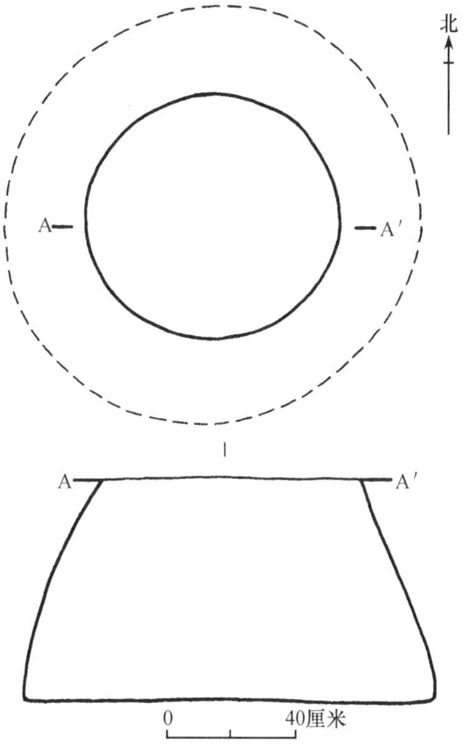

标本H227：1、H227：2形制相同，均细泥质橘红陶，直口微敛，浅弧腹，器表磨光，唇部与口下饰黑色宽带纹彩绘。标本H227：1，圆唇。口下可见轮修痕迹（图九五八，3）。标本H227：2，尖圆唇。内壁可见刮抹痕迹（图九五八，2）。

瓮 1件。标本H227：6，口、腹部残片。粗夹砂红褐陶。敛口，方唇，唇部有一道浅细凹槽，鼓肩，并起一道不显著棱脊，鼓腹。素面。口下可见轮修痕迹（图九五八，7）。

图九五七 H227平、剖面图

表二一五 H227陶系统计表　　　　　　　　　　（单位：kg）

陶质	细泥质		细夹砂	粗夹砂	合计	百分比（%）	
陶色 纹饰	橘红	灰	红褐	红褐			
素面			0.03	0.72	0.75		18.29
素面+磨光	0.28	0.01			0.29	4.10	7.07	100
绳纹				3.05	3.05		74.39
彩陶	0.01				0.01		0.24
合计	0.29	0.01	0.03	3.77			
	4.10						
百分比（%）	7.07	0.24	0.73	91.95			
	100						

表二一六　H227器形统计表　　　　　　　　　　　　　　　（单位：件）

陶质	细泥质		细夹砂	粗夹砂		合计		百分比（%）	
陶色	橘红	红褐	红褐	红褐					
纹饰 器形	素面+磨光	彩陶	素面	素面	绳纹				
盆		1				1	12	8.33	100
罐				3	2	5		41.67	
钵	2	2	1			5		41.67	
瓮				1		1		8.33	
合计	2	3	1	4	2	12			
百分比（%）	16.67	25.00	8.33	33.33	16.67	100			

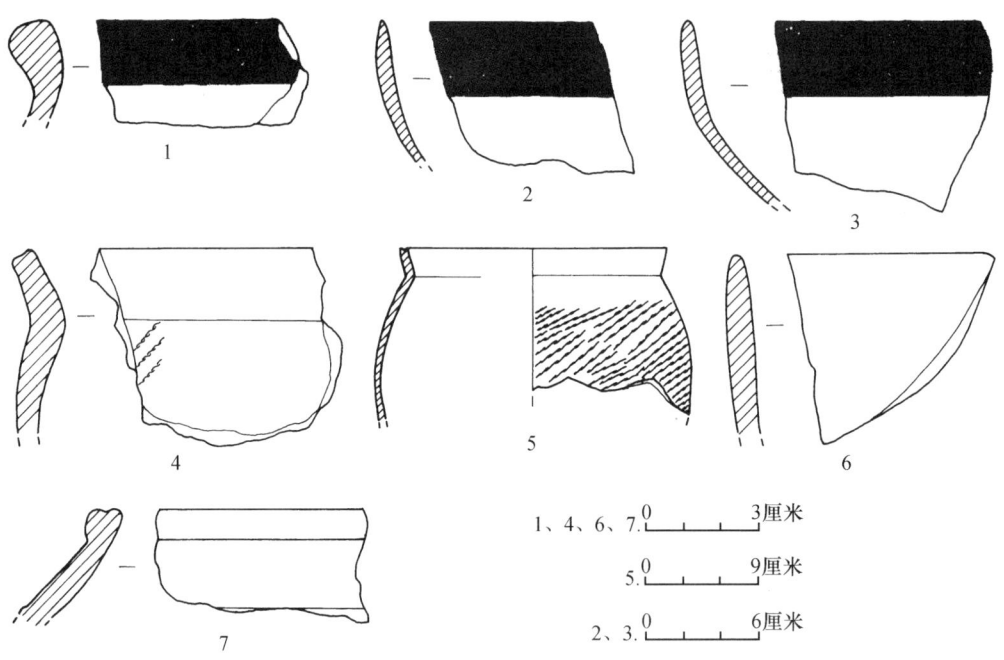

图九五八　H227出土陶器

1.盆（H227：4）　2、3、6.钵（H227：2、H227：1、H227：3）　4、5.罐（H227：7、H227：5）　7.瓮（H227：6）

82. H238

H238位于Ⅲ区T0611东南部，开口于③层下。平面呈椭圆形，筒状，直壁，平底。坑口长径1.1、短径0.7、深0.5米（图九五九）。

坑内堆积为浅灰色土，土质疏松，出土少量陶片。

H238共出土遗物3件。全部为陶钵。均口、腹部残片。标本H238：1、H238：2形制相同，均细泥质橘红陶，直口微敛，深弧腹，器表磨光，素面。H238：1，尖圆唇。口下可见深红色叠烧痕迹（图九六〇，1）。标本H238：2，方唇。口下可见浅红色叠烧痕迹（图九六〇，3）。

标本H238：3，细泥质橘红陶。直口微敛，圆唇，浅弧腹。器表刮抹光滑。素面。口下与内壁均可见轮修痕迹，腹部可见刮抹痕迹（图九六〇，2）。

83. H239

H239位于Ⅲ区T0611西南部，开口于③层下。平面呈圆角长方形，筒状，直壁，平底。坑口长1.55、宽0.8、深0.35米（图九六一）。

坑内堆积为深褐色土，土质较为致密，包含少量

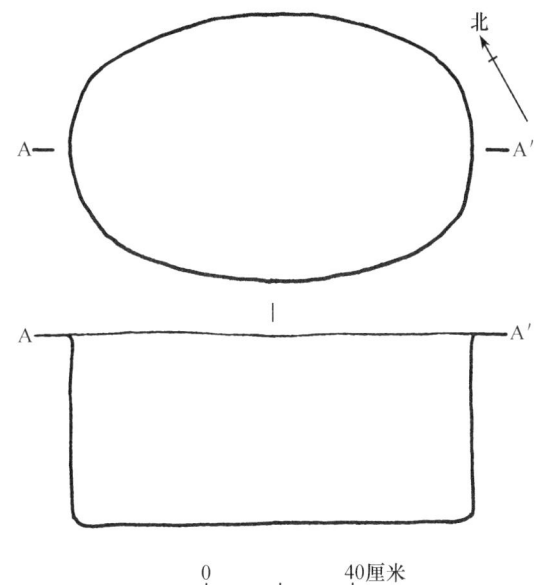

图九五九　H238平、剖面图

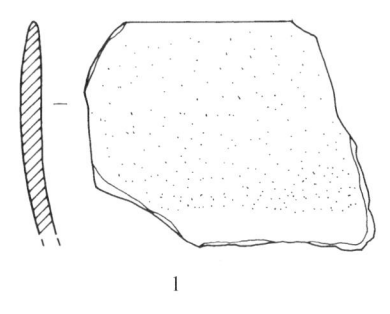 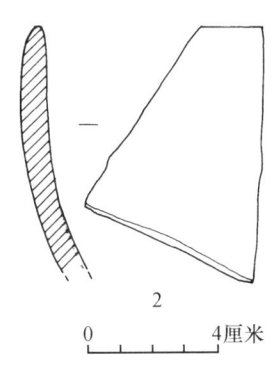 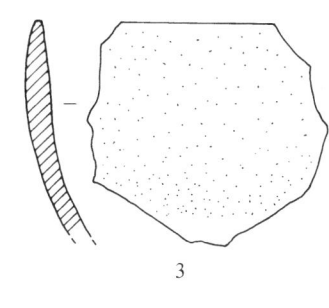

图九六〇　H238出土陶钵
1~3.（H238：1、H238：3、H238：2）

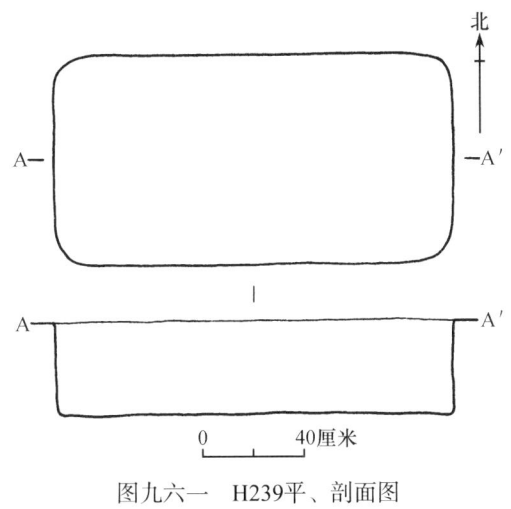

图九六一　H239平、剖面图

料姜石块，出土少量陶片。

陶片全部为细泥质橘红陶；纹饰以素面为主，另有少量彩陶。

H239共出土遗物5件。全部为陶器。器类有盆、钵、锉。

盆　2件。均口、腹部残片。标本H239：3，细泥质橘红陶。直口，平折沿，圆唇，深弧腹。器表经刮抹较为光滑。沿面饰黑色短线与三角纹彩绘。唇部可见轮修痕迹（图九六二，1）。

标本H239：4，细泥质橘红陶。侈口，卷沿，方唇，弧腹。器表磨光。素面。唇部可见轮修痕迹（图九六二，4）。

钵　2件。均口、腹部残片。形制相同，均细泥质橘红陶，直口微敛，圆唇，浅弧腹，器表磨

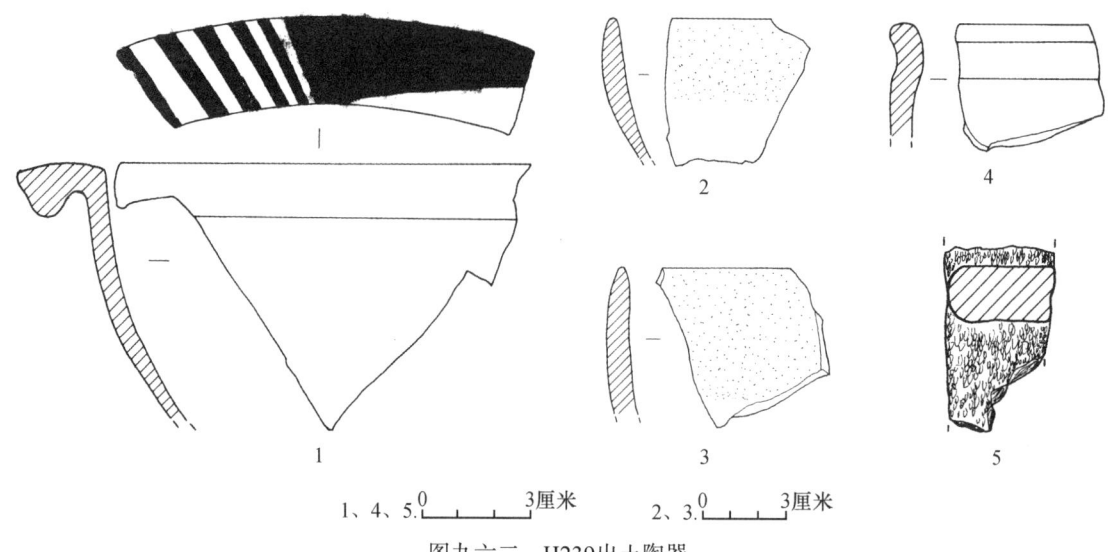

图九六二　H239出土陶器

1、4. 盆（H239：3、H239：4）　2、3. 钵（H239：1、H239：2）　5. 锉（H239：5）

光，素面。标本H239：1，口下可见灰白色叠烧痕迹，器表可见轮修痕迹（图九六二，2）。标本H239：2，口下可见浅褐色叠烧痕迹（图九六二，3）。

锉　1件。标本H239：5，两端均残。细泥质橘红陶。残存部分平面略呈长方形，横断面呈圆角长方形。器表麻点清晰，密度较小。残长5、宽2.9、厚1.5厘米（图九六二，5）。

84. H242

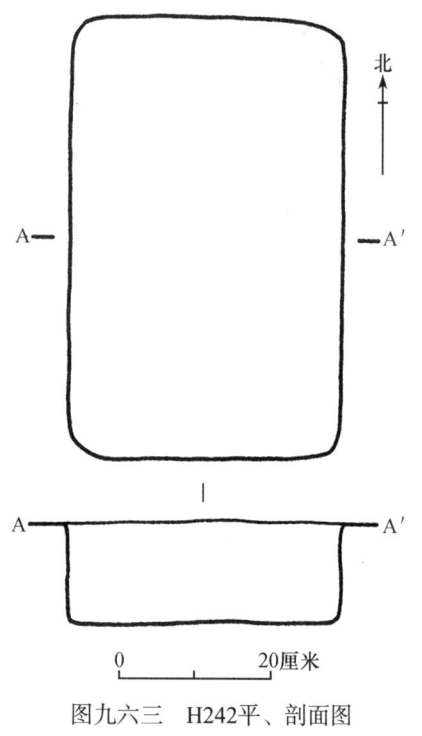

图九六三　H242平、剖面图

H242位于Ⅲ区T0713西南部，开口于③层下。平面呈长方形，筒状，直壁，平底。坑口南北长0.56、东西宽0.36、深0.15米（图九六三）。

坑内堆积为浅褐色土，土质较为致密，出土少量陶片。

陶片为主要的出土物，以细泥质橘红陶为主，粗夹砂红褐陶次之，还有少量细夹砂红褐陶与粗泥质橘红陶；纹饰以素面为主，绳纹次之，还有少量彩陶。

H242共出土遗物22件。全部为陶器。器类有瓶、盆、罐、钵、器盖，另有器底（表二一七）。

瓶　1件。标本H242：12，口沿残片。细夹砂红褐陶。直杯口，微敛，较高，方唇。素面。器表可见轮修痕迹（图九六四，11）。

盆　3件。标本H242：8、H242：9均口沿残片。形制相同，均细泥质橘红陶，侈口，卷沿，圆唇，器表磨光。标本H242：8，外沿面饰黑色彩绘。口沿下侧可见轮修痕迹（图九六四，12）。标本H242：9，唇部与外沿面均饰黑色彩绘。内

表二一七　H242器形统计表　　　　　　　　　　　　　　　　　　　　　　　　　　（单位：件）

陶质	细泥质	粗泥质	细夹砂	粗夹砂		合计	百分比（%）	
陶色	橘红	橘红	红褐	红褐				
纹饰＼器形	素面＋磨光	彩陶	素面	素面	素面	绳纹			
瓶				1			1	4.55	
盆	1	2					3	13.64	
罐			1		1	8	10	45.45	100
钵	5	1		1			7	31.82	
器盖			1				1	4.55	
合计	6	3	2	2	1	8	22		
百分比（%）	27.27	13.64	9.09	9.09	4.55	36.36			
	100								

壁可见轮修痕迹（图九六四，14）。

标本H242∶10，口、腹部残片。细泥质橘红陶。敛口，圆唇，唇外叠，弧腹。器表磨光。素面。唇部可见轮修痕迹（图九六四，13）。

罐　10件。均口、腹部残片。标本H242∶21、H242∶23形制相同，均侈口，卷沿，沿面内曲，方唇，鼓腹。标本H242∶21，粗夹砂红褐陶。口沿以下饰右上至左下斜向绳纹。外沿面可见轮修痕迹（图九六四，4）。标本H242∶23，粗泥质橘红陶。素面。沿面可见轮修痕迹（图九六四，3）。

标本H242∶22，粗夹砂红褐陶。敛口，平折沿，圆唇，唇部有一道浅细凹槽，鼓肩，并起一道不显著棱脊，鼓腹。棱脊以下饰竖向绳纹（图九六四，7）。

标本H242∶14、H242∶16、H242∶17、H242∶20形制相同，均粗夹砂红褐陶，侈口，折沿，鼓腹。标本H242∶14，方唇，唇部有二道浅细凹槽。腹部饰横向绳纹。外沿面可见轮修痕迹（图九六四，1）。标本H242∶16，沿面有一道较矮凸棱，圆唇。腹部饰横向绳纹（图九六四，10）。标本H242∶17，方唇。口沿以下饰横向绳纹（图九六四，8）。标本H242∶20，沿面有一道凸棱，圆唇。素面。沿面可见轮修痕迹（图九六四，9）。

标本H242∶15、H242∶18、H242∶19形制相同，均粗夹砂红褐陶，侈口，卷沿，方唇，鼓腹。标本H242∶15，唇部有二道浅细凹槽。腹部饰横向绳纹（图九六四，2）。标本H242∶18，腹部饰稀疏的左上至右下斜向绳纹（图九六四，6）。标本H242∶19，腹部饰稀疏的横向绳纹（图九六四，5）。

钵　7件。均口、腹部残片。标本H242∶2、H242∶7形制相同，均细泥质橘红陶，直口微敛，圆唇，深弧腹，器表磨光，素面。标本H242∶2，表层有部分剥落。口下可见深褐色叠烧痕迹（图九六五，5）。标本H242∶7，口下可见浅红色叠烧痕迹（图九六五，4）。

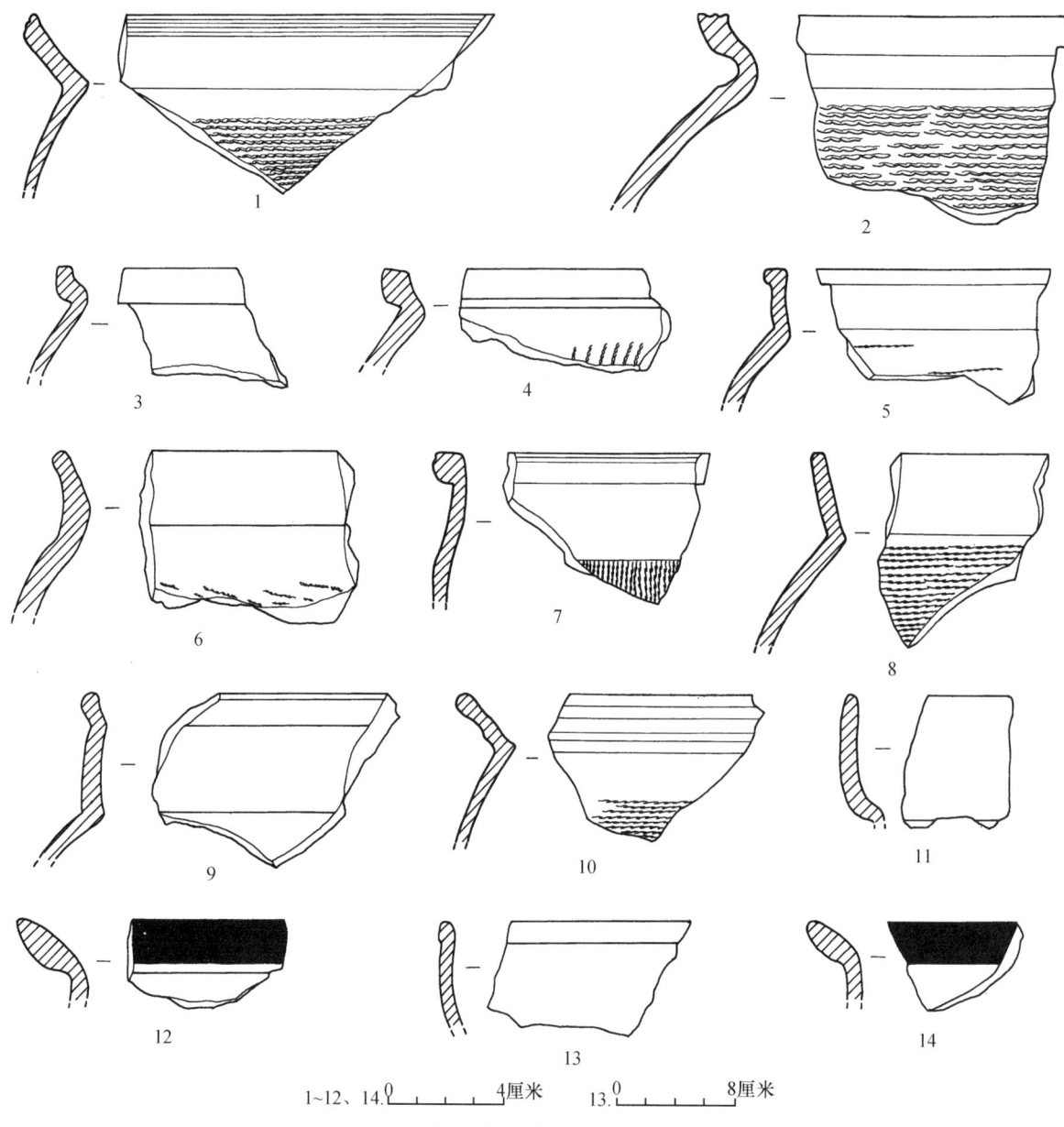

图九六四　H242出土陶器

1~10.罐（H242：14、H242：15、H242：23、H242：21、H242：19、H242：18、H242：22、H242：17、H242：20、H242：16）　11.瓶（H242：12）　12~14.盆（H242：8、H242：10、H242：9）

标本H242：1、H242：3、H242：4、H242：5、H242：6形制相同，均直口微敛，浅弧腹。标本H242：1，细泥质橘红陶。圆唇。器表磨光。素面（图九六五，6）。标本H242：3，细泥质橘红陶。圆唇。器表磨光。口下饰黑色宽带纹彩绘（图九六五，1）。标本H242：4，细泥质橘红陶。圆唇。器表磨光。素面。内壁可见轮修痕迹（图九六五，2）。标本H242：5，细泥质橘红陶。尖圆唇。器表磨光。素面（图九六五，3）。标本H242：6，细夹砂红褐陶。圆唇。素面。口下可见轮修痕迹（图九六五，7）。

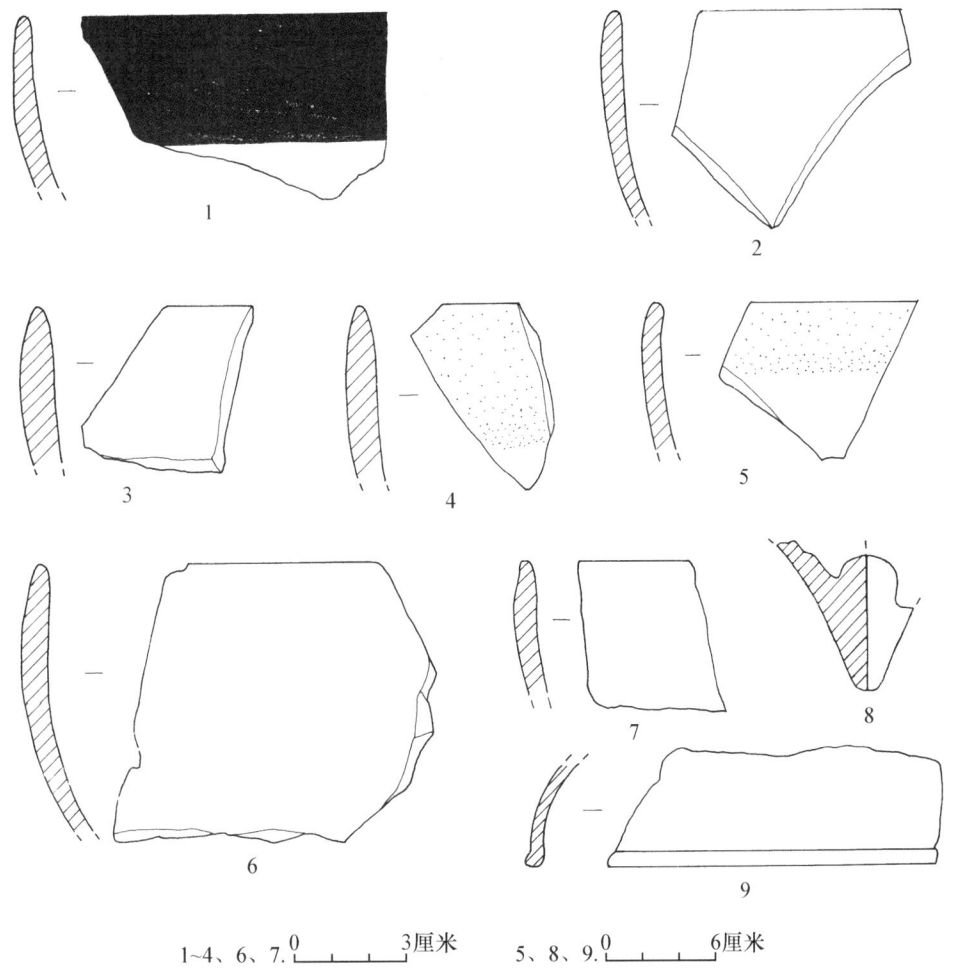

图九六五 H242出土陶器
1~7. 钵（H242：3、H242：4、H242：5、H242：7、H242：2、H242：1、H242：6） 8. 器底（H242：13）
9. 器盖（H242：11）

器盖　1件。标本H242：11，口、壁残片。粗泥质橘红陶。覆钵状，敛口，圆唇，弧壁。素面。器表可见刮抹痕迹，内壁可见轮修痕迹（图九六五，9）。

器底　标本H242：13，下腹、底部残片。粗泥质橘红陶。下腹呈反弧状，尖底，底部填实。素面。内壁可见泥条盘筑痕迹。可能为瓶底。残高8厘米（图九六五，8）。

85. H245

H245位于Ⅲ区T1011西北部，开口于③层下。平面呈圆形，袋状，斜直壁，平底。坑口径0.76、底径1、深0.9米（图九六六）。

坑内堆积为深褐色土，土质较为致密，包含少量火烧土颗粒，出土少量陶片。

陶片以细泥质橘红陶为主，粗夹砂红褐陶次之；纹饰以素面为主，还有少量弦纹、附加堆纹、彩陶。

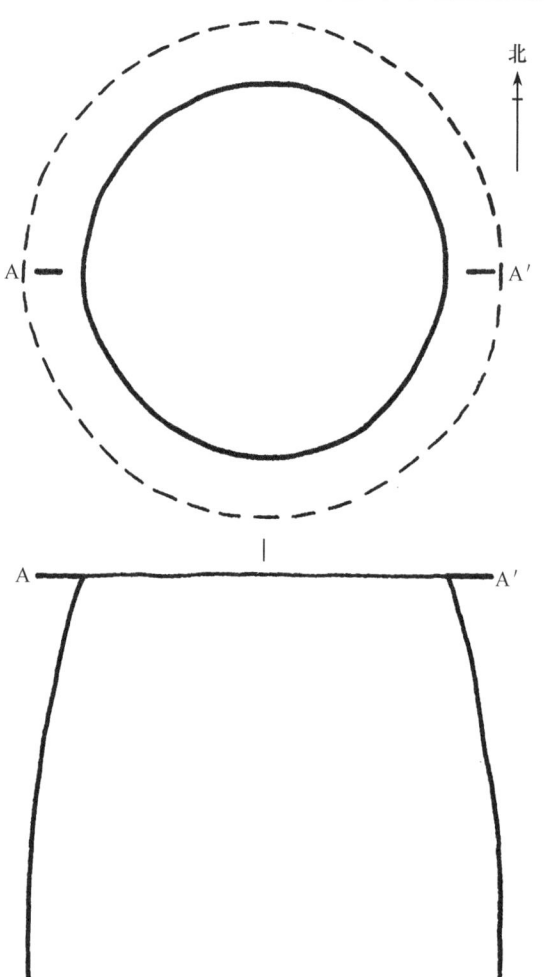

图九六六　H245平、剖面图

H245共出土遗物5件。全部为陶器。器类有盆、罐、钵。

盆　1件。标本H245∶3，口、腹部残片。细泥质橘红陶。侈口，卷沿，圆唇，折腹。唇部饰黑色彩绘。器表磨光。口沿下侧可见轮修痕迹。口径29.4、残高10厘米（图九六七，4）。

罐　2件。标本H245∶5，口沿残片。粗夹砂红褐陶。侈口，卷沿，沿面微曲，方唇，唇部有一道较矮棱脊。素面。内、外沿面均可见轮修痕迹（图九六七，2）。

标本H245∶4，口、腹部残片。细泥质橘红陶。直口，方唇，高领，口沿内侧有二道浅细凹槽，鼓腹。领部饰多周弦纹，上腹部饰多个并排的鹰嘴状附加堆纹。内壁可见轮修痕迹。复原口径17.2、残高12厘米（图九六七，5）。

钵　2件。均口、腹部残片。形制相同，均细泥质橘红陶，直口微敛，浅弧腹，素面。标本H245∶1，圆唇。器表经刮抹较为光滑。口下可见轮修痕迹（图九六七，1）。标本H245∶2，方唇。器表磨光（图九六七，3）。

86. H247

H247位于Ⅲ区T1012东南部，开口于③层下。平

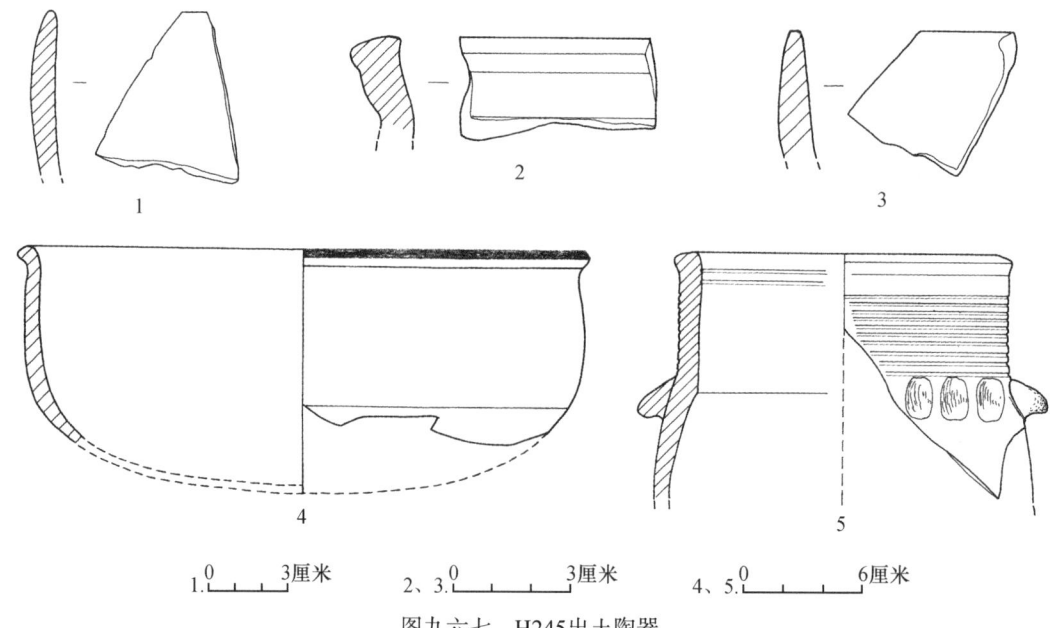

图九六七　H245出土陶器

1、3.钵（H245∶1、H245∶2）　2、5.罐（H245∶5、H245∶4）　4.盆（H245∶3）

面呈圆形，筒状，直壁，平底。坑口径0.8、深0.2米（图九六八）。

坑内堆积为浅褐色土，土质疏松，出土少量陶片。

H247共出土遗物3件。以陶器为主，石器次之。

（1）陶器

2件。均为钵。均口沿残片。标本H247：1，细泥质橘红陶。直口，方唇。器表磨光。素面（图九六九，1）。

标本H247：2，细泥质橘红陶。直口微敛，圆唇，深弧腹。器表磨光。素面。口下可见轮修痕迹（图九六九，2）。

（2）石器

1件。锤。标本H247：3，残。石英细砂岩。保留大量砾石面，器身可见密集的坑疤。残长10.6厘米（图九六九，3）。

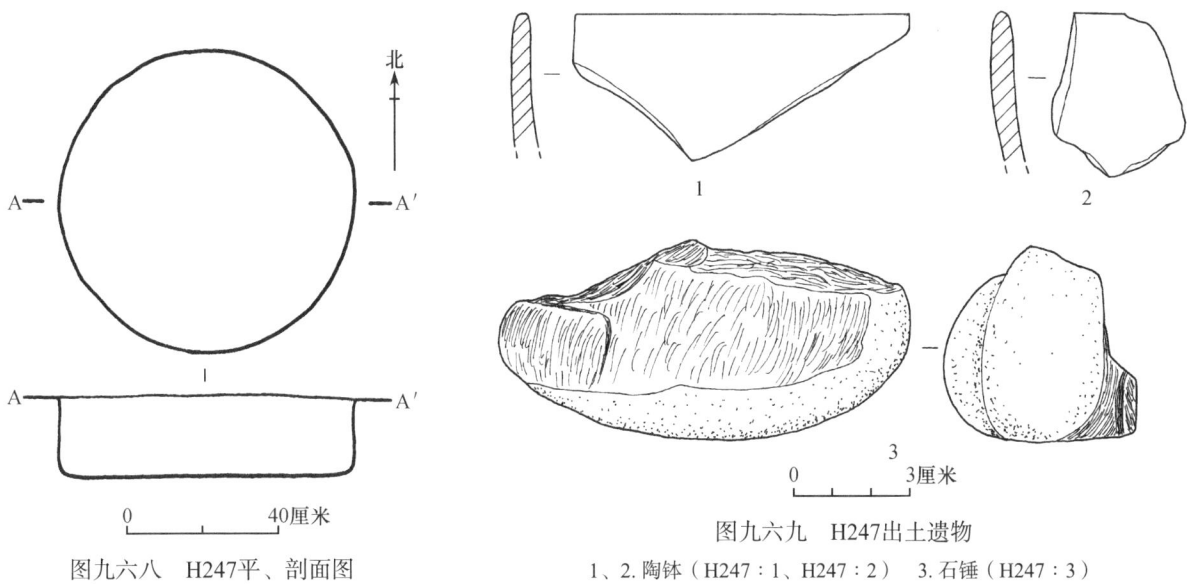

图九六八　H247平、剖面图

图九六九　H247出土遗物
1、2.陶钵（H247：1、H247：2）　3.石锤（H247：3）

87. H250

H250位于Ⅲ区T1014西北部，开口于③层下。平面呈椭圆形，袋状，斜直壁，平底。坑口长径1.4、短径1、底长径1.69、短径1.3、深0.6米（图九七〇）。

坑内堆积为浅灰色土，土质疏松，出土少量陶片。

陶片以粗夹砂红褐陶为主，细泥质橘红陶次之，还有少量细夹砂橘红陶与细泥质黑陶；纹饰以素面为主，绳纹次之，还有少量弦纹、彩陶、剔刺纹。

H250共出土遗物24件。以陶器为主，石器次之。

（1）陶器

23件。器类有盆、罐、钵、瓮、器盖、圆陶片（表二一八）。

盆　1件。标本H250：10，口、腹部残片。细泥质橘红陶。直口微敞，平折沿，沿面略向外侧下斜，圆唇，弧腹。器表磨光。沿面饰黑色短线与三角纹彩绘。唇部可见轮修痕迹。复原口径29.4、残高8厘米（图九七一，1）。

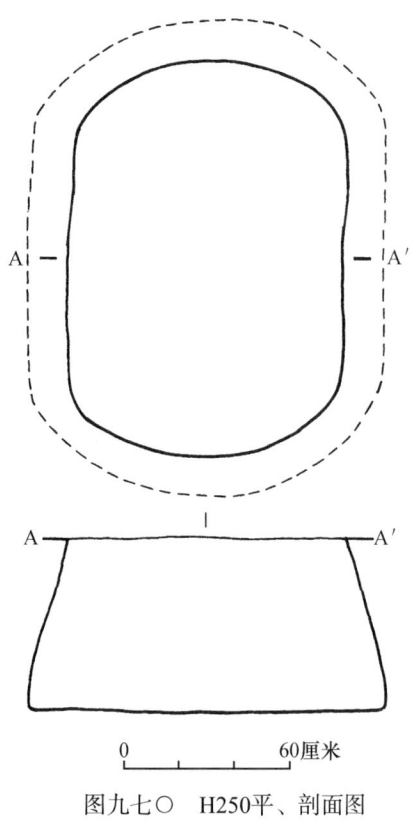

图九七〇　H250平、剖面图

罐　10件。均口、腹部残片。标本H250：16，粗夹砂红褐陶。侈口，卷沿，方唇，唇部有二道浅细凹槽，鼓腹。腹部饰右上至左下斜向绳纹。口沿下侧可见轮修痕迹（图九七一，6）。

标本H250：13、H250：19形制相同，均粗夹砂红褐陶，侈口，折沿，沿面内曲，方唇，鼓腹。标本H250：13，腹部饰左上至右下斜向绳纹。口沿下侧可见轮修痕迹（图九七一，7）。标本H250：19，唇部有二道浅细凹槽。口沿以下饰多周弦纹。外沿面可见轮修痕迹（图九七一，11）。

标本H250：11，粗夹砂红褐陶。侈口，卷沿，沿面有一道浅细凹槽，方唇，鼓腹。素面。唇部可见轮修痕迹（图九七一，10）。

标本H250：14、H250：15、H250：22形制相同，均粗夹砂红褐陶，侈口，折沿，鼓腹。标本H250：14，圆唇。口沿下侧饰一周弦纹。外沿面可见轮修痕迹（图九七一，8）。标本H250：15，圆唇。口沿以下饰右上至左下斜向绳纹（图九七一，9）。标本H250：22，尖圆唇。素面。沿面可见轮修痕迹。口部可见烟熏痕迹。复原口径18.4、残高5.3厘米（图九七一，4）。

标本H250：12，粗夹砂红褐陶。侈口，卷沿，方唇，唇部有一道凸棱，外沿面有一道浅细凹槽，鼓腹。腹部饰右上至左下斜向绳纹，绳纹斜度较小（图九七一，2）。

标本H250：18，粗夹砂红褐陶。侈口，折沿，方唇，鼓腹。腹部饰左上至右下斜向绳纹。沿面可见轮修痕迹（图九七一，3）。

标本H250：21，粗泥质橘红陶。敛口，圆唇，圆鼓腹。口沿以下饰多周整齐的剔刺纹。内壁可见轮修痕迹。复原口径12、残高4.3厘米（图九七一，5）。

表二一八　H250器形统计表　　　　　　　　　　（单位：件）

陶质	细泥质		粗泥质		细夹砂	粗夹砂					合计		百分比（%）	
陶色	橘红	黑	橘红		橘红	红褐								
纹饰\器形	素面+磨光	彩陶	素面+磨光	素面	剔刺纹	素面	素面	绳纹	弦纹	绳纹+弦纹				
盆		1									1	22	4.55	100
罐				1			2	5	2		10		45.45	
钵	4	1	1		1	1					8		36.36	
瓮								1		1	2		9.09	
器盖							1				1		4.55	
合计	4	2	1	1	1	1	3	6	2	1	22			
百分比（%）	18.18	9.09	4.55	4.55	4.55	4.55	13.64	27.27	9.09	4.55	100			

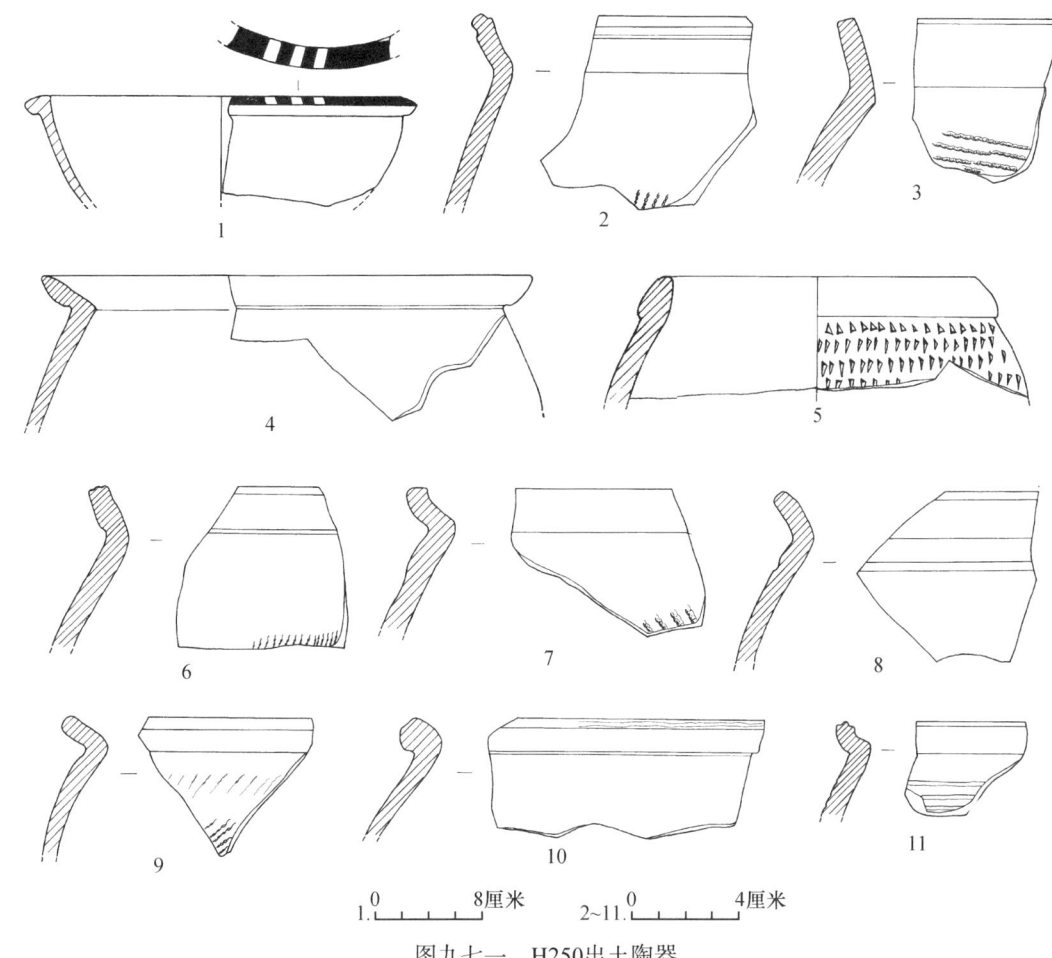

图九七一　H250出土陶器

1.盆（H250∶10）　2~11.罐（H250∶12、H250∶18、H250∶22、H250∶21、H250∶16、H250∶13、H250∶14、H250∶15、H250∶11、H250∶19）

钵　8件。均口、腹部残片。标本H250∶4，细泥质橘红陶。直口，方唇，深弧腹。器表磨光。素面。口下可见浅褐色叠烧痕迹（图九七二，9）。

标本H250∶3、H250∶9形制相同，均直口微敛，深弧腹，素面。标本H250∶3，细夹砂橘红陶。方唇。器表可见刮抹痕迹（图九七二，7）。标本H250∶9，细泥质橘红陶。圆唇。器表磨光。口下可见浅红色叠烧痕迹（图九七二，1）。

标本H250∶1、H250∶2、H250∶5、H250∶6、H250∶8形制相同，均直口微敛，浅弧腹。标本H250∶1，粗泥质橘红陶。方唇。素面。表层有部分剥落。复原口径38.6、残高8厘米（图九七二，5）。标本H250∶2，细泥质橘红陶。圆唇。器表磨光。素面。口下可见浅红色叠烧痕迹（图九七二，3）。标本H250∶5，细泥质橘红陶。尖圆唇。器表磨光。素面。口下可见烟熏痕迹（图九七二，6）。标本H250∶6，细泥质橘红陶。圆唇。器表磨光。口下饰黑色宽带纹彩绘（图九七二，2）。标本H250∶8，细泥质黑陶。圆唇。器表磨光。素面。复原口径39.9、残高10.2厘米（图九七二，4）。

瓮　2件。均口、腹部残片。标本H250∶17，粗夹砂红褐陶。敛口，折沿，沿面微曲，圆唇，鼓肩，并起一道显著棱脊，鼓腹。肩部饰一道弦纹，棱脊以下饰右上至左下斜向绳纹。唇部可见轮

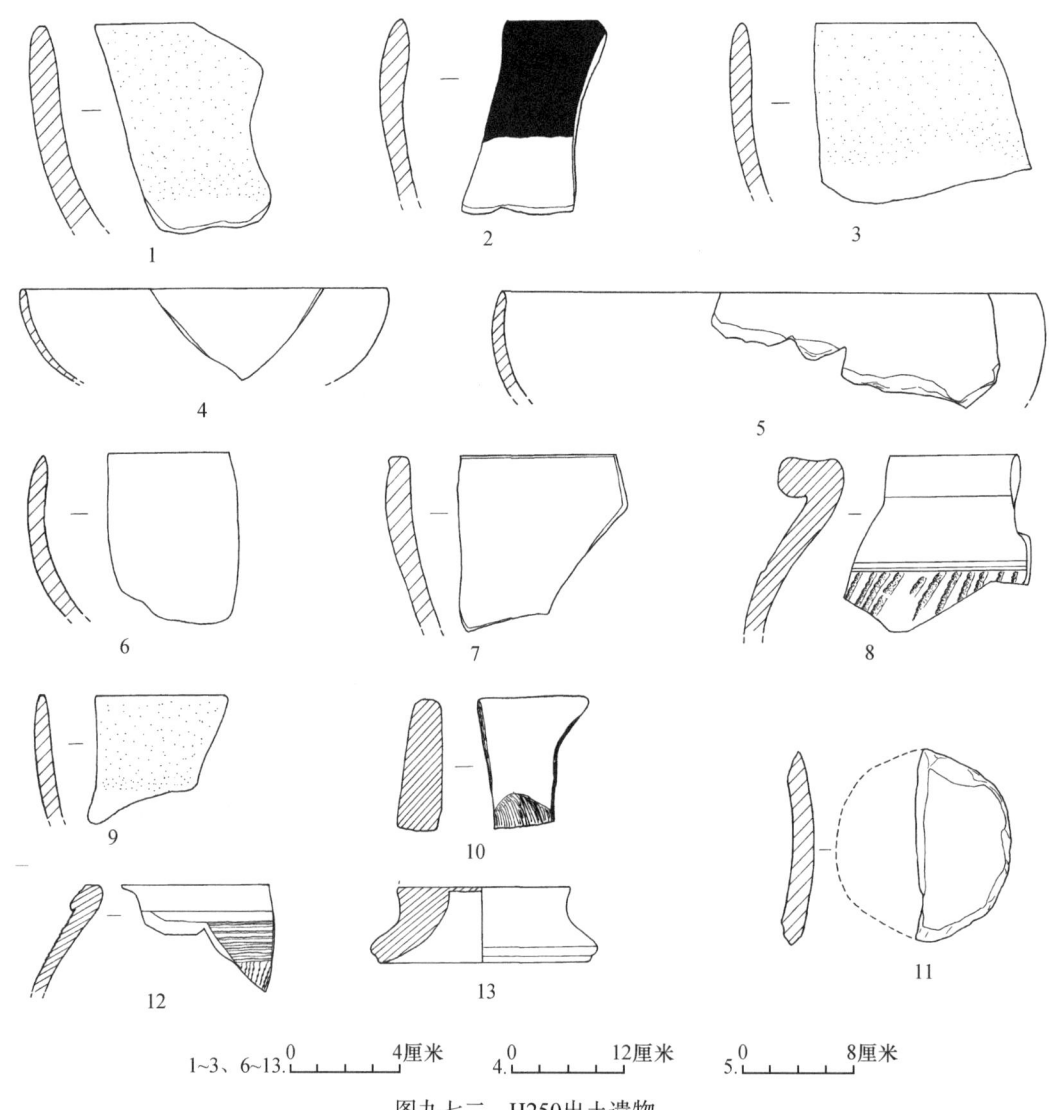

图九七二　H250出土遗物

1～7、9. 陶钵（H250：9、H250：6、H250：2、H250：8、H250：1、H250：5、H250：3、H250：4）
8、12. 陶瓮（H250：17、H250：20）　10. 残石器（H250：25）　11. 圆陶片（H250：24）　13. 器盖（H250：23）

修痕迹（图九七二，8）。

标本H250：20，细泥质橘红陶。敛口，圆唇，唇外叠，鼓腹。上腹部饰多周弦纹，弦纹以下饰右上至左下斜向绳纹。唇部与内壁均可见轮修痕迹（图九七二，12）。

器盖　1件。标本H250：23，纽部残。粗夹砂红褐陶。喇叭口状，敞口，方唇，唇部有一道浅细凹槽，反弧壁。素面。口径8.2、残高2.65厘米（图九七二，13）。

圆陶片　1件。标本H250：24，残。细泥质橘红陶。系利用钵的口部残片打制而成。残存部分呈半圆形，边缘较钝。器表可见深红色叠烧痕迹。直径6.7、厚0.8厘米（图九七二，11）。

（2）石器

1件。残石器。标本H250：25，角岩。平面呈不规则形。两面及一侧边缘磨光。残长4.6厘米（图九七二，10）。

88. H251

H251位于Ⅲ区T1014西部,开口于③层下。平面呈圆形,锅底状,弧壁,平底。坑口径0.8、底径0.3、深0.4米(图九七三)。

坑内堆积为浅灰色土,土质较为疏松,出土少量陶片。

陶片以细泥质橘红陶为主,粗泥质橘红陶次之,还有少量细夹砂红褐陶与粗夹砂红褐陶;纹饰以素面为主,绳纹次之,弦纹再次。

H251共出土遗物7件。全部为陶器。器类有盆、钵、瓮,另有器底、器耳。

盆 1件。口沿残片。标本H251:4,细泥质橘红陶。敛口,折沿,沿面向外侧下斜,圆唇。器表磨光。素面。唇部可见轮修痕迹(图九七四,2)。

钵 3件。均口、腹部残片。形制相同,均细泥质橘红陶,直口微敛,浅弧腹,素面。标本

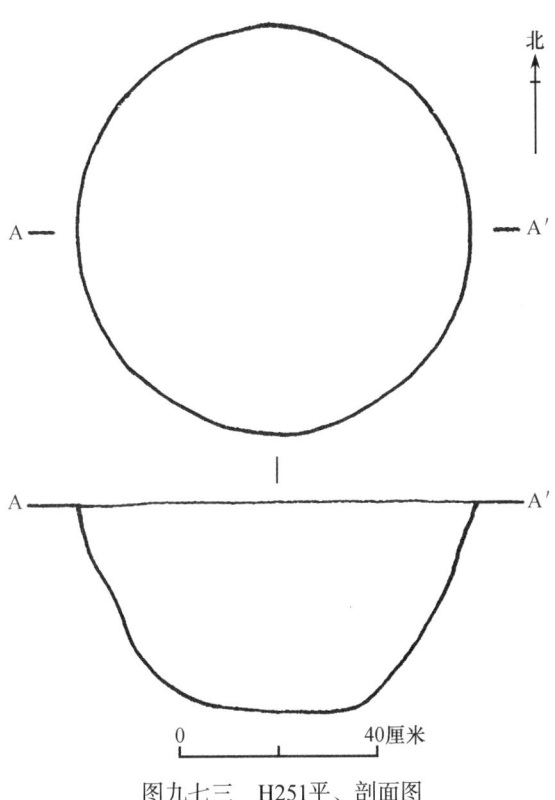

图九七三 H251平、剖面图

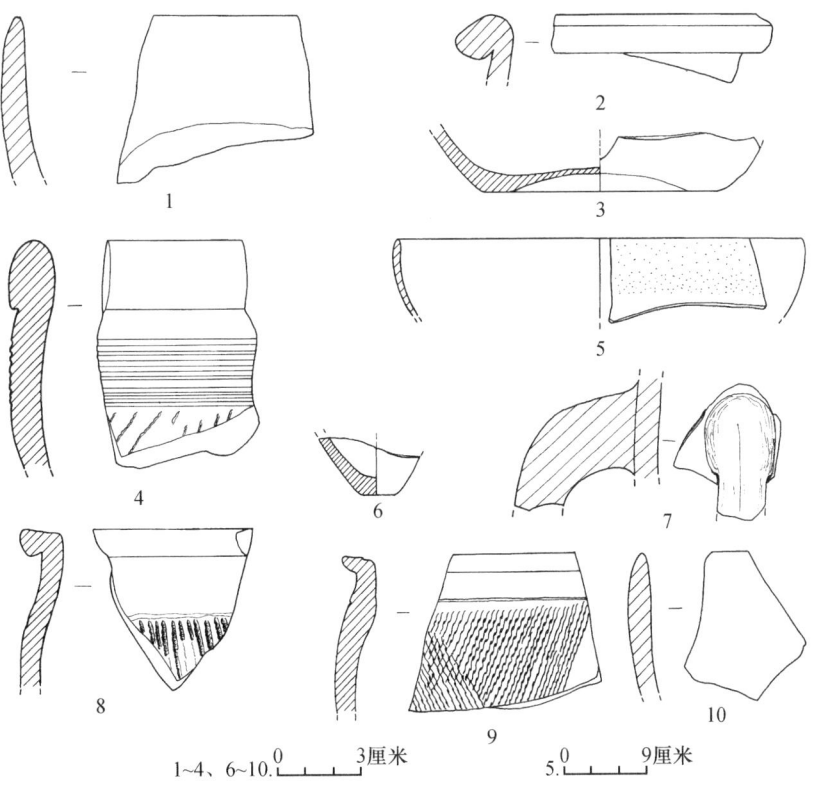

图九七四 H251出土陶器
1、5、10.钵(H251:2、H251:1、H251:3) 2.盆(H251:4) 3、6.器底(H251:11、H251:6)
4、8、9.瓮(H251:5、H251:8、H251:7) 7.器耳(H251:10)

H251∶1，圆唇。器表磨光。口下可见深红色叠烧痕迹。复原口径45、残高9厘米（图九七四，5）。标本H251∶2，方唇。器表磨光（图九七四，1）。标本H251∶3，尖圆唇。器表可见轮修痕迹（图九七四，10）。

瓮　3件。均口、腹部残片。标本H251∶5，粗泥质橘红陶。敛口，圆唇，鼓腹。口沿下侧饰多周弦纹，弦纹以下饰右上至左下斜向绳纹。内壁可见轮修痕迹（图九七四，4）。

标本H251∶7、H251∶8形制相同，均敛口，折沿，圆唇，鼓腹。标本H251∶7，细夹砂红褐陶。沿面上有一道较矮凸棱。口沿下侧饰一道弦纹，弦纹下侧饰交错绳纹（图九七四，9）。标本H251∶8，粗夹砂红褐陶。肩略鼓，并起一道不显著棱脊。棱脊以下饰左上至右下斜向绳纹，绳纹斜度较小。外沿面可见轮修痕迹（图九七四，8）。

器底　标本H251∶6，下腹、底部残片。细泥质橘红陶。下腹斜直，小平底。器表磨光。素面。可能为瓶底。底径1.2、残高2厘米（图九七四，6）。

标本H251∶11，下腹、底部残片。细泥质橘红陶。下腹斜直，平底，底心内凹。器表磨光。素面。可能为钵底。底径8.7、残高2厘米（图九七四，3）。

器耳　标本H251∶10，残。粗泥质橘红陶。圆柱桥形耳。素面（图九七四，7）。

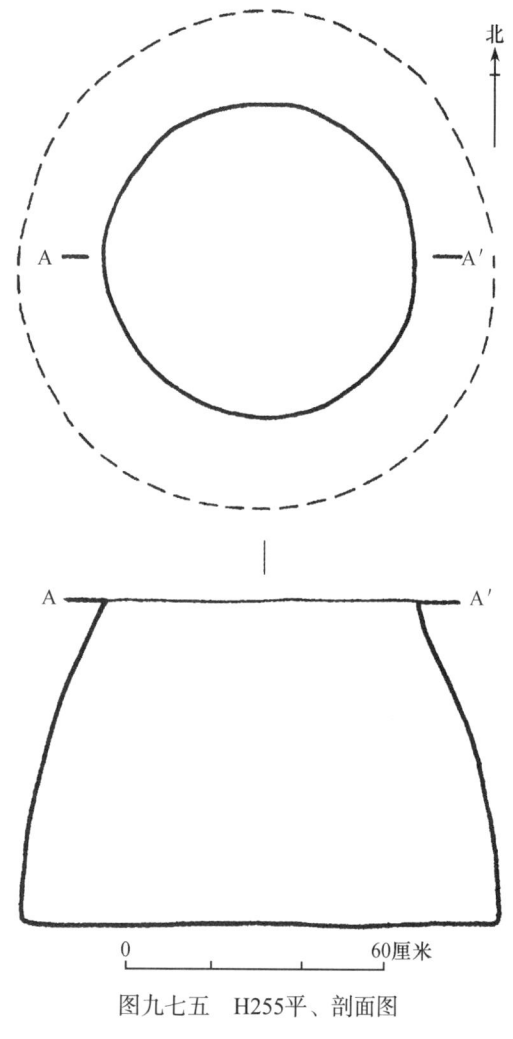

图九七五　H255平、剖面图

89. H255

H255位于Ⅲ区T1113东北部，开口于③层下。平面呈圆形，袋状，斜直壁，平底。坑口径0.72、底径1.1、深0.72米（图九七五）。

坑内堆积为深灰色土，土质疏松，出土零星陶片，另有兽骨、兽牙。

第四节　窑　址

窑址仅发现1座，编号为Y1。

Y1位于Ⅲ区T0519内，开口于③层下，西部被F95打破。横穴式窑，坐东向西，由窑室、火膛、火道、操作间等部分组成（图九七六）。

窑室　顶部已毁，仅存窑床和窑壁局部。现存形状呈圆形袋状，口部直径0.86、底部直径1.04、残存高度0.94~1.12米。底部有一圆柱形窑床，为实心土墩，直径0.68、高0.34米。窑壁涂抹

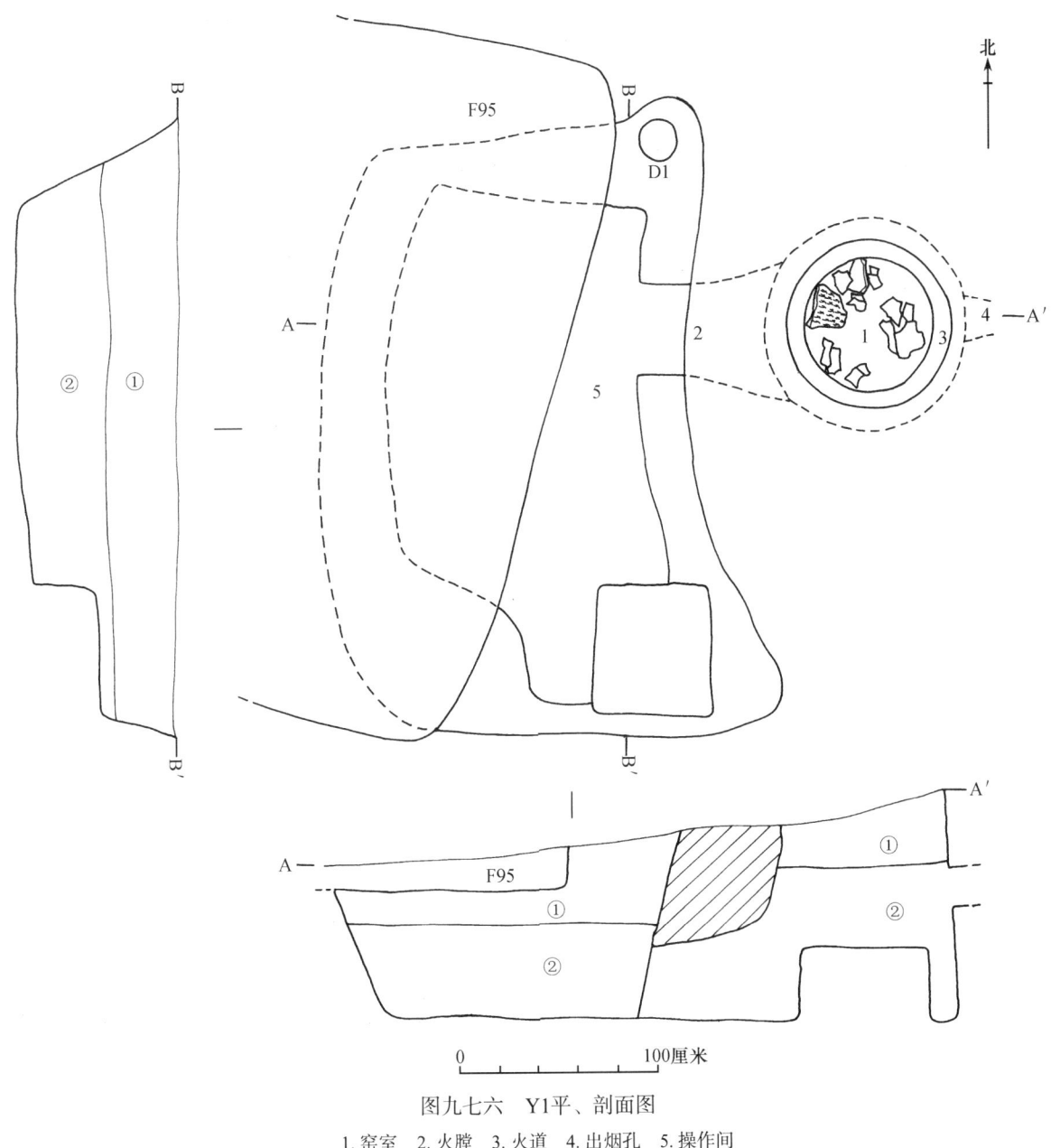

图九七六 Y1平、剖面图
1. 窑室 2. 火膛 3. 火道 4. 出烟孔 5. 操作间

一层草拌泥，厚0.03~0.15米，经火烧烤形成青灰色烧结层。东壁0.48米高处有一高0.2、宽0.22、残深0.2米的方孔，略向内上方倾斜，有较重的烟熏痕迹，很可能为出烟孔。

火膛 位于窑室西侧，底部与窑室底部平齐，大体呈喇叭状，西端宽0.46、东端宽0.66、西端高0.34、东端高0.5、东西长0.7米。周壁均经烧烤形成坚硬的烧结层。

火道 位于窑室底部，并与火膛相连，紧贴窑壁呈环形分布，宽0.2、深0.34米。

操作间 位于火膛西侧，西部被F95打破。半地穴式，平面大体呈长方形，口大底小，口部南北长3.12、东西宽1.6~2.2、底部南北长2.42、东西宽0.74~1.26、深0.62~0.88米。东南角有一级长方形台阶，长0.64、宽0.56、高0.32米。东北角有一圆形柱洞（D1），直径0.2、深0.55米。

窑室内堆积可分为2层：第①层为黄褐色土，土质疏松，厚0.2~0.34米，较为纯净；第②层为灰白色土，土质疏松，厚0.74米，包含有火烧土块，出土少量夹砂红褐陶片，可辨器形有罐、瓮等。

操作间内堆积可分为2层：第①层为灰土，土色灰、白、黑相杂，土质疏松，厚0.32~0.4米，包含有火烧土块、炭粒、石块、动物骨骼等；第②层为黄褐色土，土质略硬，包含较多火烧土颗粒，厚0.3~0.48米。两层均出土少量泥质红陶及夹砂红褐陶片，可辨器形有罐、钵等。

陶片为主要的出土物，以粗夹砂红褐陶为主，细泥质橘红陶和细夹砂红褐陶次之，并有少量粗泥质橘红陶、细泥质黑陶及细泥质灰陶；纹饰以绳纹居多，素面次之，并有少量彩陶（表二一九）。

Y1共出土遗物70件。全部为陶器。器类有盆、罐、钵、瓮、器盖、圆陶片、锉、球（表二二〇）。

表二一九　Y1陶系统计表　　　　　　　　　　　　（单位：kg）

陶质\陶色\纹饰	细泥质			粗泥质	细夹砂	粗夹砂	合计		百分比（%）	
	橘红	灰	黑	橘红	红褐	红褐				
素面				0.06	0.79	1.72	2.57	13.25	19.40	100
素面+磨光	1.16	0.26	0.17				1.59		12.00	
绳纹	0.51	0.01		0.10	1.12	6.99	8.73		65.89	
彩陶	0.36						0.36		2.72	
合计	2.03	0.27	0.17	0.16	1.91	8.71	13.25			
百分比（%）	15.32	2.04	1.28	1.21	14.42	65.74	100			

表二二〇　Y1器形统计表　　　　　　　　　　　　（单位：件）

陶质\陶色\纹饰\器形	细泥质		粗泥质		细夹砂		粗夹砂		合计		百分比（%）	
	橘红		橘红		红褐		红褐					
	素面+磨光	彩陶	素面	绳纹	素面	绳纹	素面	绳纹				
盆	1	1							2	67	2.99	100
罐				1	3	6	26		36		53.73	
钵	15	2	1		1		1		20		29.85	
瓮				1		1	2		5		7.46	
器盖			1		2		1		4		5.97	
合计	16	3	2	1	4	4	9	28	67			
百分比（%）	23.88	4.48	2.99	1.49	5.97	5.97	13.43	41.79	100			

盆　2件。均口、腹部残片。标本Y1∶10，细泥质橘红陶。侈口，折沿，圆唇，弧腹。器表刮抹光滑。沿面饰紫色三角纹彩绘。唇部可见轮修痕迹，器表可见刮抹痕迹（图九七七，2）。

标本Y1∶26，细泥质橘红陶。侈口，卷沿，圆唇，弧腹。器表磨光。素面（图九七七，1）。

罐　36件。均口、腹部残片。标本Y1∶13、Y1∶15、Y1∶19、Y1∶20、Y1∶21、Y1∶23、Y1∶24形制相同，均粗夹砂红褐陶，侈口，卷沿，鼓腹。标本Y1∶13，方唇，唇部有二道浅细凹槽。腹部饰横向绳纹（图九七七，10）。标本Y1∶15，圆唇。口沿以下饰左上至右下斜向绳纹。沿面可见轮修痕迹（图九七七，8）。标本Y1∶19，方唇。鼓肩，并起一道显著棱脊。腹部饰右上至左下斜向绳纹。外沿面可见轮修痕迹。复原口径24、残高4.8厘米（图九七七，13）。标本Y1∶20，方唇，唇部有二道浅细凹槽。腹部饰右上至左下斜向绳纹。外沿面可见轮修痕迹（图九七七，6）。标本Y1∶21，方唇，口沿下侧有一道凸棱。口沿以下饰左下至右上斜向绳纹。内壁可见轮修痕迹（图九七七，5）。标本Y1∶23，方唇。腹部饰右上至左下斜向绳纹。外沿面可见轮修痕迹（图九七七，4）。标本Y1∶24，圆唇。腹部饰右上至左下斜向绳纹。外沿面可见轮修痕迹（图九七七，9）。

标本Y1∶11、Y1∶12、Y1∶22形制相同，均粗夹砂红褐陶，侈口，折沿，鼓腹。标本Y1∶11，方唇，唇部有二道浅细凹槽。口沿以下饰右上至左下斜向绳纹。沿面可见轮修痕迹。复原口径27.9、残高8.1厘米（图九七七，12）。标本Y1∶12，圆唇，唇部有二道浅细凹槽。口沿以下饰右上至左下

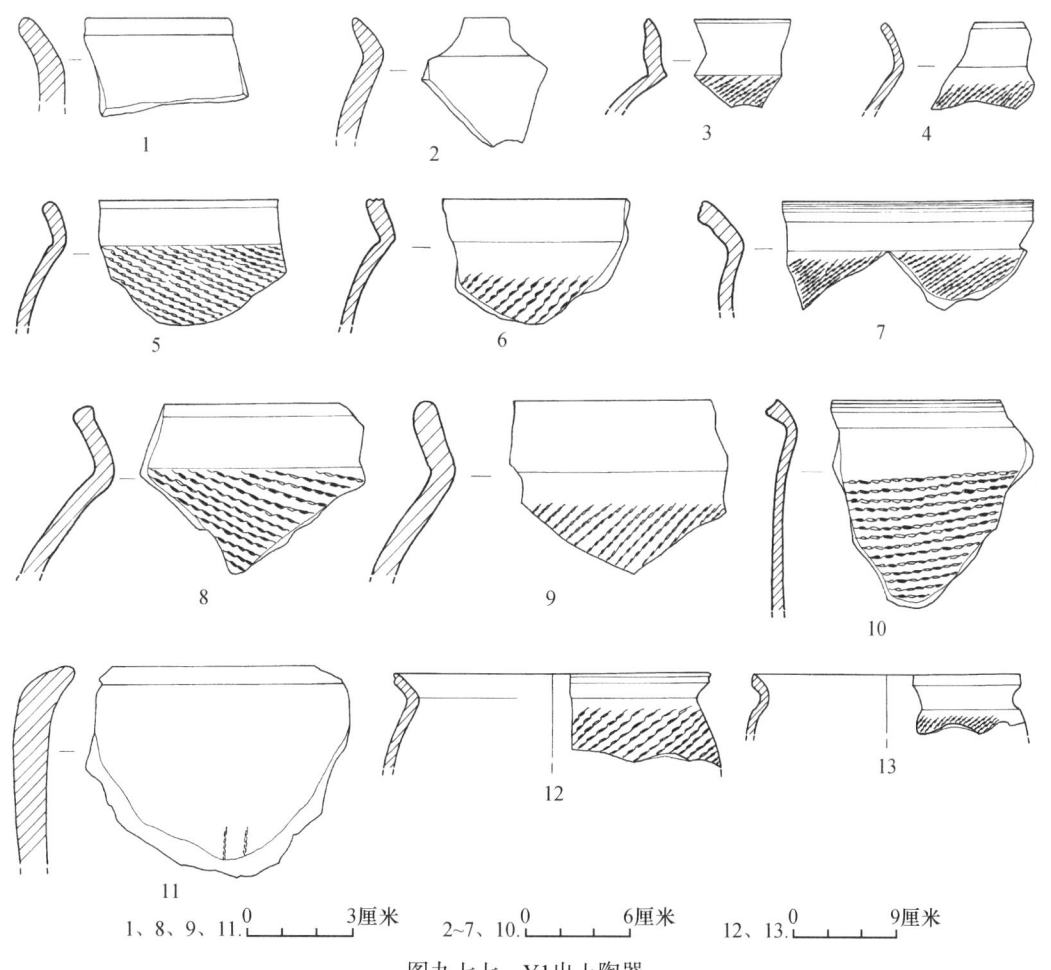

图九七七　Y1出土陶器
1、2.盆（Y1∶26、Y1∶10）　3~13.罐（Y1∶22、Y1∶23、Y1∶21、Y1∶20、Y1∶12、Y1∶15、Y1∶24、Y1∶13、Y1∶25、Y1∶11、Y1∶19）

斜向绳纹。外沿面可见轮修痕迹（图九七七，7）。标本Y1∶22，内沿面与腹部相接处有一道凸棱，圆唇，唇部有一道浅细凹槽。外沿面与口沿以下均饰右上至左下斜向绳纹（图九七七，3）。

标本Y1∶25，粗夹砂红褐陶。敛口，圆唇，直腹。腹部饰竖向绳纹。口部可见轮修痕迹（图九七七，11）。

钵　20件。均口、腹部残片。标本Y1∶8，细泥质橘红陶。直口，方唇，深弧腹，口下有一个由内向外单面钻成的圆孔。器表磨光。素面（图九七八，4）。

标本Y1∶3、Y1∶7形制相同，均细泥质橘红陶，直口微敛，圆唇，深弧腹，器表磨光，素面。标本Y1∶3，口下可见浅褐色叠烧痕迹与轮修痕迹（图九七八，1）。标本Y1∶7，口下有一个由外向内单面钻成的圆孔。口下可见深红色叠烧痕迹（图九七八，3）。

标本Y1∶1、Y1∶4形制相同，均细泥质橘红陶，直口微敛，圆唇，浅弧腹，器表磨光。标本Y1∶1，口下饰黑色宽带纹彩绘（图九七八，9）。标本Y1∶4，素面。器表可见轮修痕迹（图九七八，2）。

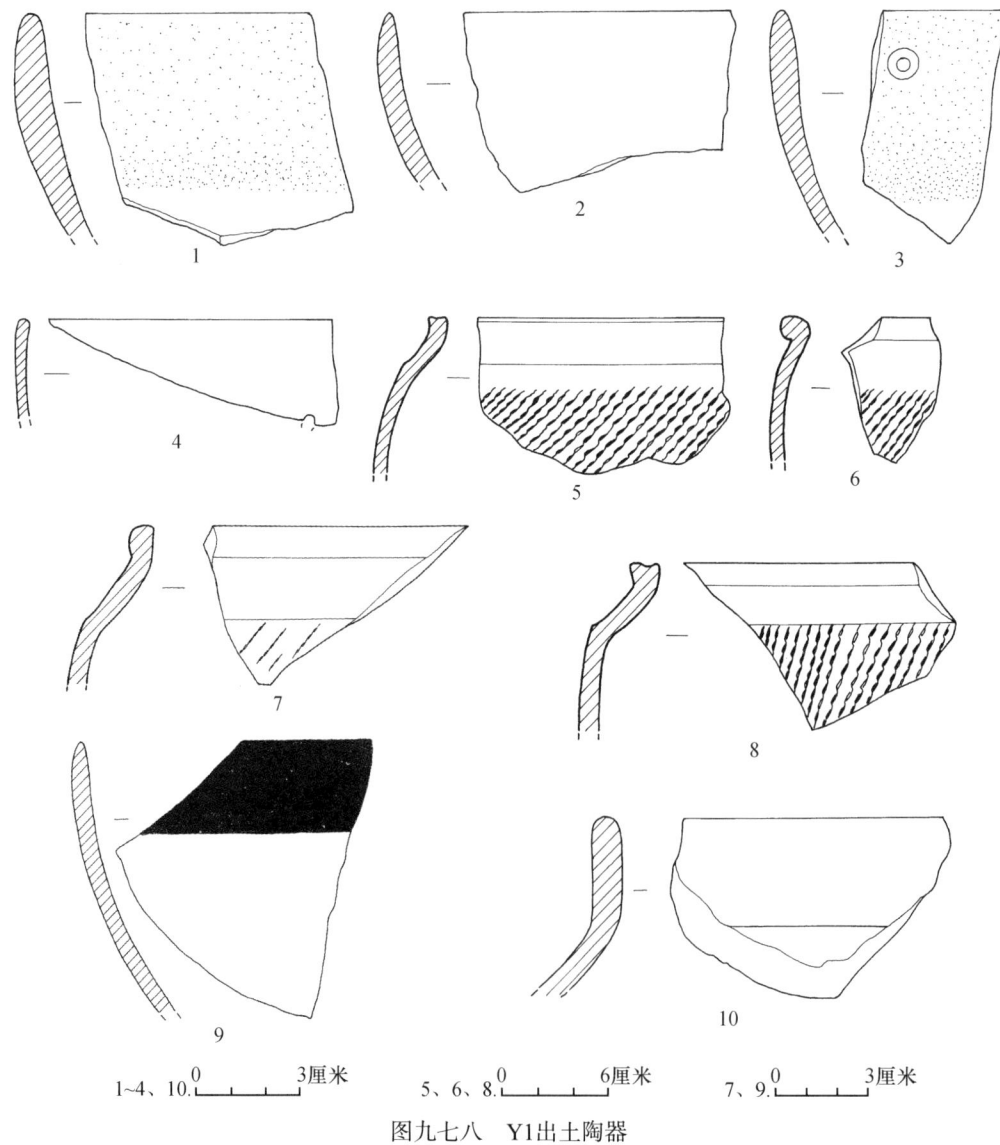

图九七八　Y1出土陶器

1~4、9.钵（Y1∶3、Y1∶4、Y1∶7、Y1∶8、Y1∶1）　5~8、10.瓮（Y1∶18、Y1∶17、Y1∶16、Y1∶27、Y1∶14）

瓮 5件。均口、腹部残片。标本Y1∶17，粗夹砂红褐陶。敛口，卷沿，圆唇，唇部有一道浅细凹槽，鼓腹。腹部饰右上至左下斜向绳纹（图九七八，6）。

标本Y1∶14，粗夹砂红褐陶。直口，圆唇，高领，鼓腹。素面。领部可见轮修痕迹（图九七八，10）。

标本Y1∶16、Y1∶18、Y1∶27形制相同，均敛口，鼓肩，并起一道棱脊。标本Y1∶16，粗夹砂红褐陶。圆唇，肩部起一道不显著棱脊，斜直腹。棱脊以下饰右上至左下斜向绳纹。口沿下侧可见轮修痕迹（图九七八，7）。标本Y1∶18，细夹砂红褐陶。方唇，唇部有一道浅细凹槽，肩部起一道显著棱脊，鼓腹。腹部饰右上至左下斜向绳纹。口沿下侧可见轮修痕迹（图九七八，5）。标本Y1∶27，粗泥质橘红陶。方唇，唇部有一道浅细凹槽，肩部起一道显著棱脊，斜直腹。棱脊以下饰右上至左下斜向绳纹。口沿下侧、内壁均可见轮修痕迹（图九七八，8）。

器盖 4件。标本Y1∶29，纽部残片。粗夹砂红褐陶。圈足状纽。素面。纽径8、残高4.8厘米（图九七九，6）。

标本Y1∶28，口、壁残片。细夹砂红褐陶。覆盆状，敛口，窄折沿，方唇，唇部有一道浅细凹槽，弧壁。素面。内壁可见轮修痕迹（图九七九，4）。

标本Y1∶2、Y1∶5均口、壁残片。形制相同，均覆钵状，敞口，圆唇，素面。标本Y1∶2，细夹砂红褐陶。弧壁。口部可见轮修痕迹（图九七九，1）。标本Y1∶5，粗泥质橘红陶。斜直壁。器表刮抹光滑。内、外壁均可见轮修痕迹（图九七九，2）。

圆陶片 1件。标本Y1∶32，完整。细泥质橘红陶。系利用钵的残片打制而成。椭圆形，边缘较钝。长径5.8、短径5、厚0.5厘米（图九七九，3）。

锉 1件。标本Y1∶33，两端均残。细夹砂红褐陶。残存部分平面呈长条形，横断面呈椭圆形。器表麻点清晰，密度较大。残长7、宽3~3.5、厚1.5厘米（图九七九，5）。

球 1件。标本Y1∶34，稍残。粗泥质橘红陶。圆球状。直径2.5厘米（图九七九，7；图版一四七，3）。

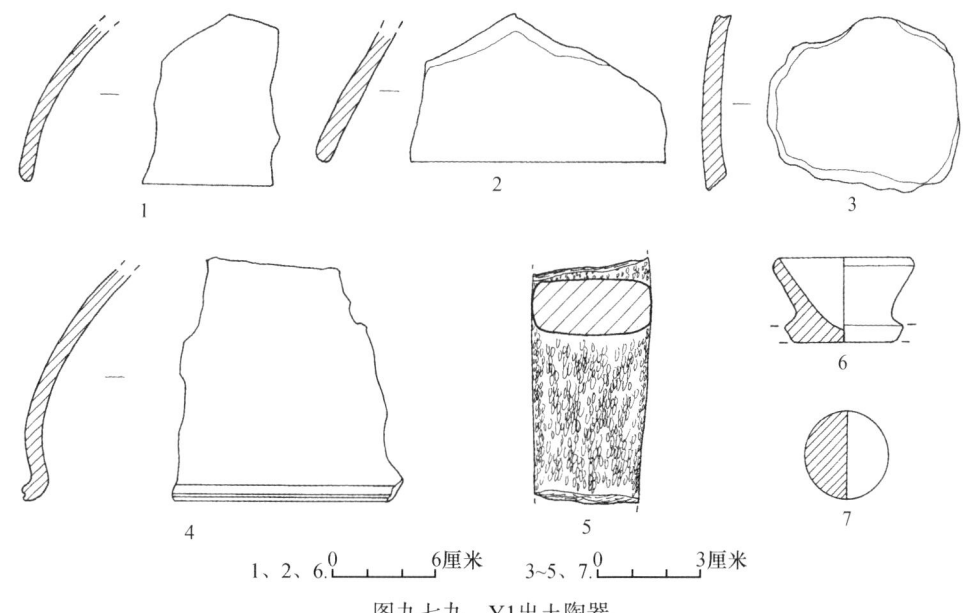

图九七九 Y1出土陶器

1、2、4、6.器盖（Y1∶2、Y1∶5、Y1∶28、Y1∶29） 3.圆陶片（Y1∶32） 5.锉（Y1∶33） 7.球（Y1∶34）

第五节 壕 沟

壕沟2条，编号为G1、G2。两条壕沟均呈环状分布，G1位于内侧，G2位于外侧，两沟相距约30米。以下进行详细描述。

一、G1

G1为内壕，发掘部分位于Ⅲ区T0316、T0416、T0417、T0516、T0517、T0616、T0617、T0715、T0716、T0717、T0815、T0816、T0817、T0915、T0916、T0917与Ⅱ区的T0106、T0202、T0203、T0204、T0205、T0206、T0301及TG2、TG3内，开口于③层下，被③层下开口的F1、F3、F4、Z17、F7、H6、H8、H25、H33、H42、H102、W27与②层下开口的H45、H37、H35、H36、H40、H41、H184、H144、W3、H123、H120、H124、H234打破。结合勘探资料，壕沟保存基本完整，平面大体呈圆形，直径约130米，壕沟环绕面积约1.3万平方米。壕沟口大底小，断面呈倒梯形，内侧沟壁较为陡直，外侧沟壁坡度较缓，口部宽10~12、底部宽1~2、深4~4.8米。在壕沟的西、东和东北部各有1个生土台通道，应是建造壕沟时刻意留下的，通道宽3~5米（图版一三，1、2、3）。

壕沟内的堆积可分为17层，依据T0815、T0816、T0817的西壁剖面（图九八○）：

第①层：土质致密，土色浅黄。厚0.7米。包含火烧土块与生土块。出土少量陶片，以泥质红陶为主，夹砂红陶次之。可辨器形有瓶、盆、罐、钵、瓮等。纹饰以素面为主，绳纹次之，另有少量弦纹、彩陶。

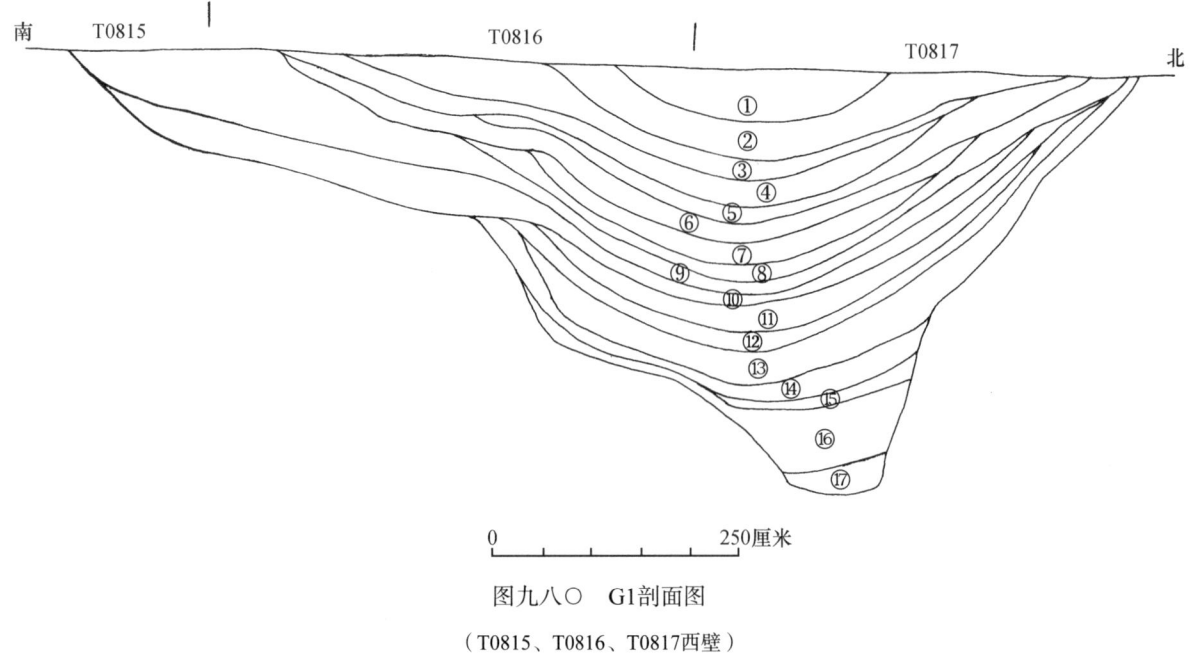

图九八○ G1剖面图

（T0815、T0816、T0817西壁）

第②层：土质疏松，土色浅灰。厚0.3～0.5米。包含大量炭屑。出土少量陶片，以泥质红陶为主，夹砂红陶次之。可辨器形有盆、罐、钵。纹饰以素面为主，绳纹次之，另有少量弦纹。

第③层：土质疏松，土色深灰。厚0.2～0.3米。包含少量炭屑、石块。出土大量陶片，以泥质红陶为主，夹砂红陶次之。可辨器形有瓶、盆、罐、钵、碗。纹饰以素面为主，绳纹次之，另有少量弦纹。

第④层：土质较致密，土色浅灰。厚0.15～0.2米。包含大量炭屑、火烧土块。出土少量陶片，以夹砂红褐陶为主，泥质红陶次之。可辨器形有盆、罐、钵、瓮。纹饰以绳纹为主，素面次之，另有少量彩陶。

第⑤层：土质致密，土色深灰。厚0.2～0.3米。包含少量兽骨、炭屑。出土大量陶片，以泥质红陶为主，夹砂红陶次之。可辨器形有瓶、盆、罐、钵、壶、盂、釜等。纹饰以素面为主，绳纹次之，另有少量弦纹、彩陶。

第⑥层：土质疏松，土色深灰。厚0.2～0.25米。包含少量石块、兽骨。出土大量陶片，以泥质红陶为主，夹砂红陶次之。可辨器形有盆、罐、钵、瓮、器盖等。纹饰以素面为主，绳纹次之，另有少量弦纹。

第⑦层：土质疏松，土色浅灰。厚0.2～0.25米。包含少量火烧土块及生土块。出土少量陶片，以泥质红陶为主，夹砂红陶次之。可辨器形有瓶、盆、罐、钵等。纹饰以素面为主，绳纹次之。

第⑧层：土质致密，土色浅灰。厚0.2～0.4米。包含大量火烧土块、兽骨。出土少量陶片，以夹砂红陶为主，泥质红陶次之。可辨器形有盆、罐、钵、瓮等。纹饰以绳纹为主，素面次之，另有少量彩陶、弦纹。

第⑨层：土质疏松，土色深灰。厚0.15～0.55米。包含大量火烧土块、生土块、兽骨等。出土少量陶片，以夹砂红陶为主，泥质红陶次之。可辨器形有瓶、盆、罐、钵、瓮。纹饰以素面为主，绳纹次之，另有少量弦纹。

第⑩层：土质疏松，土色浅灰。厚0.15～0.65米。包含少量火烧土块、兽骨。出土少量陶片，以夹砂红陶为主，泥质红陶次之。可辨器形有瓶、盆、罐、钵、瓮。纹饰以素面为主，绳纹次之，另有少量弦纹。

第⑪层：土质较致密，土色浅灰。厚0.15～0.25米。包含少量火烧土块、贝壳等。出土少量陶片，以夹砂红陶为主，泥质红陶次之。可辨器形有盆、罐、钵等。纹饰以素面为主，绳纹次之，另有少量弦纹。

第⑫层：土质致密，土色浅褐。厚0.2～0.4米。包含少量炭屑。出土少量陶片，以夹砂红陶为主，泥质红陶次之。可辨器形有盆、罐、钵、瓮、器盖等。纹饰以绳纹为主，素面次之。

第⑬层：土质致密，土色浅灰。厚0.2～0.5米。包含少量石块、炭屑。出土少量陶片，以夹砂红陶为主，泥质红陶次之。可辨器形有盆、罐、钵等。纹饰以素面为主，绳纹次之。

第⑭层：土质疏松，土色灰褐。厚0.15～0.3米。包含少量火烧土块、石块。出土少量陶片，以夹砂红陶为主，泥质红陶次之。可辨器形有盆、罐、钵、瓮等。纹饰以绳纹为主，素面次之，另有少量弦纹。

第⑮层：土质致密，土色黄褐。厚0.1～0.2米。包含少量石块、贝壳。出土少量陶片，以夹砂红陶为主，泥质红陶次之。可辨器形有盆、罐、钵等。纹饰以素面为主，绳纹次之。

第⑯层：土质疏松，土色灰褐。厚0.1~0.65米。包含零星草木灰与细沙。较为纯净。

第⑰层：土质致密，土色深褐。厚0.15~0.3米。包含少量炭屑。出土少量陶片，以夹砂红陶为主，泥质红陶次之。可辨器形有瓶、罐、瓮等。纹饰以绳纹为主，素面次之。

以下按照从上到下的层位介绍出土遗物。

1. G1①层

G1①层出土遗物以陶器为主，石、骨器次之，角器再次。

（1）陶器

器类有瓶、盆、罐、钵、瓮等。

瓶　均口沿残片。标本T0916G1①：10，细夹砂橘红陶。葫芦形口，方唇。素面。器表可见烟熏痕迹。复原口径8、残高7厘米（图九八一，4）。

盆　均口、腹部残片。形制相同，均侈口，卷沿，弧腹。标本T0916G1①：6，细泥质橘红陶。方唇。器表磨光。唇部与外沿面均饰黑色宽带纹彩绘，腹部饰黑色窄带纹彩绘。复原口径34.8、残高8.4厘米（图九八一，2；彩版四八，2）。标本T0916G1①：7，细泥质黑陶。圆唇。素面。唇部可见轮修痕迹（图九八一，17）。标本T0816G1①：8，粗泥质橘红陶。圆唇。唇部饰黑色窄带纹彩绘，腹部饰多周弦纹。唇部可见轮修痕迹（图九八一，1）。

罐　均口、腹部残片。标本T0916G1①：9，粗夹砂橘红陶。侈口，卷沿，沿面内曲，方唇，唇部有二道浅细凹槽，鼓腹。腹部饰多周弦纹。复原口径8、残高5厘米（图九八一，16）。

标本T0916G1①：13，粗夹砂红褐陶。侈口，折沿，方唇，鼓腹。口沿以下饰右上至左下斜向绳纹。复原口径25.5、残高6.9厘米（图九八一，6）。

标本T0816G1①：11，粗夹砂红褐陶。侈口，折沿，沿面有一道矮棱，内沿面与腹部相接处有一道凸棱，圆唇，唇部有二道浅细凹槽，鼓腹。口沿以下饰右上至左下斜向绳纹，绳纹近平。复原口径16、残高5.2厘米（图九八一，7）。

钵　均口、腹部残片。标本T0816G1①：3、T0816G1①：4、T0716G1①：17形制相同，均直口，圆唇，浅弧腹，器表磨光。标本T0816G1①：3，细泥质橘红陶。口下饰黑色宽带纹彩绘。彩绘下侧可见深红色叠烧痕迹（图九八一，8）。标本T0816G1①：4，细泥质黑陶。直口微敞。素面（图九八一，12）。标本T0716G1①：17，细泥质橘红陶。器表磨光。口沿以下饰黑色变体鱼纹彩绘（图九八一，11；彩版四八，3）。

标本T0916G1①：2、T0916G1①：5形制相同，均细泥质橘红陶，敛口，圆唇，浅弧腹，素面。标本T0916G1①：2，器表磨光，口下可见轮修痕迹（图九八一，9）。标本T0916G1①：5，唇部有一道浅细凹槽。器表刮抹光滑，上腹部与内壁均可见刮抹痕迹。复原口径12、残高6厘米（图九八一，5）。

标本T0916G1①：1，细泥质橘红陶。敛口，圆唇，深弧腹，最大腹径位于中下腹部。器表磨光。口下可见浅红色叠烧痕迹。素面。腹部可见烟熏痕迹。复原口径19.4、残高8.6厘米（图九八一，10）。

瓮　均口、腹部残片。标本T0816G1①：12，细夹砂红褐陶。敛口，圆唇，鼓肩，并起一道显著棱脊，斜直腹。棱脊以下饰竖向绳纹。唇部与内壁可见轮修痕迹（图九八一，3）。

第二编 发掘资料

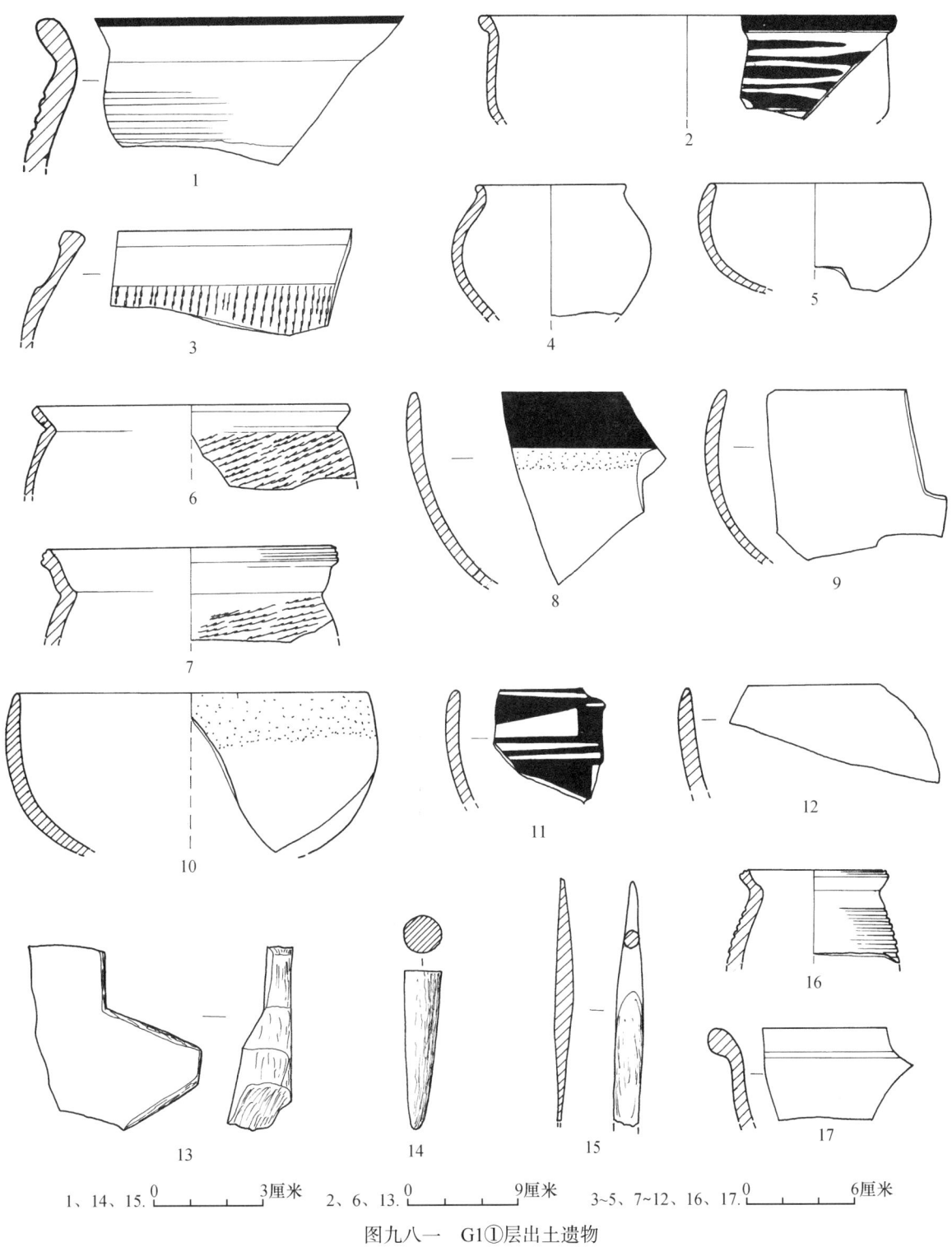

1、14、15. 0————3厘米　　2、6、13. 0————9厘米　　3~5、7~12、16、17. 0————6厘米

图九八一　G1①层出土遗物

1、2、17. 陶盆（T0816G1①：8、T0916G1①：6、T0916G1①：7）　3. 陶瓮（T0816G1①：12）　4. 陶瓶（T0916G1①：10）
5、8~12. 陶钵（T0916G1①：5、T0816G1①：3、T0916G1①：2、T0916G1①：1、T0716G1①：17、T0816G1①：4）
6、7、16. 陶罐（T0916G1①：13、T0816G1①：11、T0916G1①：9）　13. 磨石（T0716G1①：14）　14. 角器（T0416G1①：16）
15. 骨镞（T0716G1①：15）

（2）石器

磨石　标本T0716G1①：14，石英细砂岩。不规则形，一面平坦，另一面中部微凹，应为使用所致，周缘较为粗糙。长15、厚2.1~5.4厘米（图九八一，13）。

（3）骨器

镞　标本T0716G1①：15，铤部稍残。体部与铤部分界明显，锋部圆尖。通体磨光。残长6.5厘米（图九八一，15；图版一四七，4）。

（4）角器

标本T0416G1①：16，完整。2件为1对，大小形状完全相同。系利用动物角磨制而成。圆锥状，通体磨光。用途不明。长4.3、底径0.8厘米（图九八一，14；彩版四五，3；图版一四七，5）。

2. G1②层

G1②层出土遗物以陶器为主，石器次之，骨器再次。

（1）陶器

器类有盆、罐、钵、圆陶片、纺轮、环等，另有器底。

盆　均口、腹部残片。标本T0916G1②：7，细泥质黑陶。侈口，卷沿，圆唇，弧腹。器表磨光。素面。外沿面可见轮修痕迹。复原口径44、残高6.8厘米（图九八二，8）。

标本T0916G1②：8，细泥质橘红陶。侈口，卷沿，圆唇，折腹。唇部与外沿面饰黑色宽带纹彩绘，上腹部饰多周弦纹（图九八二，4）。

罐　均口、腹部残片。标本T0816G1②：9，粗夹砂红褐陶。侈口，折沿，圆唇，鼓腹。腹部饰右上至左下斜向绳纹。复原口径18.6、残高9.6厘米（图九八二，9）。

钵　均口、腹部残片。标本T0916G1②：2、T0916G1②：3、T0916G1②：4、T0916G1②：5、T0816G1②：6形制相同，均直口微敛，浅弧腹，器表磨光。标本T0916G1②：2，细泥质黑陶。圆唇。素面（图九八二，2）。标本T0916G1②：3，细泥质橘红陶。圆唇。素面。口下可见浅褐色叠烧痕迹（图九八二，3）。标本T0916G1②：4，细泥质橘红彩陶。方唇。唇部饰黑色窄带纹彩绘，上腹部饰几何纹、圆点纹彩绘（图九八二，7；彩版四八，4）。标本T0916G1②：5，细泥质橘红陶。圆唇。口下饰一周黑色宽带纹彩绘。彩绘下侧可见浅红色叠烧痕迹（图九八二，5）。标本T0816G1②：6，细泥质橘红陶。圆唇。上腹部饰黑色窄带纹彩绘（图九八二，1；彩版四八，5）。

标本T0917G1②：1，细泥质黑陶。敛口，圆唇，弧腹。器表磨光。素面（图九八二，6）。

器底　标本T0916G1②：12，下腹、底部残片。细夹砂橘红陶。下腹斜直，尖底，较为圆钝。素面。内壁可见泥条盘筑痕迹。可能为瓶底。残高17厘米（图九八三，1）。

圆陶片　标本T0916G1②：13，完整。粗泥质橘红陶。系利用陶钵或盆的残片打制而成。圆形，边缘较钝。素面。直径4.7、厚0.6厘米（图九八三，6；图版一四七，6）。

纺轮　形制相同，均细泥质黑陶，系利用陶钵或盆的残片打制而成，圆形，中心有一两面对钻而成的圆孔。标本T0916G1②：17，完整。直径3.7、厚0.7厘米（图九八三，2；图版一四八，

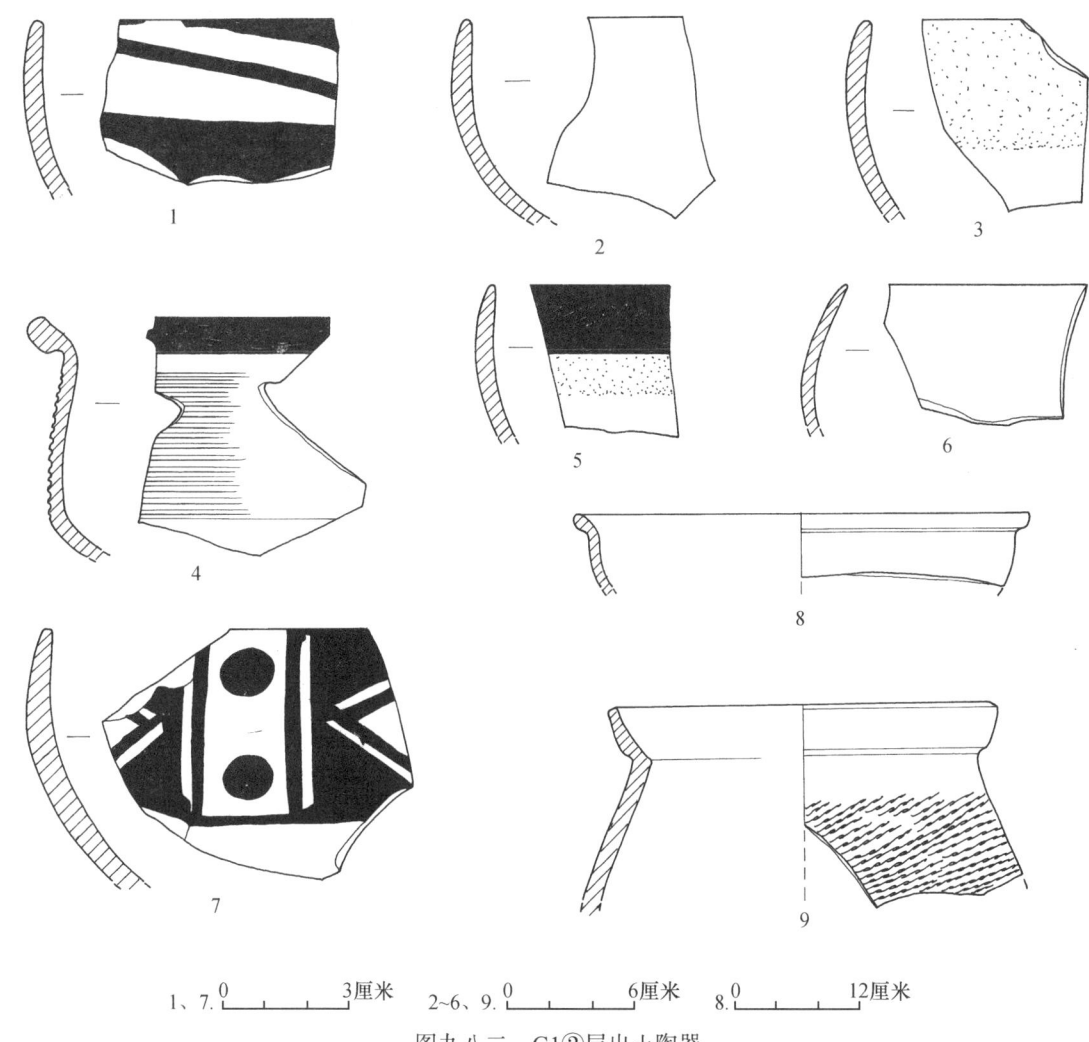

图九八二 G1②层出土陶器

1~3、5~7.钵（T0816G1②:6、T0916G1②:2、T0916G1②:3、T0916G1②:5、T0917G1②:1、T0916G1②:4）
4、8.盆（T0916G1②:8、T0916G1②:7） 9.罐（T0816G1②:9）

1）。标本T0717G1②:18，残。残存部分呈半圆形。直径3.7、厚0.4厘米（图九八三，9）。

环 标本T0916G1②:19，残。细泥质黑陶。断面呈近椭圆形，内圈稍厚。通体磨光。厚1.2厘米（图九八三，3）。

（2）石器

器类有斧、磨棒等。

斧 标本T0916G1②:14，刃部稍残。石英岩。平面呈长方形，横断面呈椭圆形，刃部较锋利。有因使用形成的不连续小坑疤。通体磨光。长12.8、宽6、厚2厘米（图九八三，7；图版一四八，2）。

磨棒 均完整。形制相同，平面均呈长方形。标本T0717G1②:15，片麻岩。横断面呈椭圆形，底面平坦。长20、厚2.6厘米（图九八三，5；图版一四八，3）。标本T0917G1②:16，石英岩。横断面略呈椭圆形，一面较为平坦。长11.6、厚2.8厘米（图九八三，8；图版一四八，4）。

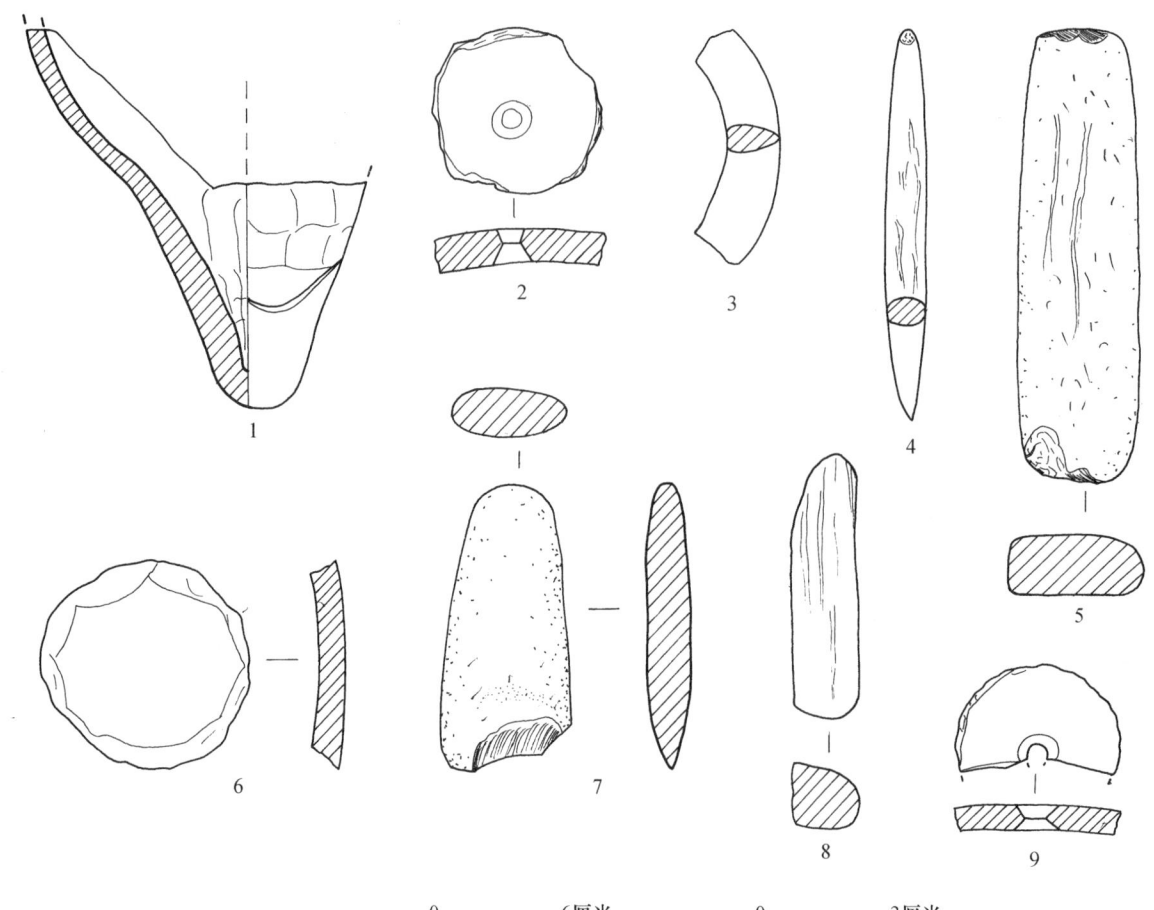

图九八三　G1②层出土遗物

1. 器底（T0916G1②：12）　2、9. 陶纺轮（T0916G1②：17、T0717G1②：18）　3. 陶环（T0916G1②：19）
4. 骨笄（T0916G1②：20）　5、8. 石磨棒（T0717G1②：15、T0917G1②：16）　6. 圆陶片（T0916G1②：13）
7. 石斧（T0916G1②：14）

（3）骨器

笄　标本T0916G1②：20，一端稍残。系利用梅花鹿角的残段磨制而成。尖部较为锐利，横断面呈圆形。通体磨光。残长8.6厘米（图九八三，4；图版一四八，5）。

3. G1③层

G1③层出土遗物以陶器为主，骨器次之，石、蚌器再次。

（1）陶器

器类有瓶、盆、罐、钵、碗、圆陶片、锉等。

瓶　均口沿残片。标本T0816G1③：11，细夹砂红褐陶。葫芦形口，圆唇。素面。器表磨光。内壁可见轮修痕迹。复原口径7.2、残高4.1厘米（图九八四，1）。

盆　均口、腹部残片。标本T0916G1③：7、T0916G1③：8形制相同，均细泥质橘红陶，直口，平折沿，圆唇，深弧腹，器表磨光。标本T0916G1③：7，沿面饰黑色宽带纹彩绘。外沿面可见轮修痕迹（图九八四，8）。标本T0916G1③：8，沿面饰黑色短线与三角纹彩绘。外沿面与上腹部可见轮修痕迹（图九八四，11）。

标本T0916G1③：5、T0816G1③：10、T0816G1③：12形制相同，均侈口，卷沿，弧腹。标本T0916G1③：5，细泥质黑陶。圆唇，浅弧腹。素面。器表磨光。复原口径43.5、残高11.5厘米（图九八四，10）。标本T0816G1③：10，细泥质橘红陶。方唇。器表磨光。唇部与外沿面饰黑色宽带纹彩绘，腹部饰黑色鱼纹彩绘（图九八四，14）。标本T0816G1③：12，粗泥质橘红陶。圆唇。腹部饰多周弦纹。内壁可见轮修痕迹。复原口径16.2、残高6.8厘米（图九八四，9）。

标本T0916G1③：9，粗泥质橘红陶。侈口，卷沿，圆唇，折腹。器表磨光。唇部饰黑色宽带

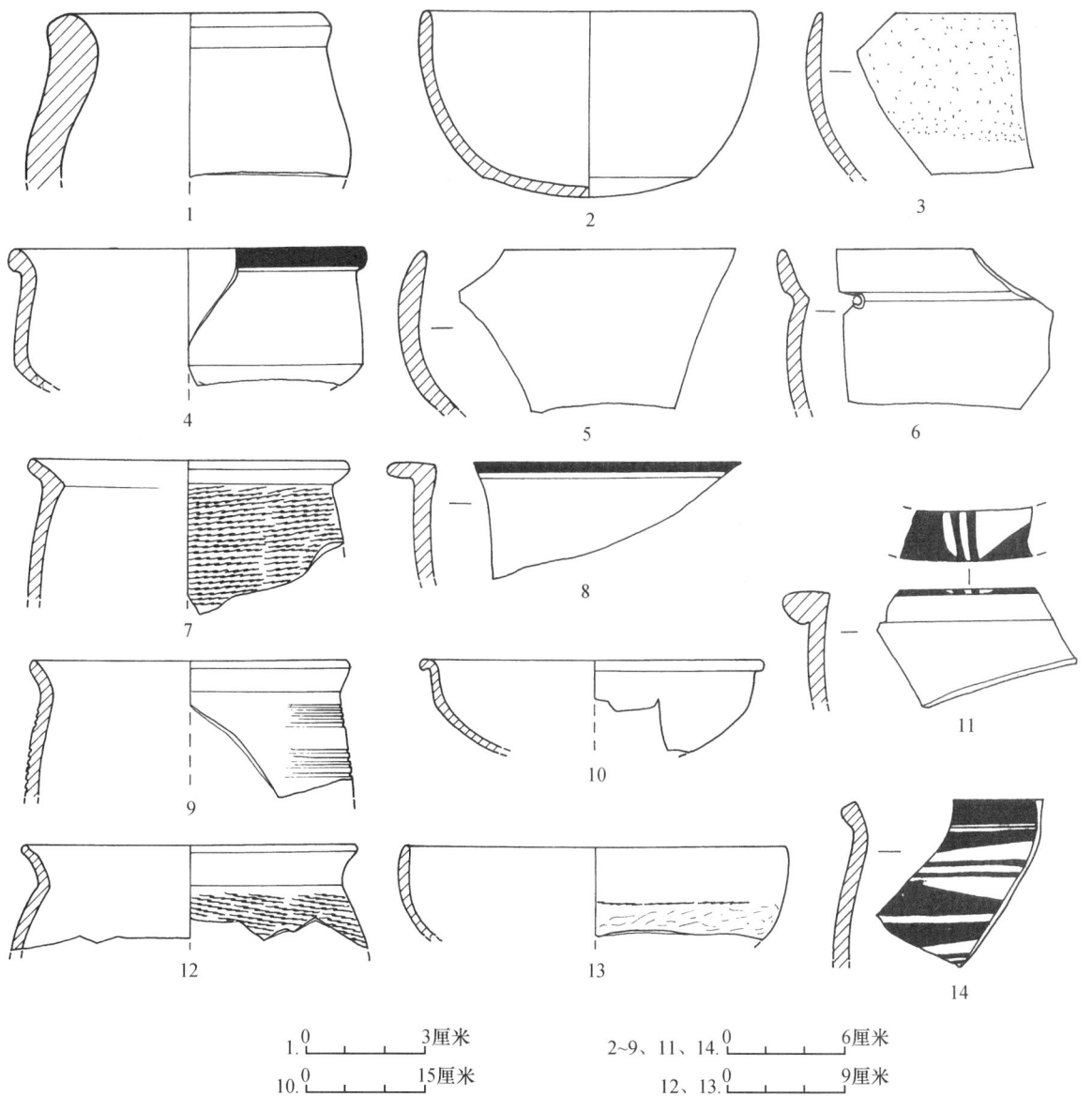

图九八四　G1③层出土陶器

1. 瓶（T0816G1③：11）　2、3、5、13. 钵（T0717G1③：1、T0916G1③：4、T0916G1③：3、T0816G1③：2）　4、6、8～11、14. 盆（T0916G1③：9、T0816G1③：6、T0916G1③：7、T0816G1③：12、T0916G1③：5、T0916G1③：8、T0816G1③：10）　7、12. 罐（T0916G1③：13、T0916G1③：14）

纹彩绘。复原口径18、残高7厘米（图九八四，4）。

标本T0816G1③：6，细泥质黑陶。侈口，折沿，圆唇，弧腹。口沿下侧有一个由外向内单面钻成的圆孔。素面。器表磨光（图九八四，6）。

罐 均口、腹部残片。标本T0916G1③：13，粗夹砂红褐陶。侈口，折沿，圆唇，鼓腹。腹部饰横向绳纹。沿面可见轮修痕迹。内壁可见烟熏痕迹。复原口径16.2、残高7.6厘米（图九八四，7）。

标本T0916G1③：14，粗夹砂红褐陶。侈口，卷沿，沿面有一道矮棱，方唇，鼓腹。口沿以下饰左上至右下斜向绳纹，绳纹近平。外沿面可见轮修痕迹。口径25.5、残高7.5厘米（图九八四，12）。

钵 标本T0717G1③：1、T0816G1③：2、T0916G1③：4形制相同，均直口微敛，深弧腹。标本T0717G1③：1，可复原。细泥质橘红陶。圆唇，圜底，底部有一周凸棱。器表刮抹光滑。素面。器表可见刮抹痕迹。口径16.4、通高9.5厘米（图九八四，2；图版一四八，6）。标本T0816G1③：2，口、腹部残片。细夹砂橘红陶。圆唇。器表经刮抹较为光滑。上腹部饰一周绳纹。口沿下侧可见轮修痕迹，下腹部可见刮抹痕迹。复原口径28.8、残高6.9厘米（图九八四，13）。标本T0916G1③：4，口、腹部残片。细泥质橘红陶。尖圆唇。素面。器表磨光。口下可见浅红色叠烧痕迹，内外壁可见轮修痕迹（图九八四，3）。

标本T0916G1③：3，口、腹部残片。细泥质黑陶。敛口，圆唇，浅弧腹。素面。器表磨光（图九八四，5）。

碗 标本T0716G1③：1，下腹、底部残片。粗夹砂红褐陶。下腹斜直，矮圈足。素面。底径5.6、残高4厘米（图九八五，9）。

圆陶片 均完整。形制相同，均细泥质橘红陶，系利用陶钵或盆的残片打制而成，圆形。标本T0917 G1③：15-1，边缘较钝。直径4.1、厚0.6厘米（图九八五，11）。标本T0816G1③：15-2，系利用盆的底部残片打制而成。边缘较钝。直径8.4、厚0.9厘米（图九八五，10）。

锉 标本T0917G1③：16，完整。细泥质橘红陶。平面呈梭形，横断面呈长方形。器表麻点清晰，密度较大。长11.6、中部宽2.4、厚1.6厘米（图九八五，7；图版一四九，1）。

（2）石器

球 标本T0204G1③：23，完整。石灰岩。器身呈圆球状。通体磨光。器表可见较小坑疤。直径1.3厘米（图九八五，8；图版一四九，2）。

（3）骨器

器类有笄、锥、镞等。

笄 均系利用动物长骨磨制而成。标本T0204G1③：17，完整。器身呈圆柱状，横断面呈圆形，尖部锐利。通体磨光。长12.5、最大直径0.7厘米（图九八五，6；彩版四三，4；图版一四九，3）。标本T0204G1③：19，完整。器身呈扁圆柱状，横断面呈椭圆形，尖部锐利。长8.8、最大直径1厘米（图九八五，4；图版一四九，4）。标本T0204G1③：20，一端残。器身呈圆柱状，横断面呈圆形，尖部扁平，较为锐利。残长9、最大直径0.7厘米（图九八五，2；图版一四九，5）。

锥 标本T0915G1③：18，两端均残。系利用动物长骨磨制而成。器身呈圆柱状，横断面呈圆形，尾端扁平。通体磨光。残长10.8厘米（图九八五，5；图版一四九，6）。

镞 标本T0204G1③：21，完整。平面呈柳叶形，器身宽而薄平，锋部扁尖，刃部较钝，铤部末端平齐。长9.2厘米（图九八五，3；彩版三七，1；图版一五〇，1）。标本T0204G1③：22，锋

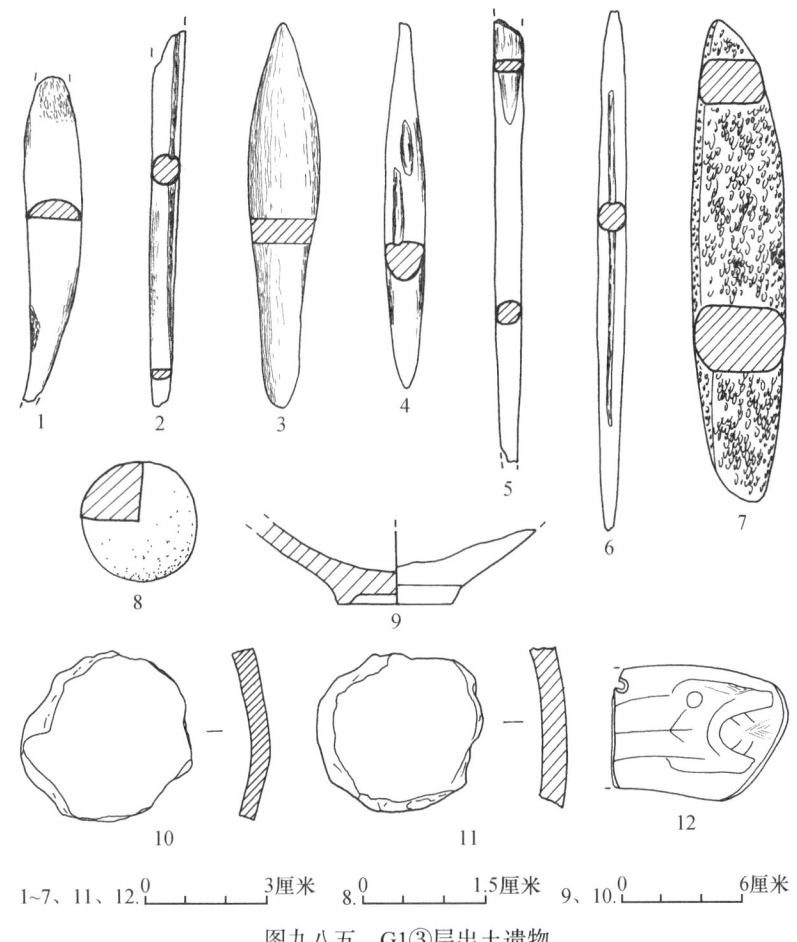

图九八五 G1③层出土遗物

1、3. 骨镞（T0204G1③：22、T0204G1③：21） 2、4、6. 骨笄（T0204G1③：20、T0204G1③：19、T0204G1③：17）
5. 骨锥（T0915G1③：18） 7. 陶锉（T0917G1③：16） 8. 石球（T0204G1③：23） 9. 碗（T0716G1③：1）
10、11. 圆陶片（T0816G1③：15-2、T0917G1③：15-1） 12. 蚌饰（T0206G1③：1）

部与铤部稍残。器身扁平而薄，略弯曲，横断面呈椭圆形，锋部圆尖，刃部钝，铤部扁圆。残长8厘米（图九八五，1；图版一五〇，2）。

（4）蚌器

蚌饰 标本T0206G1③：1，一端残。残存部分平面呈梯形，左上角有一单面钻成的圆孔。表面单线阴刻龙形图案，龙口大张，作喷火状。周缘磨光。残长4.5、宽3.2厘米（图九八五，12；彩版四五，5；图版一五〇，3）。

4. G1④层

G1④层出土遗物以陶器为主，石器次之。

（1）陶器

器类有盆、罐、钵、瓮、圆陶片等，另有器底、彩陶片。

盆 均口、腹部残片。标本T0816G1④：6，细泥质橘红陶。直口微敞，平折沿，尖唇，深弧腹。器表磨光。沿面饰黑色短线与弧边三角形组成的纹饰。外沿面可见轮修痕迹。复原口径32、残高8厘米（图九八六，1）。

标本T0816G1④：7，细泥质橘红陶。侈口，卷沿，圆唇，折腹。器表磨光。唇部与外沿面均饰黑色宽带纹彩绘，上腹部饰黑色窄带纹彩绘。上腹部可见浅褐色叠烧痕迹（图九八六，2）。

标本T0916G1④：8、T0816G1④：9形制相同，均侈口，卷沿，圆唇，弧腹，器表磨光。标本T0916G1④：8，细泥质橘红陶。唇部与外沿面均饰黑色宽带纹彩绘，上腹部饰黑色窄带纹彩绘（图九八六，6）。标本T0816G1④：9，细泥质黑陶。素面。外沿面可见轮修痕迹（图九八六，5）。

标本T0816G1④：10，细泥质橘红陶。侈口，折沿，弧腹。器表磨光。外沿面饰黑色宽带纹彩绘，腹部饰黑色鱼纹彩绘（图九八六，9）。

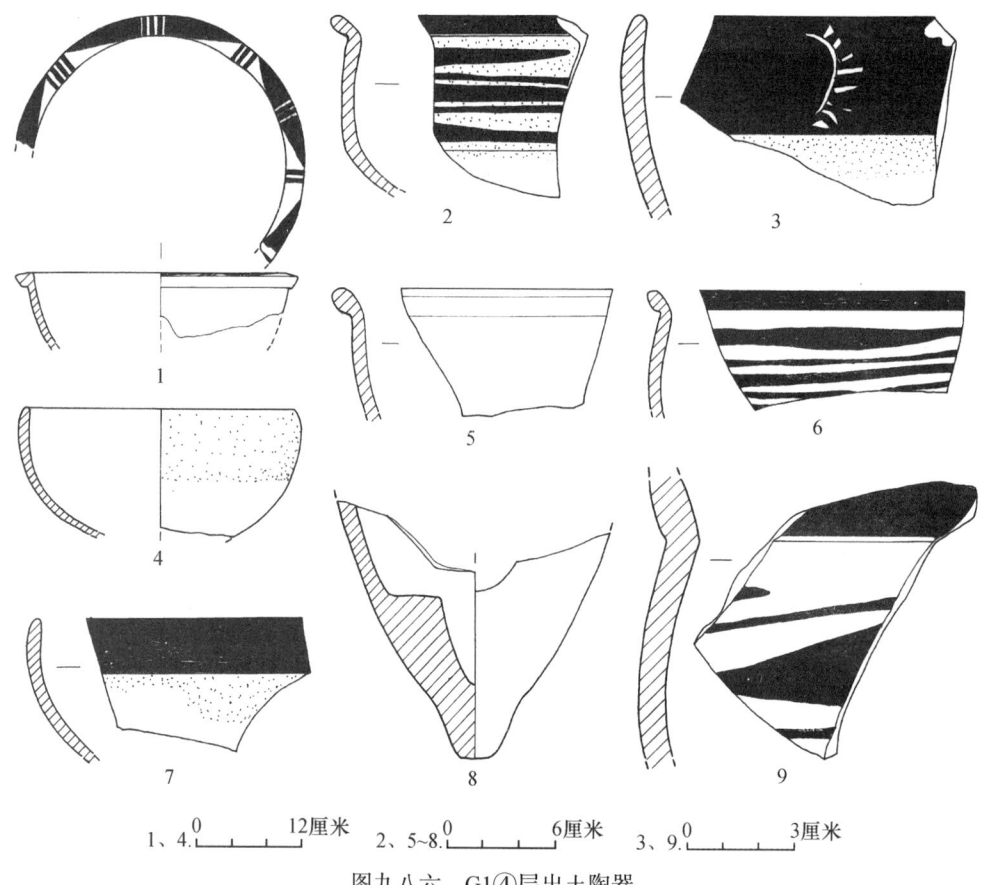

图九八六　G1④层出土陶器
1、2、5、6、9.盆（T0816G1④：6、T0816G1④：7、T0816G1④：9、T0916G1④：8、T0816G1④：10）
3、4、7.钵（T0916G1④：3、T0916G1④：1、T0916G1④：2）　8.器底（T0916G1④：12）

罐　均口、腹部残片。标本T0816G1④：14，粗夹砂红褐陶。侈口，卷沿，沿面微曲，方唇，鼓腹。口沿以下饰右上至左下斜向绳纹。内壁可见轮修痕迹（图九八七，7）。

标本T0816G1④：13，粗夹砂红褐陶。侈口，折沿，沿面有一道矮棱，内沿面与腹部相接处有一道凸棱，方唇，唇部有一道浅细凹槽，鼓腹。口沿以下饰右上至左下斜向绳纹，绳纹近平。外沿面可见轮修痕迹。器表可见烟熏痕迹。复原口径18.4、残高9.4厘米（图九八七，6）。

标本T0916G1④：16，粗夹砂红褐陶。侈口，卷沿，方唇，唇部有二道浅细凹槽，内壁有一道浅细凹槽，鼓腹。口沿以下饰右上至左下斜向绳纹。复原口径36、残高6.8厘米（图九八七，4）。

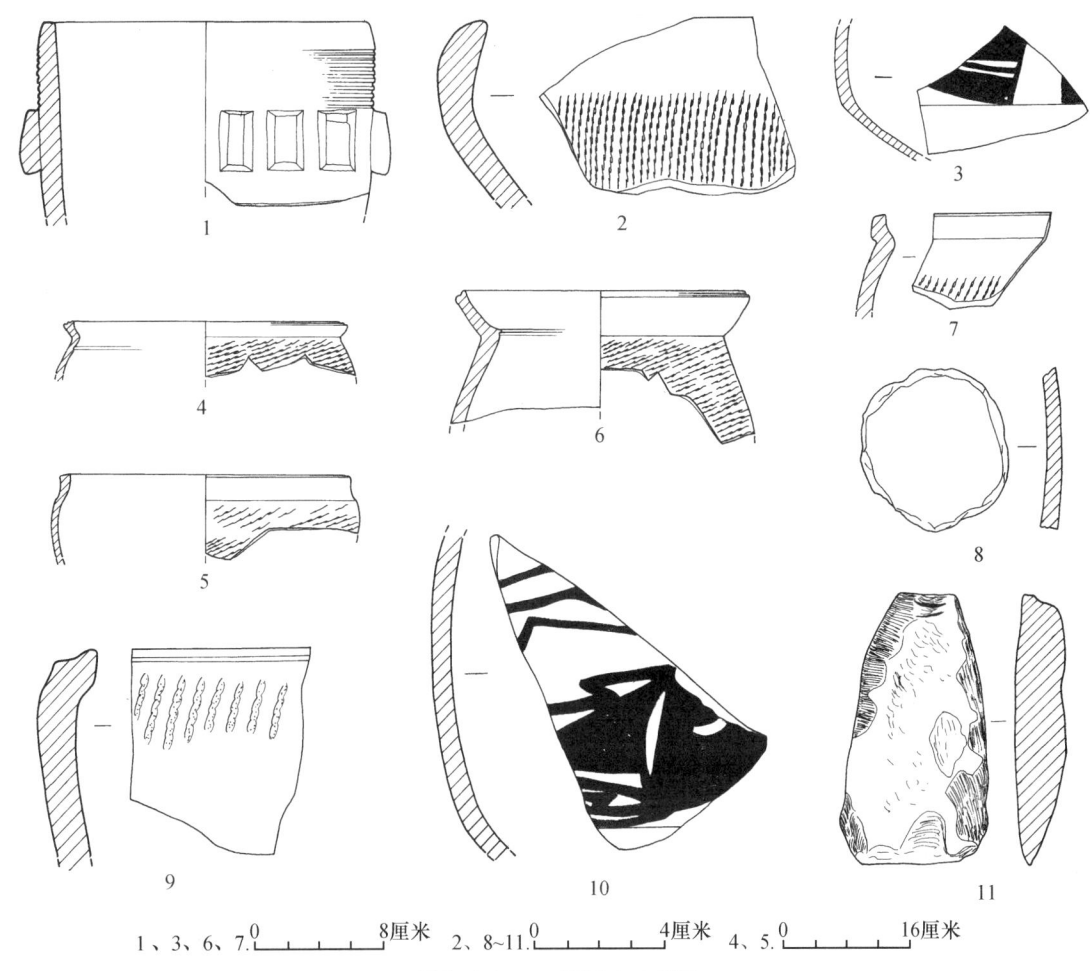

图九八七　G1④层出土遗物

1、4、6、7、9.陶罐（T0916G1④:18、T0916G1④:16、T0816G1④:13、T0816G1④:14、T0916G1④:11）
2、5.陶瓮（T0916G1④:15、T0816G1④:17）　3、10.彩陶片（T0816G1④:5、T0816G1④:4）
8.圆陶片（T0816G1④:19）　11.石斧（T0916G1④:20）

标本T0916G1④:18，粗泥质橘红陶。直口，方唇，直腹。器表磨光。口下饰多周弦纹，弦纹下侧饰一周鼓钉状附加堆纹。口下可见轮修痕迹。复原口径20.4、残高11.4厘米（图九八七，1）。

标本T0916G1④:11，粗夹砂灰褐陶。敛口，平折沿，沿面有一道浅细凹槽，圆唇，直腹。口沿以下饰右上至左下斜向绳纹，绳纹斜度较小（图九八七，9）。

钵　均口、腹部残片。形制相同，均细泥质橘红陶，直口微敛，圆唇，浅弧腹，器表磨光。标本T0916G1④:1，素面。口下可见浅褐色叠烧痕迹。复原口径30.8、残高14厘米（图九八六，4）。标本T0916G1④:2，口下饰一周黑色宽带纹彩绘。彩绘下侧可见浅红色叠烧痕迹（图九八六，7）。标本T0916G1④:3，口下饰一周黑色宽带纹彩绘，彩绘范围内有刻划的弧线与短线组成的图案。彩绘下侧可见浅褐色叠烧痕迹（图九八六，3；图版一五〇，4）。

瓮　均口、腹部残片。标本T0916G1④:15，粗夹砂红褐陶。敛口，圆唇，鼓腹。腹部饰竖向绳纹（图九八七，2）。

标本T0816G1④:17，粗夹砂红褐陶。敛口，方唇，鼓肩，并起一道显著棱脊，鼓腹。腹部饰右上至左下斜向绳纹。复原口径36.8、残高11.4厘米（图九八七，5）。

器底　标本T0916G1④：12，下腹、底部残片。细泥质橘红陶。下腹斜直，尖底，较为圆钝。器表刮抹光滑。素面。器表可见刮抹痕迹，内壁可见泥条盘筑痕迹。可能为瓶底。残高14厘米（图九八六，8）。

彩陶片　均腹部残片，细泥质橘红陶，折腹，器表磨光。标本T0816G1④：4，上腹部饰较为形象的黑色鱼纹彩绘（图九八七，10）。标本T0816G1④：5，上腹部饰几何变体鱼纹彩绘（图九八七，3）。2件均可能为盆的残片。

圆陶片　标本T0816G1④：19，完整。细泥质橘红陶。系利用陶钵的口部残片打制而成。圆形，边缘较钝。器表可见深褐色叠烧痕迹。直径4.7、厚0.5厘米（图九八七，8）。

（2）石器

斧　标本T0916G1④：20，稍残。石英岩。平面呈梯形。刃部较钝。通体磨光。器表有多处使用形成的坑疤。长8.2、宽1.8~4.6、厚1.5厘米（图九八七，11）。

5. G1⑤层

G1⑤层出土遗物以陶器为主，石器次之。

（1）陶器

器类有瓶、盆、罐、钵、壶、盂、釜、圆陶片、锉等，另有彩陶片。

瓶　均口沿残片。标本T0916G1⑤：12，粗泥质橘红陶。葫芦形口，圆唇。器表磨光。素面。内外壁均可见轮修痕迹。复原口径8.6、残高10厘米（图九八八，1）。

盆　均口、腹部残片。标本T0916G1⑤：7，细泥质橘红陶。直口微敛，平折沿，圆唇，深弧腹。器表磨光。沿面饰黑色短线与三角纹彩绘。外沿面可见轮修痕迹（图九八八，2）。

标本T0816G1⑤：5、T0816G1⑤：6形制相同，均细泥质橘红陶，侈口，卷沿，弧腹，器表磨光。标本T0816G1⑤：5，方唇。唇部与外沿面均饰黑色宽带纹彩绘，腹部饰较为形象的黑色鱼纹彩绘。内壁可见轮修痕迹（图九八八，3）。标本T0816G1⑤：6，圆唇。唇部与外沿面均饰黑色宽带纹彩绘，腹部饰黑色鱼纹彩绘。外沿面可见轮修痕迹（图九八八，6）。

标本T0816G1⑤：9，细泥质橘红陶。侈口，折沿，圆唇，弧腹。器表磨光。外沿面饰黑色宽带纹彩绘，腹部饰黑色鱼纹彩绘（图九八八，9）。

标本T0916G1⑤：8，细泥质橘红陶。直口微敞，叠唇，弧腹。器表磨光。外沿面饰黑色宽带纹彩绘（图九八八，5）。

罐　均口、腹部残片。标本T0816G1⑤：16，粗夹砂红褐陶。侈口，折沿，圆唇，鼓腹，腹部有一道浅细凹槽。腹部饰右上至左下斜向绳纹。沿面可见轮修痕迹。复原口径16、残高9.4厘米（图九八九，1）。

标本T0916G1⑤：18，粗夹砂红褐陶。侈口，折沿，沿面有一道矮棱，内沿面与腹部相接处有一道凸棱，方唇，唇部有二道浅细凹槽，鼓腹。口沿以下饰右上至左下斜向绳纹，绳纹近平。沿面可见轮修痕迹。复原口径16、残高5厘米（图九八九，2）。

标本T0916G1⑤：17，粗夹砂红褐陶。侈口，卷沿，方唇，鼓腹。外沿面与口沿以下饰右上至左下斜向绳纹。外沿面可见轮修痕迹（图九八九，8）。

第二编　发掘资料　903

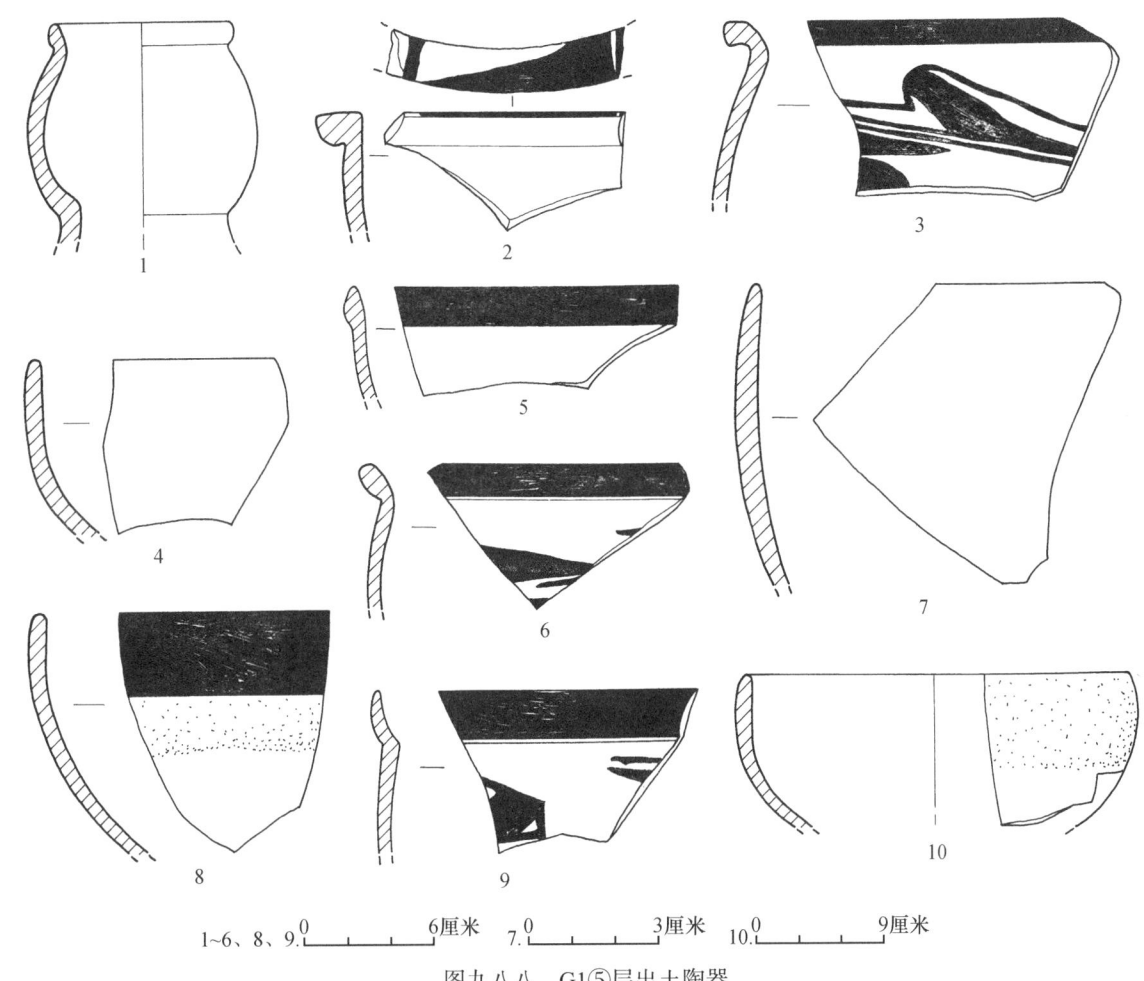

1~6、8、9. 0⎯⎯⎯⎯6厘米　7. 0⎯⎯3厘米　10. 0⎯⎯⎯9厘米

图九八八　G1⑤层出土陶器

1. 瓶（T0916G1⑤：12）　2、3、5、6、9. 盆（T0916G1⑤：7、T0816G1⑤：5、T0916G1⑤：8、T0816G1⑤：6、T0816G1⑤：9）　4、7、8、10. 钵（T0916G1⑤：4、T0916G1⑤：3、T0916G1⑤：1、T0916G1⑤：2）

钵　均口、腹部残片。标本T0916G1⑤：2、T0916G1⑤：3、T0916G1⑤：4形制相同，均直口，圆唇，深弧腹，素面。标本T0916G1⑤：2，细泥质橘红陶。直口微敛。器表磨光。口下可见浅褐色叠烧痕迹。复原口径27、残高10.5厘米（图九八八，10）。标本T0916G1⑤：3，细泥质黑陶。器表磨光（图九八八，7）。标本T0916G1⑤：4，细泥质橘红陶。器表刮抹光滑。上腹部可见刮抹痕迹（图九八八，4）。

标本T0916G1⑤：1，细泥质橘红陶。直口微敛，圆唇，浅弧腹。器表磨光。口下饰黑色宽带纹彩绘。彩绘下侧可见浅红色叠烧痕迹（图九八八，8）。

壶　标本T0816G1⑤：13，口、颈部残片。细泥质橘红陶。敛口，折沿，矮短颈。器表磨光。沿面饰黑色窄带纹彩绘。复原口径12、残高6.6厘米（图九八九，5）。

盂　标本T0916G1⑤：19，可复原。粗泥质橘红陶。直口，圆唇，直腹，平底。器表刮抹光滑。素面。器表可见刮抹痕迹。口径17、底径16.4、通高10.4厘米（图九八九，6；图版一五〇，5）。

釜　标本T0916G1⑤：20，可复原。粗泥质橘红陶。侈口，卷沿，方唇，鼓腹，圆底。最大腹径位于中下腹部。上、中腹部饰多周弦纹。下腹部可见烟熏痕迹。口径14.4、腹径15.2、通高12.8

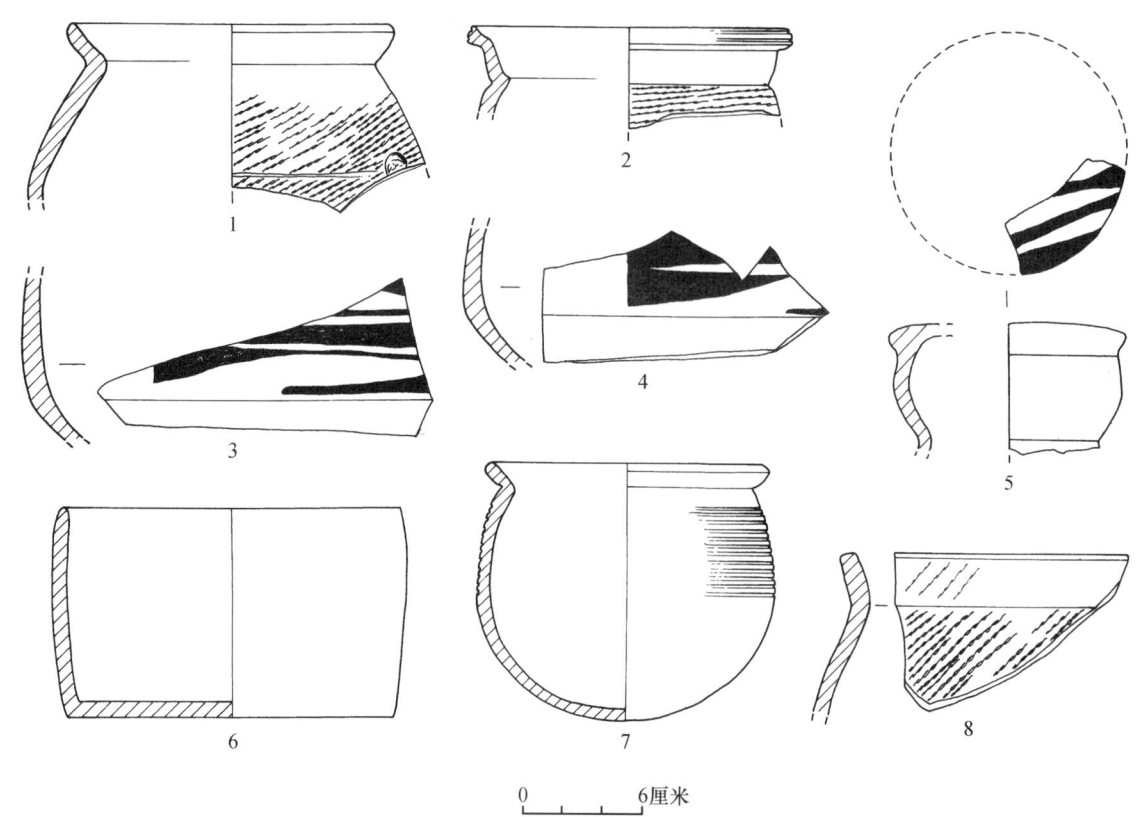

图九八九　G1⑤层出土陶器
1、2、8.罐（T0816G1⑤：16、T0916G1⑤：18、T0916G1⑤：17）　3、4.彩陶片（T0816G1⑤：10、T0916G1⑤：11）
5.壶（T0816G1⑤：13）　6.盂（T0916G1⑤：19）　7.釜（T0916G1⑤：20）

厘米（图九八九，7；彩版二六，4；图版一五〇，6）。

彩陶片　均腹部残片。细泥质橘红陶，折腹，器表磨光。标本T0816G1⑤：10，上腹部饰较为形象的黑色鱼纹彩绘（图九八九，3）。标本T0916G1⑤：11，上腹部饰黑色变体鱼纹彩绘（图九八九，4）。2件可能均为盆残片。

圆陶片　均完整。形制相同，均粗泥质橘红陶，系利用陶钵或盆的残片打制而成，圆形。标本T0916G1⑤：21-1，边缘较锋利。直径5.8、厚0.7厘米（图九九〇，3）。标本T0816G1⑤：21-2，边缘较钝。直径4.3、厚0.7厘米（图九九〇，4）。

锉　标本T0816G1⑤：23，完整。粗泥质橘红陶。平面呈梭形，横断面呈圆角长方形，锐尖。器身麻点清晰，密度较大。长17.8、中部宽4.5、厚1厘米（图九九〇，5；图版一五一，1）。

（2）石器

器类有锤、锛、研磨器、刮削器、雕刻器、磨石等。

锤　标本T0417G1⑤：24，完整。凝灰岩。长条状，器身磨光，侧面与两端均有较为密集的坑疤。长14.3、宽5.3、厚2.6厘米（图九九〇，6；图版一五一，2）。

锛　标本T0617G1⑤：1，完整。石英细砂岩。平面呈梯形，上端边倾斜，横断面呈长方形，刃部锋利。通体磨光。刃部可见使用形成的较小坑疤。长5.8、宽2.8~3.5、厚0.6厘米（图九九〇，2；彩版三〇，1；图版一五一，3）。

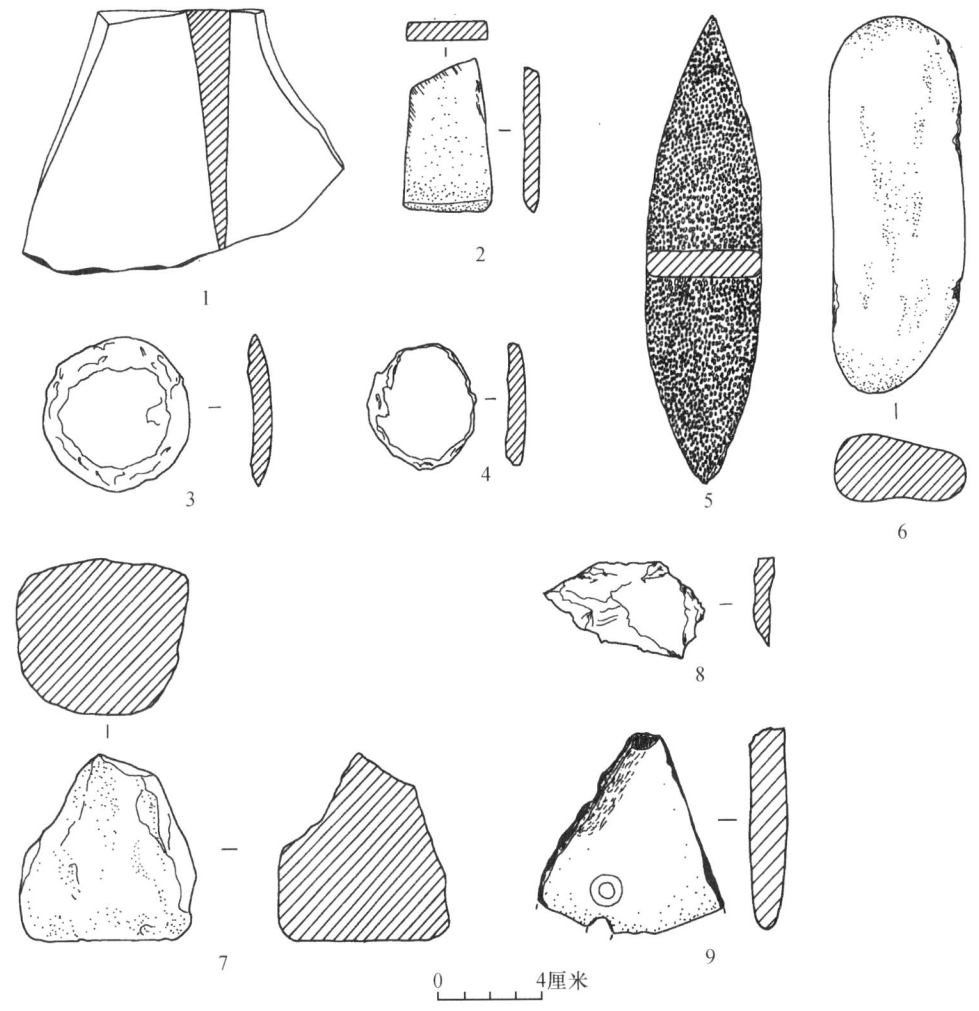

图九九〇　G1⑤层出土遗物
1. 磨石（T0417G1⑤：22）　2. 石锛（T0617G1⑤：1）　3、4. 圆陶片（T0916G1⑤：21-1、T0816G1⑤：21-2）
5. 陶锉（T0816G1⑤：23）　6. 石锤（T0417G1⑤：24）　7. 研磨器（T0817G1⑤：25）　8. 刮削器（T0717G1⑤：26）
9. 雕刻器（T0915G1⑤：27）

研磨器　标本T0817G1⑤：25，边缘稍残。凝灰岩。大体呈方锥状，底面平坦。底部附着有少量红色颜料。长7厘米（图九九〇，7；图版一五一，4）。

刮削器　标本T0717G1⑤：26，完整。石英。平面呈三角形，器身扁平，一面平坦，另一面锤击修整出一直刃，刃部较为锋利，可见使用形成的坑疤。长6.3、厚0.7厘米（图九九〇，8；彩版三二，2；图版一五一，5）。

雕刻器　标本T0915G1⑤：27，稍残。石英粗砂岩。平面呈三角形，器身扁平，上下两面磨光，两劈裂侧边相交形成一横刃，器身有一两面对钻而成的圆孔，边缘有一管钻圆孔。刃部使用痕迹较重。长7.5、厚1.5、孔径0.6厘米（图九九〇，9；图版一五一，6）。

磨石　标本T0417G1⑤：22，石英细砂岩。一面平坦，另一面中部低凹，应为长期使用所致。长13、宽10厘米（图九九〇，1；图版一五二，1）。

6. G1⑥层

G1⑥层出土遗物以陶器为主，骨器次之。

（1）陶器

器类有盆、罐、钵、瓮、器盖等。

盆　均口、腹部残片。标本T0916G1⑥：10，细泥质橘红陶。直口微敛，平折沿，圆唇，深弧腹。器表磨光。素面。外沿面可见轮修痕迹（图九九一，3）。

标本T0816G1⑥：6，细泥质黑陶。侈口，折沿，圆唇，弧腹。器表磨光。素面。沿面可见轮修痕迹（图九九一，2）。

标本T0916G1⑥：7，细泥质橘红陶。侈口，卷沿，圆唇，折腹。器表磨光。唇部饰黑色宽带纹彩绘。内壁可见轮修痕迹。复原口径16.8、残高8厘米（图九九一，1）。

罐　均口、腹部残片。标本T0916G1⑥：15，粗夹砂红褐陶。侈口，卷沿，方唇，鼓腹。口沿下侧有一道凸棱。凸棱以下饰右上至左下斜向绳纹。复原口径30、残高7.2厘米（图九九一，4）。

标本T0916G1⑥：14，粗夹砂红褐陶。侈口，折沿，沿面微曲，圆唇，鼓腹。腹部饰右上至左下斜向绳纹。唇部可见轮修痕迹（图九九一，6）。

标本T0816G1⑥：11，粗夹砂红褐陶。侈口，折沿，内沿面与腹部相接处有一道凸棱，圆唇，鼓腹。腹部饰横向绳纹。外沿面可见轮修痕迹。复原口径15、残高9.4厘米（图九九一，7）。

标本T0916G1⑥：13，粗夹砂红褐陶。侈口，卷沿，方唇，口沿内侧有一道浅细凹槽，唇部有二道浅细凹槽，鼓腹。腹部饰右上至左下斜向绳纹。复原口径27.2、残高6.8厘米（图九九一，5）。

钵　均口、腹部残片。标本T0916G1⑥：2，细泥质橘红陶。直口，圆唇，深弧腹。器表磨光。口下饰黑色宽带纹彩绘。器表可见轮修痕迹（图九九二，2）。

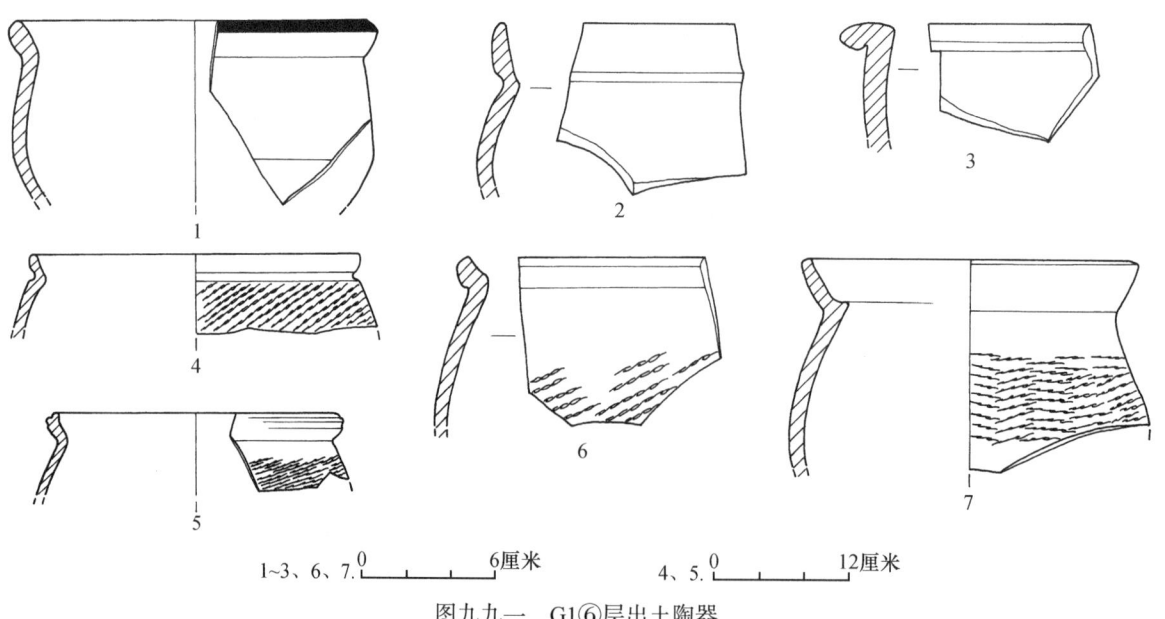

1~3、6、7　0　6厘米　　4、5　0　12厘米

图九九一　G1⑥层出土陶器

1~3. 盆（T0916G1⑥：7、T0816G1⑥：6、T0916G1⑥：10）
4~7. 罐（T0916G1⑥：15、T0916G1⑥：13、T0916G1⑥：14、T0816G1⑥：11）

标本T0916G1⑥:1、T0916G1⑥:3、T0916G1⑥:4形制相同,均细泥质橘红陶,直口微敛,圆唇,浅弧腹,器表磨光。标本T0916G1⑥:1,口下饰黑色宽带纹彩绘。彩绘下侧可见浅褐色叠烧痕迹。复原口径36、残高12.8厘米(图九九二,4)。标本T0916G1⑥:3,口下饰黑色宽带纹彩绘。口下可见轮修痕迹(图九九二,1)。标本T0916G1⑥:4,素面。口下可见浅红色叠烧痕迹。腹部可见烟熏痕迹(图九九二,3)。

瓮 均口、腹部残片。标本T0916G1⑥:12,粗夹砂红褐陶。侈口,卷沿,沿面贴于口沿外侧,圆唇,唇部有二道浅细凹槽,鼓腹。上腹部饰多周弦纹,弦纹以下饰右上至左下斜向绳纹,弦纹与绳纹有少许交错(图九九二,6)。

标本T0916G1⑥:9,细夹砂橘红陶。敛口,窄平折沿,鼓肩,并起一道显著棱脊,鼓腹。棱脊以下饰右上至左下斜向绳纹。内壁可见轮修痕迹(图九九二,7)。

标本T0816G1⑥:8,粗泥质橘红陶。侈口,圆唇,高领,鼓腹。器表磨光。素面。领部可见轮修痕迹。复原口径21、残高5厘米(图九九二,8)。

标本T0816G1⑥:16,粗夹砂红褐陶。敛口,方唇,折肩,并起一道显著棱脊,斜直腹。棱脊以下饰右上至左下斜向绳纹。复原口径40、残高16厘米(图九九二,10)。

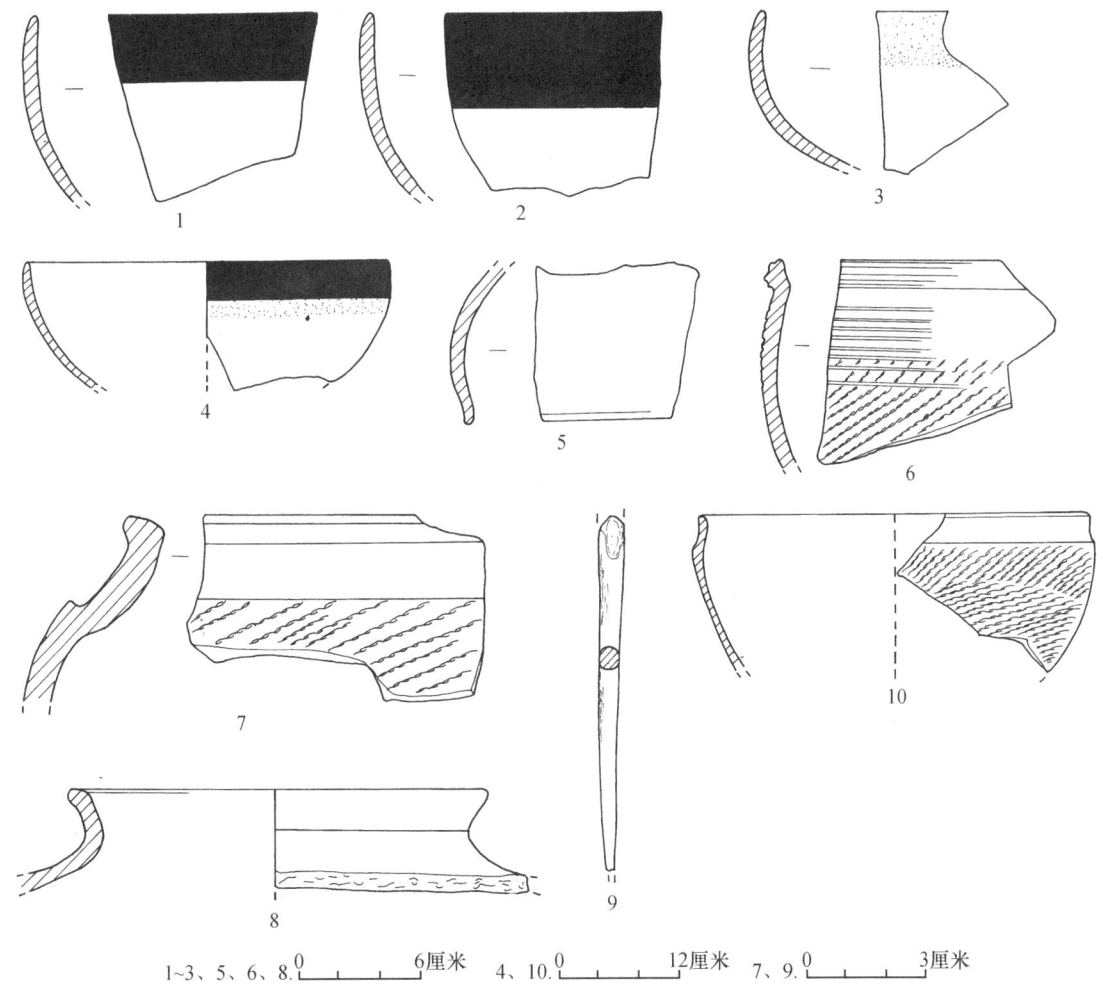

图九九二 G1⑥层出土遗物

1~4.陶钵(T0916G1⑥:3、T0916G1⑥:2、T0916G1⑥:4、T0916G1⑥:1) 5.器盖(T0816G1⑥:5)
6~8、10.陶瓮(T0916G1⑥:12、T0916G1⑥:9、T0816G1⑥:8、T0816G1⑥:16) 9.骨笄(T0717G1⑥:17)

器盖　标本T0816G1⑥：5，口、壁残片。细夹砂橘红陶。直口微敛，圆唇，弧壁。素面（图九九二，5）。

（2）骨器

笄　标本T0717G1⑥：17，两端均残。系利用动物长骨磨制而成。器身呈圆柱状，横断面呈圆形。通体磨光。残长8.8厘米（图九九二，9；图版一五二，2）。

7. G1⑦层

G1⑦层出土遗物以陶器为主，石器次之。

（1）陶器

器类有瓶、盆、罐、钵、圆陶片、刀等。

瓶　均口沿残片。标本T0916G1⑦：5，细泥质橘红陶。葫芦形口，圆唇。素面。器表磨光。内、外壁均可见轮修痕迹。复原口径7、残高6.4厘米（图九九三，5）。

盆　均口、腹部残片。标本T0916G1⑦：3，细泥质橘红陶。直口，平折沿，方唇，深弧腹。器表磨光。沿面饰红色三角纹彩绘。唇部可见轮修痕迹，器表可见刮抹痕迹（图九九三，3）。

标本T0916G1⑦：4，细泥质橘红陶。侈口，折沿，圆唇，折腹。器表磨光。沿面饰一周黑色宽带纹彩绘。上腹部可见浅红色叠烧痕迹，外沿面可见轮修痕迹（图九九三，2）。

罐　均口、腹部残片。标本T0816G1⑦：6，粗夹砂红褐陶。侈口，卷沿，方唇，鼓腹。素面。内壁可见轮修痕迹。复原口径22.8、残高5.6厘米（图九九三，7）。

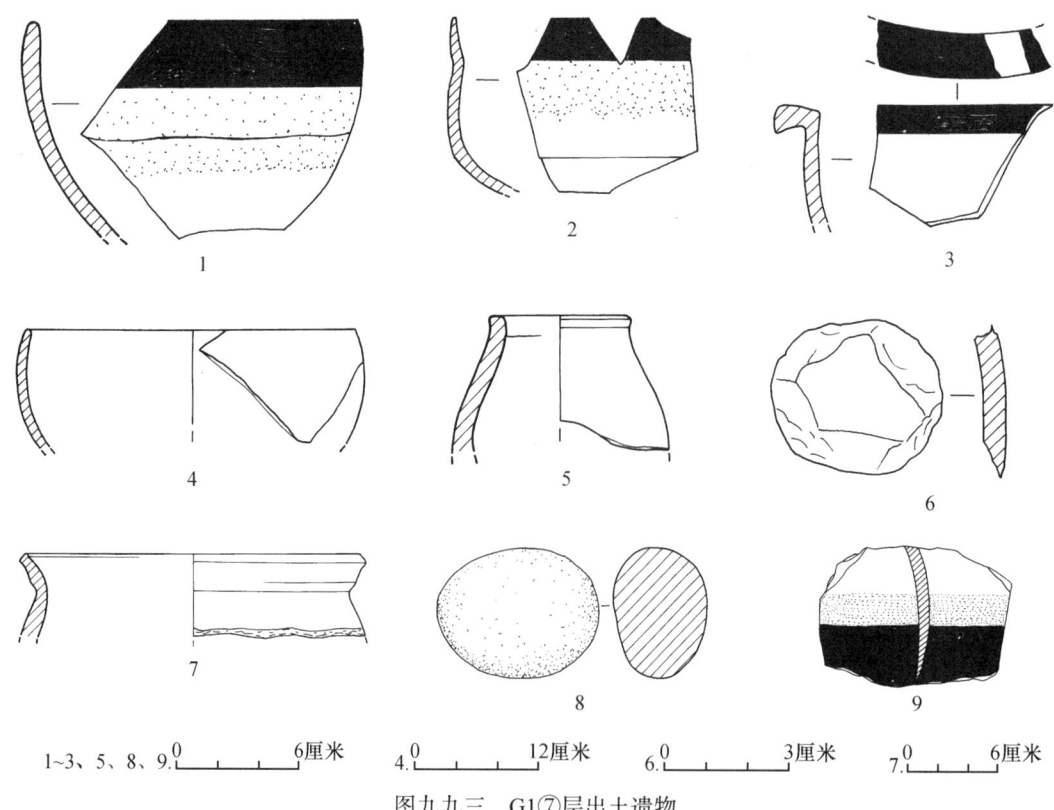

图九九三　G1⑦层出土遗物

1、4. 陶钵（T0816G1⑦：1、T0816G1⑦：2）　2、3. 陶盆（T0916G1⑦：4、T0916G1⑦：3）　5. 陶瓶（T0916G1⑦：5）
6. 圆陶片（T0916G1⑦：7）　7. 陶罐（T0816G1⑦：6）　8. 石锤（T0816G1⑦：9）　9. 陶刀（T0816G1⑦：8）

钵　均口、腹部残片。标本T0816G1⑦：1，细泥质橘红陶。直口微敛，圆唇，浅弧腹。器表磨光。口沿下侧饰一周黑色宽带纹彩绘。彩绘下侧可见浅红色与深红色叠烧痕迹（图九九三，1）。

标本T0816G1⑦：2，细泥质橘红陶。敛口，圆唇，深弧腹，最大腹径位于中下腹部。素面。器表磨光。复原口径32.4、残高10.8厘米（图九九三，4）。

圆陶片　标本T0916G1⑦：7，完整。细泥质橘红陶。系利用陶钵或盆的残片打制而成。圆形，边缘较锋利。直径4.2、厚0.6厘米（图九九三，6）。

刀　标本T0916G1⑦：8，完整。细泥质橘红陶。系利用陶钵口部残片打磨而成。长方形，两端磨制整齐，刃部锋利。器表可见黑色宽带纹彩绘及深褐色叠烧痕迹。长9.5、宽6.8厘米（图九九三，9；彩版二八，4；图版一五二，3）。

（2）石器

锤　标本T0816G1⑦：9，完整。石英细砂岩。器身呈扁圆球状，一面有打击形成的密集坑疤。长径8、短径6.3、厚4.6厘米（图九九三，8；图版一五二，4）。

8. G1⑧层

G1⑧层出土遗物以陶器为主，骨器次之，石器再次，另有牙、蚌器。

（1）陶器

器类有盆、罐、钵、瓮、圆陶片、球，另有彩陶片。

盆　均口、腹部残片。标本T0816G1⑧：3，细泥质橘红陶。侈口，卷沿，圆唇，弧腹。器表磨光。唇部与外沿面饰黑色宽带纹彩绘，腹部饰黑色窄带纹彩绘。复原口径33.6、残高6.9厘米（图九九四，5）。

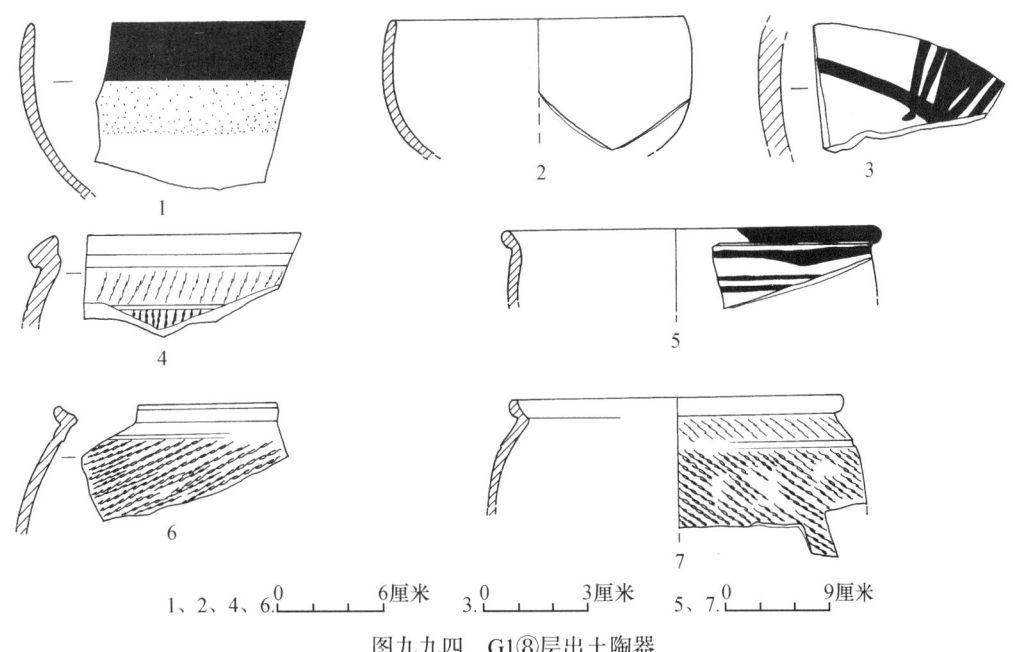

图九九四　G1⑧层出土陶器

1、2.钵（T0816G1⑧：1、T0916G1⑧：2）　3.彩陶片（T0816G1⑧：7）　4.瓮（T0916G1⑧：4）　5.盆（T0816G1⑧：3）
6、7.罐（T0916G1⑧：5、T0916G1⑧：6）

罐　均口、腹部残片。标本T0916G1⑧：6，粗夹砂红褐陶。侈口，折沿，方唇，鼓肩，并起一道显著棱脊，鼓腹。口沿以下饰左上至右下斜向绳纹。内外壁可见轮修痕迹。复原口径29.4、残高13.8厘米（图九九四，7）。

标本T0916G1⑧：5，粗夹砂红褐陶。侈口，折沿，沿面内曲，圆唇，鼓肩，并起一道显著棱脊，鼓腹。棱脊以下饰右上至左下斜向绳纹（图九九四，6）。

钵　均口、腹部残片。标本T0816G1⑧：1，细泥质橘红陶。直口微敛，圆唇，浅弧腹。器表磨光。口下饰一周黑色宽带纹彩绘。宽带纹下侧可见浅褐色叠烧痕迹（图九九四，1）。

标本T0916G1⑧：2，细泥质橘红陶。敛口，圆唇，深弧腹，最大腹径位于中下腹部。素面。器表磨光。复原口径17、残高7.6厘米（图九九四，2）。

瓮　均口、腹部残片。标本T0916G1⑧：4，粗夹砂红褐陶。敛口，折沿，圆唇，鼓腹，口沿内侧有一周宽浅凹槽。上腹部饰一周弦纹，口沿以下饰竖向绳纹。沿面与内壁可见轮修痕迹（图九九四，4）。

彩陶片　标本T0816G1⑧：7，细泥质橘红陶。器表磨光。器表饰黑色窄带纹彩绘（图九九四，3）。

圆陶片　标本T0916G1⑧：8，完整。细泥质橘红陶。系利用陶钵或盆的残片打制而成。圆形，边缘较钝。直径5、厚0.7厘米（图九九五，3）。

球　标本T0916G1⑧：16，完整。细泥质橘红陶。圆球状。通体磨光。器表可见较小坑疤。直径2.8厘米（图九九五，2；图版一五二，5）。

（2）石器

磨棒　标本T0717G1⑧：14，角岩。平面呈长条形，两端平齐，表面光滑，一面较平，断面呈椭圆形。因使用而留有较多细小疤痕。长17.6、宽7.2、厚4.4厘米（图九九五，1；彩版三一，4；图版一五二，6）。

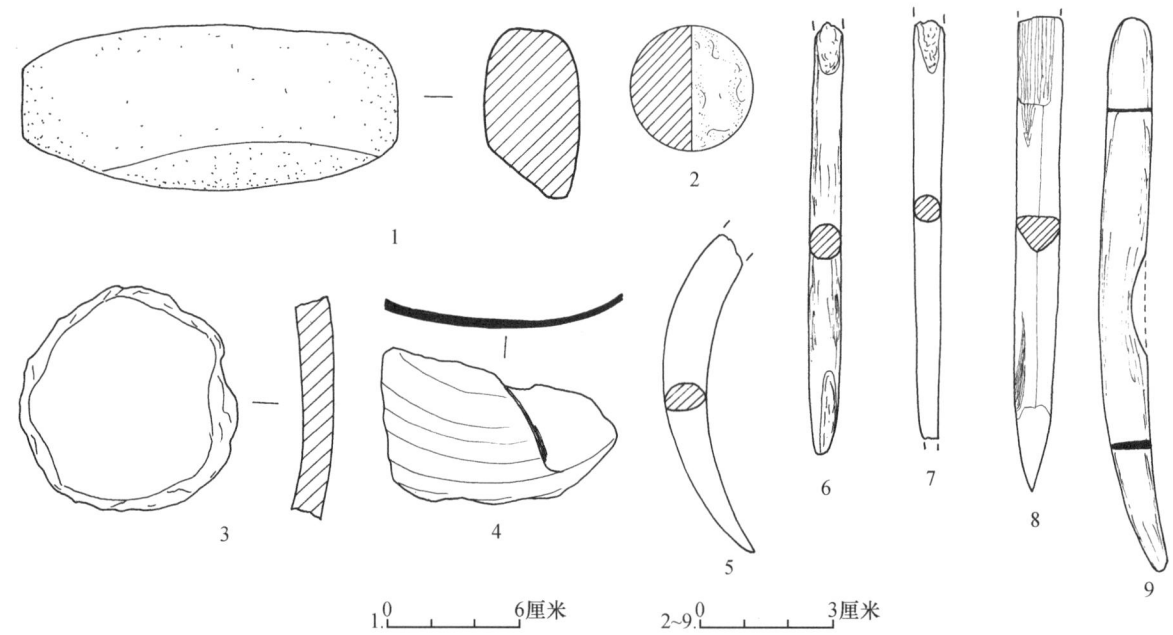

图九九五　G1⑧层出土遗物
1. 石磨棒（T0717G1⑧：14）　2. 陶球（T0916G1⑧：16）　3. 圆陶片（T0916G1⑧：8）　4. 蚌刀（T0717G1⑧：9）
5. 牙锥（T0717G1⑧：11）　6、7. 骨笄（T0717G1⑧：12、T0917G1⑧：10）　8. 骨锥（T0916G1⑧：15）
9. 骨匕（T0917G1⑧：13）

（3）骨器

器类有锥、笄、匕等。

锥　标本T0916G1⑧：15，尾端残。系利用动物长骨磨制而成。器身呈三棱柱状，横断面呈三角形，尖部锐利。通体磨光。残长10.5厘米（图九九五，8；彩版三四，2；图版一五三，3）。

笄　均系利用动物长骨磨制而成。标本T0917G1⑧：10，两端均残。断面呈圆形。通体磨光。残长9.3厘米（图九九五，7；图版一五三，1）。标本T0717G1⑧：12，尾端残。尖部较为锐利。断面呈圆形。通体磨光。残长9.5厘米（图九九五，6；图版一五三，2）。

匕　标本T0917G1⑧：13，中部稍残。系利用动物肋骨磨制而成。平面呈长条形，器身扁平，稍有弯曲。通体磨光。长12.3厘米（图九九五，9；图版一五三，4）。

（4）蚌器

刀　标本T0717G1⑧：9，稍残。平面呈三角形，弧形刃，较为锋利。残长5.5厘米（图九九五，4；彩版四五，4；图版一五三，5）。

（5）牙器

锥　标本T0717G1⑧：11，尾端稍残。系利用獐的左上犬齿磨制而成。器身扁平，内缘与尖部较为锐利。通体磨光。尾端可见火烤痕迹。残长7厘米（图九九五，5；图版一五三，6）。

9. G1⑨层

G1⑨层出土遗物以陶器为主，骨器次之。

（1）陶器

器类有瓶、盆、罐、钵、瓮、圆陶片等。

瓶　均口沿残片。标本T0816G1⑨：15，细泥质橘红陶。葫芦形口，圆唇。素面。器表磨光。内壁可见轮修痕迹。复原口径6.7、残高5.8厘米（图九九六，1）。

盆　均口、腹部残片。标本T0816G1⑨：8，细泥质橘红陶。直口微敛，平折沿，方唇，深弧腹。器表磨光。沿面饰黑色三角纹彩绘。口沿下侧可见轮修痕迹（图九九六，7）。

标本T0916G1⑨：9，细泥质橘红陶。直口，平折沿，沿面向外侧下斜，尖圆唇，深弧腹，口沿以下饰多周弦纹（图九九六，5）。

标本T0916G1⑨：7、T0916G1⑨：10形制相同，均细泥质橘红陶，侈口，卷沿，方唇，弧腹，器表磨光。标本T0916G1⑨：7，唇部与外沿面均饰黑色宽带纹彩绘，器表饰黑色窄带纹彩绘。复原口径36.8、残高7.2厘米（图九九六，4）。标本T0916G1⑨：10，唇部与外沿面均饰黑色彩绘，腹部饰黑色变体鱼纹彩绘。外沿面可见轮修痕迹（图九九六，2；彩版四八，6）。

标本T0916G1⑨：4，细泥质橘红陶。侈口，卷沿，圆唇，折腹。器表磨光。唇部与外沿面均饰黑色宽带纹彩绘。内外壁均可见轮修痕迹（图九九六，10）。

罐　均口、腹部残片。标本T0816G1⑨：11，粗夹砂红褐陶。侈口，折沿，圆唇，鼓腹。腹部饰右上至左下斜向绳纹，绳纹近平。外沿面可见轮修痕迹，内壁可见泥条盘筑痕迹。复原口径15、残高6.6厘米（图九九六，11）。

标本T0816G1⑨：12，粗夹砂红褐陶。侈口，卷沿，方唇，唇部有二道浅细凹槽，鼓腹。腹部饰右上至左下斜向绳纹。口沿下侧可见轮修痕迹（图九九六，9）。

钵 均口、腹部残片。标本T0816G1⑨：1、T0816G1⑨：2形制相同，均细泥质橘红陶，直口微敛，圆唇，深弧腹，素面，器表磨光。标本T0816G1⑨：1，内壁可见烟熏痕迹（图九九六，6）。标本T0816G1⑨：2，口下可见浅红色叠烧痕迹（图九九六，8）。

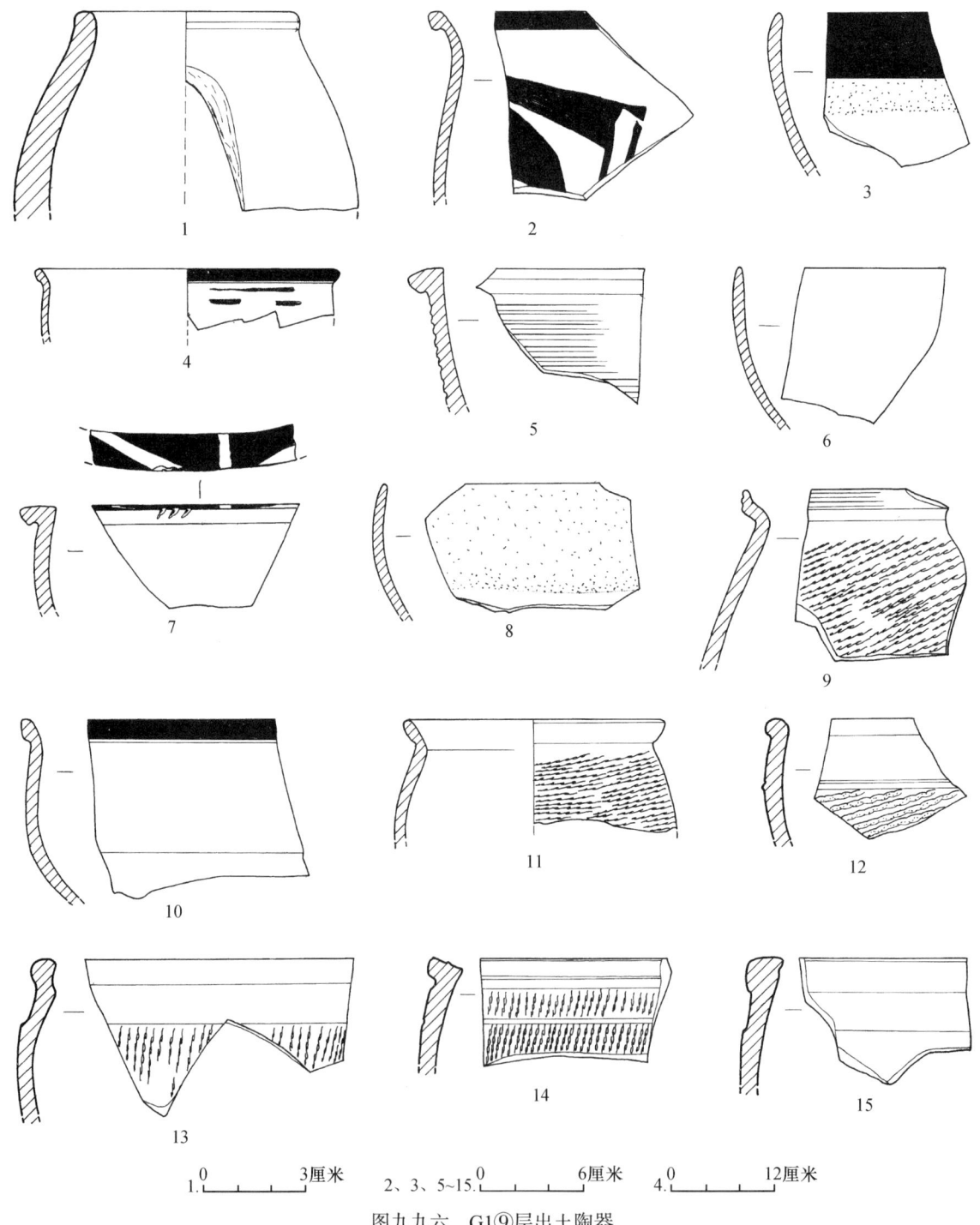

图九九六　G1⑨层出土陶器

1.瓶（T0816G1⑨：15）　2、4、5、7、10.盆（T0916G1⑨：10、T0916G1⑨：7、T0916G1⑨：9、T0816G1⑨：8、T0916G1⑨：4）　3、6、8.钵（T0816G1⑨：3、T0816G1⑨：1、T0816G1⑨：2）　9、11.罐（T0816G1⑨：12、T0816G1⑨：11）　12~15.瓮（T0916G1⑨：13、T0916G1⑨：5、T0816G1⑨：6、T0916G1⑨：14）

标本T0816G1⑨:3，细泥质橘红陶。直口微敛，圆唇，浅弧腹。器表磨光。口下饰一周黑色宽带纹彩绘。彩绘下侧可见深红色叠烧痕迹（图九九六，3）。

瓮　均口、腹部残片。标本T0816G1⑨:6，细夹砂红褐陶。侈口，折沿，沿面有三道浅细凹槽，圆唇，鼓腹。上腹部饰一周弦纹，口沿以下饰右上至左下斜向绳纹，绳纹斜度较小（图九九六，14）。

标本T0916G1⑨:5、T0916G1⑨:13、T0916G1⑨:14形制相同，均敛口。标本T0916G1⑨:5，细夹砂红褐陶。圆唇，鼓肩，并起一道显著棱脊，斜直腹。棱脊以下饰右上至左下斜向绳纹，绳纹斜度较小。唇部与内壁均可见轮修痕迹（图九九六，13）。标本T0916G1⑨:13，粗夹砂红褐陶。圆唇，鼓肩，并起一道显著棱脊，斜直腹。口沿下侧饰一道弦纹，棱脊以下饰右上至左下斜向绳纹，绳纹近平。口沿下侧可见轮修痕迹（图九九六，12）。标本T0916G1⑨:14，粗夹砂红褐陶。平折沿，方唇，口沿下侧有一道棱脊，直腹。素面。唇部可见轮修痕迹（图九九六，15）。

圆陶片　均完整。形制相同，均细泥质橘红陶，系利用陶钵或盆的残片打制而成，圆形。标本T0716G1⑨:16-1，边缘较钝。直径3、厚0.4厘米（图九九七，2;图版一五四，1）。标本T0717G1⑨:16-2，边缘较锋利。直径6、厚0.5厘米（图九九七，1）。

（2）骨器

器类有锥、笄、镞等。

锥　标本T0717G1⑨:18，完整。系利用动物长骨磨制而成。尖部较锐利，横断面呈圆形。通

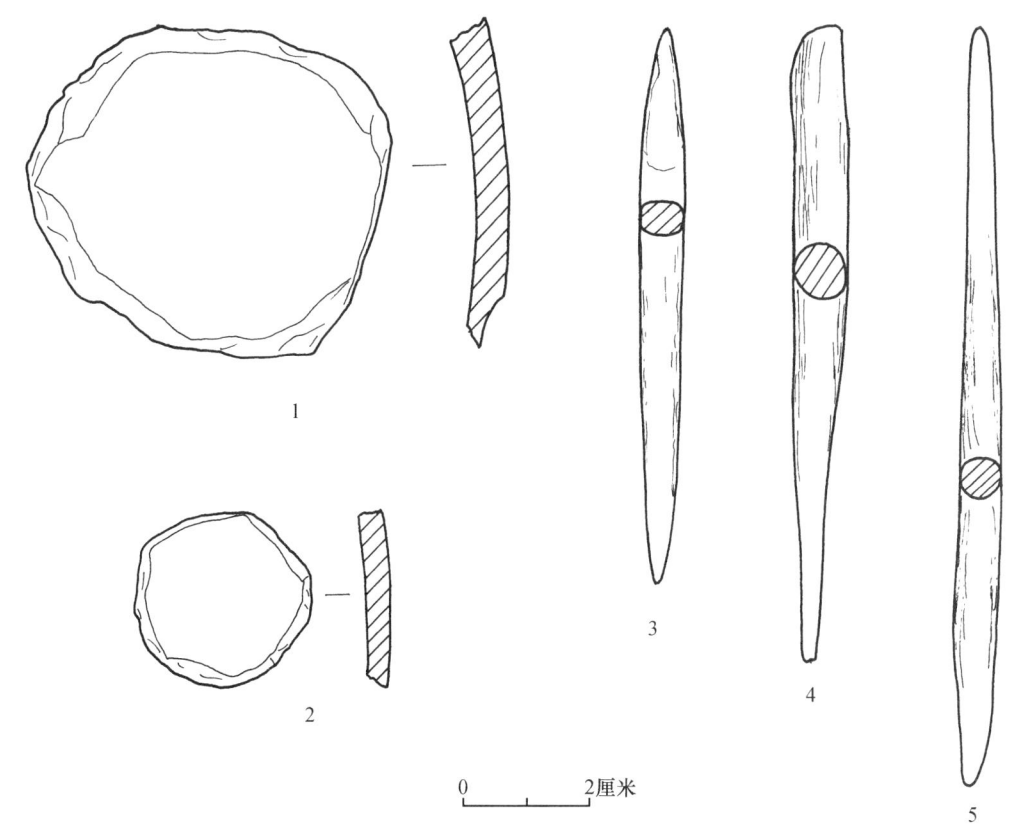

图九九七　G1⑨层出土遗物
1、2.圆陶片（T0717G1⑨:16-2、T0716G1⑨:16-1）　3.骨镞（T0617G1⑨:17）　4.骨锥（T0717G1⑨:18）
5.骨笄（T0916G1⑨:19）

体磨光。长10.1厘米（图九九七，4；图版一五四，2）。

笄 标本T0916G1⑨：19，完整。系利用动物长骨磨制而成。器身呈圆柱状，两端均较尖锐，断面呈圆形。通体磨光。长12、最大直径0.7厘米（图九九七，5；图版一五四，3）。

镞 标本T0617G1⑨：17，完整。体部与铤部分界不明显，器身呈扁圆柱状，横断面呈椭圆形，锋、铤部均圆尖，锋部较锐利，铤部较钝。通体磨光。长8.7厘米（图九九七，3；图版一五四，4）。

10. G1⑩层

G1⑩层出土遗物全部为陶器。器类有瓶、盆、罐、钵、瓮、圆陶片等。

瓶 均口沿残片。标本T0816G1⑩：12，粗泥质橘红陶。葫芦形口，圆唇。器表磨光。素面。内、外壁均可见轮修痕迹。复原口径7.2、残高11.2厘米（图九九八，3）。

盆 标本T0816G1⑩：10，口、腹部残片。粗泥质橘红陶。敛口，平折沿，圆唇，深弧腹。器表刮抹光滑。素面。沿面与器表均可见刮抹痕迹（图九九八，6）。

标本T0717G1⑩：4、T0916G1⑩：7形制相同，均细泥质橘红陶，侈口，卷沿，圆唇，折腹，器表磨光。标本T0717G1⑩：4，可复原。圜底。唇部与外沿面均饰黑色宽带纹彩绘，上腹部饰较为形象的黑色鱼纹彩绘。口径31.2、通高11.1厘米（图九九八，10；彩版一三，3；图版一五四，5）。标本T0916G1⑩：7，口、腹部残片。唇部与外沿面均饰黑色宽带纹彩绘，上腹部饰黑色鱼纹彩绘（图九九八，9）。

标本T0916G1⑩：5、T0816G1⑩：6、T0916G1⑩：8、T0916G1⑩：11、T0916G1⑩：13形制相同，均侈口，卷沿，弧腹。标本T0916G1⑩：5，口、腹部残片。细泥质橘红陶。圆唇。器表磨光。唇部与外沿面均饰一周黑色宽带纹彩绘。口下可见浅红色叠烧痕迹。复原口径38、残高11.6厘米（图九九八，4）。标本T0816G1⑩：6，口、腹部残片。细泥质橘红陶。圆唇。器表磨光。唇部与外沿面均饰一周黑色宽带纹彩绘，上腹部饰黑色窄带纹彩绘。复原口径31.2、残高7.5厘米（图九九八，7）。标本T0916G1⑩：8，可复原。细泥质橘红陶。圆唇，深弧腹，圜底。器表磨光。素面。口径16.8、腹径17.4、通高11厘米（图九九八，1）。标本T0916G1⑩：11，口、腹部残片。粗泥质橘红陶。方唇。唇部饰黑色宽带纹彩绘，口沿以下饰多周弦纹。复原口径17.6、残高6.4厘米（图九九八，8）。标本T0916G1⑩：13，口、腹部残片。粗泥质橘红陶。方唇。腹部饰多周弦纹。复原口径16.2、残高9厘米（图九九八，2）。

标本T0916G1⑩：9，口、腹部残片。细泥质橘红陶。侈口，卷沿，圆唇，斜直腹。器表磨光。腹部饰稀疏横向细绳纹。内壁可见轮修痕迹（图九九八，5）。

罐 均口、腹部残片。标本T0816G1⑩：16，粗夹砂红褐陶。侈口，卷沿，方唇，唇部有二道浅细凹槽，鼓腹。口沿以下饰右上至左下斜向绳纹。复原口径26.4、残高7.5厘米（图九九九，7）。

标本T0916G1⑩：17，粗夹砂红褐陶。直口，方唇，直腹，口沿下侧有一道凸棱。素面（图九九九，3）。

标本T0916G1⑩：14，粗泥质橘红陶。侈口，折沿，沿面微曲，圆唇，鼓腹。口沿以下饰多周整齐的指甲纹（图九九九，2）。

标本T0816G1⑩：18，粗夹砂红褐陶。敛口，平折沿，圆唇，直腹。素面。沿面可见轮修痕

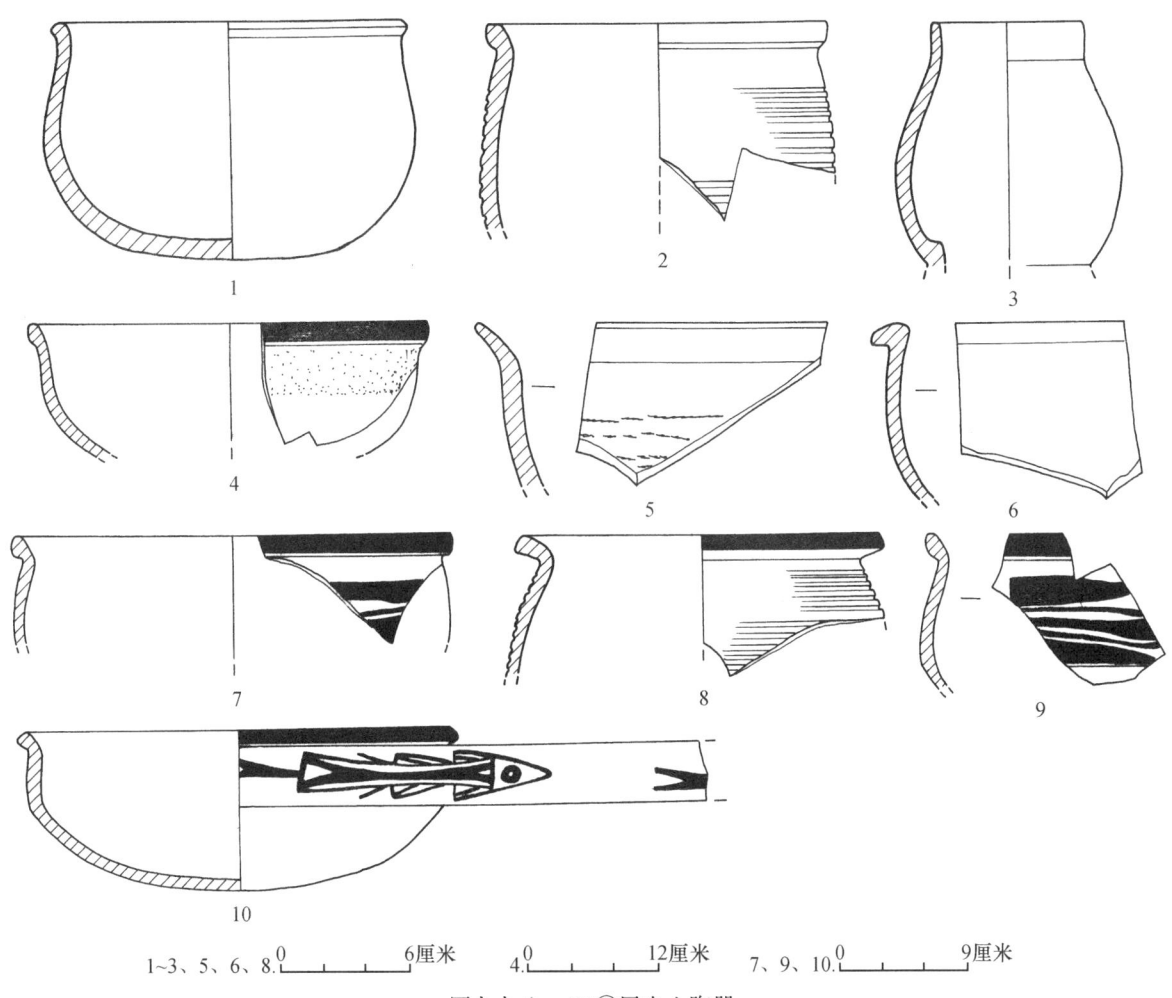

图九九八　G1⑩层出土陶器

1、2、4~10. 盆（T0916G1⑩：8、T0916G1⑩：13、T0916G1⑩：5、T0916G1⑩：9、T0816G1⑩：10、T0816G1⑩：6、
T0916G1⑩：11、T0916G1⑩：7、T0717G1⑩：4）　3. 瓶（T0816G1⑩：12）

迹。复原口径18.8、残高4.8厘米（图九九九，4）。

钵　标本T0916G1⑩：3，口、腹部残片。细泥质橘红陶。直口微敛，圆唇，浅弧腹。器表磨光。口下饰黑色宽带纹彩绘。彩绘下侧可见灰白色叠烧痕迹（图九九九，8）。

标本T0717G1⑩：1、T0916G1⑩：2形制相同，均细泥质橘红陶，敛口，圆唇，深弧腹，最大腹径位于中下腹部，器表磨光，素面。标本T0717G1⑩：1，可复原。圜底。口下可见浅褐色叠烧痕迹。口径21、通高11.7厘米（图九九九，6；图版一五四，6）。标本T0916G1⑩：2，口、腹部残片。复原口径18、残高8厘米（图九九九，5）。

瓮　均口、腹部残片。标本T0916G1⑩：15，细夹砂红褐陶。敛口，平折沿，方唇，口沿内侧有一道宽浅凹槽，折肩，并起一道显著棱脊，斜直腹。棱脊以下饰竖向绳纹。内壁可见轮修痕迹（图九九九，1）。

圆陶片　标本T0716G1⑩：19，完整。细泥质橘红陶。系利用陶钵的口部残片打制而成。圆形，边缘较钝。器表可见深红色叠烧痕迹。直径3.2、厚0.5厘米（图九九九，9）。

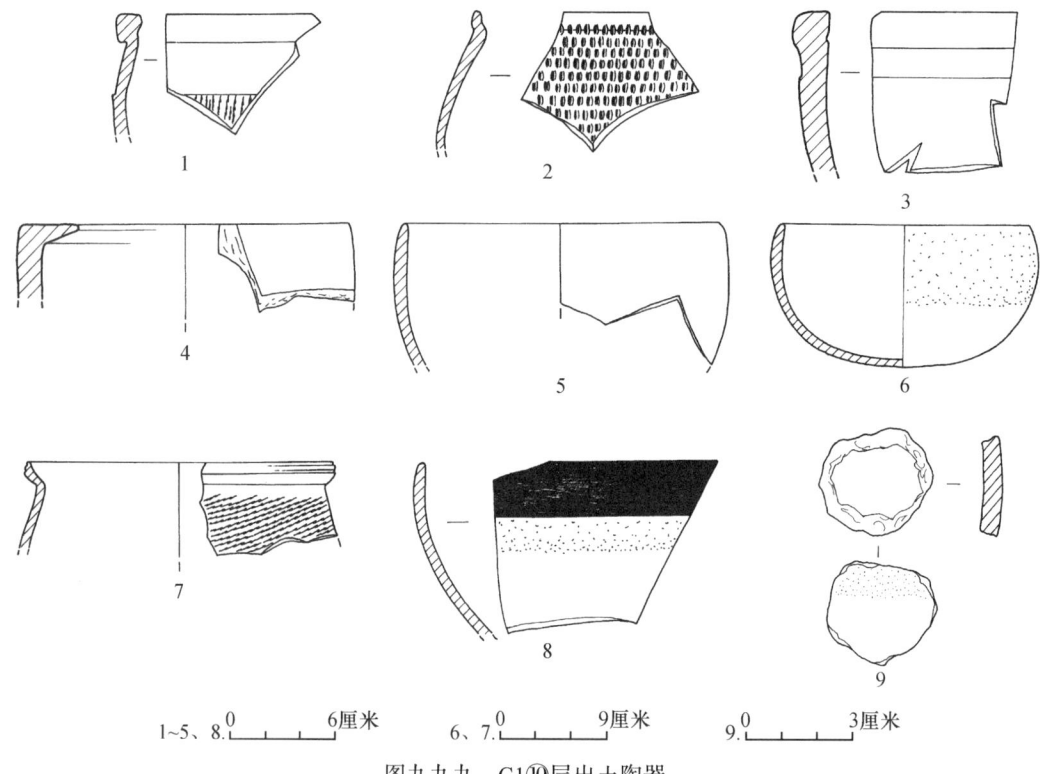

图九九九　G1⑩层出土陶器
1. 瓮（T0916G1⑩：15）　2~4、7. 罐（T0916G1⑩：14、T0916G1⑩：17、T0816G1⑩：18、T0816G1⑩：16）
5、6、8. 钵（T0916G1⑩：2、T0717G1⑩：1、T0916G1⑩：3）　9. 圆陶片（T0716G1⑩：19）

11. G1⑪层

G1⑪层出土遗物以陶器为主，骨器次之。

（1）陶器

器类有盆、罐、钵、器盖、圆陶片，另有器底。

盆　均口、腹部残片。标本T0916G1⑪：6、T0916G1⑪：8形制相同，均细泥质橘红陶，敞口，卷沿，深弧腹。标本T0916G1⑪：8，圆唇。口沿以下饰多周弦纹。唇部可见轮修痕迹（图一〇〇〇，4）。标本T0916G1⑪：6，尖圆唇。素面。器表可见刮抹痕迹（图一〇〇〇，5）。

标本T0916G1⑪：5，细泥质橘红陶。侈口，卷沿，方唇，折腹。器表磨光。唇部与外沿面饰黑色窄带纹彩绘，上腹部饰黑色变体鱼纹彩绘。复原口径40.5、残高12.5厘米（图一〇〇〇，11）。

罐　均口、腹部残片。标本T0916G1⑪：7，粗夹砂红褐陶。侈口，折沿，沿面内曲，圆唇，鼓腹。腹部饰右上至左下斜向绳纹。口沿下侧可见轮修痕迹（图一〇〇〇，7）。

标本T0816G1⑪：9，粗夹砂红褐陶。侈口，折沿，方唇，鼓腹。腹部饰右上至左下斜向绳纹。器表可见烟熏痕迹，内外壁均可见轮修痕迹（图一〇〇〇，3）。

标本T0916G1⑪：11，细夹砂橘红陶。敛口，方唇，唇部有一道浅细凹槽，直腹，腹部有一圆形穿孔。腹部饰横向绳纹。内壁可见泥条盘筑痕迹，口沿下侧可见轮修痕迹。复原口径8.2、残高8.8、孔径2厘米（图一〇〇〇，8）。

标本T0916G1⑪：12，细夹砂橘红陶。直口微敛，圆唇，直腹。腹部饰多周弦纹。唇部与内壁

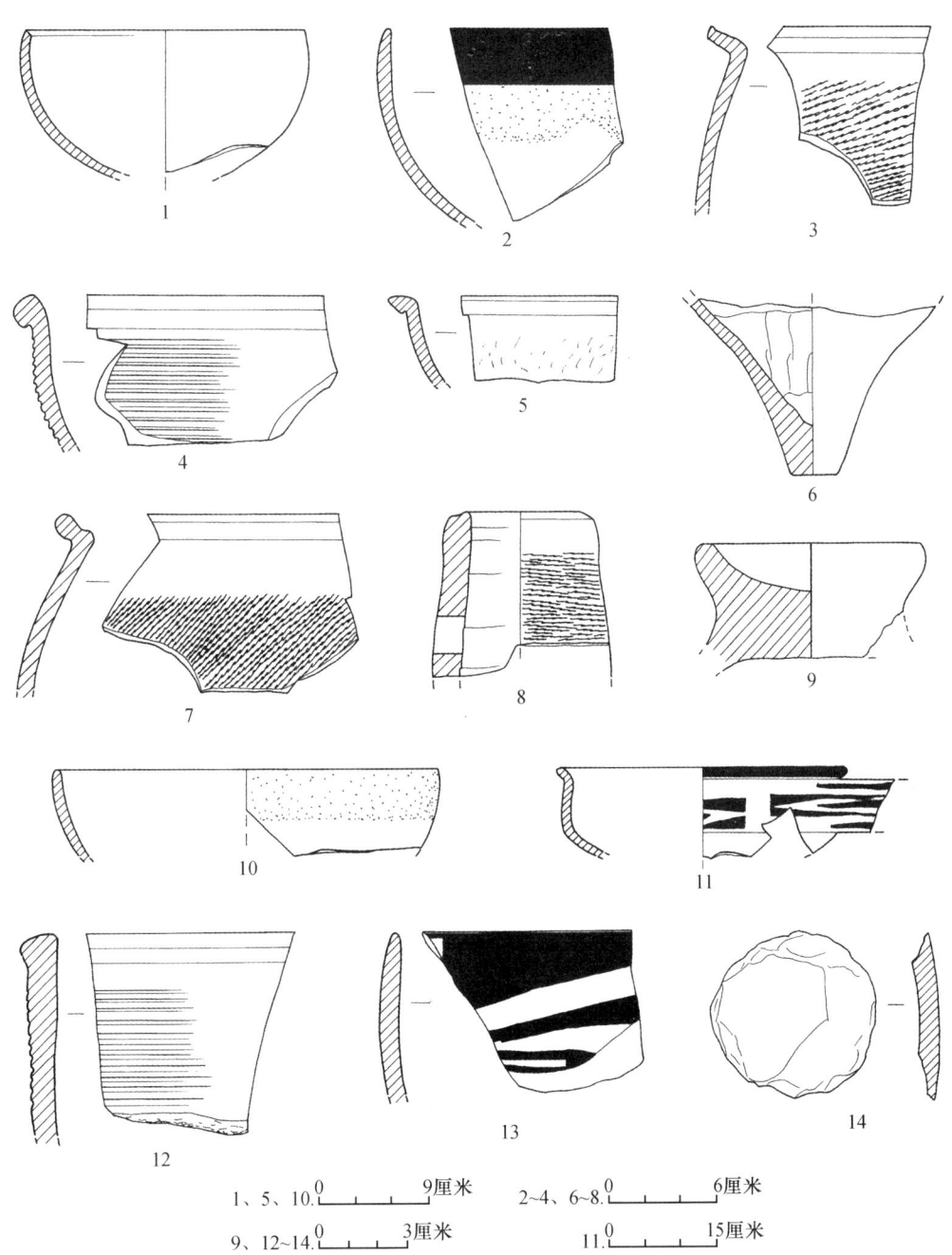

图一○○○　G1⑪层出土陶器

1、2、10、13.钵（T0816G1⑪：2、T0916G1⑪：3、T0916G1⑪：1、T0916G1⑪：4）　3、7、8、12.罐（T0816G1⑪：9、T0916G1⑪：7、T0916G1⑪：11、T0916G1⑪：12）　4、5、11.盆（T0916G1⑪：8、T0916G1⑪：6、T0916G1⑪：5）　6.器底（T0816G1⑪：10）　9.器盖（T0816G1⑪：13）　14.圆陶片（T0916G1⑪：14）

可见轮修痕迹（图一〇〇，12）。

钵　均口、腹部残片。标本T0916G1⑪：1，细泥质橘红陶。直口，方唇，深弧腹。素面。器表磨光。口下可见浅褐色叠烧痕迹。复原口径31.5、残高7.2厘米（图一〇〇，10）。

标本T0916G1⑪：3，细泥质橘红陶。直口微敛，圆唇，深弧腹。器表磨光。唇部与口沿下侧饰一周黑色宽带纹彩绘。彩绘下侧可见浅红色叠烧痕迹（图一〇〇，2）。

标本T0816G1⑪：2、T0916G1⑪：4形制相同，均敛口，深弧腹，最大腹径位于中下腹部。标本T0816G1⑪：2，粗泥质橘红陶。方唇，口沿内侧有一道矮棱。素面。复原口径22.8、残高11.4厘米（图一〇〇，1）。标本T0916G1⑪：4，细泥质橘红陶。圆唇。器表磨光。唇部饰黑色窄带纹，口沿下侧与腹部饰黑色窄带纹、弧边三角纹彩绘（图一〇〇，13）。

器盖　标本T0816G1⑪：13，纽部残片。粗夹砂红褐陶。圈足状纽。素面。纽径7.5厘米（图一〇〇，9）。

器底　标本T0816G1⑪：10，底部残片。粗泥质橘红陶。小平底。素面。器表刮抹光滑。内壁可见泥条盘筑痕迹。可能为瓶底。残高9.6、底径2.6厘米（图一〇〇，6）。

圆陶片　标本T0916G1⑪：14，完整。细泥质橘红陶。系利用陶钵口部残片打制而成。圆形，边缘较锋利。器表可见浅褐色叠烧痕迹。直径5.8、厚0.7厘米（图一〇〇，14；彩版二八，1；图版一五五，1）。

（2）骨器

器类有锥、笄、镞、针、匕等。

锥　标本T0916G1⑪：18，完整。尾端保留关节。器身呈扁圆柱状，横断面呈椭圆形，尖部锐利。通体磨光。长4.2厘米（图一〇一，3；图版一五五，4）。

笄　标本T0717G1⑪：15，一端残。系利用动物长骨磨制而成，尖部锐利。通体磨光。残长7.5、直径0.6厘米（图一〇一，1；图版一五五，2）。

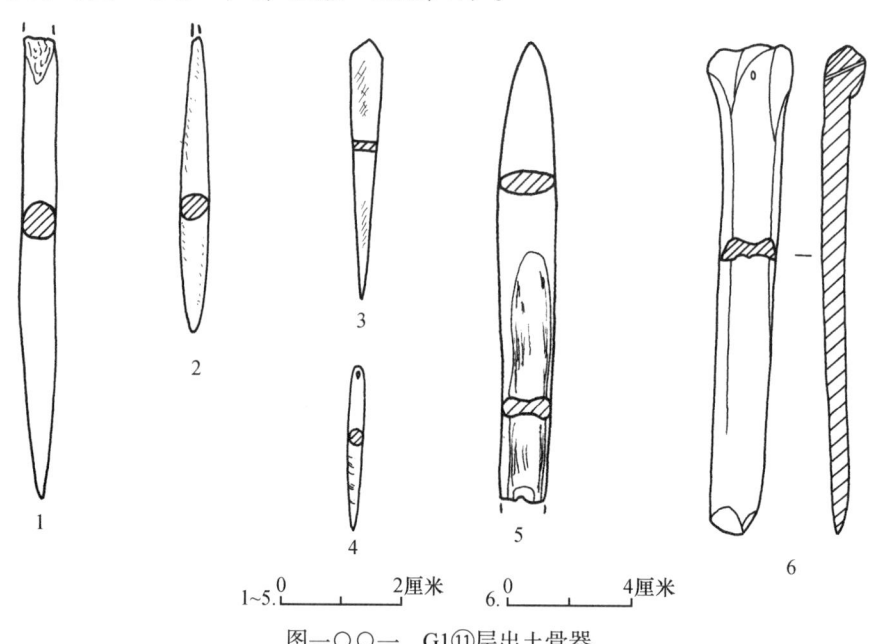

图一〇一　G1⑪层出土骨器

1、2. 笄（T0717G1⑪：15、T0916G1⑪：17）　3. 锥（T0916G1⑪：18）　4. 针（T0916G1⑪：2）　5. 镞（T0717G1⑪：16）
6. 匕（TG1G1⑪：4）

标本T0916G1⑪：17，一端残。器身呈圆柱状，横断面呈圆形，尖部锐利。通体磨光。残长4.8厘米（图一〇〇一，2；图版一五五，3）。

镞　标本T0717G1⑪：16，铤部残。体部与铤部分界不明显，平面呈柳叶形，器身扁平而薄，锋部扁尖，刃部较钝。通体磨光。残长7.5厘米（图一〇〇一，5；图版一五六，1）。

针　T0916G1⑪：2，完整。器身较短，呈扁圆柱状，尖部锐利，尾端扁平，有一两面对钻而成的圆孔。通体磨光。长2.6厘米（图一〇〇一，4；彩版四一，4；图版一五五，5）。

匕　标本TG1G1⑪：4，完整。系利用梅花鹿左跖骨掌面近段磨制而成，尾端保留关节。平面呈长条形，器身扁平而薄，刃部锋利。通体磨光。长16、宽2厘米（图一〇〇一，6；图版一五五，6）。

12. G1⑫层

G1⑫层出土遗物以陶器为主，石器次之。

（1）陶器

器类有盆、罐、钵、瓮、器盖、圆陶片等。

盆　均口、腹部残片。标本T0816G1⑫：6、T0916G1⑫：7、T0816G1⑫：5形制相同，均细泥质橘红陶，侈口，卷沿，弧腹。标本T0816G1⑫：6，圆唇。器表磨光。唇部与外沿面均饰黑色宽带纹彩绘，腹部饰黑色鱼纹彩绘（图一〇〇二，2）。标本T0916G1⑫：7，圆唇。器表磨光。素面。沿面与口沿下侧均可见深红色叠烧痕迹（图一〇〇二，1）。标本T0816G1⑫：5，方唇。器表经刮抹较为光滑。素面。器表可见刮抹痕迹，内壁可见轮修痕迹。复原口径23.1、残高5.4厘米（图一〇〇二，5）。

罐　均口、腹部残片。标本T0816G1⑫：8，粗夹砂红褐陶。侈口，折沿，圆唇，鼓腹。口沿以下饰右上至左下斜向绳纹。复原口径29.4、残高13.2厘米（图一〇〇二，11）。

标本T0816G1⑫：9，粗夹砂红褐陶。侈口，卷沿，方唇，鼓腹。口沿以下饰右上至左下斜向绳纹。复原口径24、残高7.5厘米（图一〇〇二，8）。

标本T0916G1⑫：4，细夹砂橘红陶。直口，方唇，直腹。口沿以下饰右上至左下斜向绳纹（图一〇〇二，7）。

钵　标本T0716G1⑫：1，可复原。粗泥质橘红陶。敞口，尖唇，斜直腹，平底。器表经刮抹较为光滑。素面。器表可见轮修痕迹与烟熏痕迹。口径24、底径14.7、通高13.2厘米（图一〇〇二，4；彩版二二，2；图版一五六，2）。

标本T0916G1⑫：11，腹、底部残片。细夹砂红褐陶。弧腹，平底。素面。底径12、残高7.4厘米（图一〇〇二，12）。

标本T0916G1⑫：2，口、腹部残片。细泥质橘红陶。直口微敛，圆唇，浅弧腹。器表磨光。口下饰黑色宽带纹彩绘。彩绘下侧可见浅红色叠烧痕迹（图一〇〇二，3）。

瓮　均口、腹部残片。标本T0916G1⑫：10，粗夹砂红褐陶。侈口，折沿，方唇，鼓肩，并起一道显著棱脊，鼓腹。口沿下侧饰稀疏的右上至左下斜向绳纹，棱脊以下饰右上至左下斜向绳纹。唇部可见轮修痕迹（图一〇〇二，9）。

器盖　标本T0916G1⑫：3，口、壁残片。细夹砂橘红陶。覆钵状，敞口，圆唇，弧腹。素面。器表可见刮抹痕迹。复原口径25.5、残高6.9厘米（图一〇〇二，6）。

图一〇〇二 G1⑫层出土遗物

1、2、5.陶盆（T0916G1⑫：7、T0816G1⑫：6、T0816G1⑫：5） 3、4、12.陶钵（T0916G1⑫：2、T0716G1⑫：1、T0916G1⑫：11） 6.器盖（T0916G1⑫：3） 7、8、11.陶罐（T0916G1⑫：4、T0816G1⑫：9、T0816G1⑫：8） 9.陶瓮（T0916G1⑫：10） 10.圆陶片（T0816G1⑫：12） 13.石锤（T0916G1⑫：13） 14.石片（T0716G1⑫：14）

圆陶片 标本T0816G1⑫：12，完整。细泥质橘红陶。系利用陶钵或盆的残片打制而成。圆形，边缘较钝。直径4.4、厚0.7厘米（图一〇〇二，10）。

（2）石器

器类有锤、石片等。

锤 标本T0916G1⑫：13，底部稍残。流纹岩。略呈方锥状，横断面呈方形，底面平整。有少量坑疤。器表磨光。长15厘米（图一〇〇二，13；图版一五六，3）。

石片 标本T0716G1⑫：14，流纹岩。可见打击点，劈裂面稍凹，背面保留砾石面。长8.5厘米（图一〇〇二，14；图版一五六，4）。

13. G1⑬层

G1⑬层出土遗物以陶器为主，骨器次之。

（1）陶器

器类有盆、罐、钵等。

盆 均口、腹部残片。标本T0617G1⑬：3，细泥质橘红陶。侈口，卷沿，圆唇，弧腹。器表磨光。唇部与外沿面均饰一周黑色宽带纹彩绘，腹部饰黑色窄带纹彩绘。复原口径36、残高5.2厘米（图一〇〇三，1）。

罐 均口、腹部残片。标本T0617G1⑬：5，粗夹砂红褐陶。侈口，折沿，内沿面与腹部相接处有一道凸棱，圆唇，鼓肩，并起一道显著棱脊，鼓腹。外沿面与棱脊以下饰左上至右下斜向绳纹（图一〇〇三，6）。

标本T0617G1⑬：4，粗夹砂红褐陶。侈口，卷沿，方唇，唇部有一道凸棱，鼓腹。口沿以下饰右上至左下斜向绳纹。复原口径24、残高6.8厘米（图一〇〇三，2）。

钵 均口、腹部残片。标本T0617G1⑬：1、T0617G1⑬：2形制相同，均细泥质橘红陶，直口微敛，圆唇，深弧腹，器表磨光。标本T0617G1⑬：1，口下饰黑色宽带纹彩绘。彩绘下侧可见深红色叠烧痕迹（图一〇〇三，3）。标本T0617G1⑬：2，素面。内壁可见轮修痕迹（图一〇〇三，7）。

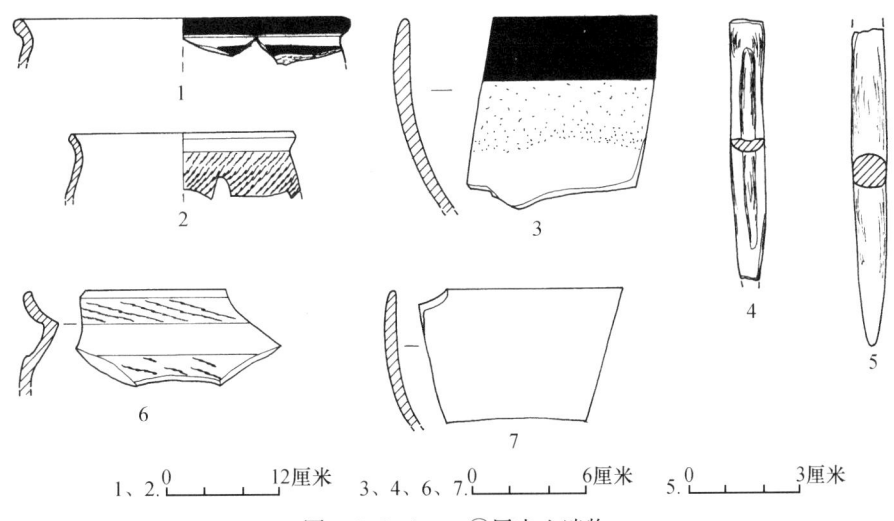

图一〇〇三 G1⑬层出土遗物

1.陶盆（T0617G1⑬：3） 2、6.陶罐（T0617G1⑬：4、T0617G1⑬：5） 3、7.陶钵（T0617G1⑬：1、T0617G1⑬：2）
4.骨匕（T0617G1⑬：6） 5.骨笄（T0617G1⑬：7）

（2）骨器

器类有笄、匕等。

笄　标本T0617G1⑬：7，一端残。系利用梅花鹿角的残段磨制而成。断面呈圆形，尖部锐利。通体磨光。残长8.3、直径1厘米（图一〇〇三，5；图版一五六，5）。

匕　标本T0617G1⑬：6，刃部稍残。系利用动物长骨劈裂骨片磨制而成。平面呈长条形，器身扁平，通体磨光。残长13.6、宽2厘米（图一〇〇三，4；彩版三九，5；图版一五六，6；图版一五七，1；图版二〇六，4）。

14. G1⑭层

G1⑭层出土遗物全部为陶器。器类有盆、罐、钵、瓮等。

盆　均口、腹部残片。标本T0617G1⑭：3，细泥质橘红陶。侈口，卷沿，圆唇，弧腹。器表磨光。唇部与外沿面均饰黑色窄带纹彩绘。外沿面可见轮修痕迹（图一〇〇四，2）。

罐　均口、腹部残片。标本T0617G1⑭：4，粗夹砂橘红陶。侈口，卷沿，方唇，唇部有二道浅细凹槽，口沿下侧有一道凸棱，鼓腹。凸棱以下饰右上至左下斜向绳纹。内壁可见轮修痕迹（图一〇〇四，5）。

钵　均口、腹部残片。标本T0617G1⑭：1，细泥质橘红陶。直口微敛，圆唇，深弧腹。器表磨光。口下饰黑色宽带纹彩绘（图一〇〇四，3）。

标本T0617G1⑭：2，细泥质橘红陶。敛口，圆唇，弧腹。器表磨光。器表饰黑色变体鱼纹彩绘（图一〇〇四，1）。

瓮　均口、腹部残片。标本T0617G1⑭：5，粗夹砂红褐陶。敛口，折沿，沿面贴于外壁，圆唇，鼓腹。口沿内侧饰五周弦纹，口沿外侧饰一周弦纹，弦纹以下饰右上至左下斜向绳纹（图一〇〇四，4）。

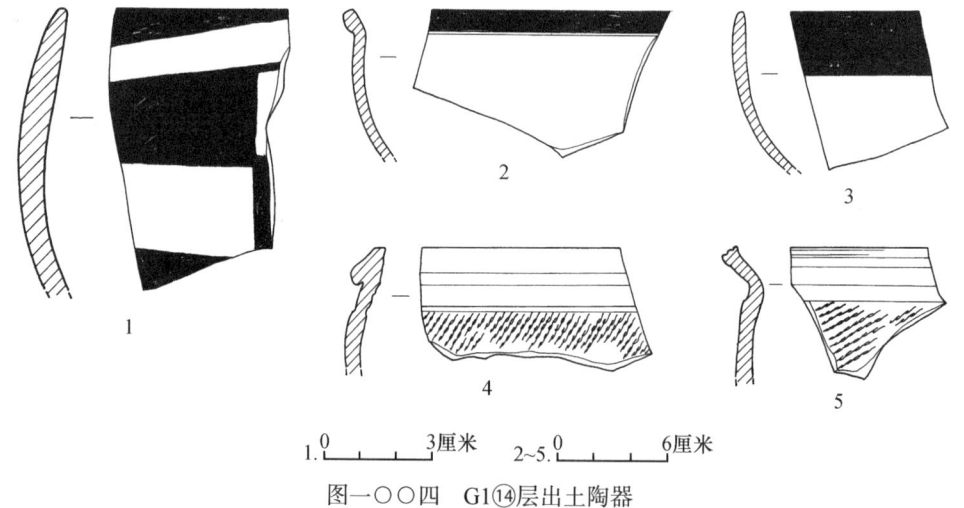

图一〇〇四　G1⑭层出土陶器

1、3. 钵（T0617G1⑭：2、T0617G1⑭：1）　2. 盆（T0617G1⑭：3）　4. 瓮（T0617G1⑭：5）　5. 罐（T0617G1⑭：4）

15. G1⑮层

G1⑮层出土遗物以陶器为主,石器次之。

(1)陶器

器类有盆、罐、钵、器盖等。

盆 均口、腹部残片。标本T0617G1⑮:4,细泥质橘红陶。敞口,平折沿,圆唇,弧腹。器表磨光。沿面饰一周黑色宽带纹彩绘。外沿面可见轮修痕迹(图一〇五,1)。

标本T0617G1⑮:3,细泥质橘红陶。侈口,卷沿,方唇,弧腹。器表磨光。唇部与沿面均饰黑色宽带纹彩绘。复原口径26、残高4.4厘米(图一〇五,2)。

罐 均口、腹部残片。标本T0617G1⑮:7,粗夹砂红褐陶。侈口,折沿,圆唇,唇部有二道浅细凹槽,鼓腹。外沿面、腹部均饰右上至左下斜向绳纹。复原口径35.1、残高10.5厘米(图一〇五,4)。

标本T0617G1⑮:5,细夹砂橘红陶。敞口,方唇,斜直腹。口沿以下饰右上至左下斜向绳纹。复原口径21、残高8.1厘米(图一〇五,6)。

钵 标本T0617G1⑮:1,可复原。细泥质橘红陶。直口,圆唇,深弧腹,圜底。素面。口下可见轮修痕迹。口径15.4、通高8厘米(图一〇五,8)。

标本T0617G1⑮:2,口、腹部残片。细泥质橘红陶。直口微敛,圆唇,浅弧腹。器表磨光。口

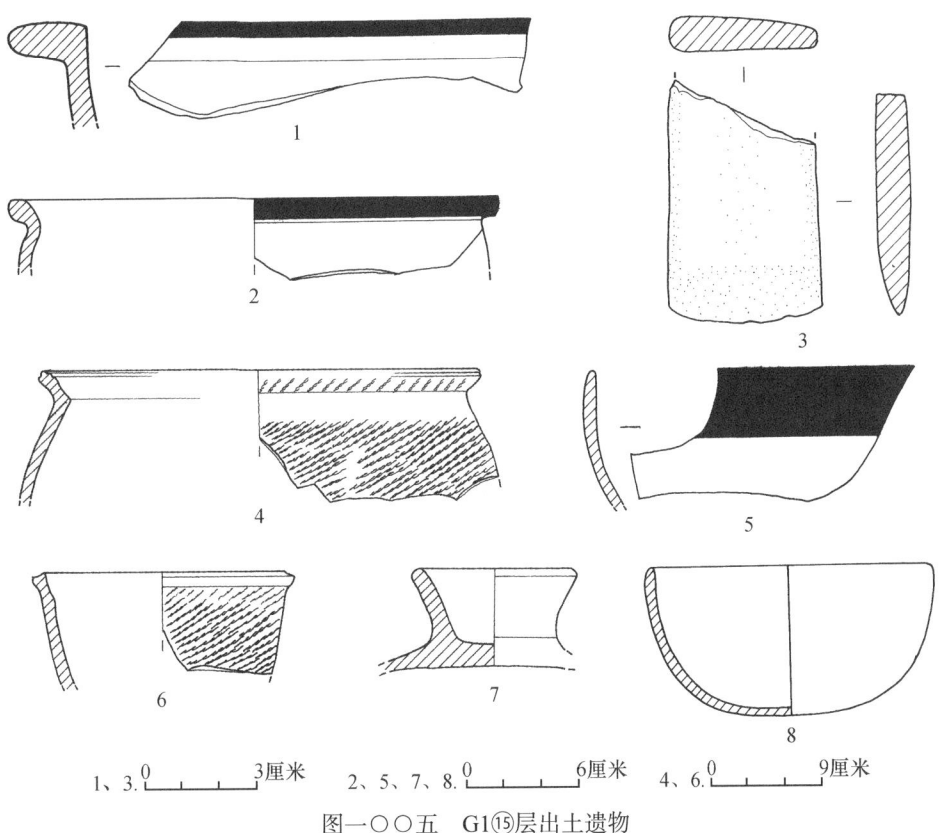

1、3. $\underline{0\quad\quad 3}$厘米   2、5、7、8. $\underline{0\quad\quad 6}$厘米   4、6. $\underline{0\quad\quad 9}$厘米

图一〇五 G1⑮层出土遗物

1、2. 陶盆(T0617G1⑮:4、T0617G1⑮:3) 3. 石锛(T0617G1⑮:8) 4、6. 陶罐(T0617G1⑮:7、T0617G1⑮:5)
5、8. 陶钵(T0617G1⑮:2、T0617G1⑮:1) 7. 器盖(T0617G1⑮:6)

下饰黑色宽带纹彩绘（图一〇〇五，5）。

器盖 标本T0617G1⑮：6，纽部残片。粗夹砂红褐陶。圈足状纽。素面。纽径8、残高5.2厘米（图一〇〇五，7）。

（2）石器

锛 标本T0617G1⑮：8，上部残。石英细砂岩。平面呈梯形，横断面呈圆角长方形，刃部锋利。通体磨光。刃部有使用形成的小疤。残长6.4、宽4.2、厚0.9厘米（图一〇〇五，3；图版一五七，2）。

16. G1⑰层

G1⑰层出土遗物全部为陶器。器类有瓶、罐、钵、瓮等，另有器底。

瓶 标本T0617G1⑰：2，口沿残片。细泥质橘红陶。直杯口，微敞，方唇。素面。器表可见轮修痕迹。复原口径7.8、残高4.7厘米（图一〇〇六，1）。

标本T0617G1⑰：4，口、颈部残片。粗泥质橘红陶。葫芦形口，短颈。颈部饰右上至左下斜向绳纹，绳纹近平。内壁可见泥条盘筑痕迹。残高12厘米（图一〇〇六，2）。

罐 均口、腹部残片。标本T0617G1⑰：6，粗夹砂红褐陶。侈口，折沿，沿面有一道凸棱，方唇，唇部有二道浅细凹槽，鼓腹。口沿以下饰右上至左下斜向绳纹，绳纹近平。外沿面可见轮修痕迹，内壁可见泥条盘筑痕迹。复原口径27.2、残高19.2厘米（图一〇〇六，5）。

标本T0617G1⑰：5，粗夹砂红褐陶。侈口，卷沿，方唇，唇部有一道浅细凹槽，鼓腹。外沿面与腹部均饰左上至右下斜向绳纹。内壁可见轮修痕迹（图一〇〇六，3）。

钵 均口、腹部残片。标本T0617G1⑰：1，细泥质橘红陶。直口微敛，圆唇，浅弧腹。素面。器表磨光。口下可见浅褐色叠烧痕迹。复原口径28、残高10.8厘米（图一〇〇六，4）。

瓮 均口、腹部残片。标本T0617G1⑰：7，口、腹部残片。粗夹砂红褐陶。敛口，方唇，鼓肩，

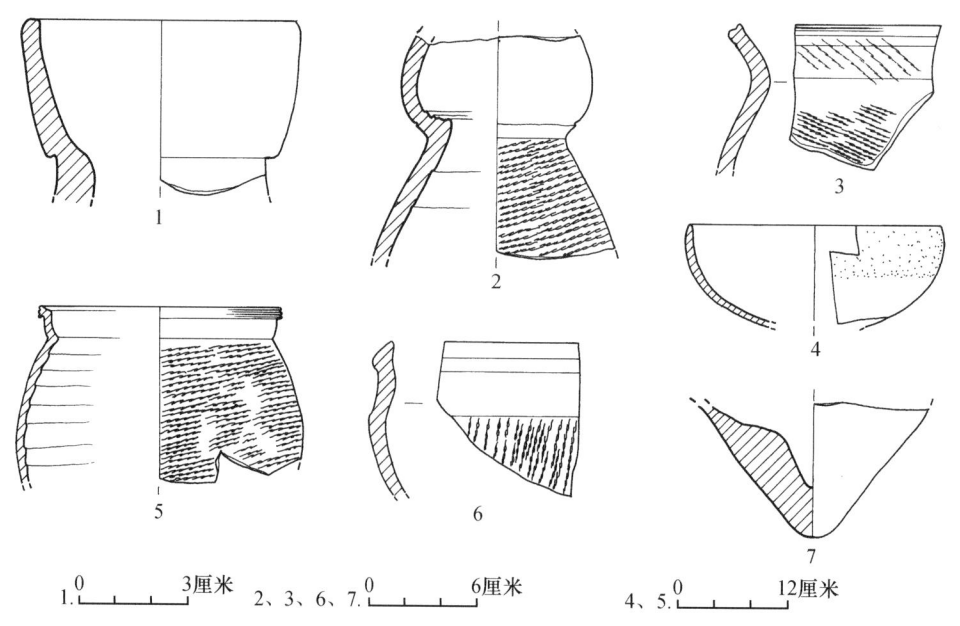

图一〇〇六 G1⑰层出土陶器

1、2.瓶（T0617G1⑰：2、T0617G1⑰：4） 3、5.罐（T0617G1⑰：5、T0617G1⑰：6） 4.钵（T0617G1⑰：1）
6.瓮（T0617G1⑰：7） 7.器底（T0617G1⑰：3）

并起一道显著棱脊,斜直腹。棱脊以下饰竖向绳纹。口沿下侧可见轮修痕迹(图一〇〇六,6)。

器底　标本T0617G1⑰:3,底部残片。粗泥质橘红陶。尖底,较为圆钝。素面。器表磨光。内壁可见泥条盘筑痕迹。可能为瓶底。残高7.4厘米(图一〇〇六,7)。

二、G2

G2为外壕,位于G1外侧约30米,发掘部分位于Ⅲ区T0610、T0709、T0710、T0809、T0810、T0909、T0910、T0911、T1011、T1110、T1111、T1209、T1210、T1211、T1311、T1312、T1411与TG1、TG4、TG5内,开口于③层下,被③层下开口的H128与②层下开口的H86、H140、H139、H126、H246、H100打破。结合勘探资料,壕沟保存状况较差,仅西、南和东南部分保存较好,北和东两面已破坏殆尽。从残存部分推测,平面大体呈多边形,残存长度约360米,复原长度约750米,壕沟环绕面积约3万平方米。G2与G1形制相同,口大底小,断面呈倒梯形,内侧沟壁较为陡直,外侧沟壁坡度较缓,口部宽12~15、底部宽1.5~2.5、深3.5~4.5米。在东南部与西南部发现有3个通道,其中东南拐角处2个,西南拐角处1个,宽均2米左右(图版一三,4、5、6)。

壕沟内的堆积可分为8层,依据TG5、T0809、T0810的西壁剖面(图一〇〇七):

第①层:土质疏松,土色深灰。厚0.1~0.45米。包含零星火烧土块。出土少量陶片。以泥质红陶为主,夹砂红陶次之。可辨器形有瓶、盆、罐、钵、瓮等。纹饰以素面为主,绳纹次之,另有少量弦纹、彩陶。

第②层:土质疏松,土色浅灰。厚0.4~0.55米。包含大量浅灰色硬土块及零星火烧土颗粒。出土少量陶片,以泥质红陶为主,夹砂红陶次之。可辨器形有盆、罐、钵、瓮、器盖等。纹饰以素面为主,另有少量绳纹、弦纹。

第③层:土质疏松,土色灰褐。厚0.3~0.65米。包含少量火烧土颗粒。出土大量陶片,以夹砂红陶与泥质红陶为主,另有少量泥质黑陶。可辨器形有瓶、盆、罐、钵、瓮、釜、盂等。纹饰多为素面,另有少量绳纹、弦纹。

第④层:土质疏松,土色浅灰。厚0.15~0.35米。包含少量火烧土颗粒。出土少量陶片,以泥质红陶为主,夹砂红陶次之。可辨器形有盆、罐、钵等。纹饰以素面为主,另有少量绳纹。

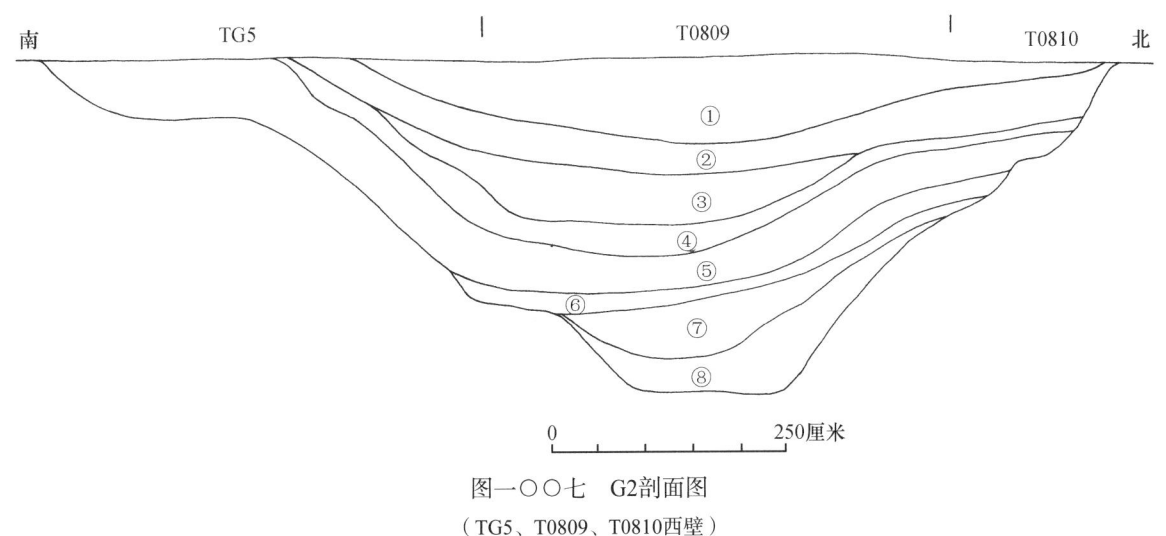

图一〇〇七　G2剖面图
(TG5、T0809、T0810西壁)

第⑤层：土质较致密，土色深褐。厚0.4~0.6米。包含少量火烧土块、炭屑。出土大量陶片，以泥质红陶为主，夹砂红陶次之。可辨器形有瓶、盆、罐、钵、瓮、器盖等。纹饰以素面为主，绳纹次之，另有少量弦纹、彩陶。

第⑥层：土质疏松，土色浅灰。厚0.2~0.35米。包含少量炭屑、石块。出土少量陶片，以泥质红陶为主，夹砂红陶次之。可辨器形有盆、罐、钵、瓮、器盖等。纹饰以素面为主，绳纹次之，另有少量弦纹。

第⑦层：土质较致密，土色黄褐。厚0.15~0.6米。包含少量兽骨、贝壳、火烧土块等。出土少量陶片，以泥质红陶为主，夹砂红陶次之。可辨器形有瓶、盆、罐、钵、瓮等。纹饰以素面为主，另有少量绳纹、弦纹。

第⑧层：土质致密，土色灰褐。厚0.18~0.5米。包含零星草木灰，出土少量陶片，以泥质红陶为主，夹砂红陶次之。可辨器形有瓶、盆、罐、钵、瓮、壶、器盖等。纹饰以素面为主，绳纹次之，另有少量弦纹、彩陶。

以下按照从上到下的层位介绍出土遗物。

1. G2①层

G2①层出土遗物全部为陶器。器类有瓶、盆、罐、钵、瓮、圆陶片等。

瓶　均口沿残片。标本T0909G2①：5，细泥质橘红陶。葫芦形口，圆唇。器表磨光。素面。内、外壁均可见轮修痕迹。复原口径7.4、残高6.2厘米（图一〇〇八，5）。

盆　均口、腹部残片。标本T0809G2①：4，细泥质黑陶。侈口，卷沿，圆唇，浅弧腹。器表

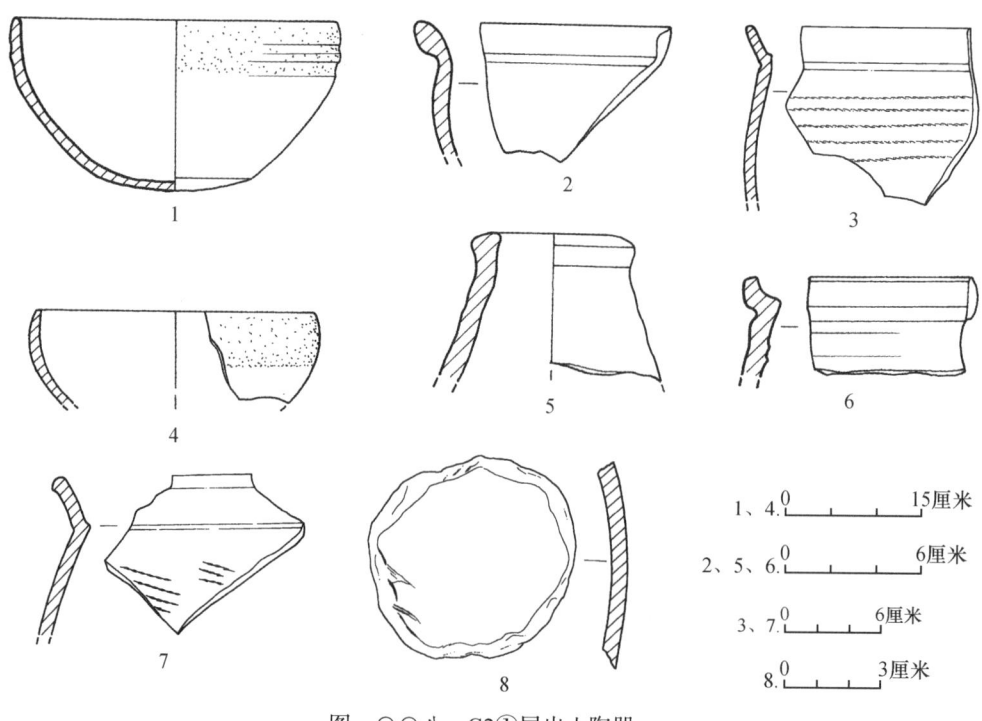

图一〇〇八　G2①层出土陶器
1、4.钵（T0709G2①：2、T0809G2①：3）　2.盆（T0809G2①：4）　3.瓮（T0809G2①：8）
5.瓶（T0909G2①：5）　6、7.罐（T0809G2①：7、T0809G2①：6）　8.圆陶片（T0909G2①：9）

磨光。素面（图一〇〇八，2）。

罐　均口、腹部残片。标本T0809G2①：7，粗夹砂红褐陶。侈口，折沿，沿面内曲，圆唇，鼓腹。素面。内壁可见轮修痕迹（图一〇〇八，6）。

标本T0809G2①：6，粗夹砂红褐陶。侈口，折沿，内沿面与腹部相接处有一道凸棱，圆唇，鼓腹。腹部饰左上至右下斜向绳纹。沿面可见轮修痕迹（图一〇〇八，7）。

钵　标本T0709G2①：2，可复原。粗泥质橘红陶。直口微敛，圆唇，深弧腹，圜底，底部有一周凸棱。器表磨光。上腹部饰二周宽浅弦纹。口下可见浅红色叠烧痕迹与轮修痕迹。口径36、通高18.5厘米（图一〇〇八，1）。

标本T0809G2①：3，口、腹部残片。细泥质橘红陶。直口微敛，圆唇，浅弧腹。器表磨光。素面。口下可见深褐色叠烧痕迹。复原口径31、残高10厘米（图一〇〇八，4）。

瓮　均口、腹部残片。标本T0809G2①：8，粗夹砂红褐陶。侈口，折沿，内沿面与腹部相接处有一道凸棱，圆唇，鼓腹。腹部饰横向绳纹。外沿面可见轮修痕迹（图一〇〇八，3）。

圆陶片　标本T0909G2①：9，完整。细泥质橘红陶。系利用陶钵或盆的残片打制而成。圆形，边缘较钝。直径6.6、厚0.5厘米（图一〇〇八，8）。

2. G2②层

G2②层出土遗物以陶器为主，石器次之。

（1）陶器

器类有盆、罐、钵、瓮、器盖、圆陶片、球等。

盆　均口、腹部残片。形制相同，均侈口，卷沿，圆唇，弧腹。标本T0809G2②：4，器表磨光。唇部与外沿面饰黑色宽带纹彩绘，上腹部饰黑色窄带纹彩绘。外沿面可见轮修痕迹（图一〇〇九，2）。标本T0809G2②：5，细泥质黑陶。器表磨光。腹部饰横向绳纹（图一〇〇九，3）。标本T0909G2②：8，细泥质橘红陶。上腹部饰多周弦纹（图一〇〇九，7）。标本T0909G2②：7，粗泥质橘红陶。上腹部饰多周弦纹。复原口径19、残高5厘米（图一〇〇九，1）。

罐　均口、腹部残片。标本T0809G2②：10，粗夹砂红褐陶。侈口，折沿，内沿面与腹部相接处有一道凸棱，圆唇，鼓腹。腹部饰横向绳纹。外沿面可见轮修痕迹（图一〇〇九，10）。

钵　均口、腹部残片。标本T0809G2②：1、T0809G2②：2形制相同，均直口微敛，圆唇，浅弧腹。标本T0809G2②：1，细泥质橘红陶。器表磨光。口下饰黑色宽带纹彩绘。彩绘下侧可见浅红色叠烧痕迹（图一〇〇九，4）。标本T0809G2②：2，粗泥质橘红陶。器表经刮抹较为光滑。腹部饰横向绳纹。口下可见轮修痕迹与烟熏痕迹（图一〇〇九，5）。

标本T0809G2②：3，细泥质黑陶。直口微敞，圆唇，弧腹。器表磨光。素面（图一〇〇九，6）。

瓮　均口、腹部残片。标本T0809G2②：6，细夹砂红褐陶。敛口，圆唇，口沿内侧有一道宽浅凹槽，鼓肩，并起一道显著棱脊，斜直腹。腹部饰横向绳纹。外沿面、内壁均可见轮修痕迹（图一〇〇九，9）。

器盖　标本T0809G2②：9，口、壁残片。粗泥质橘红陶。敞口，圆唇，弧壁。器表磨光。素面。复原口径16、残高4.4厘米（图一〇〇九，8）。

圆陶片　标本T0809G2②：11，完整。细泥质橘红陶。系利用陶钵的口部残片打制而成。圆

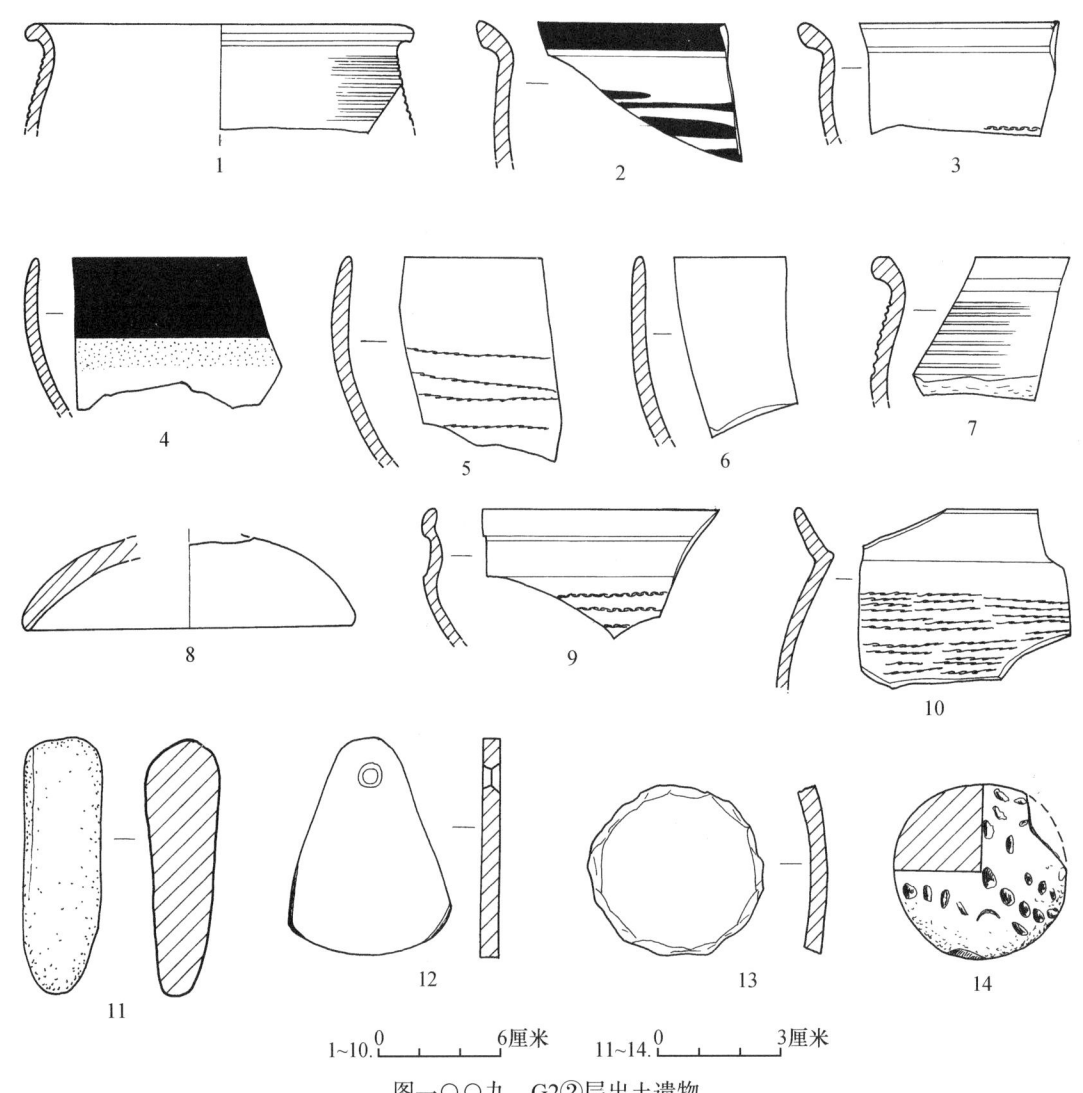

图一〇〇九　G2②层出土遗物

1~3、7. 陶盆（T0909G2②：7、T0809G2②：4、T0809G2②：5、T0909G2②：8）　4~6. 陶钵（T0809G2②：1、T0809G2②：2、T0809G2②：3）　8. 器盖（T0809G2②：9）　9. 陶瓮（T0809G2②：6）　10. 陶罐（T0809G2②：10）　11. 研磨器（T0909G2②：12）　12. 石坠饰（T0809G2②：13）　13. 圆陶片（T0809G2②：11）　14. 陶球（T0809G2②：14）

形，边缘较钝。器表可见灰白色叠烧痕迹。直径4.3、厚0.4厘米（图一〇〇九，13）。

球　标本T0809G2②：14，稍残。粗泥质橘红陶。圆球状。器表有较为密集的坑疤。直径4.2厘米（图一〇〇九，14；图版一五七，3）。

（2）石器

器类有研磨器、坠饰等。

研磨器　标本T0909G2②：12，完整。石灰岩。整体呈圆柱状，顶端因长期使用变得十分光滑。通体磨光。长6.1、厚1.8厘米（图一〇〇九，11；图版一五七，4）。

坠饰　标本T0809G2②：13，完整。石英细砂岩。扇形，器身扁平，顶端有一两面对钻而成的圆孔。通体磨光。器表可见烟熏痕迹。长5.3、厚0.5、孔径0.4厘米（图一〇〇九，12；图版一五七，5）。

3. G2③层

G2③层出土遗物以陶器为主，骨器次之。

（1）陶器

器类有瓶、盆、罐、钵、瓮、釜、器盖、圆陶片、锉、纺轮，另有器底。

瓶　标本T0809G2③：15，上腹稍残。细泥质橘红陶。葫芦形口，圆唇，鼓腹，平底。器表磨光。素面。口径5.6、腹径18、底径11.2、复原高度34.4厘米（图一○一○，15；图版一五七，6）。

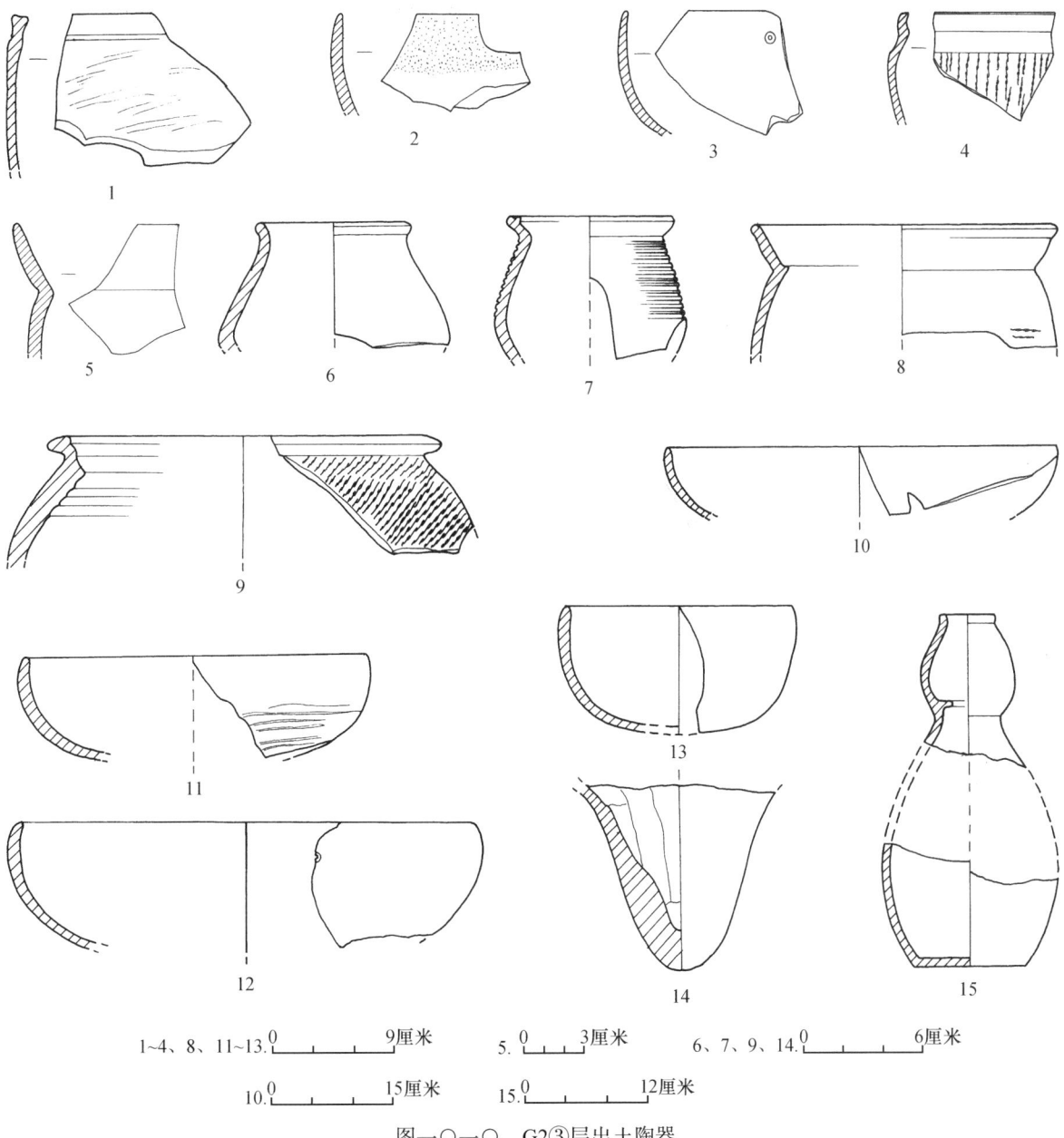

图一○一○　G2③层出土陶器

1、4. 瓮（T0909G2③：14、T0809G2③：7）　2、3、10~13. 钵（T0809G2③：6、T0809G2③：2、T0809G2③：1、T0809G2③：5、T0809G2③：4、T0809G2③：3）　5. 盆（T0809G2③：13）　6、15. 瓶（T0809G2③：11、T0809G2③：15）　7. 釜（T0809G2③：12）　8、9. 罐（T0809G2③：9、T0809G2③：10）　14. 器底（T0909G2③：8）

标本T0809G2③：11，口沿残片。细泥质橘红陶。葫芦形口，圆唇。器表磨光。素面。内、外壁均可见轮修痕迹。复原口径8、残高6.2厘米（图一〇一〇，6）。

盆　均口、腹部残片。标本T0809G2③：13，细泥质黑陶。侈口，折沿，圆唇，斜直腹。器表磨光。素面（图一〇一〇，5）。

罐　均口、腹部残片。标本T0809G2③：10，粗泥质橘红陶。侈口，折沿，沿面有二道凸棱，口沿内侧有四道凸棱，方唇，圆鼓腹。口沿以下饰右上至左下斜向绳纹。唇部可见轮修痕迹。复原口径20、残高6厘米（图一〇一〇，9）。

标本T0809G2③：9，粗夹砂红褐陶。侈口，折沿，内沿面与腹部相接处有一道凸棱，圆唇，鼓腹。腹部饰横向绳纹。沿面可见轮修痕迹。复原口径23.4、残高9厘米（图一〇一〇，8）。

钵　标本T0809G2③：4、T0809G2③：5、T0809G2③：6均口、腹部残片。形制相同，均直口微敛，圆唇，浅弧腹，素面。标本T0809G2③：4，细泥质橘红陶。口下有一个两面对钻而成的圆孔。器表磨光。口下可见轮修痕迹。复原口径34.5、残高9厘米（图一〇一〇，12）。标本T0809G2③：5，粗夹砂红褐陶。口下可见轮修痕迹，腹部可见刮抹痕迹。复原口径25.5、残高7.5厘米（图一〇一〇，11）。标本T0809G2③：6，细泥质橘红陶。器表磨光。口下可见深红色叠烧痕迹。口部可见烟熏痕迹（图一〇一〇，2）。

标本T0809G2③：1，口、腹部残片。细泥质黑陶。敞口，圆唇，浅弧腹。器表磨光。素面。复原口径49、残高8.5厘米（图一〇一〇，10）。

标本T0809G2③：2、T0809G2③：3形制相同，均敛口，深弧腹，最大腹径位于中下腹部，素面。标本T0809G2③：2，口、腹部残片。细泥质黑陶。圆唇，口下有一由外向内单面钻成的圆孔。器表磨光（图一〇一〇，3）。标本T0809G2③：3，可复原。细泥质橘红陶。方唇，圜底。器表刮抹光滑。器表可见刮抹痕迹。口径17.1、通高9.6厘米（图一〇一〇，13）。

瓮　均口、腹部残片。标本T0809G2③：7，细夹砂红褐陶。敛口，方唇，折肩，斜直腹。肩部以下饰竖向绳纹。口沿下侧可见轮修痕迹（图一〇一〇，4）。

标本T0909G2③：14，粗夹砂红褐陶。直口微敛，方唇，唇部有一道浅细凹槽，口沿内侧有一道宽浅凹槽，口沿外侧有一道较矮凸棱，直腹。素面。器表可见刮抹痕迹（图一〇一〇，1）。

釜　标本T0809G2③：12，口、腹部残片。细夹砂红褐陶。侈口，卷沿，沿面微曲，方唇，唇部有一道浅细凹槽，鼓腹，最大腹径位于中下腹部。上腹部饰多周弦纹。内壁可见轮修痕迹。器表可见烟熏痕迹。复原口径8.4、腹径9.6、残高7厘米（图一〇一〇，7）。

器底　标本T0909G2③：8，底部残片。粗泥质橘红陶。尖底。器表磨光。素面。内壁可见泥条盘筑痕迹。可能为瓶底。残高9厘米（图一〇一〇，14）。

器盖　标本T0809G2③：17，纽、壁残片。细夹砂橘红陶。扁圆柱形纽，弧壁。纽部周缘饰一周指甲纹。残高4.2厘米（图一〇一一，4）。

圆陶片　标本T0809G2③：18-2，完整。细泥质橘红陶。系利用陶钵的口部残片打制而成。圆形，刃部较锋利。器表可见深褐色叠烧痕迹。直径5.5、厚0.8厘米（图一〇一一，3；图版一五八，1）。

标本T0809G2③：18-1，完整。细泥质橘红陶。系利用陶钵口沿残片打制而成，保留少量沿面。半圆形，边缘较钝。器表可见深褐色叠烧痕迹。直径7、厚0.6厘米（图一〇一一，6）。

锉　形制相同，均细泥质橘红陶，平面呈梭形，横断面呈圆角长方形，锐尖，器身麻点清晰，

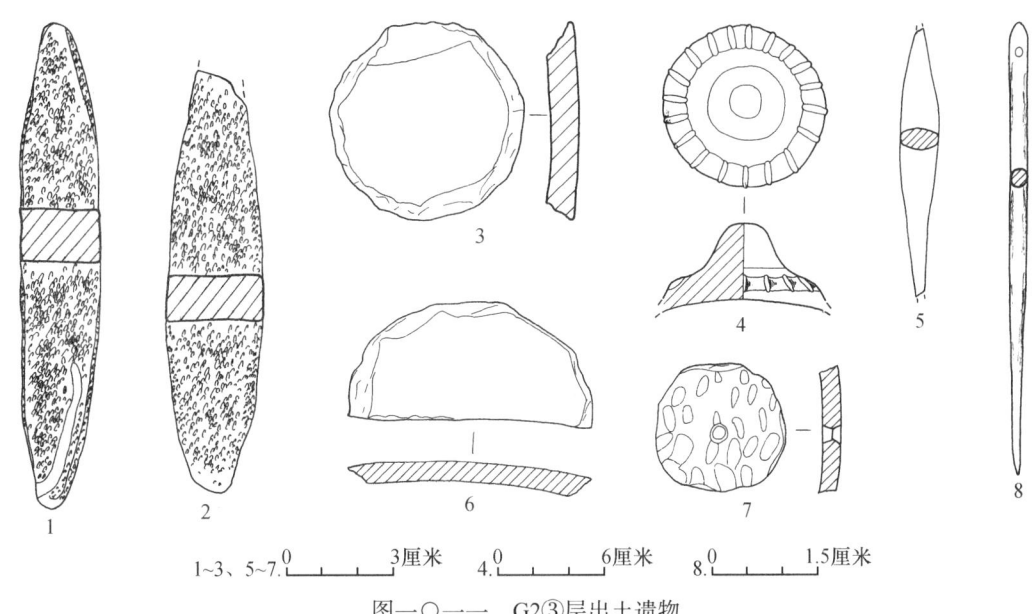

图一〇一一　G2③层出土遗物

1、2. 陶锉（T0809G2③：19、T0809G2③：20）　3、6. 圆陶片（T0809G2③：18-2、T0809G2③：18-1）
4. 器盖（T0809G2③：17）　5. 骨镞（T0809G2③：21）　7. 陶纺轮（T0809G2③：22）　8. 骨针（T0810G2③：24）

密度较大。标本T0809G2③：19，完整。长13.5、中部宽2.3、厚1.5厘米（图一〇一一，1；图版一五八，2）。标本T0809G2③：20，一端稍残。残长11.7、中部宽2.8、厚1.3厘米（图一〇一一，2；图版一五八，3）。

纺轮　标本T0809G2③：22，完整。细泥质橘红陶。系利用陶罐的残片打磨而成，中心有一两面对钻而成的圆孔。上下两面磨制光滑，周缘打制较为规整。器表饰较密的剔刺纹。直径3.8、厚0.5、孔径0.5厘米（图一〇一一，7；图版一五八，4）。

（2）骨器

器类有镞、针等。

镞　标本T0809G2③：21，锋部、铤部均稍残。平面呈柳叶形，锋部扁尖，刃部较钝，铤部扁尖。残长7.5厘米（图一〇一一，5；图版一五八，6）。

针　标本T0810G2③：24，完整。器身细长，横断面呈圆形，尾端稍扁平，有一圆孔，尖部锐利。通体磨光。长6.3、直径0.25厘米（图一〇一一，8；图版一五八，5）。

4. G2④层

G2④层出土遗物以陶器为主，骨器次之。

（1）陶器

器类有盆、罐、钵、器盖、锉、圆陶片、纺轮等，另有器底。

盆　均口、腹部残片。标本T0809G2④：5，粗泥质橘红陶。直口微敛，平折沿，圆唇，深弧腹。器表刮抹光滑。素面。器表可见刮抹痕迹（图一〇一二，2）。

标本T0809G2④：4，细泥质黑陶。侈口，卷沿，圆唇，浅弧腹。器表磨光。素面（图一〇一二，1）。

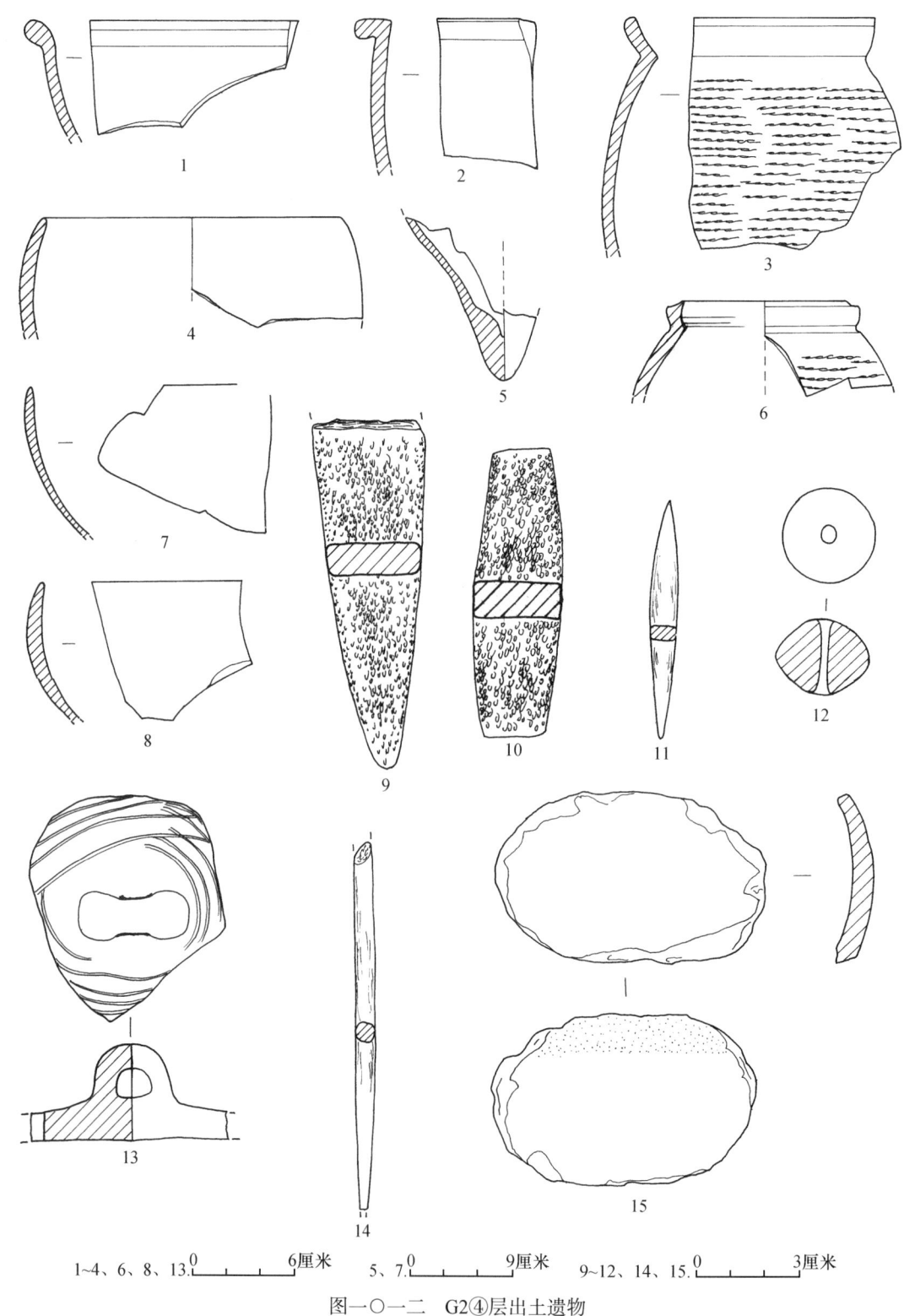

图一〇一二　G2④层出土遗物

1、2. 陶盆（T0809G2④:4、T0809G2④:5）　3、6. 陶罐（T0909G2④:8、T0909G2④:7）　4、7、8. 陶钵（T0809G2④:2、T0809G2④:1、T0809G2④:3）　5. 器底（T0909G2④:9）　9、10. 陶锉（T0909G2④:26、T0909G2④:10）　11. 骨镞（T0909G2④:11）　12. 陶纺轮（T0909G2④:13）　13. 器盖（T0909G2④:6）　14. 骨笄（T0809G2④:12）　15. 圆陶片（T0809G2④:15）

罐　均口、腹部残片。标本T0909G2④：7，粗夹砂红褐陶。敛口，方唇，唇部有一道深凹槽，鼓腹。腹部饰横向绳纹。复原口径9.6、残高5.4厘米（图一〇一二，6）。

标本T0909G2④：8，粗夹砂红褐陶。侈口，折沿，内沿面与腹部相接处有一道凸棱，圆唇，鼓腹。腹部饰横向绳纹。沿面可见轮修痕迹（图一〇一二，3）。

钵　均口、腹部残片。标本T0809G2④：1，细泥质橘红陶。直口微敛，圆唇，深弧腹。器表刮抹光滑。素面（图一〇一二，7）。

标本T0809G2④：3，细泥质黑陶。直口微敛，圆唇，浅弧腹。器表磨光。素面（图一〇一二，8）。

标本T0809G2④：2，细泥质黑陶。敛口，圆唇，深弧腹，最大腹径位于中下腹部。器表磨光。素面。复原口径17.6、残高6.4厘米（图一〇一二，4）。

器底　标本T0809G2④：9，底部残片。细夹砂橘红陶。尖底。素面。内壁可见泥条盘筑痕迹。可能为瓶底。残高14.1厘米（图一〇一二，5）。

器盖　标本T0809G2④：6，纽、壁残片。粗夹砂红褐陶。弧壁，桥形纽。壁饰以纽为圆心的多周划纹。残高5.4厘米（图一〇一二，13）。

圆陶片　标本T0809G2④：15，完整。细泥质橘红陶。系利用陶钵的口沿残片打制而成，保留少量沿面。椭圆形，边缘较钝。器表可见深红色叠烧痕迹。长径7.8、短径5、厚0.6厘米（图一〇一二，15；图版一五九，1）。

锉　标本T0909G2④：10，完整。细泥质橘红陶。长方形，中部稍宽，横断面呈长方形。器身麻点清晰，密度较大。长8.4、宽2.5、厚1厘米（图一〇一二，10；图版一五九，2）。标本T0909G2④：26，一端残。细泥质橘红陶。残存部分平面呈三角形，横断面呈长方形。器身麻点清晰，密度较大。残长10、最宽处3.4、厚1厘米（图一〇一二，9；图版一五九，3）。

纺轮　标本T0809G2④：13，完整。细泥质橘红陶。陀螺形，中心有一管钻圆孔。通体磨光。直径2.8、孔径0.5、厚2.2厘米（图一〇一二，12；图版一五九，4）。

（2）骨器

器类有笄、镞等。

笄　标本T0809G2④：12，两端均残。系利用动物长骨磨制而成。圆柱状，横断面呈圆形。通体磨光。残长10.6、直径0.6厘米（图一〇一二，14；图版一五九，5）。

镞　标本T0909G2④：11，完整。系利用梅花鹿角的残段磨制而成。平面呈柳叶形，锋部扁尖，刃部较钝，铤部扁尖。长7厘米（图一〇一二，11；图版一五九，6）。

5. G2⑤层

G2⑤层出土遗物以陶器为主，骨器次之，石、蚌器再次。

（1）陶器

器类有瓶、盆、罐、钵、瓮、器盖、铲、刮削器，另有彩陶片。

瓶　标本T0809G2⑤：10，口、颈部残片。细泥质橘红陶。环状口，尖唇，短颈。器表磨光。素面。复原口径8、残高3.4厘米（图一〇一三，1）。

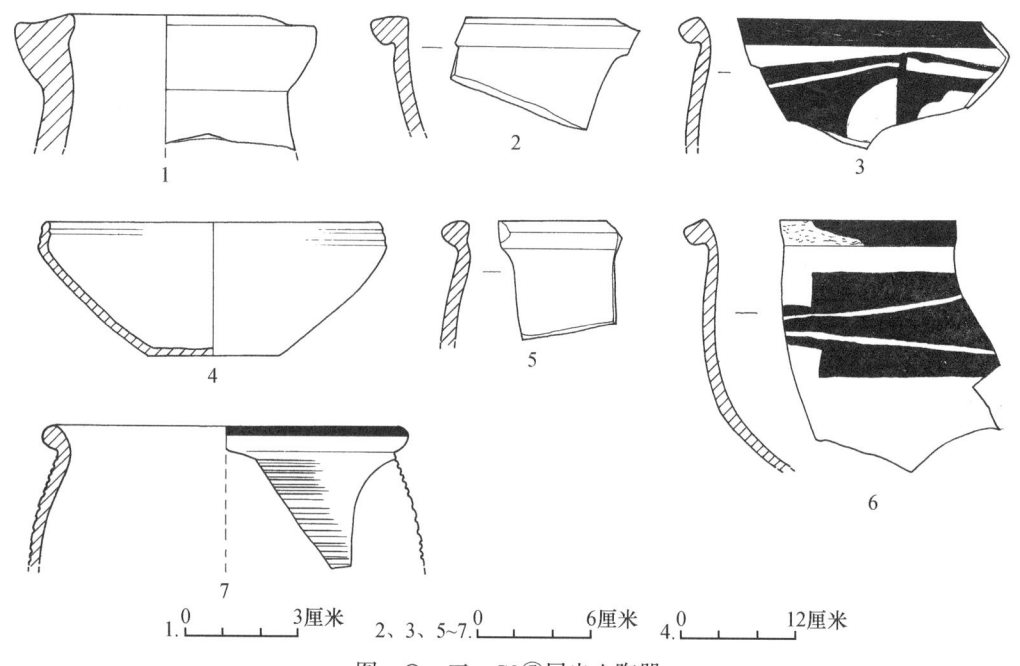

图一〇一三　G2⑤层出土陶器

1. 瓶（T0809G2⑤：10）　2~7. 盆（T0809G2⑤：9、T0809G2⑤：7、T0809G2⑤：1、T0809G2⑤：13、T0809G2⑤：8、T0809G2⑤：11）

盆　标本T0809G2⑤：9，口、腹部残片。细泥质橘红陶。直口微敞，平折沿，圆唇，深弧腹。器表磨光。素面。外沿面可见轮修痕迹（图一〇一三，2）。

标本T0809G2⑤：13，口、腹部残片。粗泥质橘红陶。敛口，平折沿，沿面微鼓，圆唇，弧腹，口沿内侧有一道宽浅凹槽。器表磨光。素面。外沿面可见轮修痕迹（图一〇一三，5）。

标本T0809G2⑤：7、T0809G2⑤：8、T0809G2⑤：11均口、腹部残片。形制相同，均侈口，卷沿，弧腹，器表磨光。标本T0809G2⑤：7，方唇。唇部与外沿面饰黑色宽带纹彩绘，上腹部饰较为形象的黑色鱼纹彩绘（图一〇一三，3）。标本T0809G2⑤：8，圆唇。唇部饰黑色窄带纹彩绘，上腹部饰较为形象的黑色鱼纹彩绘（图一〇一三，6；彩版四九，1）。标本T0809G2⑤：11，圆唇。唇部与外沿面饰黑色宽带纹彩绘，上腹部饰多周弦纹。外沿面可见轮修痕迹。复原口径19.6、残高7.4厘米（图一〇一三，7）。

标本T0809G2⑤：1，可复原。细夹砂橘红陶。敛口，圆唇，折肩，斜直腹，平底。素面。器表可见斜向刮抹痕迹。内壁可见轮修痕迹。口径35.2、底径14、通高14厘米（图一〇一三，4；图版一六〇，1）。

罐　均口、腹部残片。标本T0809G2⑤：18，粗夹砂红褐陶。侈口，卷沿，方唇，唇部有一道浅细凹槽，鼓腹。素面。器表可见轮修痕迹。口部可见烟熏痕迹。复原口径23.4、残高6.3厘米（图一〇一四，6）。

标本T0809G2⑤：16，粗夹砂红褐陶。侈口，卷沿，圆唇，鼓肩，并起一道不显著棱脊，鼓腹。棱脊以下饰右上至左下斜向绳纹。外沿面可见轮修痕迹。复原口径12.8、残高4.4厘米（图一〇一四，2）。

标本T0809G2⑤：12，粗夹砂红褐陶。侈口，折沿，圆唇，鼓腹。腹部饰右上至左下斜向绳

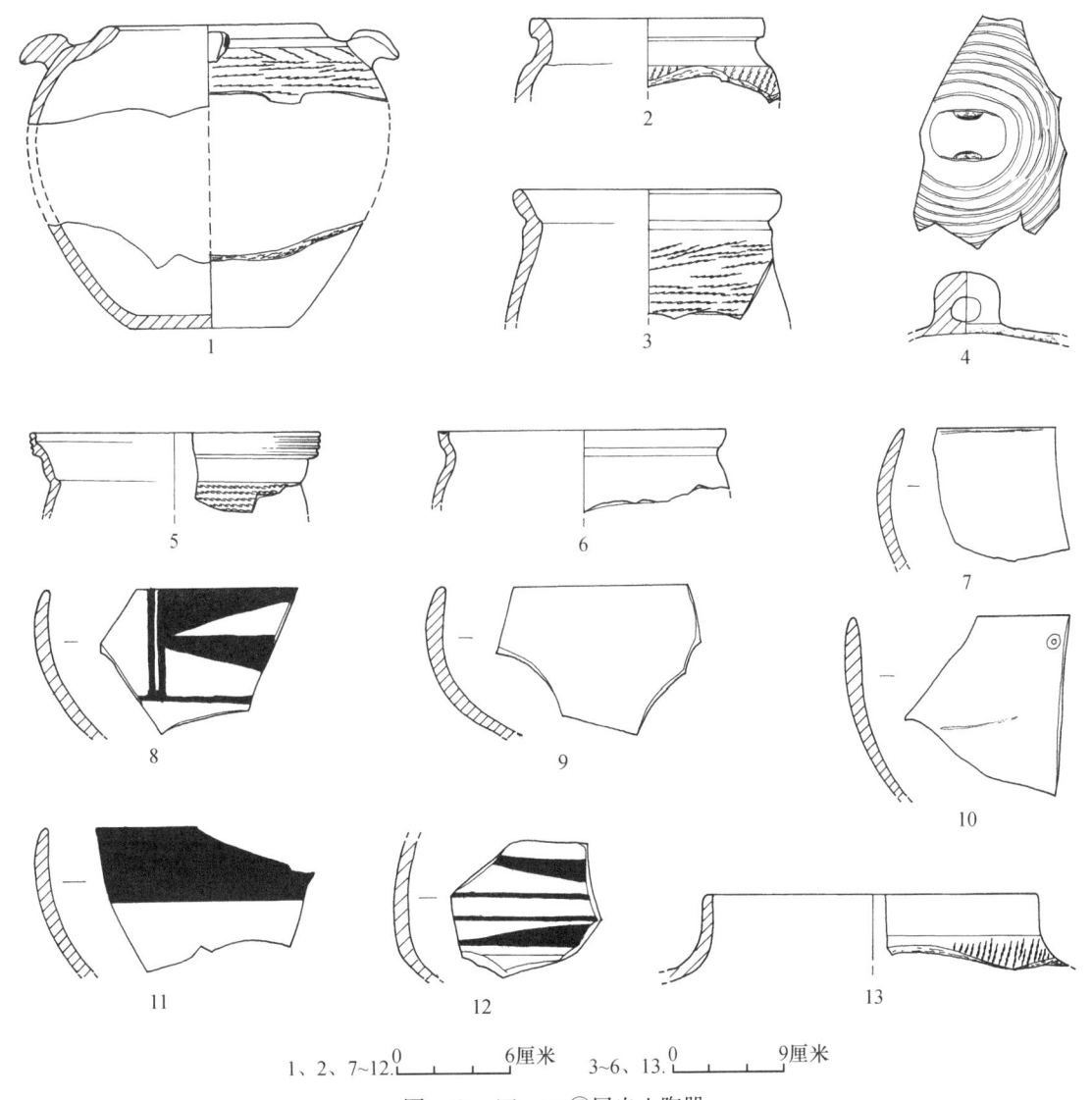

图一〇一四 G2⑤层出土陶器

1~3、5、6. 罐（T0809G2⑤：17、T0809G2⑤：16、T0809G2⑤：12、T0809G2⑤：15、T0809G2⑤：18）
4. 器盖（T0809G2⑤：20）　7~11. 钵（T0809G2⑤：2、T0809G2⑤：6、T0809G2⑤：3、T0809G2⑤：4、T0809G2⑤：5）
12. 彩陶片（T0809G2⑤：21）　13. 瓮（T0809G2⑤：14）

纹，绳纹近平。内、外沿面均可见轮修痕迹。复原口径21.6、残高10.2厘米（图一〇一四，3）。

标本T0809G2⑤：15，粗夹砂红褐陶。侈口，折沿，沿面有一道矮棱，内沿面与腹部相接处有一道凸棱，圆唇，唇部有三道浅细凹槽，鼓腹。腹部饰横向绳纹。复原口径23.7、残高6厘米（图一〇一四，5）。

标本T0809G2⑤：17，腹部残。粗夹砂红褐陶。敛口，圆唇，鼓肩，并起一道不显著棱脊，圆鼓腹，平底。肩部饰四个鹰嘴状附加堆纹，口下饰左上至右下斜向绳纹，腹部饰横向绳纹。下腹部可见刮抹痕迹。复原口径11、复原腹径19.6、底径8.6、复原高度16厘米（图一〇一四，1；图版一六〇，2）。

钵　均口、腹部残片。标本T0809G2⑤：3、T0809G2⑤：4、T0809G2⑤：5、T0809G2⑤：6

形制相同，均直口微敛，圆唇，浅弧腹，器表磨光。标本T0809G2⑤：3，粗泥质橘红陶。素面。器表可见轮修痕迹与烟熏痕迹（图一〇一四，9）。标本T0809G2⑤：4，细泥质黑陶。口下有一个两面对钻的圆孔。素面（图一〇一四，10）。标本T0809G2⑤：5，细泥质橘红陶。口下饰黑色宽带纹彩绘（图一〇一四，11）。标本T0809G2⑤：6，细泥质橘红陶。上腹部饰黑色几何纹彩绘（图一〇一四，8）。

标本T0809G2⑤：2，细泥质黑陶。敛口，圆唇，浅弧腹。器表磨光。素面。唇部可见轮修痕迹（图一〇一四，7）。

瓮　均口、腹部残片。标本T0809G2⑤：14，细夹砂红褐陶。直口，圆唇，高领，鼓腹。腹部饰右上至左下斜向绳纹。领部可见轮修痕迹。复原口径27、残高6厘米（图一〇一四，13）。

器盖　标本T0809G2⑤：20，纽、壁残片。粗夹砂红褐陶。桥形纽，弧壁。壁饰多周以纽为圆心的同心圆弦纹。残高4.8厘米（图一〇一四，4）。

彩陶片　标本T0809G2⑤：21，腹部残片。细泥质橘红陶。折腹。器表磨光。上腹部饰黑色窄带纹彩绘。可能为盆的残片（图一〇一四，12）。

铲　标本T0809G2⑤：28，完整。细泥质橘红陶。系利用陶钵或盆的残片磨制而成。平面呈三角形，刃部较锋利。通体磨光。长5.2、厚0.7厘米（图一〇一五，6；图版一六〇，3）。

刮削器　标本T0809G2⑤：26，残。细泥质橘红陶。系利用陶钵残片打制而成。残存部分平面呈不规则形，刃部较为锋利。残长5.4、厚0.5厘米（图一〇一五，7）。

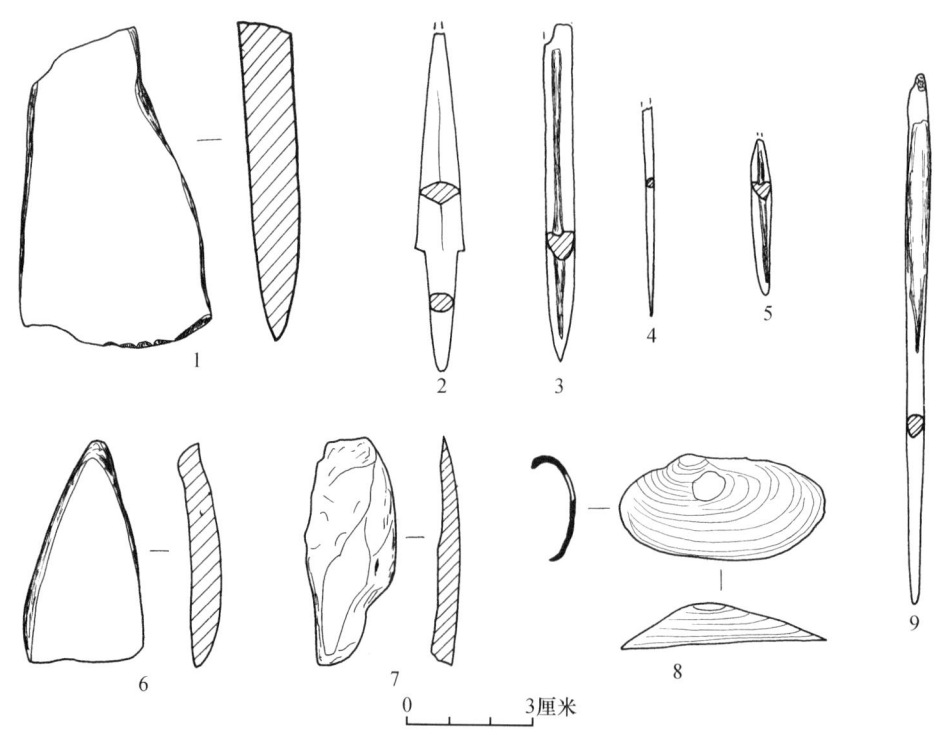

图一〇一五　G2⑤层出土遗物
1. 石铲（T0809G2⑤：25）　2. 骨镞（T0809G2⑤：22）　3、9. 骨笄（T0809G2⑤：30、T0809G2⑤：29）
4. 骨针（T0809G2⑤：24）　5. 骨锥（T0809G2⑤：23）　6. 陶铲（T0809G2⑤：28）　7. 陶刮削器（T0809G2⑤：26）
8. 蚌饰（T0809G2⑤：31）

（2）石器

铲　标本T0809G2⑤：25，残。石灰岩。残存部分平面呈梯形，刃部较为锋利。通体磨光。刃部有使用形成的坑疤。残长7.5、残宽2.5~4.5、厚1.2厘米（图一〇一五，1；图版一六〇，4）。

（3）骨器

器类有笄、锥、针、镞等。

笄　标本T0809G2⑤：30，一端残。系利用动物长骨磨制而成。器身呈扁圆柱状，横断面呈半圆形，尖部较锐利。通体磨光。残长8、最大直径0.7厘米（图一〇一五，3；图版一六〇，5）。

标本T0809G2⑤：29，器身稍残。系利用动物长骨磨制而成。圆柱状，断面呈圆形，尖部锐利。长12.4、直径0.5厘米（图一〇一五，9；图版一六〇，6）。

锥　标本T0809G2⑤：23，尾端稍残。器身短小，尖部较锐利，断面呈三角形。通体磨光。残长3.6厘米（图一〇一五，5；图版一六一，1）。

针　标本T0809G2⑤：24，尾端稍残。尖部锐利。通体磨光。残长4.9、直径0.2厘米（图一〇一五，4；图版一六一，2）。

镞　标本T0809G2⑤：22，锋部稍残。体部长而铤部较短，带翼，体部平面呈等腰三角形，两面有脊，锋部尖锐，刃部较锋利，铤部呈扁圆柱状。通体磨光。残长8厘米（图一〇一五，2；图版一六一，3）。

（4）蚌器

蚌饰　标本T0809G2⑤：31，完整。器身中部有一圆孔。长4.9厘米（图一〇一五，8）。

6. G2⑥层

G2⑥层出土遗物以陶器为主，骨器次之，玉、石器再次。

（1）陶器

器类有盆、罐、钵、瓮、器盖、圆陶片、拍，另有器足。

盆　均口、腹部残片。标本T0809G2⑥：7，细泥质橘红陶。直口微敛，平折沿，沿面向外侧下斜，圆唇，深弧腹。口沿以下饰多周弦纹。器表可见轮修痕迹（图一〇一六，8）。

标本T0809G2⑥：4、T0809G2⑥：5、T0809G2⑥：6、T0809G2⑥：8形制相同，均侈口、卷沿、圆唇、弧腹，器表磨光。标本T0809G2⑥：4，细泥质橘红陶。素面。外沿面可见轮修痕迹（图一〇一六，5）。标本T0809G2⑥：5，细泥质黑陶。素面。外沿面可见轮修痕迹（图一〇一六，7）。标本T0809G2⑥：6，细泥质橘红陶。唇部与外沿面均饰黑色宽带纹彩绘，器表饰黑色窄带纹彩绘（图一〇一六，1）。标本T0809G2⑥：8，细泥质橘红陶。素面（图一〇一六，4）。

标本T0809G2⑥：9，细泥质黑陶。侈口，折沿，圆唇，弧腹。器表磨光。素面（图一〇一六，2）。

罐　均口、腹部残片。标本T0809G2⑥：14，粗夹砂红褐陶。侈口，卷沿，方唇，鼓腹。腹部饰右上至左下斜向绳纹。外沿面可见轮修痕迹（图一〇一七，5）。

标本T0809G2⑥：17，粗夹砂红褐陶。敛口，方唇，鼓肩，并起一道显著棱脊，鼓腹。棱脊以下饰右上至左下斜向绳纹，绳纹近平。外沿面可见轮修痕迹。复原口径17.1、残高9厘米（图

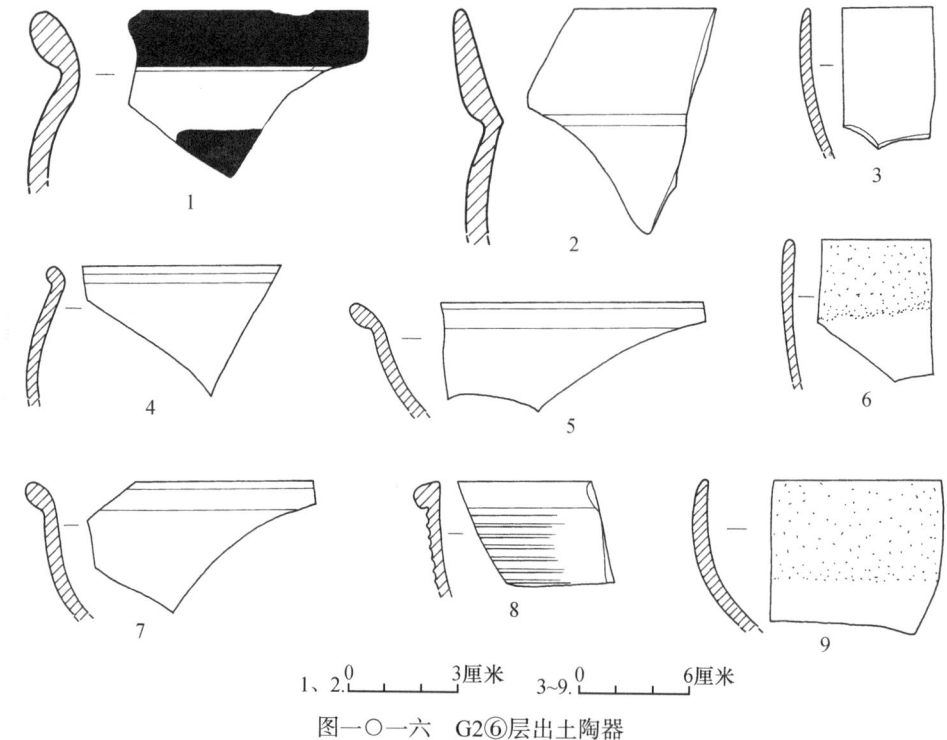

图一〇一六　G2⑥层出土陶器

1、2、4、5、7、8. 盆（T0809G2⑥：6、T0809G2⑥：9、T0809G2⑥：8、T0809G2⑥：4、T0809G2⑥：5、T0809G2⑥：7）
3、6、9. 钵（T0809G2⑥：1、T0809G2⑥：2、T0809G2⑥：3）

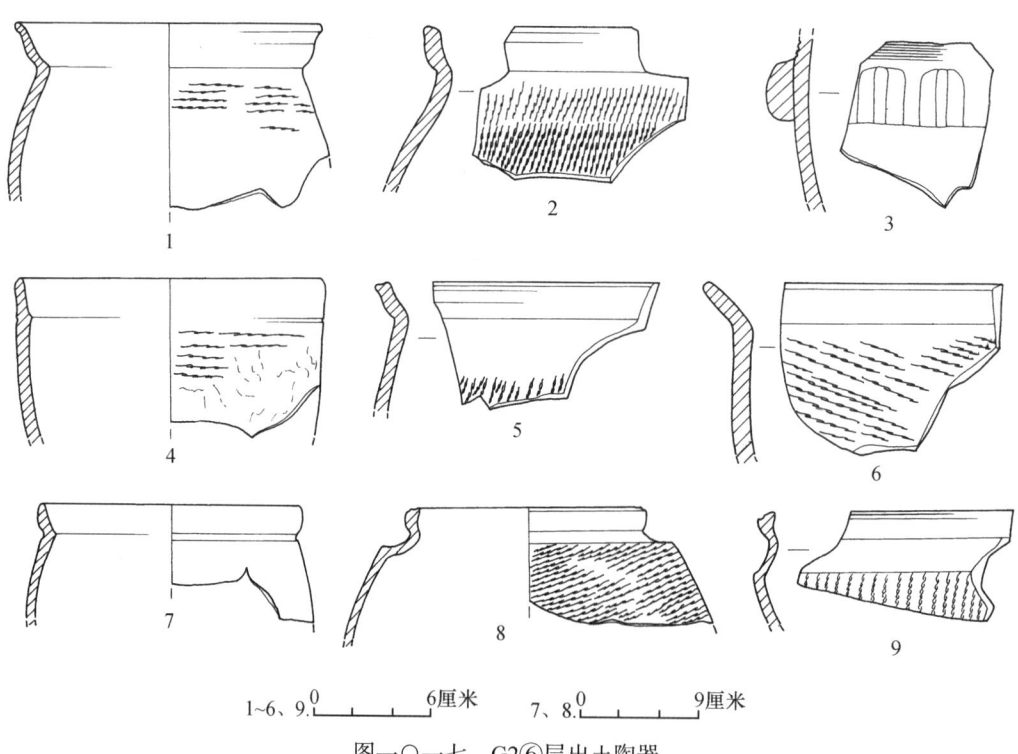

图一〇一七　G2⑥层出土陶器

1、3~5、7、8. 罐（T0809G2⑥：13、T0809G2⑥：18、T0809G2⑥：11、T0809G2⑥：14、T0809G2⑥：16、T0809G2⑥：17）
2、6、9. 瓮（T0909G2⑥：15、T0809G2⑥：10、T0809G2⑥：12）

一〇一七，8）。

标本T0809G2⑥：16，粗夹砂红褐陶。侈口，折沿，圆唇，腹微鼓。素面。沿面可见轮修痕迹。器表可见烟熏痕迹。复原口径20.1、残高9厘米（图一〇一七，7）。

标本T0809G2⑥：13，粗夹砂红褐陶。侈口，折沿，内沿面与腹部相接处有一道凸棱，圆唇，鼓腹。腹部饰横向绳纹。沿面可见轮修痕迹。器表可见烟熏痕迹。复原口径16、残高9.2厘米（图一〇一七，1）。

标本T0809G2⑥：11，粗夹砂红褐陶。侈口，折沿，圆唇，直腹。腹部饰横向绳纹。沿面可见轮修痕迹，腹部可见刮抹痕迹。复原口径16、残高8厘米（图一〇一七，4）。

标本T0809G2⑥：18，腹部残片。细泥质橘红陶。直腹。器表磨光。上腹部饰多周弦纹，弦纹下侧饰鼓钉状附加堆纹（图一〇一七，3）。

钵　均口、腹部残片。标本T0809G2⑥：2，细泥质橘红陶。直口，方唇，深弧腹。器表磨光。素面。口下可见深褐色叠烧痕迹（图一〇一六，6）。

标本T0809G2⑥：1，细泥质黑陶。直口微敛，圆唇，深弧腹。器表磨光。素面（图一〇一六，3）。

标本T0809G2⑥：3，细泥质橘红陶。直口微敛，圆唇，浅弧腹。器表磨光。素面。口下可见浅红色叠烧痕迹（图一〇一六，9）。

瓮　均口、腹部残片。标本T0909G2⑥：15，粗夹砂红褐陶。侈口，卷沿，方唇，鼓腹。腹部饰右上至左下斜向绳纹（图一〇一七，2）。

标本T0809G2⑥：12，细夹砂红褐陶。敛口，方唇，口沿内侧有一道宽浅凹槽，折肩，斜直腹。肩部以下饰竖向绳纹。内壁可见轮修痕迹（图一〇一七，9）。

标本T0809G2⑥：10，粗夹砂红褐陶。侈口，卷沿，圆唇，斜直腹。腹部饰左上至右下斜向绳纹。外沿面可见轮修痕迹（图一〇一七，6）。

器盖　标本T0809G2⑥：19，口、壁残片。粗夹砂红褐陶。敞口，方唇，反弧壁。唇部有二道浅细凹槽。器表可见轮修痕迹。复原口径7.4、残高4.5厘米（图一〇一八，4）。

器足　标本T0809G2⑥：27，细夹砂红褐陶。尖锥状，断面呈圆形。素面。残长6.9厘米（图一〇一八，9；图版一六一，4）。

圆陶片　均完整。形制相同，均圆形。标本T0809G2⑥：21-1，细泥质橘红陶。系利用陶钵的口部残片打制而成。边缘较锋利。器表可见灰白色叠烧痕迹。直径7.4、厚0.5厘米（图一〇一八，3）。标本T0809G2⑥：21-2，细泥质黑陶。系利用陶钵或盆的残片打制而成。边缘较钝，中心有一两面对钻但未钻透的圆孔。直径6.3、厚0.5厘米（图一〇一八，2）。

拍　标本T0909G2⑥：20，完整。粗泥质红褐陶。器身呈哑铃状，底面平坦。长6.7厘米（图一〇一八，5；图版一六一，5）。

（2）玉器

锛　标本T0809G2⑥：23，器身稍残。墨绿色，夹杂黑色斑块。平面呈梯形，器身较为扁平，刃部较为锋利。通体磨光。刃部有使用形成的坑疤。长8.7、宽3.9~4.8、厚1.4厘米（图一〇一八，1；彩版二九，2；图版一六一，6）。

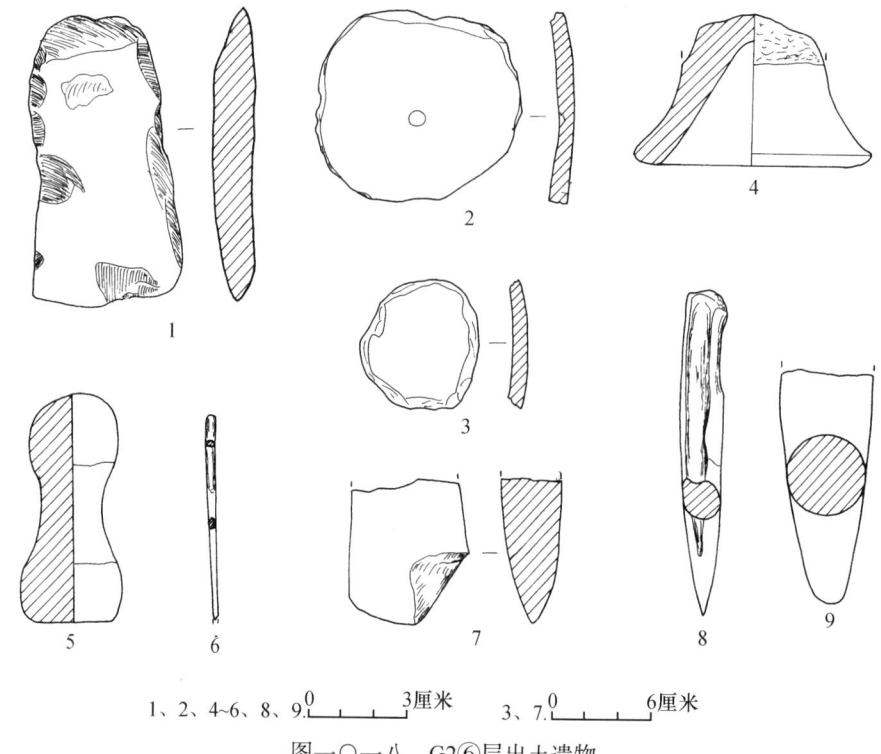

图一〇一八　G2⑥层出土遗物

1. 玉锛（T0809G2⑥：23）　2、3. 圆陶片（T0809G2⑥：21-2、T0809G2⑥：21-1）　4. 陶盖（T0809G2⑥：19）
5. 陶拍（T0909G2⑥：20）　6. 骨针（T0809G2⑥：26）　7. 石斧（T0909G2⑥：22）　8. 骨锥（T0809G2⑥：25）
9. 器足（T0809G2⑥：27）

（3）石器

斧　标本T0909G2⑥：22，残。石英岩。平面呈长条形，横断面呈椭圆形，刃部较为锋利。通体磨光。刃部有使用形成的不连续小坑疤。残长8.6、宽7.2、厚3.5厘米（图一〇一八，7）。

（4）骨器

器类有锥、针等。

锥　标本T0809G2⑥：25，器身稍残。系利用动物长骨磨制而成。横断面呈圆形，尖部较为锐利。通体磨光。长9.6厘米（图一〇一八，8；彩版三四，4；图版一六二，1）。

针　标本T0809G2⑥：26，尖部稍残。横断面呈圆形，尾端扁平，尖部锐利。通体磨光。长6.1、直径0.2厘米（图一〇一八，6；图版一六二，2）。

7. G2⑦层

G2⑦层出土遗物以陶器为主，石器次之，骨器再次。

（1）陶器

器类有瓶、盆、罐、钵、瓮、圆陶片、球，另有器底。

瓶　均口、颈部残片。标本T0909G2⑦：5，细夹砂橘红陶。环状口，尖圆唇，短颈。素面。复原口径8、残高4厘米（图一〇一九，8）。

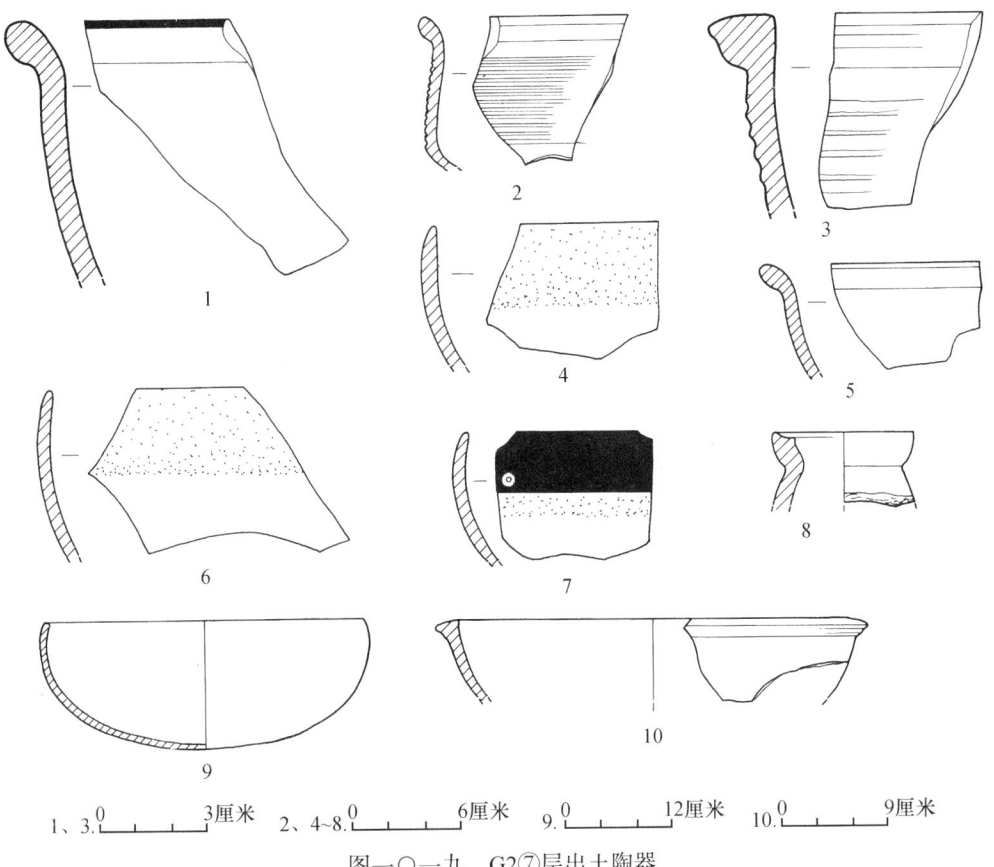

图一〇一九　G2⑦层出土陶器

1~3、5、10.盆（T0909G2⑦：7、T0909G2⑦：6、T0809G2⑦：8、T0909G2⑦：10、T0909G2⑦：9）
4、6、7、9.钵（T0809G2⑦：4、T0909G2⑦：2、T0909G2⑦：3、T0809G2⑦：1）　8.瓶（T0909G2⑦：5）

盆　均口、腹部残片。标本T0809G2⑦：8、T0909G2⑦：9形制相同，均直口微敛，平折沿，深弧腹。标本T0809G2⑦：8，粗泥质橘红陶。方唇。上腹部饰多周弦纹。沿面可见轮修痕迹（图一〇一九，3）。标本T0909G2⑦：9，细夹砂橘红陶。尖圆唇。素面。器表刮抹光滑。沿面、器表、内壁均可见轮修痕迹。复原口径36.6、残高6.9厘米（图一〇一九，10）。

标本T0909G2⑦：7、T0909G2⑦：10形制相同，均侈口，卷沿，弧腹，器表磨光。标本T0909G2⑦：7，细泥质橘红陶。方唇。唇部饰黑色窄带纹彩绘（图一〇一九，1）。标本T0909G2⑦：10，细泥质黑陶。圆唇。素面（图一〇一九，5）。

标本T0909G2⑦：6，细泥质橘红陶。侈口，卷沿，圆唇，折腹。器表磨光。上腹部饰多周弦纹（图一〇一九，2）。

罐　均口、腹部残片。标本T0809G2⑦：13，粗夹砂红褐陶。侈口，折沿，沿面内曲，圆唇，鼓腹。腹部饰右上至左下斜向绳纹（图一〇二〇，7）。

标本T0809G2⑦：19、T0909G2⑦：20形制相同，均侈口，折沿，圆唇，鼓腹。标本T0809G2⑦：19，粗夹砂红褐陶。素面。沿面可见轮修痕迹（图一〇二〇，5）。标本T0909G2⑦：20，细泥质橘红陶。口沿以下饰多周整齐的指甲纹。沿面可见轮修痕迹（图一〇二〇，11）。

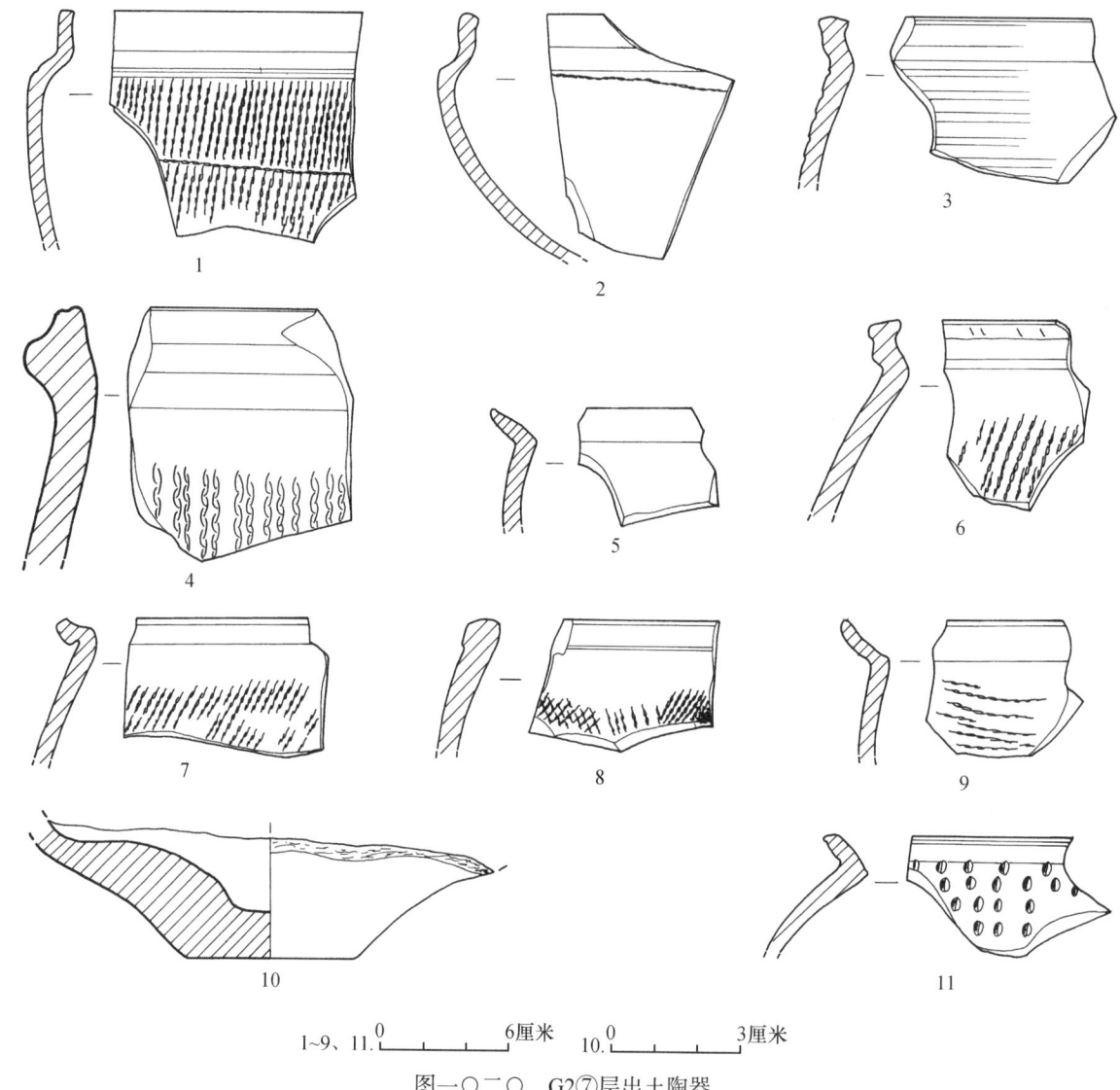

图一〇二〇　G2⑦层出土陶器

1~4、6、8.瓮（T0809G2⑦：14、T0809G2⑦：15、T0809G2⑦：16、T0809G2⑦：17、T0809G2⑦：12、T0809G2⑦：11）
5、7、9、11.罐（T0809G2⑦：19、T0809G2⑦：13、T0809G2⑦：18、T0909G2⑦：20）　10.器底（T0909G2⑦：21）

标本T0809G2⑦：18，粗夹砂红褐陶。侈口，折沿，内沿面与腹部相接处有一道凸棱，圆唇，鼓腹。腹部饰左上至右下斜向绳纹，绳纹近平。外沿面可见轮修痕迹（图一〇二〇，9）。

钵　标本T0909G2⑦：2，口、腹部残片。细泥质橘红陶。直口微敛，圆唇，深弧腹。器表磨光。素面。口下可见浅红色叠烧痕迹（图一〇一九，6）。

标本T0809G2⑦：1、T0909G2⑦：3、T0809G2⑦：4形制相同，均直口微敛，圆唇，浅弧腹，器表磨光。标本T0809G2⑦：1，可复原。细泥质黑陶。圜底。素面。口径36、通高14厘米（图一〇一九，9；图版一六二，3）。标本T0909G2⑦：3，口、腹部残片。细泥质橘红陶。口沿下侧有一个两面对钻但未钻穿的圆孔。口下饰一周黑色宽带纹彩绘。彩绘下侧可见浅红色叠烧痕迹（图一〇一九，7）。标本T0809G2⑦：4，口、腹部残片。细泥质橘红陶。素面。口下可见浅红色叠烧痕迹（图一〇一九，4）。

瓮 均口、腹部残片。标本T0809G2⑦：17，粗夹砂红褐陶。侈口，卷沿，方唇，唇部有一道凸棱，直腹。腹部饰竖向绳纹。内壁可见轮修痕迹（图一〇二〇，4）。

标本T0809G2⑦：12、T0809G2⑦：16形制相同，均粗夹砂红褐陶，侈口，卷沿，沿面内曲，方唇，鼓腹。标本T0809G2⑦：12，腹部饰右上至左下斜向绳纹（图一〇二〇，6）。标本T0809G2⑦：16，口沿以下饰多周弦纹。内壁可见轮修痕迹（图一〇二〇，3）。

标本T0809G2⑦：11，细夹砂橘红陶。敛口，方唇，鼓腹。腹部饰交错绳纹。内壁可见轮修痕迹（图一〇二〇，8）。

标本T0809G2⑦：14、T0809G2⑦：15形制相同，均粗夹砂红褐陶，敛口，方唇，折肩，斜直腹。T0809G2⑦：14，肩部以下饰右上至左下斜向绳纹，绳纹斜度较小，并饰一道横向绳纹。外沿面可见轮修痕迹（图一〇二〇，1）。T0809G2⑦：15，肩部以下饰一道横向绳纹。内壁可见轮修痕迹。口部可见烟熏痕迹（图一〇二〇，2）。

器底 标本T0909G2⑦：21，下腹、底部残片。粗泥质橘红陶。下腹斜收，小平底。器表磨光。素面。内壁可见泥条盘筑痕迹。可能为瓶底。底径4厘米（图一〇二〇，10）。

圆陶片 标本T0809G2⑦：22，完整。细泥质橘红陶。系利用陶钵的口部残片打制而成。圆形，边缘较锋利。器表可见浅红色叠烧痕迹。直径4.3、厚0.7厘米（图一〇二一，6）。

球 标本T0909G2⑦：25，稍残。粗泥质橘红陶。圆球状，表面打磨较为光滑。直径3.4厘米（图一〇二一，5；图版一六二，4）。

（2）石器

器类有斧、铲、石核等。

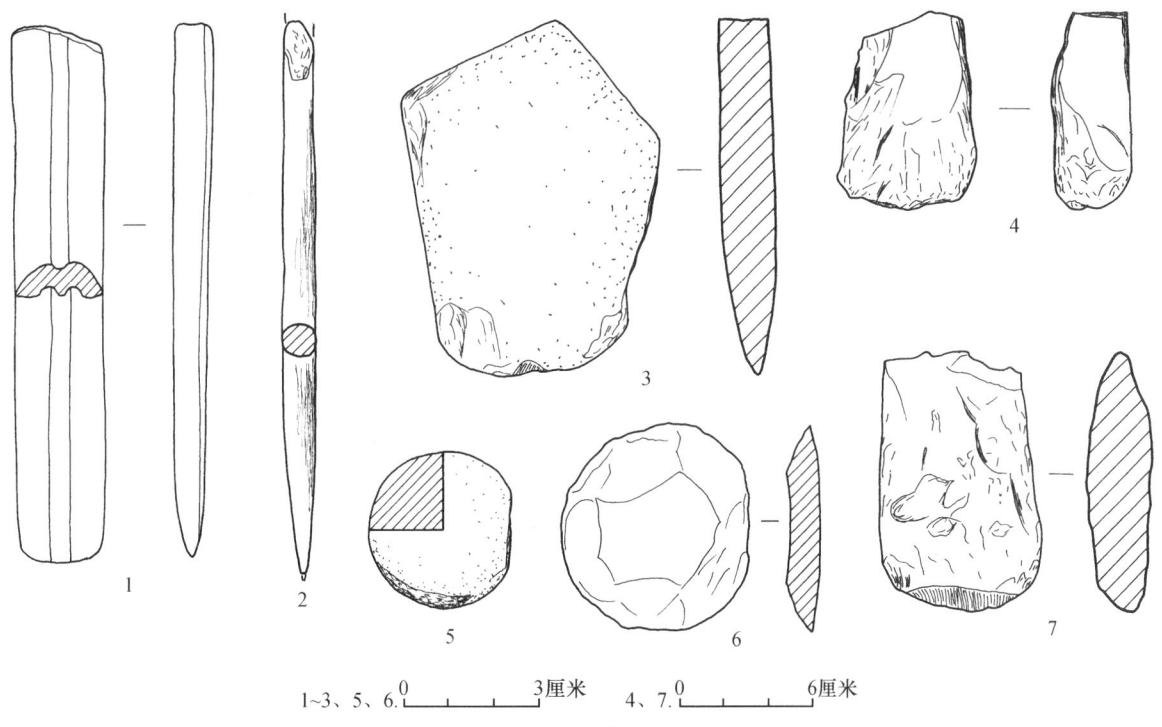

图一〇二一 G2⑦层出土遗物
1. 骨匕（T0909G2⑦：24） 2. 骨笄（T0709G2⑦：23） 3. 石铲（T0809G2⑦：27） 4. 石核（T0809G2⑦：28）
5. 陶球（T0909G2⑦：25） 6. 圆陶片（T0809G2⑦：22） 7. 石斧（T0809G2⑦：26）

斧　标本T0809G2⑦：26，稍残。石英岩。平面呈梯形，刃部较钝。通体磨光，器表有较多使用形成的坑疤。长11.6、宽6.2~7.5、厚2.9厘米（图一〇二一，7；图版一六二，5）。

铲　标本T0809G2⑦：27，完整。板岩。五边形，刃部较为锋利。通体磨光。刃部有使用形成的不连续坑疤。长7.8、宽5.7、厚1.2厘米（图一〇二一，3；图版一六二，6）。

石核　标本T0809G2⑦：28，石英。可见多次剥片痕迹，保留部分砾石面。长8.6厘米（图一〇二一，4；图版一六三，1）。

（3）骨器

器类有笄、匕等。

笄　标本T0709G2⑦：23，一端残。器身呈圆柱状，断面呈圆形，尖部较为锐利。通体磨光。残长12.2、直径0.8厘米（图一〇二一，2；图版一六三，2）。

匕　标本T0909G2⑦：24，完整。系利用梅花鹿右跖骨背面骨干残段磨制而成。长条形，器身扁平。通体磨光。长11.8、宽2厘米（图一〇二一，1；彩版三九，3；图版一六三，3）。

8. G2⑧层

G2⑧层出土遗物以陶器为主，石器次之，骨器再次。

（1）陶器

器类有瓶、盆、罐、钵、瓮、壶、器盖、圆陶片等，另有彩陶片。

瓶　均口沿残片。标本T0809G2⑧：12，细夹砂橘红陶。葫芦形口，圆唇，中部有一道浅细凹槽。素面。内、外壁均可见轮修痕迹（图一〇二二，2）。

盆　均口、腹部残片。标本T0809G2⑧：7，细泥质橘红陶。直口微敛，平折沿，圆唇，深弧腹。器表磨光。素面。口部可见烟熏痕迹（图一〇二二，5）。

标本T0809G2⑧：6、T0809G2⑧：8形制相同，均侈口，卷沿，弧腹。标本T0809G2⑧：6，细泥质橘红陶。圆唇。器表磨光。素面（图一〇二二，9）。标本T0809G2⑧：8，粗泥质橘红陶。方唇。上腹部饰多周弦纹。外沿面可见轮修痕迹。口部可见烟熏痕迹（图一〇二二，6）。

罐　均口、腹部残片。标本T0909G2⑧：10，粗夹砂红褐陶。侈口，折沿，圆唇，鼓腹。素面。外沿面可见轮修痕迹。复原口径18、残高8.6厘米（图一〇二二，1）。

钵　均口、腹部残片。标本T0809G2⑧：13，细泥质橘红陶。敛口，方唇，斜直腹。器表磨光。素面。口沿下侧可见轮修痕迹（图一〇二二，11）。

标本T0809G2⑧：5，细泥质橘红陶。直口微敛，圆唇，深弧腹。器表磨光。素面（图一〇二二，8）。

标本T0809G2⑧：1、T0809G2⑧：2、T0809G2⑧：3形制相同，均直口微敛，圆唇，浅弧腹，器表磨光。标本T0809G2⑧：1，细泥质橘红陶。口下饰黑色宽带纹彩绘。彩绘下侧可见深红色叠烧痕迹（图一〇二二，7）。标本T0809G2⑧：2，细泥质黑陶。素面（图一〇二二，10）。T0809G2⑧：3，细泥质橘红陶。素面（图一〇二二，13）。

瓮　均口、腹部残片。标本T0809G2⑧：9，粗夹砂红褐陶。敛口，圆唇，口沿内侧有一道宽浅凹槽，折肩，斜直腹。肩部以下饰右上至左下斜向绳纹，绳纹斜度较小（图一〇二二，4）。

壶　标本T0909G2⑧：11，口、颈部残片。细泥质橘红陶。花苞状口，尖唇，细长颈。器表磨光。素面。口径3.5、残高4.2厘米（图一○二二，3）。

器盖 标本T0809G2⑧：4，口、壁残片。细泥质橘红陶。敛口，圆唇，弧壁。口沿上侧饰一道弦纹。器表磨光。唇部可见轮修痕迹（图一○二二，14）。

标本T0809G2⑧：14，纽、壁残片。粗夹砂红褐陶。斜直壁，扁圆柱状纽。器表饰斜向绳纹。残高5厘米（图一○二二，12）。

彩陶片 标本T0909G2⑧：15，腹部残片。细泥质橘红陶。折沿，弧腹。器表磨光。腹部饰黑

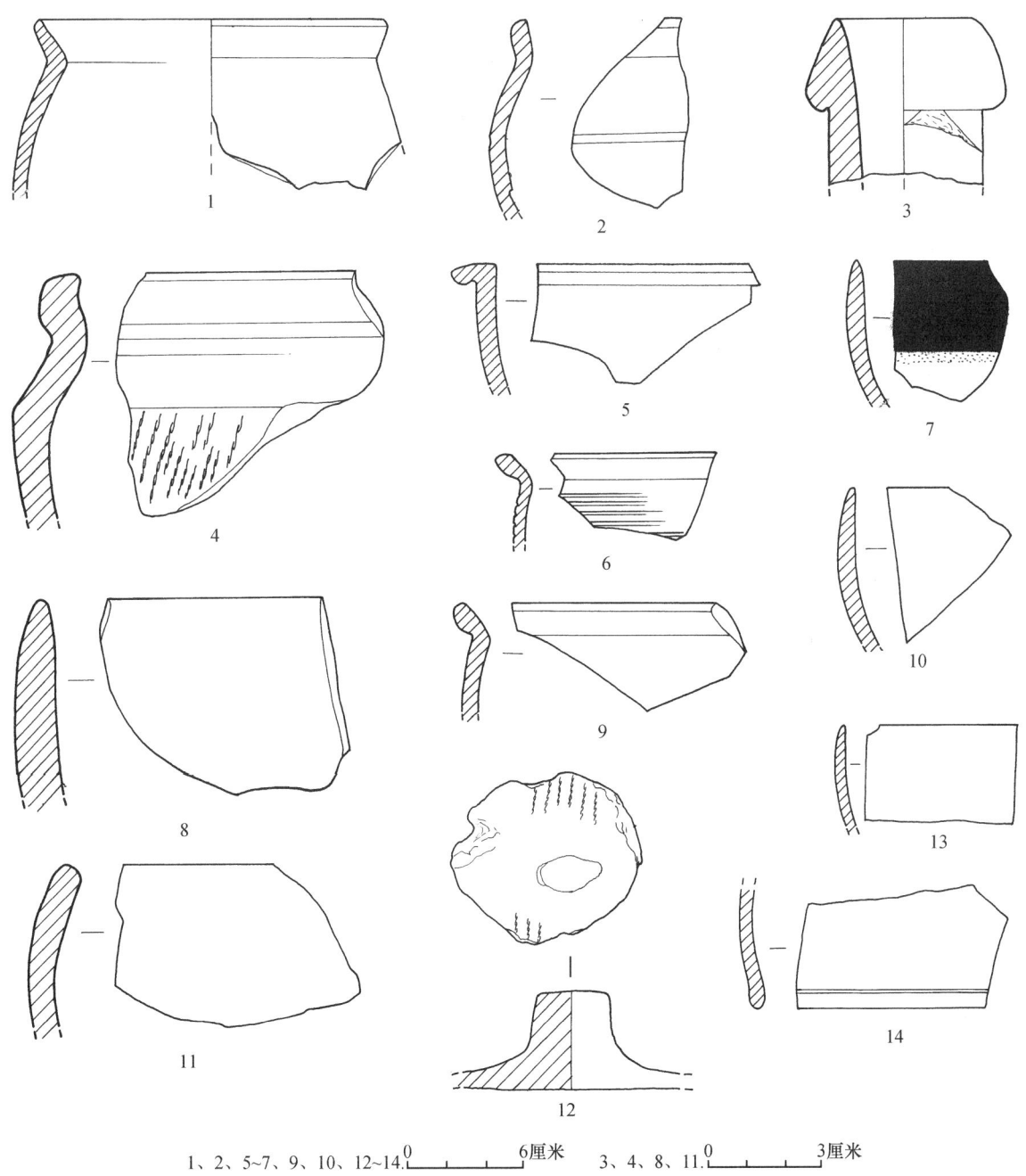

图一○二二 G2⑧层出土陶器
1.罐（T0909G2⑧：10） 2.瓶（T0809G2⑧：12） 3.壶（T0909G2⑧：11） 4.瓮（T0809G2⑧：9）
5、6、9.盆（T0809G2⑧：7、T0809G2⑧：8、T0809G2⑧：6） 7、8、10、11、13.钵（T0809G2⑧：1、T0809G2⑧：5、T0809G2⑧：2、T0809G2⑧：13、T0809G2⑧：3） 12、14.器盖（T0809G2⑧：14、T0809G2⑧：4）

色鱼纹彩绘。可能为盆的残片（图一〇二三，2）。

圆陶片　形制相同，均圆形。标本T0809G2⑧：16-1，完整。细泥质橘红陶。系利用陶钵口部残片打制而成。边缘较钝。器表可见叠烧痕迹。直径5.5、厚0.7厘米（图一〇二三，1）。标本T0809G2⑧：16-3，稍残。细泥质黑陶。系利用陶钵口沿残片打制而成，保留少量沿面。边缘较钝。直径6.2、厚0.5厘米（图一〇二三，3；图版一六三，4）。标本T0809G2⑧：16-2，完整。粗夹砂红褐陶。系利用陶罐或瓮的残片打制而成。边缘较锋利。器表饰绳纹。直径5.5、厚1厘米（图一〇二三，6；彩版二八，2；图版一六三，5）。

（2）石器

器类有砍砸器、磨石等。

砍砸器　标本T0809G2⑧：18，完整。流纹岩。器身呈不规则状。刃部经打击修理，形成一直刃，刃缘较钝。背面保留砾石面。长8.4、厚3.2厘米（图一〇二三，4）。

磨石　标本T0809G2⑧：17，完整。石英细砂岩。器身呈不规则状，周缘粗糙，上下两面较平整，一面因使用较为光滑，中部略向下凹。长13、宽7、厚2.6厘米（图一〇二三，5）。

（3）骨器

锥　标本T0909G2⑧：19，完整。系利用动物长骨磨制而成。横断面呈扁圆柱状，尖部较锐利。通体磨光。长10.4厘米（图一〇二三，7；彩版三四，1；图版一六三，6）。

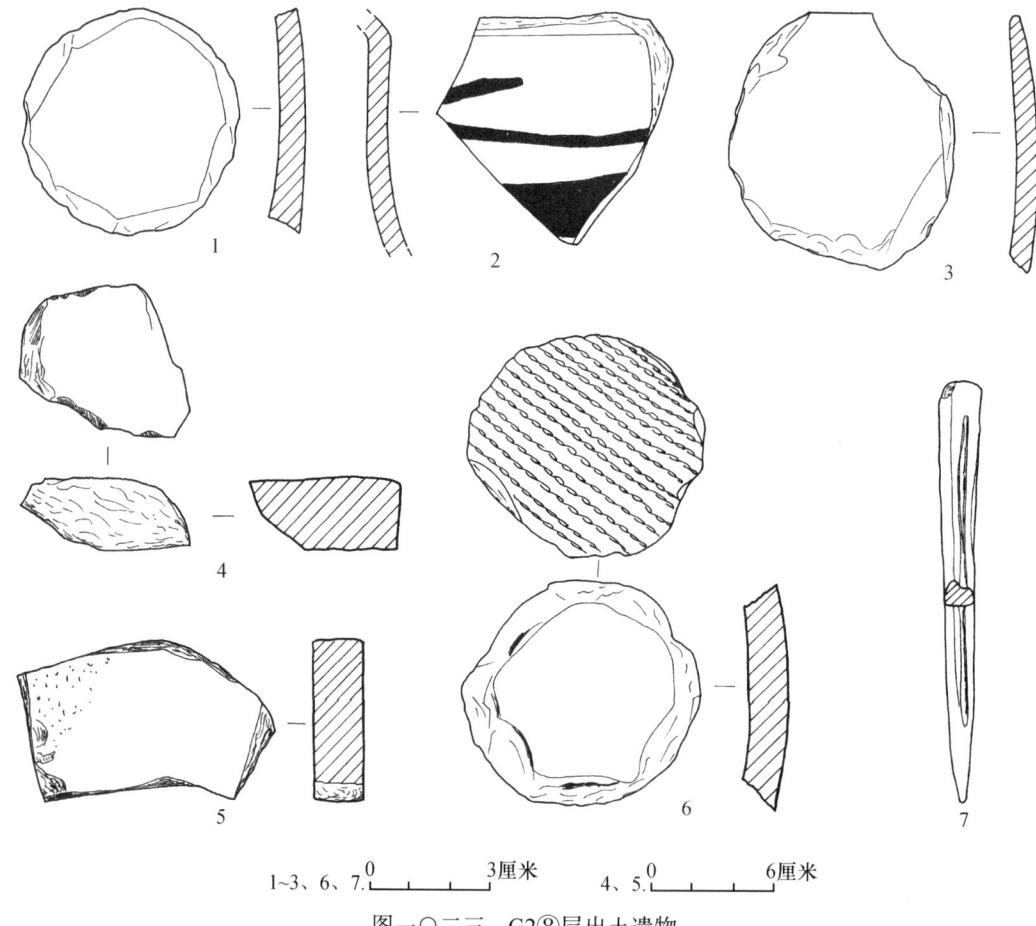

图一〇二三　G2⑧层出土遗物

1、3、6. 圆陶片（T0809G2⑧：16-1、T0809G2⑧：16-3、T0809G2⑧：16-2）　2. 彩陶片（T0909G2⑧：15）
4. 砍砸器（T0809G2⑧：18）　5. 磨石（T0809G2⑧：17）　7. 骨锥（T0909G2⑧：19）

第六节 瓮棺墓

瓮棺墓26座，编号为W2、W5、W20、W26、W27、W29、W30、W31、W68、W69、W76、W77、W100、W101、W102、W103、W104、W105、W106、W107、W108、W109、W110、W111、W113、W114。墓坑的平面形状有圆形、椭圆形、不规则形，其中圆形13座，椭圆形11座，不规则形2座。墓坑的结构有锅底状、筒状、袋状，其中锅底状19座，筒状6座，袋状1座。葬俗有合葬与单人葬，其中合葬1座，单人葬25座。葬具的数量有1件、2件、多件，其中1件葬具的均为单瓮，有2座，2件葬具的23座，合葬墓有3件葬具，仅有1座。2件葬具的墓葬中，棺全部为瓮，盖有钵、盆、瓮，其中以钵为盖者20座，以盆为盖者2座，以瓮为盖者1座。葬具放置的方式有竖置、横置、斜置、不详，其中竖置11座，横置10座，斜置3座，不详2座。有随葬品的墓葬仅有1座。

1. W2

W2位于Ⅱ区T0205西南部，开口于③层下。墓坑平面呈椭圆形，筒状，坑壁竖直，平底。坑口长径0.75、短径0.6、深0.4米。葬具为1件陶瓮与1件陶钵，陶瓮口朝西横置于坑底，陶钵横扣于陶瓮口部。瓮内人骨不存（图一〇二四）。

W2共出土器物2件。全部为陶器。器类有瓮、钵。

瓮　1件。标本W2:1，可复原。粗夹砂红褐陶。侈口，折沿，圆唇，上腹圆鼓，下腹斜收，平底，最大腹径位于上腹部。腹部饰右上至左下斜向绳纹。器表可见烟熏痕迹。口径38.4、腹径40.2、底径12.6、通高37.2厘米（图一〇二五，1；图版

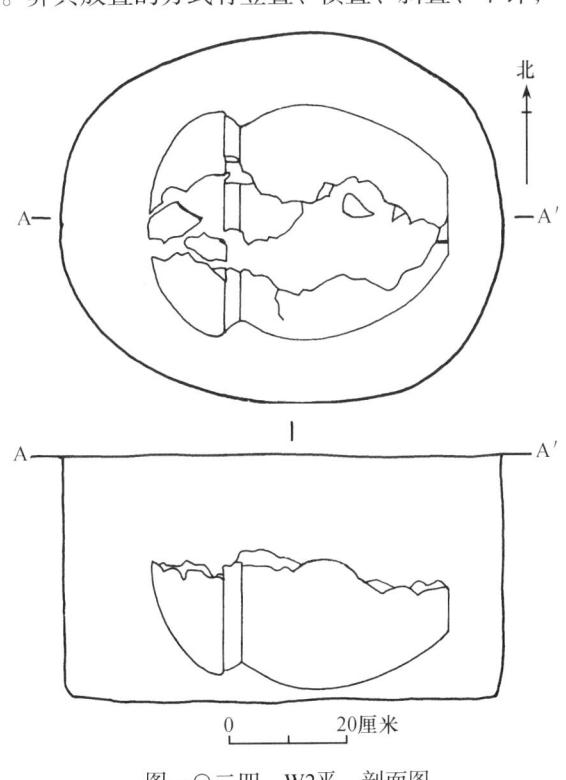

图一〇二四　W2平、剖面图

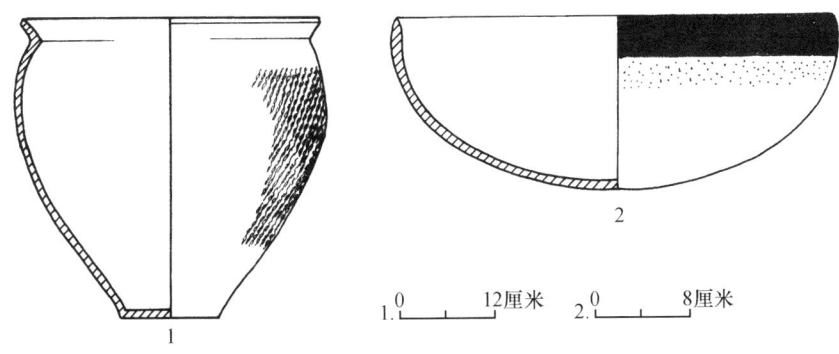

图一〇二五　W2出土陶器
1. 瓮（W2:1）　2. 钵（W2:2）

一六四，1；图版一九八，2）。

钵　1件。标本W2：2，可复原。细泥质橘红陶。直口，圆唇，浅弧腹，圜底。口下饰黑色宽带纹彩绘。彩绘下侧可见浅红色叠烧痕迹。口径38、通高14.4厘米（图一〇二五，2；图版一六四，2）。

2. W5

W5位于Ⅲ区T0613西北部，开口于③层下。墓坑平面呈圆形，锅底状，弧壁，平底，底部不甚平整。坑口径0.69、底径0.55、深0.23米。葬具为1件陶瓮（残），放置方式不详。瓮内仅存少量骨渣（图一〇二六）。

W5仅出土陶瓮1件。标本W5：1，口、腹部残片。粗夹砂红褐陶。侈口，折沿，沿面上有二道浅细凹槽，方唇，腹部微鼓。口沿以下饰横向绳纹。沿面、内壁均可见轮修痕迹。器表可见烟熏痕迹。复原口径32.1、残高15厘米（图一〇二七）。

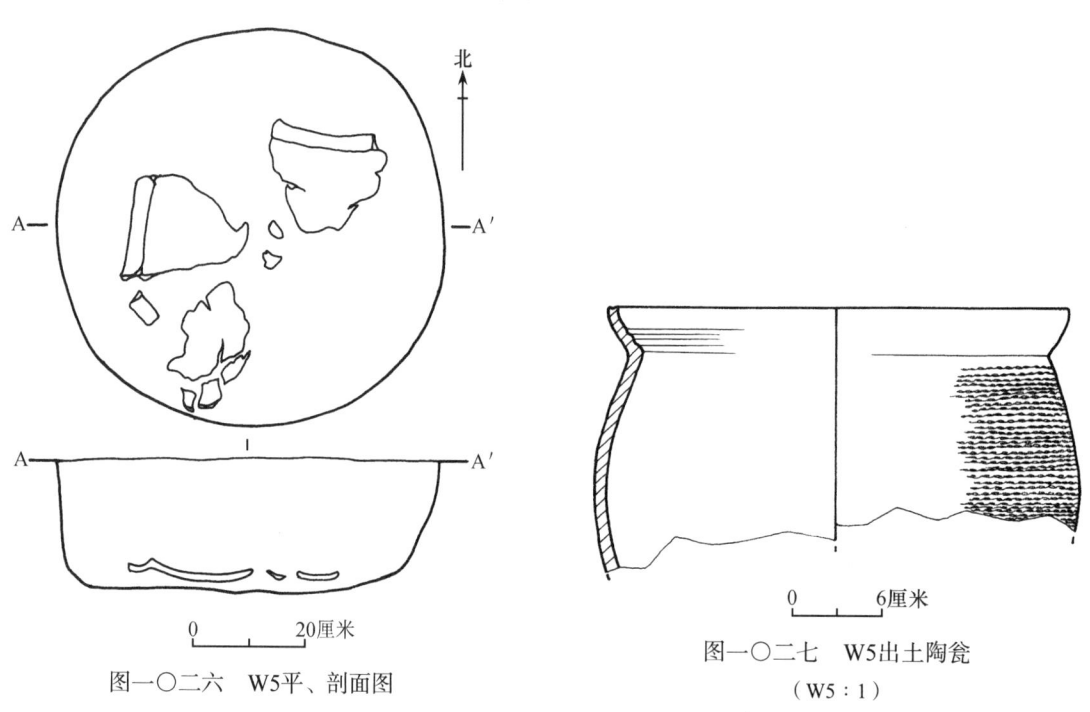

图一〇二六　W5平、剖面图

图一〇二七　W5出土陶瓮（W5：1）

3. W20

W20位于Ⅲ区T0712西北部，开口于③层下，东部被H55打破。墓坑平面呈圆形，锅底状，弧壁，平底。坑口径0.48、底径0.41、深0.3米。葬具为1件陶瓮（残），放置方式不详。瓮内人骨不存（图一〇二八）。

W20仅出土陶瓮1件。标本W20：1，口、腹部残片。粗夹砂红褐陶。侈口，折沿，沿面微曲，方唇，鼓腹。口沿以下饰右上至左下斜向绳纹。沿面可见轮修痕迹，内壁可见泥条盘筑痕迹。复原口径29.2、残高12.3厘米（图一〇二九）。

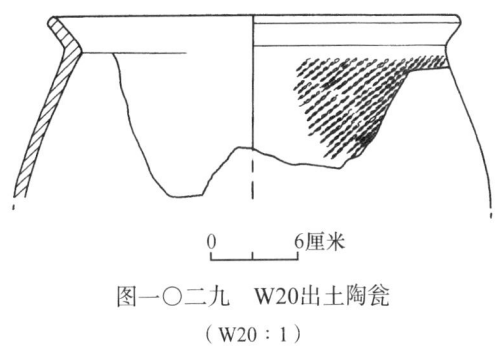

图一〇二九　W20出土陶瓮
（W20：1）

4. W26

W26位于Ⅲ区T0815东部，开口于③层下。墓坑平面呈圆形，锅底状，坑壁斜直，平底。坑口径0.54、底径0.32、深0.56米。葬具为1件陶瓮与1件陶钵，陶瓮口朝上竖置于坑底，陶钵倒扣于陶瓮上。瓮内保存少量人骨（图一〇三〇）。

W26共出土器物2件。全部为陶器。器类有瓮、钵。

瓮　1件。标本W26：1，可复原。粗夹砂红褐陶。侈口，卷沿，方唇，中腹圆鼓，下腹斜收，平底，最大腹径位于中腹部。上腹部饰右上至左下斜向绳纹，中腹部饰交错绳纹。口部可见轮修痕迹。器表可见烟熏痕迹。口径26.5、腹径30、底径11.2、通高35.5厘米（图一〇三一，1；图版一六四，3）。

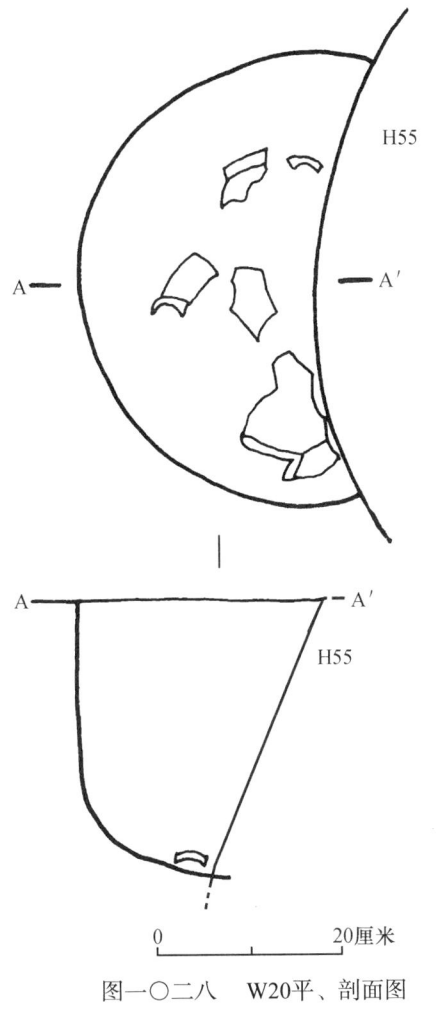

图一〇二八　W20平、剖面图

钵　1件。标本W26：2，可复原。细泥质橘红陶。敛口，圆唇，浅弧腹，圜底，底心有一个圆形小凹坑。器表磨光。底部饰半周指甲纹。口下可见轮修痕迹。口径36.3、通高15.7厘米（图一〇三一，2；图版一六四，4；图版二〇二，6）。

5. W27

W27位于Ⅲ区T0815东部，开口于③层下。墓坑平面呈圆形，锅底状，弧壁，平底。坑口径0.55、底径0.4、深0.2米。葬具为1件陶瓮与1件陶钵，陶瓮口朝上竖置于坑底，陶钵倒扣于陶瓮上。瓮内人骨保存较差，已朽为粉末（图一〇三二）。

W27共出土器物2件。全部为陶器。器类有瓮、钵。

瓮　1件。标本W27：1，下腹、底部残片。粗夹砂红褐陶。下腹斜直，平底。素面。近底处可见刮抹痕迹。底径12、残高12.4厘米（图一〇三三，1）。

钵　1件。标本W27：2，可复原。细泥质橘红陶。敛口，圆唇，浅弧腹，圜底，底心有一个圆形小凹坑。器表磨光。口下饰黑色宽带纹彩绘。口径34.8、通高13.5厘米（图一〇三三，2；图版一六四，5）。

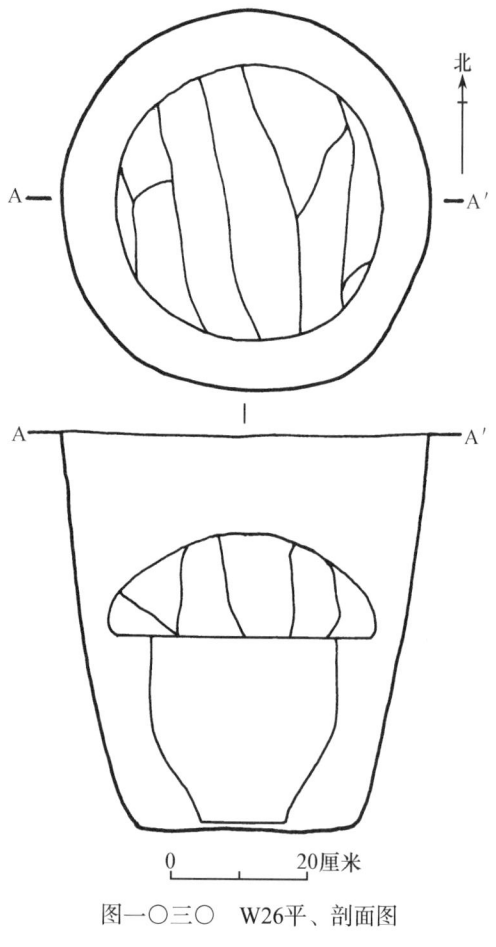

图一〇三〇　W26平、剖面图

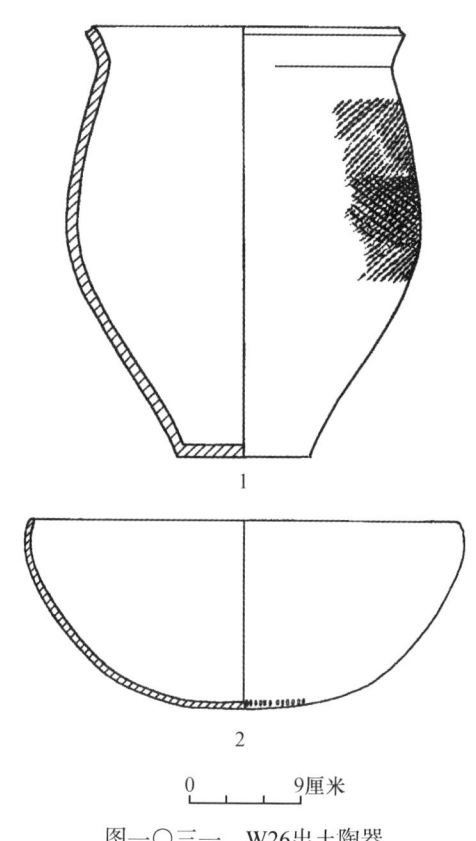

图一〇三一　W26出土陶器
1. 瓮（W26：1）　2. 钵（W26：2）

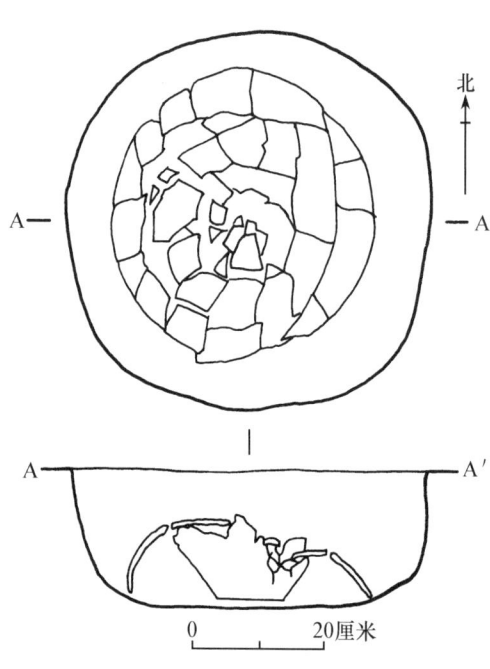

图一〇三二　W27平、剖面图

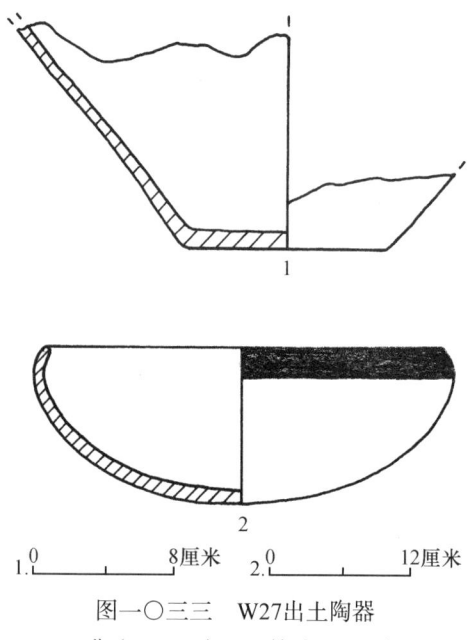

图一〇三三　W27出土陶器
1. 瓮（W27：1）　2. 钵（W27：2）

6. W29

W29位于Ⅲ区T1014东北部，开口于③层下。墓坑平面呈椭圆形，筒状，坑壁竖直，平底。坑口长径0.73、短径0.65、深0.4米。葬具为1件陶瓮与1件陶钵，陶瓮口朝西横置于坑底，陶钵横扣于陶瓮上。瓮内保存少量人骨（图一〇三四）。

W29共出土器物2件。全部为陶器。器类有瓮、钵。

瓮　1件。标本W29：1，可复原。粗夹砂红褐陶。侈口，折沿，方唇，上腹圆鼓，下腹急收，平底，最大腹径位于中腹部。口沿以下饰右上至左下斜向绳纹。器表可见烟熏痕迹。口径24、腹径30.6、底径14.2、通高30.3厘米（图一〇三五，1）。

钵　1件。标本W29：2，可复原。细泥质橘红陶。敛口，圆唇，浅弧腹，圜底，底心有一个圆形小凹坑。器表磨光。素面。口下可见深红色叠烧痕迹。器表可见烟熏痕迹。口径38、通高14.2厘米（图一〇三五，2）。

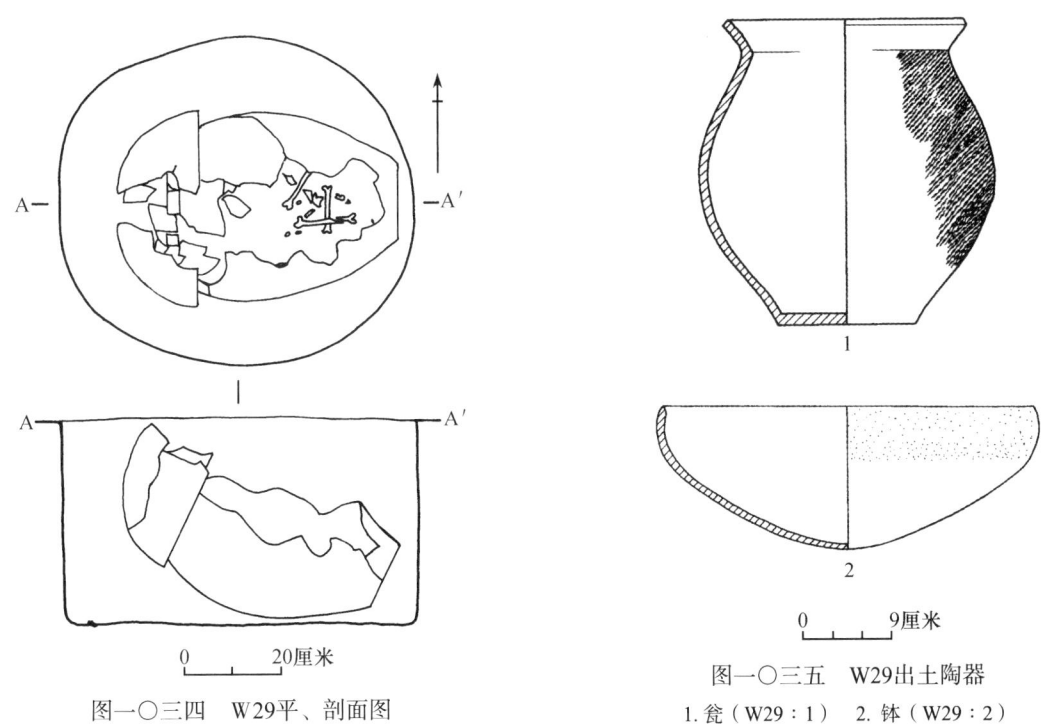

图一〇三四　W29平、剖面图

图一〇三五　W29出土陶器
1. 瓮（W29：1）　2. 钵（W29：2）

7. W30

W30位于Ⅲ区T0715东南部，开口于③层下。墓坑平面呈椭圆形，筒状，坑壁竖直，平底。坑口长径0.87、短径0.67、深0.2米。葬具为1件陶瓮与1件陶盆，陶瓮口朝上竖置于坑底，陶盆残碎掉入瓮内。瓮内人骨不存（图一〇三六）。

W30共出土器物2件。全部为陶器。器类有瓮、盆。

瓮　1件。标本W30：1，下腹、底部残片。粗夹砂红褐陶。下腹斜直，平底。素面。近底处可见刮抹痕迹。器表可见烟熏痕迹。底径13、残高8.3厘米（图一〇三七，1）。

盆　1件。标本W30：2，可复原。细泥质橘红陶。侈口，卷沿，圆唇，浅弧腹，圜底，底心有

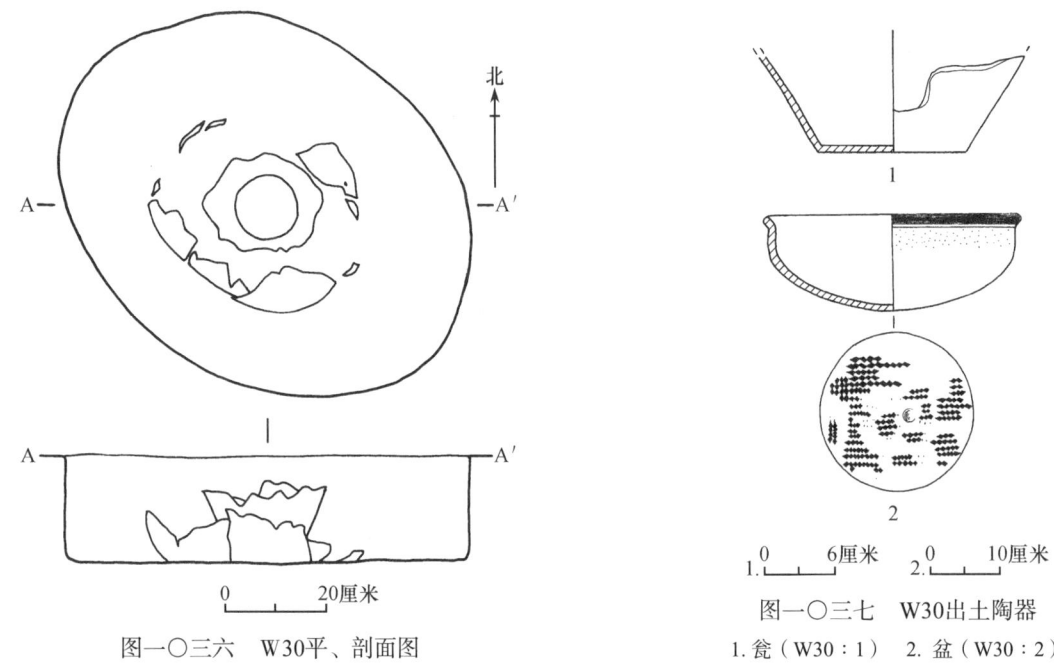

图一〇三六　W30平、剖面图

图一〇三七　W30出土陶器
1. 瓮（W30：1）　2. 盆（W30：2）

一个圆形小凹坑。器表磨光。唇部与外沿面饰黑色窄带纹彩绘，底部饰有零星布纹。口下可见浅红色叠烧痕迹。器表可见烟熏痕迹。口径38.2、通高13.7厘米（图一〇三七，2；图版一六四，6）。

8. W31

W31位于Ⅲ区T0715东南部，开口于③层下。墓坑平面呈椭圆形，筒状，坑壁竖直，平底。坑口长径0.8、短径0.65、深0.2米。葬具为1件陶瓮与1件陶钵，陶瓮口朝上竖置于坑底，陶钵残碎掉入瓮内。瓮内人骨不存（图一〇三八）。

W31共出土器物2件。全部为陶器。器类有瓮、钵。

瓮　1件。标本W31：1，下腹、底部残片。粗夹砂红褐陶。下腹斜直，平底。腹部饰右上至左下斜向绳纹。近底处可见刮抹痕迹。底径15、残高6厘米（图一〇三九，1）。

钵　1件。标本W31：2，口、腹部残片。细泥质橘红陶。直口微敛，圆唇，浅弧腹。器表磨光。口下饰黑色宽带纹彩绘。彩绘下侧可见深红色叠烧痕迹。复原口径38.2、残高8.4厘米（图一〇三九，2）。

9. W68

W68位于Ⅲ区T0212西南部，开口于③层下。墓坑平面呈椭圆形，锅底状，弧壁，圜底。坑口长径0.57、短径0.5、深0.48米。葬具为1件陶瓮与1件陶盆，陶瓮口朝上竖置于坑底，陶盆倒扣于陶瓮上。瓮内人骨不存（图一〇四〇）。

W68共出土器物2件。全部为陶器。器类有瓮、盆。

瓮　1件。标本W68：1，可复原。粗夹砂红褐陶。侈口，折沿，方唇，唇部有二道浅细凹槽，中腹圆鼓，下腹急收，平底，最大腹径位于中腹部。腹部饰左上至右下斜向绳纹。内壁可见泥条盘筑痕迹，外沿面可见刮抹痕迹。器表可见烟熏痕迹。口径28.4、腹径32.4、底径12、通高33.6厘米（图一〇四一，2；彩版二四，3；图版一六五，1；图版一九八，3）。

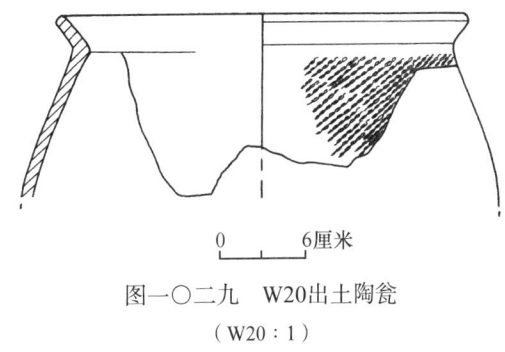

图一〇二九　W20出土陶瓮
（W20∶1）

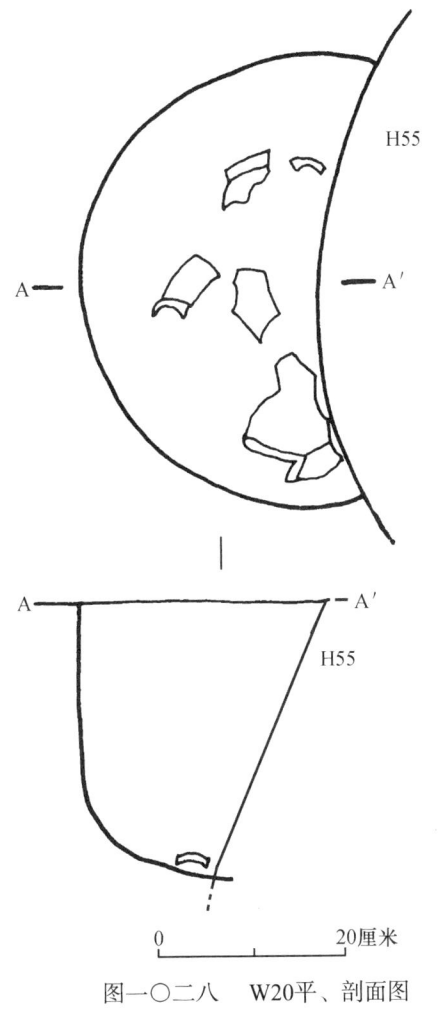

图一〇二八　W20平、剖面图

4. W26

W26位于Ⅲ区T0815东部，开口于③层下。墓坑平面呈圆形，锅底状，坑壁斜直，平底。坑口径0.54、底径0.32、深0.56米。葬具为1件陶瓮与1件陶钵，陶瓮口朝上竖置于坑底，陶钵倒扣于陶瓮上。瓮内保存少量人骨（图一〇三〇）。

W26共出土器物2件。全部为陶器。器类有瓮、钵。

瓮　1件。标本W26∶1，可复原。粗夹砂红褐陶。侈口，卷沿，方唇，中腹圆鼓，下腹斜收，平底，最大腹径位于中腹部。上腹部饰右上至左下斜向绳纹，中腹部饰交错绳纹。口部可见轮修痕迹。器表可见烟熏痕迹。口径26.5、腹径30、底径11.2、通高35.5厘米（图一〇三一，1；图版一六四，3）。

钵　1件。标本W26∶2，可复原。细泥质橘红陶。敛口，圆唇，浅弧腹，圜底，底心有一个圆形小凹坑。器表磨光。底部饰半周指甲纹。口下可见轮修痕迹。口径36.3、通高15.7厘米（图一〇三一，2；图版一六四，4；图版二〇二，6）。

5. W27

W27位于Ⅲ区T0815东部，开口于③层下。墓坑平面呈圆形，锅底状，弧壁，平底。坑口径0.55、底径0.4、深0.2米。葬具为1件陶瓮与1件陶钵，陶瓮口朝上竖置于坑底，陶钵倒扣于陶瓮上。瓮内人骨保存较差，已朽为粉末（图一〇三二）。

W27共出土器物2件。全部为陶器。器类有瓮、钵。

瓮　1件。标本W27∶1，下腹、底部残片。粗夹砂红褐陶。下腹斜直，平底。素面。近底处可见刮抹痕迹。底径12、残高12.4厘米（图一〇三三，1）。

钵　1件。标本W27∶2，可复原。细泥质橘红陶。敛口，圆唇，浅弧腹，圜底，底心有一个圆形小凹坑。器表磨光。口下饰黑色宽带纹彩绘。口径34.8、通高13.5厘米（图一〇三三，2；图版一六四，5）。

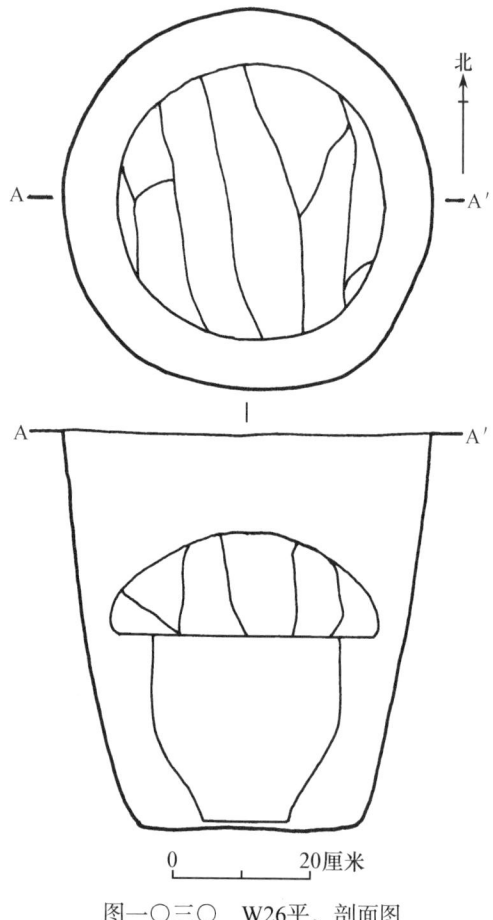

图一〇三〇　W26平、剖面图

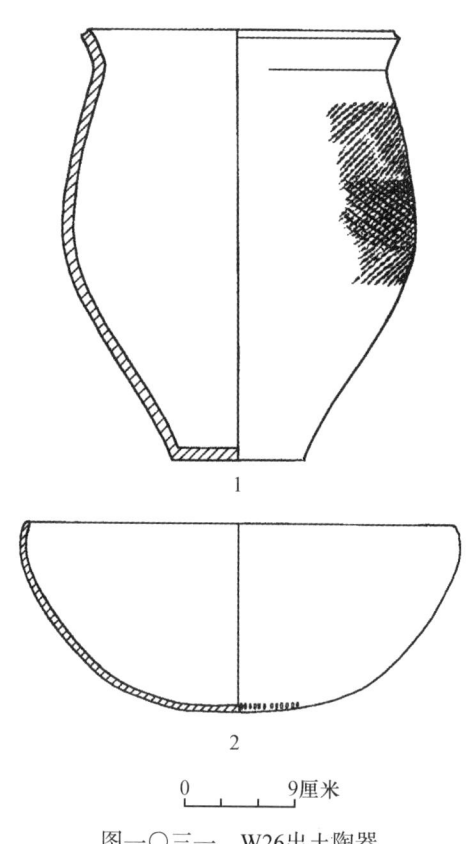

图一〇三一　W26出土陶器
1. 瓮（W26∶1）　2. 钵（W26∶2）

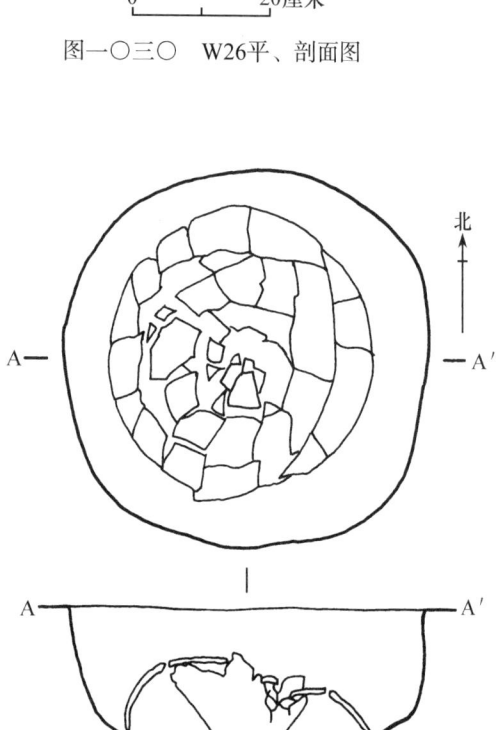

图一〇三二　W27平、剖面图

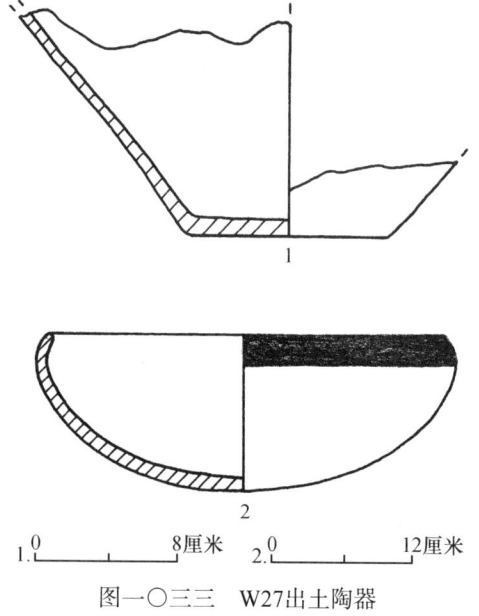

图一〇三三　W27出土陶器
1. 瓮（W27∶1）　2. 钵（W27∶2）

6. W29

W29位于Ⅲ区T1014东北部，开口于③层下。墓坑平面呈椭圆形，筒状，坑壁竖直，平底。坑口长径0.73、短径0.65、深0.4米。葬具为1件陶瓮与1件陶钵，陶瓮口朝西横置于坑底，陶钵横扣于陶瓮上。瓮内保存少量人骨（图一〇三四）。

W29共出土器物2件。全部为陶器。器类有瓮、钵。

瓮　1件。标本W29:1，可复原。粗夹砂红褐陶。侈口，折沿，方唇，上腹圆鼓，下腹急收，平底，最大腹径位于中腹部。口沿以下饰右上至左下斜向绳纹。器表可见烟熏痕迹。口径24、腹径30.6、底径14.2、通高30.3厘米（图一〇三五，1）。

钵　1件。标本W29:2，可复原。细泥质橘红陶。敛口，圆唇，浅弧腹，圜底，底心有一个圆形小凹坑。器表磨光。素面。口下可见深红色叠烧痕迹。器表可见烟熏痕迹。口径38、通高14.2厘米（图一〇三五，2）。

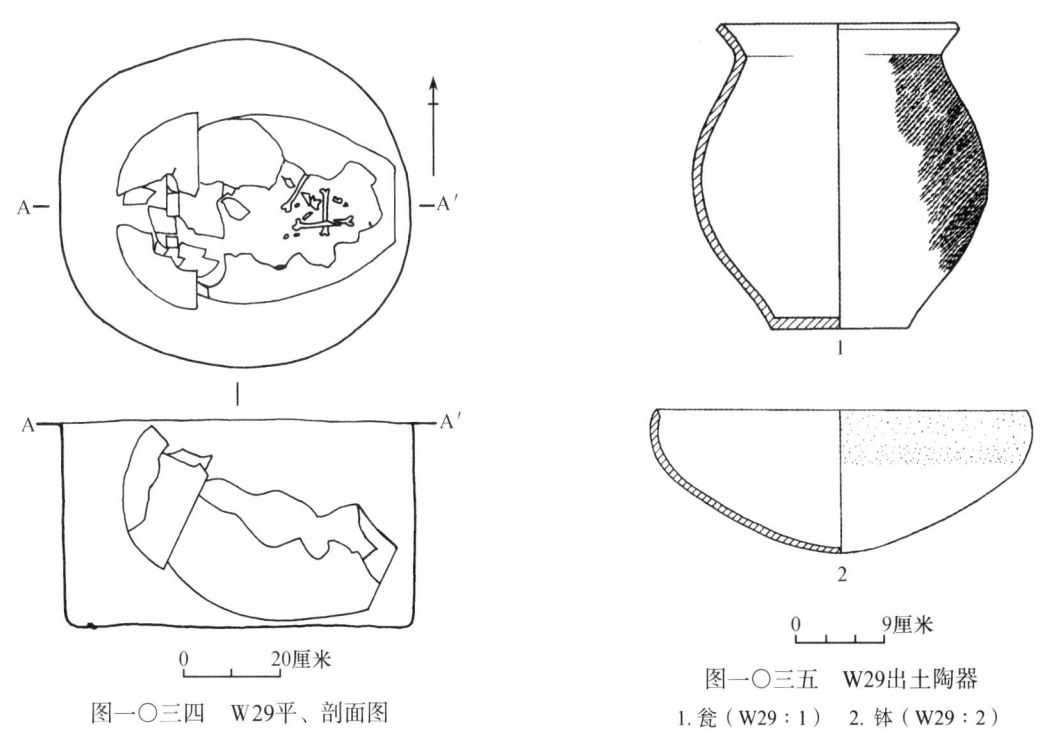

图一〇三四　W29平、剖面图

图一〇三五　W29出土陶器
1. 瓮（W29:1）　2. 钵（W29:2）

7. W30

W30位于Ⅲ区T0715东南部，开口于③层下。墓坑平面呈椭圆形，筒状，坑壁竖直，平底。坑口长径0.87、短径0.67、深0.2米。葬具为1件陶瓮与1件陶盆，陶瓮口朝上竖置于坑底，陶盆残碎掉入瓮内。瓮内人骨不存（图一〇三六）。

W30共出土器物2件。全部为陶器。器类有瓮、盆。

瓮　1件。标本W30:1，下腹、底部残片。粗夹砂红褐陶。下腹斜直，平底。素面。近底处可见刮抹痕迹。器表可见烟熏痕迹。底径13、残高8.3厘米（图一〇三七，1）。

盆　1件。标本W30:2，可复原。细泥质橘红陶。侈口，卷沿，圆唇，浅弧腹，圜底，底心有

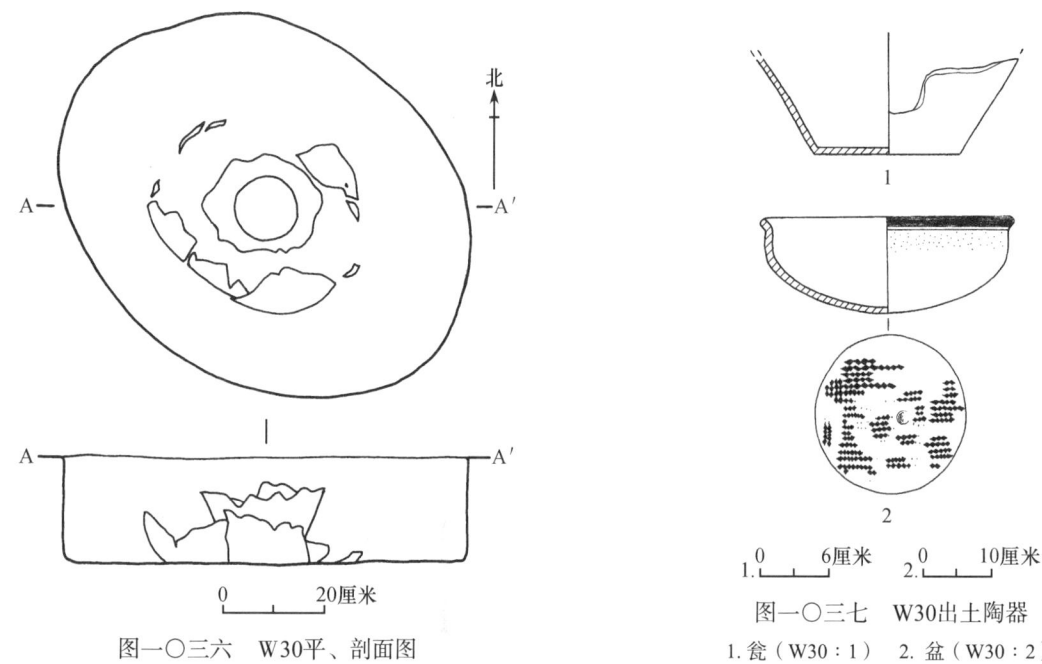

图一〇三六 W30平、剖面图

图一〇三七 W30出土陶器
1. 瓮（W30∶1） 2. 盆（W30∶2）

一个圆形小凹坑。器表磨光。唇部与外沿面饰黑色窄带纹彩绘，底部饰有零星布纹。口下可见浅红色叠烧痕迹。器表可见烟熏痕迹。口径38.2、通高13.7厘米（图一〇三七，2；图版一六四，6）。

8. W31

W31位于Ⅲ区T0715东南部，开口于③层下。墓坑平面呈椭圆形，筒状，坑壁竖直，平底。坑口长径0.8、短径0.65、深0.2米。葬具为1件陶瓮与1件陶钵，陶瓮口朝上竖置于坑底，陶钵残碎掉入瓮内。瓮内人骨不存（图一〇三八）。

W31共出土器物2件。全部为陶器。器类有瓮、钵。

瓮　1件。标本W31∶1，下腹、底部残片。粗夹砂红褐陶。下腹斜直，平底。腹部饰右上至左下斜向绳纹。近底处可见刮抹痕迹。底径15、残高6厘米（图一〇三九，1）。

钵　1件。标本W31∶2，口、腹部残片。细泥质橘红陶。直口微敛，圆唇，浅弧腹。器表磨光。口下饰黑色宽带纹彩绘。彩绘下侧可见深红色叠烧痕迹。复原口径38.2、残高8.4厘米（图一〇三九，2）。

9. W68

W68位于Ⅲ区T0212西南部，开口于③层下。墓坑平面呈椭圆形，锅底状，弧壁，圜底。坑口长径0.57、短径0.5、深0.48米。葬具为1件陶瓮与1件陶盆，陶瓮口朝上竖置于坑底，陶盆倒扣于陶瓮上。瓮内人骨不存（图一〇四〇）。

W68共出土器物2件。全部为陶器。器类有瓮、盆。

瓮　1件。标本W68∶1，可复原。粗夹砂红褐陶。侈口，折沿，方唇，唇部有二道浅细凹槽，中腹圆鼓，下腹急收，平底，最大腹径位于中腹部。腹部饰左上至右下斜向绳纹。内壁可见泥条盘筑痕迹，外沿面可见刮抹痕迹。器表可见烟熏痕迹。口径28.4、腹径32.4、底径12、通高33.6厘米（图一〇四一，2；彩版二四，3；图版一六五，1；图版一九八，3）。

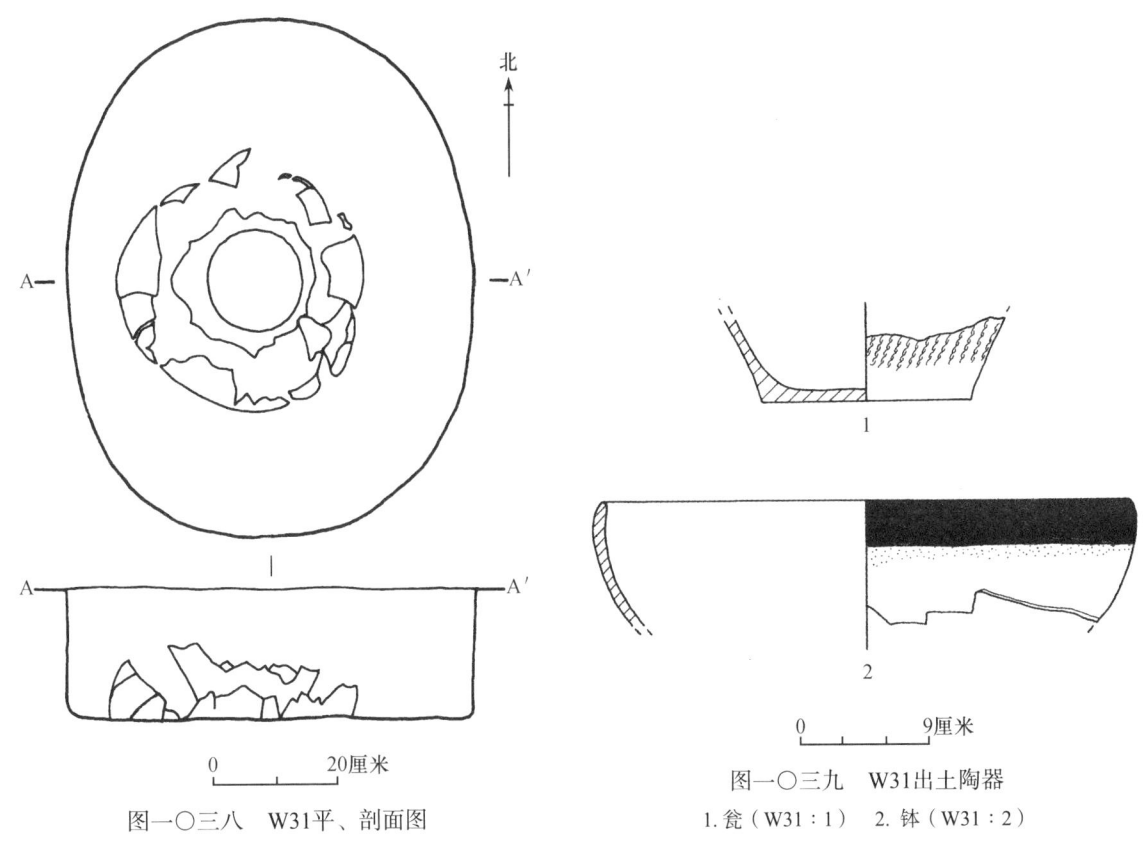

图一〇三八　W31平、剖面图

图一〇三九　W31出土陶器
1. 瓮（W31∶1）　2. 钵（W31∶2）

盆　1件。标本W68∶2，可复原。细泥质橘红陶。侈口，卷沿，圆唇，折腹，圜底，底部有一个两面打制而成的圆孔。器表磨光。唇部与外沿面饰黑色窄带纹彩绘，上腹部饰三组由黑色几何纹组成的变体鱼纹彩绘图案。口径35、通高17.5、孔径1厘米（图一〇四一，1；彩版一三，1；图版一六五，2）。

10. W69

W69位于Ⅲ区T0814南部，开口于③层下。墓坑平面呈圆形，锅底状，坑壁斜直，平底。坑口直径0.5、底径0.32、深0.5米。葬具为1件陶瓮与1件陶钵，陶瓮口朝上竖置于坑底，陶钵残碎掉入陶瓮中。瓮内人骨不存（图一〇四二）。

W69共出土器物2件。全部为陶器。器类有瓮、钵。

瓮　1件。标本W69∶1，下腹、底部残片。粗夹砂红褐陶。下腹斜直，平底。素面。近底处可见刮抹痕迹。底径16.4、残高8厘米（图一〇四三，2）。

钵　1件。标本W69∶2，可复原。细泥质橘红陶。敛口，圆唇，深弧腹，圜底，最大腹径位于中腹部。器表磨光。素面。口下可见浅红色叠烧痕迹。口径29.6、通高14.8厘米（图一〇四三，1；图版一六五，3）。

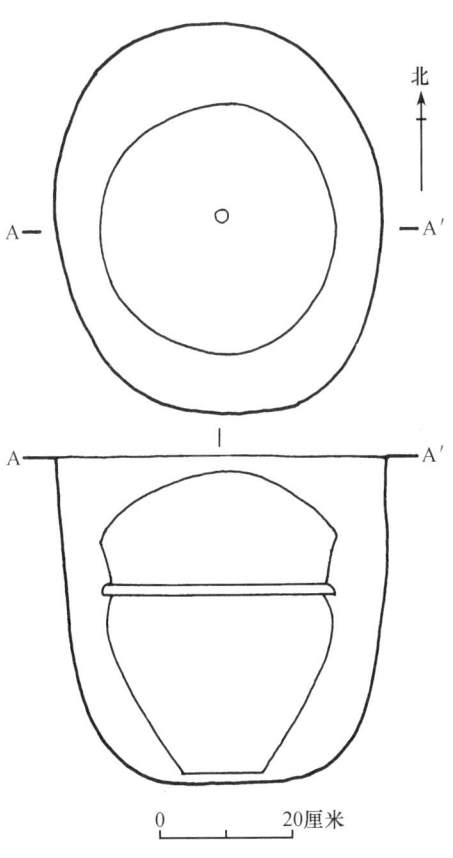

图一〇四〇　W68平、剖面图

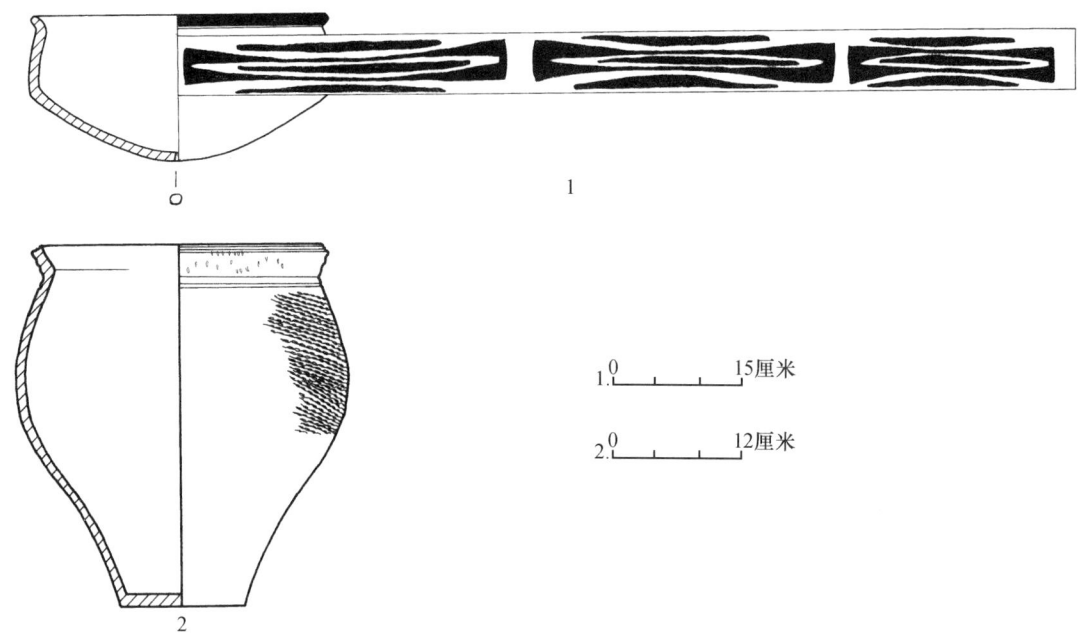

图一〇四一 W68出土陶器
1. 盆（W68:2） 2. 瓮（W68:1）

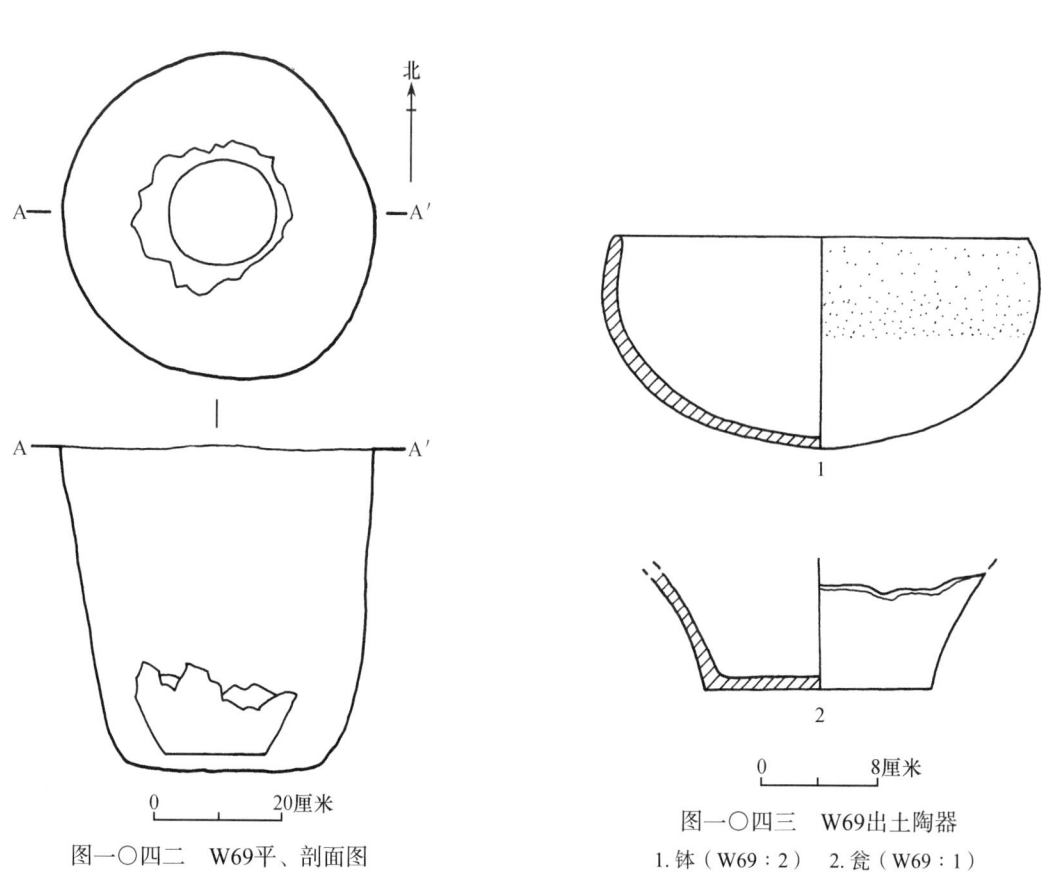

图一〇四二 W69平、剖面图

图一〇四三 W69出土陶器
1. 钵（W69:2） 2. 瓮（W69:1）

11. W76

W76位于Ⅲ区T0415西南部，开口于③层下。墓坑平面呈椭圆形，锅底状，弧壁，圜底。坑口长径0.44、短径0.4、深0.4米。葬具为1件陶瓮与1件陶钵，陶瓮口偏西斜置于坑底，陶钵倒扣于陶瓮上，因残碎而落入瓮内。瓮内发现1件残陶锉。人骨保存状况较差，已朽成粉末（图一〇四四）。

W76共出土器物3件。全部为陶器。器类有瓮、钵、锉。

瓮　1件。标本W76：1，可复原。粗夹砂红褐陶。侈口，折沿，沿面微曲，方唇，中腹圆鼓，下腹急收，平底，最大腹径位于中腹部。腹部饰右上至左下斜向绳纹。器表可见烟熏痕迹。口径25.4、腹径28.2、底径12.8、通高27.2厘米（图一〇四五，1；图版一六五，4）。

钵　1件。标本W76：2，可复原。细泥质橘红陶。敛口，圆唇，深弧腹，圜底，最大腹径位于中下腹部。口下有一对两面对钻而成的圆孔，可能作为修补之用。器表磨光。素面。口径27、通高13.9厘米（图一〇四五，2；图版一六五，5）。

锉　1件。标本W76：3，一端残断。粗夹砂橘红陶。残存部分平面呈三角形，横断面呈长方形，两侧边较直，锐尖。器表麻点清晰，密度较大。残长10.3、残宽4、厚1.5厘米（图一〇四五，3；图版一六五，6）。

12. W77

W77位于Ⅲ区T0415西南部，开口于③层下。墓坑平面呈椭圆形，锅底状，弧壁，圜底。坑口长径0.58、短径0.5、深0.48米。葬具为1件陶瓮与1件陶钵，陶瓮口朝西横置于坑底，陶钵横扣于陶瓮上。瓮内保存少量人骨（图一〇四六）。

W77共出土器物2件。全部为陶器。器类有瓮、钵。

瓮　1件。标本W77：1，腹部残。粗夹砂红褐陶。侈口，折沿，圆唇，中腹微鼓，下腹斜收，平底，最大腹径位于中上腹部。腹部饰右上至左下斜向绳纹。沿面可见轮修痕迹。器表可见烟熏痕迹。口径38.5、腹径41.4、底径14、复原高度43.2厘米（图一〇四七，2）。

钵　1件。标本W77：2，可复原。细泥质橘红陶。敛口，圆唇，浅弧腹，圜底。腹部有一对由内向外单面钻成的圆孔，可能作为修补之用。口下饰黑色宽带纹彩绘，其下侧饰黑色窄带纹彩绘。器表磨光。宽带纹彩绘下侧可见浅褐色叠烧痕迹。口径37.6、通高15厘米（图一〇四七，1；彩版二二，4；图版一六六，1）。

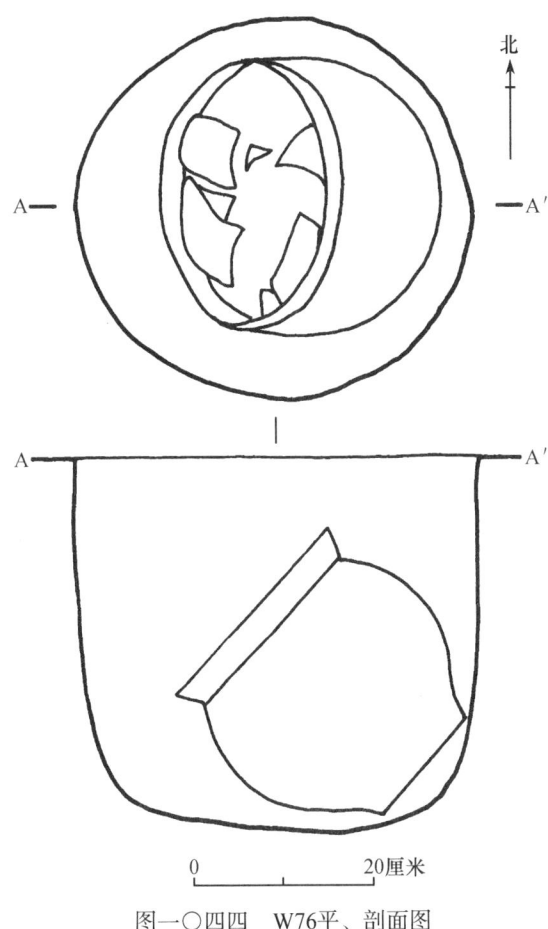

图一〇四四　W76平、剖面图

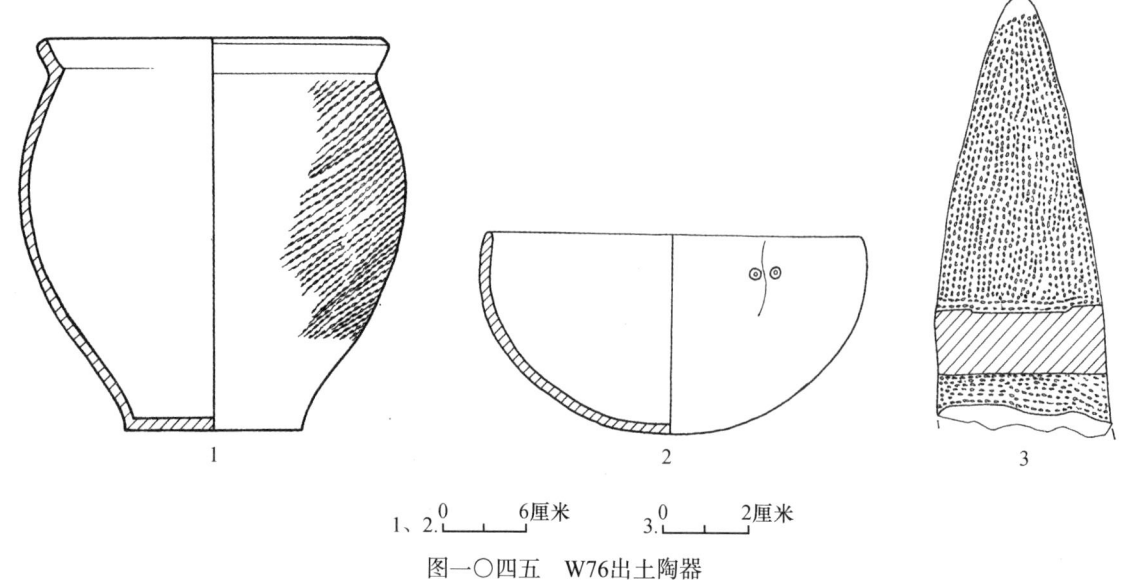

图一〇四五　W76出土陶器
1. 瓮（W76∶1）　2. 钵（W76∶2）　3. 锉（W76∶3）

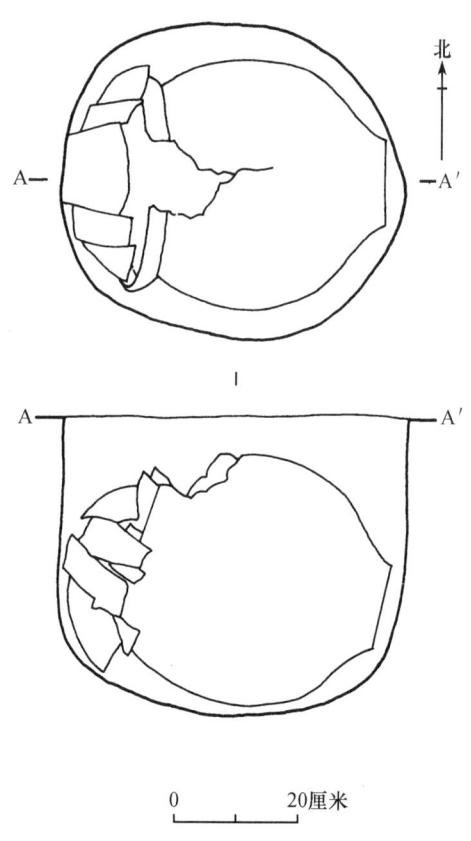

图一〇四六　W77平、剖面图

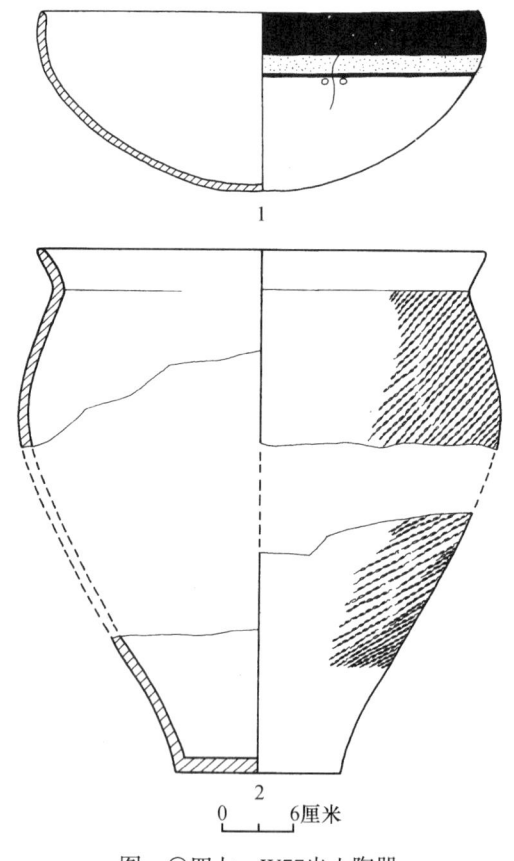

图一〇四七　W77出土陶器
1. 钵（W77∶2）　2. 瓮（W77∶1）

13. W100

W100位于Ⅲ区T0719西南部，开口于③层下。墓坑平面呈圆形，锅底状，坑壁斜直，平底。坑口径0.51、底径0.4、深0.45米。葬具为1件陶瓮与1件陶钵，陶瓮口朝西横置于坑底，陶钵横扣于陶瓮上。瓮内保存少量人骨（图一〇四八）。

W100共出土器物2件。全部为陶器。器类有瓮、钵。

瓮　1件。标本W100：1，可复原。粗夹砂红褐陶。侈口，折沿，沿面微曲，圆唇，中腹圆鼓，下腹急收，平底，最大腹径位于中下腹部。腹部饰横向绳纹，下腹部饰一周弦纹。器表可见烟熏痕迹。口径26.3、腹径29.4、底径12.8、通高27.5厘米（图一〇四九，1；图版一六六，2；图版一九八，4）。

钵　1件。标本W100：2，可复原。细泥质橘红陶。敛口，圆唇，浅弧腹，圜底。器表经刮抹较为光滑。素面。口径41.1、通高14.4厘米（图一〇四九，2；图版一六六，3）。

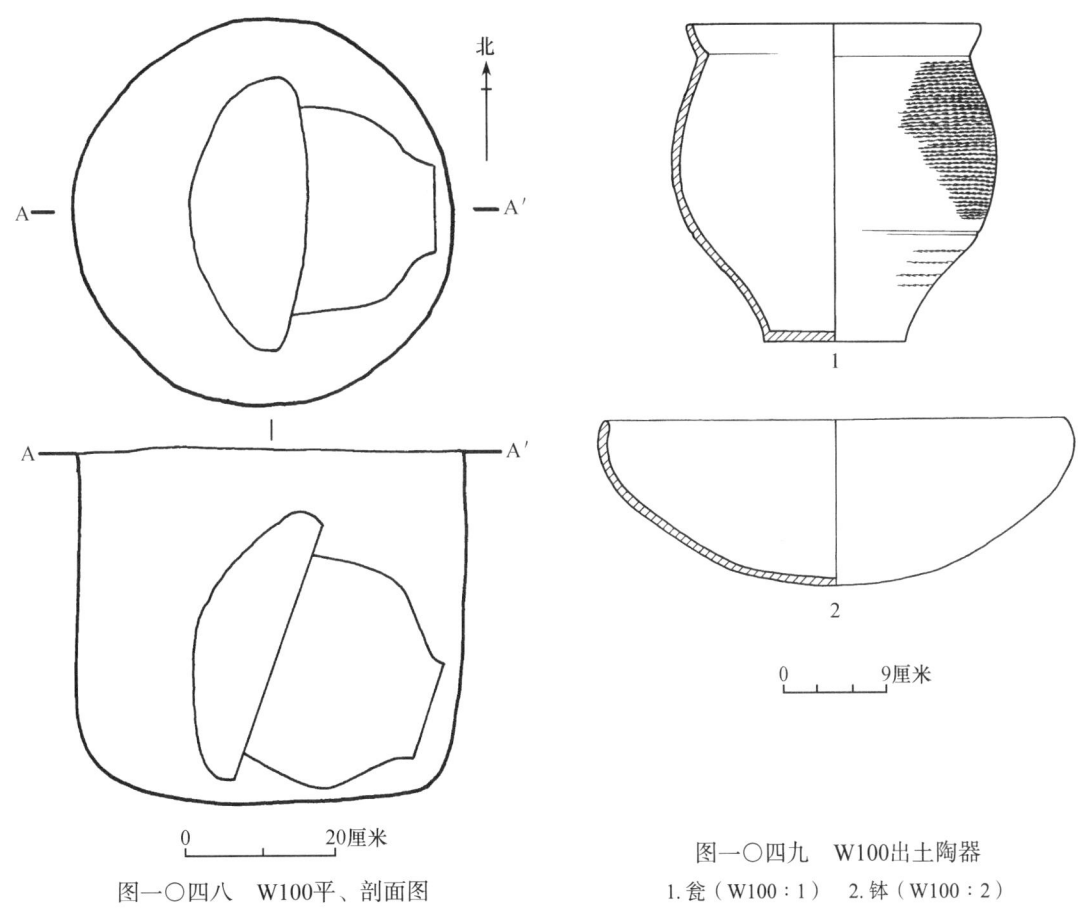

图一〇四八　W100平、剖面图

图一〇四九　W100出土陶器
1.瓮（W100：1）　2.钵（W100：2）

14. W101

W101位于Ⅲ区T0519东南部，开口于③层下。墓坑平面呈不规则形，锅底状，坑壁斜直，平底。坑口长径0.73、短径0.46、底长径0.63、短径0.36、深0.5米。葬具为1件陶瓮与1件陶钵，陶瓮口朝西横置于坑底，陶钵横扣于陶瓮上。瓮内人骨不存（图一〇五〇）。

W101共出土器物2件。全部为陶器。器类有瓮、钵。

瓮　1件。标本W101：1，下腹部残。粗夹砂红褐陶。侈口，折沿，圆唇，鼓腹，平底。口沿以下饰右上至左下斜向绳纹。器表可见烟熏痕迹。口径34、底径15、复原高度41.1厘米（图一〇五一，1）。

钵　1件。标本W101：2，可复原。细泥质橘红陶。敛口，圆唇，浅弧腹，圜底，底部有一个圆形小凹坑。器表磨光。口下饰黑色宽带纹彩绘。彩绘下侧可见浅红色叠烧痕迹。器表可见烟熏痕迹。口径38.4、通高15.3厘米（图一〇五一，2；图版一六六，4）。

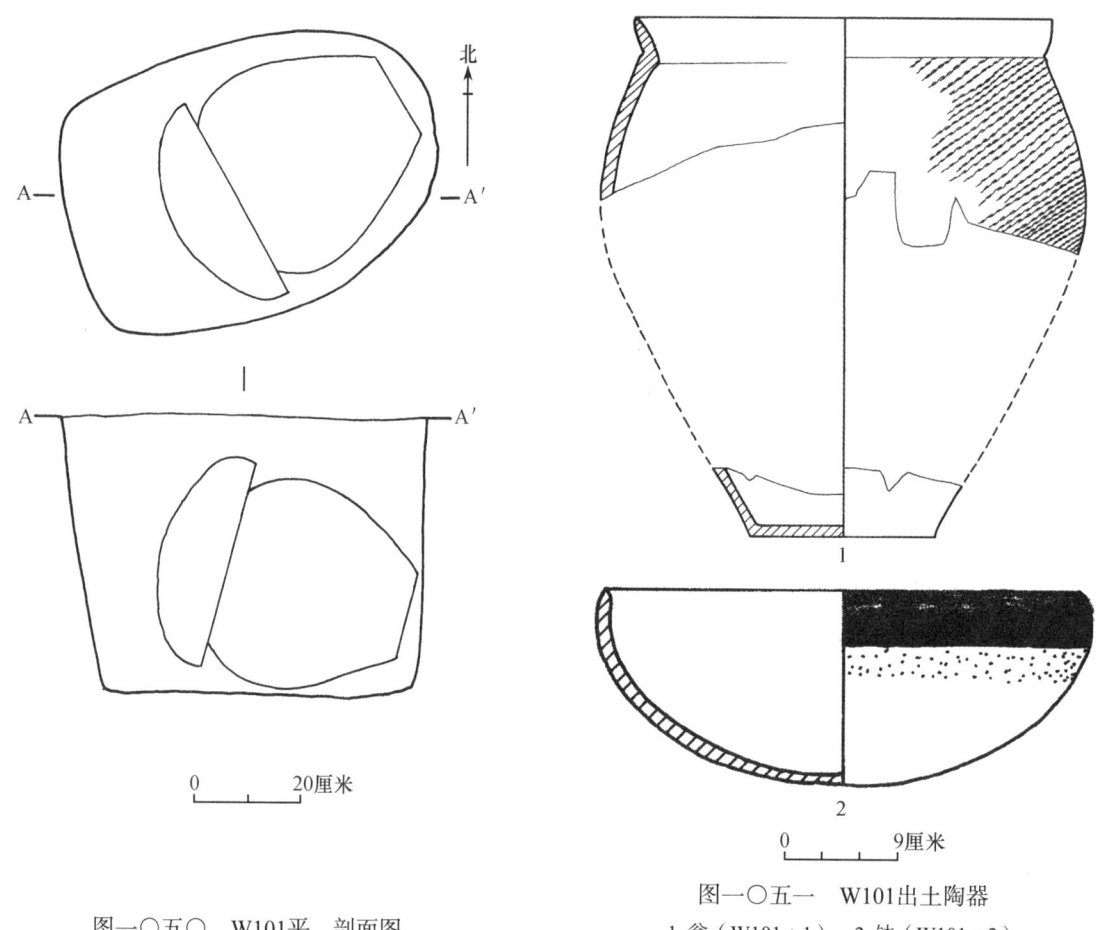

图一〇五〇　W101平、剖面图

图一〇五一　W101出土陶器
1. 瓮（W101：1）　2. 钵（W101：2）

15. W102

W102位于Ⅲ区T0419西南部，开口于③层下。墓坑平面呈圆形，锅底状，斜直壁，平底。坑口径0.6、底径0.47、深0.22米。葬具为1件陶瓮与1件陶钵，陶瓮口朝西横置于坑底，陶钵横扣于陶瓮上。瓮内保存少量人骨（图一〇五二）。

W102共出土器物3件。全部为陶器。器类有瓮、钵、圆陶片。

瓮　1件。标本W102：1，口、腹部残片。粗夹砂红褐陶。侈口，折沿，方唇，唇部有一道浅细凹槽，鼓腹。腹部饰右上至左下的斜向绳纹，绳纹近平（图一〇五三，2）。

钵　1件。标本W102：2，口、腹部残片。细泥质橘红陶。直口微敛，圆唇，浅弧腹。器表磨光。口下饰黑色宽带纹彩绘。复原口径31.5、残高6厘米（图一〇五三，1）。

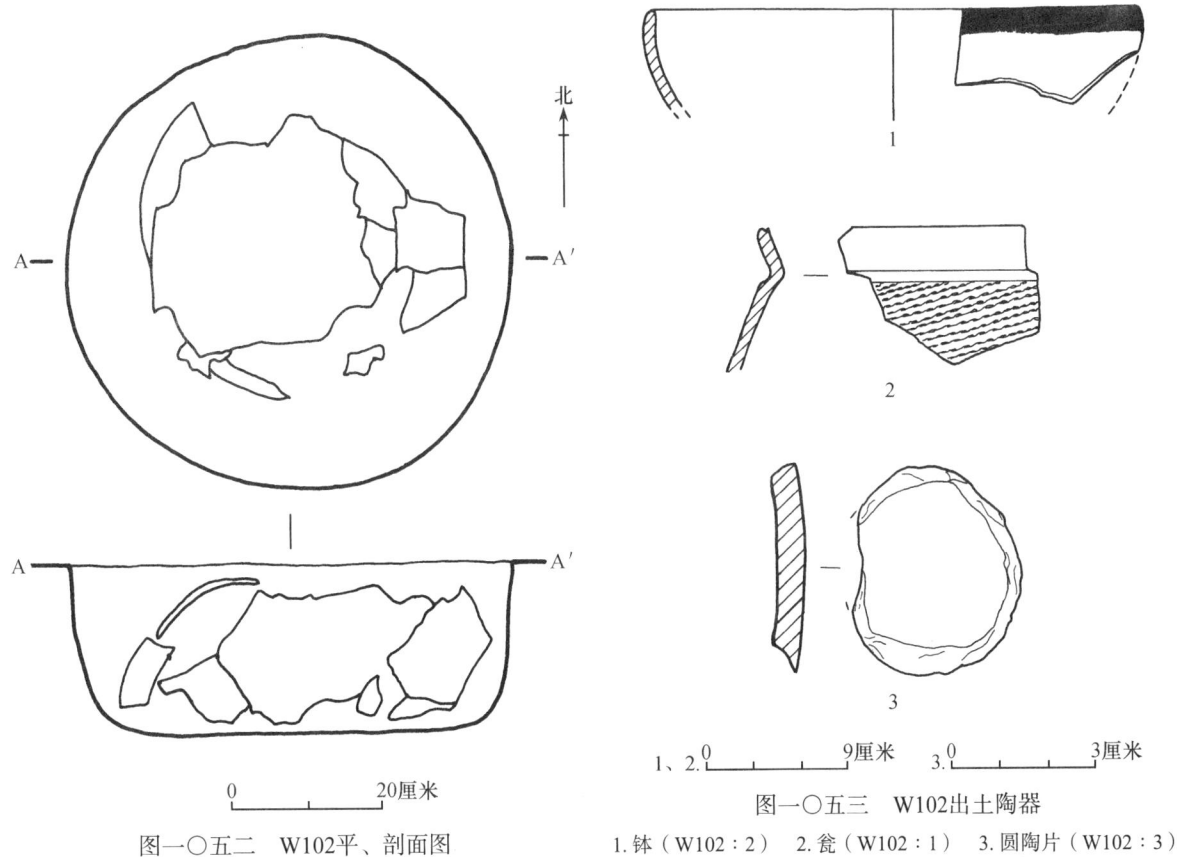

图一〇五三 W102出土陶器
1. 钵（W102∶2） 2. 瓮（W102∶1） 3. 圆陶片（W102∶3）

圆陶片　1件。标本W102∶3，稍残。细泥质橘红陶。系利用钵的残片打制而成。圆形。边缘较为锋利。直径4.4、厚0.6厘米（图一〇五三，3；图版一六六，5）。

16. W103

W103位于Ⅲ区T0719西部，开口于③层下。墓坑平面呈椭圆形，锅底状，斜直壁，平底。坑口长径0.76、短径0.5、底长径0.7、短径0.47、深0.2米。葬具为1件陶瓮与1件陶钵，陶瓮口朝西横置于坑底，陶钵横扣于陶瓮上。瓮内仅存零星碎骨（图一〇五四）。

W103共出土器物2件。全部为陶器。器类有瓮、钵。

瓮　1件。标本W103∶1，中、下腹部残。粗夹砂红褐陶。侈口，折沿，沿面微曲，圆唇，鼓肩，并起一道显著棱脊，鼓腹，平底。腹部饰右上至左下斜向绳纹，绳纹近平。沿面可见轮修痕迹。器表可见烟熏痕迹。复原口径37.4、底径12.2、复原高度40.5厘米（图一〇五五，1）。

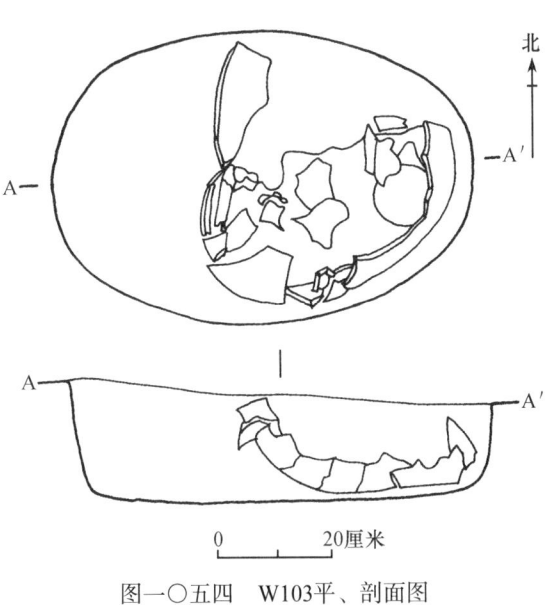

图一〇五四 W103平、剖面图

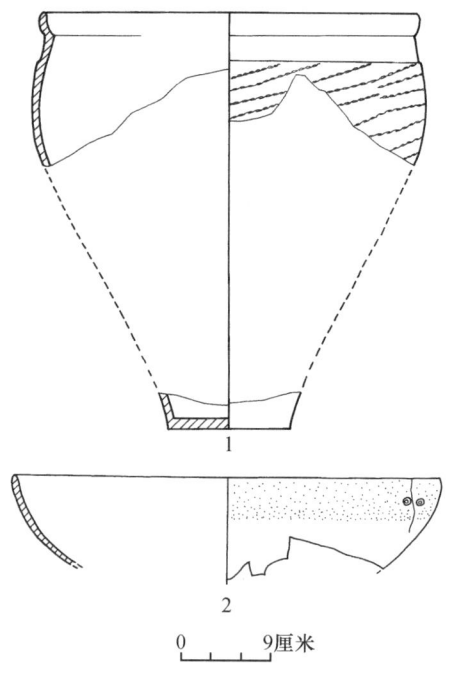

钵 1件。标本W103：2，口、腹部残片。细泥质橘红陶。敞口，圆唇，浅弧腹，口下有一对两面对钻而成的圆孔，可能作为修补之用。器表磨光。素面。口下可见深红色叠烧痕迹。复原口径43.2、残高10厘米（图一○五五，2）。

17. W104

W104位于Ⅲ区T0619东南部与T0719西南部，开口于③层下。墓坑平面呈圆形，锅底状，弧壁，圜底。坑口径0.6、深0.33米。葬具为1件陶瓮与1件陶盆，陶瓮口朝上竖置于坑底，陶盆倒扣于陶瓮上。瓮内保存少量人骨（图一○五六）。

W104共出土器物2件。全部为陶器。器类有瓮、盆。

瓮 1件。标本W104：1，腹部残。粗夹砂红褐陶。侈口，折沿，圆唇，鼓腹，平底。腹部饰左上至右下斜向绳纹。复原口径35.4、底径14.6、复原高度42厘米（图一○五七，2）。

盆 1件。标本W104：2，可复原。细泥质黑陶。侈口，卷沿，圆唇，浅弧腹，圜底，底心有一个圆形小凹坑。器表磨光。素面。口径43、通高12.5厘米（图一○五七，1；彩版一三，4；图版一六六，6）。

图一○五五 W103出土陶器
1. 瓮（W103：1） 2. 钵（W103：2）

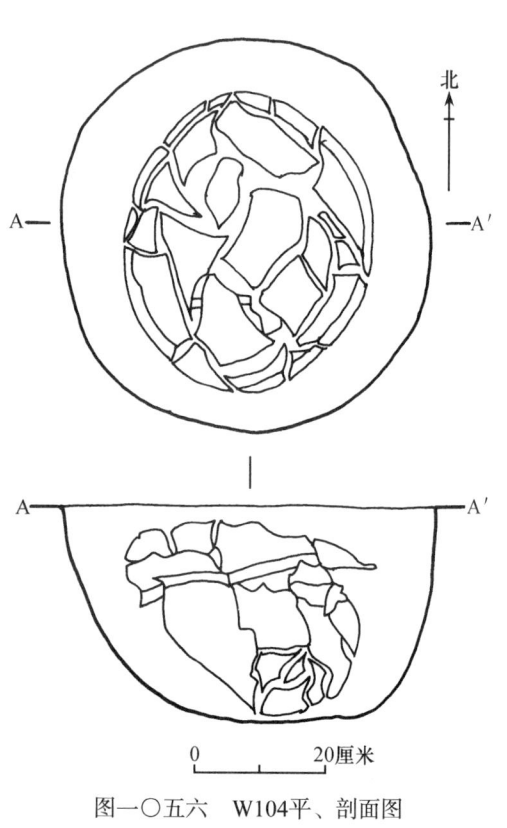

图一○五六 W104平、剖面图

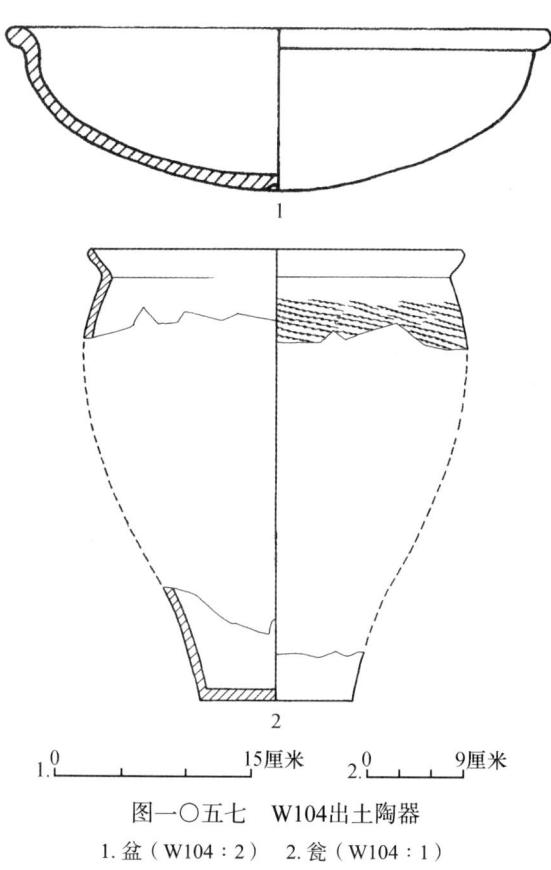

图一○五七 W104出土陶器
1. 盆（W104：2） 2. 瓮（W104：1）

18. W105

W105位于Ⅲ区T0419西南部，开口于③层下。墓坑平面呈椭圆形，锅底状，弧壁，平底。坑口长径0.98、短径0.7、底长径0.65、短径0.38、深0.3米。葬具为2件陶瓮，其中1件大陶瓮口朝西横置于坑底，另1件小陶瓮横扣于大陶瓮口部。瓮内人骨保存较为完整（图一〇五八）。

W105共出土器物2件。全部为陶瓮。标本W105：1，口、腹部残片。粗夹砂红褐陶。侈口，折沿，圆唇，上腹圆鼓，最大腹径位于上腹部。腹部饰横向绳纹。器表可见烟熏痕迹。口径34.8、腹径38.4、残高19.8厘米（图一〇五九，2）。

标本W105：2，腹、底部残片。粗夹砂红褐陶。腹微鼓，平底，最大腹径位于中腹部。中腹部饰右上至左下斜向绳纹，下腹部饰四道横向绳纹，并饰少量交错绳纹。内壁可见泥条盘筑痕迹。器表可见烟熏痕迹。腹径37.6、底径16.7、残高54厘米（图一〇五九，1）。

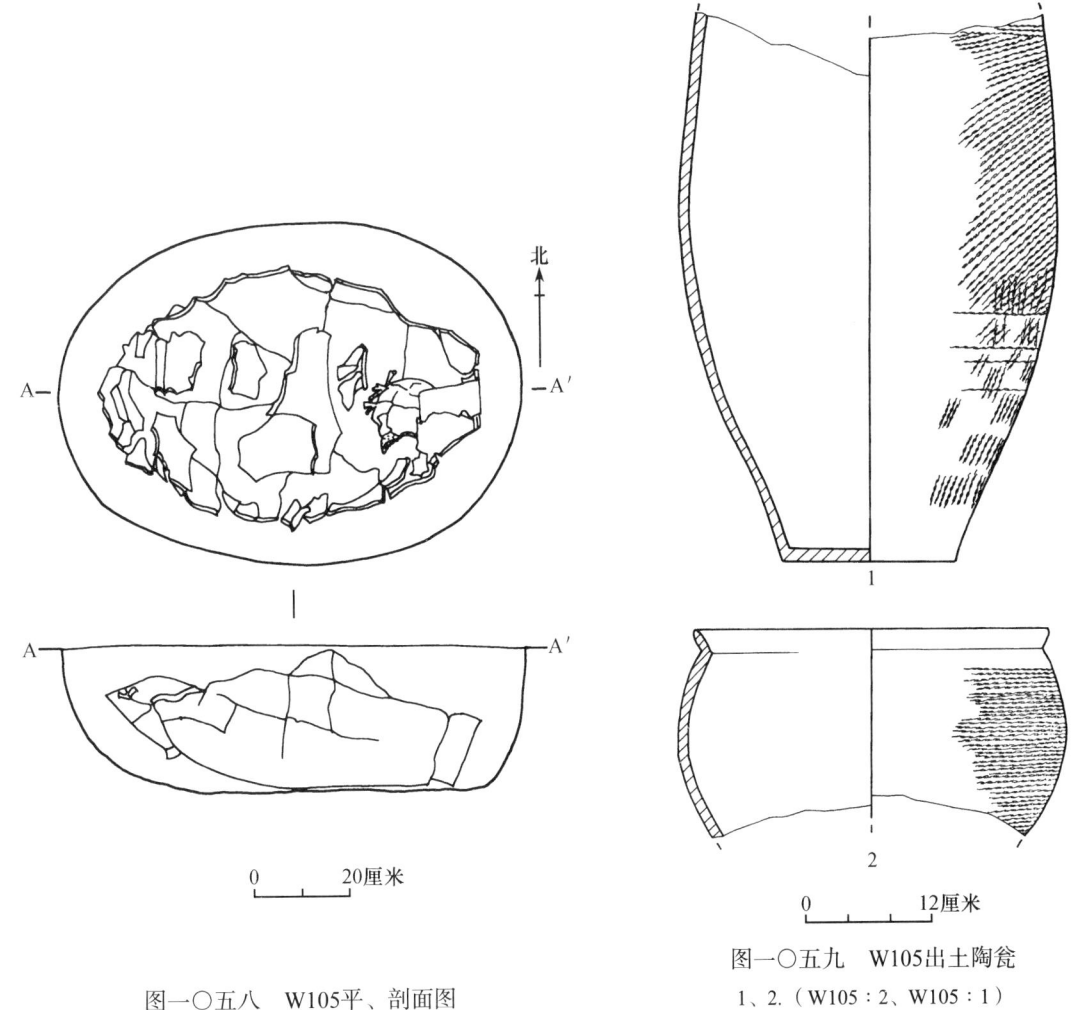

图一〇五八　W105平、剖面图

图一〇五九　W105出土陶瓮
1、2.（W105：2、W105：1）

19. W106

W106位于Ⅲ区T0719西南部，开口于③层下。墓坑平面呈圆形，锅底状，弧壁，圜底。坑口径0.54、深0.3米。葬具为1件陶瓮与1件陶钵，陶瓮口朝上竖置于坑底，陶钵倒扣于陶瓮上。瓮内保存少量人骨（图一〇六〇）。

W106共出土器物2件。全部为陶器。器类有瓮、钵。

瓮　1件。标本W106:1，腹部残。粗夹砂红褐陶。敛口，圆唇，鼓肩，并起一道较矮棱脊，上腹圆鼓，下腹斜收，平底，最大腹径位于上腹部。腹部饰右上至左下斜向绳纹，绳纹斜度较小。内壁可见泥条盘筑痕迹。器表可见烟熏痕迹。口径41.6、腹径46、底径14.7、复原高度40厘米（图一〇六一，1）。

钵　1件。标本W106:2，口、腹部残片。细泥质橘红陶。敛口，圆唇，浅弧腹，口下有一对由外向内单面钻成圆孔，可能作为修补之用。器表磨光。素面。口径39.6、残高16厘米（图一〇六一，2）。

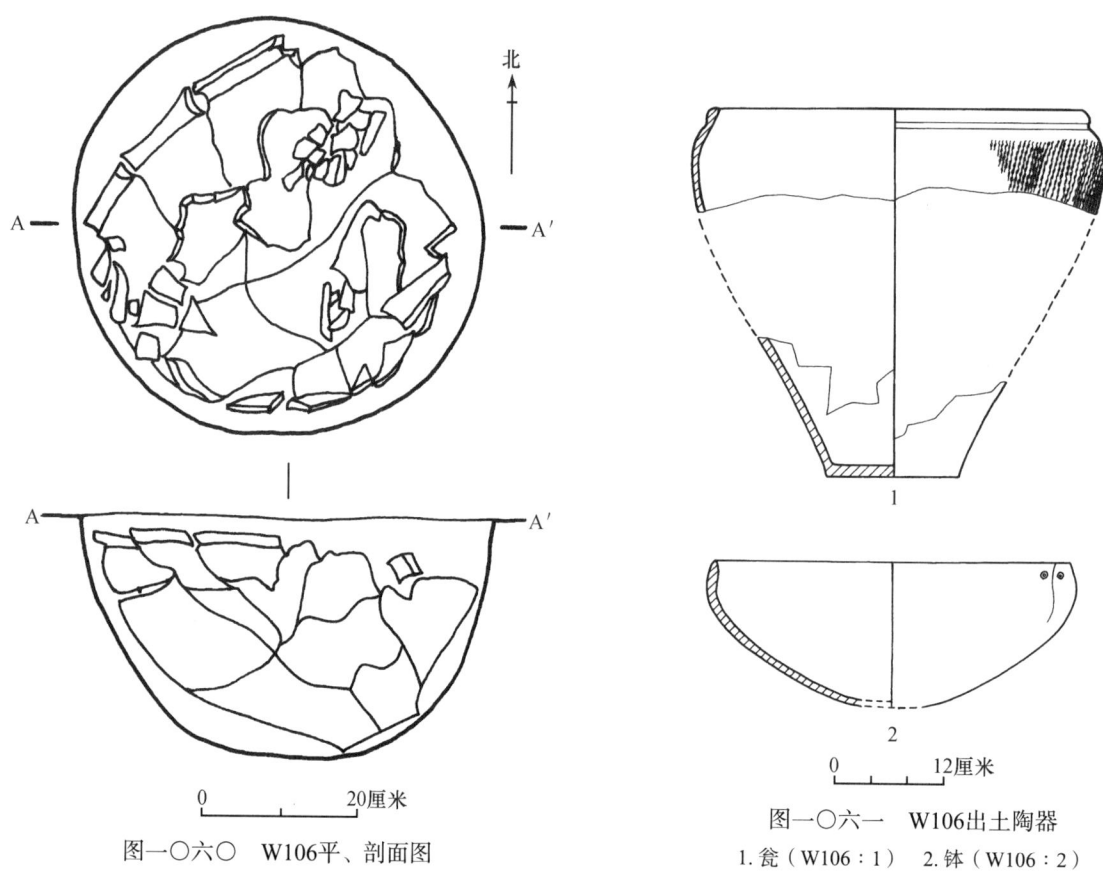

图一〇六〇　W106平、剖面图

图一〇六一　W106出土陶器
1.瓮（W106:1）　2.钵（W106:2）

20. W107

W107位于Ⅲ区T0520西南部，开口于③层下。墓坑平面呈圆形，锅底状，坑壁斜直，平底。坑口径0.63、底径0.4、深0.6米。葬具为1件陶瓮与1件陶钵，陶瓮口朝西斜置于坑底，陶钵横扣于陶瓮口部，因残碎而落入瓮内。瓮内人骨不存（图一〇六二）。

W107共出土器物2件。全部为陶器。器类有瓮、钵。

瓮　1件。标本W107:1,可复原。粗夹砂红褐陶。侈口,折沿,方唇,中腹圆鼓,下腹急收,平底,最大腹径位于中腹部。素面。器表可见刮抹痕迹与烟熏痕迹。口径38、腹径43.2、底径16.4、通高46.3厘米(图一〇六三,1;图版一六七,1)。

钵　1件。标本W107:2,口、腹部残片。细泥质橘红陶。敛口,圆唇,浅弧腹。器表磨光。素面。口下可见浅红色叠烧痕迹。口径40、残高12.2厘米(图一〇六三,2)。

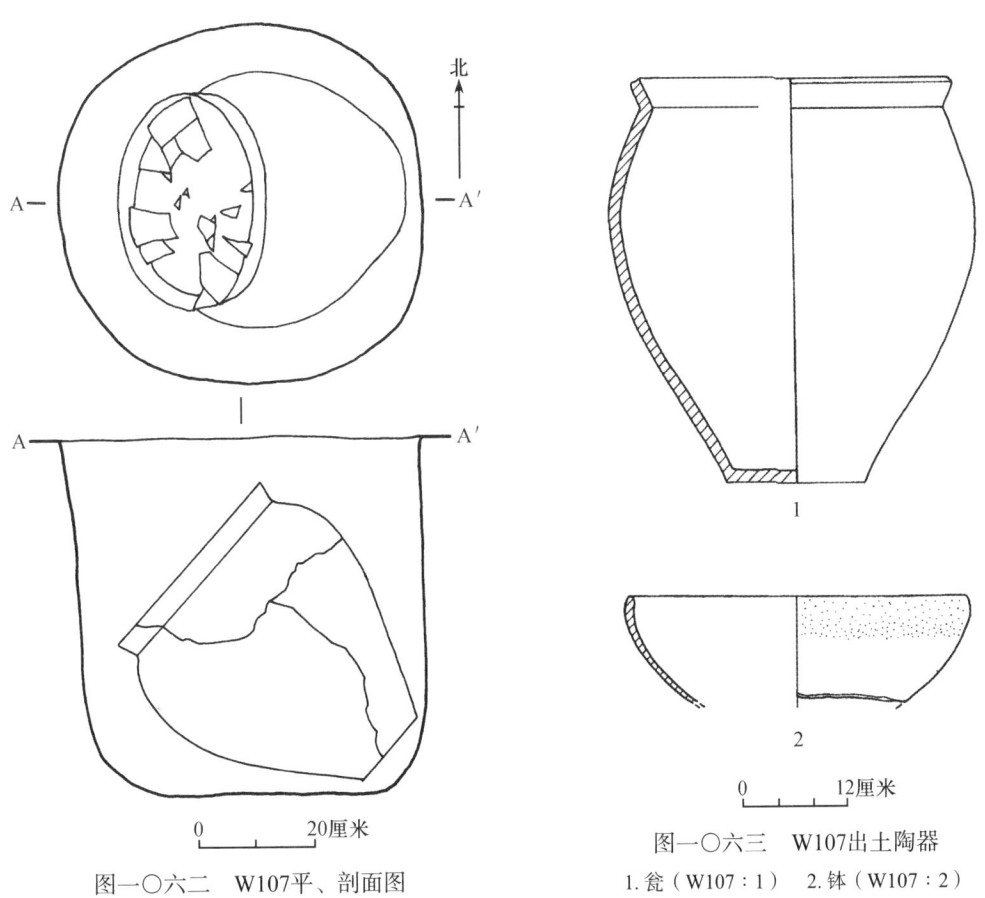

图一〇六二　W107平、剖面图

图一〇六三　W107出土陶器
1.瓮(W107:1)　2.钵(W107:2)

21. W108

W108位于Ⅲ区T0520西北部,开口于③层下。墓坑平面呈不规则形,锅底状,坑壁斜直,平底。坑口长径0.9、短径0.86、底长径0.8、短径0.7、深0.58米。葬具为3件陶瓮,其中2件较小陶瓮口朝上竖置于坑底,较大陶瓮口朝西横扣于2件小陶瓮上。2件小瓮内各保存有少量人骨(图一〇六四;图版一一,6)。

W108共出土器物3件。全部为陶瓮。可复原(图版一六七,3)。标本W108:1,粗夹砂红褐陶。侈口,卷沿,方唇,上腹圆鼓,下腹斜收,平底,最大腹径位于中上腹部。上腹部饰少量右上至左下斜向绳纹,中腹部饰左上至右下斜向绳纹,少量有交错。器表可见刮抹痕迹与烟熏痕迹。口径27.5、腹径31.6、底径11.8、通高33.5厘米(图一〇六五,3;图版一六七,2)。

标本W108:2,粗夹砂红褐陶。侈口,折沿,方唇,唇部有二道浅细凹槽,上腹圆鼓,下腹

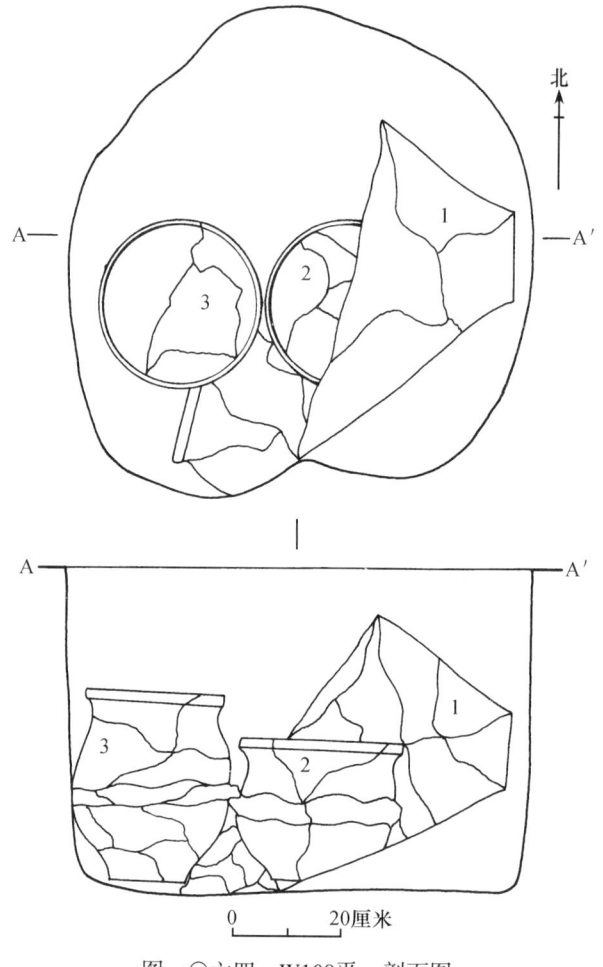

图一〇六四　W108平、剖面图
1~3. 陶瓮

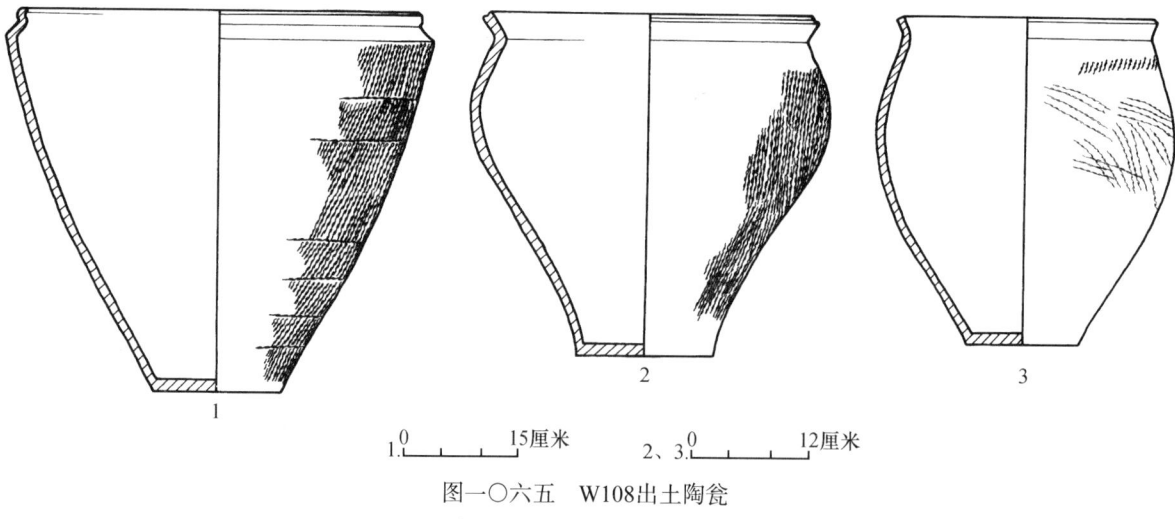

图一〇六五　W108出土陶瓮
1~3.（W108∶3、W108∶2、W108∶1）

略呈反弧状急收，平底，最大腹径位于上腹部。腹部饰右上至左下斜向绳纹，绳纹斜度较小。器表可见烟熏痕迹。口径33.5、腹径38.4、底径14.5、通高35.1厘米（图一〇六五，2；图版一六七，4）。

标本W108∶3，粗夹砂红褐陶。敛口，圆唇，折肩，斜直腹，平底，体态较胖矮。通体饰右上至左下斜向绳纹，绳纹斜度较小，并饰六道横向绳纹。口径54、底径17、通高49.1厘米（图一〇六五，1；图版一六七，5）。

22. W109

W109位于Ⅲ区T0620东南部，开口于③层下。墓坑平面呈椭圆形，锅底状，弧壁，圜底。坑口长径0.6、短径0.47、深0.4米。葬具为1件陶瓮与1件陶钵，陶瓮口朝上竖置于坑底，略有倾斜，陶钵倒扣于陶瓮上。瓮内保存少量人骨（图一〇六六）。

W109共出土器物2件。全部为陶器。器类有瓮、钵。

瓮　1件。标本W109∶1，可复原。粗夹砂红褐陶。侈口，卷沿，方唇，中腹圆鼓，下腹急收，平底，最大腹径位于中腹部。腹部饰右上至左下斜向绳纹。器表可见烟熏痕迹。口径30.2、腹径32.4、底径12.5、通高32厘米（图一〇六七，1；图版一六八，1）。

钵　1件。标本W109∶2，可复原。细泥质橘红陶。直口，圆唇，浅弧腹，圜底，底部有一个圆形小凹坑。器表磨光。素面。口径42.8、通高14.1厘米（图一〇六七，2；图版一六八，2）。

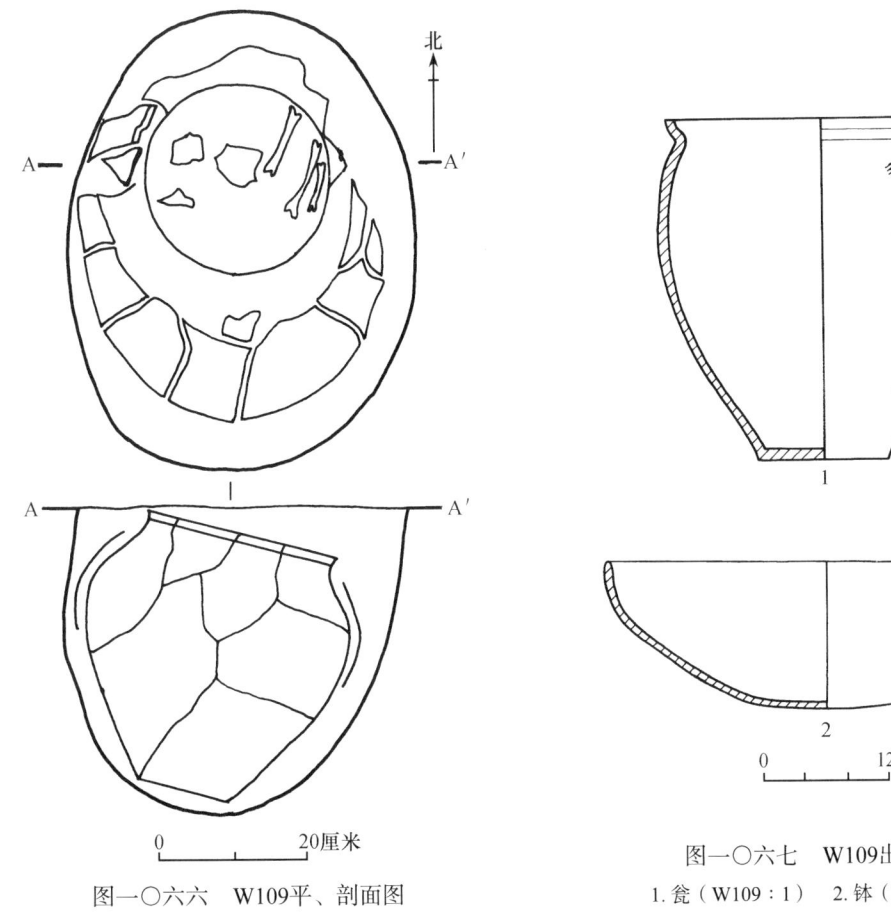

图一〇六六　W109平、剖面图

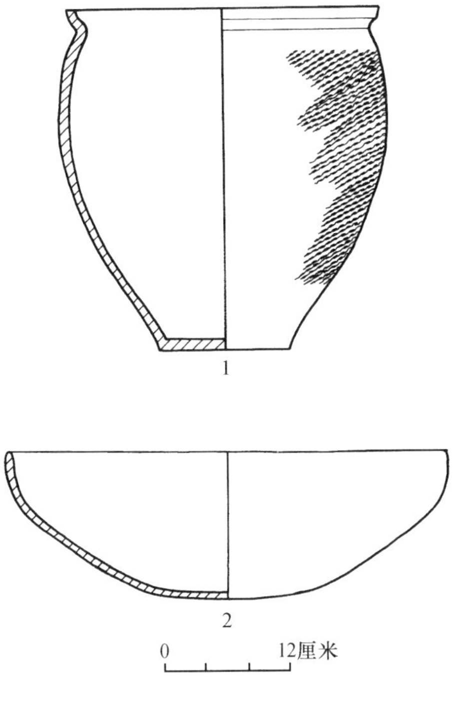

图一〇六七　W109出土陶器
1. 瓮（W109∶1）　2. 钵（W109∶2）

23. W110

W110位于Ⅲ区T0419西南部，开口于③层下。墓坑平面呈圆形，袋状，斜直壁，平底。坑口径0.5、底径0.7、深0.63米。葬具为1件陶瓮与1件陶钵，陶瓮口朝上竖置于坑底，陶钵倒扣于陶瓮上。瓮内保存少量人骨（图一〇六八）。

W110共出土器物2件。全部为陶器。器类有瓮、钵。

瓮　1件。标本W110：1，可复原。粗夹砂红褐陶。侈口，卷沿，方唇，直腹，平底。通体饰竖向绳纹。器表可见烟熏痕迹。口径15、腹径15、底径10、通高21.6厘米（图一〇六九，1；图版一六八，3）。

钵　1件。标本W110：2，完整。细泥质橘红陶。敛口，圆唇，深弧腹，圜底，最大腹径位于中下腹部，底部有一个由内向外打制而成的椭圆形穿孔。器表磨光。素面。口下可见深红色叠烧痕迹。口径22.5、通高12.5、孔长径2、短径1.5厘米（图一〇六九，2；彩版二二，1；图版一六八，4）。

24. W111

W111位于Ⅲ区T0621西南部，开口于③层下。墓坑平面呈椭圆形，锅底状，弧壁，圜底。坑口长径0.71、短径0.52、深0.45米。葬具为1件陶瓮与1件陶钵，陶瓮口朝西横置于坑底，陶钵横扣于陶瓮上。瓮内保存少量人骨（图一〇七〇）。

W111共出土器物2件。全部为陶器。器类有瓮、钵。

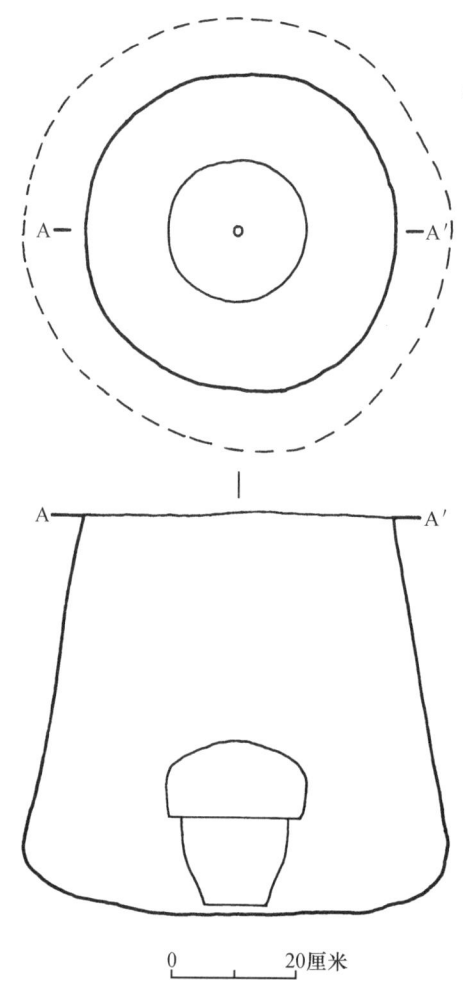

图一〇六八　W110平、剖面图

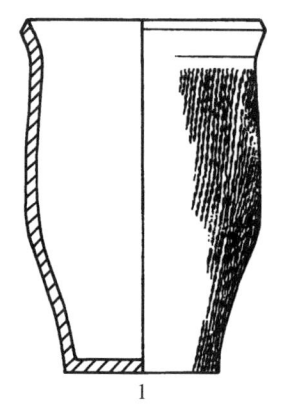
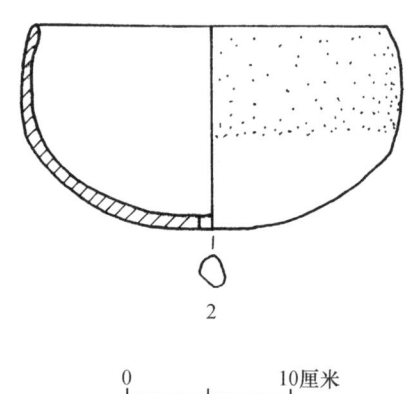

图一〇六九　W110出土陶器
1. 瓮（W110：1）　2. 钵（W110：2）

瓮　1件。标本W111∶1，可复原。粗夹砂红褐陶。侈口，折沿，圆唇，中腹圆鼓，下腹急收，平底，最大腹径位于中腹部。腹部饰右上至左下斜向绳纹。器表可见烟熏痕迹。口径31.5、腹径38.4、底径13、通高37厘米（图一〇七一，1；图版一六八，5）。

钵　1件。标本W111∶2，可复原。细泥质橘红陶。敛口，圆唇，浅弧腹，圜底近平。口下与腹部共有八个圆孔，全部为由外向内单面钻成：口下有五个，其中四个分为二对，另一个单独；下腹有三个，其中二个为一对，另一个单独。器表磨光。素面。口径40.5、通高14.6厘米（图一〇七一，2；图版一六八，6）。

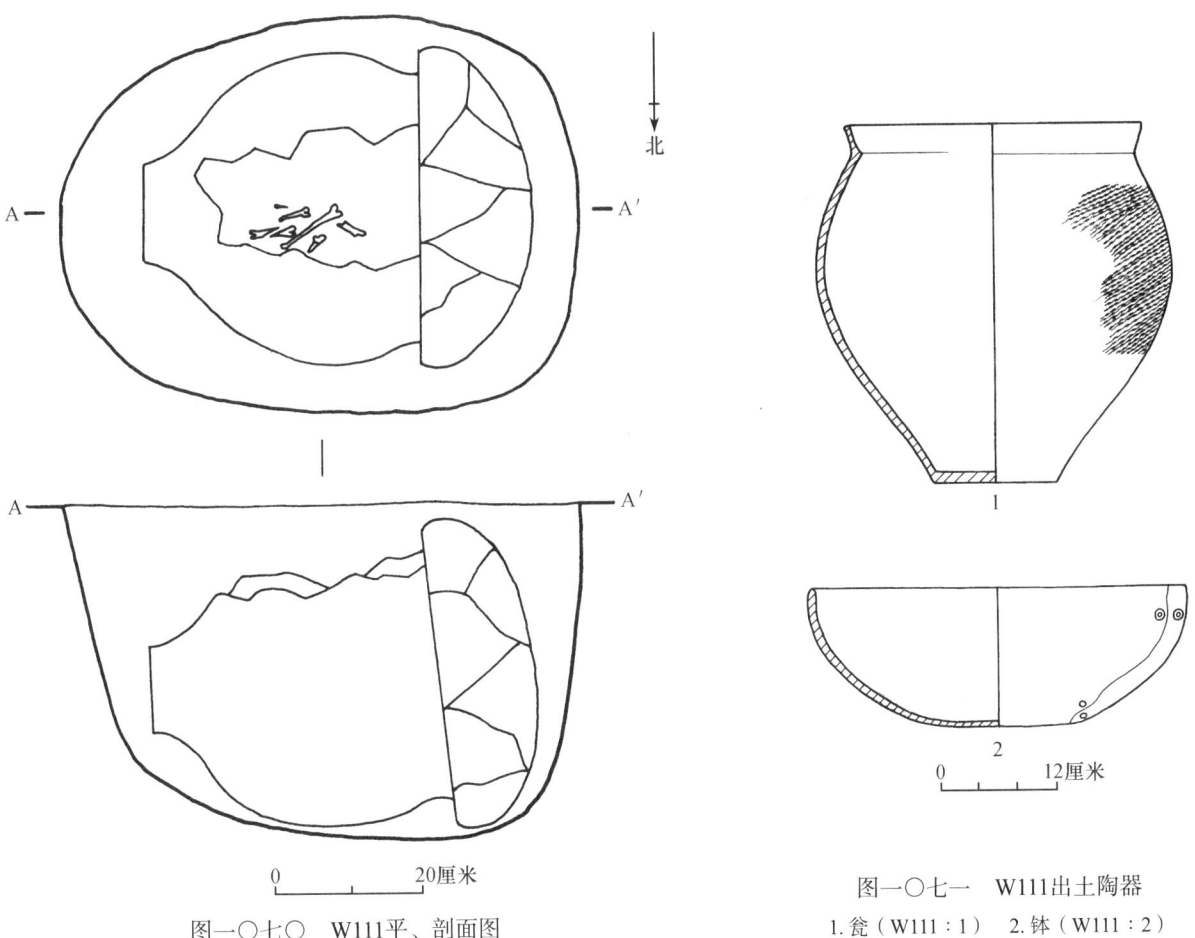

图一〇七〇　W111平、剖面图

图一〇七一　W111出土陶器
1.瓮（W111∶1）　2.钵（W111∶2）

25. W113

W113位于Ⅲ区T0519东北部，开口于③层下。墓坑平面大体呈圆形，锅底状，坑壁斜直，平底。坑口径0.78、底径0.66、深0.62米。葬具为1件陶瓮与1件陶钵，陶瓮口朝西斜置于坑底，陶钵倒扣于陶瓮上。瓮内人骨不存（图一〇七二）。

W113共出土器物2件。全部为陶器。器类有瓮、钵。

瓮　1件。标本W113∶1，可复原。粗夹砂灰褐陶。侈口，卷沿，方唇，中腹圆鼓，下腹急收，平底，最大腹径位于上中腹部。腹部饰右上至左下斜向绳纹。器表可见烟熏痕迹。口径32、腹径36.8、底径12.6、通高35.2厘米（图一〇七三，1；图版一六九，1；图版一九八，5）。

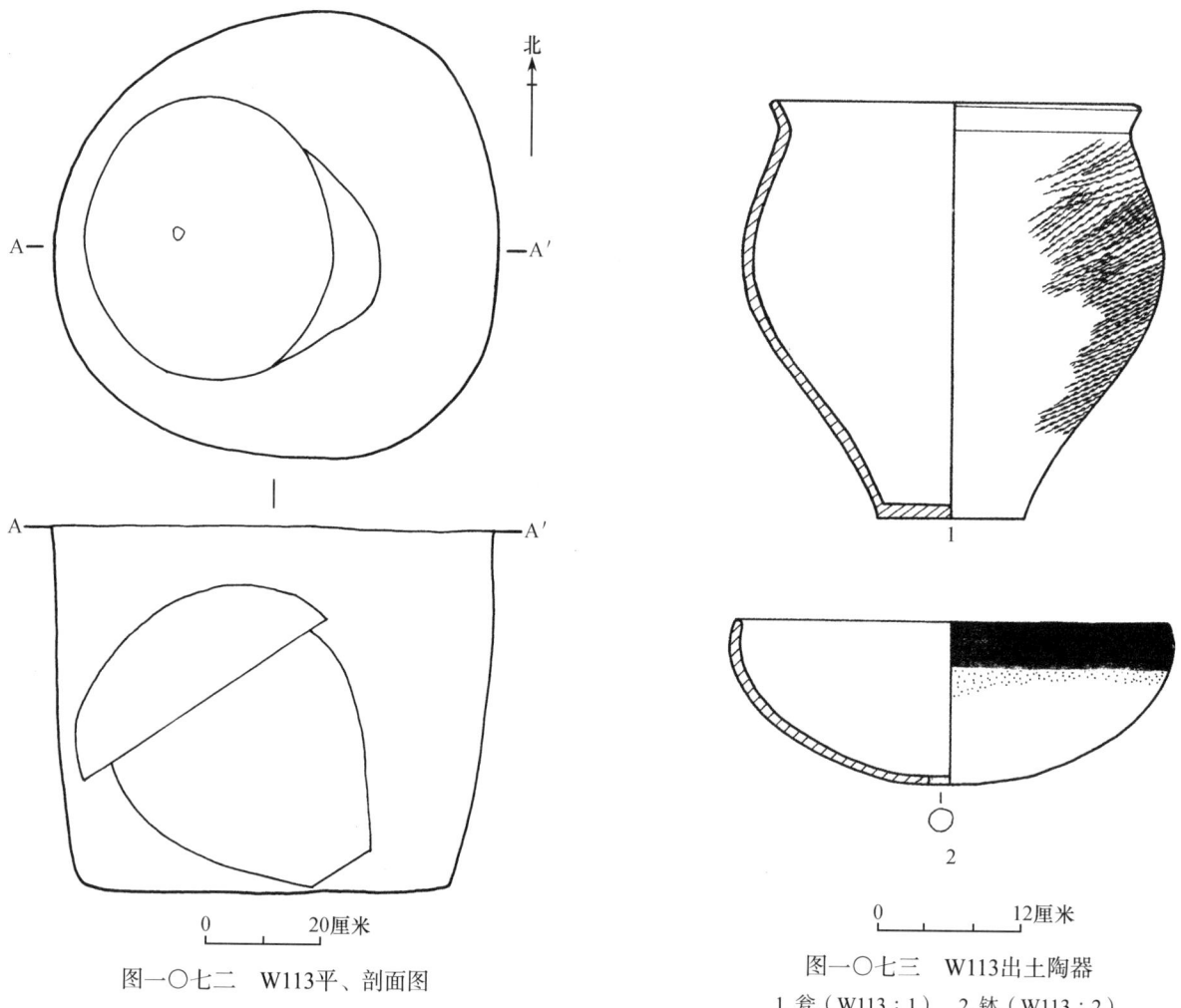

图一〇七二　W113平、剖面图

图一〇七三　W113出土陶器
1. 瓮（W113：1）　2. 钵（W113：2）

钵　1件。标本W113：2，可复原。细泥质橘红陶。直口微敛，圆唇，浅弧腹，圜底。底心有一个由外向内打制而成的圆孔。器表磨光。口下饰黑色宽带纹彩绘。彩绘下侧可见浅红色叠烧痕迹。口径37.6、通高14、孔径2厘米（图一〇七三，2；图版一六九，2）。

26. W114

W114位于Ⅲ区T0519东北角，开口于③层下。墓坑平面呈圆形，锅底状，直壁，圜底。坑口径0.55、深0.45米。葬具为1件陶瓮与1件陶钵，陶瓮口朝西横置于坑底，陶钵倒扣于陶瓮上。瓮内人骨不存（图一〇七四）。

W114共出土器物2件。全部为陶器。器类有瓮、钵。

瓮　1件。标本W114：1，可复原。粗夹砂红褐陶。侈口，卷沿，方唇，唇部有一道浅细凹槽，中腹圆鼓，下腹斜收，平底，最大腹径位于上中腹部。腹部饰右上至左下斜向绳纹。器表可见烟熏痕迹。口径23.4、腹径27、底径12、通高27.6厘米（图一〇七五，1；图版一六九，3）。

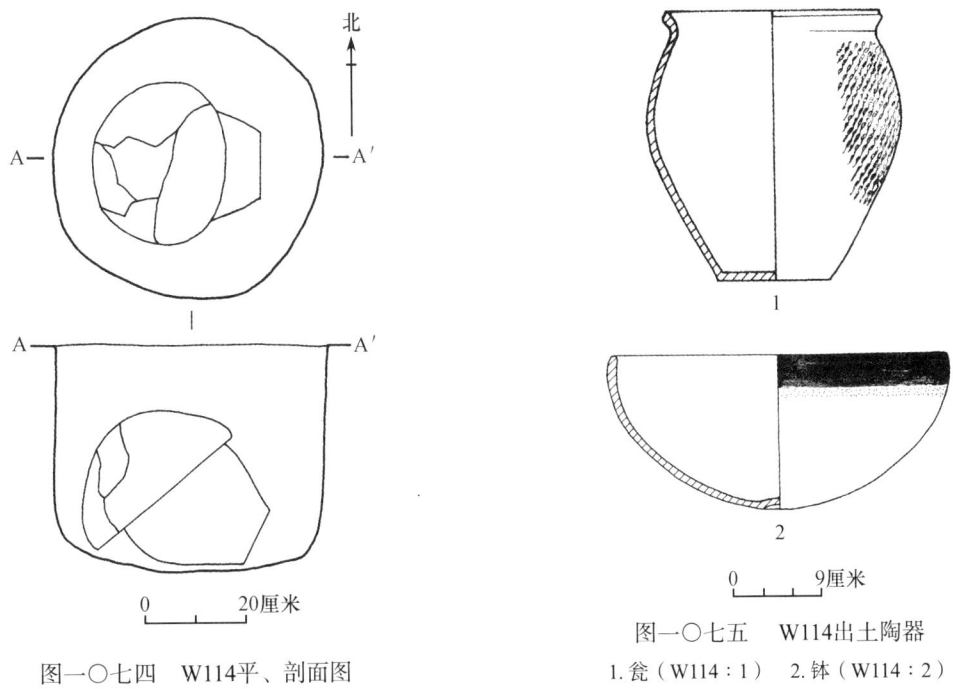

图一〇七四　W114平、剖面图

图一〇七五　W114出土陶器
1. 瓮（W114：1）　2. 钵（W114：2）

钵　1件。标本W114：2，可复原。细泥质橘红陶。直口微敛，圆唇，弧腹较深，圜底，底部有一个圆形小凹坑。器表磨光。口下饰黑色宽带纹彩绘。彩绘下侧可见浅红色叠烧痕迹，口下可见轮修痕迹。口径35、通高15.7厘米（图一〇七五，2；图版一六九，4）。